Graben für Germanien

Die Ausstellung steht unter der Schirmherrschaft
des Beauftragten der Bundesregierung für Kultur und Medien

Bernd Neumann
Staatsminister bei der Bundeskanzlerin

Graben für Germanien

Archäologie unterm Hakenkreuz

Herausgegeben vom Focke-Museum

unter Mitarbeit von
Sandra Geringer, Frauke von der Haar, Uta Halle,
Dirk Mahsarski und Karin Walter

Diese Publikation erscheint anlässlich der Ausstellung
„Graben für Germanien – Archäologie unterm Hakenkreuz"

Focke-Museum, Bremer Landesmuseum für Kunst und Kulturgeschichte,
10. März bis 8. September 2013

Focke-Museum
Bremer Landesmuseum für Kunst und Kulturgeschichte
Schwachhauser Heerstraße 240 • 28213 Bremen
Tel. 0421-699600-0 • www.focke-museum.de

Hinweis

Aus Gründen der besseren Lesbarkeit verzichten wir darauf, die Begriffe „Germanien" und „germanisch" in den Texten in Anführungszeichen zu setzen, distanzieren uns aber von deren ideologisch begründeter Verwendung. Eindeutige NS-Institutionen oder Begriffe sind mit Anführungszeichen gekennzeichnet, Zeitschriften *kursiv*. Die in den Beiträgen behandelten Personen sind zu einem überwiegenden Teil männlich. Wir verwenden deshalb allgemein die männlichen Bezeichnungen, wie Archäologe oder Wissenschaftler. Die wenigen weiblichen Protagonistinnen sind dabei aber stets mitzudenken.

Die Deutsche Nationalbibliothek verzeichnet diese Publikation in der Deutschen Nationalbibliografie; detaillierte bibliografische Daten sind im Internet über http://dnb.d-nb.de abrufbar.

Die Herausgabe des Werkes wurde durch die Vereinsmitglieder der WBG ermöglicht.
Gedruckt auf säurefreiem und alterungsbeständigem Papier

Gestaltung und Produktion:
Verlagsbüro Wais & Partner, Stuttgart
Druck und Bindung:
Firmengruppe Appl, aprinta Druck, Wemding

Besuchen Sie uns im Internet: www.theiss.de

ISBN 978-3-8062-2673-7

Die Lizenzausgabe erscheint
bei der Wissenschaftlichen Buchgesellschaft

ISBN 978-3-534-25919-9

Besuchen Sie uns im Internet: www.wbg-wissenverbindet.de

Gefördert durch

VolkswagenStiftung

KULTURSTIFTUNG DES BUNDES

Die Sparkasse Bremen

Verein von Freunden des Focke-Museums e.V.

Nicolaus H. Schilling-Stiftung

WfB – Wirtschaftsförderung Bremen GmbH

LANDESARCHÄOLOGIE BREMEN

Inhalt

Germanien – Eroberung von Europa und der Welt

Germanien – Der Mythos lebt weiter

Anhang

Grußwort

Das traditionsreiche Focke-Museum findet als Bremer Landesmuseum für Kunst und Kulturgeschichte immer wieder mit vielfältigen und thematisch weit gespannten Sonderausstellungen auch bundesweite Aufmerksamkeit und Anerkennung. Beispielhaft hierfür ist die Sonderausstellung „Graben für Germanien", die die Rolle und die politische Instrumentalisierung der Archäologie in der Zeit des Nationalsozialismus beleuchtet. Zur Untermauerung der verbrecherischen NS-Ideologie wurde damals „Germanien" zum Ausgangspunkt der gesamten abendländischen Kultur stilisiert. Die menschenverachtenden Theorien einer behaupteten Überlegenheit der so genannten „arischen Rasse" begründeten schließlich sogar angebliche Ansprüche des Deutschen Reichs auf benachbarte Territorien einschließlich des systematischen Kunstraubs.

Der Bund ist über die Kulturstiftung des Bundes maßgeblich an der finanziellen Förderung der Ausstellung beteiligt. Diese leistet einen Beitrag zur Aufarbeitung des dunkelsten Kapitels unserer Geschichte und verdeutlicht darüber hinaus den hohen Stellenwert der im Grundgesetz festgeschriebenen Freiheit der Wissenschaft und Forschung; darum habe ich mich gerne bereit erklärt, auch die Schirmherrschaft zu übernehmen.

Das propagandistische und im Lichte der Forschung unhaltbare Konstrukt einer „germanischen Hochkultur" dient bis heute im rechtsextremen Milieu der pseudowissenschaftlichen Rechtfertigung der eigenen Ideologie; vor dem Hintergrund rechtsextremistischer Übergriffe ist das von aktueller Brisanz. Die Ausstellung trägt dazu bei, den geistigen Nährboden rechtsextremen Gedankengutes sichtbar zu machen. Gegen solche Ideologien vorzugehen bleibt unsere historische Verpflichtung und gesamtgesellschaftliche Aufgabe. Der Ausstellung „Graben für Germanien. Archäologie unterm Hakenkreuz" wünsche ich eine bundesweite Resonanz und großen Besucherzuspruch.

Bernd Neumann MdB
Staatsminister bei der Bundeskanzlerin

Vorwort

„Graben für Germanien. Archäologie unterm Hakenkreuz" ist der Titel einer Sonderausstellung, in der sich das Focke-Museum als Bremer Landesmuseum für Kunst und Kulturgeschichte mit der Bedeutung und Wirkungsweise der Archäologie in der Zeit des Nationalsozialismus im Allgemeinen und mit seiner eigenen Geschichte zu dieser Zeit im Besonderen auseinandersetzt. Sie befasst sich mit einer bislang wenig beachteten Facette des Nationalsozialismus, der engen Verzahnung von Archäologie und Politik im Dritten Reich, und durchleuchtet ihr großes gemeinsames Thema Germanien.

Anfang des 20. Jahrhunderts war die Archäologie in Deutschland als universitäres Fach kaum etabliert. Für systematisch angelegte archäologische Grabungen fehlten den mehrheitlich als Ausgräbern tätigen Laien- und Heimatforschern finanzielle Mittel und erfahrenes Personal. Die dennoch freigelegten umfangreichen Grabungsfunde fanden Eingang in museale Sammlungen und wurden in chronologisch aufgebaute Ausstellungen integriert. Vor dem Hintergrund fehlender Institutionalisierung wurde die Archäologie in der Öffentlichkeit überwiegend mit Schatzsuche oder Abenteuerlust und weniger mit historischem Tiefgang sowie universitärem Forscherdrang in Verbindung gebracht.

Dies änderte sich zwischen 1933 und 1945 erheblich. Einige Archäologen nutzten ihre historischen Deutungsmöglichkeiten und verhielten sich politisch opportun gegenüber der nationalsozialistischen Ideologie. Ihr Anliegen war die Förderung des Faches an Universitäten, in Museen und in der Bodendenkmalpflege. Ziel der nationalsozialistischen Ideologen hingegen war die Konstruktion völkischer Herrschaftsansprüche auf der Basis historischer Verwurzelung in einem vermeintlich kulturell hoch entwickelten Volk, den Germanen. Die Zusammenarbeit von Archäologie und Politik führte zu einer Förderung der Archäologie in Ausbildung, Praxis und Vermittlung. Es wurden universitäre Institute aufgebaut, die Bodendenkmalpflege bediente sich neuester Untersuchungsmethoden, in Museen wurden archäologische Abteilungen eröffnet und modern anmutende Wanderausstellungen weckten bei der Bevölkerung flächendeckend die Begeisterung für archäologische Themen.

Auf der breiten Basis der zunehmend institutionalisierten Archäologie verankerte sich ein ideologisch geprägtes Germanenbild im allgemeinen Bewusstsein. Teil dieser ausgrenzenden und gleichzeitig vereinnahmenden Vorstellung war nicht nur das Bild vom blonden, blauäugigen und tapferen Germanen, sondern auch von einem großgermanischen Reich als Ursprung der gesamten abendländischen Kultur. Daraus leiteten Nationalsozialisten ihre eigene kulturelle Überlegenheit historisch ab und legitimierten ihre alsbald formulierten territorialen Besitzansprüche über die Nachbarländer.

Auch an Bremen ging diese Entwicklung nicht vorbei. Hier beschäftigten sich Laienforscher und Wissenschaftler im Rahmen beachteter nationaler Tagungen, so genannter Thinge, und in zahlreichen Veröffentlichungen mit den Germanen. Ludwig Roselius (1874–1943), bedeutender Bremer Kaufmann, Ideengeber und Finanzier der Böttcherstraße als Gesamtkunstwerk sowie Gründer des dort angesiedelten Museums „Väterkunde", war ein wichtiger Mäzen dieser Aktivitäten und Forschungen. Sein musealer Kollege Ernst Grohne (1888–1957), 1924 zum Direktor des Bremer Focke-Museums ernannt, wurde 1933 zum Ersten Landeskonservator berufen und übernahm in dieser Funktion verschiedene Ausgrabungen, unter anderem auch die eines bedeutenden Gräberfeldes in Bremen-Mahndorf. Die dort freigelegten Funde wie etwa mehrere Hakenkreuzurnen fanden überregionale Aufmerksamkeit und 1937 erstmals Eingang in die neu eingerichtete Abteilung zur Ur- und Frühgeschichte im Focke-Museum. Hier stellt sich nun die Frage, wie die beiden Museen und ihre Leiter zueinander standen. Gab es Kooperationen oder eher den Versuch, sich voneinander abzusetzen? Welches Geschichtsbild wurde in beiden Häusern und ihren Abteilungen vermittelt?

Mit dem Amtsantritt von Uta Halle als Bremer Landesarchäologin, Professorin und Abteilungsleiterin für Ur- und Frühgeschichte im Focke-Museum kam 2008 eine Kollegin nach Bremen, die sich in ihrer Habilitationsschrift „Die Externsteine sind bis auf weiteres germanisch“ mit der Prähistorischen Archäologie im Dritten Reich befasst hatte. In Bremen angekommen, stellte sie schnell fest, dass hier bislang weder seitens der Landesarchäologie noch des Focke-Museums zu diesem Thema geforscht worden war und kaum Aussagen zu den verschiedenen Akteuren der Archäologie und ihren Aktivitäten in Bremen vorlagen. Welchen Einfluss hatten die politischen und gesellschaftlichen Entwicklungen auf die Archäologie als Wissenschaft und als Sammlungsgegenstand? Und welchen politischen Zwecken konnte wiederum die Archäologie im Rahmen der nationalsozialistischen Diktatur in Bremen dienen? Diesen interessanten Forschungsfragen nachzugehen hätte es einiger personeller Ressourcen bedurft, die die Möglichkeiten des Bremer Landesmuseums für Kunst und Kulturgeschichte überstiegen.

Noch im selben Jahr legte die VolkswagenStiftung die Förderlinie „Forschung in Museen“ auf, ein Programm, das den kleinen und mittleren Museen ermöglicht, ihre Sammlungen zu erforschen. Dies war der Startpunkt für ein gemeinsames Forschungs- und Ausstellungsprojekt. Dank der großzügigen Unterstützung der VolkswagenStiftung konnte das Focke-Museum in Kooperation mit dem Institut für Geschichtswissenschaften der Universität Bremen und der Bremer Landesarchäologie ab Anfang 2010 die „Vorgeschichtsforschung in Bremen unter dem Hakenkreuz“ in einem auf drei Jahre angelegten vernetzten Forschungsprojekt in Angriff nehmen. Ziel war es, die Sammlungen von Museum und Landesarchäologie zu untersuchen und in einen zeitlichen und politischen Zusammenhang zu stellen. Als wissenschaftlicher Mitarbeiter für dieses Projekt stand der Historiker Dirk Mahsarski zur Verfügung, der kurz zuvor an der Universität Göttingen seine Promotion über Herbert Jankuhn, den ranghöchsten Archäologen des „SS-Ahnenerbes“, einer nationalsozialistischen Forschungseinrichtung, abgeschlossen hatte.

Auch andere Museen haben sich in den letzten Jahren mit ihrer Geschichte während des Nationalsozialismus beschäftigt. Neben den großen Kunstmuseen wie jenen der Stiftung Preußischer Kulturbesitz in Berlin, der Hamburger Kunsthalle und der Bayerischen Staatsgemäldesammlung, die sich im Rahmen der Provenienzforschung vorbildlich mit NS-Raubkunst in ihren Sammlungen auseinandergesetzt haben, erforschten beispielsweise das Deutsche Museum in München 2010 und das Germanische Nationalmuseum in Nürnberg 2011 ihre Aktivitäten während des Dritten Reichs. In nur wenigen Fällen sind die dabei gesammelten Erkenntnisse nicht nur in Buchprojekte, sondern auch in Ausstellungsaktivitäten eingeflossen.

Dem besonderen Verhältnis von Archäologie und nationalsozialistischer Propaganda widmete sich erstmals 2001 eine Ausstellung in Straßburg und Metz, die die Situation im besetzten Elsass und Lothringen während des Zweiten Weltkrieges betrachtete. 2002 nutzte das Rheinische Landesmuseum in Trier diese Grundlage, um die Archäologie an Rhein und Mosel im Dienst des Nationalsozialismus zu untersuchen. Seither haben sich immer wieder Wissenschaftler aus Deutschland und den angrenzenden Nachbarländern mit Aspekten der Archäologie im Nationalsozialismus auseinandergesetzt.

Zurück nach Bremen, wo bereits früh die Bremer Kunsthalle wie auch die Bremer Staatsbibliothek im Rahmen ihrer Provenienzforschung gezeigt haben, dass sie für die Vergangenheit ihrer Institutionen Verantwortung übernehmen. Das Focke-Museum konnte sich nun dank der Förderung durch die VolkswagenStiftung und auf der Basis seiner archäologischen Sammlungen mit seiner Rolle in der Vorgeschichtsforschung unter dem Hakenkreuz auseinandersetzen. Nur durch die Erforschung seiner Sammlungen kann ein Museum langfristig wissenschaftlich fundierte Ausstellungen konzipieren und seinem gesellschaftlichen Bildungsauftrag gerecht werden. Entsprechend fließen die Bremer Forschungsergebnisse in ein Ausstellungskonzept, das sie in einen größeren, einen nationalen und internationalen Zusammenhang einordnet.

Zentrales Anliegen der Ausstellung „Graben für Germanien. Archäologie unterm Hakenkreuz“ ist es, der Frage nachzugehen, wie der Mythos Germanien entstanden ist, sich über Jahrhunderte entwickelt hat und mit Hilfe der Archäologie im Nationalsozialismus ausgrenzend und übergreifend wirkte. Noch heute sind zahlreiche der damals geprägten ideologisch verklärten Vorstellungen präsent. Die rechte Szene nutzt die mangelnde Aufklärung vieler Menschen gezielt aus und lässt den Mythos Germanien heute mit Zeichen, Symbolen und Ritualen auferstehen. Erklärtes Ziel der beteiligten Wissenschaftlerinnen und Wissenschaftler wie auch Ausstellungsmacherinnen und -macher ist es daher von Anfang an gewesen, über die Ideologisierung im Nationalsozialismus aufzuklären, den Mythos Germanien in unseren Köpfen zu entzaubern und seine Aktualität und Präsenz in der rechten Szene aufzudecken.

Schnell wurde spürbar, dass die Auseinandersetzung mit dem Thema nicht nur spannend, sondern auch zeitaufwendig und herausfordernd ist. Auch die Aufgabe der musealen Umsetzung eines solchen Themas deutete sich als komplex an. Vor allem seine verschiedenen Facetten machten es notwendig, sich zu beschränken, und zeigten, dass die Ausstellung als ein Beitrag zu verstehen ist, der umfassend, aber nicht allumfassend sein kann und die Diskussion anregen möchte und wird. Die erfolgreiche Entwicklung und Umsetzung einer solchen Ausstellung war nur in einem Team möglich, das unterschiedliche Sichtweisen zuließ und vielfältige Qualifikationen bündelte. Gemeinsam mit den beiden Archäologinnen Sandra Geringer und Uta Halle, dem Historiker Dirk Mahsarski und der Volkskundlerin Karin Walter ist dies aufs Beste gelungen. Kritisch begleitet wurde das Team von einem internationalen wissenschaftlichen Beirat bestehend aus Martijn Eickhoff, Klaus Hesse, Doris Kaufmann, Katharina von Kurzynski, Rikola-Gunnar Lüttgenau und Otto Urban.

Sonderausstellungen zu realisieren gelingt dem Focke-Museum nur mit der finanziellen Unterstützung von langjährigen Förderern und Freunden. Die Umsetzung dieses spannenden, aber dennoch herausfordernden Ausstellungsthemas bedurfte besonderer Partner. Solcher, die nicht Begeisterung, sondern vielmehr eine innere Einstellung zum Thema mitbrachten, um zu der Überzeugung zu kommen, dass gerade die Unterstützung dieses Projektes den Förderer nicht nur fordert, sondern auch besonders auszeichnet. In solchen Momenten kann sich das Focke-Museum stets auf den Rückhalt seines Fördervereins, des „Vereins von Freunden des Focke-Museums", verlassen. Ohne die überaus engagierte Unterstützung durch die Sparkasse Bremen und die Nicolaus H. Schilling-Stiftung wäre die Umsetzung der Ausstellung ebenfalls nicht möglich gewesen. Größter Förderer war jedoch die Kulturstiftung des Bundes, die mit ihrem erstmaligen Beitrag ermöglicht hat, dass die Ergebnisse des Forschungsprojektes in einer breit angelegten Ausstellung aufbereitet und für viele Besucherkreise zum Sprechen gebracht werden konnten. Wir freuen uns sehr, dass Staatsminister Bernd Neumann als Beauftragter der Bundesregierung für Kultur und Medien durch die Übernahme der Schirmherrschaft für die Ausstellung „Graben für Germanien. Archäologie unterm Hakenkreuz" dieses Engagement unterstreicht.

Was hat Archäologie mit Politik zu tun? Und wie arbeiteten Archäologie, Politik und Museum in der Zeit des Nationalsozialismus zusammen und prägten den Mythos Germanien? Diesen Fragen spürt nicht nur die Ausstellung „Graben für Germanien. Archäologie unterm Hakenkreuz" nach, sondern auch der vorliegende, gleichnamige begleitende Katalog. Neben einem Ausstellungsrundgang, zahlreichen Abbildungen von in der Ausstellung gezeigten Ausgrabungsfunden, Modellen, Fotografien und Archivalien enthält er nicht nur neueste Forschungsergebnisse aus Bremen und Beiträge der Wissenschaftlerinnen und Wissenschaftler, die an der Konzeption und dem Aufbau der Ausstellung beteiligt waren, sondern auch Aufsätze befreundeter und bekannter Wissenschaftler aus Deutschland und seinen Nachbarländern, die seit Jahren ebenfalls zum Thema forschen und dankenswerterweise nun mit ihren vielfältigen Beiträgen die vorliegende Publikation um verschiedenste Facetten bereichern und zu einer aktuellen Standortbestimmung zum Thema Archäologie und Nationalsozialismus abrunden.

Bei allen Beteiligten, allen Förderern und Unterstützern von Ausstellung und Katalog bedanke ich mich herzlich für ihr Engagement und wünsche uns für die Ausstellung und den im Theiss Verlag erschienenen Katalog „Graben für Germanien. Archäologie unterm Hakenkreuz" eine breite Aufmerksamkeit und anregende Diskussionen.

Frauke von der Haar

Germanien – Funde und Erfindung

Den Begriff Germanien verwenden erstmals die römischen Schriftsteller Cäsar und Tacitus. Um Christi Geburt bezeichnen sie damit ein Land, das geografisch vage nördlich der Donau und östlich des Rheins liegt. Als Ende des 15. Jahrhunderts die verschollen geglaubten Schriften des Tacitus wiederentdeckt werden, entwickelt sich die Vorstellung von den Germanen als einem Volk mit gemeinsamen Sitten und Bräuchen. Starken Auftrieb bekommt die Idee durch die Befreiungskriege gegen Napoleon (1813–1815). Die Germanen werden seitdem zunehmend für eine biologische Abstammungsgemeinschaft gehalten, wozu auch die entstehende Archäologie ihren Beitrag leistet. Diese Entwicklung verschärft sich nach der deutschen Niederlage im Ersten Weltkrieg und den damit verbundenen vermeintlich germanischen Gebietsverlusten radikal.

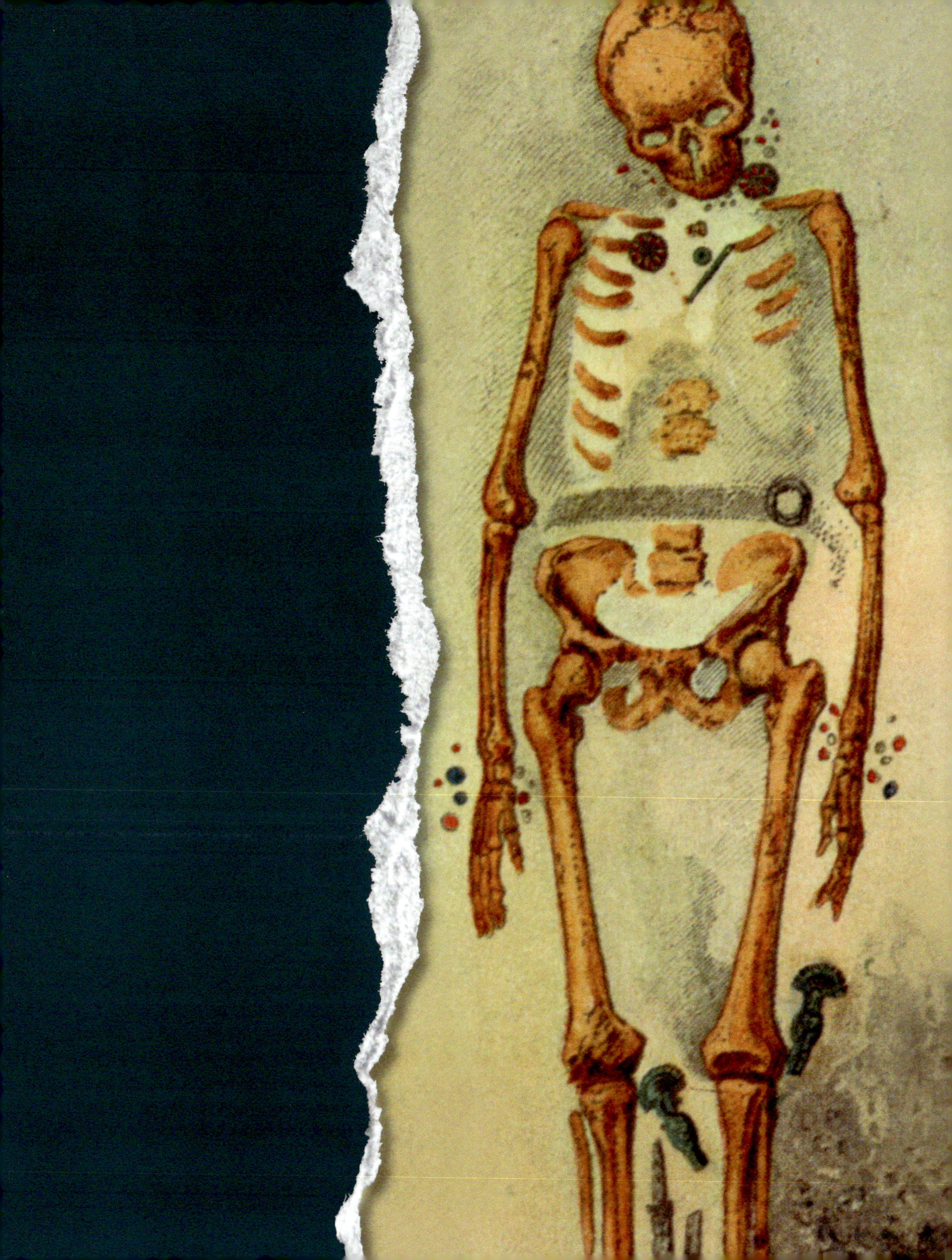

„Germanen“ und römische Politik[1]

Tassilo Schmitt

„Seit 210 Jahren“, so formuliert Tacitus in seiner im Jahre 98 n. Chr. verfassten Schrift „Germania“, „wird *Germania* besiegt.“ Der Autor spannt damit den Bogen von der Gründung der Stadt Rom, in deren 640. Jahr – das ist 113 v. Chr. – man zum ersten Mal von den Waffentaten der Kimbern gehört habe, bis zu seiner Gegenwart. Jenes Jahr markiert für ihn einen Einschnitt, seit dem die Römer Völkern aus dem Norden immer noch nicht Herr geworden sind. Die „Germanen“ stehen für ihn hier in einer Reihe mit den Samniten, den Karthagern, den spanischen Völkerschaften, den Galliern und den Parthern, also mit all den großen Gegnern der Römer. Eines unterscheidet Erstere aber: Über sie seien zwar ebenfalls Triumphe gefeiert worden, besiegt seien sie hingegen nicht.[2]

Der weite Horizont dieses historischen Überblicks hat seine Wirkung nicht verfehlt. Die anscheinend „ewige“ Feindschaft zwischen Römern und „Germanen“ konnte seit der Wiederentdeckung der „Germania“ im 15. Jahrhundert als Vorstufe eigener zeitgenössischer Konflikte thematisiert werden, sei es zwischen Reformation und Römischer Kirche oder zwischen der deutschen und der französischen Nation. Tacitus' Bericht verlieh diesen Auseinandersetzungen historische Tiefe und Relief – und machte vergessen, dass seine Deutungen hier wie anderswo keineswegs selbstverständlich und sehr voraussetzungsreich sind:[3] Es war und ist ein schwerer Fehler, Tacitus' Darstellung ohne Weiteres als eine gültige Aussage über das Verhältnis der Römer zu denen zu betrachten, die von ihm hier als *Germani* bezeichnet werden. Vor diesem Fehlschluss kann schon der Befund warnen, dass im Jahre 83 n. Chr. Domitian (81–96 n. Chr.) zur Bekräftigung des Anspruchs, das „Germanenproblem“ endgültig gelöst zu haben, als erster römischer Kaiser den Siegesbeinamen *Germanicus* annahm und den Monat September in *Germanicus* umbenannte. Auch die Benennung der von Domitian geschaffenen Provinzen *Germania Superior* (Obergermanien) und *Germania Inferior* (Niedergermanien) verkündete diesen Sieg. Solche Aussagen sind es, gegen die Tacitus polemisiert, die aber immerhin doch die Frage aufwerfen, wie es denn mit dem angeblichen Dauerkonflikt wirklich bestellt war.

Unter den Kaisern Nerva (96–98 n. Chr.) und Trajan (98–117 n. Chr.) ist es dann noch zu gelegentlichen Feldzügen gegen „Germanen“ gekommen, an die diese Herrscher ebenfalls jeweils durch den Siegesbeinamen *Germanicus* oder durch die Prägung von Münzen mit *Germania capta* („Germanien ist eingenommen“) erinnert haben. Aber eine starke Bedrohung aus der *Germania* ist nirgends erkennbar. Die Zahl der Legionen wurde reduziert. Sogar die Befestigung des Limes und seine Vorverlegung im zweiten Jahrhundert verweisen nicht auf gravierende Sicherheitsprobleme, sondern dienen vor allem der Ordnung im Grenzgebiet, die ganz so gestaltet werden konnte, wie die Römer sich das vorstellten.[4] Mit massivem Widerstand durch „Germanen“ mussten sie dabei nicht rechnen. Die nach Tacitus angeblich schwärende Wunde an der römischen Nordgrenze war also vielmehr im Wesentlichen ausgeheilt.

Als sich schließlich unter Marcus Aurelius (161–180 n. Chr.) zunächst im unteren Donauraum im dritten Jahrhundert wieder jenseits von Neckar und Rhein Gefahren zusammenbrauten, liegen neue, eigene Entwicklungen vor: Die beginnenden Auseinandersetzungen mit *Marcomanni, Alamanni, Franci* und anderen werden in zeitgenössischen Quellen anfänglich zwar gelegentlich als „germanische“ Konflikte bezeichnet. Dabei spielt die Erinnerung an die früheren Kämpfe eine Rolle. Aber im allgemeinen Verständnis handelte es sich gerade nicht um ein Wiederaufleben einer „germanischen“ Urbedrohung. Deswegen wird die Bezeichnung „germanisch“ auch immer seltener. Erst die Neuzeit hat im Banne des Tacitus einen jahrhundertelangen römisch-“germanischen“ Gegensatz konstruiert. Pointiert ausgedrückt: Gerade die, die in der späteren Kaiserzeit schwerste Kämpfe im Norden zu bestehen hatten, standen Gegnern gegenüber, die man nur anachronistisch „Germanen“ nennen konnte. Deren Selbstverständnis entsprach diese Bezeichnung gewiss nicht. Das gilt erst recht für die so genannten „germanischen“ Nachfolgereiche, die erst die Moderne zu solchen gemacht hat.

Der Name „Germanen“ wurde, wie Tacitus in einem schwierigen, erst spät in der Forschung überzeugend gedeuteten Satz erkennen lässt, von den Römern auf die Völkerschaften jenseits des Rheins übertragen, die Cäsar in seinem Gallischen Krieg nicht unterworfen hatte.[5] Vorher waren als „Germanen“ nur einige besonders kriegstüchtige Stämme bezeichnet worden, von denen man sich erzählte, dass sie lange vor der cäsarischen Eroberung den Rhein überschritten, die Vorbevölkerung vertrieben und sich in deren fruchtbaren Gebieten niedergelassen hätten.[6] *Diese* „Germanen“ waren schon dem Universalgelehrten Poseidonios (135–51 v. Chr.) bekannt. Von seiner Darstellung ist nur ein aus dem Zusammenhang gerissener Satz erhalten: „Die Germanen … tragen zur Mittagszeit gliederweise gebratenes Fleisch auf und trinken Milch dazu und den Wein ungemischt.“[7] Griechische und römische Leser dieses Fragmentes erkannten an derartigen Esssitten, dass es sich bei diesen „Germanen“ um solche handeln musste, deren zivilisatorische Standards an Homers Zyklopen erinnerten, besonders „wilde“ Menschen also. Damit knüpft Poseidonios gewiss an das Bild an, das die Nachbarn dieser „Germanen“ von ihnen zeichneten. Aber er unterscheidet sie nicht grundsätzlich von den Galliern oder Kelten. Für ihn wie für die älteren Geografen und Ethnografen gab es im Norden nur Kelten (Gallier) im Westen und Skythen im Osten; die „Germanen“ hielten sie für einen wilden Teil der Kelten. Poseidonios hat auch die Kämpfe mit den Kimbern beschrieben und es dabei nicht versäumt, über deren Herkunft und Eigenart Forschungen anzustellen. Nichts deutet darauf hin, dass er sie – ganz anders als später Tacitus – nicht ebenfalls als Teil der Kelten angesehen hätte; Verbindungen zu den „Germanen“ hat er nicht hergestellt. Bis in die Zeit Cäsars also waren „Germanen“ nur als eine Untergruppe der Kelten bekannt: Ihren Nachbarn galten sie als später hinzugekommene Eindringlinge. Auch das bei Poseidonios bezeugte Merkmal der besonderen Wildheit wird ursprünglich auf deren Schilderungen zurückgehen. Allerdings waren diese „Germanen“ deswegen nicht isoliert. Vor allem mit den Belgern hatten sie sich vielfach verbunden und dazu beigetragen, dass diese als hervorragende Krieger galten.[8]

Erst Cäsar hat „Germanen“ und Kelten deutlich differenziert. Seine Unterscheidung konnte gewiss deshalb überzeugen, weil er durch die jahrelangen Feldzüge (58–51 v. Chr.) und vielfältige Kontakte ein ungleich größeres Wissen über die Verhältnisse im Norden gewonnen hatte als jeder Römer (und Grieche) vor ihm. Genau hat er festgehalten, dass jemand wie Ariovist, der aus Gebieten weit jenseits des Rheins gekommen war, üblicherweise einen Dolmetscher brauchte, um mit den Völkerschaften diesseits des Rheins ins Gespräch zu kommen.[9] Aber es ist ganz unwahrscheinlich, dass solche Beobachtungen zu Kultur und Sprache der wesentliche Grund dafür waren, den „Germanen“ einen eigenen Platz neben den Kelten einzuräumen. Cäsars Motivation lässt sich vielmehr dann erschließen, wenn man berücksichtigt, dass es ihm darauf ankommen musste, den Kampf gegen Ariovist zu legitimieren, der immerhin den ihm vom Senat verliehenen Titel eines „Freundes des römischen Volkes“ trug. Deswegen rückte Cäsar die von Ariovist ausgehende Bedrohung in einen engen Zusammenhang mit den Kimbern, derer Herr zu werden den Römern so große Schwierigkeiten bereitet hatte: Wie diese kamen auch Ariovist und seine Sueben aus Gebieten weit jenseits des Horizontes, den die Menschen Italiens und der Mittelmeerwelt über-

blickten. Dieser Heimat weitab von jeglicher Gesittung verdankten sie ihre besondere Unberechenbarkeit und Gefährlichkeit; hier wuchs eine Bedrohung Italiens heran.[10] Ihr zu begegnen, präsentierte sich Cäsar als der richtige Mann, der zugleich bewusst an das Erbe seines Onkels, des Kimbernsiegers Marius, anknüpfte. Der barbarische Übermut musste bezwungen werden. Für die Benennung dieser Barbaren als „Germanen" benutzte Cäsar eine ältere Bezeichnung, die linksrheinisch für eine besonders militante, aus dem Rechtsrheinischen stammende Gruppe von Völkern verwendet worden war. Damit übertrug er diesen Namen auf die ge-

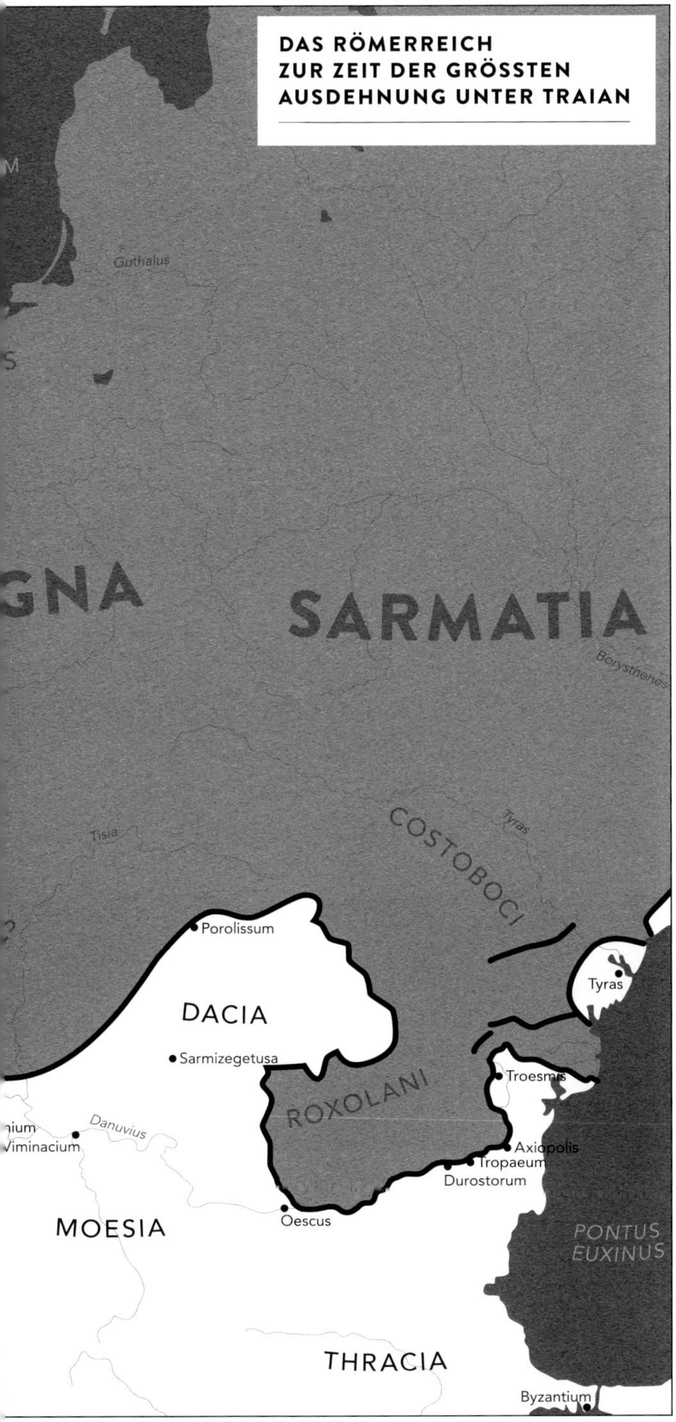

DAS RÖMERREICH ZUR ZEIT DER GRÖSSTEN AUSDEHNUNG UNTER TRAIAN

samte Völkerwelt rechts des Rheins. Die, die bislang allein „Germanen" geheißen hatten, mussten nun konsequent „Germanen diesseits des Rheins" (*Germani cisrhenani*) genannt werden. Cäsar selbst übernahm zugleich die Rolle des Schutzherrn aller Gallier, indem er sie von den „Germanen" und von der Furcht vor ihnen befreite. Gerade weil er so zum Patron wurde, wählte er einen Namen, der für seine neuen gallischen Klienten (und deren römische Verbindungsleute) ein deutliches Relief besaß und nicht etwa den der „Sueben", der angesichts von Ariovists Verbindungen ebenfalls in Frage gekommen wäre.

Die Abspaltung der *Germania* vom gallischen Norden war Cäsar aber auch in seiner innerrömischen Rivalität mit Pompeius von Nutzen: Dieser war wenige Jahre zuvor, nämlich 61 v. Chr., von erfolgreichen Unternehmungen im Osten zurückgekehrt und hatte einen Triumph für einen Sieg über „Asien" gefeiert[11], sich also als Bezwinger eines Erdteils stilisiert. „Gallien" konnte als Begriff für den gesamten westlichen Norden ebenfalls als ein solcher Erdteil aufgefasst werden. Um nicht hinter Pompeius zurückzubleiben, genügte es aber nicht, dort einige Feldzüge unternommen zu haben. Nein, „Gallien in seiner Ganzheit" musste für das römische Volk gewonnen werden! Den Bericht über die Kriege dort leitet Cäsar deswegen pointiert mit einer Skizze „Galliens in seiner Gesamtheit" (*Gallia … omnis*) ein, bevor er schildert, wie er dort in harten Schlachten den römischen Frieden (*pax Romana*) durchsetzte. Der Anspruch, dies in „ganz Gallien" getan zu haben, war nur dann aufrechtzuerhalten, wenn die Gebiete östlich des Rheins von Gallien abgetrennt wurden.

Cäsar also konstituierte die „Germanen" als eine eigene Völkergruppe. Das von ihnen bewohnte Gebiet wurde als *Germania* bezeichnet. Insbesondere im ersten Jahrhundert n. Chr. wirkte sich die Herkunft der Benennung nach einem „Angst"-Gegner – ursprünglich von (anderen) Kelten – insofern aus, als *Germania* auch das Aufgabengebiet von römischen Feldherren im Norden meinen und schließlich ab Domitian für die neuen Provinzen *Germania Superior* und *Germania Inferior* verwendet werden konnte.

Für ethnografische Betrachtungen warf das Auftreten dieser neuen Völkergruppe die Frage auf, was denn an ihr besonders sei. Man gewann die Kriterien wesentlich aus der Übersteigerung der schon den Kelten zugeschriebenen Eigenschaft der Wildheit, die noch von keiner Zivilisation gebändigt worden war. Als Prototypen standen die *Germani cisrhenani* für solche, die (angeblich) aus der Tiefe des Nordens kommend noch diesen barbarischen Zug bewahrt hatten, der gemildert worden wäre – so konnte man schließen –, wenn sie schon länger mit anderen, von der mediterranen Kultur beeinflussten Stämmen in Berührung gekommen wären. „Germanen" sind demnach in den Jahrzehnten um die Zeitenwende erst kürzlich in den Gesichtskreis der Mittelmeerwelt und ihrer unmittelbaren Anrainer getretene Völkerschaften des Nordens, die aus unbekannter Ferne stammten, besonders wild waren und sich wegen der räumlichen, kulturellen und sprachlichen Distanz zu den übrigen Kelten auch nicht recht mit ihnen zu verständigen wussten. Cäsar hatte im Falle der Kimbern vorgemacht, dass man ethnische Einheiten auch nachträglich zu den „Germanen" rechnen konnte. In der Ethnografie hat man das am in mancher Hinsicht typologisch verwandten Beispiel der Bastarner wiederholt, die seit dem dritten vorchristlichen Jahrhundert als sehr wilde Neuankömmlinge südlich der unteren Donau wahrgenommen, zunächst als Kelten registriert und schließlich den „Germanen" zugeordnet worden sind.[12] Tacitus hat diese Anschauung dann in eine für die spätere Nachwelt gültige Form gebracht und eine *Germania omnis* („Germanien in seiner Gesamtheit") zum Gegenstand seiner „Germania" gemacht, ein von „Germanen" bewohntes Gebiet, das durch Rhein und Donau begrenzt ist, im Osten bis zu Sarmaten und Dakern reicht und im Norden vom Ozean umspült ist.[13]

Wenn Cäsars Abtrennung der rechtsrheinischen Gebiete vom Keltenland und die Konstitution der Völkergruppe der „Germanen" also vornehmlich aus den Umständen und Notwendigkeiten des römischen Siegers über Gallien erklärt werden muss, kann gleichwohl nicht bestritten werden, dass seine ethnische Identifikation der von Ariovist geführten Scharen mit den Kimbern des vorangegangenen Jahrhunderts eine typologische Plausibilität hatte. Jedes Mal handelt es sich um hoch mobile, durch Jungmannschaften geprägte, weite Strecken überwindende Kriegerscharen, die vielfach als Verbündete in innerkeltischen Auseinandersetzungen um den Vorrang im regionalen oder überregionalen Kontext ihre Aufgabe gefunden hatten.[14] Ariovist war zunächst Anführer einer von den Sequanern in den Rivalitäten mit ihren Nachbarn hinzugezogenen Unterstützungsmannschaft, konnte sich dann aber als selbstständiger Machtfaktor etablieren. Das ermöglichte auch den Nachzug von Frauen und Familien. Neben dem „Bedarf" an derartigen Truppen für die innerkeltischen Kämpfe haben im Einzelnen zudem spezifische Faktoren in den Herkunftsgebieten, generell aber das kulturelle und ökonomische Gefälle zwischen den Völkerschaften im Norden und Osten und dem wesentlich reicheren gallischen Westen jeweils eine wichtige Rolle gespielt: Für Anführer wie Ariovist und ihre Männer gab es in Reichtum und Ansehen viel zu gewinnen.

Die Römer erbten als neue Macht am Rhein diese Problemlage – und sie verhielten sich analog. Wie „germanische" Kämpfer vorher oft auf beiden Seiten zu finden waren, haben die Römer auf der einen Seite „barbarische" Übergriffe wie die eines Ariovist mit aller Macht bekämpft, sich auf der anderen Seite aber auch von Anfang an „germanischer" Hilfstruppen bedient. Solche Einheiten sind seit Cäsar bezeugt und haben im ersten nachchristlichen Jahrhundert mindestens zweimal in historisch bedeutsamer Weise in den Gang der römischen Geschichte eingegriffen: Arminius, der Sieger der Schlacht im Teutoburger Wald im Jahre 9 n. Chr., hat den Aufstand gegen den Statthalter Varus zunächst innerhalb der römischen Armee, als „Anführer" einer nach ethnischen Gesichtspunkten formierten Hilfstruppe (*ductor popularium*[15]), initiiert. In den Bürgerkriegen nach dem Ende der Julisch-Claudischen Kaiserdynastie spielen die Truppen der Bataver eine aktive und bedeutsame Rolle (so genannter Bataver-Aufstand 69–70 n. Chr.).[16] Es ist wahrscheinlich, dass gerade diese beiden Erfahrungen mit Einheiten, die ins römische Militär eingegliedert worden waren, sich dann aber gegen die Römer wandten, Tacitus' Ansicht von den „Germanen", insbesondere von ihrer Nicht-Integrierbarkeit wesentlich geprägt haben. Hinter seiner Darstellung stecken demnach (vielleicht durchaus individuell) gewichtete Erfahrungen der römisch-"germanischen" Beziehungen seit Cäsar bis zum Ende des ersten nachchristlichen Jahrhunderts.

Dieselben Ansichten und Schlüsse dürfen für die Zeitgenossen der Phase nach Cäsars Weggang aus Gallien keineswegs vorausgesetzt werden. Dessen Parallelisierung von Kimbern und „Germanen“ lieferte für die Zeit unmittelbar danach keine eindeutigen Handlungsmaximen. Völlig unvorhersehbar musste es zunächst sein, wie die „Germanen“ auf die römische Eroberung Galliens und auf die Sicherung und den Ausbau der römischen Herrschaft dort reagieren würden: Als „Verbündete“ in innergallischen Händeln wurden sie nicht mehr gebraucht. Manche werden ihr Auskommen bei den Römern gesucht haben, für wieder andere änderte sich anscheinend wenig daran, im reichen Gallien ein Betätigungsfeld für männliche Kriegerehre und das Ziel von Beutezügen zu sehen.

Entsprechend darf man annehmen, dass die Etablierung der römischen Herrschaft wesentlich mit der Sicherung der eroberten „gallischen“ Gebiete durch Infrastrukturmaßnahmen und durch die Bekämpfung von „Überfällen“ beschäftigt war. Die Quellen, die sich auf die innerrömischen Bürgerkriege zunächst im Zusammenhang mit Cäsars Weg zur Alleinherrschaft, dann um sein Erbe konzentrieren, verraten kaum Einzelheiten von der Entwicklung der nächsten Jahrzehnte. Selbst ein so wesentliches Faktum wie die Umsiedlung der Ubier durch Augustus’ Schwiegersohn Agrippa als Voraussetzung für die Gründung der Stadt *ara Ubiorum*, dem späteren Köln, kann nicht eindeutig der ersten oder der zweiten Statthalterschaft in Gallien 39–38 v.Chr. oder 19 v.Chr. zugeordnet werden.[17]

Einen Wendepunkt markiert die Niederlage des römischen Statthalters in Gallien M. Lollius im Jahre 16 v.Chr. (*clades Lolliana*) im Kampf gegen Sugambrer, die den Rhein überschritten hatten. Das nur durch lapidare Notizen bekannte Ereignis[18] ist in seiner militärischen Bedeutung nicht einzuschätzen. Wesentlicher war aber, dass es den Feinden gelungen war, einen Legionsadler zu erbeuten. Das bedeutete einen Rückschlag für Kaiser Augustus, der seine Rolle als Sieger weltweit kurz zuvor dadurch unter Beweis gestellt hatte, dass er 20 v.Chr. endlich die Legionsadler zurückgewinnen konnte, die im Jahre 53 v.Chr. durch die Niederlage des Crassus bei Carrhae an die Parther verloren worden waren. Nun war vier Jahre später wieder eine solche Standarte in den Händen von Feinden. Es ist deutlich, dass von nun an für lange Zeit – wie bei Cäsar – „Germanen“-Politik und Kriegszüge gegen sie ganz eng mit dem Prestige des Kaisers selbst verbunden wurden. Da dessen Stellung entscheidend darauf beruhte, dass er sich als militärisch erfolgreicher Führer (*imperator*) bewährte, waren außenpolitische Erfolge ein Teil der Herrschaftssicherung. Deswegen richtete sich nun eine verstärkte Aufmerksamkeit des Kaisers (und der Quellen) auf die Verhältnisse an der Nord-

Der römische Staatsmann Augustus versuchte das Gebiet rechts des Rheins erobern zu lassen. Zeitgenössische Statue.

grenze. Die Bedeutung für Augustus lässt sich unmittelbar daran ablesen, dass nun meist enge Vertraute oder Verwandte des Herrschers das Kommando führten (Agrippa, Drusus, Tiberius, Varus, Germanicus).

Politik und Kriegführung waren in den folgenden Jahrzehnten von der Grenz- und Vorfeldsicherung, von der Notwendigkeit des Kaisers, den Schutz Galliens sowie das Ansehen einer siegreichen Armee zu gewährleisten, und von dem Bedürfnis kaiserlicher Verwandter bestimmt, sich als erfolgreiche Feldherren zu bewähren. Die konkreten Entscheidungen waren außerdem abhängig vom Verhalten der „Germanen" und der Einschätzung ihrer Gefährlichkeit, von der Kenntnis und Erschließung der Räume für die Auseinandersetzung und von der allgemeinen politischen Lage, in die die Verhältnisse in anderen Regionen des Reichs ebenso eingingen wie die wechselnden dynastischen oder sonstigen Überlegungen zur Stabilisierung der Kaiserherrschaft.

Welche jeweiligen kurz-, mittel- und langfristigen Pläne dabei konzipiert wurden, ist nicht überliefert und lässt sich deswegen nur aus den Unternehmungen selbst ableiten. Aus der kontroversen Forschungsdiskussion kann die Meinung, dass die Römer wegen ihres Selbstverständnisses als Weltenherrscher bereit oder gar genötigt waren, grundsätzlich schrankenlos auszugreifen, sicher ausgeschlossen werden. Augustus hatte gezeigt, wie auch Kompromisse als Sieg und Verständigungen als Unterwerfung dargestellt werden konnten: Er stand unter keinem ideologischen Druck dieser Art.

Im Übrigen sind die Möglichkeiten großräumiger Planungen durch die bessere Landeskenntnis und den Ausbau militärischer Infrastruktur sicher gewachsen. Dasselbe muss aber auch für das Bewusstsein davon gelten, dass lange Verbindungslinien stärker gefährdet waren und dass kein Vorstoß nach Osten zu einer „natürlichen", leicht zu stabilisierenden Grenze führte. Diesen Ambivalenzen konnte man sich defensiver oder offensiver stellen. Der Kaiser mochte seine Meinung auch revidieren oder anderen Überlegungen den Vorzug geben. Er konnte es für nötig halten, umfassende Strategien zu entwerfen, oder auch nur auf wirkliche oder angenommene Bedrohungen reagieren: Grundsätzlich lässt sich (meist) ein sehr rational kalkulierendes Vorgehen beobachten, das eher weniger zu der These passt, die Führungskräfte hätten vornehmlich weit ausgreifende Pläne verfolgt.

Als Folge der *clades Lolliana* wurden die in Gallien stationierten Legionen dauerhaft an den Rhein vorverlegt. An den Mündungen der beiden wichtigsten Germanien nach Osten erschließenden Flüsse Lippe und Main entstanden die Lager *Castra Vetera* – Xanten und *Moguntiacum* – Mainz. Augustus selbst weilte zunächst mehrere Jahre in Gallien (16–13 v. Chr.). Im Jahre 12 v. Chr. eröffnete sein Adoptivsohn Drusus als Reaktion auf neuerliche „Germanen"-Überfälle die Offensive. Beim vierten Jahresfeldzug 9 v. Chr. erreichte er die Elbe. Auf dem Rückmarsch starb er an den Folgen eines Reitunfalls. Von ihm übernahm sein eilends nach Norden aufgebrochener Bruder Tiberius das Kommando, beendete im Jahre 8 v. Chr. den Krieg und konnte am 1. Januar 7 v. Chr. einen Triumph feiern. Der zeitgenössische Historiker Aufidius Bassus notiert, dass sich „zwischen Elbe und Rhein alle Germanen dem Tiberius Nero unterworfen" hätten.[19] Zentrale Achsen der Kriegführung und dann auch der Kontrolle waren die östlichen Nebenflüsse des Rheins und von der Nordsee aus vor allem Ems und Weser, schließlich ebenso die Elbe.

Die vom Militär geleisteten Pionierarbeiten in der Erschließung des Landes müssen gewaltig gewesen sein. Dazu kam die Anlage mächtiger Lager besonders an der Lippe (Oberaden; 8 v. Chr. wieder aufgegeben), aber auch kleinerer Vor- und Überwachungsposten wie dem, der kürzlich bei Hedemünden an der Werra entdeckte wurde.[20] Aus der militärischen Infrastruktur konnten sich aber mancherorts im Laufe der Zeit auch neue Zentren ziviler Nutzung entwickeln. Die Grabungsergebnisse in Haltern können das ebenso verdeutlichen wie der sensationelle Nachweis einer sich monumentalisierenden Siedlung in Waldgirmes.[21] Die zumindest partiell intensive wirtschaftliche Erschließung ist jüngst durch den Nachweis von Bleibergbau im Sauerland sichtbar geworden.[22] Die rechtsrheinischen Gebiete verblieben zwar unter dem Kommando des Statthalters von Gallien, nahmen aber immer mehr den Charakter einer eigenen Provinz an. Allenthalben lässt sich beobachten, dass die Römer es auch hier verstanden haben müssen, nach der Errichtung ihrer Herrschaft feindliche Stämme und Gruppierungen zum

Beispiel durch Umsiedlungen oder Vertreibung zu isolieren, vor allem aber weite Teile der Stammeseliten zu gewinnen: Arminius machte Karriere als römischer Offizier. Ohne Konflikte in diesen Völkerschaften ist das oft gewiss nicht verlaufen – und es blieb noch hinreichend Potenzial für antirömische Optionen. So waren Versuche des Statthalters L. Domitius Ahenobarbus um die Zeitenwende, in der cheruskischen Innenpolitik Einfluss zu nehmen, nicht erfolgreich, und M. Vinicius sowie Tiberius fochten Kämpfe seit 1 n. Chr. bis 5 n. Chr. aus, für die sie in Rom ausgezeichnet wurden; ihre Siege wurden zu solchen eines großen Krieges stilisiert (*bellum immensum*[23]). Eine wirkliche Erschütterung der römischen Machtposition war damit aber wohl nirgends verbunden.

Als gefährlich erschienen jene Stammesführer, die bei und mit den Römern gelernt hatten, wie diese ihre Kriege führten. Jedenfalls hielten es Tiberius und Augustus für angemessen, den zunächst mit den Römern verbundenen Markomannenkönig Marbod, der in Böhmen ein weit ausgreifendes Herrschaftszentrum errichtet hatte, in seine Schranken zu verweisen. Der gegen ihn vorbereitete Zangenangriff, bei dem erstmals gleichermaßen von Rhein und Donau aus operiert werden sollte, musste im Jahre 6 n. Chr. abgebrochen werden, weil ein Aufstand in Pannonien (Ungarn) die Aufmerksamkeit der Römer auf sich zog – und Marbod war klug genug, seine Chance zum Ausgleich zu nutzen.

Im Jahre 6 n. Chr. übernahm P. Quinctilius Varus die gallische Statthalterschaft und damit die Zuständigkeit für Germanien. Er war ein in heiklen Aufgaben erfahrener und mit dem Kaiserhaus eng verbundener Mann. Die schwer durchschaubare Überlieferung lässt nicht eindeutig erkennen, inwiefern er die römische Durchdringung der rechtsrheinischen Gebiete stark intensivierte oder nur im Wesentlichen weiterführte. Unklar ist trotz zahlloser Bemühungen der Forschung auch, was Arminius, einen Offizier seines Stabs, dazu bewog, drei römische Legionen in einen Hinterhalt zu locken. Höchstwahrscheinlich spielten hierbei Rivalitäten innerhalb des cheruskischen Adels eine große Rolle. Die Frage, wie man sich zur römischen Herrschaft stellte, war dabei gut geeignet, Loyalitäten zu binden. Für Arminius muss – vielleicht auf Grund der Beobachtung der Entwicklungen um Marbod – der Gedanke motivierend gewesen sein, sich auch außerhalb der römischen Oberhoheit etablieren zu können. Der Kampf um die „Freiheit" von den Römern war untrennbar mit dem Kampf um eine eigene Machtstellung verbunden. Jedenfalls gelang es ihm, indem er das in ihn gesetzte Vertrauen des Varus brach, im Jahre 9 n. Chr. in der Schlacht im Teutoburger Wald eine große römische Armee zu vernichten. Der Erfolg dieser Revolte wuchs sich zu einem Aufstand aus, der das Netz römischer Infrastruktur über die rechtsrheinischen Gebiete zerriss. Lager und Siedlungen mussten aufgegeben werden. Die Territorien, die seit den Feldzügen des Drusus gewonnen worden waren, gingen zum großen Teil verloren. Andererseits zeigte es sich für die Römer, die anfänglich auch um linksrheinische Gebiete sehr besorgt waren, dass diese zu keiner Zeit tatsächlich gefährdet waren.

Arminius' Erfolg beruhte nicht auf einem „gesamtgermanischen" Aufbegehren und führte auch nicht zu einer politischen Einheit. Der Verlust der römischen Herrschaft hatte vielmehr erbitterte Kämpfe zwischen den Stämmen und innerhalb ihrer Eliten zur Folge: Arminius selbst erlag später einem Anschlag von Verwandten. Dem zum dritten Mal an die Nordgrenze beorderten Tiberius gelang es, mit Hilfe neuer und verstärkter Legionen sich siegreich auch rechts des Rheins zu behaupten sowie vorgelagerte Stützpunkte neu zu befestigen. Ab 13 n. Chr. stieß dann Drusus' Sohn Germanicus in mehreren Feldzügen wieder weit nach Osten vor und stattete auch dem Ort der Varusschlacht einen Besuch ab. Die Römer verwüsteten große Gebiete und zentrale heilige Orte ihrer Gegner wie etwa der Marser, verzeichneten immer wieder Siege, ohne jedoch eine entscheidende Schlacht schlagen zu können. Umgekehrt liefen die aufwendig vorbereiteten Operationen, bei denen die Truppen sowohl über Land als auch mit der Flotte über die Flüsse weit in die Gebiete ihrer Feinde vorstießen, Gefahr, Schiffbruch zu erleiden oder in unwegsamem Gelände einem Hinterhalt zu erliegen: Im Jahre 15 n. Chr. entging der römische Feldherr Caecina nur knapp einer Situation, die dem Varus-Heer den Untergang gebracht hatte. Der als Augustus' Nachfolger im Jahre 14 n. Chr. zum Kaiser gewordene Tiberius (14–37 n. Chr.) zog aus solchen Beobachtungen die Konsequenz, dass man die „Germanen" der Dynamik ihrer internen Auseinandersetzungen (*internae discordiae*[24]) überlassen und das Risiko direkter Interventionen vermeiden sollte. Er berief Germanicus gegen dessen Willen von der Rheinfront ab und überhäufte ihn mit Ehren für die erfolgreiche Rache an den „Germanen" und deren Bezähmung, die – wie die Zukunft zeigte – in der Tat keine schwere Bedrohung mehr darstellten. Das war kein Verzicht auf die Eroberung der rechtsrheinischen Gebiete und Völker, sondern eine der Situation angemessene Entscheidung, die ohne Weiteres die Option enthielt, bei Bedarf jederzeit wieder militärisch einzugreifen. Germanien blieb unter römischer Beobachtung und Kontrolle, ohne dass man eine direkte Verwaltung errichtet oder Städte gegründet hätte: Die griechisch-römische Zivilisation konnte sich so nicht weithin verbreiten und einwurzeln.

Diese grundsätzliche Disposition schloss es nicht aus, dass Kaiser wie Caligula (37–41 n. Chr.) oder Claudius (41–54 n. Chr.), Germanicus' Sohn bzw. Bruder, Feldzüge gegen wirkliche oder vermeintlich gefährliche Gegner unternahmen und suchten, sich das Prestige eines „Germanen"-Siegers zu verschaffen. Im Allgemeinen blieb die Politik von abwägendem Kalkül bestimmt. In diesem Rahmen war es möglich, dass man am Oberrhein die Gebiete direkter Herrschaft in Phasen bis an den Neckar vorschob und damit fruchtbare Gegenden für „keltische" und römische Neusiedler erschloss, die vorher lange ungenutzt geblieben waren.

Das Verhältnis der Römer zu den Völkerschaften rechts des Rheins war weitaus differenzierter, als es deren Etikettierung als „Germanen" erscheinen lässt. Dieser Name sollte gefährliche Gegner bezeichnen, über die zu siegen als besondere Leistung galt und besonderen Ruhm verhieß. Wahrscheinlich hätten die meisten so genannten „Germanen" verständnislos auf die Frage reagiert, ob sie denn „Germanen" seien. Ein allgemeines „germanisches" Selbstbewusstsein ist nicht belegt, weil es in dieser Form nicht existiert hat. „Germanen" waren im Altertum im Wesentlichen eine römische Projektion.

Germanien zwischen Renaissance und Moderne

Uta Halle

Über die Entstehung der Gleichsetzung von Germanen und Deutschen sind zahlreiche wissenschaftliche Grundlagenwerke sowohl in der Sprachforschung als auch in der Archäologie verfasst worden, denn sie hängen untrennbar miteinander zusammen. Der Germanenmythos entstand am Übergang zwischen dem späten Mittelalter und der Frühen Neuzeit um 1500, eine Zeit, die mit den starken Veränderungen im Weltbild, Wissen und Alltag der begeisterten Wissensinteressierten und der innovativen Menschen in Europa auch zu Umgestaltungen in der Suche nach den geschichtlichen Wurzeln der Deutschen führte. Die Entwicklung des Buchdrucks trug wesentlich dazu bei, Kenntnisse zu verbreiten, und dies betrifft auch die Schriften des Tacitus. Durch inhaltliche Vergleiche mit mittelalterlichen Texten, zum Beispiel dem Werk „Gesta Hammaburgensis ecclesiae pontificum“ des Adam von Bremen (vor 1050–1081/1085), ist bekannt, dass dieser Tacitus' „Germania“ als Quelle benutzt hat.[1]

Im Kloster Hersfeld wurde in der Mitte des 15. Jahrhunderts eine aus dem neunten Jahrhundert stammende Handschrift der „Germania“ zusammen mit anderen Schriften des Tacitus entdeckt, 1508 nach Rom gebracht und dort noch einmal abgeschrieben. Die karolingische Handschrift ging danach verloren.[2]

Die Germanen im Werk der Humanisten

Bis zum Beginn der Frühen Neuzeit waren die Germanen als angebliche Ahnen der Deutschen im deutschen Sprachraum nicht bekannt. Einen Wandel brachte hier der Humanismus der Renaissance, mit dem die „Germania“ des Tacitus langsam Einzug in die Gelehrtenwelt hielt und zu einer tief greifenden Veränderung im Geschichtsbild führte.[3] Innerhalb der Jahrzehnte zwischen 1473 und 1519 dürften nach einer Schätzung ca. 6000 Exemplare der Germania verbreitet gewesen sein, von denen ein Großteil in deutschen Officien ge-

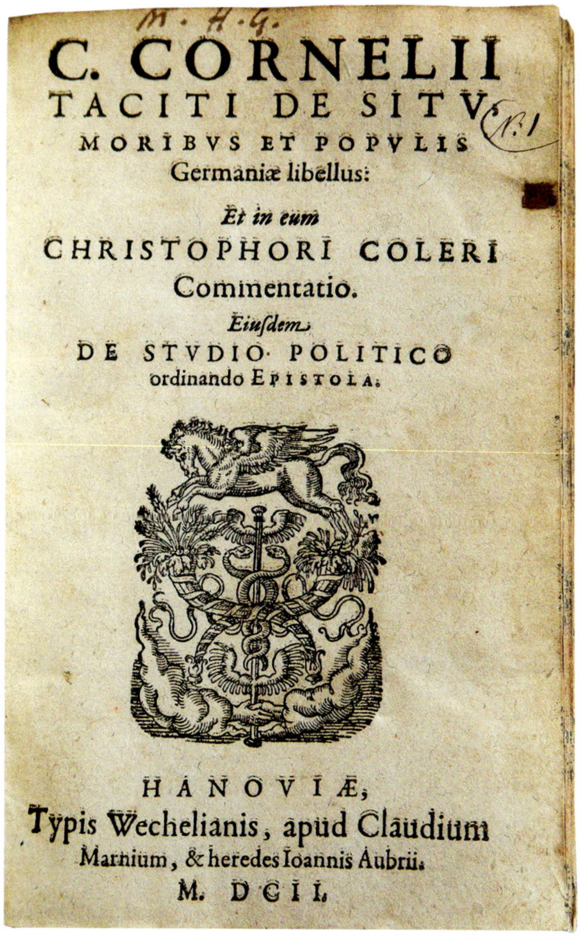

Innentitel der ältesten gedruckten Tacitus-Ausgabe der Staats- und Universitätsbibliothek Bremen.

druckt worden war.[4] 1519 kam die erste kommentierte Ausgabe von Beatus Rhenus (1485–1547) heraus. Der Humanist Ulrich von Hutten (1488–1526) trug mit seiner Schrift „Arminius" – die jedoch erst 1529, drei Jahre nach seinem Tod, erschien – wesentlich zur Entwicklung des deutschen Germanenkultes bei. Er beschrieb den Sieger der Varusschlacht als „ersten unter den Vaterlandsbefreiern", der „das römische Joch" abgeworfen und Germanien von der Fremdherrschaft befreit hätte. Noch war sein Text allerdings nur den Gelehrten zugänglich, denn er war in Latein abgefasst. Trotzdem begann mit der Renaissance ein Anwachsen des Wissens um die „heimisch/vaterländischen Altertümer", und zwar im Wesentlichen durch Beobachtungen bei Erdarbeiten. Schon in dieser frühen Phase werden die entdeckten archäologischen Quellen manchmal mit einer ethnischen Deutung verbunden, deutlich häufiger jedoch mit einer religiösen Zuschreibung versehen. Als Beispiel sei hier auf den Humanisten Nicolaus Marschalk (um 1470–1525) verwiesen, der 1510 Großstein- und Hügelgräber mit zwei historisch bekannten Völkern verknüpfte.[5] Rund 40 Jahre später erschien von Johannes Aventinus (1477–1534) die „Chronica von vrsprung, herkomen vnd thaten der vhralten Teutschen" und setzte damit die Bezeichnungen „Teutschen" und Germanen gleich. Diese frühen Veröffentlichungen stellten quasi den Startschuss für unzählige Werke der Sprachforschung, Volkskunde und Archäologie dar, die diese Gleichsetzung übernahmen.

Der Naturwissenschaftler Georgius Agricola (1494–1555) hingegen schrieb 1546 in seiner Veröffentlichung „De natura fossilium" über bei Lübben beobachtete vorgeschichtliche Brandbestattungen in Urnen: „Bei Lichte betrachtet, sind es Urnen, worin die alten Germanen, dem Christentum noch nicht zugewandt, die Asche der verbrannten Leichname aufbewahrten."[6] Damit verband Agricola die ethnische mit der religiösen Deutung.

Ähnlich wie im 16. Jahrhundert fanden die in Norddeutschland anzutreffenden Großsteingräber auch im frühen 17. Jahrhundert das Interesse der Gelehrten. Mit seinem 1604/1605 erschienenen Werk „Urbis Bremae typus et chronicon" gilt der bedeutende Kartograf und Historiker Wilhelm Dilich (1571–1655) als erster Gelehrter, der sie als „Monumenta giganteum" und als Wohnsitze der historisch überlieferten Chauken beschrieb. Damit versah er archäologische Denkmäler mit einer ethnischen Zuschreibung. Dilich gab seinem Werk eine Karte der Region zwischen Weser und Elbe hinzu, auf der auch ein Großsteingrab als Verzierung dargestellt ist.

Der Osning wird zum Teutoburger Wald

Nur wenige Jahre später begannen Gelehrte, nach dem Schlachtfeld der bei Tacitus beschriebenen kriegerischen Auseinandersetzung des Jahres 9 n. Chr. zu suchen. Philipp Cluverius (1580–1623) veröffentlichte 1616 sein Werk „Germania antiqua libri tres", das heute als „das erste Werk über germanische Altertumskunde" gilt.[7] In dieser Arbeit wurde die folgenschwere Umbenennung des bis dahin als „Osning" bekannten Mittelgebirgszugs in „Teutoburger Wald" festgeschrieben. Außerdem enthielt es erste Darstellungen der Germanen, allerdings in einer reichlich fantasievollen Bekleidung.

Der Dreißigjährige Krieg (1618–1648) führt zu einer Verzögerung in der vorwissenschaftlichen archäologischen Forschung. Erst gegen Ende des 17. Jahrhunderts begann sie aufs Neue und beschäftigte dann auch die namhaften Gelehrten der Zeit. Um 1691 untersuchte der Universalgelehrte Gottfried Wilhelm Leibniz die frühgeschichtliche Sprachgrenze zwischen den slawischen und germanischen Sprachen. Dabei wollte er auch die archäologischen Urnenfunde der Lüneburger Region berücksichtigen und fragte daher brieflich nach den Eigenschaften der dort gefundenen Grabkeramik.[8] Gleichzeitig war es zunächst eine Zeit des „Erwachens der Liebe zu den Altertümer(n)", die in den Wunderkammern der Fürstenhöfe gesammelt wurden. Es wird in einigen Veröffentlichungen zwar auf germanische Funde hingewiesen, aber diese ethnische Zuweisung erfolgte selten. Ein direkter Zusammenhang zwischen den archäologischen Quellen und der schriftlichen Überlieferung von Tacitus wurde nicht gesehen.[9]

Die Rassenforschung kommt hinzu

Erst im frühen 18. Jahrhundert erfolgte nicht mehr die allgemeine Gleichsetzung zwischen vorgeschichtlichen mit heidnischen Quellen, sondern mit der Veröffentlichung von Johann Georg Keyslers (1693–1743) „Antiquitates selectae septentrionales et Celticae“ (1720) wurde zwischen germanischen und keltischen Altertümern unterschieden und damit eine ethnische Zuschreibung vorgenommen. In der Mitte des 18. Jahrhunderts verfasste der Pfarrer von Geestendorf, das damals zum Kurfürstentum Braunschweig-Lüneburg gehörte, Martin Mushard (1699–1770), ein handschriftliches Manuskript über vorgeschichtliche Denkmäler der Region. Beide Schriften waren in der damaligen Wissenschaftssprache Latein verfasst und konnten deshalb nur von studierten Bürgern zur Kenntnis genommen werden, bei Mushards Schrift kam hinzu, dass sie auf Grund der nur handschriftlichen Überlieferung kaum bekannt wurde.

Die Idee, die gefundenen Skelettreste zur Untersuchung von angeblichen Rassenunterschieden zu verwenden, kam bis zum Ende des 18. Jahrhunderts nicht auf.[10] Erst die Arbeiten des schwedischen Carl von Linné (1707–1778) zur Systematisierung der Pflanzen- und Tierwelt und Immanuel Kants (1724–1804) „Über die verschiedenen Rassen der Menschen“ (1775) legten auch für die beginnende Anthropologie wichtige Grundlagen. Ferner erschien im gleichen Jahr die Schrift von Johann Friedrich Blumenbach (1752–1840), „De Generis Humanis Varietate Nativa“, für die der Autor auch Schädelvermessungen an menschlichen Knochen durchgeführt hatte. Damit entstand noch vor dem Beginn des 19. Jahrhunderts der wissenschaftliche Grundstock für die so genannte Rassenforschung in Deutschland.

Auch Johann Gottfried Herder (1744–1803) berief sich in seinem Werk „Ideen zur Philosophie der Geschichte der Menschheit“ auf die Germanen des Tacitus. Friedrich Klopstock (1784–1803) formte Arminius endgültig zum deutschen Helden um. Heinrich von Kleist (1777–1811) schrieb das Theaterstück „Die Hermannsschlacht“ und die Porzellanmanufaktur Fürstenberg nahm die ersten Germanenfiguren in ihr Sortiment auf. Diese werden als „ein Hinweis darauf, wie populär der Arminius- und Germanenmythos in der zweiten Hälfte des 18. Jahrhunderts war“, gedeutet.[11]

Bis zur Wende des 18. zum 19. Jahrhundert hatte sich die Gleichsetzung germanisch = deutsch schon in verschiedenen Wissenskulturen und in der populären Theater- und Opernkultur verfestigt. Sie wurde damit quasi zum Selbstläufer, zu dem im nachfolgenden Jahrhundert noch der überaus wichtige Faktor Nationalismus hinzukam.

Im Zeitalter des beginnenden Nationalismus

1815, zwei Jahre nach den Befreiungskriegen gegen Napoleon (1769–1821), kam die deutsche Übersetzung des lateinischen Werkes „Arminius“ von Ulrich von Hutten in den Handel. Damit fand ein wesentlicher Teil des Germanenmythos stärkeren Eingang in das Wissen der Bevölkerung. Ernst Moritz Arndt (1769–1860) beschwor mit Tacitus-Zitaten „den germanischen Gründungsmythos“, und „Turnvater“ Friedrich Ludwig Jahn (1778–1852) verfasste seine „Rede des Arminius an die Deutschen vor der Teutoburger Schlacht“.[12]

Die verstärkte Entwicklung der Ur- und Frühgeschichte erfolgte in einer Zeit des aufblühenden Nationalismus in weiten Teilen Europas. Zahlreiche Pfarrer, Apotheker, ehemalige Offiziere machten sich auf die Suche nach dem Schlachtfeld der Varusschlacht, denn die materielle Hinterlassenschaft der eigenen vorgeschichtlichen = germanischen Vergangenheit erlaubte Konstruktionen nationaler Größe und Geschichte. Die Varusschlacht wurde nun allgemein und vereinfachend „als Geburtsstunde der deutschen Nation“ gedeutet.[13] Die Laienforschung suchte nach dieser materiellen Kultur, und nationale Identität erhielt auf diesem Weg eine ur- und frühgeschichtliche Legitimation. Den Germanen galt deshalb das besondere Augenmerk der Heimatforschung im 19. Jahrhundert. Da sich schon seit dem 16. Jahrhundert die Umbenennung des Gebirgszugs „Osning“ in Teutoburger Wald durchgesetzt hatte, rückten bei der Suche nach dem Schlachtfeld das Fürstentum Lippe, das Ravensberger Land und das Weserbergland in den Mittelpunkt. Die Schlacht im Teutoburger Wald machte zahlreiche Lehrer, Offiziere, Pfarrer, Ärzte und Apotheker im und am Teutoburger Wald zu begeisterten Heimatforschern, die mit privaten finanziellen Mitteln Grabhügel, Urnenfelder, Wallanlagen archäologisch untersuchten, immer in der Hoffnung, dort Hinweise auf die Schlacht, vor allem

Rudolf Virchow (1821–1902) vermaß für anthropologische Analysen zahlreiche Schädel. Seine linke Hand umfasst einen Schädel, in der anderen hält er ein Craniometer.

aber auch zu den siegreichen Germanen und deren Kultur zu finden. Sie zeigten dabei oftmals viel Engagement, gute Kenntnis der Landschaft, legten archäologische Sammlungen an und brachten sie in Museen der Bevölkerung nahe. Als Beispiele sei hier nur auf die 1820 erfolgte Kartierung der Hügelgräber im Teutoburger Wald durch Wilhelm Tappe (1769–1823) verwiesen, die einzig durch die Suche nach dem Schlachtfeld zu Stande kam. 1823 wurde von der Königlichen Akademie der Wissenschaften in Göttingen eine Preisfrage zur genauen Untersuchung der „altgermanischen Grabhügel“ ausgelobt.[14]

Letztendlich stellte dieses Engagement einen ersten Schritt zur Verwissenschaftlichung der archäologischen Forschung dar, denn erste Urgeschichtsvereine wurden gegründet oder bestehende Geschichtsvereine durch eine zusätzliche Ausrichtung ergänzt. Bis zur Mitte des 19. Jahrhunderts waren sie „eine ausgesprochen elitäre Angelegenheit“.[15]

Ihre Arbeit erreichte aber nur selten eine wissenschaftlichen Standards genügende Professionalität. Trotzdem kam es um die Mitte des 19. Jahrhunderts zu einer Stärkung des „Germanischen“. Maßgeblich daran beteiligt waren die Gebrüder Wilhelm (1806–1848) und Ludwig Lindenschmit (1809–1893). Wilhelm Lindenschmit verfasste 1846 die Schrift „Räthsel der Vorwelt, oder: Sind die Deutschen eingewandert?“. 1848 erfolgte die Ausgrabung der Gebrüder Lindenschmit auf dem „germanischen Todtenlager“ von Selzen. Hier stellten sie eine Kontinuität zwischen den ausgegrabenen Skelettformen und den damaligen Menschen her und schrieben sie der „germanischen Raçe“ zu. Damit verstärkten die Altertumsforscher einen Zusammenhang der frühmittelalterlichen Reihengräberfriedhöfe mit einer vermeintlich germanischen Ethnie. Sie definierten die Grabbeigaben gleichzeitig als „germanisch“, so dass nachfolgend bei Ausgrabungen dieser Gräberfelder die Grabbeigaben immer als germanisch gedeutet wurden und wichtige Publikationen über deren wissenschaftliche Auswertung oftmals auch das Wort „germanisch“ im Titel trugen.

1852 war Ludwig Lindenschmit maßgeblich bei der Gründung des Centralmuseums für Vor- und Frühgeschichte für germanische und römische Altertümer in Mainz beteiligt und wurde dessen erster Direktor. Im gleichen Jahr wurde in Nürnberg das Germanische Nationalmuseum eröffnet.

Gleichzeitig erfolgten immer mehr Versuche mit Messungen am Schädel, um die Zugehörigkeit zu einer bestimmen Rasse festzustellen. Der Mediziner, Anthropologe und Politiker Rudolf Virchow (1821–1902) beschrieb 1869 seine Messung, die er in der „reichhaltigen Schädelsammlung“ in Kopenhagen durchgeführt hatte. Seine Untersuchungen führten ihn zu dem Ergebnis, dass die Langschädeligkeit (Dolichocephalie) nicht nur auf eine germanische Rasse beschränkt sei, sondern auch bei slawischen Völkern vorkäme. Durch Virchows Wirken konnte sich der Mythos einer angeblich überlegenen germanischen Rasse in der Anthropologie der zweiten Hälfte des 19. Jahrhunderts nicht durchsetzen.

Allerdings hatten mittlerweile auch andere das Thema „Rassekunde“, verbunden mit einer überbordenden Germanenschwärmerei, für sich entdeckt. Ein Vertreter dieses Zweigs war Joseph Arthur de Gobineau

(1816–1882), der sich eher literarisch mit den Rassentheorien befasste. Er vertrat die Theorie der arischen Grundrasse der Weißen sowie der Schädlichkeit der Rassenmischung und sah die letzten verbliebenen arischen Rassenkerne in Norddeutschland.[16] Über Gobineaus Bekanntschaft mit dem Komponisten Richard Wagner (1813–1883) kam seine Theorie in das Bayreuther Umfeld und von dort in ein völkisches, rassistisches Milieu.

Hermann und Germania – zwei Denkmale

Zahlreiche Veröffentlichungen aus der zweiten Hälfte des 19. Jahrhunderts zeigen, wie sehr die Varusschlacht, dieses historische Kriegsgeschehen, stärker als zuvor unzählige Menschen in ihrem Denken, aber auch in ihrem Handeln beeinflusst hat. So schrieb der Gymnasiallehrer Franz Babsch 1880: „Es ist eine in der Universalgeschichte ausgemachte Thatsache, dass mit dem blutigen Tage am Osning im sogenannten Teutoburgerwalde die Germanen ihren Anspruch auf die Weltherrschaft besiegelten." Mittlerweile hatte die Varusschlacht einen Gedenkort bekommen, das Hermannsdenkmal auf der Grotenburg bei Detmold, in der Region, die seit dem 16. Jahrhundert als Teutoburger Wald bekannt geworden war. Schon der Bau des Denkmals – das Lebenswerk des Bildhauers und Architekten Ernst von Bandel (1800–1876) – sollte nach den Befreiungskriegen von der napoleonischen Herrschaft für Deutschland ein Symbol nationaler Einheit und Freiheit von Unterdrückung schaffen. Das Monument wurde mit Spenden aus der Bevölkerung der verschiedenen Teile Deutschlands – allen voran der deutschen Fürsten – erbaut[17] und dabei eine Befestigungsanlage aus der vorrömischen Eisenzeit größtenteils zerstört.[18] Die Einweihung des Denkmals 1875 im Beisein des deutschen Kaisers Wilhelm I. (1797–1888), seiner Gemahlin und über 30 000 Teilnehmern stand noch ganz im Zeichen der Reichsgründung von 1871.[19] Mit Sonderzügen aus Berlin, Bremen, Frankfurt, Köln und Hannover kamen zahlreiche Vereine angereist, um sich den „verdinglichten Germanenkult" anzusehen.[20] Fortan fanden verschiedene Veranstaltungen am Denkmal statt, so beispielsweise die Gründung des Christlichen Vereins Junger Männer (CVJM) 1882, das Treffen der Antisemiten im Mai 1893 und die Kundgebung des Deutschen Sängerbundes 1924.[21] Gleichzeitig begann die Vermarktung des Denkmals durch unzählige Andenken, wie einem Krug aus Westerwälder Steinzeug mit einer aufgelegten Figur von Hermann dem Cherusker. Sie zeigt nicht den Hermann des Monuments, sondern einen in Fell gekleideten Germanen mit Trinkhorn. Anders hingegen die antisemitische Postkarte aus dem Jahr 1900, die zwar einen vergleichbaren blonden germanischen Recken zeigt, der mit schwingendem und blitzendem Schwert die Juden aus Deutschland verjagt, aber auch das fertig gestellte Hermannsdenkmal im Hintergrund.

Die Germania stellt das weibliche Sinnbild und damit das gegengeschlechtliche Pendant zur Arminiusfigur für die entstehende deutsche Nation dar. Erstmals dargestellt wurden germanische Frauen angeblich auf antiken Monumenten des Römischen Reichs. Dort besaßen sie eine überaus politische Funktion, denn eine trauernde wilde Germanin erhöhte den Triumph eines römischen Herrschers.[22] Wie ihr männliches Gegenstück wurde die Germania seit der Frühen Neuzeit zum weit verbreiteten Symbol.[23] Auch sie taucht in unzähligen Druckschriften, Flugblättern und Theaterstücken auf.[24] Sie wurde dabei ähnlich wie in der Antike als Jungfrau und Kriegerin wiedergegeben. Allerdings kommt gleichzeitig eine weitere Darstellung als Symbol der Reichsmutter und Herrscherin auf, und als solche erhielt sie auch ein wichtiges Monument. Das

Steinzeugkrug mit einer zeittypischen Hermannsdarstellung des 19. Jahrhunderts mit Fellbekleidung, Flügelhelm und Trinkhorn.

Antisemistische Postkarte mit der Darstellung eines Germanen, der die Juden aus Deutschland vertreibt. Im Hintergrund das Hermannsdenkmal.

Niederwalddenkmal bei Rüdesheim am Rhein krönt eine über zwölf Meter hohe Germania mit erhobener Kaiserkrone in der rechten Hand und aufgestelltem Schwert in der linken. Die Figur mit offenem Haar trägt einen Kranz aus Eichenlaub. Auf dem Brustpanzer ist der Reichsadler dargestellt. Auch dieses Denkmal wurde mit Spenden erbaut. Die Grundsteinlegung 1877 und die Einweihung 1883 erfolgen im Beisein des Kaisers.

Zwischen 1900 und 1922 gab es die Germania als Briefmarkenserie. Darauf ist sie mit gesenktem Schwert in der rechten Hand und mit einer Krone auf dem Kopf dargestellt. Durch die Langlebigkeit dieser Serie wurde das Germaniasymbol weithin bekannt.

Die beginnende Altertumsforschung mit der ur- und frühgeschichtlichen Archäologie bot umfassende Möglichkeiten der Germanenidentifikation. Die Verbreitung des Wissens über die Germanen erfolgte spätestens im 18. Jahrhundert durch die Popularisierung in den unterschiedlichen Forschungsbereichen, in der Philosophie, in der Sprachforschung und der beginnenden Anthropologie. Mit der Übernahme des Motivs der Varusschlacht in Theaterstücke, Musik und Literatur begann eine Diffusion aus der traditionellen Führungselite, dem aristokratisch-höfischen Milieu, in eine neu entstehende Elite, das Bildungsbürgertum. Mit der Einrichtung der Römisch-Germanischen Kommission in Frankfurt (1902), der Gründung der Altertumsverbände 1902, 1904 und der Berufung Gustaf Kossinnas auf die Professur für Deutsche Archäologie an die Berliner Universität entstand kurz nach der Jahrhundertwende ein großer Professionalisierungssprung.

Briefmarke mit der Germania.

Von Gustaf Kossinna zur NS-Archäologie

Dirk Mahsarski und Gunter Schöbel

Nachdem schon im 19. Jahrhundert der Mythos Germanien immer bedeutender für die entstehende Prähistorische Archäologie wurde, war es vor allem der Philologe und Professor der Deutschen Archäologie Gustaf Kossinna (1858–1931), der die junge Wissenschaft vom ausgehenden 19. Jahrhundert bis weit in die Weimarer Republik hinein prägte. Kossinna gilt allerdings gleichzeitig als „ein Wegbereiter der nationalsozialistischen Ideologie“[1].

Auf dem Weg zur Archäologie

Kossinna wurde 1858 als Sohn eines Gymnasiallehrers in Tilsit geboren. Er studierte in Göttingen, Leipzig, Berlin und Straßburg klassische und germanische Philologie. Sein akademischer Lehrer Karl Viktor Müllenhoff (1818–1884) begeisterte ihn in Berlin für die germanische und indogermanische Altertumskunde. Außerdem brachte ihn der Germanist Rudolf Henning (1852–1930) in ersten Kontakt mit archäologischen Funden. In Straßburg wurde Kossinna 1881 noch mit einer rein sprachwissenschaftlichen Arbeit über „Die ältesten hochfränkischen Sprachdenkmäler“ zum Dr. phil. promoviert. Danach schlug er eine Laufbahn als wissenschaftlicher Bibliotheksmitarbeiter ein, weil er sich davon ein sicheres Auskommen versprach. Nach Stellen an den Universitätsbibliotheken in Halle und Berlin arbeitete er von 1887 bis 1892 als Bibliothekar und Kustos an der Universitätsbibliothek Bonn. 1892 wechselte er an die Königliche Bibliothek Berlin.[2]

Seit Mitte der 1880er-Jahre begann Kossinna sich stärker für die Prähistorische Archäologie zu interessieren. Besonderen Einfluss auf seine Forschung hatten dabei die Schriften Otto Tischlers (1843–1891). Auch Friedrich Ratzels (1844–1904) ethnologische „Kulturkreislehre“ beeinflusste ihn. Sein großes Vorbild aber wurde der schwedische Reichsantiquar Oscar Montelius (1843–1921) mit seinen wegweisenden Konzepten und Methoden, der einer der einflussreichsten Archäologen seiner Zeit war. Dieses Interesse schlug sich deutlich in Kossinnas Publikationen und Briefwechseln mit Kollegen nieder, in denen die Archäologie einen immer größeren Anteil einnahm. Im April 1894 wählte er diese schließlich bewusst als seinen Arbeitsschwerpunkt; in seinem Merkbuch notierte er: „Ich beginne eindringliches Studium der vorgeschichtlichen Archäologie.“[3] Dabei frustrierte Kossinna immer mehr, dass andere Forscher sich den Germanen hauptberuflich widmen konnten, während er auf seine Stellung an der Berliner Bibliothek angewiesen war.[4]

Sein programmatischer Vortrag „Die vorgeschichtliche Ausbreitung der Germanen in Deutschland“, den Kossinna 1896 auf der 26. Allgemeinen Versammlung der Deutschen Gesellschaft für Anthropologie, Ethnologie und Urgeschichte in Kassel hielt, blieb zunächst eher unbeachtet. Erst allmählich und durch gezieltes Verteilen von Sonderdrucken konnte er die Fachwelt auf sich aufmerksam machen, wobei er archäologische und sprachwissenschaftliche Fragestellungen miteinander verband. In den folgenden Jahren gelang es Kossinna zunehmend, Anerkennung und Unterstützer zu gewinnen. So wurde ihm schließlich im Mai 1900 der Professorentitel verliehen und am 19. Juli 1902 wurde er zum außerordentlichen Professor für Deutsche Archäologie an der Universität Berlin ernannt.[5]

Die Vorgeschichte als Schule des archäologischen Denkstils

Schon Rudolf Virchow (1821–1902) hatte gegen die Meinung angekämpft, dass die Prähistorische Archäologie die „Wissenschaft des Irrelevanten" und die „Disziplin der Ungebildeten" sei. Allerdings ging es Virchow um eine umfassende Wissenschaft vom Menschen, die sich verschiedensten prähistorischen, historischen, ethnologischen und politischen Rahmenbedingungen widmen sollte. Er war daher auch nicht davon überzeugt, dass die Prähistorische Archäologie ein eigenes Fach an den Universitäten werden sollte.[6]

Kossinna und seine Mitstreiter entwickelten dagegen in der Beschäftigung mit der Vorgeschichte einen archäologischen Denkstil, der nachhaltigen Einfluss auf das Fach haben sollte. Ihre Vorstellung von Vorgeschichte basierte grundsätzlich auf der Annahme, dass die Welt in geografisch verschiedene Regionen der menschlichen Kultur unterteilt werden könnte, die sich jeweils durch bestimmte Wertvorstellungen, soziale Normen, Sitten und Gebräuche auszeichneten. Außerdem gingen sie von der Existenz von einzelnen Völkern und Volksstämmen als historische Größen und Trägern der Geschichte aus. Ergänzt wurde diese These durch die Annahme, dass unterschiedliche Völker auch klar unterscheidbare materielle Kulturen entwickelt hätten, die sich im archäologischen Befund deutlich niederschlügen. Damit untrennbar verbunden war die Differenzierung in höherwertige Kulturvölker und minderwertige Naturvölker, auch wenn diese Aufteilung nicht zwangsläufig und nicht von Anfang an eine rassebiologische Unterfütterung hatte. Diese Gleichsetzung von Kultur, ethnischer Gruppe und – schließlich – Rasse wurde dabei von Kossinna und seinen Mitstreitern als eine absolut gültige und unumstößliche Tatsache dargestellt. Eine kritische Auseinandersetzung mit dieser sehr vereinfachenden Gleichsetzung fand innerhalb der Archäologie kaum statt, weil der prägende Einfluss des Mythos Germanien mittlerweile zu stark etabliert war, trotz vereinzelter kritischer Stimmen wie Karl Hermann Jacob-Friesens (1886–1960) 1928 erschienener Studie über die „Grundfragen der Urgeschichtsforschung".[7]

Die Vorgeschichte stellte der Archäologie ein eigenes Inventar an wissenschaftlichen Methoden zur Deutung der Funde und Befunde zur Verfügung, indem Kossinna die siedlungsarchäologische Methode entwickelte und Anschluss an die methodologischen Entwicklungen aus dem skandinavischen Raum fand. Damit war die Prähistorie wesentlich besser in der Lage, Funde einzuordnen und zu datieren. Denn ausgehend von Montelius' Konzept des geschlossenen Fundes analysierte Kossinna die Verbreitung und das gemeinsame Vorkommen von Typen archäologischer Funde und führte die ethnische Fragestellung in die Forschung ein. Diese Konzentration auf die zuvor ausgeklammerte Frage nach Nationen und Völkern führte dazu, dass neue methodische Probleme auftauchten, zu deren Lösung Kossinna seine siedlungsarchäologische Methode entwickelte. Dabei schloss er von annähernd zeitgleichen, gemeinsam auftretenden Funden und ihrer geografischen Verteilung auf archäologische Kulturen und

Gustaf Kossinna war einer der prägendsten deutschen Archäologen und ein Wegbereiter des Nationalsozialismus.

die von ihnen besiedelten Räume, die so genannten Kulturprovinzen. Die Träger dieser Kulturen identifizierte er wiederum mit spezifischen Völkern. Seine klassische Formulierung dazu stammte aus einem 1911 veröffentlichten Aufsatz: „Scharf umgrenzte archäologische Kulturprovinzen decken sich zu allen Zeiten mit ganz bestimmten Völkern und Völkerstämmen."[8] Diese Völker ließen sich, so Kossinna, identifizieren, indem man die archäologischen Funde mit schriftlichen Quellen abglich. Ausgehend von möglichst frühen Überlieferungen könne dann die Entwicklung der ethnischen Gruppen zeitlich rückwärts verfolgt werden. Dabei vernachlässigte Kossinna die methodischen Probleme, die mit dem Konzept der ethnischen Deutung verbunden sind. So lässt sich an den archäologischen Funden normalerweise weder ablesen, welche Sprache prähistorische Personen gesprochen haben, noch welcher Gruppe oder Ethnie sie sich zugehörig fühlten. Zudem ließ die Vorgeschichte als Denkstil wenig Raum für einen Ideenaustausch und den damit verbundenen Technologietransfer zwischen Kulturen. Vielmehr wurden die meisten geografischen Veränderungen von Verbreitungsgebieten durch Migrationen, Eroberungen und Völkerverschiebungen erklärt. Darüber hinaus griff die Vorgeschichte schrittweise Darwins Arbeiten, sozialdarwinistische Ansätze und neuere Entwicklungen der Anthropologie und Rassenkunde auf. Ausgehend von der Suche nach der Herkunft der Germanen, die ihn überhaupt erst zur Prähistorischen Archäologie geführt hatte, begann auch Kossinna selbst, zwischen „schöpferischen Kulturvölkern" und „niederen Naturvölkern" zu unterscheiden. Dabei waren Völker nicht mehr ein Gemisch von unterschiedlichen biologischen Rassen, sondern ursprünglich reine, klar definierte Größen , die in der Folge immer häufiger mit ursprünglich unvermischten biologischen Rassen gleichgesetzt wurden. Die These einer von ihrer völkischen Reinheit abhängenden biologischen und kulturellen Überlegenheit der Germanen wurde zum zentralen Inhalt von Kossinnas Arbeit. Nicht umsonst nannte er eine seiner wichtigsten programmatischen Schriften: „Die deutsche Vorgeschichte – eine hervorragende nationale

Kossinna bei einem Ausflug der Gesellschaft für Deutsche Vorgeschichte mit Carl Engel und Hans Reinerth.

Wissenschaft“[9]. Die Prähistorie schloss sich damit auch zügig dem Komplex der Volks- und Kulturbodenforschung an und rezipierte darüber hinaus in starkem Maße Lebensraumkonzepte.[10]

Durch diesen Denkstil und die Konzentration auf die Germanen als die vermeintlich direkten Vorfahren der Deutschen wurde die Prähistorische Archäologie und ihr Forschungsgegenstand für Außenstehende greifbarer und verständlicher.

In einer ganzen Reihe von Publikationen entwickelte Kossinna das Fachgebiet weiter, und insbesondere seine Schriften „Die Herkunft der Germanen – Zur Methode der Siedlungsarchäologie“[11] und „Die deutsche Vorgeschichte – eine hervorragend nationale Wissenschaft“[12] wirkten nachhaltig auf die entstehende Disziplin ein.[13]

Daneben hatte Kossinna zusammen mit Hans Hahne (1875–1935) und anderen bereits 1909 mit der „Gesellschaft für Deutsche Vorgeschichte“ (GfDV) einen eigenen Fachverband gegründet. Hahne hatte bei Kossinna studiert und war ab 1912 als Direktor des Provinzialmuseums Halle der Preußischen Provinz Sachsen tätig.[14]

Kossinna und die völkische Bewegung

Kossinna gehörte verschiedenen Gruppen der völkischen Bewegung an. Diese war im Laufe des 19. Jahrhunderts im Umfeld des organisierten Nationalismus entstanden und umfasste deutschnationale und antisemitisch-rassistische Vereine, Parteien und weitere Gruppen und Individuen, die ab dem letzten Viertel des 19. Jahrhunderts durch eine rege publizistische Tätigkeit großen Einfluss auf die Öffentlichkeit im Deutschen Reich und in Österreich-Ungarn gewannen. Verlor die völkische Bewegung durch den Ersten Weltkrieg und die damit einhergehende Pressezensur zunächst an Einfluss, wurde sie zu Beginn der Weimarer Republik zur bestimmenden Größe im rechten politischen Spektrum. Ihre Wirkung verdankte sie dabei dem Umstand, dass sie einfache Antworten auf die Fragen nach den Ursachen der Niederlage im Ersten Weltkrieg und des anschließenden, von weiten Teilen der Gesellschaft als schmachvoll empfundenen Versailler Vertrages mit seinen empfindlichen Einschnitten liefern konnte. Gleichzeitig nährte die völkische Bewegung mit ihren Vorstellungen von der rassischen Überlegenheit der Deutschen die Hoffnung auf eine bessere Zukunft. Erst ab 1925 wurde sie vom Nationalsozialismus, der ursprünglich nur eine unter vielen völkischen Bewegungen war, teilweise aufgesogen, teilweise verdrängt.[15]

Kossinna selbst war spätestens seit 1896 Mitglied des Alldeutschen Verbandes, einer der einflussreichsten völkischen Gruppen des Kaiserreichs, zwischenzeitlich gehörte er auch dem Vorstand an. Darüber hinaus engagierte er sich in einer Vielzahl weiterer völkischer Organisationen, und auch die GfDV muss zur völkischen Bewegung gezählt werden. Dabei beschränkte er sich nicht auf passive Mitgliedschaften, sondern publizierte aktiv in den von diesen Verbänden geförderten Zeitschriften wie *Deutsche Erde* oder *Deutscher Volkswart*. Auch im *Mannus*, der Verbandszeitschrift der GfDV, warb er für einen seiner Beiträge im *Volkswart*. Folgerichtig wurde Kossinna 1928 Gründungsmitglied des vom NS-Chefideologen Alfred Rosenberg (1892–1946) geleiteten „Kampfbundes für Deutsche Kultur“. Außerdem gehörte er im November 1931 zu den Unterzeichnern eines Wahlaufrufes für Adolf Hitlers (1889–1945) angestrebte Wahl zum Reichspräsidenten.[16]

Der Anspruch, sich auf „unsere“, das heißt auf die deutsche Vergangenheit und Archäologie zu konzentrieren, trug wesentlich zur Durchsetzungskraft der Vorgeschichtsforschung bei. So gewann sie rasch an Ansehen, insbesondere in der völkischen Bewegung, denn sie konnte eine eindeutige Relevanz für national gesinnte Bildungsbürger vorweisen. Damit trat sie automatisch als jüngere Legitimationswissenschaft in Konkurrenz zur bisher vorherrschenden Klassischen Archäologie, konnte sich aber auch auf Kaiser Wilhelm II. berufen, der erklärt hatte, dass die Schulen junge Deutsche und nicht junge Griechen und Römer ausbilden sollten.[17]

Der Streit um den Goldschatz von Eberswalde

Besonders deutlich wird Kossinnas übersteigerte Vorstellung von der altgermanischen Kulturhöhe am Streit um den Goldschatz von Eberswalde. Dieser spätbronzezeitliche Hortfund mit einem Gewicht von 2,59 Kilogramm Gold wurde am 16. Mai 1913 bei Ausschachtungsarbeiten für ein Wohnhaus auf dem Gelände eines Messingwerkes in Finow, einem Stadtteil von Eberswalde, entdeckt. Der Direktor des Messingwerkes verständigte daraufhin Carl Schuchardt (1859–1943), der seit 1908 die Vorgeschichtliche Abteilung des Königlichen Museums für Völkerkunde in Berlin leitete. Schuchardt war neben Kossinna einer der einflussreichsten Archäologen der Zeit, wobei beide heftig miteinander konkurrierten. Schuchardt sichtete den Fund am 19. Mai und legte ein Fundinventar an. Vier Tage später wurde der Goldschatz vom Fabrikbesitzer, der zwischenzeitlich den Finder mit 10 000 Mark entschädigt hatte, Kaiser Wilhelm II. (1859–1941) vorgeführt und geschenkt. Schuchardt, der den Fund bei dieser Gelegenheit erläuterte, sorgte dafür, dass der Goldschatz noch einige Wochen in Eberswalde blieb, damit die Werksangehörigen ihn besichtigen konnten. Bereits am nächsten Tag hielt Schuchardt einen Vortrag über den Fund vor der Berliner Gesellschaft für Anthropologie, Ethnologie und Urgeschichte. Gleichzeitig nutzte Kossinna den kurzzeitigen Verbleib des Schatzes in Eberswalde, um ihn selbst am 24. und 28. Mai in Augenschein zu nehmen und fotografieren zu lassen. Bei dieser Gelegenheit ließ sich Kossinna auch vom Sohn des Werksbesitzers, der zu diesem Zeitpunkt dazu gar nicht mehr befugt war, das Recht einräumen, über den Fund als Erster wissenschaftlich zu schreiben. Außerdem unternahm er im Juni mit der Berliner Ortsgruppe der GfDV eine Exkursion zum Fundort und

Um den Goldschatz von Eberswalde, einen Depotfund aus der späten Bronzezeit, entfachte Kossinna einen heftigen Gelehrtenstreit.

hielt einen zusätzlichen Abendvortrag. Kurz danach wurde der Goldschatz allerdings ins Berliner Schloss überführt, bevor er im Frühjahr 1914 in der Vorgeschichtlichen Abteilung des Völkerkundemuseums ausgestellt wurde. An beiden Orten konnte Kossinna den Fund nicht wissenschaftlich untersuchen, während Schuchardt durch sein Vorgehen die Gunst des Kaisers zu gewinnen vermochte. Da Kossinna glaubte, eine rechtmäßige Publikationserlaubnis zu haben, und Schuchardt ausstechen wollte, erarbeitete er in nur zwei Monaten seine Publikation „Der Goldfund von Messingwerk bei Eberswalde und die goldenen Kultgefäße der Germanen“[18]. Darin ordnete er den Depotfund korrekt in den chronologischen und beziehungsgeschichtlichen Kontext der Bronzezeit Mitteleuropas ein und bemühte sich um eine kulturgeschichtliche Erklärung der Goldgefäße als Zeugnisse „uralter germanischer Kulturhöhe“. Gleichzeitig stellte er Schuchardt als Dilettanten dar und versuchte ihn lächerlich zu machen. Um dieses Buch vor Schuchardt fertig zu stellen, verzichtete Kossinna sogar darauf, sich an der Festschrift für den von ihm verehrten Montelius zu beteiligen. Schuchardts Arbeit zum Goldfund erschien erst Anfang 1914[19]. Aber noch 1913 verfasste Schuchardt, der bisher immer gelassen auf Kossinnas Angriffe reagiert hatte, eine scharfe Rezension zu Kossinnas Werk, in der er über dessen Missionseifer spottete, ihm Flüchtigkeitsfehler vorwarf und heftig kritisierte, dass Kossinna versucht hatte, Schuchardt zuvorzukommen. Obwohl Kossinna mit seiner fachlichen Kritik an Schuchardts Bearbeitung des Fundes zum Teil recht hatte, isolierte er sich durch die Schärfe seiner Angriffe an der Berliner Universität selbst.[20]

Der „Kampfbund für Deutsche Kultur“ und der Weg in den Nationalsozialismus

Hitler beauftragte Alfred Rosenberg (1893–1946), den so genannten „Chefideologen“ der NSDAP, 1927 mit der Entwicklung einer Gesellschaft für deutsche Kultur, die 1928 in München gegründet und einige Monate später in den „Kampfbund für Deutsche Kultur“ (KfDK) umbenannt wurde. Zu den Gründungsmitgliedern zählte neben Heinrich Himmler (1900–1945), Georg Strasser (1892–1934), den Verlegern Hugo Bruckmann (1863–1941) und Julius F. Lehmann (1864–1935) sowie Winifred Wagner (1897–1980) auch Kossinna. Der spätere Reichsminister für Erziehung Bernhard Rust (1883–1945) gehörte ebenfalls zu dieser Organisation, die sich sofort in allen Bereichen der Kulturpolitik für die NSDAP engagierte, ohne jemals offizielle Gliederung der Partei zu werden.[21]

Bereits im Januar 1928 trat Rosenberg auf Initiative Kossinnas an den Archäologen Hans Reinerth (1900–1990), Privatdozent an der Universität Tübingen, mit der Bitte um Mitarbeit im KfDK heran. Kossinna hatte Reinerth in den vorangegangenen Jahren wie ein Ziehvater gefördert und sah in ihm seinen Nachfolger. Deshalb ließ er ihn im folgenden Jahr auch zum stellvertretenden Schriftführer der GfDV wählen. Doch Reinerth zögerte zunächst noch mit einem Beitritt zum KfDK und antwortete trotz eigener völkischer Anschauungen nicht auf Rosenbergs Brief. Ein nächster, ziemlich distanzierter Kontakt zwischen Reinerth und Rosenberg fand zwei Jahre später im März 1930 anlässlich einer Beschwerde Reinerths wegen eines kritischen Artikels zu seinen Ausgrabungen im Federseemoor im *Völkischen Beobachter* statt. Erst fast zwei weitere Jahre später, im Dezember 1931, kam es zum Dammbruch: Reinerth wurde von Kollegen aus Württemberg beschuldigt, an einer Intrige um die Entlassung seines Institutschefs und Doktorvaters Rudolf Robert Schmidt (1882–1950) beteiligt gewesen zu sein. Seine wissenschaftliche Karriere war damit praktisch gescheitert; die Schuld dafür gab er den bestehenden Strukturen in der Archäologie. Kossinna starb im selben Monat. Es folgten Reinerths Eintritt in die NSDAP und den KfDK, der Ton seiner Briefe an Kollegen radikalisierte sich innerhalb weniger Tage. Noch 1931 bestätigte Rosenberg Reinerths Beitritt zum Kampfbund und dieser begann umgehend damit, das Engagement der Archäologen im KfDK zu organisieren, indem er eine Fachschaft Vorgeschichte aufbaute. Im März 1932 waren 20 Fachwissenschaftler, im Mai 1933 bereits 24 Hauptamtliche, 6 Nebenamtliche, 19 Studierende und 7 Freunde deutscher Vorgeschichte und Ende 1933 schließlich 70 Archäologen im Kampfbund organisiert. Mit Rosenbergs Unterstützung wurde Reinerth 1934 Kossinnas Nachfolger auf dem Berliner Lehrstuhl.[22]

Die Professionalisierung der Spatenwissenschaft

Susanne Grunwald

Ende 1899 eröffnete ein 18-jähriger Schüler einen hochkarätigen Briefwechsel mit der damals 71-jährigen Direktorin des Kieler Museums vorgeschichtlicher Altertümer, Johanna Mestorf. Mestorf (1828–1909) galt zu diesem Zeitpunkt als die Autorität schlechthin für die so genannte Nordische Altertumskunde, die Archäologie Nordeuropas, ohne je eine Ausgrabung durchgeführt zu haben. Gustaf Schwantes (1861–1960), so der Name des Schülers, hatte dagegen bereits mehrere Sommer lang Erfahrungen bei Ausgrabungen von Urnenfeldergräbern – metallzeitlichen Friedhöfen mit Brandbestattungen – gesammelt, die er gemeinsam mit seinem Bruder in Schleswig-Holstein unternommen hatte. 1940, Schwantes war nunmehr Professor für Ur- und Frühgeschichte und selbst eine wissenschaftliche Autorität wie seinerzeit Mestorf, beschrieb er die Archäologie zur Jahrhundertwende so: „Unsere Wissenschaft befand sich ja damals noch immer in dem herrlichen Stadium des Beginns. Sie wurde noch nicht an Universitäten gelehrt und alle Größen der damaligen Jahre wie ja auch Johanna Mestorf waren Autodidakten, die nur aus Liebe und eigener Berufung zu diesem Fach gelangt waren."[1] Tatsächlich etablierte sich die Prähistorische Archäologie in nur einer Generation, bis zum Beginn des Zweiten Weltkrieges, endgültig innerhalb der deutschen Wissenschaften; in allen deutschen Ländern arbeiteten ehrenamtliche und hauptamtliche Bodendenkmalpfleger, und 1942 wurde bereits an 25 ordentlichen und außerordentlichen Lehrstühlen Prähistorische Archäologie gelehrt.[2] Mehrere Ausgrabungen, die in diesem Zeitraum durchgeführt wurden, galten schon den Zeitgenossen als legendär und boten Anlass, Fragen der Ausgrabungspraxis als dem Kernstück der Archäologie intensiv zu diskutieren. Uns sollen sie helfen zu beleuchten, wie zwischen 1900 und 1930 in Deutschland ausgegraben wurde.

Dass sich archäologisches Expertentum bis um 1900 auch ohne Grabungserfahrung entwickeln konnte, ein Schüler dagegen eifrig Ausgrabungen unternehmen und sich mit einer berühmten Museumsdirektorin auf anregende Weise über Forschungsprobleme austauschen konnte, erscheint nur aus heutiger Sicht verwunderlich. Mestorf und Schwantes können vielmehr als die typischen Vertreter zweier aufeinander folgender Forschungstraditionen betrachtet werden. Mestorf vertritt die erste große archäologische Tradition in Deutschland, die im 19. Jahrhundert entwickelt und perfektioniert wurde. Die archäologischen Einrichtungen dieser Zeit waren Museen und Sammlungen und die wissenschaftliche Praxis der Generation von Mestorf bestand im Zusammentragen sowie der Verwaltung und Systematisierung archäologischer Funde. Auch noch der erste deutsche Professor für Urgeschichte, Gustaf Kossinna (1858–1931), hat selbst wohl nie Ausgrabungen durchgeführt. Bis zur Einrichtung von Denkmalschutzbehörden und universitären Lehrstühlen wurden die allermeisten Grabungen von Mitgliedern der zahlreichen Altertumsvereine und Mitarbeitern der ersten Museumssammlungen durchgeführt, die ihrer Ausbildung nach keine Archäologen waren, aber tatsächlich archäologische Forschung leisteten und deshalb hier trotzdem als solche bezeichnet werden. Ziel dieser Enthusiasten war bis ins frühe 20. Jahrhundert vorrangig der Erwerb von Fundgut und auch der

Genuss eines geselligen Abenteuers. Einmal in Ordnung gebracht, sollten anhand der Ausgrabungsfunde als Sammlungsbestände Aussagen über die Abfolge von Epochen, Kulturen und Völkern in einem Gebiet oder ganz Europa formuliert werden können. Durch diese Sammlungs- und Ausstellungspraxis wurde der Blick auf archäologische Fundplätze geprägt – ein interessanter Ausgrabungsort war lange Zeit ein ertragreicher, und die Vergrößerung der Sammlungen und dadurch die Darstellung detaillierter Entwicklungsfolgen durch Funde standen im Mittelpunkt des archäologischen Interesses. Vor diesem Hintergrund ist auch die Aufregung erklärbar, die der so genannte Goldschatz von Eberswalde 1913 in Fachkreisen und in der Öffentlichkeit auslöste. Bei Bauarbeiten für ein Wohnhaus wurden über 80 goldene Schmuckgegenstände und Gefäße entdeckt – der Traum nicht nur jedes Schatzsuchers, sondern auch jedes Sammlungsdirektors. Traditionell und zudem an solchen Zufallsfunden orientiert, waren die meisten Etats archäologischer Sammlungen noch lange allein für den Erwerb von Sammlungsstücken vorgesehen und nicht für forschende Ausgrabungen, so dass die finanzielle Unterstützung durch Einrichtungen der Wissenschaftsförderung für die Archäologie bald von essenzieller Bedeutung wurde. Carl Schuchhardt (1859–1943), Direktor der vorgeschichtlichen Abteilung im Berliner Völkerkundemuseum, konnte noch 1925 die ihm zugewiesenen Mittel nicht für die außerordentlich viel versprechende Ausgrabung des Burgwalls von Lossow (Brandenburg) einsetzen, da dessen Untersuchung monatelang dauern, lediglich Topfscherben und „vielleicht einige Eisengeräte“ erbringen und „durchweg rein wissenschaftlichen Feststellungen dienen“ würde. Dagegen würde allein die Ausgrabung von Gräbern „gutes Anschauungsmaterial“ liefern.[3] Mit Mitteln der Notgemeinschaft der deutschen Wissenschaft konnten dann zwischen 1926 und 1929 in Lossow doch Ausgrabungen stattfinden, und die so genannten Opferschächte, die dabei untersucht wurden, erregten in Fachkreisen allergrößte Aufmerksamkeit.

Ausgrabung in Lossow (Brandenburg) 1926. Blick über den 170 Meter langen Ost-West-Schnitt Richtung Osten. Im Vordergrund steht Vorarbeiter Lehmann an der so genannten Opfergrube 95 A, die über sieben Meter tief war und mehrere Lagen Rinderknochen enthielt.

Ausgrabung in Lossow (Brandenburg) 1927. Am 2. Oktober besuchten Mitglieder der „Gesellschaft für Deutsche Vorgeschichte“ die Ausgrabungen, die von Wilhelm Unverzagt und Alfred Götze geleitet wurden. Im Schnitt stehen der Vorarbeiter der Ausgrabung und im Mantel daneben Gustaf Kossinna.

Der Charakter der Ausgrabungen änderte sich in dem Maße, in dem die Debatte um die Durchsetzung des archäologischen Denkmalschutzes intensiviert wurde. Die Vereine sahen sich zunehmend als Sachwalter, als Schutzbeauftragte der Bodendenkmäler ihres Vereinsgebietes. Ausgrabungen dienten oftmals nicht mehr allein der Sammlungsvergrößerung, sondern nun immer stärker der Dokumentation eines gefährdeten oder in Zerstörung begriffenen Denkmals, denn allein eine Grabung konnte ein Maximum an Informationen über den Fundplatz erschließen. Der Erfassung, der Zeichnung und Beschreibung der Befunde erwuchs damit eine zunehmende Bedeutung, blieben doch nur sie und die Funde im Falle einer endgültigen Vernichtung des Befundes als Zeugnisse übrig. Der gesteigerte Dokumentationsbedarf erzwang auch eine Ausweitung der Ausgrabungszeit. Noch vor dem Ersten Weltkrieg berichteten Altertumsvereine in ganz Deutschland, dass ein Burgwall oder ein Grabhügel an einem einzigen Sonntagnachmittag untersucht und seine Beschaffenheit geklärt worden wäre. Aber nicht nur Rettungsgrabungen, sondern vor allem diejenigen Ausgrabungen, die bereits ursächlich reine Forschungsgrabungen waren, entwickelten sich schnell zu mehrjährigen Projekten. Der erwähnte Schuchhardt grub 1908, 1909 und 1911 auf der Römerschanze bei Potsdam-Sacrow, einer während der späten Bronzezeit errichteten befestigten Siedlung mit frühmittelalterlicher Nachnutzung.

Mehr noch als die Denkmalschutzdebatte beeinflusste aber die Forschung selbst die Art und Weise, wie Fundplätze untersucht wurden. Besonders von der Arbeit der Reichslimeskommission gingen zahlreiche Impulse aus. Seit 1892 dokumentierten Archäologen systematisch den Verlauf des Obergermanisch-Rätischen Limes zwischen Rheinbrohl und Eining bei Regensburg mitsamt seinen Kastellen und führten Ausgrabungen an einzelnen Abschnitten durch. Bei den Ausgrabungen im Römerlager Haltern in Westfalen ab 1899 erkannten Schuchhardt und weitere Archäologen das, was Schuchhardt später „dies kleine Mittel" nannte, das Pfostenloch.[4] Zeitgleich erkannte Wilhelm Soldan (1842–1905) eben dadurch im Bereich des Limesabschnittes Höhr-Schweighausen im Westerwald eine deutlich ältere Siedlung. Auf mehr als vier Hektar rekonstruierte er ab 1899 zahlreiche Gebäude einer großen hallstattzeitlichen Siedlung, indem er Pfostenlöcher zu Gebäudegrundrissen zusammenfassen konnte.[5] Unter günstigen Bodenverhältnissen ist die Grube, die für einen Pfosten einstmals ausgehoben wurde, noch Jahrhunderte, ja Jahrtausende später durch eine Bodenverfärbung nachweisbar. Sobald das Pfostenloch als Zeichen vergangener Baustrukturen erkannt und anerkannt worden war, eröffnete dieses „kleine Mittel" der bis dahin vor allem auf die gegenständliche Überlieferung aus Gräbern orientierten Archäologie eine neue Dimension. Bis zu Beginn des 20. Jahrhunderts hatte noch die Überzeugung geherrscht, dass Bauten ohne Steinarchitektur archäologisch gar nicht nachweisbar wären. Fragen nach prähistorischen Gebäudeformen oder den Mauertypen der zahlreichen bis dahin bekannten befestigten Siedlungen, den so genannten Burgwällen oder Heidenschanzen, spielten deshalb in der Archäologie kaum eine Rolle. Nach der „Entdeckung des Pfostenlochs" aber schien die Lokalisierung und Rekonstruktion von antiken Wohngebäuden, Tempeln und Verteidigungsanlagen auf einmal möglich, und Ausgräber wie Schuchhardt förderten mit ihren Ausgrabungsberichten die Erwartungen an die nunmehr moderne Archäologie. Voller Begeisterung schrieb er über seine Untersuchungen an der Römerschanze: „die Spuren dieser Holzbauten waren so deutlich erhalten, zeigten eine so sorgfältige und regelrechte Bauart, wie ich sie bisher selbst bei römischen Anlagen kaum kennengelernt hatte. Man konnte den Wallbau rekonstruieren, zwei Tore im Grundriss erkennen und ein Haus völlig übersehen. Vor allem konnte man klar scheiden zwischen den zwei Bau- und Ansiedlungsperioden, der ‚vorslawischen' und der ‚slawischen'. Sie schieden sich beim Wall, bei den Toren, bei den Häusern und es war an den Grundrissspuren, den verschobenen Pfostenlöchern sowie an den Schuttschichtungen deutlich zu erkennen, wie das eine auf das andere gefolgt war."[6]

Ausgrabungen wie die auf der Römerschanze machten deutlich, dass größere Ausgrabungsflächen geöffnet werden mussten, wollte man Gebäudespuren entdecken. Albert Kiekebusch (1870–1935), Leiter der vorgeschichtlichen Abteilung im Märkischen Museum in Berlin, verknüpfte diese Erkenntnisse der jüngsten Siedelungsforschung, wie er sie nannte, mit einem neuen Ausgrabungsdesign: „Wir wollen nicht nur wissen, wie unsere Vorfahren begraben wurden. Mir lag weit mehr daran zu erfahren, wie sie gelebt und gewohnt haben."[7] Kiekebusch spielte damit auf die große Tradition der Gräberfeldausgrabungen an, die unter anderem mit der Ausgrabung des „germanischen Todtenlagers bei Selzen", einem fundreichen frühmittelalterlichen Gräberfeld bei Mainz, 1845 begonnen hatte. Der Ausgräber Ludwig Lindenschmit (1809–1893), Mitbegründer und erster Konservator des Mainzer Altertumsvereins, glaubte mit den Grabfunden von Selzen beweisen zu können, dass Germanen als die ältesten Bewohner Europas zu gelten haben. Durch Münzfunde konnte er die Gräber der Merowingerzeit zuweisen.[8] Der frühen archäologischen Forschung war damit ein wegweisendes methodisches Beispiel für die Datierung von Fundkomplexen gegeben, auch wenn Lindenschmit hinsichtlich der ethnischen Deutung die Aussagekraft ihrer Quellen überstrapazierte. Bald erfolgten überall Ausgrabungen an ähnlichen reichen Gräberfeldern, die datierbar waren, die Sammlungsbestände erweiterten und eine willkommene ethnische Ansprache als „germanisch" oder „deutsch" zu erlauben schienen.

Die Siedlungsforschung blieb dabei, so Kiekebusch im Rückblick, unterentwickelt. Um so größer war die Herausforderung, als er von 1910 bis 1914 mit einer Notgrabung den Bau der so genannten „IV. Städtischen Irrenanstalt" in Berlin-Buch begleitete und auf einer Ausgrabungsfläche von etwa 30 000 Quadratmetern mehr als 100 jungbronzezeitliche Hausgrundrisse lokalisieren konnte. Ausgangspunkt seiner Untersuchungen war die „Herstellung eines ‚Planums', einer ebenen Fläche", auf der „die einzelnen Fundstellen möglichst deutlich in Erscheinung treten und sich zugleich zu einem Ganzen einfügen". Um die Siedlung rekonstruieren zu können, interessierte sich Kiekebusch vor allem für Pfostenlöcher sowie Vorrats- und Abfallgruben: „Alles, was ursprünglich auf dem Platze angelegt war oder etwa nach dem Zusammenbruch der Häuser liegen geblieben ist, darf nicht entfernt, ja nicht einmal berührt werden"[9], womit Kiekebusch Herdstellen, Hausversturz und alle Arten von Siedlungsresten wie Keramik und Knochen meinte. Alle Bodenbefunde wurden anschließend vermessen und ihre Ausdehnung und Form auf eine Planzeichnung maßstabsgerecht übertragen. Die Untersuchung der einzelnen Bodenbefunde erfolgte schließlich nach der „dänischen Methode", wie sie Kiekebusch nannte: Der Befund wurde geteilt und die eine Hälfte wurde sorgfältig abgehoben, „um den senkrechten Schnitt zu erlangen"[10]. Alle dabei gemachten Funde wurden eingemessen und gesammelt und das entstandene Profil gezeichnet. Kiekebusch ließ die verbliebene Hälfte der Pfostenlöcher meist stehen, um Grundrisse rekonstruieren zu können; Gruben wurden in der Regel vollständig abgetragen. Noch anschaulicher als die Reihen von Pfostenlöchern, die sich zu Grundrissen zusammenfassen ließen, vermittelten die so genannten Pfahlbauten neolithischer und bronzezeitlicher Seeuferrandsiedlungen im Alpenraum dank günstiger Überlieferungsbedingungen, wie prähistorische Menschen gelebt hatten. Die kompletten Holzfußböden unzähliger Hausplätze sowie Reste von Palisaden zeigten ein überaus anschauliches Bild der damaligen Wohnverhältnisse. Die Ausgrabungen, die ab 1919 in Süddeutschland unter anderem im Federseemoor bei Bad Buchau und am Bodensee von Mitarbeitern des Urgeschichtlichen Forschungsinstituts Tübingen durchgeführt wurden, waren sowohl von methodischer als auch fachpolitischer Bedeutung für die deutsche Archäologie. Nicht nur wurden großflächig hölzerne und keramische Siedlungsreste geborgen, sondern auch Methoden der Botanik, Zoologie, Holzbestimmung, Molluskenforschung, Anthropologie, Luftbildarchäologie und Geologie eingesetzt, um weitere Datenarten zu erheben und auszuwerten.[11]

Spektakuläre Ausgrabungen wie in Süddeutschland oder bei Berlin machten nicht nur die Archäologie populär, sondern legten eine methodische Beweisführung vor, die eine Welle von Siedlungsgrabungen nach sich zog. Gleichzeitig zeigten sie deutlich, dass solche aussagekräftigen Forschungen erhöhte Kosten und längerfristige Ausgrabungen verursachten und zu weit reichenden Nacharbeiten führten. Vor allem lieferten Großgrabungen mit ihren reichen Ergebnissen auch oftmals Berge von Funden. Sie mussten gereinigt, inventarisiert, ausgewertet und für spätere Forschungen gelagert werden, wodurch neue Folgekosten entstanden. Ende der 1920er-Jahre erbrachte beispielsweise die mehrjährige Ausgrabung der befestigten frühmittelalterlichen Siedlung Köllmichen (Sachsen) 30 Zentner Scherben, für deren Aufarbeitung der Ausgräber seinerzeit weder Finanz- noch Personalmittel mobilisieren konnte. Dieser unbefriedigende Aufarbeitungsstand gilt für zahlreiche der berühmten Siedlungsgrabungen der ersten Hälfte des 20. Jahrhunderts; auch die Funde der Ausgrabungen in Berlin-Buch konnten erst zu Beginn des 21. Jahrhunderts vollständig ausgewertet werden.

Vor allem aber stellte sich die Frage nach Mitarbeitern, nach Fachleuten auf neue Art. Bei den meisten Ausgrabungen übernahmen bezahlte Hilfskräfte oder unbezahlte Schüler aus der unmittelbaren Nachbarschaft der Ausgrabungsstelle die Erdarbeiten. In Berlin-Buch arbeitete Kiekebusch mit Gärtnern, „Hilfskräften also, die von Berufs wegen mit dem Spaten umzugehen verstanden“ und die er sich zu „denkenden Helfern heranbildete“.[12] Solche Hilfskräfte legten unter Aufsicht der Archäologen Schnitte an oder ganze Flächen frei und transportierten das Erdreich ab. Die Entscheidung, wie tief zu graben sei, welche Befunde genauer und auf welche Art untersucht werden sollten, oblag den Archäologen, ebenso meist die Aufsammlung und Archivierung der gemachten Funde. Doch zwischen 1900 und 1930 änderte sich allmählich die Zusammensetzung der Grabungsmannschaften auf zahlreichen Ausgrabungen. Immer öfter nahmen Studierende der Altertumswissenschaften an Ausgrabungen teil, um die Ausgrabungspraxis von erfahrenen Fachleuten zu lernen. Offensichtlich kamen diese Praktika durch persönliche Empfehlungen unter Kollegen zu Stande und die erfolgreiche Grabungsteilnahme konnte zur neuerlichen Empfehlung bei anderen Experten führen. Nicht nur wurden dabei Kenntnisse über das regionale archäologische Material und die Befundverhältnisse vermittelt, sondern auch eine Form wissenschaftlichen Selbstverständnisses. Ein neues Berufsbild des Archäologen entstand, in dem der ausgebildete Fachmann mit konkreten Forschungsfragen und Schutzauftrag dem begeisterten Vereinsmitglied gegenübergestellt wurde.

Neben solchen Ausgrabungsbeteiligungen boten auch immer häufiger Vertreter aus Museen Lehrveranstaltungen an, um den Mangel einer universitären Ausbildung zum Archäologen zu kompensieren. Kiekebusch führte für Studenten wie Dozenten und Mitglieder von Altertumsvereinen praxisorientierte Lehrveranstaltungen durch, wie die seit 1915 im Märkischen Museum organisierten „Siedlungsarchäologischen Übungen und Studien“, und ermöglichte Studenten die Teilnahme an Ausgrabungen. Außerhalb seiner Dienstzeit bot er Fundplatzbegehungen und Bestimmungsübungen für Interessierte an.[13]

Noch 1930 wurde nur an zwei deutschen Universitäten Prähistorische Archäologie gelehrt, in Marburg an einem ordentlichen Lehrstuhl und in Berlin an einem außerordentlichen, damals allerdings vakanten Lehrstuhl. An insgesamt 14 Universitäten konnte man aber die Doktorprüfung in Prähistorischer Archäologie ablegen bei Dozenten beispielsweise der Völkerkunde oder bei Privatdozenten, die an Museen der Universitätsstadt als Archäologen arbeiteten. „Daß eine solche Vertretung für eine Wissenschaft völlig unzureichend ist, liegt auf der Hand“, befand 1930 Martin Jahn (1888–1974), damals Museumskustos am Schlesischen Museum für Kunstgewerbe und Altertümer und Privatdozent an der Universität in Breslau.[14]

Schon vor dem Ersten Weltkrieg war deutlich geworden, wessen die Archäologie bedurfte, um Wissenschaft sein zu können: gesetzlichen Schutz, gut ausgebildete Fachleute und schließlich die Gewährleistung einer ausreichenden Finanzierung. Um aber die Unterstützung des Gesetzgebers, der Öffentlichkeit und der Wissenschaftsförderung zu gewinnen, musste die Archäologie den Eindruck von lustvoller Schatzjagd und hochspekulativem Abenteuer überwinden – 1912 sprach man nicht nur an der Preußischen Akademie der Wissenschaften in Berlin noch von der „Prähistorie und germanischen Archäologie“ als von einem „zukunftsreichen, aber vorläufig noch recht unsichern Boden“.[15] Bis 1930 wurden dann in einem sehr kurzen Zeitraum grundlegende methodische Orientierungen vollzogen, die der deutschen Archäologie Anerkennung und Lob einbrachten. Um jedoch die Institutionalisierung des Faches weiter voranzutreiben und die Unterstützung durch Gesetzgeber und Forschungsförderung zu sichern, überschritten viele Fachvertreter zwischen 1933 und 1945 vielfach und ganz bewusst den Rahmen dessen, was methodisch machbar und moralisch vertretbar war. Sie präsentierten eine politisch opportune Archäologie, die zur Ausformulierung von völkischen Herrschaftsansprüchen beitrug. Das „herrliche Stadium des Beginns“ gehörte damit endgültig der Vergangenheit an.

Germanien – Auf der Suche nach Belegen

Archäologen wie Laienforscher suchen seit dem Ende des Ersten Weltkrieges verstärkt nach Belegen für eine vermeintliche Kulturhöhe der Germanen. Die Nationalsozialisten greifen diese Suche zur Stützung ihres eigenen Weltbildes auf. Mit ihrer Machtübernahme 1933 verbessern sie die Finanzen und das Ansehen der Archäologie. Die Universitäten richten neue Lehrstühle ein, die Bodendenkmalpflege wird ausgebaut. Selbst in der NSDAP entstehen entsprechende Forschungseinrichtungen. Die fachlich besten Archäologen der damaligen Zeit führen reichsweit Ausgrabungen mit modernsten Methoden durch. Als überzeugte Nationalsozialisten versuchen sie, die Ursprünge und Kulturhöhe der Germanen bis in die Steinzeit zurückzuverfolgen. So wollen sie eine kontinuierliche Ahnenfolge über die Jahrtausende belegen.

Nationalsozialisten und Archäologie

Uta Halle

Es entspricht dem allgemeinen Bild, dass Wissenschaftler und Forscher in Diktaturen nicht frei in ihrer Arbeit und ihren Zielen sein können, sondern unter dem Druck der Machthaber ihre Forschungsergebnisse anpassen oder gar verfälschen müssen. Durch diese Vorstellung entsteht der Eindruck von missbrauchten Wissenschaftlern. In Deutschland setzte sich bald nach dem Ende der NS-Diktatur eine fatale Umdeutung durch, nämlich die Unterscheidung zwischen „Nazi-Verbrechern" und „missbrauchten Deutschen".[1] Diese Trennung führte dazu, dass die Deutschen „sich nun auch als Opfer Hitlers" fühlen konnten, und diese veränderte Gefühlslage nahmen besonders die Archäologen für sich in Anspruch.[2] So entwickelten sie nach 1945 die Legende von einer erzwungenen germanischen Forschung im Nationalsozialismus, eine Rechtfertigung, die bis in die 1990er-Jahre hervorragend funktionierte. Seitdem hat eine jüngere Forschungsgeneration diese apologetische Legende entlarvt und aufgezeigt, wie sehr die Archäologen zum Funktionieren des NS-Staates beigetragen haben: Sie gaben den Politikern Ausgrabungen und Forschungsideen zu Germanien bzw. ab 1938 für Großgermanien vor. Dazu benötigten die Fachwissenschaftler die Unterstützung und Finanzierung durch Partei und Staat. Deshalb ist es unabdingbar, einen Blick auf die Haltung der wichtigsten Politiker der NSDAP zur Vorgeschichtsforschung und zu den Germanen zu werfen.

Im „ABC der Volkstumskunde" aus dem Jahr 1936 heißt es: „Von den Ergebnissen der neubelebten Bodenforschung erwarten wir insbesondere einen tieferen Einblick in die Entstehung unseres Volkes aus glaubensnahen und artverwandten rassischen Elementen unter vorbildlicher Führung der nordischen Herrenschicht." Dieses Zitat eines „Vordenkers völkisch inspirierter Großdeutschlandideologie"[3], des Volkstumssoziologen Max Hildebert Boehm (1891–1968), verdeutlicht, dass die Forschung zur Vorgeschichte der Germanen im Mittelpunkt des nationalsozialistischen Interesses stand. Sie war Teil der Kulturpolitik, die schon seit 1871 in der föderalen Reichsstruktur Ländersache war und dies auch im Nationalsozialismus blieb. Vorgeschichtsforschung vollzog sich daher länderspezifisch und in starker Abhängigkeit von regionalen politischen und wirtschaftlichen Konstellationen. Die Germanenforschung bewegte sich im Spannungsfeld zwischen zwei politischen Parteiorganisationen – dem „Amt Rosenberg" und dem „SS-Ahnenerbe" – einerseits sowie den traditionellen Forschungsträgern in den Museen, Universitäten und den entstehenden Landesämtern für Archäologie andererseits. Wissenschaftliche Arbeiten in der Ur- und Frühgeschichtsforschung unterlagen auf Grund ihres hohen ideologischen Stellenwertes der Gefahr der Inanspruchnahme und des Missbrauchs durch die Politik, und das Fach gilt zu Recht neben Volkskunde, Rassenkunde und Anthropologie als Schüsselfach oder „weltanschauliche Grundwissenschaft" der NS-Zeit[4]. Dafür gab es mehrere Gründe:

- Die „hervorragende nationale Wissenschaft" (Gustaf Kossinna) verlegte „den Ausgangspunkt für die geschichtliche Entwicklung unseres Erdteils in die mitteleuropäische Urheimat unseres Volkes".

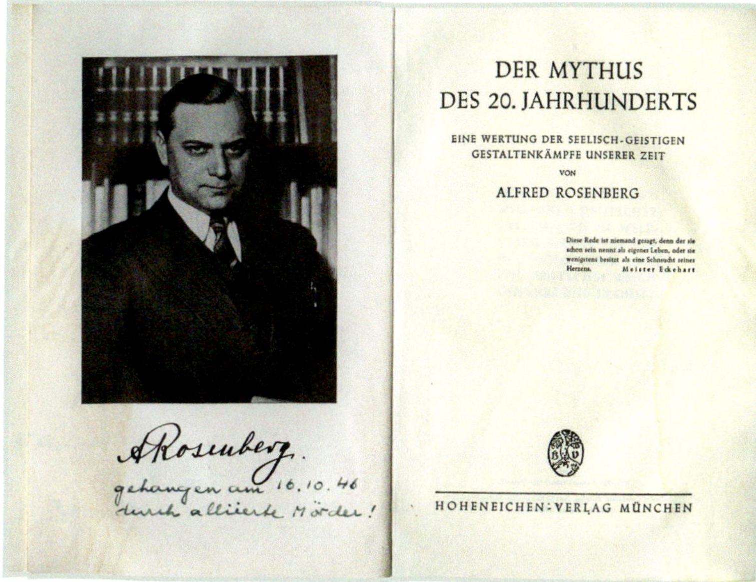

Frontseite aus der Veröffentlichung von Alfred Rosenberg mit Porträtfoto und einer handschriftlichen Bemerkung des Buchbesitzers nach dem Todesurteil im Nürnberger Prozess.

- Die germanische Völkerwanderung, die seit der zweiten Hälfte des 18. Jahrhunderts zunächst in den Geschichtswissenschaften behandelt wurde und seitdem auch in das Allgemeinwissen des Bildungsbürgertums eingesickert war, berührte zudem weite Bereiche Europas zwischen Frankreich und dem Ural sowie zwischen Skandinavien und Nordafrika. Die Nationalsozialisten behaupteten nun, die europäische Entwicklung hätte im germanischen Deutschland begonnen und sich von dort in alle Himmelsrichtungen ausgebreitet. Insofern lieferten nach ihrer Meinung germanische archäologische Quellen die wissenschaftliche Legitimation für das Expansionsstreben des NS-Reichs.
- Außerdem konnte das Fach der viel diskutierten „herkömmlichen Unterschätzung der Kulturhöhe unserer germanischen Vorfahren" entgegenwirken. Es bildete dadurch ein bedeutsames wissenschaftliches Korrektiv gegenüber dem damals weitverbreiteten Germanenbild, das eher dem angeblich unkultivierter, primitiver Völker entsprach, also einem Volksbild, das die Nationalsozialisten zur Ausrottung vorgesehen hatten.[5]

Auch wenn in einer Denkschrift zur Vorgeschichtsforschung aus dem Zeitraum Ende 1938 bis August 1939 ausdrücklich darauf hingewiesen wurde, dass „schon in den Anfängen der nat.soz. Bewegung die Bedeutung der germanischen Vor- und Frühgeschichte für die politische und weltanschauliche Erziehung erkannt (wurde)", so muss festgestellt werden, dass diese Aussage so nicht zutrifft.[6] Das Verhältnis der führenden Nationalsozialisten zur Vor- und Frühgeschichte war vielmehr maßgeblich durch die Lektüre populärer antisemitischer und völkischer Schriften des ausgehenden 19. und beginnenden 20. Jahrhunderts, durch Romane wie zum Beispiel Felix Dahns „Kampf um Rom" und germanische Sagen beeinflusst worden. Mit den wissenschaftlich-methodischen Instrumentarien der Geschichtsforschung und hier im Speziellen mit der archäologischen Methodik hatten sich die NS-Machthaber vor 1933 anscheinend gar nicht oder kaum auseinandergesetzt. Auch sind in der Frühphase der NSDAP kaum Kontakte zwischen ihnen und Fachwissenschaftlern nachweisbar, obwohl verschiedene Archäologen am Marsch auf die Feldherrenhalle in München teilgenommen haben und dabei direkt mit den führenden Nationalsozialisten in Kontakt gekommen sein könnten.[7]

Drei NS-Ideologen haben sich besonders intensiv mit der germanischen Vorgeschichte und ihrer Bedeutung für die NS-Politik befasst: Alfred Rosenberg, selbst ernannter Chefideologe der NSDAP und als solcher zuständig für die ideologische Erziehung der Bevölkerung, Heinrich Himmler, „Reichsführer" der verbrecherischen Schutzstaffel (SS) und Chef der Deutschen Polizei, sowie Adolf Hitler selbst, „Führer und Reichskanzler" und mächtigster Mann im NS Staat.

Alfred Rosenberg (1893–1946)

Alfred Rosenberg stand dem Germanentum und der Vor- und Frühgeschichtsforschung äußerst positiv gegenüber. In seinem bereits 1930 veröffentlichten Buch „Der Mythus des 20. Jahrhunderts" hat er darauf aufbauend sein Geschichtsbild ausgearbeitet. Es war gekennzeichnet durch die Annahme eines permanenten Überlebenskampfes zwischen der „nordischen Rasse" und einem christlichen, jüdischen oder bolschewistischen Gegner. Dabei ging er von einer „nordisch-arischen" Wurzel aller Hochkulturen aus, die in einem

Rosenberg betrachtet in der Ulmer Ausstellung „Lebendige Vorzeit" das Modell des Oseberg-Schiffes (1936).

Himmler besucht die Ausgrabung in Böddeken bei Wewelsburg.

„nordischen vorgeschichtlichen Kulturzentrum" entstanden seien.[8]

Alfred Rosenberg zitiert in seinem Werk „Mythus" an einer Stelle den angesehenen Berliner Vorgeschichtsforscher Carl Schuchhardt (1859–1943) mit seinem Buch „Vorgeschichte von Deutschland"[9], erwähnt die steinzeitlichen „Häusertypen von Haldorf" in Hessen und andere archäologische Befunde.[10] Diese Zitate zeigen, dass Rosenberg durchaus einige wissenschaftliche Veröffentlichungen aus der Vorgeschichtsforschung gelesen hatte. Er versuchte 1928 erstmals, Kontakt zu dem anerkannten Vorgeschichtler Hans Reinerth zu bekommen. Dies gelang ihm nicht sofort, sondern erst 1931/1932, als Reinerth von sich aus die Annäherung an die NSDAP suchte. Trotzdem lässt sich erkennen, dass sich auch Rosenberg nicht die Zeit nahm, Reinerths Bücher gründlich zu lesen, das heißt, auch hier ist keine direkte Auseinandersetzung mit fachwissenschaftlichen Erkenntnissen festzustellen.[11] Allerdings sprach er schon 1932 in einer Rede vor dem „Kampfbund für Deutsche Kultur" in der Berliner Philharmonie unter dem Thema „Der Kampf um die deutsche [...] Kulturerneuerung" von einer „germanischen Wissenschaft".[12] Er kennzeichnete die Ergebnisse archäologischer Forschung als „geschichtsbildenden Blick in die Vergangenheit".[13] Seine bildhafte Sprache charakterisiert Rosenbergs Sympathie für das Fach und lässt eine religiös durchsetzte Wahrnehmungsweise erkennen. So bezeichnete er die Ergebnisse der vorgeschichtlichen Forschung als das „Alte Testament des deutschen Volkes".[14] Die prähistorische Wissenschaft bildete für ihn „die Brücke ... aus einer fernen Vergangenheit in eine große Zukunft und war zugleich Wegbereiterin und Helferin des großen politischen Erwachens".[15] Für ihn hatte die deutsche Vorgeschichtsforschung die große Aufgabe, „die Ehre Germaniens wiederherzustellen".[16] Seit dem Machtantritt der Nationalsozialisten wurde Rosenberg auch im Rahmen der Fachwissenschaft aktiv. So ermöglichte er beispielsweise 1936 die Herausgabe der populärwissenschaftlichen Zeitschrift *Germanen-Erbe*, in der überwiegend Wissenschaftler, aber auch interessierte Laien Artikel veröffentlichten.

In öffentlichen Reden auf den Tagungen des „Reichsbundes für Deutsche Vorgeschichte" und bei Eröffnungen von neuen Freilichtmuseen äußerte sich Rosenberg begeistert über den völkischen Mentor der deutschen Vorgeschichtsforschung, Gustaf Kossinna, und für das Fach.

Mehrfach besuchte Rosenberg auch Grabungen und archäologische Untersuchungen, die von Mitarbeitern des „Amtes Rosenberg" durchgeführt wurden, außerdem verschiedene Museen und Ausstellungen.[17] Auch fachintern versuchte er, die Interessen seiner Wissenschaftlerfraktion innerhalb des NS-Regimes durchzusetzen. Er blieb dabei allerdings fast immer der Verlierer gegen seinen mächtigen Gegenspieler Heinrich Himmler.

Heinrich Himmler (1900–1945)

Im Gegensatz zu Alfred Rosenberg oder Adolf Hitler hat Heinrich Himmler sein ideologisches Geschichtsbild vor 1933 nicht in einer Veröffentlichung zusammengefasst und auch andere Äußerungen aus dieser Zeit sind bislang von der zeitgeschichtlichen Forschung nicht ediert vorgelegt worden. Die kanadische Journalistin Heather Pringle hat allerdings darauf hingewiesen, dass Himmler in Kindheit und Jugend stark durch die vorgeschichtlichen Sammelambitionen seines Vaters geprägt worden sei. Dieser hätte ihn des Öfteren bei Wochenendausflügen zum Sammeln vorgeschichtlicher Scherben und römischer Münzen mitgenommen. Ferner hätte der Vater in der Familienwohnung einen „Ahnenraum" eingerichtet, in dem auch die gesammelten Fundstücke präsentiert worden wären. Himmler habe somit schon früh eine entsprechende Prägung erhalten.[18]

Bei Heinrich Himmler, dem „Reichsführer der SS", tritt die konkret-sinnliche Betrachtung des Faches noch stärker als bei Rosenberg zu Tage. Er verstand die Prähistorische Archäologie als „die unmittelbare, mit allen Sinnen erfaßbare Berührung mit den wieder ans Licht gebrachten Häusern, Waffen und Geräten unserer Vorfahren" und leitete daraus die Legitimation zur Verfälschung vorgeschichtlicher Forschungsergebnisse ab. Er setzte sich rücksichtslos über Ergebnisse der wissenschaftlichen archäologischen Forschung hinweg, wenn sie nicht seinen ideologischen Ansichten entsprachen. Seine geschichtlichen Vorstellungen auch in Hinsicht auf die Erziehung spiegeln sich in den folgenden Aussagen aus den Jahren 1938 bzw. 1939 wider: „Wir erziehen unsere Männer dazu, daß sie sich immer als Germanen benehmen, nämlich großzügig und anständig, ohne jemanden zu kränken",[19] „denn nur nordisches, germanisches, arisches Blut ist Voraussetzung für alle großen Taten und alle großen Schöpfungen".[20] Auf Grund der „rassenpolitischen Aufgaben der Schutzstaffeln" legte Heinrich Himmler „großes Gewicht auf die Aufhellung der deutschen Vorzeit und die Inangriffnahme von Grabungen an den für diese Zielsetzung in Betracht kommenden Stellen". Himmler wurde deshalb vom „Reichserziehungsministerium" „zur Ausgrabung vorgeschichtlicher Altertümer innerhalb des Landes Preußen ermächtigt", und die anderen Länder wurden gebeten, ihm ebenfalls „eine entsprechende Ermächtigung" zu erteilen.[21] Damit konnte Himmler im Gegensatz zu Rosenberg direkten persönlichen Einfluss auf Ausgrabungsvorhaben im ganzen Reich gewinnen.

Er besuchte verschiedene Ausgrabungen, die oftmals von einer SS-gesteuerten Medienkampagne begleitet wurden. Die SS-Zeitschrift *Das Schwarze Korps* veröffentlichte regelmäßig die Ergebnisse von Grabungen oder allgemeine Beiträge zur Vorgeschichte, so zum Beispiel in der Ausgabe vom 5. März 1936 mit dem Titel „Vom nordischen Rechteckhaus zur germanischen

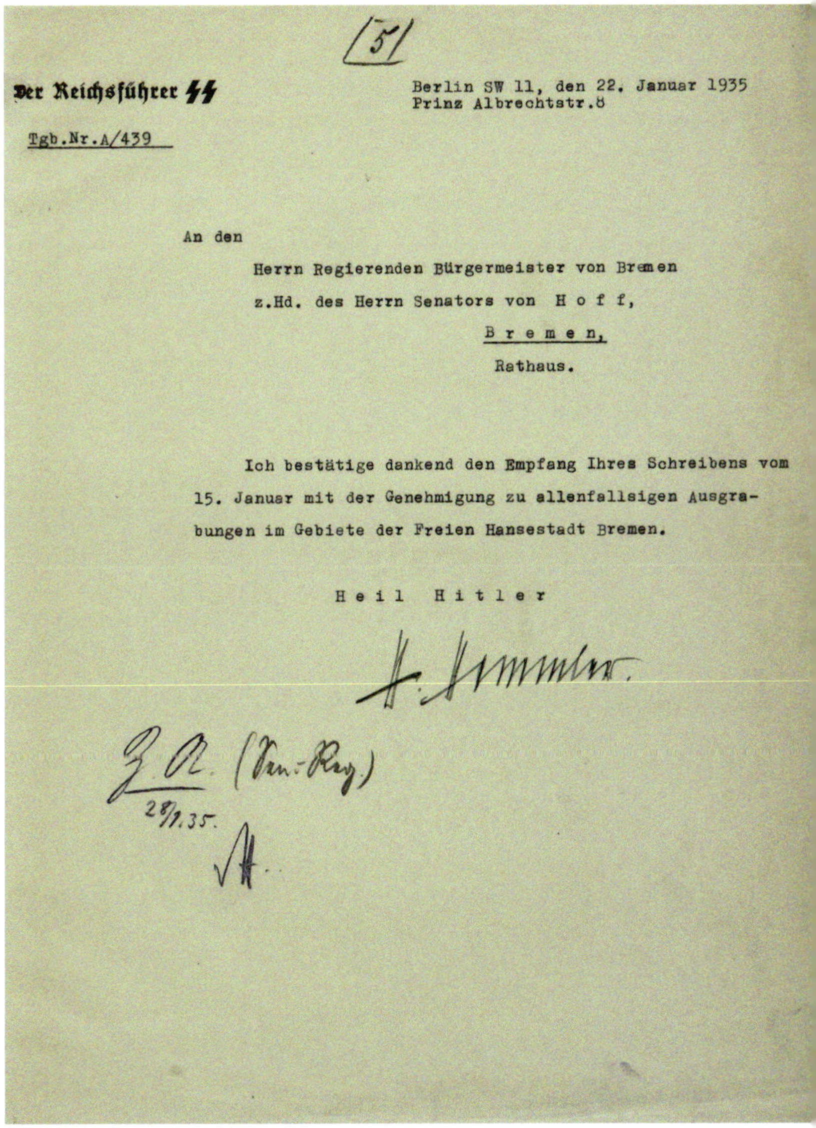

/5/

Der Reichsführer SS

Berlin SW 11, den 22. Januar 1935
Prinz Albrechtstr.8

Tgb.Nr.A/439

An den
Herrn Regierenden Bürgermeister von Bremen
z.Hd. des Herrn Senators von H o f f,
B r e m e n,
Rathaus.

Ich bestätige dankend den Empfang Ihres Schreibens vom 15. Januar mit der Genehmigung zu allenfallsigen Ausgrabungen im Gebiete der Freien Hansestadt Bremen.

H e i l H i t l e r

28/1.35.

1935 ließ sich Himmler für alle deutschen Länder eine Ermächtigung für Ausgrabungen ausstellen. Das Dankschreiben für die von der Hansestadt Bremen erteilte Ermächtigung ist von ihm unterschrieben.

Halle". Außerdem übernahm die Organisation „Ahnenerbe der SS" Ende 1936 die populärwissenschaftliche Zeitschrift *Germanien*, die fortan als *Germanien, Monatsheft für Germanenkunde zur Erkenntnis Deutschen Wesens* erschien und die seitdem nicht nur den 2000 Abonnenten, sondern auch allen SS-Führern kostenlos zugeschickt wurde.

Adolf Hitler (1889–1945)

Hitler hatte sich sein Geschichtsbild unter anderem aus der Lektüre von Heften der Zeitschrift *Ostara* und des antisemitischen Werks „Grundlagen des Neunzehnten Jahrhunderts" des Richard-Wagner-Schwiegersohns Houston Stewart Chamberlain angeeignet. Die *Ostara*-Hefte mit dem Untertitel „Briefbücherei der blonden Mannesrechtler" wurden von dem österreichischen Rassentheoretiker und Antisemiten Jörg Lanz von Liebenfeld verfasst. Beide Autoren gelten als einflussreiche Vordenker des Antisemitismus im Kaiserreich und der Weimarer Zeit. Auf der Grundlage dieser Geschichtslektüre entwickelte Hitler ein Freund-Feind-Schema zwischen Ariern und Juden, das er relativ willkürlich auf alle Zeiten, Regionen und Kulturen übertrug. Ein konkretes Germanenbild mit Bezug auf die Ur- und Frühgeschichtsforschung findet sich bei ihm kaum und lässt sich vor der Machtübernahme auch nicht nachweisen. Es ist bekannt, dass er sich 1908 ein Buch ausgeliehen hatte, das „Abbildungen von Ausgrabungen und Funden (enthielt), welche Schlüsse über den kulturellen Stand der germanischen Stämme ziehen ließ(en)".[22] Um welches Buch es sich dabei handelte, konnte bislang noch nicht ermittelt werden.

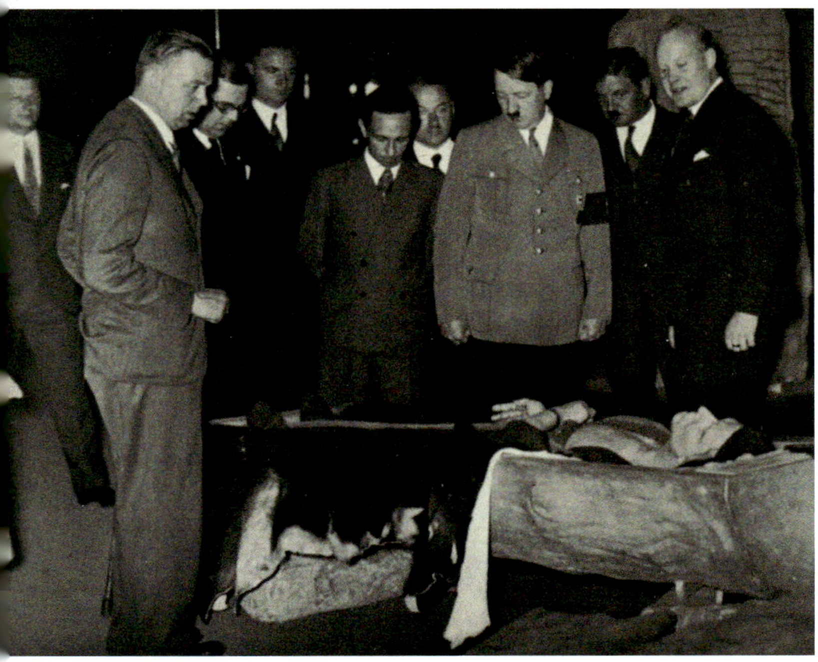

Hitler besucht die Ausstellung „Deutsches Volk – Deutsche Arbeit", in der eine bronzezeitliche Baumsargbestattung gezeigt wird (1934).

Waren schon für den Zeitraum vor 1933 für Hitler kaum öffentliche Bekundungen zu den Germanen und zu den Aufgaben der Ur- und Frühgeschichtsforschung nachzuweisen, so gilt dies auch weiter für die erste Zeit nach dem Machtantritt. Eine konkrete öffentliche Äußerung machte er erst im September 1934 während der Kulturtagung des Reichsparteitages der NSDAP im Nürnberger Apollo-Theater. Er verwies auf die „Überlegenheit der indogermanischen Rasse" und betonte, dass die neue Kultur „blutsmäßig im eigenen Volk verankert" sein müsste.[23] Eine weitere Bemerkung machte er wenige Wochen später. Dabei verwies er auf das kulturell hochstehende Volk der Germanen, zog den Vergleich zur indogermanischen Wurzel vieler europäischer Völker und betonte die Verpflichtung der nationalsozialistischen Ur- und Frühgeschichtsforschung, diese Geschichte zu untersuchen.[24] In einer öffentlichen Rede, und somit auf Breitenwirkung zielend, erklärte Hitler im Dezember 1934[25]: „Wir sind den Römern und Griechen, den Galliern oder Briten und ihren heutigen Nachfolgern keinen größeren Dank für irgendwelche Kulturgüter schuldig, als sie uns. Wir brauchen uns unserer Vorfahren nicht zu schämen […] Wir können vielmehr darauf hinweisen, daß die Germanen schon 1000 Jahre, bevor Rom gegründet wurde, einen kulturellen Hochstand erlebt haben. Wir können und müssen mit noch viel mehr Recht darauf hinweisen, daß fast alle europäischen Völker indogermanisch sind, wie nicht nur die deutsche, sondern wie die europäische Vorgeschichtsforschung bewiesen haben. Diese indogermanische Grundlage verbindet uns auch heute noch mit unseren Nachbarn. Und wenn wir Deutschen gegenwärtig unsere Vergangenheit stärker erforschen und mit anderen Augen betrachten …, so holen wir das nach, was andere schon vor uns getan haben." Mit dieser öffentlichen Bekundung hob Hitler den kulturell angeblich besonders hochstehenden Wert des Volks der Germanen heraus und unterstrich die Bedeutung der germanischen Vorgeschichtsforschung.

Im Gegensatz zu Rosenberg und Himmler sind von Hitler nur wenige direkte Kontakte zu Fachwissenschaftlern oder Besuche von Tagungen des „Reichsbundes für Deutsche Vorgeschichte" oder des „SS-Ahnenerbes" bekannt. Ebenso hat Hitler nach 1933 nur wenige Ausgrabungsstellen besichtigt.[26]

Den geschichtlichen Äußerungen Hitlers kommt eine mehrfache Bedeutung zu. Sie spiegelten zum einen Hitlers tatsächliche Überzeugung wider, nach der im Nationalsozialismus „die Quintessenz von zweitausend Jahren germanisch-deutscher Geschichte" zum Tragen käme.[27] Zum anderen stellten sie nicht mehr als „taktisch motivierte Lippenbekenntnisse" dar, um die nationalsozialistische Politik mit einer geschichtlichen Wurzel zu verankern.[28] Gleichzeitig waren diese Äußerungen ein Spiegelbild der außenpolitischen Ambitionen Hitlers, des Traums von der Vormachtstellung eines großdeutschen Reichs in Mitteleuropa, beruhend auf der gemeinsamen indogermanischen Wurzel und zu erreichen durch „territoriale Expansion und Arrondierung".[29] Seine große Bewunderung galt der Antike, die einen hohen Rang in seiner Weltanschauung einnahm.[30] Dementsprechend ließ er die vorgesehene Umgestaltung Berlins zur Welthauptstadt Germania mit zahlreichen antik aussehenden Bauelementen planen, da sie nach seiner Vorstellung nur mit dem antiken Rom vergleichbar sein sollte.

Zeitgenössische Äußerungen der nationalsozialistischen Fachwissenschaftler hingegen zeigen, dass sie sich durch Hitlers Desinteresse an fachlichen Belangen der Ur- und Frühgeschichte im Stich gelassen fühlten. Der Archäologe Werner Buttler, seit 1929 in der SA, ab 1936 in der SS aktiv, kritisierte an Hitler, dass dieser sich nicht die Zeit nahm, sich mit der Vorgeschichte zu befassen.[31]

Trotz einer durchaus vergleichbaren Ausgangsbasis entwickelten Rosenberg, Himmler und Hitler kein einheitliches Verhältnis zur NS-Vorgeschichtsforschung. Sowohl Himmler als auch Rosenberg vertraten beide die Thesen der völkischen Richtung, fochten allerdings

Dieses Modell zeigt Hitlers Vorstellung von der Umgestaltung Berlins zur Welthauptstadt „Germania".

untereinander einen erbitterten Kampf um die Vormachtstellung in der Archäologie. Beide standen damit aber in einem deutlichen Kontrast zu Adolf Hitler. Alle drei besaßen die politischen Machtinstrumente oder hatten diese zumindest nach der Meinung der damaligen Allgemeinheit und der Fachwissenschaftler, um ihre jeweiligen ideologischen Geschichtsbilder in die konkrete Praxis umzusetzen.

„Schwarmgeister und Phantasten“ – die völkische Laienforschung

Dirk Mahsarski

In den 1920er- und 1930er-Jahren beeinflussten neben Fachwissenschaftlern auch eine Reihe von Laienforschern die ideologische Verwertung der Archäologie nachhaltig. Von Anfang an wurden sie heftig von der Fachwissenschaft bekämpft und als „Schwarmgeister“ und „Phantasten“ bezeichnet. Große, überregionale Bedeutung hatten die völkischen Laienforscher Herman Wirth (1885–1981), Wilhelm Teudt (1860–1942) und Hermann Wille (1881–?). Alle drei kamen im Laufe der 1930er-Jahre in engeren Kontakt mit der SS und spielten eine wichtige Rolle in den frühen Jahren des „Ahnenerbes der SS“, mit dem der „Reichsführer der SS“ Heinrich Himmler (1900–1945) ihm genehme Forschung förderte.

Herman Wirth und der Mythos Atlantis

Der in den Niederlanden geborene Herman Wirth hatte niederländische Philologie, Germanistik, Geschichte und Musikwissenschaft in Utrecht und Leipzig studiert und erwarb 1910 mit einer Arbeit über „Den Untergang des niederländischen Volksliedes“ den philosophischen Doktorgrad der Universität Leipzig.

Während des Ersten Weltkrieges meldete er sich freiwillig zum Deutschen Heer und engagierte sich im besetzten Belgien für die flämischen Separatisten, weshalb er kurz darauf aus der Armee entlassen wurde. 1916 ernannte ihn Kaiser Wilhelm II. zum Titularprofessor. 1923 ließ sich Wirth in Marburg nieder, wo er an der Universität Vorlesungen hielt. Bereits 1925 trat er der NSDAP bei, aber schon zwei Jahre später ruhte seine Mitgliedschaft, weil er seine Mitgliedsbeiträge nicht mehr bezahlte. Inhaltlich distanzierte er sich jedoch nicht. 1934 trat Wirth der NSDAP wieder bei und wurde kurz darauf SS-Mitglied.[1]

Wirth glaubte, dass die Wurzeln der europäischen Kultur in dem mythischen untergegangenen Atlantis lägen. Seiner Vorstellung nach hätte das Inselreich im Nordatlantik gelegen und Europa mit Nordamerika verbunden. Seine Einwohner seien rassisch reine Arier gewesen und hätten über Alteuropa hinaus die nordamerikanischen Indianer und weite Teile der Alten Welt beeinflusst. Außerdem hätten sie an eine einzige, sich im Jahreskreislauf verändernde Gottheit und ihren Sohn, den Heilbringer, geglaubt, in dessen Kult Priesterinnen eine herausgehobene Rolle gespielt hätten. Dieser Urmonotheismus sei später durch das Judentum und das Christentum pervertiert worden. Wirth selbst verstand sich als Symbolforscher. Er beschäftigte sich intensiv mit der von ihm angenommenen frühesten Sprach-, Religions- und Kulturgeschichte des vermeintlichen Atlantisch-Nordischen Kulturkreises. Die Germanen hielt Wirth für die direkten Nachfahren der Einwohner von Atlantis, deren Kultur ihm dementsprechend als wichtigste Quelle für die Rekonstruktion der vermeintlichen atlantischen Urkultur galt. Seine gesamten Forschungen bezeichnete er als „Geistesurgeschichte“. Wirth und sein Umfeld wollten von vornherein seine Forschungen politisch wie religiös einsetzen.[2]

Wirths Arbeiten erfreuten sich in den 1920er-Jahren einer zunehmenden Popularität in Teilen der völkischen Bewegung. Der Durchbruch gelang ihm 1928 mit der Publikation des Buches „Der Aufgang der Menschheit“[3], das ihn reichsweit bekannt und umstritten machte. Mit „Die Heilige Urschrift der Menschheit“[4], veröffentlicht in zwölf Teillieferungen von 1931 bis 1936, und diversen Artikeln[5] konnte er die so gewonnene Anerkennung und Unterstützung weiter ausbauen. Spätestens mit der 1933 herausgebrachten Edition der Ura-Linda-Chronik[6], einer Fälschung aus der Mitte des 19. Jahrhunderts, die Wirth aber für eine echte, bis ins untergegangene Atlantis zurückreichende Familienchronik hielt, hatte er seine Theorien voll ausformuliert. Gleichzeitig entfremdete er jedoch mit seiner Bearbeitung der Ura-Linda-Chronik einen Teil seiner Anhänger und bestärkte seine Kritiker in der Ablehnung seiner Thesen. Schon zuvor hatte es scharfe Kritik von Teilen der Fachwissenschaft an Wirths Arbeitsweise, seiner Ignoranz gegenüber sicher etablierten Erkenntnissen und seiner mangelnden Quellenkritik gegeben.[7]

So hatte der Archäologe und Geologe Fritz Wiegers (1875–1955) 1932 einen Sammelband mit kritischen Stellungnahmen zum „Aufgang der Menschheit“ herausgegeben, in dem er zu dem Schluss kam:

„Seite für Seite und Satz für Satz ergeben sich die schärfsten Gegensätze zwischen Wirths Behauptungen und den gesicherten Ergebnissen der Wissenschaften.

Der ‚Aufgang der Menschheit‘ ist ein Buch voller Trugschlüsse, voller Behauptungen, voller Verneinungen wissenschaftlicher Tatsachen, es ist die Kundgebung eines von einer religiösen Idee beherrschten Mannes, dem das kritische Vermögen fehlte, seine Irrtümer zu erkennen. Wirths ‚Aufgang der Menschheit‘ ist eine Dichtung, ist vielleicht ein persönliches Glaubensbekenntnis, aber es ist keine wissenschaftliche ‚Forschung‘.“[8]

Neben Wiegers beteiligten sich auch der Anthropologe Bruno K. Schultz (1901–1997)[9], der Ethnologe H. Plischke (1890–1972)[10], der Germanist und Nordist Ludwig Wolff und der Orientalist Ferdinand Bork an dem Band. Dabei zeigten alle Autoren unabhängig von ihrer vehementen Kritik an Wirths Thesen und Arbeitsweise selbst eine mehr oder minder starke völkische Ausrichtung.[11]

Nach der Publikation der Ura-Linda-Chronik nahm die Auseinandersetzung um Wirth drastisch an Schärfe zu, was noch dadurch verstärkt wurde, dass sich unter Wirths Unterstützern auch einflussreiche Nationalsozialisten befanden. Bereits 1928 war die Herman-Wirth-Gesellschaft gegründet worden, um seine Förderer zu vernetzen. In mehreren deutschen Städten bildeten sich Ortsgruppen. Während Wirth ab Oktober 1932 versuchte, mit Hilfe der nationalsozialistischen Landesregierung von Mecklenburg-Schwerin bei Bad Doberan ein Forschungsinstitut für Geistesurgeschichte mit angeschlossener Freilichtschau und einem Lehrstuhl an der Universität Rostock zu etablieren, nahm gleichzeitig der Widerstand der Fachwissenschaft gegen ihn immer stärker zu. Obwohl viele namhafte Kritiker bereits NSDAP-Mitglieder waren oder – wie die Prähistoriker Karl Hermann Jacob-Friesen (1886–1960) und Bolko von Richthofen (1899–1983) – bis Mai 1933 wurden und zudem teilweise auch im „Kampfbund für Deutsche Kultur“ des NS-Ideologen Alfred Rosenberg organisiert waren, blieb der Widerstand gegen Wirth zunächst ohne nennenswerten Einfluss auf die weitere Entwicklung. Vielmehr waren es die unzureichende Finanzierung des Instituts und Wirths aufwendige Lebensführung, die innerhalb von nur einem Jahr zur Schließung des Instituts und parallel zum Niedergang der Gesellschaft führten. Kurz danach verschafften einflussreiche Kreise innerhalb der NSDAP Wirth im Frühsommer

Herman Wirth konnte mitreißende Vorträge halten.

1933 eine außerordentliche Professur ohne Lehrverpflichtungen an der Theologischen Fakultät der Berliner Universität[12]. Gleichzeitig verhandelte Wirth mit dem Preußischen Erziehungsministerium über die Einrichtung eines Freilichtmuseums „Deutsches Ahnenerbe“ in unmittelbarer Nähe zur Reichshauptstadt.[13]

Zusätzlich gründete Wirth seine Organisation als „Gesellschaft für germanische Ur- und Vorgeschichte“ neu. Dabei wurde er von dem Journalisten und einflussreichen NS-Funktionär Johann von Leers (1902–1965) und dessen Frau Gesine (1891–1974) unterstützt. Als Referenten der Gesellschaft traten neben Wirth primär solche Vertreter der extremen völkischen Bewegung auf, die eine arteigene germanische Religion forderten.[14]

Einer der wichtigsten Förderer von Wirth war der Bremer Großindustrielle Ludwig Roselius (1874–1943). Er unterstützte Wirth seit Mitte der 1920er-Jahre und hatte unter anderem die Veröffentlichung von „Der Aufgang der Menschheit“ finanziert. Um die völkische Laienforschung, die völkische Fachwissenschaft und interessierte Multiplikatoren miteinander in Kontakt zu bringen, veranstaltete Roselius zu Pfingsten 1933 die Tagung Erstes Nordisches Thing in der Böttcherstraße, das ebenfalls stark auf Wirths Thesen ausgerichtet war. Das Thing war für die Veranstalter ein großer Erfolg, wurde von überregionalen Presseberichten begleitet und brachte eine Reihe späterer Mitglieder und Förderer des „Ahnenerbes“ zusammen, allerdings kam es zu einem Eklat, als die Fachwissenschaftler bei Wirths Vortrag den Saal verließen.[15]

Gleichzeitig nutzten von Richthofen und Jacob-Friesen die Berufsvereinigung der Prähistoriker, um den Widerstand von archäologischer Seite zu organisieren. Unterstützt wurden sie dabei von der hannoverschen Gaupresseleitung. Am 4. Mai 1934 gab es eine öffentliche Podiumsdiskussion an der Universität Berlin, bei der Wirths Thesen scharf angegriffen und widerlegt wurden. Diese Veranstaltung, bei der unter anderem Jacob-Friesen Wirth kritisierte, gehörte zu den in der deutschen Öffentlichkeit am meisten beachteten wissenschaftlichen Konferenzen dieser Zeit.[16]

Auch beim zwei Wochen später stattfindenden Zweiten Nordischen Thing in Bremen zeigte sich eine deutliche, wenn auch von Roselius nicht unbedingt beabsichtigte Verschiebung zu Gunsten der universitär etablierten völkischen Forschung. Wirth sollte und wollte zwar ursprünglich teilnehmen, sagte aber kurzfristig ab, weil er wegen seiner Aktivitäten in Berlin zeitlich ausgelastet war. Umgekehrt wurden Wirths Thesen bereits vom ersten Referenten des Things als „ungermanisch“[17] angegriffen.[18]

Nur wenige Wochen später versuchte Wirth erneut, seine Pläne für ein Freilichtmuseum voranzutreiben. Weil die Verhandlungen mit dem Preußischen Erziehungsministerium wegen des zunehmenden Widerstandes ins Stocken geraten waren, wollte er den Verein „Deutsches Ahnenerbe“ e. V. gründen, der seine geistesurgeschichtliche Sammlung betreuen und ausstellen sollte. Für den Beirat und die Förderung des Vereins zählte Wirth auch auf die Unterstützung von Roselius und dessen Museumsleiter Hans Müller-Brauel (1867–1940).[19] Zur Gründung dieses Vereins kam es anscheinend nicht. Durch die Vermittlung des Ehepaars von Leers war Wirth mittlerweile aber in Kontakt mit dem Reichslandwirtschaftsminister Richard W. Darré (1895–1953) und Himmler gekommen, die sich sehr für seine Ideen begeisterten.[20]

Wilhelm Teudt und die Externsteine

Wilhelm Teudt hatte in Berlin, Leipzig, Tübingen und Bonn evangelische Theologie studiert, 1885 war er als Pfarrer ordiniert worden, 1895 übernahm er die Leitung der Inneren Mission in Frankfurt am Main.

Bereits 1908 legte er sein Pfarramt nieder und wurde Geschäftsführer des im vorangegangenen Jahr gegründeten Keplerbundes zur Förderung der Naturerkenntnis, der sich der Bekämpfung der darwinistischen Evolutionstheorie widmete. Am Ersten Weltkrieg beteiligte sich Teudt als Freiwilliger. Wegen der belgisch-französischen Ruhrbesetzung zog er 1921 nach Detmold. Ab 1923 war Teudt Mitglied der Deutschnationalen Volkspartei (DNVP), außerdem wurde er 1928/1929 Gauherr des völkisch-antisemitischen Deutschbundes. Ab der Mitte der 1920er-Jahre beschäftigte er sich zunehmend mit der vermeintlich germanischen Vergangenheit der Deutschen. Im Zentrum seiner primär intuitiv erfassten Theorien stand die Vorgeschichte der Region um den Teutoburger Wald. Dabei entwickelte Teudt weit rei-

Wilhelm Teudt im Kreis seiner Anhänger 1939 bei der Besichtigung der neu entdeckten Wallanlage Piepenkopf, Gemeinde Dörentrup, Kreis Lippe.

chende Thesen zu vorgeblich germanischen Kultplätzen. In den Externsteinen, einem Naturdenkmal bei Detmold, sah er dabei das sächsische Zentralheiligtum, Standort der Weltensäule Irminsul und uraltes Sonnenobservatorium. Wichtige Argumente waren für ihn die Annahmen, dass die germanischen Kultbauten aus Holz errichtet worden wären, weshalb es kaum noch Spuren von ihnen gäbe, und dass durch die Christianisierung der kulturell hochstehenden Germanen um 800 eine regelrechte Kulturvernichtung eingeleitet worden sei. Auch habe die germanische Hochkultur bereits lange vor dem Kontakt mit den Römern bestanden. Zur Propagierung seiner Forschungen gründete der sich um Teudt sammelnde Kreis von Anhängern 1928 die Vereinigung der Freunde germanischer Vorgeschichte, die ab 1929 die monatlich erscheinende Zeitschrift *Germanien* herausgab. Im gleichen Jahr veröffentlichte Teudt seine Thesen unter dem Titel „Germanische Heiligtümer. Beiträge zur Aufdeckung der Vorgeschichte, ausgehend von den Externsteinen, den Lippequellen und der Teutoburg“[21]. In der Zeitschrift *Germanien* erschienen auch Aufsätze von Wirth, die eine enge Zusammenarbeit der beiden Laienforscher in der Zeit belegen,[22] unter anderem sollen sie gemeinsam auf dem Kreuzabnahmerelief an den Externsteinen eine sich neigende Palme als Darstellung der gebeugten aber nicht gebrochenen Irminsul identifiziert haben. Mit dem Machtantritt der Nationalsozialisten in Lippe und kurz darauf im Reich traten die Kreise um Wirth und Teudt jedoch teilweise bei ihren Bemühungen um die Gunst der neuen Regierungen in Konkurrenz zueinander. Teudt, der spätestens 1935 der NSDAP beitrat,[23] gelang es dabei, großen Einfluss auf die Regionalpolitik auszuüben, während Wirth auf Reichsebene erfolgreicher war. Um Teudts Thesen zu belegen, wurde in den Jahren 1934 und 1935 an den Externsteinen gegraben. Der Grabungsleiter Julius Andree (1889–1942), Privatdozent für Geologie an der Universität Münster, gehörte dem Umfeld von Roselius und Müller-Brauel an. Ein Mitarbeiter Teudts hatte ihn auf dem Ersten Nordischen Thing in Augenschein genommen, bevor Teudt sich für ihn entschied. Andree richtete in der Folge seine Deutungen der Grabungsergebnisse immer stärker auf Teudts Thesen aus, während die Fachwelt diese Thesen vehement ablehnte.

Schon 1933 war zudem die Externsteine-Stiftung gegründet worden, deren Vorsitz Himmler übernahm. Dementsprechend versuchte die SS, die Schirmherrschaft der Ausgrabungen für sich in Anspruch zu nehmen, und übte immer stärkeren Einfluss auf den Umgang mit den Externsteinen aus.[24]

Hermann Wille und die „germanischen Gotteshäuser“

Herman Wille wurde 1881 in Oldenburg geboren; nach dem Besuch der Kunst- und Gewerbeschulen in Oldenburg, Detmold und Stuttgart studierte er Architektur an der Weimarer Akademie.

Von 1908 an war er als selbstständiger Architekt in Berlin tätig. Im Ersten Weltkrieg kämpfte Wille an der Westfront. 1920 trat er in den „Deutschvölkischen Schutz- und Trutzbund“ ein. 1930 musste er sein Architekturbüro wegen der Weltwirtschaftskrise schließen. Im selben Jahr wurde er Mitglied der NSDAP und des „Kampfbundes für Deutsche Kultur“, wo er auch als Referent tätig war. Gleichzeitig begann Wille, sich

Hermann Wille führt Angehörige des „Reichsnährstandes" über ein Großsteingrab.

mit prähistorischen Themen und den Germanen zu beschäftigen. In der zweiten Jahreshälfte 1933 wurde er von Darré in das Stabsamt des „Reichsbauernführers" berufen, kurz darauf erfolgte die Aufnahme in die SS. Dort wurde Wille Leiter der Bauabteilungen des „Reichsnährstandes" in Berlin und Goslar sowie der Bauabteilung des „Rasse- und Siedlungshauptamtes" der SS (RuSHA). Im November 1934 wurde er zum SS-Untersturmführer ernannt, bis 1941 stieg er bis zum Obersturmbannführer auf.[25]

Bei seiner Auseinandersetzung mit archäologischen Themen konzentrierte sich Wille auf das Oldenburger Land. Dabei kam er zu dem Schluss, dass es sich bei den jungsteinzeitlichen Großsteingräbern der Region in Wirklichkeit um die Fundamente von Hallenbauten gehandelt habe, die vorwiegend kultischen Zwecken gedient hätten. Dazu hätten die Hallen mit ihrem vermeintlichen Oberbau aus Holz neben einer Apsis, einem Altar und Feuerschalen auch eine Krypta mit den Führer- und Sippenbegräbnissen besessen. Diese Kulthallen, deren Erbauer Wille für jungsteinzeitliche Germanen hielt, waren seiner Ansicht nach die Vorläufer der griechischen Tempel und gotischen Kathedralen. Außerdem ging er davon aus, dass die bodenständige lokale Bevölkerung diese Bauform über die Jahrtausende hinweg überliefert und in den niedersächsischen Bauernhöfen erhalten hätte. Darüber hinaus argumentierte Wille, dass eine so hochstehende Kultur wie die der Germanen auch über steinerne Gebäude verfügt haben müsse. Unterstützung für seine Thesen fand Wille in dem Kreis um Wirth und bei Roselius.

Letzterer ermöglichte ihm Pfingsten 1933 eine ausführliche Vorstellung seiner Ideen im Rahmen des Ersten Nordischen Things und der dabei durchgeführten Exkursion[26]. Kurz darauf konnte Wille seine Thesen unter dem Titel „Germanische Gotteshäuser zwischen Weser und Ems"[27] beim Verlag Koehler und Amelang, dessen Direktor am Thing teilgenommen hatte,[28] in

Leipzig publizieren. Willes unwissenschaftliche Thesen wurden von Prähistorikern praktisch einhellig und öffentlich abgelehnt, nur Andree, Müller-Brauel und der Germanist Joseph Otto Plassmann (1895–1964), die alle zum weiteren Umfeld von Roselius gehörten, unterstützten ihn anfangs. In der Folge setzten sich besonders die Archäologen von Richthofen und Jacob-Friesen kritisch mit der Theorie Willes auseinander. Letzterer kam in einer Rezension zu Willes Buch zu dem Schluss:

„Sein Geschreibsel ist das traurigste Machwerk, das mir seit langem vorgekommen ist.“[29]

Die anschließende Diskussion wurde über mehrere Jahre und mit großer Schärfe geführt. Um Willes Thesen zu widerlegen, wurden ab Juni 1934 mit Hilfe des „Reichsarbeitsdienstes“ (RAD) Ausgrabungen an den Großen Steinen von Kleinenkneten durchgeführt. Trotz der öffentlichen Unterstützung durch Darré und Teile der Presse konnte sich Willes Interpretation letztlich nicht durchsetzen, vielmehr wurden seine Thesen durch die Ausgrabung komplett widerlegt. Dazu trug bei, dass auch Müller-Brauel anerkannte, dass es sich zumindest in Kleinenkneten nicht um die Ruinen einer Kulthalle handeln könne.[30] 1937 wurde durch den RAD eine Rekonstruktion der Grabanlage durchgeführt.[31]

Einen letzten Versuch, seine Thesen auch in der Fachwelt durchzusetzen, unternahm Wille noch einmal anlässlich der Ende September 1938 durchgeführten fünften Reichstagung des „Reichsbundes für Deutsche Vorgeschichte“ in Hannover. Auf sein wütendes Schreiben scheint es aber keine Reaktion gegeben zu haben.[32]

Trotz der vehementen Kritik und der direkten Widerlegung durch die Ausgrabung entwickelten Willes Thesen eine große Breitenwirkung und wurden wiederholt in der Presse verbreitet. In den ersten Jahren zeigte man auf der Grünen Woche und bei anderen Ausstellungen des „Reichsnährstandes“ und des „Ahnenerbes“ regelmäßig Modelle einer jungsteinzeitlichen Kulthalle nach Wille, die mit Roselius' Unterstützung in den Werkstätten der Böttcherstraße angefertigt worden waren.[33] Gleichzeitig wurde eine Postkarte mit Zeichnung seiner Theorie in Umlauf gebracht.

Wirksam wurden Willes Thesen besonders dadurch, dass das Reichsehrenmal der Hitlerjugend auf Rügen nach seinen Ideen gestaltet wurde.[34]

Im Gegensatz zu Wirth und Teudt spielten Wille und seine Theorie jedoch insgesamt nur eine untergeordnete Rolle, was sicher auch darin begründet ist, dass Wille nach seiner Aufnahme in das Stabsamt des „Reichsbauernführers“ wieder als Architekt arbeitete.

Gründung und Krise des „Ahnenerbes“

Im Juli 1935 wurde das „Ahnenerbe der SS“ offiziell unter dem Namen „Studiengesellschaft für Geistesurgeschichte Deutsches Ahnenerbe e.V.“ als gemeinsame

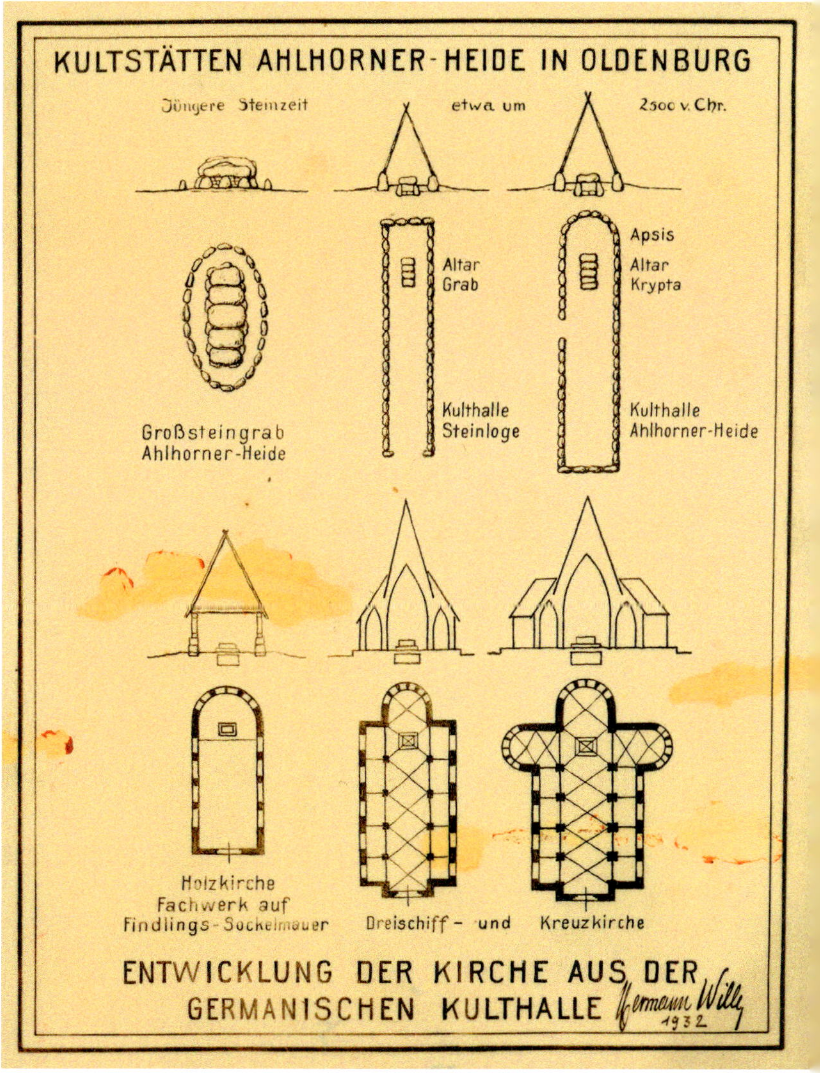

Eine Postkarte illustriert Willes Herleitung der gotischen Kathedralen aus den jungsteinzeitlichen Großsteingräbern des Oldenburger Raums.

Unternehmung von Himmler, Darré und Wirth gegründet. Angesiedelt war es in dem von Darré geleiteten RuSHA, zudem kamen mehrere einflussreiche Mitglieder des Beirates und der Verwaltung aus Darrés unmittelbarem Umfeld.[35]

Mit der Gründung des „Ahnenerbes" wollte man wesentliche Teile der völkischen Laienforschung zusammenführen. So wurde neben einer Abteilung für Wirth im folgenden Jahr eine Abteilung für Teudt in Detmold eingerichtet. Dabei brachte Teudt, der sich zuvor noch an den „Reichsbund für Deutsche Vorgeschichte" angenähert hatte, Finanzmittel des Landes Lippe mit ein. Außerdem wurde seine Vereinigung korporatives Mitglied im „Ahnenerbe". Anfangs konzentrierte sich das „Ahnenerbe" besonders auf die Durchführung von Expeditionen, so reiste Wirth zweimal nach Schweden und Norwegen, um bronzezeitliche Felsbilder zu erforschen.

Gleichzeitig kämpfte das „Ahnenerbe" mit einer Reihe von Problemen. Die akademische Gemeinschaft lehnte seine Forschungsprämissen und -ergebnisse mehrheitlich als pseudowissenschaftlich ab. Der anhaltende Mangel an vorzeig- und überprüfbaren Ergebnissen verstärkte diese Haltung noch. Weder die Ausgrabungen an den Externsteinen noch Wirths Expeditionen erbrachten schlüssige Belege für die entsprechenden Thesen. Auch entsprach die letzte Teillieferung von Wirths umstrittenem Buch „Die heilige Urschrift der Menschheit"[36] erneut nicht den wissenschaftlichen Standards. Zudem war Teudt impulsiv, halsstarrig und provozierte immer wieder Streitereien, was auch einen Teil seiner Unterstützer belastete. Gleichzeitig war das „Ahnenerbe" chronisch unterfinanziert, ein Umstand, den Wirths Ausgabefreudigkeit weiter verstärkte, während die SS selbst ebenfalls jenseits ihrer finanziellen Möglichkeiten arbeitete. Deswegen bereitete Himmler schon ab Ende 1935 eine komplette Umstrukturierung der SS-Ämter vor. Dazu ordnete er zunächst unter anderem eine Buchprüfung des „Ahnenerbes" an.[37]

Die Schwierigkeiten des „Ahnenerbes" spitzten sich zu, als Hitler in seiner kulturpolitischen Rede auf dem Reichsparteitag 1936 Wirth und die Bremer Böttcherstraße scharf angriff:

> *„Wir haben nichts zu tun mit jenen Elementen, die den Nationalsozialismus nur vom Hören und Sagen her kennen und ihn daher nur zu leicht verwechseln mit undefinierbaren nordischen Phrasen, und die nun in irgendeinem sagenhaften atlantischen Kulturkreis ihre Motivforschung beginnen. Der Nationalsozialismus lehnt diese Art von Böttcher-Straßen-Kultur schärfstens ab."*[38]

Dieses vernichtende Urteil – kein Hitler-Zitat findet sich häufiger in den Akten des „Ahnenerbes"[39] – hat verschiedene Gründe. So war eine mögliche Ursache die bevorstehende Verabschiedung des Vierjahresplans und die damit einhergehende stärkere Ausrichtung der Wissenschaften auf kriegsrelevante Forschungsgebiete.[40] Andererseits passten Wirths Angriffe auf das Christentum grundsätzlich nicht in Hitlers eigene Pläne für die spätere Ausschaltung der Kirchen. Verstärkt wird dieser Aspekt noch dadurch, dass Hitler Wirth bereits 1928 getroffen hatte und von dessen Thesen zunehmend irritiert war.[41] Außerdem war ihm das ganze Projekt Böttcherstraße ein Dorn im Auge.[42]

Insgesamt sorgte diese Situation für dringenden Handlungsbedarf, dem Himmler im Laufe des Jahres 1937 durch eine vollständige Umstrukturierung des „Ahnenerbes" nachkam. Dabei verloren die völkischen Laienforscher ihren Einfluss und wurden durch Fachwissenschaftler ersetzt.

Forschungsstrukturen

Uta Halle und Dirk Mahsarski

Wegen der föderalen Struktur des Kaiserreichs und der Weimarer Republik war in der Bodendenkmalpflege ein konkurrierendes Nebeneinander von staatlichen Forschungsstellen, Universitätsinstituten, Museen und Privatinitiativen entstanden. Zusätzlich gab es auf der Ebene des Reichs seit 1902 die Römisch-Germanische Kommission (RGK), die sich zu dem Teil des Archäologischen Instituts des Deutschen Reichs (AIDR) entwickelte, der Ausgrabungen im Inland durchführte. Um dieses unübersichtliche Nebeneinander aufzulösen und die Forschung gerade für neue Inhalte stärker zu zentralisieren, bemühte sich die Wissenschaft seit Mitte der 1920er-Jahre, die prähistorische Archäologie in Deutschland, vor allem im Norden und Osten des Landes, neu zu organisieren. An dieses Vorhaben knüpften auch die beiden Forschungsorganisationen an, die in der Zeit des Nationalsozialismus entstanden und maßgeblichen Einfluss gewannen: der „Reichsbund für Deutsche Vorgeschichte" (RfDV, 1933) und das 1935 gegründete „Ahnenerbe der SS". Bereits in den ersten Wochen und Monaten des Dritten Reichs kam es zu intensiven Auseinandersetzungen der Fachwissenschaftler über die richtige Forschungsstruktur, die richtigen Wissenschaftler und die richtige Einbindung in den NS-Staat. Die für nötig und wichtig erachteten Veränderungen wurden in der Regel von den zuständigen Wissenschaftlern vorangetrieben und an die Politik gegeben. Dabei arbeiteten die meisten Forscher aus eigenem Antrieb bereitwillig am Aufbau eines nationalsozialistischen Archäologieverständnisses mit, während Druck von Partei oder Staatsführung eine zu vernachlässigende Rolle spielte.[1]

Ausbau der Universitäten

Obwohl Gustaf Kossinna (1858–1931) bereits 1902 zum ersten Professor für Deutsche Archäologie ernannt worden war, kam es erst nach dem Ersten Weltkrieg allmählich zur Gründung eigenständiger Institute an den Universitäten. Zunächst entstanden einige Vorläuferorganisationen, unter denen das Urgeschichtliche Forschungsinstitut (UFI) in Tübingen unter Rudolf Robert Schmidt (1882–1950) eine besondere Rolle spielte. Es entwickelte innovative Grabungstechniken und bezog naturwissenschaftliche Methoden mit ein. Zu den hier ausgebildeten Archäologen gehörte auch Hans Reinerth (1900–1990). Das UFI konnte sich innerhalb von nur drei Jahren bis 1924 als erstes Institut fest an einer Universität etablieren. Insgesamt gab es Mitte der 1920er-Jahre bereits fünf Vorläufer und ein eigenständiges Institut; bis 1930 waren dann bereits fünf Institute etabliert und fünf weitere in der Gründung begriffen. Die Lehre wurde bis 1933 überwiegend noch von unbezahlten Privatdozenten übernommen. Zusätzlich existierten an den Landesmuseen weitere Forschungseinrichtungen, die ebenfalls in begrenztem Rahmen Nachwuchs ausbildeten. Die offizielle Anerkennung des Faches ließ dagegen trotz dieser Fortschritte deutlich länger auf sich warten. Die zweite Professur für Vor- und Frühgeschichte wurde erst 1927/1928 in Marburg für Gero von Merhart (1886–1959) eingerichtet. Die Weltwirtschaftskrise hemmte die weitere Entwicklung, so dass sich der institutionelle Ausbau des Faches trotz wachsender Absolventenzahlen bis nach 1933 verzögerte. Dadurch verstärkte sich innerhalb der deutschen Archäologie das Gefühl, gegenüber den

Klassischen Altertumswissenschaften im Nachteil zu sein. Gleichzeitig nahm die durch den Mythos Germanien und Kossinnas völkische Auffassungen bereits vorhandene Politisierung des Faches zu, weil auch die bürgerlichen Regierungsparteien der Weimarer Republik auf die Ergebnisse der Vorgeschichtsforschung zurückgriffen, um Gebietsansprüche gegenüber Polen zu rechtfertigen.[2]

Erst im Dritten Reich kam es zu einer explosionsartigen Vergrößerung des Faches, weil die nationalsozialistischen Landesregierungen umfangreiche Geldmittel zur Verfügung stellten. Bis zum Ausbruch des Zweiten Weltkrieges waren fast alle der auch heute noch existierenden Professuren eingerichtet und besetzt. Die meisten dieser Lehrstühle wurden in den Jahren 1933 und 1934 geschaffen, bis 1937 gab es schließlich Ordinariate in Berlin, Breslau, Halle, Hamburg, Königsberg, München und Tübingen. Dazu kamen die Extraordinariate in Freiburg, Greifswald, Heidelberg, Jena, Kiel, Leipzig, Münster und Würzburg. Die Gelder für diese – in Relation zur insgesamt schrumpfenden Entwicklung der deutschen Universitäten – antizyklische Expansion des Faches stammten dabei zum Teil aus Mitteln, die durch die Entlassung jüdischer oder politisch unliebsamer Wissenschaftler eingespart worden waren.[3]

Ausschnitt aus einem Comic zur Bodendenkmalpflege.

Staatliche Bodendenkmalpflege

Das Augenmerk der Archäologen richtete sich ganz besonders auf die als mangelhaft empfundene gesetzliche Regelung der Bodendenkmalpflege der Länder. Zwar war der Denkmalschutz in der Verfassung der Weimarer Republik im Artikel 150 verankert, aber dennoch gab es in den meisten Ländern keine Gesetze, die diesen Artikel umsetzten. Im größten Reichsland Preußen existierte seit 1914 ein Ausgrabungsgesetz, das 1920 mit ergänzenden Ausführungsbestimmungen versehen wurde und die Grundlage für die Preußischen Provinzen bildete. Maßnahmen dieser Art waren dringend notwendig, denn Kultivierungsmaßnahmen und fortschreitende Bebauung führten zu einer stetig wachsenden Gefährdung der noch nicht untersuchten Bodendenkmäler. Die Wissenschaftler forderten deshalb zusätzliche Regelungen, und selbst das preußische Ausgrabungsgesetz wurde als nicht ausreichend betrachtet. Während der NS-Zeit wurde der Versuch unternommen, die Denkmalschutzgesetze der Länder in ein reichsweit gültiges Gesetz zum Schutz der Kulturdenkmäler zu verändern. Wegen der Auseinandersetzungen zwischen der SS und dem „Reichsbund", aber auch mit anderen NS-Organisationen, scheiterte dieser Versuch und es blieb bei den Gesetzen der Länder. Trotzdem wurde die Bodendenkmalpflege während des Dritten Reichs massiv ausgebaut: von zwei Landesämtern 1933 auf 14 im Jahr 1943, zwei weitere Landesämter sollten in den Reichskommissariaten Ostland und Ukraine eingerichtet werden. Viele dieser Landesämter waren dabei organisatorisch mit den jeweiligen Landesmuseen oder Universitäten verbunden, so dass die zuständigen Leiter häufig nur nebenamtlich als Landesarchäologen tätig waren.[4]

Der „Reichsbund für Deutsche Vorgeschichte" und das „Amt Rosenberg"

Seit seiner Gründung 1928 hatte sich der völkische antisemitische „Kampfbund für Deutsche Kultur" (KfDK) um die Archäologie bemüht. Aber obwohl Kossinna zu den Gründungsmitgliedern gehörte hatte, gelang es dem KfDK erst Ende 1931, mit Reinerth einen weiteren Fachwissenschaftler für sich zu gewinnen. Kossinna hatte Reinerth immer als seinen Nachfolger

1934 tagte der „Reichsbund für Deutsche Vorgeschichte" erstmals in Halle und Alfred Rosenberg nahm neben Hans Reinerth an der Eröffnungsveranstaltung teil.

betrachtet und ihn deswegen Alfred Rosenberg (1893–1946), dem Leiter des KfDK und Chefideologen der NSDAP, als Mitarbeiter vorgeschlagen.[5] Anfangs hatte Reinerth den „Kampfbund" jedoch ignoriert. Erst als er 1931 seine Stelle an der Universität Tübingen verlor, trat er dem KfDK bei. Da ihm Kollegen vorwarfen, er wäre an den Intrigen beteiligt gewesen, die zur Entlassung Schmidts geführt hatten, war der „Kampfbund" seine einzige Chance auf eine Karriere. Schon im Dezember 1931 gründete Reinerth im „Kampfbund" eine Fachgruppe für Vorgeschichte. Diese profitierte besonders im Norden und Osten des Reichs von der Lage des Faches, so dass ihr etliche hauptamtliche Archäologen beitraten. Trotz massiver öffentlicher Verunglimpfungen der Römisch-Germanischen Kommission durch Reinerth gab es, vor allem im Osten Deutschlands, eine breite Übereinstimmung mit den Zielen des KfDK und den von Reinerth entworfenen weit reichenden Plänen zur Neuorganisation der Archäologie im Rahmen eines „Reichsinstitutes für Deutsche Vorgeschichte".[6]

Die mit Hitlers Regierungsantritt verbundene nationale Begeisterungswelle erfasste auch die Archäologen. Bis zur Verhängung des Aufnahmestopps vom 1. Mai 1933 waren bereits etwa 70 Prozent von ihnen in die NSDAP eingetreten, eine zweite Welle folgte mit der Lockerung der Aufnahmesperre im Frühjahr 1937. Noch höher lagen die Beitrittszahlen allerdings beim „Kampfbund", in dessen Schulungsarbeit sich auch große Teile des noch studierenden Nachwuchses engagierten. Der KfDK als eine der NSDAP nahestehende Organisation versprach gerade in der Anfangszeit die Möglichkeit zur Teilhabe am neuen System, ohne allzu große Verpflichtungen eingehen zu müssen, zumal sich viele der völkisch geprägten Wissenschaftler noch immer als unpolitisch begriffen. Um die vorhandenen Kräfte zu bündeln, beschloss die Fachgruppe im Mai 1933 eine Erweiterung und beantragte beim Vorstand der von Kossinna gegründeten „Gesellschaft für Deutsche Vorgeschichte" (GfDV) die Fusion zum „Reichsbund für Deutsche Vorgeschichte" (RfDV). Dem Antrag stimmte der Vorstand im Juni 1933 zu. Bei der anschließenden Befragung der Mitglieder der GfDV per Postkarte stimmten 223 zu und nur ein Mitglied stimmte dagegen.[7] Bundesführer des „Reichsbundes" wurde Reinerth. Im Januar 1934 wurde Reinerth beauftragt, „alle Vereine und Gesellschaften für Vorgeschichte und Altertumskunde im Reichsgebiet" zusammenzufassen.[8] Die eigentliche Gründung des „Reichsbundes" erfolgte dann auf einer außerordentlichen Tagung im Mai 1934 in Berlin. Der neu gegründete RfDV schloss „jüdische und marxistische Mitglieder" aus und begann mit der Planung einer „volkstümliche(n) Monatszeitschrift" sowie der „Gleichschaltung aller Vereine […] zunächst im Reichgebiet, später im großdeutschen Raume"[9].

Obwohl Reinerth ein hervorragender Ausgräber und fähiger Organisator war, kam es schon bald zu heftigen Auseinandersetzungen um seine Politik und Person. Die Konflikte ergaben sich – trotz der ursprünglichen Zustimmung der allermeisten Archäologen – aus seinem eigenwilligen und autoritären Führungsstil und der starken Polemik, mit der Reinerth gegen die provinzialrömische Archäologie, die RGK und das AIDR vorging. Deshalb konnte er ab 1934/1935 mit dem „Reichsbund" nur noch wenige Erfolge erringen, viele seiner Vorhaben wurden durch typisch nationalsozialistische Gegenmaßnahmen seiner wachsenden Zahl an Gegnern und durch eine geschickte Personal-

Ausflug des „Reichsbundes" zu einer Ausgrabung eines Hügelgrabes. Der Archäologe Gaerte erläutert die Grabungsergebnisse.

politik der SS weitestgehend unterlaufen. So gelang Reinerth weder die Gleichschaltung der bedeutenden Altertumsverbände – beide Verbände widersetzten sich seinen Bestrebungen vehement – noch die Gründung eines Reichsinstitutes unter seiner Leitung. Für den „Reichsbund" konnte er neben den Universitätsinstituten und Museen vor allem einige kleinere Heimat- und Geschichtsvereine gewinnen. Auch viele seiner Gegner waren Mitglieder im RfDV und blieben es bis zuletzt. Besonders eng arbeitete Reinerth mit Rosenberg zusammen, der ihn zudem zum Leiter des Amtes für Vorgeschichte in seiner Dienststelle „Beauftragter des Führers für die Überwachung der gesamten geistigen und weltanschaulichen Schulung der NSDAP", dem so genannten „Amt Rosenberg", machte. Rosenberg verhalf Reinerth außerdem zur Professur an der Berliner Universität. Mit Unterstützung des „Amtes Rosenberg" war der „Reichsbund" besonders erfolgreich in der Ausrichtung von Tagungen, im Bereich der Freilichtmuseen und Sonderausstellungen. Darüber hinaus führte er eine große Zahl an Ausgrabungen durch.[10]

Mit Beginn des Zweiten Weltkrieges verlagerten die Archäologen des „Amtes Rosenberg" ihre Aktivitäten in fast alle besetzten Länder, nur in Norwegen und Dänemark wurden sie nicht aktiv. Überall folgten sie der vorrückenden Wehrmacht auf dem Fuß. Fundstellen wurden vermessen, Ausgrabungen vorgenommen, archäologische Literatur und Funde beschlagnahmt und nach Deutschland verbracht und ausländische Archäologen, die nicht zur Zusammenarbeit bereit waren oder als „rassisch minderwertig" angesehen wurden, aus ihren Ämtern verdrängt. Gleichzeitig betrieb der „Reichsbund" in den besetzten Ländern mit Propagandaveranstaltungen die Aufklärung der deutschen Soldaten über seine archäologischen Interessen. Ausstellungen, beispielsweise „Vom Ringwall zum Bunker" in Metz im Sommer 1944, wurden organisiert. Die Archäologen des „Reichsbundes" arbeiteten dabei immer wieder mit Kollaborateuren zusammen, weil die eigene Personaldecke zu dünn war. Viele Archäologen wechselten ab 1937 zum „Ahnenerbe". Der „Reichsbund für Deutsche Vorgeschichte" wurde 1945 aufgelöst.[11]

Die SS und das „Ahnenerbe"

Erstes Engagement

Parallel zu den Entwicklungen um die völkische Laienforschung hatte Himmler bereits ab 1934 begonnen, reguläre Ausgrabungen zu fördern und diese wiederholt zu besuchen. Dadurch kam er in engeren Kontakt mit der etablierten Fachwissenschaft, allen voran Alexander Langsdorff (1898–1946) und Hans Schleif (1902–1945) sowie Werner Buttler (1907–1940) und Wilhelm Unverzagt (1892–1971), Direktor des Staatlichen Museums für Vor- und Frühgeschichte in Berlin.[12]

Bevor das „Ahnenerbe" für alle Aktivitäten der SS im Bereich der Archäologie verantwortlich wurde, gab es zwei verschiedene Abteilungen innerhalb der SS, die mit der Betreuung dieser Vorhaben befasst waren: die Abteilung Ausgrabungen des „Persönlichen Stabes des Reichsführers der SS" und die Abteilung für Vor- und Frühgeschichte im „Rasse- und Siedlungshauptamt" der SS (RuSHA).

Die Abteilung für Vor- und Frühgeschichte (RA III b) des RuSHA war bereits 1934 gegründet worden und sollte als „Generalstab für das gesamte Gebiet der Vorgeschichte für die SS"[13] fungieren. Sie war für die archäologische Forschung und deren Vermittlung zuständig und unterstand anfangs mit Rolf Höhne (1908–?) einem Geologen. Sein Nachfolger wurde im Oktober 1937 der Archäologe Peter Paulsen (1902–1985), der sie bis zu ihrer Auflösung leitete. Eigene Ausgrabungen hat die Abteilung nicht betreut, sondern sie war als zentrales Instrument bei der Ausdehnung des Einflusses der SS in die staatlichen Stellen der Forschung und Denkmalpflege gedacht, praktisch übernahm Langsdorff diese Rolle vom Persönlichen Stab des RFSS aus. Darüber hinaus bemühte sich die Abteilung, Vorgeschichte in der Schulung von SS-Einheiten und der Propaganda zu verwerten. Im Zuge der Umstrukturierung und Neuausrichtung des RuSHA wurde sie zu Gunsten des „Ahnenerbes" aufgelöst.[14]

Die Abteilung Ausgrabung wurde 1935 auf Initiative Langsdorffs gegründet und im Persönlichen Stab des „Reichsführers der SS" angesiedelt. Im März 1937 wechselte Höhne in die Leitung der Abteilung. Sie war spätestens ab 1937 offiziell für die Betreuung der SS-Ausgrabungen verantwortlich und unterhielt hierfür eigenes Personal. Obwohl die Gesetzgebungen der Länder allgemeine „Grabungsermächtigungen" nicht vorsahen, hatte Himmler solche im Laufe des Jahres 1935 mit Hilfe des Preußischen Erziehungsministeriums erhalten. Nach dem gegenwärtigen Stand der Forschung hat nur der kleine Freistaat Oldenburg sich geweigert, ihm diese Ermächtigung auszustellen. Die meisten SS-Grabungen wurden ohnehin in Kooperation mit den jeweils zuständigen staatlichen Stellen durchgeführt.[15]

Umstrukturierung des „Ahnenerbes"

Bis 1937 war das „SS-Ahnenerbe" unter seinem Präsidenten Herman Wirth (1885–1981) vor allem ein Instrument der völkischen Laienforschung. Doch der zunehmende finanzielle und akademische Druck auf die Organisation „Ahnenerbe" veranlasste Himmler bereits im Frühjahr 1936, nach Alternativen für die wissenschaftliche Leitung zu suchen. Durch den Generalsekretär Wolfram Sievers (1905–1948) auf den Indologen und Dekan der Philosophischen Fakultät an der Universität München, Walther Wüst (1901–1993), aufmerksam gemacht, ließ er dessen Eignung überprüfen. Wüst, ein ehemaliger Unterstützer Wirths, brachte die notwendige akademische Reputation mit, um das Ansehen des „Ahnenerbes" deutlich zu bessern. Hitlers kurz darauf erfolgende Angriffe auf Wirth und die Gestaltung der Bremer Böttcherstraße im September 1936 hatten danach nur noch eine aufschiebende Wirkung, weil Himmler sein Gesicht wahren musste und Wirth nicht sofort als wissenschaftlichen Leiter absetzen konnte. Schließlich ordnete Himmler eine vollständige Neuausrichtung der Organisation an. Im März 1937 erhielt das „Ahnenerbe" eine neue Satzung mit Führerprinzip, die Himmler die volle Verfügungsgewalt verschaffte. Wirth wurde als Präsident abgesetzt und zum Ehrenpräsidenten ohne Befugnisse ernannt, während Himmlers Position als Kurator eine wesentliche Stärkung erfuhr. Als neuer Präsident des „Ahnenerbes" wurde Wüst eingesetzt und Sievers' Generalsekretariat wurde zur Reichsgeschäftsführung aufgewertet. Kurz darauf benannte man die Organisation in „Forschungs- und Lehrgemeinschaft Das Ahnenerbe e.V." um. Außerdem wurde das „Ahnenerbe" vom RuSHA in den „Persönlichen Stab des Reichsführers der SS" verlegt. Schließlich mussten Wilhelm Teudt (1860–1942) und Wirth 1938 ihre Abteilungen im „Ahnenerbe" abgeben, 1939 wurde die Satzung überarbeitet, Wirth auch als Ehrenpräsident abgesetzt und die Bezeichnung von Himmlers und Wüsts Positionen ausgetauscht. Zu

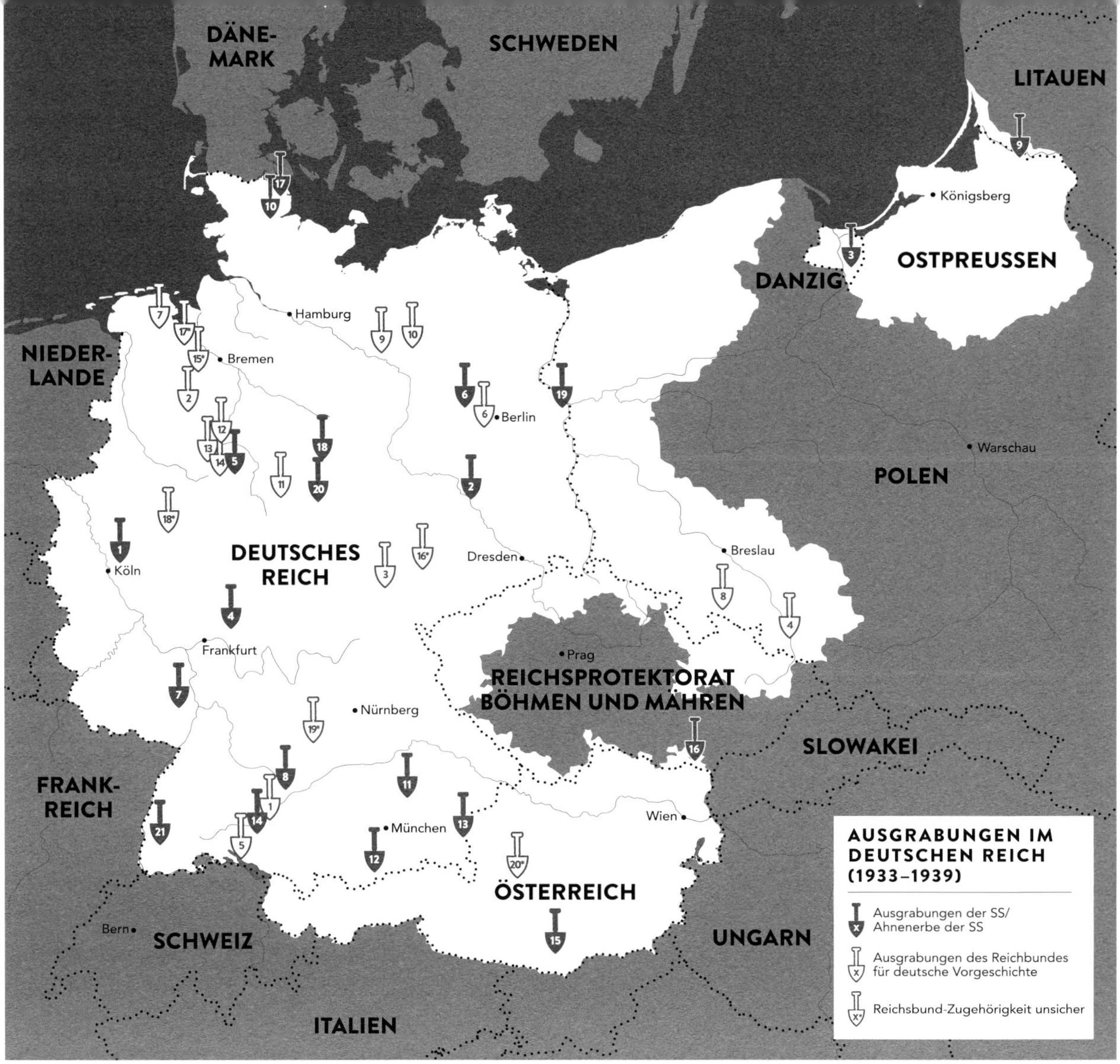

Karte der Ausgrabungen des „Ahnenerbe der SS" und des „Reichsbundes".

den einflussreichsten Wissenschaftlern gehörte in den folgenden Jahren neben Wüst vor allem der Kieler Archäologe Herbert Jankuhn (1905–1990).[16]

Organisation

Das „Ahnenerbe" war ein organisatorischer Zwitter zwischen einer Dienststelle der SS und einem zivilrechtlichen eingetragenen Verein. Theoretisch konnte jede natürliche wie rechtliche Person Mitglied werden und es so in seinen Aktivitäten unterstützen, während die Mitarbeiter SS-Mitglieder und häufig bei der SS angestellt waren. Dementsprechend waren sie auch der Gerichtsbarkeit der SS unterworfen. Darüber hinaus gab diese Doppelnatur dem „Ahnenerbe" eine eigene Rechtspersönlichkeit und ermöglichte ihm beinahe vollständige Unabhängigkeit vom Reichsschatzmeister der NSDAP, dessen Kontrolle die Budgets aller Gliederungen der NSDAP – und damit auch die der SS – unterlagen. Da die SS selbst erst ab 1938 regelmäßig durch das Reich und die Partei finanziert wurde und das „Ahnenerbe" auch dann nur geringe Zuschüsse von der SS erhielt, war es auf die Mitgliedsbeiträge sowie private und öffentliche Zuwendungen angewiesen. Mit der wissenschaftlichen Umstrukturierung gelang es ihm ab 1938, eine umfangreiche Förderung durch die Deutsche Forschungsgemeinschaft zu erlangen. Ermöglicht wurde diese auch dadurch, dass mit Jankuhns Ausgrabungen in Haithabu geworben werden konnte. Zusätzlich wurde mit dem „Ahnenerbe"-Stifterverband eine eigene Stiftung ins Leben gerufen, deren Startkapital von führenden Vertretern der Wirtschaft gestellt wurde; danach kamen ihr Einnahmen aus Patenten zugute, an denen die SS beteiligt war. Während des Krieges wurden Projekte des „Ahnenerbes" zunehmend von anderen Dienststellen der SS finanziert. Zusätzlich profitierte es von der so genannten „Arisierung" jüdischen Eigentums. Für den Hauptsitz wurde 1938 ein großes Anwesen aus ehemals jüdischem Besitz in Berlin-Dahlem für die Hälfte seines Wertes erworben. Ein weiteres kam 1940 in München hinzu, um die Abteilung von Wüst zu beherbergen, zusätzliche Käufe für die verschiedenen, über das Reich verteilten Abteilungen waren geplant.[17]

Vernetzung in der SS

In den ersten Jahren war das „Ahnenerbe" innerhalb der SS noch relativ isoliert. Von 1937 an konnte es seine Vernetzung in der SS schrittweise immer weiter ausbauen. Bereits 1937 existierten regelmäßige Kontakte zum Sicherheitsdienst-Hauptamt und zur Redaktion der von der „Reichsführung der SS" herausgegebenen Wochenzeitschrift *Das Schwarze Korps*. Auch zum „SS-Hauptamt" und seinem Schulungsamt bestanden enge Verknüpfungen, denn Mitarbeiter des „Ahnenerbes" schrieben für die SS-Leithefte, bis es im Laufe des Krieges fast vollständig die wissenschaftliche Verantwortung für die SS-Leithefte übernahm. Zusätzlich gründeten „Ahnenerbe" und SS-HA gemeinsam die „Germanische Leitstelle" und den „Germanischen Wissenschaftseinsatz".[18]

Öffentlichkeitsarbeit

Hatte sich das „Ahnenerbe" 1935 verhältnismäßig wenig in der Öffentlichkeit engagiert, so änderte sich dies mit der wissenschaftlichen Neuausrichtung. Bereits Ende 1936 wurde die monatlich erscheinende, populärwissenschaftliche Zeitschrift *Germanien* vom Kreis um Teudt übernommen und nach einer kurzen Phase der gemeinsamen Herausgeberschaft komplett in Eigenregie fortgeführt. Als offizielles Organ des „Ahnenerbes" veränderte *Germanien* seinen Fokus, um eine möglichst breite Leserschaft zu erreichen. Außerdem ordnete Himmler schon im Dezember 1936 an, die Zeitschrift kostenlos an alle SS-Führer zu verteilen.[19]

Um die wissenschaftliche Neuausrichtung, die Leistungsfähigkeit und den Umfang der bereits laufenden Projekte zu dokumentieren und weitere Unterstützung zu mobilisieren, veranstaltete das „Ahnenerbe" 1939 seine erste eigenständige Jahrestagung in Kiel. Der Schwerpunkt lag hier zwar eindeutig auf der Archäologie, präsentierte sie aber im Verbund mit den benachbarten Disziplinen. Für die anschließende Exkursion wurden besondere Schauausgrabungen veranstaltet. Mit der Tagung gelang es dem „Ahnenerbe", eine breite Zustimmung unter den Archäologen zu erreichen. In der Folge wandte sich deren überwiegende Mehrheit endgültig und enttäuscht vom „Reichsbund für Deutsche Vorgeschichte" ab und dem „Ahnenerbe" zu.[20]

Stellenwert der Archäologie

Von der Umstrukturierung profitierte die Archäologie wesentlich. Als Stellvertreter von Schleif mit besonderer Verantwortung für die Prähistorische Archäologie wurde Jankuhn berufen, der Anfang 1937 eine Zusammenarbeit mit dem „Ahnenerbe" noch kategorisch abgelehnt hatte, weil er es als unwissenschaftlich betrachtete. Mit 65 000 RM waren im Rechnungsjahr 1938/1939 für die Abteilung Ausgrabungen etwa zwölf Prozent des Haushaltes des „Ahnenerbes" veranschlagt, davon entfiel über ein Drittel auf die Haithabu-Grabungen, die damit zu dem am stärksten geförderten Einzelprojekt wurden. Unter Jankuhns maßgeblichem Einfluss gründete das „Ahnenerbe" zudem in der Folge vier weitere archäologische Abteilungen mit jeweils eigenem Budget: im April 1938 in Berlin-Dahlem die Forschungsstätte für naturwissenschaftliche Vorgeschichte (Laboratorium für Pollenanalyse) unter der Leitung von Rudolf Schütrumpf (1909–1986); die Forschungsstätte für Wurtenforschung in Wilhelmshaven 1939 unter der Leitung von Werner Haarnagel (1907–1984); die Forschungsstätte für germanisches Bauwesen unter der Leitung von Martin Rudolph (1908–1992); die Forschungsstätte für Urgeschichte unter der Leitung von Assien Bohmers (1912–1988).[21]

Diese Neuausrichtung vollzog sich im Verbund mit den beteiligten Germanisten und Volkskundlern, stand dahinter doch ein Gesamtkonzept einer umfassenden, groß angelegten Erforschung der gesamten germani-

Mehrfach werden archäologische Denkmale als Motiv für SS-Leithefte genommen, in diesem Fall die Ostwand des Raums im Felsen 2 der Externsteine.

schen Vergangenheit und volkskundlichen Gegenwart unter dem Leitbegriff der Germanenkunde. Für die Archäologie ergab sich daraus ein umfangreicher institutioneller Ausbau, der sich nicht nur in den neu gegründeten Abteilungen, sondern auch in der deutlichen Ausweitung der Grabungstätigkeit und der Mobilisierung zusätzlicher Mittel und Ressourcen für die anschließende Auswertung niederschlug. Gleichzeitig wurden archäologische Themen integraler Bestandteil interdisziplinärer Vorhaben, von denen nur das Projekt „Wald und Baum in der arisch-germanischen Geistes- und Kulturgeschichte" vor Kriegsausbruch begonnen werden konnte. In seiner praktischen Tätigkeit konzentrierte sich das „Ahnenerbe" nach der wissenschaftlichen Neuausrichtung vor allem auf eine Reihe von Ausgrabungsprojekten, die häufig in Kooperation mit den Stellen der staatlichen Bodendenkmalpflege und den Universitäten durchgeführt wurden. Dabei stellte das „Ahnenerbe" zusätzliche Geldmittel, wissenschaftliches Personal, Techniker, Grabungsmänner, seine Labors und seine Publikationsreihen zur Verfügung. Gleichzeitig verfolgte das „Ahnenerbe" weitere Projekte. So entwickelte Schmidt Anfang 1937 Pläne für ein großes Freilichtmuseum „Deutsche Vorzeit", das Dörfer und Ritualstätten jeder prähistorischen und historischen „germanischen" Epoche zeigen sollte. Mit diesem Vorhaben sollten auch die Freilichtmuseen des „Reichsbundes" ausgestochen werden. Allerdings war ein derartiges Projekt für das „Ahnenerbe" zu diesem Zeitpunkt (noch) nicht finanzierbar, so dass die Realisierung auf die Zeit nach dem Krieg verschoben wurde und letztlich unterblieb.[22]

Während des Zweiten Weltkrieges beteiligte sich das „Ahnenerbe" nicht nur am Kunst- und Kulturgutraub, sondern führte auch verschiedene Menschenversuche durch.

Der Kampf um das „Reichsinstitut für Deutsche Vorgeschichte"

Schon 1932 entwickelte Reinerth Konzepte für ein „Reichsinstitut für Deutsche Vorgeschichte" und konnte dafür auf Ideen zurückgreifen, die in der Archäologie schon länger diskutiert wurden. Seine Pläne sollten allerdings radikal zu Lasten des AIDR und der RGK gehen, denen er vorwarf, die Bodendenkmäler aus römischer Zeit zu bevorzugen. Als er nach 1933 versuchte, sein Vorhaben mit Hilfe von Rosenberg zu realisieren, eskalierte der Streit schnell. Neben dem AIDR und dem „Reichsbund" war es vor allem die SS, die versuchte, eigene Vorstellungen umzusetzen. Dabei wurde 1937 eine gezielte Rufmordkampagne gegen Reinerth gestartet, die noch im Februar 1945 zu seinem Ausschluss aus der NSDAP führte.[23] Einen Vorentscheid zu Gunsten ihres Kandidaten Jankuhn hatten das „Ahnenerbe" und die SS-Führung zudem schon 1942 erreicht. Allerdings war die Gründung des Institutes auf die Zeit nach dem Krieg verschoben worden, so dass das Vorhaben letztendlich an der Rivalität zwischen dem „Amt Rosenberg" und der SS scheiterte.

Wichtige Ausgrabungen der NS-Zeit

Uta Halle

Von 1933 bis 1939 führten die Archäologen sowohl des „Amtes Rosenberg“ als auch des „SS-Ahnenerbes“ im Deutschen Reich mehrere bekannte und zahllose eher unbekannte Ausgrabungen durch. Bei einigen dieser Untersuchungen handelte es sich um pseudowissenschaftliche Propagandamaßnahmen (Braunschweiger Dom), andere entstanden aus den Rivalitäten zwischen dem „Amt Rosenberg“ und dem „SS-Ahnenerbe“ (Hohmichele). Das „Amt Rosenberg“ hatte dabei auf Grund der allgemeinen Entwicklung einen gewissen zeitlichen Vorsprung, weil Hans Reinerth seine bisherigen Forschungen in den Feuchtboden- und Seeuferrandsiedlungen des Federsee- und Bodenseegebietes fortsetzte. Weitere Ausgrabungen wurden durch den Konflikt der etablierten Archäologen mit der völkischen Laienforschung angestoßen (Externsteine). Hinzu kamen die regulären Grabungen entsprechend den Denkmalschutzgesetzen der Länder, zumeist ausgelöst durch die Baumaßnahmen der NS-Zeit sowie Zufallsfunde (Moorleichen) und das Interesse einzelner Forscher (Hunte I, Lonetalhöhlen). Auf dem Gebiet der praktischen Bodendenkmalpflege betätigten sich die beiden neu gegründeten NS-Forschungsorganisationen einerseits und im Wesentlichen die schon vorhandenen oder neu gegründeten regionalen Landesämter für Vorgeschichte sowie die etablierte Römisch-Germanische Kommission (RGK) in Frankfurt andererseits.

Braunschweig – auf der Suche nach Heinrich dem Löwen

Einige Jahre nach Ende des Ersten Weltkrieges wurde das ehemalige Herzogtum Braunschweig politisch in den gleichnamigen Freistaat umgewandelt, der nach den Wahlen 1930 eine rechtsgerichtete Regierung unter Beteiligung der NSDAP bekam. Ein Jahr später wurde der NS-Politiker Dietrich Klagges (1891–1971) zunächst Staatsminister für Inneres und Volksbildung, 1933 dann Ministerpräsident. Damit stand ein NS-Politiker, der nicht nur 1932 die Einbürgerung Hitlers in Deutschland forciert hatte, sondern auch an Archäologie stark interessiert war, an der Spitze des Freistaates. Klagges – ein ehrgeiziger und fanatischer Parteigenosse – ordnete die Ausgrabungen an der Grablege Heinrichs des Löwen im Dom und dessen Umgestaltung zu einem „Nationalheiligtum“ an. Er versuchte damit, Hitlers ältere positive Äußerungen zur germanischen Landnahme im Osten aufzugreifen und diesen für Braunschweig

Hitler besichtigt gemeinsam mit dem Braunschweiger Ministerpräsidenten Klagges und dem Reichminister für kirchliche Angelegenheiten Kerrl die Ausgrabungsstelle (1935).

Schaufassung für die geborgenen Haarlocken der Bestattungen im umgestalteten Dom.

einzunehmen. Heinrich der Löwe wurde zum „typischen Vertreter des rassisch reinsten deutschen Stammes" – denn Niedersachsen wurde als „germanisches Kernland" gesehen – stilisiert und galt als „Kolonisator und Neugründer deutschen Bauerntums im Osten".[1] Aus diesem Grund eignete er sich in den ersten Jahren des NS-Regimes als politische Legitimationsfigur.

Im Juni 1935 begann die zweiwöchige Ausgrabung im Kirchenschiff unter dem Grabmal, zunächst ohne Einwilligung des Landesarchäologen Hermann Hofmeister (1878–1936), der erst später hinzugezogen wurde und sofort das unwissenschaftliche Vorgehen rügte. Daraufhin beauftragte Klagges Hofmeister offiziell mit der Grabung. Zuschauer waren dabei unerwünscht, und deshalb wurde die Öffentlichkeit ausgeschlossen. Nur die politische Prominenz in Person von Himmler und Rosenberg besichtigten die Arbeiten, Hitler kam erst nach Ende der Ausgrabung zu einem Kurzbesuch nach Braunschweig. Bei der Untersuchung wurden drei Bestattungen freigelegt, davon eine Kinderbestattung in einem Steinsarg nördlich der beiden anderen Beisetzungen. Die Kinderbestattung wurde als früh verstorbener Sohn des Herrscherpaares angesprochen. Basierend auf der Annahme, dass ein bedeutender Herzog im Mittelalter in einem Sarkophag bestattet sein müsste, wurde die darin befindlichen menschlichen Überreste als die Gebeine Heinrichs identifiziert, trotz einer eher geringen Körpergröße von 1,62 m und einer sichtbaren Verletzung am Oberschenkel.

Diese Verletzung führte Hofmeister auf einen historisch überlieferten Reitunfall des Sachsenherzogs zurück. Die Skelettteile in der Lederhülle wurden als Mathilde, Heinrichs zweite Frau, angesprochen, ein schmales Band, das mit Goldfäden durchwirkt war, als Schmuckband. Von beiden Erwachsenenbestattungen wurden Haarlocken entnommen. Ein Foto im *Illustrierten Beobachter* von 1936 zeigte den Blick in den geöffneten Steinsarkophag mit den Skelettresten. Die Bildunterschrift wies eindeutig auf den „Niedersachsen-Herzog Heinrich den Löwen" hin und machte damit die fehlgedeuteten archäologischen Ergebnisse öffentlich. Allerdings wurden schon in der NS-Zeit Zweifel an dieser Interpretation geäußert und die Überreste im Steinsarkophag als Gebeine der Herzogin Mathilde gedeutet. Die geborgenen Haarlocken aus beiden Gräbern und eine Replik des Schmuckbandes wurden in Schaufassungen eingefasst und reliquienartig im umgestalteten Dom präsentiert, weitere Schaufassungen gingen als Geschenk an NS-Politiker. Die angestrebte kultische Verehrung kam aber nach der Eröffnung des erneuerten Doms 1940 nicht mehr zu Stande, weil Hitler mittlerweile öffentlich Karl den Großen als „Reichseiniger" darstellte, und die politische Lage des Zweiten Weltkrieges keine Legitimation durch Heinrich den Löwen mehr benötigte.

Für diese Ausgrabung bestand also weder eine denkmalpflegerische Notwendigkeit noch ein Forschungsinteresse eines Archäologen. Vielmehr wurde sie aus rein ideologischen Gründen durchgeführt.

Jungsteinzeitliche Siedlung Hunte I

Ende der 1930er-Jahre untersuchte Hans Reinerth (1900–1990) gemeinsam mit seinen Studierenden die jungsteinzeitliche Siedlung Hunte I am Dümmersee im Landkreis Diepholz. Der Dümmer, der von der

Hunte durchflossen wird, ist bei einer Größe von rund 15 Quadratkilometern nur eineinhalb Meter tief und wird durch den Wiehengebirgsrand und den Moränenrücken begrenzt. Verschiedene Lesefunde eines Heimatforschers hatten erste Hinweise auf jungsteinzeitliche Siedlungen ergeben. Bei dieser Ausgrabung standen Forschungs- und denkmalpflegerisches Interesse im Vordergrund, außerdem wurden umfangreiche Ausbauarbeiten am Dümmer durchgeführt. Hans Reinerth wollte wissen, „warum das Kernland der nordischen Rasse und Kultur [...] nicht die gleiche unwahrscheinlich gute Erhaltung der Siedlungen, Wohnbauten, der Werkzeuge und Kleingeräte und den gleichen erstaunlichen Fundreichtum aufweisen kann" wie die von ihm zuvor untersuchten süddeutschen Feuchtbodensiedlungen.[2] Trotz einiger Querelen mit dem zuständigen Landesmuseum in Hannover erhielt Reinerth im August 1938 die offizielle Grabungsgenehmigung der Provinz Hannover.[3] Bei Geländeprospektionen entdeckte er sechs jungsteinzeitliche Fundplätze, von denen Hunte I näher untersucht wurde. Dabei arbeiteten (Fach)studenten, Freiwillige und Schulklassen mit. Im Jahr 1940 wurden zudem noch französische Kriegsgefangene eingesetzt. Die Siedlung besaß eine Ausdehnung von 110 mal 40 Meter und bestand aus 40 Gebäuden. Gefunden wurden Keramik, Steingeräte und Werkzeuge aus organischem Material der jungsteinzeitlichen Trichterbecherkultur. Hinzu kam Schmuck aus den Zähnen von Wildtieren, wie Bären, Wildschweinen und Füchsen. Zum Fundmaterial gehörten auch viele Tierknochen, unter anderem von Bibern, Elchen, Wisenten und Auerochsen und von den Haustieren Schwein, Schaf, Pferd und Rind sowie zahlreiche menschliche Überreste. Reinerth deutete sie alle als zur „fälische(n) Rasse" gehörig und äußerte sich dahingehend: „so bietet das Moor am Dümmer auch zur Rassenfrage der Großsteingräberleute einen wertvollen Beitrag, der uns lehrt, daß schon im 3. Jahrtausend v. d. ZTR. die gleiche fälische Rasse in Nordwestdeutschland Trägerin einer hohen bodenverbundenen Kultur war, genau wie später in germanischer Zeit und auch wie heute."[4] Damit zog er einen chronologischen Bogen von der Jungsteinzeit bis in die Gegenwart des Jahres 1940. Eine Neubewertung der Ausgrabung mit modernen naturwissenschaftlichen Datierungsmethoden bestätigte den Bau der Siedlung in der Zeit um 2900 bis 2750 v. Chr.[5]

Einsetzen des Senkkastens in den Dümmer im Oktober 1938.

Bei der Ausgrabung Hunte I wurde Siedlungskeramik der Trichterbecherkultur gefunden.

Die Höhlen im Lonetal – die Suche nach den Vorfahren

Wichtige Ausgrabungen in der NS-Zeit waren auch die Untersuchungen der Höhlen im Lonetal zwischen Heidenheim und Ulm im Ostteil der Schwäbischen Alb. Das Lonetal ist reich an Höhlen, die in „einer in sich geschlossenen Kleinlandschaft" liegen.[6] Die dort erhaltenen eiszeitlichen Höhlenablagerungen waren schon im 19. Jahrhundert erstmals untersucht worden und hatten 1866 erste altsteinzeitliche Funde geliefert.

Grabungsarbeiten mit Arbeitern und Lore im Eingangsbereich der Stadelhöhle (1937).

Die Höhlen waren deshalb eine wahre Fundgrube für Geologen und Paläontologen aus dem In- und Ausland, aber auch für das sich herausbildende Fach Ur- und Frühgeschichte an der benachbarten Universität Tübingen. Daneben waren aber auch zahlreiche Laien an den Untersuchungen der Höhlen beteiligt.

Trotz der ersten Forschungsarbeiten dauerte es bis 1931, bis weitere Ausgrabungen erfolgten. In diesem Jahr grub der Geologe und Archäologe Gustav Riek (1900–1976) die Vogelherdhöhle vollständig aus und beschrieb und differenzierte die dort aufgefundene Abfolge steinzeitlicher Kulturen. Seine Forschungen führten dazu, dass 1932 der Würzburger, später Tübinger Anatomieprofessor Robert Wetzel (1898–1962) die Idee entwickelte, das ganze Tal systematisch zu erforschen.[7] Nach einigen kleineren Untersuchungen konzentrierte sich Wetzel ab 1935 auf das Höhlensystem im Hohlenstein, das aus zwei nebeneinanderliegenden Höhlen, dem Hohlenstein-Stadel und der Bärenhöhle, besteht. Diese Ausgrabungen standen im besonderen Interesse Heinrich Himmlers und des „Ahnenerbes der SS".[8] Wetzel übernahm zugleich als V-Mann des Sicherheitsdienstes (SD) des „Reichsführers der SS" Observierungs- und Spitzelaufgaben innerhalb der Universität Tübingen; zuvor war er Kulturreferent des SD in Würzburg gewesen.[9] Besondere Bedeutung hatten für Wetzel

Die Ausgrabung der Bockstein-Höhle. Robert Wetzel (Bildmitte) und zwei Mitarbeiter im Eingang (1933).

die altsteinzeitlichen Funde, weil er in der Schichtenfolge der Höhle die „Ablösung des Neandertalers durch ‚uns' [sic!]" auffinden wollte.[10] Wichtig war ihm das Hissen einer SS-Fahne vor der Höhle, um damit die Zugehörigkeit zum „Ahnenerbe" zu demonstrieren. Dies hatte ihm Himmler ausdrücklich erlaubt.[11]

Der Ausbruch des Zweiten Weltkrieges führte zum Abbruch der Grabungen in der Stadelhöhle. Allerdings wurden am letzten Grabungstag, am 25. August 1939, noch verschiedene Mammutelfenbeinfragmente mit Schnitzspuren geborgen, aus denen rund 30 Jahre nach ihrer Auffindung die berühmte Statue des Löwenmenschen zusammengesetzt werden konnte. Die Figur gilt heute als die älteste Tier-Mensch-Figur, denn durch moderne Radiokarbondatierungen an Tierknochen konnte ihr Alter auf ca. 32 000 Jahre berechnet werden. Diese Ausgrabung entstand also ähnlich wie die Untersuchung am Dümmer aus Forscherdrang, in diesem Fall dem des Anatoms Wetzel. Ihn interessierte besonders die Frage, ob die „Mammutjäger" auch zu den Wurzeln der Deutschen zu rechnen wären.[12]

Die Ausgrabungen am angeblich germanischen Stonehenge Externsteine

Die NS-Zeit war in der ersten Hälfte zunächst noch stark durch die Fortsetzung der Auseinandersetzungen mit der völkischen Laienforschung geprägt, welche zu einer Ausgrabung am angeblich „germanischen Heiligtum Externsteine" bei Detmold führten. Diese natürliche Felsengruppe mit dem berühmten mittelalterlichen Kreuzabnahmerelief und ihren herausgearbeiteten Höhlen und Räumen war seit Mitte der 1920er-Jahre von dem selbst ernannten Germanenforscher Wilhelm Teudt (1860–1942) als „germanische(s) Stonehenge" bekannt gemacht worden. Die Felsen sollten bis zur Zerstörung durch Karl den Großen eine Sternwarte gebildet haben. Fachwissenschaftler und die lippische Landesregierung waren von Teudts Theorien nicht überzeugt und ordneten daher eine Ausgrabung an, die dritte, mit der das Gelände 1932 erforscht wurde. Als Ergebnis der Untersuchungen hielt der bekannte Ausgräber August Stieren (1885–1970) fest, dass „keine Kulturreste" entdeckt wurden.

Teudt erhielt durch den Machtantritt der Nationalsozialisten stärkere Einflussmöglichkeiten bei den regionalen und überregionalen Machthabern und konnte nun den Rückbau der touristischen Einrichtungen an der Felsengruppe, wie der Straßenbahn und der Hotels, sowie die Einrichtung eines „heiligen Hains" um das angebliche Heiligtum erreichen. Diese Umgestaltungsarbeiten wurden in den Jahren 1934 und 1935 durch großflächige Ausgrabungen unter der Leitung des Münsterschen Geologen Julius Andree begleitet. Ein von der SS beauftragter Spitzel, der dortige Fremdenführer, beobachtete die Arbeiten. Die Grabung brachte nicht die von dem völkischen Laienforscher Teudt erhofften Ergebnisse und die akademische Wissenschaft beurteilte seine kruden Ideen weiterhin als „kunterbuntes Gemüse aus Gelesenem (das ist das wenigste) und kenntnislos Gedichtetem (was das meiste ist)“[13]. Seine Anhänger seien „Träumer und Märchendichter“[14] oder „Schwarmgeister“. Die SS ließ mit serbischen Kriegsgefangenen das Gelände zu einem „Heiligtum“ umgestalten und bezog es in ihre Propaganda ein.

Eine in den 1990er-Jahren durchgeführte Analyse der damals geborgenen Funde zeigt, dass keine Objekte aus der Zeit vor 800 n. Chr. geborgen wurden, sondern nur Keramik und Metallobjekte aus jüngeren Zeiten bzw. einige Steinartefakte der so genannten Ahrensburger Kultur, das heißt von Menschen, die sich als Jäger und Sammler in der ausgehenden Altsteinzeit dort aufgehalten hatten.[15]

Hohmichele

Die Forschungsgrabung am Hohmichele in Baden-Württemberg war typisch für die besonderen Umstände der NS-Zeit. Der Hohmichele, einer der größten hallstattzeitlichen Grabhügel Mitteleuropas, nur etwas mehr als drei Kilometer von der bekannten eisenzeitlichen Heuneburg entfernt, kam Ende 1936 in das „magische Dreieck von Ideologie, Forschungsinteressen und Bodendenkmalpflege“ in Süddeutschland.[16] Denkmalpflegerisch war diese Ausgrabung durch nichts zu rechtfertigen, denn es bestand keine Gefährdung des großen Grabhügels durch Bauarbeiten. Die Arbeiten waren eine Reaktion der SS auf Reinerths Ausgrabungen im Federseegebiet und die Tagung des „Reichsbundes für Deutsche Vorgeschichte“ im Oktober 1936. Auf Grund dieser Aktivitäten entwickelte der spätere Grabungsleiter Gustav Riek, der sich 1937 der SS anschloss, die Idee, den großen Grabhügel zu untersuchen.[17] Im Dezember 1936 schrieb er dazu: „Ich fahre am 10. (Dezember) ins Gelände, lasse die Bäume umlegen, Drahtverhau ziehen und --- fürchte, dass Frost und Schnee

Der Reichsarbeitsdienst bei den Freilegungsarbeiten an den Externsteinen (1934).

kommen. Auf alle Fälle wird der Anfang gemacht! Die Hand der SS muss sofort drauf! Vermitteln Sie doch bitte beim Reichsführer SS dahin, dass bei gefrorenem Boden unmöglich weitergearbeitet werden kann. ... Über den Verlauf unserer schwäbischen Untat werde ich Sie [der SS-Archäologe A. Langsdorff, U. H.] unterrichten."[18] Der Grabhügel von 85 Metern Durchmesser und einer Höhe von 13,5 Metern wurde im Zentralbereich geschnitten. Dabei wurde ein Holzkammergrab freigelegt, in dem ein Mann und eine Frau bestattet waren. Dieses Grab war schon früh beraubt worden. Nur Teile des Pferdegeschirrs, fast 600 Glasperlen und Reste eines Brokatstoffs mit Goldfäden konnten geborgen werden. Während des Krieges bot sich dann der große Grabhügel „als ausgetreppter Krater mit einem Froschteich im Grunde dar, neben dem das ausgehobene Material in formloser Anhäufung liegt".[19] Weitere unberaubte Gräber im Hügel wurden bei der Fortführung der Grabung in den 1950er-Jahren entdeckt. Eine moderne Äußerung zeigt, dass sich „die Untersuchung und die Publikation ... in jeder Beziehung mit späteren und heutigen Unternehmungen messen (kann)"; und sie galt 1985 noch immer als „richtungsweisend".[20] Trotzdem muss darauf hingewiesen werden, dass bis heute kein Nachweis dafür vorliegt, dass Hans Reinerth ein Interesse hatte, den Grabhügel auszugraben. Es scheint vielmehr, dass die Rivalität zwischen „Reichsbund" und SS ein vorgeschobenes Argument für das persönliche Interesse des Ausgräbers Riek war.[21]

Moorleichen

Eine besondere archäologische Quelle sind Moorleichen. Ihr Erhaltungszustand ist abhängig von der chemischen Zusammensetzung des Moores mit seinen Gerbsäuren und verschiedenen anderen organischen Säuren, in dem sie aufgefunden wurden. Bis 1935 beruhte die Moorleichenforschung im Wesentlichen auf den 1907 bzw. 1918 veröffentlichten Studien der Archäologin Johanna Mestorf (1828–1907) und des Wissenschaftlers Hans Hahne (1875–1935). Beide vertraten die Meinung – und sie berufen sich dabei auf die schriftliche Überlieferung von Tacitus –, dass Moorleichen in bestimmten Fällen durchaus als Opfer eines Strafverfahrens bzw. Strafgebrauchs angesehen werden

Auch die Ausgrabung des Grabhügels Hohmichle fand unter der Fahne der SS statt (1936). Auf nach 1945 veröffentlichten Fotos war sie wegretuschiert.

müssen.[22] Meist wurden Moorleichen zufällig beim Torfstechen entdeckt und einem Museum übergeben. Die auf Tacitus beruhende Annahme, man habe auch homosexuelle Praktiken von Männern durch Versenken im Moor bestraft, bot Himmler die Gelegenheit zur Anprangerung homosexueller SS-Mitglieder, ohne dass es dafür einen konkreten archäologischen Beleg gab. In einer Geheimrede vor SS-Gruppenführern im Februar 1936 über Moorleichen vertrat er die Meinung, „daß die Herren Professoren, die diese Leichen im Moor finden, ... sich bestimmt nicht dessen bewußt (wären U. H.), daß sie ... einen Homosexuellen vor sich hätten". Das zeigt, dass er sich rücksichtslos über Ergebnisse der wissenschaftlichen archäologischen Forschung hinwegsetzte, wenn sie nicht seinen ideologischen Vorstellungen entsprachen. Die Konsequenzen, die sich für homosexuelle SS-Mitglieder hieraus ergaben, sprach er in der Rede deutlich aus: Konzentrationslager und Ermordung bei einem angeblichen Fluchtversuch. Das Beispiel der Moorleichen zeigt, dass nicht unbedingt ein konkreter Fund vorliegen musste, um sich ideologisch und politisch dieser Fundgruppe zu bedienen. Himmler nutzte hier seine persönliche Auffassung über archäologische Quellen zur brutalen Durchsetzung seiner rasseideologischen Vorstellungen in der SS.

Haithabu

Die bekannteste Grabung aus dieser Zeit ist jene in dem frühgeschichtlichen Seehandelsplatz Haithabu. Seit 1930 wurden unter Leitung von Gustav Schwantes (1861–1960) und Herbert Jankuhn (1905–1990) planmäßige Ausgrabungen durchgeführt, die Jankuhn 1938 formal unter die Kontrolle der SS stellte, angeblich um sie vor dem Zugriff des „Amtes Rosenberg" zu retten.[23] Die Grabungen von Haithabu waren gern besuchte Exkursionsziele, beispielsweise von Teilnehmern der Kieler Tagung des „SS-Ahnenerbes". Die Ergebnisse wurden in mehreren größeren Veröffentlichungen publiziert. Zu nennen ist hier beispielsweise „Haithabu, eine germanische Stadt der Frühzeit" (1937), in Überarbeitungen immer wieder erschienen bis zur achten Auflage 1986. Die Auflagen bis 1945 erhielten immer einen Dank an das „Ahnenerbe" und an Heinrich Himmler für die Unterstützung der Grabungen. In den späteren Auflagen sind diese Textstellen selbstverständlich nicht mehr vorhanden und in manchen Exemplaren der früheren Ausgaben fehlen diese Seiten, weil sie herausgetrennt oder die entsprechenden Textstellen geschwärzt wurden.[24]

Das Titelbild der Publikation von Herbert Jankuhn.

Die rege Bautätigkeit während der NS-Herrschaft, zum Beispiel der geplante Bau von 6900 Kilometern Autobahn (ab Herbst 1933), Bauvorbereitungen für die Anlage von Militäranlagen wie Flugplätzen oder dem Westwall (1936–1939) sowie von Konzentrationslagern, aber auch die Steigerung der allgemeinen Bauvorhaben, führte zu einer erheblichen Zunahme von tief in den Boden eingreifenden Erdbewegungen. Dies machte zahlreiche Not- und Rettungsgrabungen notwendig, für die der „Reichsarbeitsdienst", die Wehrmacht, Heimat- und Geschichtsvereine sowie Schüler und Studenten hinzugezogen wurden. Bei diesem Einsatz konnten die Teilnehmer gleichzeitig einen Einblick in die „heimatliche wissenschaftliche Forschung" zur Ur- und Frühgeschichte bekommen. Oftmals wurden die Ausgrabungen von einem verstärkten Propagandaeinsatz in den Druckmedien begleitet, wobei im Gegensatz zu Zeitungsartikeln aus der Weimarer Zeit, in denen vorgeschichtliche Befunde überwiegend mit bedeutenden „klassischen" Ausgrabungsorten (Wasserburg Buchau – das deutsche oder schwäbische Troja; Zantoch – das Nordische oder ostdeutsche Troja) gleichgesetzt wurden, nun ein plakativer Hinweis auf das „germanische Erbe" erfolgte.[25]

Gleichzeitig wurden immer wieder neue Forschungsvorhaben entwickelt oder schon bestehende Vorhaben fortgeführt, die zum Teil in die politisch motivierte Ost- und Westforschung gehörten. Typisch dafür war ein Projekt aus dem Rheinland. Im Juni 1934 gab der Leiter des Bonner Landesmuseums einen Bericht über die zukünftigen Aufgaben der vorgeschichtlichen Forschung im Rheinland an den Provinzialverband.[26] Er regte an, die „vor- und frühgeschichtlichen Baudenkmäler", unter denen er Befestigungsanlagen und eisenzeitliche Grabhügel verstand, systematisch zu erfassen und zu inventarisieren. Im Besonderen forderte er „eine genaue Erforschung gerade der rechtsrheinischen Befestigungen", da dadurch untersucht werden könnte, „wie … die Ausbreitung und Befestigung der fränkischen Herrschaft im rechtsrheinischen Gebiet" vollzogen worden war. Das rechtsrheinische Gebiet war politisch unverfänglich, lag es doch innerhalb der deutschen Grenzen des Versailler Vertrages. Die politischen Intentionen wurden deutlicher in den Begründungen erkennbar, mit denen dieses Forschungsvorhaben beschrieben wurde. Die Franken galten als Westgermanen und der Museumsdirektor bediente sich typisch nationalsozialistischer Klischees. So verwies er auf England, das Deutschland und vor allem der Rheinprovinz „auf dem Gebiet der vaterländischen Altertumskunde … weit voran" wäre. Der Kulturdezernent nahm diese Vorgaben auf und plante seit November 1934 „die Inventarisierung der rheinischen Ringwälle und Hügelgräber", eine Aufgabe, die Rafael von Uslar übertragen wurde.[27] Bis 1935 beschränkten sich die geplanten Forschungsvorhaben der Provinzialverwaltung auf rechtsrheinische Gebiete, durchgeführt wurden allerdings immer auch Notgrabungen sowohl im rechts- wie auch im linksrheinischen Teil des Rheinlandes. Im Frühjahr 1936 sah dies schon ganz anders aus. Die Pläne, die der rheinische Kulturdezernent mit fachwissenschaftlicher Beratung bereits in den ersten Jahren des NS-Regimes ins Auge gefasst hatte, wurden im Frühjahr 1936 – wenige Wochen nach der Besetzung der entmilitarisierten Zone des Rheinlandes – öffentlich bekannt gegeben: ein „groß angelegtes" Ausgrabungsprogramm, das die „Lösung der großen völkischen Zentralprobleme rheinischer Vorzeit" liefern sollte.[28] 100 000 Reichsmark wurden für 14 Grabungen im Rheinland zur Verfügung gestellt. Vier große Forschungsbereiche, davon drei schon bestehende Schwerpunkte (Ringwallforschung, Siedlungsgrabungen zur Erforschung des rheinischen Siedlungsraumes, Erforschung der großen rheinischen Grabhügelfelder), sollten weiter ausgebaut werden. Mit dem Vorhaben der „Erforschung der fränkischen Reihengräberfriedhöfe" kam ein neuer Schwerpunkt hinzu und das Programm wurde auf das gesamte Rheinland ausgedehnt.

Um dem „Deutschtumskampf" im Osten neue Impulse zu geben, hatte der Berliner Archäologe Wilhelm Unverzagt (1892–1971) 1936 ein „auf den bisherigen Erkenntnissen beruhendes gross angelegtes Grabungsprogramm" ausgearbeitet.[29] Ein solches Ausgrabungsprogramm war nicht ohne politische und finanzielle Unterstützung der NS-Machthaber zu realisieren. Geplant waren unter anderem Grabungen auf dem Domplatz in Magdeburg, wo Archäologen die „alte Pfalz Kaiser Ottos I." freilegen wollten. Finanzierungsprobleme ließen das Vorhaben aber 1938 scheitern; das Projekt wurde erst nach dem Zweiten Weltkrieg verwirklicht. Auch bei diesem Vorhaben arbeiteten der Historiker Albert Brackmann (1871–1952) und der Archäologe Unverzagt Hand in Hand mit der SS und anderen politischen Instanzen, nutzten deren ideologische Interessen für ihre eigenen wissenschaftlichen Ambitionen und boten sich und ihre Ergebnisse den Nationalsozialisten zur Legitimation ihrer Politik an.[30]

Im Allgemeinen konnten die Wissenschaftler der staatlichen Landesämter oft mit der SS zusammenarbeiten und sich auf eine bessere personelle und finanzielle Struktur stützen als die des „Amtes Rosenberg", die stärker auf die überwiegend ehrenamtlichen bzw. schlechter bezahlten Forschungsarbeiten von Einzelpersonen, Gruppen und Vereinen des „Reichsbundes" zurückgreifen mussten.[31]

Insgesamt gesehen, begann die offensive archäologische Forschung mit überdeutlichen Germanenbezügen erst im Jahr 1936. Drei Jahre später brach der Krieg aus und ab 1943 verhinderte Papierknappheit größere Publikationen. Drei bzw. sechs Jahre sind für die archäologische Arbeit, die eine sorgfältige und kostenintensive Dokumentation erfordert, eine kurze Zeit. Aus diesem Grund ist es nicht verwunderlich, dass es kaum grundlegende Veröffentlichungen aus der Spätphase des Nationalsozialismus gibt, meist beschränkte man sich auf die üblichen kleineren Vorberichte im *Nachrichtenblatt für deutsche Vorgeschichte*, dessen letzte NS-Ausgabe für 1944 erst 2011 gedruckt vorgelegt wurde.

Für viele andere Grabungen in der NS-Zeit galt trotz aller politischen Aspekte, was schon vor 1933 gegolten hatte und bis heute gilt: Sie wurden ausgelöst und dringend notwendig, weil Baumaßnahmen in das unterirdische Archiv des Bodens eingriffen und es unwiederbringlich zu zerstören drohten. Besonders der massive nationalsozialistische Bauboom (Autobahnbau, Rüstungsvorhaben wie Militär- und Flugplatzbauten) steigerten den Handlungsbedarf für die praktische Bodendenkmalpflege.

Ernst Grohne und seine Ausgrabungen – ein Bremer Beispiel

Sandra Geringer und Dirk Mahsarski

Auf Initiative der Deutschen Gesellschaft für Anthropologie, Ethnologie und Urgeschichte erließ der Bremer Senat 1891 eine erste „Verordnung, betreffend den Schutz geschichtlicher und vorgeschichtlicher Denkmale“[1], in der die Bevölkerung angewiesen wurde, für den Schutz und die Erhaltung der Denkmäler und Funde Sorge zu tragen. Eine ähnliche Verordnung hatte die Gesellschaft schon sechs Jahre zuvor in Preußen durchsetzen können. Aber während Preußen bereits 1914 ein Ausgrabungsgesetz erließ und 1920 mit Ausführungsbestimmungen versah, geschah in Bremen zunächst nichts dergleichen.[2]

Immerhin wurde 1928 eine Kommission für die Erhaltung der kunsthistorischen Denkmale eingerichtet, zu deren Mitgliedern der damalige Direktor des Focke-Museums, Ernst Grohne (1888–1957), gehörte.[3]

Als 1931 die Kunsthistorikerin Helen Rosenau (1900–1984)[4] Ausgrabungen im Bremer Dom durchführte[5], kam es zu einer heftigen öffentlichen Auseinandersetzung um die Denkmalpflege, in der auch ihre jüdische Herkunft eine Rolle spielte. Zu diesem Zeitpunkt stellte die NSDAP bereits 32 von 120 Abgeordneten der Bremer Bürgerschaft. Als Vertreter der Kulturkommission ergriff auch Grohne Partei. Er warf Rosenau und dem Dombaumeister öffentlich mangelnde Sorgfalt und pietätlosen Umgang mit der Bestattung eines Erzbischofs aus dem Spätmittelalter vor. Zudem sah er die Kompetenzen der Kulturkommission übergangen.[6] Daraufhin verabschiedete der Bremer Senat Anfang 1932 den für die damalige Zeit relativ modernen und weit reichenden „Erlaß eines Denkmal- und Naturschutzgesetzes“. Als Begründung für das Gesetz wurde explizit auf die „in der Öffentlichkeit erhobenen Klagen“ verwiesen. Dementsprechend fällt das nationale und lokale Pathos des Gesetzes auf. So sollte der Denkmalschutz zur „Wahrung eines lebenswichtigen Gutes“ beitragen, denn der Verlust der Denkmäler würde zu „einer nicht wieder gutzumachenden seelischen und geistigen Verarmung des Volkes“ führen. Die Verordnung von 1891 wurde als „unzulänglich und lückenhaft“ erwähnt, bislang wäre „in gesetzgeberischer Hinsicht [...] wenig getan worden“. Das neue Gesetz sah unter anderem vor, dass, wenn „es sich um die Wahrung nationaler Güter von hohem ideellen und kulturellen Wert“ handelte, „die Privatinteressen hinter den Interessen der Allgemeinheit zurücktreten“ müssten. Um die Schutzwürdigkeit von beweglichen Kulturgütern festzulegen, wurde die Bedeutung für die Bremer Geschichte als wichtigstes Kriterium definiert.[7] Am 24. Februar 1933 wurde Grohne schließlich zum ersten amtlichen Denkmalpfleger für das bremische Staatsgebiet ernannt.[8]

Am Tag nach der Reichstagswahl vom 5. März 1933 forderten Hunderte Menschen vor dem Bremer Rathaus den Rücktritt des Senats. Nachdem die sozialdemokratischen Senatoren zurückgetreten waren, ernannte Reichsinnenminister Wilhelm Frick (1877–1946) noch am selben Abend Richard Markert (1891–1957) zum Polizeisenator. Keine zwei Wochen später hatte sich der Senat vollständig aufgelöst und Markert wurde kommissarischer Bürgermeister. Im Oktober wurde die Bremische Bürgerschaft schließlich im Rahmen des Gleichschaltungsgesetzes aufgelöst und Markert zum regierenden Bürgermeister ernannt.[9] Als neuen Senator für das Bildungswesen und kirchliche Angelegenheiten setzte er am 11. März Richard von Hoff (1880–1945) ein. Der studierte Germanist von Hoff leitete seit 1919 die Bremer Volkshochschule und war seit 1930 Mitglied der NSDAP, der SA und des „Kampfbundes für Deutsche Kultur". 1934 wechselte er von der SA zur SS. Zusammen mit dem bekannten Rasseforscher Hans F. K. Günther (1891–1968) gab von Hoff die Zeitschrift *Rasse. Monatsschrift der nordischen Bewegung* heraus. Außerdem war er wesentlich an der Verankerung der Vorgeschichte in den Lehrplänen der Schulen beteiligt.[10]

Ernst Grohne

Der Direktor des Focke-Museums Ernst Grohne wurde 1888 im hessischen Eiterfeld geboren und studierte von 1907 bis 1913 in Tübingen und Göttingen Geschichte, Geografie und Sprachwissenschaften. Seine Dissertation über „Die Hausnamen und Hauszeichen, ihre Geschichte, Verbreitung und Einwirkung auf die Bildung der Familien- und Gassennamen" legte er im Fach Germanistik ab. Zusätzlich absolvierte er 1914 die Staatsprüfung für das Oberstufen-Lehramt.[11] Im Ersten Weltkrieg diente Grohne beim Heer, zuletzt im Rang eines Leutnants, und wurde mit dem Eisernen Kreuz Zweiter Klasse ausgezeichnet, bevor er von 1919 bis 1924 am Museum für Hamburgische Geschichte arbeitete. Im Jahre 1924 übernahm er dann die Leitung des Focke-Museums. Ab 1926 begann Grohne, der bis dahin über keine archäologische Erfahrung verfügte, sich auch mit den Bremer Bodenfunden zu beschäftigten. Nachdem er bereits seit 1928 Mitglied der Kulturkommission war, wurde er 1933 zum staatlichen Vertrauensmann für die kulturgeschichtlichen Altertümer und Bodendenkmäler der Freien Hansestadt Bremen ernannt, eine Tätigkeit, die er nebenamtlich ausübte.[12] Außerdem lehrte Grohne an der 1934 gegründeten Nordischen Kunsthochschule. Die Verleihung des Professorentitels an ihn, für die sich von Hoff und der Bremer Senat starkgemacht hatten, scheiterte 1939 am Widerstand des „Reichserziehungsministeriums" (REM), weil er nicht genügend selbstständige wissenschaftliche Publikationen vorweisen konnte.

Grohne, der nach der Aufhebung des Aufnahmestopps 1937 der NSDAP beitrat, war eindeutig völkisch gesinnt.[13] Schon 1929 äußerte er bei der Bewertung

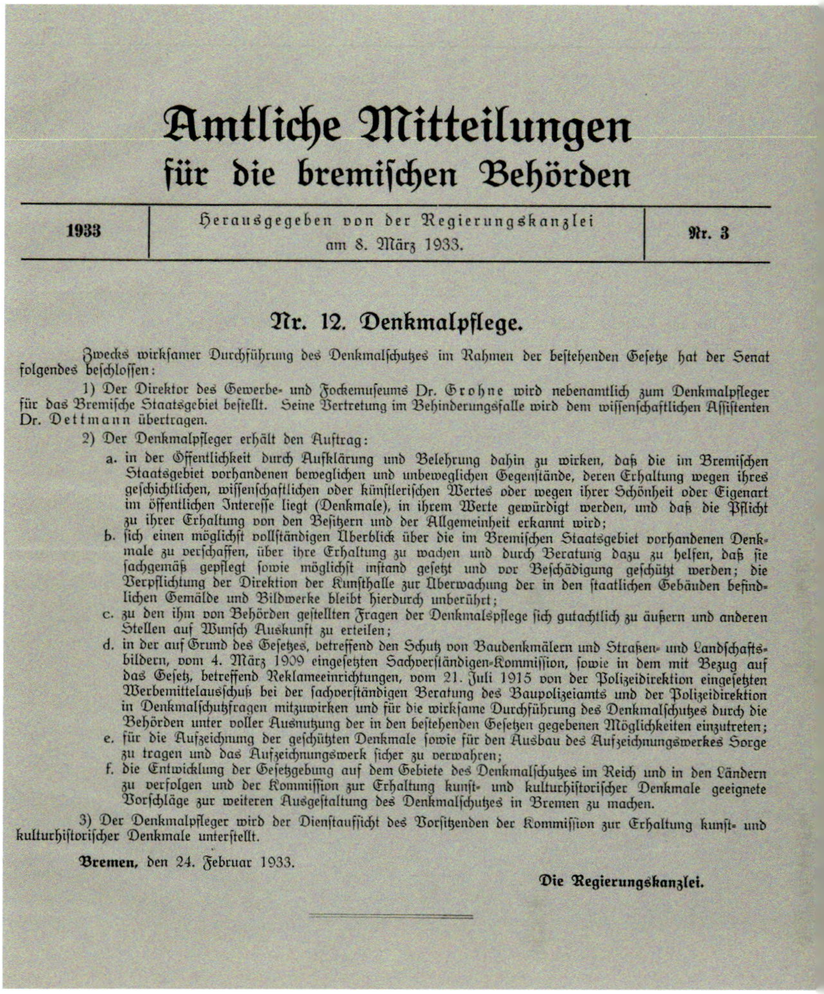

Amtliche Mitteilungen
für die bremischen Behörden

1933	Herausgegeben von der Regierungskanzlei am 8. März 1933.	Nr. 3

Nr. 12. Denkmalpflege.

Zwecks wirksamer Durchführung des Denkmalschutzes im Rahmen der bestehenden Gesetze hat der Senat folgendes beschlossen:

1) Der Direktor des Gewerbe- und Fockemuseums Dr. Grohne wird nebenamtlich zum Denkmalpfleger für das Bremische Staatsgebiet bestellt. Seine Vertretung im Behinderungsfalle wird dem wissenschaftlichen Assistenten Dr. Dettmann übertragen.

2) Der Denkmalpfleger erhält den Auftrag:

a. in der Öffentlichkeit durch Aufklärung und Belehrung dahin zu wirken, daß die im Bremischen Staatsgebiet vorhandenen beweglichen und unbeweglichen Gegenstände, deren Erhaltung wegen ihres geschichtlichen, wissenschaftlichen oder künstlerischen Wertes oder wegen ihrer Schönheit oder Eigenart im öffentlichen Interesse liegt (Denkmale), in ihrem Werte gewürdigt werden, und daß die Pflicht zu ihrer Erhaltung von den Besitzern und der Allgemeinheit erkannt wird;

b. sich einen möglichst vollständigen Überblick über die im Bremischen Staatsgebiet vorhandenen Denkmale zu verschaffen, über ihre Erhaltung zu wachen und durch Beratung dazu zu helfen, daß sie sachgemäß gepflegt sowie möglichst instand gesetzt und vor Beschädigung geschützt werden; die Verpflichtung der Direktion der Kunsthalle zur Überwachung der in den staatlichen Gebäuden befindlichen Gemälde und Bildwerke bleibt hierdurch unberührt;

c. zu den ihm von Behörden gestellten Fragen der Denkmalspflege sich gutachtlich zu äußern und anderen Stellen auf Wunsch Auskunft zu erteilen;

d. in der auf Grund des Gesetzes, betreffend den Schutz von Baudenkmälern und Straßen- und Landschaftsbildern, vom 4. März 1909 eingesetzten Sachverständigen-Kommission, sowie in dem mit Bezug auf das Gesetz, betreffend Reklameeinrichtungen, vom 21. Juli 1915 von der Polizeidirektion eingesetzten Werbemittelausschuß bei der sachverständigen Beratung des Baupolizeiamts und der Polizeidirektion in Denkmalschutzfragen mitzuwirken und für die wirksame Durchführung des Denkmalschutzes durch die Behörden unter voller Ausnutzung der in den bestehenden Gesetzen gegebenen Möglichkeiten einzutreten;

e. für die Aufzeichnung der geschützten Denkmale sowie für den Ausbau des Aufzeichnungswerkes Sorge zu tragen und das Aufzeichnungswerk sicher zu verwahren;

f. die Entwicklung der Gesetzgebung auf dem Gebiete des Denkmalschutzes im Reich und in den Ländern zu verfolgen und der Kommission zur Erhaltung kunst- und kulturhistorischer Denkmale geeignete Vorschläge zur weiteren Ausgestaltung des Denkmalschutzes in Bremen zu machen.

3) Der Denkmalpfleger wird der Dienstaufsicht des Vorsitzenden der Kommission zur Erhaltung kunst- und kulturhistorischer Denkmale unterstellt.

Bremen, den 24. Februar 1933.

Die Regierungskanzlei.

Am 24. Februar 1933 ist es amtlich: Ernst Grohne wird zum ersten nebenamtlichen Denkmalpfleger für das Bremische Staatsgebiet.

eines hochmittelalterlichen Kerzenleuchterfußes aus Bronze: „Wir haben hier dagegen ein charaktervolles Beispiel frühgermanischer Zierkunst vor uns, das, obwohl es in den Abschluß dieser aus wesentlich älteren, z. T. aus vorchristlichen Jahrhunderten stammenden nordischen Stilepoche hineingehört, doch noch von bewunderungswürdiger Klarheit ist, jeglicher dekorativer Entartungserscheinungen ermangelt und das Wesen unseres urdeutschen, von der antiken Welt ganz unbeeinflußten Formenempfindens deutlich aufweist."[14]

Ausgrabungen

Zwischen 1931 und 1945 führte Grohne eine beachtliche Fülle von Ausgrabungen durch[15]. Sein Forschungsschwerpunkt war die Untersuchung zahlreicher Haus-

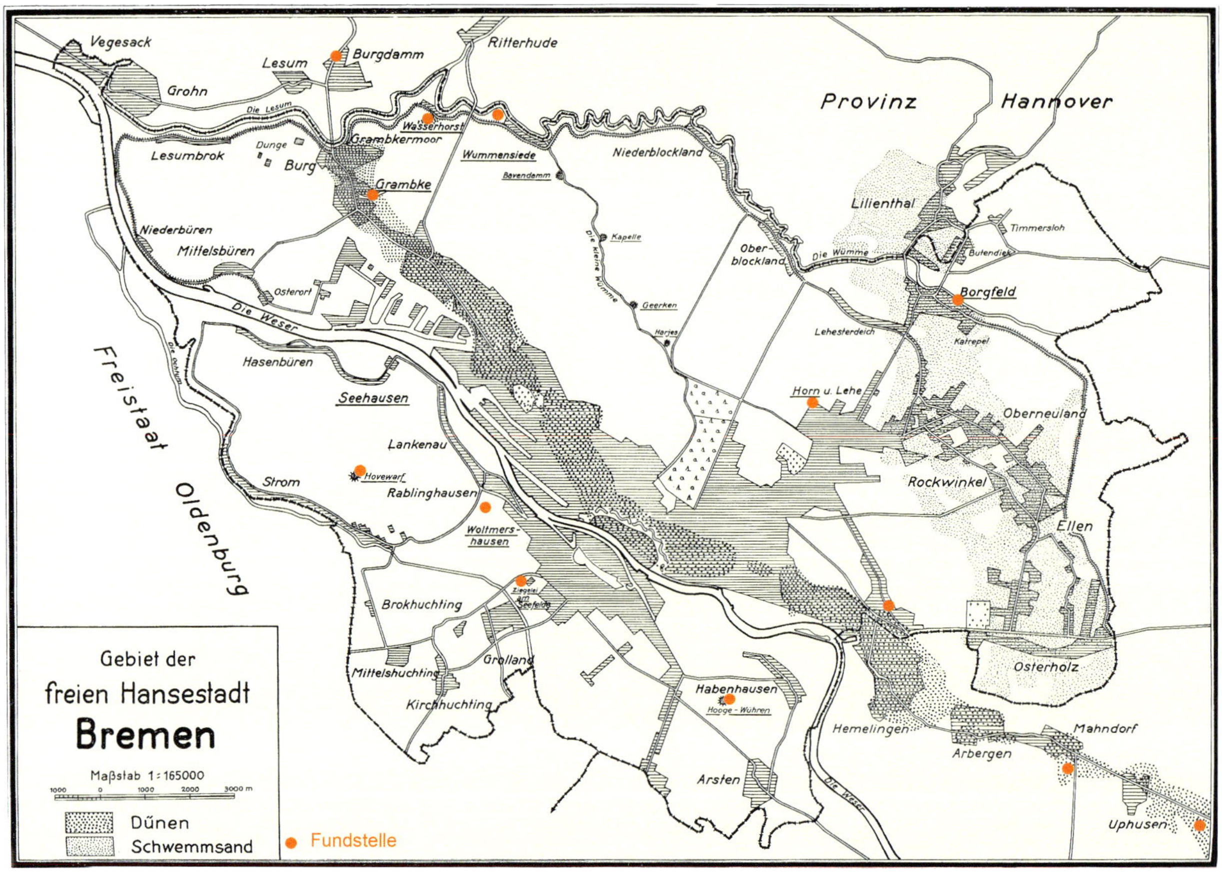

Die wichtigsten von Ernst Grohne archäologisch untersuchten Stellen der Jahre 1931–1939 auf Bremer Gebiet.

und Siedlungswurten im Gebiet der bremischen Flussmarschen, über die er auch einen Vortrag auf der zweiten Jahrestagung des „Reichsbundes für Deutsche Vorgeschichte“ 1935 in Bremen hielt[16] und denen er 1938 einen ganzen Band der Jahresschriften des Focke-Museums widmete.[17] Dabei beschäftigte ihn die Frage, ab wann die vermeintlich germanischen Stämme der Chauken und Sachsen mit der Besiedlung der Flussmarschen begonnen hätten. Allerdings erfolgte bereits damals der weitaus größte Teil der Ausgrabungen nicht aus rein wissenschaftlichem Interesse, sondern als Rettungsgrabungen. So machte Grohne in seinen Aufsätzen immer wieder seine Sorgen um die unwiederbringliche Zerstörung von Bodendenkmalen deutlich.[18] Zusätzlich ließ er 1934/1935 Merkzettel durch die Hitlerjugend auf den Baustellen im Blockland verteilen.[19]

Zu den von Grohne begleiteten Projekten gehörte auch der Bau der Reichsautobahn. So barg er im November 1933 einige Bestattungen eines ausgedehnten früheisenzeitlichen Urnenfeldes, die beim Bau des Streckenabschnittes Ihlpohl–Oyten drohten, zerstört zu werden. Die Untersuchungen im Leher Feld blieben 1935/1936 dagegen ohne feststellbare Kulturreste. Bei Brundorf im ehemaligen Kreis Blumenthal und bei Ihlpohl wurden aber Rettungsgrabungen bronzezeitlicher Bestattungen und Siedlungsreste notwendig.[20] Im April 1937 stieß er schließlich noch in den Uphuser-Bierdener Dünen auf einige Bestattungen der Bronze- und älteren Eisenzeit.

Besonders erwähnenswert sind auch die Untersuchungen auf dem Gelände der Ziegelei am Seefelde in Woltmershausen. Hier führte Grohne im Frühjahr 1936 und im Sommer 1937 eine Siedlungsgrabung durch. Bei der Probegrabung im Mai 1936 schnitt er die Kulturschicht an und entdeckte Haustierknochen und typische „Scherben der Sachsen-Keramik“. Nur wenige Scherben schienen älter zu sein. Bei der erneuten Grabung 1937, die über acht Wochen durchgeführt wurde, wurden Tausende Keramik- und Einzelfunde geborgen. In den Profilen war ein abfallendes Ufer erkennbar, das heißt, die Siedlung lag unmittelbar an einem Gewässer. Da der größte Teil bereits durch Tonabbau zerstört worden war, ließ sich die einstige Größe der Siedlungsfläche nicht mehr ermitteln. Unter den Funden befanden sich auch Reste römischer Glasgefäße und ein halber Mahlstein aus Eifelbasalt. Grohne interpretierte die ehemaligen Bewohner als „dem Sachsenstamme" zugehörig sowie als „einzelne im dörflichen Verband der Sachsen lebende Chauken".[21]

Zusätzlich ist „in den Jahren 1935 und 1936 (...) die Anlage eines Inventars der vorgeschichtlichen Denkmäler in diesem Kreise (Blumenthal) mit photographischer Aufnahme der Großsteingräber und größeren Grabhügel in Angriff genommen worden".[22] Darüber hinaus wurden bedeutende Einzelfunde geborgen, von denen der Goldring von Gahlstorf, den Grohne chemisch untersuchen ließ, auch in der Zeitschrift *Germanen-Erbe* Erwähnung fand.[23]

Mahndorf

Grohnes wichtigste Ausgrabung war das völkerwanderungszeitliche Gräberfeld auf der Mahndorfer Düne. Bereits im Laufe der Jahre 1934/1935 hatten mehrfach Schüler und Anwohner Urnen im Focke Museum abgegeben, die sie auf der Düne gefunden hatten. Allerdings gehörte Mahndorf damals noch zur Preußischen Provinz Hannover und lag im Landkreis Verden, Regierungsbezirk Stade. Erst am 1. November 1939 kam die Gemeinde zusammen mit Bremen-Nord (dort gehörte vorher nur Vegesack zu Bremen), Hemelingen und Arbergen als Ausgleich für das an Preußen abgetretene Bremerhaven zu Bremen.[24]

Die Mahndorfer Düne, der so genannte Fuchsberg, war Teil der Binnendünen, die sich von Mahndorf im Süden über das Gebiet der Bremer Altstadt bis an die Lesum im Norden ziehen. Diese Binnendünen bildeten in der Vergangenheit auf Grund ihrer erhöhten Lage eine trockene Süd-Nord-Verbindung. Die Mahndorfer Düne lag mitten im Dorf und hatte ursprünglich eine Höhe von bis zu 16 Metern über die benachbarte Marschenlandschaft. Vor dem Ersten Weltkrieg war sie noch mit Kiefern bewachsen, die aber während der Inflation der Weimarer Republik abgeholzt wurden. 1936 war die Dünenoberfläche nur noch sehr lückenhaft mit Heide bedeckt. Seit Anfang des 20. Jahrhunderts wurde an der Düne in ständig zunehmendem Umfang Sand abgebaut. Infolge der umfangreichen Aufrüstungs- und Bauprogramme des Nationalsozialismus wurde vom Handabbau zum Baggereinsatz übergegangen. So benötigte man große Mengen Sand für den Bau der Autobahn 1 bei Bremen, aber auch für den Bau der Mustersiedlung „Grolland", eine Arbeitersiedlung im Dorfgewand für die Mitarbeiter der Rüstungsbetriebe Focke-Wulf.[25]

Da Grohne für das Gebiet als Denkmalpfleger nicht zuständig war, wandte er sich an Karl Hermann Jacob-Friesen (1886–1960), den Direktor des Hannoverschen Landesmuseums und Bodendenkmalpfleger der Preußischen Provinz Hannover. Dieser informierte den Regierungspräsidenten in Stade. Jacob-Friesen hatte anschei-

Ausgrabungsprofil mit deutlich erkennbaren Schichten bei der Ziegelei am Seefelde – hier grub Ernst Grohne nach einer sächsisch-chaukischen Siedlung.

Helfer des „Reichsarbeitsdienstes“ und der Grabungsleiter E. Rabba auf der eindrucksvollen Düne.

nend kein Interesse, die notwendige Ausgrabung des neu entdeckten gefährdeten Denkmals selbst in die Hand zu nehmen, denn er befürwortete eine Grabungserlaubnis für Grohne mit dem Vermerk, dass dieser „sich aller Rettungsgrabungen mit großem Eifer“ annähme.[26] Auf Grund dieser Befürwortung aus Hannover wurde der Ortsheimatpfleger des Landkreises Verden eingeschaltet, der sich zunächst nicht mit einer Erlaubnis für den Bremer Denkmalpfleger anfreunden wollte. Schließlich schlug er Grohne vor, „dass Parallelstücke sowohl dem Landesmuseum Hannover sowie dem Focke-museum und dem Verdener Heimatmuseum überwiesen werden“ sollten.[27] Nach dieser Einigung wurde Ende November 1935 die Grabungserlaubnis erteilt.[28] Bis zum eigentlichen Beginn der Grabung dauerte es aber noch ein halbes Jahr, weil Grohne erst die laufenden Wurtengrabungen abschließen wollte. Wie bei anderen Ausgrabungen auch griff Grohne für die Durchführung auf seinen Grabungsmeister E. Rabba und den „Reichsarbeitsdienst“ zurück, der ihm bereitwillig eine kleine Gruppe Arbeitsmänner zur Verfügung stellte.[29]

Als sich zeigte, wie reichhaltig das Gräberfeld war, kam es schnell zu Streit um die geborgenen Funde und ihre Deutung. Im Laufe des Jahres 1936 besuchte der Verdener Heimatpfleger mehrfach die Grabung und äußerte sich zu den Befunden. So meinte er, dass der „Nachweis der Anwesenheit von Chauken“ nicht erbracht worden wäre, „wohl aber – was sehr wichtig ist – der Sachsen“[30]. Und im Herbst 1936 hatte er Hermann Schroller (1900–1959), einem Mitarbeiter des Hannoverschen Landesmuseums, einige Scherben von der Grabung vorgelegt. Schließlich scheint er sich gegenüber seinen vorgesetzten Stellen deutlich negativ über Grohne geäußert zu haben. Jedenfalls ersuchte der Regierungspräsident in Stade Ende Mai 1937 Grohne „ergebenst wegen der bei Ihren Grabungen entstandenen Unklarheiten (...), sich jeder amtlichen oder vorgeschichtswissenschaftlichen Tätigkeit in den Kreisen Oesterholz und Verden zu enthalten, bis über die vom Herrn Landrat in Verden im Benehmen mit dem Herrn Direktor Dr. Jacob-Friesen entschieden ist"[31]. Bis dahin hatte Grohne bereits in mehreren kurzen Aufsätzen in der Tagespresse und Vorträgen vom Fortgang der Ausgrabungen berichtet. Über einen Vortrag im Focke-Museum von Ende März 1937 schrieb der Reporter des NSDAP-eigenen Blattes *Bremer Nachrichten*: „(der Redner) erzählte (...) anschaulich von den alten sächsischen Siedlungen." Ferner hätte Grohne anhand eines „höchst beachtenswerten" Fundes aufgezeigt, „dass die Sachsen in England ... aus unserer Gegend ausgewandert sein müssen!"[32] In seinen eigenen Veröffentlichungen hielt sich Grohne stärker zurück und stellte die Grabungsergebnisse betont sachlich dar, ging aber auch wie selbstverständlich von der Kulturhöhe der Germanen aus und verwendete die ethnische Deutung der Funde. Die eigentliche Interpretation der Funde und Befunde wollte er in der abschließenden Publikation aller Ergebnisse liefern.[33]

Trotz der Intervention aus Stade arbeitete Grohne unbeirrt weiter. In einem Zeitungsartikel aus dem Juni 1937 stellte er fest: „Da die Mahndorfer Düne aber zum Verschwinden verurteilt ist, so ist es ebenso wohl vaterländische wie wissenschaftliche Pflicht hier nach dem Rechten zu sehen, damit nicht unschätzbare Werte verloren gehen." Damit rechtfertigte er sich nicht nur gegenüber Hannover und Stade, sondern trat auch der volkstümlichen Meinung „von der Störung der Totenruhe" entgegen.[34]

Bis zum folgenden Frühjahr spitzte sich der Konflikt weiter zu. Dazu trug bei, dass Grohne in Nordwestdeutschland wissenschaftlich weitestgehend isoliert war. Während er selbst zum weiteren Umfeld des „Reichsbundes für Deutsche Vorgeschichte" zu rechnen ist, traten fast alle Mitarbeiter der Landesmuseen in Hannover und Kiel bis zum Kriegsausbruch nach und nach dem „Ahnenerbe der SS" bei. Dementsprechend gehörte Grohne auch bei einer bedeutenden Tagung zur Wurtenforschung 1938 in Hannover nicht zu den Referenten.[35] Aber auch im „Reichsbund" scheint Grohne insgesamt nur wenige Kontakte gehabt zu haben, hier war der Bremer Lehrer Friedrich Walburg (1890–1967) wesentlich besser vernetzt.[36]

Schließlich spitzte sich der Streit so weit zu, dass es am 30. März 1938 einen Ortstermin in Mahndorf gab, bei dem die „Sache" mit Grohne „neu geregelt" werden sollte. So forderte man laut einem Berichtentwurf von Grohne an das REM, „das Kartierungsmaterial und einen Teil der Funde nach Hannover abzuliefern. Diese Forderungen sind in endgültiger und verschärfter Form jetzt neuerdings von dem Regierungspräsidenten in Stade gestellt worden, verbunden mit der Aufforderung, daß von bremischer Seite die Arbeit auf der Düne einzustellen sei."[37]

Nach dem Ortstermin behauptete der Hauptpfleger für kulturgeschichtliche Altertümer des Bezirks Stade-Süd, dass der Landrat „einmal während der Verhandlung sehr energisch werden musste". Außerdem teilte er mit: „Nach Abschluss dieser Grabung ist ferner Grohnes Wirken im Großkreis Verden beendet. Es erfolgt sodann nach Angabe des Landesmuseums eine Teilung der Funde so, daß in den Plan eine Linie gezogen wird, die 2/3 der Funde Bremen und 1/3 der in diesem Teil festgestellten Funde und Körpergräber dem Landes- bezw. Heimatmuseum zuweisen."[38] Außerdem stellte er fest, dass „Herr Grohne sich hüten (werde), seine Befugnisse wieder zu überschreiten, der Landrat wird nicht lange fackeln."

Doch Grohne dachte nicht daran, das Feld zu räumen. Vielmehr stellte er in einem Zeitungsartikel die besondere Bedeutung des von der Zerstörung bedrohten Gräberfeldes dar: „Die urältesten Vorfahren haben dort gelegentlich gelagert und vor 2000 Jahren begannen die Chauken und Sachsen, auf dem Rücken des Berges ihre Toten zu verbrennen und zu bestatten. Wie oft mögen lodernde Scheiterhaufenbrände von dort weit in das Land hineingeleuchtet haben. Kultische Handlungen wurden dort vorgenommen, dem alten Germanengotte Wodan Pferdeopfer dargebracht, und die waffenfrohe Mannschaft mag sich an dieser Stelle zum Thing getroffen haben."[39]

Schließlich aber entzog ihm der Regierungspräsident die Grabungserlaubnis für Mahndorf. Daraufhin soll sich Grohne „an Professor Reinerth gewandt und Einspruch erhoben“ haben, wobei der Heimatpfleger Ende 1938 umgehend betonte, „dass die Angelegenheit von Dr. Grohne übertrieben ist; eine unmittelbare Gefährdung der Düne liegt nicht vor. Grohne sucht sich Arbeit und hetzt hierbei auf Kosten anderer alle möglichen Instanzen auf.“[40] Grohne ließ sich aber durch die Maßnahmen aus dem Nachbarkreis nicht einschüchtern, sondern konterte erneut in aller Öffentlichkeit über einen Artikel im Februar 1939 in *Die Kogge*. Dort schrieb er mit Bezug auf die vom „Reichsbund“ veranstaltete Wanderausstellung „Lebendige Vorzeit“, die zeitgleich in der Bremer Börse gezeigt wurde: „Gerade aber im Zusammenhang mit einer solchen Schau ist es reizvoll zu verfolgen, inwieweit unsere engste Heimat, unsere bremischen Marschen- und Dünengebiete zur deutschen Vorgeschichte etwas beizusteuern haben. [...] Auf dem Gebiet der Vorgeschichte sind die engen Verhältnisse der deutschen Kleinstaaterei noch nicht überwunden [...] mit Nachdruck wird auf die Grenzsteine und Schlagbäume hingewiesen, welche hüben und drüben trennen.“[41] Deutlicher konnte er kaum auf den bestehenden Zwist um die Mahndorfer Düne anspielen.

Wenig später schaltete sich endlich das von Grohne über die Angelegenheit informierte REM in diese regionale Auseinandersetzung ein. Von dort gab man Grohne über den Regierungspräsidenten in Stade die Erlaubnis, die Ausgrabung zu Ende zu bringen. Doch im Frühjahr 1939 drehte sich die Aufrüstungsspirale immer schneller und immer mehr Sand wurde aus der Düne entnommen, auch an Stellen, an denen Grohne noch nicht gegraben hatte. Er pochte deshalb in seinem dienstlichen Grabungsbericht auf die Einhaltung des preußischen Denkmalschutzgesetzes – ein reichsweit gültiges Denkmalschutzgesetz, auf das er sich hätte beziehen können, gab es immer noch nicht[42] – und schrieb dazu: „Meine amtlichen Befugnisse [reichen] nicht aus [...] um in dieser Hinsicht einen Druck auf den Dünenbesitzer und auf den Gang der Abbaggerung auszuüben. Der zuständigen amtlichen Behörde, d.h. dem Landrat des Kreises Verden, wäre dies aber bei einigem guten Willen durchaus möglich. Derartige amtliche Maßnahmen ... auf die ich während der drei Jahre so oft sehnsüchtig gewartet habe, sind aber niemals getroffen worden, dagegen hat sich alles, was man von dortiger Seite unternommen hat, ausschließlich gegen meine Person gerichtet, obwohl meine Arbeit unter Einsatz von außerordentlich viel Zeit, Kraft und Gesundheit lediglich bezweckte, die Altertümer zu retten, indessen das Baggerunternehmen vor den Augen der Öffentlichkeit die Altertümer zu vernichten drohte, und z.T. auch vernichtet hat. Wenn von dortiger Seite behauptet wird, dass das preußische Ausgrabungsgesetz keine Handhabe gewähre, um in einem solchen Falle eingreifen zu können, so muß ich dies als unrichtig zurückweisen.“[43]

Drei Wochen nach Ausbruch des Zweiten Weltkrieges ordnete der Regierungspräsident an, dass die Grabung auf keinen Fall weiter vergrößert werden dürfte und dass eine Fristsetzung zur Beendigung der Grabung „wegen des Krieges einstweilen unterbleiben“ müsste. Mitte November 1939 erschien nach einem Vortrag Grohnes vor dem „Reichsbund“ ein Artikel eines unbekannten Verfassers, in dem die weiteren archäologischen Untersuchungen als „eine Aufgabe der Zukunft“ charakterisiert wurden. Ende November 1939 teilte Grohne dem Regierungspräsidenten mit, dass der Katalog der Befunde und Funde noch nicht fertig sei und er wahrscheinlich als Reserveoffizier eingezogen werden würde.

Insgesamt konnten Grohne und seine Mitarbeiter während der vier Jahre dauernden Grabung neben einer Vielzahl an Urnen – davon drei mit Hakenkreuzverzierungen –, Leichenschüttungen und Körpergräbern auch 20 Pferdebestattungen bergen. Letztere brachte er immer wieder und ausführlich mit dem Kult des Hauptgottes der nordischen Mythologie, Odin/Wodan, in Zusammenhang. Aus der Verehrung des Pferdes im Wodanskult leitete er auch deren Verwendung im hannoverschen und westfälischen Landeswappen ab.[44]

Mehrere Bestattungen waren mit Steinsetzungen umgeben. Diese und drei der Pferdebestattungen ließ Grohne im Block bergen und stellte sie zum Teil im Focke-Museum aus.

Die anthropologische und rassenkundliche Untersuchung der geborgenen Schädel übernahm Christian von Krogh von der Anthropologischen Staatssammlung in München. Die Anregung zu dieser Untersuchung könnte vom Verdener Heimatpfleger ausgegangen sein.

Allerdings hatte von Krogh zuvor auch schon zur „Rassenkunde der nordwestdeutschen Marschenbevölkerung" im Bremer Obervieland gearbeitet.[45]

Bei der Deutung der Befunde arbeitete Grohne auch mit Otto Siegfried Reuter (1856–1945) zusammen. Der pensionierte Telegrafendirektor aus Bremen-Huchting war Führer der Deutschgläubigen Gemeinschaft, einer einflussreichen Gruppe innerhalb der neuheidnischen Bewegung. Reuter beschäftigte sich besonders mit den vermeintlich enormen astronomischen Kenntnissen der Germanen und bewegte sich im Spannungsfeld zwischen „Ahnenerbe" und „Reichsbund" hin und her. Im Herbst 1938 vermaß Reuter eine der Steinsetzungen auf der Mahndorfer Düne.[46]

Neben dem Gräberfeld interessierte sich Grohne besonders für die dazugehörigen Siedlungen. Schon 1938 kamen etwa 800 Meter südlich der Düne auf dem Windmühlenberg, der ebenfalls zum großen Teil abgebaggert wurde, „zahlreiche chaukische Hausplätze mit Herdstellen und Pfostenlöchern zum Vorschein". Sie fielen „jedoch der Sandabfuhr leider unbeobachtet zum Opfer". Da Grohne keine Grabungserlaubnis erhielt, zeigten sich hier wieder deutlich die Spannungen mit Stade und Hannover. 1939 plante er dann die „Erforschung der chaukisch-sächsischen Siedlungen am Dünenfuß und am Rande der Marsch", um die Frage zu klären, „ob die Chauken und Sachsen völkisch einheitlich oder zweiheitlich sind"[47].

Schon im Falle der Bremer Wurt „Hooge Wühren" nahm er an, dass es „also im vierten und wohl auch noch im fünften Jahrhundert n. Chr. noch chaukische und sächsische Dörfer im Niederwesergebiet von jeweilig gesonderter Stammesart gegeben haben [dürfte]. Der Weiterzug der Sachsen und Angeln im fünften Jahrhundert nach dem Westen und über See nach England mag dies völkische Bild Veränderungen unterworfen haben, deren genauere Kenntnis uns wohl immer verborgen bleiben wird. Anzunehmen ist nur, daß unter den weiterwandernden Volksteilen der Sachsen sich die Lebenstüchtigeren befunden haben werden, und daß die hier verbliebenen sächsischen Volksreste dann bald mit der hiesigen Grundbevölkerung verschmolzen."[48]

Einen Vorabbericht über die Grabungen veröffentlichte Grohne 1940 im *Germanen-Erbe*.[49] Dabei ordnete er einige Gräber auf Grund der Beigaben dem „damals an der Niederweser wohnenden Volksstamm der Chauken" zu. Anhand der Form sprach er einige Urnen als „typisch sächsisch" an. Die Pferdebestattungen brachte er wieder mit „einem auf der Mahndorfer Düne gepflegten Wodanskult in Zusammenhang". Die Hakenkreuzurnen erwähnte er, ging aber nicht näher auf sie ein, obwohl eine von ihnen das Titelbild der Ausgabe zierte.

Abschließende Deutung zur Siedlungsgeschichte

Aufbauend auf seinen Grabungen der 1930er-Jahre gab Grohne 1940 in dem Sammelband „Bremen – Lebenskreis einer Hansestadt"[50] einen Überblick darüber, wie sich die Siedlungsgeschichte der Region seiner Meinung nach abgespielt haben musste: „Die völkischen Wurzeln der Bewohner der Niederweserlandschaft lassen sich mit Sicherheit fünf Jahrtausende zurückverfolgen, und vermutungsweise dürfen wir noch einige Jahrtausende dieser in vieler Hinsicht einzigartigen Geschlechterfolge vorausschicken. Andersvölkische und fremdrassische Überflutungen oder Durchwanderungen haben unsere Landschaft kaum berührt."[51] Dabei bezog er sich, was die Entstehung der Germanen betrifft, auf die damals weithin anerkannten Thesen, wonach die Germanen am Ende der Jungsteinzeit aus der Verschmelzung von Einzelgrabkultur und Großsteingräbern in Norddeutschland und Dänemark entstanden seien. Dabei hielt Grohne beispielsweise auch alte Griechen für ausgewanderte Germanen.[52] Und nur die besonderen Eigenschaften der Germanen hätten eine Besiedlung des Raums Bremen und der Nordseeküste ermöglicht: „Die Marschenkultivierung beruht auf einer Riesensumme von Umsicht, Zähigkeit und opfervoller Arbeit, die höchste Achtung verdient. Die Voraussetzungen dazu reichen weit in die Vor- und Urgeschichte zurück. Ohne das Jahrtausende alte rassisch saubere und reingermanische Volkstum wären sie nicht denkbar."[53]

Auch in seiner 1953 erschienenen abschließenden Publikation zu den Ausgrabungen in Mahndorf[54] finden sich noch deutliche Anklänge zur „Blut-und-Boden-Ideologie der Nationalsozialisten".[55]

Germanien – Propagierung einer Idee

Archäologie und NS-Propaganda arbeiten Hand in Hand, um die Germanen als vermeintliche Ahnen der Deutschen in den Vordergrund zu rücken. Im alltäglichen Leben, in modern aufbereiteten Ausstellungen und in der politischen Bildungsarbeit werden die Lebenswelt und der Charakter der Germanen massenhaft idealisiert. Sie treten als bodenständige Bauern, tugendhafte Vorfahren, heldenhafte Entdecker und kriegerische Eroberer auf. Diese Germanenbilder sollen die Bevölkerung für die nationalsozialistische Idee der „Volksgemeinschaft" begeistern und auf den Krieg vorbereiten.

Von der musealen Leichenkammer zur NS-Großveranstaltung

Uta Halle

Museen für Vorgeschichte oder die bedeutenden Provinzial- und Landesmuseen der deutschen Länder mit ihren archäologischen Abteilungen und die zahlreichen kleinen Heimatmuseen in öffentlicher oder privater Trägerschaft landauf, landab boten ein weites Betätigungsfeld für Archäologen und eifrige Laienforscher, die ihre Forschungsergebnisse einem breiten Publikum vorstellen wollten. Die Geschichte der Institution Museum während der NS-Zeit wurde in den letzten Jahrzehnten für den Bereich Volkskunde intensiver erforscht, seltener rückte die archäologische Abteilung in den Fokus. Dabei standen die Fragen im Mittelpunkt, wie sich die Museen in ihrer archäologischen Präsentation veränderten oder welche inhaltlichen Schwerpunkte die damals durchgeführten Sonderausstellungen bekamen. Bislang seltener beachtet wurden die Sonderaktionen, mit denen einige Museen andere NS-Großveranstaltungen im Sinne einer Germanisierung archäologisch unterstützen.

Die archäologischen Schausammlungen der großen Landesmuseen, die im 19. Jahrhundert angelegt worden waren, galten seit den 1920er-Jahren als „museale Leichenkammern" mit vollgestopften Vitrinen und ohne didaktische Aufbereitung.[1] In der Weimarer Republik verhinderten wirtschaftliche und finanzielle Probleme (Inflation, Weltwirtschaftskrise) eine vielfach angedachte grundlegende Neuordnung der ur- und frühgeschichtlichen Abteilungen in den Landesmuseen. Deshalb befanden sich zum Zeitpunkt der Machtübernahme der Nationalsozialisten die meisten prähistorischen Sammlungen noch im Zustand des 19. Jahrhunderts. Trotzdem verhängten die NS-Reichs- bzw. die Landesregierungen nicht sofort staatlich verordnete Änderungsmaßnahmen, obwohl diese von völkischen Laien und hoffnungsvollen Nachwuchswissenschaftlern immer wieder vorgeschlagen und angeregt wurden. Ab 1934/1935 zeigten ihre kritischen Anstöße Wirkung, denn laut entsprechenden Mitteilungen im *Nachrichtenblatt für Deutsche Vorzeit* wurden verschiedene bedeutende nun archäologische Museumssammlungen neu präsentiert. Anders sah es hingegen für die Heimatmuseen aus. Hier gab es ab Januar 1935 einen staatlichen Erlass, von der „Neugründung" von Heimatmuseen abzusehen, da deren „erzieherischer Wirkungskreis […] nur sehr begrenzt" wäre.[2] Dieser Ministerialerlass kam relativ „unerwartet", aber der Archäologe Karl Hermann Jacob-Friesen empfand ihn bezüglich der Heimatmuseen als „richtigen Ausgleich zwischen Übereifer und Ablehnung".[3] Als Grund für den Erlass kann vermutet werden, dass die Zuständigkeit für die Museen zwischen Erziehungs- und Propagandaministerium noch nicht geklärt war.[4] Um die Veränderungen der Ausstellungen im NS-Staat einschätzen zu können, werden im Folgenden ohne Anspruch auf Vollständigkeit verschiedene Beispiele aus unterschiedlichen Regionen vorgestellt.

In der angeblichen „Wiege Germaniens" – das Lippische Landesmuseum Detmold

Der kleine Freistaat Lippe im Teutoburger Wald besaß eine besondere Bedeutung für die NSDAP. Die Region galt als „Wiege Germaniens"[5]: Hier hatten die Germanen die Römer im Jahr 9 n. Chr. vernichtend geschlagen, hier stand das Hermannsdenkmal, hier lag das vermeintlich germanische Heiligtum Externsteine und hier hatte die NSDAP Mitte Januar 1933 die Landtagswahl gewonnen. Anfang 1933 bot das Lippische Landesmuseum in Detmold, das in einem ehemaligen fürstlichen Palais untergebracht war, „den Anblick völliger Verwahrlosung". Die Straßenbahnlinie zwischen Detmold und Paderborn, die über das angeblich germanische Heiligtum und beliebte Ausflugsziel Externsteine führte, fuhr direkt am Museum vorbei, so dass diese Vernachlässigung von Einheimischen und Touristen quasi im Vorbeifahren festgestellt werden konnte. Aus der Sicht der Bevölkerung und der Landesregierung war das Museum ein Schandfleck.[6] Nachdem der ehemalige Direktor des Museums, Otto Werth, 1929 verstorben war, wurde die Direktorenstelle bis 1933 nur von einem pensionierten Gymnasiallehrer wahrgenommen. Mit dem Machtantritt der NSDAP konnte die völkische Laienforschung um Wilhelm Teudt ihren Anhänger, den Lehrer Oskar Suffert, aus der „Vereinigung der Freunde germanischer Vorgeschichte" bei der neuen NSDAP-Landesregierung als Direktor durchsetzen. Dieser veranlasste zunächst einmal umfangreiche Renovierungs- und Aufräumarbeiten. Eine neue Dauerausstellung wurde aber nicht konzipiert, stattdessen entstand mit dem Einverständnis des „SS-Ahnenerbes" in einem Flügel des Palais ab Oktober 1936 die aus der völkischen Laienforschung in Lippe seit 1934 angeregte „Pflegstätte für Germanenkunde". Damit ging eine deutliche Verkleinerung des Landesmuseums einher.[7] In der neuen „Pflegstätte" sollten die „Aufgaben, die den spezialwissenschaftlichen Aufgabenkreis der hauptamtlichen oder nebenamtlichen Lehrstühle an den deutschen Universitäten sowie der Museumsdirektoren und sonstigen vorgeschichtlich arbeitenden Instanzen überschreiten", bearbeitet werden.[8] Am 5. Oktober 1936 wurde in Detmold unter den Vorgaben der völkischen Laienforschung gemeinsam mit dem „SS-Ahnenerbe" die „Pflegstätte für Germanenkunde" als „erste Burg germanischen Geistes in deutschen Landen"[9] eröffnet. Die Arbeit in dieser Institution, die mit Nachbildungen berühmter germanischer Funde, wie einer Replik des Sonnenwagens von Trundholm, und Bildern ausgestattet worden war, beschränkte sich auf Sagen- und Namensforschung und auf die Schulungsarbeit für Lehrer in Sinne der völkischen Germanenforschung. Archäologische Arbeit führte die „Pflegstätte" nicht durch.

Das Rheinische Landesmuseum in Bonn – ein Museum im Grenzland

Seit dem Ende des Ersten Weltkrieges war das Rheinland mit der entmilitarisierten westlichen Rheinseite ein schwieriges und umstrittenes Grenzland. Vor diesem Hintergrund kritisierte der „Kampfbund für Deutsche Kultur", dass das Bonner Provinzialmuseum ein Haus sei, in dem „400 Jahre[n] Römerbesatzung mehr als das halbe Museum" eingeräumt wäre, der „fränkisch-merowingischen [= germanischen U. H.] Zeit [aber nur U. H.] ein Raum".[10] Ab 1933 änderte sich das, nun sollte der „frische [nationalsozialistische U. H.] Wind" in die archäologischen Abteilungen ziehen.[11] Im Herbst 1933 wurde Hanns-Joachim Apffelstaedt, der neben Kunstgeschichte auch Vor- und Frühgeschichte in Marburg studiert hatte, neuer Kulturdezernent im Provinzialverband Rheinland. Mit seiner politischen Unterstützung konnte die Direktion im Sommer 1934 mit der Umgestaltung des Provinzialmuseums beginnen. Der erste Umbauabschnitt war im März 1935 vollendet – das neu eröffnete Museum zeigte nun sieben Säle Vor- und Frühgeschichte (fünf prähistorische und zwei fränkische) und legte damit einen deutlichen Schwerpunkt auf die Darstellung der Germanen. Außerdem diente das Haus jetzt „nicht mehr als Privileg einer kleinen Schicht ..., sondern [gehörte U. H.] zum Gemeingut des ganzen Volkes", so der rheinische Kulturdezernent bei der offiziellen Übergabe.[12] Tatsächlich wurde die neu gestaltete ur- und frühgeschichtliche Abteilung des Bonner Museums auch in der gleichgeschalteten Presse entsprechend gewürdigt. Diese Erweiterung reichte dem Kulturdezernenten allerdings noch nicht aus. Weitere Umbauten des Museums waren vorgesehen und es sollten noch vier zusätzliche Räume für die Vor- und Frühgeschichte folgen. 1936 wurde der zweite Umbauabschnitt eröffnet und blieb bis zum 27. August 1939, das heißt bis unmittelbar vor Beginn des Zweiten Weltkrieges, geöffnet. Damit hatte das Rheinische Landesmuseum Bonn eine deutliche „germanische" Akzentuierung erhalten.

Weitere Beispiele

Schon 1935 wurden die vorgeschichtlichen Sammlungen im Germanischen Nationalmuseum in Nürnberg, der Stadt der NSDAP-Reichsparteitage, unter Federführung des „Reichsbundes" im „Amt Rosenberg" überarbeitet. Nun wurden überwiegend Originale in der Dauerausstellung präsentiert und zudem „rassegeschichtliche" und „kulturgeschichtliche" Eigenschaften der geografischen Großräume mit Hilfe großformatiger Texttafeln und archäologischer Verbreitungskarten erläutert.[13] 1936 folgte die Vor- und Frühgeschichtliche Staatssammlung München, für die in großen Teilen die angehende Marburger Archäologin Thea Haevernick arbeitete.[14] Die neue Dauerausstellung wurde mit Originalfunden und Nachbildungen ideologisch linientreu konzipiert, und es wurde versucht, die Sammlung „durch Rekonstruktionen, Modelle, Lebensbilder und plastische Figuren" für die Besucher didaktisch aufzubereiten.[15]

Das bisherige Römisch-Germanische Zentralmuseum in Mainz, das seit seiner Gründung 1852 als das älteste Museum für archäologische Denkmale gilt, erhielt nicht nur einen anderen Namen und hieß bis Kriegsende „Zentralmuseum für Deutsche Vor- und Frühgeschichte", sondern 1939 auch eine Neuaufstellung, die als „wesentlich zurückhaltender" gegenüber der alten Aufstellung mit den überfüllten Vitrinen eingestuft wurde.[16] Das Mainzer Museum hatte sich auf die Herstellung von Repliken archäologischer Funde spezialisiert und konnte deshalb mit verschiedenen Nachbildungen angeblicher germanischer Relikte die eigene Präsentation verändern. Hier wurden mittelalterliche Architekturelemente unter der Überschrift „Germanische Baudenkmäler des frühen Mittelalters" gezeigt, aber auch eine verkleinerte Replik des Bootes aus dem Moor im schleswig-holsteinischen Nydam, allerdings ohne Ruderer, und großformatige Bilder mit germanischen Figuren präsentiert.

„Lurenbläser" bei einem Sportfest in Neumünster 1937.

Für die „räumlich völlig unzureichende Schausammlung" des Dresdener Museums wurde im Frühjahr 1937 eine Neukonzeption veranlasst, die Mitte 1938 mit dem Teilbereich „Germanen in Sachsen" eröffnet wurde. In ihr legten die Wissenschaftler besonderen Wert darauf, diesen „Teil der Vorgeschichte … lebensnahe" zu zeigen.[17]

In Braunschweig, wo es keine „eigenständige archäologische Ausstellung", aber den an germanischer Archäo-

Verkleinertes Modell des Nydam-Bootes mit germanischen Ruderern.

logie überaus interessierten NSDAP-Politiker Dietrich Klagges gab, wurde nach dem Tod des Landesarchäologen Hermann Hofmeister (1936) Alfred Tode zum neuen Landesarchäologen berufen. Dieser wurde beauftragt, „ein deutsches Vorgeschichtsmuseum aufzubauen, das unserer nationalsozialistischen Weltanschauung besser entspräche, als die meisten unserer bisherigen Vorgeschichtsmuseen“, das so genannte Haus der Vorzeit.[18] In die didaktische Umsetzung griff Klagges direkt ein. Aus der Zusammenarbeit zwischen Archäologie und Politik sollte eine moderne Einrichtung entstehen, in die die neuesten Ausgrabungen der Braunschweiger Landesarchäologie integriert werden sollten. Die eigenen Ausgrabungsergebnisse erhielten durch überregionale Modelle sowie Figurinen – vielfach aus der Modellbauwerkstatt des „Reichsbundes“ – und Wandbilder eine so genannte germanische Ergänzung. Im Zweiten Weltkrieg begann 1943 die Auslagerung der Ausstellungsobjekte, und ein Jahr später wurde das Haus der Vorzeit in einem Bombenangriff zerstört.[19]

Schon diese aufgeführten Beispiele lassen erkennen, dass ab 1933 die didaktische Aufbereitung der Ur- und Frühgeschichte im Sinne des Nationalsozialismus in den Museen durch Wissenschaft und Politik perfektioniert und professionalisiert wurde.[20] Hierfür dienten die Nachbildungen wichtiger archäologischer Funde und Befunde – von Hausmodellen nach den Ausgrabungen in den Moor- und Seeufersiedlungen Süddeutschlands über bronzezeitliche Baumsargbestattungen nach dänischen Funden bis zum Bootsmodell nach dem Fund aus dem Nydam-Moor –, die überwiegend in der Modellwerkstatt Unteruhldingen gefertigt wurden.

Die Werkstatt, die zum „Reichsbund für Deutsche Vorgeschichte“ gehörte, veröffentlichte regelmäßig Werbeanzeigen im *Germanen-Erbe*. Hierdurch entstand allerdings eine in Teilen gleichförmige, einheitliche Ausstattung der Museen, die zudem nicht die regionalen spezifischen Eigenheiten der archäologischen Funde berücksichtigte. Modelle von Häusern aus dem süddeutschen Federseegebiet standen neben Schiffsmodellen aus dem nordeuropäischen Raum. Beliebt waren auch Nachbildungen von Luren, die unter anderem bei NS-Veranstaltungen vorgeführt wurden.

Manchmal stellten auch örtliche Handwerker Repliken bedeutender lokaler Funde her. Diese wurden mit entsprechender Beschriftung in den Museen ausgestellt und konnten auch käuflich erworben werden.

In einigen Fällen wurden die Ausstellungsräume zusätzlich mit Zitaten nationalsozialistischer Politiker in großformatigen Beschriftungen „ausgeschmückt“.

Gegenbeispiele

Es gab gerade im Museumsbereich trotz der Aufbruchstimmung auch Gegenbeispiele. So wurde die 1926 unter modernen didaktischen Gesichtspunkten eingerichtete Abteilung für Ur- und Frühgeschichte am Landesmuseum Hannover nicht verändert, sie galt

Replik eines bronzezeitlichen Halskragens.

Repliken verschiedener Fibelfunde aus Bremen-Mahndorf.

Das germanische Wagenrennen beim Sportfest in Neumünster.

Das überdimensionale Modell des Sonnenwagens von Trundholm.

schon als „wertvolle Vorarbeit für die Erfüllung der nationalsozialistischen Forderung, das Ergebnis der kulturellen Leistung unseres Volkes … aus der Ur- und Vorgeschichte … zum Gemeingut des ganzen Volkes zu machen.“[21] Museumspädagogisch waren hier für die Ur- und Frühgeschichte neue Wege beschritten worden, Schulklassen und Hitlerjugendgruppen konnten Steinwerkzeuge herstellen und Speere schnitzen.

Die Dauerpräsentation des Museums für Völkerkunde II in Berlin, in der die archäologischen Funde ausgestellt waren, wurde trotz vollkommen veralteter Museumsdidaktik nicht verändert.[22]

Propagandaveranstaltungen

Eine weitere Möglichkeit, archäologische Ergebnisse einer breiten Öffentlichkeit bekannt zu machen, waren Propagandaveranstaltungen. Immer wieder wurden öffentliche Partei- oder andere Propagandaveranstaltungen mit der Ur- und Frühgeschichtsforschung verknüpft, ohne dass bekannt ist, wer die Anregung dazu lieferte. Die Archäologen unterstützten die Anlässe häufig im Hinblick auf eine germanische Ausstattung.

Eine der ersten Propagandaveranstaltungen mit Einbindung der Archäologie war die Sonnenwendfeier im Sommer 1933, bei der „etwa 500 Germanen … teils zu Fuss teils zu Pferde“ ins Berliner Grunewaldstadion einmarschierten. Für diesen Germanenzug hatte der Archäologe Albert Kiekebusch vom Märkischen Museum die wissenschaftliche Beratung übernommen. Er setzte Nachbildungen des Sonnenwagens aus dem dänischen Fundort Trundholm sowie der „Sonnenscheibe von Balkakra“, einem spektakulären Bronzefund aus Schweden, ein. Daneben traten drei „Lurenbläser“ auf, die die Feier musikalisch untermalten.[23]

Für die auch überregional viel beachtete traditionelle „Grüne Woche“ 1934 in Berlin, die erstmals unter nationalsozialistischen Vorzeichen stattfand, wurden die Luren sowie Gipsabdrücke eines bronzezeitlichen Menschen des Hannoveraner Landesmuseums ausgeliehen.[24] Die grafische Darstellung „Urgeschichte der Provinz Hannover“ ergänzte die Ausstellung „Die deutsche Gemeinde“, die 1936 in Berlin zu sehen war.

In Neumünster wurde ein Sportfest germanisiert, für das der Textilarchäologe Kurt Schlabow die germanischen Kostüme nach Funden in bronzezeitlichen Bestattungen aus Dänemark nachschneidern ließ. Die überlieferten Fotos, Dokumente und Presseberichte zeigen, dass auch hier eine überdimensionale Nachbildung des Trundholmer Sonnenwagens mit einer „fast 3 m hohen Sonnenscheibe“ zum Einsatz kam.[25]

Daneben lieferten sich als Germanen verkleidete Sportler in germanischen Wagennachbauten mit vorgespannten Pferden Wettfahrten.[26] Das Sportfest hätte – so Schlabow – allen „Teilnehmern einen vorzüglichen Einblick in die große Zeit unserer Ahnen vor 3500 Jahren“ gegeben.[27]

Diese Aktionen der Museen setzen überwiegend auf eine Glorifizierung der Germanen, die bei diesen Veranstaltungen Ausstellungsbesuchern und Teilnehmern überdeutlich vor Augen geführt wurde.

Blick in die Ausstellung „Lebendige Vorzeit“.

Archäologische Sonderausstellungen

Die größte Sonderausstellung, die in der NS-Zeit gezeigt wurde, war die Ausstellung „Lebendige Vorzeit“ des „Reichsbundes für Deutsche Vorgeschichte“.[28] Das Konzept wurde von der Reinerth-Schülerin Liebetraut Rothert (1909–2005) und der Modellwerkstatt des „Reichsbundes“ entwickelt. Diese Sonderpräsentation war von Beginn an als Wanderausstellung konzipiert und wurde erstmals 1936 anlässlich der dritten Reichstagung für deutsche Vorgeschichte in Ulm gezeigt. Anschließend ging sie nach Hamm, Erfurt, Pfullingen, Berlin, Hannover, Düsseldorf, Bremen und Darmstadt und zog je nach Ort zwischen 40000 und 100000 Besucher an.[29] Zumeist nahmen bedeutende regionale NS-Politiker an der offiziellen Eröffnung teil.

Die Ausstellung zeigte sich als wissenschaftliche Schau mit Modellen, lebensgroßen Bildern, großformatigen Spruchbändern, Schautafeln sowie einleitenden Sprüchen der ersten bedeutenden Prähistoriker Gustaf Kossinna (1858–1931), Johann Friedrich Danneill

(1783–1868) und Georg-Christian Lisch (1801–1883) sowie der NS-Politiker Hitler und Rosenberg. Die Ausstellungsräume waren übermäßig mit Hakenkreuzfahnen dekoriert und es wurden „ideologisch verbogene Inhalte" dargestellt.[30]

In der Ausstellung waren unter anderem verkleinerte Hausmodelle der niederländischen Wurtenuntersuchungen aus Ezinge zu sehen. Eines der Highlights bildete der Nachbau des Wagens von Dejberg in Originalgröße.

Die Eröffnung der Ausstellung „Lebendige Vorzeit" in Bremen mit dem Kultursenator Richard von Hoff und Gauleiter Carl Röver.

Der Nachbau des Wagens von Dejberg.

Zahlreiche kleine und große Ausstellungen wurden um vorgeschichtliche Elemente angereichert. Die Wanderausstellung „Die Straße" wurde konzipiert, um den Verlauf des Autobahnbaus zu begleiten. Sie soll von Hitler angeregt worden sein, wurde in seinem Beisein im Juni 1934 in München eröffnet und in den darauf folgenden Jahren auch in Berlin, Essen und Braunschweig präsentiert. In ihr sollte ein Stück germanischer Bohlenweg gezeigt werden, um so die historische Entwicklung der Straße vom Knüppelweg bis zur Autobahn darzustellen.[31] Deshalb grub der Heimat- und Bohlenwegforscher Krüger extra ein Stück des Bohlenwegs III aus, um eine „germanische Straßenanlage" zu zeigen. Zuvor hatte er in den deutschen Museen ein „transportfähiges Ausstellungsstück" mit genauer Datierung gesucht, war aber nicht fündig geworden. Der NS-Generalinspektor für Straßenwesen Fritz Todt und das Niedersächsische Landesmuseum stellten die Finanzmittel für die Ausgrabung zur Verfügung. Ausgewählt wurde Bohlenweg III, aus dem Moorgebiet zwischen Lohne und Vechta, weil er „die bestentwickelte Konstruktion" besaß und „dem Grenzhorizont der Bronzezeit angehören dürfte".[32]

Bei der eher regionalen Wanderausstellung „Bäuerliche Kultur und Arbeit", die zwischen 1936 und 1939 bei verschiedenen Kreistierschauen, Gruppen des „Reichsarbeitsdienstes", der SS und der Hitlerjugend an zahlreichen Orten in Niedersachsen gezeigt wurde, stellte das Landesmuseum Hannover Originale und Kopien bedeutender archäologischer Funde zusammen mit einer didaktischen Bebilderung zur Verfügung. Es ist nachweisbar, dass der dortige Leiter Jacob-Friesen hierfür „frühgeschichtliches und rassenkundliches Material" auf Bitten der Kreisbauernschaft Hannover zusammentrug.[33] Die Ausstellung wurde schon im ersten Jahr ihrer Wanderschaft von ca. 100000 Besuchern besichtigt.

Das Landesmuseum Detmold stellte 1939 anlässlich der propagandistischen „Westfalenfahrt der Alten Garde", einer Rundfahrt von ca. 700 „alten Parteimitgliedern", drei Wagen zur Schau, die vor seinem Gebäude aufgestellt wurden. Einer trug die antisemitische Aufschrift „‚Aus dem Osten kommt das Licht' ... Juden, jüdische Kultur, ja überhaupt alles, was an Minderwertigem aus dem Osten kommt". Der zweite zeigte die Aufschrift „Germanen und ihre Kultur unter der im Norden aufgehenden Sonne" und der dritte präsentierte „ausgegrabene Gefässe und Bilder der wirklichen Kultur der Germanen".[34] Ähnlich wie die Germanendarstellungen bei der Sonnenwendfeier in Berlin und beim Sportfest in Neumünster glorifizierte das Museum mit diesen beiden Wagen die Kultur der Germanen. Gleichzeitig wurden andere Gruppen, besonders die Juden, ausgegrenzt.

Das Deutsche Museum München veranstaltete 1941/1942 die Sonderausstellung „Großdeutschland und die See", bei der schon das Plakat eine Rückführung der Seefahrt auf die nordgermanischen Wikinger andeutete. Diese Ausstellung, die der Bevölkerung laut Oberbürgermeister Karl Fiehler „an Hand historischer, kultureller und wirtschaftlicher Tatsachen nahebringen" sollte, „daß Seegeltung eine nationale Aufgabe, eine lebenswichtige Forderung" wäre, präsentierte in der imposanten Eingangshalle den Nachbau des Bugs eines Wikingerschiffs, der aus der Wand ragte.[35] Die als Nordgermanen angesprochenen Wikinger mit ihren Booten galten als wagemutige Entdecker und wehrhafte, tapfere Krieger, ein auch für die Kriegspropaganda nützliches Bild.

Katalog „Großdeutschland und die See", 1941/1942.

Eine neue Museumsform – die Freilichtmuseen deutscher Vorzeit

Vor- und frühgeschichtliche Freilichtmuseen gelten als eine neue Museumsform des Nationalsozialismus. Vor 1933 gab es in Deutschland nur das Pfahlbaumuseum in Unteruhldingen am Bodensee, das anhand archäologischer Befunde mit lebensgroßen Bauten das vorgeschichtliche Leben zeigte. Das volkskundliche schwedische Freilichtmuseum Skansen besaß hier eine Vorbildfunktion.

Der „Reichsbund für Deutsche Vorgeschichte" sah als erklärtes „Ziel, die Errichtung zahlreicher Freilichtmuseen und damit die letzte Verlebendigung versunkenen, aber für die Volkserziehung unentbehrlichen Kulturgutes aus den vor- und frühgeschichtlichen Jahrtausenden".[36] So kamen nach 1933 mehrere archäologische Freilichtmuseen zur bis dahin bestehenden Museumslandschaft hinzu, denn diese Museumsform mit ihren lebensgroßen Gebäuderekonstruktionen galt den Wissenschaftlern als „sichtbares lebendiges Bild" der Vergangenheit.[37] 1936 entstanden anlässlich der internationalen Tagung „Haus und Hof" in Lübeck, die von der Nordischen Gesellschaft unter Mitwirkung von Alfred Rosenberg abgehalten wurde, zwei Häuser aus der Steinzeit bzw. Eisenzeit. Zur gleichen Zeit wurde auf Drängen des Schulleiters in Oerlinghausen, der dort Ende der 1920er-Jahre vorgeschichtliche Hausgrundrisse ausgegraben hatte, anlässlich der 900-Jahr-Feier der Stadt ein germanischer Bauernhof als neues Freilichtmuseum errichtet. In beiden Fällen erstellte der „Reichsbund für Deutsche Vorgeschichte" die Baupläne, die Inneneinrichtungen und Ausstattungen wur-

Freilichtmuseum Oerlinghausen.

den aus dem Standardsortiment der Modellwerkstatt Unteruhldingen geliefert. Viele Elemente der Bauten entsprangen der Fantasie der Archäologen oder wurden aus deutlich jüngeren volkskundlichen Quellen übernommen. Innenausstattungen, die bei archäologischen Ausgrabungen nur selten gefunden wurden, erhielten mit angeblich germanischen Sinnbildern oder Zeichen einen Bedeutungszuwachs. Ein drittes Freilichtmuseum auf der Halbinsel Mettnau bei Radolfzell am Bodensee, erneut unter der Regie des „Reichsbundes" konzipiert, kam 1938 hinzu. Diese Freilichtmuseen hatten von Anfang an eine charakteristische Ausrichtung auf den NS-Staat, sie waren als direkte „Propagandamuseen" gedacht, enthielten „Führerhäuser" und dienten „der Beweisführung germanischer Größe".[38] In der heutigen Museumsforschung gelten diese Freilichtmuseen als „Propaganda".[39]

Im Gegensatz zum „Reichsbund", dem diese Form der Museumsdidaktik überaus wichtig war, stellten sich die Archäologen des „SS-Ahnenerbes" dieser angeblich volkserzieherischen Propagandaaufgabe kaum. Zwar wurden 1939 auf der Tagung des „Ahnenerbes" in Kiel erste Pläne für ein groß angelegtes Freilichtmuseum an den Externsteinen angeregt. Federführend arbeiteten an diesem Plan der Leiter der Detmolder „Pflegstätte für Germanenkunde", Bruno Schweizer (1897–1957), und der Leiter der neu gegründeten Abteilung für germanisches Bauwesen in Braunschweig, der Diplomingenieur Martin Rudolph. Sie wollten an diesem angeblich germanischen Heiligtum ein „ideales Freilichtmuseum" nach skandinavischem Vorbild errichten, das dem „Grundgedanken ‚Wie gestalteten Germanen den häuslichen Lebensraum' folgen" sollte. Geplant hatten die SS-Mitarbeiter „20–30 verschiedene typische Bauweisen bäuerlicher Hofformen aus allen altbesiedelten germanischen Wohngebieten". Die beiden stellten ihre Museumsidee schriftlich bei Himmler vor. Dieser lehnte allerdings diese weit reichenden Pläne trotz der deutlichen germanischen Akzentuierung ab.[40] Himmler wollte nur „germanische Bauernhäuser" am Eingang zum „Heiligtum" aufbauen lassen, in denen sich die Besucher gedanklich auf den Besuch der Externsteine einstimmen könnten. Damit wurde der Plan für dieses Freilichtmuseum vorerst auf Eis gelegt. Es war aber vorgesehen, dass er nach Kriegsende weiterverfolgt werden sollte.

Das Heimatmuseum Brinkum

Obwohl die Neugründung von Heimatmuseen im NS-Staat nicht erwünscht war, kam es zum Aufbau neuer kleiner Museen, die ausdrücklich als Heimatmuseen bezeichnet wurden. In einigen Fällen waren es Ausgrabungen vor Ort, durchgeführt von eifrigen Laienforschern, die die Anregung zur Neugründung gaben, manchmal waren es Impulse, die von den großen Sonderausstellungen ausgingen, manchmal waren es Anregungen aus beidem. Die Heimatmuseen unterlagen seit März 1936 der Beratung, aber auch der Kontrolle durch die Museumspfleger.[41]Als Beispiel kann hier das Heimatmuseum Brinkum vor den Toren von Bremen aufgezeigt werden. Die Schaffung dieses Museums auf privater Grundlage war allein „Verdienst" des Sammlers und interessierten Laienforschers Hans Peters (?–1962).[42] Er führte nicht nur als Autodidakt die Ausgrabung eines frühmittelalterlichen Friedhofs durch, sondern baute gleichzeitig ab 1933 ein Heimatmuseum mit vorgeschichtlicher Abteilung für den Ort auf. Im Minerva-Handbuch der Museen in Nordwestdeutschland des Jahres 1942 wurde es mit seiner volkskundlichen und vorgeschichtlichen Ausstellung als „beachtlich" beschrieben. Hierfür erstellte Peters in Eigenarbeit als geschickter Heimwerker kleine liebevoll gestaltete Modelle zu archäologischen Befunden. Mit Gips, Naturmaterialien und Fantasie rekonstruierte er beispielsweise einen Schnitt durch ein Großsteingrab, ein „Nordisches Haus“ und andere Befunde. Dabei versuchte er, sich möglichst detailgetreu an die Repliken in anderen Ausstellungen zu halten. Die Modelle mit ihren zahlreichen Details und ihrem Zubehör wurden mit Farbe angemalt. 1939 besuchte Peters die Ausstellung „Lebendige Vorzeit“ in Bremen, die ihn so beeindruckte, dass er sich auch zu einer Bestellung in der Modellwerkstatt Unteruhlingen entschloss. Die im Focke-Museum, das die Sammlung des Heimatmuseums Brinkum übernahm, erhaltene Rechnung aus Unteruhldingen belegt, dass das Brinkumer Heimatmuseum eine „bronzene Lanzenspitze“ erhielt.

Modell eines jungsteinzeitlichen Gebäudes aus dem Heimatmuseum Brinkum.

Ausgrenzung jüdischer Museumsbesucher

Mitte der 1930er-Jahre nahm die Ausgrenzung und Diskriminierung jüdischer Menschen deutlich zu, was auch dazu führte, dass die Externsteine von Juden nicht mehr besucht werden durften. Zu diesem Zeitpunkt beschäftigten sich NS-Politiker mit der Frage, ob Juden der Besuch von Museen erlaubt bleiben sollte. So richtete der Breslauer Oberbürgermeister eine Anfrage ans „Reichserziehungsministerium“, „ob Juden vom Besuch staatlicher Museen […] auszuschließen“ seien. Dies löste im Ministerium heftige Diskussionen aus, weil dort „technische Schwierigkeiten bei ihrer Durchsetzung“ gesehen wurden. Aus diesem Grund blieben Museen bis in den November 1938 auch für jüdische Mitbürger zugänglich.[43]

Die bisherigen Forschungsergebnisse zur Geschichte der archäologischen Abteilungen der Museen in der NS-Zeit verdeutlichen, dass es augenscheinlich zu einer starken politischen Ausrichtung im Hinblick auf die germanische Kultur sowie einer überregionalen Vereinheitlichung der Museumslandschaft kam. In vielen Museen waren Haus- und Objektmodelle der Modellwerkstatt Unteruhldingen und Bilder von Wilhelm Petersen zu sehen. Beides war im Grunde nur die museale Verankerung dessen, was in Schule, Werbung und Schulungsarbeit auch gezeigt wurde. Durch die museale Präsentation bekam die germanische Überformung der Alltagswelt gleichzeitig ein angeblich wissenschaftlich untermauertes Fundament. Gleichzeitig bedeutete diese Überbetonung eine propagandistische Ausgrenzung alles „Nicht Germanischen“.[44]

Verkleinertes Modell einer bronzezeitlichen Baumsargbestattung aus dem Heimatmuseum Brinkum.

Museum „Väterkunde“ und Focke-Museum – zwei Bremer Beispiele

Dirk Mahsarski und Sabrina Schütze

Die Bremer Museumslandschaft der 1930er-Jahre weist eine Besonderheit auf: Es gab zwei ausgestellte archäologische Sammlungen in der Stadt, die des Museums „Väterkunde“ in der Böttcherstraße und die des Focke-Museums. Die beiden Ausstellungen lagen fußläufig in etwas über einem Kilometer Abstand voneinander entfernt, zum einen in der zwischen Markt und Weser gelegenen Böttcherstraße, zum anderen im ebenfalls zentral gelegenen Stephaniviertel.

Die Böttcherstraße als Umfeld des Museums „Väterkunde“

In den 1920er- und 1930er-Jahren war die Bremer Böttcherstraße eine der politischsten Straßen des Deutschen Reichs und Gegenstand zahlreicher Auseinandersetzungen innerhalb des Bremischen Senats und auf Reichsebene. Ihr Erbauer war der Bremer Großkaufmann und Gründer der Kaffee-HAG Ludwig Roselius (1874–1943). Für die Umsetzung seiner wirtschaftlichen wie seiner kulturellen und politischen Interessen nutzte Roselius die damals modernsten Mittel und Methoden; noch heute gilt er als ein „Pionier der Öffentlichkeitsarbeit“[1]. Während der Weimarer Republik unterhielt Roselius ein weit gespanntes Netzwerk von Kontakten in beinahe alle politischen Lager, während er selbst völkisch-konservativ geprägt war. Neben Richard Wagner (1813–1883), Julius Langbehn (1851–1907) und Houston Stewart Chamberlain (1855–1927), sowie der Lebensreform- und der Heimatschutzbewegung, hatte ihn ab Mitte der 1920er-Jahre vor allem der völkische Laienforscher Herman Wirth (1885–1981) beeinflusst. Seitdem Roselius Adolf Hitler (1889–1945) 1922 bei einem privaten Treffen kennengelernt hatte, unterstützte er ihn. Anfang 1934 wurde er förderndes Mitglied der SS, spätestens seit 1937 war er auch Mitglied der NSDAP. Zudem gehörte Roselius im Dritten Reich einer Unzahl an einflussreichen Organisationen an, unter anderem war er Mitglied des Zentralausschusses der Deutschen Reichsbank und der nationalsozialistischen Akademie für Deutsches Recht.[2]

Von 1922 bis 1934 ließ Roselius schrittweise jedes einzelne Haus der an zentraler Stelle der Stadt gelegenen Böttcherstraße umgestalten oder neu erbauen. Das so entstandene architektonische Gesamtkunstwerk diente seinen ideologischen wie kommerziellen Interessen; gleichzeitig förderte Roselius damit zahlreiche Künstler und kulturelle Projekte. Neben zwei Ladengeschäften der Kaffee-HAG beherbergte die Straße auch den Club zu Bremen, Kunsthandwerk, eine frühe Form von Fitness-Studio, Roselius' Bremen-Amerika-Bank und seine umfangreichen Sammlungen. In seinen Museen zeigte Roselius sowohl Kunstwerke des Mittelalters und der Renaissance im Roselius-Haus als auch moderne Kunst im Paula-Becker-Modersohn-Haus. So wollte er die hohe Qualität dessen, was er als norddeutsche Kunst verstand, präsentieren und damit eine kulturelle Identität schaffen. Diese musste in seinen Augen auf dem kulturellen Schaffen vieler Jahrtausende basieren. In Roselius' Konzept der Kulturförderung und der damit verbundenen Ziele, wie der Hervorhebung der „norddeutschen“, „nordischen“ oder „germanischen“ Kunst, fügte sich das Museum "Väterkunde" logisch ein. Dieses Gesamtkonzept erklärt auch, warum Roselius so unterschiedliche Künstler wie Lucas Cranach den Älteren (1475–1553) oder Paula Modersohn-Becker (1876–1907) sammelte und ihre Werke in verschiedenen Gebäuden der Böttcherstraße ausstellte.[3]

Die Genese des Museums „Väterkunde"

Eine zentrale Rolle spielte für Roselius der Rückbezug auf die vermeintlich germanische Vorgeschichte der Deutschen. Diese Vorliebe teilte er mit einem seiner Freunde, dem Heimatforscher Hans Müller-Brauel (1867–1940), genauso wie eine ausgeprägte Liebe zur norddeutschen Heimat. Der aus Zeven stammende Müller-Brauel interessierte sich schon seit seiner Jugend für die Archäologie und war in der Fachwelt durch sein langjähriges Engagement und seine umfangreiche Grabungserfahrung hoch angesehen, obwohl er nicht studiert hatte und sich für die Ideen von Wirth begeisterte. Müller-Brauel war daher Roselius' Verbindung zu einer großen Gruppe von Archäologen. Regen Kontakt pflegte Müller-Brauel beispielsweise mit Julius Andree (1889–1942), Gustav Schwantes (1881–1960) und Alfred Rust (1900–1983). Roselius verfügte durch seine vielseitigen Kontakte zu Persönlichkeiten des öffentlichen Lebens gleichzeitig über potenzielle Multiplikatoren für seine Ideen und Interessen. Dies kam vor allem auf den beiden Forschungstagungen, den so genannten Nordischen Thingen in den Jahren 1933 und 1934, zum Tragen.[4]

Roselius überließ den Ankauf seiner archäologischen Sammlung weitestgehend Müller-Brauel,[5] der dafür auch auf seine ausgedehnten Kontakte zurückgreifen konnte. Die größtenteils noch erhaltenen Belege lassen darauf schließen, dass die beiden Männer nicht allein eine Kollektion bestimmter Stücke einrichten, sondern ein möglichst breites Spektrum abdecken wollten. Dafür spricht auch der Erwerb von Repliken und Abgüssen berühmter Funde. Ab 1926 wurden für das Museum Hunderte von Objekten erworben, deren Beschaffung oftmals aufwendig und kostspielig war. Allein zwischen 1929 und 1935 beliefen sich die Kosten für Ankäufe auf über 335 000 RM. Dieses Engagement führte dazu, dass das Museum im Jahr 1935 bereits über einen Bestand von mehr als 30 000 Stücken verfügte.[6] Beide Männer wollten mit der Sammlung und der Ausstellung des Museums die Überlegenheit der „germanischen Kultur" sowie die „Entwicklung des nordischen Menschen" darstellen, wenn nicht gar beweisen.[7] Dazu stellten sie sowohl Originale als auch nachgebildete Fundstücke, Schmuck und Waffen aus allen Teilen Europas aus, außerdem Modelle des Nydam-Bootes und des Oseberg-Schiffs. Im Juli 1926 schrieb Roselius an Müller-Brauel: „Ich bin durchaus der gleichen Ansicht wie Sie, nämlich, dass alle wirklich grosse Kunst von den Germanen stammt. Ich gehe sogar noch weiter und behaupte, dass das Schöpferische in der Entwicklung der Menschheit auf die uralte germanische Philosophie zurück zu führen ist, der gegenüber die christliche Philosophie wie das ersta Stammeln einer Rasse wirkt, die sich zum ersten Mal mit der Unendlichkeits-Frage beschäftigt. Die germanische Philosophie lebt in der Unendlichkeit. Sie kennt überhaupt nicht den Begriff der Endlichkeit und das haben die wenigsten begriffen!"[8]

Der Kuppelsaal des Hauses Atlantis bildete das Kernstück des Museums „Väterkunde". Hier standen die hochwertigen Repliken vom Oseberg-Schiff, vom Nydam-Boot und dem Sonnenwagen von Trundholm.

Ergänzt wurde die eigentliche Ausstellung durch eine Lehrsammlung und die Bibliothek Gustaf Kossinnas (1858–1931), die Müller-Brauel kurz nach Kossinnas Tod von der Witwe erwarb, bevor die Berliner Universität reagieren konnte. Damit stellte das Museum auch eine hochkarätige Forschungseinrichtung dar.[9]

Beheimatet war das Museum „Väterkunde" im Haus Atlantis am weserseitigen Ende der Böttcherstraße. Die Front dieses Hauses glich einer Werbemaßnahme für die ihm zugrunde liegende Ideologie. Mit dem Entwurf und der Gestaltung des 1931 fertig gestellten Baus hatte Roselius den Bildhauer Bernhard Hoetger (1874–1949) beauftragt. In seiner bildhaften Fassade, deren zentrales Element der Lebensbaum, eine Großplastik aus Holz, bildete, dem Art-déco-Treppenhaus und dem Himmelssaal spiegelten sich deutlich die Ideen Wirths vom untergegangenen Atlantis wieder. Hoetger, der mehrere Gebäude der Böttcherstraße gestaltet hatte, wollte damit zugleich auch einen vermeintlich echten deutschen Stil neu schaffen, der an die Kunst der Wikinger anknüpfen und dabei frei von angeblich giftigen jüdischen Einflüssen sein sollte.[10]

Obwohl das Museum schon seit der Einweihung des Hauses Atlantis 1931 für den Publikumsverkehr geöffnet war, wurde es erst im Jahr 1933 im Rahmen des Ersten Nordischen Things in der Bremer Böttcherstraße offiziell eröffnet. Neben der beständig weiter wachsenden Dauerausstellung bot es in den folgenden Jahren Raum für mehrere Wanderausstellungen.[11]

Zu den Repliken, die Roselius eigens für das Museum „Väterkunde" in den Werkstätten der Böttcherstraße anfertigten ließ, gehörte auch eine Nachbildung des Sonnenwagens von Trundholm.

Roselius, die Laienforschung und die Nordischen Thinge

Seit Mitte der 1920er-Jahre unterstützte Roselius Wirth, unter anderem, indem er die Veröffentlichung seines Buchs „Der Aufgang der Menschheit"[12] finanzierte. Ursprünglich sollte das Haus Atlantis sogar als Forschungszentrum für Wirth dienen; der zog es jedoch vor, in Berlin zu bleiben. Mit der Förderung erhoffte sich Roselius auch, Impulse zu einer Entwicklung arteigener Religiosität und zu einer Art zweiten Reformation, die das nordische Erbe stärken und den jüdischen Einfluss zurückdrängen sollte, zu leisten.[13] Über die Ura-Linda-Chronik, Wirths umstrittenste Arbeit, sagte er, sie stünde im Mittelpunkt des Interesses der Nation.[14] Auch zu Wilhelm Teudt (1860–1942) und Herman Wille (1881–?) unterhielt Roselius Kontakte und förderte sie nach Möglichkeit. Er glaubte unter anderem, dass sie die Theorie der Ursprünge der „Kultur aus dem Norden"[15] und damit die Vorstellung, die Wiege der Zivilisation läge nicht im Nahen Osten, sondern im germanischen Norden, weiter belegen könnten.[16]

Um die völkische Laienforschung, die völkische Fachwissenschaft und interessierte Multiplikatoren miteinander in Kontakt zu bringen, veranstaltete Roselius Pfingsten 1933 das Erste Nordische Thing in der Böttcherstraße, eine wissenschaftliche Tagung mit internationalen Referenten. Das Erste Thing war stark auf Wirths Thesen ausgerichtet. Parallel dazu wurde auch Wirths Sonderausstellung „Der Heilbringer: Von Thule nach Galiläa – von Galiläa nach Thule" im Haus Atlantis gezeigt. Darin versuchte Wirth zu beweisen, dass sich wesentliche Elemente des Christentums auf nordisch-atlantische Wurzeln zurückführen ließen, bevor es durch jüdischen Einfluss überformt worden sei. Neben Wirth nahm auch Wille viel Raum auf der Tagung ein. Das Thing war insgesamt zwar ein großer Erfolg, auf Einladung von Roselius nahmen zahlreiche hochkarätige Gäste aus Wissenschaft, Politik und Kultur teil, es wurde von überregionalen Presseberichten begleitet und brachte eine Reihe späterer Mitglieder und Förderer des „Ahnenerbes der SS" zusammen; allerdings kam es zu einem Eklat, als die Fachwissenschaftler bei Wirths Vortrag den Saal verließen.[17]

Die Skulptur des Lebensbaums mit der Odinfigur an der Frontfassade des Hauses Atlantis ist nach den Ideen von Herman Wirth gestaltet. Allerdings fand Wirth den Odin, so wie ihn Bernhard Hoetger geschaffen hatte, zu hässlich.

Das Zweite Nordische Thing fand Pfingsten 1934 statt und war deutlich umfangreicher. Es war praktisch komplett auf die völkische Fachwissenschaft ausgerichtet, während die völkische Laienforschung kaum noch eine Rolle spielte. Dieser Wechsel war von Roselius nicht beabsichtigt worden, vielmehr war Wirth an der Teilnahme der Tagung verhindert gewesen.[18]

Ein Drittes Nordisches Thing wurde erst für Pfingsten 1936 geplant, unter anderem, weil die Zweite Jahrestagung des „Reichsbundes für Deutsche Vorgeschichte" 1935 in Bremen stattfand. Aber es kam über die Planungsphase nicht hinaus. Eine mögliche Ursache liegt darin, dass auch viele völkische Fachwissenschaftler die Thesen von Herman Wirth ablehnten. Daneben spielten Missstimmigkeiten zwischen Wirth und Roselius ebenso eine Rolle wie der Umstand, dass Roselius einen Teil seines für entsprechende Projekte zur Verfügung stehenden Budgets anderen Vorhaben zuführte. Ein weiterer Grund war, dass es ab 1935 immer heftigere, öffentliche Kritik an den von Hoetger gestalteten Teilen der Böttcherstraße und an den Gemälden von Paula Modersohn-Becker gab. Beide wurden teilweise als so genannte entartete Kunst betrachtet. Zudem griff Adolf Hitler (1889–1945) auf dem Reichsparteitag im September 1936 öffentlich Wirth an und erwähnte dabei auch die Böttcherstraße. Obwohl diese verbale Attacke in erster Linie Herman Wirth und dem frühen „Ahnenerbe der SS" galt, traf sie auch Roselius. Der Grund dafür dürfte darin gelegen haben, dass Hitler es Roselius verübelte, dass dieser größere Geldmittel in die Umgestaltung der Böttcherstraße investiert hatte, statt sie der NSDAP zur Verfügung zu stellen. Erschwerend kam noch hinzu, dass Hitler, wie auch weite Teile der NSDAP, den expressionistischen Stil der von Hoetger gestalteten Gebäude als entartet ablehnte. Trotzdem wurde die Böttcherstraße unter noch nicht ganz geklärten Umständen unter Denkmalschutz gestellt. Roselius, dessen gesundheitlicher Zustand sich zusehends verschlechterte, war 1937 Ehrengast bei der Eröffnung der Großen Deutschen Kunstausstellung im Münchner Haus der Deutschen Kunst und engagierte sich weiter in verschiedensten Organisationen. Außerdem förderte er in den folgenden Jahren das „Ahnenerbe der SS".[19]

Das Focke-Museum

Das heutige Focke-Museum entstand 1924 aus der Zusammenlegung des Gewerbe-Museums und des Historischen Museums. Ersteres hatte sich aus der Technischen Anstalt für Gewerbetreibende entwickelt, in der Bremer Handwerker in Stil- und Entwurfsfragen geschult wurden. Die Anstalt verfügte über eine Sammlung, die anschauliche Beispiele aus allen Bereichen des Kunsthandwerks bereithalten sollte. Nach und nach trat die Sammlung in den Vordergrund, so dass die ganze Institution 1884 den Namen Gewerbe-Museum erhielt. Das Historische Museum ging aus der privaten Initiative von Johann Focke (1848–1922) hervor. Er trug seit 1880 neben seiner Arbeit eine stadtgeschichtliche Sammlung zusammen, die im Jahr 1900 als Historisches Museum im früheren Katharinenkloster im Zentrum Bremens ausgestellt wurde. Durch Geschenke aus der Bevölkerung wuchs das Museum schnell. 1905

Im Sommer 1933 wurde die von Herman Wirth organisierte und von Ludwig Roselius unterstützte Sonderausstellung „Der Heilbringer" im Haus Atlantis gezeigt, die Eröffnung fand im Rahmen des Ersten Nordischen Things statt. Auf dem Bild steht Roselius zwischen Alfred Faust und Hans Müller-Brauel.

wurde die Sammlung vorübergehend in einen Anbau des Bremer Doms verlegt. Erst 1913 zog es in die Großenstraße im Stephaniviertel, dort bot der Barockbau des ehemaligen städtischen Altenheimes im äußersten Westen der Bremer Altstadt ausreichend Platz. Zu Fockes 70. Geburtstag 1918 wurde das Historische Museum in Focke-Museum für bremische Altertümer umbenannt. Schon vor dem Ersten Weltkrieg gab es Pläne, die beiden Museen zusammenzulegen, doch erst ab 1919 begannen konkrete Vorbereitungen. 1923 wurden die beiden Museen im Gebäude des Focke-Museums zusammengeführt und die zuständigen städtischen Gremien vereinigt, ausschlaggebend für diese Schritte waren zunächst noch primär finanzielle Gründe. Das änderte sich erst, als 1924 Ernst Grohne (1888–1957) als neuer Direktor berufen wurde. Der völkisch gesinnte Grohne hatte in Tübingen und Göttingen Geschichte, Geografie und Sprachwissenschaften studiert und danach am Museum für Hamburgische Geschichte gearbeitet. Er erstellte ein gemeinsames Ausstellungskonzept, dass die ursprünglich getrennten Sammlungen in einer gemeinsamen Dauerausstellung vereinte. Nach einer längeren Umbauphase konnte das Museum 1927 wieder eröffnet werden. Eine archäologische Sammlung gab es zu diesem Zeitpunkt noch nicht.[20]

Ursprünglich waren archäologische Funde aus Bremen und dem Umland im Städtischen Museum für Natur-, Völker- und Handelskunde, dem heutigen Übersee-Museum, gesammelt worden. Auch Focke hatte seine entsprechenden Objekte dorthin abgegeben. Unter der Leitung des archäologisch und historisch vorgebildeten Lehrers Alwin Lonke (1865–1947) entstand daraus zu Beginn der 1920er-Jahre eine erste archäologische Dauerausstellung. Im Zuge der Neuausrichtung des Städtischen Museums ab 1935 hin zum Deutschen Kolonial- und Übersee-Museum und der damit verbundenen Einrichtung einer rassenkundlichen Abteilung konnte die archäologische Dauerausstellung dort aus Platzgründen nicht mehr gezeigt werden. Gleichzeitig gab es seit 1933 Bemühungen, die archäologische Sammlung in das Focke-Museum zu überführen. Eine wichtige Rolle dürfte dabei gespielt haben, dass Grohne sich seit Ende der 1920er-Jahre auch mit archäologischen Themen beschäftigte. Zudem war er im Februar 1933 zum Staatlichen Vertrauensmann für die Denkmalpflege der Freien und Hansestadt Bremen ernannt worden. In dieser nebenamtlichen Position war er auch für die Bodendenkmäler zuständig und entfaltete eine umfangreiche Grabungstätigkeit. Dadurch hatte das Focke-Museum einen eigenen Ausgangspunkt für den Aufbau seiner archäologischen Sammlung, so dass möglicherweise angestrebt wurde, die Archäologie staatlicherseits in einer Hand zu vereinen. Unterstützt wurde Grohne in seinem Bestreben, das Focke-Museum für die archäologische Sammlung der Stadt zuständig werden zu lassen, vom Senator für das Bildungswesen und Kirche, Richard von Hoff (1880–1945). Trotzdem zogen sich die Verhandlungen zwischen den Museen und dem Bremer Senat über einen längeren Zeitraum hin und erst 1937 wurden die archäologischen Sammlungsbestände vom Übersee-Museum an das Focke-Museum übergeben.[21]

Auch in den nachfolgenden Jahren unterstützte der Bremer Senat das Museum weiter beim Aufbau seiner vorgeschichtlichen Sammlung. Nach Kriegsbeginn wurde das Focke-Museum geschlossen und fast alle Bestände wurden von Grohne sicher verpackt und ausgelagert. Noch am 24. November 1944, die Rote Armee stand bereits vor Warschau und die Westalliierten hatten Florenz, Straßburg und Aachen eingenommen, bewilligte der Senator für Finanzen die enorme Summe von 20 000 RM zum Ankauf der Sammlung Wulf, ein spannender Aspekt, der allerdings noch weiter erforscht werden muss. Diese private Kollektion umfasste neben Scherben von Keramikgefäßen und Steinartefakten vor allem Tierknochen aus der Eiszeit.[22]

Kurz nach dem Transfer der Sammlung eröffnete das Focke-Museum 1937 seine erste eigene archäologische Dauerausstellung. Dafür standen aus Platzmangel nur zwei Räume im Kellergeschoss zur Verfügung. Zwar wurde sofort mit der Planung einer Erweiterung des Museums begonnen, um die archäologischen Funde in einem repräsentativen Rahmen zeigen zu können. Diese wurde aber kriegsbedingt nicht mehr umgesetzt. Neben archäologischen Objekten aus den vom Übersee-Museum übernommenen Sammlungsbeständen wurden auch umgehend Funde und Befunde aus den laufenden Ausgrabungen, insbesondere von der Mahn-

Für die erste archäologische Dauerausstellung des Focke-Museums standen nur zwei Kellerräume zur Verfügung.

Der massive Goldreif von Gahlstorf wurde 1936 beim Sandabbau gefunden.

dorfer Düne, in die neue Dauerausstellung integriert. Darunter befand sich eine komplette Pferdebestattung, die mit dem Wotanskult in Zusammenhang gebracht wurde. Über einer der Türen im Ausstellungsbereich wurde ein rassistisch verfremdetes Goethe-Zitat angebracht: „Die Hauptsache ist, daß die Rasse rein bleibe, rein und sich selber gleich, wie schon Tacitus sie einst rühmte. So werden wir fähig, das Grundelement des Urvolkes der Germanen zu erhalten und zu steigern. Goethe“[23].

In dieser neuen Dauerausstellung wurde der Fokus auf die lokale Vorgeschichte des Bremer Raumes gelegt, so dass sich auch kein Konkurrenzverhältnis zum Museum „Väterkunde“ entwickelte. Vielmehr scheinen sich die beiden Museen in der Innenstadt in ihrer Ausrichtung gegenseitig ergänzt zu haben. So gibt es Hinweise darauf, dass Ludwig Roselius die Überführung der archäologischen Sammlung aus dem Übersee-Museum in das Focke-Museum unterstützt hat. Zudem hatte Hans Müller-Brauel bereits 1933 auf dem Ersten Nordischen Thing in der Böttcherstraße die Einrichtung eines lokal ausgerichteten archäologischen Landesmuseums für Bremen gefordert.[24]

Im Gegensatz zum Museum „Väterkunde“ arbeitete das Focke-Museum auch bis auf eine Ausnahme mit Originalfunden. Angeregt durch die vom „Reichsbund für Deutsche Vorgeschichte“ veranstaltete Wanderausstellung „Lebendige Vorzeit“, die 1939 in Bremen zu besichtigen war, entschied sich die Leitung des Focke-Museums, hochwertige Repliken von mehreren Fundstücken der Mahndorfer Ausgrabung anfertigen zu lassen.

Archäologie in der politischen Schulung

Uta Halle, Bianca Mahsarski und Dirk Mahsarski

Im NS-Staat entstanden verschiedene Formen außerschulischer Vermittlungsarbeit, denn er bemühte sich, mit ideologischen Schulungen die erwünschte „Volksgemeinschaft“ zu errichten und zu stärken. Allerdings ist der Forschungsstand zu dieser Thematik noch unbefriedigend, da „das Gesamtsystem der Schulungen der Partei und der verschiedenen Gliederungen seitens der Pädagogikforschung und Bildungswissenschaften bisher eigentlich nicht erfasst und dargestellt“ wurde.[1] Die Schulungsarbeit erfolgte nicht nur, um ideologische Inhalte zu vermitteln, sondern gleichzeitig konnte die NS-Gesinnung der Mitglieder überprüft und kontrolliert werden. Als Ziel galt: „Das Volk soll anfangen einheitlich zu denken, einheitlich zu reagieren und sich der Regierung mit ganzer Sympathie zur Verfügung zu stellen.“[2] Der Mensch sollte von Geburt über Kindheit, Jugend und im wehrpflichtigen bzw. gebärfähigen Alter ohne Unterbrechung verschiedensten Beeinflussungsmöglichkeiten ausgesetzt werden.

Da fast jede Gruppierung ihre eigenen Uniformen besaß, mit denen das Gemeinschaftserlebnis vereinheitlicht und verstärkt werden sollte, fand die Schulungsarbeit – soweit bislang erforscht – in den jeweiligen Uniformen statt. Wie wichtig das Thema Uniform war, zeigt eine Bemerkung des Göttinger Althistorikers Ulrich Kahrstedt, der auf der von ihm geleiteten Ausgrabung auf der Vogelsburg/Kreis Northeim „in Uniform als Truppführerdiensttuer“ arbeiteten musste. Er ließ sich in diesem Outfit vor einem Grabungsprofil fotografieren.[3] Neben den spezifischen Uniformen besaßen die Gruppierungen der NSDAP eigene Schulungsformen für ihre jeweiligen Mitglieder.

Getrennt nach Geschlechtern und aufgeteilt in die unterschiedlichen Alterskohorten, kam fast jeder Mensch mit der Archäologie in Kontakt, denn diese Forschung bildete gemeinsam mit Volkskunde und Rassenkunde einen zentralen Schwerpunkt innerhalb der Schulungsarbeit. Mit der Schulungsarbeit traf die Politik einen wichtigen Wunsch der Archäologen, denn diese hatten sich vor 1933 aus ihrer täglichen praktischen Arbeit heraus immer wieder gefragt, wie es „mit der Kenntnis um unsere Wissenschaft im ganzen Volke“ bestellt wäre. Der Kölner Archäologe Herbert Kühn (1895–1980) beobachtete die Lage im November 1932 zwar als „eine Zeit, in der überall in Deutschland das von breiten Kreisen getragene Interesse an der vaterländischen Vorgeschichtsforschung immer stärker wurde und durch die neuere Entwicklung der innenpolitischen Lage immer dringender als nationale Forderung erhoben“ wurde, aber trotzdem empfanden die Fachleute einen Mangel an Anerkennung.[4] Und obwohl zahlreiche Laien der entstehenden Archäologie zuarbeiteten, Funde sammelten, an Ausgrabungen teilnahmen, fühlten sich die Wissenschaftler auch durch den gravierenden Konflikt mit den Laienforschern nicht genügend berücksichtigt. Es gab zu wenige Planstellen an den Museen, es gab nur einen ordentlichen Lehrstuhl für Vorgeschichte an der Universität in Marburg, die Landesdenkmalämter entstanden erst langsam, das heißt, insgesamt war die allgemeine Aufbauphase des Faches noch nicht weit gekommen.

Schon vor 1933 traten mehrere Archäologen in eine der Gliederungen der NSDAP ein. Der aufstrebende Archäologe Hans Reinerth, dessen wissenschaftliche

Ambitionen auf eine Universitätskarriere sich um 1930 nach einem Disziplinarverfahren an der Universität Tübingen zunächst zerschlagen hatten, beschrieb 1932 seine Hoffnung auf die Archäologie im Dritten Reich. Er legte dabei einen besonderen Schwerpunkt auf die von ihm angestrebten kulturpolitischen Aufgaben, mit denen er Folgendes erreichen wollte: „Der liberalistische Geist der Gleichmacherei und Überfremdung konnte an der Aufdeckung der hohen kulturellen Werte und an der sieghaften frühesten Geschichte unserer Vorfahren kein Interesse haben [...] Erst wenn jeder Deutsche weiß, daß nordische Kultur und nordische Menschen durch Jahrtausende die Gebenden in Alteuropa waren, dann werden ... die letzten Schalen fremder Übertünchung von unserem ureigensten deutschen Bildungsgute abfallen."[5]

Nach dem Machtantritt der Nationalsozialisten setzten die Archäologen ihre Hoffnung auf die NSDAP, die „durch Schulung in allen ihren Gliederungen das ganze deutsche Volk mit der Vorgeschichtsforschung vertraut machen" würde.[6] Es war den Wissenschaftlern also sehr wohl bewusst, dass die Schulungsarbeit für die Partei eine bedeutende Rolle übernahm. Die Ergebnisse archäologischer Forschung und hier vorzugsweise zu den Germanen in parteiliche Schulungsarbeit einzubauen bedeutete, die Frage zu stellen, wie diese für die Jugend und andere Parteigruppen aufbereitet und umgesetzt werden sollten. Schon im November 1933 nutzten die Wissenschaftler eine Chance, die der Staat ihnen bot.[7] Für die Schulungsarbeit waren ausgehend vom Preußischen Ministerium für Wissenschaft, Kunst und Volksbildung „umgehend etwa 30 junge Vorgeschichtler, die fähig sind, an den Gauführerschulen aufklärende Kurse über die Aufgaben und die Objekte der Vorgeschichtsforschung zu halten", gesucht worden. Diese mussten als „Voraussetzung ... sofortige Verfügbarkeit, entschiedenes Eintreten für den nationalsozialistischen Staat (Parteizugehörigkeit oder Bürgschaften) und möglichst Vertrautheit mit den vorgeschichtlichen Problemen der betreffenden Landschaft" mitbringen.[8] Der Marburger Professor Gero von Merhart gab diese Anfrage sofort an seine fortgeschrittenen Studenten weiter, weil er diese Schulungsarbeit als „eine Selbstverständlichkeit" ansah.[9] Da mehrere seiner Studenten schon in verschiedene NSDAP-Gliederungen eingetreten waren, bestanden auch ihrerseits keine Bedenken, diese Schulungsarbeit zu übernehmen.

Hitlerjugend

Ein Fokus der nationalsozialistischen Politik lag auf der Beeinflussung der Jugend. „Wem die Jugend gehört, dem gehört auch die Zukunft"[10] war ein Motto der nationalsozialistischen Jugendarbeit. Deshalb lag auf der jungen Generation das besondere Augenmerk der nationalsozialistischen Politik. Hitlerjugend, SA, SS und Wehrmacht versuchten, teils unabhängig voneinander, teils gegeneinander, möglichst großen Einfluss auf die Heranwachsenden zu nehmen. Um die gesamte Jugend im außerschulischen Bereich zu erfassen, verbot der NS-Staat zunächst 1933 alle anderen Jugendverbände, indem er sie zerschlug oder gleichschaltete. Nach ihrer Zeit im „Deutschen Jungvolk" kamen die Jungen mit 14 Jahren – bis 1936 formell freiwillig – in die Hitlerjugend (HJ) und die Mädchen in den „Bund Deutscher Mädel" (BDM). Ab 1938 konnten die 17- bis 21-jährigen jungen Frauen in die Gruppe „Glaube und Schönheit" überwechseln, in der sie noch stärker auf ihre zukünftige Rolle als Hausfrau und Mutter geschult wurden. Neben der körperlichen Schulung in den Jugendorganisationen der HJ und des BDM stand die ideologische Erziehung in den Anweisungen des „Reichsjugendführers" Baldur von Schirach. Das Gesetz zur Hitlerjugend entstand im Dezember 1936 und sah vor, die „gesamte deutsche Jugend innerhalb des Reichsgebietes" in der Hitlerjugend zusammenzufassen. Ziel war, die „deutsche Jugend [...] außer in Elternhaus und Schule in der Hitlerjugend körperlich, geistig und sittlich im Geiste des Nationalsozialismus zum Dienst am Volk und zur Volksgemeinschaft zu erziehen". Eine allgemeine Wissensvermittlung gehörte nicht unbedingt zu den Aufgaben der Hitlerjugend. Eine Ausnahme bildete hierbei die Ur- und Frühgeschichte, denn für diesen geschichtlichen Bereich waren die Erziehungsziele in Schule und HJ deckungsgleich. In diesen Jugendverbänden wurde die ideologische Schulung überwiegend auf den so genannten Heimabenden durchgeführt.

Die Hitlerjugend übernahm 1938 den „Ehrenschutz" der Bodendenkmale. Diese neue Aufgabe, „an dem wichtigen Werk der Erhaltung des in unseren Bodenaltertümern überkommenen Ahnenerbes mitzuarbeiten", wurde von „Reichserziehungsminister" Rust „begrüßt" und er wies die „staatlichen Vertrauensmänner für die kulturgeschichtlichen Bodenaltertümer" an, sich mit den zuständigen Stellen der Hitlerjugend in Verbindung zu setzen und Schulungen mit den Jungen durchzuführen.[11] Damit war nicht in erster Linie die denkmalpflegerische Betreuung gemeint, sondern es war eine „nahezu religiöse Verehrung" der Bodendenkmale vorgesehen.[12] Im Bann Delmenhorst-Wildeshausen – ein Gebiet mit mehreren Großsteingräbern – sollten die „Hünengräber" vom Buschwerk, „das wild zwischen den Steinen wuchert", befreit werden, an Großsteingräbern auf der Heide oder auf Feldflächen sollte die Hitlerjugend hingegen „eine kleine Baumgruppe von Eichen" anpflanzen.[13]

Aber zeigte diese Propaganda Wirkung auf die Heranwachsenden? Als Hinweis, dass dieser Weg durchaus erfolgreich war, kann die Schilderung des damaligen Bremer Hitlerjungen Werner Mork (*1921) gelten: „Wir wollten unser Volk zu einem mächtigen Staat in Europa werden lassen, einem Europa, von dem wir glaubten, dass es endlich ein groß-germanisches Europa sein würde, im Geiste des Kaisers Karl der Große."[14] Die Marine-Hitlerjugend am Zwischenahner Meer konnte nach 1936 praktische Übungen im Rudern in einem originalgroßen Nachbau des Nydam Bootes machen. Dieser war auf einer Werft in Lemwerder gebaut, 1936 bei der Segelolympiade in Kiel gezeigt und anschließend der Hitlerjugend auf dem Zwischenahner Meer zur Verfügung gestellt worden.

Zu Vb 340/39.

Die Hitlerjugend hat den Ehrenschutz
über die vorgeschichtlichen Bodendenkmäler übernommen.

Welche Verpflichtung bedeutet dieser Ehrenschutz für Dich?

1). Die vorgeschichtlichen Bodendenkmale sind uns heilig.
Denke immer daran, daß die vorgeschichtlichen Bodendenkmale Zeugnisse vom Leben unserer Ahnen aus vergangenen Jahrtausenden sind. Stehe ehrfürchtig vor ihnen und entweihe sie nicht durch würdeloses Benehmen. Sammle alle Papierreste und sonstige Abfälle, die Menschen ohne innere Verbindung mit dem Leben unserer Ahnen dort weggeworfen haben und sorge dafür, daß die Stätten sich in einem würdigen Zustand befinden.

2). Die vorgeschichtlichen Bodendenkmale sind keine Ausflugsstationen.
Es ist geschmacklos gerade hier seine Butterbrote zu verzehren oder sich fotografieren zu lassen.

3). Kein vorgeschichtliches Denkmal darf zerstört werden.
Sorge dafür, daß vorgeschichtliche Funde (Scherben, Holzreste, Steinsetzungen usw.) nicht zerstört werden. Wenn Du durch Zufall darauf triffst, benachrichtige sofort den nächsten Vorgeschichtsmann. Es ist seine Aufgabe den Fund sachgemäß zu bergen, nicht die Deine.

4). Die Landjugend sei vorbildlich. Oftmals stößt der Bauer bei der Landarbeit auf vorgeschichtliche Funde. Sei in Deinem Dorf immer darauf bedacht, daß nichts böswillig zerstört wird.

5). Die Bodendenkmale sind Stätten unseres Lebens. An den Stätten, wo unsere Ahnen zur Beratung zusammenkamen, oder ihre Toten bestatteten, können auch wir Feiern unserer Gemeinschaft durchführen. Alte Wälle und Hünengräber sind gute Feierstätten.

Die Hitlerjugend übernimmt den Ehrenschutz der Bodendenkmale.

„Reichsarbeitsdienst"

Im Gegensatz zur Hitlerjugend, die nur vereinzelt zur praktischen Arbeit in der Archäologie herangezogen wurde, sah es beim „Reichsarbeitsdienst" ganz anders aus. Die Landesämter für Vorgeschichte forderten in verstärktem Umfang „Reichsarbeitsmänner" für die einfachen Freilegungsarbeiten bei Ausgrabungen an. Der sechsmonatige Arbeitsdienst, zuvor ein arbeitsmarktpolitisches Instrument zur Eindämmung der immens hohen Arbeitslosigkeit und auf freiwilliger Basis, wurde 1935 für die jungen Männer im Alter zwischen 18 und 25 Jahren verpflichtend, für die jungen Frauen blieb er bis zum Kriegsbeginn freiwillig. Mit dieser Umformung verbunden war ein weiteres Ziel – der Arbeitsdienst bekam nun den Auftrag, ein „Erziehungsmittel des Nationalsozialismus" zu werden. Eine „Schulung über die germanische Vorzeit" und über den „Wert der Bodenfunde" wurde von den regionalen Instanzen für „notwendig gehalten."[15] Deshalb erhielten alle Arbeitsdienstgruppen eine „gründliche Schulung", die zudem auch „Rassenkunde" enthielt.

Lehrerschulungen

Lehrer mussten an Schulungen in Lehrerlagern teilnehmen, die von den Provinzialverwaltungen oder Ländern veranstaltet wurden. Bis 1935 fanden diese Veranstaltungen in Zeltlagern, Jugendherbergen oder in Schulen statt. Das Zentralinstitut für Erziehung und

Gauschulungslehrgang in Saaz.

Unterricht führte 150 Lager durch, die bis 1941 von über 10000 Lehrern besucht wurden. Weitere 700 Lager veranstaltete der „Nationalsozialistische Lehrerbund“ (NSLB) 1936 mit 70000 Teilnehmern. Bis zum Kriegsbeginn 1939 hatten insgesamt 4000 Lager für die Lehrerschaft stattgefunden.[16]

Immer wieder führten die Landesämter für vorgeschichtliche Denkmalpflege zusammen mit dem NSLB („Lehrerbund“) und regionalen sowie kommunalen Staatsstellen, zum Beispiel den städtischen Schulverwaltungen, „Lehrgänge für germanische Vorgeschichte“ durch, für die sich die Wissenschaftler gerne und mit viel Engagement zur Verfügung stellten.[17] So wurde für das Schulungslager für Deutsche Vorgeschichte, das das Zentralinstitut für Erziehung und Unterricht im Einvernehmen mit Rust in der Zeit vom 22. bis 31. Oktober 1935 veranstalten wollte, der Professor für Vorgeschichte der Berliner Universität, Hans Reinerth, als Leiter bestimmt, der diese Aufgabe trotz vielfältiger anderer Verpflichtungen gerne übernahm.[18]

Vorgeschichtsforschung wurde zu einem wichtigen Thema im Schulunterricht, für den die Lehrer und einige wenige Lehrerinnen in den Sommerferien in speziellen Lehrerlagern ausgebildet wurden.[19] Der Bericht des Dozenten aus dem 1935 durchgeführten fünftägigen Schulungslager in der Gauführerschule Lärchwalde in Ostpreußen beschreibt den Ablauf dieses Lagers. Es wurde veranstaltet vom Zentralinstitut für Erziehung und Unterricht und dem Seminar für Vor- und Frühgeschichte der Albertus-Universität zu Königsberg. In den Lagertagen fanden 19 Vorträge mit Dias statt. Der Schwerpunkt lag dabei auf den „einzelnen Volkskulturen der Vorzeit, besonders der Ost- und Nordgermanen“. Gleichzeitig wurde die Bedeutung für die politisch motivierte „Grenzlandarbeit“ betont. Renommierte und etablierte Archäologen übernahmen die Referate, und nur der Vortrag „Litauische Geschichtslügen über Ostpreußens früheste Vergangenheit“ wurde von einem Doktoranden gehalten. Gemeinsam besichtigten die Teilnehmenden die Ausgrabung „an der frühgermanischen Burg Tolkemita“ (heute Tolkmicko in Polen), einer mehrphasigen Befestigungsanlage aus der frühen Eisenzeit mit spätmittelalterlicher Überbauung. Neben der Schulungsarbeit mussten die Teilnehmenden aber auch gemeinschaftsfördernde Aktionen, wie Kartoffelschälen, leisten. Zum Programm gehörte außerdem die Gestaltung eines bunten Abends, bei dem sie sich mit Wolldecken, Kochtöpfen und -deckeln,

Bademützen und Handtüchern als bewaffnete Germanen verkleideten.[20] Zusammenfassend hielt der Dozent fest: „Das Lager [ist] die beste Einrichtung für eine gute Schulungsarbeit.“[21] Ein Bericht über die Lehrerlager im Bezirk Breslau stellte 1938 die Durchführung von Führungen in Museen und Sammlungen für die Lehrer der Lager als wünschenswert heraus.[22] Nach diesen Lehrerlagern dürften die Lehrer, die zudem auch vielfach im „Nationalsozialistischen Lehrerbund“ organisiert waren, kaum noch Probleme gehabt haben, ihre Schüler 1937 zur Teilnahme an dem Wettbewerb „Volksgemeinschaft – Blutsgemeinschaft“ zu motivieren.

Das Plakat des Wettbewerbes zeigt in Form eines Baumes eine Abfolge geschichtlicher Ereignisse, ausgehend von den vorgeschichtlichen Menschen, die als Skelette im Boden liegen; die Spitze des Baumes trägt ein Hakenkreuz. Auf den Ästen sind unter anderem von unten nach oben jungsteinzeitliche Großsteingräber, die Schlacht im Teutoburger Wald, die Völkerwanderung, Heinrich der Löwe, Martin Luther, die erste Eisenbahn, die „nationalsozialistische Revolution“ und die Aufrüstung des NS-Staates zu sehen.

Die Schutzstaffeln der NSDAP

Schon im Dezember 1931 wurde mit dem „Rasseamt“ der SS eines der ältesten Hauptämter der SS gegründet. Bis zum September 1938 wurde das Amt, das zwischenzeitlich in „Rasse- und Siedlungsamt“ umbenannt und ab Januar 1935 zum „Rasse- und Siedlungshauptamt“ (RuSHA) aufgewertet worden war, von SS-Gruppenführer Richard Walther Darré (1895–1953) geleitet. Er war ein wichtiger Vordenker der Blut-und-Boden-Ideologie sowie enger Vertrauter Himmlers und übernahm vielfältige Funktionen im NS-Staat: „Reichsbauernführer“, „Reichsminister für Ernährung und Landwirtschaft“ und Amtsleiter des „Rasse- und Siedlungshauptamtes“ der SS. Dieses Amt spielte eine zentrale Rolle in Himmlers Plänen, die SS zu einer rassischen Elite auszubauen, und war für die Eignungsprüfung von SS-Bewerbern und ihre Heiratsgenehmigungen sowie – während des Zweiten Weltkrieges – für die Rassenselektion der Bevölkerung in den besetzten Gebieten zuständig. Zudem war es bis 1938 auch im Bereich der Schulung und der weltanschaulichen Forschung aktiv.[23]

Bereits 1933 begann die SS, sich für die Prähistorische Archäologie und ihre Verwertbarkeit in der Propaganda zu engagieren.[24] Im Dezember 1933 ließ Darré eine interne Besprechung im Stabsamt des „Reichsbauernführers“ durchführen, um einen „grosszügigen Aufklärungsfeldzug über vorchristliche germanische Kultur“ vorzubereiten. Unter den Teilnehmern war auch Karl Hermann Jakob-Friesen (1886–1960), Direktor des Hannoverschen Landesmuseums. Als Ergebnis der Besprechung sammelte das Stabsamt ab da Informationen über Lichtbildermaterial, Gegenstände, die für eine Film- oder Lichtbilddokumentation lohnenswert wären, in

Plakat für den Wettbewerb „Volksgemeinschaft – Blutsgemeinschaft“.

SS-Schulung mit Runen an der Tafel.

Frage kommende Redner, Personen, die „volkstümlich gehaltene Mustervorträge“ ausarbeiten könnten, und Schriftsteller, die in Zeitungen und Zeitschriften (nicht Fachpresse) schreiben könnten. Im Mittelpunkt aller Schulungsarbeit stand der „nordische Mensch“.

In der Folge entstanden in verschiedenen Abteilungen der SS und des „Reichsnährstandes“ eine ganze Reihe unterschiedlicher, bisher nicht systematisch untersuchter Diaserien zu Schulungszwecken, für die auch ergänzendes Material angeboten wurde. In den Schulungen wurden den SS-Mitgliedern auch die angeblich germanischen Sinnbilder und Runen erklärt.

Die Schulungsarbeit in der SS wurde durchaus auch von Himmlers Gegenspieler Alfred Rosenberg gelobt, denn dieser schrieb ihm im August 1935: „Wenn Parteigliederungen sich zwecks Schulung mit der Vor- und Frühgeschichte befassen, so ist das nicht nur erfreulich, sondern notwendig, und ich habe mich besonders gefreut, dass Sie Parteigenosse Himmler, Ihre SS. derart vorbildlich weltanschaulich geführt haben.“[25] Gleichzeitig baute die SS ihren Machtbereich in den Belangen der Archäologie immer weiter aus. SS-Männer wurden für die praktischen Ausgrabungsarbeiten eingesetzt.

Ebenso, wie sich der „Reichsbund“ um die Schulungsarbeit für die Lehrer kümmerte, versuchte die SS, ihre Mitglieder im Bereich der Vorgeschichtsforschung zu unterrichten. Im Frühjahr 1935 kam es zu einer ersten Forschungsgrabung im Rheinland. Unter der Leitung des Archäologen und frühen Parteimitgliedes (seit 1930) Werner Buttler (1907–1940) wurde mit einigen SS-Männern die rechtsrheinische Erdenburg bei Bensberg, ca. 15 Kilometer östlich von Köln-Deutz, untersucht. Sie galt als „bedeutendste und interessanteste Anlage“ und deshalb erschien „es für die Wissenschaft wünschenswert, wenn eine solche Anlage erforscht wird, da im Rheinland weder vorgeschichtliche noch germanisch-fränkische Befestigungen untersucht worden“ waren.[26] Als Begründung für die Ausgrabung gab Buttler an, dass das „Ziel“ die Klärung des „Alters und die völkische Zugehörigkeit … sowie Aufschlüsse über die Art und Aufbau der Befestigung“ sein sollten. Die Ausgrabung waren eine reine Forschungsgrabung und keine Notgrabung, die auf Grund von Baumaßnahmen notwendig wurde. Schon im Vorfeld zeichnete sich ab, dass das Unternehmen als „Schulungsgrabung für die SS“ aufgezogen werden sollte. Finanziert wurde das

Ganze nicht nur mit Geldern der SS, sondern auch der Deutschen Forschungsgemeinschaft und anderer Institutionen.[27] Auch wenn an dieser Stelle erstmals die SS mit der rheinischen Vorgeschichtsforschung verknüpft wird, klingt die Begründung für die Grabung – unklare Zeitstellung, noch keine anderen Anlagen ausgegraben – unpolitisch und könnte auch heute noch in einem Antrag für eine Forschungsgrabung stehen. Etwas anders sieht es mit dem Grund „völkische Zugehörigkeit“ aus. Hier ist das zeitgenössische Vokabular deutlich erkennbar. Der politische Hintergrund wird erst sichtbar, wenn man die nationalsozialistische Propaganda hierzu betrachtet, die am offensichtlichsten bei der Besichtigung der Grabungsstelle durch Himmler wurde.[28] Nach der Rede des SS-Archäologen Alexander Langsdorff fand die Grabung „auf dem Hauptkriegsschauplatz am Rhein zwischen Römern und Germanen“ statt, ein Ort, an dem „zahllose unbekannte Helden und Kämpfer die germanische Westfront gegen die römischen Eindringlinge mannhaft verteidigt“ hätten. Die Grabung hätte den „hohen Stand des germanischen Wehrbaues“ nachgewiesen, und durch den Einsatz der SS-Männer sollte „sich die SS … aus der Geschichte ihrer Ahnen die Vorbilder für die Haltung in der Gegenwart“ heranziehen. Er nannte die vorgeschichtlichen Wallanlagen „eine Art Siegfriedstellung“, die sich „von der Nordsee bis zum Main der römischen Militärmacht entgegen“ gestemmt hätten und erprobt hiermit die Ideologie des Westwalles (Siegfriedlinie). Himmlers Erwiderung zeigt, dass er die Archäologie mit der nationalsozialistischen Gegenwart verschmelzen wollte, denn er sagte: „Es ist sicherlich kein Zufall, daß hier eine germanische Burg steht, … und daß auf einem Berg hier in der Nähe die nationalsozialistische Erziehungsanstalt steht, die Anstalt, in der wir junge Führer des Germanentums erziehen.“ Damit schuf Himmler die propagandistische Legitimationslinie aus der vorgeschichtlichen Vergangenheit in die politische Gegenwart des Jahres 1935.

Neben der Erdenburg hatte die SS im Frühjahr 1935 am angeblich germanischen Heiligtum Externsteine versucht, die ideologische Arbeit zu übernehmen. Als erste Maßnahme wurde vom „Ahnenerbe“ die Vorstellung geäußert, dass nun die Schulungsarbeit der Organisation „von der der Schutzstaffel heiligen Stätte der Externsteine ihren Ausgang … nehmen“ sollte.[29] Deshalb begann ab der Sommersonnenwende 1935 die Einbindung der SS in die Vorbereitung und personelle Durchführung der ersten Sonnenwendfeier.

In der Nähe der Externsteine hatte die SS 1934 die Wewelsburg bei Paderborn übernommen. Hier erfolgten Schulungen für die ranghöchsten SS-Offiziere, für die dort zum einen auch archäologische Originalfunde als Anschauungsmaterial zur Verfügung standen. Zum anderen lieh sich die SS zeitweise auch gut gemachte Repliken aus. So ist bekannt, dass die Hannoveraner Replik des Bremer Bandspangenhelms, dessen Original sich damals schon im Focke-Museum befand, für die Schulungsarbeit in der Wewelsburg ausgeliehen wurde. Dieser hochmittelalterliche Helm wurde den Teilnehmern als germanisch vorgestellt.

Ab 1938 wurde die Schulung in der SS stärker zentralisiert. In Kooperation mit dem Schulungsamt des SS-Hauptamtes wurde das Ahnenerbe für die Inhalte der SS-Leithefte, die eine maßgebliche Rolle spielten, verantwortlich. Zusätzlich beteiligten sich Wissenschaftler des Ahnenerbes auch an den Schulungen des Reichssicherheitshauptamtes.

Die Waffen-SS bereitete ihren Nachwuchs für die Offiziersränge in den SS-Junkerschulen vor, die sich in Bad Tölz (gegründet 1934) und Braunschweig (gegründet 1935) befanden, später kamen noch jene in Klagenfurt und Prag-Dewitz hinzu. Insgesamt durchliefen bis Kriegsende 15 000 SS-Offiziersanwärter diese Schulen. An der SS-Junkerschule Bad Tölz war im Frühjahr 1943 der Archäologe SS-Sturmbannführer Prof. Dr. Peter Paulsen eingesetzt.[30] Hier wurden „germanische“ Kollaborateure aus den besetzten Ländern, die sich zur Waffen-SS gemeldet hatten, weltanschaulich geschult.

Schulung in den Regionalgruppen

Da in den regionalen und lokalen NS-Gruppierungen jeweils auch Schulungsleiter eingesetzt waren, konnten in der Schulungsarbeit auch deren eigene regionalspezifische Interessen einfließen. Nachgewiesen werden konnte diese Einbindung eines lokalen Vorhabens am angeblich germanischen Heiligtum Externsteine in Lippe.

Replik des Bremer Bandspangenhelms, Hannover.

Nach Streitereien mit den lokalen NS-Gruppen vor Ort in Lippe beschlossen diese, die Feiern aus dem Schulungsbereich der SS herauszulösen. Immer wieder wurde in Veranstaltungen ausgedrückt: „Nach den Forschungsergebnissen bedeutender Wissenschaftler, insbesondere der bahnbrechenden Arbeit des Professors Teudt, ist davon auszugehen, dass schon in vorchristlicher Zeit insbesondere Sonnwendfeiern an den Externsteinen stattgefunden haben. Aus diesem Grunde kann die Partei bei ihrer Schulungsarbeit, insbesondere in der Frühgeschichte, nicht darauf verzichten, die ihrer Schulung unterstehenden Partei- und Volksgenossen an das Problem der Externsteine heranzubringen." Deshalb wollten die Parteifunktionäre den „zuständigen Hoheitsträger" der NSDAP mit der Durchführung der Sonnenwendfeiern beauftragen. In Zukunft sollte dem „jeweiligen Hoheitsträger der NSDAP ... das Recht der kostenlosen Besichtigung und der selbständigen Führung" gewährt werden.

Diese waren seit der Entmachtung des bisherigen geistigen Mentors Wilhelm Teudt in der SS 1938 im überwiegenden Machtbereich des „SS-Ahnenerbes". 1941 trafen sich in Detmold der Gau- und der Kreisschulungsleiter mit dem NSDAP-Kreisleiter ohne Mitglieder des „SS-Ahnenerbes", denn es ging darum, Pläne auszuarbeiten, wie sie die SS als alleinige Trägerin der kulturellen Belange der Externsteine absetzen und entmachten könnten. Angedacht wurde ein „Schulunghaus" mit einem „kleinen Archiv über alle die Externsteine und die Osningmark betreffenden Vorgeschichtsstätten." Außerdem wurde überlegt, dass der fast 80-jährige Teudt wieder stärker in die Schulungsarbeit auf regionaler Ebene eingebunden werden sollte.[31]

Für das Landesmuseum Hannover ist festzustellen, dass verstärkt Führungen durch seine Abteilung Ur- und Frühgeschichte für verschiedene NS-Organisationen und -Untergliederungen durchgeführt und für die breite Öffentlichkeit zudem Exkursionen zu vorgeschichtlichen Denkmälern unter fachwissenschaftlicher Leitung angeboten wurden.[32] Das Fach zeigte sich überaus stolz über die großen Teilnehmerzahlen und stellte sie zum Teil auch grafisch dar.[33] Für die politische Schulung wurden auch spezielle Wanderausstellungen konzipiert. So wurde beispielsweise eine kleine Sonderausstellung, die Jacob-Friesen vom Hannoverschen Landesmuseum im Sommer 1936 für eine Kreistierschau mit Besuchern überwiegend aus dem ländlichen Bereich organisiert hatte, auch von der 55. SS-Standarte in Verden ausgeliehen.[34] Sie illustrierte in den nächsten Wochen ihre Schulungsabende mit dem Material. Auch das Museum der Stadt Osnabrück und die Hitlerjugend griffen gerne auf diese Ausstellung zurück.

Bei der Betrachtung dieser wenigen Beispiele lässt sich sehr deutlich erkennen, dass die Schulung in den NS-Organisationen eine überaus wichtige Stellung einnahm. Die aktive Teilnahme der Archäologen an dieser Arbeit, die Bereitstellung von Informationsmaterial und der Einsatz des „Reichsarbeitsdienstes" bedeuten, dass die beteiligten Wissenschaftler als tätige Rädchen zum Funktionieren, zur Stabilisierung und Aufrechterhaltung des NS-Regimes beitrugen. Das Beispiel der Streitereien zur Schulungsarbeit an den Externsteinen verdeutlicht, wie sehr diese Arbeit in die Machtkämpfe des NS-Staates eingebunden war. Jede Gruppierung plante ihre Schulungsarbeit, und bei der Vielzahl an unterschiedlichen Interessen konnten Konflikte nicht ausbleiben, obwohl alle nur „Begeisterung" und ein einheitliches Bild der „Kulturhöhe der Germanen" vermitteln wollten.

Germanien im NS-Alltag

Uta Halle

Der Alltag in der NS-Zeit war vorwiegend durch eine umfassende Propaganda beeinflusst. Schon vor dem Machtantritt Hitlers brachte sie ideologische Schlagwörter in die Bevölkerung und sollte die Menschen emotional ansprechen. Im März 1933 wurde das „Reichsministerium für Volksaufklärung und Propaganda" eingerichtet und der promovierte Germanist Joseph Goebbels zum Minister ernannt. Im Wesentlichen war die Propaganda durch massive antisemitische und rassenideologische Formulierungen und Zeichnungen geprägt, aber auch die Durchdringung des Alltags mit Werbung, Repliken vorgeschichtlicher Funde, Abzeichen gehörte dazu. Die propagandistische Einflussnahme begann im Geschichts- und/oder Heimatkundeunterricht der Schulen und sollte durch vielfältige Werbemaßnahmen vertieft werden, beispielsweise durch Abzeichen mit germanischen Motiven zur Finanzierung des Winterhilfswerks und anderer Spendenaktionen, durch Verbreitung materialechter und anderer Repliken von archäologischen Funden für Schulen und Privatleute sowie durch vergrößerte Nachbauten bekannter archäologischer Objekte für Festumzüge und Sportfeste. Einen weiteren Schwerpunkt bildete der Versuch der Umformung der christlichen Feiertage zu germanischen Festtagen und die Schaffung neuer Feiertage, zum Beispiel des „Gedenktags für die Gefallenen der Bewegung am 9. November", an dem an angeblich germanischen Heiligtümern wie den Externsteinen Gedenkfeiern abgehalten wurden.

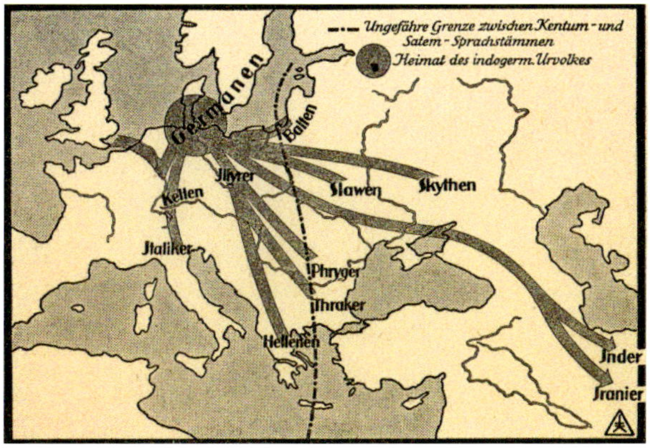

Charakteristische Karte über die Ausbreitung der Germanen, wie sie vielfach im Schulunterricht genutzt wurde.

Schule

Schon vor 1933 hatte die Archäologie die Einführung der deutschen Vorgeschichtsforschung in den Schulen gefordert, damit die Schüler nicht nur in griechischer und römischer Geschichte unterrichtet würden. Diese fachliche Linie war bereits von Gustaf Kossinna (1858–1931), dem ersten Professor für Deutsche Archäologie, vertreten worden. Ab 1933 erhielt dieses Thema dann einen besonderen Stellenwert und sollte schon den Kindern und Jugendlichen Stolz auf ihre Ahnen vermitteln. Im Herbst 1933 erfolgte die Anordnung, dass der Geschichtsunterricht von der Vorgeschichte auszugehen hätte, um der bisher angeblich unterschätzten Kulturhöhe der Germanen deutlich das neue Vorgeschichtsbild germanischer Überlegenheit entgegenzusetzen. Die deutsche Vorgeschichte wurde zum „wichtigsten Sachgebiete" ausgewählt.[1] Aber erst 1940 wurde verordnet, dass „in den letzten Wochen der fünften Klasse [...] einige ausgewählte Bilder der urgermanischen Zeit und der großgermanischen Wanderung" in

Schulwandbild Jungsteinzeit, Franz Jung-Ilsenheim.

den Geschichtsunterricht der Volksschulen eingebaut werden sollten. Damit wollte die NS-Pädagogik „den Kindern zeigen, wie das deutsche Heldentum tief verwurzelt […] im Blut unserer Ahnen" wäre.[2] Außerdem musste von den Lehrern immer wieder „auf den Zusammenhang zwischen Rasse, Heimatboden und arteigner Kultur im weiteren Unterricht" hingewiesen werden.[3] Allerdings kann bei dem verstärkten Interesse eines Großteiles der Volks- und Gymnasiallehrer an der Vorgeschichtsforschung eine frühzeitige Selbstindienstnahme der Lehrerschaft vermutet werden.

In der NS-Zeit konnte unmittelbar an die erfolgreiche Zeit der Schulwandbilder aus den ersten Jahrzehnten des 20. Jahrhunderts anknüpft werden. Nun vermittelten sie verstärkt Blicke auf vorgeschichtliche Lebenssituationen, zum Beispiel Menschen der Jungsteinzeit beim Bau eines Großsteingrabes. Die Bilder transportierten nicht nur durch ihren Inhalt, sondern auch durch die dazugehörigen Texte militaristische, chauvinistische, pangermanische und rassistische Schlagworte in die Welt der Kinder und Jugendlichen. Mit Schulwandbildern konnte schneller als mit Geschichtsbüchern auf die aktuelle politische Entwicklung reagiert werden, zumal die Verlage oftmals mehrere Wandbilder in einem Quartal herausgaben. Eine Prüfstelle für die in den Schulen einzusetzenden Medien existierte lange Zeit nicht und selbst eine Zensurstelle für Schulbücher wurde erst im Dezember 1940 eingerichtet.

Ein überliefertes Schulwandbild zum Thema „Jungsteinzeit" zeigt einen blonden Bauern, der mit seinem Hakenpflug mit vorgespanntem Ochsengespann mühsam den Boden eines Ackers umbricht. Hier wird nicht nur auf den Beginn des jungsteinzeitlichen Ackerbaus und der Viehzucht angespielt, sondern auch auf den ideologischen Aspekt der Gebundenheit des Bauern an den Boden, der in der Ideologie des Nationalsozialismus eine bedeutende Rolle spielte. Im Hintergrund lässt sich eine Gebäudegruppe aus Fachwerkbauten erkennen, die ein Jahr später als Freilichtmuseum „Germanengehöft" in Oerlinghausen aufgebaut wurde. Ein weiteres ideologisches Symbol ist die germanische = deutsche Eiche vor der Gebäudegruppe. Dieses Schulwandbild wurde von dem Maler Franz Jung-Ilsenheim (1883–1963) nach der wissenschaftlichen Bearbeitung des Archäologen Hans Reinerth aus dem „Amt Rosenberg" entworfen. Jung-Ilsenheim fertigte außer diesem

Schulwandbild sehr viele Landschaftsgemälde im Geist des Nationalsozialismus. Es ist unbekannt, wie hoch die Auflage des Schulwandbildes war und in welchen Schulen es eingesetzt wurde. Andere Schulwandbilder mit vorgeschichtlichen Themen wurden von Wilhelm Petersen (1900–1987) gefertigt. Das Bild „Germanische Tracht zur Eisenzeit um 400 n. d. Zr. [nach der Zeitrechnung U. H.]" zeigt beispielsweise eine Frau, einen Mann und einen Jungen mit eisenzeitlicher Bekleidung. Der Mann trägt über der Kleidung, bestehend aus einem einer Tunika ähnelndem Hemd mit gemusterten Ärmeln und einer eng anliegenden Hose, noch einen deckenartigen Umhang aus etwas gröberem Stoff, dessen Kanten zum Teil mit andersfarbigen Borten besetzt sind. Dieser wird vor der Brust mit einer Fibel zusammengehalten. Zur Bewaffnung des Mannes gehört ein langes zweischneidiges Schwert, das mit einem Ledergürtel mit metallenen Gürtelbeschlägen befestigt ist, und eine hölzerne Lanze mit Metallspitze. Auch der Junge trägt eine Lanze. Das Kleid der Frau ist auf beiden Schultern mit Fibeln befestigt. Sie hat ihren Kopf mit einem feinen Netz bedeckt und ist wie ihre beiden Begleiter mit blonden Haaren dargestellt.

Archäologisches Vorbild für dieses Schulwandbild waren die Funde aus dem Thorsberger Moor, wo der Flensburger Lehrer Conrad Engelhardt (1858–1961) eine große Ausgrabung durchgeführt hatte. Petersen präsentierte seine Figuren mit der Thorsberger Bekleidung und Bewaffnung aus dem Textilmuseum Neumünster. Dort hatte der Textilforscher Karl Schlabow (1891–1984) um 1935 sechs lebensgroße Trachtenfiguren mit „fadengenauen Nachbildungen" zur Bronzezeit und zu den Thorsberger Moorfunden geschaffen. Der Künstler gibt die Funde relativ exakt wieder, die Haarfarbe stimmt mit der vorherrschenden von Tacitus geprägten Meinung über die blonden Germanen überein. Mit der Datierung „um 400 n. d. Zr." übernahm Petersen nicht die an den Trachtenfiguren befindlichen Informationen, die für die Frau „200 n. d. Zr." und für den Mann „300 n. d. Zr." vorgaben, sondern die damals bekannte Schlussdatierung des Thorsberger Moorfundes.

Von großer Bedeutung ist auch das Schulwandbild einer angeblich germanischen Sonnenwendfeier des Malers Fritz Koch-Gotha (1877–1956) aus den 1920er-Jahren, das ab 1935 für den Schulunterricht eingesetzt wurde. Es zeigt in einer fjordähnlichen Landschaft ein Sonnenwendfeuer auf einem Felsrücken. Auf der Felsfläche im Vordergrund stehen zwei Musiker und spielen auf Luren. Von diesen bronzenen Musikinstrumenten der Bronzezeit waren bis dahin etliche Exemplare in Nordeuropa gefunden worden, zumeist als Depotfunde. Ihr paarweises Auffinden führte zu der Interpretation, dass sie auch paarweise gespielt wurden. Auf einer weiteren Felsnase ist ein hölzernes, mit Laub umwundenes Radkreuz aufgestellt. Dieses Symbol erinnert an das Questenfest im Harz, für das eine nicht zu beweisende historische Kontinuität seit vorgeschichtlichen Zeiten unterstellt wird. Hinter dem Feuer ist eine bewaffnete Kriegergruppe zu Pferd, seitlich daneben eine gleichfalls bewaffnete Fußkriegergruppe dargestellt. Im Vordergrund stehen und sitzen weitere Menschen, ein Hund mit gespitzten Ohren liegt mitten zwischen ihnen, mehrere kleine Kinder mit Blumenkränzen im Haar

Schulwandbild „Germanische Tracht zur Eisenzeit um 400 n. d. Zr.", Wilhelm Petersen.

Schulwandbild Sonnenwende. Es stammt zwar schon aus den 1920er-Jahren, entsprach aber der NS-Ideologie und konnte weiter genutzt werden.

sitzen auf den Schultern von Männern. Dieses Schulwandbild wurde auch auf den Stundenplänen wiedergegeben, die die Firma Erdal als Werbegeschenk verteilte. Der Maler, der als bekannter Pressezeichner und Illustrator für die namhafte *Berliner Illustrierte Zeitung* arbeitete und dem mit den Zeichnungen für die „Häschenschule. Ein lustiges Bilderbuch" (1924) ein bis heute beliebter Kinderbuchklassiker gelungen war, zeigt in diesem Bild eine nicht nachweisbare Kontinuität angeblich germanischer Feste, in diesem Fall von Sonnenwendfeier und Harzer Questenfest.

Zusätzliche Schulung erhielten die Lehrer durch die verpflichtende Teilnahme an den Geschichtstagungen des „Nationalsozialistischen Lehrerbundes", die parallel zu den Tagungen des „Reichsbundes für Deutsche Vorgeschichte" stattfanden. Erstmals wurde diese Kombination zweier NS-Organisationen bei der Reichsbundtagung 1935 in Bremen erprobt und für die folgenden Tagungen in Ulm (1936), Elbing (1937) und Hannover (1938) beibehalten.[4] Auf diese Weise vorbereitete Lehrer nutzten Wandertage und Schulausflüge, um mit den Klassen in die Landes- und Provinzialmuseen, aber auch in Sonderausstellungen wie „Lebendige Vorzeit" zu gehen. Bekannt sind ebenso Schulausflüge zum angeblich germanischen Heiligtum Externsteine.

Im Schulunterricht wurden Modelle urgeschichtlicher Siedlungen gebastelt und zur Schau gestellt. Ferner arbeitete man in den Schulen verstärkt mit dem damals noch neuen Medium der Diareihe. Es gab Diareihen mit dem Titel „Deutsche Vor- und Frühgeschichte in Lichtbildern", die in drei Gruppen zehn Serien mit je 12 bis 58 Lichtbildern enthielten. Diese umfassten alle Zeitabschnitte zwischen Altsteinzeit und Wikingerzeit und präsentierten die germanischen Funde der Archäologie.[5] Die Vorlagen wurden von Archäologen ausgewählt, die die Dias auch in abendlichen Diavorträgen, die ohnehin als ein wichtiges Medium zur Vermittlung angesehen wurden, einsetzten. Wie viele Menschen damals diese Vorträge der Archäologen besuchten, ist bislang unbekannt.

Die Lehrer führten ihre Schüler aber auch unmittelbar an die Vorgeschichtsforschung heran, indem sie sie zu Ausgrabungen mitnahmen und sie dort mitarbeiten ließen. So unternahm der Bremer Studienrat

Friedrich Walburg zwei Wochen vor Ausbruch des Zweiten Weltkrieges mit Schülern der Oberklasse 6 eine Notgrabung bei Wildeshausen. Mit der Teilnahme an dieser Ausgrabung lernten die Kinder die praktische Arbeit der Archäologen kennen, und alle, die vom Schaufeln bei der Freilegung eines germanischen Fundplatzes Blasen an den Händen bekamen, hatten damit Vorgeschichte mit allen Sinnen erlebt.

Medien

Um ein politisch vorprogrammiertes Geschichtsbild weit in die Geschichte zurückreichen zu lassen, konnten die neuen Medien der ersten Hälfte des 20. Jahrhunderts verstärkt mit ur- und frühgeschichtlichen Themen arbeiten. Der Rundfunk war in der NS-Zeit ein sehr junges Medium, denn erst 1923 liefen regelmäßig Rundfunksendungen in Deutschland. Dieses neue Medium eignete sich allerdings weniger zur Vermittlung archäologischer Inhalte, weil hierfür Bilder benötigt wurden. Außerdem besaßen vor 1938 weniger als 50 Prozent aller Haushalte ein Radio. Bislang sind nur wenige Rundfunksendungen zur Archäologie bekannt geworden und diese zumeist nur als Ankündigung und nicht durch Sendemitschnitte. So besprach der Archäologe Bolko von Richthofen (1899–1983) 1932 im Rundfunk die Bücher der völkischen Laienforscher Teudt und Wirth sowie die Arbeit „Vorgeschichte Europas" des Fachwissenschaftlers Carl Schuchhardt. Den Hörern empfahl er die Schuchhardtsche Veröffentlichung, die Bücher der Laienforscher dagegen lehnte er entschieden ab.[6]

Anders sah es hingegen mit dem neuen Medium Film aus. Mit ca. 30 Filmen, von denen heute allerdings nur noch ein Drittel in Teilen erhalten ist, wurde versucht, archäologische Arbeit und ihre Ergebnisse filmisch umzusetzen.[7] Auch in diesem Bereich knüpfte die gleichgeschaltete Medienproduktion an ältere Vorbilder an, zum Beispiel an den Stummfilm „Pfahlbausiedlungen in Unteruhldingen" aus dem Jahr 1926. Bereits 1933 brachte die NSDAP-Reichspropagandaleitung den 15-minütigen Schwarzweißtonfilm „Flammen der Vorzeit" heraus, der grabungstechnische Erklärungen zu jüngerbronzezeitlichen Brandbestattungen mit populärwissenschaftlichen Begleitkommentaren versah. Die wissenschaftliche Bearbeitung des Films hatten die Breslauer Archäologen Lothar Zotz (1899–1967) und Hans Seger (1864–1945) übernommen. Dabei sollten über die Deutung archäologischer Sachverhalte nationalsozialistische Ideale und Ziele untermauert werden, obwohl der Film selber noch nicht propagandistisch bearbeitet war, sondern dem ursprünglichen Konzept des Archäologen Lothar Zotz entsprach.[8] Weitere Filme folgten. Zotz hatte schon 1932 eine Ausgrabung auf einem eisenzeitlichen Gräberfeld in Schlesien filmen lassen. Dieses Material wurde 1934 in dem Film „Wir wandern mit den Ostgermanen" verwandt. Zwar gab es erneut eine wissenschaftliche Beratung der Archäologen Zotz und Seger, im Gegensatz zum ersten Streifen erfolgte hier jedoch eine Nachbearbeitung durch die NS-Propagandaabteilung. Fertig gestellt kam der Film in die Wochenschauen. „Wir wandern mit den Ostgermanen" galt als für „die jugendliche Zielgruppe" gemachter Dokumentarfilm, der jedoch heute durch den Archäologen Tom Stern als „offene Propaganda" bewertet wird.[9] Er wurde nach der Besetzung Frankreichs als Vorfilm in dortigen Kinos eingesetzt, „um die aus der Geschichte heraus gewachsene Überlegenheit der Besatzungsmacht den Besiegten eindrucksvoll vor Augen zu führen"[10].

Auch innerhalb der SS wurde die Ur- und Frühgeschichtsforschung mit dem modernen Medium verknüpft. Die SS-Ausgrabung in Nauen-Bärhorst in der Nähe von Berlin lieferte das Umfeld für den Film „Deutsche Vergangenheit", bei dem auch Himmlers Grabungsbesuch dokumentiert wurde und an dem die Archäologen Alexander Langsdorff und Wilhelm Unverzagt mitarbeiteten. Im Gegensatz zu den früheren Archäologiefilmen wirken alle Szenen gestellt, aller-

Ausflug einer Schulklasse aus Oerlinghausen zu den Externsteinen.

dings zeigen die eingebauten Trickszenen durchaus innovative Ansätze.[11]

Ein besonderer Film entstand mit „Germanen gegen Pharaonen", den Anton Kutter 1939 drehte. Hier trat allerdings kein Archäologe auf, sondern ein Pangermanist, der durch den Schauspieler Walter Holten (1897–1972) verkörpert wurde. Von diesem Film – ursprünglich 25 Minuten lang – sind heute nur noch 16 Minuten erhalten. Er galt „als jugendfrei und volksbildend, als Lehrfilm" und er war auch für Aufführungen an Feiertagen einsetzbar.[12] Es ist dem Archäologen Tom Stern gelungen, die wissenschaftlichen Unkorrektheiten im gesprochenen Text und in der filmischen Darstellung aufzuzeigen und die enthaltenen politischen Aspekte herauszuarbeiten. Stern weist nach, dass in diesem Film durch „ein Sammelsurium von Pseudofakten aus den unterschiedlichsten Jahrtausenden" versucht wird, „die eigene Vergangenheit" zu erhöhen und gleichzeitig die so genannte „Barbarenlüge" einer niedrigen germanischen Kultur zu widerlegen. Dass dafür mit Stonehenge ein Kulturdenkmal Großbritanniens genutzt und „im Sinne des Nationalsozialismus eingedeutscht wird", lässt erkennen, dass hier auch ein Anspruch auf diese mehrphasige Anlage erhoben wurde.[13]

1934 baute die Werft Abeking & Rasmussen (Lemwerder) im Auftrag der NS-Kulturgemeinde und des NS-Gauleiters Weser-Ems, Carl Röver, ein Modell des Nydam-Bootes in Originalgröße nach. Das Boot mit seinen 23 Metern Länge und 3,2 Metern Breite war 1863 im Nydam-Moor in der Nähe von Sonderborg auf der jütländischen Halbinsel ausgegraben worden. Das Original stand als archäologisches Highlight des Museums vaterländischer Altertümer in Kiel, der Nachbau mit dem Namen „Stedingsehre" wurde für Aufnahmen für die Filme „Deutscher Wald – deutsches Schicksal" (heute verschollen) und „Ewiger Wald" (1936) eingesetzt. Letzterer, gedreht im Auftrag der NS-Kulturgemeinde, zeigt in abendfüllender Länge mit Dokumentar- und Spielszenen die Geschichte des deutschen Volkes von der Bronzezeit bis in die Gegenwart als Geschichte des deutschen Waldes.[14]

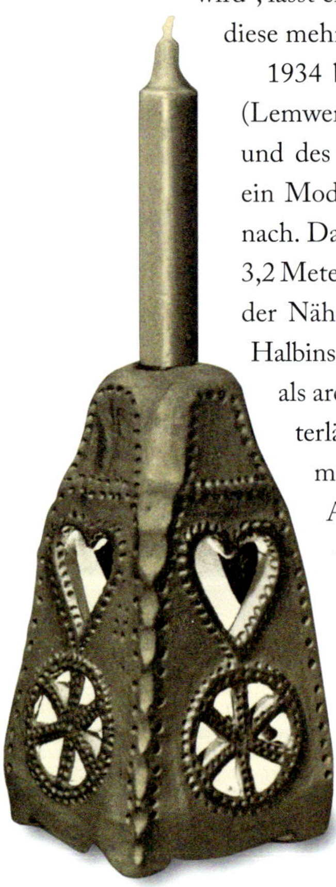

Julleuchter für die SS-Angehörigen.

Mit diesen Abzeichen angeblich germanischer Waffen sammelte das Winterhilfswerk.

Nahezu alle Archäologen verfassten neben ihren wissenschaftlichen Arbeiten auch populärwissenschaftliche Schriften für volkstümliche Zeitschriften wie *Germanien* (seit Ende 1936 vom „SS-Ahnenerbe" kontrolliert und ab 1938 von diesem herausgegeben) oder *Germanen-Erbe* (seit 1936 vom „Amt Rosenberg" herausgegeben), aber auch für *Das Schwarze Korps*, die Zeitschrift der SS. Der *Illustrierte Beobachter* druckte verschiedene Artikel der Autorin Charlotte Köhn-Behrens unter der Überschrift „Wer kennt Germanien?" ab, und diejenigen, die nicht alle Artikel der Serie in der Zeitschrift gelesen hatten, konnten wenig später den Sammelband als Buch kaufen. In dieser Serie wurde die mittelalterliche Siedlung Haithabu, von ihrem Ausgräber Herbert Jankuhn als „Germanische Stadt" gekennzeichnet, als das „nordische Korinth" charakterisiert und so versucht, auch die klassischen Bildungsbürger mit ihrem althistorischen Wissen anzusprechen.[15]

Der SS-Archäologe Werner Buttler (1907–1940) schrieb das sehr populäre und reich bebilderte „Merkheft zum Schutz der Bodenaltertümer", das 1937 in einer hohen Auflage vom „Reichserziehungsministerium" herausgegeben wurde. Der Stil der Texte war „meistens gefühlsbetont" und weckte damit „Emotionen [...], die auch sonst im Mittelpunkt des demagogischen Interesses der Nationalsozialisten" standen. Buttlers Darstellung appellierte an unterdrückte Triebe und spirituell-mystische Bedürfnisse, sprach die „Ingroup" an, zeigte noch weitere charakteristische Kennzeichen autoritärer oder manipulativer Texte und wird deshalb heute als

„regimenahe Schreiberei, die den Machtinteressen einer rassistischen Diktatur diente," klassifiziert.[16]

Ideologische Überformung des Alltags

Auch das alltägliche Leben sowohl im Frieden als auch im Krieg wurde mit der germanischen Propaganda durchdrungen, was sich besonders stark in den Druckerzeugnissen der NS-Zeit bemerkbar machte. So wurden in den ersten Jahren der NS-Herrschaft nicht nur viele Terminkalender mit germanischen Monatsnamen versehen, sondern es erschienen auch unzählige Bücher mit germanischen Titeln zur Erziehung der „Volksgemeinschaft" oder der Soldaten der Wehrmacht. Als Beispiel sei hier das Buch des Dozenten an der Goslarer Bauernschule, Fritz Wüllenweber (1906–?), „Altgermanische Erziehung dargestellt auf Grund der Islandsagas und anderer Quellen zum Frühgermanentum" genannt. Wehrmachtssoldaten erhielten 1943 als Frontbuchhandelsausgabe „Geist der Germanen" von Wilhelm Grönbech (1873–1948). Mit diesen Büchern wurden die NS-Parolen von „Blut und Boden" oder vom heldenhaften Soldatentum der Germanen in der Pädagogik und unter den Frontsoldaten des Zweiten Weltkrieges verbreitet.

Feste und Feiern spielten im Nationalsozialismus eine bedeutende Rolle. Es entstanden nicht nur germanische Feiertage, wie die Sonnenwendfeiern im Sommer und Winter, sondern es wurde zudem versucht, christliche Feiertage zu germanisieren. Am stärksten machte sich dies in der Adventszeit und beim christlichen Weihnachtsfest bemerkbar. Der traditionelle Adventskranz erhielt Konkurrenz durch den Sonnenwendkranz, geschmückt mit Wikinger- oder Hakenkreuzformen. Das Weihnachtsfest wurde über die Wintersonnenwende am 21. Dezember zu einem „Fest der völkischen Gemeinschaft unterm Lichterbaum" oder zum „Fest des werdenden Lebens" umgeformt. Anstelle eines Weihnachtsbaums konnte ein Julbaum geschmückt werden.

Viele Bastelhefte und populäre Frauenzeitschriften enthielten konkrete Ideen für selbst gebastelten Baumschmuck oder Backrezepte für die hausgemachte Keksproduktion in germanisierenden Formen. In den traditionellen Glashütten in Lauscha im Thüringer Wald wurden neu gestaltete Glaskugeln mit Hakenkreuzen oder germanischen Schriftzeichen, den Runen, produziert und verkauft, so dass der geschmückte Julbaum dem traditionellen Weihnachtsbaum mit seinem Glasschmuck entsprach.

Ab 1938 versandte Heinrich Himmler an seine SS-Mitglieder Julleuchter, die mit angeblich germanischen Symbolen verziert waren und in der SS-eigenen Porzellanmanufaktur Allach im Konzentrationslager Dachau hergestellt wurden. Mit diesen Leuchtern sollten sie ihr Zuhause festlich schmücken. Zahlreiche Dankschreiben bestätigten ihm, dass der Julleuchter als Sinn bringendes Geschenk gut angenommen wurde.

Das Jugendherbergswerk verkaufte zum Reichsopfertag am 15./16. Juni Plaketten mit Runenzeichen, unter denen die Begriffe „Blut-Boden, Leben, Sieg, Kampf, Heil und Erntesegen" standen. Diese Begriffe sind zum Teil einer unwissenschaftlichen Fantasiedeutung der völkischen Bewegung entnommen. Für diese Abzeichen wurde Werbung in der Zeitschrift der Hitlerjugend *Hilf mit* gemacht. In Köln sollte mit dem Gewinn des Reichsopfertages 1933 die gefährdete Ju-

Werbeanzeige des Deutschen Jugendherbergswerks für die Runenabzeichen zum Reichsopfertag.

Erdal-Sammelbilder mit der angeblich germanischen Stadt Haithabu, dem Übersetzen der „Rauhtopfmänner" über den Rhein und einer Gruppe „Germanen" (von oben).

gendherberge in Köln-Deutz finanziell unterstützt werden.[17] Damit wurden die Runen mit ihrer angeblichen Bedeutung in weiten Teilen der Bevölkerung bekannt.

Krankenschwestern trugen im Dienst an der Schwesterntracht Armbinden mit der Mann-Rune, die im Nationalsozialismus mit der Fantasiedeutung „Lebens-Rune" versehen wurde. Das Winterhilfswerk der „NS-Volkswohlfahrt" verkaufte in den angeordneten Sammelaktionen, die in den Wintermonaten zwischen Oktober 1933 und März 1942 monatlich durchgeführt wurden, massenhaft kleine Anstecker in Form archäologischer Funde. Vorzugsweise handelte es sich dabei nach 1939 um Waffen, wie Streitäxte und Schilde. Die germanischen Abzeichen standen in Konkurrenz zu über 8000 anderen Abzeichen, wie Blumen, Trachten oder NS-Sprüchen, aus verschieden Materialien. Da diese millionenfach produziert wurden, prägten sie den Alltag der Menschen in der NS-Zeit.

Die bedeutende Mainzer Chemiefirma Erdal, die mit Beginn des 20. Jahrhunderts eine innovative Schuhcreme auf Wachsbasis entwickelt hatte, bot ihre Verkaufsprodukte zur Schuhpflege mit verschiedenen Werbemitteln an. Zur Schuhputzcreme gab es Sammelbildchen mit vorgeschichtlichen Motiven und dazu offerierte die Firma die dazugehörigen Sammelalben „Aus Deutschlands Vorzeit", in die die Bildchen eingeklebt werden konnten. Der Wunsch, das Sammelalbum zu füllen, führte gleichzeitig zu einer starken Kundenbindung. Durch die Texte, die den germanischen Charakter vorgeschichtlicher Menschen hervorhoben, erfolgte gleichzeitig eine verstärkte Ideologisierung, die überwiegend Kinder und Jugendliche betraf. Verstärkt wurde die Kundenbindung und Ideologisierung durch zusätzliche Werbeartikel, wie Stundenpläne und Lesezeichen.

Die bekannte Württemberger Metallwarenfabrik (WMF) zielte mit ihrer Werbung auf eine andere Kundengruppe. Die Firma warb in der populären Zeitschrift *Germanen-Erbe* mit ihren materialechten Repliken archäologischer Funde. Hierfür ließ WMF einen

Werbegeschenk für Schulkinder mit charakteristischen Darstellungen vom Steinbohren, eines Großsteingrabes und der Völkerwanderung.

Werbeanzeige der Firma Greifen-Mühle für Germanen Kraft-Brot, in der Zeitschrift *Germanen-Erbe* als „Germanenkitsch" gekennzeichnet.

Katalog drucken, der Abbildungen der Funde und Angaben zum Fundort enthielt. Zumeist handelte es sich bei den angebotenen Objekten um Nachbildungen von Funden, die aus frühmittelalterlichen Reihengräberfriedhöfen in Süddeutschland geborgen worden waren.

In Zeitschriften gab es Werbung für einen „Germanenofen" und für das „Germanenbrot", für das auch Werbeplakate überliefert sind. Ein merkwürdiges Produkt bildete der „Germanenwecker". Dieser beruhte auf einer Nachbildung der antiken Betenden-Germanen-Figur römischen Ursprungs aus Bronze, die im 19. Jahrhundert in der Französischen Nationalbibliothek in Paris aufgefunden wurde. Die Figurreplik hielt jetzt zwischen den Knien einen Wecker und kam zur Olympiade 1936 in den Verkauf. Die Archäologen des „Reichsbundes für Deutsche Vorgeschichte" fanden dieses Produkt wie einige andere nicht gut und brandmarkten es unter der Überschrift „Ich wecke die Jugend der Welt!" als „Germanenkitsch".[18] Die gleichnamige unregelmäßig erscheinende Rubrik der Zeitschrift *Germanen-Erbe* zeigte zahlreiche Produkte, die der „Reichsbund" als nicht germanisch empfand.

Allen Teilen der Bevölkerung wurde damit im Alltag, im Schulunterricht, über alle verfügbaren Medien und durch eine Vielzahl von Werbeprodukten auf ganz offene Art und Weise das Wissen der Vorgeschichtsforschung zu Germanien und seinen Bewohnern vermittelt. Vermutlich konnte man dem Einfluss dieser starken und umfassenden Germanenbilder kaum entgehen.

Germanenwecker, angefertigt zur Olympiade 1936, in der Zeitschrift *Germanen-Erbe* als „Germanenkitsch" charakterisiert.

Germanien – Eroberung von Europa und der Welt

Das Siedlungsgebiet der germanischen Völker hat sich in der Vorstellung der Nationalsozialisten weit über die deutschen Reichsgrenzen ausgedehnt. Daraus leiten sie weit reichende Gebiets- und Machtansprüche ab. Die Archäologen unterstützen die Idee eines europäischen Großgermaniens. Seit Kriegsbeginn 1939 nutzen sie jede Gelegenheit, um hinter der Front vermeintlich Germanisches auszugraben. Dabei setzen sie sogar Zwangsarbeiter und KZ-Häftlinge ein. In Osteuropa plündern die Archäologen Museen und drängen einheimische Wissenschaftler aus ihren Ämtern. Nord- und Westeuropäer versuchen sie dagegen als Kollaborateure zu gewinnen, indem sie sich auf gemeinsame germanische Vorfahren berufen. Mit ihren Aktivitäten unterstützen die NS-Archäologen den Ausgrenzungs- und Vernichtungskrieg.

Zwangsarbeit – NS-Terror in der Prähistorischen Archäologie?

Judith Schachtmann und Thomas Widera

Konstitutiv war die Androhung von Gewalt und die Anwendung von Terror. Mit der Zwangsarbeit entstand im Nationalsozialismus ein „durchorganisiertes, die kriegswirtschaftlichen Erfordernisse" ebenso wie die „Maximen der rassistischen Ideologie berücksichtigendes System".[1] Zum Zweck der exzessiven Ausbeutung menschlicher Ressourcen mobilisierten die Nationalsozialisten Millionen Arbeitskräfte, neben Deutschen vorrangig Personen, die außerhalb der Reichsgrenzen lebten. Es verbietet sich, bei angeworbenen ausländischen Zivilarbeitern von Freiwilligkeit zu sprechen. Die Mehrzahl von ihnen wurde im Zweiten Weltkrieg und unter Anwendung von Zwangsmaßnahmen rekrutiert. Der Höhepunkt war 1944 mit etwa 8 Millionen ausländischen Zivilarbeitern, Kriegsgefangenen und Häftlingen; insgesamt wurden 9,5 Millionen Menschen im Zweiten Weltkrieg zur Zwangsarbeit in das Deutsche Reich verbracht.[2]

Aus dem Instrument Zwangsarbeit, mit dem die Nationalsozialisten ihre politischen, rassischen und sonstigen Feinde bekämpften, entwickelte sich in der Kopplung an die Vernichtungspolitik die „Formel, hinter der sich die Endlösung verbarg".[3] Als Mittel der Bestrafung und Erziehung in den Konzentrationslagern hatte Zwangsarbeit keinen oder nur geringen ökonomischen Mehrwert. Das Lager diente der kollektiven Isolierung. Die von den Verschleppten und Inhaftierten erzwungene Arbeit bezweckte Disziplinierung und Erziehung. Die menschenverachtende Prägung ergab sich aus dem zentralen Ziel, dem sich alles andere unterordnen musste: dem Umbau der deutschen Gesellschaft nach rassebiologischen Grundsätzen.[4] Infolge dieses unauflösbaren Zusammenhangs mit der nationalsozialistischen Politik prägten sich in der Zwangsarbeit jene unverwechselbaren Kennzeichen des Zivilisationsbruchs aus, der die Verbrechen des Nationalsozialismus einzigartig macht.

Stets galt in den Lagern der Primat der Ideologie vor ökonomischen Erwägungen – beim Einsatz in SS-Wirtschaftsunternehmen ebenso wie in der Industrie, in gewerblichen Betrieben und in der Landwirtschaft. Lange Zeit ersetzten die in den besetzten Gebieten immer wieder neu rekrutierten Menschen die ermordeten oder zu Tode gekommenen Arbeitskräfte. Keine kriegswirtschaftlich wichtige Qualifikation oder Tätigkeit gewährte den Verfolgten ausreichend Schutz.

Trotz der quer durch Europa minutiös organisierten Transporte lag dem System der Zwangsarbeit kein Plan zugrunde – es gab nur diese situations- und kalkülabhängige Praxis. Gerechtfertigt als Folge kriegsbedingten Arbeitskräftemangels, wurde dabei billigend in Kauf genommen, dass die Zwangsarbeiter unter lebensbedrohlichen und menschenverachtenden Bedingungen existierten.

Der folgende Beitrag kann nur eine erste Annäherung an die bisher nicht thematisierten Zwangsarbeiter in der Geschichte der vor- und frühgeschichtlichen Archäologie sein. Da die Artefakte vergangener Kulturen in mühevoller Handarbeit ergraben werden müssen, waren Grabungsaktivitäten immer von der Bereitstellung kostenloser oder kostengünstiger Arbeitskräfte abhängig. Deswegen muss danach gefragt werden, wie und mit welchem Erfolg sich Archäologen im Nationalsozialismus um Zwangsarbeiter bemühten. In welchem

Umfang konnten Prähistoriker bei der Ausbeutung von Zwangsarbeitern an nationalsozialistischen Verbrechen partizipieren und davon profitieren? Dabei sind die Umstände von Interesse; Zeitpunkt, Situation und Wissen um die Tatsache, es könne sich bei einem Antrag auf Bereitstellung von Arbeitskräften nicht um einen normalen Vorgang der Arbeitskräftebeschaffung handeln. Zur Einordnung des Themas in den historischen Kontext wird zunächst skizziert, wie das bei Kriegsbeginn in den Strukturen der Konzentrationslager vorliegende nationalsozialistische System der Zwangsarbeit weiter entwickelt wurde, ehe anhand einiger ausgewählter Beispiele die Möglichkeiten der Archäologen dargestellt werden.

Zwangsarbeit im nationalsozialistischen Deutschland

Infolge der Kriegsvorbereitungen herrschte in Deutschland bereits bei Beginn des Zweiten Weltkrieges ein eklatanter Arbeitskräftemangel, der sich zu einem Dilemma auswuchs. Die verlustreicher werdenden Feldzüge verlangten immer weitere Soldaten und noch mehr Kriegsgerät; zur Steigerung der Produktion fehlten die Arbeitskräfte, die sich als Soldaten an der Front befanden. Die Betriebe griffen anfangs zögernd auf das Arbeitskräftereservoir der Kriegsgefangenen zurück, sie erwarteten wegen der fehlenden fachlichen Qualifikation einen Verlust an Effizienz. Doch entgegen ihren Befürchtungen ermöglichte der Zwangsarbeitereinsatz vielen Unternehmen erhebliche Gewinne.[5]

Zwangsarbeiter bei der Ausgrabung eines wikingerzeitlichen Friedhofes in Polen.

Ursprünglich sollten sowjetische Kriegsgefangene und Zivilarbeiter, anders als die von diskriminierenden Maßnahmen weitgehend ausgenommenen Bürger skandinavischer und westeuropäischer Staaten, generell vom Arbeitseinsatz im Deutschen Reich ausgeschlossen werden. Die von der nationalsozialistischen Bevölkerungspolitik anvisierte „Endlösung" kalkulierte den möglichen Hungertod der 3,5 Millionen sowjetischen Kriegsgefangenen in deutschem Gewahrsam und den von Millionen Zivilisten im Besatzungsgebiet ebenso ein wie die Ermordung der europäischen Juden.[6] Zuerst fiel die Entscheidung zum Einsatz der etwa 300000 polnischen Kriegsgefangenen in der Landwirtschaft. Sie und Angehörige anderer osteuropäischer Völker standen noch über den am unteren Ende der rassistischen Werteskala befindlichen Sinti und Roma, den Juden und den als „Russen" geschmähten Bürgern der Sowjetunion.

Ab Spätsommer 1941 wandelte sich mit der militärischen auch die kriegswirtschaftliche Lage Deutschlands und der Druck zur Beschäftigung der sowjetischen Gefangenen und Zivilarbeiter nahm zu. Im deutschen Machtbereich wurde mit einem abgestuften System repressiver Bestimmungen über die Rekrutierung, Separierung und Internierung der Ausländer eine Zwei-Klassen-Gesellschaft errichtet. An unterster Stelle der Rangordnung befanden sich die KZ-Häftlinge.[7] Die sowjetischen Kriegsgefangenen wiederum unterlagen erheblich schlechteren Bedingungen als Gefangene anderer Staaten. Ihr Arbeitseinsatz war wegen gravierender Mangelernährung, fehlender Hygiene und körperlicher Entkräftung wenig effizient und endete für viele bereits nach wenigen Wochen mit dem frühzeitigen Tod. Die Beschaffung weiterer Arbeitskräfte organisierten die deutschen Arbeitsämter. Unter Leitung des am 21. März 1942 zum „Generalbevollmächtigten für den Arbeitseinsatz" ernannten Fritz Sauckel deportierten sie in Zusammenarbeit mit der Wehrmacht und der Reichsbahn 2,5 Millionen sowjetische Zivilisten nach Deutschland, durchschnittlich 20000 Menschen pro Woche.[8]

Unterschiedlichste Bedingungsfaktoren hatten Anteil an der Gestaltung des Schicksals eines Zwangsarbeiters. Nach der deutschen Niederlage von Stalingrad

1942 und 1943 fertigen Häftlinge des Konzentrationslagers Gusen, Österreich, mit den Grabungszeichnungen Kalender für die Lagerleitung und andere Dienststellen an.

Anfang 1943 erzwang der rückläufige Nachschub neuer Zivilarbeiter eine gewisse Verbesserung der Lebensverhältnisse, dennoch bestanden gravierende einsatzort- und branchenabhängige Unterschiede. Die schlimmsten Wohnverhältnisse und die schwersten Arbeitsbedingungen herrschten im Bergbau. In der Landwirtschaft hingegen war generell die Ernährung besser und auf den individuell geführten Bauernhöfen das Interesse am Erhalt der Leistungsfähigkeit der Arbeitskräfte auch größer als bei den Ausländergruppen in der Industrie. Die Anordnungen der Behörden beabsichtigten zwar die einheitliche Behandlung, doch Betriebsleiter, Vorarbeiter und Wachpersonal hatten Spielräume bei der Gestaltung von Arbeits- und Lebensbedingungen.[9] Mit der Abgabe von Arbeitskräften an Betriebe, kommunale Einrichtungen und private Haushalte wurden Zuständigkeiten für die funktionale Lebenserhaltung der Menschen abgegeben. Die dezentralisierte Verfügungs- und Entscheidungskompetenz verhinderte die Einheitlichkeit der Zwangsarbeiterpolitik.[10]

So waren Bemühungen zur Erhaltung der Arbeitskraft von zivilen Zwangsarbeitern, Kriegsgefangenen und Häftlingen sowie der Verbesserung ihrer Wohn- und Lebensbedingungen jederzeit möglich. Mehrheitlich bezweckten sie letztendlich eine Steigerung der kriegswirtschaftlichen Effizienz. Abgesehen davon wurden ab 1942 die Wohnverhältnisse fühlbar schlechter. Einerseits benötigten die im Luftkrieg geschädigten Deutschen selbst Notunterkünfte, jetzt wurden auch für sie Barackenlager errichtet. Andererseits verdoppelte sich innerhalb des laufenden Jahres die Zahl der ausländischen Zivilarbeiter im Deutschen Reich auf nahezu vier Millionen. Die Unterbringung dieser Menschenmassen überforderte die örtlichen Verwaltungen.[11] Zudem blieben trotz einer Kampagne, die mit gewissen Lockerungen und einer Korrektur an den Lebensverhältnissen eine Steigerung der Arbeitsleistungen herbeiführen sollte, die diskriminierenden Vorschriften der Behörden gültig und das Strafsystem wurde sogar verschärft. Die rassische Hierarchie in der Praxis der

Zwangsarbeit offenbarte, dass es keinen politischen Kurswechsel gab.[12]

Brutale Ausbeutung und ökonomische „Verwertung", die auf das Leben der Menschen keine Rücksicht nahm, wurde zum Ziel der Politik. Zahlreiche Äußerungen gegenüber Ausländern verweisen auf die tiefe Verwurzelung rassistischer Grundeinstellungen im Verhalten vieler Deutscher. Im Bericht einer Kommission aus dem Ruhrgebiet 1943 ist die zynische Aussage eines Betriebsführers überliefert, dessen Worte eine grundsätzlich inhumane Einstellung und die Zustimmung zur nationalsozialistischen Vernichtungspolitik zeigen: „Der Ostarbeiter sei sehr zäh. Er arbeite, bis er an dem Arbeitsplatz mit dem Gesicht in den Dreck falle und der Arzt nur noch den Totenschein ausstellen könne."[13]

Zwangsarbeit in der Archäologie

Das Thema Zwangsarbeit spielte in der Fachgeschichte der Prähistorischen Archäologie bislang kaum eine Rolle. Während andere Bereiche seit Langem systematisch aufgearbeitet werden, steht hier die Forschung noch am Anfang. Einsätze von Zwangsarbeitern, insbesondere KZ-Häftlingen, Strafgefangenen und Kriegsgefangenen, wurden mitunter in zeitgenössischen Fachzeitschriften erwähnt. Schaut man jedoch in die jeweilige Grabungsdokumentation, sind bis auf wenige Ausnahmen ausführliche Unterlagen nicht erhalten. Die schlechte Quellenlage und eine fehlende Sensibilisierung für dieses Thema innerhalb des Faches können daher als Gründe für den derzeitigen Forschungsstand angesehen werden.[14] Obwohl sich die nachfolgenden Beispiele mehrheitlich auf archäologische Ausgrabungen beziehen, muss davon ausgegangen werden, dass Zwangsarbeiter auch in anderen Bereichen der Bodendenkmalpflege und des archäologischen Museumswesens beschäftigt waren, wie beispielsweise bei Instandsetzungsarbeiten der Wallanlagen auf der Erdenburg bei Bensberg (Nordrhein-Westfalen) im Frühjahr 1940.[15]

Über Einsätze von Häftlingen aus Konzentrationslagern liegen bisher nur wenige Informationen vor. Als frühestes bekanntes Beispiel gelten die Ausgrabungen auf einem bronzezeitlichen Gräberfeld in Colditz (Sachsen) im Jahr der „Machtergreifung" der Nationalsozialisten. Hier nahmen fünf Häftlinge aus dem gleichnamigen so genannten „frühen Konzentrationslager" im September und Oktober 1933 Fundbergungen vor. Sie legten dabei eine Fläche von 125 Quadratmetern frei, die 14 Gräber enthielten. Dass sie überhaupt für die Grabung eingesetzt wurden, ist auf den Gauinspektor und Kreisleiter der NSDAP für Grimma, Otto Naumann (1895 bis nach 1945?), zurückzuführen. Bewacht wurden die Häftlinge, bei denen es sich mit großer Wahrscheinlichkeit um politische Gefangene gehandelt haben dürfte, von der SA. Da es zu diesem Zeitpunkt noch kein Ausgrabungsgesetz in Sachsen gab, wurden die Ausgrabungen von einem interessierten Laien, dem Lehrer und Kreisvolkstumswart Rudolf Irmscher, geleitet. Nach Abschluss der Grabungsarbeiten nahmen die Häftlinge die Sortierung, Zusammensetzung und museumsgerechte Ergänzung der Scherben vor und restaurierten etwa 40

Abgesperrtes Grabungsgelände in Gusen.

H. Ladenbauer-Orel und O. Menghin auf der Ausgrabung.

Gefäße, die im Heimatmuseum Colditz ausgestellt werden sollten.

Naumann wollte sich bei den Aufsichtsbehörden dafür einsetzen „[…] daß künftig Gefangene mit Wiederherstellung urgeschichtlicher und volkskundlicher Gegenstände oder deren Nachbildung beschäftigt werden".[16] Noch vor Einführung des sächsischen Heimatschutzgesetzes[17] war den Behörden bewusst, dass „[…] auch der neue Staat nie über genügend Mittel verfügen wird, Fundpflege dieser Art etwa im Stundenlohn zu vergüten und das technische Museumspersonal nicht im entferntesten ausreicht, den bereits magazinierten und noch künftig zu bergenden Fundstoff zu bewältigen […]"[18]. Inwieweit diese Ideen in der Praxis umgesetzt wurden, ließ sich bislang noch nicht nachweisen.

Ein weiteres Beispiel ist vom Konzentrationslager Gusen in Österreich bekannt, über das die Grabungsleiterin Hertha Ladenbauer-Orel (1912–2009) 1992 selbst berichtete[19]. Bei der Anlage einer Bahnstrecke für das SS-Unternehmen „Deutsche Erden und Stein GmbH" vom Bahnhof St. Georgen zum Steinbruch Gusen wurden 1941 archäologische Funde freigelegt, denen später Grabungen unter der Leitung von Ladenbauer-Orel vom Wiener Institut für Denkmalpflege in den Jahren 1942 bis 1943 in Absprache mit dem „Ahnenerbe der SS" folgten. Die Ausgrabung der Funde nahmen polnische Häftlinge vor. Daneben fertigten die Häftlinge für die Lagerleitung und für verschiedene Dienststellen Fundkalender für die Jahre 1942 und 1943 an. Für die Reichsleitung der SS erstellten sie 1942 einen eigenen Kalender mit 85 beschrifteten Zeichnungen und Fotos.[20] Trotz des Beitrages von Ladenbauer-Orel bleiben viele Fragen unbeantwortet. So ist beispielsweise nichts über die Lagerbedingungen der Häftlinge und ihre Behandlung auf der Grabung und in der Fundbearbeitung bekannt.

Noch weniger weiß man über den Einsatz von Strafgefangenen, der in einigen Quellen erwähnt wird. Sie wurden beispielsweise auf Ausgrabungen in Königswusterhausen (Brandenburg) 1938 und beim Bau eines Artilleriegeländes im Hümmling (Niedersachsen) 1942/1943 erwähnt. Weiterführende Informationen fehlen jedoch auch hier, so dass eine Einordnung der Informationen schwerfällt.

Im Gegensatz zu den vorangegangenen Beispielen sind die Einsätze von Kriegsgefangenen derzeit am ausführlichsten und zahlenmäßig stärksten belegt. Nach den bisherigen Recherchen wurden Kriegsgefangene überwiegend in kriegswichtigen Bereichen wie beispielsweise dem Straßen- und Gleisbau, in Kiesgruben, Steinbruchbetrieben und ähnlichen eingesetzt. Dort nahmen sie dann neben ihren eigentlichen Arbeiten für die jeweilige archäologische Denkmalpflege, die während des Krieges über wenig Personal verfügte, auch die Fundbergung vor. So etwa in Schönburg 1940 (Sachsen-Anhalt) und Ichtershausen 1941 (Thüringen), wo französische Kriegsgefangene arbeiteten.[21] Da es sich in den meisten Fällen um kleinere und kurzzeitige Notbergungen handelte, wurde auf die Kriegsgefangenen in den Grabungsberichten nur am Rande eingegangen, so wenn etwa die Ausgrabungsleiter sie für den schlechten Erhaltungszustand der Funde verantwortlich machten. Lediglich zu den Arbeiten auf der Heidenschanze in Dresden-Coschütz (Sachsen) 1940/1941 liegen detaillierte Aufzeichnungen vor. Auf einem Syenitplateau gelegen, gehört die mehrperiodische Siedlungsanlage auf der Heidenschanze zu einem der fundreichsten Denkmäler Dresdens. Obwohl 1936 in die Denkmalliste aufgenommen und unter Schutz gestellt, wurde mit Beginn des Zweiten Weltkrieges erneut mit dem Gesteinsabbau begonnen. In Absprache zwischen dem Steinbruchbetreiber und dem Landespfleger für Bodenaltertümer wurden zwischen Dezember 1940 und Mai 1941 bis zu zwölf französische Kriegsgefangene beschäftigt, die den Oberboden im Vorfeld der Sprengungen im Handbetrieb abfuhren.

Während dieses Zeitraumes legten sie eine Fläche von 1600 Quadratmetern frei, nahmen Vermessungen vor und bargen zahlreiche Funde, darunter auch ca. 130 Sonderfunde. Anhand der Quellen ließ sich nachweisen, dass ihre Arbeit häufig unter extremen Witterungsverhältnissen und unter Lebensgefahr erfolgte.

Neben Notbergungen gab es auch Forschungsgrabungen, bei denen Kriegsgefangene gezielt eingesetzt wurden, so etwa bei den Grabungen Hans Reinerths am Dümmer (Niedersachsen) 1940[22] und 1941[23].

Aber nicht nur in Deutschland wurden während des Krieges Ausgrabungen durchgeführt, sondern auch

Gruppenfoto der zwölf französischen Kriegsgefangenen am 2. Januar 1941 auf der Heidenschanze in Dresden-Coschütz.

Die Kriegsgefangenen bei der Arbeit unmittelbar an der Steinbruchkante der Heidenschanze, 2. Januar 1941.

in den von Deutschland besetzten Gebieten. Bei Arbeiten des „Reichsamtes für deutsche Vorgeschichte" in der Bretagne (Frankreich) beispielsweise setzten die deutschen Archäologen zwischen September und Dezember 1940 französische Kriegsgefangene zu Vermessungsarbeiten an den berühmten Steinreihen und Megalithgräbern ein.[24]

Anhand des derzeitigen Forschungsstandes lässt sich nur ein ungenaues Bild über den Einsatz von Zwangsarbeitern in der Prähistorischen Archäologie während des Nationalsozialismus zeichnen. Die hier kurz vorgestellten Beispiele verdeutlichen, dass sie vor allem bei der Fundbergung eingesetzt wurden. Ob es auch zivile Zwangsarbeiter gab, ist bisher nicht bekannt. Möglicherweise werden sich nach Auswertung von Quellen vor allem in Osteuropa zu dieser Fragestellung Beispiele finden lassen.

Von der Arbeitskraft der Zwangsarbeiter profitierten nicht nur Einrichtungen wie das „Ahnenerbe der SS" oder der „Reichsbund für Deutsche Vorgeschichte", sondern vor allem die archäologischen Landesdenkmalämter. Ohne sie wären Dokumentationen und Funde, wie die kurz erwähnten, heute für das Fach und deren wissenschaftliche Forschung nicht vorhanden.

Die Urgeschichte in Österreich vor und während der NS-Zeit

Otto H. Urban

Die Urgeschichtsforschung Österreichs wurde in den zwei Jahrzehnten der Ersten Republik und der anschließenden NS-Zeit von einer Person geprägt: Oswald Menghin.[1] Er übernahm 1918 an der Universität Wien den Lehrstuhl seines Doktorvaters Moritz Hoernes und behielt ihn über mehr als ein Vierteljahrhundert bis ins Jahr 1945. Die Zeit nach dem Zweiten Weltkrieg wurde dagegen von Richard Pittioni bestimmt, einem Schüler Menghins, der seine 1932 erworbene Lehrberechtigung nach dem Anschluss Österreichs 1938 verloren und sie 1946 wieder zurückerhalten hatte. Er übernahm noch im selben Jahr, als Menghin nach Argentinien flüchtete, den vakant gewordenen Lehrstuhl, zuerst als Extraordinarius, seit 1951 bis zu seiner Emeritierung 1976 als ordentlicher Professor. Die Urgeschichte in Österreich ist daher, nicht nur an den Universitäten Wien und Innsbruck, durch starke personelle Kontinuitäten geprägt; diese verbinden nicht nur die Zeit des austrofaschistischen Ständestaates mit der nationalsozialistischen Ära, sondern setzten bereits in den frühen Jahren der Ersten Republik ein.

Oswald Menghins Lehrjahre, Arbeitsweise und politische Positionierung

Oswald Menghin (1888–1973), ein gebürtiger Meraner und Sohn eines Bürgerschuldirektors, kam nach seiner Matura 1906, ebenso wie Adolf Hitler, nach Wien – eine Stadt, die sowohl durch einen antisemitischen Bürgermeister, Dr. Karl Lueger (1844–1910), aber auch durch große Persönlichkeiten, wie die Schriftsteller Peter Altenberg (1859–1919), Arthur Schnitzler (1862–1931) und Robert Musil (1880–1942), die Künstler Gustav Klimt (1862–1918) und Egon Schiele (1890–1918), den Arzt und Psychoanalytiker Siegmund Freud, den Komponisten Gustav Mahler (1860–1911) und Arnold Schönberg (1874–1951) oder den Philosophen Ludwig Wittgenstein (1889–1951) geprägt war. Diese Jahre waren zugleich Endzeitalter wie Aufbruch in die Moderne. Antisemitismus wie Psychoanalyse, Jugendstil wie Tuberkulose, die so genannte Wiener Krankheit, prägten das Stadtbild.

Der aus der Provinz kommende Menghin stellt seine Erfahrungen in der Großstadt Wien in einem 1924 erschienenen autobiografischen Roman „Zerrissene Fahnen" dar.[2] Menghin studierte an der Universität Wien von 1906 bis 1910 bei Moritz Hoernes (1852–1917), dem ersten Ordinarius für Urgeschichte, einem weltoffenen und aus einer alteingesessenen Wissenschaftsfamilie stammenden Mann. Hoernes war einer der ersten Absolventen der Klassischen Archäologie in Wien, in Berlin hatte er Vorlesungen von Theodor Mommsen gehört.

1914 gründete Menghin gemeinsam mit seinem Lehrer Moritz Hoernes und Georg Kyrle die Wiener Prähistorische Gesellschaft. Die von ihr herausgegebene *Wiener Prähistorische Zeitschrift* war bis 1945 das Sprachrohr dieser jungen anthropologischen Wissenschaft, die anfänglich ihren Platz zwischen Geografie und Ethnografie, Geschichte und Archäologie, Geologie und Anthropologie suchte.[3] Im Vergleich zu Deutschland, wo die Vorgeschichte seit Gustaf Kossinna als nationale Wissenschaft verstanden wurde,[4] positionierte sich die Urgeschichte in Wien unter Hoernes zuerst als geografisch-anthropologische Disziplin.[5] Hoernes stand dem Evolutionismus sehr aufgeschlossen gegenüber. Doch kurz nach der Gründung des Prähistorischen Instituts an der Wiener Universität verstarb er im Juni 1917.

Menghin setzte dann 1918, als junger Ordinarius, neue Akzente. Er versuchte im Einklang mit der Universität Wien, die einzelnen Fachdisziplinen in der neu entstandenen Republik zu popularisieren.[6] Neben öffentlichen interdisziplinären Universitätskursen gründete Menghin 1923 eine neue Reihe: die „Urgeschichtliche(n) Volksbücher". Es ist allerdings bezeichnend, dass der erste Band dieser von Menghin herausgegebenen Volksbücher der „Rassenkunde" gewidmet wurde.[7]

Die Urgeschichte setzt sich seiner Meinung nach aus einer Reihe von Einzeldisziplinen zusammen, unter anderem der Prähistorischen Archäologie, der linguistischen Archäologie, der Paläoethnologie und der Paläoanthropologie. Die letzten beiden haben nach Menghin die „urgeschichtliche Stammeskunde" und „die Rassengeschichte" zum Ziel. In seinen diversen methodischen Exkursen werden auch seine „Feindbilder" deutlich, der Positivismus, der materialistische Evolutionismus oder auch Einzelpersönlichkeiten, wie der Gründungsdirektor des Berliner Völkerkundemuseums Adolf Bastian (1826–1905) und der Geschichtsphilosoph Oswald Spengler (1880–1936).[8]

Wichtiger für Menghins weiteren Werdegang war die Mitgliedschaft in der „Deutschen Gemeinschaft" (DG), eine Vereinigung, die den Geheimbund „Die Burg" decken sollte.[9] Die Bekanntschaft zwischen Menghin und dem NS-Politiker Arthur Seyß-Inquart (1892–1946) dürfte auf deren Burgbrüderschaft zurückreichen.[10] Bereits 1923 hielt Menghin in der Ortsgruppe Währing der NSDAP einen Vortrag über die im Nazijargon so genannte „Judenfrage". Es überrascht daher wenig, dass Menghin in einer Pressekonferenz von Josef Bayer (1882–1931), einem der Entdecker der Venus von Willendorf und Abteilungsdirektor im Naturhistorischen Museum in Wien, 1924 als „Hakenkreuzprofessor" bezeichnet worden ist – zumindest titelt ein Bericht über die Pressekonferenz in der *Abend* vom 26. Juli 1924 mit dieser Schlagzeile. *Das Neue 8 Uhr Blatt* berichtete ähnlich lautend am selben Tag unter dem Titel „Hakenkreuzhetze in der Wissenschaft".[11]

Nach Geehr war Menghins „politisches und kulturelles Verhalten von einem romantischen Nationalismus, Kulturpessimismus und einer allgemeinen politischen Unwirklichkeit charakterisiert".[12] Es mögen hier unterschiedliche Mentalitäten zum Ausdruck kommen, aber romantische Züge kann ich nicht erkennen; vielmehr kämpfte er sehr egoistisch um seine Karriere, zeigte wenig Mitgefühl für seine Kollegenschaft und war geprägt durch eine elitäre, rassistische und antisemitische Grundeinstellung.

Oswald Menghin als Professor

Menghin war trotz (oder wegen) der Auseinandersetzungen mit Josef Bayer in den 1920er-Jahren in der Philosophischen Fakultät der Universität Wien gut integriert. In der Zeit, als er Dekan der dortigen Philosophischen Fakultät war, begann nicht nur sein späterer Nachfolger Richard Pittioni sein Studium bei ihm, als Gaststudenten waren auch der spätere langjährige Präsident des Deutschen Archäologischen Institutes Kurt

Oswald Menghin 1935 im Ornat des Rektors der Universität Wien.

Bittel und der Direktor des Schweizerischen Landesmuseums Emil Vogt in Wien. 1931 erschien sein Opus magnum, die „Weltgeschichte der Steinzeit", eine „Völkergeschichte in grandiosem Ausmaße", so wortwörtlich Menghins Selbstdarstellung. Neben Rudolf Much (1862–1936), dem er in sprachwissenschaftlichen und stammeskundlichen Fragen Grundlegendes verdankte, und Pater Wilhelm Schmidt (1868–1956), der ihm die Ideen der sogenannten „Kulturkreislehre" nahebrachte, stand er auch mit dem Pädagogen Rudolf Meister (1881–1964) im regen Gedankenaustausch. Die „Wesensforschung" des Kunsthistorikers Josef Strzygowski (1862–1941) nahm Menghin „zur Grundlage der urgeschichtlichen Verfahren", so schreibt er im Vorwort seiner „Weltgeschichte".[13]

Danach erweiterte er seinen Horizont und arbeitete gemeinsam mit den Ägyptologen Hermann Junker (1877–1962) und Mustapha Amer in Ägypten. Neben Vorlesungen an der Ägyptischen Universität hielt Menghin 1933 auch in der Ortsgruppe der NSDAP in Kairo einen Vortrag, wie immer über die so genannte „Judenfrage".[14] Im gleichen Jahr erschien in Wien eine Sammlung seiner politischen Vorträge unter dem Titel „Geist und Blut" – eine Publikation, die aber trotz oder wegen ihres Titels (man beachte das Primat des Geistes vor dem Blut) in Berlin vom Amt der NSDAP „nicht empfohlen" wurde.[15]

An der Universität Wien arbeiteten während der Zeit des Ständestaats Ethnologie und Urgeschichte eng zusammen. Neben später bekannten deutschen Professoren, wie Walter Dehn, Joachim Werner und Vladimir Milojcić, wählten auch zahlreiche Mitbrüder von Pater Wilhelm Schmidt und Pater Wilhelm Koppers aus Korea und Japan als Nebenfach Urgeschichte. Nicht wenige Studierende kamen als Humboldt-Stipendiaten, darunter auch der letzte Doktorand, welcher im Februar 1944 die Doktorprüfung ablegte: Adam Graf Orssich von Slavetich, aus Varasdin, Kroatien.[16]

Oswald Menghin in der Öffentlichkeit und als Politiker

Im Jahr 1935/1936 wurde Menghin Rektor der Universität Wien und wirkliches Mitglied der Österreichischen Akademie der Wissenschaften. In diesen Jahren dürften auch enge Beziehungen zum damaligen Unterrichtsminister Dr. Hans Pernter bestanden haben.

1936 wurde Menghin als Vertreter der nationalen Opposition in den Führerrat der Wiener Vaterländischen Front berufen, danach in den so genannten „Siebener-Ausschuss"; außerdem bemühte er sich um die Gründung eines Deutsch-Sozialen Volksbundes. In all diesen Funktionen kämpfte er für die Wiederzulassung der NSDAP in Österreich.[17] Nach Geehr bemühte sich Menghin um „die Erhaltung einer eher vagen österreichischen Unabhängigkeit unter mächtiger deutscher Protektion."[18] Er gilt als Vertreter einer großdeutsch eingestellten national-katholischen Richtung und hatte bereits durch die Mitgliedschaft in der „Deutschen Gemeinschaft" seit den 1920er-Jahren gute Beziehungen zu Arthur Seyß-Inquart.[19]

Auf Grund der immer intensiveren politischen Auftritte, die Menghin im Ständestaat übernahm, überrascht es nicht, dass in der Regierung Seyß-Inquart Oswald Menghin als Unterrichtsminister aufgenommen und entsprechend der austrofaschistischen Verfassung aus dem Jahre 1934 am 12. März 1938 vom Bundespräsidenten Wilhelm Miklas ernannt wurde.[20] „Alle Männer, die neu in die Regierung eintreten, sind bewährte nationale Vorkämpfer", schrieb 1938 die NS-Propaganda.[21]

Am 13. März 1938 beschloss der Ministerrat ein Gesetz, durch das der Anschluss an das Deutsche Reich vollzogen wurde. Die österreichische Bundesregierung Seyß-Inquart I hat durch ihre Selbstauflösung nur drei Tage bestanden.[22] Seyß-Inquart wurde aber bereits am 17. März 1938 von Hitler mit der Führung der Österreichischen Landesregierung beauftragt, und diese trat mit nur geringen personellen Veränderungen ihr Amt wieder an.

Menghin war nur wenige Wochen Unterrichtsminister, aber in diese Zeit fiel auch die im NS-Jargon so genannte „Säuberung der Universitäten".[23] Dabei wurde jüdischen Studierenden der Zutritt zur Universität verwehrt und rund 40 Prozent des Lehrkörpers wegen „jüdischer Abstammung" oder aus „politischen Gründen" entlassen. Einen Großteil der davon betroffenen Professoren, zumindest der Universität Wien, kannte Menghin persönlich; hatten sie ihn doch drei Jahre zuvor zum Rektor der Universität gewählt. Wer damals wirklich das Sagen gehabt hatte, ist heute kaum mehr festzustellen. Der der NSDAP angehörende, aus Wien stammende und in München lehrende Germanist Otto Höfler (1901–1987) dürfte Wolfram Sievers (1905–1948), dem Geschäftsführer des „SS-Ahnenerbes“, als Informant bezüglich der Universität Wien gedient haben.[24]

Menghin war nach allen vorliegenden Unterlagen kein illegales Parteimitglied der NSDAP. Er war seit dem 1. Mai 1938 Parteianwärter, der Antrag wurde aber wegen seiner starken katholischen Bindung am 8. September 1939 abgelehnt.[25] Später dann, am 1. Juli 1940, wurde er doch mit der Nummer 8.123.303 einfaches Mitglied der NSDAP.

Sein Ansuchen um Rücktritt als Minister vom 28. April 1938 wurde erst am 31. Mai 1938 von Seyß-Inquart nach Berlin weitergeleitet, und am 5. August 1938 trat Menghin wieder seinen Dienst als Universitätsprofessor an. Oswald Menghin kann als Beispiel für einen „willfährigen Wissenschaftler“ gelten, dessen Gesinnung es ihm ermöglichte, sich den Nationalsozialisten zur Verfügung zu stellen.[26] Menghin verfügte in den frühen 1940er-Jahren über ein weit ausgedehntes Netzwerk und war einigen hochrangigen NS-Funktionären gut bekannt bzw. mit ihnen „eng befreundet“, wie mit Gauleiter Hugo Jury (1887–1945).

Eduard Beninger, Landesleiter im „Reichsbund für Deutsche Vorgeschichte“

Von 1938 bis 1945 beherrschten neben Oswald Menghin zwei weitere Männer die Urgeschichtsforschung in Wien: Eduard Beninger (1897–1963) und Kurt Willvonseder (1903–1968).

Plakat bzw. Titelseite des Ausstellungsführers „Die Ostmark – altes Germanenland, Schau frühdeutscher Kulturhöhe“, welche E. Beninger 1939 im Wiener Messepalast gestaltete.

Anlässlich des Anschlusses wurde das *Germanen-Erbe* mit dem Titelbild „Das deutsche Wien“ der „Ostmark“ gewidmet. Den Hauptbeitrag verfasste E. Beninger, „Wie die Ostmark deutscher Volksboden wurde“. In den Mitteilungen wird festgehalten, dass E. Beninger bereits am 11. August 1934 zum Landesleiter Österreich im Reichsbund ernannt und am 21. März 1938 bestätigt wurde.

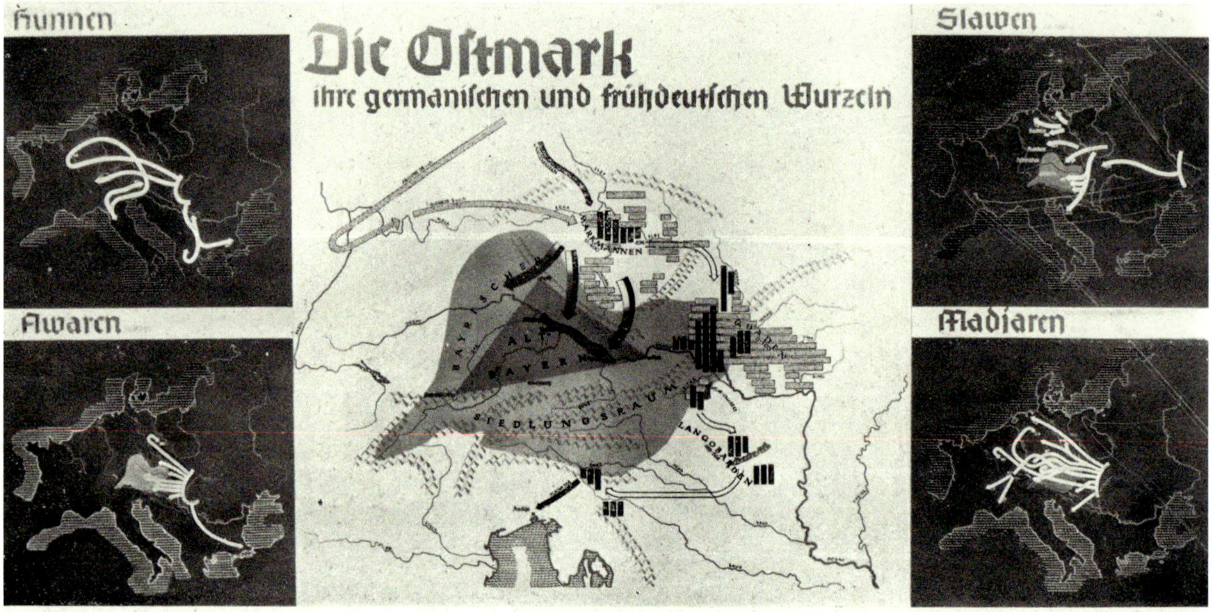

Große Wandkarte in der Ausstellung „Die Ostmark – altes Germanenland". Die Karte „versucht, die Einheitlichkeit der Kräfte des in der Ostmark wirkenden germanischen Lebenswillens, losgelöst von allen störenden Beiwerk, zu erfassen" (Zitat Eduard Beninger).

Eduard Beninger war ein so genannter „Illegaler", das heißt ein Mitglied der seit Mai 1933 in Österreich verbotenen NSDAP. Er war zudem Landesleiter im „Reichsbund für Deutsche Vorgeschichte", der von Hans Reinerth (1900–1990) geleitet wurde und dem „Amt Rosenberg" unterstand. Beninger wurde 1940 zum „Dozenten für germanische Ur- und Frühgeschichte" ernannt,[27] hielt aber niemals eine Vorlesung, da er bereits im gleichen Jahr als Hauptmann zur Wehrkreiskommandatur Wien einberufen wurde. Er war Adjutant des damaligen Stadthauptmannes von Wien, General Heinrich Stümpfl.[28] Nach dem Krieg wurde der Archäologe wegen „Verletzung der Menschenwürde" zu drei Jahren Haft verurteilt. Er starb 1963 in Wien, eine Anstellung hat er nicht mehr erhalten. Der Großteil seiner Hauptwerke ist den Germanen gewidmet. In einem 1939 erschienenen Beitrag zur Urgeschichte im Schulunterricht offenbarte Beninger im Unterschied zu seinen archäologischen Arbeiten deutlich seine weltanschaulichen und germanophilen Ansichten.[29]

Eduard Beninger (Mitte mit Zigarre) bei der Besichtigung einer Fundstelle.

Kurt Willvonseder, SS-Obersturmführer im Persönlichen Stab des „Reichsführers der SS"

Kurt Willvonseder erscheint in diesem Dreigestirn als der Ehrgeizigste. Er habilitierte sich bereits 1937 und hielt regelmäßig bis zu seiner Einberufung 1943 Vorlesungen. Er war Leiter der Abteilung für Bodenaltertümer am Institut für Denkmalpflege und daneben seit September 1943 außerplanmäßiger Professor in Wien.

Er trat 1938 der SS bei und galt als einer der wichtigsten österreichischen Informanten für Wolfram Sievers, dem 1946 in Nürnberg zum Tode verurteilten Geschäftsführer des „SS-Ahnenerbes". Nach Willvonseder wurde auch Menghin 1940 so genanntes teilnehmendes Mitglied im „Ahnenerbe".[30] Im Februar 1941 verfasste er für das „SS-Ahnenerbe" einen ausführlichen Bericht über die personelle, museale und politische Situation der Archäologie in Österreich, in dem er zusammenfassend schrieb:[31]

„Um die Bedeutung der vor- und frühgeschichtlichen Forschung in der Ostmark zu ermessen, genügt es, sich die besondere Lage dieses Gebietes in Mitteleuropa zu vergegenwärtigen. Hier kreuzen sich viele naturgegebene Wege zwischen Nord und Süd, West und Ost und umgekehrt. Es ist daher verständlich, dass die heutige Ostmark von jeher ein Schauplatz wesentlicher Begebenheiten war. Um die vielfältigen Kulturbeziehungen in den verschiedenen Zeiten, über die wir keine schriftliche Quellen besitzen, ergründen zu können, bedarf es einer umfassenden Aufnahme der Bodenfunde, die noch viel Zeit und Arbeit erfordern wird. [...] Wien fällt in dieser Hinsicht als Universitätsstadt an der Südostgrenze des Deutschen Reiches eine hervorragende Rolle zu."

Kurt Willvonseder in SS-Uniform an seinem Schreibtisch im Institut für Denkmalpflege in Wien. Der Winkel an seinem rechten Oberarm weist ihn als „Alten Kämpfer" aus, das heißt, er war bereits vor dem 30. Januar 1933 Mitglied der NSDAP.

Dieser Bericht zeigt deutlich, wie in einem totalitären System durch persönliche Stellungnahmen die eigene Bedeutung (in indirekter Form) besonders hervorgehoben und anderseits Konkurrenten (wie Pittioni beispielsweise) geschadet werden konnte. Er zeigt aber auch, wie stark die damals in Österreich tätigen Archäologen mit der NSDAP verbunden waren. Willvonseder selber wollte sich verstärkt auch im Südosten profilieren. Einem eigentlichen Kriegseinsatz konnte er sich auf Grund seiner guten Beziehungen innerhalb der SS weitgehend entziehen. Nachdem er durch Menghin von den archäologischen Funden im Bereich des Außenlagers Gusen des Konzentrationslagers Mauthausen erfahren hatte, führte Willvonseder als SS-Offizier mit Hilfe der dort Inhaftierten Ausgrabungen durch.[32]

Die beiden bedeutendsten Grabungen nach dem Anschluss, die so genannte „Führergrabung" in Carnuntum[33] und die im Auftrag des „Reichsführers der SS" Heinrich Himmler durchgeführte Grabung auf der Karnburg (Kärnten),[34] wurden ebenso wie die wegen des geplanten Autobahnbaues begonnenen Rettungsgrabungen[35] nach dem Kriegsbeginn eingestellt. Bei anderen linearen Bauprojekten, wie dem Bau des Südostwalles, bei dem ebenfalls KZ-Gefangene Zwangsarbeit verrichten mussten, wurden kaum mehr reguläre Rettungsgrabungen durchgeführt.[36]

Friedrich Wimmer, Kunsthistoriker, Archäologe und NS-Politiker

Ein besonderes Beispiel ist Friedrich Wimmer (1897–1965). Er wurde nach seinem Kunstgeschichtestudium bei Josef Strzygowski am Niederösterreichischen Landesmuseum Archäologe und Mitglied im Ausschuss der Wiener Prähistorischen Gesellschaft. Nachdem Wimmer sein Zweitstudium Jura absolviert hatte, wechselte er vom Niederösterreichischen Landesmuseum in das Amt der Niederösterreichischen Landesregierung und wurde später Sekretär des Landesrates Josef Leopold (1889–1941), der bereits 1926 NSDAP-Mitglied und Gauleiter wurde. 1934 wechselte er in das Bundeskanzleramt, Abteilung 1, Verfassungsangelegenheiten, wohl um für die Nazis Spitzeldienste zu leisten. Im März 1938 wirkte Wimmer bei der Ausformulierung des so genannten Anschlussgesetzes mit. Er war – neben

Unterrichtsminister Menghin – als Staatssekretär Mitglied der Österreichischen Landesregierung von Seyß-Inquart. 1939 wurde er Regierungspräsident der Oberpfalz, dann folgte Wimmer Seyß-Inquart in die Niederlande und wurde Generalkommissar für Verwaltung und Justiz. Dort beauftragte Wimmer den Kölner Archäologen Walter von Stokar (1901–1959) in Leiden die erste „germanische Universität" aufzubauen.[37]

Professor Richard Pittioni.

Richard Pittionis Verlust der Venia legendi

Für den Bereich der Urgeschichte steht natürlich der Verlust der Venia legendi (Lehrberechtigung) von Richard Pittioni (1906–1985) im Vordergrund. Hier dürfte Eduard Beninger eine nicht unbedeutende Rolle gespielt haben. So findet sich in der umfangreichen Urteilsschrift des LGSt Wien gegen Dr. Eduard Beninger vom 6. Januar 1948 folgender Absatz:

> *„Den Vorgeschichtsprofessor Dr. Pittioni veranlasste Dr. Beninger Mitte März 1938 zum Verzicht seiner Ausübung der Venia legendi mit dem Hinweis auf seine Untragbarkeit für die Universität, sodass Dr. Pittioni eine ihm von Dr. Beninger diktierte Erklärung im vorstehenden Sinne unterschrieb, wodurch die wissenschaftliche Laufbahn des Dr. Pittioni abgeschnitten war. In einem Schreiben … an Professor H. Reinerth in Berlin fragte er an … und erbat er sich Weisung [sic!], ob ein weiteres Vorgehen gegen Pittioni verlangt werde."*[38]

Es entsteht der Eindruck, dass durch die Angriffe auf Pittioni auch Menghin geschadet werden sollte, der sich ja ebenso wie Reinerth 1933/1934 um die Professur für Deutsche Archäologie in Berlin bemüht hatte und Rosenberg wegen seines Katholizismus zuwider war. Beninger, der Menghin hasste, sich aber nach dem Anschluss Österreichs mit ihm aussprach, hatte im Auftrag von Reinerth (bzw. Rosenberg?) Pittioni zum Verzicht seiner Venia legendi gezwungen – ihm aber andererseits ein gesichertes Weiterkommen in der Provinz zugesagt. Beninger konnte so seine neu gewonnene Macht Menghin gegenüber demonstrieren. Pittioni wiederum schied damit als potenzieller Kandidat für die Nachfolge der Professur aus, sollte Menghin länger in der Politik verbleiben. Damit brachte Beninger auch Menghin in eine Zwickmühle: Wie würde sich der Politiker Menghin gegenüber seinem ehemaligen Assistenten verhalten? Pittioni wurde zum Bauernopfer. „Den Sack schlägt man, den Esel meint man."[39] Beninger, wie Reinerth und Rosenberg, konnte im Frühjahr 1938 Menghin nicht direkt angreifen, Pittioni jedoch schon. Vielleicht war dies auch einer der Gründe, warum sich Pittioni nach der NS-Zeit niemals negativ zu Menghin äußerte, mit Beninger dagegen keinen weiteren privaten wie fachlichen Kontakt pflegte, ja nicht einmal einen Nachruf schrieb.

Richard Pittionis Jugend und Studium

Richard Pittioni wurde 1906 geboren, in dem Jahr, als Menghin nach Wien zog. Er lernte bereits in seinen Jugendjahren urgeschichtliche Fundstätten kennen und trat als Mittelschüler der Wiener Prähistorischen Gesellschaft bei.[40] 1925 legte Richard Pittioni die Reifeprüfung in Wien mit Auszeichnung ab; er wählte als

Thema die „Urgeschichte Wiens und Niederösterreichs". 1926 hörte er erstmals Vorlesungen zur Urgeschichte an der Universität Wien und beendete bereits im Juni 1929 das Studium der Urgeschichte erfolgreich; daneben studierte er bei Arthur Haberlandt (1889–1964) Volkskunde und bei Wilhelm Koppers (1886–1961) Völkerkunde. Seine Sommeraufenthalte 1927 und 1928 verbrachte Pittioni im Raum Hartberg; Zeugnis davon sind die von ihm als cand. phil. veröffentlichten „prähistorischen Funde". Er folgte dabei einer „Anregung von Prof. Menghin".[41]

Richard Pittionis Assistentenzeit

1929, im Jahr seiner Dissertation, wurde der damals 23-Jährige Assistent am Urgeschichtlichen Institut der Universität Wien bei Prof. Menghin. 1932, nur drei Jahre später, habilitierte sich Richard Pittioni an der Universität Wien mit der Lehrberechtigung für „Prähistorische Archäologie".[42] Seine Studie über die La-Tène-Kultur in Niederösterreich erschien als Monografie. Danach begannen seine Tiroler Bergwerksforschungen; daneben führte er die Redaktion der *Wiener Prähistorischen Zeitschrift*. Ende 1937 verließ Pittioni das Institut und wechselte in das Römische Museum der Stadt Wien. Im März 1938, nach dem Anschluss Österreichs an das Deutsche Reich, musste er unter der Ministerschaft seines Lehrers Menghin seine Dozentur zurückgeben.[43]

Pittioni während der NS-Zeit

Doch wie erging es Pittioni in den Jahren des Naziregimes? In der Folge wurde ihm nahegelegt, auch Wien zu verlassen, und er trat als Nachfolger von Alphons Barb, der wegen seiner jüdischen Abstammung nach Großbritannien emigrieren musste, im Dezember 1938 in das Burgenländische Landschaftsmuseum Eisenstadt ein. Das Museum gehörte damals zu den Museen des Reichsgaues Niederdonau. Pittioni war, soweit in den Unterlagen ersichtlich, niemals im Widerstand tätig und er versuchte trotz seiner Abschiebung in die Provinz und des Verlusts seiner Dozentur weiterhin urgeschichtliche Forschungen durchzuführen.[44]

1942/1943 führte der Militärdienst Pittioni nach Südfrankreich und 1943 in die Ukraine; nach einem Lazarettaufenthalt schloss er die Ehe mit Erika Gräfin zu Hardegg. Anschließend wurde er als Schreiber und ab Mai 1945 als Dolmetscher in Tirol eingesetzt. Diese Zeit in Tirol nützte Pittioni, um einen Roman zu schreiben: „Der Bergfürst". Er spielt im Ostalpenraum zur Zeit der Bronzezeit.[45]

Resümee

Folgende Punkte bleiben festzuhalten: Der Großteil der während der Ersten Republik, des Ständestaats bzw. der NS-Zeit an der Universität Wien Ur- und Frühgeschichte lehrenden Männer war nationalkatholisch. Bei einigen durchaus prominenten Vertretern finden sich Hinweise auf rassistische Weltanschauungen, andere (wenige) dagegen können der katholischen Weltanschauung zugerechnet werden. Sozialisten bzw. sozialdemokratische Ideen fehlen weitgehend, so finden sich auch kaum Ansätze für evolutionistische oder soziologische Überlegungen – sie werden vielmehr deutlich bekämpft. Dies soll zeigen, mit welcher „Brille" bzw. durch welchen „Filter" die Werke dieser nationalkatholischen und rassistisch/antisemitischen, aber nicht dezidiert nationalsozialistischen „Wiener Schule" gelesen werden müssen.

Archäologie in der besetzten Tschechoslowakei

Uta Halle und Dirk Mahsarski

Seit 1924 hatte Adolf Hitler (1889–1945) immer wieder in öffentlichen Reden und Schriften betont, dass das Deutsche Reich für seine Zukunft Lebensraum im Osten gewinnen müsste. Auf lange Sicht schwebte ihm die globale Herrschaft einer germanischen Elite vor. Damit würde die Weltgeschichte „ihr rassisch begründetes Ende" erreichen.[1]

Auch Alfred Rosenberg (1893–1946) hatte schon Mitte der 1920er-Jahre geäußert, dass „der Kampf gegen Versailles im Zeichen ewig-germanischer Charakterwerte" stünde, und prophezeite den Aufbau eines „völkisch nationalsozialistischen germanischen Staates in Mitteleuropa"[2]. Vor etlichen Archäologen betonte er 1936, dass sich die Archäologie nicht allein mit deutschen, sondern mit europäischen Fragen beschäftige. Er forderte deshalb dazu auf, eine neue „große europäische Vorgeschichte" zu schreiben, damit „in 10–15 Jahren das Ausland in Deutschland Vorgeschichte" lernen könnte.[3] Entsprechend begleiteten Archäologen die Expansion des Dritten Reichs auf Schritt und Tritt mit Forschungsprojekten und Veröffentlichungen.

Weil der Versailler Vertrag den Beitritt Österreichs zum Deutschen Reich untersagte, wurden die deutschsprachigen Gebiete Böhmens und Mährens endgültig von Österreich getrennt und Teil der Tschechoslowakei. Im Laufe der folgenden Jahre setzte sich für sie der Ausdruck Sudetenland durch. Gleichzeitig politisierte sich die Bevölkerung immer stärker. Spätestens ab 1935 unterstützten mehr als zwei Drittel der Sudetendeutschen die „Sudetendeutsche Partei" (SdP) Konrad Henleins (1898–1945). Die SdP arbeitete eng mit der NSDAP zusammen und startete im September 1938 Aufstände in den Grenzregionen, die von der tschechoslowakischen Regierung niedergeschlagen wurden und zur so genannten Sudetenkrise führten. Da England und Frankreich zu diesem Zeitpunkt einen Krieg mit dem Deutschen Reich vermeiden wollten, wurde auf der Münchener Konferenz unter italienischer Vermittlung am 29. September 1938 ein Abkommen getroffen, das die Krise lösen und das Selbstbestimmungsrecht der Völker achten sollte. Dabei wurden die sudetendeutschen Gebiete von der Tschechoslowakei abgespalten und dem Deutschen Reich eingegliedert, der größte Teil bildete den Reichsgau Sudetenland, weitere Gebiete wurden dem Gau Bayerische Ostmark und den Reichsgauen Ober- und Niederdonau zugeschlagen. Am 14. März 1939 überfielen deutsche Truppen die Rest-Tschechoslowakei. Am folgenden Tag proklamierte Hitler in Prag das „Reichsprotektorat Böhmen und Mähren", das die überwiegend tschechisch besiedelten Gebiete umfasste, als Teil des Großdeutschen Reichs. Die volksdeutschen Bewohner wurden zu Bürgern des Deutschen Reichs erklärt, die übrigen zu Protektoratsangehörigen. Laut Hitler sollte sich das „Protektorat" „im Einklang mit den politischen, militärischen und wirtschaftlichen Belangen des Reiches"[4] selbst verwalten. Der slowakische Teil des Landes wurde als Erste Slowakische Republik zwar selbstständig, war aber faktisch ein Satellitenstaat des Deutschen Reichs. Weitere Gebiete wurden von Ungarn und Polen annektiert. Im „Protektorat" blieb der bisherige Staatspräsident Emil Hácha (1872–1945) im Amt, seine Verwaltung unterstand aber deutscher Aufsicht. Auch eine eigene Armee blieb unter deutscher Kontrolle bestehen.

Langfristiges Ziel der deutschen Besatzungspolitik aber war die „Endlösung der Tschechenfrage" in Gestalt einer totalen Germanisierung der Region, der „Vernichtung der tschechischen Nation", und die Ermordung aller Juden der Region. Dazu wurde unter dem Reichsprotektor Konstantin von Neurath (1873–1956) ein hartes Besatzungsregime eingesetzt. Da dessen Politik von der SS immer noch als zu zahm empfunden wurde, beurlaubte man ihn im September 1941. Sein geschäftsführender Stellvertreter wurde Reinhard Heydrich (1904–1942), Chef des „Reichssicherheitshauptamtes" der SS (RSHA). Als Heydrich im Mai 1942 durch ein Attentat des tschechischen Widerstandes getötet wurde, verwüstete die SS als Vergeltungsmaßnahme ganze Landstriche und tötete über 1300 Tschechen. Heydrichs Nachfolge trat Kurt Dalague (1897–1946) an, Chef der Ordnungspolizei, der im August 1943 aus gesundheitlichen Gründen aus dem Amt schied. Neuer Reichsprotektor wurde nun Wilhelm Frick (1877–1946), der kurz zuvor von Heinrich Himmler (1900–1945) als Reichsinnenminister abgelöst worden war. Unter Frick lag die tatsächliche Macht jedoch bei Staatsminister Karl Hermann Frank (1898–1946), dem ranghöchsten sudetendeutschen SS-Offizier.[5]

Die SS-Zeitschrift brachte im November 1938 mit „Deutsches Sudetenland" eine Sonderausgabe.

Prager Uni

Im Oktober und November 1939 kam es im ganzen „Protektorat" zu Massendemonstrationen und Streiks gegen die deutsche Besatzung, bei deren Niederschlagung mehrere Personen getötet wurden. Danach wurden alle tschechischen Universitäten geschlossen und über 1200 Studenten in Konzentrationslagern interniert. Nur die drei deutschen Universitäten im „Protektorat" existierten weiter. Sie wurden konsequent nationalsozialistisch ausgerichtet, wobei direkt an die sudetendeutsche Zeit angeknüpft werden konnte. Schon seit 1929 bestand an der Deutschen Universität in Prag ein Lehrstuhl für Urgeschichte, den der aus Wien stammende Leonhard Franz (1895–1974) innehatte. Er versuchte, die „Fortdauer der germanischen Besiedlung der Sudetenländer"[6] mit archäologischen Funden nachzuweisen. Im September 1939 wurde im Rahmen der stärkeren nationalsozialistischen Ausrichtung der Universität Lothar Zotz (1899–1967) auf den Lehrstuhl berufen. Zotz hatte sich schon in den vorangegangenen Jahren in Auseinandersetzungen mit der polnischen und tschechischen Forschung profiliert. Er vertrat die Auffassung, dass die Germanen zu den ältesten Kulturvölkern Europas gehörten, während die Tschechen erst während des Mittelalters in Mitteleuropa eingewandert wären und Kultur erst von einer germanischen Herrenschicht vermittelt bekommen hätten. Allerdings war der Lehrstuhl anfangs nur unzulänglich ausgestattet, obwohl er von der Beschlagnahme der tschechischen Universitäten profitiert hatte und direkt durch die Protektoratsregierung finanziert wurde. Daher arbeitete Zotz – wie auch einige Wissenschaftler des „Ahnenerbes" – notgedrungen mit den tschechischen Archäologen zusammen. Dieses Vorgehen stand durchaus im Einklang mit der offiziellen Politik der Germanisierung, wurden doch so die beteiligten Wissenschaftler zu Kollaborateuren und gleichzeitig die Ergebnisse der tschechischen Forschung vereinnahmt. Zu den von ihm fortgeführten Projekten gehörten auch die berühmten Ausgrabungen von Moravany. Erst nach 1945 wurde Zotz diese Taktik positiv als „Tschechenfreundlichkeit" ausgelegt.[7]

Die Ausgrabungen von Dolní Věstonice

Der altsteinzeitliche Fundplatz von Dolní Věstonice (dt.: Unterwisternitz) wurde 1922 entdeckt und in den folgenden Jahren systematisch untersucht. 1925 fand man die mindestens 25 000 Jahre alte, weltberühmte Venus von Dolní Věstonice, eines der ältesten Keramikobjekte der Welt. Leiter der Ausgrabungen war der international hoch angesehene tschechische Archäologe Karel Absolon (1887–1960). Absolon war Mitglied eines weit entwickelten Forschungssystems, unterrichtete Archäologie an der Prager Universität und leitete das Mährische Landesmuseum in Brno (dt.: Brünn). Er erkannte die Bedeutung des altsteinzeitlichen Lagerplatzes und barg Zehntausende Funde, darunter riesige Abfallhaufen von Mammutknochen. 1937 entdeckte Absolon mit der 30 000 Jahre alten „Mona Lisa" eine weitere Sensation. Das aus Elfenbein geschnitzte Menschenköpfchen wurde im Oktober des Jahres in der Zeitung *The Illustrated London News* der Öffentlichkeit vorgestellt. Damit gelangte die Fundstelle endgültig zu Weltruhm. Schon zuvor hatte Absolon eine überaus erfolgreiche moderne Öffentlichkeitsarbeit betrieben. Die dort ausgegrabenen menschlichen Bestattungen wurden von ihm nicht rassisch definiert, sondern er bezeichnete sie in englischer Sprache als „diluvial man" oder „ice-age man". Um das Publikum über die Ausgrabungsergebnisse zu informieren, richtete er im großen Messegelände von Brno eine Ausstellung ein. Seit 1936 gab es dort den so genannten „Anthropos-Pavillon", der von einem großen, in Mähren ansässigen Schuhproduzenten finanziert wurde. Die Besucher wurden darin mittels lebensgroßer Mammut-Rekonstruktionen über das Leben der Mammutjäger informiert.[8]

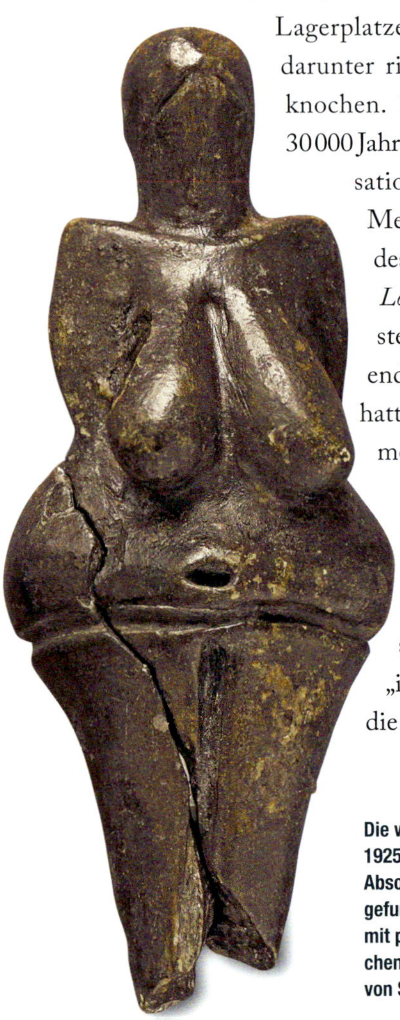

Die weltberühmte Venus von Dolní Věstonice wurde 1925 von dem tschechischen Archäologen Karel Absolon neben etlichen nur roh geformten Klumpen gefunden. Sie besteht aus einer knetbaren Tonmasse mit pulverisiertem, verkohltem Elfenbein und Knochen. Ab 1939 war der Fundplatz unter der Kontrolle von SS-Archäologen.

Kurz nach dem Münchener Abkommen übernahm die deutsche Wissenschaft die Kontrolle über den Fundplatz von Unterwisternitz, das jetzt zum Reichsgau Niederdonau gehörte. Allerdings gab es anfangs Personalprobleme, denn alle geeigneten Archäologen waren in Deutschland mit Ausgrabungen und Forschungsprojekten beschäftigt. Ein vom „Reichsbund" für das Projekt ins Auge gefasster sudetendeutscher Lehrer kam nicht in Frage, weil er sich weigerte, sich von seiner jüdischen Ehefrau scheiden zu lassen. Außerdem hatte er in den Jahren zuvor zwei tschechischsprachige Aufsätze in einer streng nationalistischen Zeitschrift veröffentlicht.[9]

Das „Ahnenerbe" verfügte dagegen mit dem Niederländer Assien Bohmers (1912–1988) über einen ambitionierten Wissenschaftler, der selbst die Initiative ergriff. Bohmers hatte Geologie und Paläontologie an der Universität Amsterdam studiert und wurde 1936 promoviert. Er war friesischer Nationalist und Anhänger pangermanischer Ideen. Seit 1937 arbeitete er für das „Ahnenerbe" und stieg 1939 zum Leiter von dessen Forschungsabteilung für Urgeschichte auf. Bohmers wurde SS-Mitglied, setzte sich aktiv für den Nationalsozialismus ein und hielt es für wichtig, die französische Forschung zur Altsteinzeit zu übertreffen. Er war der Meinung, mit den Ausgrabungen in den Weinberg-Höhlen in Mauern beweisen zu können, dass die „Cro-Magnon-Rasse", der anatomisch moderne Mensch der Altsteinzeit, nicht aus dem Nahen Osten eingewandert war, sondern in „Gross-Deutschland entstanden" sei. 1938 und 1939 konnte er dazu zwei persönliche Gespräche mit Himmler führen.[10]

Am 16. März 1939, nur einen Tag nach der Bildung des „Reichsprotektorats", wandte sich Bohmers mit einem Brief an Wolfram Sievers (1905–1948), den Reichsgeschäftsführer des „Ahnenerbes". Darin machte Bohmers darauf aufmerksam, dass sich in Mähren die wichtigste altsteinzeitliche Fundstelle Europas befände. Gleichzeitig behauptete er, dass Unterwisternitz nur „schlecht" von „dem Juden" Absolon ausgegraben worden wäre, der zudem die Ausgrabungsergebnisse nie ernsthaft publiziert habe. Damit benutzte er gängige antisemitische Stereotype, um den tschechischen Wissenschaftler aus dem Amt zu drängen. Bohmers versicherte zudem, dass er gleich mit der Arbeit anfangen könne. Einige Monate später war die Ausgrabung für das „Ahnenerbe" „gesichert" und Bohmers konnte am 10. Juli 1939 beginnen. Am 30. August 1939 entdeckte er eine Wisent-Skulptur mit Fingerabdrücken, die das „Ahnenerbe" zusammen mit anderen Funden – vermutlich ohne Bohmers' Einverständnis – am 7. Oktober 1939 Himmler zum Geburtstag schenkte. Im März 1940 schlug Bohmers vor, die Funde Absolons, die Teil der Sammlung des Mährischen Landesmuseums waren und daher formell dem „Protektorat" gehörten, ins Deutsche Reich bringen zu lassen. Im April 1940 sorgte Sievers dafür, dass Absolon keinen Zutritt mehr zur Anthropos-Sammlung im Mährischen Landesmuseum bekam und dass die Funde aus Unterwisternitz, die nicht zur ständigen Ausstellung gehörten, nach Nikolsburg überführt wurden. Damit wurde Absolon sein ganzes wissenschaftliches Lebenswerk entzogen.[11]

Nur wenige Monate später publizierte Bohmers seinen ersten Ausgrabungsbericht in der SS-Zeitschrift *Germanien*[12] und einen zweiten in *Forschungen und Fortschritte*[13]. Darin betonte er besonders, dass er der Erste gewesen sei, der in Unterwisternitz naturwissenschaftliche Methoden genutzt hätte, um sich von der tschechoslowakischen Forschungstradition abzugrenzen. Für das „Ahnenerbe" war die Unterwisternitz-Ausgrabung von großer Bedeutung, weil die Funde mit dem Ursprung und dem Aufstieg der nordischen Rasse in Verbindung gebracht wurden. Bohmers beschrieb die Skelette als die „langgesichtige Brünner Abart" der „Cro-Magnon-Rasse". Diese Rasse war, laut Bohmers, „im allgemeinen groß, schlank, und kräftig gebaut" und konnte seiner Ansicht nach als „die unmittelbaren Ahnen des indo-germanischen Volkes" angesehen werden. Sie unterschied sich von anderen Rassen durch ihre „Wurf- und Schießwaffen" und ihre „außerordentlich hohen Kunstfähigkeiten".[14]

Im Februar 1942 beauftragte Himmler das „Ahnenerbe" mit Forschungen zu den altsteinzeitlichen Venusfiguren insgesamt. Er glaubte, dass Europa in frühen Zeiten von „Völkern ähnlich wie die Hottentotten" besiedelt gewesen sei, und stellte sich die Frage, wie diese ausgestorben wären: War ein „Klimawechsel" der Grund oder waren sie von den „Cromagnon-Menschen" „vertrieben und vernichtet" worden? Dabei spiegelten seine Frage wie Bohmers' Antwort den Forschungsstand der Zeit wider. Die Ähnlichkeiten zwischen diesen Figuren und Frauen der so genannten Hottentotten mit Steatopygie (Fettsteiß) wurden häufig von Wissenschaftlern hervorgehoben. Bohmers antwortete Himmler über das „Ahnenerbe", dass diese Venusfiguren eher einen Fruchtbarkeitskultus bezeugten. Nur in Italien könnten sie mit „negroiden Stämmen" in Verbindung gebracht werden. Beispielhaft für die Entgrenzung der Wissenschaft im „Ahnenerbe" – in finanzieller wie auch in geografischer und moralischer Hinsicht – war der Vorschlag Walther Wüsts (1901–1993), des wissenschaftlichen Leiters des „Ahnenerbes", in diesem Zusammenhang Untersuchungen in „Ghettos und Kriegsgefangenenlagern (Neger!)" durchzuführen.[15]

Gleichzeitig bekam das „Ahnenerbe" Konkurrenz durch Zotz, dessen Doktorandin Gisela Freund (*1920) zur Altsteinzeit der Region forschte. Ihr Schwerpunkt lag auf der ähnlich bedeutenden Fundstelle Pschedmost, weshalb sie auch die Funde aus Unterwisternitz zur Auswertung bekommen wollte. Unter noch nicht geklärten Umständen verschaffte Hermann Schwabedissen (1911–1996), seit 1942 Direktor des Anthropos-Instituts in Brünn und eigentlich ein Mitarbeiter des „Ahnenerbes", ihr die Funde aus den tschechischen Grabungskampagnen der Jahre 1924 bis 1938. Bohmers erfuhr davon im Juni 1942 und sah darin eine grundlegende Gefahr für sein eigenes Projekt. Nach seiner Beschwerde beim „Ahnenerbe" erging deshalb von dort die Anordnung, dass Freund die Funde an Bohmers übergeben und sich zukünftig auf die Funde aus Pschedmost konzentrieren sollte. Noch in ihrer Doktorarbeit, die sie im Februar 1944 an der deutschen Universität in Prag verteidigte, erwähnte Freund mit zurückhaltender Wut, dass sie nach monatelanger Auswertungsarbeit die Funde an Bohmers abgeben musste.[16]

Wegen des sich für Deutschland verschlechternden Kriegsverlaufes weigerte sich der SS-Führer des Kreises Nikolsburg 1943, die Ausgrabung weiter zu unterstützen. Es gab seiner Ansicht nach zu diesem Zeitpunkt wichtigere Aufgaben. Bohmers bat daraufhin erneut das „Ahnenerbe" um Hilfe. Sofort schrieb Sievers einen Brief an den Höheren SS- und Polizeiführer von Niederdonau, Rudolf Querner (1893–1945), in dem er behauptete, dass die Ausgrabung eine „politische Bedeutung" besäße. Es sei die wichtigste prähistorische Ausgrabungsstätte Europas, weil sie die Anwesenheit der „nordischen Rasse" in dieser Gegend beweisen könnte. Außerdem könnte man mit der Grabung die tschechische Forschung an Genauigkeit und Gründlichkeit übertreffen. Laut Sievers hatte sich Himmler gerade deswegen bei Kriegsausbruch dazu entschlossen, die Ausgrabung nicht einzustellen, obwohl alle anderen gestoppt werden sollten. Querner hatte die Bedeutung der Ausgrabungen bis zu diesem Zeitpunkt noch nicht wahrgenommen, ließ sich jedoch überzeugen und antwortete Sievers: „Ich muss gestehen, dass ich außerordentlich überrascht war über die große und wertvolle Zahl der vorhandenen Zeugnisse ältester nordischer Kultur in dieser Gegend des großdeutschen Reiches. Die politische wie wissenschaftliche Bedeutung der Funde ist außerordentlich (…)"[17]. Damit konnten die vorgesehenen Bohrungen an der Fundstelle doch noch durchgeführt werden.[18]

Im August 1943 wurde Bohmers auf einem Abteilungsleitertreffen des „Ahnenerbes" in Salzburg aufgefordert, möglichst schnell die Ergebnisse seiner Ausgrabung in Unterwisternitz zu publizieren. Er nahm daher einen Teil der Funde mit in die Niederlande, um sie dort auszuwerten. Dabei kam es jedoch zu Verzögerungen. Wegen des kalten Wetters und des Brennstoffmangels arbeitete er in demselben Zimmer, in dem sich auch seine Frau und seine Kinder aufhielten. Zudem fehlte ihm ein Korrektor, der sein Deutsch verbessern konnte. Vor allem aber hatte er die Himmler geschenkten Funde noch immer nicht zurückerhalten. Diese waren sehr wichtig und konnten in der Publikation nicht übergangen werden.[19]

Mittlerweile besaß Bohmers aber gute Kontakte zu Schwabedissen. Bis November 1944 korrespondierten beide über die Publikation des Ausgrabungsberichts, der als erster Band der so genannten „Anthropos-Forschungen" erscheinen sollte; die ausführliche Auswertung war als dritter Band der neuen Reihe geplant.[20]

Im Oktober 1944 entstand ein weiteres Problem. Bohmers hatte vergessen, Kurt Willvonseder (1903–1968) von der Wiener Zentralstelle für Denkmalschutz, ebenfalls ein Mitarbeiter des „Ahnenerbes", über den neuen Aufenthaltsort der Funde aus Unterwisternitz zu informieren, wozu er laut Denkmalschutzgesetz des Reichsgaus Niederdonau verpflichtet war. Sievers versuchte in Reaktion auf eine entsprechende Frage von Willvonseder, einen Transport der Funde nach Waischenfeld bei Bayreuth zu arrangieren. Dorthin hatte das „Ahnenerbe" aus Luftschutzgründen seine Geschäftsführung und einen Teil seiner Sammlungen verlegt. Im Dezember 1944 erreichte Sievers eine Nachricht des SD in Groningen, den er um Unterstützung gebeten hatte, dass Bohmers „eine größere Sendung Fundmaterial" zur Beförderung nach Deutschland aufgegeben hatte. Dabei kann es sich jedoch nur um einen kleinen Teil gehandelt haben. Nach der deutschen Kapitulation in den Niederlanden stellte sich heraus, dass der größte Teil der Dokumentation und der Funde aus Mauern und Unterwisternitz noch immer in Groningen war. Ein Teil der Sammlung befand sich in der Wohnung von Bohmers in Buitenpost, weitere Teile wurden an anderen Orten in Friesland aufbewahrt. Die Verschickung der Fundstücke nach Deutschland geschah zu einer Zeit, in der die Chancen für einen Sieg des nationalsozialistischen Deutschlands rapide abnahmen. Bohmers zog sich währenddessen mehr und mehr aus dem „Ahnenerbe" zurück. Nach 1945 sollte er sich selbst zu einem Opfer des Nationalsozialismus stilisieren.

Die Prager Burg

Als Heydrich am 27. September 1941 in Prag eintraf, verschärfte er augenblicklich die deutsche Besatzungspolitik; seine brutale Verfolgung des Widerstandes brachte ihm den Ruf als „Schlächter von Prag" ein.[21] Gleichzeitig ließ er auch die tschechischen Verwaltungen überprüfen. Zu den dafür herangezogenen Experten gehörte Herbert Jankuhn (1905–1990), der führende Archäologe des „Ahnenerbes". Im November 1941 erreichte das „Ahnenerbe" Heydrichs Anfrage, ob Jankuhn die bisher von der Kanzlei des tschechischen Staatspräsidenten beaufsichtigten Ausgrabungen auf der Prager Burg begutachten könne. Jankuhn besichtigte die Burg am 11. und 12. Dezember und inspizierte die dortige Ausgrabung mitsamt Magazin und Werkstatt. Da Heydrich dienstlich verhindert war, fuhr Jankuhn anschließend nach Berlin, wo er mit Sievers die zukünftige Behandlung der Grabungen besprach. Eine Woche später reichte Jankuhn einen umfangreichen Bericht beim „Ahnenerbe" ein, der im Januar 1942 mit seinen zusammenfassenden Vorschlägen an Heydrich weitergeleitet wurde. In seinem Gutachten bescheinigte Jankuhn den Ausgrabungen zwar eine technisch gute Umsetzung, aber an der Art und Weise, wie die ergrabenen Bauten dem Publikum zugänglich gemacht werden sollten, hatte er einiges auszusetzen. Auch die Konservierung der Funde bemängelte er. Vor allem jedoch kritisierte er ihre wissenschaftliche Bearbeitung heftig. Denn im Gegensatz zu seinen tschechischen Kollegen stellte Jankuhn die große Bedeutung der Germanen sowohl für den Bau der Prager Burg als auch für die Gründung des tschechischen und des polnischen Königreichs heraus, was sich in Prag ebenso in der Bauweise wie auch an einem Gräberfeld zeige. Er unterstellte den Ausgrabungen auf der Prager Burg eine unwissenschaftliche Bearbeitung bei gleichzeitig deutlich zu hohen Kosten, obwohl sie „neben ihrem Wert als Anschauungsmittel eine beträchtliche politische Bedeutung" besäßen. Dieses Verhalten der tschechischen Forschung wäre durch „unsachliche", das heißt politische Gründe, verursacht worden. Zur Lösung schlug er vor, die bisherigen Funde und eventuell notwendige Nachgrabungen dem „Ahnenerbe" zu übertragen. Da eine umfassende wissenschaftliche Bearbeitung mehrere Jahre in Anspruch nehmen werde, solle zunächst ein umfangreicher Führer erstellt werden, damit schnell eine der wissenschaftlichen und politischen Bedeutung angemessene Dokumentation zur Verfügung stünde. Neben den Experten des „Ahnenerbes" müssten auch die beteiligten tschechischen Forscher unter deutscher Leitung herangezogen werden. Mit der weiteren Bearbeitung sollten Zotz und Karl Hucke (1911–1989) beauftragt werden.[22]

Nur wenige Tage nach dem Eingang des Gutachtens antwortete Heydrich, dass Jankuhn sein „Dank für seine wertvolle Arbeit" mitgeteilt werden sollte. Jankuhns Einschätzung der tschechischen Forschung decke sich mit der des SD-Büros in Prag. Heydrich entzog die Burgbauverwaltung und die Ausgrabungen der Kanzlei des tschechischen Staatspräsidenten und unterstellte sie seinem eigenen Büro. Allerdings entstand aus Jankuhns Gutachten das Missverständnis, dass auch Zotz Mitarbeiter des „Ahnenerbes" sei. Jankuhn hatte ihn aber nur deswegen notgedrungen berücksichtigt, weil er vor Ort tätig war. Weil Hucke versuchte, Zotz entsprechend der Taktik des „Ahnenerbes" weitestgehend „außen vor" zu lassen, entstanden schnell große Schwierigkeiten. Schließlich legte das „Ahnenerbe" die Forschungen an der Prager Burg erst einmal auf Eis.[23]

Machtkampf um die Vorherrschaft im „Reichsprotektorat"

Ab 1942 versuchten Jankuhn und Sievers, Zotz, dessen genaues Verhältnis zur SS und dem „Ahnenerbe" noch ungeklärt ist, zu verdrängen. Mit Schwabedissen, Hucke und der Anthropologin Gisela Asmus (1905–?) hatten sie gleich drei Mitarbeiter aus Jankuhns unmittelbarem Umfeld in der Region. Dort entfalteten sie umfangreiche Tätigkeiten, die allerdings noch näher untersucht werden müssen. Vor allem sollten sie wohl die Vorgeschichtsforschung auf dem Gebiet der ehemaligen Tschechoslowakei unter die Kontrolle des „Ahnenerbes" bringen. Das ließ sich Zotz anscheinend nicht gefallen und es kam zu größeren Querelen. Im November 1944 hatte der davon entnervte Jankuhn, der zu diesem Zeitpunkt bei dem „Abwehrkampf um Warschau", das heißt bei der Niederschlagung des zweiten Warschauer Aufstands, als Stabsoffizier in der Waffen-SS Dienst tat, daher nur noch einen zynischen Rat für Sievers: Er empfahl, alle drei beteiligten männlichen Kollegen zur kämpfenden Truppe an die Ostfront zu versetzen, damit sie sich darüber klar würden, worum es ginge.[24]

Archäologen im besetzten Osteuropa

Dirk Mahsarski und Gunter Schöbel

Schon lange vor Ausbruch des Zweiten Weltkrieges beschäftigen sich die Archäologen des „Reichsbundes“ wie die des „Ahnenerbes“ mit der Frage der so genannten Restgermanen. Sie glaubten, dass während der Völkerwanderung eine germanische Bevölkerung in den Ländern östlich der Oder und um die Weichsel verblieben wäre. Zusammen mit einer später in diese Gebiete und in Russland eingewanderten germanischen Herrenschicht sollten diese angeblich die slawischen Völker überhaupt dazu in die Lage versetzt haben, Staaten auszubilden. Die Theorien von den Restgermanen und der germanischen Herrenschicht legitimierten nicht nur die Angriffs- und Vernichtungskriege gegen Polen und die Sowjetunion, sie dienten zugleich als wissenschaftliche Begründung für die rassenbiologischen Untersuchungen, die die Bevölkerung der eroberten Gebiete in so genannte wieder eindeutschungsfähige und minderwertige Individuen einteilte.[1]

Neben der Revision des Versailler Vertrages gehörte die Eroberung von Osteuropa, unter dem Schlagwort der Gewinnung von Lebensraum im Osten, zu den wichtigsten Zielen der nationalsozialistischen Außenpolitik. Diese Gebiete sollten das Deutsche Reich langfristig mit Nahrungsmitteln, Siedlungsland und Rohstoffen versorgen. Nachdem die so genannte Sudetenkrise nicht den von Adolf Hitler (1889–1945) erwünschten Ausbruch des Krieges gebracht hatte, wurde Polen das nächste Ziel. Der deutsch-sowjetische Nichtangriffspakt verschaffte den notwendigen Handlungsspielraum und am 1. September 1939 überfiel die deutsche Wehrmacht Polen. Der Krieg wurde von Anfang an rücksichtslos gegen die polnische Zivilbevölkerung geführt. Langfristiges Ziel war die Vernichtung der polnischen Nation und die Ermordung der europäischen Juden. Dazu brachten „Einsatzgruppen der SS“ allein bis Ende 1939 über 60000 polnische Zivilisten um. Danach wurde Polen aufgeteilt: Aus den Gebieten, die von den polnischen Teilungen bis 1918 bereits einmal unter deutscher Herrschaft gestanden hatten, wurden die „Reichsgaue Wartheland und Danzig-Westpreußen“ gebildet und die Preußischen Provinzen Ostpreußen und Schlesien vergrößert. Der Rest wurde als „Generalgouvernement“ unter der Befehlsgewalt von Hans Frank (1900–1946) zusammengefasst. Die polnische Bevölkerung wurde ins Generalgouvernement umgesiedelt, langfristig sollten die slawischstämmigen Polen zu Sklaven gemacht oder umgebracht werden, während die vermeintlich eindeutschungsfähigen Polen zur vollständigen Assimilation bestimmt waren. Nach dem deutschen Sieg über Frankreich begann die zweite Phase der Eroberung Osteuropas: Unter dem Decknamen „Unternehmen Barbarossa“ überfiel das Deutsche Reich am 22. Juni 1941 die Sowjetunion. Damit sollte der gesamte europäische Teil der Sowjetunion erobert, die politische und militärische Elite ermordet werden. Dass große Teile der Zivilbevölkerung dabei verhungern würden, nahm man billigend in Kauf, kalkulierte es teilweise sogar bewusst ein. Der von Heinrich Himmlers (1900–1945) Experten vorbereitete Generalplan Ost bereitete die anschließende Germanisierung der eroberten Gebiete vor. Außerdem stellte die SS erneut Einsatzgruppen auf, um die jüdische Bevölkerung zu ermorden. Die eroberten sowjetischen Gebiete wurden in drei „Reichskommissariate“, unter der Aufsicht des im Juli

1941 gegründeten „Reichsministeriums für die besetzten Ostgebiete“ (RMO), eingeteilt. Es wurde von Alfred Rosenberg (1893–1946) geleitet und war mit für die systematische Ausplünderung der besetzten Gebiete verantwortlich. Erst die deutsche Niederlage im Kessel von Stalingrad und die gescheiterten Offensiven des Frühsommers 1943 brachten die Wende. Ab August 1943 befand sich die Wehrmacht praktisch nur noch in der Defensive und die Rote Armee rückte unaufhörlich vor. Im August 1944 erreichte sie die Weichsel und am 19. Januar 1945 überquerten die ersten sowjetischen Truppen die Grenzen des Deutschen Reichs. Bis dahin waren allein mindestens 30 Millionen Polen und Sowjetbürger gestorben, davon zwei Drittel Zivilisten.[2]

Die Besetzung Polens

Schon beim Überfall auf Polen bedauerte eine ganze Reihe von Archäologen, insbesondere aus dem Umfeld der SS, nicht aktiv an den Kämpfen teilgenommen zu haben. Besonders heraus stechen dabei Herbert Jankuhn (1905–1990), der führende Archäologe der SS, und Werner Buttler (1907–1940), Referent für Bodendenkmalpflege im „Reichserziehungsministerium“ und ebenfalls SS-Mann. Beide brachten in Briefen zum Ausdruck, dass sie es ihr ganzes weiteres Leben bedauern würden, nicht mit in Polen einmarschiert zu sein. Jankuhn meldete sich in der Folge wiederholt freiwillig zur Wehrmacht und zur Waffen-SS, wurde aber auf Befehl Himmlers immer wieder zurückgestellt. Buttler dagegen durfte zur Waffen-SS einrücken und starb 1940 beim Frankreichfeldzug. Die beiden waren dabei keine Einzelfälle, unter anderem meldeten sich auch Bolko von Richthofen (1899–1983) und Ernst Petersen (1905–1944) freiwillig zur Wehrmacht.[3]

Zusätzlich zu dieser Kriegsbegeisterung suchten die Archäologen neue Betätigungsfelder, weil die Ausgrabungen im Reichsgebiet nach und nach kriegsbedingt eingestellt werden mussten. Neben dem Denkmalschutz

Das „Ahnenerbe der SS“ übernahm 1940 die Kontrolle über die Ausgrabungen von Biskupin. Leiter der Ausgrabungen wurde Hans Schleif.

engagierten sie sich dabei ganz besonders in den Bereichen Propaganda und Kunst- und Kulturgutraub, in die sie ihr Expertenwissen mit einbringen konnten. Bereits der erste dieser Raubzüge wurde von einem Archäologen durchgeführt. Nur wenige Tage nach dem Beginn des Zweiten Weltkrieges korrespondierte Wolfram Sievers (1905–1948), der Reichsgeschäftsführer des „Ahnenerbes der SS", mit Himmler wegen der Frage nach vermeintlich germanischen Artefakten in polnischen Museen. Weitgehende Pläne von Jankuhn, Peter Paulsen (1902–1985) und Petersen folgten. Nachdem Himmler zugestimmt hatte, wurde Paulsen für eine erste Sondierung der Lage vorgeschickt. Dabei gelang es ihm, den von Veit Stoß (1447–1533) gefertigten Hochaltar der Krakauer Marienkirche, den die polnische Regierung im Umland der Stadt vor Bombenangriffen in Sicherheit gebracht hatte, zu beschlagnahmen. Nachdem Paulsen bei Reinhard Heydrich (1904–1942), dem Chef des „Reichssicherheitshauptamtes" der SS (RSHA), Bericht erstattet hatte, wurde das Sonderkommando Paulsen um Sievers und mehrere Wissenschaftler des „Ahnenerbes", darunter Petersen und Hans Schleif (1902–1945), verstärkt und in der zweiten Oktoberhälfte erneut nach Polen entsandt. Dort war mittlerweile auch Hermann Göring (1893–1946) aktiv geworden. Neben einem eigenen Sonderkommando, das für ihn vor allem Gemälde plünderte, baute Göring hauptsächlich die „Haupttreuhandstelle Ost" (HTO) auf. Die HTO gehörte zu Görings Dienststelle des „Beauftragten für den Vier-Jahres-Plan", verwaltete die Besitzungen des zerschlagenen polnischen Staates, konfiszierte polnischen Privatbesitz zum Wohle des Dritten Reichs und war für die „Arisierung" der polnischen Wirtschaft verantwortlich. Doch dem „Ahnenerbe" gelang es, mit Göring einen Handel abzuschließen, der ihm erlaubte, in der ersten Phase der Besatzungsherrschaft archäologische und naturkundliche Sammlungen zu plündern. Vor allem aber übernahm das „Ahnenerbe" nach der Gründung des Generalgouvernements wichtige Schlüsselstellungen in der HTO, indem Sievers geschäftsführender Generaltreuhänder wurde und die Wissenschaftler ihre Expertise zur Verfügung stellten. Schleif wurde zudem als Treuhänder für den Warthegau eingesetzt. Bis Ende 1941 beschlagnahmte die HTO insgesamt Besitz im Wert von drei Millionen Reichsmark, von denen zehn Prozent an das „Ahnenerbe" gehen sollten.[4]

Auch die wichtigsten Ausgrabungen auf polnischem Territorium konnte das „Ahnenerbe" sich auf Jankuhns Initiative hin sichern. Die bedeutenden polnischen Ausgrabungen in Biskupin wurden übernommen, fortgesetzt und dauerten von Schleif betreut bis zum Sommer 1942 an. Schleif wurde zwar 1940 als Abteilungsleiter im „Ahnenerbe" von Jankuhn abgelöst, arbeitete aber weiterhin eng mit der Organisation zusammen. Auch die Landesämter für Bodendenkmalpflege in den neu gebildeten „Reichsgauen" und der Lehrstuhl an der Universität Posen wurden mit Archäologen aus dem Umfeld des „Ahnenerbes" besetzt.[5]

Die Archäologen des „Amtes Rosenberg" unter Hans Reinerth (1900–1990) waren dagegen nur im Generalgouvernement erfolgreich. In Krakau wurde Werner Radig (1903–1985) 1941 Abteilungsleiter für Vorgeschichte am „Institut für Deutsche Ostarbeit" (IDO). Das IDO gehörte zu Rosenbergs „Hoher Schule der NSDAP"; hier organisierte Radig unter anderem 1941 die Propagandaausstellung „Germanenerbe im Weichselraum" mit Exponaten der Modellwerkstatt des „Reichsbundes für Deutsche Vorgeschichte".[6]

Schon im besetzten Polen nahmen Archäologen auf vielfältige Weise die Ermordung der europäischen Juden und die Vernichtung der polnischen Nation wahr. So arbeitete Thea Haevernick (1899–1981), eine der wenigen Archäologinnen der Zeit, ab April 1942 am „Landesamt für Vorgeschichte in Posen". Nach einer Ausbildung als Krankenschwester hatte sie die Abendschule besucht und von 1932 an Archäologie in Marburg studiert, wo sie 1939 promoviert wurde. In Litzmannstadt wurde sie Augenzeuge, wie Juden Opfer der „Vernichtung durch Arbeit" wurden. Im Mai 1942 beschrieb sie ihrem Doktorvater Gero von Merhart (1886–1959) in einem Brief ihre Beobachtungen:[7] „Um das Ghetto wird ein breiter Streifen abgerissen. Durch darf man nicht gehen, nur mit der Elektrischen fahren. Die wichtigen Querstraßen sind auf Holzbrücken drüber weggeführt. Die Eisenbahn von hier wird zweigleisig ausgebaut. Das machen die Juden. Wenn die Bahn fertig ist, werden sie es auch sein."[8]

Rosenbergs Männer in der besetzten Sowjetunion

Anders als in Polen oder Skandinavien hatten die Archäologen um Reinerth in der besetzten Sowjetunion praktisch freie Hand, weil Rosenberg als „Reichsminister für die besetzten Ostgebiete“ die Zivilverwaltung kontrollierte. Selbst die „Höheren SS- und Polizeiführer“ der Region kooperierten teilweise eher mit ihnen als mit dem „Ahnenerbe“, um sich Rosenbergs Wohlwollen zu sichern. So konnte Reinerth in den „Reichskommissariaten Ostland und Ukraine“ Landesinstitute für Vorgeschichte unter Carl Engel (1895–1947) bzw. Rudolf Stampfuß (1904–1978) aufbauen. Zudem war als Teil des „Einsatzstabes Reichsleiter Rosenberg“ (ERR), der für Rosenberg Plünderungen in Frankreich und der Sowjetunion durchführte, auch ein „Sonderstab Vorgeschichte“ unter Reinerth gegründet worden. Anders als das „Ahnenerbe“ beließ Reinerth aber die Sammlungen und Museen, die er unter seine Kontrolle gebracht hatte, im Wesentlichen vor Ort. Neben der Sicherung von Museen gegen weitere Kriegsschäden und der Durchführung von Ausgrabungen beschäftigte sich der Sonderstab Vorgeschichte vor allem mit der Neuordnung der Museen. Damit sollte das kommunistische Geschichts- und Wissenschaftsverständnis der meisten Ausstellungen durch ein spezifisch nationalsozialistisches ersetzt werden. Bis zum Sommer 1943 waren so mehr als 100 Museen bearbeitet worden, wobei auch eine große Zahl an Kollaborateuren eingesetzt wurde. Für das Museum in Charkow wurde nach der Neuaufstellung sogar ein auf Deutsch verfasster Führer herausgegeben; das Haus wurde besonders auf die Betreuung und Indoktrinierung der deutschen Besatzungstruppen ausgerichtet. Zusätzlich bereitete Reinerth im Frühjahr 1942 die Gründung eines großen „Ostinstitutes“ in Kiew vor, dass zumindest teilweise als Ersatz für das heftig umstrittene Reichsinstitut für Deutsche Vorgeschichte dienen sollte. Um die Forschungsvorhaben des Ostinstitutes auf der Krim nach Möglichkeit zu hintertreiben, verbündete sich das „Ahnenerbe“ eigens mit dem Archäologischen Institut des Deutschen Reichs, das Grabungsgenehmigungen für die gotischen Städte auf der Krim aus der Vorkriegszeit geltend machte. Außerdem transportierte auch der ERR in geringem Umfang geraubte Funde und Bücher aus der Sowjetunion in das Deutsche Reich. Davon konnte ein Teil in der Nachkriegszeit wiedergefunden und zurückgegeben werden.[9]

Das Sonderkommando Jankuhn

Durch seine guten Kontakte zum SD erfuhr Jankuhn bereits über einen Monat vor der breiten Öffentlichkeit von dem bevorstehenden „Unternehmen Barbarossa“. Umgehend informierte er die Führung des „Ahnen-

Werner Hülle führte 1943 Ausgrabungen am Dnepr-Bogen durch.

Ausschilderung zum neu aufgestellten Museum in Charkow.

erbes" und schlug weitgehende Operationen in den noch zu erobernden Gebieten vor. Dazu sollte den Einsatzgruppen je ein Sonderkommando aus Archäologen angeschlossen werden. Ziel war es erneut, möglichst viele vermeintlich germanische Funde und Unterlagen zu entsprechenden Ausgrabungen und Sammlungen unter die eigene Kontrolle zu bringen. Obwohl der SD und Himmler rasch ihre Zustimmung signalisierten, ließen sich diese Pläne aber nicht mehr schnell genug umsetzen. In der Folge wurde die Ausgangslage wesentlich komplizierter, weil Reinerth in den Reichskommissariaten, die unter der Zivilverwaltung von Rosenbergs RMO standen, frei operieren konnte, während Jankuhns Handlungsspielraum begrenzt war. Das zeigte sich deutlich, als Jankuhn im Januar 1942 zu einem ersten Einsatz nach Kiew reiste.[10]

Die Lösung für dieses Problem war jedoch denkbar einfach. Auf Rat des „Ahnenerbes" entschied Himmler, dass Jankuhn im Zuständigkeitsbereich der Feldkommandeure der Waffen-SS arbeiten sollte. Daher wurde das Sonderkommando Jankuhn, bestehend aus Jankuhn, seinem engsten Mitarbeiter Karl Kersten (1909–1992) und einem weiteren jungen Archäologen, der Polnisch und etwas Russisch sprach, im Sommer 1942 der fünften Waffen-SS-Panzergrenadierdivision „Wiking" unterstellt. Jankuhn hatte sich bereits vier Monate zuvor freiwillig zur Waffen-SS gemeldet, die anderen beiden wurden während der Vorbereitungen des Sonderkommandos eingezogen. Außer Kersten, dessen Aufnahmeantrag noch lief, waren alle Beteiligten zudem schon länger Mitglieder der Allgemeinen SS. Das Sonderkommando arbeitete von August bis Dezember 1942 im Kaukasusvorland im Bereich der Zuständigkeit von Wehrmacht und Waffen-SS, das heißt auf dem Schlachtfeld und direkt dahinter. Sievers versuchte dabei vergeblich, Jankuhn von allzu waghalsigen Aktionen abzuhalten. Auf diese Weise konnten Auseinandersetzungen mit dem ERR weitestgehend vermieden werden, zumal man in der Regel vor Reinerths Leuten in den neu eroberten Städten war. Tatkräftige Unterstützung für die praktische Arbeit in Form von bewaffneten Männern und Fahrzeugen bekam das Sonderkommando Jankuhn nicht nur von der Waffen-SS, sondern auch von den Einsatzgruppen. Wiederholt rückte man gemeinsam in die Städte ein, um die lokale jüdische Bevölkerung zu ermorden bzw. gleichzeitig die lokalen Museen zu plündern. Dabei suchte Jankuhn unter anderem auch nach den Beständen des Museums von Kertsch, unter denen man reichhaltige Funde der völkerwanderungszeitlichen Goten, die zu den Germanen gerechnet wurden, erwartete. Gleichzeitig wurde Kersten auf die Krim abkommandiert, um dort Feldforschung zu betreiben und den Besuch Himmlers dort mit vorzubereiten. Zudem sammelte das Sonderkommando geheimdienstlich verwertbare Informationen von der lokalen Bevölkerung.[11]

Auch im Sommer 1943 kam das zum Einsatzkommando (EK) aufgewertete SK Jankuhn wieder zum Einsatz. Neben Jankuhn und Kersten gehörten dieses Mal auch Alfred Rust (1900–1983), der Däne Søren Telling (1895–1968) und Joseph Wiesner (1913–1975) zum Kommando. Wiesner und ein weiterer Kollege waren eigens vom Archäologischen Institut des Deutschen Reichs abgestellt worden, um sich auf die Funde aus griechisch-römischer Zeit zu konzentrieren. Zusätzlich wurde das EK durch „einige befreundete Forscher aus germanischen Ländern"[12] verstärkt, die für

Im Sommer 1942 bereisten Hans Reinerth (zweiter von links), Rudolf Stampfuß (rechts) und weitere Mitarbeiter des ERR die Gotenburgen auf der Krim. Die Archäologen des „Reichsbundes" und des „Ahnenerbes" stritten sich um die dort geplanten Ausgrabungen.

Die Gotenkrone von Kertsch ist seit Mitte der 1930er-Jahre im Besitz des Kölner Museums für Vorgeschichte. Das Sonderkommando Jankuhn interessierte sich besonders für vergleichbare Funde. Im Zweiten Weltkrieg wurde das Museum von Kertsch zerstört, aber das SK Jankuhn erbeutete einen Teil der von der Sowjetunion in Sicherheit gebrachten Bestände. Sie sind bis heute verschollen.

die praktische Umsetzung der Ausgrabungen vorgesehen waren. Auf diesem Weg kam der Merhart-Schüler Frans Christiaan Bursch (1903–1981) zur Gruppe. Damit erfüllten sie gleich eine mehrfache Funktion, weil sie einerseits die Bewegungsbeschränkungen der zur Waffen-SS eingerückten Mitglieder des EK, die sich im Gebiet der Militärverwaltung nicht frei bewegen durften, umgingen und andererseits das konzeptionelle Bedürfnis nach Mitarbeit nicht deutscher Wissenschaftler am pangermanischen Konzept unter Führung und Leitung der Deutschen ausübten. Darüber hinaus erlaubten sie die ganz pragmatische Umgehung und Täuschung des ERR, indem sie Ausgrabungen in Solonje und am Dnepr-Bogen durchführten. Diese wurden offiziell durch die lokalen Stellen der SS beauftragt, so dass das „Ahnenerbe" selbst nicht in Erscheinung treten musste. Zusätzlich wollte Kersten Ausgrabungen auf der Krim an Orten durchführen, die der ERR bereits mit Schildern als sein Forschungsobjekt markiert hatte; dazu kam es aber kriegsbedingt nicht mehr. Das eigentliche EK teilte sich auf und arbeite von Anfang Juni bis Ende August 1943 im Windschatten des I. und des III. SS-Panzerkorps.[13]

Bereits im Vorfeld hatten sich Jankuhn und Sievers um die spätere Auswertung der erbeuteten Materialien gekümmert. Gegenüber dem ERR hatten sie zwar beteuert, dass nicht die Absicht bestünde, die zusammengerafften Funde für sich und die eigenen Kollegen zurückzuhalten. Die Realität sah anders aus, wobei berücksichtigt werden muss, dass das „Ahnenerbe" die Mitarbeiter des ERR nicht für verantwortungsvoll hielt. Und Rosenbergs Leute verhielten sich nicht anders. Dabei ging es jedoch nicht nur um die Fundstücke, sondern auch um Kollaborateure, die entsprechend an- und abgeworben wurden. Es zeigte sich, dass das „Ahnenerbe" dabei, wie schon in den vorangegangenen Jahren innerhalb des Reichs, erfolgreicher war. Zusätzlich ging das „Ahnenerbe" gegen Wissenschaftler vor, die mit dem „Amt Rosenberg" kollaborierten. Die vom EK Jankuhn geraubten Funde wurden zunächst alle zum „Ahnenerbe" nach Berlin gebracht. Von dort gelangte ein Teil der Objekte ins Ausweichquartier des „Ahnenerbes" nach Waischenfeld, ein weiterer Teil wurde, zusammen mit der Berliner Bibliothek des „Ahnenerbes", nach Salzburg und nach Schloss Oberkirchberg bei Neu-Ulm evakuiert. Weitere Bestände wurden auf die Universitäten der beteiligten Wissenschaftler aufgeteilt. Neben einer Reihe von Büchern konnten nur 82 Objekte, die das Berliner Museum für Vor- und Frühgeschichte in den 1980er-Jahren aus einer Privatsammlung erworben hatte, zurückgegeben werden. Von den mindestens 27 Kisten und einer LKW-Ladung, die insgesamt vom EK Jankuhn in Zusammenarbeit mit dem SD geplündert und abtransportiert worden waren, muss der größte Teil auch heute noch als verschollen gelten.[14]

Da die Waffen-SS einen Mangel an ausgebildeten Offizieren hatte, setzte Felix Steiner (1896–1966), der Kommandeur der Division „Wiking", Jankuhn als Stabsoffizier ein. Zwar verfügte dieser nicht über die formal dafür notwendige Ausbildung, aber seine wissenschaftliche Arbeit, unter anderem im Bereich der Luftbildarchäologie, und seine Sprachkenntnisse glichen das mehr als aus. So vertrat Jankuhn bereits im Herbst 1942 den Leiter der Abteilung VI des Stabs der Division, der für die Betreuung und politische Indoktrination der Divisionsangehörigen zuständig war. Letztere bestanden zu großen Teilen aus Freiwilligen, die die „Germanische Leitstelle" angeworben hatte. Ab September 1943 diente Jankuhn dann als Dritter Generalstabsoffizier, erst bei der Division, von August 1944 bis zum Kriegsende dann beim IV. SS-Panzerkorps. In dieser Funktion war er für den militärischen Geheimdienst genauso zuständig wie für die Bekämpfung von Partisanen und die Zusammenarbeit mit den Einsatzgruppen. Für seinen Dienst bei der Waffen-SS wurde Jankuhn hoch ausgezeichnet und befördert. Zuletzt war er SS-Obersturmbannführer der Allgemeinen SS und Sturmbannführer (F) der Waffen-SS, eine weitere Beförderung war kurz vor der Deutschen Kapitulation vorgesehen.[15]

Der Skythenhelm von Maikop gehört zu den Funden, die das Sonderkommando Jankuhn geraubt hat. Er ist bis heute verschollen.

Skandinavien und die „Germanische Leitstelle"

Dirk Mahsarski

Die völkische Bewegung und die völkisch geprägten Archäologen hatten sich schon lange vor dem Ausbruch des Zweiten Weltkrieges für Skandinavien interessiert, weil sie die Wikinger für Arier und Nordgermanen, das heißt enge nördliche Verwandte, hielten, mit denen die Deutschen Blut und kulturelle Wurzeln teilten. Bereits seit 1938 hatte das „Ahnenerbe" für die SS geplant, wie sie diese vermeintliche Blutsgemeinschaft der Skandinavier und auch der Engländer mit den Deutschen für das Deutsche Reich nutzen konnte. Früh entstand die Idee, eine „Germanische Leitstelle" einzurichten, die die Bemühungen koordinieren sollte. Das Ziel war, Skandinavien und darüber hinaus die Benelux-Länder, schließlich auch die angelsächsischen Länder politisch wie kulturell im Sinne des nationalsozialistischen Deutschlands zu beeinflussen. Dazu sollte die Arbeit von Archäologen, Historikern und Volkskundlern beitragen, die die gemeinsamen germanischen Wurzeln der einzelnen Länder erforschen und aufzeigen sollten. Gleichzeitig wollte man damit auch demonstrieren, wie leistungsfähig und modern die deutschen Wissenschaften waren:[1] In einem Aktenvermerk wurden die grundsätzlichen Ziele dieser „Leitstelle" umschrieben: „Es soll keine unmittelbare politische Beeinflussung im engeren Sinne stattfinden, vielmehr sollten die grossen Gedanken der gemeinsamen germanischen Kultur (Vorgeschichte, Volkskunde und verwandte Zweige) gefördert und gepflegt werden."[2]

Bis zum Kriegsausbruch lagen erst grobe Planungen vor, aber nach und nach wurden die Vorbereitungen vorangetrieben und unterschiedliche Partner gesucht. 1941 genehmigte Himmler schließlich die Einrichtung einer „Germanischen Leitstelle" als gemeinsames Projekt des „Ahnenerbes" und des „SS-Hauptamtes" (SS-HA). Ziel dieser „Leitstelle" war neben der Kulturpolitik auch die Rekrutierung von Freiwilligen für die Waffen-SS. Beim „Ahnenerbe" waren vor allem Joseph Otto Plassmann (1895–1964), Hans Ernst Schneider (1909–1999), Herbert Jankuhn (1905–1990), der einflussreichste Archäologe des „Ahnenerbes", und der Reichsgeschäftsführer Wolfram Sievers (1905–1948) für die „Leitstelle" verantwortlich. Gemeinsam mit dem SS-HA bauten sie Niederlassungen in Oslo, Kopenhagen, Brüssel und Den Haag auf, die als Rekrutierungsbüros und Koordinationsstellen für die Propaganda dienten. Unterstützung leistete neben verschiedenen Dienststellen der Allgemeinen SS insbesondere die Waffen-SS. Dort interessierte sich vor allem der General der Waffen-SS Felix Steiner (1896–1966) für das Projekt. Steiner, unter dem Jankuhn zwischenzeitlich als Generalstabsoffizier diente, versuchte die fünfte Waffen-SS-Division „Wiking" zum Kern einer zukünftigen pangermanischen Armee auszubauen. Dabei hatte man nicht geringe Erfolge. Insgesamt meldeten sich immerhin ungefähr 8000 Dänen, 6000 Norweger und 300 Schweden freiwillig zur Waffen-SS.[3]

Das war angesichts der Umstände ein gutes Ergebnis, denn im Winter 1939/1940 hatte sich die Führung des Dritten Reichs dafür entschieden, Dänemark und Norwegen zu erobern. Damit sollte die Versorgung der deutschen Rüstungsindustrie mit schwedischem Eisenerz sichergestellt werden, das über den norwegischen Hafen von Tromsø verschifft wurde. Gleichzeitig befürchtete man, dass Großbritannien die beiden skandinavischen Länder aus sicherheitspolitischen Gründen vorübergehend annektieren könnte. Daher wollte die Führung des Dritten Reichs einem entsprechenden Angriff der Briten zuvorkommen, um die deutschen Küsten zu sichern. Der deutsche Angriff erfolgte im Mai 1940 unter dem Codenamen „Unternehmen Weserübung". In Norwegen zogen sich die Kampfhandlungen bis zur Kapitulation am 10. Juni hin. Dänemark wurde dagegen praktisch überrumpelt und überrollt.

Entsprechend der Bewertung der Skandinavier als Nordgermanen unterschieden sich Praxis und Ziele der deutschen Besatzung in Skandinavien grundsätzlich von der in Osteuropa, weil die Skandinavier für die eigene Seite gewonnen werden sollten. Zum Reichskommissar für das besetzte Norwegen wurde der Essener Gauleiter Josef Terboven (1898–1945) ernannt. Terboven setzte anstelle der ins Exil geflohenen Regierung eine Übergangsregierung ein, die er kurz darauf wieder auflösen musste, weil das norwegische Parlament dem geflohenen

Auf den von der „Germanischen Leitstelle" produzierten Werbeplakaten standen Antikommunismus und Archäologie im Vordergrund.

König weiterhin die Treue hielt. Stattdessen ernannte Terboven im September 1940 Kommissarische Staatsräte, die die Regierungsgeschäfte bis 1942 führten. Ihre überwiegende Mehrheit gehörte der Nasjonal Samling an. Diese norwegische nationalsozialistische Partei war 1933 unter anderem von dem ehemaligen Verteidigungsminister Vidkun Quisling (1887–1945) gegründet worden. Bis 1940 spielte sie in Norwegen nur eine untergeordnete Rolle und erreichte nie mehr als 2,5 Prozent der Stimmen bei den Wahlen. Nach Beginn der deutschen Invasion rief sich Quisling zum Ministerpräsidenten aus, wurde aber kurz darauf von der von Terboven eingesetzten Übergangsregierung verdrängt. Erst im Februar 1942 wurde Quisling zum Ministerpräsidenten ernannt, hatte aber weder großen Rückhalt in der Bevölkerung noch bei den Deutschen. Vielmehr arbeitete Terboven bevorzugt mit Jonas Lie (1899–1945), Polizeiminister und Chef der Germanischen SS in Norwegen, zusammen. Bei Kriegsende hatte die Nasjonal Samling etwa 50 000 Mitglieder. Während der Besatzungszeit wurde norwegisches Recht in großem Umfang durch deutsches Recht ersetzt, rund 44 000 Norweger wurden verhaftet, viele Widerstandskämpfer in Konzentrationslager nach Deutschland gebracht. Ungefähr die Hälfte der ursprünglich 2200 Personen umfassenden jüdischen Bevölkerung Norwegens konnte fliehen, während 767 nach Auschwitz-Birkenau deportiert wurden. Von diesen überlebten nur 26.

Nach der dänischen Kapitulation verpflichtete sich Deutschland zur Wahrung der Integrität Dänemarks und dazu, sich nicht in die Innenpolitik einzumischen. Im Gegenzug verfolgte die dänische Regierung eine Politik der Beschwichtigung und Zugeständnisse gegenüber den Besatzern. Die dänischen Nationalsozialisten wurden allerdings nicht an der Regierung beteiligt. Damit war Dänemark ein Sonderfall unter den besetzten Gebieten. Dennoch wurde nach und nach die dänische Souveränität ausgehöhlt. Jedoch erst 1943 verschärfte sich die Situation nach einer Welle von Streiks und Sabotageakten deutlich. Werner Best (1903–1989), Reichsbevollmächtigter in Dänemark und SS-Obergruppenführer, setzte die Minister ab und rief das Kriegsrecht aus. Auch das Parlament hörte auf zu tagen. Im Laufe der Zeit wurden ungefähr 6000 Dänen in deutschen

Auch die dänischen Nationalsozialisten bedienten sich des Mythos' Germanien, trotzdem blieben sie politisch weitestgehend unbedeutend.

Konzentrationslagern interniert. Von den 7500 bis 8000 dänischen Juden wurden insgesamt 481 verhaftet und deportiert. Von diesen starben wiederum nur 52, was auch auf den nachdrücklichen Einsatz der dänischen Regierung für ihre Staatsbürger zurückzuführen ist. Der Großteil der jüdischen Bevölkerung aber konnte durch den dänischen Widerstand, unterstützt von der dänischen Verwaltung, dem deutschen Botschaftsangehörigen Georg Ferdinand Duckwitz (1904–1973) und dem dänischen Physiker Nils Bohr (1885–1962), nach Schweden in Sicherheit gebracht werden. Die Dänische NSDAP und die NSDAP der deutschen Minderheit in Dänemark spielten während der ganzen Besatzungszeit nur eine untergeordnete Rolle.

Jankuhn in Norwegen

Noch während im nördlichen Norwegen gekämpft wurde, entsandten Heinrich Himmler (1900–1945) und Reinhard Heydrich (1904–1942), Chef des Reichssicherheitshauptamtes der SS (RSHA), ein 200 Mann starkes Kommando aus Männern der Sicherheitspolizei, des SD und der Waffen-SS nach Oslo, um den norwegischen Widerstand auszuschalten. Teil dieses Sonderkommandos war auch Herbert Jankuhn[4]. Unmittelbar nach dem Eintreffen in Norwegen nahm er die Arbeit auf. Vom SD-Büro Oslo im ehemaligen norwegischen Außenministerium aus untersuchte er die Lage der Archäologie und des Denkmalschutzes in Norwegen. Seine Berichte lieferten nicht nur Expertisen zum Schutz der Denkmäler und zur Kooperation mit der norwegischen Forschung, vielmehr sammelte er auch Informationen über die politische und ideologische Einstellung der Norweger im Allgemeinen und der norwegischen Archäologen im Besonderen.[5] Erster Anlaufpunkt für Jankuhn war die Oldsaksamling, das zur Universität Oslo gehörende Kulturhistorische Museum im Stadtzentrum. An den Geschäftsführer des „Ahnenerbes", Wolfram Sievers, berichtete Jankuhn hinterher seine persönliche Einschätzung der Lage:

> *„Ich halte die Durchfuehrung wirklich wirkungsvoller Massnahmen fuer notwendig. Damit wuerden wir auch vor der norwegischen Øffentlichkeit, die ja mit den Funden eng verbunden ist, einen gewissen Erfolg haben. Diese Massnahme kønnte durch Pressenotizen in Deutschland und in der norwegischen Presse wirkungsvoll in dieser Richtung ausgenutzt werden. Die Møglichkeit einer Einschaltung des Ahnenerbes in die wissenschaftliche Arbeit Norwegens scheint mir vorzuliegen. Grundsætzlich von Bedeutung ist natuerlich die Frage, wie sich die deutsche Zivilverwaltung gegenueber den kulturellen Organisationen der Norweger einstellt. Ich persønlich halte es fuer zweckmæssig, møglichst wenig in die norwegische Kulturarbeit einzugreifen, sondern sich lediglich gewisse Schluesselstellungen zu schaffen, von denen man aus jederzeit eingreifen kann, d. h. die norwegischen Institutionen als Træger der Arbeit zu belassen und nur an einer zentralen Stelle sich Einflussmøglichkeiten zu verschaffen. Damit wuerde man auch die Abneigung oder zumindest starke Zurueckhaltung der Norweger gegenueber Deutschland am ehesten abbauen kønnen."*[6]

Jankuhns Auffassung zufolge war vor allem der norwegische Reichsantiquar im Weg:

> *„Eine weitere Frage, die sich hier gleich zu Anfang ergeben hat, ist die Besetzung des norwegischen Reichsantiquaramts durch den juedischen Kunsthistoriker und Architekten Harry Per Fett. Sie kønnen alles Wichtige darueber der durchschriftlich beigefuegten Aktennotiz entnehmen. Eine Neubesetzung dieser Stelle mit einem zuverlæssigen Norweger, der allerdings erst noch zu suchen wære, wuerde m.E. uns die notwendige Schluesselstellung fuer die Leitung auf dem uns hauptsæchlich interessierenden Gebiet verschaffen."*[7]

Dabei verbanden sich in Jankuhns Argumentation Denkmalschutz und Unterstützung der deutschen Besatzungspolitik mit antisemitischer Verleumdung, obwohl Fett nicht jüdischer Herkunft war. Diese potenziell sehr gefährliche Denunziation blieb erstaunlicherweise für Fett ohne Folgen. Das lag vermutlich daran, dass er mit dem Reichserziehungsminister Bernhard Rust (1883–1945) zusammen studiert hatte, eventuell auch an einer persönlichen Bekanntschaft mit Hitler aus dem Jahr 1933.

Die Mitarbeiter der Oldsaksamling dagegen versuchte Jankuhn schrittweise für das Dritte Reich zu gewinnen. Hier waren Anton Wilhelm Brøgger (1884–1951) und Sigurd Grieg (1894–1973) als Direktoren tätig. Beide standen dem Dritten Reich ablehnend gegenüber, Brøgger hatte auch indirekt mit zum Scheitern einer geplanten Island-Expedition des „Ahnenerbes" beigetragen. Grieg und Jankuhn kannten sich persönlich, weil der Norweger 1930 an den Ausgrabungen in Haithabu teilgenommen hatte. Um sie von den seiner Meinung nach guten Absichten des Dritten Reichs zu überzeugen und den Fuß in die norwegische Forschung zu bekommen, plante Jankuhn die Förderung der prestigeträchtigen Ausgrabungen des Raknehaugen. Diese

Der Raknehaugen ist der größte Grabhügel Norwegens. Die Ausgrabungen dort wurden 1940 von der SS unterstützt, weil man die norwegischen Archäologen für sich gewinnen wollte.

1939 begonnene Grabung stand im Frühjahr 1940 wegen Geldmangels still, für den Abschluss der Arbeiten am größten Grabhügel Norwegens benötigte die Oldsaksamling umgerechnet ungefähr 12000 RM. Diese Summe ließ Jankuhn binnen weniger Wochen über das „Ahnenerbe“ und über den Reichskommissar beschaffen. Die Zusage für die Gelder kam direkt von Himmler, der sich von Sievers ständig über Jankuhns Tätigkeit auf dem Laufenden halten ließ. Dadurch stieg Jankuhn in der Achtung der übrigen SD-Mitarbeiter so weit, dass SS-Obergruppenführer Fritz Weitzel (1904–1940), der Höhere SS- und Polizeiführer „Nord“ mit Sitz in Oslo, versprach, ihn jederzeit durch Männer und Fahrzeuge zu unterstützen. Vorher hatte es kleinere Spannungen innerhalb der SD-Einsatzgruppe Oslo gegeben, denn dort war man anscheinend nicht ganz damit einverstanden gewesen, dass Jankuhn die Vorschläge zum Raknehaugen direkt an Sievers weitergeleitet hatte, ohne die Dienststellen vor Ort einzubeziehen.[8]

Zusätzlich zum Raknehaugen veranlasste Jankuhn an drei weiteren Stellen Ausgrabungen; darüber hinaus stellte er eine Liste mit schützenswerten Denkmälern zusammen und übergab sie der Wehrmacht. Bei all seinen Bemühungen stieß er auf großes Interesse und erhielt Unterstützung, insbesondere bei der Luftwaffe, die die nachgeordneten Bauämter anwies, entsprechend Rücksicht zu nehmen. Außerdem setzte Jankuhn zwei deutsche Archäologen zur Überwachung der Bauarbeiten ein. Weiterhin schlug er Sievers vor, dass das „Ahnenerbe“ ein Handbuch über Norwegen für deutsche Reisende und Soldaten herausgeben solle. Gleichzeitig leistete er dabei auch die grundlegende Vorarbeit für die spätere Arbeit des „Ahnenerbes“ in Norwegen. Zuletzt drängte Jankuhn, der am 12. August wieder in Kiel eintraf, noch darauf, dass Himmler Norwegen besuchen möge, damit dieser sich selbst einen Eindruck von dem Land verschaffen könne.[9]

Für seinen Einsatz in Norwegen wurde Jankuhn auf Vorschlag des Befehlshabers der Sicherheitspolizei und des SD in Oslo mit dem Kriegsverdienstkreuz Zweiter Klasse mit Schwertern ausgezeichnet. Grundlage für diesen Vorschlag waren primär seine geheimdienstlichen und nicht seine kulturpolitischen Tätigkeiten. Zudem war Jankuhns Einsatz im August 1940 Gegenstand einer einstündigen Besprechung Himmlers mit Heydrichs Adjutanten, der zur selben Zeit mit einem Sonderauftrag und in Zivil in Norwegen unterwegs gewesen war.[10]

Auch nach seiner Abreise aus Norwegen blieb Jankuhn noch in alle wichtigen Entscheidungen des „Ahnenerbes“ zu Norwegen involviert. So besprach Sievers beispielsweise im Mai 1943 neue Fundgebiete mit ihm. Dazu notierte Sievers:

> *„Aufgrund des Vermerks von Prof. Schwalm über das wikingerzeitliche Gräberfeld im KL Berg-Süd bei Tönsberg sprach ich mit SS-Hauptsturmführer Prof. Dr. Jankuhn. SS-Hstuf. Jankuhn ist der Meinung, dass wir unsere Auffassung über die Tätigkeit in den germanischen Ländern immer wieder den germanischen Völkern gegenüber zum Ausdruck bringen müssen: wir betrachten es als unsere Pflicht, alle die Wege zu ebnen, die von der Militärverwaltung nicht geebnet werden können. Wir leisten unsere Hilfe, gefährdete Denkmäler zu sichern, Funde zu bergen, sollen aber stets die zuständigen Stellen der Länder einschalten. Erst dann, wenn z. B. die Norweger dem ablehnend gegenüberstehen, haben wir die Möglichkeit, frei zu handeln und brauchen uns später nicht den Vorwurf machen zu lassen, dass wir den Krieg benutzt hätten, um Funde ausser Landes zu bringen.“*[11]

Zu diesem Zeitpunkt hielt Jankuhn es bereits für angebracht, die norwegische Forschung über das Unterrichtsdepartment und nicht mehr über die Oldsaksamling der Universität Oslo zu kontrollieren. Zudem waren sich Jankuhn und Sievers darin einig, dass im Notfall eigene Mitarbeiter die Grabungen in Norwegen betreuen könnten.[12]

Denn Jankuhns Hoffnung, dass sich Brøgger und Grieg kaufen ließen, hatte sich nicht erfüllt. Sie hatten zwar notgedrungen mit Jankuhn zusammengearbeitet und auch Geld angenommen, änderten aber ihre Einstellung gegenüber der deutschen Besatzung und dem Nationalsozialismus nicht. Zudem gelang es ihnen, mit Hilfe des Rektors der Universität Oslo, Didrik Arup Seip (1884–1963), zusätzliche Mittel aus dem Unterrichtsdepartement zu bekommen und so unabhängiger von der deutschen Besatzung zu bleiben.[13]

Das erste Mal wurde Brøgger im Juni 1941 wegen Auseinandersetzungen um das Nationaltheater, in dessen Vorstand er war, verhaftet, aber kurz darauf wieder auf freien Fuß gesetzt. Am 11. September 1941 kam der Erste Direktor der Oldsaksamling schließlich wieder in Haft, wozu auch die Affäre um das Snartemo-Schwert beitrug. Brøgger wurde in Oslo interniert, auch wenn Sievers vorschlug, dass er nach Breslau geschickt werden könnte. Auch Grieg wurde am 11. Mai 1944 inhaftiert, nachdem sich immer mehr Spannungen in seinem Verhältnis zum „Ahnenerbe" und der „Germanischen Leitstelle" entwickelt hatten. Dabei wurden die Anzeigen bei der deutschen Sicherheitspolizei auch auf der Basis von Aktenvermerken bewertet, die Jankuhn während seiner Zeit beim SD in Oslo angelegt hatte. Direkt verantwortlich soll Jankuhn zudem für die Verhaftung des Archäologen Martin Blindheim gewesen sein, der 1940 in der Oldsaksamling tätig war.[14]

Das Snartemo-Schwert

Bezeichnend für die deutsche Besatzungsherrschaft in Norwegen sind auch die Bemühungen, die Kontrolle über das Snartemo-Schwert zu bekommen. Dieses völkerwanderungszeitliche Prunkschwert war 1933 in der Landschaft Vest-Agder gefunden und 1935 erstmals wissenschaftlich behandelt worden. Auf dem zweiten Internationalen Kongress zur Vor- und Frühgeschichte 1936 in Oslo, an dem auch Jankuhn teilgenommen hatte, wurde es diskutiert und ausgestellt. Das Snartemo-Schwert war bereits im September 1939 zusammen mit anderen wertvollen Objekten der Oldsaksamling in einem Tresor in Fagernes sicher eingelagert worden, so dass es nicht ohne den Einsatz von Zwang oder Gewalt verfügbar war. Erst Ende Januar 1941 verlangte der geschäftsführende Minister für Kirche und Erziehung, Ragnar Skancke (1890–1948), von der Oldsaksamling die sofortige Herausgabe dreier Objekte, von denen eines für besondere Zwecke verwendet werden sollte. Die Forschung geht davon aus, dass es sich bei einem dieser nicht näher genannten Objekte um das Snartemo-Schwert handelte. Da sich Himmler Anfang 1941 – auch auf Vorschlag Jankuhns – in Norwegen aufhielt, wird vermutet, dass es ihm überreicht werden sollte. Die Initiative dazu soll vom „Ahnenerbe" ausgegangen sein, auch wenn sich dazu noch keine ausreichenden Belege gefunden haben. Brøgger ignorierte diese Anweisung jedoch. Im September 1941 wurde Brøgger ausdrücklich aufgefordert, das Schwert für die Propaganda-Ausstellung „Nordmannafolket" (Nordmänner) herauszugeben. Aber auch dieses Mal weigerte er sich, wobei ihm der Senat der Universität Oslo den Rücken stärkte. Nach der Verhaftung Brøggers und Griegs wurden dann immerhin ein Schwert, eine Speerspitze, eine Axt und ein Schildbuckel aus der Wikingerzeit für die Ausstellung verliehen. Aber das Snartemo-Schwert blieb im Tresor. Dementsprechend stand es auch für

Vom Snartemo-Schwert wurden 1942 drei Repliken auf der Grundlage von Fotos angefertigt, um sie Himmler, Terboven und Quisling zu überreichen.

die Anfertigung von drei Repliken nicht zur Verfügung. Stattdessen mussten Fotografien als Vorlage verwendet werden. Eine der Repliken wurde im Februar 1943 Quisling überreicht, die übrigen waren für Himmler und Terboven vorgesehen.[15]

Kersten in Dänemark

Für den Einsatz in Dänemark schlug das „Ahnenerbe" Jankuhns engen Mitarbeiter Karl Kersten (1909–1992) vor. Kersten, der längst seinen Eintritt in die Allgemeine SS vorbereitete und fließend Dänisch sprach, stand sofort zur Verfügung, obwohl er sich Sorgen um die daraus resultierende Arbeitsbelastung machte, war er doch der einzige in Schleswig-Holstein verbliebene Prähistoriker im Außendienst. Sein Einsatz in Dänemark wurde daher so organisiert, dass er ihn in regelmäßigen Abständen für die Wahrnehmung seiner Dienstgeschäfte in Schleswig-Holstein unterbrechen konnte. Zusätzlich arrangierte Sievers für Kersten einen Flug von der Vorbesprechung in Berlin beim RSHA direkt nach Kopenhagen.

Außerdem bekam Kersten ein Begleitschreiben an SS-Oberführer Paul Kanstein (1899–1981), den Vertreter des RSHA in Dänemark. Darin bat Himmlers persönlicher Referent diesen im Auftrage Sievers und Himmlers um Unterstützung. Dabei umriss er Kerstens Aufgabe und schränkte sie schließlich auf rein administrative Arbeiten ein. Dementsprechend war Kerstens Spielraum wesentlich geringer als der von Jankuhn in Norwegen. Verstärkt wurde dieser Umstand noch dadurch, dass es auf Grund von Problemen im Verwaltungsgang und Kerstens noch nicht erfolgter Aufnahme in die SS immer wieder Schwierigkeiten gab. So fehlte Kersten vor seinem ersten Aufbruch nach Dänemark beispielsweise ein entsprechender Dienstausweis, ein anderes Mal ging sein Reisepass im Auswärtigen Amt verloren. Auch die Finanzierung der Reise war schwierig, so dass Kersten auf Zuschüsse des Einsatzkommandos Kopenhagen der Sicherheitspolizei und des SD angewiesen war, auch wenn das RSHA versuchte, die Finanzierung möglichst dem „Ahnenerbe" zu überlassen. Insgesamt reiste Kersten 1940 zu drei Einsätzen nach Dänemark, auch in den folgenden Jahren war er noch mehrfach in Dänemark.[16]

Über die Reisen, bei denen er auch die Stimmung der dänischen Zivilbevölkerung ausführlich dokumentierte, informierte er Kanstein in Kopenhagen sowie Sievers und Jankuhn ausführlich schriftlich und mündlich. Insgesamt verlief Kerstens Zusammenarbeit sowohl mit den deutschen als auch mit den dänischen Behörden trotz der besonderen Situation in Dänemark für ihn weitestgehend erfolgreich. Dabei dürfte ihm zugute gekommen sein, dass er in Zivil unterwegs war. Anscheinend gab es nur seitens des Nationalmuseums in Kopenhagen, das in dieser Hinsicht zumindest behauptete, vom zuständigen Ministerium unter Druck gesetzt zu werden, Bedenken wegen der weiteren Zusammenarbeit nach dem Krieg. Im Gegensatz dazu wurde Kersten in Jütland wesentlich freundlicher empfangen; dort gelang es ihm sogar, einen Kollaborateur anzuwerben, der gegen Erstattung seiner Fahrtkosten in Kerstens Auftrag den Schutz der Bodendenkmäler in seiner Region übernahm. Darüber hinaus konnte er mehrere Heimatforscher für die Sammlung von Rechtsaltertümern zusammen mit dem „Ahnenerbe" gewinnen. Ob auch sein Vorhaben, Arbeitskräfte für die SS-Ausgrabungen am Thorsberger Moor anzuwerben, erfolgreich war, ist dagegen noch nicht geklärt.

Der „Germanische Wissenschaftseinsatz"

Als Teil der Propaganda für die „Germanische Leitstelle" wurde 1943 der „Germanische Wissenschaftseinsatz" begründet, in dem das „Ahnenerbe" viele seiner laufenden Forschungsprojekte bündelte und versuchte, sie mit Kollaborateuren gemeinsam zu bearbeiten. Zusätzlich wurden Ausstellungen veranstaltet und Zeitschriften in den Landessprachen veröffentlicht. Neben den bereits etablierten Akademikern und interessierten Laien bemühte man sich besonders um Studenten. Sogar das Studium in Deutschland wurde ermöglicht. Wo die unterschwellige Propaganda nicht ausreichte, versuchte es die SS ab 1943 aber auch direkt mit mehr oder weniger offener Umerziehung. Viele der Studenten – darunter große Teile der Universität Oslo – wurden mit Gewalt nach Deutschland gebracht und im Konzentrationslager Buchenwald von den Wissenschaftlern des „Ahnenerbes" unterrichtet.[17]

Archäologie und Propaganda in Frankreich (1940–1944)

Jean-Pierre Legendre und Uta Halle

Nach der Besetzung Belgiens und der Niederlande, in denen sehr zügig deutsche Verwaltungsstrukturen eingeführt werden sollten und wo die deutschen Archäologen durchaus mit den örtlichen Wissenschaftlern zusammenarbeiten wollten[1], erfolgte am 5. Juni 1940 der Angriff der Deutschen Wehrmacht auf Frankreich. Dabei erlebte die französische Armee eine fürchterliche militärische Niederlage. Das Land wurde zu großen Teilen von deutschen Truppen besetzt. In den besetzten Gebieten wurde die Archäologie dem „Militärischen Kunstschutz" untergeordnet. Nach Abschluss des Waffenstillstandes formulierte der NS-Politiker Werner Best (1903–1989), der Planer der nationalsozialistischen Neuordnung Europas, 1941 die Vorschläge für Frankreich. Diese sahen vor, Frankreich bis an die Loire ins Deutsche Reich einzugliedern, für die Bretagne plante Best die Einrichtung eines Schutzstaates.[2] Zunächst war angedacht, Südtiroler ins Burgund umzusiedeln, ein Plan, der aber ab Ende 1940 nicht weiter verfolgt wurde.

Anders sah es hingegen in den seit Ende des Ersten Weltkrieges umstrittenen Gebieten Elsass und Lothringen aus. Hier wurden unter völliger Missachtung des abgeschlossenen Waffenstillstandes Mitte Juni 1940 die französischen Behörden der deutschen Zivilverwaltung unterstellt und damit de facto annektiert. Das Elsass wurde dem Gau Baden unter Gauleiter Robert Wagner (1895–1946) zugeschlagen, Lothringen kam zum Gau Saarpfalz mit dem Gauleiter Josef Bürkel (1895–1944). Die französischen Verwaltungsbeamten wurden ihres Amtes enthoben und die deutschen Verwaltungssysteme eingeführt. Die Einrichtung des Naziapparates verfolgte ein Hauptziel: in kürzester Zeit die Germanisierung und Nazifizierung der gesamten Bevölkerung des annektierten Gebietes zu erreichen, und das betraf auch die dortige Archäologie.

Archäologie in Lothringen vor 1940

Zahlreiche archäologische Forschungen waren in Lothringen zwischen 1888 und 1918 durchgeführt worden. Deshalb machten Berichte über Ausgrabungen rund 15 Prozent der Veröffentlichungen der Gesellschaft für Geschichte und Archäologie Lothringens aus.[3] Nach Ende des Ersten Weltkrieges erlebte die Archäologie einen erheblichen Rückgang ihrer Aktivitäten, was nicht nur an der verringerten Zahl der durchgeführten Ausgrabungen, sondern auch an der Zahl der Veröffentlichungen spürbar ist, die zwischen 1920 und 1939 auf zwei Prozent sank: Der Ausschluss des deutschen Direktors des Museums Metz, Johann Baptist Keune (1858–1937), 1920 und der Tod von T. Welter 1937 schwächten diese Disziplin erheblich, so dass Emile Delort (1880–1958) 1940 der einzig aktive Archäologe war.[4]

Personal, Ziele und Forschung ab 1940

Ab Herbst 1940 wurde in der Zivilverwaltung das Landesdenkmalamt Metz[5] geschaffen mit einer Abteilung Denkmalpflege und Naturschutz und einer Abteilung Vor- und Frühgeschichte[6]. Dies war eine völlige Neueinrichtung, denn es gab bis dato weder eine archäologische Abteilung noch einen professionellen Archäologen, Ausgrabungen wurden von freiwilligen Forschern oder Museumskonservatoren durchgeführt. Der Auftrag dieser Abteilung Vor- und Frühgeschichte war nicht ausschließlich wissenschaftlicher Natur: Die Archäologie sollte der Nazipropaganda ebenso „Beweise“ liefern, dass sich in der Vergangenheit germanische Bevölkerungsgruppen in dem Gebiet niedergelassen hatten, um die illegale Annektierung durch das Dritte Reich zu rechtfertigen.

Das Personal

Das neu gegründete Landesdenkmalamt Metz verfügte rasch über wissenschaftliches und technisches Personal. Es unterstand während des gesamten Krieges dem Landeskonservator für Bau- und Kunstdenkmalpflege und Museen des Saarlandes Hermann Keuth (1888–1974).[7] Die Abteilung Vor- und Frühgeschichte wurde von Oktober 1940 bis März 1941 zunächst von Paul-Hans Stemmermann (1909–1977) geleitet,[8] dann vom 18. März 1941 bis Oktober 1944 von Wilhelm Reusch (1908–1995)[9]. Diese drei deutschen Beamten wurden von der Naziverwaltung ganz offensichtlich als politisch „sicher“ angesehen, denn sie gehörten der NSDAP an.[10] Die technische Arbeit vertraute man einem Team von aus Rheinland-Pfalz stammenden Deutschen und vor Ort eingestellten Lothringern an.[11] Die französischen Archäologen Emile Delort (1880–1958) und Marcel Lutz (1908–2000) wurden reguläre Mitarbeiter der Abteilung Vor- und Frühgeschichte, denn sie verfügten über ausgezeichnete Kenntnisse der regionalen Archäologie. Delort nahm an den Ausgrabungen von Ennery (1941) und Saint-Pierre-aux-Nonnains (1942) teil, während Lutz zum Kreispfleger der Region Sarrebourg (damals Saarburg) ernannt wurde.[12]

Das Personal des Landesdenkmalamtes Metz und der Abteilung Vor- und Frühgeschichte verfügte über gut ausgestattete Räumlichkeiten in einem Gebäude neben der Kathedrale von Metz mit Büros, einer Bibliothek, einer Restaurierungswerkstatt und einem Fotolabor.

Die Ziele

Eine erste Aufgabenbeschreibung dieser Abteilung veröffentlichte Stemmermann schon kurz nach seiner Ernennung.[13] Er betonte die Notwendigkeit der Einrichtung eines Netzes lokaler Berichterstatter, das die Bestandsaufnahme und Kontrolle der Privatsammlungen gewährleisten würde. Ein detailliertes Programm legte 1943 Reusch vor.[14] Der Schwerpunkt dieses Programms sah Forschung zur merowingischen (= germanischen) Archäologie vor. Die grobe Zielsetzung der deutschen Behörde lässt sich wie folgt zusammenfassen:

- Betreuung aller nicht staatlichen Museen und Privatsammlungen.
- Ermittlung vor- und frühgeschichtlicher Fundstellen sowie deren Sicherung bzw. planmäßige Erforschung durch eigene Ausgrabungen.
- Aufbau einer Organisation interessierter Heimatfreunde, die es übernehmen sollten, Funde oder sonstige Beobachtungen im Gelände sofort dem Amt zu melden.
- Fachgerechte Konservierung der Bodenfunde.
- Wissenschaftliche Veröffentlichung der Forschungsergebnisse und Mitarbeit des Amtes in Presse, Schrifttum und Rundfunk.

Im annektierten Gebiet wollten Stemmermann und Reusch also ein organisatorisches und wissenschaftliches Programm durchführen, das sich an den offiziellen Theorien der Nazis orientierte. Ein Großteil dieses Programms wurde zumindest in den Anfängen umgesetzt, was eine wahre Meisterleistung darstellt, angesichts der durch den Krieg verursachten Schwierigkeiten.

Ein Leitmotiv: die Abwertung der französischen Forschung

Eines der bevorzugten Themen der Nazipropaganda in den annektierten Gebieten bestand in der systematischen Kritik der Aktionen der französischen Archäologie in diesem Gebiet zwischen 1918 und 1940. Daher ist es nicht weiter erstaunlich, dass P.-H. Stemmermann in dem oben genannten Artikel Frankreich auf das Heftigste angriff.[15] Er untermalt seine Kritik mit der Entdeckungsgeschichte der Schnabelkannen von Basse-Yutz mit ihren Emailverzierungen am Schnabel und Kannenfuß, die 1927 bei Straßenbauarbeiten gefunden worden waren. Sowohl das Museum in Metz als auch der Pariser Louvre lehnten es ab, die Objekte anzukaufen, so dass sie an das Britische Museum in London verkauft worden waren. Stemmermann stellte an diesem Beispiel fest, dass in Lothringen vor 1940 „die Vorgeschichtsforschung [...], wenn man es kurz sagen

Die Ausgrabung auf dem Reihengräberfeld in Ennery.

will, auf dem früheren, rein antiquarischen Standpunkt stehen geblieben [war], während sie sich in Deutschland geschichtliche Gesichtspunkte und entsprechende Arbeitsmethoden zu eigen gemacht hat". Er unterstrich im Gegenzug die Wichtigkeit, die der Archäologie im NS-Staat zukommt: „In Anerkennung der Bedeutung unseres Faches für die Wiedererweckung unseres Volksbewusstseins wurde sie 1933 [...] in Deutschland neben Volks- und Rassenkunde in die Reihe der volkspolitischen wichtigen Wissenschaften gestellt."[16]

Dieses Thema wurde in sehr ähnlicher Weise etwas später von Reusch aufgegriffen:[17] „Verhängnisvoll war die Entwicklung der Bodendenkmalpflege in Lothringen nach Beendigung des Weltkrieges. Einen staatlichen Konservator für die Bodenaltertümer gab es nicht, ebenso wenig ein Ausgrabungsschutzgesetz. Infolgedessen blieb das Ausgraben und Sammeln von Bodenaltertümern 25 Jahre lang fast ausschließlich der Initiative interessierter Privatkreise überlassen [...] Vor allem aber wurden bedeutende Funde außer Landes geschleppt und in alle Winde zerstreut [...] So ging in den letzten zweieinhalb Jahrzehnten hervorragendes Kulturgut aus der Zeit der germanischen Besiedlung der lothringischen Heimat verloren. [...] Als im Sommer 1940 Lothringen ins Reich zurückkehrte und dem Gau Westmark eingegliedert wurde, konnte im Rahmen des kulturellen Aufbaus auch die Pflege der einheimischen Bodenaltertümer endlich einer staatlichen Behörde übertragen werden." Ebenso wie Stemmermann vor ihm, benutzt Reusch das typische ideologische Vokabular („germanische Besiedlung der lothringischen Heimat", „Als Lothringen ins Reich zurückkehrte") der NS-Zeit.

Die Ausgrabungen der Merowinger-Grabstätte in Ennery (Hochschloss) 1941

In diesem politischen Rahmen ist es offensichtlich, dass die von der Abteilung Vor- und Frühgeschichte unternommenen Forschungen nicht nur zu rein wissenschaftlichen Zwecken erfolgten. Stemmermann blieb nicht lange genug vor Ort, um Ausgrabungen durchzuführen. Er erstellte aber eine erste Synthese der regionalen Archäologie, in der er versuchte, das rein germanische Wesen der Bevölkerung der Region zu beweisen. Er stellte vor allem das Vorhandensein von archäologischen Objekten in den lokalen Museen fest, die die Anwesenheit von „Streitaxtleuten" belegen, denn „der Nachweis der Streitaxtleute in Lothringen ist aber von besonderer Bedeutung, da diese nach unserem heutigen Wissen Träger der sog. Indogermanisierung der süddeutschen Steinzeitvölker waren, d.h. dass unsere Heimat ihrer Zuwanderung im wesentlichen ihren nordischen Blutsanteil verdankt".[18] Reusch führte 1941 die erste archäologische Ausgrabung durch. Die Tatsache, dass diese auf dem frühmittelalterlichen Gräberfeld von Ennery (damals Hochschloss) stattfand, begründete er damit, dass ein Teil der Gräber vor 1940 ohne ein Eingreifen der französischen Behörden zerstört werden konnte. Der Leiter des Landesdenkmalamtes führte also eine beispielhafte Ausgrabung durch, die zwei Zielen dienen sollte: Zum einen sollte sie die Überlegenheit der Nazis in Sachen Archäologie beweisen. Zum anderen galt es, „das Dunkel zu lichten, das sich über die Geschichte der germanischen Frühzeit unseres Landes ausbreitet".[19] Darüber hinaus liegt das Gelände von Ennery innerhalb der romanischen Sprachzone, aber in der Nähe der Sprachgrenze zwischen romanischem und germanischem Dialekt, die die Region in zwei Teile spaltet. Es bot sich für die deutschen Besatzer damit die Gelegenheit, die ehemalige germanische Besiedlung dieses Sektors archäologisch zu beweisen, was die Annektierung eines rein frankophonen Gebietes, das zunächst nichts mit Deutschland verband, rechtfertigen konnte.[20]

Mit der örtlichen Grabungsleitung wurde Delort beauftragt, die Arbeitsgruppe bestand zum Teil aus Männern des „Reichsarbeitsdienstes". Außerdem bat das Landesdenkmalamt Metz die SS darum, ihnen einige Spezialisten auszuleihen, aber dem „SS-Ahnenerbe" fehlte es an Personal, denn alle SS-Archäologen waren im Einsatz im gesamten besetzten Europa.[21] Eine Lösung fand sich, als die SS den Archäologen SS-Unterscharführer Wolfgang Dehn (1909–2001) zur Verfügung stellte, der einerseits Mitarbeiter im Museum Trier und andererseits mit der Archäologie im „Rasse- und Siedlungshauptamt" der SS beauftragt war.[22] Dehn unternahm deshalb mehrere Reisen nach Ennery und schickte anschließend einen ausführlichen Bericht an den Reichsgeschäftsführer des „Ahnenerbes", Wolfram Sievers (1905–1948).[23]

Aquarell einer Doppelbestattung auf dem Reihengräberfeld von Ennery.

Zwischen Juli und Oktober 1941 legten die in Ennery unternommenen Ausgrabungen insgesamt 82 Gräber frei, die größtenteils in ost-westlicher Ausrichtung liegen und aus dem 6. Jahrhundert stammen.[24] Unter ihnen ist vor allem ein Doppelgrab (Nr. 6–8) erwähnenswert, sowie ein weiteres Grab (Nr. 57), außergewöhnlich reich an Schmuckstücken (Bronzearmband, Bronzespange, Silberring, Perlenkette aus Bernstein und Glas), weshalb ihm Delort den Spitznamen „die Prinzessin" gab. Reusch deutete diese Gräber als zu einer germanischstämmigen Bevölkerung zugehörig:[25] „Bei den Bestatteten handelt sich offenbar um Gefolgsmannen der Gründerzeit des austrasischen Reiches, dessen Könige in Metz residierten." Diese Entdeckung wurde natürlich von der NS-Propaganda zu ihren Zwecken genutzt. Im Februar 1942 erschien ein reich bebilderter Artikel in der *Metzer Zeitung am Abend* unter dem Titel „Waffen und Schmuck aus lothringischer Erde"[26]. Der Autor des Artikels beschrieb zunächst die Hauptfunde der Gräber, besonders die beiden reichen Bestattungen. Der weitere Text ist deutlich ideologischer geprägt, denn die Gräber wurden als „wichtiges Zeugnis germanischer Landnahme in Lothringen" bezeichnet. Gleichzeitig bedauerte der Journalist die Zerstörung des Geländes während der „französischen Zeit", und er äußerte, wie schon Reusch, seine Freude darüber, bei lothringischen „Volksgenossen" Unterstützung für die archäologische Arbeit zu finden. Der Verfasser des Artikels hat sie nicht namentlich erwähnt, aber es ist leicht zu erschließen, dass es sich um Delort und Lutz handelt.

Die Kontrolle der Museen und Privatsammlungen

Wie in ihrem Arbeitsprogramm vorgesehen, unternahm die Abteilung Vor- und Frühgeschichte zwischen 1940 und 1944 die systematische Kontrolle und Inventarisierung der nicht staatlichen archäologischen Sammlungen in Lothringen, so in den kleinen lokalen Museen (Sarrebourg, Thionville) oder bei Privatsammlern. Als Beispiel wird das Museum Sarrebourg vorgestellt.

Das Museum Sarrebourg

Seit 1927 war das Museum Sarrebourg in der ehemaligen Franziskanerkapelle aus dem 13. Jahrhundert untergebracht. Obwohl die Räumlichkeiten der Gemeinde gehörten, waren die dort ausgestellten Stücke das Eigentum der Ortsgruppe der Gesellschaft für Lothringische Altertumskunde (Société d'Histoire et d'Archéologie de la Lorraine). Die Sammlungen wurden 1939 in Sicherheit gebracht und vor den Kämpfen 1940 geschützt, aber das Inventarverzeichnis ging leider verloren. Da die Société d'Histoire et d'Archéologie de la Lorraine 1940 aufgelöst wurde, fiel die Museumsführung unter die Kontrolle der Abteilung Vor- und Frühgeschichte Metz. Sie begann 1943 mit der Durchführung einer neuen Bestandsaufnahme, wahrscheinlich unter Mithilfe des Kreispflegers Lutz. Reusch schrieb anlässlich dieser Arbeiten im Mai 1943 dem deutschen Stadtkommissar von Sarrebourg, um ihn über den schlechten Zustand der Sammlungen und ihrer Beschädigung zu unterrichten: „Gelegentlich meines Besuches am 10.5. im Museum stellte ich fest, das die Ausstellungsgegenstände nach wie vor bedroht sind und von Unbefugten beschädigt und sogar zerstört werden. Hauptschuld daran ist der Umstand, dass ein großer Teil der Zugänge zum Museum nicht verschlossen ist, da die Schlüssel fehlen, bzw. die Schlösser nicht funktionieren. So zum Beispiel ist es Außenstehenden jederzeit möglich Zugang in den Speicher zu erhalten. Tatsächlich haben Unbefugte schon die Gewölbeklappen zum Speicher erklettert und durch die Luftlöcher des Gewölbes Steine in den Ausstellungsraum geworfen, wodurch Vitrinen mit Inhalt zertrümmert wurden. Beispielweise haben auch die Ostarbeiterinnen im angrenzenden Grundstück jederzeit Gelegenheit den Speicher und andere Räume zu betreten (...)." Reusch verlangte daraufhin von den Städtischen Behörden geeignete Maßnahmen zur Sicherung des Museums zu ergreifen, was allerdings nicht recht wirksam zu sein schien, denn im Laufe des Winters 1944–1945 benutzten die Ostarbeiterinnen, die augenscheinlich noch immer Zutritt zu den Räumlichkeiten hatten, Regale und einen Teil der Bibliotheksbestände des Museums, um zu heizen.[27]

Die Privatsammlungen

Ein weiteres Hauptziel lag in der Bestandsaufnahme und Kontrolle archäologischer Sammlungen, die sich in Privatbesitz befanden. So stellte die Abteilung Vor-

Aquarell der Steinreihen von Carnac, angefertigt von Heinz Küsthardt bei seinem Einsatz mit dem Archäologen Werner Hülle in der Bretagne (1940).

und Frühgeschichte 1941 bei den Ausgrabungen in Ennery bei der Dorfbevölkerung mehrere in der Sandgrube Barbé gefundene Stücke sicher, hauptsächlich frühmittelalterliche Waffen, darunter ein „Scramasax, in dessen Klinge eine Tierhatz eingraviert ist".[28] Ein Bewohner aus Florange (damals Flörchingen) gab eine in Terville entdeckte Bronzegürtelschnalle ab, die aus einem 1932–1933 bei Arbeiten entdeckten Grab stammte. Diese Schnalle erweckte bei Reusch ganz besonderes Interesse, da er in ihrer Verzierung „das Zeichen der Man-Rune, die auch als Lebensbaum gedeutet wird", sah.[29] Heute unterliegt diese Sichtweise, die in völligem Einklang mit den damals von der Propaganda aufgestellten Theorien einer germanischen Besiedlung Lohringens steht, natürlich den größten Vorbehalten, denn die in Frage kommende „Rune" kann ebenso gut ein einfaches geometrisches Motiv darstellen.

Das bedeutendste von der Abteilung Vor- und Frühgeschichte sichergestellte Stück bleibt allerdings das berühmte merowingische Glas, ein „Kuttrolf", der im Juli 1936 im Steinbruch Noirel von Boulange-Bassompierre (damals Bollingen-Bettstein) entdeckt worden war. Dieses außergewöhnliche aus dem 6. Jahrhundert stammende Stück erhielten Reusch und Delort im Oktober 1941 vom Landwirt Pierre Weber Junior. Er hatte es bei der Auffindung 1936 von einem italienischen Arbeiter des Steinbruches im Tausch gegen zwei Liter Rotwein erworben.[30] Neben seinem wissenschaftlichen Wert gab der Kuttrolf von Boulange Anlass zu einem besonders bitteren Streit in der schwierigen unmittelbaren Nachkriegszeit.

Bislang wenig erforscht ist der Hintergrund einer einwöchigen Grabung 1942 auf dem Michelsberg bei St. Johann im Elsass. Sie wurde von der Osningmark-Gesellschaft (Nachfolgeorganisation der „Freunde der germanischen Vorgeschichte" um Teudt) unter Leitung von August Meier-Böke (1901–1956) durchgeführt.

Burgund

„Die Pflicht des siegreichen Deutschlands ist, das burgundische Land zu befreien und es der germanischen Gemeinschaft zurückzugeben. […] Wir können vielleicht bald einem größeren Reich zugehören, nicht als Besiegte, sondern als Befreite." Mit diesen Worten beschrieb der Archäologe Jean-Jacques Thommasset vor dem „SS-Ahnenerbe" in Berlin im Juli 1942 auch die deutschen Aufgaben in diesem Teil Frankreichs. Er vertrat die Separationsbestrebungen Burgunds. Archäologisch wurde die Idee durch die Forschung des Münchner Archäologen Hans Zeiss (1895–1944) unterstützt, der sich in seinen Arbeiten „Germanen in Mitteleuropa", „Germanische Grabfunde zwischen mittlerer Seine und Loiremündung" bzw. „Germanen in Burgund" durchaus für eine frühmittelalterliche germanische Besiedlung des Gebietes anhand der Grabfunde aussprach und daraus „Anrecht und Verpflichtung für unser Volk für alle Zeit" forderte.[31]

Bretagne

In der Bretagne wurden alle im Krieg eingesetzten Forschungsorganisationen tätig. Ihr Ziel war die jungsteinzeitliche Megalithkultur mit den bekannten Steinreihen von Carnac oder die dortigen Großsteingräber. Zwischen den Archäologen des „Reichsbundes" und den SS-Archäologen kam es dabei quasi zu einem Wettlauf, den auf Grund der besseren Vorbereitung – man hatte 1937 eine Studienfahrt in die Bretagne unternommen – der „Reichsbund" für sich entscheiden konnte. Unter Leitung des Archäologen Werner Hülle (1903–1974) und Mitarbeit der Archäologin Gerta Schneider (1908–1999) wurden Vermessungsarbeiten an den Steinreihen von Carnac durchgeführt. Zum Teil wurden umgestürzte Steine aufgerichtet und kleine Untersuchungsflächen aufgedeckt. Wenige Wochen später kam auch das „SS-Ahnenerbe", vertreten durch Herbert Jankuhn (1905–1990), in die Bretagne. Er wollte nicht nur die Steinreihen erforschen, sondern hatte gleichzeitig den Auftrag des Sicherheitsdienstes der SS (SD), die politische Stimmung in der Bretagne auszuhorchen, denn dort gab es ähnlich wie in Burgund Separationsbestrebungen. Da der „Einsatzstab Rosenberg" mit seiner Untersuchung schon fortgeschritten war, wechselte Jankuhn zu einem der nächsten Forschungsziele in Frankreich, zum mittelalterlichen Wandteppich von Bayeux, für den sich das „SS-Ahnenerbe" stark interessierte. Der „Reichsbund" hingegen nutzte die in der Bretagne gewonnenen Ergebnisse zu Vorträgen im Rahmen der Schulungsarbeit und einer Publikation.[32]

Bayeux

Jankuhn hatte im November 1940 den Teppich von Bayeux, den er auch zur Illustration seines Haithabu-Buches eingesetzt hatte, besichtigt. Nur wenige Tage später, am 27. November, besprach er noch in Paris mit dem Oberkommando der Wehrmacht die Möglichkeiten einer wissenschaftlichen Untersuchung. Hier galt es, den „Teppich von Bayeux neu zu bearbeiten und in einem gründlichen Quellenwerk zu veröffentlichen. Die Bearbeitung wird sich hauptsächlich auf die drei Gebiete – Geschichte, Vorgeschichte, Germanenkunde – erstrecken." Jankuhn nahm Stoffproben zur Analyse und ließ den Teppich vollständig fotografieren. Damit legte er den Grundstock für eine grundlegende Dokumentation des Teppichs.

Der „Militärische Kunstschutz"

Eine andere Rolle übernahm der „Militärische Kunstschutz" in Frankreich. Er setzte im Herbst 1943 die als Rot-Kreuz-Schwester in Frankreich tätige Archäologin Thea Haevernick (1899–1981) ein. Als Schwester war sie eine der über 600 000 überwiegend weiblichen Kräfte, die während des Zweiten Weltkrieges im Einsatz waren. Dann bekam Thea Haevernick einen Auftrag von Hans Möbius (1895–1977), dem Leiter des Bereichs „Kunstschutz der Militärverwaltung".[33] Sie berichtete über ihren Einsatz an ihren Doktorvater Gero von Merhart (1886–1959) in Marburg: „Zu meinem größten Glück zog sich aber Prof. Mö. [Möbius] eine Fußverletzung zu u. da eine eilige Meldung kam, erhielt ich den Marschbefehl. Mit welcher Wonne ich mich in den Zug Richtung Bretagne setzte, können Sie sich vorstellen. […] bei Sonnenaufgang passieren wir bereits den ersten Dolmen. Mit Kerionet [Dolmen de Mane Kerioned] u. Keriaval [Dolmen de Mane Keriaval] fing es an u. in endloser Reihenfolge ging es den ganzen Tag durch blühenden Stachelginster u. große rote Glockenheide vervollständigte den Eindruck. […] Nun ging es an den eigentlichen Auftrag. Bei militärischen Arbeiten war ein Hügelgrab angeschnitten. Sie haben wahrscheinlich dort das Buch von Hülle […][34] Taf. 8 zeigt St. Michel, der ja genug bekannt ist. Sonst ist er oft von der anderen Seite aufgenommen. Auf dieser Tafel sieht man unten ein Steinmäuerchen entlang ziehen. Dieses umzieht vollständig als Feldgrenze, den jetzt angeschnittenen Hügel, der offenbar auch Herrn Hülle entgangen ist. […] Da ich den Eindruck hatte, daß es diese Art Hügel nur recht selten in der Gegend gibt u. nach meiner Vorstellung die milit. Anlagen genau 100 m weiter lag, ließ ich die Arbeiten einstellen. Die Soldaten machten natürlich erstaunlich intelligente Gesichter, als plötzlich eine Schwester erschien u. sie aufhören mußten. Natürlich hätte ich das Ding gerne gegraben, aber unter 8 Monaten kommt man sicher nicht davon. […] Aber er [Möbius] meint abgesehen von allen anderen Schwierigkeiten würde es doch Reichsbunddomäne sein. So was gibt's!"[35] Haevernick hat hiernach als diejenige zu gelten, die verhindern konnte, dass dieser Grabhügel durch die militärischen Bauarbeiten zerstört wurde. Trotzdem kann beim gegenwärtigen Forschungsstand nicht geklärt werden, wie ihr archäologischer Einsatz im Rot-Kreuz-Dienst zu Stande kam. Sie stand nach ihren Briefen in direkter Verbindung mit dem Leiter des Referats „Vorgeschichte und Archäologie" in der Militärverwaltung Frankreich, Hans Möbius, wurde aber in dessen zeitgenössischen Berichten über den Einsatz nicht erwähnt.[36]

Versuch einer Bilanz

In dem annektierten Bereich Lothringen haben die bedeutenden dem Landesdenkmalamt Metz zu Propagandazwecken zur Verfügung gestellten Personal- und Sachmittel die Entwicklung der regionalen Archäologie beeinflusst und letztendlich zu einer Professionalisierung geführt: von der ehrenamtlichen und schlecht ausgestatteten Forschung vor 1940 zu einer sehr gut ausgestatteten professionellen Archäologie mit modernen Ausgrabungs- und Auswertungsmethoden. Ein wichtiger Teil der Forschungen dieser Zeit in Frankreich ist jedoch „infiziert" und teilweise durch „germanische" Interpretationen nicht objektiv, da sie dazu bestimmt waren, der erzwungenen Germanisierungspolitik dienlich zu sein. Vergleichbares gilt auch für die Archäologie der deutschen Wissenschaftler für die anderen besetzten westeuropäischen Länder. Die Wahl der archäologischen Ausgrabungsorte war nicht vom wissenschaftlichen Interesse (selbst wenn dieses unbestreitbar ist), sondern vom Nutzen für die Nazipropaganda geleitet.

Gustav Riek und Soldaten der Luxemburger Freiwilligen-Kompanie bei der Ausgrabung der Aleburg in Luxemburg.

Dieses ideologische Abdriften während der Annexion begründet nach dem Krieg das vollständige Verschweigen der Arbeit des Landesdenkmalamtes Metz. Zweifelsohne aus Schuldgefühlen, Kollaboration mit dem Naziregime begangen zu haben, übertrafen sich Delort und Lutz darin, Hinweise auf die Existenz der Abteilung Vor- und Frühgeschichte auszulöschen, obgleich sie nahezu vier Jahre dafür tätig gewesen waren. So beteuerte Delort, dass er die Ausgrabungen der gesamten Grabstätte Ennery selbst durchgeführt habe, nur von zwei lothringischen Bauarbeitern unterstützt![37] Erst im Jahre 2001 konnte mit der Straßburger und Metzer Ausstellung „L'archéologie en Alsace et en Moselle au temps de l'Annexion (1940–1944)" der dichte Schleier gehoben werden, der seit mehr als einem halben Jahrhundert diese dunkle Zeit der Archäologie in Lothringen verhüllt hatte.[38] Weitere Ergebnisse zur Archäologie in Westeuropa kamen in der Zusammenarbeit mit deutschen und anderen westeuropäischen Archäologen in neuen Forschungen zu Tage.[39]

Germanien – Der Mythos lebt weiter

Fast alle deutschen Archäologen haben sich an der Verbreitung nationalsozialistischer Ideen und der Plünderung von Kulturgütern beteiligt. Nach dem Zweiten Weltkrieg können die meisten von ihnen ihre Karrieren dennoch weiterverfolgen. Ebenso sind die in der NS-Zeit von den Archäologen verfestigten Germanenbilder noch lange Jahre in Schulbüchern und Ausstellungen zu finden. Bis heute halten sie sich in der Alltagskultur und werden werbewirksam eingesetzt.

Eine stärkere Rolle spielt der Mythos Germanien für Rechtsextreme. Ihre Verbundenheit damit demonstrieren sie durch den bewussten Einsatz vermeintlich germanischer Zeichen und Traditionen. Das Internet erleichtert und beschleunigt die weltweite Verbreitung und Vermarktung ihrer rassistischen Ideologien immens.

r altgermanische Mensch,
l war seine Kunst...
irklicht die Träume
uf dieser Welt.

Die Fortsetzung der archäologischen Karrieren

Martijn Eickhoff, Uta Halle, Jean-Pierre Legendre und Otto H. Urban

Mit dem Ende des Zweiten Weltkrieges stellte sich die Frage: Wie sah es mit den Archäologen der SS oder des „Amtes Rosenberg“ und wie mit den Archäologen in den ehemals besetzten Ländern aus, die in der NS-Zeit mit den Deutschen zusammengearbeitet hatten?

Etliche Archäologen waren bei Kampfhandlungen im Krieg an allen Fronten gefallen. Vor allem die Marburger Schule von Gero von Merhart (1886–1959) war durch den Tod mehrerer Absolventen betroffen. Die politisch Verantwortlichen Adolf Hitler (1889–1945) und Heinrich Himmler (1900–1945) hatten sich im April bzw. Mai 1945 das Leben genommen. Diesem Schritt folgte ein Archäologe aus der SS, Hans Schleiff (1902–1945), der seinem Leben und dem seiner Familie am 27. April 1945 ein Ende setzte.[1] Alfred Rosenberg wurde inhaftiert und im Nürnberger Prozess zum Tode verurteilt.

Die deutschen Archäologen

Auf der Potsdamer Konferenz im Sommer 1945 beschlossen die Alliierten die Entnazifizierung. Danach sollten „alle Mitglieder der nazistischen Partei, welche mehr als nominell an ihrer Tätigkeit teilgenommen haben [...] aus den öffentlichen oder halböffentlichen Ämtern“ entfernt werden.[2] Die Grundlage für die Entnazifizierung bildete der so genannte „Fragebogen“ mit 131 Fragen, der, vom jeweiligen Belasteten selbst ausgefüllt, die lückenlose Aufklärung über dessen individuelle Vergangenheit gewähren sollte. In ihm wurde nach Mitgliedschaft in NS-Organisationen, Veröffentlichungen, Auslandsreisen und Vortragstätigkeit gefragt. Alle Archäologen konnten eigentlich als belastetet gelten, denn im NS-Staat hatten sie eine aktive Teilnahme gezeigt. Sie hatten vom Ausbau des Faches auf 24 Lehrstühle an allen wichtigen Universitäten, von mehreren neuen Landesämtern für Archäologie und von zusätzlich geschaffenen Stellen in Museen profitiert. Sie hatten Ausgrabungsergebnisse verfälscht und ideologische Geschichtsbilder in die breite Öffentlichkeit gebracht. Wie würden die Archäologen, die sich mit der menschenverachtenden Verbrecherorganisation SS eingelassen hatten, die mit dem „Einsatzstab Rosenberg“ an Plünderungen in Osteuropa teilgenommen hatten, die die „Vernichtung durch Arbeit“ gesehen hatten und selbst oftmals mit dem „Reichsarbeitsdienst“, aber auch mit KZ-Häftlingen und Kriegsgefangenen gearbeitet hatten, die von den Alliierten geplante Entnazifizierung durchlaufen? Die Fachwissenschaftler hatten in einem „Geschäft auf Gegenseitigkeit [...] wissenschaftliches Kapital“ und das NS-Regime „politisches und vor allem ökonomisches Kapital“ für Forschungsarbeiten und Ausgrabungen zur Verfügung gestellt.[3] Durch ihre Zusammenarbeit mit dem „Amt Rosenberg“ und der SS haben sie sich in die nationalsozialistische Herrschaft eingefügt, sie nach außen vertreten (auch international) und fachlich unterstützt. Der Wissenschaftshistoriker Herbert Mehrtens (*1946) nannte dieses Verhalten Kollaboration.[4] Den Wissenschaftlern gelang allerdings, was der Auschwitz-Überlebende und italienische Chemiker Primo Levi (1919–1987) wie folgt formuliert hat: „Sie empfinden Abscheu vor Handlungen, die sie begangen haben, und neigen deshalb dazu, etwas anderes an ihre Stelle zu setzen. Das kann einsetzen mit einem erfundenen, verlogenen, wiederhergestellten Handlungsablauf, der aber weniger schmerzvoll ist als der wirkliche. Beschreibt man diesen Ablauf oft genug gegenüber anderen und sich selbst, verliert die Unterscheidung zwischen Wahrheit und Lüge allmählich ihre Konturen, und der Mensch glaubt schließlich mit voller Überzeugung an seine Geschichte. [...] Der lautlose Übergang von der Lüge zum Selbstbetrug ist nützlich: wer auf Treu-und-Glauben lügt, lügt besser, spielt seine Rolle besser, findet leichter Glauben beim Richter, beim Historiker, beim Leser, bei seiner Frau und seinen Kindern [und bei seinen Studierenden und Doktoranden U.H.]"[5] Ob einer der Archäologen tatsächlich „Abscheu" empfand, kann nicht entschieden werden, aber sie logen und verschoben ihre NS-Handlungsabläufe, bis sie sich quasi als Widerständler definieren konnten. Besonders deutlich wird dies am Verhalten der SS-Archäologen gegen Hans Reinerth (1900–1990) aus dem „Amt Rosenberg".

Ihr Netzwerk, das bis Februar 1945 versucht hatte, den seit 1930 unbeliebten „Arrivisten" Reinerth aus dem Fach zu vertreiben, entwickelte schon in der Entnazifizierung ein einseitiges Bild mit einem Sündenbock: Es hätte nur einen Schuldigen – den bedeutendsten Archäologen im „Amt Rosenberg", Hans Reinerth, gegeben, der das Fach an die NS-Ideologie verraten habe. Besonders deutlich wird dies auch in der einzigen Publikation, die „Wissenschaft und Weltanschauung in der Urgeschichtsforschung" thematisierte.[6] Karl Hermann Jacob-Friesen (1886–1960) liefert mit dieser Schrift die Erklärung, dass der Vorwurf, „die Vorgeschichte sei in der Hitlerzeit belastet worden", nur richtig wäre, „wenn man damit die Ära Reinerth meint".

Die SS-Archäologen hätten nur „Schutz" vor Reinerth bei Heinrich Himmler und der SS gesucht, sie stellten sich als Opfer und als „missbrauchte Deutsche" des NS-Staates dar.[7]

Reinerths Karriere nach 1945

Hans Reinerth war noch Ende Februar 1945 unter anderem wegen „judenfreundlichen Verhaltens" aus der NSDAP ausgeschlossen worden und zog sich auf die Insel Reichenau im Bodensee zurück. Wenige Monate

Hans Reinerth blieb bis ins hohe Alter Direktor des Pfahlbaumuseums Unteruhldingen und kam noch täglich ins Büro.

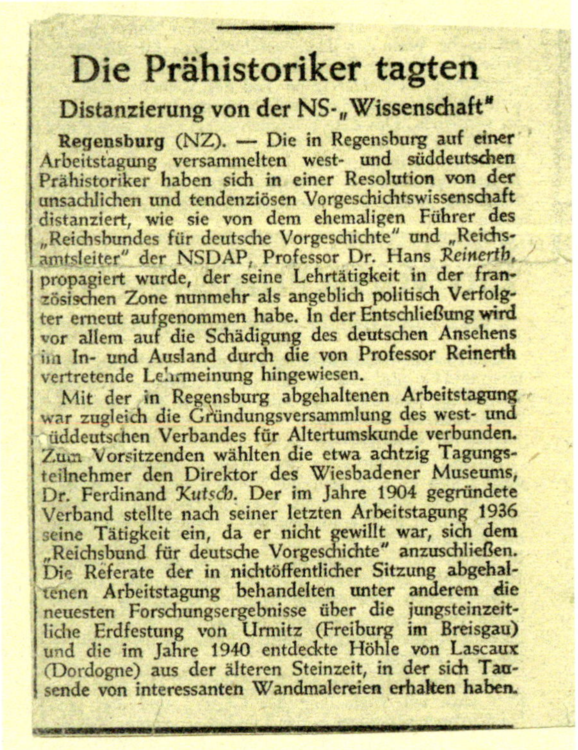

Die Prähistoriker tagten

Distanzierung von der NS-„Wissenschaft"

Regensburg (NZ). — Die in Regensburg auf einer Arbeitstagung versammelten west- und süddeutschen Prähistoriker haben sich in einer Resolution von der unsachlichen und tendenziösen Vorgeschichtswissenschaft distanziert, wie sie von dem ehemaligen Führer des „Reichsbundes für deutsche Vorgeschichte" und „Reichsamtsleiter" der NSDAP, Professor Dr. Hans *Reinerth*, propagiert wurde, der seine Lehrtätigkeit in der französischen Zone nunmehr als angeblich politisch Verfolgter erneut aufgenommen habe. In der Entschließung wird vor allem auf die Schädigung des deutschen Ansehens im In- und Ausland durch die von Professor Reinerth vertretende Lehrmeinung hingewiesen.

Mit der in Regensburg abgehaltenen Arbeitstagung war zugleich die Gründungsversammlung des west- und süddeutschen Verbandes für Altertumskunde verbunden. Zum Vorsitzenden wählten die etwa achtzig Tagungsteilnehmer den Direktor des Wiesbadener Museums, Dr. Ferdinand *Kutsch*. Der im Jahre 1904 gegründete Verband stellte nach seiner letzten Arbeitstagung 1936 seine Tätigkeit ein, da er nicht gewillt war, sich dem „Reichsbund für deutsche Vorgeschichte" anzuschließen. Die Referate der in nichtöffentlicher Sitzung abgehaltenen Arbeitstagung behandelten unter anderem die neuesten Forschungsergebnisse über die jungsteinzeitliche Erdfestung von Urmitz (Freiburg im Breisgau) und die im Jahre 1940 entdeckte Höhle von Lascaux (Dordogne) aus der älteren Steinzeit, in der sich Tausende von interessanten Wandmalereien erhalten haben.

Durch einen Artikel in verschiedenen Zeitungen wurde 1949 der Ausschluss von Hans Reinerth aus der Wissenschaft auch der Öffentlichkeit bekannt gegeben.

später wurde er wieder aus der Archäologie angezeigt. Als die Reichenau Ende Mai 1945 geräumt wurde, um Platz zu schaffen für die geschundenen KZ-Überlebenden aus Dachau, ging er nach Unteruhldingen, wo schon einen Monat nach Kriegsende das Freilichtmuseum wiedereröffnet wurde. Reinerth hatte sich dort vertragliche Rechte zugesichert und konnte deshalb sofort wieder Führungen veranstalten. Erst im November 1945 kam es zu einer ersten Überprüfung seiner Person. Der zuständige Landrat vertrat im Februar 1946 die Meinung, dass Reinerth zu den 100 höchsten Funktionären der NSDAP gehört hätte und dass die Schwierigkeiten mit der SS nicht als Verfolgung gedeutet werden dürften. Im März 1946 wurde Reinerth verhaftet und für drei Monate im Gefängnis in Überlingen festgesetzt. Auf Grund eines Herzleidens, das er schon im Jahr 1944 hatte, erfolgte eine Verlegung und Arrestierung im Überlinger Krankenhaus. Im November 1946 vertrat SS-Archäologe Wolfgang Kimmig (1910–2001) – in der NS-Zeit im besetzten Westeuropa tätig – die Meinung: „Herr Reinerth als politisierender Wissenschaftler … ist erledigt und steht heute außerhalb jeder Erörterung." Im Rahmen des Entnazifizierungsverfahrens meldete sich aus Youngstown, Ohio/USA der Nazi-Verfolgte Moritz Vierfelder (1877–1961) und bescheinigte Reinerth sein tatsächlich „judenfreundliches Verhalten bis zum 9. November 1938", dem Tag, als in Deutschland die Synagogen brannten. Im April 1948 ordnete das Justizministerium, die französische Delegation für die Untersuchung von Kriegsverbrechen in Deutschland, die Freilassung Reinerths an, weil die Anschuldigungen gegen ihn nicht ausreichten. Er wurde auf freien Fuß gesetzt, unterstand aber gewissen Auflagen, so durfte er seinen Wohnort Überlingen nicht verlassen. Als seine Freilassung abzusehen war, trat das Deutsche Archäologische Institut (DAI) in Aktion. In einem Schreiben vom 17. September 1948 wies das DAI auf die seiner Ansicht nach Unmöglichkeit hin, Reinerth wieder ins Fach zurückzulassen. Das DAI begründet seinen Ausschluss wie folgt:

> *„diese von Reinerth geführte und von der NSDAP mit weitgehenden Vollmachten ausgestattete Organisation (innerhalb des Amtes Rosenberg) hat dem Ansehen der deutschen Wissenschaft im Ausland aufs stärkste geschadet, aber auch nicht wenige Institute und Gelehrte in Deutschland selbst, die sich nicht zu dieser Richtung bekannten, in schwierige Situationen gebracht. Während des Krieges hat die Tätigkeit (Reinerths) in Griechenland und in Südrussland unser Ansehen schwer geschädigt und harte Maßnahmen gegen den Kulturbesitz des deutschen Volkes zur Folge gehabt. Herr Reinerth hat es verstanden, sich bei diesen Aktionen im Hintergrunde zu halten und andere mit der eigentlichen Ausführung zu betrauen."*

Nicht nur im Verfahren gegen Reinerth nahm der Lehrstuhlinhaber aus Marburg, Gero von Merhart, eine wichtige Schlüsselfunktion in den Spruchkammerverfahren zur Entnazifizierung ein, denn die von ihm erteilten Gutachten stützten das vor den Spruchgerichten vertretene Bild, NS-Archäologie sei nur von dem Kreis um Reinerth betrieben worden.

Reinerth erhielt im Entnazifizierungsverfahren eine Einstufung in die Reihe der Schuldigen, verlor für fünf

Jahre die bürgerlichen Ehrenrechte, durfte kein öffentliches Amt bekleiden und durfte sich nicht schriftstellerisch oder rednerisch betätigen.[8] In den Akten fand sich ein Schreiben des SS-Archäologen Joachim Werner (1909–1994) an Kimmig, in dem dieser noch vor dem Urteil der Spruchkammer schrieb:[9]

> *„Ich sehe, …, Herrn Reinerth schon als Märtyrer einer geheimen Widerstandsbewegung und warte nur darauf, daß im nächsten Akt wir ‚Römlinge' als die eigentlichen ‚Faschisten' … entlarvt werden. Wir haben in den letzten Jahren allerhand erlebt an überraschenden Alibibeweisen, aber eine derartige Unverfrorenheit, offenkundige Tatsachen in ihr Gegenteil zu verkehren, ist mir denn noch nicht vorgekommen."*

Und so beurteilte Kimmig selber die Situation:[10]

> *„um ein Haar wäre es Herrn R(einerth), gestützt auf 83(!) Entlastungsschreiben aller Art, gelungen, sich klammheimlich in Überlingen entnazifizieren zu lassen. Als SS-Verfolgter und mit dem Tode bedrohter plädierte er natürlich auf völlige Entlastung. Durch einen Zufall bekamen wir Wind von der Komödie, das Verfahren konnte gestoppt werden, und nun liegen Gutachten von allen Seiten, darunter von den Herren … Bersu, v. Merhart, Reinecke, Unverzagt, Sprockhoff, Goessler, Jakob-Friesen … vor."*

Das Urteil gegen Reinerth wurde allerdings 1953 durch das Baden-Württembergische Justizministerium aufgehoben. Dort kamen die Richter richtigerweise zu der Auffassung, es hätte sich bei den Auseinandersetzungen um die Archäologie um einen „Rivalitätskampf" gehandelt, der „lediglich das Endziel, die Ausschaltung des wissenschaftlichen Gegners um jeden Preis" hatte.[11] 1953 nützte dieses Urteil Reinerth nichts mehr, denn er war mittlerweile von den großen Altertumsverbänden, in denen die ehemaligen SS-Archäologen wichtige Positionen innehatten, auch öffentlich geächtet worden. Schon auf der ersten gemeinsamen Tagung 1949 einigten sich die Altertumsverbände darauf, in aller Form zu erklären, „daß sie sich […] von einer Forschungsrichtung distanzieren, wie sie […] von Reinerth propagiert" wurde.[12] Er blieb im Freilichtmuseum Unteruhldingen und baute in den 1960er-Jahren das „Germanengehöft" in Oerlinghausen wieder auf, verzichtete allerdings auf die in der NS-Zeit vorhandenen Hakenkreuzverzierungen.

Auch anderen Archäologen des „Amtes Rosenberg" haftete ein Makel an und nur wenige kamen im Fach unter.[13] Es gelang beispielsweise Walther Matthes (1901–1997), seine Professur in Hamburg zu halten, und Rudolf Stampfuß (1904–1978) konnte seine Karriere in der Duisburger Forschung fortsetzen. Walter Stokar (1901–1959), der als erster Doktorand Reinerths 1936/1937 zum „SS-Ahnenerbe" gewechselt hatte, kam nicht mehr ins Fach zurück, sondern kehrte in seinen ursprünglichen Beruf als Apotheker zurück.[14] Bolko von Richthofen (1899–1983), der zunächst 1933 mit Reinerth sympathisierte, sich dann der SS annäherte und 1937 mit dem Parteigerichtsverfahren gegen sich selbst den Sturz Reinerths bis 1945 forcierte, kam nach Kriegsende nicht wieder im Fach unter. Er engagierte sich im Schlesischen Vertriebenenverband.[15]

In der DDR setzten einige der belasteten Wissenschaftler aus dem Kreis um Reinerth ihre Karrieren fort. Ernst Nickel (1902–1989) zum Beispiel grub erfolgreich im kriegszerstörten Magdeburg aus, dort stand er unter der Leitung von Wilhelm Unverzagt (1892–1971), der mit Wohnsitz Westberlin seine Karriere in Ostberlin an der sich formierenden Akademie der Wissenschaften fortführen konnte. Hatte Unverzagt noch seit Mitte der 1920er-Jahre im Rahmen der politisch motivierten Ostforschung die „germanischen Burgwälle" erforscht, so galt es nun die Slawen auszugraben, deren Kultur er in der NS-Zeit – stärker als zeitgenössisch üblich – als „primitiv" gekennzeichnet hatte.[16]

Auch Gotthard Neumann (1902–1972), der 1935 behauptet hatte, dass die Deutschen „nach germanischer Sitte" Hitler zur Macht verholfen hätten, hatte in der NS-Zeit eng mit dem „Amt Rosenberg" zusammengearbeitet.[17] Er wurde 1945 entlassen. Aus untergeordneten Positionen arbeitete er sich aber erneut hoch und war zwischen 1953 bis 1967 wieder Professor an der Universität Jena.

Ehemalige SS-Wissenschaftler

Deutlich glatter verlief die Entnazifizierung der SS-Archäologen, die hier am Beispiel von Herbert Jankuhn (1905–1990) dargestellt wird. Er geriet am 8. Mai 1945 in amerikanische Kriegsgefangenschaft, die im Laufe des Jahres 1946 in eine Internierung umgewandelt wurde.[18] Auf Grund der Aussagen etlicher ehemaliger Arbeitskollegen und Mitarbeiter, sowohl aus der Kieler Universität als auch aus dem „Ahnenerbe", wurde er im Februar 1948 aus der Internierung entlassen. Im Verlauf der weiteren Entnazifizierung befragten ihn die deutschen Ermittlungsbehörden. Hierbei versuchte Jankuhn seine Kenntnisse der Judenverfolgung, Kriegsvorbereitung und des Völkermordes herunterzuspielen oder komplett zu negieren. Zunächst zu einer Geldstrafe verurteilt, legte er Revision ein, die 1949 in Hamm verhandelt wurde.[19] Dort gewann „der Senat den Eindruck", dass der Archäologe „unter Zwang handelnd in die SS eingetreten" war, um sein „für die abendländische Kultur unersetzliches Lebenswerk vor den Eingriffen Unbefugter zu retten". Daraufhin wurde er in die Gruppe V (Entlastete) eingestuft. Im Wintersemester 1951/1952 war er als Gastprofessor an der Universität Hamburg und seit dem nachfolgenden Sommersemester in Kiel. Im Gegensatz zu Reinerth war Jankuhn 1952 in den Personenkreis der Hochschullehrer zur Wiederverwendung aufgenommen worden und bekam die Professur in Göttingen. Dort blieb er bis zu seiner Emeritierung und wurde für seine Verdienste um die Prähistorische Archäologie mit dem Großen Niedersächsischen Verdienstkreuz ausgezeichnet.

Gustav Schwantes (1881–1960), selbst seit 1933 Mitglied einer NS-Organisation, mit an der Übergabe der Haithabu-Ausgrabung an das „SS-Ahnenerbe" beteiligt, Jankuhns Mentor in Haithabu und ihm durchaus mit Persilscheinen in Sachen Entnazifizierung behilflich, indem er „bewusst und wider besseres Wissen"[20] Fakten verschleierte, konnte nach 1945 seine Lehrtätigkeit in Kiel fortführen. Allerdings wurde er mit Erreichen des Pensionsalters 1946 in den Ruhestand verabschiedet.[21]

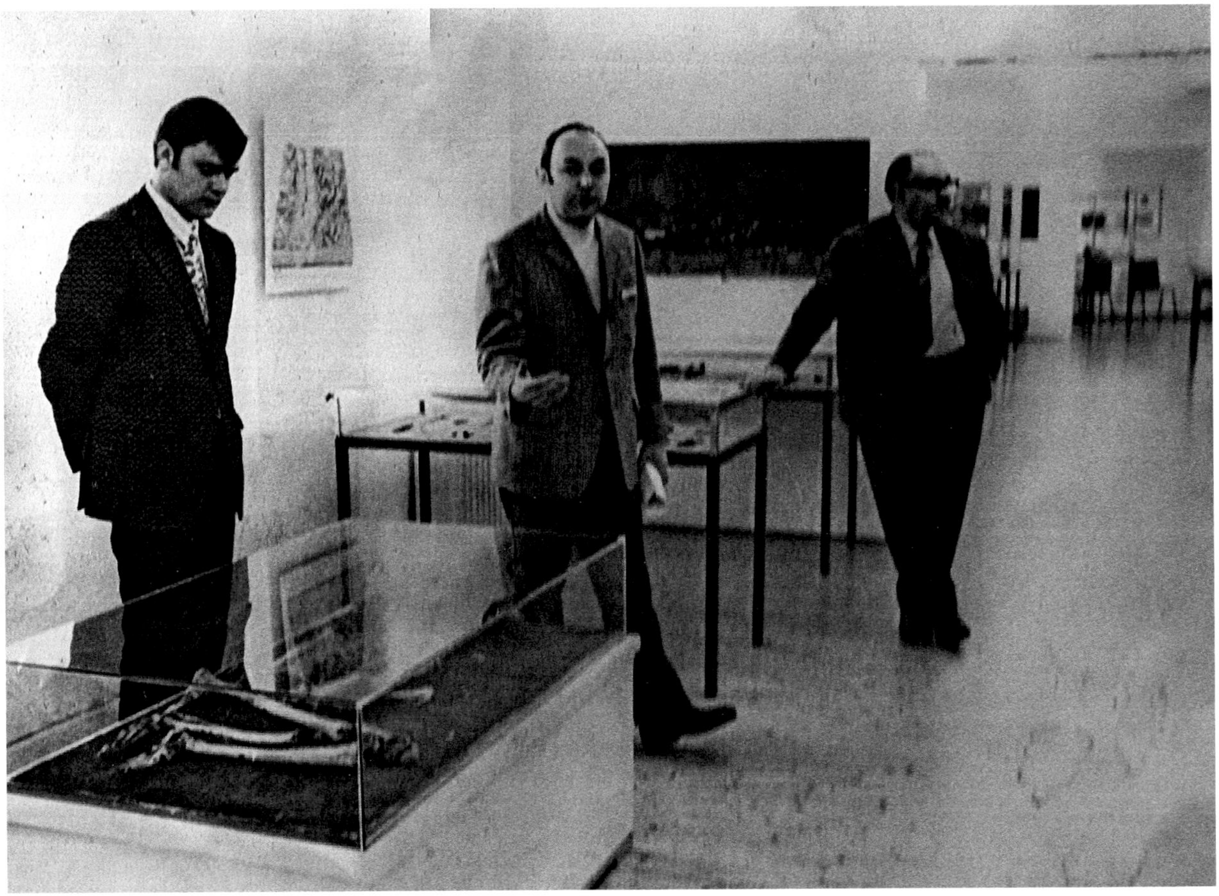

Herbert Jankuhn blieb noch lange als Professor in der Archäologie aktiv, hier rechts zusammen mit dem Direktor des Göttinger Stadtmuseums, Waldemar Röhrbein, und dem Archäologen Ralf Busch 1973/74.

Gero von Merhart (1886–1959), 1928 als erster ordentlicher Lehrstuhlinhaber an die Universität Marburg berufen, hatte zwar sofort 1933 seine Studenten in die Schulungsarbeit der NSDAP geschickt, ab der zweiten Hälfte der NS-Herrschaft war er aber heftigen Angriffen von Mitgliedern des „Amtes Rosenberg" ausgesetzt. Er wurde 1942 pensioniert, blieb allerdings in Marburg. Nach Kriegsende wurde er 1946 von den Alliierten als Vertretung für den in Haft befindlichen Wolfgang Dehn erneut als Professor nach Marburg berufen, bis dieser 1949 den Lehrstuhl übernahm.[22]

Auch selbst Archäologen, die direkt Anteil am NS-Terror, ausgeübt im Kontext KZ-Lager, genommen hatten, wurden großzügig neue wissenschaftliche Chancen und Möglichkeiten geboten. Im SS-Sonderlager Hinzert bei Hermeskeil im Hunsrück, einem Lager, in dem zwischen 1939 und 1945 ca. 20000 Häftlinge litten, war der SS-Archäologe Gustav Riek (1900–1976) als Schulungsoffizier eingesetzt. Riek selber schrieb über die Häftlinge an Weihnachten 1940, dass sie „unfähig [wären], mit den zur Zeit gültigen Gesetzen zu leben", skizzierte die Haftbedingungen im Lager als „erschwerte Freiheitsbedingungen" und beschrieb ungerechtfertigte und willkürliche Strafmaßnahmen als „Platzen der dicksten eisernen Reifen der Geduld".[23] Auch dieser SS-Wissenschaftler wurde entnazifiziert und erhielt den Tübinger Lehrstuhl, den er bis zu seiner Emeritierung innehatte.

Ernst Wahle (1889–1981), als außerordentlicher Professor an der Universität Heidelberg und als solcher auch an der „Konstruktion eines Germanen-Mythos aus bäuerlicher Bodenständigkeit [...] und kriegerischen Volksnatur" beteiligt, wurde im November 1945 aus dem Hochschuldienst entlassen.[24] Genau ein Jahr später wurde er nach einer Eingabe seiner Schüler als Entlasteter wieder auf seinem Posten eingesetzt und blieb dort bis zu seiner Pensionierung 1958.[25]

Ernst Sprockhoff (1892–1967) war 1935 unter bislang noch nicht geklärten Umständen Nachfolger des entlassenen Gerhard Bersu geworden.[26] Seine damalige Berufung kam für einen Teil der Wissenschaftler sehr überraschend.[27] Sprockhoff, dessen noch 1945 erschienene Veröffentlichung „und zeugten von einem starken Geschlecht" das Lob des „SS-Ahnenerbes" gefunden hatte,[28] geriet mit Kriegsende in Gefangenschaft. Er wurde 1947 daraus entlassen und erhielt noch im gleichen Jahr den Ruf als Nachfolger Schwantes an die Universität Kiel, wo er 1958 pensioniert wurde.

Joachim Werner (1909–1994) wurde 1942 Professor an der Reichsuniversität Straßburg. Durch den Kriegsverlauf musste er 1944 seinen Lehrstuhl aufgeben. Er floh in die neutrale Schweiz und äußerte sich von dort schon 1946 in einem ersten Aufsatz zur NS-Vergangenheit des Faches. Dieser Beitrag enthält noch antisemitisches Vokabular und typische Vorurteile des Nationalsozialismus. Trotzdem wurde er noch 1946 Professor an der Universität in München, wo er bis zu seiner Pensionierung 1974 lehrte.

Die Rückkehr des vertriebenen Archäologen

Gerhard Bersu (1889–1964), bis 1935 Erster Direktor der Römisch-Germanischen Kommission, dann von den Nationalsozialisten entlassen, ging danach ins Ausland, denn die meisten der deutschen Wissenschaftler gingen „auf Distanz" zu ihm.[29] Dadurch war er vor den nationalsozialistischen Verfolgungsmaßnahmen geschützt, an denen sich übrigens ein Teil seiner deutschen Kollegen indirekt durch antisemitisches Verhalten beteiligte.[30] Er kehrte 1950 nach Deutschland zurück, übernahm wieder seinen alten Posten und fing damit nicht bei null an. Sein altes Netzwerk wurde neu geknüpft, und es ist wohl bittere Ironie der Geschichte, dass er nach seiner Rückkehr auf Grund eines fehlenden Elitenumbaus der Archäologie mit zahlreichen Wissenschaftlern zusammenarbeitete, die sich in der NS-Zeit ab 1935 mit der SS arrangiert hatten.

Das Beispiel Assien Bohmers, Niederlande

In den Niederlanden wurden nach Abzug der Deutschen 150000 bis 200000 Menschen als Kollaborateure interniert.[31] Auch der niederländische Geo- und Archäologe Assien Bohmers (1912–1988), der für die SS in Unterwisternitz gegraben hatte, kam in ein Internierungslager. Aber das Jahr 1945 bedeutete trotz seiner Zusammenarbeit mit dem „SS-Ahnenerbe" nicht das Ende für seine wissenschaftliche Laufbahn, im Gegenteil. Während seiner Gefangenschaft wurde er mehrmals verhört,[32] erklärte aber wiederholt, dass das „Ahnenerbe" ihn seit 1942 gezwungen hätte, archäologische Propaganda – einhergehend mit einer klaren rassischen Interpretation seiner Funde – zu betreiben.[33] Die Grabungen in Unterwisternitz (Dolní Věstonice) unterstanden damals SS-Obersturmbannführer K. Willvonseder, Gaupfleger der Bodenaltertümer im Reichsgau Niederdonau. Bohmers erklärte seine früher beginnende Zusammenarbeit mit der NS-Organisation als einen Widerstandsakt, wobei er auf die von F. Hielscher geleitete Gruppe verwies, der er sich 1938 angenähert hatte.[34] Diese elitäre Verbindung mit sektiererischem Charakter vertrat die Idee eines föderalistischen, nach Stämmen gegliederten „Reichs" oder Europas; das Auftreten dieser Gruppe ist jedoch eher als ein interner Machtkampf im NS-Staat denn als Widerstand zu betrachten. Nach neun Monaten Internierung in den Niederlanden wurde er im November 1947 freigesprochen[35] und kehrte als Kurator, spezialisiert auf die Erforschung der Alt- und der Mittelsteinzeit, an das „Biologisch Archaeologisch Instituut" (BAI) der Universität Groningen zurück.[36]

Die Karrieren der österreichischen Archäologen

Auch die österreichischen Archäologen hatten sich überwiegend schon vor, aber vor allem nach dem Anschluss Österreichs mit den Nationalsozialisten eingelassen, deshalb soll hier ihr Karriereverlauf nach 1945 vorgestellt werden.

Richard Pittioni

Richard Pittioni (1906–1985) hatte nach dem Anschluss Österreichs seine Stelle an der Universität Wien verloren. Nach Kriegsende erhielt er seine Dozentur wieder zurück und wurde 1946 zum außerordentlichen Professor für die Urgeschichte des Menschen ernannt. Als einer der wenigen Prähistoriker Österreichs, der politisch nicht belastet, sondern dem auf Grund der politischen Veränderungen nach 1938 schwerer Schaden zugefügt worden war, wurde er zum Vorstand des Urgeschichtlichen Instituts in Wien bestellt. Er begann mit dem Aufbau des durch Bomben schwer beschädigten Instituts und gründete bereits 1948 die Fachzeitschrift *Archaeologia Austriaca*; sie kann als Fortsetzung der *Wiener Prähistorischen Zeitschrift* gelten, die nach dem Krieg eingestellt werden musste. 1951 wurde Pittioni zum ordentlichen Universitätsprofessor ernannt und 1954 erschien sein Hauptwerk: „Urgeschichte des österreichischen Raumes". Unter der Leitung von Pittioni erhielt das Institut wieder seinen untadeligen Ruf zurück – frei von nationalistischen, rassistischen und großdeutschen Ideen –, den es zur Zeit der Gründung unter Moritz Hoernes (1852–1917) innegehabt hatte. Erst in den letzten Jahren wurde bekannt, dass Pittioni in der NS-Zeit als Museumsarchäologe von Eisenstadt Raubgut „sicherte" und Ausgrabungen auf jüdischen Friedhöfen Burgenlands und Wiens anregte, nicht nur aus kulturhistorisch-denkmalpflegerischen, sondern auch aus „rassenkundlichen" Gründen.[37]

Eduard Beninger

Anders hingegen Eduard Beninger (1897–1963), der nach dem Krieg 1948 wegen „Verletzung der Menschenwürde" zu drei Jahren Haft verurteilt wurde. 1957 wurde Beninger wieder sein Doktorgrad zugestanden und seit 1958 bezog er auch eine Pension. Er starb 1963 in Wien.

Kurt Willvonseder

Der SS-Obersturmführer Kurt Willvonseder (1903–1968) galt zu Kriegsende als „politisch belastet". Nach vielen Bettelbriefen wurde er vom Bundespräsidenten begnadigt und konnte so 1954 zum Direktor des Salzburger Museums Carolinum Augusteum bestellt werden. Er habilitierte sich erneut und lehrte an der Universität Salzburg. 1968, anlässlich seines Todes, hielt die Salzburger Landesregierung eine Gedenkminute ab.

Oswald Menghin

Das Ende des Krieges erwartete Oswald Menghin (1888–1973) in seinem Haus in Mattsee. Später kam er in amerikanische Kriegsgefangenschaft, währenddessen er in Wien auf der Ersten Kriegsverbrecherliste stand. 1947 gelang ihm die Flucht nach Argentinien, wo er an der Universität von Buenos Aires ein Extraordinariat erhielt. 1956 wurde das Verfahren gegen Menghin in Österreich eingestellt, 1957 erfolgte seine Pensionierung als österreichischer Beamter, 1958 erhielt er eine Festschrift als Festgabe zu seinem 70. Geburtstag. In dieser wurde sein wissenschaftliches Werk von dem deutschen Archäologen Karl J. Narr (1921–2009), Lehrstuhlinhaber in Münster, eingehend gewürdigt. Menghin starb, hoch betagt, in Argentinien.[38]

Kriegsende und Karrieren in Frankreich

In den westlichen Teilen Frankreichs mussten beim Einmarsch der Alliierten keine Archäologen mehr abgezogen werden, anders sah es hingegen in Lothringen aus. Wie die übrige Naziverwaltung in Lothringen, beendete das Personal des Landesdenkmalamtes Metz seine Arbeit im November 1944 angesichts des raschen Vormarsches der alliierten Truppen. Die Evakuierung dieser Abteilung scheint überstürzt erfolgt zu sein, denn ein Großteil der Archive (vor allem die wissenschaftlichen Archive und die Funde der Ausgrabungen der Abteilung Vor- und Frühgeschichte) blieben an Ort und Stelle in den Verwaltungsräumen und Magazinen. Ein Jahr später übernahm diese Archive Emile Delort (1880–1958), der im November 1946 offiziell zum Direktor des archäologischen Bezirks Lothringen ernannt wurde. Auf Grund seiner Mitarbeit in der Abteilung Vor- und Frühgeschichte während des Krieges galt er aber in den Augen mancher Leute als „Kollaborateur".

Archäologische Arbeit, damals wie heute, erfordert es, die Befunde und Funde sorgfältig zu dokumentieren und auszuwerten, eine langwierige Aufgabe, die dazu führt, dass Ausgrabungsergebnisse und -interpretationen in der Regel erst nach mehreren Jahren veröffentlicht werden. Für einen aus archäologischer Perspektive kurzen Zeitraum von nur zwölf Jahren während der NS-Zeit bedeutet dies, dass sich die Publikationen aus der Zeit zwischen 1933 und 1939 überwiegend mit den Ergebnissen aus den 1920er-Jahren beschäftigen und dort auch schon die völkische Ausrichtung erkennen lassen. Veröffentlichungen aus der Spätphase der nationalsozialistischen Diktatur sind kaum vorhanden. Die Wissenschaftler konnten aber trotzdem nach 1945 auf die in der NS-Zeit gemachten Funde zurückgreifen und sie veröffentlichen, nun angepasst an die demokratischen Bedingungen der Bundesrepublik.

Die fortgesetzten Karrieren der Archäologen sind ein deutliches Beispiel für einen fehlenden Elitenumbau in den Museen, Universitäten und Landesämtern nach der NS-Zeit. Erst rund 50 Jahre nach Kriegsende begann eine wissenschaftliche Diskussion um das Verhalten der Archäologie in der NS-Zeit.

Wissenschaftsgeschichtliche Aufarbeitungen werden seit 2001 veröffentlicht.

Die rezente extreme Rechte und das Germanentum

Jan Raabe und Dana Schlegelmilch

Unter dem Oberbegriff „extreme Rechte" werden heute Gruppierungen zusammengefasst, die lebensweltlich sehr unterschiedliche Prägungen haben: So gibt es zwar bei einigen die Tendenz, ein traditionelles Erscheinungsbild zu pflegen und sich schon rein äußerlich an den historischen Nationalsozialismus anzulehnen. Extreme Rechte können heute jedoch auch sehr modern auftreten und sowohl „Normalbürger" als auch Anhänger jugendkultureller Szenen sein. Obwohl sich die verschiedenen Gruppen hinsichtlich politischer Strategien, bestimmter inhaltlicher Positionen, sozialer Praktiken oder soziologischer Hintergründe unterscheiden, teilen sie doch in Grundzügen ein gemeinsames Weltbild, zu dessen Konstanten der Bezug auf die „deutsche Volksgemeinschaft" und deren angebliche „germanische Ahnen" gehört. Denn ebenso wie der historische Nationalsozialismus konstituiert sich auch die heutige extreme Rechte in einer permanenten Rückschau – der Bezug auf ein rassisch definiertes Germanentum ist die legitimatorische Grundlage für die Konstruktion der Blut-und-Boden-Ideologie der Völkischen. Dieser Zugriff auf die Vergangenheit orientiert sich nicht an aktuellen wissenschaftlichen Fragestellungen und Ergebnissen, sondern konstruiert einen „Germanenmythos",[1] in den archäologische oder historische Erkenntnisse nicht oder nur selektiv einfließen: „Weil der Mythos komplexe Ereignisse entflechtet und in einfache Vorgänge auflöst, erhält er durch seine sinnstiftende Erzählung eine politisch-soziale Orientierungsfunktion."[2]

Politische Mythen wirken in erster Linie emotional – die germanischen Vorfahren sind Projektionsfläche für eine antizivilisatorische Sehnsucht nach dem „edlen Wilden" in einem vermeintlich natürlichen Zustand der „rassischen Unvermischtheit".[3] Der „Germanenmythos" dient so der Bildung einer kollektiven Identität und ermöglicht damit sowohl Inklusion – die Einigung der eigenen Gruppe nach innen über das Einschwören auf eine gemeinsame Herkunft und Kultur – als auch Exklusion – die Abgrenzung der eigenen Gruppe von anderen.

Durch die Verbindung einer intentionalen Verwendung des Germanenbilds – also der „Instrumentalisierung aus politischen Motiven bzw. für politische Zwecke"[4] – mit einem auf die Zukunft gerichteten Fokus wird der „Germanenmythos" zu einer „Germanenideologie" der extremen Rechten. Diese ist „Eckstein der auf dem Primat der Rasse aufbauenden völkischen Weltanschauung mit ihrem antidemokratischen, ständisch-autoritären Gesellschaftskonzept, mit ihrem anti-egalitären Menschenbild und mit ihrem Ziel, ‚Deutschlands Wiedergeburt' ins Werk zu setzen".[5] Der Bezug auf das Germanentum legitimiert also eine Gesellschaftsutopie der Ungleichheit, in der die einen zu Führern, die anderen zu Sklaven oder gar zur Ausrottung bestimmt sind.

Inhaltlich greifbar wird das völkische Germanenbild hauptsächlich über Rassestereotypen: „Wikinger", „Nordmänner", „Germanen" oder „Arier"; „Chatten", „Kimbern" oder „Cherusker" – sie alle erscheinen als blond und blauäugig, kämpferisch, ehrlich, edelmütig, naturverbunden – als Heroen im Kampf gegen die (römische) Unterjochung. Das konstruierte Gegenbild dazu sind die „semitischen Wüstenvölker", die einem dunklen Typus angehörig und naturfern, verkopft, hinterlistig und verschlagen seien. Diese im Grunde seit den Anfängen der völkischen Bewegung Ende des 19. Jahrhunderts aufgebauten und im Nationalsozialismus verfestigten Bilder haben umso mehr Wirkmächtigkeit, als sie im gesamtgesellschaftlichen Kontext ohne explizit rassistische Aufladung oft noch vorhanden sind und damit an sie angeknüpft werden kann – wer hätte nicht schon gehört, dass die Deutschen die Nachfahren der blonden Germanen seien?[6]

In Bezug auf ihre Erscheinungsform und Trägermedien variieren die Germanendarstellungen entsprechend der unterschiedlichen Lebenswelten. So publiziert die eher intellektuell auftretende so genannte „Neue Rechte" eine Reihe von Buchtiteln und Zeitschriften mit programmatischen Texten, während innerhalb der extrem rechten Jugendkulturen Musik-CDs verbreitet werden. Im Bereich der germanophil-religiösen Gruppen wie etwa der „Artgemeinschaft" hingegen haben Kult- und Alltagsgegenstände mit angeblich germanischem Hintergrund Konjunktur. Im Folgenden sollen die wichtigsten Bezugnahmen der extremen Rechten auf die Germanen beispielhaft illustriert werden.

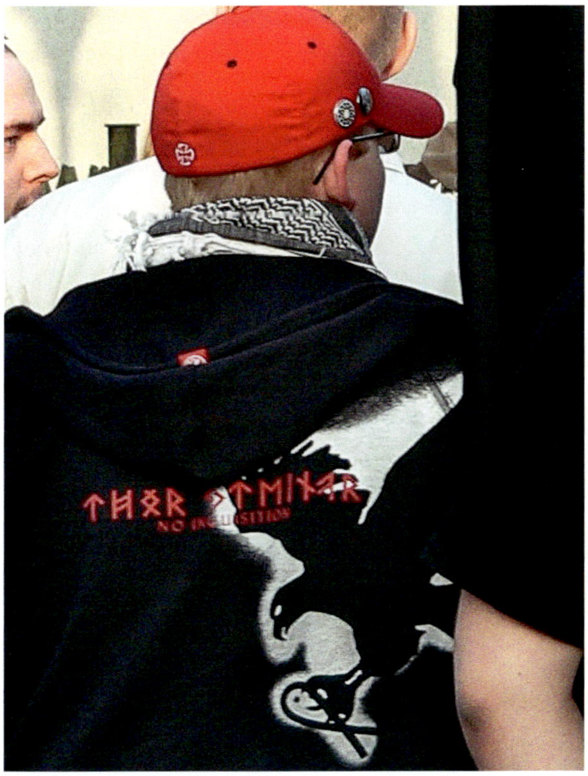

Kapuzenjacke der Marke Thor Steinar mit dem Motiv „Adler fängt Fisch", aufgenommen auf einer Demonstration in Halbe/Brandenburg 2005.

Moderne Erscheinungsform, alte Inhalte

Die Art der Ideologievermittlung in der extremen Rechten hat sich in den vergangenen Jahren entscheidend verändert: Nicht mehr Seminare oder Vortragsabende sind zentrale Träger der Vermittlung, sondern jugendkulturelle Elemente und Accessoires. Diese Modernisierung ermöglicht es, extrem rechte subkulturelle Lebenswelten aufzubauen, in denen Politik Teil des Alltags ist. Ideologie vermittelt sich hier nicht durch Parteiprogramme oder politische Schulungsvorträge, sondern über Musik, Style und Aktion. Politische Inhalte werden dabei über Songtexte, Plattencover, T-Shirts oder Poster transportiert. Dabei sind die Identifikationsangebote diversifiziert: Junge Menschen mit extrem rechtem Gedankengut gehören heute nicht mehr nur der Skinheadkultur an, wie dies noch in den 1980er- und 1990er-Jahren der Fall war; sie können ebenso gut Rock-, Metal-, Hip-Hop- oder Gothic-Fans sein. Jugendkulturen haben im Allgemeinen ein eigenes, von den Anhängern in Grundzügen geteiltes Weltbild; dieses beeinflusst auch die Art der Bezugnahme auf die Germanen. So steht bei der neonazistischen Skinheadkultur der Wikinger als Kämpfer und Eroberer im Vordergrund, in der extrem rechten Black-Metal-Szene haben antichristliche und naturreligiöse Elemente eine größere Bedeutung.

Ihre politische Überzeugung kommunizieren Jugendliche durch Musik und Bekleidung nach außen. In der extremen Rechten dienen bestimmte Bekleidungsmarken als Erkennungsmerkmal, etwa „Thor Steinar", „Erik & Sons" oder „Ansgar Aryan". Diese in der Szene bekannten Marken verwenden rechte Motive oder versuchen, sich ein nordisch-heidnisches Image zuzulegen. So bezeichnet sich die Modemarke „Erik and Sons" selbst als „Viking Brand". Auch „Thor Steinar" nennt sich selbst „Nordic Company" oder „Viking Company". Hier dienen Runenschrift, Wikingerbootmotive oder aufgestickte Begriffe, die der nordischen Mythologie zugeordnet werden – etwa „Ultima Thule", „Asgard" oder „Nordmark" – als Chiffren, die für andere Szeneangehörige entschlüsselbar sind. Auch der Markenname selbst verweist auf den politischen Hintergrund, er kann als Bezug auf den Gott „Thor" und den General der Waffen-SS Felix Steiner (1896–1966) gedeutet werden. Als Emblem wurde bei Gründung der Marke 2002 eine Kombination der Tiwaz- mit der Sig-Rune verwendet, die an die in Deutschland verbotene Wolfsangel erinnerte; nach juristischen Auseinandersetzungen wurde es 2004 durch eine Gebo-Rune mit zwei Punkten ersetzt. Heute werden wieder beide Embleme verwendet.

Neben Bekleidung ist Musik für Jugendliche von besonderer Bedeutung – sie unterhält, aber sie vermittelt auch Inhalte. Circa 100 CDs mit extrem rechten Inhalten veröffentlichen deutsche Rechtsrock-Bands jedes Jahr – in der Gewissheit, dafür auch ein interessiertes, für die Inhalte offenes Publikum zu finden. Auf die Frage: „Welche klare Aussage möchtest du den Hörern mit deiner Musik vermitteln?" antwortete der neonazistische Liedermacher Skalde: „Vorwiegend soll die Musik natürlich Menschen vom germanischen Schlag ansprechen. Sie sollen ihre germanischen Wurzeln wieder finden. Und wer seine Wurzeln und damit sich selbst findet, muss automatisch ein Feind des aktuellen Systems werden."[7]

Auch ein Blick auf die Texte und die Covermotive der CDs belegt die Bedeutung des Germanenbezugs für die extrem rechten Jugendszenen: Viele zeigen Zeichnungen von Germanen im Kampf,[8] aber auch prähistorische Motive, etwa Megalithgräber[9] oder herausragende Funde wie der Goldschmuck von Hiddensee[10], finden sich. Die Lieder haben Titel wie „Germanensturm", „Germanenland", „Legionen des Thor", „Hammergottes Geschlecht" oder „Gott der Germanen",[11] ihre Texte heroisieren zumeist den germanischen Kämpfer oder die germanische Götterwelt. So heißt es in einem Lied der Berliner Band „Landser", die bis zu ihrer Verurteilung als „Kriminelle Vereinigung" zu den bekanntesten und beliebtesten Rechtsrock-Bands gehörte: „Herr der Magie und der Runen/Führer der wilden Jagd/Wotan, Lenker der Schlachten/Heil dir!"[12]

Neben dem reinen Bezug auf vor- und frühgeschichtliche Zeiten wird gerade im Bereich der Jugendkulturen eine besondere Spielart der Germanenrezeption augenfällig: die Verklammerung des Germanentums mit dem historischen Nationalsozialismus und der Gegenwart. Im Unterschied zu auch in Teilen der Gesellschaft bestehenden Bildern einer Kontinuität von den Germanen zu den Deutschen existiert im Neonazismus das Bild einer „Ahnenreihe", die über eine Blutslinie vom germanischen Kämpfer über den SS-Mann bis zum heutigen Aktivisten konstruiert wird. Idealtypisch sind diese drei Ikonen auf dem Cover der 1988 beim französischen Label „Rebelles Européens" erschienenen Langspielplatte „This Time the world" der englischen Rechtsrock-Band „No Remorse" aufgereiht.[13] Am rechten Bild-

Vorder- und Rückseite der CD „Asgardrei" der „National Socialist Black Metal"-Band „Absurd".

Kombination prähistorischer Elemente mit Symbolen des Deutschen Reiches auf dem Cover der CD „Odins Helden" der Rechtsrockband „Freikorps".

Konstruierte Blutslinie vom germanischen Kämpfer über den SS-Mann bis zum heutigen Aktivisten auf dem Cover der LP „This Time The World" der Skinheadband „No Remorse".

rand steht ein Wikinger mit blondem Haar und Bart, gerüstet mit Helm und Schild, am Mantel eine Ringfibel. Ihm folgt in der Bildmitte ein Angehöriger der Waffen-SS, erkennbar an seiner Uniform, mit einer Maschinenpistole in der Hand.[14] Am rechten Bildrand steht ein Skinhead, der eine Fahne mit einem so genannten „Keltenkreuz" trägt, die vergemeinschaftend über den dreien weht. Das Symbol des „Keltenkreuzes" – ein Balkenkreuz mit einem Kreis um den Schnittpunkt – gilt im Neonazismus als Zeichen der Vormachtstellung der „weißen Rasse".[15] Die drei Männer bilden eine Reihe, die sich vom Skinhead über den Soldaten der Waffen-SS zu dem Nordmann erstreckt; dies kann als Sinnbild der Blutslinie gedeutet werden, die sie verbinden soll. Gemeinsames Merkmal der als Kämpfer in Erscheinung tretenden Männer sind ihre blauen Augen und ihre Ausrichtung nach Osten. Hier wird vermittelt, dass das kämpferische Germanentum durch die Zeiten hindurch kampfbereit dem bolschewistischen Feind entgegenstehe.

Das Motiv dieses Covers ist kein Einzelfall, sondern wird in unterschiedlichen Abwandlungen immer wieder verwendet, so auf T-Shirts, als Titelbild von Fanzines oder als Plakat. Auch textlich hat diese Verkoppelung von Germanentum, Nationalsozialismus und gegenwärtigem Aktivismus ihren Niederschlag gefunden. In dem Lied „Germanien über alles" der neonazistischen Black-Metal-Band „Absurd" etwa heißt es: „Ein feurig dräuend Sonnenrad/weist den Weg uns in die Schlacht/die Raben eilen uns voraus/durch die dunkle Heidennacht/In den Divisionen ‚Wiking' und ‚Nordland' waren geeint/uns're Ahnen unerschütterlich, für das Reich gegen den Feind/Ihre Ehre, die hieß Treue, in den Adern floss ein arisch Blut/und ihr Heldentum soll leiten uns und stets härten unsren Mut […]/Ein Volk, ein Glaube, uraltes Heidentum/Germanien über alles, für alle Zeiten nun!"[16] Durch den Bezug auf die Waffen-SS-Divisionen „Wiking" und „Nordland" – so genannte „germanische" Divisionen mit Freiwilligen vor allem aus Skandinavien – und auf den heute in Deutschland verbotenen Wahlspruch der SS „Meine Ehre heißt Treue" entpuppt sich auch hier das heroisch-kämpferische Germanenbild bei genauerem Hinsehen als Neonazismus.

Neuheidnisches Germanentum in der extremen Rechten: Treffpunkt alter und neuer Nazis

Das Feuerzeug mit Runen, der Thorshammer um den Hals, der Aufnäher mit der allgegenwärtigen „Odin statt Jesus"-Aufschrift, der Autoaufkleber mit dem beliebten Motiv „Adler fängt Fisch", das den Sieg des germanischen Heidentums über das Christentum signalisieren soll, oder der Kalender, der als „Germanischer Jahrweiser" über dem Schreibtisch hängt – es gibt kaum einen Alltagsgegenstand, auf den nicht germanische Motive aufgedruckt werden können, um Inhalte nach außen zu tragen. Diese sind nicht immer ausschließlich politisch, sondern verdeutlichen häufig auch eine zusätzliche religiöse Bezugnahme. So hat der Sozialwissenschaftler Stefan von Hoyningen-Huene festgestellt, dass bei Jugendlichen aus der Skinheadszene oder aus dem Bereich der so genannten „Freien Kameradschaften" die „religiöse Orientierung [...] nach einer grundlegenden jugendkulturell-politischen Zuordnung" erfolgt: „Sie ist relativ unabhängig von der religiösen Sozialisation in Familie und Milieu und ergibt sich erst aus einer intensiveren Auseinandersetzung mit der eigenen jugendkulturellen Identität." Jugendkulturell orientierte Anhänger der extremen Rechten orientieren sich demnach im Rahmen ihrer Identitätsfindung an der germanischen Religiosität, diese „dient damit der Absicherung des rechtsextremen Weltbildes".[17] Dass sehr viele Teilnehmer neonazistischer Aufmärsche einen Thorshammer um den Hals tragen, ist somit Folge und Ausdruck einer religiösen Orientierung am vermeintlich Germanischen und zeugt von einem in sich stimmigen Weltbild.

Auch in weiten Teilen der extremen Rechten jenseits der Jugendkulturen verbindet sich in der Germanenrezeption der antisemitische Rassegedanke mit einer religiösen Sinnsuche: Die Völkischen lehnen das „Judäo-Christentum" ab und stellen ihm die Idee einer angeblich „arteigenen" heidnischen Religiosität gegenüber. Schon in der völkischen Bewegung zu Beginn des 20. Jahrhunderts war der Bezug auf die Germanen in sehr großen Teilen geprägt von der Suche nach einem „arteigenen Glauben"; und so lassen sich trotz vieler Brüche besonders im Bereich der religiös-heidnischen Gruppierungen personelle und inhaltliche Kontinuitäten nachzeichnen, die von der völkischen Bewegung über den Nationalsozialismus bis in die Nachkriegszeit reichen. Noch heute propagieren einige Gruppen die Ideen völkischer Religionsstifter wie Herman Wirth (1885–1981), Wilhelm Teudt (1860–1942) oder Otto Sigfrid Reuter (1876–1945); sie stehen damit in direkter Kontinuität zum Nationalsozialismus und rezipieren bzw. verbreiten die damaligen Deutungen. Sie agieren jedoch in einem veränderten gesellschaftlichen Umfeld und finden auch Zugang zu einem esoterisch interessierten, „unpolitischen" Publikum, zum Beispiel „Ur-Europa" (früher „Gesellschaft für europäische Urgemeinschaftskunde e.V./Herman-Wirth-Gesellschaft") oder der Verein „Parsifal" (ehemals „Trojaburg e.V."). Letzterer gibt auch *Trojaburg. Zeitschrift für europäische Frühgeschichte und Mythologie* heraus, die alte Artikel der 1930er-Jahre zur „Germanenkunde" und zum „Rassewesen" ungeniert als Wiederabdruck präsentiert und lange Zeit an vielen Bahnhofskiosken erhältlich war.

Neben diesen Vereinen, die ein breiteres Spektrum an Mitgliedern gewinnen möchten, gibt es neuheidnisch-religiöse Organisationen, die nur Anhängern ex-

Germanischer Jahrweiser des Jahres 2009; angegeben wird auch die Zeitrechnung „nach Atlantis" und „nach Stonehenge".

trem rechter Ideologien offen stehen, etwa die „Artgemeinschaft“ oder der „Armanenorden“. Diese tragen zu einer Stabilisierung der extremen Rechten bei, indem sie als Sammelbecken und Begegnungsort wichtiger Kader und langjähriger Aktivisten dienen. Diese Vereinigungen wurden häufig schon bald nach dem Krieg durch ehemalige aktive Nationalsozialisten gegründet und haben die Funktion, durch „germanentümelnde“ Rituale und Praktiken gemeinschafts- und sinnstiftend zu wirken.

Basierend auf der Vorstellung, durch die Christianisierung sei eine uralte Religion, die sich im „freien Germanien“ nördlich des Limes erhalten habe, zerstört worden, beziehen sich die Mitglieder auf Odin, Thor und Freya, verwenden Runen und germanisierte Monatsnamen oder entwickeln eine kultische Praxis durch das Abhalten von „Sonnwendfeiern“, „Jul-“ und „Ostarafesten“ etc. Germanenbilder werden in diesem Kontext über Schriften wie die *Nordische Zeitung* oder die *Irminsul* und über angeblich germanische Kultgegenstände wie Trinkhörner, Thorshämmer oder Julleuchter lebendig. Im Erscheinen wirken diese Gruppen rückwärtsgewandt, bei den Treffen tragen die Frauen Röcke und lange Kleider, die Männer oftmals Wanderschuhe und Lederhosen. Was im Auftreten an einen Trachtenverein erinnert, ist der Versuch, der Moderne auch auf der Bekleidungsebene entgegenzutreten. Das hier gepflegte „Brauchtum“ greift auf Gepflogenheiten zurück, die maßgeblich durch die Germanenverehrung der Nationalsozialisten geformt wurden – es gibt aber vor, größtenteils „echt germanisch“ zu sein. So heißt es im „Artbekenntnis“ der „Artgemeinschaft“: „Wir bekennen uns zum germanischen Kulturerbe und dessen Weiterentwicklung.“[18]

Die germanophil-religiösen Gruppen haben den Effekt, über die hier „gelebte Gemeinschaft“ teilweise eine Einigung der Szene zu erreichen. Gleichzeitig erhält das politische Handeln der Aktivisten so einen tieferen Sinn. Der Bezug auf die Germanen ist Teil des gesamten ideologischen Überbaus; er ist konstitutiv und beschränkt sich nicht nur auf deren angebliche Religion, sondern umfasst ein ganzes Gesellschaftsbild. So versteht sich beispielsweise die Artgemeinschaft als „Sippengemeinschaft“, was bedeutet, dass in das Vereinsgeschehen alle Mitglieder einer Familie einbezogen werden, auch die Kinder. Allerdings wird hierbei selbstverständlich die Einhaltung rassischer Prinzipien gefordert: „Das Sittengesetz in uns gebietet gleichgeartete Gattenwahl, die Gewähr für gleichgeartete Kinder.“[19] Auf diese spezielle Weise werden in der Gemeinschaft Kontinuitäten sichergestellt: Aus der Analyse der „Sippennachrichten“ in der vierteljährlich erscheinenden Vereinspublikation *Nordische Zeitung* ergibt sich, dass in der „Artgemeinschaft“ oftmals Familien agieren, die schon in der zweiten oder gar der dritten Generation ein völkisches Gesellschaftsbild vertreten.[20]

Titelbild der *Nordischen Zeitung* mit Thorshammer.

Germanenbilder für eine Ideologie der Ungleichheit

Das in der heutigen extremen Rechten gezeichnete Bild der germanischen Gesellschaft entspricht dem, das schon im Nationalsozialismus als Vorbild für die Gesellschaftsordnung propagiert worden ist. So wird der germanische Mann fast ausschließlich als Kämpfer

Aufruf zum Handeln aus dem Politfanzine „Germanenbriefe“.

dargestellt, die germanische Frau hingegen wird – wenn sie überhaupt erwähnt wird – als Mutter und Hüterin des Hauses charakterisiert. Ein kämpferischer Lebensstil erscheint als überindividuelles Charaktermerkmal der Germanen: „In dieser Todesbereitschaft lag für den kriegsbereiten Germanen die höchste Steigerung des Lebens“, heißt es etwa in einem Artikel der neonazistischen Zeitschrift *Landser*.[21]

Der Kampf wird darüber hinaus als Lebenskampf zu einem Prinzip erhoben, sozialdarwinistische Prinzipien des „survival of the fittest“ und auch eugenische Einstellungen werden mit Verweis auf die Germanen als ewige Gesetze festgeschrieben. So berichtet das *Risaer Zündbläddl* in einem Artikel zum Thema „Artglaube“, dass Säuglinge nach der Geburt dem Vater gereicht wurden: „War es missgestaltet oder schwach, konnte der Vater es zurückweisen, es wurde dann ausgesetzt. [...] Das Aussetzen war ein fester Bestandteil der germanischen Lebensordnung.“[22]

Die Projektionen einer germanischen Gesellschaft, die auf Sozialdarwinismus beruhte, sich gegen äußere Einflüsse abschottete, deren Männer vor allem als Kämpfer gesehen werden und in denen die Frauen für Haus, Herd und Kinder zuständig waren, decken sich mit den politischen Vorstellungen vieler Neonazis. Einen Autor des aus Ostwestfalen stammenden Fanzines *Herrlich Hermannsland* animierte dies zu einem Vergleich „Nationaler Sozialismus/germanisches Heidentum“ mit dem Fazit: „Die Gemeinsamkeiten der heidnisch-germanischen Sache und der sozialistisch nationalen Bewegung in Europa und einigen anderen Teilen der Welt [...] lassen sich schon bei einer kurzen Erläuterung einiger Begriffe aus diesen beiden Weltanschauungen erkennen.“[23]

Das Gestern als Legitimation der Taten von heute

Die heutige extreme Rechte stellt sich auf viele Arten und Weisen in die Tradition der vermeintlichen germanischen Urahnen, ob dies nun durch das Veranstalten „germanischer Kampfspiele“[24] oder eines „germanischen Frühlingsfestes“[25] oder durch die Bezugnahme auf germanische Mythologie in Liedern und Publikationen geschieht. Doch es geht um weit mehr als nur um Zeitvertreib und Kräftemessen: Neben dem Bild eines Vermummten mit Maschinengewehr fordern etwa die neonazistischen „Germanenbriefe“: „Todesstrafe für alle Kindermörder, Vergewaltiger und Drogenhändler! Keinen Fußbreit dem Abschaum!!! Germanen – Wehrt Euch!“[26] Solche Beiträge verdeutlichen, dass der extrem rechten Germanenideologie ein menschenverachtendes Weltbild zugrunde liegt; die Vergangenheit dient der Legitimation des heutigen Handelns. Nicht eine romantisierende Rückschau wird hier praktiziert, sondern die Zurichtung zum vermeintlichen „Rassenkrieg“, zur angeblichen Verteidigung von „arteigenem Glauben“, „eigener Rasse“ und „angestammtem Boden“. So bieten die Germanenbilder den Stoff, mit dem – heute wie früher – Ausgrenzung und Vernichtung begründet werden.

Alltägliche Germanenbilder

Sandra Geringer

Die Germanen sind los! Die in der Zeit des Nationalsozialismus stark forcierten Bilder der kriegerischen, hünenhaften, blonden und blauäugigen Germanen sind noch heute in unseren Vorstellungen vorhanden – und das ist auch kein Wunder. Es hat zum Beispiel bis in die 1980er-Jahre hinein gedauert, bis in dieser Weise abgebildete Germanen aus den Schulbüchern verschwunden sind. In der Nachkriegsgeneration wurden die eindrucksvollen, großformatigen und bunten Schulwandbilder, die zum Teil schon vor der NS-Zeit entstanden waren, noch im Unterricht genutzt. Gegenwärtig tauchen die Germanen auf Zeitschriftentiteln, in der Werbung, beim Kinderspielzeug und in der Populärliteratur auf. Die dargestellten Germanenbilder ähneln oftmals, wenn auch unbeabsichtigt oder aus Unkenntnis, jenen aus der NS-Zeit.[1]

Auf dem Spiegel-Titel vom 25. November 2002 werden zeitlich und räumlich unhaltbare Zusammenhänge dargestellt.

Zurück in die Bronzezeit

Die angebliche Herkunft und Abstammung der Germanen sind auch in der jüngsten Vergangenheit beliebte Themeneinführungen in Schulbüchern. In drei Ausgaben der Jahre 1992/1994, 1995 und 1999 werden die Ursprünge der Germanen in die Bronzezeit, in einem Beispiel gar in die Jungsteinzeit verlegt.[2]

Ein weiteres bekanntes und viel kritisiertes Beispiel ist der SPIEGEL-Titel: „Der Sternenkult der Ur-Germanen“ aus dem Jahre 2002, in dem ebenfalls, ausgehend von der bronzezeitlichen Scheibe von Nebra, in die Steinzeit zurück- und auf die Germanen vorgegriffen wird. Die ca. 3600 Jahre alte Bronzescheibe wird vom Landesmuseum Halle/Saale als die „weltweit älteste konkrete Darstellung astronomischer Phänomene“[3] gedeutet. Allerdings zeigt der SPIEGEL die Scheibe zusammen mit dem steinzeitlichen Stonehenge, einer aus mehreren Bauphasen bestehenden Großsteinanlage. Deren Deutung als Observatorium ist umstritten. Mit der Bildkomposition auf dem SPIEGEL wird bereits ein zeitlich wie auch räumlich unhaltbarer Zusammenhang suggeriert. Der Text verknüpft diese Bilder wiederum mit den Germanen, deren Ursprung demnach in der Stein- und Bronzezeit zu suchen ist. Im Artikel selbst wird dieses Konstrukt wiederholt. Hier heißt es: „Die ‚Himmelsscheibe von Nebra' beweist: Die Ur-Germanen trieben Astronomie."[4] Einige Seiten weiter lesen wir: „Nun treten jäh auch aus dem nordischen Hain Mathematiker und gewiefte Kosmologen. Nebra beweist: In Ur-Germanien lebten kleine Einsteins."[5] Schließlich wird eine Gleichzeitigkeit der Scheibe von Nebra mit den angeblich als germanische Kultstätte genutzten Externsteinen bei Detmold[6] hergestellt: „Keine Frage, den Archäologen bietet sich ein abenteuerliches Panorama. Während Schmiede bei Nebra Mondatlanten dengelten, betrieben 230 Kilometer entfernt germanische Priester bei Detmold eine Sternwarte […]. Was da genau in der kalten Urheimat der Deutschen ablief, ist längst nicht geklärt."[7]

Dass solche Zusammenstellungen heute noch genau so wie in der NS-Zeit funktionieren, zeigt, dass die Sehnsucht der Menschen nach kontinuierlich zurückzuverfolgenden Ahnen bis in älteste Zeiten immer noch wirksam ist. Mit stark emotionalen Begriffen wie „Urheimat" wird dieses Bedürfnis weiter geschürt. Ausdrücke wie „Astronomie", „Mathematiker", „Kosmologen" und „Einsteins" können außerdem den Stolz auf die intellektuell herausragenden vermeintlichen Ahnen wecken.

Die Mannheimer Eichbaum-Brauerei wirbt mit dem Klischee vom Germanen = Deutschen als Biertrinker.

Grundsätzlich muss sowohl das Konstrukt eines angeblich ethnisch einheitlichen Volkes der Germanen, das bereits lange vor der NS-Zeit geprägt wurde, als auch die angenommene kulturelle und ethnische Kontinuität von der Jungsteinzeit bis zu den Germanen oder gar bis heute in Frage gestellt werden.

Das Aussehen

Das konstruierte Bild der blonden und helläugigen Germanen lebt heute weniger in den Schulbüchern, dafür aber umso mehr in der Kinder- und Jugendliteratur fort. Zum Teil werden die Germanen mit Fellkleidung und gar mit Hörnerhelmen als betont wild dargestellt.[8] Dass die Bekleidung vor 2000 Jahren nicht nur aus Fellen bestand, ist durch Moorfunde jedoch eindeutig nachgewiesen. „Hörnerhelme sind weder archäologisch […] nachgewiesen, noch werden sie von antiken Autoren beschrieben. Sie haben eine lange, unwissenschaftliche Tradition."[9] Die fortbestehende große Beliebtheit der Hörnerhelme kann daran liegen, dass positiv angesehene tierische Eigenschaften wie Wildheit, Kraft, Potenz und Ungezähmtheit auf die Träger übertragen werden.

Zahlreiche Zeitschriftencover werden von ähnlichen Bildern geziert. Der STERN 4/2009 titelt „Die Germanen – Archäologen entwerfen ein neues Bild unserer kriegerischen Vorfahren" und zeigt im oberen Bildbereich einen blonden Germanen, darunter ein nachgebautes germanisches Dorf. *P.M. Perspektive* 39/1995 trägt ein Foto eines langhaarigen, blonden Germanendarstellers mit freiem Oberkörper, Schwert und Schild. Angeknüpft wird hier an das in der NS-Zeit geprägte, jedoch bis heute gängige Schönheitsideal des muskulösen, kraftvollen Mannes.

Germanen = Deutsche und Wikinger = Nordgermanen

Die Nationalsozialisten versuchten nicht nur, den Ursprung der Germanen bis in die Jungsteinzeit zu verfolgen. Sie vereinnahmten auch andere Völker und Gegenden als germanisch, wie zum Beispiel Skandinavien und die Wikinger. Somit setzten sie eine Kontinuität bis ins frühe Mittelalter und im Grunde bis in die Gegenwart voraus. Es ist daher kaum überraschend, dass die Schulbücher in der NS-Zeit die Germanen mit den Deutschen und die Wikinger mit den Nordgermanen gleichsetzten.[10] In aktuellen Schulbüchern finden sich davon noch immer Rudimente. In ihnen werden Götter- und Heldensagen der altnordischen Überlieferung aus der Zeit ab dem 9. Jahrhundert als germanisch bezeichnet. Die Götter und Helden des frühen und hohen Mittelalters auf das 1. Jahrhundert nach Christus zu übertragen, in dem die vermeintlichen Germanen lebten, ist aber nicht haltbar.[11]

Auf dem Zeitschriftentitel von *P. M. Perspektive* (4/2005) „Das geheimnisvolle Leben der Germanen" ist ein (blonder, hünenhafter) Thor auf einem Streitwagen dargestellt, der seinen Hammer schwingt. Auch hier werden mit Text und Bild die Germanen mit der frühmittelalterlichen nordischen Mythologie verknüpft. Einer der Untertitel lautet denn auch: „Angst und Schrecken über Europa: Warum die Wikinger alle besiegten". Des Weiteren wird gefragt: „Wie viel Germanisches steckt in uns?"

Der Verknüpfung von Germanen- und Wikingerbild bedient sich auch eine große Mannheimer Brauerei, die 2012 als „Bier des Jahres" den „Goldenen Germanen" herausbringt. Auf der Flasche prangt ein rotblonder bärtiger und langhaariger Mann mit goldenem Hörnerhelm, Trinkhorn und Schild. Davon abgesehen, dass die Wikinger natürlich keine Hörnerhelme trugen, werden sie dennoch sofort damit assoziiert.

Die gegenwärtigen Verknüpfungen von Germanen mit Deutschen und Wikingern mit Nordgermanen lassen sich nur mit dem immer noch aktuellen Drang nach Abenteuern, Eroberungen, Entdecker- und Heldentum, Macht und der „Faszination des Schreckens" erklären. Die Vereinnahmung der Mythologie entspricht der Sehnsucht nach „Ursprünglichkeit" und „Reinheit". Vielleicht machen Germanen = Wikinger in der Bierwerbung Karriere, weil es zum Bild des „richtigen Kerls" dazugehört, viel Alkohol zu vertragen. Möglicherweise ist diese Vorstellung aus Schriften des Geschichtsschreibers Tacitus (um 58 bis um 120 n. Chr.) abgeleitet, der den Germanen übermäßigen Alkoholgenuss nachsagte. Da Tacitus die vermeintlichen Germanen aber auch nur vom Hörensagen kannte, sollten seine Ausführungen nicht wörtlich genommen werden.

2012 brachte der Spielzeug-Hersteller Schleich den „gefürchteten Nordmann" in der Reihe „neue Helden" heraus.

Diese wenigen Beispiele machen bereits deutlich, dass die vermeintlichen Germanen in unserem heutigen Alltag sehr ähnlich wie in der NS-Bilderwelt dargestellt werden. Die mit ihnen verbundenen Eigenschaften werden immer noch positiv wahrgenommen. Aber nun werden die Germanen nicht mehr mit politischen Ideen und Deutungen verknüpft; „die Helden [...] dienen [...] nicht mehr als Vorbilder zur Schaffung einer nationalen Identität".[12] Die Autoren sind sich vermutlich der Herkunft dieser Bilder und ihrer ehemaligen Verwendung nicht bewusst.[13]

Leitgedanken der Ausstellung – ein imaginärer Rundgang

Karin Walter

Inhaltliche Leitlinien

Von der Ausstellungsidee bis zu deren Realisierung ist es ein weiter Weg: Der Entwicklung eines schlüssigen Konzeptes folgen langwierige Objekt- und Bildrecherchen, das Schreiben verständlicher Texte sowie viele andere Arbeiten. Erst der Aufbau der Exponate zeigt, ob sich das Geplante zusammenfügt. Die Ausstellung „Graben für Germanien. Archäologie unterm Hakenkreuz" ist ein solches Langzeitprojekt. Ein Team von Archäologinnen, Volkskundlerinnen und einem Historiker erarbeitete in zweieinhalb Jahren eine Ausstellung, die die Rolle der Archäologie in der NS-Zeit allgemein verständlich darstellt, informiert, ohne belehrend zu sein, unterhaltsam, aber dennoch der Ernsthaftigkeit des Themas angemessen ist. Bei der Konzeptentwicklung wurde schnell deutlich, dass sich das Thema weder rein chronologisch noch rein thematisch darstellen lässt und dass die Komplexität der Inhalte Beschränkungen und Schwerpunktbildungen erforderlich macht. Der Fokus liegt auf der Zeit des Nationalsozialismus. Thematische Vor- und Rückblenden liefern Erklärungen, zeigen Entwicklungen, schaffen Zusammenhänge und decken Synergien auf. Die bei den Wurzeln beginnende Analyse vermittelt, wie der Mythos von Germanien überhaupt entstand, sich über die Jahrhunderte weiterentwickelte, wie er zu fatalen Fehlinterpretationen in der NS-Zeit führte und wie er auch nach Kriegsende nicht gänzlich bedeutungslos wurde, sondern seit der Wende und dem Aufkommen des Internets in der rechtsextremen Szene, aber nicht nur dort, neuen Auftrieb erhielt. Die Ausstellung will hier einen Beitrag zur Aufklärungsarbeit leisten und frei nach dem Motto „Man sieht nur, was man weiß" dafür sensibilisieren, heute noch bestehende Vorstellungen, Zeichen und Bilder von Germanien und den Germanen kritisch zu hinterfragen.

Als Ausstellungsfläche stehen 800 Quadratmeter zur Verfügung, aufgeteilt in zwei durch einen Glasgang verbundene Räume. Auf Grund der Lage des Treppenaufgangs muss beim Rundgang der erste Raum gleich zweimal durchquert werden. Das mit der Ausstellungsgestaltung betraute Gestalterbüro SPACE4 aus Stuttgart löste diese Herausforderung, indem es die Reihenfolge der fünf Themen änderte. Anders als im vorliegenden Katalog folgt dem ersten Kapitel, „Germanien – Funde und Erfindung", bereits das dritte, „Germanien – Propagierung einer Idee". Kapitel zwei, „Germanien – Auf der Suche nach Belegen", folgen dann unverändert die beiden letzten Themenblöcke. Die Ausstellungsgestaltung kompensiert diesen Tausch, für den Katalog wurde die ursprüngliche Reihenfolge aber beibehalten.

Gestalterische Leitlinien

Die Ausstellungsgestaltung bedient sich zweier Grundelemente: Vitrinen und Raum-im-Raum-Installationen. Die wechselnde Abfolge dieser Gestaltungselemente gliedert die fünf Themen und schafft bewusst Akzente. Verstärkt werden diese durch einen Schwarz-Weiß-Kontrast, der sich in der Wandfarbe der Räume wie auch als Leitlinie für die grafische Gestaltung der Vitrinen durchzieht und so die Farbigkeit der Originalobjekte deutlich zum Tragen bringt. Jede der Vitrinen ist jeweils nur einem Aspekt gewidmet, wobei sich bei ähnlichen Inhalten Gestaltungselemente wiederholen und dadurch auch visuell Zusammenhänge entstehen. Die drei in Vitrinen präsentierten Themen wechseln sich mit den zwei in Räumen inszenierten Themenbereichen ab. Ein vorwiegend weiß gehaltener Raum im ersten Ausstellungsteil zeigt eine Objektfülle, wie sie an keiner anderen Stelle zu finden ist. Das hier umgesetzte Kapitel „Germanien – Propagierung einer Idee" wird so auch sinnlich für die Besucher erfahrbar. Gezeigt wird, wie das Thema Germanien auf vielfältige Weise im NS-Alltag, in Ausstellungen und in der Bildungsarbeit präsent war. Im deutlichen Kontrast dazu steht die vornehmlich schwarz gehaltene Rauminstallation im zweiten Ausstellungsraum. Beim darin präsentierten Thema „Germanien – Eroberung von Europa und der Welt“ wurde bewusst auf Objekte verzichtet. Wechselnde Projektionen und Bilder informieren hier über die Rolle der Archäologen während des Zweiten Weltkrieges und decken die enge Verzahnung zwischen Kriegsverlauf und Ausgrabungskampagnen in den eroberten Gebieten auf.

Germanien – Funde und Erfindung

Den Auftakt der Ausstellung bildet eine Vitrine zur Schrift „De origine et situ Germanorum“ des römischen Autors Publius Cornelius Tacitus (um 58 bis um 120). Die 98 n. Chr. erschienene länderkundliche Monografie über Germanien und deren Bewohner ist – da diese selbst nichts Schriftliches hinterlassen haben – die entscheidende Quelle für alle späteren Interpretationen. Textstellen in Latein und deutscher Übersetzung vermitteln den römischen Blickwinkel auf Germanien und entlarven in erster Linie eigene Laster der Römer: „So leben sie denn in den Schranken des Anstandes und sind weder durch pornographische Darbietungen, noch durch Fressorgien verdorben.“[1] Die Zitate schweben auf wolkenartigen Tafeln über einer Europakarte, die den genauen Kenntnisstand der Römer über das eigene Gebiet südlich des Limes und ihre dagegen nebulösen Vorstellungen von dem Gebiet nördlich dieser Grenze wiedergibt. Weder Tacitus noch vor ihm Gaius Julius Cäsar (100–44 v. Chr.) äußerten sich zu den nördlichen Grenzen von Germanien, auch ließen beide unerwähnt, dass hier unterschiedliche Völker siedelten. Bislang haben keine archäologischen Funde die römische Sichtweise bestätigt, dass die hier lebenden Volksstämme eine Gemeinschaft bildeten und sich selbst als Germanen bezeichneten. Die auf der Vitrine schemenhaft angedeutete Silhouette der bekannten Römerstatue des Augustus aus den vatikanischen Museen in Rom unterstreicht den römischen Blickwinkel auf Germanien.

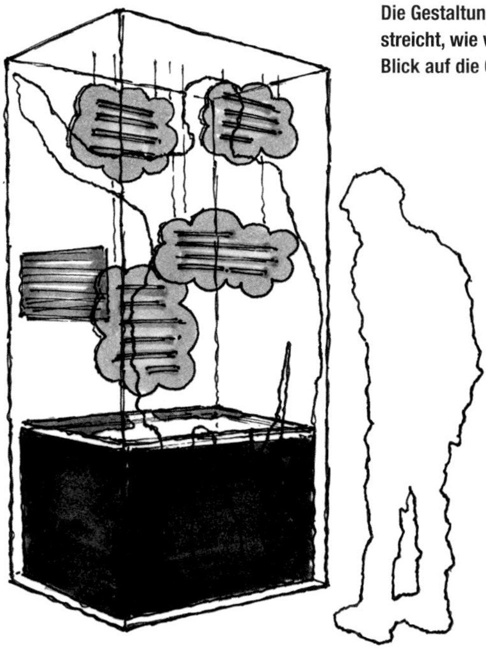

Die Gestaltung der Vitrine unterstreicht, wie vage der römische Blick auf die Germanen ist.

Der Wiederentdeckung der Schrift des Tacitus Ende des 15. Jahrhunderts ist die nächste Vitrine gewidmet. Hier wird ein Nachdruck von 1602, der älteste der Bremer Universitätsbibliothek, in einer Box präsentiert, deren rote, einen hochwertigen Stoff simulierende Oberfläche die Wertigkeit des Objektes steigert. Die rote Farbe ist zugleich gestalterischer Anknüpfungspunkt für die Präsentation eines weiteren Tacitus-Nachdrucks von 1944 in einem späteren Themenbereich der Ausstellung. Die rote Farbe taucht nun in der NS-Fahne wieder auf, die den Hintergrund für Zitate aus dem Vorwort des Herausgebers bildet. Darin vermittelt der NS-Volkskundler Eugen Fehrle (1880–1957) eindrücklich seine, der allgemeinen NS-Ideologie entsprechende Wertschätzung: „In Zeiten tiefster Not des deutschen Volkes wirkt dies ‚goldige Büchlein‘ wie eine Erbauungsschrift.“[2]

In Anlehnung an eine Schaufenstergestaltung des 19. Jahrhunderts zeigt eine weitere Vitrine, wie Germanien bereits vor der Zeit des Nationalsozialismus zum Mythos geworden war. Die Beispiele konzentrieren sich auf drei Themenbereiche: zum einen die Identifikationsfigur der Germania, eine heroische Frauenfigur, die staatlich initiierte Briefmarken und Geldscheine zierte. Zum anderen den zum Helden stilisierten Hermann, dessen noch heute beeindruckendes Denkmal im Teutoburger Wald zu einem frühen Marketingmotiv auf Souvenirs wie Bierkrügen und Keksdosen wurde; sowie die in hoher Auflage erschienenen „Germani-

Das Thema „Germanien – Propagierung einer Idee" wird mit einer Objektfülle in einer Rauminstallation gezeigt.

schen Heldensagen", die auch viele spätere NS-Begeisterte in ihrer Jugend prägten und beeinflussten.

Mehrere Vitrinen der Ausstellung sind spektakulären archäologischen Funden gewidmet. Die beiden ersten Beispiele liegen deutlich vor der NS-Zeit, aber ihre Interpretationen wirkten noch lange nach. Bereits 1848 publizierten die Gebrüder Lindenschmit (Wilhelm 1806–1848, Ludwig 1809–1893) ihre Ausgrabungsergebnisse von einem Gräberfeld in Selzen. Es ist ein beredtes Zeugnis dafür, wie schon zu diesem frühen Zeitpunkt namhafte Archäologen – immerhin geht die Gründung des Römisch-Germanischen Zentralmuseums in Mainz auf ihre Initiative zurück – anhand fehlgedeuteter Funde den Mythos Germanien wissenschaftlich zu untermauern begannen. Aus ihren anthropologischen Messungen zogen sie die Erkenntnis, dass alle Germanen langschädelig gewesen sein müssten. Dies beeinflusste weitere Forschungen der Anthropologie und führte zum fatalen Zirkelschluss, dass Nachkommen der Germanen an ihren Schädelmaßen erkennbar seien – eine in der NS-Zeit auf die Spitze getriebene Untersuchungsmethode, um Ausgrenzungen vermeintlich wissenschaftlich zu begründen. Das zweite Beispiel zeigt den 1913 zufällig bei Ausschachtungsarbeiten für ein Gebäude entdeckten sensationellen Goldschatz von Eberswalde: 81 Gegenstände aus fast drei Kilogramm reinem Gold. Es handelt sich dabei um Repliken, da die Originale als Teil der russischen Kriegsbeute seit Ende des Zweiten Weltkrieges in Moskau lagern. Die Einordnung dieses Goldschatzes löste einen erbitterten Wissenschaftlerstreit zwischen zwei in der Vorkriegszeit bedeutenden Archäologen aus: Gustaf Kossinna (1858–1931), Professor an der Berliner Universität, und Carl Schuchhardt (1859–1943), Direktor der Vorgeschichtlichen Abteilung der Königlichen Museen in Berlin. Während Letzterer durch Vergleiche den Fund zeitlich und in seiner Bedeutung wissenschaftlich einordnete, sah Kossinna hier einen Nachweis für Reichtum und Kulturhöhe eines in der Bronzezeit lebenden Volkes. Er setzte dieses direkt mit den Germanen in Beziehung und ließ unberücksichtigt, dass Tacitus erst mehr als 1000 Jahre später seine Schrift über Germanien verfasste. Der Eberswalder Fund wurde für Kossinna ein wichtiger Beleg für seine abstrusen Gedankengebilde, die ihn nach heutiger Einschätzung zum „Wegbereiter der nationalsozialistischen Ideologie"[3] werden ließen.

Germanien – Propagierung einer Idee

Die Rauminstallation zeigt in drei Themen zahlreiche Beispiele zur Verbreitung der Idee von Germanien während der NS-Zeit. In der Raummitte sind Modelle von Häusern und Personen sowie Repliken bedeutender Funde konzentriert, die in Ausstellungen zu sehen waren. Diese Art der Informations- und Wissensvermittlung in Museen entsprach dabei damals neuesten didaktischen Gesichtspunkten. Das vielfältige Angebot an Repliken und Modellen konnte per Warenkatalog bestellt werden. Anbieter waren die heute noch bestehende Firma WMF sowie eine vom „Reichsbund für

Deutsche Vorgeschichte" eigens zu diesen Zwecken unterhaltene Modellwerkstatt in Unteruhldingen. Die Museen nutzten diese Angebote vermutlich reichlich, denn trotz späterer Kriegsverluste und Geringschätzung der Nachkriegsgeneration haben sich erstaunlich viele Objekte erhalten. Die ausgewählten Beispiele stammen ursprünglich aus Bremer Einrichtungen, dem Museum „Väterkunde" in der Böttcherstraße, dem Focke-Museum (Abb. S. 87) oder dem Heimatmuseum in Brinkum (Abb. S. 93), aber auch die Landesmuseen in Braunschweig (Abb. S. 96) und Hannover (Abb. S. 86) sowie das Römisch-Germanische Zentralmuseum in Mainz verfügen noch heute über entsprechende Exponate. Die Gestaltung spielt auf die einstige Präsentation dieser Objekte in NS-Ausstellungen (Abb. S. 90) an, bricht sie aber zugleich, indem die martialischen Zitate, die einst die Wände schmückten und die Kulturhöhe der Germanen, ihre Tapferkeit und Tugend priesen, nun durch einen Beamer als flüchtige Schriftzüge auf die Wände projiziert werden.

Die weite Verbreitung des Mythos Germanien spiegelt sich in vielen Bereichen des NS-Alltags wider. Bereits Schulkinder wurden gezielt mit Hilfe von Schulbüchern und -wandbildern (Abb. S. 110–112), aber auch mit Werbemitteln der Firma Erdal wie Stundenplänen (Abb. S. 116), Lesezeichen und Sammelbildern (Abb. S. 116) mit dem angeblichen Aussehen der Germanen, ihrem Lebensstil, den tugendhaften Sitten und Bräuchen sowie ihrer vermeintlichen Tapferkeit und ihrem Heldenmut vertraut gemacht. Eher kurios wirken auf uns heute die Versuche, in der NS-Zeit Weihnachten durch das Julfest zu ersetzen. Als Baumschmuck sollten Julkugeln, Glaskugeln mit germanischen Runenzeichen, dienen, und in Kalendern wurden germanische Motive für jahreszeitliche Backwaren vorgeschlagen. Selbst bei Nahrungsmitteln fand die Begeisterung für die Germanen ihren Widerhall, Plakate und Anzeigen (Abb. S. 117) warben für „Germanenbrot" oder „-bier". Verblüffend ist dabei die Ähnlichkeit mit der Werbefigur für den 2012 von der Mannheimer Eichbaum-Brauerei zum Bier des Jahres kreierten „Goldenen Germanen". Während Bilder eher unterschwellig den Mythos Germanien zu verbreiten halfen, wurde dies in der Bildungsarbeit, dem dritten Teilaspekt dieses Themenbereichs, sehr offensiv betrieben. Archäologen selbst waren an der Schulung beteiligt oder lieferten Anschauungsmaterial für die Führerschulungskurse, für das vor- und frühgeschichtliche Schulungslager oder andere gezielt dazu stattfindende Veranstaltungen.

Germanien – Auf der Suche nach Belegen

Der dritte Ausstellungsbereich beginnt mit vier Vitrinen zu den wichtigsten Akteuren und Parteiorganisationen der Vorgeschichtsforschung in der NSDAP: zum Chefideologen der NSDAP, Alfred Rosenberg (1892–1946), zum „Reichsführer der SS", Heinrich Himmler (1900–1945), sowie zu den beiden mit ihnen in Beziehung stehenden Organisationen, dem „Reichsbund für Deutsche Vorgeschichte", der unmittelbar dem „Amt Rosenberg" unterstellt war, sowie dem „SS-Ahnenerbe". Im Blickpunkt der beiden letztgenannten Vitrinen stehen Zeitschriften, die auf Grund ihrer hohen Auflagen ein wichtiges Medium für die Arbeit und die Verbreitung des Gedankenguts waren. Das optisch attraktivere Blatt *Germanen-Erbe*, herausgegeben vom „Reichsbund", wählte häufig archäologische Objekte als Titelbild. Einige dieser Beispiele sind in der Ausstellung als Repliken oder sogar im Original zu sehen. Die Titelblätter des Pendants des „SS-Ahnenerbes", *Germanien. Monatshefte für Vorgeschichte zur Erkenntnis deutschen Wesens*, waren dagegen deutlich sachlicher gestaltet.

Bei den Akteuren Rosenberg und Himmler war eine Fotografie, die ihre Einstellung zur Vor- und Frühgeschichte vermittelt, Ausgangspunkt für die Vitrinengestaltung: Rosenberg vor einem Modell des Wikingerschiffs in der Ausstellung „Lebendige Vorzeit" (Abb. S. 46) und Himmler beim Besuch der Ausgrabung Böddeken nahe der Wewelsburg (Abb. S. 46). Die Wirkung der Bilder unterstreichen verbriefte Zitate der beiden, die deutlich ihre jeweilige Geisteshaltung widerspiegeln: „Die Vor- und Frühgeschichte ist das Alte Testament des Deutsches Volkes"[4] (Rosenberg) und „Ein Volk lebt so lange glücklich in Gegenwart und Zukunft, als es sich seiner Vergangenheit und der Größe seiner Ahnen bewußt ist", ein Himmler-Zitat, das als Geleitwort in vielen Publikationen des „Ahnenerbes" zu finden ist. Auch die deutlich abseits stehende

Personenvitrine zu Adolf Hitler (1889–1945) greift diese Gestaltungsidee auf. Bild und Zitat machen seine negative Einstellung zum Thema kenntlich, denn nicht Germanen waren sein Vorbild, sondern Griechen und Römer. Das Foto zeigt Hitler beim Besuch der Ausstellung „Deutsches Volk – Deutsche Arbeit", vor der Nachbildung einer Baumsargbestattung stehend (Abb. S. 48). Seine Gesichtszüge und die zu Fäusten verkrampften Hände drücken deutlich sein Desinteresse aus. Diesen Eindruck verstärken weitere, frei in der Vitrine hängende und als Gedankenblasen gestaltete Bilder, die zeigen, was Hitler mehr interessierte: der Umbau Berlins zur Welthauptstadt Germania oder der Bau der Tribüne des Zeppelinfeldes in Nürnberg nach dem Vorbild des in Berlin befindlichen Pergamonaltars. Passend dazu belegt ein Zitat aus einem Tischgespräch vom 18. Januar 1942 seine tiefe Abneigung: „Da wird irgendwo ein Schädel gefunden und alle Welt sagt: So haben unsere Vorfahren ausgesehen. Wer weiß, ob der Neandertaler nicht ein Affe war."

Von diesen auch in der Gestaltung gezielt auf einzelne Personen ausgerichteten Vitrinen setzen sich andere zu Förderern und wichtigen Protagonisten ab, bei denen das Werk und nicht die Person im Vordergrund steht. Ausschnitte aus der Fassade der expressionistischen Architektur seiner Bremer Böttcherstraße bilden den gestalterischen Hintergrund für die verschiedenen Facetten des nachhaltigen Wirkens von Ludwig Roselius (1874–1943). Er wird als einflussreicher Bremer Industrieller vorgestellt, als Gastgeber der beiden Forschungstagungen „Nordisches Thing" sowie als Sammler, als Finanzier und Initiator des Museums „Väterkunde" in der Böttcherstraße. Auch hier charakterisiert das von ihm anlässlich der Begrüßungsansprache zur Eröffnung des Ersten Nordischen Things am 2. Juni 1933 verbürgte Zitat seine Geisteshaltung: „Machen wir doch endlich einmal Schluß mit dem Ammenmärchen, daß wir vor 2000 Jahren noch Barbaren waren und unsere Kultur den Südländern verdanken." In einer gemeinsamen Vitrine wird das Wirken von drei völkischen Laienforschern vorgestellt: dem niederländischen Privatgelehrten Herman Wirth (1885–1981), dem ehemaligen Pfarrer Wilhelm Teudt (1860–1942) und dem Architekten Hermann Wille (1881–?). Ihre fantastischen, wissenschaftlich unhaltbaren Ideen, die sie in mehreren Publikationen veröffentlichten, beeinflussten nachhaltig die völkische Bewegung.

Der Boom der Vor- und Frühgeschichte in der NS-Zeit hinterließ deutliche Spuren an deutschsprachigen Universitäten. Die Zahl der Lehrstühle und der Habilitationen stieg sprunghaft an, Lehrveranstaltungen rund um das Thema Germanien und Germanen erfreuten sich großer Beliebtheit. Eine repräsentative Auswahl aus den Vorlesungsverzeichnissen der Zeit begleitet die Besucher durch den Glasgang, der den ersten und zweiten Ausstellungsraum verbindet. Deutlich spiegelt sich in den Veranstaltungstiteln die NS-Ideologie wider: Die Anfänge der Germanen sollten möglichst weit zurückdatiert werden: „Die Germanen der Bronze- und Eisenzeit" (Tübingen, Sommersemester 1934), aber auch die größenwahnsinnigen territorialen Ansprüche fanden ihren Niederschlag: „Germanen in Europa" (Tübingen Wintersemester 1936/1937).

Während der NS-Zeit etablierte sich auch die Landesdenkmalpflege. Um ein allgemeines Bewusstsein für die Bedeutung von Bodenfunden zu schaffen, richteten die vielerorts neu eingerichteten Ämter für Bodendenkmalpflege Lehrsammlungen ein und ließen im Stil der damals gerade neu entstandenen Comics Merkblätter zeichnen. Die Vitrinengestaltung orientiert

Adolf Hitlers Desinteresse an der Vor- und Frühgeschichte steht im Blickpunkt dieser Vitrineninszenierung.

sich an diesen Zeichnungen, da sie anschaulich die moderne Anmutung damaliger Methoden zeigt. Dieses Phänomen lässt sich auch bei NS-Ausgrabungen verfolgen: Die neuesten, sehr fortschrittlichen wissenschaftlichen Untersuchungsmethoden brachten zwar erstaunliche Ergebnisse, aber die ideologisch fehlgeleitete Interpretation diente vor allem dazu, vermeintlich weitere Belege für das konstruierte Germanienbild zu liefern. Ein beredtes Zeugnis dafür ist die vom „Reichsbund für Deutsche Vorgeschichte" durchgeführte Ausgrabung einer jungsteinzeitlichen Siedlung am Dümmer unter der Leitung des Archäologen Hans Reinerth (1900–1990). Einblick in seine Deutung der Funde gibt sein im Augustheft 1939 der Zeitschrift *Germanen-Erbe* erschienener Aufsatz.

Zum Thema Ausgrabungen in der NS-Zeit kann das Focke-Museum ein Beispiel aus der eigenen Museumsgeschichte beitragen. Der damalige Museumsdirektor Ernst Grohne (1888–1957) war seit 1933 auch erster Bremer Bodendenkmalpfleger und leitete in dieser Funktion viele Ausgrabungen, bei denen er hoffte, frühe Hinweise auf eine Besiedlung durch Chauken und Sachsen zu finden, die in seiner Vorstellung mit den Germanen gleichzusetzen waren. Seine wichtigste Grabung war jene zwischen 1936 und 1939 in Mahndorf, die Ergebnisse publizierte er 1940 unter anderem in der Zeitschrift *Germanen-Erbe* und 1953 ausführlich in einer Monografie. Das Titelbild dieser Ausgabe des *Germanen-Erbes* zeigte eine der drei in Mahndorf entdeckten Urnen mit Hakenkreuzmotiven (Abb. S. 10). Ausgangspunkt für die Gestaltung der Vitrine ist hier der sandige Ausgrabungsort, die Düne in Mahndorf. Sie gibt den Rahmen für die Präsentation der Funde, der Grabungsunterlagen und der Aufnahmen, die bei der Grabung selbst entstanden sind. Dieses Gestaltungsprinzip findet sich auch bei der Präsentation der jungsteinzeitlichen Funde aus dem baden-württembergischen Lonetal wieder, wo der Fundort, eine Felsenhöhle, die Vitrinengestaltung bestimmt. Ebenso gab die markant in der Landschaft nahe Detmold stehende Felsformation der Externsteine den Impuls für die Inszenierung der entsprechenden Vitrine, in der unter anderem ihre ominöse Umdeutung zum heidnischen Kultort in der NS-Zeit erläutert wird. Auch beim Thema „Moorleichen" ist der Fokus der Gestaltung auf den Ort, das Moor, gerichtet und damit auf die Tatsache, dass es sich hier um einen fernab der Gemeinschaft gewählten Begräbnisort handelt. In der NS-Zeit gab diese Ortswahl Anlass für absurde Ausgrenzungstheorien. Der einflussreichste Archäologe der SS, SS-Obersturmbannführer Herbert Jankuhn (1905–1990), deutete dies als Bestrafung von Homosexualität, einen Beleg für den hohen Stellenwert der Sitten bei den Germanen. Dies war zugleich eine pseudowissenschaftliche Grundlage, um diese Personengruppe in der NS-Zeit zu verfolgen.

Eine andere Blüte der Fehlinterpretationen zeigt die Vitrine zur Öffnung der Grabstätte Heinrichs des Löwen im Braunschweiger Dom im Mai 1935. Bei diesem Anlass wurde ein Schmuckband entnommen und dem gut erhaltenen Leichnam eine Locke vom Haupthaar abgeschnitten. Beide Objekte wurden anschließend wie Reliquien christlicher Heiliger in aufwendig gestaltete Kästchen gelegt. Das gesamte Ereignis der Graböffnung dokumentiert eine Fotoserie, die in einem Prachtband zusammengestellt ist. Die hohe Wertschätzung dieser drei Objekte steht völlig konträr zu ihrer eigentlichen Bedeutung, denn Heinrich der Löwe ließ sich nicht, wie einige NS-Größen, insbesondere der Braunschweiger NSDAP-Ministerpräsi-

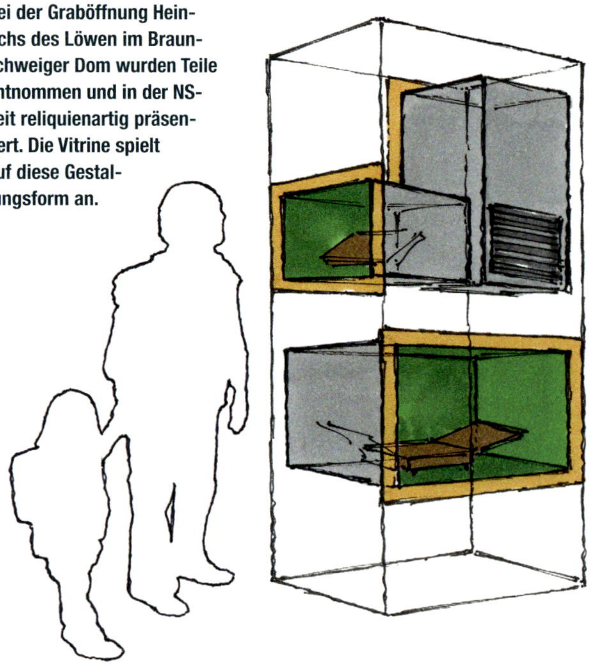

Bei der Graböffnung Heinrichs des Löwen im Braunschweiger Dom wurden Teile entnommen und in der NS-Zeit reliquienartig präsentiert. Die Vitrine spielt auf diese Gestaltungsform an.

dent Dietrich Klagges (1891–1971), gehofft hatten, zum heldenhaften Germanen stilisieren. Die Gestaltung der Vitrine zeigt diesen Konflikt, indem sie den Stil der Objektpräsentation aufgreift, dabei aber absurd überhöht (Abb. S. 188).

Germanien – Eroberung von Europa und der Welt

Der Besucher betritt eine in schwarz gehaltene Rauminstallation, in der sich als zentrales Ausstellungsmedium ein Tisch mit einer Europakarte befindet. Wechselnde Projektionen darauf zeigen die Verschiebungen der territorialen Grenzen während des Krieges. Miniaturfiguren markieren viel versprechende Fund- oder Standorte von Kunstobjekten im europäischen Ausland, für die sich NS-Archäologen interessierten. Dazu gehören in Frankreich der Teppich von Bayeux und die Megalithkultur in Carnac, in Skandinavien das Snartemo-Schwert und die Wikingerschiffe aus Oseberg und Gokstad sowie in Polen der Veit-Stoß-Altar in Krakau. Nähere Informationen dazu finden die Besucher am Rand des Tisches. Ein Bilder- und Dokumentenfries entlang der Wände zeigt ausgewählte Beispiele für das Wirken der NS-Archäologen während des Zweiten Weltkrieges und ihre aktive Rolle beim Kunst- und Kulturgutraub im europäischen Ausland. Begleitend sollen die folgenden Begriffe ihre Handlungen charakterisieren: bestechen, begeistern, beeinflussen, bewegen sowie ausgraben, ausplündern, aushorchen, ausbeuten und ausrotten.

Ein zentrales Zitat im Raum lässt einen NS-Archäologen selbst zu Wort kommen und spiegelt so eindeutig die Geisteshaltung der Zeit wider, dass diesem nichts mehr hinzuzufügen ist: „Vom Nordkap bis zur Biskaya stand … unsere Front und der größte Teil des Heimat- und Ausbreitungsraumes der Germanen war damit unter den Schutz der deutschen Waffen gestellt" (Werner Hülle [1903–1974], 1940).

Germanien – Der Mythos lebt weiter

Der letzte Themenblock widmet sich der Entwicklung nach 1945, zunächst der Tatsache, dass es auch Archäologen wie anderen Berufsgruppen gelang, in den Nachkriegsjahren meist nahtlos ihre Karrieren fortzusetzen. Zu den ausgewählten Beispielen gehören die

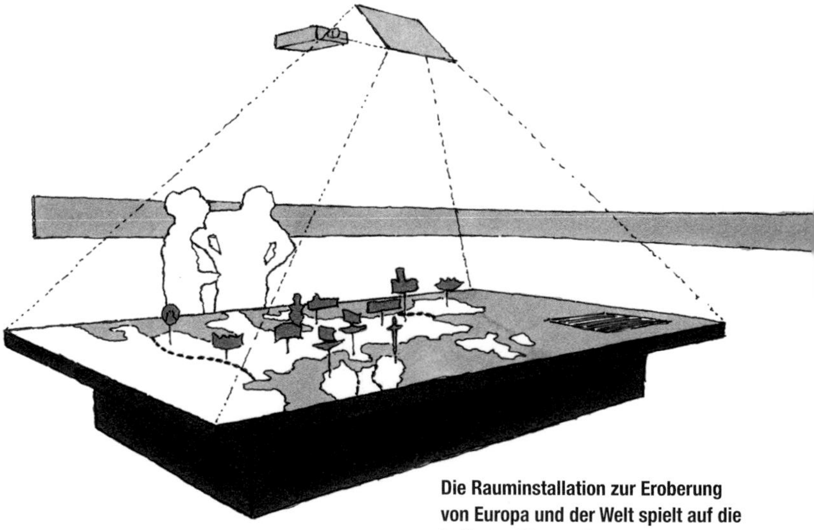

Die Rauminstallation zur Eroberung von Europa und der Welt spielt auf die Rolle der NS-Archäologen im Zweiten Weltkrieg an.

beiden Hauptakteure Herbert Jankuhn und Hans Reinerth, deren Wirken in der NS-Zeit schon zuvor in der Ausstellung zu sehen war. Dem Thema Rechtsextremismus sind gleich zwei Vitrinen gewidmet, um die entscheidenden Veränderungen um das Jahr 1990 durch eine gegensätzliche Präsentation auch optisch vermitteln zu können. Das Erstarken nationaler Gefühle im Zuge der Wiedervereinigung der beiden deutschen Teilstaaten förderte rassistische Ideen, aber vor allem das Aufkommen des Internets bot neue Möglichkeiten der nationalen und internationalen Vernetzung. Das Angebot an rechtsradikalen Merchandisingprodukten stieg sprunghaft an.

Die Gestaltung der letzten beiden Vitrinen greift gezielt Ideen aus dem ersten Themenblock wieder auf. Die Schaufenster-Vitrine lebt nun in moderner Ausstattung fort und zeigt Aktuelles zum Thema Germanen, vom Zeitschriftencover über Kinderspielzeug bis hin zur Bierwerbung. Gerade diese Doppelung ist ein Gestaltungsprinzip, mit dem nicht nur durch Texte, sondern auch auf sinnlicher Ebene teils erschreckende Parallelen bei den Objekten deutlich werden sollen. Der Besuch endet an einer Vitrine mit gängigen Statements zum Thema Germanien. Geschrieben stehen sie auf frei im Raum hängenden Sprechblasen, deren Gestaltung sich an den Wolken der ersten Vitrine zu Tacitus orientiert. Einige Kommentare wie: „Alle Germanen sind blond und blauäugig" sind bereits abgestürzt – bleibt zu hoffen, dass weitere mit Hilfe der Ausstellung fallen werden.

Anhang

Anmerkungen

„Germanen“ und römische Politik

(Tassilo Schmitt) – S. 16 ff.

1 Gute allgemeine Überblicke bei Beck et al. 1998; ²Pohl 2004; Wolters 2008; Bleckmann 2009. Die neueste Forschung erschließt Timpe 2012.
2 Tacitus, *Germania* XXXVII 2–5.
3 Timpe 1995.
4 Schallmayer 2006. Pietzner 2009.
5 Timpe 1995, 61–92.
6 Cäsar, *Bellum Gallicum* II 4,2.
7 FGrHist 87 F 22 = Fr 73 Edelstein-Kidd. Vgl. Malitz 1983, 204.
8 Cäsar, *Bellum Gallicum* II 4,3.
9 Cäsar, *Bellum Gallicum* I 47,4.
10 Vgl. Cäsar, *Bellum Gallicum* I 33,4.
11 Plinius, *Naturalis historia* VII 98.
12 Quellen und Diskussion bei Bleckmann 2009, 48–54, der die Bastarner als die am frühesten bezeugten „Germanen vor den Germanen“ ansieht.
13 Tacitus, *Germania* I.
14 Vgl. Timpe 1994/2006.
15 Tacitus, *Annales* II 10,3.
16 Vgl. Timpe 2005/2006.
17 Zum römischen Köln umfassend Eck 2004.
18 Velleius Paterculus, *Historia Romana* II XCVIII 1. Sueton, *Augustus* XXIII 1. Cassius Dio LIV 20,4–6.
19 Aufidius Bassus F 3 Peter: *inter Albim et Rhenum Germani omnes Tiberio Neroni dediti.*
20 Grote 2006.
21 Becker/Rasbach 2006.
22 Rothenhöfer/Hanel 2005.
23 Velleius Paterculus, *Historia Romana* II 104,2. Zur Diskussion vgl. Wolters 2008, 56–59.
24 Tacitus, *Annales* II 26.

Germanien zwischen Renaissance und Moderne

(Uta Halle) – S. 25 ff.

1 Mertens 2004, 72.
2 Mertens 2004, 40.
3 Hutter 2009, 164.
4 Mertens 2004, 61.
5 Schimpff 1990, 70–73.
6 Heß von Wichdorff 1909, 125.
7 Kühn 1976, 18.
8 Gummel 1938, 101. Kühn 1976, 18.
9 Kühn 1976, 22.
10 Gummel 1938, 104 Anm. 1.
11 Köster 2009, 344.
12 Bach 2009.
13 Tacke 1995, 34.
14 Hakelberg 2003, 20.
15 Hakelberg 2003, 18.
16 Weingart/Kroll/Bayertz 1992, 94.
17 Tacke 1995, 209.
18 Hohenschwert 1985, 140.
19 Tacke 1995, 216.
20 Scharte 2010, 163.
21 Mellies 2009, 263.
22 Brandt 2010, 36.
23 Brandt 2010, 34.
24 Brandt 2010, 34.

Von Gustaf Kossinna zur NS-Archäologie

(Dirk Mahsarski, Gunter Schöbel) – S. 31 ff.

1 Grünert 2002a. Grünert 2002b.
2 Grünert 2002a, 19–50.
3 Zitiert nach Grünert 2002a, 64.
4 Grünert 2002a, 47–66.
5 Grünert 2002a, 66–70 und 125–163.
6 Fetten 2000, 159–169. Mahsarski 2011a, 22 ff.
7 Fetten 2000, 151–159 und 170–174. Veit 2000, 44–47. Grünert 2002a, 71–101 und 229–248. Mahsarski 2011a, 22–26.
8 Kossinna 1911, 3.
9 Kossinna 1921.
10 Bernbeck 1997, 26–31. Fetten 2000, 151–159 und 170–174. Veit 2000, 44–47. Grünert 2002a, 71–124, 164–173, 229–248 und 310–319. Trigger 2006, 235–261. Mahsarski 2011a, 22–26.
11 Kossinna 1911.
12 Kossinna 1921.
13 Bernbeck 1997, 26–31. Fetten 2000, 151–159 und 170–174. Veit 2000, 44–47. Grünert 2002a, 71–101 und 229–248. Trigger 2006, 235–261.
14 Grünert 2002a, 201–228.
15 Puschner 2001. Puschner 2002. Wiwjorra 2002. Wiwjorra 2006a.
16 Fetten 2000, 170–174. Veit 2000, 44–47. Grünert 2002a, 164–173, 229–248 und 304–319. Puschner 2002. Wiwjorra 2002. Wiwjorra 2004.
17 Fetten 2000, 151–159 und 170–174. Veit 2000, 44–47. Grünert 2002a, 164–173 und 229–248. Puschner 2002. Wiwjorra 2002. Wiwjorra 2004.
18 Kossinna 1913.
19 Schuchhardt 1914.
20 Grünert 2002a, 179–184.
21 Bollmus 1970. Giersch 1985, 169 ff. Grünert 2002a, 311. Grünert 2002b, 307 ff. Schöbel 2002, 334, 392. Piper 2005, 386–399. Schöbel in Vorb.
22 Pape 2001, 70. Pape 2002a, 163 ff. Schöbel 2002, 334, 392. Strobel 2010, 321–333. Schöbel in Vorb.

Die Professionalisierung der Spatenwissenschaft

(Susanne Grunwald) – S. 37 ff.

1 Schwantes 2000, 186.
2 Pape 2002a, 168, 205.
3 Schuchhardt an die Generaldirektion der Staatlichen Museen zu Berlin am 15. Januar 1925 (Beilke-Voigt 2010, 33).
4 Aßkamp 1989.
5 Soldan 1901.
6 Schuchhardt 1909, 213.
7 Kiekebusch 1923, 13.
8 Böhner 1985.
9 Kiekebusch 1923, 25.
10 Kiekebusch 1923, 27, 30.
11 Schöbel 2002a, 325.
12 Kiekebusch 1923, 13.
13 Leube 2010, 56–59.
14 Jahn 1930, 153.
15 Dokument Nr. 57, Wahlvorschlag für Carl Schuchhardt (1859–1943) zum OM von Gustav Roethe (Kirsten 1985, 157).

Nationalsozialisten und Archäologie

(Uta Halle) – S. 44 ff.

1 Reichel 2009, 24.
2 Reichel 2009, 24.
3 Müller 2003, 166.
4 Schlegelmilch, 2006, 1.
5 Halle 2002, 66.
6 Denkschrift 1939, 3.
7 Halle 2002, 55–57.

8 Rosenberg 1930 (1943), 24 ff.
9 Rosenberg 1930 (1943), 385.
10 Rosenberg 1943, 383. Wahrscheinlich zitiert er hier auch C. Schuchhardt, „Vorgeschichte von Deutschland“, 60–61 und Abb. 51.
11 Halle 2002, 56 Anm. 18.
12 Rede vor dem „Kampfbund für Deutsche Kultur“ in der Berliner Philharmonie am 6. September 1932.
13 Rosenberg 1930 (1943), 23.
14 Rosenberg 1936, 198.
15 Rosenberg 1938, 322 und 326.
16 Rosenberg, ohne nähere Quellenangabe. Hier zitiert nach *Nordische Welt* 3, Heft 7, 1935, 384.
17 Halle 2002a, 72.
18 Pringle 2006, 19.
19 Himmler in seiner Rede anlässlich der sechsten Reichstagung der Auslandsdeutschen in der Stuttgarter Gewerbehalle am 2. September 1938.
20 Himmler in seiner Ansprache vor der Berliner Polizeiführerschaft in der Krolloper am 7. März 1939.
21 Halle 2002, 62–65.
22 Hamann 1996, 299.
23 Reichsparteitag der NSDAP in Nürnberg am 5. September 1934. Deutsches Rundfunkarchiv Nr. 2590268.
24 Halle 2002, 57–60.
25 Hitler in einer Rede am 5. Dezember 1934 in Karlsruhe. Hier zitiert nach Hülle, Vorwort zur siebten Auflage der Arbeit Kosinnas.
26 Die Ausgrabung der Burganlage am Kyffhäuser. Titelbild *Spatenforscher* 1, 1936. Besichtigung der Ausgrabungen im Braunschweiger Dom im Juli 1935. Heske 2005, 483.
27 Kroll 1998, S. 65 f.
28 Kroll 1998, 66.
29 Thamer 1998, 315.
30 Losemann 1977, 11.
31 Halle 2002a, 59.

„Schwarmgeister und Phantasten“ – die völkische Laienforschung

(Dirk Mahsarski) – S. 50 ff.

1 Kater 1974, 11–16, 41 ff. und 58–65. Wiwjorra 1995. Wiwjorra 2002. Pringle 2006, 53–75. Löw 2007, 368 ff. Löw 2009, 182–186.
2 Kater 1974, 11–16, 41 ff. und 58–65. Wiwjorra 1995. Wiwjorra 2002. Simon 2005b. Pringle 2006, 53–75. Löw 2007, 368 ff. Löw 2009, 182–186.
3 Wirth 1928.
4 Wirth 1931–1936.
5 Für eine umfassende Aufstellung siehe Baumann 1995.
6 Wirth 1933a.
7 Kater 1974, 11–16, 41 ff. und 58–65. Wiwjorra 1995. Wiwjorra 2002. Simon 2005a. Simon 2005b. Pringle 2006, 53–75. Löw 2007. Löw 2009. Zur Fälschung der Ura-Linda-Chronik: Mulot 1996. Jensma 2004.
8 Wiegers 1932a, 5.
9 Schultz SS-Karriere: Ab März 1932 Referent für Rassenkunde im „Rasse- und Siedlungsamt“; bis 1941 Aufstieg bis zum Leiter des Rassenamtes des RuSHA; von 1935 bis zur Auflösung 1937 als Vertreter Darrés Mitglied der Schrifttumskommission des „Ahnenerbes“. Heinemann 2003, 56, 88 ff. 162 f. und 634 f.
10 Plischke: Mitglied der DNVP, Beitritt 1933 zur NSDAP, Unterzeichner des Bekenntnisses der Professoren an den deutschen Universitäten und Hochschulen zu Adolf Hitler und dem nationalsozialistischen Staat.
11 Bork 1932. Plischke 1932. Schultz 1932. Wiegers 1932a. Wiegers 1932b. Wiegers 1932 c. Wolff 1932.
12 Wirth ging im Sommer 1933 davon aus, dass seine Professur in die Philosophische Fakultät transferiert werden würde. Mahsarski 2012 a.
13 Pringle 2006, 58–62. Löw 2007, 368 ff. Löw 2009.
14 Mahsarski 2012a.
15 Mahsarski 2011b, 98 ff.
16 Kater 1974, 15. Lerchenmüller/Simon 1999, 116–123. Löw 2007, 320 f. Mahsarski 2012a. Mahsarski 2012b.
17 Naumann 1934, 13.
18 Mahsarski 2011b, 99 f.
19 Mahsarski 2012a. Mahsarski 2012b.
20 Kater 1974, 11–15. Pringle 2006, 58–62. Löw 2007, 368 ff. Löw 2009.
21 Teudt 1929.
22 So beispielsweise Wirth 1933b.
23 Schäferjohann-Bursian 2007, 446, nennt den 1. Mai 1933 als Datum des Eintritts in die Partei, während Halle 2002, 72, unter Berücksichtigung der erhaltenen Briefwechsel, davon ausgeht, dass es sich bei dem früheren Datum um eine Rückdatierung des Eintritts auf Grund des Aufnahmestopps handelt.
24 Halle 2002, 139–345, Schöning 2012, 242–257.
25 Mahsarski 2012a. Mahsarski 2012b.
26 Mahsarski 2011b, 98.
27 Wille 1933.
28 Eintrag Dr. Hermann von Hase, Verzeichnis der Auswärtigen Teilnehmer des Ersten Nordischen Things, in: Archiv der Bremer Landesarchäologie.
29 Jacob-Friesen 1934, 1 f.
30 Mahsarski 2012a.
31 Halle 2004. Eckert 2010, 108–111. Fuhrmeister 2010, 121. Eckert 2011, 199 f. Mahsarski 2012a.
32 Mahsarski 2012a.
33 Mahsarski 2012a.
34 Fuhrmeister 2010, 117 ff.
35 Kater 1974, 11–28 und 37–41. Lerchenmüller/Simon 1999, 116 und 123 ff. Heinemann 2003, 88 ff. Pringle 2006, 50–55. Löw 2007, 371 f.
36 Wirth 1931–1936.
37 Mahsarski 2012a. Mahsarski 2012b.
38 Hitlers Rede wurde abgedruckt in: *Völkischer Beobachter* 255, (11.09.1936), 4–6.
39 Lerchenmüller/Simon 1999, 136 und Anm. 80.
40 Lerchenmüller/Simon 1999, 136.
41 Lerchenmüller/Simon 1999, 136 und Anm. 80. Kershaw 2000, 39 ff. Pringle 2006, 91 und Anm. 2.
42 Mahsarski 2012a. Mahsarski 2012b.

Forschungsstrukturen

(Uta Halle, Dirk Mahsarski) – S. 57 ff.

1 Pape 2002a.
2 Pape 2002a. Schöbel 2002a, 324–333. Halle 2006. Halle 2008.
3 V. Richthofen 1937, 29. Pape 2002a, 167–170. Pape 2002b, 329 ff. Halle 2008, 112–116 und 145. Mahsarski 2011a, 30 f., 53 f.
4 Pape 2002a, 166. Halle 2002a, 393 f., 427 f. und 447 ff.
5 Schöbel 2012 in Vorb.
6 Halle 2002a. Pape 2002a. Pape 2002b. Schöbel 2002. Schöbel 2007a.
7 Götze/Reinerth/Lechler 1934, 175.
8 Götze/Reinerth/Lechler 1934, 173.
9 Götze/Reinerth/Lechler 1934, 173.
10 Halle 2002a. Schöbel 2002. Halle 2005 c. Schöbel 2007a. Mahsarski 2011b.
11 Schöbel 2002. Schöbel 2007a.
12 Kater 1974, 67. Halle 2002, 345–358. Mahsarski 2011a, 172–182.
13 Zitiert nach Halle 2002a, 355 und 357.
14 Kater 1974, 67. Halle 2002a, 355–358. Mahsarski 2011a, 172–182. Mahsarski 2012 c.
15 Kater 1974, 67. Halle 2002a, 345–358. Mahsarski 2011a, 172–182. Mahsarski 2012 c.
16 Kater 1974, 58–66. Lerchenmüller/Simon 1999, 134–152. Halle 2002, 73–79 und 434–445. Heinemann 2003, 88–91 und 112–

125. Pringle 2006, 91–98. Löw 2007, 376. Schreiber 2008, 205 ff. Mahsarski 2011a, 144 und 175–178. Mahsarski 2012a. Mahsarski 2012b.
17 Kater 1974, 37–41, 59 ff. 66 und 91. Heinemann 2003, 88–112. Pringle 2006, 139 ff. Wenzel 2009, 21 f., 24 ff. und 31 f. Mahsarski 2012a. Mahsarski 2012b.
18 Kater 1974, 43–47, 68 ff., 170–190 und 338–352. Wegner 1997, 291–294 und 303–317. Lerchenmüller/Simon 1999, 196–229. Heinemann 2003, 341–356. Pringle 2006, 93–98. Mahsarski 2011a, 232 ff. Mahsarski 2012a. Mahsarski 2012b.
19 Die tatsächliche Auflage von *Germanien* konnte bisher noch nicht bestimmt werden. Mahsarski 2012a. Mahsarski 2012b.
20 Mahsarski 2011a, 89 und 183–191. Mahsarski 2011b, 102–105. Mahsarski 2012a. Mahsarski 2012b.
21 Kater 1974, 81 f. Pringle 2006, 306 f. Mahsarski 2011a, 176–183. Mahsarski 2012a. Mahsarski 2012b.
22 Kater 1974, 72–90 und 95–122. Lerchenmüller/Simon 1999, 123–152. Rusinek 2000. Pringle 2006, 141 ff. Mahsarski 2011a, 176–183. Mahsarski 2012a. Mahsarski 2012b.
23 Halle 2002, 500.

Wichtige Ausgrabungen der NS-Zeit

(Uta Halle) – S. 65 ff.

1 *Illustrierter Beobachter*, Sonderheft. München 1936.
2 Reinerth 1940, 226.
3 Kossian 2011, 215.
4 Reinerth 1940, 241–242.
5 Kossian 2011, ???
6 Hahn/Müller-Beck/Taute 1973, 36.
7 Hahn/Müller-Beck/Taute 1973, 42.
8 Vgl. dazu Heiber 1968, 47 und Anm. 18 und 62 f.
9 Vgl. Adam 1977, 76 Anm. 195.
10 Müller-Beck 2011, 132 Anm. 35.
11 Müller-Beck 2011, 131 Anm. 33.
12 Müller-Beck 2011, 132 Anm. 35.
13 Merhart 1934. Hier zitiert nach Schlegelmilch 2006, 58.
14 Merhart 1937. Hier zitiert nach Schlegelmilch 2006, 118.
15 Halle 2002, 219–223.
16 Strobel 2000, 226.
17 Schöbel 2011, 101 Anm. 56.
18 Schreiben Rieks an Langsdorff vom 9. Dezember 1936. BA BDC Materialien Riek. Strobel 2002, 283 Anm. 18.
19 Bericht Merharts an Sievers vom 16. August 1944. Hier zitiert nach Schlegelmilch 2006, 165.
20 Biel 1985.
21 Schöbel 2011, 101 Anm. 56.
22 Mestorf 1907, 44. Hahne 1911, 19.
23 Steuer 2001, 421 und Mahsarski 2011a, 42–72 u. 172–200.
24 Freundlicher Hinweis ehemaliger Göttinger Studenten.
25 Vgl. Keefer 1992, 43 und 73 Abb. 96. Fehr 2005, 209.
26 Schreiben Oelmanns 1934.
27 Halle 2003, 398.
28 Apffelstaedt in seiner Eröffnungsrede vom 26. April 1936. Bouresh 1996, 118.
29 Bundesarchiv Berlin R 153 1264 Aktennotiz der Publikationsstelle Dahlem vom 22. Juni 1936.
30 Halle im Dr.
31 Vgl. hierzu die Beispiele bei Pape 2002a, 182–184.

Ernst Grohne und seine Ausgrabungen – ein Bremer Beispiel

(Sandra Geringer, Dirk Mahsarski) – S. 74 ff.

1 Zitiert nach Halle 2011a, 26.
2 Halle 2002, 107–108. Halle 2011a, 26–25.
3 Ernennung Ernst Grohnes zum Mitglied der Kommission zur Erhaltung kunsthistorischer Denkmale vom 4. Dezember 1928. Erneute Ernennung Ernst Grohnes zum Mitglied der Kommission zur Erhaltung kunsthistorischer Denkmale vom 29. Dezember 1931, in: Staatsarchiv Bremen, 4,111 Pers.–1868.
4 Wendland 1999.
5 Rosenau 1931.
6 E. Grohne, „Der seltsame Streit um das Erzbischofsgrab im Dom (Eingesandt als Entgegnung)", *Bremer Nachrichten* vom 17. November 1931.
7 Zitiert nach Halle 2011a, 26 f.
8 Stein 1962, 114.
9 Elmshäuser 2007, 98.
10 Klee 2007, 258. Lehmann/Mahsarski, in Vorb.
11 Frenzel 1957, 17.
12 Morawski 2001, 61.
13 Mahsarski in Vorb.
14 Grohne 1929, 84.
15 Grohne 1938. Grohne 1939a–c.
16 Mahsarski 2011b, 102.
17 Grohne 1938.
18 Mahsarski u. Schütze in Vorb.
19 Regelung für die Behandlung der kulturgeschichtlichen Bodenaltertümer, die beim Bau der Reichsautobahnen gefunden werden, erlassen vom Reichs- und preußische Minister für Wissenschaft, Erziehung und Volksbildung vom 15. Januar 1935 mit Anmerkungen von E. Grohne vom 19. Januar 1935, in: Staatsarchiv Bremen.
20 Grohne 1939a, 14.
21 Grohne 1938, 86.
22 Grohne 1939a, 14.
23 Grohne 1939b.
24 Elmshäuser 2007, 98.
25 Halle 2011b, 183–184.
26 K.H. Jacob-Friesen an den Stader Regierungspräsidenten vom 07. November 1935, in: Archiv der Bremer Landesarchäologie, Akten Mahndorf.
27 Der Ortsheimatpfleger an den Regierungspräsidenten vom 18. November 1935, in: Archiv der Bremer Landesarchäologie, Akten Mahndorf.
28 Der Landrat von Verden und Grohne an den Regierungspräsidenten vom 28. November 1935, in: Archiv der Bremer Landesarchäologie, Akten Mahndorf.
29 Halle 2011b,185–186.
30 Das Schreiben des Ortsheimatpflegers an Grohne vom 19. Juni 1936, in: Archiv der Landesarchäologie Bremen, Akte Mahndorf.
31 Regierungspräsident Stade an Grohne vom 25. Mai 1937, in: Archiv der Landesarchäologie Bremen, Akte Mahndorf.
32 F. Crull, Artikel über Grohnes am 14. März 1937 gehaltenen Vortrag im Focke-Museum, in den *Bremer Nachrichten* vom 16. März 1937.
33 Halle 2011, 186. Mahsarski in Vorb.
34 E. Grohne, „Weitere Funde auf der Mahndorfer Düne", vom 12. Juni 1937.
35 Halle/Mahsarski in Vorb.
36 Halle 2011, 187–190. Mahsarski in Vorb. (Mahsarski/Perschke in Vorb.)
37 Entwurf zu einem Bericht von E. Grohne an den Reichsinnenminister Dr. Frick vom 15. November 1938, in: Archiv des Focke-Museums Bremen, Akte Mahndorf.
38 Der Hauptpfleger für kulturgeschichtliche Bodenaltertümer des Bezirks Stade-Süd, Regierungsbauoberinspektor Biere an Hr. Bischoff, Lehrer und Kreispfleger vom 31. März 1938, in: Archiv der Landesarchäologie Bremen, Akte Mahndorf.
39 E. Grohne, „Bewegtes Formenspiel der Vossberg-Düne", *Bremer Nachrichten* vom 5./6. Juni 1938.
40 Der Ortsheimatpfleger an den Regierungspräsidenten, Ende 1938, in: Archiv der Bremer Landesarchäologie, Akten Mahndorf.
41 Artikel von Ernst Grohne in *Die Kogge. Blätter für Heimat und Volkstum/Unterhaltung/Kunst und Wissen*, Februar 1939.

42 Halle 2002, 447.
43 Grabungsbericht für die Zeit 14.3.–15.4.1939 von E. Grohne, in: Archiv der Landesarchäologie Bremen, Akten Mahndorf.
44 E. Grohne: „Neue Ausgrabungs-Ergebnisse auf der Mahndorfer Düne", *Bremer Nachrichten* vom 20. November 1938.
45 Krogh 1938. Krogh 1940. Halle 2011, 185 f.
46 E. Grohne: „Neue Ausgrabungs-Ergebnisse auf der Mahndorfer Düne", *Bremer Nachrichten* vom 20. November 1938.
47 Grohne 1939c, 96.
48 Grohne 1938, 110.
49 Grohne 1940b.
50 Grohne 1940a.
51 Grohne 1940a, 21.
52 Grohne 1940a, 27 ff. Zum Kanon vgl. Mahsarski 2011a, 171 f.
53 Grohne 1940a, 46.
54 Grohne 1953.
55 Halle 2011b, 190.

Von der musealen Leichenkammer zur NS-Großveranstaltung

(Uta Halle) – S. 84 ff.

1 Griepentrog 1991, 153–173.
2 Rust 1935, 1.
3 Roth 1990, 95–97.
4 Roth 1990, 95–97.
5 Bausinger 2000, 119 f.
6 Bericht Lippisches Landesmuseum 1934.
7 Halle 1998, 536–537.
8 Halle 1998, 539.
9 Plassmann 1936, 331.
10 Bouresh 1996, 62.
11 Griepentrog 1991, 153–173.
12 Bouresh 1996, 91 f.
13 Unruh 2002, 139.
14 Halle 2012.
15 Unruh 2002, 140.
16 Unruh 2002, 141.
17 Grünberg 1939, 155.
18 Tode 1943, hier zitiert nach Heske 2005, 484.
19 Heske 2005, 490.
20 Schmidt 2002, 151.
21 Schatzrat der Provinzialregierung Rudolf Hartmann 1935. Hier zitiert nach Hoffmann 2005, 237.
22 Menghin 2005, 124.
23 Kiekebusch 1933, 39–40.
24 Hoffmann 2005, 240.
25 Schreiben des Textilarchäologen K. Schlabow an das SS-Ahnerbe. 9. Mai 1939. BArch Berlin NS 21/2321.
26 Schreiben des Textilarchäologen K. Schlabow an das SS-Ahnerbe. 9. Mai 1939. BArch Berlin NS 21/2321.
27 Schreiben des Textilarchäologen K. Schlabow an das SS-Ahnerbe. 9. Mai 1939. BArch Berlin NS 21/2321.
28 Ströbel 1938.
29 Schöbel 2002, 353–354. Geplant war zusätzlich der Ausstellungsort Wien für Ende September 1939. Das wurde aber durch den Kriegsausbruch verhindert.
30 Schöbel 2002, S. 353.
31 Vahrenkamp 2001, 36.
32 Krüger 1936, 487.
33 Hoffmann 2005, 240.
34 Halle 2002, 461.
35 Fiehler 1941.
36 Benecke 1938, 246.
37 Benecke 1938, 247.
38 Schöbel 2002, 355.
39 Roth 1990, 168.
40 Halle 2002, 469.
41 Roth 1990, 98.
42 Grohne 1953.
43 Nagel 2012, 205.
44 Roth 1990, 256.

Museum „Väterkunde" und Focke-Museum – zwei Bremer Beispiele

(Dirk Mahsarski und Sabrina Schütze) – S. 94 ff.

1 Vetter 2002.
2 Hartog 2002, 352. Klee 2007, 497. Mahsarski 2012a. Mahsarski 2012b. Mahsarski/Schütze in Vorb.
3 Besichtigungs-Programm für die Teilnehmer am Zweiten Nordischen Thing in der Böttcherstraße zu Bremen (undatiert), in: Archiv Böttcherstraße Bremen, C–2. Nordisches Thing 1934. Mahsarski/Schütze in Vorb.
4 Del Testa 1990, 38. Mahsarski 2012b. Schütze 2012. Mahsarski/Schütze in Vorb.
5 Schreiben von Roselius an Müller-Brauel vom 8. Juni 1926, in: Kloster Museum Zeven, HMB1–337.
6 Aufstellung über Käufe des Museums „Väterkunde" o. D., in: Archiv Böttcherstraße Bremen, C – Väterkunde.
7 Plan von Müller-Brauel zur Ausgestaltung des Roselius-Museums (ca. 1927), in: Kloster Museum Zeven, HMB1–344.
8 Schreiben von R. Roselius an H. Müller-Brauel vom 12. Juli 1926, in: Kloster Museum Zeven, HMB1–344. Schreibfehler im Original.
9 Schütze 2013. Mahsarski/Schütze in Vorb.
10 Mahsarski 2012b. Mahsarski/Schütze in Vorb.
11 Müller-Brauel 1933. Mahsarski 2011b. Schütze 2013. Mahsarski/Schütze in Vorb.
12 Wirth 1928.
13 Schreiben von L. Roselius an H. Wirth vom 12. Juni 1933, H. Wirth an L. Roselius vom 27. November 1933, in: BArch (ehem. BDC), DS, Lehr- und Forschungsamt Ahnenerbe, Roselius, Ludwig (02.07.1874).
14 Schreiben von Ludwig Roselius an Herman Wirth vom 15. Juni 1934, in: BArch, NS 21/406.
15 Roselius 1933b, 8.
16 Kater 1974, 15. Pringle 2006, 61, 91. Löw 2007, 370 f. Mahsarski 2012a. Mahsarski 2012b. Mahsarski/Schütze in Vorb.
17 Mahsarski 2011b. Mahsarski 2012a. Mahsarski 2012b.
18 Mahsarski 2011b. Mahsarski 2012a. Mahsarski 2012b.
19 Kopie eines Rundschreibens von Bürgermeister K. H. O. Heider an die Bremer Senatoren vom 12. Juni 1936, in: Staatsarchiv Bremen, 3-S. 8.b. Böttcherstraße Nr. 9. Hartog 2002, 351 f. Pringle 2006, 91. Schmidle 2006, 188. Mahsarski 2011b. Mahsarski 2012a. Mahsarski 2012b.
20 Christiansen 1998. Mahsarski/Schütze in Vorb.
21 Mahsarski/Schütze in Vorb.
22 Schreiben von E. Grohne an den Senator für das Bildungswesen vom 11. November 1944. Schreiben des Senators für die Finanzen an den Senator für das Bildungswesen vom 24. November 1944, in: Staatsarchiv Bremen, 3-N5, Nr. 170 [19].
23 Das Zitat ist auf einem Foto in den Beständen des Focke-Museums überliefert. Das ursprüngliche Goethe-Zitat bezieht sich auf das so genannte Kopieren von Pferden und Hunden und nicht auf Tacitus.
24 Müller-Brauel 1933. Mahsarski/Schütze in Vorb.

Archäologie in der politischen Schulung

(Uta Halle, Bianca und Dirk Mahsarski) – S. 101 ff.

1 Peters 2009
2 Tagebucheintrag von Goebbels am 15. März 1933, hier zitiert nach Benz/Graml/Weiss 1997, 42.
3 Kahrstedt 1935, 129.
4 Herbert Kühn, Denkschrift zur Hebung der vorgeschichtlichen Forschung in der Rheinprovinz vom 18. November 1932. Hier zitiert nach Bouresh 1996, 56.
5 Reinerth 1932, 248–249.

6 Gummel 1938, 388.
7 Gummel 1938, 387.
8 Schreiben Merharts an Jordan vom 11. November 1933. Museum Wewelsburg, Nachlaß Jordan 223 Nr. 8.
9 Schlegelmilch 2006, 48.
10 Thamer 1998, 400; Kater 2005.
11 Schreiben Rusts an die „Vertrauensmänner“ vom 13. Februar 1939.
12 Haßmann 2002, 119.
13 Buttler 1938, 378.
14 Mork 2004. http://www.dhm.de/lemo/forum/kollektives_gedaechtnis/329/index.html.
15 Agde 1934, 160.
16 Kraas 2004, 255.
17 *Nachrichtenblatt* 1933, 160. Vgl. Pape 2002, 175.
18 *Bautzener Geschichtshefte* XIII, 1935, 24.
19 Kraas 2004, 103.
20 Janssen 1935, Abb. 4.
21 Janssen 1935, 74–75.
22 Kraas 2004, 169.
23 Heinemann 2003.
24 Heinemann 2003, insbes. 612 f.
25 24. August 1935, Rosenberg an Himmler. APM Unteruhldingen Akte SS.
26 Halle 2003, 398.
27 Buttler 1936, 173 Anm. 1.
28 Bericht 1935 „Der Reichsführer SS besichtigt“.
29 Schreiben Sievers' an Pohl vom 1. April 1938. Vgl. Kater 1974, 70.
30 Kater 2006, 343.
31 Protokoll des Kreisleiters Wedderwilles über die Sitzung von 5. Dezember 1941 in Detmold. StA DT D 110 BX Nr. 1.
32 Hoffmann 2005, 239.
33 Pape 2002, 166.
34 Hoffmann 2005, 240.

Germanien im NS-Alltag

(Uta Halle) – S. 109 ff.

1 Geschwendt 1935, 73.
2 Kluger 2000, 128.
3 Kluger 2000, 128.
4 Schöbel 2002, 353 Anm. 137.
5 Hassmann 2002, 116.
6 Hansen 1932, 202.
7 Stern 2003, 106.
8 Stern 1992, 68. Stern 2002, 214.
9 Hassmann 2002, 127.
10 Stern 2003, 106
11 Stern 2002, 226.
12 Stern 2003, 97.
13 Stern 2003, 106.
14 Zechner 2009, 186–188.
15 *Illustrierter Beobachter* 1933.
16 Schäfer 2003.
17 Diesen Hinweis verdanken wir B. Kastens, Bremen.
18 Vacano 1936, 183.

Zwangsarbeit – NS-Terror in der Prähistorischen Archäologie?

(Judith Schachtmann, Thomas Widera) – S. 120 ff.

1 Herbert 2003, 185.
2 Herbert 2003, 7.
3 Mommsen 1983, 414.
4 Herbert 1991, 398.
5 Grieger 2010.
6 Herbert 1991, 388 ff.
7 Vgl. Spoerer 2001, 107–115.
8 Herbert 1991, 11.
9 Herbert 2003, 153–159.
10 Grieger 2010, 99.
11 Spoerer 2001, 117.
12 Herbert 2003, 143–147.
13 Herbert 2003, 158.
14 Hierzu und im Folgenden, soweit nicht anders erwähnt: Schachtmann/Widera in Vorb.
15 Mecking in Vorb.
16 Moschkau 1934, 5.
17 Das sächsische Denkmalschutzgesetz (Gesetz zum Schutz von Kunst-, Kultur- und Naturdenkmalen) wurde am 13. Januar 1934 eingeführt.
18 Moschkau 1934, 5.
19 Trnka/Ladenbauer-Orel 1992, 47–51.
20 Trnka/Ladenbauer-Orel 1992, 49.
21 Jünger/Schachtmann 2010, 32–34.
22 Kossian 2007, 37 Anm. 74.
23 Arbeitsbericht 1941, 276.
24 Arbeitsbericht 1940, 581 und Perschke in Vorb.

Die Urgeschichte in Österreich vor und während der NS-Zeit

(Otto H. Urban) – S. 126 ff.

1 Pittioni 1974, 1. Urban 1996, 4. Urban 2002, 23 f.
2 Geehr 1986, 9.
3 Hoernes 1914, 1–3.
4 Kossinna 1912. Grünert 2002.
5 Hoernes, 1914, 1 f.
6 Abel 1924.
7 Menghin, 1923, 2–3.
8 Menghin, 1940) 1–9.
9 Beschluss A. V. Nr. 173/39, Br. N/L des Gaugerichtes Wien vom 8. September 1938 (Kopie im DÖW).
10 Rosar 1971, 32 f. und 58 f.
11 Personalakte Josef Bayer, Archiv der Universität Wien.
12 Geehr 1986, 23.
13 Menghin 1931, 5 f.
14 Pittioni 1974, 3. Urban 1996, 11. Urban 2002, 24.
15 Menghin 1933. Vgl. dazu auch mit einer kritischen Besprechung des Werkes durch das „Amt Rosenberg“ Urban 2010, 379–381 und Geehr 1986, 19–23.
16 Urban, 1996, 14–17 (Anhang B1–2) mit Vorlesungsverzeichnis und Zusammenstellung aller Dissertanten.
17 Rosar 1971, 108–116.
18 Geehr 1986, 23 f.
19 Urban 1996, 8, 12 (Anhang A 5).
20 DÖW 2841 mit Abschrift der Zeugenaussage von HBP Miklas vom 30. Januar 1946 (Beweisstück US 884), Seite 21 (Namensschreibung stellenweise verbessert). Allgemein zum „Anschluss“ vgl. Botz 1988.
21 v. Galéra 1938, 254.
22 Obwohl dieses Kabinett nur kurz bestanden hat, entspricht ihr rechtliches Zustandekommen jenem der Regierung Dollfuß I und II und Schuschnigg I bis IV. Der Bundeskanzler wurde jeweils mit seinen Bundesministern vom Bundespräsidenten ernannt. Eine Legitimation durch das Parlament war nach der austrofaschistischen Verfassung nicht notwendig.
23 Jakubovitsch 1993, 181–183.
24 Ein entsprechendes Dankesschreiben findet sich in den Unterlagen des „SS-Ahnenerbes“; das Schreiben von Höfler hatte Sievers aber wunschgemäß nicht archiviert.
25 ÖStA, AdR (O2 41/14).
26 BA in Berlin, Personalakt Menghin, BDC REM M 519, Fol. 7762; Pers. Akt und Fragebogen für Treudienstehrenzeichen im ÖStA, AdR. Geehr 1976, 23 f.
27 Personal- und Vorlesungsverzeichnis der Universität Wien, Sommersemester 1944, 53.
28 http://www.lettertothestars.at/uploads/pdf/288291_Weinbach.pdf
29 Beninger1939, 2–6.
30 BA in Berlin, BDC, Ahnenerbe, Menghin, mit Schreiben A76/p26So. vom 26. März 1940; Mitgliedsausweis-Nr. 607.
31 BA in Berlin, BDC, Ahnenerbe, Willvonseder Februar 1941.
32 Trnka 1992, 47–112.
33 Vgl. Ernst 1995, 187–220.
34 Vgl. Pesditschek 2010, 292 f.
35 Freundliche Mitteilung Marianne Pollak, Bundesdenkmalamt.
36 Moßler 1997, 415 f.
37 Schreiben Stokars an Sievers vom 12. Oktober 1942. BA Berlin BDC Materialien Stokar. Vgl. Halle 2003, 390 f.

38 ÖStA, AdR, Pers. Akt Beninger, Eduard, LGSt Wien, GZ: Vg le Vr 1326/46, Seite 8.
39 Schiller 1802, 3.
40 Mitscha-Märheim1976, VII–IX.
41 Pittioni 1928,102.
42 Personalstand der Universität Wien, Studienjahr 1937/1938, o. S.
43 Urban, Much, 26 mit Fußnoten 88.
44 Barb 1957 Anm. 11. Urban, 2002, 26 Anm. 87.
45 Pittioni 1947.

Archäologie in der besetzten Tschechoslowakei

(Uta Halle und Dirk Mahsarski) – S. 134 ff.

1 Kroll 1998, 29–98. Elvert 1999, 224. Kershaw 1998, 244–250. Kershaw 2000, 63 f.
2 Elvert 1999, 224.
3 Elvert 1999, 224.
4 Erlass des Führers und Reichskanzlers über das „Protektorat Böhmen und Mähren" vom 16. März 1939.
5 Kershaw 2000, 87–125. Heinemann 2003, 119–186. Karny 2007, 717.
6 Franz 1938, 342.
7 Kater 1970, 271 ff. Karny 2007. Eickhoff 2009, 132–135. Halle 2009, 56–59. Klápště 2009, 119–123. Klimetzek 2009, insbes. 104–107. Konrád 2009.
8 Eickhoff 2009, 131–132.
9 Weger 2009, 143.
10 Pringle 2006, 123 ff. Eickhoff 2009, 132–135. Mahsarski 2011a, 182 f. und 185 f. Mahsarski 2012a in Vorb.
11 Eickhoff 2009, 134–135.
12 Bohmers 1941a.
13 Bohmers 1941b.
14 Bohmers 1940.
15 Eickhoff 2009, 134.
16 Eickhoff 2009, 136.
17 Eickhoff 2009, 135.
18 Eickhoff 2009, 134.
19 Eickhoff 2009, 135.
20 Eickhoff 2009, 139–140. Eickhoff 2010, 283–284.
21 Bassett 2007, 219.
22 Mahsarski 2011a, 220 ff.
23 Mahsarski 2011a, 222.
24 Kater 1970, 271 ff. Mahsarski 2011a, 279 f.

Archäologen im besetzten Osteuropa

(Dirk Mahsarski und Gunter Schöbel) – S. 140 ff.

1 Kossinna 1919. Heinemann 2003. Mahsarski 2011a, 126–131 und 187 f.
2 Krausnick/Wilhelm 1981. Gruchmann 1995. Kroll 1998. Elvert 1999. Kershaw 1998. Longerich 1998. Kershaw 2000. Heinemann 2003. Piper 2005. Longerich 2006. Zellhuber 2006. Longerich 2008.
3 Aufzeichnungen für den Nachruf auf W. Buttler von K. H. Jacob-Friesen, in: NLA, HStAH, Hann 152, Acc. 53/84, Nr. 2. Halle 2002, 473. Kieseler 2008, 58–61. Mahsarski 2011a 194, 201 f.
4 Kater 1974, 147–155 und 289. Mężyński 2000. Dingell 2003. Rosenkötter 2003. Pringle 2006, 195–209. Mahsarski 2012b.
5 Kater 1974, 292. Halle 2008. Kieseler 2008, 58–61. Schöbel 2009. Mahsarski 2011a, 202–205.
6 Schöbel 2009, 270 f.
7 Halle 2013, 189–204.
8 Zitiert nach Halle 2013, 198.
9 Schöbel 2009, 270–282. Mahsarski 2011a, 235 f.
10 Mahsarski 2011a, 234–238.
11 Mahsarski 2011a, 237–268.
12 Zitiert nach Mahsarski 2011a, 269.
13 Mahsarski 2011a, 269–274.
14 Mahsarski 2011a, 274 f.
15 Mahsarski 2011a, 240–245 und 275–283.

Skandinavien und die „Germanische Leitstelle"

(Dirk Mahsarski) – S. 147 ff.

1 Mahsarski 2011a, 232 f. Mahsarski 2012b.
2 Undatierter Aktenvermerk von Komanns, in: BArch (former BDC), DS, Lehr- und Forschungsamt Ahnenerbe, Plassmann, Joseph Otto (12.06.1895).
3 Wegner 1997, 310–316. Mahsarski 2011a, 232 f., 240–246 und 264 f.
4 Zur Person Jankuhn vgl. Mahsarski 2011a und den Beitrag zu den Forschungsinstitutionen in diesem Band.
5 Mahsarski 2011a, 205.
6 Lagebericht von H. Jankuhn an W. Sievers vom 4. Mai 1940, Seite 2 f., in: BArch (ehem. BDC), DS, Lehr- und Forschungsamt Ahnenerbe, Jankuhn, Herbert (08.08.1905). Norwegischer Zeichensatz im Original.
7 Lagebericht von H. Jankuhn an W. Sievers vom 4. Mai 1940, Seite 3, in: BArch (ehem. BDC), DS, Lehr- und Forschungsamt Ahnenerbe, Jankuhn, Herbert (08.08.1905). Norwegischer Zeichensatz im Original.
8 Mahsarski 2011a, 207 ff.
9 Mahsarski 2011a, 210 f.
10 Mahsarski 2011a, 211.
11 Aktenvermerk von W. Sievers vom 3. Mai 1943, in: BArch (ehem. BDC), DS, Lehr- und Forschungsamt Ahnenerbe, Kersten, Karl (08.08.1909). Runen im Original.
12 Mahsarski 2011a, 210 f.
13 Mahsarski 2011a, 209.
14 Mahsarski 2011a, 209 f.
15 Hagen 1985/1986, 269. Rolfsen 2003, 126–128. Mahsarski 2011a, 209 f.
16 Mahsarski 2011a, 211 ff.
17 Fure 2009, 244–261. Mahsarski 2011a, 232 f. Mahsarski 2012b.

Archäologie und Propaganda in Frankreich (1940–1944)

(Jean-Pierre Legendre und Uta Halle) – S. 154 ff.

1 Halle 2003. Halle 2007.
2 Herbert 1996, 295.
3 Demarolle 1990.
4 Bardiès 2003.
5 Keuth 1943 und 1944.
6 Schnitzler/Legendre 2001. Legendre 2005.
7 Klewitz 1974. Nolte 1974.
8 Stemmermann war bis zur Kriegserklärung Professor für Frühgeschichte und Archäologie an der Hochschule für Lehrerbildung in Karlsruhe (Stenzel 1999).
9 Reusch war davor Wissenschaftlicher Assistent im Museum Köln (Goethert 1995).
10 Hermann Keuth war seit Juni 1936 Mitglied der NSDAP und förderndes Mitglied der SS (Personalakte Hermann Keuth, Bundesarchiv Berlin-Lichterfelde, Reichskulturkammer, RS/I 274.); Paul-Hans Stemmermann war Mitglied der NSDAP seit Mai 1937 (Nr. 5260 383), wurde 1938 SS-Bewerber, im Mai 1940 SS-Untersturmführer und im Dezember 1939 zum Leiter der Zelle Heidelberg des Sicherheitsdienstes ernannt (Personalakte Paul-Hans Stemmermann, Bundesarchiv Berlin-Lichterfelde, Rasse- und Siedlungshauptamt der SS, RS/F 5519.); Wilhelm Reusch war seit Mai 1933 Mitglied der NSDAP (Nr. 2 128 393) (Bundesarchiv Berlin-Lichterfelde, Ortskartei der NSDAP, S 0002.).
11 Legendre 2005.
12 Heckenbenner 2001.
13 Stemmermann 1940.
14 Reusch 1943a.
15 Stemmermann 1940.
16 Stemmermann 1940.
17 Reusch 1943a.
18 Stemmermann 1940.
19 Reusch 1943a.
20 Legendre 2001, 2002 und 2007a.
21 Heuss 2000.
22 Personalakte Wolfgang Dehn, Bundesarchiv Berlin-Lichterfelde, Rasse- und Siedlungshauptamt der SS, RS/A 5438.

23 Personalakte Wolfgang Dehn, Bundesarchiv Berlin-Lichterfelde, SS-Ahnenerbe, DS G 0115.
24 Delort 1947.
25 Reusch 1943a.
26 Puls 1942.
27 Legendre 2005.
28 Reusch 1943a. Delort 1947.
29 Reusch 1943a.
30 Reusch 1941. Reusch 1943a.
31 Fehr 2010, 465.
32 Hülle 1942.
33 Zu Hans Möbius vgl. Fehr 2010, 419–421.
34 Gemeint Hülle 1942. Halle 2013.
35 Haevernick am 17. Oktober 1943.
36 Möbius 1944.
37 Delort 1947.
38 Bardiès/Schnitzler/Legendre 2001.
39 Legendre 2007.

Die Fortsetzung der archäologischen Karrieren

(Martijn Eickhoff, Uta Halle, Jean-Pierre Legendre und Otto H. Urban) – S. 164 ff.

1 Stürmer 2002, 441.
2 Amtsblatt des Kontrollrats in Deutschland 1945.
3 Vgl. Berg 2004.
4 Mehrtsen 1980, 65.
5 Levi 1988, 8.
6 Jacob-Friesen 1950.
7 Reichel 2009, 24.
8 Schöbel 2002, 358.
9 Schöbel 2011, 113–114.
10 Schöbel 2011, 113–114.
11 Schöbel 2011, 113–114.
12 Schöbel 2002, 321.
13 Schöbel 2002, 360.
14 Halle 2002, 390.
15 Weger 2011.
16 Brather 2002, 484.
17 Pape 2001, 76.
18 Mahsarski 2011a, 305.
19 Mahsarski 2011a, 300.
20 Mahsarski 2011a, 300–301.
21 Pape 2001, 69 Anm. 28 und 82.
22 Pape 2001, 82. Theune 2001.
23 Riek 1940.
24 Hakelberg 2001, 274.
25 Hakelberg 2001, 274 Anm. 342.
26 Halle 2002.
27 Schreiben Franz Oelmanns vom 2. Oktober 1935 an Werner Buttler. Archiv des Landschaftsverbandes Rheinland 11423.
28 Schreiben Sievers an Sprockhoff vom 17. März 1945. Bundesarchiv Berlin NS 21 819.
29 Krämer 2001, 60.
30 Halle 2002, 452.
31 Goschler 2010, 31.
32 18. März 1946, Voorlopig rapport, betreffende onderzoek i/z Dr. Bohmers; 12. April 1946, Voorlopig tweede rapport, siehe: Akte Bohmers, 382 – Archief Curatoren der Rijksuniversiteit Groningen, Rijksarchief Groningen. Proces Verbaal J. C. A. Bohmers, 10. September 1946, siehe: DOC I 149 NIOD, Amsterdam. Dr. Bohmers, 19. April 1945; Ondervragingsrapport geval no. 0643, 12. Mai 1945; Her-Ondervragings Rapport, 28. Mai 1945; Her-Ondervragings Rapport 28/29. Juni 1945, siehe: Bureau Nationale Veiligheid 1945–1946, 2459, Nationaal Archief, Den Haag.
33 Proces Verbaal J. C. A. Bohmers, 10. September 1946, DOC I 149 NIOD, Amsterdam.
34 Zur Widerstandsgruppe F. Hielscher vgl. Kater 1974, 322 f.
35 28. November 1947, Sprangers an das Bureau Bijzondere Beheren, Nederlands Beheers Instituut, Beheersdossiers 1945–1967, 38933, Nationaal Archief, Den Haag
36 Eickhoff 2003, 283–284.
37 http://www.nhm-wien.ac.at/jart/prj3/nhm/data/uploads/mitarbeiter_dokumente/berner/Senatsber.pdf http://www.waehringer-friedhof.at/waehringer_juedischer_friedhof.html (beide 16. 10. 2012), zuletzt Friedmann 2012.
38 Jakubovitsch 1993. Urban 1996. Urban 2002. Urban 2010.

Die rezente extreme Rechte und das Germanentum

(Jan Raabe und Dana Schlegelmilch) – S. 172 ff.

1 Vgl. Wiwjorra 2006a; Wiwjorra 2006b, 157–166.
2 Hein-Kircher 2005, 4.
3 Als Beleg dient hierbei Tacitus' Angabe in *Germania* 2,1, die Germanen seien eingeboren und nicht mit anderen Völkern vermischt; zum Authochtoniebegriff der Antike vgl. Lund 1995.
4 Wiwjorra 2006b, 2.
5 Puschner 2001, 87 (mit Verweis auf die völkische Agitationsschrift „Deutschlands Wiedergeburt" aus dem Jahr 1917, ebd. Anm. 14).
6 Beck/Geuenich/Hakelberg/Steuer 2004. Puschner/Großmann 2009. Zur völkischen Bewegung vgl. Breuer 2008; Puschner 2001; Puschner/Schmitz/Ulbricht 1999.
7 Interview des Fanzines *Germanenblut* mit Skalde, zitiert nach http://forum.thiazi.net/showthread.php?t=158606 (Stand: 13.6.2011).
8 Absurd, Asgardrei, CD 1998. Noie Werte, Sohn aus Heldenland, CD 1996. Nordwind, Walhalla ruft, CD 1995.
9 Frank Rennicke, Frank & frei, CD 2010. Veritas invictus, Schwertzeit, CD 2005. Freikorps, Odins Helden, MCD 1998. Daniel Eggers, Mit Schwert und Schild, CD 1996.
10 Mythos Nord, Rückkehr der Krieger, CD 2006.
11 Noise of Hate, Germanensturm, auf: Bavaria Sturm Vol. 1, CD 2007. Edelweiß, Germanenland, auf: Der Kampf geht weiter, CD 1998. Legion of Thor, Legionen des Thor, auf: Blood – Pride – Pain, CD 2002. Teja, Hammergottes Geschlecht, auf: Deutsche Gedanken, CD 2010. Act of Violence, Gott der Germanen, auf: Veritas, CD 2005.
12 Landser, Lenker der Schlachten, auf: Ran an den Feind, CD 2000.
13 No Remorse, This Time The World, LP 1988.
14 Die Waffen-SS wird auch in Fanzines porträtiert und heroisierend als „germanische Armee" dargestellt, vgl. beispielsweise: Die Waffen-SS – Eine europäische Armee!, in: *Feuer & Sturm* 11 (2002), S. 38.
15 Vgl. Agentur für soziale Perspektiven (Hrsg.), Versteckspiel. Lifestyle, Symbole und Codes von neonazistischen und extrem rechten Gruppen, Berlin [12]2011, 22.
16 Absurd, Asgardrei, CD 1998.
17 Hoyningen-Huene 2003, 292.
18 Online abzurufen unter http://www.asatru.de/nz/index.php?option=com_content&view=article&id=12:das-artbekenntnis-&catid=14:artglaube&Itemid=17 (Stand: 1. 10. 2012).
19 Online unter http://www.asatru.de/nz/index.php?option=com_content&view=article&id=13:das-sittengesetz-unserer-art-&catid=14:artglaube&Itemid=17 (Stand: 1. 10. 2012).
20 Vgl. beispielsweise *Nordische Zeitung* 1 (2007), 25; *Nordische Zeitung* 2 (1998), 41; *Nordische Zeitung* 4 (1993), 80.
21 Die heilige Fahne – mehr als der Tod, in: *Landser* 8 (2001), 43.
22 Artur der Engel, Artglaube, in: *Risaer Zündbläddl* 7 (2002).
23 H. K., Sozialer Nationalismus/germanisches Heidentum. Ein Vergleich, in: *Herrlich Hermannsland* 2 (2003).
24 Germanisches Kräftemessen in der Region Altmark, in: *Bifröst* 3 (2003).
25 Frühlingsfest, in: *Bifröst* 6 (2004).
26 Germanenbriefe 4 (1998), 12.

Alltägliche Germanenbilder

(Sandra Geringer) – S. 179 ff.

1 Die Archäologin M. Sénécheau (2008) hat sich als erste Wissenschaftlerin intensiv mit Germanendarstellungen in Schulbüchern, Unterrichtsfilmen und der Jugendliteratur befasst, so dass im Folgenden auf einige ihrer Ergebnisse zurückgegriffen werden kann.

2 Sénécheau 2008, 455–456.

3 Landesamt für Denkmalpflege und Archäologie Sachsen-Anhalt; Landesmuseum für Vorgeschichte. http://www.lda-lsa.de/himmelsscheibe_von_nebra/(17. September 2012).

4 Schulz 2002, 192.

5 Schulz 2002, 196.

6 Die Nutzung der Externsteine als germanische Kultstätte ist eindeutig widerlegt von U. Halle. Halle 2002.

7 Schulz 2002, 197–198.

8 Sénécheau 2006, 523.

9 Sénécheau 2006, 523 und Taf. 6.9, Abb. 2–4.

10 Beispielsweise Schulbuch „Volk und Führer" Klasse 2: Die Germanen. Frankfurt 1940. Kap. X, Nordgermanen entdecken Länder und gründen Staaten. Unterkapitel: Die nordgermanischen Wikinger.

11 Sénécheau 2006, 525.

12 Sénécheau 2006, 778.

13 Sénécheau 2006, 778.

Leitgedanken der Ausstellung – ein imaginärer Rundgang

(Karin Walter) – S. 182 ff.

1 Tacitus, *Germania* IXX 1, Übersetzung: Tassilo Schmitt, Bremen.

2 Fehrle 1944, XI.

3 Vgl. dazu Grünert 2002.

4 Rosenberg 1936, 198.

Quellen- und Literaturverzeichnis

Zitierte Quellen

Hans-Joachim Apffelstedt in seiner Rede zur Eröffnung des Bonner Landesmuseums am 26.4.1936. Hier zit. nach Bouresh 1996, 118.

Amtsblatt des Kontrollrats in Deutschland. Ergänzungsblatt Nr. 1, 13–20. Auszug aus der Amtlichen Verlautbarung über die Konferenz von Potsdam vom 17. Juli bis 2. August 1945. Online verfügbar unter http://www.hdg.de/lemo/html/dokumente/Nachkriegsjahre_vertragPotsdamerAbkommen/index.html.

Aufidius Bassus: Inter albim et rhenum germani omnes Tiberio neroni de diti.

Dokumentationsarchiv des Österreichischen Widerstandes (DÖW) 2841 mit Abschrift der Zeugenaussage von HBP Miklas vom 30.1.1946 (Beweisstück US 884), 21 (Namensschreibung stellenweise verbessert).

Bericht über den Beginn der Arbeiten zur Aufräumung und Neuordnung des Lippischen Landesmuseums vom 26.6.1934. D72 353.

Bericht „Der Reichsführer SS besichtigt in Bensberg bei Köln die erste vorgeschichtliche SS-Grabung, Aufdeckung einer germanischen Verteidigungsburg gegen die Römer." Abgefasst nach dem 2. Juli 1935. Archiv des Landschaftsverbandes Rheinland 11399.

Arbeitsbericht 1940 | Arbeitsbericht des Reichsbundes für Deutsche Vorgeschichte. 2. Jahreshälfte 1940, Mannus – Zeitschrift für Deutsche Vorgeschichte, 32. Jg. (Leipzig 1940), 579–582.

Arbeitsbericht 1941 | o. A., Arbeitsbericht des Reichsbundes für Deutsche Vorgeschichte für die Zeit vom 1. Januar bis 1. Juli 1941, Mannus – Zeitschrift für Deutsche Vorgeschichte, 33. Jg., Heft 2, Leipzig 1941, 275–280.

Möbius 1944 | Hans Möbius: Schlussbericht „Das Referat ‚Vorgeschichte und Archäologie' in der Militärverwaltung Frankreich 1940–1944", in: Bericht der Römisch-Germanischen Kommission 82, 2001, 474–483.

Cäsar | Gaius Julius Caesar: De Bello Gallico.

Cassius Dio | Cassius Dio LIV XX.

Grohne 1931 | Ernst Grohne: Der seltsame Streit um das Erzbischofsgrab im Dom (eingesandt als Entgegnung), in: Bremer Nachrichten 17.11.1931.

Grohne 1937 | Ernst Grohne: Weitere Funde auf der Mahndorfer Düne, vermutl. Bremer Nachrichten vom 12.6.1937.

Grohne 1938 | Ernst Grohne: Bewegtes Formenspiel der „Vossberg-Düne" in den Bremer Nachrichten vom 5./6.6.1938.

Grohne 1939 | Ernst Grohne: Wurtenforschung im Bremer Gebiet, in: Die Kogge. Blätter für Heimat und Volkstum/Unterhaltung/Kunst und Wissen vom 12.2.1939.

Himmler-Rede Ansprache anlässlich der sechsten Reichstagung der Auslandsdeutschen in der Stuttgarter Gewerbehalle am 2. September 1938. Deutsches Rundfunkarchiv Archivnr. 2935550.

Himmler in seiner Ansprache vor der Berliner Polizeiführerschaft in der Krolloper am 7. März 1939. Deutsches Rundfunkarchiv Archivnr. 2955733.

Schreiben Merharts an Jordan vom 11.11.1933. Museum Wewelsburg, Nachlass Jordan 223 Nr. 8.

Schreiben Oelmanns vom 28.6.1934. Archiv des Landschaftsverbandes Rheinland 22929.

Schreiben Rusts an die „Vertrauensmänner" vom 13.2.1939. Landesarchiv NRW Abteilung Ostwestfalen-Lippe L 80 Ia Gr. XXX Tit. 4 Nr. 4.

Schreiben Buttlers an Langsdorff über die Tagung 1935 des Reichsbundes in Bremen vom 2.10.1935. Archiv des Pfahlbaumuseums Unteruhldingen Akte Buttler.

Denkschrift zur Vorgeschichte 1939. Die Quelle ist dokumentiert von Gerd Simon und auf seiner Homepage abrufbar: http://homepage uni-tuebingen.de/gerd.simon/DSVorgesch.pdf (Zugriff: 20.1.2007).

Externsteine 1939 | Die Externsteine und andere germanische Heiligtümer am Osning unter dem Schutze des Reichsführers SS, in: Der Gau Westfalen-Nord. Zur Erinnerung an die Reichsfahrt der Alten Garde im Gau Westfalen-Nord, Detmold 1939, 270–274.

Riek 1940 | Gustav Riek, Bericht „SS-Sonderlager ‚Hinzert'" von Riek vom 26.12.1940. Bundesarchiv Documentcenter Berlin Materialien G. Riek.

Hitler in einer Rede am 5.12.1934 in Karlsruhe. Hier zit. nach Werner Hülle: Vorwort zur 7. Auflage von Gustaf Kossinna: Die deutsche Vorgeschichte, eine hervorragend nationale Wissenschaft, 1941.

Hitler 1936 | Hitlers Rede zur Kulturpolitik auf Reichsparteitag 1936, wiedergegeben in: Völkischer Beobachter 255 vom 11.9.1936, 4–6.

Reichsparteitag der NSDAP in Nürnberg 5.9.1934. Deutsches Rundfunkarchiv Nr. 2590268.

Rosenberg 1932 | Rede vor dem Kampfbund für Deutsche Kultur am 6. September 1932 in der Berliner Philharmonie, Historisches Tonarchiv Nr. 2590041.

Rosenberg, ohne nähere Quellenangabe. Hier zit. nach Nordische Welt 3, Heft 7 1935, 384.

Verzeichnis der Auswärtigen Teilnehmer des Ersten Nordischen Things, in: Archiv der Bremer Landesarchäologie.

Plinius | Plinius: Naturalis historia.

Protokoll des Kreisleiters Wedderwilles über die Sitzung von 5.12.1941 in Detmold. Landesarchiv NRW Abteilung Ostwestfalen-Lippe D 110 BX Nr. 1.

Sonderheft Illustrierter Beobachter 1936

Sueton | Sueton: Augustus.

Tacitus | Tacitus: Germania.

Tacitus | Tacitus: Annalen.

Velleius Paterculus | Velleius Paterculus: Historia Romana.

Literatur vor 1945

Abel 1924 | Othenio Abel: Wien, sein Boden und seine Geschichte. Vorträge gehalten als außerordentlicher volkstümlicher Universitätskurs der Universität Wien, Wien 1924.

Boehm 1936 | Max Hildebert Boehm: ABC der Volkstumskunde. Der Begriffsschatz der deutschen Volkslehre für Jedermann, Potsdam 1936.

Benecke 1938 | Joachim Benecke: Die Steinzeitbauten auf der Mettnau. Das neue Freilichtmuseum des Reichsbundes für Deutsche Vorgeschichte, in: Germanen-Erbe 3, 1938, 245–252.

Beninger 1939 | Eduard Beninger: Vorstellungen über die deutsche Vorgeschichtsforschung an den Volksbildungsstätten, in: Mitteilungen der Anthropologischen Gesellschaft Wien 69, 1939.

Bohmers 1941a | Assien Bohmers: Die Ausgrabung bei Unter-Wisternitz, in: Forschungen und Fortschritte 17/3, 1941, 21–22.

Bohmers 1941b | Assien Bohmers: Reiche Funde eiszeitlicher Bildkunst. Die Ausgrabungen bei Unter-Wisternitz, in: Germanien 2, 1941, 45–57.

Bohmers 1941c | Assien Bohmers: Sediment-Petrologie, ein neues Hilfsmittel zur Datierung urgeschichtlicher Kulturen, in: Germanien 10, 1941, 382–388.

Bork 1932 | Ferdinand Bork: Herman Wirth als Orientalist, in: Fritz Wiegers (Hrsg.): Herman Wirth und die deutsche Wissenschaft, München 1932, 61–69.

Buttler 1938 | Günter Buttler: Einsatz der Jugend für die Heimat. Hitlerjugend übernimmt den Ehrenschutz vorgeschichtlicher Denkmäler, in: Niedersachsen. Monatsschrift für Kultur- und Heimatpflege in Niedersachsen 43, 1938, 377–378.

Buttler 1935 | Werner Buttler: Aus der Arbeit des Kölner Museums für Vor- und Frühgeschichte 1933–1935, in: Nachrichtenblatt für deutsche Vorzeit 11, 1935, 193–197.

Buttler 1936 | Werner Buttler: Die Erdenburg bei Bensberg, Bez. Köln, eine germanische Festung der Spätlatènezeit, in: Germania 20, 1936, 173–184.

Fehrle 1944 | Eugen Fehrle: Germania: lateinisch und deutscher Text gegenübergestellt übersetzt und mit Erläuterungen versehen, München 1944.

Fiehler 1941 | Karl Fiehler: Vorwort, in: Andreas Wörle: Grossdeutschland und die See. Ausstellung in München vom 24. September 1941 bis 31. Januar 1942 im Deutschen Museum, München 1941.

Franz 1938 | Leonhard Franz: Germanen und Slawen in den Sudentenländern, in: Germanien 1938, 341–348.

Galéra 1938 | Siegmar von Galéra: Österreichs Rückkehr ins Deutsche Reich, Leipzig 1938.

Geschwendt 1935 | Fritz Geschwendt: Schulungslager für Vorgeschichte, in: Nachrichtenblatt für Deutsche Vorzeit 11, 1935, 73–74.

Götze, Reinerth, Lechler, 1934 | Alfred Götze; Hans Reinerth; Jörg Lechler: IV. Tagungsbericht. Gesellschaft für Deutsche Vorgeschichte und Reichsbund für deutsche Vorgeschichte, in: Mannus 26, 1934, 171–175.

Grohne 1929 | Ernst Grohne: Bremische Boden- und Baggerfunde, in: Jahresschrift des Focke-Museums Bremen 1929, 44–102.

Grohne 1938 | Ernst Grohne: Wurtenforschungen im Bremer Gebiet, in: Jahresschrift des Focke-Museums Bremen 1938.

Grohne 1939a | Ernst Grohne: Entwicklung der Vorgeschichtspflege in Bremen, in: Ernst Grohne, Beiträge zur Vorgeschichte und Kunstgeschichte des Niederwesergebietes. Jahresschrift des Focke-Museums Bremen 1939, 7–16.

Grohne 1939b | Ernst Grohne: Drei vorgeschichtliche Einzelfunde aus dem Niederwesergebiet, in: Beiträge zur Vorgeschichte und Kunstgeschichte des Niederwesergebietes. Jahresschrift des Focke-Museums Bremen 1939, 17–47.

Grohne 1939c | Ernst Grohne: Das sächsische Urnen- und Gräberfeld auf der Mahndorfer Düne. Vorläufiger Grabungsbericht, in: Beiträge zur Vorgeschichte und Kunstgeschichte des Niederwesergebietes. Jahresschrift des Focke-Museums 1939, 63–96.

Grohne 1940a | Ernst Grohne: Zur Vor- und Frühgeschichte des Bremer Gebietes, in: H. Knittermeyer/D. Steilen (Hrsg.), Bremen. Lebenskreis einer Hansestadt, Bremen 1940, 21–46.

Grohne 1940b | Ernst Grohne: Ein chaukisch-sächsischer Friedhof auf der Düne von Bremen-Mahndorf, in: Germanen-Erbe 5, 1940, 66–71.

Grünberg 1939 | Walter Grünberg: Jahresbericht des Landespflegers für Bodenaltertümer in Sachsen und des Landesmuseums für Vorgeschichte in Dresden für die Zeit vom 1.IV.1937 bis 31.III.1939, in: Nachrichtenblatt für Deutsche Vorzeit 15, 1939, 151–155.

Gummel 1938 | Hans Gummel: Forschungsgeschichte in Deutschland, Berlin 1938.

Hahne 1911 | Hans Hahne: Über die Moorleichen der Provinz Hannover, Leipzig 1911.

Hansen 1932 | Wilhelm Hansen: Vorgeschichte und Rundfunk, in: Nachrichtenblatt für deutsche Vorzeit 8, 1932, 200–203.

Heß von Wichdorff 1909 | Hans Heß von Wichdorff: Über die ersten Anfänge vorgeschichtlicher Erkenntnis im Ausgange des Mittelalters, in: Mannus 1, 1909, 125.

Hoernes 1914 | Moritz Hoernes: Zur Einführung, in: Wiener Prähistorische Zeitschrift 1, 1914, 1–3.

Hülle 1942 | Werner Hülle: Die Steine von Carnac, Leipzig 1942.

Jacob-Friesen 1928 | Karl Hermann Jacob-Friesen: Grundfragen der Urgeschichtsforschung. Stand und Kritik der Forschung über Rassen, Völker und Kulturen in urgeschichtlicher Zeit, Hannover 1928.

Jacob-Friesen 1934 | Karl Hermann Jacob-Friesen: Waren die Riesensteingräber wirklich „germanische Gotteshäuser"?, in: Die Kunde. 2/1, 1934, 1–6.

Jahn 1930 | Martin Jahn: Wie ist die Vorgeschichtswissenschaft an den deutschen Universitäten vertreten?, in: Nachrichtenblatt für deutsche Vorzeit 6, 1930, H. 9, 150–153.

Janssen 1935 | Hans-Lüitjen Janssen: Vor- und frühgeschichtliches Schulungslager in Lärchwalde bei Elbing, in: Nachrichtenblatt für Deutsche Vorzeit 11, 74–76.

Kahrstedt 1935 | Ulrich Kahrstedt: Ausgrabung auf der Vogelsburg, Kr. Northeim, in: Prähistorische Zeitschrift, 1935, 127–165.

Keuth 1943 | Hermann Keuth: Aufgaben der Denkmalpflege in Lothringen, in: Deutsche Kunst und Denkmalpflege 1943, 7–8.

Keuth 1944 | Hermann Keuth: Von den Aufgaben der Denkmalpflege, in: Erbe und Heimat 1, 30–34.

Kiekebusch 1913 | Albert Kiekebusch: Versuch einer Rekonstruktion des vorgeschichtlichen Hauses von Buch, in: Zeitschrift für Ethnologie 45, 1913, 400–404.

Kiekebusch 1923 | Albrecht Kiekebusch: Die Ausgrabung des bronzezeitlichen Dorfes Buch bei Berlin, in: Deutsche Urzeit 1, Berlin 1923.

Kiekebusch 1933 | Albrecht Kiekebusch: Der Germanenzug im Berliner Grunewaldstadion, in: Nachrichtenblatt für deutsche Vorzeit 9, 1933, 39–40.

Köhn-Behrens 1934 | Charlotte Köhn-Behrens: Wer kennt Germanien?, Leipzig 1934.

Kossinna 1911 | Gustaf Kossinna: „Die Herkunft der Germanen. Zur Methode der Siedlungsarchäologie“, Würzburg 1911.

Kossinna 1912 | Gustaf Kossinna: Die deutsche Vorgeschichte, eine hervorragend nationale Wissenschaft, in: Mannus-Bibliothek Bd. 9, Würzburg 1912 [2. stark verm. Aufl. 1914; 3. u. 4. bearb. Aufl. Leipzig 1921 u. 1925; postum: 5.–8. Aufl. Leipzig 1933–1941.

Kossinna 1913 | Gustaf Kossinna: Der Goldfund von Messingwerk bei Eberswalde und die goldenen Kultgefäße der Germanen, Leipzig 1913, (Gustaf Kossinna: Der germanische Goldreichtum in der Bronzezeit 1), (Mannus-Bibliothek 12).

Kossinna 1919 | Gustaf Kossinna: Das Weichselland. Ein uralter Heimatboden der Germanen, Danzig 1919.

Krogh 1936 | Christian von Krogh: Das Obervieland – Ein Beitrag zur Rassenkunde der nordwestdeutschen Marschbevölkerung, in: Bremer Wissenschaftlichen Gesellschaft (Hrsg.), Abhandlungen und Vorträge 12/1, Bremen 1938.

Krogh 1940 | Christian von Krogh: Die Skelettfunde des Bremer Gebietes und ihre Bedeutung für die Rassengeschichte Nordwestdeutschlands/Christian von Krogh, in: Bremer Wissenschaftlichen Gesellschaft (Hrsg.), Abhandlungen und Vorträge 13/3, Bremen 1940.

Krüger 1936 | Herbert Krüger: Zur Geschichte der Bohlenwegforschung in Nordwestdeutschland, in: Mannus 28, 1936, 463–495.

Kühn 1932 | Herbert Kühn: Denkschrift zur Hebung der vorgeschichtlichen Forschung in der Rheinprovinz vom 18. 11. 1932, zitiert nach Bouresh 1996.

Menghin 1923 | Oswald Menghin: Einführung, in: Gustav Kraitschek, Rassenkunde, Urgeschichtliche Volksbücher 1, Wien 1923, 2–3.

Menghin 1933 | Oswald Menghin: Geist und Blut. Grundsätzliches um Rasse, Sprache, Kultur und Volkstum, Wien 1933.

Menghin 1931/40 | Oswald Menghin: Weltgeschichte der Steinzeit, Wien 1931, ^{2}1940.

Mestorf 1907 | Johanna Mestorf: Moorleichen, in: Bericht des Schleswig-Holsteinischen Museums Vaterländischer Altertümer bei der Universität Kiel. 44, Kiel 1907, 14–50.

M[oschkau] 1934 | R[udolf] M[oschkau], Fundpflege im Konzentrationslager Colditz, Die Fundpflege, Mitteilungen zur Vorzeit Sachsens und der Nachbargebiete, 2. Jg. 1. Heft, 1934, 5.

Müller-Brauel 1933 | Hans Müller-Brauel, „Das ‚Väterkunde‘ Museum zu Bremen,“ in: Ludwig Roselius (Hrsg.): Erstes Nordisches Thing in der Böttcherstrasse zu Bremen, Bremen 1933, 14–27.

Naumann 1934 | Hans Naumann: Altgermanische Philosophie, in: Ludwig Roselius (Hrsg.) 1934: Zweites Nordisches Thing in der Böttcherstrasse zu Bremen. Rufer des Things, Bremen 1934, 9–21.

Plischke 1932 | Hans Plischke: Herman Wirth und die Ethnologie, in: Fritz Wiegers, (Hrsg.): Herman Wirth und die deutsche Wissenschaft, München 1932, 34–46.

Pittioni 1928 | Richard Pittioni: Prähistorische Funde im politischen Bezirk Hartberg in der Steiermark, in: Wiener Prähistorische Zeitschrift 15, 1928, 102–107.

Plassmann 1936 | Joseph Otto Plassmann: Eröffnung der Pflegstätte für Germanenkunde in Detmold am 5. Oktober 1936, in: Germanien 1936, 328–331.

Puls 1942 | G. Puls: Waffen und Schmuck aus lothringischer Erde, in: Metzer Zeitung vom 15. 02. 1942.

Reinerth 1932 | Hans Reinerth: Deutsche Vorgeschichte (Nachruf Gustaf Kossinna), in: Nationalsozialistische Monatshefte. Wissenschaftliche Zeitschrift der NSDAP 27, 1932, 259–261.

Reinerth 1940 | Hans Reinerth: Ein Dorf der Großsteingräberleute. Die Ausgrabungen des Reichsamtes für Vorgeschichte am Dümmer, in: Germanen-Erbe 4, 1939, 226–242.

Reusch 1943 | Wilhelm Reusch: Fränkische Funde aus lothringischem Boden. Bericht über den gegenwärtigen Stand der frühgeschichtlichen Spatenforschung in Lothringen, in: Westmärkische Abhandlungen zur Landes- und Volksforschung 5, 1943, 39–58.

Richthofen 1937 | Bolko von Richthofen: Die Vor- und Frühgeschichtsforschung im neuen Deutschland, Berlin 1937.

Roselius 1933a | Ludwig Roselius (Hrsg.): Erstes Nordisches Thing in der Böttcherstrasse zu Bremen, Bremen 1933.

Roselius 1933b | Ludwig Roselius: Begrüßungsansprache zur Eröffnung des Ersten Nordischen Things in der Böttcherstraße zu Bremen am 2. Juni 1933, in: Ludwig Roselius (Hrsg.): Erstes Nordisches Thing in der Böttcherstrasse zu Bremen, Bremen 1933, 7–13.

Roselius 1934 | Ludwig Roselius: Rufer des Things, in: Ludwig Roselius (Hrsg.): Zweites Nordisches Thing in der Böttcherstrasse zu Bremen, Bremen 1934.

Rosenau 1931 | Helen Rosenau: Zur mittelalterlichen Baugeschichte des Bremer Doms, in: Bremisches Jahrbuch A 33, Bremen 1931, 1–36.

Rosenberg 1930 (1943) | Alfred Rosenberg: Mythus des XX. Jahrhunderts, München 1943.

Rosenberg 1935 | Rede ohne Quellenangabe, in: Nordische Welt 3, Heft 7, 1935, 348.

Rosenberg 1936 | Alfred Rosenberg, Germanische Lebenswerte im Weltanschauungskampf. Rede, gehalten auf der 3. Reichstagung für Deutsche Vorgeschichte in Ulm am 18. Oktober 1936, in: Germanen-Erbe 1, 1936, 198–203.

Rosenberg 1938 | Alfred Rosenberg: Germanische Charakterwerte. Rede, gehalten auf der Großkundgebung der 5. Reichstagung für Deutsche Vorgeschichte in Hannover, in: Germanen-Erbe 3, 1938, 322–327.

Rust 1935 | Bernhard Rust: Reichsminister Rust über Neugründung von Museen, in: Nachrichtenblatt für Deutsche Vorzeit 11, 1935, 1.

Schiller 1802 | Friedrich Schiller: Kabale und Liebe: Ein bürgerliches Trauerspiel in fünf Aufzügen, Mannheim 1802.

Schuchhardt 1909 | Carl Schuchhardt: Die Römerschanze bei Potsdam nach den Ausgrabungen von 1908 und 1909, in: Prähistorische Zeitschrift 1, H. 1, 1909, 209–238.

Schuchhardt 1914 | Carl Schuchhardt: Der Goldfund vom Messingwerk bei Eberswalde, Berlin 1914.

Schultz 1932 | Bruno Kurt Schultz: Herman Wirth und die Anthropologie, in: Fritz Wiegers, (Hrsg.): Herman Wirth und die deutsche Wissenschaft, München 1932, 24–33.

Schwabedissen 1943 | Hermann Schwabedissen: „Stand und Aufgaben der Alt- und Mittelsteinzeitforschung im mährischen Raum“, in: Festschrift zum 125-jährigen Bestehen des Mährischen Landesmuseums, Brünn 1943, 15–45.

Soldan 1901 | Wilhelm Soldan: Niederlassung aus der Hallstattzeit bei Neuhäusel im Westerwald, in: Annalen des Vereins für Nassauische Altertumskunde und Geschichtsforschung 32, 1901, 1902, 145–189.

Stemmermann 1940 | Paul-Hans Stemmermann: Vorgeschichte in Lothringen, in: Westmärkische Abhandlungen zur Landes- und Volksforschung 4, 1940, 105–125.

Teudt 1929 | Wilhelm Teudt: Germanische Heiligtümer. Beiträge zur Aufdeckung der Vorgeschichte, ausgehend von den Externsteinen, den Lippe-Quellen und der Teutoburg, Jena 1929.

Vacano 1936 | Otfried Wilhelm von Vacano: Ich wecke die Jugend der Welt! Auch ein Beitrag zu Olympia, in: Germanen-Erbe 1, 1936, 183.

Virchow 1869 | Rudolf Virchow: Über Schädelmessungen, in: Allgemeine Zeitschrift für Psychiatrie und psychisch-gerichtliche Medicin 26, 1869, 727–730.

Wiegers 1932a | Fritz Wiegers: Vorwort, in: Fritz Wiegers, (Hrsg.): Herman Wirth und die deutsche Wissenschaft, München 1932, 3–5.

Wiegers 1932b | Fritz Wiegers: Herman Wirth und die Geologie, in: Fritz Wiegers, (Hrsg.): Herman Wirth und die deutsche Wissenschaft, München 1932, 7–15.

Wiegers 1932c | Fritz Wiegers: Herman Wirth und die Vorgeschichte, in: Fritz Wiegers, (Hrsg.): Herman Wirth und die deutsche Wissenschaft, München 1932, 16–23.

Wille 1933 | Hermann Wille: Germanische Gotteshäuser zwischen Weser und Ems, Leipzig 1933.

Wille 1936 | Hermann Wille: Ein Mahnmal der Hitler-Jugend auf Rügen, in: Germanien, Monatshefte für Germanenkunde zur Erkenntnis deutschen Wesens 8/10, 1936, 293–297.

Wirth 1928 | Herman Wirth: Der Aufgang der Menschheit. Untersuchungen zur Geschichte der Religion, Symbolik und Schrift der atlantisch-nordischen Rasse, Jena 1928.

Wirth 1931–1936 | Herman Wirth: Die Heilige Urschrift, Leipzig 1931–1936.

Wirth 1933a | Herman Wirth: Die Ura-Linda-Chronik, Leipzig 1933.

Wirth 1933b | Herman Wirth: Das Felsengrab an den Externsteinen, in: Germanien Heft 5, 1933, 9–15.

Wolff 1932 | Ludwig Wolff: Herman Wirth als Germanist, in: Fritz Wiegers (Hrsg.): Herman Wirth und die deutsche Wissenschaft, München 1932, 47–60.

Zotz 1944 | Lothar F. Zotz: Von den Mammutjägern zu den Wikingern. Ergebnisse und Aufgaben der Vorgeschichtskunde, Leipzig 1944.

Zotz/von Richthofen 1940 | Lothar F. Zotz/Bolko von Richthofen: Ist Böhmen-Mähren die Urheimat der Tschechen?, Leipzig 1940.

Literatur nach 1945

Adam 1977 | Uwe Adam: Hochschule und Nationalsozialismus. Die Universität Tübingen im Dritten Reich, Tübingen 1977.

Agentur 2011 | Agentur für soziale Perspektiven (Hrsg.): Versteckspiel. Lifestyle, Symbole und Codes von neonazistischen und extrem rechten Gruppen, Berlin [12]2011.

Anderl 2005 | Gabriele Anderl (Hrsg.): NS-Kunstraub in Österreich und die Folgen, Innsbruck/Wien/Bozen 2005. Online verfügbar unter http://swbplus.bsz-bw.de/bsz109717902rez.htm.

Andree 2005 | Christian Andree: Rudolf Virchow und Theodor Mommsen, in: Alexander Demandt, Andreas Goltz, Heinrich Schlange-Schöningen (Hrsg.): Theodor Mommsen: Wissenschaft und Politik im 19. Jahrhundert, Berlin 2005, 103–120.

Asskamp 1989 | Rudolf Aßkamp: Haltern, in: 2000 Jahre Römer in Westfalen, Mainz 1989, 21–43.

Barb 1958 | Alphons A. Barb: Geschichte der Altertumsforschung im Burgenland bis zum Jahre 1938, in: Wissenschaftliche Arbeiten aus dem Burgenland 4, 1957, 1–38.

Bardiès 2003 | Isabelle Bardiès: Le professeur Keune, conservateur allemand dans la guerre, in: Dans la frontière au front, un point de vue allmand, campagnes photographiques 1914–1917, Metz 2003, 15–21.

Bassett 2007 | Richard Bassett: Hitlers Meisterspion: Das Rätsel Wilhelm Canaris, Wien/Köln/Weimar 2007.

Baumann 1995 | Eberhard Baumann: Verzeichnis der Schriften, Manuskripte und Vorträge von Herman Felix Wirth Roeper Bosch von 1908 bis 1993, sowie der Schriften für, gegen, zu und über die Person und das Werk von Herman Wirth von 1908 bis 1995, Toppenstedt 1995.

Bausinger 2000 | Hermann Bausinger: Typisch deutsch – Wie deutsch sind die Deutschen?, München 2000.

Beck, Müller-Scheeßel, Trebsche 2002 | Diemut Beck, Nils Müller-Scheeßel, Peter Trebsche: Nachweise von der Römisch-Germanischen Kommission geförderte oder selbst durchgeführte Ausgrabungen und Geländeforschungen, in: Berichte der Römisch-Germanischen Kommission Bd. 82, 2002, 508–529.

Beck et al. 1998 | Heinrich Beck, Heiko Steuer, Dieter Timpe (Hrsg.): Germanen, Germania, germanische Altertumskunde, Berlin 1998.

Beck, Geuenich, Hakelberg, Steuer 2004 | Heinrich Beck, Dieter Geuenich, Dietrich Hakelberg, Heiko Steuer (Hrsg.), Zur Geschichte der Gleichung ‚germanisch – deutsch'. Sprache und Namen, Geschichte und Institutionen (= Reallexikon der Germanischen Altertumskunde, Ergänzungsband 34), Berlin 2004.

Becker u. Rasbach 2006 | Armin Becker, Gabriele Rasbach: Waldgirmes, in: Reallexikon für germanische Altertumskunde 33, 2006, 131–136.

Beilke-Voigt 2010 | Ines Beilke-Voigt: Wilhelm Unverzagt und die Grabungen aus dem Burgwall 1926 bis 1929, in: Ines Beilke-Voigt, Franz Schopper (Hrsg.): Lossow. Alte Forschungen und neue Projekte. Lossower Forschungen 1, Rahden/Westf. 2010, 31–59.

Benz, Graml, Weiss 1997 | Wolfgang Benz, Hermann Graml, Hermann Weiss: Enzyklopädie des Nationalsozialismus, Stuttgart 1997.

Berg 1996 | Christa Berg (Hrsg.): Handbuch der deutschen Bildungsgeschichte, München 1996.

Berg 2004 | Matthias Berg: Wissenschaft, Politik und Krieg. Die Kaiser-Wilhelm-Gesellschaft 1933–1945, 2004 Online verfügbar unter http://hsozkult.geschichte.hu-berlin.de/tagungsberichte/id=477.

Bernbeck 1997 | Reinhard Bernbeck, Theorien in der Archaologie, Tübingen/Basel 1997.

Biel 1985 | Jörg Biel: Der Keltenfürst von Hochdorf, in: Methoden und Ergebnisse der Landesarchäologie, Stuttgart 1985.

Blaich, Weber 2008 | Markus C. Blaich; Jörg Weber: Im Banne des Zeitgeistes – Hermann Schroller und die Ausgrabungen in der Pfalz Werla von 1936 bis 1939, in: Die Kunde, N.F. 59, 2008, 147–188.

Bleckmann 2009 | Bruno Bleckmann: Die Germanen. Von Ariovist bis zu den Wikingern, München 2009.

Böhner 1985 | Kurt Böhner, Ludwig Lindenschmit, in: Neue Deutsche Biographie 14, 1985, 597–599.

Bollmus 1970 | Reinhard Bollmus: Das Amt Rosenberg und seine Gegner: Studien zum Machtkampf im nationalsozialistischen Herrschaftssystem, Stuttgart 1970.

Bollmus 2001 | Reinhard Bollmus: Prähistorische Archäologie und Nationalsozialismus, in: Archäologie in Deutschland 2/2001, 4–6.

Borgstedt 2009 | Angela Borgstedt: Die kompromittierte Gesellschaft. Entnazifizierung und Integration, in: Peter Reichel, Harald Schmid und Peter Steinbach (Hrsg.): Der Nationalsozialismus. Die zweite Geschichte: Überwindung, Deutung, Erinnerung, Bonn 2009, 85–104.

Botz 1988 | Gerhard Botz: Nationalsozialismus in Wien, Machtübernahme und Herrschaftssicherung 1938/39, Buchloe 1988.

Bouresh 1996 | Bettina Bouresh: Die Neuordnung des Rheinischen Landesmuseums Bonn 1930–1939. Zur nationalsozialistischen Kulturpolitik der Rheinprovinz, Bonn 1996.

Brandt 2010 | Bettina Brandt: Germania und ihre Söhne. Repräsentationen von Nation, Geschlecht und Politik in der Moderne (= Historische Semantik. Bd. 10), Göttingen u.a. 2010.

Brather 2001 | Sebastian Brather: Wilhelm Unverzagt und das Bild der Slawen, in: Heiko Steuer (Hrsg.): Eine hervorragend nationale Wissenschaft. Deutsche Prähistoriker zwischen 1900 und 1995. Reallexikon der Germanischen Altertumskunde, Ergbd. 29, Berlin, New York 2001, 475–504.

Breuer 2008 | Stefan Breuer: Die Völkischen in Deutschland. Kaiserreich und Weimarer Republik, Darmstadt 2008.

Broelmann 2010 | Jobst Broelmann: „Großdeutschland und die See": Kontinuität und Diskontinuität eines Themas in zwei Ausstellungen im Deutschen Museum, in: Elisabeth Vaupel und Stefan L. Wolff (Hrsg.): Das Deutsche Museum in der Zeit des Nationalsozialismus – Eine Bestandsaufnahme, Göttingen 2010, 619–651.

Christiansen 1998 | Jörn Christiansen: Zur Geschichte des Museums, in: Focke-Museum. Ein Führer durch die Sammlungen, Bremen 1998, 8–20.

Delort 1947 | Emil Delort: Le cimetière franc d'Ennery, in: Gallia 5, 1947, 351–403.

Del Testa u.a.1990 | Luise Del Testa: Hans Müller-Brauel, Fotografien. Ausstellung zum 50. Todestag Hans Müller-Brauels, 18.10. 1990–14.4.1991, Museum Kloser Zeven, Zeven 1990.

Demarolle 1990 | Jeanne-Marie Demarolle: Des Vestiges et des Hommes: un siècle d'archéologie mosellane au sein de la Société d'Histoire et d'Archéologie de la Lorraine, in: Les Cahiers Lorrains, 1990, 237–247.

Dingell 2003 | Jeanne Dingell, Zur Tätigkeit der Haupttreuhandstelle Ost, Treuhandstelle Posen. 1939 bis 1945, Frankfurt am Main 2003.

Eck 2004 | Werner Eck: Köln in römischer Zeit, Köln 2004.

Eckert 2010 | Jörg Eckert: Großsteingräber im Spiegel von Politik und öffentlicher Wahrnehmung am Beispiel der „Kleinenkneter Steine", Ldkr. Oldenburg, in: Ulf Ickerodt; Fred Mahler (Hg): Archäologie und völkisches Gedankengut: Zum Umgang mit dem eigenen Erbe; ein Beitrag zur selbstreflexiven Archäologie 2010, 103–114.

Eckert 2011 | Jörg Eckert: Die „Großen Steine" von Kleinenkneten – die Mär von den Germanischen Kulthallen, in: Egon Schallmayer; Katharina von Kurzynski (Hrsg.): Archäologie und Politik. Archäologische Ausgrabungen der 30er und 40er Jahre des 20. Jahrhunderts im zeitgeschichtlichen Kontext. Fundber. Hessen Beih. 7 (= Glauberg-Forschungen 1), Wiesbaden 2011, 193–206.

Eickhoff 2003 | Martijn Eickhoff, De oorsprong van het ‚eigene'. Nederlands vroegste verleden, archeologie en nationaal-socialisme, Amsterdam 2003.

Eickhoff 2009 | Martijn Eickhoff: Historie „ukradeneho" naleziste. Assien Bohmers a vykopavky SS-Ahnenerbe v Dolnich Vestonicich', in: RegioM, sbornik Regionalniho Muzea v Mikolove, 2009, 129–146.

Elmshäuser 2007 | Konrad Elmshäuser: Geschichte Bremens, München 2007.

Elvert 1999 | Jürgen Elvert: Mitteleuropa!: Deutsche Pläne zur europäischen Neuordnung, 1918–1945, Stuttgart 1999.

Emberland, Fure 2009 | Terje Emberland, Jorunn Sem Fure (Hrsg.): Jakten på Germania: fra nordensvermeri til SS arkeologi, Oslo 2009.

Ernst 1995 | Rudolf Ernst: Pompeji vor den Toren Wiens. Die „Führergrabung" von Carnuntum 1938/40, Hephaistos 13, 1995, 187–220.

Fehr 2004/05 | Hubert Fehr: Prehistoric archaeology and German Ostforschung: the case of the excavations at Zantoch, in: Jacek Lech (Hrsg.): Neighbours: Polish-German relations in archaeology Part I – to 1945, Archaeologia Polona 42, 2004 [2005], 197–228.

Fehr 2010 | Hubert Fehr: Germanen und Romanen im Merowingerreich. Frühgeschichtliche Archäologie zwischen Wissenschaft und Zeitgeschehen, Berlin 2010.

Felgenhauer 1974 | Fritz Felgenhauer: Geschichte der prähistorisch-archäologischen Erforschung von Stillfried, Forschungen in Stillfried 1, Wien 1974, 7–20.

Fetten 2000 | Frank Fetten: Archaeology and anthropology in Germany before 1945, in: Heinrich Härke [ed.]: Archaeology, Ideology and Society: The German Experience, Gesellschaften und Staaten im Epochenwandel 7, Frankfurt a.M. 2000, 140–179.

Fliedl 2005 | Gottfried Fliedl: Die negative Utopie des Museums : Museums- und Ausstellungspolitik in der NS-Zeit 1933–1945, in: Gabriele Anderl (Hrsg.): NS-Kunstraub in Österreich und die Folgen, Innsbruck/Wien/Bozen 2005, 42–58, Online verfügbar unter http://swbplus.bsz-bw.de/bsz109717902rez.htm.

Frenzel 1957 | Rudolf Frenzel: Die volkskundliche Arbeit von Ernst Grohne, in: Heimat u. Volkstum 1957 (Grohne Gedenkschrift), 1957, 17–22.

Friedmann 2012 | Ina Friedmann: Der Prähistoriker Richard Pittioni (1906–1985) zwischen 1938 und 1945 unter Einbeziehung der Jahre des Austrofaschismus und der beginnenden Zweiten Republik, unveröffentlichte Diplomarbeit, Universität Wien 2012.

Frodl-Kraft 1997 | Eva Frodl-Kraft: Gefährdetes Erbe: Österreichs Denkmalschutz und Denkmalpflege 1918–1945 im Prisma der Zeitgeschichte, Wien/Köln/Weimar 1997.

Fuchs 2003 | Brigitte Fuchs: „Rasse", „Volk", Geschlecht. Anthropologische Diskurse in Österreich 1850–1960. Anthropolgische Diskurse in Österreich 1850–1960, Frankfurt/New York 2003.

Fuhrmeister 2010 | Christian Fuhrmeister: Völkische Memorialarchitektur im Nationalsozialismus, in: Ickerodt, U. u. F. Mahler (Hrsg.) 2010a: Archäologie und völkisches Gedankengut: Zum Umgang mit dem eigenen Erbe. Ein Beitrag zur Selbstreflexiven Archäologie. (= 1. Uelzener Gespräch), Frankfurt a.M./Berlin/Bern u.a. 2010, 115–130.

Geehr 1986 | Richard S. Geehr: Oswald Menghin, ein Vertreter der katholischen Nationalen, in: Isabella Ackerl, Rudolf Neck (Hrsg.), Geistiges Leben im Österreich der Ersten Republik (Wissenschaftliche Kommission zur Erforschung der Geschichte der Republik Österreich 10), 1986, 9–24.

Giersch 1985 | Reinhard Giersch, Kampfbund für deutsche Kultur, in: Dieter Fricke (Hrsg.), Lexikon zur Parteiengeschichte. Die bürgerlichen und kleinbürgerlichen Parteien und Verbände in Deutschland (1789–1945). Bd. 3, Köln 1985.

Goethert 1995 | Karin Goethert: In memoriam Wilhelm Reusch, in: Trierer Zeitschrift, 58, 1995, 469–471.

Goschler u. Graf 2010 | Constantin Goschler, Rüdiger Graf: Europäische Zeitgeschichte seit 1945, Berlin 2010.

Grieger 2010 | Manfred Grieger: Industrie und NS-Zwangsarbeitssystem. Eine Zwischenbilanz, in: Dittmar Dahlmann; Albert S. Kotowski; Norbert Schlossmacher; Joachim Scholtyseck (Hrsg.): Zwangsarbeiterforschung in Deutschland. Das Beispiel Bonn im Vergleich und im Kontext neuerer Untersuchungen, Essen 2010, 87–99.

Griepentrog 1991 | Martin Griepentrog: „Frischer Wind" in der musealen „Leichenkammer". Zur Modernisierung kulturhistorischer Museen von der Jahrhundertwende bis zum Nationalsozialismus, in: Geschichte in Wissenschaft und Unterricht 1991, 153–173.

Grohne 1953 | Ernst Grohne: Mahndorf. Frühgeschichte des Bremischen Raums, Bremen 1953.

Grote 2006 | Klaus Grote: Das Römerlager im Werratal bei Hedemünden (Ldkr. Göttingen). Ein neuentdeckter Stützpunkt der augusteischen Okkupationsvorstöße im rechtsrheinischen Germanien. in: Germania 84, 2006, 27–59.

Gruchmann 1995 | Lothar Gruchmann: Der Zweite Weltkrieg: Kriegführung und Politik, Darmstadt 1994.

Grünert 2002a | Heinz Grünert: Gustaf Kossinna (1858–1931). Vom Germanisten zum Prähistoriker. Ein Wissenschaftler im Kaiserreich und in der Weimarer Republik, Vorgeschichtliche Forschungen, Band 22, Rahden/Westfalen 2002.

Grünert 2002b | Heinz Grünert: Gustaf Kossinna. Ein Wegbereiter der nationalsozialistischen Ideologie, in: Achim Leube (Hrsg.): Prähistorie und Nationalsozialismus: Die mittel- und osteuropäische Ur- und Frühgeschichtsforschung in den Jahren 1933–1945, Heidelberg 2002, 307–320.

Haag 1980 | John Haag: Marginal Men and the Dream of the Reich: Eight Austrian National-Catholic Intellectuals 1918–1938, in: Who were the Fascists, Bergen/Oslo/Tromsö 1980, 239–248.

Hagen 1985/86 | Anders Hagen: Arkeologi og politikk, in: Viking 49, 1985/86, 269–278.

Hahn, Müller-Beck, Taute 1973 | Joachim Hahn; Hansjürgen Müller-Beck; Wolfgang Taute: Eiszeithöhlen im Lonetal. Archäologie einer Landschaft auf der Schwäbischen Alb, Stuttgart 1973.

Hakelberg 2001 | Dietrich Hakelberg: Deutsche Vorgeschichte als Geschichtswissenschaft. Der Heidelberger Prähistoriker Ernst Wahle im Kontext seiner Zeit, in: Heiko Steuer (Hrsg.), Eine hervorragend nationale Wissenschaft. Deutsche Prähistoriker zwischen 1900 und 1995, Berlin/New York 2001, 199–310.

Hakelberg 2003 | Dietrich Hakelberg: Nationalismus einer Elite. „Heidnisches Teutschland" und „vaterländische Altertumskunde" in der ersten Hälfte des 19. Jahrhunderts, in: Elisabeth Vogel (Hrsg.): Zwischen Ausgrenzung und Hybridisierung : zur Konstruktion von Identitäten aus kulturwissenschaftlicher Perspektive, Würzburg 2003, 15–35.

Halle 1994 | Vom „irden Geschirre" zum „kriegswichtigen" Produkt: Die Nutzung von Bodenschätzen in Hillentrup zwischen dem 17. Und 19. Jahrhundert, in: Dankwart von Reden/Roland Linde (Hrsg.), Hillentrup. Kirchdorf und Bauerschaft, Hillentrup 1994, 243–275.

Halle 1998 | Uta Halle: Detmold und die deutsche Vorgeschichtsforschung, in: Nationalsozialismus in Detmold. Dokumentation eines stadtgeschichtlichen Projekts, Bielefeld 1998, 528–555.

Halle 2002 | Uta Halle: Die Externsteine sind bis auf weiteres germanisch! Prähistorische Archäologie im Dritten Reich. Bielefeld: Verl. für Regionalgeschichte (Sonderveröffentlichungen des Naturwissenschaftlichen und Historischen Vereins für das Land Lippe, 68), Bielefeld 2002.

Halle 2003 | Uta Halle: Archäologie und Westforschung, in: Burkhard Dietz, Helmut Gabel, Ulrich Tiedau (Hrsg.): Griff nach Westen. Die „Westforschung" der völkisch-nationalen Wissenschaft zum nordwesteuropäischen Raum, 1919–1960, Münster u.a. 2003, 383–406.

Halle 2006 | Uta Halle, Die „Jugend" des Faches an den deutschen Universitäten – „Förderung zur wissenschaftlichen Pflege der Heimatkunde" oder „Gebot vorausschauender Nationalpolitik", in: Johan Callmer, u.a. (Hrsg.): Die Anfänge der ur- und frühgeschichtlichen Archäologie als akademisches Fach (1890–1930) im europäischen Vergleich. Internationale Tagung an der Humboldt-Universität zu Berlin vom 13.–16. März 2003, Rahden 2006, 73–80.

Halle 2007 | Uta Halle: Go West. German archaeology during the Third Reich (Netherland and Belgium) Vers l'Ouest. Les archéologes allemands sous le IIIe Reich aux Pays-Bas et en Belgique, in: Jean-Pierre Legendre, Laurent Olivier und Bernadette Schnitzler (Hrsg.): L'archéologie nationale-socialiste dans les pays occupés à l'Ouest du Reich. Actes de la table ronde internationale „Blut und Boden" [tenue à Lyon (Rhône) dans le cadre du Xe congrès de la European Association of Archaeologists (EAA), les 8 et 9 septembre 2004], Gollion 2007, 303–112.

Halle 2007 | Uta Halle: Die „alte Pfalz Kaiser Ottos" in Magdeburg. Die Ergebnisse einer „Ausgrabung" im Bundesarchiv zur Vorgeschichte der Domplatzgrabungen in Magdeburg (1938), in: Gerson H. Jeute; Jens Schneeweiß; Claudia Theune (Hrsg.): aedificatio terrae. Beiträge zur Umwelt- und Siedlungsarchäologie Mitteleuropas. Festschrift für Eike Gringmuth-Dallmer zum 65. Geburtstag. Rahden, Westf. 2007, 165–172.

Halle 2008 | Uta Halle: Ur- und Frühgeschichte, in: Jürgen Elvert; Jürgen Nielsen-Sikora (Hrsg.): Kulturwissenschaften und Nationalsozialismus, Stuttgart 2008, 109–166.

Halle 2009 | Uta Halle: Deutsche Ost-, deutsche Westforschung: Ein Vergleich, in: Judith Schachtmann; Michael Strobel; Thomas Widera (Hrsg.): Politik und Wissenschaft in der prähistorischen Archäologie. Perspektiven aus Sachsen, Böhmen und Schlesien, Berichte und Studien des Hannah-Arendt-Institut für Totalitarismusforschung e.V., Band 56, Göttingen 2009, 53–68.

Halle 2011a | Uta Halle: Archäologische Forschung in Bremen und umzu, in: Bremen und umzu – Ausflugsziele auf der Düne, Geest und in der Marsch. Ausflüge zu Archäologie,

Geschichte und Kultur in Deutschland, 53, 2011, 25–33.

Halle 2011b | Uta Halle: „Kulturwerte unter Sand" – Die Ausgrabungen 1936 –1939 in Bremen-Mahndorf, in: Egon Schallmayer; Katharina von Kurzynski (Hrsg.): Archäologie und Politik. Archäologische Ausgrabungen der 30er und 40er Jahre des 20. Jahrhunderts im zeitgeschichtlichen Kontext. Fundber. Hessen Beih. 7 = Glauberg-Forschungen 1, Wiesbaden 2011, 181–192.

Halle 2013 | Uta Halle: Frauen in der Ur- und Frühgeschichtsforschung zwischen 1933 und 1945 – zwei Karrieren, in: Jana Esther Fries, Ulrike Rambuscheck (Hrsg.): Pionierinnen der Archäologie (= Frauen-Forschung-Archäologie Bd. 10), Münster 2013, 171–217.

Hamann 1996 | Brigitte Hamann: Hitlers Wien. Lehrjahre eines Diktators, München 1996.

Hanisch 1997 | Ernst Hanisch: Gau der guten Nerven: die nationalsozialistische Herrschaft in Salzburg 1938–1945, Salzburg/München 1997.

Hartog 2002 | Ari Hartog: Zur Ideengeschichte der Böttcherstraße bis 1945, in: Tallasch, H. & Aschenbeck, N. (Hrsg.) Projekt Böttcherstraße. [… zur Ausstellung „Marke und Mäzen" im Paula-Modersohn-Becker-Museum], Oldenburg 2002, 341–357.

Hassmann 2002 | Henning Hassmann: Archäologie und Jugend im „Dritten Reich". Ur- und Frühgeschichte als Mittel der politisch-ideologischen Indoktrination von Kindern und Jugendlichen, in: Achim Leube/Morten Hegewisch (Hrsg.): Prähistorie und Nationalsozialismus. Die mittel- und osteuropäische Ur- und Frühgeschichtsforschung in den Jahren 1933–1945, Heidelberg 2002, 107–146.

Heckenbrenner 2001 | Dominique Heckenbenner: Les fouilles des nécropoles de Sarraltroff (Weiherwald) et de Dolving (Bergwald), in: L'archéologie en Alsace et en Moselle au temps de l'annexion : 1940–1944, Strasbourgh/Metz 2001, 78–80.

Hein-Kircher 2005 | Heidi Hein-Kircher: Historische Mythosforschung, in: Digitales Handbuch zur Geschichte und Kultur Russlands und Osteuropas. Themen und Methoden, Online 2005, 1–35. Abzurufen unter http://www.vifaost.de/index.php?id=125&type=0&jumpurl=http%3A%2F%2Fepub.ub.uni-muenchen.de%2Farchive%2F00000639%2F01%2Fhein-mythosforschung.pdf (Stand 1. 10. 2012).

Heinemann 2003 | Isabell Heinemann: „Rasse, Siedlung, deutsches Blut." Das Rasse- und Siedlungshauptamt der SS und die rassenpolitische Neuordnung Europas, Göttingen 2003.

Herbert 1985 | Ulrich Herbert: Fremdarbeiter. Politik und Praxis des „Ausländer-Einsatzes" in der Kriegswirtschaft des Dritten Reiches, Berlin/Bonn 1985.

Herbert 1996 | Ulrich Herbert: Best. Biographische Studien über Radikalismus, Weltanschauung und Vernunft. 1903–1989, [3]Bonn 1996.

Herbert 2003 | Ulrich Herbert: Geschichte der Ausländerpolitik in Deutschland: Saisonarbeiter, Zwangsarbeiter, Gastarbeiter, Flüchtlinge, Bonn 2003.

Heske 2005 | Immo Heske: „Inszeniertes Germanentum" – Das archäologische Museum „Haus der Vorzeit" in Braunschweig von 1937 bis 1944, in: Archäologisches Nachrichtenblatt 10, 2005, 482–493.

Heuss 2000 | Anja Heuss: Kunst- und Kulturgutraub. Eine vergleichende Studie zur Besatzungspolitik der Nationalsozialisten in Frankreich und der Sowjetunion, Heidelberg 2000.

Hoffmann 2005 | Kerstin Hoffmann: Ur- und Frühgeschichte – eine unpolitische Wissenschaft? Die urgeschichtliche Abteilung des Landesmuseums Hannover in der NS-Zeit, in: Nachrichten aus Niedersachsens Urgeschichte 74, 2005, 109–249.

Hohenschwert 1985 | Friedrich Hohenschwert: Grotenburg mit Großem und Kleinem Hünenring, in: Nordwestdeutscher und West- und Süddeutscher Verband für Altertumsforschung (Hrsg.) Der Kreis Lippe, Führer zu archäologischen Denkmälern in Deutschland Bd. 11, Stuttgart 1985, 140–143.

Holzbauer 2005 | Robert Holzbauer: NS-Kunstraub in Österreich. Von 1938 bis heute, in: Dietmar Pauger: Art goes Law, 2005, 233–254.

Hoyningen-Huene 2003 | Stefan von Hoyningen-Huene, Religiosität bei rechtsextrem orientierten Jugendlichen, Münster/Hamburg/London 2003.

Hutter 2009 | Peter Hutter: Tuiscon und Arminius, in: Landesverband Lippe (Hrsg.): 2000 Jahre Varusschlacht – Mythos, Stuttgart 2009, 164–171.

Inegrao 2012 | Christian Inegrao: Hitlers Elite. Die Wegbereiter des nationalsozialistischen Massenmords, Berlin 2012.

Jacob-Friesen 1950 | Karl Hermann Jacob-Friesen: Wissenschaft und Weltanschauung in der Urgeschichtsforschung, in: Die Kunde NF 1, 1950, 1–5.

Jakubovitsch 1993 | Hermann Jakubovitsch: Die Forschungsgeschichte des Faches Ur- und Frühgeschichte der Universität Wien und Innsbruck im Überblick, unveröffentlichte Dissertation, Universität Wien 1993.

Jakubowski-Tiessen 2004 | Manfred Jakubowski-Tiessen (Hrsg.): Religion zwischen Kunst und Politik: Aspekte der Säkularisierung im 19. Jahrhundert, Göttingen 2004.

Jensma 2004 | Goffe Jensma: De gemaskerde god. François Haverschmidt en het Oera Linda-boek. Zutphen u, Groningen 2004.

Jünger/Schachtmann 2010 | Konstanze Jünger und Judith Schachtmann, „Eine 3000 Jahre alte Stadt" – Die Ausgrabungen auf der Heidenschanze von Dresden-Coschütz und ihre Darstellung in der Öffentlichkeit, in: Regina Smolnik (Hrsg.): Ausgrabungen in Sachsen 2, Dresden 2010, 27–35.

Kaienburg 2010 | Hermann Kaienburg: Resümee: Die Veränderung der Existenzbedingungen in den Konzentrationslagern. In: Kaienburg, Hermann (Hrsg.): Nationalsozialistische Konzentrationslager 1933–1945: Die Veränderung der Existenzbedingungen, Berlin 2010, 163–184.

Karny 2007 | Miroslav Karny, Protektorat Böhmen und Mähren, in: Benz/Graml/Weiß (Hrsg.), Enzyklopädie des Nationalsozialismus, München 2007, 717.

Kater 1974 | Michael H. Kater: Das „Ahnenerbe" der SS 1935–1945. Ein Beitrag zur Kulturpolitik des Dritten Reiches, Stuttgart 1974.

Kater 2005 | Michael H. Kater: Hitler-Jugend, Darmstadt 2005.

Keefer 1992 | Erwin Keefer: Hans Reinerth in: Keefer, Erwin (Hrsg.), Die Suche nach der Vergangenheit. 120 Jahre Archäologie am Federsee, Stuttgart 1992, 41–48.

Kelm u. Vennewald 2012 | Zur Vermittlung von Ideologien in der Zeit des Nationalsozialismus am Beispiel des Museums für Dithmarscher Vorgeschichte in Heide, in: Dithmarschen. Landeskunde – Kultur – Natur Heft 2, 2012, 24–30

Kershaw 1998 | Ian Kershaw: Hitler. 1889–1936 Hubris, London 1998.

Kershaw 2000 | Ian Kershaw: Hitler. 1936–1945 Nemesis, London 2000.

Klápště 2009 | Jan Klápště, Die Archäologie Böhmens im geschichtspolitischen Diskurs zwischen 1918 und 1989, in: Schachtmann, Judith; Strobel, Michael; Widera, Thomas (Hrsg.): Politik und Wissenschaft in der prähistorischen Archäologie. Perspektiven aus Sachsen, Böhmen und Schlesien, Berichte und Studien/Hannah-Arendt-Institut für Totalitarismusforschung e.V., Band 56, Göttingen 2009, 109–123.

Klee 2007 | Ernst Klee: Das Personenlexikon zum Dritten Reich. Wer war was vor und nach 1945?, Frankfurt a.M. 2007.

Kieseler 2008 | Andreas Kieseler: Ernst Petersen (1905–1944). Ein Beitrag zur Erforschung der ur- und frühgeschichtlichen Archäologie in der Zeit des Nationalsozialismus, in: Felix Biermann, Ulrich Müller und Thomas Terberger [Hrsg.]: „Die Dinge beobachten …" Archäologische und historische Forschungen zur frühen Geschichte Mittel- und Nordeuropas, Festschrift für Günter Mangelsdorf zum 60. Geburtstag, Archäologie und Geschichte im Ostseeraum, Band 2, Rahden/Westfalen, 2008.

Kirsten 1985 | Christa Kirsten (Hrsg.): Die Altertumswissenschaften an der Berliner Akademie. Wahlvorschläge zur Aufnahme von Mitgliedern von F. A. Wolf bis zu G. Rodenwaldt 1799–1932, in: Studien zur Geschichte der Akademie der Wissenschaften der DDR 5, Berlin 1985, 155–157.

Klewitz 1974 | Martin Klewitz, Hermann Keuth. Nachruf, in: Bericht der staatlichen Denkmalpflege im Saarland 21, 1974.

Klimetzek 2009 | Volker Klimetzek, Lothar Zotz im Spiegel seiner Veröffentlichungen, in: Schachtmann, Judith; Strobel, Michael; Widera, Thomas (Hrsg.): Politik und Wissenschaft in der prähistorischen Archäologie. Perspektiven aus Sachsen, Böhmen und Schlesien, Berichte und Studien/Hannah-Arendt-Institut für Totalitarismusforschung e.V., Band 56, Göttingen 2009, 99–107.

Kluger, Apel, Klöcker 1940/2000 | Alfons Kluger, Hans Jürgen Apel, Michael Klöcker: Die Volksschule im NS-Staat. Nachdruck des Handbuches „Die deutsche Volksschule im Grossdeutschen Reich: Handbuch der Gesetze, Verordnungen und Richtlinien für Erziehung und Unterricht in Volksschulen nebst den einschlägigen Bestimmungen über Hitler-Jugend und Nationalpolitische Erziehungsanstalten" von A. Kluger, Breslau 1940, 2000.

Koch-Stetter, Lorenzen 2001 | Dora Koch-Stetter; Heidrun Lorenzen: Wege nach Ahrenshoop, Berlin 2001.

Köster 2009 | Klaus Köster: Katalogbeiträge, in: Landesverband Lippe (Hrsg.): 2000 Jahre Varusschlacht – Mythos, Stuttgart 2009, 344.

Kohler 2011 | Christian Kohler: Ein ruhiges Fortbestehen? Das Germanische Nationalmuseum im „Dritten Reich", Berlin 2011.

Konrád 2009 | Ota Konrád: „Denn die Uneignung der slawischen Völkergruppe bedarf keines Beweises mehr": Die „sudetendeutsche Wissenschaft" und ihre Einbindung in die zeitgenössischen Diskurse 1918–1945, in: Judith Schachtmann; Michael Strobel; Thomas Widera (Hrsg.): Politik und Wissenschaft in der prähistorischen Archäologie. Perspektiven aus Sachsen, Böhmen und Schlesien, Berichte und Studien/Hannah-Arendt-Institut für Totalitarismusforschung e.V., Band 56, Göttingen 2009, 69–97.

Kossian 2011 | Rainer Kossian: Hunte 1 – Ein mittel- bis spätneolithischer und frühbronzezeitlicher Siedlungsplatz am Dümmer, Ldkr. Diepholz (Niedersachsen). Die Ergebnisse der Ausgrabungen des Reichsamtes für Vorgeschichte in den Jahren 1938 und 1940, Kerpen/Loogh 2007.

Kraas 2004 | Andreas Kraas: Lehrerlager 1932–1945: politische Funktion und pädagogische Gestaltung, Kempten 2004.

Krämer 2001 | Werner Krämer: Gerhard Bersu ein deutscher Prähistoriker (1889–1964), in: Bericht der Römisch-Germanischen Kommission Bd. 82, 2001: 100 Jahre Römisch-Germanische Kommission, Mainz 2002, 5–101.

Krausnick u. Wilhelm 1981 | Helmut Krausnick, Hans-Heinrich Wilhelm (Hrsg.): Die Truppe des Weltanschauungskrieges. Die Einsatzgruppen der Sicherheitspolizei und des SD 1938–1942, Quellen und Darstellungen zur Zeitgeschichte Band 22, Stuttgart 1981.

Kroll 1998 | Frank-Lothar Kroll: Utopie als Ideologie. Geschichtsdenken und politisches Handeln im Dritten Reich, Paderborn/München/Wien/Zürich 1998.

Kühn 1976 | Herbert Kühn: Geschichte der Vorgeschichtsforschung, Berlin/New York 1976.

Large u. Siber 2002 | David Clay Large, Karl Heinz Siber: Berlin. Biographie einer Stadt, München 2002.

Legendre, 2001 | Jean-Pierre Legendre: Sites fouillés et thèmes de recherches en Moselle: les fouilles d'Ennery, 1941 et de Saint-Pierre aux-Nonnains, 1942, in: Bardiès, Legendre, Schnitzler, Jean-Pierre Legendre: L'organisation et le fonctionnement de l'archéologie en Moselle pendant la seconde Annexion, 1940–1944: Le Landesdenkmalamt Metz et l'Abteilung Vor- und Frühgeschichte, in: Archaeologica Mosellana 6, 439–487.

Legendre 2007 | Jean-Pierre Legendre; Laurent Olivier; Bernadette Schnitzler (Hrsg.), 2007: L'archéologie nationale-socialiste dans les pays occupés à l'Ouest du Reich. Actes de la table ronde internationale „Blut und Boden" [tenue à Lyon (Rhône) dans le cadre du Xe congrès de la European Association of Archaeologists (EAA), les 8 et 9 septembre 2004]. Gollion: Infolio Edition.

Lehmann 2012 | Stefan Lehmann: Hans Schleif (1902–1945). In: Gunnar Brands, Martin Maischberger (Hrsg.): Lebensbilder: Klassische Archäologen und der Nationalsozialismus, Leidorf/Rahden 2012, 207–222.

Lehmann u. Mahsarski in Vorb. | Svea Lehmann, Dirk Mahsarski: Richard von Hoff und die Archäologie.

Lerchenmüller u. Simon 1999 | Joachim Lerchenmueller, Gerd Simon: Maskenwechsel. Wie der SS-Hauptsturmführer Schneider zum BRD-Hochschulrektor Schwerte wurde, Tübingen 1999.

Leube 2002 | Achim Leube, Morten Hegewisch (Hrsg.): Prähistorie und Nationalsozialismus. Die mittel- und osteuropäische Ur- und Frühgeschichtsforschung in den Jahren 1933–1945, Heidelberg 2002.

Leube 2004 | Achim Leube: Deutsche Prähistoriker im besetzten Polen, in: Parerga Praehistorica. Jubiläumsschrift zur Prähistorischen Archäologie. 15 Jahre UPA. Universitätsforschungen zur Prähistorischen Archäologie Bd. 100, Bonn 2004, 287–347.

Leube 2010 | Achim Leube: Prähistorie zwischen Kaiserreich und wiedervereinigtem Deutschland. 100 Jahre Ur- und Frühgeschichte an der Berliner Universität Unter den Linden. Studien zur Archäologie Europas 10, Bonn 2010.

Levi 1988 | Primo Levi: Ist das der Mensch?, München 1988.

Löw 2007 | Luitgart Löw: Herman Wirth and the History of Primeval Thought, in: Legendre, Olivier & Schnitzler, 2007, 366–378.

Löw 2009 | Luitgart Löw: På oppdrag for Himmler – Herman Wirths ekspedisjoner til Skandinavias helleristninger, in: Emberland, T. & Fure, J. S. (Hrsg.) 2009: Jakten på Germania: fra nordensvermeri til SS arkeologi, Oslo 2009, 180–201.

Loitfellner 2006 | Sabine Loitfellner: NS-Kunstraub und Restitution in Österreich. Institutionen, Akteure, Nutznießer, in: Raub und Rückgabe, Wien 2006, 13–25.

Longerich 1998 | Peter Longerich: Politik der Vernichtung. Eine Gesamtdarstellung der nationalsozialistischen Judenverfolgung, München 1998.

Longerich 2006 | Peter Longerich: „Davon haben wir nichts gewusst". Die Deutschen und die Judenverfolgung 1933–1945, München 2006.

Longerich 2008 | Peter Longerich: Heinrich Himmler. Biographie, München 2008.

Losemann 1977 | Volker Losemann: Nationalsozialismus und Antike. Studien zur Entwicklung des Faches Alte Geschichte 1933–1945, Hamburg 1977.

Luckhardt 1995 | Jochen Luckhardt: Grabmal und Totengedächtnis Heinrich des Löwen, in: Jochen Luckhardt und Franz Niehoff (Hrsg.): Heinrich der Löwe und seine Zeit, München 1995, 283–291.

Lund 1995 | Alan Lund: Germanenideologie im Nationalsozialismus. Zur Rezeption der „Germania" des Tacitus im „Dritten Reich", Heidelberg 1995.

Mahsarski 2001 | Dirk Mahsarski: Gerhard Heberer: Mitläufer oder Avantgardist der ‚Neuen Ordnung'?, in: Immo Heske (Hrsg.): „NIK – Nachrichten und Informationen zur Kultur", Heft 6, 2001, 34–52.

Mahsarski 2011a | Dirk Mahsarski: Herbert Jankuhn, 1905–1990. Ein deutscher Prähistoriker zwischen nationalsozialistischer Ideologie und wissenschaftlicher Objektivität, Rahden/Westf. 2011.

Mahsarski 2011b | Dirk Mahsarski: Prähistorische Archäologie als politische Großveranstaltung. Archäologische Jahrestagungen der 1930er im Spannungsfeld von Wissenschaft, Verbandspolitik, Macht und Propaganda. Archäologische Informationen 34/1, 2011, 97–112.

Mahsarski 2012 | Dirk Mahsarski: Das Ahnenerbe der SS und die Archäologen – Die Prähistorische Archäologie zwischen wissenschaftlichen Großprojekten, NS-Ideologie und religiöser Neustiftung. In: Ickerodt und Mahler 2012 (Dritte Uelzener Gespräche).

Mahsarski 2013a | Dirk Mahsarski: Das Ahnenerbe der SS und die Archäologen – Die Prähistorische Archäologie zwischen wissenschaftlichen Großprojekten, NS-Ideologie und religiöser Neustiftung, in: Ulf Ickerodt und Fred Mahler 2013 (Dritte Uelzener Gespräche).

Mahsarski 2013b | Dirk Mahsarski: The Ahnenerbe of the SS, 1935–1945. A think tank for Germanic supremacy.

Mahsarski 2013c | Dirk Mahsarski: „‚Wir werden uns dieser Aufgabe mit derselben Zähigkeit widmen, mit der sich die Schutzstaffel allen anderen Aufgaben bisher gewidmet hat.' Die Förderung der Prähistorischen Archäologie durch die SS von 1933 bis 1945" in: Dirk Mahsarski, Karin Reichenbach [Hrsg.]: „Die Spur des Geldes. Mäzene, Förderer und Förderstrukturen der Prähistorischen Archäologie", 2013.

Mahsarski in Vorb. | Dirk Mahsarski: Archäologie als Instrument der politischen Schulung im Nordwesten.

Mahsarski u. Perschke in Vorb. | Dirk Mahsarski, Reena Perschke: Friedrich Walburg.

Mahsarski u. Schütze in Vorb. | Dirk Mahsarski, Sabrina Schütze: Das Focke-Museum und das Museum „Väterkunde". Zur Genese und Präsentation archäologischer Sammlungen in Bremen in der Weimarer Republik und im Nationalsozialismus.

Malitz 1983 | Jürgen Malitz: Die Historien des Poseidonios, München 1983.

Mecking in Vorb. | Angelika Mecking: Die Erdenburg bei Bensberg. Erste Ausgrabung der Schutzstaffel zwischen archäologischer Forschung und Nationalsozialismus, in: Jürgen Kunow (Hrsg.) Tagungsband zur Tagung „Archäologie und Bodendenkmalpflege in der Rheinprovinz 1920–1945. Personen-Institutionen-Netzwerke" (In Vorb.).

Mehrtens 1980 | Herbert Mehrtens; Steffen Richter (Hrsg.): Naturwissenschaft, Technik und NS-Ideologie. Beiträge Wissenschaftsgeschichte des Dritten Reiches, Frankfurt a.M. 1980.

Mellies 2009 | Dirk Mellies: Politische Feiern am Hermannsdenkmal nach 1875, in: Landesverband Lippe (Hrsg.): 2000 Jahre Varusschlacht – Mythos, Stuttgart 2009, 263–272.

Menghin 2005 | Wilfried Menghin (Hrsg): Das Berliner Museum für Vor- und Frühgeschichte : Festschrift zum 175-jährigen Bestehen, Berlin 2005.

Mertens 2004 | Dieter Mertens: Die Instrumentalisierung der „Germania" des Tacitus durch die deutschen Humanisten, in: Heinrich Beck, Dieter Geuenich, Dietrich Hakelberg, Heiko Steuer (Hrsg.), Zur Geschichte der Gleichung ‚germanisch – deutsch'. Sprache und Namen, Geschichte und Institutionen (= Reallexikon der Germanischen Altertumskunde, Ergänzungsband 34), Berlin 2004, 37–102.

Meżyński 2000 | Andrzej Meżyński, Kommando Paulsen. Organisierter Kunstraub in Polen, 1942–45, Köln 2000.

Mitscha-Märheim 1976 | Herbert Mitscha-Märheim (Hrsg.): Zueignung, in: Festschrift Richard Pittioni zum siebzigsten Geburtstag. Archaeologia Austriaca, Beiheft 13, Bd. 1, Wien 1976.

Monyk 2006 | Elisabeth Monyk: Zwischen Barbarenklischee und Germanenmythos: Eine Analyse österreichischer Gesichtslehrbücher zwischen 1891–1945, Essen 2006.

Mommsen 1983 | Hans Mommsen: Die Realisierung des Utopischen: Die Endlösung der Judenfrage im „Dritten Reich", in: Geschichte und Gesellschaft 9, 1983, 381–420.

Morawski 2001 | Detlef Morawski: „Stummheit zum Reden bringen". Ernst Grohne und sein Werk. Mitteilungen der Arbeitsgemeinschaft für Archäologie des Mittelalters und der Neuzeit 12, 2001, 61–63.

Mork 2004 | Werner Mork, 2004: Propaganda und Uniformierung im Dritten Reich (Kollektives Gedächtnis). Online verfügbar unter http://www.dhm.de/lemo/forum/kollektives_gedaechtnis/329/index.html, zuletzt geprüft am 15.08.2012.

Moßler 1948 | Gertrude Moßler, Der Südostwall im Lichte archäologischer Bodenforschung. Burgenländische Heimatblätter 10, 1948.

Müller 2003 | Heribert Müller, „von welschem Zwang und welschen Ketten des Reiches Westmark zu erretten" Burgund und der Neusser Krieg 1474/75 im Spiegel der deutschen Geschichtsschreibung von der Weimarer Zeit bis in die frühe Bundesrepublik, in: Burkhard Dietz, Helmut Gabel, Ulrich Tiedau (Hrsg.): Griff nach Westen. Die „Westforschung" der völkisch-nationalen Wissenschaft zum nordwesteuropäischen Raum, 1919–1960, Münster u.a. 2003, 137–184.

Müller-Beck 2011 | Hansjürgen Müller-Beck: Lon(e)talforschung von 1931–1941. Wissenschaftliches Projekt – Projekt des NSD-Dozentenbundes an der Wissenschaftlichen Akademie in Tübingen – ab 1935 unter der Schirmherrschaft des Reichsführers SS Heinrich Himmler, in: Egon Schallmayer und Katharina von Kurzynski (Hrsg.): Archäologie und Politik. Archäologische Ausgrabungen der 30er und 40er Jahre des 20. Jahrhunderts im zeitgeschichtlichen Kontext. Wiesbaden 2011 (Fundberichte aus Hessen Beiheft, 7), 121–140.

Mulot 1996 | Sybille Mulot: Wodin, Tunis, und Inka. Die Ura-Linda-Chronik, in: Karl Corino: Gefälscht! Betrug in Politik, Literatur, Wissenschaft, Kunst und Musik; [33 Fälle, die die Welt bewegten, von der Antike bis zur Gegenwart] Universalgeschichte des Fälschens, Frankfurt a.M. 1996, 263–275.

Nagel 2012 | Anne Christine Nagel: Hitlers Bildungsreformer. Das Reichsministerium für Wissenschaft, Erziehung und Volksbildung 1934–1945, Frankfurt a.M. 2012.

Narr 1958 | Karl J. Narr: Zum wissenschaftlichen Werk Oswald Menghins, in: Festgabe für Oswald Menghin zum 70. Geburtstag. Der Schlern 32, Bozen 1958, 77–80.

Nolte 1974 | Erich Nolte: Hermann Keuth (1888–1974), in: Zeitschrift für die Geschichte der Saargegend 1974, 14–16.

Panfil 2011 | Rafal Panfil: History of archaeological research carried out by Elbinger Archaeological Society (Elbinger Altertumsgesellschaft) since 1874 till 1945, in: Elblaskie Studia Muzealne 2, 67–109.

Pape 2001 | Wolfgang Pape, Zehn Prähistoriker aus Deutschland, in: Heiko Steuer [Hrsg.]: Eine hervorragend nationale Wissenschaft: Deutsche Prähistoriker zwischen 1900 und 1995, Ergänzungsbände zum Reallexikon der Germanischen Altertumskunde, Band 29, Berlin 2001, 1–54.

Pape 2002a | Wolfgang Pape: Zur Entwicklung des Faches Ur- und Frühgeschichte in Deutschland bis 1945, in: A. Leube (Hrsg.) in Zusammenarbeit mit M. Hegewisch, Prähistorie und Nationalsozialismus. Die mittel- und osteuropäische Ur- und Frühgeschichtsforschung in den Jahren 1933–1945, Heidelberg 2002, 163–226.

Pape 2002b | Wolfgang Pape: Ur- und Frühgeschichte, in: Frank-Rutger Hausmann (Hrsg.): Die Rolle der Geisteswissenschaften im Dritten Reich 1933–1945, München 2002, 329–359.

Pawlowsky, Wendelin 2006 | Verena Pawlowsky; Harald Wendelin: Enteignete Kunst. Raub und Rückgabe. Österreich von 1938 bis heute, Wien 2006.

Perscke in Vorb. | Reena Perschke, Der Bunker im Tumulus – Kriegsarchäologie im Spannungsfeld von Wehrmacht, SS-Ahnenerbe und Dienststelle Rosenberg.

Pesditschek 2010 | Martina Pesditschek: Wien war anders – Das Fach alte Geschichte und Altertumskunde, in: Mitchell G. Ash, W. Nieß, R. Pils (Hrsg.), Geisteswissenschaften im Nationalsozialismus, Göttingen 2010, 287–316.

Peters 2009 | Anja Peters: Tagungsbericht Elitenbildung, Schulung und NS-Lagergesellschaft. 04.06.2009–06.06.2009, Alt Rehse, (H-Soz-u-Kult). Online verfügbar unter http://hsozkult.geschichte.hu-berlin.de/tagungsberichte/id=2683, zuletzt aktualisiert am 14.07.2009, zuletzt geprüft am 30.08.2012.

Pietzner 2009 | Katrin Pietzner: Limes, in: Reallexikon für Antike und Christentum 23, 2009, 163–207.

Piper 2005 | Ernst Piper: Alfred Rosenberg, Hitlers Chefideologe, München 2005.

Pittioni 1947 | Richard Pittioni: Der Bergfürst, Wien 1947.

Pittioni 1974 | Pittioni, 1974, 1 Oswald Menghin 1888–1973, in: ArchA 55, 1974, 1–5.

Pohl 2004 | Walter Pohl: Die Germanen. Enzyklopädie deutscher Geschichte 57, München [2]2004.

Pringle 2006 | Heather Pringle: The Master plan. Himmler's scholars and the Holocaust, London 2006.

Puschner, Schmitz, Ulbricht 1999 | Uwe Puschner/Walter Schmitz/Justus H. Ulbricht (Hrsg.): Handbuch zur ‚Völkischen Bewegung' 1871–1918, München 1999.

Puschner 2001a | Uwe Puschner, Die völkische Bewegung im wilhelminischen Kaiserreich. Sprache – Rasse – Religion, Darmstadt 2001.

Puschner 2001b | Uwe Puschner: Die Germanenideologie im Kontext völkischer Weltanschauung, in: Göttinger Forum für Altertumswissenschaft 4, 2001, 85–97. Online abzurufen unter http://www.gfa.d-r.de/4–01/puschner.pdf (Stand: 1.10.2012).

Puschner 2002 | Uwe Puschner: Grundzüge völkischer Rassenideologie, in: Achim Leube (Hrsg.): Prähistorie und Nationalsozialismus. Die mittel- und osteuropäische Ur- und Frühgeschichtsforschung in den Jahren 1933–1945, Heidelberg 2002, Leube 2002, 49–72.

Puschner 2006 | Uwe Puschner: Weltanschauung und Religion, Religion und Weltanschauung. Ideologie und Formen völkischer Religion, in: zeitenblicke 5, 2006, Nr. 1, online abrufbar unter www.zeitenblicke.de/2006/1/7Puschner/index.html.

Puschner, Großmann 2009 | Uwe Puschner/Ulrich G. Großmann (Hrsg.): Völkisch und national. Zur Aktualität alter Denkmuster im 21. Jahrhundert, Darmstadt 2009.

Pusman 2008 | Karl Pusman: Die „Wissenschaft von Menschen" auf Wiener Boden (1870–1959). Die Anthropologische Gesellschaft in Wien und die anthropologischen Disziplinen im Fokus von Wissenschaftsgeschichte, Wissenschafts- und Verdrängungspolitik, Münster 2008.

Reichel 2009 | Peter Reichel: Der Nationalsozialismus vor Gericht, in: Peter Reichel, Harald Schmid und Peter Steinbach (Hrsg.): Der Nationalsozialismus. Die zweite Geschichte : Überwindung, Deutung, Erinnerung, Bonn 2009, 22–61.

Reichel, Schmid, Steinbach 2009 | Peter Reichel; Harald Schmid; Peter Steinbach (Hrsg.): Der Nationalsozialismus. Die zweite Geschichte: Überwindung, Deutung, Erinnerung, Bonn 2009.

Reulecke u. Stambolis 2009 | Jürgen Reulecke; Barbara Stambolis (Hrsg.): 100 Jahre Jugendherbergen 1909–2009. Anfänge, Wandlungen, Rück- und Ausblicke, Essen 2009.

Rolfsen 2003 | Perry Rolfsen: Snartemosverdet – kopier og NS-propaganda, in: Perry Rolfsen, Frans-Arne Stylegar (Hrsg.): Snartemofunnene i nytt lys, Schriften des Kulturhistorischen Museums der Universität Oslo, Band 2, Oslo 2003, 81–131.

Rosar 1971 | Wolfgang Rosar: Deutsche Gemeinschaft, Seyss-Inquart und der Anschluß, Wien 1971.

Rosenkötter 2003 | Bernhard Rosenkötter: Treuhandpolitik. Die ‚Haupttreuhandstelle Ost' und der Raub polnischer Vermögen 1939–1945, Essen 2003.

Roth 1990 | Martin Roth: Heimatmuseum. Zur Geschichte einer deutschen Institution, Berlin 1990.

Rothenhöfer u. Hanel 2005 | Peter Rothenhöfer, Norbert Hanel: Germanisches Blei für Rom. Zur Rolle des römischen Bergbaus im rechtsrheinischen Germanien im frühen Prinzipat, in: Germania 83, 2005, 53–65.

Rusinek 2000 | Bernd-A. Rusinek: „Wald und Baum in der arisch-germanischen Geistes- und Kulturgeschichte". Ein Forschungsprojekt des „Ahnenerbe" der SS 1937–1945, in: Albrecht Lehmann u. Klaus Schriewer (Hrsg.): Der Wald – Der deutscher Mythos? Perspektiven eines Kulturthemas, Berlin/Hamburg 2000, 267–363.

Schachtmann/Widera in Vorb. | Judith Schachtmann und Thomas Widera, Überlegungen zur Zwangsarbeit in der Prähistorischen Archäologie zwischen 1933 und 1945.

Schäfer 2003 | Martina Schäfer: Rechts, Links, Geradeaus? Zum Sprachduktus deutscher Prähistoriker zwischen 1935 und 1965, Leipziger online-Beiträge Nr. 1, Leipzig 2003, 6, www.uni-leipzig.de/~ufg/reihe/files/schaefer.pdf.

Schäferjohann-Bursian 2007 | Iris Schäferjohann-Bursian: Wilhelm Teudt im Detmold der 1920er Jahre: seine Suche nach Orientierung, in: Hermann Niebuhr u. Andreas Ruppert (Hrsg.) 2007: Krieg – Revolution – Republik. Detmold 1914–1933, Bielefeld 2007, 415–458.

Schallmayer 2006 | Egon Schallmayer: Der römische Limes. Geschichte einer Grenze, München 2006.

Scharte 2010 | Sebastian Scharte: Preußisch, deutsch, belgisch: Nationale Erfahrung und Identität: Leben an der deutsch-belgischen Grenze im 19. Jahrhundert, Münster/München/Berlin 2010.

Schimpff 1990 | Volker Schimpff: Der Beginn der archäologischen Forschung in Norddeutschland: Zum Wirken von Nikolaus Marschalk Thurius in Mecklenburg, in: Rostocker Wissenschaftshistorische Manuskripte 18, Rostock 1990, 70–73.

Schlegelmilch 2006 | Dana Schlegelmilch: Der Marburger Prähistoriker Gero von Merhart von Bernegg (1886–1959) im Dritten Reich, ungedruckte Magisterarbeit an der Universität Marburg 2006.

Schmerbach 2008 | Folker Schmerbach: Das „Gemeinschaftslager Hanns Kerrl" für Referendare in Jüterbog, Tübingen 2008.

Schmeyers 2004 | Jens Schmeyers: Die Stedinger Bauernkriege, Lemwerder 2004.

Schmidle 2006 | Elisabeth Schmidle 2006: Schandmal oder Mahnmal? Vom Umgang mit dem architektonischen Erbe der NS-Diktatur. Der Bürger im Staat. 56. 2006, 184–190, online abrufbar: http://www.buergerimstaat.de/3_06/diktatur.pdf.

Schmidt 2002 | Martin Schmidt: Die Rolle der musealen Vermittlung in der nationalsozialistischen Bildungspolitik. Die Freilichtmuseen deutscher Vorzeit am Beispiel von Oerlinghausen, in: Achim Leube/Morten Hegewisch (Hrsg.), Prähistorie und Nationalsozialismus. Die mittel- und osteuropäische Ur- und Frühgeschichtsforschung in den Jahren 1933–1945, Heidelberg 2002, 147–162.

Schmidt 1974 | Tilmann Schmidt: Die Grablege Heinrich des Löwen im Dom zu Braunschweig, in: Braunschweiger Jahrbuch 55, 1974, 9–45.

Schnitzler/Legendre 2001 | Bernadette Schnitzler, Jean-Pierre Legendre: L'archéologie en Alsace et en Moselle au temps de l'annexion: 1940–1944, Strasbourg/Metz 2001.

Schöbel 2002 | Gunter Schöbel: Hans Reinerth. Forscher – NS-Funktionär – Museumsleiter, in: Achim Leube (Hrsg.), Prähistorie und Nationalsozialismus. Die mittel- und osteuropäische Ur- und Frühgeschichtsforschung in den Jahren 1933–1945, Heidelberg 2002, 321–396.

Schöbel 2007 | Gunter Schöbel: Hans Reinerth: From archaeologist to Reichsamtsleiter (1918–1945), in: Jean-Pierre Legendre; Laurent Olivier; Bernadette Schnitzler (Hrsg.): L'archéologie nationale-socialiste dans les pays occupés à l'Ouest du Reich. Actes de la table ronde internationale „Blut und Boden" [tenue à Lyon (Rhône) dans le cadre du Xe congrès de la European Association of Archaeologists (EAA), les 8 et 9 septembre 2004], Gollion 2007, 45–60.

Schöbel 2009 | Gunter Schöbel: Die Ostiniativen Hans Reinerths, in: Judith Schachtmann, Michael Strobel, Thomas Widera [Hrsg]: „Politik und Wissenschaft in der Prähistorischen Archäologie. Perspektiven aus Sachsen, Böhmen und Schlesien", Berichte und Studien Nr. 56 herausgegeben vom Hannah-Arendt-Institut für Totalitarismusforschung e.V, Göttingen 2009, 267–283.

Schöbel 2011 | Gunter Schöbel: Von der Steinzeitsiedlung zum Fürstengrabhügel – herausragende archäologische Forschungen der 1920er und 1930er Jahre am Federsee und an der Heuneburg in Südwestdeutschland, in: Egon Schallmayer, Katharina von Kurzynski (Hrsg.): Glauberg 2011, Archäologie und Politik. Archäologische Ausgrabungen der 30er und 40er Jahre des 20. Jahrhunderts im zeitgeschichtlichen Kontext, Wiesbaden 2011, 75–120.

Schöbel in Vorb. | Gunter Schöbel: Einflussnahme auf die Rheinprovinz durch den „Beauftragten des Führers für die Überwachung der gesamten geistigen und weltanschaulichen Schulung und Erziehung der NSDAP" Amt Rosenberg, in: Archäologie und Bodendenkmalpflege in der Rheinprovinz 1920–1945, Personen –Institutionen – Netzwerke.

Schöning 2012 | Julia Schoning: Die Germanenkunde Wilhelm Teudts. Methodik und Zielsetzung einer ideologisch motivierten Laienwissenschaft, in: Lippische Mitteilungen aus Geschichte und Landeskunde 81, 2012, 242–257.

Schreiber 2008 | Maximilian Schreiber: Walther Wüst. Dekan und Rektor der Universität München 1935–1945, München 2008.

Schwantes 1940/2000 | Gustav Schwantes: Rückblick auf Johanna Mestorf aus dem Jahre 1940, in: Dagmar Unverhau (Hrsg.), „Hochachtungsvoll Ihrer Autorität ergebenster Gustav Schwantes". Schriften des Archäologischen Landesmuseums 5, Neumünster 2000, 171–188.

Schütze 2012 | Sabrina Schütze: Ludwig Roselius als Förderer der Vorgeschichte, in: Dirk Mahsarski, Karin Reichenbach (Hrsg.): „Die Spur des Geldes. Mäzene, Förderer und Förderstrukturen der Prähistorischen Archäologie". Erscheint 2013.

Schulz 2002 | Mathias Schulz: Der Kult der Sternenmagier, in: DER SPIEGEL 48/2002, 192–206. Titelbild: Der Sternenkult der Ur-Germanen. Die Entdeckung einer versunkenen Hochkultur.

Sénécheau 2008 | Miriam Sénécheau: Archäologie im Schulbuch. Themen der Ur- und Frühgeschichte im Spannungsfeld zwischen Lehrplanforderungen, Fachdiskussion und populären Geschichtsvorstellungen. 1 Text, Freiburg im Breisgau 2008, online abrufbar: http://www.freidok.uni-freiburg.de/volltexte/6142/.

Simon 2005a | Gerd Simon: Chronologie zur Ura-Linda-Chronik, Tübingen 2005, online abrufbar: http//homepages.uni-tuebingen.de/gerd.simon/ULChr.pdf.

Simon 2005b | Gerd Simon: Himmlers Bibel und die öffentlichkeitswirksamste Podiumsdiskussion in der Geschichte der Germanistik, Tübingen 2005, online abrufbar: http//home pages.uni-tuebingen.de/gerd.simon/himm lerbibel.pdf.

Spoerer 2001 | Mark Spoerer: Zwangsarbeit unter dem Hakenkreuz. Ausländische Zivilarbeiter, Kriegsgefangene und Häftlinge im Deutschen Reich und im besetzten Europa 1939–1945, Stuttgart 2001.

Stein 1962 | Rudolf Stein: Hundert Jahre Heimat und Denkmalpflege in Bremen, in: Bremisches Jahrbuch 48 (Festschrift zum 100jährigen Bestehen der Historischen Gesellschaft zu Bremen) 1962, 98–122.

Stern 1992 | Thomas Stern: „Zu neuen Ufern…" Grabungstechnik und Aufbruchstimmung der Archäologie am Federsee 1919–1930, in: Erwin Keefer (Hrsg.), Die Suche nach der Vergangenheit. 120 Jahre Archäologie am Federsee, Stuttgart 1992, 49–53.

Stern 2002 | Thomas Stern: Der propagandistische Klang stummer Zeugen deutscher Vorzeit, in: Hans-Peter Kuhnen (Hrsg.): Propaganda. Macht. Geschichte. Archäologie an Rhein und Mosel im Dienst des Nationalsozialismus, Trier 2002, 213–232.

Stern 2003 | Tom Stern: Germanen gegen Pharaonen, in: Kurt Denzer (Hrsg.): Funde, Filme, falsche Freunde. Der Archäologiefilm im Dienst von Profit und Propaganda, Kiel 2003, 96–108.

Steuer 2001 | Heiko Steuer: Herbert Jankuhn und seine Darstellungen zur Germanen- und Wikingerzeit, in: Heiko Steuer (Hrsg.): Eine hervorragend nationale Wissenschaft. Deutsche Prähistoriker zwischen 1900 und 1945, Berlin/New York 2001, 417–474.

Strauß 1993 | Ulrike Strauß: Neues zu Grabungen in der Gruft Heinrich des Löwen im Dom zu Braunschweig, in: Braunschweiger Jahrbuch 74, 1993, 147–164.

Strobel 2000 | Michael Strobel: Zur Geschichte der Archäologischen Denkmalpflege in Deutschland – Aspekte ihrer Entwicklung. Die Bodendenkmalpflege zur Zeit des Nationalsozialismus, in: Archäologisches Nachrichtenblatt 5, 2000, 223–232.

Strobel 2002 | Michael Strobel: Die Ausgrabungen des Reichsbundes für Deutsche Vorgeschichte. Das Beispiel der Schussenrieder Siedlung Taubried I und die württembergische Vorgeschichtsforschung zwischen 1933 und 1945, in: Achim Leube/Morten Hegewisch (Hrsg.): Prähistorie und Nationalsozialismus. Die mittel- und osteuropäische Ur- und Frühgeschichtsforschung in den Jahren 1933–1945, Heidelberg 2002, 277–288.

Strobel 2010 | Michael Strobel, Das urgeschichtliche Institut der Universität Tübingen zwischen 1933 und 1945, in: Urban Wiesing/Klaus-Rainer Prinzinger/Bernd Grün/Horst Junninger/Susanne Michel (Hrsg.), Die Universität Tübingen im Nationalsozialismus, Stuttgart 2010.

Stürmer 2002 | Hans Schleif – Eine Karriere zwischen Archäologischem Institut und Ahnenerbe e.V., in: Achim Leube (Hrsg.), Prähistorie und Nationalsozialismus. Die Mittel- und Osteuropäische Ur- und Frühgeschichtsforschung in den Jahren 1933–1945, Heidelberg 2002, 429–449.

Tacke 1995 | Charlotte Tacke: Denkmal im sozialen Raum. Nationale Symbole in Deutschland und Frankreich im 19. Jahrhundert, Göttingen 1995.

Thamer 1998 | Hans-Ulrich Thamer: Verführung und Gewalt, München 1998.

Theune 2001 | Gero von Merhart und die archäologische Forschung zur vorrömischen Eisenzeit, in: Heiko Steuer (Hrsg.): Eine hervorragend nationale Wissenschaft. Deutsche Prähistoriker zwischen 1900 und 1995. RGA Ergänzungsbd. 29, Berlin 2001, 151–171.

Timpe 1995 | Dieter Timpe: Romano-Germanica. Gesammelte Schriften zur Germania des Tacitus, Stuttgart 1995.

Timpe 1994/2006 | Dieter Timpe: Kimberntradition und Kimbernmythos, ursprgl. 1994, in: D. Timpe, Römisch-germanische Begegnung in der späten Republik und frühen Kaiserzeit. Voraussetzungen – Konfrontationen – Wirkungen. Gesammelte Studien, Leipzig 2006, 63–113.

Timpe 2005/2006 | Dieter Timpe: Tacitus und der Bataveraufstand, ursprgl. 2005, in: D. Timpe, Römisch-germanische Begegnung in der späten Republik und frühen Kaiserzeit. Voraussetzungen – Konfrontationen – Wirkungen. Gesammelte Studien, Leipzig 2006, 318–357.

Timpe 2012 | Dieter Timpe: Die „Varusschlacht" in ihren Kontexten. Eine kritische Nachlese zum Bimillenium 2009, in: Historische Zeitschrift 292, 2012, 593–652.

Trigger 2006 | Bruce G. Trigger, A history of archaeological thought, 2nd edition, Cambridge University Press, Cambridge 2006.

Trnka und Ladenbauer-Orel 1992 | Gerhard Trnka und Hedwig Ladenbauer-Orel: Das urnenfelderzeitliche Gräberfeld von Gusen in Oberösterreich, Archaeologia Austriaca, Beiträge zur Paläanthropologie, Ur- und Frühgeschichte Österreichs, Bd. 76, Wien 1992. 47–112.

Unruh 2002 | Frank Unruh: „Verstopfung schlimmster Art". Bilanz im Rheinischen Landesmuseum Trier und Realisierung archäologischer Ausstellungen im „Dritten Reich", in: Hans-Peter Kuhnen (Hrsg.): Propaganda. Macht. Geschichte. Archäologie an Rhein und Mosel im Dienst des Nationalsozialismus, Trier 2002, 139–150.

Urban 1996 | Otto H. Urban: „Er war der Mann zwischen den Fronten", Oswald Menghin und das Urgeschichtliche Institut der Universität Wien während der Nazizeit, in: Archaeologia Austriaca 80, 1996, 1–24.

Urban 2002 | Otto H. Urban: „…und der deutschnationale Antisemit Dr. Matthäus Much" – der Nestor der Urgeschichte Österreichs? Mit einem Anhang zur Urgeschichte in Wien während der NS-Zeit, 2. Teil, in: Archaeologia Austriaca 86, 2002, 7–43.

Urban 2010 | Otto H. Urban: Die Urgeschichte an der Universität vor, während und nach der NS-Zeit, in: Mitchell G. Ash, W. Nieß, R. Pils (Hrsg.), Geisteswissenschaften im Nationalsozialismus. Das Beispiel der Universität Wien, Göttingen 2010, 371–396.

Vahrenkamp 2001 | Richard Vahrenkamp: Der Autobahnbau 1933–1943 und das hessische Autobahnnetz, in: Working Papers in the History of Mobility No. 3/2001, 36, online abrufbar: http://www.ibwl.uni-kassel.de /vahrenkamp/history_mobility/arbeitspa piere/WP3_Autobahn_1933.pdf (Zugriff: 3.5.2007).

Veit 2000 | Ulrich Veit, Gustaf Kossinna and his concept of a national archaeology, in: Heinrich Härke [ed.]: „Archaeology, Ideology and Society: The German Experience", Gesellschaften und Staaten im Epochenwandel, Bd. 7, Frankfurt a.M. 2000, 40–64.

Vetter 2002 | Nicola Vetter: Ludwig Roselius: Ein Pionier der deutschen Öffentlichkeitsarbeit, Bremen 2002.

Wanzek 2001 | Burger Wanzek: Die bronzezeitliche Siedlung in Berlin-Buch. Geschichte einer Ausgrabung und Ausstellung. Teil 1: Forschungsgeschichte. Berliner Beiträge zur Vor- und Frühgeschichte Neue Folge 10, Berlin 2001.

Wegeler 1996 | Cornelia Wegeler: Wir sagen ab der internationalen Gelehrtenrepublik. Altertumswissenschaft und Nationalsozialismus. Das Göttinger Institut für Altertumskunde 1921–1962, Wien 1996.

Weger 2009 | Tobias Weger: Bolko Freiherr von Richthofen und Helmut Preidel. Eine doppelte Fallstudie zur Rolle von Prähistorikern und Archäologen in den Vertriebenenorganisationen nach 1945, in: Judith Schachtmann, Michael Strobel, Thomas Widera (Hrsg.): Politik und Wissenschaft in der prähistorischen Archäologie. Perspektiven aus Sachsen, Böhmen und Schlesien. Berichte und Studien Nr. 56, herausgegeben vom Hannah-Arendt-Institut für Totalitarismusforschung, Göttingen 2009, 125–138.

Wegner 1997 | Bernd Wegner: Hitlers politische Soldaten: Die Waffen-SS 1933–1945: Studien zu Leitbild, Struktur und Funktion einer nationalsozialistischen Elite, Paderborn 1997.

Weingart, Kroll, Bayertz 1992 | Peter Weingart, Jürgen Kroll, Kurt Bayertz: Rasse, Blut und Gene. Geschichte der Eugenik und Rassenhygiene in Deutschland, Frankfurt am Main 1992.

Wendland 1999 | Ulrike Wendland: Biographisches Lexikon deutschsprachiger Kunsthistoriker im Exil, in: Leben und Werk der im Nationalsozialismus verfolgten und vertriebenen Wissenschaftler 2, München 1999, 563–566.

Wenzel 2009 | Mario Wenzel: Die NSDAP, ihre Gliederung und angeschlossene Verbände. Ein Überblick, in: Wolfgang Benz (Hrsg.): Wie wurde man Parteigenosse? Die NSDAP und ihre Mitglieder, Frankfurt am Main 2009, 19–38.

Wiwie 2010 | Marcel Wiwie: Das politische Schul- und Erziehungswesen im 3. Reich. Ein Überblick über nationalsozialistische Erziehungsorganisationen, Akademien und Ausleseschulen, book on demand 2010.

Wiwjorra 1995 | Ingo Wiwjorra: Herman Wirth – Ein Ideologe zwischen „Ahnenerbe" und Atlantis, in: Barbara Dankworth u.a. (Hrsg.), Historische Rassismusforschung. Ideologen – Täter – Opfer (Edition Philosophie und Sozialwissenschaften 30), Hamburg/Berlin 1995, 91–110.

Wiwjorra 2002 | Ingo Wiwjorra: „Ex oriente lux" – „Ex septentrione lux". Über den Widerstreit zweier Identitätsmythen, in: Achim Leube, Morten Hegewisch (Hrsg.): Prähistorie und Nationalsozialismus. Die mittel- und osteuropäische Ur- und Frühgeschichtsforschung in den Jahren 1933–1945, Heidelberg 2002, 73–106.

Wiwjorra 2004 | Ingo Wiwjorra: Germanenmythos und Vorgeschichtsforschung im 19. Jahrhundert, in: Michael Geyer u. Hartmut Lehmann (Hrsg.): Religion und Nation – Nation und Religion. Beiträge zu einer unbewältigten Geschichte, Göttingen 2004, 367–385.

Wiwjorra 2006a | Ingo Wiwjorra: Der Germanenmythos. Konstruktion einer Weltanschauung in der Altertumsforschung des 19. Jahrhunderts, Darmstadt 2006.

Wiwjorra 2006b | Ingo Wiwjorra: Der völkische Germanenmythos als Konsequenz deutscher Altertumsforschung des 19. Jahrhunderts, in: Heidi Hein-Kircher u. Hans Henning Hahn (Hrsg.), Politische Mythen im 19. und 20. Jahrhundert in Mittel- und Osteuropa (= Tagungen zur Ostmitteleuropa-Forschung 24), Marburg 2006, 157–166. Als überarbeitete Fassung online abzurufen unter: http://www.archaeologie-online.de/magazin/thema/varusschlacht/germanenmythos/seite-1 (Stand: 1. 10. 2012).

Wolters 2008 | Reinhard Wolters: Die Schlacht im Teutoburger Wald. Arminius, Varus und das römische Germanien, München 2008.

Zechner 2009 | Johannes Zechner: ‚Die grünen Wurzeln unseres Volkes': Zur ideologischen Karriere des ‚deutschen Waldes', in: Uwe Puschner; G. Ulrich Großmann (Hrsg.): Völkisch und national. Zur Aktualität alter Denkmuster im 21. Jahrhundert, Darmstadt 2009, 179–194.

Zellhuber 2006 | Andreas Zellhuber: „Unsere Verwaltung treibt einer Katastrophe zu …' Das Reichsministerium für die besetzten Ostgebiete und die deutsche Besatzungsherrschaft in der Sowjetunion 1941–1945", Schriften der Philosophischen Fakultät der Universität Augsburg, Historisch-sozialwissenschaftliche Reihe, Nr. 71, München 2006.

Zwangsarbeit 2010 | Zwangsarbeit. Die Deutschen, die Zwangsarbeiter und der Krieg. Begleitband zur Ausstellung, hg. von Volkhard Knigge, Rikola-Gunnar Lüttgenau und Jens-Christian Wagner im Auftrag der Stiftung Gedenkstätten Buchenwald und Mittelbau-Dora, Weimar 2010.

Internetquellen

Entwicklungsgeschichte der Schwalmschule von 1909 bis 1984. Online verfügbar unter http://www.schwalmgymnasium.de/fileadmin/user_upload/sg/Publikationen/sgge'schichte.pdf.

Reinhard 2009 | Ernst Moritz Arndt – Namenspatron der Universität Greifswald, online abrufbar. http://www.phil.uni-greifswald.de/philologien/ifp/romanistik/ernst-moritz-arndt-debatte.html.

Matthias Streicher: Kurt Weinbach. http://www.lettertothestars.at/uploads/pdf/288291_Weinbach.pdf.

Interview des Fanzines „Germanenblut" mit Skalde, zit. nach http://forum.thiazi.net/showthread.php?t=158606 (Stand: 13. 6. 2011).

Das Artbekenntnis, online abzurufen unter http://www.asatru.de/nz/index.php?option=com_content&view=article&id=12:das-artbekenntnis-&catid=14:artglaube&Itemid=17 (Stand: 1. 10. 2012).

Wir bedanken uns herzlich

bei unseren Förderern

VolkswagenStiftung

Kulturstiftung des Bundes

Die Sparkasse Bremen AG

Verein von Freunden
des Focke-Museums e.V.

Nicolaus H. Schilling-Stiftung

WfB –
Wirtschaftsförderung Bremen GmbH

bei unseren Medienpartnern

Deutschlandradio Kultur

Nordwestradio

Weser Kurier/Bremer Tageszeitungen AG

bei unseren Kooperationspartnern

ADFC Allgemeiner Fahrrad-Club e.V.

Citipost

Deutsches Jugendherbergswerk Bremen

Kino City 46

Kunsthalle Bremen

Kunstsammlungen Böttcherstraße

Landesarchäologie Bremen

Psychoanalytische Vereinigung Bremen

Universität Bremen

Volkshochschule Bremen

Wittheit zu Bremen

Für ideelle und materielle Unterstützung bedanken wir uns herzlich bei

Pago Balke, Stefan Bellinger, Werner Bohleber, Jens Böhrnsen, Uwe Bölts, Georg von Bomhard, Guido Brune, Thomas Brunotte, Stefan Burghardt, Joachim Döpp, Martijn Eickhoff, Carmen Emigholz, Susanne Gerlach, Dietrich Grashoff, Anna Greve, André Grobien, Susanne Grunwald, Ulrich Hackmack, Mathias Hansen, Hans Dieter Heimendahl, Elke Heussler, Klaus Hübotter, Kirsten John-Stucke, Jens Joost-Krüger, Johannes Kahrs, Wolf-Dieter Kaßner, Hans Kloft, Alexander Koch, Jörg Dieter Kogel, David Koopmann, Julia Kracht-Schünemann, Birgit Krull, Wilhelm Krull, Klaus-Peter Land, Frank Laukötter, Jean-Pierre Legendre, Peter Lohmann, Luitgard Löw, Maike Lucas, Peter Lüchinger, Andreas Mackeben, Bianca Mahsarski, Torsten Maß, Dieter Meyer, Henning Meyer, Ralph Meyer im Hagen, Tim Nesemann, Bernd Neumann, Lutz Nitsche, Reena Perschke, Jan Raabe, Christoph Rhein, Thorsten Richter, Thomas Rohwer-Kahlmann, Judith Schachtmann, Dana Schlegelmilch, Theo Schlüter, Karl-Heinz Schmid, Tassilo Schmitt, Stefanie von Schnurbein, Gunter Schöbel, Eva Schöck-Quinteros, Sabina Schoefer, Sabrina Schütze, Helge Schweers, Carsten Sieling, Peter Siemering, Klaus Sondergeld, Iris Spieß, Stefan Storch, Michael Strobel, Otto H. Urban, Angelika Vogel, Hortensia Völckers, Hans-Joachim von Wachter, Christian Weber, Carsten Werner, Adelheid Wessler, Thomas Widera, Ingo Wiwjorra

Wir danken den Leihgebern der Ausstellung

NIOD (Instituut voor Oorlogs-, Holocaust- en Genocidestudies), (Niederländisches Institut für Kriegsdokumentation, Amsterdam)

Centre Guillaume le Conquérant, Bayeux (Frankreich)

Bildagentur für Kunst, Kultur und Geschichte, Berlin

Bundesarchiv Berlin

Charité – Universitätsmedizin Berlin, Campus Mitte, Centrum für Anatomie

Staatliche Museen zu Berlin. Stiftung Preußischer Kulturbesitz. Kunstbibliothek

Staatliche Museen zu Berlin. Stiftung Preußischer Kulturbesitz. Museum für Vor- und Frühgeschichte

Staatliche Museen zu Berlin. Stiftung Preußischer Kulturbesitz. Pergamonmuseum

Universitätsbibliothek der Humboldt-Universität zu Berlin

Argumente und Kultur gegen Rechts e. V., Bielefeld

Herzog Anton Ulrich-Museum Kunstmuseum des Landes Niedersachsen, Braunschweig

Braunschweigsches Landesmuseum, Niedersächsische Landesmuseen

Böttcherstraße GmbH, Archiv, Bremen

Kunsthalle Bremen

Landesarchäologie Bremen

Schulmuseum Bremen e. V.

Staats- und Universitätsbibliothek Bremen

Staatsarchiv Bremen

Überseemuseum Bremen

Prof. Julia van Wilpe Bremen

Mährisches Landesmuseum, Brünn (Tschechien)

Kreismuseum Wewelsburg, Büren

Verlag Philipp von Zabern, Darmstadt

Lippische Landesbibliothek Detmold

Lippisches Landesmuseum Detmold

Wilfred Mellies, Detmold

Staatsarchiv Detmold

Westfälisches Freilichtmuseum Detmold

Museum in der Adler-Apotheke Eberswalde

Seminar für Ur- und Frühgeschichte, Georg-August-Universität Göttingen

Spiegel-Verlag, Hamburg

Hans-Günter Löwe Hamburg

Hamburger Schulmuseum

Staatsarchiv Hamburg

Stiftung Historische Museen Hamburg, Archäologisches Museum Hamburg/ Helms-Museum

Niedersächsisches Landesmuseum Hannover

Weihnachtshaus, Husum, Sammlung Alix Paulsen

Lesezeichenmuseum, Hans Peter Scheffer, Ilvesheim

Bundesarchiv Koblenz

Römisch-Germanisches Museum Köln

Theaterwissenschaftliche Sammlung. Universität zu Köln

Museum of Danish Resistance 1940-45, Kopenhagen (Dänemark)

Designmuseum Danmark, Kopenhagen (Dänemark)

Stadt Lauscha, Museum für Glaskunst

Rijksmuseum van Oudheden, Leiden (Niederlande)

Landesarchiv Baden-Württemberg, Staatsarchiv Ludwigsburg

Musée national d'histoire et d'art, Luxemburg

Römisch-Germanisches Zentralmuseum Mainz. Forschungsinstitut für Vor- und Frühgeschichte

Generaldirektion Kulturelles Erbe Rheinland-Pfalz. Landesmuseum Mainz

Vorgeschichtliches Seminar der Philipps-Universität Marburg

DIZ, Dokumentations- und Informationszentrum München GmbH

Stadtmuseum München

Tuch + Technik, Textilmuseum Neumünster

Wachholtz Verlag GmbH, Neumünster

Norwegische Nationalbibliothek Oslo

Kulturhistorisk Museum, Universitetet I Oslo, Oldsaksamling

Niedersächsisches Landesarchiv, Staatsarchiv Osnabrück

Bundesarchiv Potsdam

Schleswig-Holsteinisches Landesmuseum Schloss Gottorf, Schleswig

Deutsches Klingenmuseum, Solingen

Stadtarchiv Ulm

Ulmer Museum

Archiv Pfahlbaumuseum Unteruhldingen, APM

National Archives, Washington/Photo Response Studio (USA)

Bundesministerium für Inneres, Republik Österreich/Fotoarchiv der KZ-Gedenkstätte Mauthausen, Wien (Österreich)

Nordwestdeutsches Schulmuseum, Zetel

Wir danken dem Wissenschaftlichen Beirat der Ausstellung

Martijn Eickhoff
Instituut voor Oorlogs-, Holocaust- en Genocidestudies,
Amsterdam & Radboud Universiteit Nijmegen, Nijmegen

Klaus Hesse
Stiftung Topographie des Terrors, Berlin

Doris Kaufmann
Universität Bremen/Institut für Geschichtswissenschaft, Bremen

Katharina von Kurzynski
Archäologisches Zentraldepot / Fundarchiv Hessen
Landesamt für Denkmalpflege Hessen, Wiesbaden

Rikola-Gunnar Lüttgenau
Stiftung Gedenkstätten Buchenwald und Mittelbau Dora, Weimar

Otto Urban
Universität Wien/Institut für Ur- und Frühgeschichte, Wien

Beteiligte Personen

AUSSTELLUNG

Gesamtleitung
Frauke von der Haar

Forschungsprojekt
Uta Halle, Dirk Mahsarski

Ausstellungskonzept
Sandra Geringer, Frauke von der Haar, Uta Halle, Dirk Mahsarski, Karin Walter

Projektleitung
Karin Walter

Wissenschaftliche Mitarbeiter
Sandra Geringer, Frauke von der Haar, Uta Halle, Dirk Mahsarski, Karin Walter

Studentische Hilfskräfte und Praktikanten
Benedikt Funke, Nele Hielscher, Florian Junk, Gianna Lange, Svea Lehmann, Annika Schöning, Sabrina Schütze, Bruno Wiedermann

Texte
Sandra Geringer, Uta Halle, Dirk Mahsarski, Karin Walter

Bild- und Objektrecherche
Sandra Geringer, Dirk Mahsarski, Karin Walter

Gestaltung
Space4 – Henning Meyer, Christof Rhein

Marketing
Anne-Katrin Axt, Norbert Kölle

Presse- und Öffentlichkeitsarbeit
Anne-Katrin Axt, text + pr – Nina Heinrich, Christina Müller, Angelika Vogel

Grafik
Vakat – Georg von Bomhard

Leihverkehr
Karin Walter

Fotografie
Sigrid Sternebeck

Technische Leitung
Silke Nienstedt, Anke Otto

Restaurierung und konservatorische Betreuung
Silke Nienstedt, Anke Otto, Olaf Ruprecht, Tanja Többe

Aufbau
Holger Neumann, Fred Raasch, Alexander Bosch, Bettina Röder

Multimedia
Gerald Notbom

Audioguide
Raymonde Decker, Karin Walter, Bruno Wiedermann, Theiss-Verlag

Übersetzungen
Latein: Tassilo Schmitt, Universität Bremen
Englisch: Universally Speaking

Veranstaltungsprogramm
Frauke von der Haar

Museumspädagogik
Heinz-Gerd Hofschen

Museumspädagogisches Führungsteam
Jens Buttgereit, Raymonde Decker, Eva Fischer, Claudia Lehmann, Judith Niehuis, Angela Piplak, Marlott Platz, Frauke Reinke-Wöhl, Urs Roeber, Helmi Siebert-Reible, Gabriele Stubbe

Organisation der Führungstermine
Maike Streeb

Kaufmännische Geschäftsführung
Norbert Kölle

Verwaltung
Karin Böttcher, Dörte Spatz

Sekretariat
Dita Haddinga

Service und Sicherheitstechnik
Iris Haupt, Sabine Lampa, Gerald Notbom

Aufsicht
Andree Bormann, Ria Bunse, Renate Dally, Marlies Gutsche, Mike Klein, Holger Kück, Aleksey Lenz, Heidelore Lugert, Jens Schnitker, Ronald Schulz, Eberhard Woop

Reinigung
Esengül Bakici, Christine Domagala, Rita Fehsenfeld, Ingrid Hajek, Angelika Krüger, Adalet Ucarkus, Gabriele Weßler

Museumsshop
Renate Bahns, Margret Evermann, Margarete Ewert, Renate Elbrechtz, Johanna Jaeckel, Helga Kats, Truxi Knierim, Karin Lünsmann, Ute Nehl, Irene Neugebauer, Lore Pause, Birgit Spindler, Ulrike Tiede-Foucar, Helga Zimmermann

KATALOG

Herausgeber
Focke-Museum
unter Mitarbeit von Sandra Geringer, Frauke von der Haar, Uta Halle, Dirk Mahsarski und Karin Walter

Konzeption
Uta Halle, Dirk Mahsarski

Redaktion
Uta Halle, Dirk Mahsarski

Lektorat
Isabelle Zeder (Verlagsbüro Wais & Partner)

Bildredaktion
Sandra Geringer, Uta Halle, Dirk Mahsarski

Übersetzungen
Latein: Tassilo Schmitt, Universität Bremen

Karten und Grafiken
Space4 – Christof Rhein, Angelika Vogel

Abbildungsnachweis

Wir haben uns bemüht, alle Nutzungs- und Veröffentlichungsrechte zu den Abbildungen zu erhalten. Sollten Rechteinhaber hier nicht aufgeführt sein, so sind wir für entsprechende Hinweise dankbar und selbstverständlich darum bemüht, die Inhaber der betreffenden Bildrechte in künftigen Ausgaben namentlich zu nennen.

Umschlag, Vorderseite: Rijksmuseum van Oudheden, Leiden, Niederlande
Umschlagentwurf: Vakat Designagentur, G. von Bomhard

5 Focke-Museum, Foto: S. Sternebeck. – 8 Landesarchäologie Bremen. – 10 Focke-Museum, Foto: S. Sternebeck. – 15 Verlag Philipp von Zabern, Darmstadt/Generaldirektion Kulturelles Erbe Rheinland-Pfalz. Landesmuseum Mainz. – 18/19 A. Vogel, Space4, Stuttgart. – 21 Privatbesitz. –25 Staats- und Universitätsbibliothek Bremen. Foto: S. Sternebeck. – 28 Künstler: Hanns Fechner 1891, Foto: Focke-Museum, S. Sternebeck. – 29 Wilfried Mellies, Detmold, Foto: U. Halle. – 30 oben Wilfried Mellies, Detmold, Foto: U. Halle. – 30 unten Focke-Museum, Foto: S. Sternebeck. – 32 Universitätsbibliothek der Humboldt-Universität zu Berlin. – 33 Archiv des Pfahlbaumuseums Unteruhldingen, APM. – 35 Museum für Vor- und Frühgeschichte, Berlin. Foto: E. Postel. – 38 oben Museum für Vor- und Frühgeschichte, Berlin. – 38 unten Museum für Vor- und Frühgeschichte, Berlin. – 43 Privatbesitz. – 45 U. Halle, Foto: S. Sternebeck. –46 links Aus: *Germanen-Erbe*, Februar 1937, Foto: S. Sternebeck. – 46 rechts Staatsarchiv Detmold, D75 Nr. 4020. – 47 Staatsarchiv Bremen, 3-B.13.[165]. – 48 Aus: *Archäologisches Nachrichtenblatt* 1934, Foto: S. Sternebeck. – 49 Bundesarchiv Koblenz, Bildnr. 146III-373. – 51 Archiv des Pfahlbaumuseums Unteruhldingen, APM – 53 Staatsarchiv Detmold. – 54 Bundesarchiv, BArch (ehem. BDC), RS, RuSHA, Wille, Hermann (21.03.1881). – 55 J. van Wilpe, Foto: S. Sternebeck. – 58 Staatsarchiv Detmold, STA DT L 80I a XXX Tit. 4 Nr. 8. – 59 Archiv des Pfahlbaumuseums Unteruhldingen, APM. – 60 Aus: *Germanen-Erbe* 1939, Foto: U. Halle – 62 A. Vogel, Space4, Stuttgart. – 64 Privatbesitz. – 65 Aus: *Illustrierter Beobachter*, Adolf Hitler – ein Mann und sein Volk. Sonderheft 1936. Foto: S. Sternebeck. – 66 Braunschweigisches Landesmuseum. – 67 oben Archiv des Pfahlbaumuseums Unteruhldingen, APM, Foto: Alwin Schomaker. – 67 unten Aus: *Germanen-Erbe* 8, 1939 Foto: S. Sternebeck. – 68 Ulmer Museum. – 69 Ulmer Museum. – 70 Privatbesitz. – 71 Archiv des Pfahlbaumuseums Unteruhldingen, APM, Foto: S. Lauterwasser. – 72 Kreismuseum Wewelsburg, Inv. Nr. 16441/Wachholtz Verlag GmbH, Neumünster. – 75 Staatsarchiv Bremen, 4,111 Pers. – 1868. – 76 E. Grohne; Ergänzung S. Geringer, Bearbeitung E. Schindler. – 77 Landesarchäologie Bremen, Foto: S. Sternebeck. – 78 Landesarchäologie Bremen, Foto: S. Geringer. – 83 Tuch + Technik Textilmuseum Neumünster. – 86 oben Tuch + Technik Textilmuseum Neumünster. – 86 unten Niedersächsisches Landesmuseum, Hannover. – 87 links Focke-Museum, S. Sternebeck. – 87 rechts Focke-Museum, S. Sternebeck. – 88 links Tuch + Technik Textilmuseum Neumünster. – 88 rechts Tuch + Technik Textilmuseum Neumünster. – 89 Aus: *Germanen-Erbe*, November 1936, Foto: S. Sternebeck. – 90 oben Aus: *Germanen-Erbe* März 1939, Foto: S. Sternebeck. – 91 S. Geringer, Foto: S. Sternebeck. – 92 Aus: *Germanen-Erbe*, Juni 1936. Foto: S. Sternebeck. – 93 oben Landesarchäologie Bremen, Foto: S. Sternebeck. – 93 unten Landesarchäologie Bremen, Foto: S. Sternebeck. – 95 Archiv Böttcherstraße Bremen. – 96 Braunschweigisches Landesmuseum, Foto I. Simon. – 97 Archiv Böttcherstraße Bremen. – 98 Archiv Böttcherstraße Bremen. – 100 oben Focke-Museum, Foto: S. Geringer. – 100 unten Focke-Museum, Foto: S. Sternebeck. – 103 Staatsarchiv Detmold. – 104 Aus: *Germanen-Erbe*, September 1939. Foto: S. Sternebeck. – 105 Staatsarchiv Ludwigsburg, StAL PL 516 Bü 155. – 106 DIZ, Dokumentations- und Informationszentrum München GmbH. – 108 Landesmuseum Hannover, Foto: T. Töbe. – 109 Schulbuch: Volkwerden der Deutschen, 1942. Schulmuseum Hamburg, Foto: S. Sternebeck. – 110 Focke-Museum. Künstler: Franz Jung-Ilsenheim. Foto: S. Sternebeck. – 111 Focke-Museum. Künstler: Wilhelm Petersen. Foto: S. Sternebeck. – 112 Nordwestdeutsches Schulmuseum, Zetel. Künstler: Fritz Koch-Gotha. Foto: S. Sternebeck. – 113 Archäologisches Freilichtmuseum, Oerlinghausen. – 114 oben Focke-Museum, Foto: S. Sternebeck. – 114 unten Aus: *Germanien*, Dezember 1936, Foto: S. Sternebeck. – 115 Aus: *Junge Welt*, Juni 1940, Foto: S. Sternebeck. – 116 links D. Mahsarski, Foto S. Sternebeck. – 116 rechts Hans-Günter Löwe, Hamburg, Foto S. Sternebeck. – 117 beide Aus: *Germanen-Erbe*, Juli 1936. Foto: S. Sternebeck. – 119 Rijksmuseum van Oudheden, Leiden, Niederlande. – 121 A. Leube, Berlin. – 122–123 Bundesministerium für Inneres, Republik Österreich/Fotoarchiv der KZ-Gedenkstätte Mauthausen. – 125 beide Landesamt für Archäologie Sachsen, Dresden. – 127 O. H. Urban, Wien. – 129 links O. H. Urban, Wien. – 129 rechts Aus: *Germanen-Erbe*, Mai 1938, Foto: S. Sternebeck. – 130 oben O. H. Urban, Wien. – 130 unten Prähistorische Abteilung, Naturhistorisches Museum Wien. – 131 H. Ladenbauer-Orel. – 132 Photo Simonis. – 135 Aus: *Germanien*, November 1938, Foto: S. Sternebeck. – 136 Mährisches Landesmuseum Brünn. – 141 Aus: *Germanien*, Dezember 1942, Foto: S. Sternebeck. – 143–144 Archiv des Pfahlbaumuseums Unteruhldingen, APM. – 145 Römisch-Germanisches Museum Köln, A. Thünker, DGPh. – 146 Bundesarchiv, BArch (ehem. BDC), SSO, Janhuhn, Herbert, 08.08.1905. – 148–149 Museum of Danish Resistance 1940–1945, Kopenhagen. – 150 Kulturhistorisk Museum, Universitetet I Oslo, Oldsaksamling. – 152 Kulturhistorisk Museum, Universitetet I Oslo, Oldsaksamling. Fotos: Eirik Irgens Johnsen; Åse Kari Hammer. – 156–157 Direction Régionale des affaires culturelles de Lorraine. – 158 Künstler: Heinz Küsthardt, Foto: S. Sternebeck. – 161 Privatbesitz. – 163 Privatbesitz, Foto: S. Sternebeck. – 165 Archiv des Pfahlbaumuseums Unteruhldingen, APM, Foto: S. Lauterwasser. – 166 Aus: *Neue Zeitung*, 14. Juni 1949, Archiv des Pfahlbaumuseums Unteruhldingen, APM. – 168 Privatbesitz. – 171 Foto: S. Sternebeck. – 173 Privatbesitz. – 174–178 Argumente und Kultur gegen Rechts e.V., Bielefeld. – 179 Spiegel-Verlag, Hamburg. – 180–181 Foto: S. Sternebeck. – 184–189 Ch. Rhein, Space4, Stuttgart.

Abbildungen in der Titelei

S. 5: Replik der Scheibenfibel aus Bremen-Mahndorf
S. 8: Ausgrabung 1936 auf der Düne in Bremen-Mahndorf
S. 10: Urne mit Hakenkreuzverzierungen aus Bremen-Mahndorf

Kapiteltrenner

S. 15: Aquarell der Gebrüder Lindenschmit von einem Grab in Selzen
S. 43: Ausgrabung 1934 an den Externsteinen
S. 83: Sonderaustellung „Germanische Trachten" 1936 im Himmelsaal in der Bremer Böttcherstraße
S. 119: Ausgrabung 1943 in Solonje/Ukraine
S. 163: Aufdruck auf einem T-Shirt

Haug

Aromatherapie für Pflege- und Heilberufe

Kursbuch für Ausbildung und Praxis

Eliane Zimmermann

5., aktualisierte Auflage

48 Abbildungen
8 Tabellen

Karl F. Haug Verlag · Stuttgart

Bibliografische Information
der Deutschen Nationalbibliothek

Die Deutsche Nationalbibliothek verzeichnet diese Publikation in der Deutschen Nationalbibliografie; detaillierte bibliografische Daten sind im Internet über http://dnb.d-nb.de abrufbar.

Anschrift der Autorin:

Eliane Zimmermann
AIDA Aromatherapy International
Ardaturrish Beg
Glengarriff, County Cork
Republik Irland

Abbildungsnachweis:
Abb. 2.5 bis 2.17: Thieme Verlagsgruppe
S. 5: Albrecht G. Schaefer
S. 76: Labor Dr. Zoulek & Kollegen
S. 128: Monika Volkmann
S. 293 oben links: Christel Füssel
S. 294/295: Fotos der vorgestellten Aromatherapie-Experten
alle übrigen Abbildungen: Eliane Zimmermann

1. Auflage 1998
2. Auflage 2001
3. Auflage 2006
4. Auflage 2008

1.–4. Auflage Sonntag Verlag in
MVS Medizinverlage Stuttgart GmbH & Co. KG

Unsere Homepage: www.haug-verlag.de

Printed in Germany

Umschlaggestaltung: Thieme Verlagsgruppe
Verwendete Fotos von: www.istockphoto.com
Satz: SOMMER media GmbH & Co. KG, Feuchtwangen
Satzsystem: 3B2, Vers. 7.51f/W
Druck: Grafisches Centrum Cuno, Calbe

ISBN 978-3-8304-7414-2 1 2 3 4 5 6

Geleitwort zur 4. Auflage

Die Neuauflage dieses wichtigen Buches zur Aromatherapie kommt in einer für die Komplementär-Medizin dramatischen und gefährlichen Zeit. Zwar ist es uns inzwischen durch die gute Aufklärungs-Arbeit in Seminaren und Vorlesungen gelungen, immer mehr Medizinerkollegen davon zu überzeugen, dass die Anwendung von etherischen und fetten Ölen weit über Geistheilung und platte Esoterik hinausgeht. Dazu ist eine große Zahl wissenschaftlicher Studien erschienen, die überzeugen helfen.

Viele Kliniken und Praxen setzen Öle und Mischungen mit großem Erfolg ein und helfen durch „Mund-zu-Mund-Propaganda" zur stetigen Weiterverbreitung und Weiterentwicklung der Aromatherapie. Hebammen und Pflegekräfte sind diejenigen, die hier in vorderster Front stehen und die wunderschönen, heilkräftigen Wirkungen ihrer Mischungen weitergeben. Intensivpflege, Palliativ-Medizin und Hospiz-Bewegung sind die Gebiete mit besonders schönen, herzerwärmenden Erfolgen.

Zur gleichen Zeit allerdings hat sich eine Gegenbewegung entwickelt bei der weit über die prinzipiellen Bedenken unserer klassischen Medizin hinaus schwerwiegende finanzielle Interessen eine Rolle zu spielen scheinen. Ein großer Industriebereich muss wohl die starke Weiterentwicklung der Aromatherapie als extreme Konkurrenz empfinden und fürchten. Unter dem Mantel des „Verbraucherschutzes" verbirgt sich neben einer unverständlichen Bevormundung der Anwender eine Kampagne, die Gefahren aufbauscht, die durch Öle und ihre Mischungen angeblich entstehen sollen. Das hat angefangen mit der Kennzeichnungspflicht für alle Öle mit mehr als 10 Prozent Kohlenwasserstoffen. Lavendel, das Mittel der Wahl in der Aromapflege, muss als gesundheitsschädlich bezeichnet werden.

Die pflegende Naturkosmetik muss eine Zahl von angeblichen Allergenen ausweisen und Allergiker vor dem Gebrauch warnen. So müssen auf einer Lavendel-Rosen-Creme die Stoffe Linalool, Geraniol, Citronellol, Farnesol und Limonen genannt werden. Dabei ist noch gar nicht sicher, ob diese Creme überhaupt auf den Markt kommen darf, da sie ja Rosenöl enthält und dies enthält wieder 2,8 – 3,7 Prozent Methyleugenol. Es dürfen aber in leave-on Pflegeprodukten nicht mehr als 0,002 Prozent von diesem Stoff enthalten sein.

Der bislang (anstelle von augenblicklich) schärfste Angriff erfolgte bei einem Öl, das sich in den letzten Jahren einen großen Markt bei den Produkten für die klinische und private Pflege erobert hat. Teebaumöl sollte schon zum Jahresende 2005 vollständig verboten werden. Auch wenn es gelungen ist, den Termin um ein halbes Jahr zu verschieben, deutet alles auf einen jahrelangen Kampf hin: Es muss so schnell wie möglich nachgewiesen werden, dass Teebaumöl in den meisten Fällen höchst hautverträglich ist und nicht toxisch im Sinne von cancerogen, mutagen und teratogen. Wenn das nicht gelingt, dann werden dieses starke, extrem hilfreiche Öl und seine Mischungen verschwinden. Der Schaden für die Aromatherapie wäre ungeheuer. Deshalb laufen fieberhaft Literatursuchen und vor allem Studien in deutschen, englischen und australischen Kliniken. Es konnte immerhin schon gezeigt werden, dass die Verbotsidee auf falschen Versuchsbedingungen beruht. Nun müssen „nur noch" die Politiker überzeugt werden.

Ich bin sicher, dass das vorliegende Buch von Eliane Zimmermann mit seiner klaren, gut verständlichen Art den Pflegekräften und den privaten Anwenderinnen und Anwendern auf dem

Weg zu einer guten kenntnisreichen Aromatherapie bestens weiterhilft. Die vielen im Buch erwähnten Studien werden auch die Kollegen und Kolleginnen der klassischen Medizin vom Wert dieser Therapie überzeugen können. Zu hoffen ist, dass alle Verständigen mit der Lektüre zusätzliche Argumente sammeln und gewinnen, um diese so menschenfreundliche Behandlungsweise für die Zukunft zu erhalten.

Neufahrn bei München, im Herbst 2005

Prof. Dr. Dipl.-Chem. Dietrich Wabner

Vorwort zur 4. Auflage

Die erste Auflage dieses Buches erschien 1998 – vor fast acht Jahren. Prof. Dietrich Wabner schrieb damals in seinem Geleitwort: „Die Aromatherapie bewegt sich in einer entscheidenden Phase.“ Tatsächlich hat sich in diesen acht Jahren viel zum Positiven bewegt: Die Aromatherapie ist als komplementäres Heilverfahren heute sehr viel besser anerkannt als noch vor der Jahrtausendwende. In vielen Krankenhäusern, Alten- und Pflegeheimen in Deutschland, der Schweiz und in Österreich hat sich die Aromatherapie fest etabliert und wird erfolgreich eingesetzt. Heute arbeiten viele gut ausgebildete Aromatherapie-Profis umsichtig und kompetent mit ätherischen Ölen zum Nutzen und zum Wohl der Patienten. Zweifellos das höchste Niveau herrscht heute in einigen Kantonen der Schweiz. In Österreich erlebt die Ausbildung derzeit einen großen Aufschwung, die Forschung zur Wirkweise von ätherischen Ölen ist in der Alpenrepublik seit vielen Jahren stark. In Deutschland registrieren wir nach wie vor ein drastisches Nord-Süd-Gefälle: Bayern und Baden-Württemberg gelten als Hochburgen der Aromatherapie, wenig tut sich bislang im hohen Norden.

Die modisch-trendige und gleichzeitig oberflächliche Propagierung der Aromatherapie, die eine Flut von Büchern, Kursen und Aroma-Konsumprodukten nach sich gezogen hatte, hat deutlich nachgelassen; viele Aromatherapiebücher für Laien – auch zahlreiche weniger substanzielle Fachbücher – sind vom Markt verschwunden. Gleichzeitig nahm die seriöse Auseinandersetzung mit dem therapeutischen Einsatz von ätherischen Ölen stark zu und förderte deren Akzeptanz in den Heil- und Pflegeberufen.

Eine ganze Reihe methodisch einwandfreier wissenschaftlicher Studien hat mittlerweile nachgewiesen, wie wirksam ätherische Öle in der Therapie sind – und wie verantwortungsvoll man deshalb mit den Substanzen umgehen muss. Auch zahlreiche Schulmediziner, die vor Jahren die Aromatherapie noch abschätzig als „Plazebomedizin“ abtaten, haben sich mittlerweile eines Besseren belehren lassen.

Es gab also genügend Gründe, dieses Fachbuch, mittlerweile der Klassiker für professionelle Anwender, gründlich zu überarbeiten und zu erweitern. In der Neuauflage habe ich viele Erfahrungen aus der Tagesarbeit in Kliniken und Heimen verarbeitet. Ich habe mich bemüht, die Anfragen, Sorgen und Nöte von Pflegekräften sowie von den Teilnehmerinnen unserer Ausbildungskurse aufzugreifen und sie zum Nutzen möglichst vieler Leser zu thematisieren. Da die Aromatherapie zunehmend Eingang in die Altenpflege, die Psychiatrie und auch in die Sterbebegleitung findet, werden erstmals Einsatzmöglichkeiten in diesen Bereichen beschrieben. Bewährte Öle für alle Anwendungsbereiche der Aromatherapie sind in einer neuen, übersichtlichen Tabelle zusammengefasst.

Beim Schreiben motiviert haben mich die vielen positiven Reaktionen von Leserinnen. Als besonders hilfreich für die praktische Arbeit wird oft die „Auflistung der Inhaltsstoffe und Wirkungen der ätherischen Öle“ gewürdigt, die viele Beispiele für die differenzierte Verabreichung in der Therapie gibt. Diese Synopse nimmt deshalb auch in der Neuauflage breiten Raum ein.

Wo immer möglich, wird erstmals die Wirkung und Wirkungsweise von Ölen durch den systematischen Hinweis auf die relevanten und aktuellen wissenschaftlichen Studien belegt. Leider werden die meisten wissenschaftlichen Forschungsarbeiten über ätherische Öle derzeit nur in Englisch publiziert; ich habe den aktuellen Studienfundus deshalb sorgfältig gefiltert und kontextbezogen im Buch aufbereitet. Die Verweise auf die seriösen Forschungsergebnisse sind natürlich auch eine Hilfe für die allfälligen Diskussionen zwischen medizinischen und pflegerischen Abteilungen.

Manche Leserinnen haben beim Durcharbeiten geseufzt angesichts der Wissenstiefe der Disziplin und des Umfangs dessen, was eine Aromatherapeutin wissen und beherrschen muss. Ich rate in diesem Falle jedem: Lassen Sie sich nicht entmutigen, die Mühe lohnt sich. Dass man die Aromatherapie an zwei Wochenenden erlernen könne, wie immer wieder im Internet und in der wirklichen Welt geworben wird, halte ich für Augenwischerei und hohles Marketing. Und dass bereits ganze Seiten aus diesem Buch in entsprechenden Kursunterlagen zu finden sind, betrachte ich als Kompliment.

Für mich steht die Aromatherapie für wesentlich mehr als „nur" für Heilen. Ätherische Öle einzusetzen, bereichert und spendet – auch im Leiden – ein Stück Lebensqualität. Aromatherapie bedeutet auch Wohlfühlen, Pflegen, Wohlgeruch und Wärme. Aromatherapie inspiriert auch die Arbeit der Pflegenden. Sie stärkt deren Kompetenz und wertet die pflegerischen Aufgaben auf.

Meine Kollegin Jane Buckle hat das Ziel der Aromatherapie einmal treffend formuliert: „Bringing care back into health care." Um es frei zu übersetzen: Wir müssen dem Gesundheitswesen Sorge, Fürsorge, Sorgfalt, Umsicht und Achtsamkeit zurückgeben. Dazu kann die Aromatherapie viel beitragen.

Glengarriff/Irland, im August 2005

Eliane Zimmermann

Inhalt

Teil 3 Viele Öle – viele Wirkungen Pflanzen und ätherische Öle im Überblick ... 153

Teil 4 Anhang ... 273

Einleitung

Die Aromatherapie ist eine ernst zu nehmende und auf naturwissenschaftlicher Basis begründbare, ergänzende Heilmethode, die sich von der Manipulation der Gefühle und von einer auf Plazebowirkungen beruhenden Behandlungsmethode deutlich unterscheidet (Buchbauer 2003b).

Die Therapie mit ätherischen Ölen ist ein Teilbereich der **Phytotherapie**. Sie gehört damit zur so genannten **„regulativen Medizin"** mit einer klaren Beziehung zwischen Präparat und Wirkung. Dem Körper wird mit sanften Heilmitteln ein „Angebot" gemacht – und er verarbeitet diese so, wie sie ihm im jeweiligen Moment am besten tun. So ist zu erklären, dass beispielsweise Lavendelöl auf manche Menschen stark beruhigend wirken kann, während andere davon so richtig fit werden.

Mit naturwissenschaftlichen Methoden ist dieses Phänomen kaum zu beschreiben; dennoch kann es nicht abgestritten werden, kommt es doch tagtäglich vor: Jede Hebamme weiß beispielsweise, dass sich die Zusammensetzung der Milch einer stillenden Frau den Bedürfnissen des gestillten Säuglings auf wundersame Weise anpasst. Der Nährstoffgehalt passt sich ständig der jeweiligen Entwicklungsphase des Babys an. Doch wie der weibliche Körper in diesem Moment „weiß", wann der kleine Mensch was braucht, bleibt (noch) ein Geheimnis. Ähnlich „weiß" der aus dem Gleichgewicht geratene Körper meistens, was er mit ihm zugeführten Zubereitungen aus Pflanzen „tun" soll.

Der Nachteil dieser schonenden Arbeit: Es kann Wochen oder gar Monate dauern, bis der Körper wieder im Lot ist. Jedoch sind meistens zumindest kleine Wirkungen sofort zu beobachten, und was vielleicht der wichtigste Aspekt ist: Wenn das richtige Mittel oder die richtige Kombination gefunden wurde, ist der Erfolg meist sehr anhaltend.

Anders wirken die meisten allopathischen Medikamente: Sie heilen selten die **Ursachen** der jeweiligen Erkrankung oder Störung, sondern **dämmen** die Symptome und töten bei Bedarf die Krankheitserreger ab. Das ist in Fällen von lebensbedrohlichen, akuten oder schmerzhaften Krankheiten wichtig und hilfreich. Bei chronisch kranken und psychosomatisch leidenden Menschen, empfindlichen Personen, Kindern etc. sind die unerwünschten Nebenwirkungen jedoch oft problematischer als die eigentliche Hilfe. Die konventionelle Medizin arbeitet oft wie der Besitzer eines Autos, welcher sich über klappernde Geräusche aufregt, dann den losen Auspuff abreißt und nun glaubt, damit sei das Problem behoben.

Bei einem Fahrzeug, um dieses Beispiel weiterzuverfolgen, ist die unerwünschte Nebenwirkung „Funktionsstörung" leicht ersichtlich. Beim allopathisch behandelten Menschen sind die Begleitumstände oft verborgener oder die unerwünschten Nebenwirkungen werden dem Zufall zugeschrieben. Doch nicht umsonst wird für nebenwirkungsreiche (Kampf-) Mittel ein „Waffenschein", die Rezeptpflicht, vorgeschrieben.

In der Aromatherapie konzentrieren wir uns auf die lipophilen Bestandteile einer Pflanze: die ätherischen Öle. Diese können wiederum aus vielen hundert Bestandteilen zusammengesetzt sein, es sind – pharmakologisch gesehen – Vielstoffgemische.

Durch die Wasserdampfdestillation, die wichtigste Methode zur Gewinnung von ätherischen Ölen, werden der Pflanze nur diese **fettlöslichen** und **flüchtigen** (ätherischen) Stoffe entzogen, die aus sehr kleinen Molekülen bestehen. Während dieses Prozesses entsteht auch das so genannte Hydrolat, in dem wir wasserlösliche Stoffe finden. Andere wertvolle „Bausteine" wie Zucker und Säuren sowie Stoffe aus großen Molekülen, deren Gewicht zu hoch zum Verdampfen ist, gelangen nicht in das ätherische Öl.

> Zu den Ätherischöl-Drogen gehören Drogen, die flüssige, leicht flüchtige, charakteristisch riechende und aromatisch, scharf oder bitter schmeckende Öle enthalten.
> *Hildebert Wagner (1999)*

Sowohl in der Krankenpflege als auch in der Gesundheitsvorsorge können ätherische Öle sehr sanft und schonend eingesetzt werden. Dennoch sind sie sehr effektive Mittel, die durchaus auch unerwünschte Nebenwirkungen haben können. Sie sollten deshalb nicht ohne Fachwissen eingesetzt werden. Der auf ätherische Öle spezialisierte französische Allgemeinarzt *Dr. Daniel Pénoël* hat nach eigenem Bekunden in zehn Jahren lediglich zwei Patienten mit Antibiotika behandeln müssen, und das nur auf Wunsch von ängstlichen Eltern. Das komplexe **Vielstoffgemisch** in ätherischen Ölen schafft es auf einzigartige Weise, im Organismus des Menschen nur dort einzugreifen, wo es etwas zu korrigieren gibt – immer vorausgesetzt, die Öle werden korrekt und verträglich dosiert.

Moderne Forschung

Diese Komplexität der Wirkung sowie die von Ernte zu Ernte und von Herkunftsland zu Herkunftsland variierende Zusammensetzung machen es der modernen Wissenschaft, vor allem im deutschsprachigen Raum, sehr schwer, diese Mittel ernst zu nehmen. In der englisch sprechenden Welt sieht die Lage bereits anders aus. Es gibt viele tausend wissenschaftliche **Studien** mit ätherischen Ölen, oft von renommierten Universitäten. Auch – oder gerade – „Entwicklungs- und Schwellenländer" betreiben intensive Forschung, da dort ein großer Teil der aromatischen Pflanzen wächst und weil man auf preiswerte und verlässliche Arzneimittel angewiesen ist.

Aber auch in den deutschsprachigen Ländern wird geforscht: Es gibt bemerkenswerte Studien zu einzelnen ätherischen Ölen oder deren Hauptkomponenten. Stellvertretend seien hier erwähnt:

- Prof. Uwe R. Jürgens von der Universität Bonn zeigte mit seiner Vergleichsstudie Cineol vs. Kortison, dass Asthmatiker ihre Kortisondosis drastisch reduzieren können, wenn sie Eukalyptol-Kapseln einnehmen (Jürgens et al. 1998).
- Prof. Hartmut Göbel von der Universität Kiel hat Paracetamol mit verdünntem Pfefferminzöl bei Spannungskopfschmerzen verglichen und kam zu dem Ergebnis, dass man sich bei dieser fast alltäglichen Beschwerde gut mit dem Naturmittel helfen kann (Göbel et al. 1998).
- Prof. Gerhard Buchbauer von der Universität Wien erforscht seit über zwanzig Jahren die Wirkung von Riechstoffen auf das Nervensystem und analysiert, ob und wie schnell einzelne Bestandteile von ätherischen Ölen im Blut nachzuweisen sind und wann sie wieder aus dem Körper ausgeschieden werden (Buchbauer 2004).
- Prof. Reinhard Saller vom Universitätsspital Zürich verglich das ätherische Öl von Melaleuca alternifolia (Teebaum) mit den Ölen anderer Myrtaceae und fand heraus, dass eine Konzentration von 0,25 % ausreicht, um Staphylococcus aureus, Escherichia coli und andere Bakterien abzutöten (Harkenthal et al. 1998).

Verschiedene **Pharmazieunternehmen** haben ätherische Öle oder einzelne Bestandteile daraus bereits ausführlich unter die Lupe genommen (z. B. Pohl Booskamp mit Gelomyrtol oder Spitzner mit Enteroplant), so dass es auch von dieser Seite gesicherte Erkenntnisse gibt.

Wir bewegen uns mit der Aromatherapie also nicht auf der Spielwiese der Esoterik und energieschwingenden Wunderheilungen, sondern wir beschäftigen uns mit weitestgehend erwiesenen Tatsachen. Zudem zählt der Einsatz von ätherischen Ölen in sehr vielen Ländern der Erde zur traditionellen **Volksmedizin**, so dass uns recht viele empirisch gewonnene Erkenntnisse zur Verfügung stehen.

Traditionelle Anwendungen

Der Einsatz von Duftstoffen durch den Menschen wird seit Anbeginn der Aufzeichnungen dokumentiert:

Im **Altertum**, beispielsweise von den Priestern der ägyptischen Hochkulturen, wurden Duftstoffe vornehmlich aus Harzen und Blüten, später auch aus Gewürzen eingesetzt. Der Zweck war vermutlich die spirituelle Reinigung, die sich jedoch kaum von der „Therapie" bei körperlichen Beschwerden unterschied. Hier musste dann ein „böser Geist", der übrigens als übel riechend wahrgenommen wurde, vertrieben werden. Ganz wichtig war das Einbalsamieren der Toten. Dieses Mumifizieren verhinderte durch die Anwesenheit von antibakteriell wirksamen ätherischen Ölen das Faulen des Körpers, so dass dieser einfach getrocknet wurde. Das Räuchern von duftenden Substanzen hinterließ uns einen ganz bekannten Räucher- und Parfumstoff der Ägypter, das *Kyphi*, genauso wie das Wort **Parfum** (lat. per fumum, durch den Rauch), da die ursprüngliche Bedeutung dieses Modeproduktes im Beräuchern von Menschen und Gegenständen liegt (Fletcher 1998).

Weihrauch als Produkt des in Somalia und Ägypten einheimischen Olibanum-Baumes und auch als „Mischung von Duftstoffen zwecks Räucherung zur Weihe" ist sicherlich eine der ältesten Duftanwendungen.

Hatschepsut, die Königin von Saba, und Cleopatra sind Frauengestalten, denen der verschwenderische Umgang mit „Parfums" nachgesagt wird. Es gibt heute eine nachempfundene Duftmischung „Song of Salomon", in der die wichtigsten Düfte dieser Epoche enthalten sind.

In der **Bibel** sind auch sehr viele duftende Pflanzen und Substanzen erwähnt: Weihrauch, Myrrhe, Zimt, Narde, Kalmus, Galbanum, Cistrose, Lavendel, Myrte, Adlerholz (Schindler-Hermann 2000). Könige wurden mit duftenden Ölen gesalbt, Jesus bekam Räucherwaren zur Geburt überbracht.

Die **Römer** um die Jahrtausendwende wurden bekannt durch ihre exzessive Verschwendung u. a. von Rosenprodukten. Die vermögenden Bürger stellten geradezu ihr Leben in den Dienst von Salben, Pomaden und Riechwässerchen. Cäsar soll sich erst in seinen Badestuhl gesetzt haben, wenn er über und über nach Parfum duftete.

Im 10. Jahrhundert n. Chr. brachten die Araber die Technik der **Destillation** nach Spanien. Zwei Jahrhunderte später entbrannte in Frankreich ein Streit darüber, wer das Recht habe, Parfum zu verkaufen. 1268 wurde die „Corporation des Maitres Gantiers" gegründet, so dass zunächst die Handschuhmacher die Herren der Düfte wurden und sich nach einem Rechtsstreit 1614 „Parfumeur" nennen durften. In Zeiten der hochansteckenden Pest waren sie diejenigen, die selten erkrankten. Die Zeit von Königin Elisabeth I. von England (um 1650) war geprägt von duftenden Perücken, Pomaden und Pudern.

1792 beginnt die Geschichte des „Kölnisch Wassers", als ein Mönch dem Kaufmann Mühlens das Rezept für das Duftwasser „Aqua mirabilis" zur Hochzeit überreichte. Auf der Pariser Weltausstellung 1867 war das Eau de Cologne mit der Hausnummer 4711 eine der größten Attraktionen. Hauptbestandteile sind auch heute noch Bergamotte-, Neroli-, Petit-Grain- sowie Rosmarinöl.

In der Zeit um die französische Revolution herum waren neben der ersten Haute Couture feinste Düfte tonangebend; es wurden bereits Parfumkompositionen hergestellt. Die Zeit der Industrialisierung begann.

1874 wurde erstmals Vanillin synthetisiert. 1899 erschien das heute teilweise immer noch gültige Standardwerk zur Gewinnung und Zusammensetzung von ätherischen Ölen, „Die ätherischen Öle" von **Gildemeister** und **Hoffmann**, in Leipzig.

Zu Beginn des 20. Jahrhunderts schließlich besann man sich wieder auf die heilenden Aspekte der natürlichen Duftstoffe. Der Chemiker **René Maurice Gattefossé** leitete mit der Erforschung der pharmazeutisch-medizinischen Eigenschaften der ätherischen Öle die Ära der **Aromatherapie** ein (Gattefossé 1998). In Frankreich erforschten und verwendeten zunächst nur Ärzte diesen Zweig der Phytotherapie. In England dagegen wurde sie erst einmal eine Domäne der KosmetikerInnen und MasseurInnen, eingeleitet durch Kurse von **Marguerite Maury** und ihrer „Erbin" **Danièle Ryman** sowie **Robert Tisserand** und **Shirley Price**.

Es gibt bereits frühe wissenschaftliche Studien mit ätherischen Ölen, doch erst seit Ende des 20sten Jahrhunderts wird in klinischen randomisierten Studien der medizinische Einsatz bei Krankheiten von einigen Institutionen studiert.

Zur Arbeit mit diesem Buch

Dieses Buch gibt Ihnen eine Übersicht über die wesentlichen Inhalte einer fundierten **Aromatherapie-Ausbildung,** wie sie sich in Großbritannien bereits durchgesetzt hat. Es skizziert gleichzeitig einige wissenschaftliche Erkenntnisse aus den letzten dreißig Jahren. Sie können es von vorne bis hinten durchlesen, können es aber genauso gut als **Nachschlagewerk** für Ihren speziellen Bereich benutzen.

Im ersten Teil werden die botanischen und biochemischen Grundlagen erklärt, die für das Verständnis der Potenziale und therapeutsichen Wirkungen immens wichtig sind. Die Umsetzung in der therapeutischen Praxis ist Thema des zweiten Teils. Ausführlich wird auf die Anwendungsmöglichkeiten und – erstmals in dieser Auflage – übersichtlich in tabellarischer Form auf wichtige Indikationen eingegangen. Sie helfen im Pflegealltag, schnell die passenden Öle zu finden und selbst Mischungen zusammenzustellen. Nützliche Hilfsmittel für die vertiefte Beschäftigung mit der Aromatherapie sind im Anhang zusammengefasst.

Im Gegensatz zu früheren Auflagen finden Sie nun einige Rezeptbeispiele, die jedoch nur als Anregungen verstanden werden sollen: Für eine ganzheitliche Therapie am Menschen muss man diesen erleben und sowohl Öleauswahl als auch Behandlungsmethode nach seiner momentanen Befindlichkeit treffen. Dabei können Anfängerinnen von den neu aufgenommenen Tabellen profitieren, die sich bereits in diesem Bereich bewährt haben.

In dieser überarbeiteten Auflage werden die ätherischen Öle meistens mit korrektem lateinischem Namen benannt, vor allem dann, wenn es sich um eine spezielle Auswahl für einen bestimmten Pflegeaspekt handelt. Für die „Übersetzung“ gibt es im Anhang ein Verzeichnis der Öle, das nach den deutschen Bezeichnungen geordnet ist. Wenn keine Pflanzenteile oder Chemotypen dazu genannt sind, spielen sie für die Anwendung nach heutigen Erkenntnissen keine wesentliche Rolle.

Ich wünsche Ihnen viel Freude bei der Lektüre und vor allem bei eigenen Erfahrungen. Dazu dürfen auch kleine „Fehler“ zählen, die einen lehren, achtsam mit diesen „duftenden Kraftpaketen“ umzugehen.

Teil 1 Von der Pflanze in die Flasche

Die botanischen und chemischen Grundlagen der Aromatherapie

1 Herkunft und Herstellung ätherischer Öle

1.1 Botanik

In der Aromatherapie arbeiten wir ausschließlich mit pflanzlichen Stoffen: ätherischen Ölen, Absolues und Resinoiden sowie mit fetten Ölen. Synthetische, tierische und mineralische Produkte werden nicht angewendet.

Um die Wirkung der einzelnen Öle begreifen und einordnen zu können, ist es wichtig, die öleliefernden Pflanzen so gut wie möglich kennen zu lernen. Im Idealfall kann man sie in ihrer natürlichen Umgebung betrachten, sie anfassen, ihr Aroma schmecken, ihren Duft einatmen.

Das ist nicht immer möglich, auch wenn in Deutschland viele gute Botanische Gärten, Apothekergärten, (Kräuter-) Gärtnereien und Baumschulen zur Verfügung stehen. Gute Abbildungen und getrocknete Pflanzen können beim Kennenlernen hilfreich sein und nicht zuletzt auch das Studium des Lebensraumes der einzelnen Pflanze.

Bestimmte theoretische Grundlagen der Botanik sind dennoch nötig; sie ermöglichen die internationale Verständigung, da die gemeinsame Sprache Latein ist.

Taxonomie

> Definition: Taxonomie (griechisch taxis = Ordnung) ist ein Teilgebiet der Systematik, das sich mit der Definition der Taxa (Gruppe von Lebewesen, z. B. Stamm, Klasse, Ordnung, Familie) und deren Benennung nach den internationalen Regeln der zoologischen und botanischen Nomenklatur befasst (Zander 1994).

Als Grundlage der Einteilung des Pflanzenreichs dient heute die international festgelegte Reihenfolge der Rangstufen laut Artikel 1–5 des Internationalen Codes der Botanischen Nomenklatur (ICBN). Sie lautet:

Regnum	Reich, z. B. Pflanzenreich
Subregnum	Unterreich
Divisio	Abteilung (Endung -phyta), z. B. Farne, Moose, Nacktsamer, Bedecktsamer
Subdivisio	Unterabteilung (-phytina)
Classis	Klasse (-opsida)
Subclassis	Unterklasse (-idae)
Ordo	Ordnung (-ales)
Subordo	Unterordnung (-ineae)
Familia	Familie (meistens -aceae) z. B. Rosaceae
Tribus	Tribus (-eae)
Subtribus	Untertribus (-inae)
Genus	**Gattung, z. B. Rosa**
Subgenus	Untergattung
Sectio	Sektion
Subsectio	Untersektion
Series	Serie
Subseries	Unterserie
Species	**Art, z. B. damascena**
Subspecies	Unterart
Varietas	Varietät
Subvarietas	Untervarietät
Forma	Form
Subforma	Unterform
Forma specialis	Spezialform

Des Weiteren gibt es die Bezeichnung:
Hybrida = Bastard (geschrieben: Artname × Artname in alphabetischer Reihenfolge)

Fast alle ätherischen Öle stammen von höheren Pflanzen, niedere Pflanzen wie Flechten, Farne und Lebermoose liefern nur im Ausnahmefall duftende Substanzen (Wagner 1999).

In der Aromatherapie verwenden wir ausschließlich pflanzliche Produkte. Uns genügen zur Definition einer Pflanze, die ätherisches Öl spendet, normalerweise die Familienzugehörigkeit, der **Gattungsname** (z. B. Lavandula) und der **Artenname** (z. B. officinalis). In besonderen Fällen, wie bei Lavendel, kommt eventuell noch die Art der Hybride hinzu (z. B. Lavandula × intermedia Super).

Am Beispiel „Lavendel" kann man erkennen, dass die ätherischen Öle auch verwandter Arten und selbst verschiedener Chemotypen einer Art sehr unterschiedlich zusammengesetzt sein können (Tab. 1.1). Die genaue Bezeichnung zu verwenden, ist also sehr wichtig.

Oft werden unterschiedliche Namen für ein und dieselbe Familie oder Pflanze verwendet, zum Beispiel Umbelliferae oder Apiaceae für die Doldenblütengewächse, Labiateae oder Lamiaceae für die Lippenblütengewächse, Gramineae oder Poaceae für die Gräser, Syzygium aromaticum oder Eugenia caryophyllata für den Gewürznelkenbaum.

Oft wiederum werden fälschlicherweise gleiche Namen für völlig unterschiedliche Pflanzen genannt, zum Beispiel „Wald- oder spanischer Majoran" für eine Thymianart (Thymus mastichina), „Zeder" für diverse Wacholder- und Zypressenarten aus Nordamerika (Juniperus mexicana/texana), „Westindisches Sandelholz" für Amyris (Amyris balsamifera), „Eisenkraut" für Zitronen-Verbene (Lippia citriodora), „Melisse indicum" für Citronella (Cymbopogon nardus).

1

Carl von Linné
Die Taxonomie ist eng verknüpft mit dem Namen Carl von Linné, auch Linnaeus genannt. Hinter vielen botanischen Bezeichnungen finden wir den Buchstaben „L.". Namensgeber dieser Formen war der schwedische Naturforscher. Er wurde am 23. Mai 1707 in Råshult geboren und starb am 10. Januar 1778 in Uppsala.
Nach dem Studium der Medizin und der Naturwissenschaften unternahm er zunächst For-

Tab. 1.1 Inhaltsstoffe (in %) und Eigenschaften von vier ätherischen Ölen aus der Gattung Lavandula

Inhaltsstoff	**L. officinalis**	**L. hybrida**	**L. spica**	**L. stoechas**
β-Caryophyllen	3–5	1,3	Spuren	Spuren
Linalool	29–37	37	40	Spuren
Linalylacetat	30–33	36	1,75	–
Borneon	0,2	4,5	16–28	15–30
Fenchon	–	–	–	45–50
1,8-Cineol	0,6	3	26	–
Eigenschaft	ausgleichend spasmolytisch Schlaf fördernd hautpflegend	ausgleichend spasmolytisch hautpflegend etwas anregender	tonisierend hyperämisierend mukolytisch konzentrationsfördernd nicht für Kinder und Schwangere	stark epithelisierend neurotoxisch nicht für Kinder und Schwangere

schungs- und Studienreisen nach Lappland, in die Niederlande, nach Großbritannien und Frankreich. Er wurde Arzt in Stockholm, 1739 Präsident der Stockholmer Akademie der Wissenschaften, deren Gründung er mitbewirkt hatte, 1741 wurde er Professor der Anatomie und Medizin in Uppsala, 1742 übernahm er die Professur in Botanik. Linné gestaltete den Botanischen Garten und errichtete ein naturhistorisches Museum.
Der viel beschäftigte Wissenschaftler hat die Grundlagen der botanischen Fachsprache geschaffen, d. h. eine Beschreibung in bestehender Reihenfolge der einzelnen Pflanzenteile. Zudem führte er die **binäre Nomenklatur** ein, z. B. Hundsveilchen: Viola canina. Die Abkürzung L. hinter einem Pflanzen- oder Tiernamen besagt, dass er diese Art als Erster beschrieben und benannt hat. Das 1735 veröffentlichte Linné-System war auf Unterschiede in den Geschlechtsorganen der Pflanzen aufgebaut (Sexualsystem). Auch zoologische und mineralogische Systeme gab er heraus (nach Großer Brockhaus 1983).

Stoffwechsel der Pflanzen

Der Primärstoffwechsel

Der Primärstoffwechsel der Pflanzen heißt **Photosynthese**. Durch das grüne Pigment **Chlorophyll** wird das Sonnenlicht absorbiert und bildet aus energiearmem **Kohlendioxid** (aus der Luft) und Wasser (aus der Erde) energiereiche Kohlenhydrate (Zucker). Dabei wird Sauerstoff frei. Dieser Stoffwechsel ist notwendig für das Überleben der Pflanze und damit auch von Tier und Mensch.

Der Sekundärstoffwechsel

Der Begriff „Sekundärstoffwechel der Pflanzen" ist ein Begriff aus dem letzten Jahrhundert und war ursprünglich eine Umschreibung für „zweitrangig, ohne Bedeutung" (Bickel-Sandkötter 2003). Heute weiß man, dass Pflanzen ohne einige der auf diesem Stoffwechselweg entstehenden Stoffe nicht überleben können, und man beginnt seit einigen Jahren, auch die enorme Wichtigkeit der „sekundären Pflanzenstoffe" für Ernährung, Gesundheit und Heilungsmöglichkeiten zu erkennen (Watzl 2002).

Zu dieser Gruppe gehören unter anderem die folgenden Stoffgruppen:
- Alkaloide
- Anthrachinone
- Bitterstoffe
- Gerbstoffe
- Glykoside
- Flavonoide
- **Phenylpropane und Phenolderivate**
- Saponine
- Schleimstoffe
- **Terpene und Terpenoide**

Sie alle haben sehr unterschiedliche, teils noch unbekannte Funktionen für die jeweilige Pflanze. Dem Menschen dienen viele dieser Substanzen als Arzneimittel (Bühring 2005).

Ätherische Öle entstehen in zwei unterschiedlichen Prozessen im glatten endoplasmatischen Reticulum und in den Plastiden der Zelle:
- **Terpene** mit und ohne funktionelle Gruppen auf dem Terpenoidstoffwechselweg (oder Mevalonsäureweg),
- **Phenylpropane**, das sind Nebenprodukte des Aminosäure-Stoffwechsels, auf dem Shikimisäureweg.

Funktionen der ätherischen Öle

Man glaubte zunächst, ätherische Öle seien Abfallstoffe des pflanzlichen Stoffwechsels. Viele Beispiele zeigen jedoch, dass sie vielfältige Funktionen erfüllen:
- Bei Tierfraß oder übermäßigem Insektenbefall können sie zur **„chemischen Waffe"** werden, sie können sogar als unmittelbare Reaktion auf die Attacke gebildet werden. Hungrige Tiere werden so abgehalten, zu viel von einer großen Pflanze oder zu viele Pflanzen einer Art zu fressen (Bickel-Sandkötter 2003).
- Gleichzeitig dienen ätherische Öle oder besonders flüchtige Bestandteile daraus als „**Kommunikationsmittel**", um andere Pflanzen, die sich in der entsprechenden Windrichtung befinden, vor dem Gefressenwerden zu „warnen". Diese verändern dann ihren Geschmack, zum Beispiel durch Absondern von Bitterstoffen, ohne selbst „angegriffen" worden zu sein (Kerner und Kerner 1992).
- Viele Pflanzen sind auf Insekten angewiesen, um die **Bestäubung** und damit den Fort-

bestand der Art abzusichern. Sie locken mit ihren ätherischen Ölen die entsprechenden Tiere an (z. B. Bienen, Schmetterlinge, Fledermäuse).

- Die bakteriziden und fungiziden Eigenschaften vieler Bestandteile der ätherischen Öle sind mittlerweile hinreichend bekannt. Sie unterstützen nicht nur die Gesundheit des Menschen, sondern sind in erster Linie die pflanzeneigene **„Apotheke"**, um Krankheiten durch Mikroorganismen abzuwenden.
- Manche Pflanzen sichern durch ätherische Öle ihren **Lebensraum** ab. Sie sondern Düfte ab, die es anderen Pflanzen schwer machen, sich zu nah bei ihnen anzusiedeln. So sichern sie sich zum Beispiel die benötigte Menge an Wasser und Mineralstoffen.
- In heißen und trockenen Gegenden und und in der heißen Jahreszeit schützen ätherische Öle die Pflanzen auch vor übermäßiger UV-Strahlung und Wasserverdunstung: ein gasförmiger **Schutzschleier** legt sich um ihre Blätter oder Nadeln (der Begriff „Blaue Berge" bezieht sich auf den Isoprenschleier, der in Mitteleuropa vor allem von den Nadelbäumen gebildet wird). Ansammlungen von Cistrosen-Sträuchern kann man wegen dieser „Duftglocke" beispielsweise im sommerlichen Portugal bereits von weitem riechen.

Sicherlich werden noch andere Funktionen der ätherischen Öle entschlüsselt werden, obwohl das Interesse an diesem Gebiet nicht sehr groß zu sein scheint.

Pflanzenorgane

Pflanzen bilden und speichern ihre Duftstoffe in unterschiedlichen Organen, diese wiederum befinden sich in unterschiedlichen Pflanzenteilen.

Drüsen, Drüsenhaare oder Drüsenschuppen

Die Duftstoffe werden an der Oberfläche der Pflanze in ein- oder mehrzelligen Ausstülpungen gespeichert, z. B. bei:

- Ocimum basilicum, Basilikum
- Thymus vulgaris, Thymian
- Rosmarinus officinalis, Rosmarin
- Salvia officinalis, Salbei
- Pelargonium graveolens, Rosengeranie

Eine leichte Berührung, ein Vorbeistreifen genügt, um den Duft intensiv wahrzunehmen zu können.

Ölzellen und Harzzellen

Das sind Zellen, die wie winzige Behältnisse mit Öl oder Harz gefüllt sind, z. B. bei:

- Laurus nobilis, Lorbeerblätter
- C. zeylanicum, Zimtblätter
- Zingiber officinale, Ingwerwurzel
- Elettaria cardamomum, Cardamom
- Curcuma longa, Gelbwurz
- Piper nigrum, Pfeffer
- Myristica fragrans, Muskatnuss

Hier nimmt man am meisten vom Duft wahr, wenn man die Pflanzenteile etwas bricht, zerreibt oder hineinbeißt.

Ölgänge und Harzgänge

Durch Auseinanderweichen von benachbarten Zellen entstehen Hohlräume (schizogene Öl- oder Harzgänge) im Gewebe der Pflanze; dort werden Öle und Harze gespeichert:

- Pimpinella anisum, Anis
- Foeniculum vulgare, Fenchel
- Carum carvi, Kümmel
- Picea obovata, Fichte
- Pinus sylvestris, Kiefer
- Abies alba, (Weiß-)Tanne
- Cedrus atlantica, Atlaszeder
- Commiphora molmol, Myrrhe
- Boswellia carterii, Weihrauch

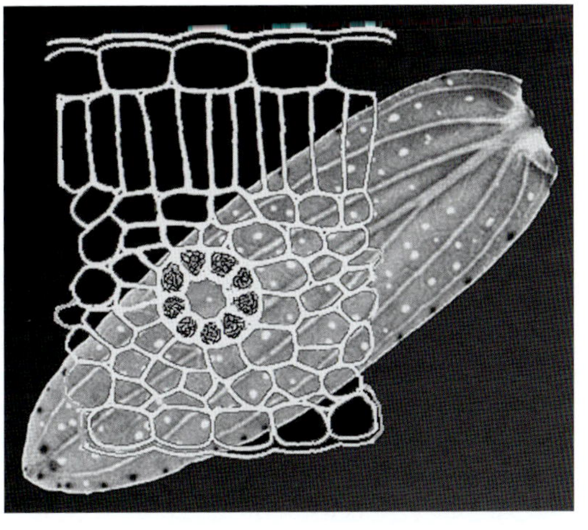

Abb. 1.1 Lysigener Ölbehälter (Zeichnung/Collage von der Autorin).

Ohne diese Samen oder Nadeln zu quetschen, entweicht kaum etwas von dem Duft. Die Baumrinden müssen angeritzt werden.

Ölbehälter

Lysigene Ölbehälter entstehen durch das **Auflösen** der Zellwände von Sekretzellen (sekundäre Hohlraumbildung) (Abb. 1.**1**). Wir können sie mit bloßem Auge in den Schalen der Zitrusfrüchte sehen, z. B. bei:

- Citrus aurantium ssp. bergamia, Bergamotte
- Citrus reticulata, Mandarine
- Citrus aurantium, (Bitter-)Orange
- Citrus limonum, Zitrone
- Eucalyptus globulus, Eukalyptus
- Melaleuca alternifolia, Teebaum
- Syzygium aromaticum, Gewürznelke

Durch Schneiden und Drücken platzen diese Hohlräume, und der Duft kann entweichen. Sie enthalten relativ viel ätherisches Öl und liefern recht preiswerte ätherische Öle (Svoboda und Svoboda 2000).

Pflanzenteile

Ätherische Öle, Essenzen, Absolues und Resinoide werden aus unterschiedlichen Pflanzenteilen hergestellt. Ein und dieselbe Pflanze kann Düfte ganz unterschiedlicher Art mit ganz unterschiedlichen Inhaltsstoffen, Nebenwirkungen und Indikationen liefern (Tab. 1.**2**).

Für die therapeutische Anwendung ist es darum unerlässlich, nicht nur den korrekten botanischen Namen anzugeben, sondern bei bestimmten Pflanzen auch den Pflanzenteil, der verarbeitet wurde. Beim korrekten Rezeptieren von Heilpflanzen (Drogen) werden folgende Abkürzungen verwendet:

Beispiele verwendeter Pflanzenteile mit Abkürzungen

Blätter (folium) fol.
Bay, Cajeput, Cassiazimt, Cistrose, Eukalyptus, Geranie, Ho-Baum, Kanuka, Lorbeer, Myrte, Niaouli, Gewürznelke, Manuka, Patchouli, Petit Grain, Ravintsara, Rhododendron, Teebaum, Veilchen, Ysop, Zimt, Zypresse

Tab. 1.**2** Vergleich der Inhaltsstoffe (in %) in verschiedenen Pflanzenteilen

Cedrus atlantica			
Inhaltsstoff	**Zweige**	**Zweige/Nadeln**	**Holz**
α-Pinen	69	80	–
Myrcen	7,3	–	–
α-Atlanton	–	–	7,5
α-, β-, γ-Himachalen	–	–	66,5
C. zeylanicum			
Inhaltsstoff	**Blatt**	**Rinde**	**Wurzel**
Linalool	–	5	Hauptbestandteil
Cinnamal (Zimtaldehyd)	bis 3	64 – 76	–
Eugenol	70 – 87	6 – 10	–
Borneon	–	–	Hauptbestandteil

Nadeln
Tanne, Kiefer, Fichte, Wacholder
Ganze Pflanze/Kraut (herba) herb.
Basilikum, Bohnenkraut, Estragon, Immortelle, Johanniskraut, Kamille wild, Liebstöckel, Majoran, Melisse, Minze, Oregano, Quendel, Rosmarin, Salbei, Thymian, Ysop, Zitronen-Verbene
Gras
Citronella, Gingergras, Lemongras, Palmarosa
Blüten (flos) flos
Cassis, Champaca, Frangipani, Ginster, Hyazinthe, Jasmin, Kamille, Lavendel, Mimose, Narzisse, Neroli, Osmanthus, Rose, Tagetes, Tuberose, Ylang Ylang
Blütenknospen
Gewürznelke
Fruchtschalen (pericarpium) per.
Bergamotte, Clementine, Grapefruit, Limette, Mandarine, Orange, Zitrone
Früchte/Beeren (fructus) fruct.
Wacholder, Schinus (Roter Pfeffer), Muskatnuss, Pfeffer, Tonka
Schoten (Kapselfrucht)
Vanille
Früchte (fructus) fruct. [korrekte Bezeichnung statt Samen]
Anis, Fenchel, Cardamom, Karotte, Koriander, Kreuzkümmel, Kümmel
Holz/Zweige (lignum) lig. und (ramunculus) ram.
Amyris, Gewürznelke, Kiefer, Linaloe, Oud, Rosenholz, Sandelholz, Tanne, Zeder
Harze/Balsame (resina distillata) res.dist.
Benzoe, Copaiba-Balsam, Elemi, Galbanum, Myrrhe, Opoponax, Perubalsam, Tolubalsam, Styrax, Weihrauch
Rhizome (rhizoma) rhiz.
Alant, Galgant, Gelbwurz, Ingwer, Iris
Rinde (cortex) cort.
Zimt
Wurzeln (radix) rad.
Angelika, Baldrian, Galbanum, Liebstöckel, Narde, Vetiver
Zapfen (strobilus) strob.
Tanne

In einigen Richtungen der Komplementärmedizin wird ein Bezug von den einzelnen Teilen einer Heilpflanze zu entsprechenden Körpersystemen hergestellt, der sich jedoch in Einzelheiten nicht durchhalten lässt, da jedes ätherische Öl mehrere, oft recht unterschiedliche Anwendungsbereiche hat.

Nach einem dieser Modelle werden die oberen Teile der Pflanze dem Kopfbereich zugeordnet, also die Blüten, Früchte und Samen wirken geistig anregend oder die Nerven beruhigend. Der mittlere Teil der Pflanze, also Blätter und Spross, beeinflusst den Oberkörper mit den Organen Herz, Lunge, Leber und Niere. Wurzeln, also der untere Teil der Pflanze, regen die Tätigkeit der Verdauungs-, Harn- und Geschlechtsorgane an und die „äußeren Teile" der Pflanze, die Harzstoffe, wirken heilend auf die Haut. Hier gibt es Parallelen zur Lehre der Chakren. Der Biologe **Dr. Dietrich Gümbel** stellt in seinem Buch „Ganzheitliche Therapie mit Heilkräuter-Essenzen" ein sehr interessantes Modell zu diesem Thema auf (Gümbel 1989).

Chemotyp

Chemotypen (Ct. oder früher Chemodem) beziehen sich auf botanisch und sichtbar identische Pflanzen, die jedoch durch Standort (Höhe, Längen- und Breitengrad, Klima, Boden und vor allem die Menge der UV-Licht-Einstrahlung) völlig unterschiedliche biochemische Inhaltsstoffe entwickeln können (Tab. 1.**3**). Man spricht auch von **„chemischer Rasse"**. Der Chemotyp ist also eine biochemische Beschreibung der individuellen Pflanze, diese kann erst nach Destillation der

Tab. 1.**3** Vergleich der Inhaltsstoffe (in %) verschiedener Chemotypen

Thymus vulgaris		
Inhaltsstoff	**Monoterpenol-Typ**	**Phenol-Typ**
Linalool und/oder Geraniol	75	1,8
Thymol/Carvacrol	2,7	36
Myrtus communis		
Inhaltsstoff	**Cineol-Typ**	**Ester-Typ**
1,8-Cineol	44	16
Myrtenylacetat u. a. Ester	bis 8	22

1

Pflanzen per Gaschromatogramm des ätherischen Öles erfolgen. Entdeckt wurde diese Tatsache in den sechziger Jahren durch Studien an dem chemotypreichen Thymian aus dem Süden Frankreichs.

Die Unterscheidung nach Chemotypen betrifft hauptsächlich die ätherischen Öle von Thymus vulgaris (Thymian), Rosmarinus officinalis (Rosmarin), Mentha (Minzearten), Eucalyptus (Eukalyptusarten) und Myrtus communis (Myrte). Bekannt, jedoch selten als ätherische Öle erhältlich, sind ferner Chemotypen von Helichrysum italicum (Immortelle), Ocimum basilicum (Basilikum), Salvia officinalis (Salbei), Melissa officinalis (Melisse) und Kamille (Matricaria recutita).

Die therapeutischen Eigenschaften verändern sich je nach Chemotyp; auch können ätherische Öle mit einem bestimmten chemischen Schwerpunkt unerwünschte Nebenwirkungen haben, während ein anderer chemischer Schwerpunkt keinerlei Gefahr bedeutet. Vor allem bei den häufig verwendeten Ölen von Thymus vulgaris und Rosmarinus officinalis ist es deshalb sehr wichtig, den exakten botanischen Namen samt Chemotyp zu wissen.

Die Abkürzung lautet in Deutschland meist „Ct.", oder der dominierende Inhaltsstoff, z. B. Thymol, steht hinter dem botanischen Namen. Im Französischen benutzt man für „Spécificité biochimique" die Abkürzung „s. b.", im Englischen „b. s." für „biochemical specificity" oder auch „chemotype".

Jahreszeit und geografische Lage

Auch im Laufe der Saison kann sich die Menge eines bestimmten Inhaltsstoffes stark verändern, hier spielt neben dem Entwicklungsstand der Pflanze die Menge des einwirkenden Sonnenlichtes eine entscheidende Rolle. Somit entscheidet der Zeitpunkt der Ernte (Jahreszeit) und der anschließenden Destillation auch über die Verteilung der Inhaltsstoffe eines ätherischen Öles. Zum Beispiel enthält Bergbohnenkraut (Satureja montana) im Winter hauptsächlich Monoterpene, im Spätsommer dominieren die Phenole (Carvacrol). Das Gleiche gilt für Thymian (Thymus vulgaris Ct. Thymol): bei der Frühjahrsernte finden wir ca. 30 % Thymol, bei der Herbsternte schon 60 – 70 % (Carle 1993).

Ob ein Eukalyptusöl (Eucalyptus globulus) aus Portugal oder aus Brasilien kommt, ein Lavendelöl (Lavandula angustifolia) aus Frankreich oder England, ein Rosmarinöl (Rosmarinus officinalis) aus Tunesien oder Frankreich, ein Weihrauchöl (Boswellia) aus Somalia oder Tunesien, ein Salbeiöl (Salvia officinalis) aus Italien oder Kroatien, ein Lemongrasöl (Cymbopogon flexuosus) aus Indien oder Guatemala, ein Benzoe-Resinoid (Styrax benzoin) aus Sumatra oder Siam – der unterschiedliche Boden, die Klimaverhältnisse sowie die Menge und der Winkel der Bestrahlung mit dem ultravioletten Anteil des Lichtes spielen bei der Duftqualität und den therapeutischen Eigenschaften des Öles eine Rolle.

Teilweise sind diese Qualitätsunterschiede rein subjektiv, werden also nach dem persönlichen Geruchsempfinden beurteilt, teilweise sind sie jedoch objektiver Natur, da sowohl für die therapeutische Anwendung als auch von der Parfumindustrie bestimmte Ansprüche an das Spektrum der Inhaltsstoffe gestellt werden. Bei oben genannten Beispielen wird oft jeweils die erstgenannte Herkunft bevorzugt.

Pflanzenfamilien

Um die Wirkungsweisen der ätherischen Öle zu studieren, ist es hilfreich, ihre Familienzugehörigkeit zu kennen. Mitglieder einer Familie verfügen oft über ähnliche Wirkweisen und ähnliche Kontraindikationen. Zum Beispiel ist die äußere schirmartige Blütengestalt bei allen **Apiaceae** (Umbelliferae, Doldenblütengewächse) sehr ähnlich. Ihre ätherischen Öle enthalten mal mehr mal weniger neurotoxische Ketone oder Phenylether, viele wirken hormonähnlich (z. B. Anis, Fenchel), blähungswidrig und verdauungsfördernd (z. B. Kümmel, Koriander).

In der Familie der **Asteraceae** (Compositae, Korbblütengewächse) – viele erinnern in ihrer Gestalt an Gänseblümchen oder Sonnenblumen – finden wir einige ätherische Öle, die nur zur Anwendung von erfahrenen Therapeuten geeignet sind (z. B. Estragon, Tagetes) oder gar nicht verwendet werden sollten (z. B. Beifuß, Wermut, Rainfarn). Die entkrampfenden und entzündungshemmenden Kamillen dagegen gehören zur Grundausstattung des Aromatherapeuten.

Die Familie der **Pinaceae** (Kieferngewächse) versorgt uns mit ausgezeichneten Helfern bei Atemwegserkrankungen, die auch hervorragend die Luft desinfizieren können.

Die unterschiedlichen **Myrtaceae** (Myrtengewächse) sind mittlerweile fast ein Synonym für „Anti-Erkältungsmittel“. Ihr Duft wird mit „medizinisch“ beschrieben; einige sind auch wirksame Mittel bei venösen Leiden.

Die Öle der meisten **Lamiaceae** (Labiatae, Lippenblütengewächse) sind ausgezeichnet verträglich, wenngleich von deren Gebrauch in der (problematischen) Schwangerschaft abgeraten wird. Einige von ihnen wirken leicht Blutdruck erhöhend.

Die Zitrusöle aus der Familie der **Rautengewächse** (Rutaceae) haben sowohl einen Bezug zum Verdauungstrakt als auch zur Psyche; ihre Blüten (Neroli) und Blätter (Petit Grain) helfen der „zerknitterten Seele“. Die Öle einiger **Ingwergewächse** (Zingiberaceae) werden als wärmend oder sogar anheizend empfunden.

> Trotz aller Gemeinsamkeiten ist es unerlässlich, jedes einzelne ätherische Öl und seine Inhaltsstoffe samt Nebenwirkungen gut kennen zu lernen.

Etwa vierzig Pflanzenfamilien beliefern uns mit gewinnbaren Duftstoffen. Jedoch nicht jede Pflanze, die stark duftet, lässt ihren Duft „einfangen“ (z. B. Maiglöckchen, Flieder), da die Duftstoffe durch Hitze, Druck oder Lösungsmittel zerstört werden (oder die Ausbeute ist zu gering für die Vermarktung).

Ätherische Öle, Essenzen, Absolues und Resinoide werden von 180 und mehr unterschiedlichen Pflanzen für die Aromatherapie angeboten. Hinzu kommen noch die Düfte gleicher Pflanzen aus unterschiedlichen Ländern und die Chemotypen einiger Pflanzen. Für die Parfumindustrie werden noch mehr, vor allen Dingen seltene Naturdüfte zu entsprechend hohen Preisen produziert.

Hier nun die wichtigsten Familien, aus denen düfteliefernde Pflanzen hervorgehen. Übrigens werden sie im Deutschen meistens falsch betont ausgesprochen. Im Standardwerk „Zander – Handwörterbuch der Pflanzennamen“ kann man nachlesen, dass die Aussprache Geraniáceae, Lamiáceae, Lauráceae, Rosáceae, Santaláceae, Lavándula, Zíngiber und so weiter lautet (Zander 1994). Beschreibungen der ätherischen Öle, die zu den jeweiligen Pflanzenfamilien gehören, finden Sie auf den Seiten 154 – 179.

Pflanzenfamilien mit aromatherapeutisch verwendeten Arten

Agavaceae, Agavengewächse
Tuberose

Amaryllidaceae, Amaryllisgewächse
Narzisse

Anarcadiaceae, Sumachgewächse
Mastix
Roter Pfeffer

Annonaceae, Flaschenbaumgewächse
Ylang Ylang

Apiaceae/ Umbelliferae, Doldenblütengewächse
Angelika
Anis
Asafoetida
Dill
Fenchel
Galbanum
Karotte
Koriander
Kreuzkümmel
Liebstöckel
Petersilie
Sellerie

Asteraceae/Compositae, Korbblütengewächse
Alant
Beifuß
Calendula
Costus
Davana
Estragon
Immortelle
Kamille römisch
Kamille deutsch
Rainfarn
Heiligenkraut
Schafgarbe
Tagetes
Wermut

Burseraceae, Balsambaumgewächse
Elemi
Linaloe
Opoponax
Myrrhe
Weihrauch

Cistaceae, Cistrosengewächse
Cistrose
Labdanum

Cupressaceae, Zypressengewächse
Cade
Thuja
Wacholder
Texas-Zeder
Zypresse

Ericaceae, Erikagewächse
Wintergrün

Geraniaceae, Storchschnabelgewächse
Geranie

Gramineae/Poaceae, Gräser
Citronella
Lemongras
Palmarosa
Vetiver

Hamamelidaceae, Hamamelisgewächse
Styrax

Hypericaceae
Johanniskraut

Illiciaceae
Sternanis

Iridaceae, Irisgewächse
Iris
Safran

Lamiaceae/Labiatae, Lippenblütengewächse
Basilikum
Bohnenkraut
Lavendel
Majoran
Melisse
Minze
Oregano
Patchouli
Rosmarin
Salbei
Thymian
Ysop

Lauraceae, Lorbeergewächse
Cassia
Kampher
Litsea cubeba
Lorbeer
Massoia
Ravintsara
Rosenholz
Sassafras
Sugandha kokila
Zimt

Leguminosae/Fabaceae, Schmetterlingsblütengewächse
Cabreuva
Cassie
Copaiba
Ginster
Mimose
Steinklee
Tolubalsam
Perubalsam
Tonka

Liliaceae, Liliengewächse
Hyazinthe
Knoblauch
Zwiebel

Magnoliaceae, Magnoliengewächse
Magnolie
Champaca

Malvaceae, Malvengewächse
Moschuskörner

Myristicaceae, Muskatnussgewächse
Muskatnuss
Macis („Muskatblüte“)

Myrtaceae, Myrtengewächse
Bay
Cajeput
Eukalyptus
Kanuka
Manuka
Myrte
Nelkenbaum
Niaouli
Teebaum

Oleaceae, Ölbaumgewächse
Jasmin
Osmanthus

Orchidaceae, Orchideengewächse
Vanille

Pinaceae/Abietaceae, Kieferngewächse
Balsamtanne
Douglasie
Fichte
Lärche
Latschenkiefer
Meerkiefer
Riesentanne
Weißtanne
Zeder
Zirbelkiefer

Piperaceae
Pfeffergewächse
Kubebe
Pfeffer

Rosaceae, Rosengewächse
Bittermandel
Rose

Rutaceae, Rautengewächse
Amyris
Bergamotte
Boronia
Bucco
Clementine
Grapefruit
Limette
Mandarine
Orange
Pampelmuse
Raute
Zitrone

Santalaceae, Sandelholzgewächse
Sandelholz

Sterculiaceae, Sterkuliengewächse
Kakao

Styracaceae, Styraxgewächse
Benzoe

Valerianaceae
Baldrian
Narde

Verbenaceae, Verbenengewächse
Zitronen-Verbene („Eisenkraut“)

Violaceae
Veilchen

Zingiberaceae
Galgant
Ingwer
Cardamom
Kurkuma

Zygophyllaceae
Guajak

1.2 Anbauverfahren

Anbaumethoden

Hochwertige ätherische Öle, die der Gesundheitserhaltung dienen sollen, lassen sich nur aus Pflanzen gewinnen, die im Einklang mit der Natur angebaut worden sind. Man muss also auf geeignete Standorte achten, günstige Aussaat- und Pflanztermine erwischen, möglichst nicht in Monokulturen anbauen, so dass jede Art von Pestiziden und künstlichen Düngern unnötig wird. Die Auswahl von botanisch eindeutig identifiziertem Saatgut oder Stecklingen versteht sich von selbst.

Die Bezeichnungen „konventionell", „Wildsammlung" oder „kontrolliert biologischer Anbau" sind nicht botanischer Natur. Sie lassen jedoch Rückschlüsse auf den Zustand der Pflanze vor der Herstellung des ätherischen Öles zu und zeigen somit, ob wir ein Öl mit therapeutischem Potenzial vor uns haben könnten (andere Faktoren spielen freilich auch eine Rolle bei der Bewertung der Therapietauglichkeit eines Öles).

Ätherische Öle aus Zitrusfrüchten, die konventionell angebaut werden, können zum Beispiel sehr stark mit Pflanzenschutzmitteln belastet sein, da diese durch das Gewinnungsverfahren der Expression in das Produkt übergehen (ätherische Öle sind, wie die gängigen Pestizide, lipophil).

Kontrolliert biologischer Anbau

Bei Pflanzen aus „kontrolliert biologischem Anbau" wird auf den Einsatz von Insektiziden (Insektengiften) und Fungiziden (pilztötenden Mitteln) verzichtet. Manchmal wird mit natürlichen Spritzmitteln gearbeitet, die ätherische Öle wie beispielsweise Teebaum und Neem enthalten; auf diesem Gebiet wird bereits geforscht (Svoboda 1999).

Das so genannte Unkraut, also die in der Nähe wachsenden und unerwünschten Wildkräuter, werden von Hand in Schach gehalten, anstatt sie mit der chemischen Keule (Herbiziden) auszurotten. Es wird nicht synthetisch gedüngt und stattdessen Fruchtfolgewechsel praktiziert; so wird der Boden vor dem Auslaugen bewahrt.

Insektizide und andere Pestizide stellen nicht nur eine Gefahr für die Gesundheit der damit befassten Landwirte dar sowie für den davon konsumierenden Menschen (oder Tiere), sondern greifen auch direkt in den **Stoffwechsel** der behandelten Pflanze ein. Diese wehrt sich sozusagen und kann als Reaktion die Zusammensetzung ihrer Inhaltsstoffe dramatisch verändern, andere therapeutische Eigenschaften entwickeln oder eventuell sogar zum vermehrten Auftreten von bis dato relativ unbekannten Allergien beitragen (Wabner und Geier 2005).

Ätherische Öle mit der Aufschrift „aus kontrolliert biologischem Anbau" garantieren jedoch nicht automatisch eine hervorragende, schadstofffreie Qualität. Beispielsweise durch Regen, Wind und Grundwasser können Umweltgifte auf ein ökologisch bewirtschaftetes Feld gelangen. Zudem entscheiden auch Erntemethoden (Dieseltraktor), Weiterverarbeitung (zu hohe Destillationstemperaturen) und Lagerung (zu hell und zu warm) mit über die Qualität eines ätherischen Öles.

Bei Pflanzen, die mit viel Handarbeit angebaut werden, entstehen Engpässe durch einen erhöhten Zeitbedarf und Arbeitsaufwand und natürlich auch durch die begrenzte Fläche, die dem biologischen Anbau zur Verfügung steht. Denn neben einem mit Chemikalien verspritzten Feld oder neben viel befahrenen Straßen gedeihen gewiss keine echten „Ökopflänzchen".

Wenn also eine Ölefirma bestimmte Öle über eine bestimmte Zeit nicht liefern kann, ist das eher ein gutes Zeichen. Bei einer seriösen Firma wird das leere Lager nicht durch Aufkäufe von beliebigen Großhändlern gefüllt, sondern man bleibt „seinen" Lieferanten treu und wartet die nächste Ernte ab. Zumindest wollen deutsche Öleabfüller in den vergangenen Jahren nachgerechnet haben, dass alleine die in Deutschland gehandelte Menge an so genanntem „kontrolliert biologisch angebautem Teebaum" die Gesamtproduktionsmenge in Australien überschreiten müsste.

Firmen, die Öle aus kontrolliert biologischem Anbau verkaufen, müssen sich regelmäßig von Kontrollstellen prüfen lassen. Dieser Vorgang und das Aufdrucken des Prüfsiegels auf Preislisten und Etiketten kostet erhebliche Geldsummen, die von kleinen Abfüllern nur schwer aufgebracht werden können.

Biodynamischer Anbau

Beim von der **Anthroposophie** beeinflussten „biodynamischen" oder „Demeter"-Anbau geht man noch einen Schritt weiter. Hier wird, außer der Vermeidung von Giften jeder Art und dem Fruchtfolgewechsel, der Boden gezielt gefördert, etwa mit Kräuterbrühen, die durch Kompostierung oder Vergärung entstanden sind. Auch Hornmehl und Gesteinsmehle dienen der Bodenstärkung. Chemische Düngemittel werden nicht eingesetzt. Aussaat und Ernte erfolgen nach bestimmten kosmischen Rhythmen (Mondkalender, bestimmte Aussaat- und Erntetage).

Nicht der Profit setzt hier die Prioriäten, sondern der respektvolle Umgang mit den Pflanzen und die Bewahrung einer gesunden Natur stehen hier im Vordergrund. Der Demeter-Gärtner oder -Landwirt hat einen fast liebevollen Bezug zu seinen Erzeugnissen und gefährdet auch seine eigene Gesundheit nicht durch Spritzgifte.

Um das Demeter-Logo verwenden zu dürfen, muss sich eine Ölefirma regelmäßig vom Demeter-Verband prüfen lassen; auch hierfür sind erhebliche Geldsummen auf den Endverbraucherpreis aufzuschlagen.

Wildsammlung

Wild wachsende Pflanzen sind sehr **widerstandsfähig**, da sie in der rauen Natur ohne menschliche Hilfe zu überleben gelernt haben. Sie ergeben ein in Duft und Wirkung kräftiges Öl. Wenn sie in abgelegenen Gegenden geerntet werden (also nicht etwa in der Nähe eines Flughafens oder eines Zementwerkes), kann ein Öl aus Wildsammlung eine hervorragende Qualität haben. Bei dieser Art der Ernte sind immer die lokalen Vorschriften zu beachten und gegebenenfalls Gebühren zu bezahlen; auch darf nicht gewildert beziehungsweise Pflanzenbestände gefährdet werden. Es sollte sich von selbst verstehen, dass nur nachwachsende Pflanzen gesammelt werden dürfen und dass keine Bäume gefällt werden.

Mittlerweile gelten etliche öleliefernde Baumarten aus Wildbeständen laut CITES (Convention on International Trade in Endangered Species) als stark **gefährdet** bzw. dezimiert, wie beispielsweise Santalum album (Ostindisches Sandelholz), Amyris balsamifera (Westindisches Sandelholz), alle Aniba-Arten in Südamerika (Rosenholz) sowie Cedrus atlantica in Nordafrika (Atlaszeder). Aquilaria agallocha (Oud) in Laos, Vietnam, Kambodscha etc. wird vermutlich noch zu unserer Lebenszeit ausgerottet sein (Burfield 2004, Wildwood 2004).

Naturgemäß gibt es auch bei Ölen aus Pflanzen, die in der freien Natur gesammelt wurden, immer wieder Lieferengpässe. Werden die „normal" angebauten Pflanzen reichlich und überall angebaut und durch Kunstdünger zu Höchsterträgen gezwungen, erhalten wir von Ölen aus Wildsammlung nur die Menge, die der jeweilige Jahrgang uns liefert. Berglavendel (wild/extra) kann beispielsweise immer wieder mal ausverkauft sein.

Hybriden

Hybriden kommen einerseits in der freien Natur vor. Im Fall der Minzen beispielsweise kann durch diese Sortenvermischung selbst der Fachmann oft gar nicht mehr nachvollziehen, welche Pflanze er vor sich hat.

Die Hybridzüchtung andererseits ist ein Zuchtverfahren zur Erzeugung von so genannten Bastarden, die bessere Eigenschaften als die jeweiligen Ausgangspflanzen haben. Ein Beispiel: Aus Lavandula angustifolia, die sich durch Robustheit, breit gefächerte Inhaltsstoffe sowie einen feinen Duft auszeichnet, und Lavandula latifolia, die kräftig im Wuchs und somit sehr ergiebig in der Destillation ist, züchtete man **Lavandin** (korrekt: Lavandula x intermedia). Es ist etwas flacher in Duft und Heilwirkung als der echte Lavendel, jedoch wesentlich ergiebiger und somit preiswerter als dieser und gleichzeitig nicht so kampferhaltig wie der Speiklavendel.

1.3 Herstellungsverfahren

Gewinnungsverfahren

Je nach Beschaffenheit einer Duftpflanze und dem verwendeten Pflanzenteil kommen unterschiedliche Herstellungsverfahren in Betracht.

Expression (mechanisches Auspressen)

Dieses sehr schonende Verfahren wird ausschließlich zur Gewinnung von Agrumenölen (Zitrusschalenöle) angewandt: von den Schalen der Zitrusfrüchte Orange, Bergamotte, Mandarine, Grapefruit, Zitrone, Limette (letztere wird manchmal auch destilliert). Diese therapeutisch wertvollen „Abfälle" aus der Saftproduktion sind sehr hitzeempfindlich und werden daher mechanisch ausgepresst. Durch Zerstörung der äußeren Schicht der Fruchtschale werden die mit dem bloßen Auge sichtbaren **Ölbehälter** zum Platzen gebracht und der Duftstoff kann in Behältern gesammelt werden.

Früher wurden die Schalen Stück für Stück von Hand in Schwämme ausgedrückt und diese dann wiederum in Behältnisse ausgedrückt. Heute werden die Schalen in großen waschmaschinenartigen Trommeln **abgeraspelt** und mit Wasser heruntergewaschen (Abb. 1.**2**). Dieses Gemisch aus Wasser, ätherischem Öl und festen Bestandteilen wird gefiltert und abzentrifugiert.

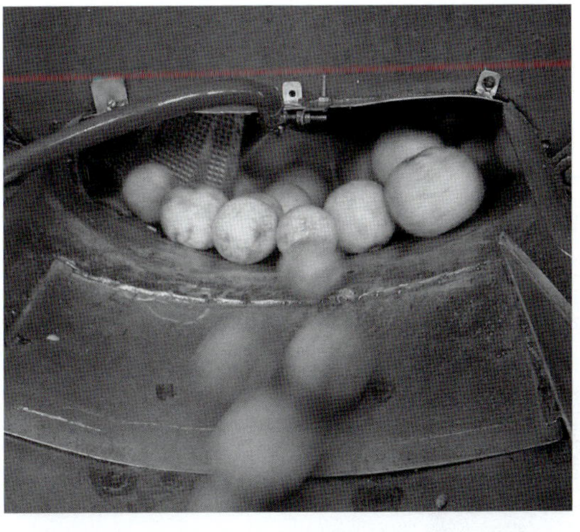

Abb. 1.**2** Trommel, in der Bitterorangen abgeraspelt werden, die Schalenreste werden zur Weiterverarbeitung (Orangeat) geführt.

In der Literatur werden die auf diese Weise gewonnenen Öle gelegentlich als **Essenzen** bezeichnet, da das Endprodukt genau dem Stoff entspricht, so wie er sich in der Pflanzenschale befand. Bei der Destillation (s. nächster Abschnitt) hingegen findet durch die Hitzeeinwirkung und den Druck eine **Verwandlung** statt, man spricht dann von ätherischen Ölen.

Da Insektizide und Herbizide aus großen Molekülen bestehen und zudem eine große Affinität zu Fetten und lipophilen Substanzen wie den ätherischen Ölen aufweisen, gelangen sie je nach Behandlung der Früchte mit in das gepresste Zitrusöl. Deshalb ist es bei diesen Ölen besonders wichtig, Produkte aus kontrolliert-biologischem Anbau zu verwenden.

Auch große Moleküle wie Farbstoffe und die auf der Schale enthaltenen Wachse finden wir in Zitrusölen. Sie können die Flüssigkeit eintrüben, ohne Qualitätseinbußen hervorzurufen. Jedoch sind die Wachse anfällig für Oxidationsprozesse; Zitrusöle verderben auch wegen der reichlich enthaltenen Monoterpene (vor allem Limonen) recht schnell, manchmal innerhalb eines Jahres.

Destillation

Die Gewinnung von ätherischen Ölen durch Wasserdampfdestillation ist die billigste Art der Gewinnung, jedoch werden die Geruchsqualitäten durch diese negativ beeinflusst. Die fein-blumig duftenden Ester können negativ verseift werden, hydrophile (wasserlösliche) Komponenten gehen teilweise verloren und alle labilen Stoffe werden durch die Hitzeeinwirkung zerstört (Teuscher 1997). Bei jeder Destillation auf Wasserbasis entstehen zwei unterschiedliche Produkte: das **ätherische Öl** und das **Hydrolat**.

Zur industriellen Gewinnung von ätherischen Ölen werden hauptsächlich zwei unterschiedliche Destillationsverfahren eingesetzt:

- Wasserdestillation: zarte Blüten wie Kamille, Rose, Ylang Ylang
- Wasserdampfdestillation: Kräuter, Zweige mit Blättern/Nadeln, Hölzer, Samen, Wurzeln

Das Grundprinzip der Destillation ist einfach: Wasser wird verdampft und sofort wieder abgekühlt, also kondensiert. Allerdings braucht man bei der Gewinnung von ätherischen Ölen nicht nur genügend Know-how, um den richtigen Druck, die passende Temperatur und die Länge des gesamten Vorganges einzustellen, sondern auch viel Fingerspitzengefühl, so dass man hier zu Recht von einer (handwerklichen) Kunst sprechen kann.

Der Chemiker, Pharmazeut und Dufteforscher **Paolo Rovesti** (1902–1983) entdeckte auf einer seiner zahllosen Expeditionen rund um die Welt in Taxila, Nordpakistan, das älteste erhaltene Destillationsgerät der Welt. Es ist aus Terrakotta geformt und befand sich damals in einer Ecke des dortigen Museums, verkannt als Gerät zur Reinigung von Wasser. Mit diesem 5000 Jahre alten Apparat ging mutmaßlich auch das Wissen um die Destillation zunächst verloren: In der Nähe fand man nicht nur viele kleine Behälter zur Aufbewahrung von Duftstoffen, sondern auch Skelette, zwischen deren Rippen sich noch Messer befanden. Mit diesen ermordeten Destillateuren verschwand zunächst das Wissen um die Kunst des Destillierens. Bis zu diesem Fund glaubte man, die Araber hätten diese Kunst im 10. Jahrhundert erfunden (Rovesti und Fischer-Rizzi 1997).

Temperatur, Druck und Zeit und müssen beim Destillationsvorgang der jeweiligen Pflanze angepasst werden. Allgemein lässt sich sagen, dass die Temperatur 100 Grad Celsius nicht übersteigen sollte, der Druck sollte nur leicht über dem atmosphärischen Druck liegen. Die Destillationszeit erstreckt sich immer auf über eine Stunde (Tab. 1.**4**), sie kann bis zu 100 Stunden dauern wie beim Sandelholz. Man kann auch während des Destillationsvorganges so genannte Fraktionen entnehmen, diese enthalten die bis zu dem jeweiligen Zeitpunkt gelösten Inhaltsstoffe. Bei den unterschiedlichen Qualitäten des Ylang Ylang ist diese Praxis zum Beispiel üblich.

Ätherische Öle

Die Inhaltsstoffe von ätherischen Ölen haben ein Molekulargewicht von 136 – 225, selten erreichen sie 250 und mehr. Aufgrund dieses Gewinnungsverfahrens enthalten sie darum keine Schwermetalle, da deren Moleküle für die Destillation zu schwer sind (Price und Price 1995).

Hölzer, Rinden und Wurzeln muss man vor der Destillation zerkleinern, um die Zellen, die die Duftstoffe einschließen, aufzusprengen. Weiche Blätter und Blüten enthalten ihre Duftstoffe an Härchen oder an leicht zugänglichen Duftdrüsen und benötigen kaum Vorbereitung. Manche Pflanzen muss man sofort nach der Ernte auf dem Feld destillieren (Melisse, Ylang Ylang); manche Pflanzen sollte man vor der Destillation einige Tage lagern (Muskatellersalbei, Pfefferkörner und eventuell Pfefferminze).

Der Vorgang im Detail:
In einem sich nach oben verjüngenden Behälter (**Alambic**) wird das Pflanzenmaterial auf ein Sieb platziert, unter dem sich siedendes (Brunnen-) Wasser befindet. Durch die Hitze und den entstehenden Druck reißt der Wasserdampf die winzigen Duftmoleküle **mechanisch** mit sich hoch (Huckepack-Verfahren). In einer Kühlschlange wird der aufgestiegene Dampf sofort abgekühlt, er kondensiert. Dieses Kondenswasser, Hydrolat genannt, gelangt zusammen mit dem ätherischen Öl, das sich durch seine geringere Dichte meistens an der Oberfläche abscheidet, in einen zweiten Behälter (Florentiner Vase), von wo beide mit auf entsprechender Höhe platzierten „Wasserhähnchen“ entnommen werden können. Es gibt allerdings auch ätherische Öle, die schwerer als Wasser sind, also zu Boden sinken. Das „Wasserhähnchen“ befindet sich dann ziemlich weit unten an der Florentiner Vase. Das ätherische Öl wird gefiltert und in Glasbehälter abgefüllt.

Nun muss es noch einige Tage belüftet werden, d. h. ohne Verschluss lagern, und anschließend noch einige Wochen in einem kühlen, gut belüfteten Keller ruhen, damit es seine charakteristischen Dufteigenschaften entfalten kann.

Das kondensierte Wasser ist nun kein konventionelles destilliertes Wasser, sondern ein **Hydrolat**, das mit den wasserlöslichen Stoffen (größere Moleküle als im ätherischen Öl) der destillierten Pflanze angereichert ist. Es kann bis zu 3 % des jeweiligen ätherischen Öles enthalten; das hängt von der Wasserlöslichkeit der in ihm enthaltenen Moleküle ab und von der Intensität und Art des Filtrierens.

Tab. 1.**4** Daten zur Herstellung ätherischer Öle

Ätherisches Öl	Ergiebigkeit	Destillationszeit	Haupterntemonate	Preisbeispiel 1 ml in €
Angelikawurzel bio **Angelica archangelica rad.**	0,3 – 0,5 % der getrockneten Ware	4 h und mehr	8/9	9,90
Basilikum bio **Ocimum basilicum**	0,2 – 0,5 % (Komoren) 0,05 – 0,15 % (Frankreich)		8 + 9 in Ägypten 7 + 8 in Indien	1,18
Bergamotte bio **Citrus bergamia per.**	200 kg Schalen für 1 l Öl	–	12 – 3	0,98
Bergbohnenkraut **Satureja montana**	0,2 % (S. montana) 0,1 % (S. hortensis)	2 h	Ende 9	1,98*
Cardamom bio **Elettaria cardamomum**	4 %		2/3 + 8/9	3,38
Cistrose bio **Cistus ladaniferus**	0,1 – 0,2 %	6 h und mehr		3,18
Citronella bio **Cymbopogon citratus**	0,3 – 0,4 %	1,30 – 2 h	3 – 4 ×/Jahr	0,64
Dill bio **Anethum graveolens planta tota**	0,2 – 0,5 %	2 – 3 h	7/8	1,98
Estragon **Artemisia dracunculus**	0,2 – 0,5 %	2 – 2,30 h	6 + 9	1,36
Eukalyptus **Eucalyptus globulus bio** **Eucalyptus citriodora bio** **Eucalyptus radiata bio** **Eucalyptus staigeriana**	 0,7 – 1 % 0,5 – 2 % 2 – 3 % 2 – 2,3 %	 3 h 1,30 – 2 h 1 – 1,30 h	ganzjährig besonders 10 – 3	 0,58 0,64 1,04 0,59*
Fenchel bio **Foeniculum vulgare**	0,4 – 0,6 %	1,30 – 2 h	4 + 5 in Ägypten 3 – 6 in Indien	0,92
Geranie bio **Pelargonium graveolens**	0,1 – 0,15 %	1,30 – 2 h	3 + 4 in Marokko 6 + 7 in Ägypten 4 – 8 – 12 in Réunion	1,18
Gewürznelke **Syzygium aromaticum flos**	15 – 18 % (50 kg für 1 Liter Öl)	8 h und mehr vorher 2 – 3 Tage Trocknung	9 – 3	1,04
Immortelle bio **(Strohblume)** **Helichrysum italicum**	0,3 – 0,4 %	1,30 – 1,45 h schwer zu destillieren	Anfang 7	4,78
Ingwer bio **Zingiber officinale**	2 – 3 %		9 – 11	1,58

Tab. 1.4 (Fortsetzung)

Ätherisches Öl	Ergiebigkeit	Destillationszeit	Haupterntemonate	Preisbeispiel 1 ml in €
Jasmin sambac Absolue **Jasminum grandiflorum**	1000 kg = 8 Millionen Blüten für 1 l		11–4	14.90
Kamille blau bio **Matricaria recutita**	0,05–0,2 %	10–15 h	4/5	10,90
Kamille römisch bio **Anthemis nobilis**	0,1–0,2 %	1 h	7/8	8,90
Karottensamen **Daucus carota sem.**	0,5–0,9 %	2–2,30 h	Spätsommer	1,38
Koriander bio **Coriandrum sativum**	0,15–0,2 %	2 h	3–4 ×/Jahr je reifer, desto höherer Gehalt an Linalool	1,38 Blatt 1,72 Samen
Kümmel **Carum carvi**	3–6 %	6–8 h	6–8	0,73**
Lavendel **Lavandula angustifolia** **Lavandula latifolia**	0,4–0,5 % 0,5–0,7 %	1–1,30 h 1–1,15 h	7/8	0,98 (Lavendel fein bio) 1,18 (Lavendel extra)
Lemongras bio **Cymbopogon flexuosus**	2 %		6–2	0,72
Liebstöckel **Levisticum officinale**	0,05–0,15 %	2–3 h	Ende 7	9,–**
Lorbeer bio **Laurus nobilis**	0,07–0,2 % (Provence) 0,5 % (Marokko)	3 h und mehr halbgetrocknete Blätter		1,58
Majoran bio **Origanum majorana**	0,5–0,8 %	1,15 h ohne Druck	7 + 8	1,18
Mandarine bio **Citrus reticulata per.**	0,3–0,5 %	–	rot: 1 grün: 10 + 11	0,78 0,92
Meerkiefer **Pinus pinaster**	0,25–0,35 %	5 h		2,–**
Melisse bio **Melissa officinalis**	0,01–0,03 %	muss sofort nach der Ernte (auf dem Feld) destilliert werden	Ende 6 + Anf. 9	19,90
Muskatellersalbei bio **Salvia sclarea**	0,05–0,4 % extrem von Temperatur, Wind, Feuchtigkeit abhängig	0,5–3 Tage vorher trocknen	7/8	1,78

Tab. 1.**4** (Fortsetzung)

Ätherisches Öl	Ergiebigkeit	Destillationszeit	Haupterntemonate	Preisbeispiel 1 ml in €
Myrte bio Myrtus communis	0,1 – 0,4 %	3 h	Frühling und Herbst	1,24 (Anden) 0,98 (Türkei)
Neroli (marokkanisch) Citrus aurantium flos	0,07 – 0,15 % bis 1500 kg Blüten für 1 l	2,30 – 3 h	5 + 10	13,90
Niaouli bio Melaleuca viridiflora	0,2 – 1,5 % 50 kg für 1 l	3 h und mehr		0,92
Orange Citrus sinensis per.	0,5 %, 200 – 300 kg Schalen für 1 l Öl	–	1 + 2	0,44
Palmarosa bio Cymbopogon martinii	1 – 1,3 %	3 – 4 h		0,78
Patchouli bio Pogostemon cablin	35 kg Blätter für 1 l	vorher trocknen und fermentieren		1,18
Petit Grain bio Citrus aurantium ram. und fol.	0,3 – 0,4 % 100 – 200 kg=1 l		1 0 – 3	1,38 (Bigaradier) 1,44 (Clementinier)
Pfeffer bio Piper nigrum	2 %		9 – 11	1,72 (grün) 1,92 (schwarz)
Pfefferminze bio Mentha piperita	0,3 – 0,7 %	1 – 1,30 h vorher 2 – 3 Tage trocknen	bis zu 3 Ernten im Sommer, im August höchste Ausbeute	0,98
Ravintsara bio Cinnamomum camphora	0,4 – 0,8 %	10 – 13 h		1,24
Rose Rosa damascena	0,033 – 0,025 % (destilliert) 0,2 – 0,25 % (Absolue)	1/2 – 1 h	Ende 5 + 6	39,– (indisch) 29,90 (Türkei bio) 29,90 (Bulgarien) 13,90 (Absolue Marokko)
Rosenholz Aniba rosaeodora	1 %	3 h		1,18
Rosmarin bio Rosmarinus officinalis	0,2 – 1 % meistens um 0,5 %	1,30 – 2 h vorher 3 Tage trocknen	4 – 7	0,98
Salbei bio Salvia officinalis	0,4 – 1 %	2 h und mehr	8 + 9	1,18

Tab. 1.**4** (Fortsetzung)

Ätherisches Öl	Ergiebigkeit	Destillationszeit	Haupterntemonate	Preisbeispiel 1 ml in €
Sandelholz **Santalum album**	bis zu 6 % 20 kg Kernholz für 1 l	100 h (zweimalige Destillation)	ganzjährig	3,18
Teebaum **Melaleuca alternifolia**	1 – 2 % 50 – 100 kg Blätter für 1 l	1 – 4 h	ganzjährig	0,98 (WS) 078 (kbA)
Thymian bio **Thymus vulgaris** **Ct. Linalool** **Thymus vulgaris** **Ct. Thymol**	0,3 – 0,5 % (Ct. Thymol) max. 0,2 % (Ct. Linalool)	1,30 h je länger, desto höherer Phenolgehalt	5 + 6	1,78 1,24
Vetiver bio **Vetiveria zizanoides**	2 %		5 – 9	1,38
Wacholder bio **Juniperus communis** **fruct.** **fruct. und ram.**	0,2 – 0,4 % 0,05 – 0,2 %	2,30 h 6 h	Spätherbst (erste Fröste) Frühling	1,72 1,78
Weihrauch **Boswellia sacra** **Boswellia serrata**	20 kg Gummiharz für 1 l		ganzjährig	1,58 1,04
Ylang Ylang extra bio **Cananga odorata gen.**	1 – 2 %	1 8 – 24 h	ganzjährig, vor allem 4/5 und 10 – 12	1,38
Ysop bio **Hyssopus officinalis** **Hyssopus decumbens**	0,1 – 0,3 % 0,15 – 1,3 %	2 h 2,30 h	8/9	2,18 1,98
Zeder bio **Cedrus atlantica**	3 – 3,5 %		ganzjährig	0,98
Zimt **C. zeylanicum cort.** **C. zeylanicum fol.**	0,6 % 1,8 %		5 – 12 in Ceylon	1,98 0,72
Zitrone **Citrus limonum per.**	0,5 %, etwa 3000 Zitronen = ca. 200 kg Schalen für 1 l Essenz	–	5 – 7 in Italien 1 – 6 in Israel 2 – 5 in Brasilien	0,78 (bio) 0,58 (konventionell)
Zypresse bio **Cupressus sempervirens**	0,5 – 0,8 %	2 h, dann Pause (8 h), dann nochmals 3 h	11 – 3	1,04

Diese Angaben bieten nur Anhaltspunkte, die Erträge und Herstellungszeiten schwanken enorm je nach Land, Destillationsgeräten, klimatischen Bedingungen etc.
Die Preise basieren auf Ölen der Firmen Primavera Life, Farfalla (*) und Maienfelser Naturkosmetik Manufaktur (**). Die angegebenen Preise sind Endverbraucherpreise für die jeweils geringste Abgabemenge (1 oder 5 ml).
100 kg für 1 l ä. Ö. = 1 %; 250 – 1000 kg für 1 l ä. Ö. = 0,1 – 0,4 %
Quellen: Philippe Mailhebiau: La Nouvelle Aromathérapie; Julia Lawless: Aqua Oleum, the Essential Oil Catalogue; Theo Vogel, Rita Nussbaumer: Die Duftfibel

Das Hydrolat (Hydrosol, Aquarom) kann mehrmals diesen Prozess der Destillation durchlaufen; es wird dadurch in Duft, Haltbarkeit und Wirkung intensiver (z. B. Rosenhydrolat).

Bei der Destillation können nicht nur Inhaltsstoffe der Pflanze zerstört werden, sondern es werden auch manche Inhaltsstoffe der Pflanze umgewandelt. Beispielsweise entsteht nur auf diese Weise das blaue **Chamazulen** aus Matricaria chamomilla (deutsche Kamille); es ist in der lebenden Pflanze in der Vorstufe **Matrizin** (Proazulen) zu finden. Chamazulen entsteht durch Verseifung, Wasserabspaltung und Decarboxylierung aus Matrizin (Schilcher 1987). Auch das Rosenoxid entsteht erst bei der Destillation von Rosenblüten; es ist in der lebendigen Rose nicht enthalten. Durch Zerstörung mancher für den Duft entscheidenden Stoffe kann ein ätherisches Öl ganz anders als die entsprechende Pflanze riechen, beispielsweise Basilikumöl.

Die **Ergiebigkeit** der Wasserdampfdestillation ist sehr unterschiedlich (Tab. 1.**4**) und hängt nicht nur von der Größe der Ölorgane der Pflanze ab, sondern auch von den Apparaturen und sogar vom Wetter. Die Erträge belaufen sich auf winzige 0,01 % für Melissa officinalis (Melisse) (4000 – 12 000 kg Pflanze für 1 kg ätherisches Öl), über 0,025 % für Rosenöle (bis zu 4000 kg Blütenblätter ergeben 1 Liter ätherisches Öl), bis zu 6 % für Sandelholz und 18 % für die Knospen der Gewürznelke.

Die **Wasserdestillation** wird zur Gewinnung von Blütenölen praktiziert: Bei diesem Verfahren werden die Pflanzenteile mit dem kochenden Wasser vermengt, der restliche Ablauf ist wie oben beschrieben. Die Wirksamkeit der Inhaltsstoffe kann jedoch unter der länger anhaltenden Hitze leiden. Rosen-, Neroli-, Ylang Ylang- und manche Kamillenöle werden auf diese Weise gewonnen.

Bei der **Hydrodiffusion** (Perkolation) wird das Verfahren umgekehrt angewendet: Die Pflanzen werden von oben mit Wasserdampf „beschossen", der Kontakt mit dem heißen Dampf ist also wesentlich kürzer, da er nicht aufsteigen muss, sondern in einen Behälter „fällt". Danach läuft auch dieses Verfahren wie oben beschrieben. Es wird jedoch noch nicht häufig angewendet.

Meine Schilderung eines langen Mai-Nachmittags in der Provence mag die geringe Ergiebigkeit und die Kostbarkeit der ätherischen Öle illustrieren:

> „Etwa sieben Freiwillige helfen bei der Ernte von wildem Thymian. Die Handhabung der frisch geschliffenen Sicheln wird im Schnellverfahren gelernt. Auch, wie die Bienen von dem blühenden Kraut verscheucht werden. Reichlich Pflaster liegt bereit und wird in den nächsten Stunden auch oft benötigt. Manche Erntehelfer schneiden stundenlang trotz der heißen Sonne und der stechenden Insekten. Es werden viele Säcke des duftenden Thymians eingefahren, am nächsten Tag soll die Destillation stattfinden.
> Das Ergebnis von einer knapp halbvollen Literflasche löst Entsetzen unter den freiwilligen Landarbeitern aus: Für insgesamt über zwanzig Stunden harter Arbeit so wenig ätherisches Öl! Der Bauer hingegen freut sich über einen recht guten Ertrag. Er wird keine fünfundzwanzig Euro für den halben Liter bekommen. Dieser idealistische Broterwerb zwingt zu einem bescheidenen Leben."

Hydrolat

Das bei der Gewinnung von ätherischen Ölen durch Destillation gewonnene „destillierte Wasser" ist mit den wasserlöslichen Bestandteilen der jeweiligen Pflanze versetzt. Beim Rosenwasser ist es zum Beispiel der den Duft wesentlich prägende und anästhetisch wirksame Phenylethylalkohol. Dieses Hydrolat duftet deshalb für viele Menschen sogar angenehmer als das Öl selbst. Das ätherische Öl enthält im Gegensatz dazu „nur" die fettlöslichen, leicht flüchtigen Inhaltsstoffe dieser Pflanze.

Die Heilwirkung von Hydrolaten wird leider noch oft vergessen. Manchmal – zumindest in bestimmten Bereichen – ist deren Heilwirkung sogar deutlicher zu erkennen als die der ätherischen Öle. Sie bilden einen komplementären Teil der Aromatherapie, werden aber noch nicht besonders ernst genommen – vielleicht, weil sie teilweise immer noch als „wertlose Abfallprodukte der Destillation" angesehen und entsorgt werden. Zudem sind sie nicht sehr lange haltbar: je nach Sorte, Abfüllmethode und Endverbraucher-Flaschenart oft weniger als ein halbes Jahr (Catty 2001).

Abb. 1.3 Menge an Thymiankraut, die für einen halben Liter Thymianöl benötigt wird.

Der Bedarf an Forschung zu Befall von Mikroorganismen und vor allem zu detaillierten Therapiemöglichkeiten bietet heutzutage noch ein enormes Betätigungsfeld. Für die Behandlung von Kindern, Schwangeren und gebrechlichen Menschen jedoch sind sie optimal, da sie eine sehr sanfte Wirkung haben.

Sie eignen sich gekühlt hervorragend für **Kompressen** bei Prellungen, Verbrennungen oder Fieber; man gefriert sie zu Platten oder Würfeln und wickelt sie vor Gebrauch in sterile Wundkompressen. Auch zum Ansetzen von Bachblütenpräparaten sind sie eine gute Ergänzung. Zur Herstellung von Cremes, Deos und Haarwässern sind sie ausgezeichnet geeignet. Und natürlich auch zum Kochen.

Die kommerziell erhältlichen so genannten „...-Wässer“, also „Rosenwasser“, „Neroliwasser“ usw. müssen nicht zwangsläufig Hydrolate sein. Hier wird oft destilliertes Wasser mit einigen Tropfen ätherischen Öles verschüttelt (oft wird sogar synthetisches Öl verwendet) oder mit einem Lösungsvermittler aufgelöst. Die Wirkung entspricht hier bestenfalls der Wirkung des verwendeten Öles, die wasserlöslichen Bestandteile der jeweiligen Pflanze fehlen zwangsläufig.

Gute Hydrolate werden bei mehreren Destillationsvorgängen angereichert (Kohobation). Sie duften dann entsprechend „rund“ und die Wirksamkeit ist vermutlich etwas stärker als bei einfach destillierten Hydrolaten.

Der Preis der von weit her transportierten Hydrolate ist recht hoch, wenn man bedenkt, welch schwere Ware rund um den Globus reist; man kann sie ja nicht in Form von Konzentraten, wie beim Orangensaft, verschicken. Jedes ätherische Öl (das also durch Destillation gewonnen wurde) hat sein entsprechendes Hydrolat, jedoch ist es aus diesen geschilderten Gründen bei uns nicht immer oder nur selten erhältlich.

Hydrolate in unangebrochenen Flaschen können bei kühler Lagerung in dunklen Flaschen **bis zu einem Jahr haltbar** sein, auch danach kann man sie z. B. noch im Garten zur Spritzung gegen Insekten oder zur Vertreibung von Ameisen einsetzen. Einige Firmen konservieren ihre Hydrolate durch Zugabe von ca. 15 % Alkohol; diese Hydrolate sind nicht zur Behandlung von Schleimhäuten geeignet und auch nicht zur Pflege von Babyhaut oder von zur Trockenheit neigender Haut.

Hydrolate eignen sich vorzüglich zur inneren Einnahme. Man sollte jedoch beachten, dass sie wesentlich konzentrierter wirken als beispielsweise ein Tee der gleichen Pflanze; also sollte man sie verdünnen, will man beispielsweise ein Glas Pfefferminzwasser trinken (Catty 2001).

Es werden auch Pflanzen destilliert, aus denen man kein ätherisches Öl gewinnen kann, beispielsweise Hamamelis und Kornblume. Hier steht nur die Hydrolatgewinung im Mittelpunkt.

Rosenhydrolat: Wird vor allem bei der Gesichtspflege (Cremeherstellung, Gesichtswasser, Tonerdemaske) verwendet und als äußerst wirksame Kompresse bei Entzündungen und Schwellungen, vor allem der Augenbindehaut. Für fiebernde Kinder sind Auflagen mit zimmerwarmem Rosenhydrolat auf Stirn und Wangen geeignet. Verletzungen und Narben, die stark anschwellen, verlieren das Spannungsgefühl durch eiskalte Rosenhydrolat-Kompressen, Schmerzen können ganz verschwinden. Zudem ist es eine gute Grundlage für Naturparfums. Es eignet sich sehr gut in einer kleinen Sprühflasche zum Erfrischen von Mensch und Raum. Bekannt ist es auch für die Marzipanherstellung und für viele orientalische Speisen. Zur Herstellung von Bachblütenmitteln ist es eine wunderbare Ergänzung; auch alleine genommen wirkt es harmonisierend auf gereizte Nerven, entspannend auf die Seele. Für all diese Zwecke muss nochmals daran erinnert werden, dass keine in Apotheken erhältliche verschüttelte Ware oder „Rosenwasser in Speisequalität" verwendet wird.

Lavendelhydrolat: Zum Entspannen und Abschalten in der Badewanne, zur Shampooherstellung, gekühlt oder gefroren als Kompresse bei Verbrennungen und Insektenstichen.

Melissenhydrolat: Innerlich als „Schlummertropfen" zum Beruhigen, zum Harmonisieren im Klimakterium, bei Stresssymptomen, stark wirksam gegen Herpes simplex und zoster sowie bei entzündlichen Hauterscheinungen. Es lässt sich hervorragend mit Rosenhydrolat mischen, die Wirkungen scheinen sich bestens zu ergänzen.

Minzenhydrolat: Am besten mit kaltem Mineralwasser aufgießen, eventuell etwas süßen und an heißen Tagen zur Erfrischung genießen. Auch für wach machende Abreibungen am Morgen und zur Belebung im Sommer auf die Unterarme geben. Für lange Reisen in eine Sprühflasche geben und das Gesicht regelmäßig erfrischen. Bei fettiger Haut als Gesichtswasser. Besonders gut zum Einfrieren für kühlende Kompressen bei Prellungen und Kopfschmerzen, etwas angewärmt (fünf Grad weniger als Körpertemperatur) ist es besser für Waschungen bei hohem Fieber geeignet als Pfefferminzöl, welches ca. zehn Minuten nach Auftragen die Wärmerezeptoren reizt (Carle 1993).

Myrtenhydrolat: In Kombination mit Rosmarinhydrolat wirkt es als morgendliche Abreibung oder im Duschgel belebend und manchmal sanft Blutdruck steigernd, es wirkt straffend in Auflagen bei Krampfadern und ist ein gutes Gesichtswasser bei erweiterten Poren und Äderchen. Bei gereizten oder gar entzündeten Augen von Allergikern zeigt es als kühle Kompresse abschwellende Wirkung (Schnaubelt 1995).

Nerolihydrolat: Dieses Hydrolat aus den Blüten des Orangenbaumes duftet frisch, „hell", es erinnert ein wenig an Kölnisch Wasser. Bei der Naturkosmetikherstellung ist es äußerst beliebt; es ist zudem ein „Jungbrunnen" für die Seele: bei Irritationen, schlechter Laune, depressiven Verstimmungen bis hin zu seelischen Schocks kann man es ins Gesicht und auf die Unterarme sprühen und fühlt sich im Nu „wieder belebt". Auch ist es ideal für die Naturparfumherstellung geeignet sowie für die pure Anwendung in der Duftlampe.

Rosmarinhydrolat: Es eignet sich sehr gut zur Herstellung belebender Duschgels, auch Shampoos. Ein klärendes Gesichtswasser und ein regenerierendes Haarwasser lassen sich gut damit zusammenstellen. Am Morgen eingenommen (ein Teelöffel) wirkt es als Kreislauf stimulierendes Mittel.

1

Extraktion

Bei der Extraktion mithilfe flüchtiger **Lösungsmittel** gewinnen wir die größeren Duftmoleküle einer Pflanze. Das so gewonnene Produkt erinnert im Duft stärker an die Ursprungspflanze als ein destilliertes Öl aus derselben Pflanze. Jedoch werden sie in der streng medizinisch orientierten Aromatherapie selten angewandt, da noch minimale Lösungsmittelrückstände darin enthalten sein können. Wir unterscheiden Absolues und Resinoide.

Resinoide

Für die Gewinnung von Resinoiden wird der betreffende Busch oder der Baum verletzt. Das nun zum Schutz gebildete **Harz**, das austritt – manchmal trocknet es zunächst an der Luft – wird eingesammelt und mit Lösungsmitteln wie Chlorkohlenwasserstoffen (giftig) oder Alkohol verrührt, unter Wärmeeinwirkung extrahiert und anschließend filtriert. Je nach Duftwunsch kann man unterschiedliche Kohlenwasserstoffe verwenden; sie lösen unterschiedliche Duftbestandteile (vor allem für die Parfumindustrie sehr wichtig). Das Lösungsmittel wird dann in anschließenden Destillationen mehr oder weniger vollständig verdampft, weshalb es wichtig ist, dass ein Resinoid rückstandskontrolliert ist.

Die Resinoidherstellung wird meistens an **Benzharzen** (Benzoe, Guajak, Perubalsam) und **Gummiharzen** (Myrrhe) vorgenommen; das merkt man an der klebrigen Konsistenz und der braunen Farbe. **Terpenharze** (Olibanum, Mastix und Elemi) werden meistens destilliert; sie sind dann dünnflüssig und klar.

Absolues

Ähnlich wird beim Absolue verfahren: Die Duftstoffe der Pflanzenteile (vor allem nicht destillierbare Blüten wie Jasmin, Tuberose, Mimose, aber auch Rose) werden mit **Lösungsmitteln** wie Hexan, Petrolether (Hexan/Pentan), Toluol, Methanol oder Äthanol (Trinkalkohol) gelöst. Die Wahl des Lösungsmittels hängt von den gewünschten Inhaltsstoffen des zu extrahierenden Pflanzenmaterials ab.

Pflanzen und Lösungsmittel werden zunächst in dichten Behältnissen vorsichtig vermengt und erwärmt. Dadurch werden nach und nach die Duftstoffe in das Lösungsmittel abgegeben. Dieses wird in anschließenden Destillationen abgedampft.

Es entsteht zunächst eine lösungsmittelfreie farbige Paste, da auch Farbstoffe und Wachse mit gelöst werden: das **Concrète**. Durch die enthaltenen Wachse ist es nur teilweise in Alkohol löslich; daher müssen diese entfernt werden. Dazu erwärmt man das Concrète zusammen mit Alkohol auf etwa 50 Grad, lässt es auf 5 Grad abkühlen und kann es nun filtern. Den Alkohol verdampft man in zwei Destillationsvorgängen. Nun hat man ein Absolue gewonnen, das in Alkohol löslich ist.

Die Ergiebigkeit liegt bei dieser Extraktionsmethode, verglichen mit ihrer destillierten Version, etwas höher als bei der Destillation. Das erklärt, warum zum Beispiel das so genannte Mairosen-Absolue aus Rosa centifolia deutlich preiswerter sein kann als das destillierte ätherische Öl (die Hälfte und weniger für einen Milliliter).

Absolues haben meistens einen Duft, der mehr an die Ursprungspflanze erinnert als das entsprechende destillierte Öl. Denn die Lösungsmittel lösen duftrelevante Stoffe aus der Pflanze heraus, die bei der Destillation durch Druck und Hitze verloren gehen.

Vorausgesetzt, das Lösungsmittel wird verantwortungsvoll aus dem Absolue entfernt, haben wir beispielsweise bei dem extrahierten ätherischen Öl der Rose ein etwas anderes therapeutisches Spektrum: durch einen hohen Anteil des hydrophilen *Phenylethylalkohols* wirkt es wesentlich stärker entzündungshemmend und schmerzlindernd als das Rosendestillat.

Die bekanntesten Absolues: Akazie, Cassis, Champaca, Eichenmoos, Frangipani, Ginster, Heu, Heliotrop, Hyazinthe, Iris, Jasmin, Lotus, Magnolie, Mimose, Narzisse, Neroli, Osmanthus, Rose, Tabak, Tonka, Tuberose, Vanille, Veilchenblätter. Bis auf Iris, Magnolie, Neroli und Rose können die Duftstoffe dieser Pflanzen nicht durch Destillation gewonnen werden.

Die Blütenwachse kann man gelegentlich kaufen. Sie duften noch recht intensiv nach der jeweiligen Blüte. Aus einer Tonne Blüten gewinnt man ca. 1 Kilo Wachse. Sie eignen sich als reines Pflanzenparfum und können auch einer selbst gemachten Creme beigemischt werden.

Eine Besonderheit ist die Extraktion mit neuartigen Lösungsmitteln, die einen extrem niedrigen Siedepunkt haben, etwa bei –30 Grad Celsius. Denn das Abdampfen der sonst gebräuchlichen Lösungsmittel unter Wärmeeinwirkung (beispielsweise Hexan) kostet wertvolle Geruchsbestandteile des damit gewonnenen pflanzlichen Duftstoffes. Nun kann das Lösungsmittel bei Raumtemperatur, ohne den Extrakt zu beeinträchtigen, verdampfen. Zudem benötigt man bei diesem Gewinnungsverfahren keinen hohen Druck, wie bei der Kohlendioxid-Extraktion.

Der Brite Peter Wilde hat ein Verfahren entwickelt, das er **Phytonics** nennt, mit dem man auf diese Weise sehr naturgetreu duftende Extrakte aus Rosen („Rose Oil Phytol“ genannt) gewinnen kann. In diesem Öl wurden 290 pharmakologisch wirksame Bestandteile identifiziert, im destillierten Rosenöl etwa 210. Ob die verwendeten, streng geheim gehaltenen Lösungsmittel in Gewinnung, Verarbeitung und Entsorgung umweltfreundlich sind, wird verschwiegen. Es wird nur betont, dass sie FCKW-frei sind, und somit nicht den Ozonmantel der Erde beschädigen sollen (Tisserand 1994).

Die **Kohlendioxid-Extraktion**, die streng genommen eine Destraktion ist, ist ein relativ neues Herstellungsverfahren (Anfang der 80er-Jahre). Es ist sehr teuer, da die kostspieligen Apparaturen für einen extrem hohen Druck konstruiert sein müssen, so, als stünden sie vier Kilometer unter der Meeresoberfläche (75 bar). Es wird nur eine Wärmezufuhr von unter 31 Grad Celsius benötigt, was ermöglicht, temperaturempfindliche natürliche Duftstoffe zu gewinnen (Hall, Klemme, Nivenhaus 1985).

Inwieweit sich die Abwesenheit von Hitze auf das entstandene ätherische Öl positiv auswirkt, ist noch nicht klar. Der hohe Druck könnte sich als negativ für einige Bestandteile erweisen, zumindest was die eher feinstoffliche Energie der so gewonnenen Öle anbelangt. Der Duft dieser Öle ist jedoch voller, runder und naturgetreuer, zudem sind ganz andere Inhaltsstoffe zu finden als in den entsprechenden destillierten Ölen der gleichen Pflanze. Im Ingwerextrakt befinden sich die Scharfstoffe der frischen Pflanze; dieser Duftstoff kann somit die Schleimhäute reizen, im Gegensatz zum milden Ingwerdestillat.

Enfleurage

Das sehr schonende Extraktionsverfahren der Enfleurage wird heute kaum noch angewandt, da es zu aufwändig ist, auch wenn auf diese Weise hervorragende Düfte gewonnen werden können. Ein Jasminöl, das durch Enfleurage gewonnen wird, riecht viel feiner als das aus einer Hexan-Extraktion. Es kostet jedoch auch mehr als das Sechsfache und ist kaum noch erhältlich.

Dünn mit Fett bestrichene Glasplatten (meistens Schweinefett) werden in Handarbeit immer wieder mit Blüten – vor allem Jasmin oder Tuberose – belegt und etwa 12 Stunden kühl und dunkel gelagert. Diese Prozedur wird 36-mal wiederholt. Dabei lösen sich die (fettlöslichen) Duftstoffe und sättigen nach und nach das Fett. Es entsteht die so genannte „Pomade 36“, aus der die kostbare Essenz mit Alkohol herausgelöst wird. Dieser wird anschließend abgedampft.

Attars

Die Herstellung von Attars beruht auf einer etwa 200 Jahre alten indischen Tradition. Die schwierige Gewinnung von seltenen Blütendüften beruht oft auf Geheimrezepturen.

Wichtig sind hier transportable Destillen, die zum Ernteort gebracht werden, so dass auch die allerempfindlichsten Blüten frisch und zügig verarbeitet werden können. Auch muss das Feuer zum Erhitzen des Destillationswassers extrem sorgfältig überwacht werden, es muss sehr gleichmäßig brennen. Für diesen Zweck wird meistens getrockneter Kuhdung verwendet.

Die Blüten werden per Wasserdestillation destilliert. Das kondensierte Wasser samt ätherischen Ölen wird jedoch nicht in einem leeren Behälter aufgefangen, sondern in einem Behälter, der fünf Kilo fertigen ätherischen **Sandelholzöles** enthält. Dieses Auffangbehältnis steht in einem kalten Wasserbad, damit das empfindliche Attar nicht durch unnötige Wärmeeinwirkung verdorben wird.

Dasselbe Sandelholzöl kann und soll die Duftstoffe aus mehreren Destillationsvorgängen aufnehmen. Hier kann es sich immer um eine Blütenart handeln; das können aber auch sorgsam aufeinander abgestimmte Kompositionen der unterschiedlichsten Blütenarten sein.

Attars werden meist unter ihrem indischen Namen verkauft: Gulab (Rosa damascena), Motia (Jasminum sambac), Chameli (Jasminum grandiflorum), Kewda (Pandanus odoratissimus), Shamama (Mischung aus Kräutern, Blüten und Gewürzen), Mitti (eine spezielle Erde, die destilliert wird, das Attar duftet nach frischem Regen auf heißer Erde), Saffron Attar (Safran) (Lindenmann 2005).

Da aufgrund von Naturschutzmaßnahmen bereits eine Verknappung von Sandelholzöl aus Indien eingetreten ist, gehören Attars zu den Produkten, die sparsam eingesetzt werden sollten.

Naturidentische und synthetische Düfte

Für die Parfum- und Kosmetikherstellung werden auf der ganzen Welt tausende von Tonnen an Duftstoffen benötigt. Bei der Komposition eines ganz großen Parfums ist man zudem auf über lange Zeit erhältliche und absolut identische Einzeldüfte (Monosubstanzen) angewiesen. Hier muss die Chemie einspringen, die standardisierte und preiswerte Ware liefern kann.

„Naturidentische" ätherische Öle entsprechen zumindest in Bezug auf wenige charakteristische Duftmoleküle einer Pflanze dem chemischen Aufbau der kopierten Substanz. Das raffinierte Zusammenspiel von hundert bis dreihundert Inhaltsstoffen eines von der Natur „komponierten" ätherischen Öles lässt sich so freilich kaum erreichen. Zudem wäre die Kopie aus dem Labor dann viel teurer als das natürliche Original. Also ist die Bezeichnung „naturidentisch" nur eine vornehme und irreführende Umschreibung von „synthetisch". Ein Chemiker weiß, dass synthetische Substanzen üblicherweise in einer Reinheit von 85–90% hergestellt werden, ansonsten wäre der (finanzielle) Aufwand sehr hoch. Synthetische ätherische Öle sind also meistens mit mindestens 2% an chlorierten Verbindungen (CKW) verunreinigt, die von unserem Organismus nicht abgebaut werden, sich beispielsweise im Nerven- und Fettgewebe anreichern und so im schlimmsten Falle Krankheiten auslösen können (Wabner 1996).

Einzelne synthetisierte Stoffe haben zwar die gleiche Wirkung der entsprechenden natürlichen Ebenbilder; im synthetischen Öl fehlt jedoch die entscheidende und meistens besser verträgliche Synergie mit den minoritären Bestandteilen des Öles. Eine solche Kopie aus der Retorte hat auch keine lebendige Energie gespeichert; im Sinne der Naturheilkunde ist sie eine tote Substanz.

Die Bezeichnung „synthetisch" auf Ölefläschchen bezieht sich auf Phantasieprodukte des Chemikers, die im Duft jedoch sehr nah an das kopierte Original herankommen können; sie orientieren sich jedoch nicht zwangsläufig an natürlichen Molekülen.

Viele „natürliche" Düfte, die wir kennen und die sogar häufig in „Naturkosmetik" vorkommen, sind in der Retorte entstanden. Typische Vertreter davon sind: Flieder, Maiglöckchen, Freesie, Geißblatt, Lilie, Apfelblüte, Veilchen(blüte), Gardenie, Lindenblüte, Reseda, Kokos und noch unzählige Fruchtdüfte wie zum Beispiel Pfirsich, Aprikose, Himbeer und Erdbeer.

Es ist fast unvorstellbar, dass so stark duftende Blüten wie die vom Maiglöckchen oder vom Flieder ihren Duft nicht „einfangen" lassen. Die Duftstoffe sind jedoch extrem hitzeempfindlich und lassen sich auch nicht mit den heutigen Lösungsmitteln gewinnen. Es gibt vereinzelt Lindenblüten- und auch Gardenienabsolue, sie sind jedoch nicht für ein paar Euro zu erstehen und auch Allerweltskosmetik wird nicht damit beduftet.

Vanille, obwohl als Extrakt gut zu gewinnen, wird übrigens fast immer synthetisch eingesetzt. Sie riecht dann gefälliger, einfach „leckerer". Es finden sich leider immer wieder so genannte „natürliche" Körperöle und Cremes, die damit beduftet sind.

Mit der modernen „**Headspace-Technik**" lassen sich auch ganz diffuse Düfte einfangen und rekonstruieren wie „die Erde nach einem Regenschauer" oder „der Apfelkeller meiner Großmutter". Hierfür werden mit Hilfe einer gläsernen Kugel, die einen Filter enthält, und einer Ansaugpumpe minimale Mengen eines Duftes eingefangen (ein bis dreihundert Millionstel Gramm). Diese Duftmoleküle werden mit einem Lösungsmittel gebunden und im Gaschromatographen analysiert. Nun muss nur noch nachgebaut werden.

Auf diese Weise lassen sich sehr schöne Blütendüfte imitieren, da die Glasglocke den Duft der lebendigen Blume einfängt; sie muss zur Analyse also nicht erst gepflückt und dadurch im Duft verändert werden.

Sehr eindrucksvoll lässt sich der Unterschied zwischen Kunstduft und natürlichem ätherischen Öl mithilfe der Kinesiologie testen. Die meisten Menschen reagieren beim Riechen eines synthetischen Öles deutlich mit einer Schwächung ihres (Muskel-) Systems. Auch Verfahren wie die Kirlian-Fotografie, die anthroposophischen Fließbilder oder die Photonenmessung nach Popp geben Aufschlüsse über die Vitalität eines Öles.

1.4 Qualitätsprüfung

Jedes Fläschchen mit ätherischem Öl, das wir kaufen, sollte mit einer Chargennummer versehen sein. Hiermit kann man im Zweifelsfall die Qualität eines Öles rekonstruieren, vor allem im Falle von Hautreizungen.

Die Chargennummer bezieht sich auf eine Lieferung eines bestimmten ätherischen Öles. Neben den Testergebnissen der biochemischen und physikalischen Untersuchungen (siehe nächster Abschnitt) sollte das Qualitätszertifikat dieser speziellen Öllieferung auch das Herkunftsland, das Herstellungsverfahren und die Herstellungsart enthalten. Jede neue Lieferung dieses Öles muss neu untersucht werden. Das können sich nur große und engagierte Firmen leisten.

Therapeutisch benutzte Öle dürfen deshalb nicht aus unterschiedlichen Herkunftsorten oder Jahrgängen vermischt werden, sonst könnten beispielsweise therapeutisch hervorragend geeignete Öle mit minderwertigen Ölanteilen verschnitten und somit in der Qualität herabgesetzt werden, von besonderen Dufterlebnissen ganz zu schweigen; wir sollten wie ein Weinkenner auf sortenreiner Qualität bestehen. Manchmal wird in diesem Zusammenhang von „**genuinen**" ätherischen Ölen gesprochen.

Ein Herstellungs- oder ungefähres **Haltbarkeitsdatum** wäre zumindest bei Zitrusölen notwendig. Doch auch bei anderen ätherischen Ölen würde dies den Anwendern helfen, da man mittlerweile weiß, dass oxidierte Öle, insbesondere solche mit hohem Gehalt an Monoterpenen, hautreizend sein können – insbesondere, wenn diese altern (Balacs und Tisserand 1995).

Es gibt drei wichtige Qualitätsprüfungen, die ein hochwertiges ätherisches Öl alle bestehen muss:

Sensorische Prüfung

Vorab werden vor allem folgende Faktoren von geschulten und erfahrenen „Nasen" untersucht:
- Duft
- Geschmack
- Farbe
- Konsistenz des Öles (Viskosität)

Chemische Qualitätsanalyse

Das gängigste, aber auch sehr teure Testverfahren von Seiten einer seriösen Firma ist die **Gaschromatographie** (GC, Abb. 1.1): In eine sehr feine Säule wird mit Hilfe von einem gasförmigen Träger (meistens Helium) eine winzige Menge des zu untersuchenden ätherischen Öles hineingegeben. Hier herrscht ein Druck von 0,5 bis 1 bar. Je nach Aufbau jedes einzelnen Bestandteiles (Molekül) des Öles, hat es eine andere „Aufstiegszeit" und wird nun beim Passieren einer Membran von den anderen Bestandteilen getrennt. Das Helium wird durch Senkung des Drucks eliminiert.

Die Menge der jeweiligen Moleküle und der Austrittszeitpunkt werden durch Ausschläge einer winzigen Nadel dokumentiert. Durch Vergleich mit protokollierten und archivierten „idealen" Kontrollölen kann der erfahrene Chemiker einigermaßen sicher feststellen, ob er es mit dem angegebenen Öl zu tun hat.

1

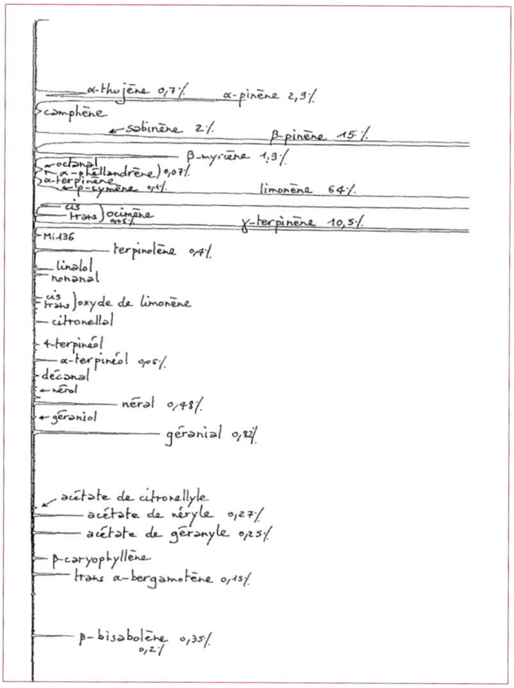

Abb. 1.**4** Gaschromatogramm.

Zusätzlich zum GC wird das **Massenspektrometer** (MS) verwendet. Hier werden die im GC aufsteigenden Moleküle in einem Vakuum mit hochenergetischen Elektronen bombardiert und zerlegt. Jedes Molekül hat ein typisches Zerfallsmuster; hier werden per Computer Vergleiche mit bereits vorhandenen Schemata gemacht.

Mit diesem kombinierten Verfahren können mehrere Verfälschungen eines Öles aufgedeckt werden.

- Anwesenheit von fetten Ölen oder Lösungsmitteln zum Strecken des natürlichen ätherischen Öles
- Beimischung von (synthetischen) Komponenten zum „Aufbessern“ oder Strecken des ätherischen Öles, z. B. Linalool in Lavendel- und Rosenholzöl
- Vermischung von inhaltlich und geruchlich ähnlichen Ölen, z. B. Rose mit Geranie oder Palmarosa, Melisse mit Citronella oder Lemongras
- Deterpenierung: Die Menge von Terpenen ist geringer als üblich, z. B. bei Nadelölen
- Rektifikation: Ein Öl wird mehrmals destilliert, um bestimmte Moleküle zu entfernen, z. B. Bergamotteöl, um die photosensibilisierenden Furocumarine zu eliminieren oder Zimtblätteröl, um die starke Eigenfarbe zu eliminieren
- Nachlässigkeit bei der Destillation: Durch eine schlecht gereinigte Apparatur sind Reste der zuvor stattgefundenen Destillation im Öl. Gerade nach der Herstellung von Minzölen muss auf sorgfältige Reinigung geachtet werden, auch bei färbenden Ölen wie Schafgarbe oder Kamille blau.

Das komplette GC-MS-Verfahren dauert eine bis anderthalb Stunden für jedes ätherische Öl. Die Auswertung, die bis zu einer Stunde dauern kann, erfordert viel Sachkenntnis und Erfahrung. Die Kosten pro Untersuchung können bis zu 500 € betragen (natürlich bekommen Großabnehmer günstigere Konditionen).

Ob der aromatische Molekülcocktail ausschließlich Komponenten natürlicher Herkunft enthält, kann der Chemiker nicht zwangsläufig erkennen. Die GC-MS-Methode eignet sich nur bedingt, um festzustellen, ob ein Öl gepanscht oder gar synthetisch ist, da immer raffiniertere synthetische Mixturen auf den Markt kommen. Deshalb benutzt man seit einigen Jahren die **Enantiomeren-Messung** (Chirales GC) zur Analyse eines Öles. Hier kann man nicht nur – wie beim herkömmlichen GC – die Quantität der Inhaltsstoffe erkennen, sondern auch, ob der jeweilige Stoff natürlicher oder synthetischer Herkunft ist.

Zugrunde liegt die Erkenntnis, dass alle Moleküle mit einem asymmetrischen Kohlenstoffatom chiral sind (von griechisch cheir = Hand): wie auch unsere Hände ergibt ein derartiges Molekül nicht ein identisches Spiegelbild auf einem ebenen Spiegel (die linke Hand wird zur rechten und umgekehrt).

Chirale Bausteine in ätherischen Ölen sind zum Beispiel Linalool, Menthol, Borneon (Kampfer), Pinen, Limonen und Carvon. Diese chiralen Bausteine müssen immer als zwei Enantiomere vorkommen (einer ist das Spiegelbild vom anderen), einer ist rechtsdrehend (+), der andere linksdrehend (–). Diese Enantiomere treten in einem naturreinen ätherischen Öl in bestimmten, unterschiedlichen Mengenverhältnissen auf. Bei synthetischen Ölen oder solchen mit einem synthetischen Anteil wird dieses Mengenverhältnis der Einfachheit halber oft gleich gehalten (Racemat). Die 100 %ige Aussagekraft der Enantiomeren-Messung wird jedoch von manchen Experten angezweifelt.

Physikalische Qualitätsanalyse

Hier werden die physikalischen Daten eines ätherischen Öles erfasst:

- das spezifische Gewicht (Dichte),
- der Lichtbrechungsindex (Refraktionsindex)
- und die optische Drehung (Polarisation) sowie die
- Löslichkeit in Äthylalkohol, da sich bestimmte zur Fälschung verwendete Substanzen nicht in Äthanol lösen lassen.

Anhand dieser Beschreibungen erahnt sogar der Laie, dass seriöse ölliefernde Firmen erheblichen Aufwand betreiben müssen, um Kunden und Therapeuten ein qualitativ hervorragendes Öl präsentieren zu können. Der Einfluss auf den Preis ist nachvollziehbar, da all diese Untersuchungen Zeit und Geld kosten.

Öle aus der Apotheke

Noch vor knapp zwanzig Jahren konnte man ätherische Öle fast nur über Apotheken beziehen. Die Auswahl war nicht sehr groß, zudem bekam man nur zwölf standardisierte Öle. Diese entsprachen dem jeweils aktuellen **Deutschen Arzneibuch** (DAB) oder dem **Europäischen Arzneibuch** (Ph. Eur). Jedes (Arznei-) Mittel, das in diesen Pharmakopöen erfasst wird, muss einem festgelegten Standard entsprechen, was chemischen Aufbau und nachgewiesene Wirkung auf den menschlichen Organismus anbelangt (Holm 2001). Das bedeutet für die ätherischen Öle nach DAB, dass sie eine vorgeschriebene Zusammensetzung aufweisen müssen, damit sich jeder Apotheker, der arzneilich wirksame Mischungen herstellen möchte, aufwändige Qualitätsprüfungen und Zertifikate ersparen kann (Stadelmann 2001).

Natürliche Produkte unterliegen bekanntlich erheblichen umweltbedingten Schwankungen und können diese Standards nicht erfüllen, denn die öleliefernden Pflanzen sind von Jahr zu Jahr erheblichen unterschiedlichen Umweltbedingungen ausgesetzt. Hier muss „nachgeholfen" werden, also müssen gegebenenfalls einige Inhaltsstoffe entfernt oder hinzugegeben werden. Im Idealfall handelt es sich bei Ergänzungen um die gewünschten Inhaltsstoffe aus duftverwandten Pflanzen. Es dürfen jedoch auch einige „naturidentische", sprich synthetische Einzelsubstanzen, hinzugefügt werden. Es werden Anforderungen an Zusammensetzung und an den Gehalt von einigen typischen Inhaltsstoffen gestellt, jedoch nicht an Anbau- und Herstellungsmethoden. Themen wie naturnahe, umweltfreundliche Erzeugung und möglichst komplette Abwesenheit von Umweltgiften sind also nicht vorgeschrieben, auch Chemotypen werden nicht berücksichtigt.

Heutzutage führen viele Apotheken neben den mittlerweile fünfzehn monografierten ätherischen Ölen (Fachbegriff **aetheroleum**, beispielsweise Carvi aetheroleum = Kümmelöl) auch ein DAB-unabhängiges Sortiment, manchmal sogar von namhaften und vertrauenswürdigen Firmen. Diese dürfen jedoch im Gegensatz zu den oben beschriebenen Produkten nicht mit therapeutischen Anwendungszwecken deklariert werden.

1.5 Haltbarkeit

Anders als viele Kosmetikprodukte, Parfums oder Raumsprays haben natürliche ätherische Öle nur eine recht begrenzte Lebensdauer.

Kalt gepresste Zitrusöle

Ätherische Öle aus Zitrusschalen – bis auf Bergamotteöl – sind sogar nur kurz haltbar: bei guter Lagerung – also dunkel, nicht zu warm und kaum Sauerstoff in der Flasche – maximal **anderthalb Jahre**. Die darin hauptsächlich enthaltenen Monoterpene (v. a. Limonen) sowie Spuren von Wachsen oxidieren leicht und die Aldehyde können sich in Säuren verwandeln. Die Öle verlieren dann irgendwann ihre Spritzigkeit und die frische Note; sie fangen an zu müffeln: man denke an leicht verschimmelte Apfelsinen. Je älter/oxidierter Zitrusöle sind, desto eher wirken sie **hautreizend**. Sie können jedoch immer noch zu Reinigungszwecken verwendet werden, da sie hervorragende natürliche Lösungsmittel sind

(Vorsicht auf Kunststoffen!) oder beispielsweise im Garten als Schnecken- oder Ameisenbarrieren eingesetzt werden. Beim Entsorgen muss immer daran gedacht werden, dass es sich um brennbare Stoffe handelt; streng genommen stellen sie Sondermüll dar.

Destillierte Öle

Bei den destillierten ätherischen Ölen hängt die Haltbarkeit von verschiedenen Faktoren ab: von der Sorgfalt des Destillateurs, vom Wetter und den Bodenbedingungen und schließlich von der Pflanzenart. Bei Mitgliedern der Myrtenfamilie erstreckt sich die Haltbarkeit auf etwa **drei Jahre**, manchmal etwas weniger, z. B. bei Eukalyptusöl (es verliert dann die frische, cineolige Note und riecht holzig). Ähnlich verhält es sich bei vielen Ölen aus der Familie der Lippenblütengewächse; drei Jahre sind hier jedoch ein Minimum.

Blütenöle gewinnen mit den Jahren an Profil; einen guten Jasminjahrgang kann man zehn Jahre hegen und pflegen. Auch den Hölzern wie Altlaszeder und Sandelholz tut die Lagerung gut. Harze und andere Basisnoten wie Patchouli und Vetiver werden mit dem Alter immer schöner. Ein wohl temperierter „Duftkeller" wäre für Duftfans sicherlich eine Quelle der Freude und Inspiration.

Man kann verallgemeinern: Je frischer und heller ein Duft ist (Kopfnote), desto schneller verliert er seine Charakteristiken; seine typischen Merkmale sind sehr leicht und verflüchtigen sich im wahrsten Sinne des Wortes. Auch ein Blick auf die Inhaltsstoffe ist eine Hilfe:

> Je mehr **Monoterpene** mit ihren oxidationsanfälligen Doppelbindungen sich in einem Öl befinden, desto wahrscheinlicher ist eine relativ **kurze Haltbarkeit** von einem bis maximal drei Jahren.

Je schwerer ein Duft (Basisnote) und je mehr Sesquiterpen-Verbindungen in einem Öl sind, desto länger ist seine Haltbarkeit.

Man sollte demzufolge von den empfindlichen ätherischen Ölen immer nur die Mengen kaufen, die man in den genannten Zeiträumen aufbrauchen kann. Andernfalls kann man die angebrochenen oder halbleeren Fläschchen mit kleinen Glaskugeln (Floristikbedarf) auffüllen, so dass die Luftsäule über dem jeweiligen Öl möglichst klein ist, der Sauerstoff also weitestgehend verdrängt wird.

Ätherisch-Öl-Produzenten und -Abfüllbetriebe füllen ihre angebrochenen Behälter mit dem reaktionsträgen Edelgas *Argon* auf. Es vermischt sich nicht mit dem ätherischen Öl, verhindert jedoch durch das Verdrängen des Sauerstoffs unerwünschte Oxidationsreaktionen.

Ätherische Öle duften übrigens in sehr frischem Zustand gar nicht besonders fein; bis zu einem Jahr Reifezeit tut ihrem Duft meistens sehr gut. Das würde jedoch gebundenes Kapital für den Händler bedeuten: Er muss den Bauern oder Lieferanten bezahlen, kann jedoch die Öle noch nicht weiterverkaufen. Ölefirmen, die Wert auf gute Qualität legen, lassen ihre Kunden lieber einige Wochen warten, als ein unreifes Öl auszuliefern. Dieser Prozess wurde früher durch „Belüftung", das heißt durch Hineinblasen von Sauerstoff (wie in einem Aquarium) beschleunigt. Hierdurch kann es jedoch zu unerwünschten Oxidationsprozessen kommen, die das jeweilige Öl hautreizend werden lassen. Bei kleineren Firmen wird der Reifeprozess lieber dem Kunden überlassen. Inwieweit sich dieses Abwarten auf die therapeutischen Eigenschaften auswirkt, ist derzeit noch nicht bekannt.

Man weiß – außer im Falle der hautreizenden oxidierten Monoterpene und Aldehyde – noch zu wenig über die Wirkung der chemischen Veränderungen sämtlicher Inhaltsstoffe auf die Physiologie des Menschen. Es gibt jedoch auch Hinweise, dass zumindest die bakterizide Wirkung von einigen ätherischen Ölen verstärkt ist, wenn sie an der Luft leicht oxidiert sind (Ködam 1977).

Es gibt einen neuen Ansatz, das Alter und damit die Verträglichkeit eines ätherischen Öles zu testen. Dieses Verfahren wurde bislang zur Untersuchung von fetten Ölen (zu kosmetischen und zu Speisezwecken) herangezogen. Untersucht wird die Peroxidzahl (POZ), die ein Maß für die durch Autooxidationsprozesse gebildete Menge an Peroxiden ist.

Eine Untersuchung des ätherischen Öles von Melaleuca alternifolia (Teebaum) zeigte, dass es ungewöhnlich anfällig für den Angriff von Licht und Luft ist. Bei experimenteller unsachgemäßer Lagerung erreichte das Öl mit einer hautverträglichen Peroxidzahl von 5 innerhalb von wenigen Tagen den Wert 500 – und damit eine ausgeprägte Fähigkeit zur Hautreizung (Wabner 2002). Eine andere Untersuchung zeigte, dass unter verschiedenen Lagerbedingungen nach 160 Tagen die Peroxidzahl von Teebaumöl mit 65 noch nicht einen stark hautreizenden Wert anzeigte (Wabner und Geier 2005).

Mischungen

Bei selbst hergestellten Mischungen von ätherischen Ölen in fetten Trägerölen sollte man darauf achten, dass sie für therapeutische Zwecke, vor allem bei der topischen Anwendung (auf der Haut), nicht älter als ca. zwei Monate sind. Jedes einzelne Öl kann aus 200 und mehr Inhaltsstoffen bestehen; diese bilden untereinander neue Verbindungen. Das ist zwar parfümistisch sehr interessant, denn nur durch den „Reifeprozess" bekommt die Komposition ihren unverwechselbaren Charakter.

Jedoch für **Therapiezwecke** ist das Heranreifen bzw. Sichbilden von unbekannten Verbindungen nicht geeignet, weil dadurch unnötige Reizungen riskiert werden. Beispielsweise können die beliebten blumig duftenden Ester in ätherischen Ölen bei feuchter Lagerung (beispielsweise im Bad bei unverschlossenem Deckel) zu Säuren und Alkoholen zerfallen, die Säuren reagieren dann eventuell wieder mit anderen Inhaltsstoffen und schon haben wir es mit einer unkontrollierbaren Mixtur zu tun, die empfindliche Haut angreifen kann.

Darum empfiehlt es sich, therapeutische Mischungen nicht auf Vorrat herzustellen. Generell lässt sich jedoch sagen, dass das Verdünnen/ Mischen mit fetten Ölen oder Wachsen wie beispielsweise Jojobaöl die Anfälligkeit für Oxidationsvorgänge herabsetzt. Die sauerstoffempfindlichen Doppelbindungen in vielen ätherischen Ölen werden vermutlich abgesättigt, zudem enthalten viele Pflanzenöle Tocopherole (Vitamin E), die als natürliches Antioxidans wirken.

2 Biochemie der Inhaltsstoffe

2.1 Bildung der ätherischen Öle in der Pflanze

Ätherische Öle sind **Vielstoffgemische**, die im Sekundärstoffwechsel der Pflanze entstehen. Sie werden im glatten endoplasmatischen Retikulum und den Plastiden der pflanzlichen Zelle gebildet und über den Golgi-Apparat mithilfe der Golgi-Vesikel aus dem Protoplasma in den extrazytoplasmatischen Raum der Zelle (Umwandlung einer Zelle in eine Ölzelle), aus der Zelle unter die Cuticula (Bildung von Drüsenhaaren oder Drüsenschuppen) oder in interzelluläre Räume (Bildung schizogener Ölbehälter) transportiert (Teuscher 1997).

Die entsprechenden Vorgänge in Duftpflanzen sind noch nicht detailliert entschlüsselt. Sie sind für die Arbeit von Aromatherapeutinnen auch nicht wichtig. Um den Aufbau und die Wirkweisen der einzelnen Inhaltsstoffe in ätherischen Ölen zu begreifen, sollte man sich mit den Grundzügen der organischen Chemie beschäftigen. In anerkannten britischen Ausbildungskursen werden als Minimum ca. 18 Stunden Unterricht zu diesem Thema gefordert.

> Dennoch sollte man sich dessen bewusst sein, dass beim heutigen Stand der Forschung zu den ätherischen Ölen immer noch viele Fragen offen sind. Auch muss betont werden, dass nicht zwangsläufig ein gut erforschter Hauptinhaltsstoff eines Öles allein über dessen therapeutische Wirkung bestimmt.

Oft sind es gerade die winzigen Spuren einer Substanz, die sowohl bestimmte Duftnuancen als auch die Wirkung ausmachen, beispielsweise Methylanthranilat in den ätherischen Ölen von Citrus reticulata (Mandarine) und Citrus aurantium (Neroli/Orangenblüten) und Sclareol bei Salvia sclarea (Muskateller-Salbei). Oft macht mutmaßlich das schwierig zu analysierende Zusammenspiel der einzelnen Moleküle die pharmakologischen Eigenschaften aus. Auch sorgen vermutlich diese natürlichen Kompositionen für eine wesentlich bessere Verträglichkeit als die vermeintlich „naturidentischen" Kopien aus dem Labor.

Mit der Kenntnis der wichtigsten Prinzipien des chemischen Aufbaus der ätherischen Öle gewinnt man dennoch ein Stück Sicherheit im Umgang mit diesem Bereich der Phytotherapie. Man kann auf einen Blick den manchmal sehr großen Unterschied zwischen vermeintlich gleichen Ölen erkennen, wie das folgende Beispiel des Kamillenöls verdeutlicht (Abb. 2.**1** und 2.**2**). Nicht zuletzt kann man sich mit besserer Überzeugungsarbeit bei Chefärzten oder Pflegedienstleitungen für den Einsatz der ätherischen Öle in der Pflege seiner PatientInnen einsetzen.

Anders als viele Aromatherapeutinnen befürchten, ist das Erlernen dieses Basiswissens nicht schwierig, wenn man sich an einer Kiste mit Lego-Bausteinen orientiert: das Grundatom **Kohlenstoff** ist der Baustein mit den **vier** Knöpfchen (vier Bindungsmöglichkeiten). Dieser Baustein bildet Ketten und Ringe, dabei müssen immer alle vier Knöpfchen besetzt werden; dazu kommen an bestimmte Stellen einige Zweier- (Sauerstoff, zwei Bindungsmöglichkeiten) und Einerbausteine (Wasserstoff, eine Bindungsmöglichkeit). Mit diesen drei Arten von Bausteinen und einer entsprechend gut gefüllten Kiste bestehen sozusagen unendliche Kombinationsmöglichkeiten.

Nicht viel anders läuft es in der Natur ab; das versuchen uns die Chemiker in Modellen zu erklären. Diese bilden die realen Tatsachen genauso wenig ab wie ein Notenblatt eine Oper wiedergibt. Aber wir können uns mit diesen Modellen über bestimmte Tatsachen verständigen. Und das ist das Ziel dieses Kapitels.

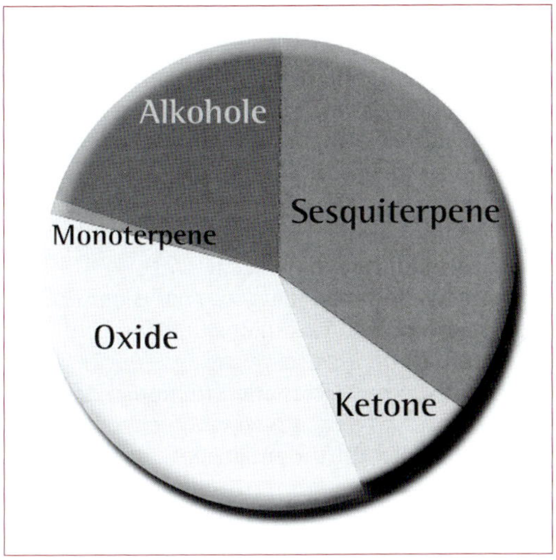

Abb. 2.**1** Inhaltsstoffe-Profil für Matricaria recutita (Kamille blau): drei Hauptinhaltsstoffe.

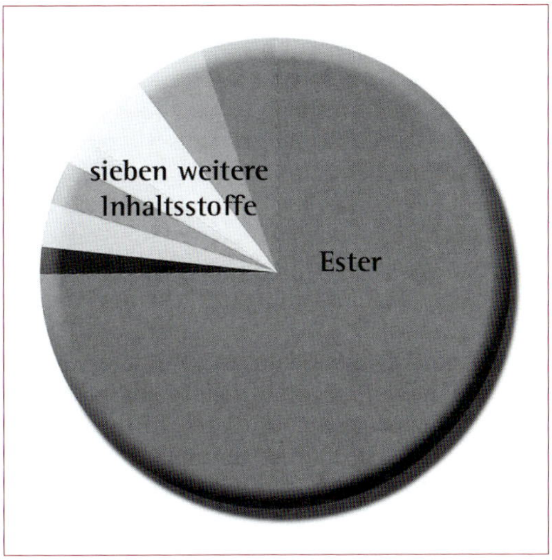

Abb. 2.**2** Inhaltsstoffe-Profil für Anthemis nobilis (Kamille römisch): ein Hauptinhaltsstoff.

Organische Chemie

Die organische Chemie – der Aufbau der ätherischen Öle gehört dazu – beschäftigt sich mit dem Kohlenstoff und seiner Fähigkeit, unterschiedlich lange und verzweigte Ketten und auch Ringe zu bilden (Abb. 2.**3**). Diese Gebilde „schmücken" sich oft zusätzlich mit so genannten funktionellen (Molekül-) Gruppen, die meistens aus Sauerstoff oder Stickstoff bestehen und das chemische Verhalten der Kohlenstoffketten stark beeinflussen können.

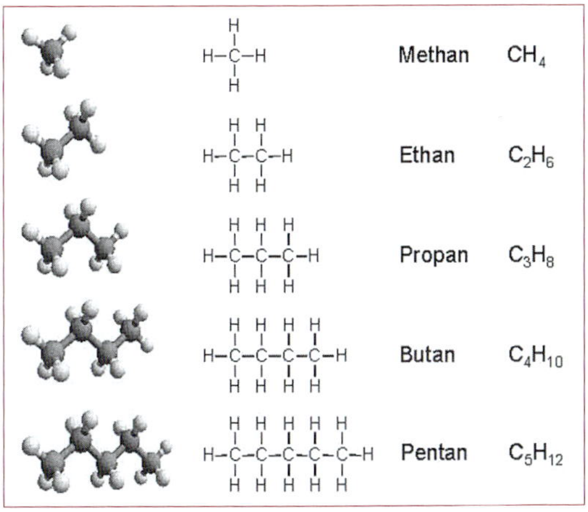

Abb. 2.**3** Homologe Reihe der Alkane.

Um sich darüber verständigen zu können, aus welchen Verbindungen bzw. Bestandteilen ein komplexes Molekül aufgebaut ist, gilt in der Chemie ein international gültiger Sprachcode (Nomenklaturregeln): **IUPAC** (International Union for Pure and Applied Chemistry; Abb. 2.**4**). Wenn man mit den Namensgebungen aus der einfachsten homologen Reihe der Kohlenstoffverbindungen – der Alkane – vertraut ist, kann man auch als Laie „Wortungetüme" mit etwas mehr Gelassenheit betrachten.

Damit bekommen wir eine Ahnung, was es mit den Zahlen in einigen Bezeichnungen auf sich hat. Die Buchstaben in manchen Inhaltsstoffen weisen auf Phänomene der **Isomerie** hin: die Anzahl der vorkommenden Atome und Doppelbindungen in einem Molekül ist zwar gleich, jedoch ist die Anordnung im Raum unterschiedlich. Griechische Buchstaben wie α, β, γ oder δ sagen dem Chemiker, an welcher Stelle im Molekül sich eine Doppelbindung befindet (Stereoisomerie). Wenn sich identische Molekülgruppen auf derselben Seite der Doppelbindung befinden, spricht man von cis-Konfiguration, befinden sie sich auf der gegenüberliegenden Seite, handelt es sich um eine trans-Konfiguration.

Wenn Isomere, also zahlenmäßig gleiche Atome im Molekül, unterschiedlich auf polarisiertes

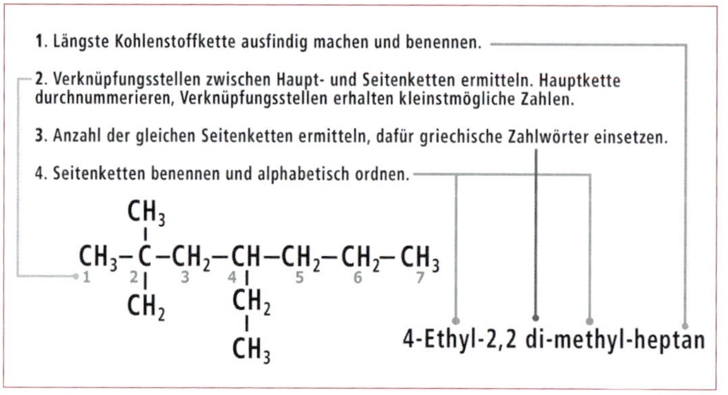

Abb. 2.**4** Prinzip der IUPAC-Nomenklatur für Kohlenwasserstoffverbindungen.

Licht reagieren, haben wir es mit **chiralen** Molekülen zu tun. Sie sind spiegelbildlich und können nicht ineinander projiziert werden, so wie eine linke Hand nicht in eine rechte passen würde (optische Isomere). Man hat dann entweder ein linksdrehendes (l-Isomer oder [–]-Form) oder ein rechtsdrehendes Molekül (d-Isomer oder [+]-Form) vor sich. In Sachen Duftqualität bedeutet dieser kleine Unterschied sehr viel, so duftet beispielsweise l-Carvon nach Spearmint und d-Carvon kümmelartig.

Die meisten Namen von Inhaltsstoffen von ätherischen Ölen sind Trivialnamen („Kosenamen"), beispielsweise heißt das oft und reichlich vorkommende Linalool korrekt 3,7-Dimethylocta-1,6-dien-3-ol und Vanillin heißt in der Chemikersprache ganz nüchtern 4-Hydroxy-3-methoxybenzaldehyd.

Die Chemie der ätherischen Öle

Die Hauptinhaltsstoffe ätherischer Öle werden in der lebendigen Pflanze in zwei unterschiedlichen Prozessen (Biosynthese) hergestellt. Sie lassen sich daher in die Derivate (Abkömmlinge) des Terpens und des Phenylpropans einteilen.

Terpene und Terpenverbindungen

Terpene machen ca. 90 % der Inhaltsstoffe in ätherischen Ölen aus. Sie gehen aus dem Acetat- bzw. Isopren-Stoffwechsel der Pflanzen hervor (Wagner 1999). Terpene und Terpenverbindungen bestehen immer aus Isopren-Einheiten, das sind Kohlenstoffgerüste mit je fünf Kohlenstoffatomen und je einer Doppelbindung pro fünf C-Atome.

Phenylpropanderivate

Die zweite Gruppe von Bestandteilen ätherischer Öle stammen vorwiegend aus dem **Shikimisäure**-Stoffwechsel (Eiweiß-Stoffwechsel der Pflanzen; Wagner 1999): Phenole und Phenylpropanderivate. Durch beispielsweise den Abbau der Aminosäure Phenylalanin in einer Pflanze kann Zimtsäure entstehen und daraus wiederum können Anethol, Eugenol, Vanillin und Cumarin gebildet werden.

Das zentrale Element ist immer der **Benzolring** (auch Phenylring oder aromatischer Ring) aus sechs C-Atomen mit abwechselnd drei Doppelbindungen, an dem mindestens eine Seitenkette aus drei C-Atomen hängt.

Auch Phenylpropanderivate können ihre therapeutischen Eigenschaften durch das Anhängen von funktionellen Gruppen (oft von mehreren gleichzeitig) verändern.

2.2 Stoffklassen und ihre Eigenschaften

Terpene und Terpenoide

Die Terpene sind die am häufigsten vorkommenden Inhaltsstoffe. Sie bestehen aus Isopren-Einheiten (Kohlenwasserstoffgerüste mit je fünf Kohlenstoffatomen). In alten Büchern, in denen nicht differenziert auf ätherische Öle eingegangen wird, liest man sogar manchmal die pauschale Aussage „ätherische Öle sind Terpene".

Monoterpene

Vorkommen

Monoterpene ohne funktionelle Gruppen sind reine Kohlenwasserstoffe und kommen in großen Mengen hauptsächlich bei Zitrusölen (Limonen) und in ätherischen Ölen von Nadelbäumen (Pinen) vor. Diese Monoterpene kommen bis zu 95 %ig in den genannten Ölen vor, dennoch prägen sie nicht zwangsläufig den charakteristischen Duft. Dieser wird auch von anderen, meist nur geringfügig vorkommenden Inhaltsstoffen gebildet.

Chemische Charakterisierung

Ein Monoterpen (-Kohlenwasserstoff) besteht aus **zehn** C-Atomen (zwei Isopren-Einheiten) und sechzehn Wasserstoffatomen mit zwei Doppelbindungen: $C_{10}H_{16}$. Sie können *kettenförmig* (azyklisch oder aliphatisch) oder *ringförmig* (monozyklisch, dizyklisch, trizyklisch) angeordnet sein. Die kleinen Monoterpen-Kohlenwasserstoff-Moleküle prägen Aussehen und Eigenschaften dieser Öle: sie sind relativ klar und recht dünnflüssig (gut zu tropfen), man spricht von niedriger Viskosität. Sie oxidieren sehr schnell, auch unter kühlen Bedingungen (Clarke 2002). In den durch Pressung der Zitrusschalen gewonnenen Ölen befinden sich noch größere Moleküle wie zum Beispiel Wachse und Farbstoffe. Diese prägen die Farbe des jeweiligen Öles: Zitronenöle sind meistens mehr oder weniger gelb, Mandarinen- und Orangenöle sind orangefarben und Bergamotteöle können grünlich aussehen.

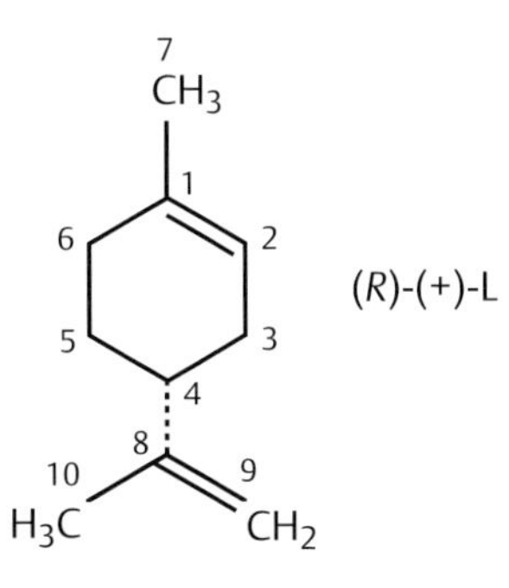

Abb. 2.5 Strukturformel des d-Limonen.

Therapeutische Wirkungen

Ein hoher Anteil an Monoterpenen in ätherischen Ölen bewirkt Frische und Leichtigkeit im Kopfbereich. Viele dieser Öle, beispielsweise die Zitrus- und die Nadelöle, erfrischen den Geist und ermöglichen eine bessere Konzentration, ohne aufzuputschen. Monoterpene gelten generell als leicht **stimulierend**, vitalisierend und tonisierend (Clarke 2002). Man ordnet sie den Kopfnoten zu, da sie sehr schnell zu erschnuppern sind und ebenso schnell wieder verschwinden.

Monoterpene wirken zudem stark antiseptisch auf die Raumluft, im direkten Hautkontakt allerdings nur mäßig antibakteriell. Einige Monoterpene wirken lokal angewendet **anästhetisch**, vor allem p-Cymen (para-Cymen) und Myrcen. Auch ein „Cocktail" aus vielen verschiedenen Monoterpenen in einem ätherischen Öl weist auf eine schmerzlindernde Wirkung des betreffenden Öles hin.

Speziell in den Ölen der Nadelbäume wirken Monoterpene mild entstauend und schleimlösend auf die Schleimhäute des Atemtraktes und vor allem in Pinus sylvestris Kortison-ähnlich (Franchomme 1990).

Isoliertes **d-Limonen** (Abb. 2.**5**) und sein hydroxylierter Metabolit Perillylalkohol wirken in Experimenten vorbeugend und führen im Tierexperiment sogar zum Rückgang von durch UV-Licht induzierten Tumoren in der Haut sowie von Tumoren in Brust, Leber, Bauchspeicheldrüse und Dickdarm (Brudnak 2000). Generell wird vermutet, dass Monoterpene ohne funktionelle Gruppe durch ihre Affinität zum Sauerstoff ihre gesundheitsprophylaktische Wirkung u. a. dadurch zeigen, dass sie freie Sauerstoffradikale im Körper, die mit für degenerative Erkrankungen verantwortlich sind, neutralisieren. Man kann also im neudeutschen Sinne von einem „Antiaging-Effekt" sprechen.

Mögliche unerwünschte Nebenwirkungen

Oxidierte, also alte oder unter Einfluss von Sauerstoff gelagerte monoterpenhaltige Öle können stark hautreizend wirken. Das hängt von vielen äußeren und individuellen Faktoren ab; vor allem in Verbindung mit warmem Wasser (Badewanne) wird über sehr unangenehmes

1

Kribbeln bis Stechen und Hautrötungen berichtet. Dennoch sollte man nicht auf Öle zurückgreifen, deren Terpene entfernt worden sind, was früher ein gängiges Verfahren war (Valnet 1976). Es wurde vor allem in der Parfümerie eingesetzt, da Terpene nicht in Alkohol löslich sind, zudem dienen diese „Abfälle" als Ausgangsmaterial für halbsynthetische Riechstoffe. Mit der Entfernung dieser Stoffe erhöht sich jedoch der Gehalt an anderen Stoffen, die eventuell nicht so gut verträglich oder gar toxisch sind (Price 2003).

Beispiele für Monoterpene
Camphen
δ-3-Caren
α-Cubeben
p-Cymen
Limonen
β-Myrcen
β-Ocimen
α- und β-Phellandren
α- und β-Pinen
Sabinen
Santen
α- und γ-Terpinen
Terpinolen
α-Thujen

Sesquiterpene

Vorkommen

Sesqui heißt „halb so viel", gemeint ist also so viel wie „anderthalbfaches Monoterpen". Sesquiterpene ohne funktionelle Gruppen kommen meistens nur in kleinen Mengen in vielen unterschiedlichen Pflanzen vor. Sie sind sehr wirksame Bestandteile. Das am häufigsten in ätherischen Ölen vorkommende Sesquiterpen ist das β-Caryophyllen.

Chemische Charakterisierung

Sesquiterpene (-Kohlenwasserstoff) bestehen aus **fünfzehn** C-Atomen (drei Isopren-Einheiten) und vierundzwanzig Wasserstoffatomen mit drei Doppelbindungen: $C_{15}H_{24}$. Diese etwas größeren Moleküle sind für die physikalischen Vorgänge bei der Dampfdestillation fast zu schwer (weniger flüchtig); dementsprechend ist auch ihr Vorkommen in ätherischen Ölen bis auf wenige Ausnahmen gering. Diese können dennoch in ihrer Wirkung stark von ihnen beeinflusst werden.

Therapeutische Wirkungen

Zu Sesquiterpenen – auch die verschiedenen Azulene werden in dieser Gruppe zusammengefasst – kann man verallgemeinernd sagen, dass sie als **beruhigend** und stabilisierend gelten, gerade was chronische Krankheitsprozesse und Rekonvaleszenz anbelangt. Manchen wird eine **immunmodulatorische** und **antiphlogistische** Wirkung zugeschrieben. Auch werden mit sesquiterpenreichen ätherischen Ölen entzündliche und histaminbedingte allergische Vorgänge oft erstaunlich gut beherrschbar.

Bei Dermatosen mit allergischem und psychosomatischem Hintergrund können Öle, die einen deutlichen Anteil an Sesquiterpenen enthalten, sehr hilfreich sein, da sie fast alle längerfristig angewendet werden können.

Die antiphlogistische Wirkung von **Chamazulen** ist bereits gut erforscht (Schilcher 1987, Safayhi et al. 1994). Die sedative Wirkung wurde auch schon mehrmals belegt (Yamada et al. 1996). Über antipyretische, antioxidative und sogar antitumorale Wirkungen kann in der Fachliteratur ebenfalls nachgelesen werden: Beispielsweise beobachtete man bereits 1955 in Tierexperimen-

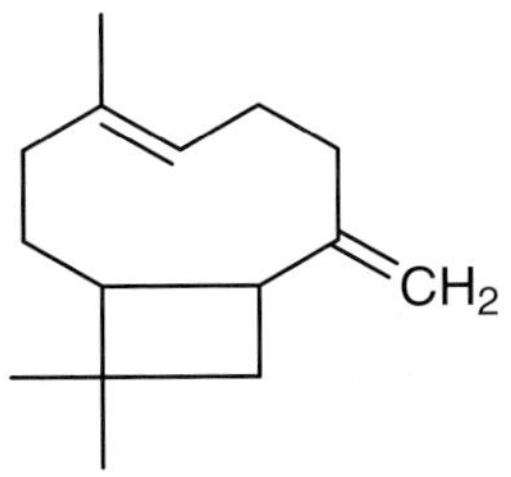

Abb. 2.**6** Strukturformel des β-Caryophyllen.

ten eine Hemmung der Metastasierung nach relativ hohen IV-Dosen von 1,4-Dimethyl-7-isopropyl-azulen (Schilcher 1987).

Bei in den meisten ätherischen Ölen in kleinen Mengen vorkommenden **β-Caryophyllen** (Abb. 2.**6**) gibt es Hinweise, dass es die Bildung von Krebszellen hemmen kann. Es wirkt zudem antiphlogistisch (Buckle 2003) sowie antiallergisch (Forum Essenzia 1998).

Mögliche unerwünschte Nebenwirkungen

Sesquiterpene sind allgemein gut verträglich.

Beispiele für Sesquiterpene
Aromadendren
Bergamotten
α- und β-Bisabolen
α- und β-Bourbonen
α- und β-Bulnesen
α- und γ-Cadinen
Calamenen
α- und β-Caryophyllen
α- und β-Cedren
Chamazulen
α-Copaen
α-Cubeben
γ-Curcumen
α- und β-Elemen
α- und β-Farnesen
Germacren D
Guaiazulen
α- und β-Guaien
α- und β-Himachalen
Humulen (α-Caryophyllen)
Longifolen
α- und γ-Muurolen
α-, β- und γ-Patchoulen
α- und β-Santalen
α- und β-Selinen
Seychellen
Viridifloren
Zingiberen

Diterpene

Diterpene (-Kohlenwasserstoff) haben zwanzig C-Atome (vier Isopren-Einheiten) mit vier Doppelbindungen.

Diterpene kommen nur in Spuren in Pflanzen vor und sind somit auch in ätherischen Ölen selten und in geringen Mengen vertreten. Auch weiß man fast noch nichts über sie und ihre Wirkungen. Sie wirken vermutlich auswurffördernd, antimykotisch und antiviral.

Monoterpenole

Vorkommen

Monoterpenalkohole (oder Monoterpenole) kommen sehr häufig in ätherischen Ölen vor. Sie sind wegen ihrer milden aber intensiven Wirkung die „Lieblingskinder" vieler Aromatherapeuten; für die effektive aber sanfte Behandlung von Kindern sind sie – bis auf Menthol – sehr gut geeignet.

Chemische Charakterisierung

Im Formelbild hängt eine –OH-Molekülgruppe (Hydroxylgruppe) an der Monoterpenkette und bildet so einen Alkohol. Es handelt sich um eine Oxidation. In diesem Fall wurde Monoterpen zu Monoterpenol oxidiert.

Therapeutische Wirkungen

Monoterpenole wirken **antiinfektiös**: bakterizid, fungizid und antiviral; sie wirken gleichzeitig immunmodulatorisch. Die Haut schätzt Öle, die reich an Monoterpenolen sind, für ihre pflegenden, regenerierenden Attribute. Sie können den Blutdruck leicht steigern. Auf der subjektiven Ebene zeigen sie stimmungsaufhellende und auch neurotonische Eigenschaften. Ätherische Öle, die reich an Monoterpenolen sind, stellen keine Gefahr bei Alkoholabusus dar.

Mögliche unerwünschte Nebenwirkungen

Monoterpenole sind sehr gut verträglich. Mit Ausnahme von mentholhaltigen Ölen eignen sich Öle, die vorwiegend aus Monoterpenalkoholen bestehen, ausgezeichnet für die Behandlung von Kindern.

Menthol kann bei Kleinkindern zu Glottiskrämpfen führen (Hiller und Melzig 2003).

Terpinen-4-ol (circa 35 % in Melaleuca alternifolia), wirkt aquaretisch durch Reizung der Tubuliwände der Niere. Das Öl kann wegen dieses Inhaltsstoffes – bei ungünstiger Lagerung (hell, unverschlossen) – innerhalb von wenigen Tagen stark oxidieren, da aggressive hautreizende Peroxide entstehen können: u. a. hyperämisierendes Ascaridol, welches zu ernsthaften Dermatiden führen kann. Es reagiert in isolierter Form mit organischen Säuren (Hausen et al. 1999).

Beispiele für Monoterpenole

Borneol
Carveol
Citronellol
Cuminol
Fenchol
Geraniol
Linalool (Abb. 2.**7**)
Menthol
Myrtenol
Nerol
α-Terpineol
Terpineol-4
Thuyan-4-ol
Verbenol

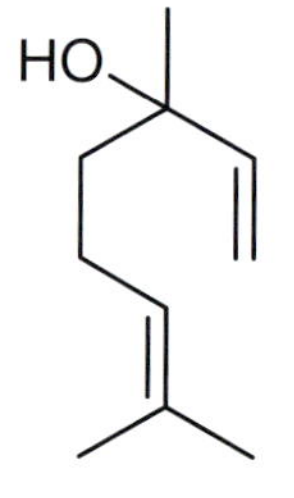

Abb. 2.**7** Strukturformel des Linalool.

Sesquiterpenole

Vorkommen

Sesquiterpenalkohole (oder Sesquiterpenole) kommen meistens nur in kleinen Mengen, jedoch in vielen ätherischen Ölen vor.

Chemische Charakterisierung

Im Formelbild hängt eine –OH-Molekülgruppe (Hydroxylgruppe) an der Sesquiterpenkette und bildet so einen Alkohol. Es handelt sich um eine Oxidation. In diesem Fall wurde Sesquiterpen zu Sesquiterpenol oxidiert. Sesquiterpenole sind in Wasser schwer lösliche Verbindungen.

Therapeutische Wirkungen

Die Wirkungen der sehr hautfreundlichen Sesquiterpenalkohole lassen sich nicht leicht auf einen Nenner bringen. Die meisten wirken stark **immunmodulatorisch**; man verwendet sie zur Stärkung des individuellen neuroendokrinologischen Terrains (Balz 1994). Zudem entstauen sie das venöse und das lymphatische System. Sie weisen ferner einen pheromonartigen Charakter auf und können dadurch vermutlich das Zusammenspiel der Sexualhormone regulieren.

Auf der subjektiven Ebene zeigen sie erhebende, erheiternde und stimmungsaufhellende Eigenschaften. Santalol wirkt ähnlich wie das Neuroleptikum Haldol (Häringer, persönliche Mitteilung). Die antiinfektiösen Eigenschaften der Sesquiterpenole sind nicht auffallend.

Mögliche unerwünschte Nebenwirkungen

Sesquiterpenole sind extrem gut verträglich.

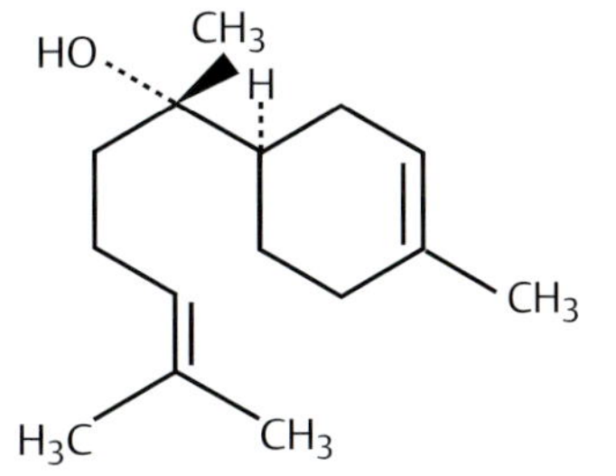

Abb. 2.**8** Strukturformel des α-Bisabolol.

Beispiele für Sesquiterpenole
Balsamiol
α- und β-Bisabolol (Abb. 2.**8**)
α-Cadinol
Carotol
Cedrol
Elemol
α-, β- und γ-Eudesmol
Farnesol
Globulol
Nerolidol
Patchoulol
trans-Pinocarveol
α- und β-Santalol
Spathulenol
Viridiflorol

Diterpenalkohole

Die sehr seltenen Diterpenole wirken ähnlich wie die Sesquiterpenole; sie haben eine hormonartige Wirkung.

Beispiele für Diterpenalkohole
Sclareol
Salviol
Abienol
Incensol
Phytol

Monoterpenaldehyde

Vorkommen

Monoterpenaldehyde prägen mit ihrem Duft oft stark zitronig duftende und rosig-blumige ätherische Öle.

Chemische Charakterisierung

1

Durch Oxidation eines **primären** Alkohols entsteht ein Aldehyd. Bei einem primären Alkohol hängt die OH-Gruppe an einem C-Atom, das mit zwei zusätzlichen H-Atomen und einem Rest im Molekül verbunden ist.

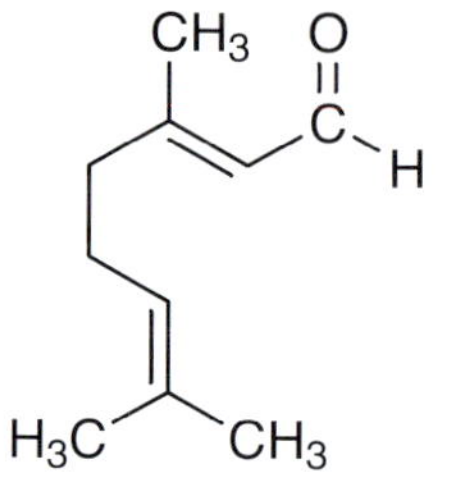

Abb. 2.**9** Strukturformel des Geranial.

Monoterpenaldehyde, auch kurz Monoterpenale genannt, entstehen also aus einem primären Monoterpenalkohol, der oxidiert ist. Der Name bezeichnet diesen Vorgang ... Monoterpenkette. Aldehyde sind sehr reaktive Verbindungen.

Therapeutische Wirkungen

Monoterpenaldehyde wirken bereits in kleinen Mengen stark **antiviral** und **sedativ**. In hoher Verdünnung wirken sie **antiphlogistisch** und **antipyretisch**. Sie können leicht hypoton wirken. Sie können als Insektenabwehrmittel eingesetzt werden.

Mögliche unerwünschte Nebenwirkungen

Durch falsche Destillation oder zu lange Lagerung können aus Aldehyden Säuren entstehen. Aldehyde sind ungiftig, können jedoch hautreizend wirken – je nach Öl und Hauttyp. Dieser Effekt kann durch die Beimischung von d-Limonen vermindert werden (z. B. in Zitronenschalenöl). Öle mit hohem Aldehydanteil sollten zur kutanen Anwendung dennoch sorgfältig verdünnt werden. Bei Überdosierung kann Hyperaktivität auftreten.

Untersuchungen zufolge kann **Citral** den Augendruck erhöhen (Balacs und Tisserand 1995). Menschen mit Glaukom sollten regelmäßige Anwendungen jeder Art (vor allem oral) mit citralreichen Ölen (Citronella, Lemongras, Litsea, Melisse) unterlassen.

Beispiele für Monoterpenaldehyde
Citral (Citral a: Geranial und Citral b: Neral)
Citronellal
Myrtenal
Phellandral
Farnesal (Sesquiterpenaldehyd)
α- und β-Sinensal (Sesquiterpenaldehyd)

Anmerkung: **Zimtaldehyd** ist kein Monoterpenaldehyd, sondern entsteht über die Biosynthese der Phenylpropane (siehe dort).

Monoterpenketone

Vorkommen

Monoterpenketone sind in zahlreichen ätherischen Ölen vertreten, meistens jedoch nur in Spuren.

Chemische Charakterisierung

Durch Oxidation eines **sekundären** Alkohols entsteht ein Keton. Bei einem sekundären Alkohol hängt die OH-Gruppe an einem C-Atom, das mit nur einem zusätzlichen H-Atom und zwei Resten im Molekül verbunden ist.

Monoterpenketone, auch kurz Monoterpenone genannt, entstehen also aus einem sekundären Monoterpenalkohol, der oxidiert ist. Im Formelbild hängt eine **Carbonylgruppe** (>C=O), also ein Sauerstoffatom mit einer Doppelbindung direkt an einem Kohlenstoffatom in der Kette oder der Ringstruktur. Monoterpenone sind reaktionsfreudige Verbindungen.

Therapeutische Wirkungen

Die sehr aktiven Monoterpenketone sind vielleicht die zwiespältigsten aller Inhaltsstoffe von ätherischen Ölen: In schwacher Dosierung wirken sie extrem **epithelisierend** (zellbildend/-regenerierend) sowie **sympathikoton**, d. h. die Aktivität des Körpers, insbesondere des Gehirns, wird gesteigert. Sie wirken stark schleimlösend, stimulieren das Immunsystem und einige wirken stark **choleretisch** und cholagog (Menthon in der Pfefferminze und Carvon in Spearmint).

In zu hoher Dosierung dagegen können einige dieser Monoterpenketone **neurotoxisch**, **abortiv** (Thujon und Pulegon) und **epileptisierend** (Pinocamphon), also krämpfeauslösend, wirken.

Ein hierzulande unbekannter Anwendungsbereich ist die Parasitenbekämpfung. Die perkutane Anwendung von Artemisiaketon im Santolin und anderen Monoterpenketonen bewirkt beispielsweise die Abtötung des Bandwurms. Dieser Anwendungsbereich ist speziell geschulten Ärzten vorbehalten.

Mögliche unerwünschte Nebenwirkungen

Einige Monoterpenketone wirken besonders auf die Gewebe, die aus dem ektodermen Keimblatt entstanden sind, vor allem auf Haut und Nervensystem. Sie wirken sehr dosisabhängig; der positive Effekt kann leicht ins Gegenteil umschlagen, insbesondere bei innerer Einnahme, da sie in der Leber akkumulieren können.

Schwangere und Kinder sollen nur von erfahrenen Aromatherapeuten mit monoterpenketonhaltigen Ölen behandelt werden.

Beispiele für Monoterpenketone
Borneon (Kampher)
l-Carvon und d-Carvon*
Fenchon*
Jasmon*
Crypton
Menthon* (Abb. 2.**10**)
Isomenthon
Pinocamphon
Pinocarvon
Pulegon
Piperiton
Tageton
α- + β-Thujon
Verbenon*

Die mit * markierten Inhaltsstoffe gelten als ungefährlich. In Frankreich sind Öle, deren Hauptbestandteil Pinocamphon oder Thujon ist, verschreibungspflichtig und somit nur über Apotheken erhältlich.

Anmerkung: Asaron ist trotz seiner Endung kein Keton, sondern ein karzinogen wirkender Phenylether (s. Seite 48).

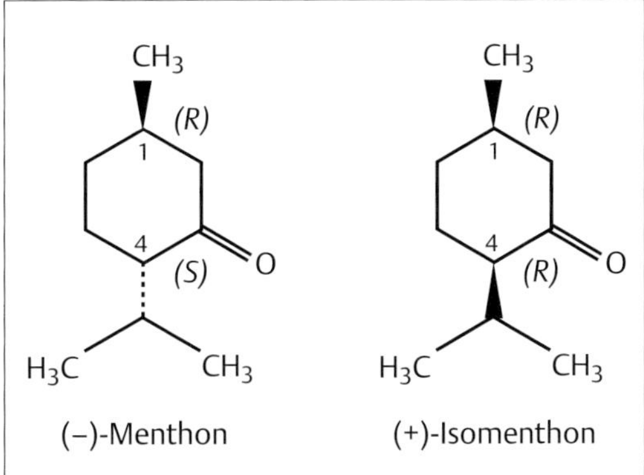

Abb. 2.**10** Strukturformel des Menthon.

1

Sesquiterpenketone

Vorkommen

Sesquiterpenketone mit fünfzehn C-Molekülen im Grundgerüst sind schwerere, also weniger flüchtige Moleküle, daher seltener und in geringeren Spuren in ätherischen Ölen anzutreffen.

Chemische Charakterisierung

Sesquiterpenketone besitzen wie die Monoterpenketone eine **Carbonylgruppe** (> C = O)-Gruppe in ihrem Molekül. Ihr Grundgerüst besteht aus fünfzehn C-Atomen im Molekül. Im Vergleich zu Monoterpenketonen haben sie ein höheres Molekulargewicht und sind deswegen eher schwerer flüchtig als Monoterpenketone.

Therapeutische Wirkungen

Sie vereinen die mukolytischen und epithelisierenden Eigenschaften mit einer stark harmonisierenden Wirkung.

Mögliche unerwünschte Nebenwirkungen

Sesquiterpenketone scheinen, soweit man das bis heute weiß, sehr gut verträglich zu sein. Bis auf das Atlanton im Öl der Atlaszeder (5 bis 10 % Atlanton) kommen sie nur in geringen Mengen in ätherischen Ölen vor.

Beispiele für Sesquiterpenketone
α- und β-Atlanton
Germacron
Iron
Jonon
Nootkaton
Valeranon
α- und β-Vetiveron

Diketone (Dione) und Triketone

Ein Molekül mit zwei Ketonfunktionen wird Diketon (oder Dion) genannt. Das β-Diketon im ätherischen Öl von **Helichrysum italicum** var. serotinum (Immortelle) ist bislang das bekannteste Diketon. Dione sind winzige Bestandteile, die nicht toxisch für den Menschen sind. Sie wirken antikoagulierend, werden erfolgreich in der Behandlung von Hämatomen eingesetzt („blaue Flecken"); sie wirken ferner spasmolytisch, epithelisierend und leicht antiphlogistisch. Helichrysum italicum kann bei Atemwegserkrankungen von Kindern eingesetzt werden (Braunschweig 1995). Triketone sind reichlich im Öl von **Leptospermum scoparium** (Manuka) enthalten; diese sehr seltenen Moleküle wirken ungewöhnlich stark antibakteriell und antimykotisch und sind dabei dennoch sehr hautfreundlich (Braunschweig 1996).

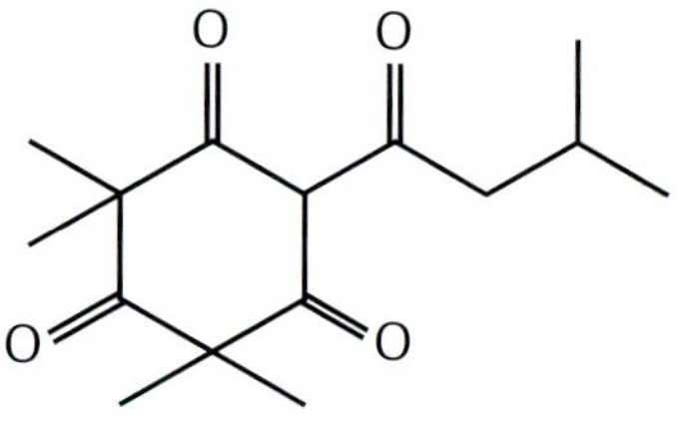

Abb. 2.11 Strukturformel des Leptospermon.

Lactone

Vorkommen

Lactone kommen nur in Spuren in ätherischen Ölen vor, oft in den Ölen der Asteraceae (z. B. in Alant, Inula helenium); meistens handelt es sich um Sesquiterpenlactone. Sie sind extrem wirksam.

Chemische Charakterisierung

Lactone sind als innere **Ester** der Hydroxycarbonsäuren aufzufassen. Sie sind in Aufbau und Wirkung den Estern ähnlich; sie werden auch **Ringester** genannt. Sie weisen einen starken, meist angenehmen Geruch auf.

Wirkungen

Sie wirken auch in kleinsten Mengen mukolytischer und expektorativer als Ketone, auch wirken sie deutlich antibakteriell und antimykotisch sowie einige von ihnen antitumoral (Neerman 2003).

Nebenwirkungen

Lactone sind nicht toxisch, können jedoch extrem hautreizend wirken.

Beispiele für Lactone
Alantolacton (Helenin)
Massoialacton
Nepetalacton
Costuslacton

Anmerkung: Phthalide sind komplexere Lactonmoleküle, sie kommen hauptsächlich in den ätherischen Ölen von Sellerie und Liebstöckel vor und wirken stark entgiftend auf Leber und Niere.

Monoterpenester

Vorkommen

Monoterpenester kommen mit ihrem ausgeprägt blumig-süß-fruchtigen Düften vor allem in den ätherischen Ölen von Bergamotte, Lavendel, Muskatellersalbei und Petit Grain vor.

Chemische Charakterisierung

Monoterpenester sind Verbindungen, entstanden aus der Reaktion zwischen einer organischen Säure und einem Alkohol unter Abspaltung von Wasser. Ester sind relativ instabile Verbindungen und können wieder in Säure und Alkohol zerfallen. Bei der Destillation werden diese Stoffe oft zerstört. Ester werden nach dem Wortstamm des beteiligten Alkohols mit der Endsilbe „-yl" (z. B. Geranyl oder Linalyl) und dem angehängten Namen des Salzes der beteiligten Säure mit der Endung „-at" (z. B. Acetat, Formiat) benannt. Die Namensbezeichnung des Esters kann aber auch mit dem Namen der beteiligten organischen Säure beginnen, an dem der Name des Alkoholrestes mit der Endsilbe „-yl" und „ester" angehängt wird (z. B. Essigsäuregeranylester).

Therapeutische Wirkungen

Ester gehören neben den Monoterpenalkoholen zu den Lieblingen der Aromafreunde. Sie wirken teilweise stark **spasmolytisch**, **anxiolytisch** und **sedativ**, zudem antimykotisch oder fungizid (Schnaubelt 1995). Je länger die Kohlenstoffkette der esterbildenden Säure ist, desto spasmolytischer wirkt das entsprechende ätherische Öl. Ameisensäure ist beispielsweise mit einem C-Atom bestückt, ihre Ester (Formiate, z. B. Citronellylformiat im Öl von Pelargonium graveolens) verhelfen dem Öl zu einer leicht spasmolytischen Wirkung. Essigsäure hat zwei C-Atome, ihre Ester (Acetate) wirken sowohl spasmoly-

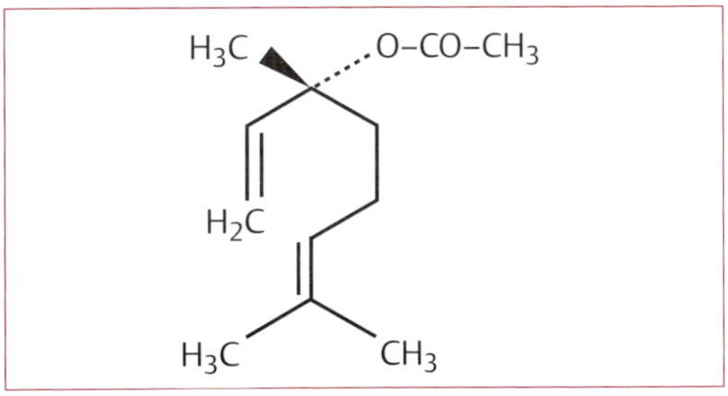

Abb. 2.**12** Strukturformel des Linalylacetat.

tisch auf den Verdauungstrakt als auch sedativ auf das Nervensystem. Geranylacetat in Cananga odorata ist ein Beispiel für diese Wirkung. Die Ester der Anthranilsäure mit ihren sieben C-Atomen, die als Besonderheit noch ein Stickstoffatom enthalten (Gildemeister und Hoffmann 1928), machen Mandarinenöl zu einem ungewöhnlich wirksamen spasmolytischen Mittel, vor allem für die Psyche (Schnaubelt 1995).

Ester sind sehr hautfreundlich und können auch bei Entzündungen entstauend wirken. Hier finden wir also die antiphlogistische Eigenschaft der Säuren kombiniert mit den tonisierenden Wirkungen der Monoterpenalkohole. Ester wirken regulierend auf die Herztätigkeit, in der Parfümerie sind sie typische vermittelnde Herznoten.

Mögliche unerwünschte Nebenwirkungen

Monoterpenester sind meistens sehr gut hautverträglich. **Sabinylacetat** wirkt embryotoxisch und abortiv (je nach Herkunft bis zu 24 % in Salvia lavandulifolia enthalten).

Beispiele für Monoterpenester
Bornylacetat
Bornylisovalerat
Citronellylacetat
Citronellylformiat
Eugenylacetat
Geranylacetat
Geranylformiat
Linalylacetat
Myrtenylacetat
Nerylacetat
Sabinylacetat
Terpinylacetat

Anmerkung: **Aromatische Ester** enthalten einen Benzolring. Sie sind sehr wirksame Verbindungen aus aromatischen Alkoholen und Säuren. Methylsalicylat, zu 90 % in Betula ssp. und Gaultheria fragrantissima enthalten, kann bei Überdosierung zu allgemeinen Vergiftungserscheinungen führen (Balacs und Tisserand 1995).

Beispiele für aromatische Ester
Benzylacetat
Benzylbenzoat
Methylanthranilat
Methylsalicylat

Oxide

Vorkommen

Als einzig weit verbreitetes Oxid in ätherischen Ölen kommt 1,8-Cineol häufig in medizinisch-frischen Ölen vor.

Chemische Charakterisierung

Als Oxide sind hier zyklische Äther zu verstehen, in denen ein Sauerstoffatom in einer Kohlenstoffringstruktur steht. Je weniger Kohlenstoffatome die Ringstruktur der zyklischen Äther besitzt, desto größer ist die Ringspannung und desto reaktionsfreudiger ist die Verbindung. So bildet sich im Öl von Melaleuca alternifolia sehr leicht aus Terpinen-4-ol in Gegenwart von 1,8-Cineol (ein cyclischer Ether) das toxische und hautreizende Peroxid Ascaridol.

Therapeutische Wirkung

Die Wirkung der Oxide hängt von ihrem biochemischen Aufbau ab. Teilweise wirken sie mukolytisch und expektorativ.

Mögliche unerwünschte Nebenwirkungen

Die unter Ether aufgeführten Oxidether müssen wegen ihrer Toxizität gemieden werden. Myristicin (z. B. in Myristica fragrans) darf nur gezielt eingesetzt werden.

Beispiele für Oxide
1,8-Cineol (Eukalyptol)
Rosenoxid
Caryophyllenoxid
Piperitonoxid
Bisabololoxid

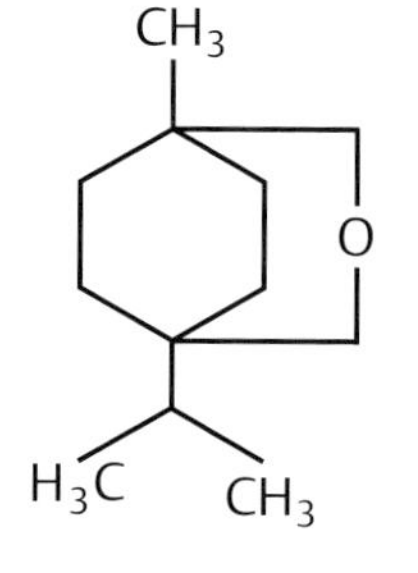

Abb. 2.**13** Strukturformel des 1,8-Cineol.

Phenole und Phenylpropanderivate

Phenole

Vorkommen

Phenole, scharf riechende Verbindungen von eigenartigem und intensivem Geruch, kommen in wenigen ätherischen Ölen vor: in denen der Lippenblütengewächse Thymus vulgaris Ct. Thymol und Carvacrol, Satureja montana und S. hortensis und Origanum vulgare und Ocimum sanctum sowie in den gewürznelkenartig duftenden ätherischen Ölen der Myrtaceae Syzygium aromaticum, Pimenta racemosa und P. dioica.

Chemische Charakterisierung

Einfache Phenole bestehen aus einem aromatischen Kohlenstoffring (Benzolring/Benzen), der eine oder mehrere Hydroxylgruppen (–OH) trägt. Außerdem kann das Ringsystem weitere Substituenten, vor allem Methylgruppen (–CH3) tragen. Phenylpropane besitzen am Benzolring eine Seitenkette aus **drei** Kohlenstoffatomen. Hierzu gehören: Anethol, Estragol, Eugenol, Methyleugenol, Zimtaldehyd.

Therapeutische Wirkungen

Die Wirkungen der Phenole sind mit denen der Monoterpenalkohole vergleichbar, doch wesentlich intensiver. Phenole wirken vor allem sehr stark antiinfektiös (antiviral, bakterizid, fungizid) und immunmodulatorisch (Regulierung der γ-Globuline). Ihre tonisierenden Eigenschaften hängen von der Dosierung ab: Überdosierung kann zu Hyperaktivität führen. Phenole wirken zudem bei empfindlichen Menschen hyperämisierend und Blutdruck steigernd.

Mögliche unerwünschte Nebenwirkungen

Phenole dürfen nur zeitweilig verwendet werden, da sie bei längerer Anwendung hepatotoxisch wirken können – die Literatur ist hierzu nicht eindeutig. Sie können zudem auf Haut und Schleimhäuten schwerste Reizungen hervorrufen und dürfen deshalb nicht unverdünnt aufgetragen werden. Selbst bei der Anwendung in der Duftlampe werden sie nicht immer vertragen.

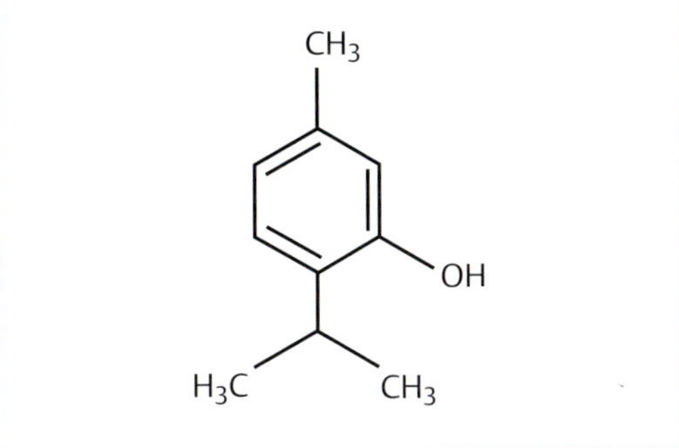

Abb. 2.**14** Strukturformel des Thymol.

Für Kinder und Schwangere sind phenolhaltige Öle nicht geeignet (am Ende der Schwangerschaft darf je nach Befindlichkeit die Gewürznelke mit ihrem hohen Eugenolgehalt eine Ausnahme bilden).

Hypertoniker sollten diese Öle in Absprache mit einem erfahrenen Aromatherapeuten anwenden.

Beispiele für Phenole
Australol
Carvacrol
Eugenol (Abb. 2.**15**)
Thymol (Abb. 2.**14**)

Anmerkung: Diese natürlichen Stoffe sind nicht mit dem giftigen Desinfektionsmittel Phenol (Karbolsäure) zu verwechseln. Interessanterweise ist natürliches Thymol um ein Vielfaches wirksamer in Sachen Desinfektion als Karbolsäure.

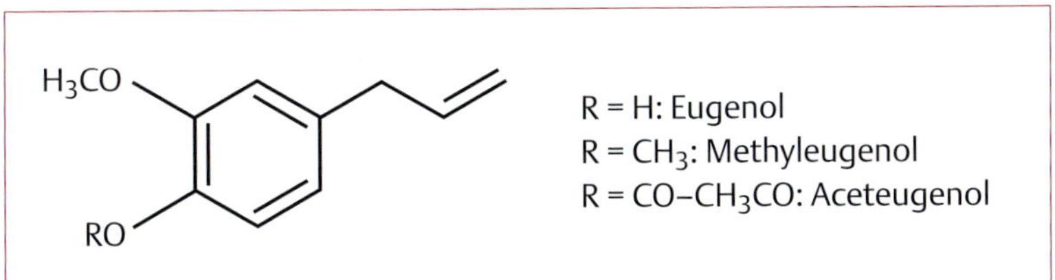

Abb. 2.**15** Strukturformel des Eugenol.

1

Phenylether

Vorkommen
Phenylether kommen nur in wenigen ätherischen Ölen vor.

Chemische Charakterisierung
Phenylether sind chemische Verbindungen, in denen ein Phenylrest (Benzolring) mit einem Alkylrest (Kohlenwasserstoffgruppe) über ein Sauerstoffatom miteinander verbunden ist (Sauerstoffbrücke).

Therapeutische Wirkungen
Viele Phenylether verfügen über eine ähnlich entkrampfende Wirkung wie Ester. Methylchavicol wirkt besonders sedativ und spasmolytisch, wird allerdings aufgrund seiner auf Tierhaut festgestellten Kanzerogenität (bei extrem hohen Mengen auf der Haut) von einigen Autoren (Balacs und Tisserand 1995) abgelehnt.

Mögliche unerwünschte Nebenwirkungen
In höherer Konzentration sind Phenylether toxikologisch nicht unbedenklich. Viele dieser Stoffe wirken im Tierexperiment in extrem hohen Dosierungen mutagen, also krebserregend. Der Umgang mit ätherischen Ölen, die reich an Phenylethern sind, ist etwas delikat, man muss ihre einzelnen Wirkungen kennen.

Beispiele für Phenylether
trans- und cis-Anethol
Asaron
Elemicin
Carvacrolmethylether
Methylchavicol (Estragol)
Methyleugenol

Beispiele für Phenylderivate mit mehreren funktionellen Gruppen
Apiol (Dioxid und zweifacher Ether)
Asaron (Phenylether mit drei Ethergruppen)
Elemicin (Phenylether mit drei Ethergruppen)
Methylsalicylat (Ester einer Hydroxycarbonsäure)
Myristicin (Dioxid und zweifacher Ether)
Safrol (Dioxid)

Aromatische Aldehyde

Vorkommen
Aromatische Aldehyde kommen in unterschiedlichen Anteilen in ätherischen Ölen der Cinnamomum-Arten (Zimtöle) vor.

Chemische Charakterisierung
Aromatische Aldehyde besitzen einen Benzolring (auch Phenylring genannt), an dem eine Aldehydgruppe (–CHO) direkt oder über eine Kohlenstoffkette gebunden ist. Aromatische Aldehyde reagieren leicht mit Luftsauerstoff zu Carbonsäuren, wobei die Reaktion durch Licht beschleunigt wird.

Therapeutische Wirkungen
Zimtaldehyd wirkt sehr stark keimtötend und hyperämisierend. Es ist vermutlich für die emmenagoge und weheneinleitende Wirkung der Zimtöle verantwortlich.

Mögliche unerwünschte Nebenwirkungen
Zimtaldehyd wirkt stark stimulierend, aber auch irritierend auf die Haut. Isoliert oder synthetisch hergestellt hat man gar verbrennungsartige Verletzungen auf der Haut beobachtet. In der Synergie mit den anderen Inhaltsstoffen des Zimtrindenöles ist dieser Effekt jedoch vermindert.

Beispiele für aromatische Aldehyde
Benzaldehyd
Cuminal
Vanillin
Zimtaldehyd (Abb. 2.**16**)

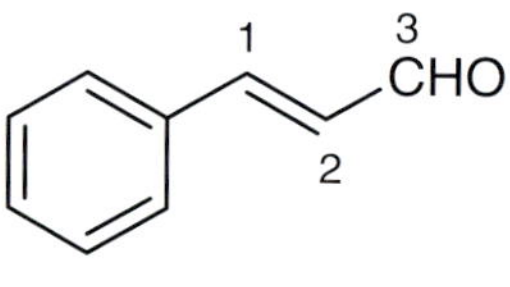

Abb. 2.**16** Strukturformel des Zimtaldehyd.

Anmerkung: Der anästhetisch wirksame **aromatische Alkohol** Phenylethanol kommt nur in nennenswerter Menge in **Rosenabsolue** (74 %), Champacaabsolue (8 %) und im **Rosenhydrolat** vor.

Cumarine und Furocumarine

Vorkommen

Cumarine und Fur(an)ocumarine sind in den gepressten ätherischen Ölen aus Zitrusschalen enthalten, in destillierten ätherischen Ölen kommen sie selten vor. In beiden Fällen sind sie geringfügige Bestandteile. Sie werden erst in den letzten zehn Prozent der Destillationszeit gewonnen und kommen daher nur in hochwertigen, kompletten Ölen vor, immer nur in Spuren. Ihre großen Moleküle sind kaum flüchtig, daher kommen sie fast nur in gepressten ätherischen Ölen vor.

Chemische Charakterisierung

Cumarine sind Lactone von 2-Hydroxyzimtsäurederivaten. Diese Stoffverbindungen bestehen aus einem Benzolring, an dem ein ungesättigtes Lacton hängt. Cumarine bilden so ein Doppelringsystem.

Bei Furanocumarinen ist am Benzolring der Cumaringruppe noch ein **Furanring** ankondensiert. Furanocumarine sind Dreifachringsysteme.

Cumarine und Furanocumarine sind sehr reaktive Verbindungen. Sie werden unter Einfluss von UV-A und UV-B-Strahlung photoaktiviert und wirken photosensibilisierend auf der Haut. Es kommt zu verbrennungsähnlichen Symptomen.

Therapeutische Wirkungen

Sie wirken – ähnlich wie die Monoterpenester – sedativ und anxiolytisch (angstmindernd), sie verstärken die spasmolytische Wirkung von Estern (Franchomme und Pénoël 1990). In isländischen und italienischen Studien konnte gezeigt werden, dass diese Inhaltsstoffe in Citrus medica, Citrus bergamia und Angelica archangelica eine hemmende Wirkung auf bestimmte Tumore haben (Menichini et al. 2010, Sigurdsson et al. 2005).

Mögliche unerwünschte Nebenwirkungen

Furocumarine sind fluoreszierende Cumarin-Abkömmlinge und wirken photosensibilisierend, d. h. diese Moleküle besitzen die Fähigkeit, sich an die Melanozyten – insbesondere der feuchten Haut – zu binden. Bei gleichzeitiger Einwirkung von ultraviolettem Licht entsteht bei einer Wellenlänge von 312 – 320 nm eine Substanz, aus der sich zusammen mit körpereigenem Eiweiß ein Antigen entwickelt und so werden – je nach Hauttyp – leichte bis starke subepidermale Blasenbildungen, Schwellungen und Dermatitis solaris 1. und 2. Grades verursacht (Roth, Daunderer und Kormann 1994). Dieser Wellenlängenbereich ist der erythemwirksamste (sonnenbrandwirksamste) Strahlungsbereich des UV-Lichtes.

Beispiele für Cumarine und Furocumarine

Angelicin
Bergamottin
Bergapten (Abb. 2.**17**)
Bergapton
Khellin
Psoralen
Umbelliferon
Visnadin

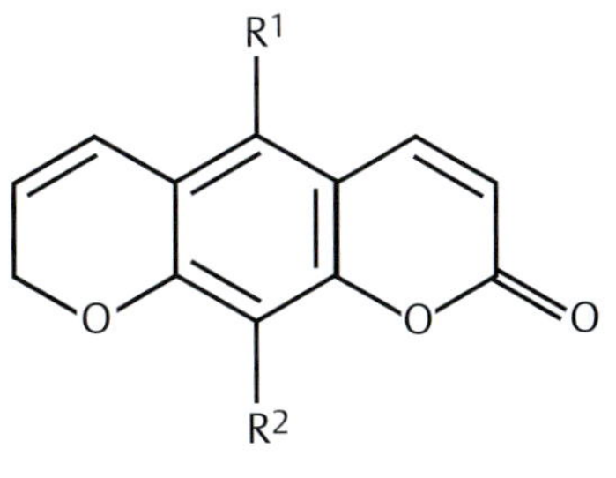

$R^1 = OCH_3$; $R^2 = H$: Bergapten
$R^1 = OH$; $R^2 = H$: Bergaptol

Abb. 2.**17** Strukturformel des Bergapten.

2.3 Inhaltsstoffe und Begriffe in Stichworten

1

Beim Studieren der Inhaltsstoffe von ätherischen Ölen ist es wichtig, die Öle als Ganzheit, als **Vielstoffgemisch** von manchmal vierhundert und mehr Substanzen, zu betrachten. Viele davon sind noch unbekannt. Ein toxischer Inhaltsstoff bedeutet nicht zwangsläufig, dass das betreffende Öl – bei sachgemäßer Anwendung – gefährlich ist. Manchmal wiederum genügen Spuren einer Substanz, um die Wirkung und den Duft eines Öles zu prägen. Die meisten Wirkweisen wurden an isolierten (teilweise synthetischen) Substanzen am Tier oder in Zellkulturen (in vitro) untersucht, so dass die folgenden Beschreibungen nur Anhaltspunkte für eine ganzheitliche Behandlung sein können.

Abienol
Diterpenalkohol, hormonartige Wirkung (in Abies sibirica, Cupressus sempervirens)

Aceton
Das einfachste Keton entsteht durch Dehydrierung von Isopropanol (2-Propanol), ein sekundärer Alkohol (Spuren in Zingiber officinale)

Alantolacton
Sesquiterpenlacton, stark hautreizend (zu 52 % in Inula helenium)

aliphatisch
Aliphate sind organische (un)verzweigte ketten- oder ringförmige Verbindungen, die keinen aromatischen Benzolring besitzen

Anethol (trans-Anethol)
Phenylpropanderivat, ein Phenylether, mukolytisch, spasmolytisch, östrogenähnlich, deshalb nicht in der Schwangerschaft, während des Stillens, Endometriose und Mammakarzinomen zu verwenden (in Foeniculum vulgare, Illicium verum, Pimpinella anisum). Das Isomer cis-Anethol wirkt toxisch (meistens in synthetischen Ölen)

Angelicin
Furocumarin (Phenylpropanderivat), photosensibilisierend, antikoagulierend (in Angelica archangelica)

Anisaldehyd (4-Methoxybenzaldehyd)
Phenylpropan-Derivat, kann durch allergische Reaktionen stark hautreizend wirken (in Foeniculum vulgare, Illicium verum, Pimpinella anisum)

Anthecotulid
Sesquiterpenlacton mit hoher Sensibilisierungspotenz (Hausen und Vieluf 1997) (gelegentlich in Chamaemelum nobile)

Anthranilsäure (2-Aminobenzoesäure)
Zwischenstufe der Biosynthese von Tryptophan im menschlichen Körper; kommt in ätherischen Ölen als Methylanthranilat vor, stark spasmolytisch (in Citrus aurantium, C. reticulata, Jasminum grandiflorum)

Apiol
Phenylpropanderivat, ein Dioxid und zweifacher Phenylether, wirkt abortiv, ZNS anregend (in Anethum graveolens, Petroselinum crispum)

Aromadendren
Sesquiterpen in Pogostemon patchouli (bis 20 %), antiphlogistisch, hautpflegend (in Eucalyptus globulus, E. radiata, Satureja montana, Thymus vulgaris Ct. Thymol)

Asaron (α- und β-Asaron)
Phenylpropanderivat, α-Asaron embryotoxisch und hepatokarzinogen, β-Asaron wirkt mutagen und kanzerogen (Roth, Daunderer und Kormann 1994); kann zu Atemlähmungen führen (Fugmann, Fugmann und Steglich 1997) (bis zu 80 % in Acorus calamus)

Ascaridol
Toxisches und hautreizendes Peroxid, das sich im Öl von Melaleuca alternifolia aus Terpinen-4-ol bilden kann (Wabner 2002); wirkt anthelmintisch (bis zu 80 % in Chenopodium ambrosinoides, 25 % in Peumus boldus)

Atlanton
Sesquiterpenketon, gut verträglich, sekretolytisch, epithelisierend (in Cedrus atlantica, C. deodara)

Azulen
Sesquiterpen, siehe unter Chamazulen

Benzaldehyd
Phenylpropanderivat, Hauptbestandteil im kaum erhältlichen ätherischen Bittermandelöl, duftet nach Marzipan, in hohen Dosen narkotisierend; antipruriginös, lokalanästhetisch (in Cananga odorata, Jasmin- und Tuberose-Absolue)

Benzoesäure
Säure, die bei sensiblen Menschen hautreizend wirken kann, wird als Konservierungsmittel in Lebensmitteln verwendet; kommt in ätherischen Ölen meistens als Ester vor (in Myroxylon balsamum, Styrax tonkinensis)

Benzopyren
Kanzerogener Stoff, der in Zigarettenrauch und in Teer vorkommt (im Trockendestillat von Juniperus oxycedrus)

Benzylacetat (Essigsäurebenzylester)
Phenylpropanderivat, sedativ, eventuell leicht narkotisch, kann Schleimhäute reizen (in Cananga odorata, Jasminum grandiflorum)

Benzylalkohol (Phenylmethanol)*
Kommt in ätherischen Ölen meistens chemisch gebunden in Estern vor (in Jasmin-Absolues, Myroxylon balsamum)

Benzylbenzoat
Phenylpropanderivat (Benzoesäurebenzylester), anregend, aphrodisisch (in Cananga odorata, C. zeylanicum, Myroxylon balsamum)

Bergapten (5-Methoxypsoralen)
Furocumarin (Phenylpropanderivat), in Spuren (ca. 0,3 %) enthalten in den meisten Zitrusschalenessenzen. Bergapten wirkt photosensibilisierend und photomutagen (Roth, Daunderer und Kormann 1994) (in Citrus aurantium ssp. bergamia, C. limonum, C. aurantium)

Bisabolen (α- und β-Bisabolen)
Sesquiterpen, sehr hautpflegend (in Daucus carota, Zingiber officinale)

Bisabolol (Levomenol)
Sesquiterpenalkohol, bakteriostatisch, fast geruchlos, stimmungshebend, tonisierend auf die Haut, spasmolytisch (Kalziumantagonist), leicht antiulzerogen, granulationsfördernd, antiphlogistisch (in Matricaria chamomilla)

Borneol
Monoterpenalkohol, bakterizid, fungizid, immunmodulatorisch, erfrischend, kann in Überdosis Verwirrung und Übelkeit verursachen, nicht toxisch (in Cymbopogon nardus, Cistus ladaniferus, Dryobalanops camphora, Rosmarinus officinalis, Valeriana officinalis)

Bornylacetat
Monoterpenester, ausgleichend auf Herzrhythmus (Franchomme und Pénoël 1990) (in Abies-Arten, Pinus-Arten, Pseudotsuga menziesii, Rosmarinus officinalis Ct. Verbenon/Bornylacetat)

Borneon (Kampfer)
Monoterpenketon, mukolytisch, expektorativ, je nach Überdosis bei innerer Einnahme Übelkeit, Verwirrung, Erbrechen, Tod. Für Babys, Kleinkinder, Asthmatiker und Schwangere nicht geeignet (in Achillea millefolium, Cinnamomum camphora Ct. Borneon, Lavandula latifolia, L. stoechas, Rosmarinus officinalis)

Bulnesen (α- und β-Bulnesen)
Sesquiterpen, bis 35 % in Pogostemon patchouli

Cadinen (a-, β- und δ-Cadinen)
Sesquiterpen, kommt in über 150 ätherischen Ölen vor, sedativ, antihistaminisch, antipruriginös, analgetisch, hormonartige Wirkung durch Steroidcharakter (in Cananga odorata, Commiphora molmol, Juniperus communis, Kunzea ericoides, Leptospermum scoparium, Pistacia lentiscus)

Cadinol
Sesquiterpenol (in Amyris balsamifera, Ferula gummosa, Helichrysum italicum, Juniperus communis, Pinus sylvestris)

Calamenen
Sesquiterpen (in Copaifera officinalis)

Camphen
Monoterpen, antiseptisch, bakterizid, leicht antiviral, beruhigend, eventuell hautreizend (in Pinus-Arten)

* gilt gemäß der Kosmetikverordnung als potenzielles Allergen (Stand 2005)

Caren (δ-3-Caren)
Monoterpen, nicht toxisch, jedoch in oxidierter Form (altes Öl) sehr hautreizend (Ekzeme) und allergisierend (in Pinus-Arten)

Carotol
Sesquiterpenalkohol, sehr hautpflegend, regt die Neubildung von Leberzellen an (in Daucus carota)

Carvacrol (p-Cymen-2-ol)
Phenol (Phenylpropanderivat), Isomer von Thymol, stark antiseptisch, spasmolytisch, extrem hautreizend (Origanum vulgare, Satureja hortensis, Thymus Ct. Carvacrol)

Carvon
Monoterpenketon, choleretisch, cholagog, spasmolytisch, fungizid, gut verträglich, nicht hepatotoxisch. Kommt als d-Isomer (in Carum carvi, Anethum graveolens) mit kümmelartigem Duft vor und als l-Isomer (in Mentha spicata) mit frisch-minzigem Duft

β-Caryophyllen
Sesquiterpen, kommt in fast allen ätherischen Ölen vor, gelegentlich auch in größeren Mengen (Hopfen 50–60 %), immunmodulatorisch, antiphlogistisch, spasmolytisch, kann hautreizend wirken (in Cinnamomum zeylanicum fol., Lavandula angustifolia, Laurus nobilis, Pimenta racemosa, Piper nigrum, Syzygium aromaticum). Das Isomer α-Caryophyllen wird α-Humulen genannt

Cedren (α-Cedren)
Sesquiterpen (in Cedrus atlantica, Juniperus virginiana)

Cedrol
Sesquiterpenalkohol, wirkt tonisierend auf venöses System (in Cupressus sempervirens, Juniperus communis)

Chamazulen
Ein Kohlenwasserstoff mit 14 C-Atomen, tiefblaue kristalline Substanz mit ungewöhnlicher Molekularstruktur, die erst bei der Destillation aus Matricin entsteht (Schilcher 1987). Es reduziert durch eine Reaktion des Gewebes die Histaminausschüttung, wirkt also antiallergisch und antiphlogistisch. Weiterhin zeigt es eine Antiserotoninwirkung, hat Radikalfänger-Eigenschaften, wirkt spasmolytisch und antipyretisch (bis 35 % in Matricaria chamomilla, Achillea millefolium)

1,8-Cineol (Eucalyptol, Cajeputol)
Oxid, mukolytisch, expektorativ, antiphlogistisch, antiviral, antibakteriell, anästhetisch, antirheumatisch, geistig anregend. Kleinkinder mit spastischem Bronchialsystem sollen es nicht inhalieren (in Cinnamomum camphora [Ravintsara], Elettaria cardamomum, Eucalyptus globulus, E. radiata, E. smithii, Laurus nobilis, Lavandula latifolia, Melaleuca leucadendra, M. viridiflora, Myrtus communis, Rosmarinus officinalis, Salvia lavandulifolia)

Cinnamal (Zimtaldehyd*)
Phenylpropanderivat, stimulierend, stark hautreizend, verträglicher bei gleichzeitiger Anwendung von d-Limonen (in Cinnamomum aromaticum, C. zeylanicum)

Cinnamylacetat
Phenylpropanderivat (Ester der Essigsäure) (in Cinnamomum aromaticum, C. zeylanicum)

Citral*
Monoterpenaldehyd, zwei Formen: Citral A = Geranial, Citral B = Neral. Sehr weit verbreitet in ätherischen Ölen, antiviral, sedativ, antiphlogistisch, fungizid, insektifug. Geranial in Melissa officinalis wirkt besonders stark antiviral, Neral wirkt immunmodulierend, kann die Haut reizen. Dieser Effekt wird reduziert durch die Beimischung von α-Pinen oder d-Limonen. Citral kann durch orale Einnahme den Augendruck erhöhen, citralreiche Öle sollten sicherheitshalber bei Glaukom gemieden werden (Balacs und Tisserand 1995) (in Eucalyptus staigeriana, Litsea cubeba, Lippia citriodora, Melissa officinalis, Rosa damascena)

Citronellal
Monoterpenaldehyd, stark antiseptisch, antiphlogistisch, kann hautreizend wirken, da es sehr schnell polymerisiert (in Cymbopogon citratus, C. nardus, Eucalyptus citriodora, Litsea cubeba, Melissa officinalis)

* gilt gemäß der Kosmetikverordnung als potenzielles Allergen (Stand 2005)

Citronellol*
Monoterpenalkohol, neurotonisch, antiseptisch, insektifug (in Cymbopogon citratus, Pelargonium graveolens, Rosa damascena)

Citronellylacetat
Monoterpenester, spasmolytisch (in Pelargonium graveolens)

Citronellylformiat
Monoterpenester, spasmolytisch (in Pelargonium graveolens)

Copaen
Sesquiterpen (in Apium graveolens, Copaifera officinalis, Piper cubeba)

Cumarin (Coumarin)*
Ungesättigtes Lacton, esterartige Substanz, schweres Molekül, daher fast nur in durch Pressung gewonnenen Zitrusölen oder Absolues. Duft nach Waldmeister; immunmodulatorisch. Das photosensibilisierende Bergapten in den Zitrusschalen ist ein Fur(an)okumarin (in Cinnamomum cassia, Heu-Absolue, Myroxylon balsamum var. pereirae, Tonkabohnenextrakt)

Cuminal(dehyd)
Aromatisches Aldehyd, kommt in über 50 ätherischen Ölen vor, sedativ, gelegentlich hautreizend (in Cuminum cyminum, Cinnamomum cassia, Commiphora molmol, Eucalyptus polybractea)

α- und γ-Curcumen
Sesquiterpen (in Curcuma aromatica, Helichrysum italicum)

p-Cymen (para-Cymen, p-Cymol)
Monoterpen, lokalanästhetisch, kann hautreizend wirken (in Achillea millefolium, Eucalyptus polybractea, E. staigeriana, Melaleuca alternifolia, Origanum majorana, Piper nigrum, Satureja montana)

Cyanid
Salz der Blausäure, das während der Destillation von ätherischem Bittermandelöl aus Amygdalin entsteht (und entfernt werden muss); jede Form der Anwendung führt zu Intoxikationen

Elemen (α- und β-Elemen)
Sesquiterpen (in Piper nigrum)

Elemicin
Phenylpropanderivat, ein dreifacher Phenylether, mit Estragol und Safrol verwandt, in extrem hoher Dosis vermutlich kanzerogen (in Canarium luzonicum, Myristica fragrans)

Elemol
Sesquiterpenalkohol (in Cymbopogon martinii, Hyssopus officinalis, Laurus nobilis, Mentha spicata, Piper nigrum, Zingiber officinale)

Enantiomer
Alle Moleküle mit einem asymmetrischen Kohlenstoffatom sind chiral (von griechisch cheir = Hand): Wie auch unsere Hände ergibt ein derartiges Molekül nicht ein identisches Spiegelbild auf einem ebenen Spiegel (die linke Hand wird zur rechten und umgekehrt). Chirale Bausteine in ätherischen Ölen sind zum Beispiel Linalool, Menthol, Borneon (Kampfer), Pinen, Limonen. Diese chiralen Bausteine müssen immer als zwei Enantiomere vorkommen (einer ist das Spiegelbild vom anderen), einer ist rechtsdrehend (+), der andere linksdrehend (–). Diese Enantiomere treten in einem naturreinen ätherischen Öl in bestimmten, unterschiedlichen Mengenverhältnissen auf. Bei synthetischen Ölen oder solchen mit einem synthetischen Anteil ist dieses Mengenverhältnis gleich (Racemat). In modernen Analysen setzt man die Enantiomeren-Messung (Chirales GC) ein. Hier kann man nicht nur – wie beim herkömmlichen Gaschromatogramm – die Quantität der Inhaltsstoffe erkennen, sondern auch, ob der jeweilige Stoff natürlicher oder synthetischer Herkunft ist.

Estragol (Methylchavicol)
Phenylether, mukolytisch, spasmolytisch, wirkt in Tierversuchen auf der Haut karzinogen (in Artemisia dracunculus, Myristica fragrans, Ocimum basilicum, Petroselinum crispum)

Eudesmol
Sesquiterpenalkohol (in Juniperus virginiana, Ferula galbaniflua, Laurus nobilis, Pelargonium graveolens)

Eukalyptol
siehe Cineol

* gilt gemäß der Kosmetikverordnung als potenzielles Allergen (Stand 2005)

1

Eugenol*
Phenylpropanderivat (Phenol/Ether), stark antiseptisch, analgetisch, antikoagulierend. Eugenolreiche Öle sollten nicht bei Blutgerinnungs- und Leberfunktionsstörungen verwendet werden (Balacs und Tisserand 1995). Typischer Gewürznelkenduft. Isoeugenol ist ein Isomer von Eugenol. Im Experiment wirkt es in hohen Konzentrationen und bei langer Expositionszeit karzinogen, mutagen und hautreizend (Fugmann, Lang-Fugmann und Steglich 1997) (in C. zeylanicum fol., Ocimum sanctum, Pimenta dioica, P. racemosa, Syzygium aromaticum)

Eugenolmethylether (Methyleugenol)
Aphrodisierend (in Laurus nobilis, Pimenta dioica, Rosa damascena, Syzygium aromaticum)

β-Farnesen
Sesquiterpen (in Cananga odorata [komplett], Humulus lupulus, Matricaria chamomilla)

Farnesal
Sesquiterpenaldehyd (in Cymbopogon flexuosus)

Farnesol
Sesquiterpenalkohol, in kleinen Mengen in vielen ätherischen Ölen vorkommend, bakteriostatisch, desodorierend, tonisierend, sehr hautpflegend (in Chamaemelum nobile, Cananga odorata, Citrus aurantium flos, Cymbopogon flexuosus, Mentha spicata, Rosa damascena)

Fenchon
Monoterpenketon, nicht toxisch und nicht reizend (in Foeniculum vulgare, Lavandula stoechas)

Funktionelle Gruppe
Als funktionelle Gruppen bezeichnet man chemische reaktionsfähige Stellen in einem organischen Molekül. Durch Hinzufügen oder Umwandlung von funktionellen Gruppen ändern sich die chemischen Verbindungen und damit die chemischen, physikalischen und therapeutischen Eigenschaften. Ein neuer Stoff mit neuen Eigenschaften entsteht. Die wichtigsten funktionellen Gruppen sind: Hydroxylgruppe (–OH, Alkoholgruppe), Aldehydgruppe (–CHO), Carbonylgruppe (>C=O, Ketongruppe), Estergruppe (–COOR), Carboxylgruppe (–COOH, Carbonsäuregruppe), Aminogruppe ($-NH_2$).

Furocumarin (Furanocumarin)
Fluoreszierende Cumarin-Abkömmlinge, wirken photosensibilisierend, indem sie sich an die Melanozyten – insbesondere der feuchten Haut – binden. Bei gleichzeitiger Einwirkung von ultraviolettem Licht entsteht eine Substanz, aus der sich zusammen mit körpereigenem Eiweiß ein Antigen entwickelt und so werden – je nach Hauttyp – leichte bis starke subepidermale Blasenbildungen, Schwellungen und Dermatitis solaris 1. und 2. Grades verursacht (Roth, Daunderer und Kormann 1994); siehe auch Bergapten (in Angelica archangelica, Citrus aurantium ssp. bergamia, Cuminum cyminum)

Geranial
Monoterpenaldehyd, Isomer von Neral (siehe Citral), sedativ (in Eucalyptus staigeriana, Litsea cubeba, Lippia citriodora, Melissa officinalis)

Geraniol*
Monoterpenalkohol, ein Isomer von Nerol, kommt häufig in ätherischen Ölen vor, hautpflegend, neurotonisch, antirheumatisch, antiseptisch, ausgleichend, stimmungsaufhellend, Insekten vertreibend (in Citrus aurantium flos, Cymbopogon martinii, Lavandula angustifolia, Melissa officinalis, Origanum majorana, Pelargonium graveolens, Rosa damascena, Thymus vulgaris Ct. Geraniol)

Geranylacetat
Monoterpenester, spasmolytisch, ausgleichend (in Cymbopogon nardus, C. martinii)

Geranylformiat
Monoterpenester, antispasmodisch, harmonisierend (in C. martinii, Pelargonium graveolens)

Germacren D
Sesquiterpen, hautpflegend (in Johanniskraut, Melisse, Muskateller-Salbei)

Guaiakol
Hauptbestandteil zweier nicht in der Aromatherapie eingesetzten Öle, die Informationen darüber sind nicht einheitlich, es soll sehr reizend sein (in Bulnesia sarmentii, Juniperus oxycedrus)

* gilt gemäß der Kosmetikverordnung als potenzielles Allergen (Stand 2005)

β-Gurjunen
Sesquiterpen (in Nardostachys jatamansi)

Heliotropin (Piperonal)
Fast ausschließlich als synthetisches Aldehyd (Phenylpropanderivat) vorkommend, entsteht durch Oxidation von Isosafrol, süßer, marzipanartig-blumig-narkotischer Duftstoff (in Piper nigrum)

α- + β-Himachalen
Sesquiterpen (in Cedrus deodara, Hypericum perforatum)

Himachalol
Sesquiterpenalkohol (Cedrus atlantica, C. deodara)

Humulen (α-Humulen/α-Caryophyllen)
Sesquiterpen, ein Isomer des β-Caryophyllen, sedativ (in Humulus lupulus, Hypericum perforatum, Laurus nobilis, Myrtus communis)

Hydrozimtalkohol (3-Phenyl-1-Propanol)
Durch Umesterung aus Zimtaldehyd entstandener Alkohol, balsamisch-blumiger Duft, wird synthetisiert zur Verwendung als milder Kosmetik-Konservierungsstoff (in Liquidambar orientalis)

Indol
Heterozyklische stickstoffhaltige Verbindung, die im Steinkohlenteer sowie im Darm als Produkt der Eiweißzersetzung und in manchen ätherischen Ölen vorkommt. Es riecht fäkalartig, in extrem starker Verdünnung duftet Indol jedoch nach Jasmin und Neroli (in Jasmin-Absolue und Neroli-Absolue)

Iron (2-Methyljonon)
Sesquiterpenketon, kommt in a-, β- und γ-Isomeren vor; stark mukolytisch, kühlend, gut verträglich (in Iris germanica)

Isoeugenol*
Isomer von Eugenol (Phenylpropanderivat), analgetisch und leicht narkotisch (in Cananga odorata, Myristica fragrans, Syzygium aromaticum)

Isomer
Chemische Verbindungen können in ihrer Zusammensetzung nach Art und Mengenverhältnis der Atome völlig übereinstimmen (gleiche Bruttoformel), sich doch in ihren chemischen (z. B. Duft) und physikalischen Eigenschaften stark voneinander unterscheiden. Das geometrische Isomer einer Molekülgruppe sieht aus wie sein Spiegelbild, ist also nicht deckungsgleich, wie zum Beispiel ein Paar Handschuhe. Zwei solche so genannte Enantiomere drehen die Ebene des polarisierten Lichtes in entgegengesetztem Drehsinn (rechtsdrehend = [+]-Form, linksdrehend = [−]-Form). Beim optischen Isomer gleichen sich die Moleküle durch die Anzahl ihrer C-Atome, jedoch haben sie eine andere Anordnung im Raum.

Italicen
Sesquiterpen (in Cupressus sempervirens, Helichrysum italicum)

Jasmon (cis-Jasmon)
Monoterpenketon, nicht toxisches Keton (im Absolue von Jasminus grandiflorum)

Jonon (Ionon)
Sesquiterpenketon, kommt in α-, β- und γ-Isomeren vor; stark mukolytisch, kühlend, gut verträglich (in Iris germanica)

Lavandulol
Monoterpenalkohol, antiseptisch, tonisierend (in Lavandula angustifolia)

Lavandulylacetat
Monoterpenester, spasmolytisch (in Lavandula angustifolia)

Leptospermon
Triketon (C_{25}), bisher nur in Manukaöl (20–25 %) bekannt, stark antibakteriell und antimykotisch, epithelisierend, mukolytisch, neurotonisch, pheromonartig (von Braunschweig 1996)

d-Limonen/l-Limonen*
Monoterpen, sehr weit verbreitet bei den ätherischen Ölen; wirkt als Puffer bei der Anwendung von citralhaltigen Ölen, deren hautreizende Wirkung wird bei einem Mischungsverhältnis von

* gilt gemäß der Kosmetikverordnung als potenzielles Allergen (Stand 2005)

1

2:8 reduziert (20% Limonen, 80% Citral). Auch die Aggressivität des Zimtaldehyds kann bei einer Mischung von 1:1 durch Limonen gepuffert werden (Balacs und Tisserand 1995). Wirkt antiseptisch, bakterizid, stark antiviral, sedativ, kann hautreizend wirken, wenn es alt/oxidiert ist und im warmen Bad. Studien belegen die antikarzinogene Wirkung von (isoliertem) d-Limonen (Brudnak 2000). Frischer, sauberer Duft wie Zitrone. (l-Limonen in Pinus- und Zitrusarten, d-Limonen in Carum carvi)

Linalool (Linalylalkohol)*
Monoterpenalkohol, sehr weit verbreitet bei ätherischen Ölen, wird als Isolat gerne zur Streckung genommen (Wabner 1996); blumiger Duft mit würzigen und zitronigen Anteilen, bakterizid, eher sedativ. Unkorrekterweise meistens „Linalol" geschrieben (in Aniba rosaeodora, Bursera delpechiana, Cinnamomum camphora [Ho-Baum] Citrus aurantium fol., Coriandrum sativum sem., Lavandula angustifolia, Thymus vulgaris Ct. Linalool)

Linalooloxid
Monoterpenoxid, sedativ, mukolytisch, expektorativ (in Hyssopus officinalis)

Linalylacetat (Bergamol)
Monoterpenester, sehr verbreitet, prägt den Duft von Lavendelöl; sedativ, spasmolytisch, tonisierend. Wird zum Strecken von Lavendelöl bereits auf die lebende Pflanze gesprüht (in Citrus aurantium flos, Citrus aurantium ssp. bergamia, Lavandula angustifolia, Mentha citrata, Salvia sclarea)

Longifolen
Sesquiterpen (in Pinus sylvestris)

α- + β-Longipinen
Sesquiterpen (in Nigella sativa)

Menthofuran
Toxische Substanz, die in der Leber aus dem Keton Pulegon entsteht, zu 0,1–7,5% in Pfefferminzöl enthalten, bedeutet in diesem jedoch keine Gefahr (Balacs und Tisserand 1995)

Menthol
Monoterpenalkohol, neurotonisch (ZNS stimulierend), antiseptisch, epithelisierend, kühlend. Nicht für Babys und Kleinkinder geeignet, kann zu Glottiskrämpfen und Atemstillstand führen, stechender, frischer Duft (in Mentha piperita und Mentha arvensis)

Menthon (und Iso-Menthon)
Monoterpenketon, stark epithelisierend, verstärkt Resorption von Tamoxifen und 5-Fluorouracil (Buchbauer 2004) eventuell leicht hepatotoxisch, jedoch bei normaler Dosierung unproblematisch (in Mentha arvensis, M. pulegium, M. piperita)

Menthylacetat
Monoterpenester, nicht toxisch (Mentha-Arten)

Methylanthranilat (Anthranilsäuremethylester)
C-8-Ester aus Anthranilsäure und Methanol, stickstoffhaltig, spasmolytisch (in Cananga odorata, Citrus aurantium, C. reticulata per. und fol., Jasmin-Absolue, Tuberose-Absolue)

N-Methylanthranilsäuremethylester
C_9-Ester aus N-Methylanthranilsäure und Methanol, stickstoffhaltig, extrem spasmolytisch (in Cananga odorata, Citrus aurantium, C. reticulata per. und fol., Jasmin-Absolue, Tuberose-Absolue)

Methylchavicol (Estragol)
Phenylether (Phenylpropanderivat), wirkt stark spasmolytisch auf das ZNS und mukolytisch, wirkt in Tierversuchen auf der Haut kanzerogen (in Artemisia dracunculus, Foeniculum vulgare, Ocimum basilicum, Pimpinella anisum)

Methyleugenol
Phenylether (Phenylpropanderivat), antidepressiv, embryotoxisch: kanzerogen und hepatotoxisch in Tierversuchen, seit 2004 wird Kosmetik, die diesen Stoff in Spuren enthält, streng von der EU reglementiert (Spuren in Artemisia dracunculus, Laurus nobilis, Ocimum basilicum, Pimenta dioica, Rosa damascena)

Methylheptenon
Aliphatisches Keton (in Zingiber officinale)

* gilt gemäß der Kosmetikverordnung als potenzielles Allergen (Stand 2005)

Methylsalicylat
Ester aus Methanol und Salicylsäure (Phenylpropanderivat); analgetisch, hyperämisierend, antikoagulierend, bei Dauergebrauch wurden gastrointestinale Störungen bis zu Vergiftungen bei zu hoher Dosierung beobachtet, auf verletzter Haut stark reizend, nicht für Kinder geeignet (jeweils über 90 % in Betula alleghaniensis und Gaultheria fragrantissima)

α- + γ-Muurolen
Sesquiterpen, antiphlogistisch (in Juniperus communis)

Myrcen
Monoterpen, analgetisch, antiseptisch, bakterizid, leicht antiviral, sedativ, eventuell hautreizend (in Cymbopogon flexuosus, Humulus lupulus, Juniperus communis, Mentha spicata, Myristica fragrans, Pistacia lentiscus)

Myristicin
Phenylpropanderivat (Di- und Methyloxid), aquaretisch, tonisierend auf ZNS, halluzinogen im Zusammenspiel mit anderen unbekannten Stoffen (in Myristica fragrans, Petroselinum crispum)

Myrtenol
Monoterpenol (in Cistus ladaniferus, Myrtus communis)

Myrtenylacetat
Monoterpenester, spasmolytisch (in Myrtus communis Ct. Myrtenylacetat)

Neral
Monoterpenaldehyd, B-Form von Citral, antiphlogistisch, immunmodulatorisch (in Cymbopogon flexuosus, Litsea cubeba, Melissa officinalis)

Nerol
Monoterpenalkohol, Isomer von Geraniol, antiseptisch, tonisierend, antirheumatisch, insektifug, süß-pflaumiger narkotischer Duft mit Zitrusakzent (in Cananga odorata, Citrus aurantium flos, Helichrysum italicum, Jasmin-Absolue, Rosa damascena)

(trans-) Nerolidol
Sesquiterpenalkohol, hautpflegende Wirkung, blumig-grüner an Lilie erinnernder Duft (in Anthemis nobilis, Citrus aurantium flos, Lippia citriodora, Melaleuca leucadendra, Myrocarpus fastigiatus, Myroxylon balsamum)

Nerylacetat
Monoterpenester, stark spasmolytisch, himbeerartiger, süßer Duft (in Citrus aurantium flos, Helichrysum italicum)

1

Nonylaldehyd
Aliphatischer Aldehyd mit neun C-Atomen in der Kette, zunächst schweißiger, in Verdünnung blumiger Duft (in Spuren im Rosen-Absolue)

Nootkaton
Sesquiterpenketon, duftet stark grapefruitartig (in Citrus aurantium per., C. paradisi)

β-Ocimen
Monoterpen, antiseptisch, antibakteriell, leicht antiviral, sedativ, potenziell hautreizend (in Citrus aurantium flos, Lavandula angustifolia, Ocimum basilicum, Origanum majorana)

α-Patchoulen
Sesquiterpen (Nardostachys jatamansi, Pogostemon patchouli)

Patchoulol (Patchouli-Alkohol)
Sesquiterpenalkohol, antiseptisch, hautpflegend (in Nardostachys jatamansi, 30–40 % in Pogostemon patchouli)

Phellandral
Monoterpenaldehyd

α-Phellandren
Monoterpen, aquaretisch, Isomer des β-Phellandren, frischer Waldduft, eventuell hautreizend, unerwünschte Herzwirkung (Holm und Herbst 2001) (in Abies alba, Anethum graveolens, Angelica archangelica rad., Eucalyptus dives, Juniperus communis, Mentha piperita, Piper nigrum, Schinus molle)

β-Phellandren
Monoterpen, Isomer des α-Phellandren, balsamisch-blumiger Duft (in Angelica archangelica rad., Hyssopus officinalis, Pinus cembra, Pinus mugo, Rosmarinus officinalis)

2-Phenylethanol (Phenylethylalkohol)
Alkohol, in Spuren in vielen Ölen enthalten, bakteriostatisch, tonisierend, anästhetisch, warmer, blumiger Rosenduft, wasserlöslich, daher zu über 50 %ig in Rosenabsolue und in Rosenhydrolat (in Cananga odorata, Citrus aurantium, Rosa damascena, Pelargonium graveolens).

Phthalide
Lactone mit C_4-Rest am Benzolring, wirken Leber reinigend (Franchomme, Pénoël 1990) (in Apium graveolens, Levisticum officinale)

α-Pinen (2-Pinen)
Monoterpen, in über 400 ätherischen Ölen vorkommend, antiseptisch, antibakteriell, antiviral, sedativ, eventuell hautreizend, vor allem durch Oxidation/Verharzung des Öles (Roth, Daunderer und Kormann 1994), würzig-herber fichtenartiger Duft (in Boswellia carterii, Cistus ladaniferus, Cupressus sempervirens, Hypericum perforatum, Rosmarinus officinalis, Myrtus communis, Picea obovata)

β-Pinen (Nopinen)
Monoterpen, geringer Bestandteil in den meisten ätherischen Ölen, kommt meistens mit α-Pinen gemeinsam vor

Pinocamphon
Monoterpenketon, bei innerer Einnahme neurotoxisch, kann Krämpfe/Epilepsieanfälle auslösen (bis zu 40 % in Hyssopus officinalis, nicht vorhanden in Hyssopus officinalis var. decumbens)

Iso-Pinocamphon
Monoterpenketon, Isomer von Pinocamphon, ähnliche Eigenschaften (bis 30 % in Hyssopus officinalis)

Piperiton
Monoterpenketon, pfefferminzartig duftend, gut verträglich (in Mentha-Arten, Eucalyptus dives)

Psoralen
Furocumarin, esterartige Substanz; verstärkt die spasmolytische Wirkung von Estern (Franchomme und Pénoël 1990); wirkt photosensibilisierend (in Citrus aurantium ssp. bergamia, C. limonum, C. aurantium)

Pulegon
Monoterpenketon, kommt als d-Pulegon vor, wurde gegen Ungeziefer wie Flöhe eingesetzt, mutmaßlich abortiv, hepatotoxisch (Mentha pulegium, Spuren in anderen Minzen)

Rosenoxid
Entsteht bei der Destillation von Rosenblütenblättern (Spuren in Rosa damascena)

Sabinen
Monoterpen (in Juniperus communis, Myristica fragrans)

Sabinylacetat
Monoterpenester, einer der wenigen toxischen Ester, die in ätherischen Ölen vorkommen: embryotoxisch, abortiv (20 – 53 % in Juniperus sabina, 0,1 – 24 % in Salvia lavandulifolia)

Safrol
Phenylpropanderivat (Dioxid), in Tierversuchen hepatotoxisch, genotoxisch und kanzerogen, vermutlich durch Aktivierung des Polyomavirus; wirkt insektizid und hautreizend (Roth, Daunderer und Kormann 1994; Fugmann, Lang-Fugmann und Steglich 1997) (bis zu 80 % in Cinnamomum camphora [brauner Kampfer], 10 – 20 % in Cinnamomum camphora [gelber Kampfer], 85 – 90 % in Sassafras albidum, Spuren in Cananga odorata, C. zeylanicum fol. und cort., Illicium verum, Myristica fragrans); Isosafrol ist ein Isomer von Safrol (Spuren in Cananga odorata)

Salicylsäure (2-Hydroxybenzoesäure)
Kommt in ätherischen Ölen chemisch gebunden als Ester (Methylsalicylat) vor

Salviol
Diterpenalkohol, hormonartige Wirkung (in Salvia officinalis)

α-Santalol
Sesquiterpenalkohol, Hauptbestandteil (58 %) und Duftgeber von Santalum album, leicht holziger, balsamischer Duft, kardiotonisch, neuroleptische Wirkung

β-Santalol
Sesquiterpenalkohol, starker süßer animalischer, urinartiger Duft, neuroleptische Wirkung, wichtiger Bestandteil in Santalum album (22 %)

Säuren
Kommen in freier Form kaum in ätherischen Ölen vor, da gut wasserlöslich (im Hydrolat zu finden), Vorkommen meistens als Ester; wirken antiphlogistisch, hypothermisierend, Blutdruck senkend

Sclareol
Diterpenalkohol, schweres Molekül, daher kaum in destillierten Ölen, Hormon regulierend, sehr wirksam bei PMS (0,1 – 3 % in Salvia sclarea)

β-Selinen
Sesquiterpen (in Apium graveolens, Cinnamomum camphora [Ravintsara], Vetiver)

Seychellen
Sesquiterpen (in Nardostachys jatamansi, Pogostemon patchouli)

Skatol (3-Methyl-1H-Indol)
Heterozyklische, stickstoffhaltige Verbindung, die im Steinkohlenteer sowie im Darm als Produkt der Eiweißzersetzung vorkommt; es riecht fäkalartig, in extrem starker Verdünnung duftet es warm-animalisch

Spathulenol
Sesquiterpenol, fungizid (in Hyssopus officinalis, Laurus nobilis, Lippia citriodora, Matricaria chamomilla, Origanum majorana, Pelargonium graveolens)

Tageton
Monoterpenketon (in Tagetes-Arten)

α-Terpinen
Monoterpen, antiseptisch, bakterizid, leicht antiviral, sedativ; durch Alterungsprozesse wird es hautreizend, da es sich unter Einfluss von Sauerstoff in Ascaridol verwandeln kann (in Melaleuca alternifolia, Origanum majorana)

γ-Terpinen
Monoterpen, antiseptisch, bakterizid, leicht antiviral, sedativ, eventuell hautreizend (in Melaleuca alternifolia, Origanum vulgare, Pseudotsuga menziesii, Thymus Ct. Thymol)

α-Terpineol
Monoterpenol, kommt in α-, β-und γ-Isomeren vor; an Flieder und Fichtennadel erinnernder Duft (in Citrus aurantium per. und fol., C. sinensis, Juniperus communis, Melaleuca leucadendra)

Terpineol-4 (Terpinen-4-ol)
Monoterpenol, aquaretisch (durch Reizung der Tubuliwände in der Niere), fungizid, wirkt ausgleichend; grün-frischer Duft; bei Melaleuca alternifolia sind laut australischen Behörden über 30 % erwünscht (in Cupressus sempervirens, Juniperus communis, Origanum majorana)

Terpinolen
Monoterpen (in Origanum majorana, Petroselinum crispum, Pinus-Arten)

Terpinylacetat
Monoterpenester, kommt in α-, β- und γ-Isomeren vor; spasmolytisch (in Cinnamomum camphora [Ravintsara], Cupressus sempervirens, Elettaria cardamomum, Melaleuca leucadendra, M. viridiflora)

Thujanol
Monoterpenol, antiviral (in Thymus vulgaris Ct. Thujanol)

α-Thujen
Monoterpen (in Piper nigrum, Thymus vulgaris)

Thujon (Isothujon)
Monoterpenketon, kommt in α- und β-Isomeren vor, die meistens zusammen vorkommen. Beide wirken stark (neuro)toxisch und abortiv, können zu Krämpfen und schweren psychischen Schäden führen, pathologische Veränderungen der Leber wurden bei Tieren beobachtet; immunmodulatorisch. Thujonreiche Öle dürfen nur von erfahrenen Therapeutinnen verwendet werden, thujonhaltige Öle sind in Frankreich verschreibungspflichtig (in Artemisia-Arten, Salvia officinalis, Tanacetum vulgare, Thuja occidentalis)

Thymol (p-Cymen-3-ol)
Phenolderivat, Isomer von Carvacrol, stark antiseptisch, spasmolytisch, extrem hautreizend (Origanum vulgare, Satureja montana, Thymus Ct. Thymol)

Turmeron
Sesquiterpenketon (über 50 % in Curcuma zeodaria)

Umbelliferon
Hydroxykumarin, photosensibilisierend, fungistatisch (in Angelica achangelica rad.)

2-Undecanon (Methylnonylketon)
Keton, vermutlich abortiv (bis 50 % in Ruta graveolens, Humulus lupulus)

Valeranon
Sesquiterpenketon, vermutlich ungiftig (in Valeriana officinalis)

Vanillin (4-Hydroxy-3-methoxybenzaldehyd oder 3,4-Dihydroxybenzaldehyd)
Phenylpropanderivat mit Aldehyd-, Ether- und Hydroxygruppe, süß-sahniger Duft, gut verträglich, kann noch in einer Verdünnung von 0,0000000002 mg pro Liter Luft wahrgenommen werden (in Liquidamber orientalis, Myroxylon balsamum, Styrax benzoe, Vanilleextrakt)

Verbenon
Monoterpenketon, über eine eventuell leichte Toxizität wird diskutiert, sedativ, epithelisierend, immunmodulatorisch (Spuren in Boswellia-Arten, bis zu 6 % Rosmarinus officinalis Ct. Verbenon)

Vetiven
Sesquiterpen, sehr hautpflegend (in Vetiveria zizanoides)

Vetiveron
Sesquiterpenketon, kommt in α- und β-Isomeren vor (α-Vetivon, β-Vetivon), ungiftig, hautregenerierend (in Vetiveria zizanoides)

Vetiverol
Sesquiterpenol in mehreren Isomeren vorkommend (in Vetiveria zizanoides)

Viridifloren
Sesquiterpen (in Melaleuca viridiflora)

Viridiflorol
Sesquiterpenol, östrogenähnlich (in Melaleuca viridiflora, Salvia officinalis)

Zimtaldehyd
Siehe unter Cinnamal

Zimtalkohol (Cinnamylalkohol)
Kommt in ätherischen Ölen chemisch gebunden als Ester vor (in Cinnamomum zeylanicum, Myroxylon balsamum)

Zimtsäure (3-Phenyl-2-propensäure)
Säure, die durch Oxidation von Zimtaldehyd entsteht, selten hautreizend (in Cinnamomum zeylanicum, Myroxylon balsamum)

Zingiberen
Sesquiterpen, kommt in α- und β-Isomeren vor (25 % in Curcuma zeodaria, 30–55 % in Zingiber officinale)

Zingiberol
Sesquiterpenol (in Zingiber officinale)

Zingiberon
Sesquiterpenketon

Teil 2 Von der Flasche unter die Haut

Die therapeutische Anwendung ätherischer Öle

3 Grundlagen der Wirkung ätherischer Öle im menschlichen Organismus

3.1 Wege in den Körper

In der Einleitung haben wir gelesen, dass die Praxis der Aromatherapie den **bewussten** und gekonnten Einsatz von ätherischen Ölen zur Gesunderhaltung und/oder Heilung des Körpers umfasst. Die kontrollierte Anwendung umfasst viele unterschiedliche Anwendungsarten, die von Beruf zu Beruf variieren: Eine Ärztin wendet die ätherischen Öle anders an als zum Beispiel ein Duftberater oder eine Erzieherin.

Ärzte, die ätherische Öle in ihren Praxen einsetzen, und auch Menschen in Krankenpflegeberufen berichten von guten und teilweise überraschenden Erfolgen bei Behandlungen von infektiösen Prozessen. Das kann von Pneumonien und Candidabefall über Herpes zoster bis zu „hoffnungslosem" MRSA-Befall gehen. Dazu lassen sich viele Formen von entzündlichen Vorgängen gut in den Griff bekommen und – wichtig bei Hospitalismus-Symptomen und in der Seniorenpflege – psychisch-nervliche Störungen gut behandeln. Oft erreicht man mit einem Öl oder einer Mischung eine Besserung mehrerer Symptome gleichzeitig.

Je nach Befindlichkeit des Patienten und der zu behandelnden Störung erfolgt die Aufnahme der ätherischen Öle durch

- die Nase (Inhalation, Raumbeduftung durch Duftlampe oder Raumspray),
- die Haut (Massage, Einreibung, Bad, Kompresse) und
- die Schleimhaut: Anus (Zäpfchen) und Vagina (Zäpfchen, Tampons),
- den Mund (Nahrung, Tropfen, Kapseln, Inhalation).

Die einzelnen Gebiete lassen sich freilich nicht voneinander trennen: Bei perkutanen Anwendungen wird das ätherische Öl auch eingeatmet, beim Inhalieren erfolgt eine Aufnahme des Öles über die Schleimhäute des Atemtraktes.

Nasale Anwendung

Die nahe liegendste Anwendung von duftenden Substanzen ist sicherlich das Einatmen der Düfte durch die Nase. Sie hat eine jahrtausendealte Tradition und ist auch diejenige, die am schnellsten und unmittelbarsten wirken kann – vor allem im psychischen Bereich. Inhalationen kann man im Krankheitsfall zu Hause anwenden, Duftlampen und -zerstäuber kann jeder überall erwerben. Es gibt inzwischen auch Raumsprays mit natürlichen ätherischen Ölen und die Beduftung von Büros und Geschäften mittels spezieller Apparaturen zur Förderung der Konzentration bzw. der Kaufmotivation ist nun keine Seltenheit mehr. Natürlich kann dann aber nicht die Rede von Aromatherapie im klinischen Sinne sein.

Bei Infekten des Atemtraktes ist diese Form der Anwendung – wie wir später sehen werden – sehr Erfolg versprechend, besonders wenn ätherische Öle, die reich an Oxiden sind, eingesetzt werden: beispielsweise Eucalyptus globulus, Melaleuca leucadendra, Rosmarinus officinalis Ct. Cineol und Ct. Borneon. Auch Öle, die reich an Monoterpenen sind, sollten verwendet werden, vor allem Öle der Nadelbäume wie von Abies- und Pinus-Arten sowie Öle aus Zitrusschalen.

Sprache und Duft

Das Riechen ist ein Prozess, der mit unserer unmittelbaren Gegenwart verbunden ist. Wir können uns an ein längst verloschenes Bild erinnern, wir können eine verklungene Melodie im Ohr haben, doch den wenigsten Menschen gelingt es, sich aktiv einen vergangenen Geruch vorzustellen. Erst wenn ein bestimmter Geruch wirklich vor unserer Nase auftaucht, können mit ihm längst verschüttete Bilder, Klänge und Stimmungen hochkommen. Einen Namen können wir ihm dann vielleicht immer noch nicht geben.

Wir finden oft keine Worte, um einen Duft zu beschreiben; das Riechen entzieht sich unserem Sprachvermögen. Nicht nur, weil es im Deutschen wirklich kaum Wörter für Riecherlebnisse gibt, sondern auch, weil der Riechvorgang keinen direkten, im Wachbewusstsein funktionierenden „Anschluss" an unser „Sprachhirn" hat. Lediglich in traumartigen Trancezuständen oder unter dem Einfluss von Drogen wie LSD kann es gelingen, Dufterlebnisse sehr plastisch zu beschreiben.

Es riecht „wie" eine Blume, es stinkt „nach" faulen Eiern, ein Duft ist vanilleartig, ein erotisierender Duft. Die Metaphern sind vielfältig, sie sind der Geschmackswelt entliehen (ein süßer Duft) oder es handelt sich um optische (eine bunte Duftvielfalt) und akustische (ein schriller Duft) Vergleiche.

Lassen wir uns kurz in die sinnliche Welt eines Parfumschöpfers entführen: „Die Kopfnote mit Bergamotte und grünen Noten ist frisch und rein wie die Morgenluft in den Bergen. Dazu gesellt sich in der Herznote das delikate Aroma von goldenem Honig und verlockendem Pfirsichelixier. Die einzigartige Persönlichkeit dieses Parfums offenbart sich in der neuartigen Grundnote, in der Patchouli mit seinem herben Charme den erregenden Grundton angibt. Seine provokante Energie wird abgerundet durch weiche Klänge von Vanille, Coumarine, Schokolade und Karamel" („Angel" von Thierry Mugler). Können Sie sich diese Duftkomposition vorstellen? Übrigens: Auch für diese Frage existiert nicht das Wort „erriechen" oder so ähnlich, sondern wir bedienen uns eines Wortes aus der sichtbaren Welt „vor (die Augen) stellen".

Solche und auch kürzere Umschreibungen können keine allgemein verständliche oder objektiv nachvollziehbare Beschreibung des soeben Gerochenen liefern.

Interessanterweise finden wir in der deutschen Sprache viele Redewendungen, die sich – zumindest vordergründig – auf das Riechen beziehen: „Mir stinkt's", „Das ist anrüchig", „Verdufte endlich!", „Es stinkt zum Himmel", „Ich kann ihn/sie nicht riechen", „Ich habe die Nase gestrichen voll", „Geld stinkt nicht", „Ich kann mich auf meine Nase verlassen", „Jemand hat ein feines Näschen", „Muss ich dir das aus der Nase ziehen?", „Die Nase über etwas rümpfen", „Ich rieche den Braten", „Die Nase in anderer Leute Angelegenheiten stecken", „Sie müssen sich erst beschnuppern", „Ich bin stinkig", „Mit der Nase vorn sein", „Seine Nase passt mir nicht", „Sich eine goldene Nase verdienen", „Immer der Nase nach", „Jemandem etwas auf die Nase binden", „Jemandem auf der Nase herumtanzen", „Das rieche ich drei Meilen gegen den Wind", „Das konnte ich doch nicht riechen!", „Das ist mir schnuppe", „Sie schnüffelt in meinen Angelegenheiten", „Er hat seine Duftmarke hinterlassen", „Eigenlob stinkt". Hier geht es oft um unangenehme Erlebnisse oder aber um ein feines Gespür, Vor-Ahnungen und In-stinkt (!).

2

Ein weiteres faszinierendes Phänomen im Zusammenhang mit dem Riechen ist die Tatsache, dass unser Leben nur dank eines ausgeklügelten Riechvermögens der männlichen Spermien und eines feinen Duftes nach Maiglöckchen der weiblichen Eizellen beginnen konnte (Hatt 2003).

Der Geruchssinn

Selbst die Wissenschaftler haben noch nicht alle Geheimnisse des Riechens gelüftet; kein Wunder, dass in medizinischen Büchern die Nase und der Vorgang des Riechens einen ganz nebensächlichen Platz einnehmen. Man kennt jedoch schon länger die grundlegenden Vorgänge beim Riechen von wahrnehmbaren Duftstoffen; für diese Forschungsarbeiten wurde 2004 der Nobelpreis für Medizin vergeben: **Linda Buck** und **Richard Axel** hatten mehr als eintausend nur für das Riechen zuständige Gene entdeckt. Die beiden US-Forscher konnten aufzeigen, wie der Mensch rund 10 000 Gerüche unterscheiden kann.

Mit jedem unserer etwa 23 000 Atemzüge pro Tag kann ein Strom von lipophilen, winzigen Duftmolekülen in die Nasenhöhle gelangen, wo er verwirbelt und über die **Riechschleimhaut** (respiratorisches Epithel oder Mukosa) verteilt wird. Beim normalen Atmen gelangen etwa 2 Prozent der (bedufteten) Luft in diese Region, beim Schnüffeln (kurz und stoßweise einatmen) steigert sich diese Menge auf etwa 20 Prozent.

Die Riechschleimhaut befindet sich in der **Regio olfactoria** der obersten Nasenmuschel (Concha nasalis). Sie besteht aus zwei briefmarkengroßen, bräunlichen Gewebebezirken. Die Aufgabe der bräunlichen Pigmente ist noch nicht geklärt, man weiß nur, dass Albinos keinen oder einen abgeschwächten Geruchssinn besitzen; ihnen fehlen auch sonst am Körper jegliche Pigmente.

In die Riechschleimhaut eingebettet befinden sich **Riechzellen**. Sie sind **bipolare Neurone**, deren Zellkörper in der Mukosa liegen und deren Dendriten sich zur Oberfläche der Nasenschleimhaut erstrecken. Hier spalten sich die Dendriten in neun bis zwölf nicht bewegliche **Riechsinneshaare** (Zilien) auf. Diese „Härchen" sind in eine Sekretschicht eingebettet. Die Riechzellen werden von Stütz- und Drüsenzellen (Bowman-Drüsen) an Ort und Stelle gehalten.

> Das eigentliche Riechen findet an den Zilien statt oder: an den Zilien findet die Begegnung von Geruchsstoffen (also Molekülen, die Duft abgeben) und Rezeptoren statt, die so genannte „olfaktorische Transduktion".
> Moleküle mit einem Molekulargewicht von über 294 sind nicht riechbar.

Ein gasförmiges Duftmolekül muss sich also erst in der Sekretschicht lösen, dann kann es eine der 30 Millionen Riechzellen ansteuern und an ein Riechsinneshaar, dessen Membran mit den passenden **Rezeptorproteinen** bestückt ist, andocken. Es gibt etwa 350 dieser verschiedenen Proteine, die jeweils nur für eine bestimmte Duftgruppe empfindlich sind (Schlüssel-Schloss-Prinzip).

Jede Riechzellenart ist also auf einen bestimmten Duft spezialisiert, pro Duft existieren jeweils etwa 100 000 Riechzellen. Sie sind an bestimmten Arealen an beiden Seiten der Nasenscheidewand verteilt. Die Riechzellen haben nur eine kurze Lebensdauer von einem bis maximal zwei Monaten und werden dann erneuert. Daran kann man erahnen, wie wichtig ein intaktes Riechorgan für das Überleben des Menschen ist bzw. vor Urzeiten war. Gefährliche Gegner mussten bereits „Meilen gegen den Wind" identifiziert werden, Essbares und Heilendes von Ungenießbarem unterschieden werden und genau wie heute mussten durch „Erschnüfflen" genetisch passende Geschlechtspartner gefunden werden, damit für das gesunde Weiterbestehen der Menschheit gesorgt wurde.

Wenn also ein Duftmolekül an die Zilien einer Riechzelle angedockt hat, wird sein „Fingerabdruck" in eine elektrische Information umgewandelt: Die Bindung des Duftmoleküls an den Rezeptor erhöht die Konzentration von cAMP-Molekülen (Adenosin-Monophosphat) in der Riechzelle. Dies führt zu einer **Depolarisation der Zellmembran** aufgrund einer nun entstehenden Durchlässigkeit (Permeabilität) für Kationen (elektrisch positiv geladenen Teilchen) und damit zu einer Signalverstärkung. Die nun entstandene positive Ladung des Rezeptors löst im Axon **Aktionspotenziale** (digitale Impulse) aus, die weitergeleitet werden. Die Zahl der aktivierten Rezeptoren zeigt an, wie stark der Duftreiz ist, und ihre Lage innerhalb der Nase enthält Informationen über die Art des Geruchs.

An diesem Prozess ist **Kalzium** maßgeblich beteiligt: Je niedriger die Kalziumkonzentration in der Nasenschleimhaut ist, desto besser kann man riechen. Viel Kalzium blockiert den Riechkanal. Der Zustand der Nasenschleimhaut wird von Hormonen beeinflusst.

Die digitalisierten Duftinformationen werden nun in Bruchteilen von Sekunden über den langen Nervenfortsatz aller auf diesen Duft spezialisierten Riechzellen durch viele kleine Öffnungen einer Knochenplatte, die **Siebbein** (Os ethmoidale) genannt wird, direkt in einen Teil des Endhirnes geleitet: zu den zwei **Riechkolben** (Bulbus olfactorius, jeweils streichholzkopfgroß).

Die Dendriten (Nervenfortsätze) aller auf einen Duft spezialisierten Riechzellen bilden auf dieser Seite des Siebbeins im Riechkolben jeweils **Glomeruli** (kleine Knäuel). Hier an den Glomeruli docken nun so genannte Mitralzellen an. Über den **Tractus olfactorius**, das sind die Axone der Mitralzellen, werden die Duftinformationen nun weitergeleitet an

- das **Limbische System** (Rhinenzephalon), speziell an den Nucleus amygdalae, das Septum – hier werden Erinnerungen und Gefühle aus-

gelöst, das wiederum bewirkt eine Ausschüttung von Botenstoffen (Neurotransmitter), die Einfluss auf unsere Stimmungen haben; den **Hypothalamus** – hier werden Nahrungsaufnahme, vegetative Reaktionen und hormonelle Prozesse (insbesondere durch Sexualhormone) gesteuert und den **Hippocampus**, der unsere Erinnerungen „verwaltet"
- die **Riechrinde** (olfaktorischer Kortex) – hier wird der Duft identifiziert und ggf. mit einem Namen versehen

Angelehnt an die Tatsache, dass der Mensch vermutlich nur fünf Geschmacksrichtungen schmecken kann, u. a. salzig, süß, bitter, sauer, umami* (Lindemann 2002), gibt es eine Hypothese, dass der Mensch auch nur eine begrenzte Anzahl von **Primärdüften** erkennen und unterscheiden kann: blumig, ätherisch, moschusartig, kampferartig, faulig, schweißig, stechend. Je nach Forscher werden mal weniger, mal mehr dieser Geruchsqualitäten beschrieben wie die unten stehende des Parfümeurs **Günther Ohloff** (Ohloff 1992).

Die Vermutung kommt aus der Studie von spezifischen **Anosmien** (Unfähigkeit, eine ganz spezielle Klasse von Duftstoffen wahrnehmen zu können). Diese Unfähigkeit ist genetisch festgelegt, deshalb folgert man, dass eine bestimmte Art der Rezeptorproteine fehlt oder blockiert ist.

* Fünfte Geschmacksqualität, die einige proteinreiche Nahrungsmittel beschreibt, Glutamatgeschmack.

Krankheitsbilder
Anosmie: Riechvermögen nicht (mehr) vorhanden
Partielle Anosmie: Fehlen des Rezeptors für bestimmte Geruchsmoleküle
Hyposmie: Riechvermögen reduziert (z. B.durch Nasenspraymissbrauch, Kokain)
Kakosmie: Veränderung der Duftwahrnehmung

Das Vomeronasalorgan

Das bereits eingangs erwähnte Vomeronasalorgan, auch Jacobson-Organ genannt, ist für das Erkennen von **Pheromonen** zuständig.

Pheromone sind zum beispielsweise Sexuallockstoffe oder auch Abwehrstoffe, Alarmsubstanzen und Markierungsstoffe. Beim Menschen werden diese Stoffe in seiner Haut und in den Schweißdrüsen vermutlich aus Sexualhormonen gebildet. Sie wirken in der unbeschreiblich kleinen Menge von wenigen Femtogramm (1 Femtogramm = ein Milliardstel von einem Millionstel Gramm). Der Mensch kann diesen winzigen Mengen keinen Duft zuordnen, das heißt, er kann sie nicht mit der Riechschleimhaut wahrnehmen. Bei Messungen kann man jedoch feststellen, dass beim Einströmen von Pheromonen das Vomeronasalorgan gereizt wird. Das winzige Organ befindet sich oberhalb des **Pflugscharbeins** (Vomer) in einer kleinen Vertiefung (0,2 bis 2 Millimeter) auf beiden Seiten der Nasenscheidewand.

Tab. 3.1 Klassifizierung von Gerüchen nach Günther Ohloff

blumig	holzig	fruchtig	harzig	grün	animalisch	würzig
Jasmin	Koniferen	Zitrusfrüchte	Weihrauch	Buchenblätter	Ambra	Zimt
Rose	Zedernholz	Apfel	Myrrhe	Gurken	Moschus	Anis
Veilchen	Sandelholz	Himbeere	Labdanum	Heu	Biebergeil	Vanillin
Mimose	Vetiver	Erdbeere	Kiefernholz	Myrte	Schweiß	Nelken
Neroli	Patchouli	Ananas	Mastix	Galbanum	Fäkalien	Pfeffer
Maiglöckchen		Passionsfrucht				Kampfer

Die Reizleitung geht über den Nervus terminalis in den **Hypothalamus**, wo die sexuelle Reifung gesteuert und unsere Stimmungen reguliert werden: Euphorie, Freude und Entspannung haben hier ihren Ursprung.

Es gibt weibliche und männliche Pheromone, die jeweils das Gegengeschlecht ansprechen. Jeder Mensch verströmt zudem einen individuellen Mix aus Pheromonen und Duftstoffen, seine ganz persönliche „Duftmarke", die genetisch festgelegt ist und die er mit niemandem teilt (nur eineiige Zwillinge sind nicht am Duft zu unterscheiden).

2

Unser Immunsystem ist an der „Komposition" unseres individuellen Duftes maßgeblich beteiligt; damit sorgt es, soweit man bisher weiß, für eine genetisch geglückte Partnerwahl, mit der für gesunde Nachkommen gesorgt wird. Menschen mit ähnlichem Genmuster (MHC, **Haupthistokompatibilitätskomplex**) und mit ähnlichem Immunsystem können sich in Experimenten „nicht riechen", also nicht leiden.

Durch die Anwesenheit der Pheromone scheint letztendlich ein Partner-Auswahl-Verfahren stattzufinden, das die Evolution voranbringt, da aus diesen Beziehungen Nachkommen hervorgehen, die mit einer großen Auswahl unterschiedlichster Gene ausgestattet sind (Watson 2001).

Es gibt bereits hochinteressante Experimente mit Pheromonen, auch ihre Entdeckung vor etwa dreißig Jahren war spektakulär: Ein junger Arzt, Dr. David Berliner, der an der Universität von Utah (USA) die menschliche Haut studierte, stellte an seinen Kollegen eine stets besser werdende Laune fest, wenn sie mit abgeschilferten und mit Schweiß versetzten Hautzellen hantierten (Pollmer et al. 1997).

Natürlich brauchte er Monate, um sicher zu sein, dass auch die wiederkehrende schlechtere Laune der Mitarbeiter durch das Verschließen der Gefäße mit den Hautproben ausgelöst wurde. Die unscheinbaren, nach nichts riechenden Proben, stellten sich als wahre Stimmungsmacher heraus (Watson 2001).

Erst später konnte Dr. Berliner die menschlichen Pheromone darin identifizieren, lange nachdem man sie bei Insekten entdeckt und mittlerweile bereits zur Schädlingsbekämpfung eingesetzt hatte. Er hat sich die Pheromone patentieren lassen und seit dieser Zeit machte man sich – unterschiedlich erfolgreich – wieder auf die Suche nach einem VNO beim Menschen.

Elf natürliche Pheromone hat Dr. David Berliner in der Zwischenzeit identifizieren können; zudem kann er 200 weitere im Chemielabor herstellen.

Die Möglichkeit zur Manipulation des Menschen über Pheromone ist wesentlich stärker als nur mit „normalen" Duftstoffen. Zum Beispiel wurden in einem mittlerweile sehr bekannten Experiment einige Stühle im Wartezimmer eines Arztes mit dem männlichen Pheromon Androsteron präpariert. Die Frauen setzten sich bevorzugt auf diese Stühle, selbst wenn sie ungünstiger standen oder gar unbequemer waren. Die Pheromone konnten sie nicht bewusst wahrnehmen. Auf Befragen kamen „fadenscheinige" Begründungen: der (präparierte) Stuhl sei bequemer, schöner, weicher und so weiter (Vroon 1996).

Geschlechtsreife Frauen, die auf engem Raum zusammenleben, etwa im Internat, passen ihren Menstruationszyklus einander an – durch die Wirkung der Pheromone. Das konnte nachgewiesen werden, indem man irgendwelchen Frauen den verdünnten Achselschweiß einer bestimmten Frau X regelmäßig und über einen längeren Zeitraum unter die Nase rieb. Plötzlich synchronisierte sich die Menstruation der Probandinnen mit der Blutung der Frau X (Vroon 1996).

Ätherische Öle enthalten neben den „normalen" Düften auch pheromonartige Substanzen. Inwieweit diese eine durchschlagende Wirkung auf die Stimmung des Anwenders haben, ist noch nicht bekannt, jedoch spricht vieles dafür.

Der Trigeminusnerv

Auf circa 70 % aller Riechstoffe reagiert der Nervus trigeminus (Drillingsnerv, 5. Hirnnerv). Er durchzieht große Teile der Nasenschleimhaut und auch der Zunge. Seine Aufgabe ist es, uns vor stechenden, reizenden und schädlichen Geruchsstoffen wie Salzsäure, Chlor, Ammoniak,

Capsaicin in Chillischoten) zu warnen, er registriert auch brennende und kühlende Effekte und ermöglicht erst das Richtungsriechen. Er hat keinen Kontakt zum Bulbus olfactorius der jeweiligen Hirnhälfte (Hatt 1990, Ohloff 1990).

Riechfähige Spermien

Menschliche Spermien besitzen funktionsfähige Riechrezeptoren und erhöhen ihre Schwimmgeschwindigkeit sowie ihre Zielsicherheit durch einen maiglöckchenähnlichen Duft, den die weibliche Eizelle ausströmt. Diese Entdeckung vom Team von **Prof. Dr. Dr. Dr. Hanns Hatt**, lässt hoffen, dass die Erfolgsrate bei künstlichen Befruchtungen dadurch eines Tages gesteigert werden kann, dass so jedoch auch neue Methoden der **Kontrazeption** gefunden werden können (Hatt 2003, 2004). Interessant ist auch, dass, wer keinen Maiglöckchenduft riechen kann, weil der betreffende Rezeptor genetisch defekt ist, dessen Spermien auch die Eizelle so nicht finden können (Spehr et al. 2004).

Pharmakologischer Einfluss durch Riechen

Bei aromatherapeutischen Anwendungen werden ätherische Öle inhaliert bzw. gerochen. Mittels moderner Technik lässt sich der Effekt recht gut messen: Mit speziellen EEGs (Olfaktometer) kann man die Areale im Gehirn sichtbar machen, in denen auf einen bestimmten Geruch verstärkte Aktivität auftritt und so Rückschlüsse auf die physiologische Wirkung des getesteten Duftes ziehen. Natürlich spielen in diesem eher subjektiven Bereich auch Vorlieben, Erfahrungen und Prägungen im positiven wie auch im negativen Sinne eine Rolle.

Die besonderen – medikamentenartigen – physikochemischen Eigenschaften der ätherischen Öle ermöglichen daneben zudem einen gezielten pharmakologischen Einfluss auf die Körpersysteme des Menschen. **Prof. Dr. Gerhard Buchbauer**, ein anerkannter Duftstoffeforscher in Wien ist der Meinung, dass „ein seriöser Wissenschaftler vermöge dieser Eigenschaften – nicht ein Esoteriker oder ein holistische Ideen schätzender Quaksalber – die Riechstoffe in medizinischen und/oder kosmetischen Behandlungen einsetzen“ wird (Buchbauer 2004).

Die meisten Mikroorganismen haben seit Jahrmillionen noch nicht herausgefunden, wie sie gegen diese „natürliche Apotheke“ resistent werden können, so dass uns mit ätherischen Ölen wichtige Helfer bei der Überwindung von Krankheiten zur Seite stehen können. Dieser Ansatz macht naturreine ätherische Öle, die allerdings bestimmten Qualitätskriterien zu entsprechen haben, zu natürlichen Medikamenten, deren Wirkungen und eventuelle Nebenwirkungen dem Behandler vertraut sein müssen.

Perkutane Anwendung

Die perkutane Anwendung (durch die Haut) ist die in Großbritannien am meisten verbreitete Form der Anwendung von ätherischen Ölen. Die Behandlung des Aromatherapeuten besteht meistens aus einer Teil- oder Ganzkörpermassage mit einer ca. 3 %igen Ätherische-Öle-Mischung in fettem Pflanzenöl. Bei gut verträglichen Ölen gehen manche Therapeuten auf bis zu 5 % Verdünnung (bei Erwachsenen). Nach wenigen Minuten können die Moleküle von Pfefferminze, Koriander sowie die Bestandteile Citral und Geraniol im Blut nachgewiesen werden (Buchbauer 2004). Die meisten ätherischen Öle sind bei dieser Form der Behandlung innerhalb von 20 Minuten im Blut und in der ausgeatmeten Luft nachweisbar (Balacs und Tisserand 1995).

Aufnahme von ätherischen Ölen ins Blut

20 Minuten:
Terpentin, 1,8-Cineol, α-Pinen, Limonen

20 – 40 Minuten:
Eugenol, Linalool, Anethol, Linalylacetat, Geranylacetat und Methylnonylketon

40 – 60 Minuten:
Anis, Bergamotte, Zitrone und Methylsalicylat

60 – 80 Minuten:
Citronella, Kiefernnadel, Lavendel, Zimtaldehyd, Geranie

100 – 200 Minuten:
Koriander, Raute, Pfefferminze, Citral, Citronellal, Geraniol

Quelle: Balacs und Tisserand 1995

2

In besonderen Fällen, beispielsweise bei einer nahenden Erkältung, können die ausgewählten Öle auch in einer sehr hohen Konzentration – 50 % bis pur – mehrmals auf die Fußsohlen aufgetragen werden. Im Fall von Insektenstichen oder Verbrennungen kann Lavendelöl pur aufgetragen werden.

Bäder, Kompressen, Mundspülungen und kosmetische Applikationen zählen auch zu den perkutanen Anwendungen.

Die Durchlässigkeit der Haut

Auch wenn man noch im vergangenen Jahrhundert glaubte, die 3 mm dicke Haut sei für jegliche von außen kommende Substanz undurchlässig, ist es heutzutage allgemein anerkannt, dass bestimmte Substanzen sie durchaus passieren können.

Fette oder fettähnliche Stoffe (ätherische Öle sind lipophil) mit niedrigem Molekulargewicht können auf drei Arten in das Innere des Körpers gelangen (Abb. 3.**1**):

- Durch Diffusion entlang der Ausgänge der Talg- und Schweißdrüsen sowie der Haarausgänge (Anhangsorgane der Haut)
- Entlang den fettähnlichen Zellmembranen, dann weiter über die feinen Blutkapillaren in der Lederhaut (Corium) bis in das Körperinnere „hangeln" (interzelluläre Route)
- Sie können zudem auch – wegen ihres lipophilen Charakters – mit einzelnen Zellmembranen interagieren (intrazelluläre/transzelluläre Route) (Buck 2004).

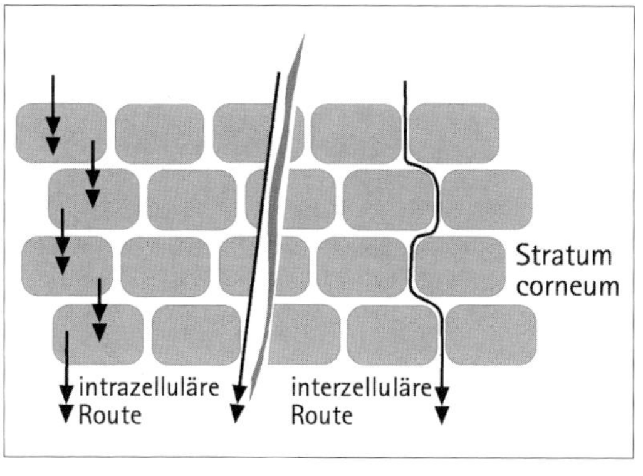

Abb. 3.**1** Hautpenetration: Ätherische Öle können – wegen ihres lipophilen Charakters – mit einzelnen Zellmembranen interagieren (intrazelluläre/transzelluläre Route), sie können zudem per Diffusion entlang der Ausgänge der Talg- und Schweißdrüsen sowie der Haarausgänge (Anhangsorgane der Haut) ins Körperinnere gelangen. Auch können sie sich entlang den fettähnlichen Zellmembranen und weiter über die feinen Blutkapillaren in der Lederhaut (Corium) bis in das Körperinnere „hangeln" (interzelluläre Route).

Einzelne Bestandteile von ätherischen Ölen können die Blut-Hirn-Schranke und die Plazenta passieren (Balacs 1994).

Die durchschnittliche Oberfläche des Organs Haut beträgt knapp 2 Quadratmeter. Somit steht uns hier eine ausgedehnte Behandlungsfläche mit entsprechend intensiver Penetration zur Verfügung. Die Diffusion in das Körperinnere ist möglich, weil die meisten Bestandteile der ätherischen Öle ein geringes Molekulargewicht von zwischen 100 und 300 haben; größere Moleküle können die Hautschranke kaum passieren (Buchbauer 2004).

Nicht nur die Beschaffenheit, das molekulare Gewicht und der pH-Wert dieser Substanzen beeinflussen die Menge und die Geschwindigkeit des Eindringens, sondern auch die Beschaffenheit der jeweiligen Haut.

Inzwischen weiß man, dass nicht nur Spermien „riechen" können, sondern auch Haut- und Herzzellen (Hatt 2010, persönliche Kommunikation).

Verstärkte Resorption

Laut **Tony Balacs** nehmen Fußsohlen, Handflächen, Kopfhaut, Stirn, Armbeugen und Hodensack Moleküle von fetten und ätherischen Ölen besonders gut auf, also sämtliche Stellen, die reich an Haarausgängen, Schweiß- und Talgdrüsen sind. Dünne, unverhornte oder gar verletzte Haut erleichtert das Eindringen dieser Substanzen. Bauch, Rücken und Beine sind relativ undurchlässig, alle Schleimhäute wiederum sind sehr durchlässig, jedoch auch leicht reizbar. Bei Frauen ist die Permeabilität der Haut aufgrund der fettreicheren Gewebe größer als bei Männern (Balacs 1992); bei Babys und Kindern sowie bei älteren Menschen genügt eine besonders geringe Dosierung der Öle, da deren dünne und empfindliche Haut sie schnell aufnehmen kann.

Warme, gut durchblutete und feuchtigkeitsreiche Haut fördert das Eindringen der Öle; durch Abdecken mit Tüchern wird dieser Prozess verstärkt.

Die Konsistenz und Temperatur der verwendeten Trägeröle spielen eine entscheidende Rolle: je dünnflüssiger, wärmer und reicher an ungesättigten Fettsäuren (siehe Kapitel: Fette Öle) sie sind, desto besser gelangen sie durch die Hautschichten in den Blutkreislauf. In einem gesättigten Fett verlieren Phenole ihre antiseptische Wirkung (Buck 2004).

Eine Temperaturerhöhung der Trägerölmischung um 10 Grad Celsius steigert die Rate der perkutanen Absorption an den Händen auf das Doppelte (Balacs 1994).

Rektale und vaginale Anwendung

Die **rektale** Anwendung ist in Deutschland noch nicht verbreitet, in Frankreich jedoch ist sie bei lokalen Beschwerden (Hämorrhoiden) oder bei bronchopulmonalen Erkrankungen vor allem bei Kleinkindern weit verbreitet.

Der Vorteil dieser Verabreichung liegt darin, dass die Verstoffwechselung der Öle im Leberkreislauf umgangen wird. Für Kleinkinder ist die rektale Behandlung mit ätherischen Ölen sehr gut verträglich und schnell wirksam.

Die **vaginale** Anwendung wird gerne im Rahmen der „Hausapotheke" angewendet. Sie ist bei Candida-Erkrankungen und Juckreiz erfolgreich und bei richtiger Dosierung sehr gut verträglich. Als effektive Hilfe sei hier eine Ätherische-Öle-Mi-

Tab. 3.**2** Penetration verstärkende und mindernde Faktoren bei topischer Applikation von ätherischen Ölen (Quellen: Buck 2004, Price 1995, Balacs 1992)

verstärkende Faktoren	**mindernde Faktoren**
ätherisches Öl aus kleinen Molekülen (Kopfnote)	ätherisches Öl aus großen Molekülen (Basisnote)
Trägeröl aus ungesättigten Fettsäuren (Pflanzenöl)	Trägeröl aus gesättigten Fettsäuren (Mineralöl)
körperwarmes, angewärmtes Trägeröl	kühles Trägeröl
warme, entspannte Haut (Fango, Wärmflasche)	kühle, angespannte Haut
weibliche Haut	**männliche Haut**
behaarte Haut, reich an Talg- und Schweißdrüsen	unbehaarte Haut mit wenig Schweiß- und Talgdrüsen
feuchte Haut (Kompresse, nach Bad)	trockene Haut
Kopfhaut, Stirn, Achselhöhlen, Armbeugen, Genitalbereich, unverhornter Bereich der Fußsohlen, Handinnenflächen, Schleimhäute	Bauch, Rücken, Beine
fettige Haut	trockene, entfettete Haut
dünne Haut (Kleinkinder, Senioren)	dicke Haut
Frühgeborene	Erwachsene
verletzte, entzündete, narbige Haut	unverletzte, intakte Haut
warmer Raum	kühler Raum
Abdecken nach Auftragen (Okklusion)	unbedeckt lassen nach Auftragen

schung genannt, die bei Candida-Befall sehr hilfreich ist: je ein Teil Rosa damascena (destilliert), Lavandula angustifolia (Echter Lavendel) und Melaleuca alternifolia (Teebaum); oder statt Melaleuca ein Anteil Leptospermum scoparium. Das Melaleuca-Öl muss von einwandfreier, frischer Qualität sein, da es sehr schnell hautreizende Peroxide bildet. Alle zusammen 3 %ig entweder in Jojobaöl oder in Joghurt geben und auf einen Tampon streichen und 20 Tage lang dreimal täglich wechseln.

Für die rektale und orale Form der Einnahme ist sehr viel Erfahrung notwendig. Ärzte in Frankreich verabreichen bei akuten Erkrankungen auch größere Mengen an ätherischen Ölen als hier beschrieben.

Orale Anwendung

Die orale Anwendung (durch den Mund) geschieht einerseits fast tagtäglich durch aromatisierte Getränke (Cola, Limonade) und Speisen (Joghurt, Eis, Fertiggerichte, Süßigkeiten, Salatdressings) oder durch gezielte innere Einnahme im Krankheitsfall. Die medizinische Verschreibung zur inneren Einnahme sollte Ärzten und Heilpraktikern vorbehalten bleiben.

Zur Vereinfachung werden Fertigpräparate, die es bereits in großer Auswahl – größtenteils frei verkäuflich – gibt, verschrieben (z. B. Soledum Kapseln, Gelomyrtol Kapseln).

> Es gibt über 2000 Präparate in Deutschland, die ätherische Öle enthalten: 566 Mittel mit Eukalyptusöl, 170 mit Rosmarinöl, 38 mit Melissenöl, 72 mit Fichtennadelöl, 79 mit Gewürznelkenöl, 51 mit Lavendelöl, 175 mit Wacholderöl, 170 mit Pfefferminzöl, um nur einige Beispiele zu nennen (Carle 1993).

Es sollten nur in Ausnahmefällen Spuren oder einzelne Tropfen eines ätherischen Öles pur eingenommen werden. Sinnvoller und vor allem verträglicher für die Schleimhäute des Verdauungstraktes ist die Verdünnung mit fetten Ölen oder Honig. Die Einnahme auf Würfelzucker oder Milchzuckertabletten ist in der Selbstmedikation geläufig, jedoch nicht für jedermann verträglich, da die ätherischen Öle auf diese Weise unverdünnt an die Schleimhäute gelangen. Emulgierte Öle, die in tausende von feinst verteilten Tröpfchen aufgelöst sind, werden besser vom Körper aufgenommen.

Die Verträglichkeit bei verschiedenen Personen ist sehr schwer abzuschätzen. Während zum Beispiel manche schon mal zehn Tropfen Teebaum auf einmal einnehmen und sich noch nicht einmal über den Geschmack beklagen, nehmen andere einen Tropfen und bekommen Durchfall.

Mit einem **Lösungsvermittler** auf Rizinusölbasis kann man das ätherische Öl in wässrigen Substanzen lösen. Auch Alkohol ist zur Verdünnung geeignet. Gelegentlich findet man leere (Gelatine-) Kapseln, in die man das ätherische Öl (z. B. 25 mg) oder besser noch die verdünnte Lösung hineingibt.

Die Konzentration an ätherischen Ölen liegt hier bei 1 bis maximal 5 %.

3.2 Physiologische Wirkung

Die physiologische Wirkung von natürlichen ätherischen Ölen beruht auf zweierlei parallel nebeneinander stattfindenden Mechanismen:

- Die **psychologische** und mehr subjektive Beeinflussung eines Individuums wird durch den Kontakt der Duftinformation mit dem Limbischen System im Zentrum des Gehirns hergestellt. Die Riechschleimhaut in der Nase ermöglicht diesen sehr schnellen Vorgang, für den sehr geringe Mengen an ätherischem Öl ausreichen.
- Die primär **körperlichen** und objektiv messbaren Vorgänge, wie Blutdrucksteigerung, Senkung der Herzfrequenz oder Vernichtung von Bakterien, Pilzen und Viren werden durch die pharmakologische Komponente der Essenzen gesteuert – die chemische Zusammensetzung eines ätherischen Öles spielt hier die entscheidende Rolle. Diese Vorgänge lassen sich reproduzierbar nachweisen, zum Beispiel am EEG, EKG und per Aromatogramm (siehe 3.3).

Studien

Es wird bisweilen kritisiert, dass es zwar klinische Studien über die verschiedenen Wirkungen von ätherischen Ölen gibt, die Ergebnisse jedoch sehr unterschiedlich ausfallen – manchmal sogar einander widersprechen. Dafür gibt es mehrere Gründe:

- In den Studien werden Öle eingesetzt, deren **botanische Herkunft** nicht eindeutig identifiziert ist. Ärzte, Psychologen oder andere Forscher besitzen nicht zwangsläufig gute botanische Kenntnisse. So werden u. U. ähnliche Arten verwechselt – beispielsweise Melissa officinalis mit „Indischer Melisse" (Cymbopogon nardus) –; auch unterschiedliche **Gewinnungsverfahren**, die eine wichtige Rolle bei der Zusammensetzung eines Öles spielen, scheinen nicht beachtet zu werden. Beispielsweise weist Ingweröl, je nachdem, ob es destilliert oder CO_2-extrahiert worden ist, ganz entgegengesetzte Hautverträglichkeit auf.
- Das relativ neue Wissen über **Chemotypen** ist nur Insidern bekannt. Kaum ein Pharmazeut ahnt, wie unterschiedlich die Zusammensetzung von ätherischen Ölen aus Ursprungspflanzen identischen Namens sein kann, wenn sie in unterschiedlichen Regionen der Erde gewachsen sind. So werden manchmal alle Thymian-, Kamillen- oder Eukalyptusöle über einen Kamm geschoren, obwohl sie extrem unterschiedlich zusammengesetzt sind.
- Auch spielt das **Gerät**, das zur Destillation genommen wurde, eine große Rolle beim Ergebnis: Ein Öl aus einer Destille aus Kupfer wird ganz anders zusammengesetzt sein als das Öl derselben Pflanze, das in einer Glasdestille gewonnen wurde. Die antibakterielle Wirkung von Thymianölen kann variieren, je nachdem, ob sie bei der Gewinnung mit Eisen oder mit Edelstahl in Berührung gekommen sind.
- Es werden Öle verwendet, die im Sinne der nationalen **Arzneimittelvorschriften** standardisiert/manipuliert worden sind, im guten Glauben, dass „Apothekenöle" die beste verfügbare Qualität aufweisen würden. Diese können jedoch ganz anders wirken als das genuine naturbelassene Pendant – im positiven wie auch im negativen Sinne.
- Es werden (synthetische) **Isolate** (einzelne Ölebestandteile) für die Studie verwendet – im Glauben, dass „naturidentisch" wirklich identisch mit dem Naturprodukt sei. Diese haben jedoch oft eine ganz andere Wirkung als das entsprechende natürliche ätherische Öl, in dem dieser Stoff eine Hauptrolle spielt. Im natürlichen Öl spielen minoritäre, oft noch unbekannte Bestandteile eine wesentliche Rolle bei der Verträglichkeit und Akzeptanz eines Öles. Im synthetischen Öl andererseits spielen die 2 bis 3 % (chlorierte) Trägersubstanzen, die zur Herstellung notwendig sind, auch eine Rolle (Wabner 1996).
- Es werden Öle verwendet, über deren stark eingeschränkte Haltbarkeit man noch nicht genügend weiß. So können die Studienergebnisse je nach **Frischegrad/Oxidationsgrad** des Öles sehr unterschiedlich ausfallen – beispielsweise bei Melaleuca alternifolia.
- Es ist ungewohnt und bedarf einer fantasievollen Versuchsanordnung, **Blindstudien** mit ätherischen Ölen durchzuführen, da sich das zu testende Produkt durch seinen Duft verrät bzw. das Plazebo duftet normalerweise nicht (siehe auch nächster Punkt).
- Assoziationen und **Erwartungshaltung** sowohl auf Seiten der Probanden als auch bei den Ausführenden von Studien haben eine enorme psychologische Manipulationswirkung und können verfälschend wirken (Buchbauer 2003b).

2

Psychisch-subjektive Wirkungen

Viele Düfte bzw. ätherische Öle wirken **adaptogen**: Die Reaktion erfolgt je nach Befindlichkeit des betreffenden Menschen und je nach Dosierung, beispielsweise Neroli, Lavendel, Geranie, Rose, Basilikum, Lemongras und Jasmin. Bei Messungen können ganz unterschiedliche Parameter gleichzeitig beobachtet werden:

- der Herzschlag verlangsamt sich und die Muskelspannung erhöht sich
- die Gehirnaktivität ist erhöht (β-Wellen herrschen vor) und der Blutdruck sinkt
- der Hautwiderstand erhöht sich und die Pupillen erweitern sich etc.

Die **Erwartungshaltung** des behandelten Menschen und seine Vorannahme über die mögliche Wirkung der Öle beeinflusst die Wirkung der Öle sehr deutlich (van Toller et al. 1998). Außerdem spielen folgende Faktoren eine Rolle:

- die Art der Anwendung des ätherischen Öles
- die botanische und chemische Klassifizierung des Öles
- die Konzentration des ätherischen Öles
- die Art der Begleitumstände der Anwendung
- das Geschlecht der Person, auch Alter, Persönlichkeit
- die Stimmung der Person
- vorhergehende, alte Assoziationen mit dem Duft
- Anosmien oder partielle Anosmien
- die Gedanken und die Erwartungshaltung zum Experiment

Pheromonartige Düfte verändern Stressreaktionen bei Menschen: Beispielsweise können Angstausdünstungen sekundenschnell zu Massenhysterien führen. Umgekehrt kann ein Kleidungsstück, das nach der Mutter riecht, ein ängstliches Baby beruhrigen.

Somatisch-pharmazeutische Wirkungen

Anhand der Auflistung der Bestandteile eines ätherischen Öles kann der Sachkundige feststellen, auf welche Organe es besonders wirkt bzw. welche physiologischen Prozesse es im Körper anregt, stabilisiert oder verlangsamt. In guten Büchern sind die wichtigsten bekannten Inhaltsstoffe aufgelistet (Kap. 8). Sehr viele Bestandteile von ätherischen Ölen sind allerdings noch nicht identifiziert. Es besteht jedoch nicht immer ein zwangsläufiger Zusammenhang zwischen der Wirkung des Hauptbestandteiles eines Öles und der Wirkung des gesamten Öles. Es scheint, als ob das Zusammenspiel (Synergie) der einzelnen Substanzen wesentlich an der Wirkung beteiligt ist und dass Bestandteile, die im isolierten Zustand beispielsweise reizend oder sonst wie schädigend wirken können, im Zusammenspiel aber an Aggressivität verlieren.

Synthetische Duftöle, und riechen sie noch so „echt", enthalten keine oder nur wenige dieser wertvollen Spureninhaltsstoffe, weswegen diese Öle für die ganzheitlich orientierte Therapie nutzlos sind. Auf der psychologischen Ebene können sie durch Erinnerung an wirksame Gerüche bisweilen jedoch Wirkungen zeigen. Doch im Sinne der Naturheilkunde sind sie „tote Stoffe", die energetische Ebene des Menschen wird durch sie eher gestört. Neuere Forschungen zeigen zudem, dass viele synthetische und „naturidentische" Stoffe das menschliche Immunsystem irritieren können.

Verarbeitung der ätherischen Öle im menschlichen Körper

Egal, auf welche Art ätherische Öle in den Körper gebracht werden (Massage, Inhalation, Schlucken), sie unterlaufen – wie jede andere Substanz auch – einer Zersetzung und Verarbeitung, nachdem sie „ihren Job" gemacht haben.

Da ätherische Öle lipophil sind und wie fettartige Substanzen reagieren, werden sie vom Körper wie fettlösliche Medikamente oder andere Chemikalien „behandelt".

Aufnahme

Gleich nach dem Kontakt mit Haut und Schleimhäuten des menschlichen Körpers lagern sich Bestandteile aus ätherischen Ölen an die lipophilen Komponenten der Zellmembranen und können dort Ionenkanäle, Carrier, Enzyme und/oder Rezeptoren beeinflussen (Teuscher et al. 1990). Einige Beispiele:

- Durch Hemmung der **Ca^{2+}-Mobilisierung** wirkt das ätherische Öl von Mentha piperita (10 %ig in Äthanol) im Darm wie ein Kalziumantagonist vom Dihydropyridin-Typ: Es hemmt den Ca^{2+}-Einschub und die Wandspannung des Darmes nimmt ab (Grigoleit 2005, van Rensen 2004).
- Das ätherische Öl von Salvia lavandulifolia unterdrückt im Gehirngewebe das Enzym **Acetylcholinesterase** (Perry et al. 2003).
- Andere Öle haben durch Hemmung der **Prostaglandinsynthese** und Unterdrückung der Reizbarkeit von Mediatoren, die an Zellen Entzündungen freisetzen (z. B. Mastzellen), einen antiphlogistischen Effekt (Teuscher et al. 1990).
- Ein lokalanästhetischer Effekt wird durch Unterdrückung der Bildung von **Aktionspotenzialen** am Nerv und Entleerung von Substanz-P- und Substanz-Y-Speichern beschrieben (Teuscher et al. 1990).

Wirkungsmechanismus ätherischer Öle
Ätherische Öle in niedrigen Konzentrationen (systemische Anwendung)
- Einlagerung in bestimmte Areale der Zellmembran
- Beeinflussung der dort lokalisierten Enzyme, Carrier, Ionenkanäle oder Rezeptoren

Ätherische Öle in mittleren Konzentrationen
- membranstabilisierende Effekte ähnlich wie bei Lokalanästhetika

Ätherische Öle in hohen Konzentrationen
- durch Reizwirkung unspezifische Effekte (Counterirritant effect, Entleerung von Substanz-P- und Substanz-Y-Speichern, dadurch wird Schmerzwahrnehmung (Nozizeption) deutlich herabgesetzt

(Teuscher et al. 1990)

Neueren Erkenntnissen zufolge sind ätherische Öle zudem in der Lage, an der Zellmembran das körpereigene Antibiotikum β-Defensin vermehrt frei zu setzen, so dass eine Abwehrfunktion gegen Mikroorganismen stattfindet (Häringer, persönliche Mitteilung).

Metabolisierung

Auf dem Weg zu den Blutbahnen passieren die Ölebestandteile das **Bindegewebe** und interagieren mit diesem (Häringer 2005). Wenn die ätherischen Öle perkutan oder peroral bis zu den Blutbahnen vorgedrungen sind, lagern sich diese – wie viele Medikamente – an Plasma-Albumine (Eiweißstoffe) des Blutes an, vor allem die Bestandteile Ketone, Ester und Aldehyde. Während sie so gebunden sind, befinden sie sich in einer inaktiven Form, können aber mit Medikamenten reagieren, die an die gleichen Albumine andocken (Tisserand und Balacs 1995).

Der Metabolismus der Terpene und Terpenoide beginnt mit der **Hydroxilierung** durch mikrosomale Monooxidasen. Sie werden in der Leber in mehr polare (wasserlösliche) Moleküle verwandelt, so dass sie bzw. die unbrauchbaren Reste über die Niere ausgeschieden werden können (Engel 2001).

Die wasserlöslicheren Bestandteile werden eher von einer wässrigen Umgebung wie dem Blut aufgenommen; sie wirken dann bevorzugt in stark durchbluteten Gebieten (z. B. Nieren, aktives Muskelgewebe, entzündete Bereiche).

Hauptsächlich in der Leber werden Bestandteile von ätherischen Ölen, wie beispielsweise Ester in einem ersten Schritt durch Oxidation, Reduktion oder Hydrolyse, verstoffwechselt. Auch andere Organe wie Lungen, Nieren, Haut, Plazenta und Dünndarm bauen Fremdstoffe mittels Oxidation ab; eine wesentliche Rolle hierbei spielen die Cytochrom P450 genannten Enzyme.

Die menschliche Leber ist mit einem enzymartigen Stoff ausgestattet, der aggressive Verbindungen (z. B. freie Sauerstoffradikale) unschädlich machen kann. Diese entgiftende Aufgabe von Gluthation kann von bestimmten Medikamenten wie Paracetamol (Acetaminophen) und vermutlich auch von einigen innerlich eingenommenen ätherischen Ölen gehemmt werden. Mutmaßlich handelt es sich um methylchavicolhaltige Öle wie Estragon und Basilikum und eugenolhaltige Öle wie Gewürznelke und Zimtrinde. Darauf sollte bei der inneren Anwendung bei Menschen mit bereits vorgeschädigter Leberfunktion geachtet werden.

d-Pulegon (in Flohminzeöl) und β-Asaron (in Kalmusöl) zerstören das entgiftende Enzym Cytochrom P450. Umgekehrt können bestimmte Medikamente und ätherische Öle die Tätigkeit einiger Enzyme in der Leber abnormal steigern; Safrol in Sassafras-Öl ist diesbezüglich sogar als Krebs auslösend für die Leber bekannt.

Das Gewebe des Zentralnervensystems (Gehirn, Rückenmark) ist reich an Fetten und zeigt eine besondere Affinität zu Bestandteilen von ätherischen Ölen (Buchbauer 2004). Auch stark durchblutete Gewebe und Organe nehmen die Öle eher auf als wenig durchblutete Körperteile (Balacs 1994). Ebenso können unsere „Fettpolster" die natürlichen Duftstoffe für Stunden oder gar Tage unverändert lagern. Limonen beispielsweise hat eine Halbwertszeit von 24 Stunden (Watzl 2002). Insbesondere Ketone können bei längerer Anwendung ein toxisch wirkendes Reservoir in der Leber aufbauen. Oder sie werden sogar in noch toxischere Produkte umgewandelt, wie d-Pulegon in Menthofuran, welches schon in sehr geringen Mengen die Leberzellen schädigen kann.

Ausscheidung

Kleine Moleküle (Molekulargewicht weniger als 300 g/mol) mit einer OH-Gruppe (Alkohole, Phenole) können in einem zweiten Schritt der Ausscheidung bzw. Entgiftung zwecks besserer Ausscheidbarkeit an weitere Moleküle gebunden werden (Konjugation). Es bilden sich so genannte Glukuronide, die inaktiv und wasserlöslich sind und über Urin oder Galle ausgeschieden werden (Balacs 1994).

Die kleinsten und extrem flüchtigen Moleküle von ätherischen Ölen werden hauptsächlich ausgeatmet und verlassen den Körper somit sehr schnell. Auf diesem Weg entfalten sie ihre therapeutische Wirkung in den unteren Atemwegen. Reste werden, wie oben beschrieben, in wasserlösliche Bestandteile umgewandelt und über die Niere ausgeschieden. Spätestens nach 72 Stunden finden sich von den meisten Bestandteilen von ätherischen Ölen keine Spuren mehr in Urin oder Stuhl.

3.3 Wirksamkeit

Zwei Jahrhunderte Forschung

Bereits Anfang des 19. Jahrhunderts kannte man erste Inhaltsstoffe von ätherischen Ölen und war auch bald in Lage, diese im Labor nachzubauen. Hydroxycitronellal beispielsweise wurde 1907 entdeckt und Cumarin konnte **1868** synthetisiert werden (Valnet 1976). Die Entdeckung der antiseptischen Eigenschaften der ätherischen Öle wenig später markiert den Beginn der medizinisch-therapeutisch orientierten Aromatherapie, auch wenn dieser Begriff erst später geprägt wurde.

1887–1889 wurde von Chamberland, Cadéac und Meunier der Nachweis erbracht, dass ätherisches Thymianöl Kolibakterien, Staphylokokken, Meningokokken und das Koch-Virus zerstören kann (Valnet 1976). Seit der Heilung mit Hilfe von Lavendelöl einer bei einem Chemieunfall infizierten Wunde im Jahre 1910 befasste sich der französische Chemiker **René-Maurice Gattefossé** mit den desinfizierenden Eigenschaften der Öle. Er prägte den Begriff **Aromatherapie** und veröffentlichte 1937 sein gleichnamiges Fachbuch. Seitdem wird der therapeutische Einsatz der ätherischen Öle in Frankreich systematisch erforscht. Der Arzt und Phytotherapeut **Jean Valnet** spielte dabei eine maßgebliche Rolle. Sein Standardwerk „Aromathérapie – Traitement des maladies par essences des plantes“ (Aromatherapie – Die Behandlung der Krankheiten mit Pflanzenessenzen) erschien erstmals 1964 und wurde seither ständig aktualisiert und auch in andere Sprachen übersetzt.

Der Mediziner **Paul Belaiche** widmete 442 Seiten seines dreibändigen „Traité de Phytothérapie et d'Aromathérapie“ nur der Behandlung von Infektionskrankheiten mit ätherischen Ölen und schreibt: „Für den Phytotherapeuten ist die Aromatherapie die Speerspitze beim Kampf gegen die Bakterien“ (Belaiche 1979).

Pierre Franchomme eröffnete 1990 zusammen mit seinen Co-Autoren im Standardwerk „L'Aromathérapie exactement“ einen neuen Einblick in die chemischen Zusammenhänge der einzelnen Ätherische-Öle-Bestandteile und veranschaulichte sehr ausführlich, wie diese sowohl Mikroorganismen als auch die Physiologie des (kranken) Menschen beeinflussen können (Franchomme und Pénoël 1990).

Für die englischsprachige Welt fasste **Jane Buckle** in Kapitel 9 ihres Fachbuches „Clinical Aromatherapy“ viele Studien zur antiseptischen Wirkung der ätherischen Öle zusammen (Buckle 2003).

Im Computerzeitalter kann man diese und andere internationale Studien in der englischsprachigen Datenbank des Fachjournalherausgebers **Bob Harris** unter www.essentialoilresource.com abrufen. Zudem existieren auf den anerkannten medizinischen Datenbanken unzählige Zusammenfassungen von Studien aus aller Welt mit und über ätherische Öle.

Ätherische Öle und Bakterien

Ätherische Öle können unter sachkundiger Hand die notwendige Verabreichung vieler Antibiotika verringern helfen oder bei nicht akut lebensbedrohlichen **Infektionen** zum wertvollen Ersatz für diese werden. Wie wir gesehen haben, bekämpfen sie nicht nur die Erreger, sondern können den Körper des erkrankten Individuums dergestalt stabilisieren, dass unerwünschte Nebenwirkungen und Wiederholungen klein gehalten werden oder auch langfristig ausbleiben. Shirley Price nennt ätherische Öle in diesem Zusammenhang *pro-biotisch* (Price und Price 1995), Jane Buckle postuliert, dass sie die „Antibiotika der Zukunft" werden könnten (Buckle 2003).

Zur Illustration der antibakteriellen Wirkung sei an dieser Stelle ein älteres Experiment von **Cavel** geschildert: In einem Liter Fleischbrühe, die mit Wasser aus einer Klärgrube „verseucht" wurde, testete man die kleinste mögliche Menge verschiedener ätherischer Öle, welche die Vermehrung der Mikroben verhinderte:

Thymian	0,7 ml
Oregano	1 ml
Zimtblätter chinesisch	1,7 ml
Rose	1,8 ml

Dagegen wären 5,6 ml des klassischen Desinfektionsmittels **Phenol** nötig gewesen, um den gleichen Effekt zu erzielen (Valnet 1976).

Es wurden auch schon Untersuchungen in geschlossenen Räumen vor und nach dem Zerstäuben von ätherischen Ölen vorgenommen. Während in einem Beispiel vorher 210 Keime gefunden wurden (einschließlich zwölf Arten von Schimmelpilzen und acht **Staphylokokkenstämme**), überlebten nur acht Keimarten die halbstündige Beduftung mit ätherischen Ölen. Hier wirken vor allem monoterpenhaltige Öle der Nadelbäume und die Öle aus den Schalen der Zitrusfrüchte.

Ätherische Öle in Therapiequalität haben einen pH-Wert von 5 bis 5,8; sie sind also leicht sauer. Das ist einer der Gründe für ihre antibakterielle bzw. bakterizide Wirkung. Einzelne Bestandteile von ätherischen Ölen schaffen Bedingungen, welche die Vermehrung der Keime erschweren. Speziell die **Hydroxylgruppen** verändern den pH-Wert und die Fähigkeit zur Reduktion, zudem greifen sie in das Enzymsystem des Keimes ein (Balz 1994).

Bei Untersuchungen der antibakteriellen Wirkweise von Melaleuca alternifolia hat man festgestellt, dass Staphylokokkus aureus unter dem Einfluss dieses Öles **Kaliumionen** verliert (Hada 2003) und dass sich seine Morphologie, vor allem die seiner **Zellmembran**, stark verändert (Carson et al. 2002).

Ätherische Öle aktivieren zudem verschiedene biologische Prozesse, vor allem auf neurologischem, endokrinologischem und immunologischem Gebiet, so dass dem Körper die Abwehr gegen die pathogenen Keime erleichtert wird.

Das Aromatogramm

Um die allgemeinen Studienergebnisse dem aktuellen Zustand eines erkrankten Individuums anzupassen, wird seit 1969 (Belaiche 1979) in Frankreich und bislang nur ganz sporadisch im deutschsprachigen Raum ein Aromatogramm hergestellt, vorausgesetzt, es handelt sich um (aerobe) **bakterielle** oder **pilzbedingte** Krankheiten (Zoulek 2003).

In Frankreich sind die Erkenntnisse aus unzähligen Aromatogrammen vor allem vom Arzt **Maurice Girault** zusammengetragen worden. Der ausführlichen Beschreibung dieser Arbeiten und Erkenntnisse widmet der Arzt **Paul Belaiche** Band 1 „L'aromatogramme" in seinem dreibändigen Standardwerk „Traité de Phytothérapie et d'Aromathérapie" (Belaiche 1979).

Das Wissen, dass ein bestimmtes ätherisches Öl beispielsweise gegen Staphylokokken hilft, führt nicht zwangsläufig zum Therapieerfolg, da der Gesamtzustand des Patienten das Verhalten der Bakterien mit beeinflusst. Staphylokokkus ist nicht gleich Staphylokokkus. Getreu dem Motto von Louis Pasteur „Die Mikrobe ist nichts, das Terrain ist alles", muss man das Gleichgewicht aller Organsysteme und den Allgemeinzustand des Patienten berücksichtigen (Balz 1994).

> „Jeder Mensch besitzt einen eigenständigen Satz von Bakterien, auch wenn diese sich, oberflächlich betrachtet, morphologisch von denen eines anderen Menschen nicht unterscheiden. Ein Streptokokkus in Person A ist nicht notwendigerweise identisch mit einem Streptokokkus gleicher Art in Person B ..." (Dr. Daniel Pénoël)

Mit dem **Aromatogramm** (Abb. 3.**2**) kann der Behandler eine Kultur der Krankheitserreger anlegen und ganz konkret testen, welches ätherische Öl (oder Mischung) diese am besten eindämmt oder abtötet. Dazu müssen die getesteten ätherischen Öle eindeutig definiert sein – botanisch und chemisch. Der Therapieerfolg ist nur dann gesichert, wenn erfolgreich getestete ätherische Öle und Therapieöle absolut identisch sind, also von derselben Firma und derselben Charge.

Mit einem **Agardiffusionstest** – genau wie beim Erstellen eines Antibiogramms – werden in mehreren Petrischalen Erreger der erkrankten Person aus deren Blut, Urin, Auswurf oder einem Abstrich vermehrt. Auf die Oberfläche der infizierten Nährböden legt man Papierblättchen, die jeweils mit verschiedenen infrage kommenden ätherischen Ölen oder mit Mischungen aus ätherischen Ölen getränkt wurden.

Nach einer festgelegten Brutzeit haben sich die Keime mehr oder weniger ausgebreitet. Wenn das ätherische Öl gewirkt hat, sieht man eine wachstumsfreie Zone rund um das getränkte Papier; sie wird in Millimetern gemessen und mit 0 oder ein bis vier Kreuzchen bewertet: +, ++, +++, ++++. **Dieser Labortest ist zuverlässig und jederzeit reproduzierbar, für (biochemisch) identische Öle erhält man übereinstimmende Resultate.**

Allerdings ist festgestellt worden, dass die Wirkungen am lebenden Menschen in vivo anders und stärker sind, als wenn dasselbe Öl in der Petrischale eines Labors in vitro getestet wird. Ebenso besteht ein Unterschied zwischen der Anwendung von isolierten Bestandteilen aus ätherischen Ölen (zum Beispiel Thymol, Linalool oder Zimtaldehyd) oder synthetischen Ölen und dem kompletten natürlichen Öl, in dem eben dieser Bestandteil vorrangig enthalten ist. Es scheint, dass die inaktiven Komponenten eines Öles die Bioverfügbarkeit der aktiven Bestandteile beeinflussen (Svoboda 1999).

Das betrifft vor allem die so genannten problematischen Öle, deren „Gefährlichkeit" entweder anhand von isolierten Hauptbestandteilen oder in vitro getestet wird. Bei naturreinen ätherischen Ölen scheint die Synergie aller Bestandteile die Gefahren abzuschwächen. Anders gesagt gilt gerade für die ätherischen Öle: Das unveränderte natürliche Öl wirkt stärker und unproblematischer als die Summe seiner einzelnen Bestandteile (Hippeli 2004).

Mit Hilfe von Aromatogrammen ist festgestellt worden, dass alle ätherischen Öle – je nach Dosis – zumindest leicht antibakteriell (und antimykotisch) wirken, da sie in der lebenden Ursprungspflanze entsprechende Abwehrfunktionen ausüben. Die antibakterielle (und antimykotische) Wirksamkeit ist von 1987 bis 2001 weltweit in mehr als 500 Studien dokumentiert worden (Kalemba und Kunicka 2003, Tab. 3.**3**).

Die Spitzenreiter mit Breitbandantibiotikum-Charakter sind die stark phenolhaltigen Öle, die jedoch hautreizend wirken, wenn sie nicht sachgemäß verdünnt werden:

- C. zeylanicum fol. und cort.
- Corydothymus capitatus

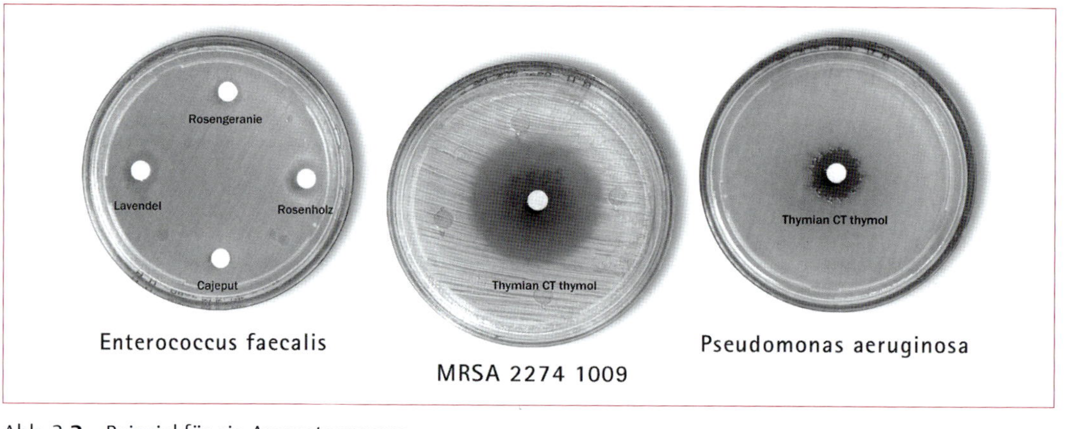

Abb. 3.**2** Beispiel für ein Aromatogramm.

Tab. 3.3 Erforderliche Minimalkonzentration (in %) von zwei ätherischen Ölen zur Abtötung von Mikroorganismen (Quelle: Harkenthal 1999)

Bakterium	Leptospermum scoparium (East Cape Chemotyp)	Melaleuca alternifolia
Grampositive Organismen		
Staphylococcus aureus 87	0,039	0,625
Staphylococcus aureus 147	0,078	0,625
Staphylococcus aureus 195	0,039	0,625
Staphylococcus aureus 917	0,039	0,625
Staphylococcus aureus 995	0,078	0,625
Staphylococcus aureus 2243	0,039	1,250
Staphylococcus aureus MRSA NS	0,020	0,313
Staphylococcus aureus MRSA ENG	0,039	0,625
Staphylococcus aureus MRSA AUS	0,039	0,625
Staphylococcus aureus MRSA 1056	0,039	0,313
Staphylococcus aureus MRSA 1061	0,039	0,625
Staphylococcus aureus OXFORD	0,039	1,250
Staphylococcus aureus P1	0,020	0,625
Staphylococcus aureus P2	0,039	0,625
Staphylococcus aureus P20	0,039	0,625
Staphylococcus epidermidis 2205	0,078	2,500
Streptococcus faecalis 1106	0,039	1,250
Streptococcus agalactiae 2267	0,039	0,156
Streptococcus pyogenes 2264	0,039	0,039
Micrococcus luteus 296	0,020	0,625
Sarcina lutea 1216	0,078	1,250
Bacillus subtilis 698	0,156	0,313
Listeria monocytogenes 44	0,039	0,625

2

Tab. 3.3 (Fortsetzung)

Bakterium	Leptospermum scoparium (East Cape Chemotyp)	Melaleuca alternifolia
Gramnegative Organismen		
Pseudomonas aeruginosa 2584	2,50	2,50
Pseudomonas aeruginosa	5,00	5,00
Pseudomonas fluorescens 7	5,00	5,00
Escherichia coli 29	2,50	0,313
Escherichia coli	5,00	5,00
Klebsiella pneumoniae	5,00	0,625
Proteus vulgaris 996	5,00	0,625
Vibrio furnissii 2605	0,625	0,625
Legionella pneumophila 2008	< 0,039	< 0,039
Hefen		
Candida albicans 1212	0,625	1,25
Pilze		
Aspergillus niger	> 1,25	0,625
Penicillium sp	> 1,25	0,625
Chaetomonium globosum	< 0,039	0,156
Microsporum canis 90 – 359	< 0,039	0,156
Trichophyton mentagrophytes 90 – 196	0,078	0,156

- Ocimum sanctum, Tulsi
- Origanum vulgare
- Pimenta dioica/racemosa
- Satureja montana
- Syzygium aromaticum
- Thymus vulgaris Ct. Thymol und Carvacrol (Arnal-Schnebelen 2004; Dorman und Deans 2000; Deininger 1997)

Die hautfreundlichen Öle von Melaleuca alternifolia (Teebaum) und Leptospermum scoparium (Manuka) zeigten in ungewöhnlich vielen Studien immer wieder, dass ihre jeweils einzigartige Zusammensetzung auch in starker Verdünnung ein enormes antiseptisches Potenzial besitzt; sogar bei der modernen weltweiten „Seuche" MRSA wurden hervorragende Forschungsergebnisse präsentiert (Carson 2002; Lis-Balchin 2000; Harkenthal et al. 1999; Carson 1995).

Resistenzen

Da es sich bei natürlichen ätherischen Ölen, auch wenn sie in Fläschchen abgefüllt sind, um recht reaktive **Vielstoffgemische** handelt – ähnlich einem guten Wein, der sich mit der Zeit verändert und im idealen Falle reifer wird – finden Bakterien keine Möglichkeiten, Resistenzen gegen viele der antibakteriell wirksamen Inhaltsstoffe von ätherischen Ölen aufzubauen.

Somit sind einige ätherische Öle geradezu dazu prädestiniert, in Kliniken und Heimen bei der Sanierung von **nosokomialen** Keimen eingesetzt zu werden. Vor allem bei Keimen, die nicht mehr mit Antibiotika bekämpft werden können, bieten sich große Chancen, bereits prophylaktisch zu arbeiten, insbesondere bei Patientinnen, die durch ein geschwächtes Immunsystem besonders anfällig für die gefürchteten **MRSA-Infektionen** sind. Hier kann der gezielte Einsatz von ätherischen Ölen Leben retten oder zumindest vor einer Amputation bewahren, wie man im Münchener Klinikum Neuperlach zu berichten weiß (Rädlein 1995).

Es gibt bereits viele überzeugende Studien (in vitro und in vivo) zu diesem Themengebiet, vor allem mit dem Öl von **Melaleuca alternifolia** (Brady et al. 2005; Dryden et al. 2004; Edwards-Jones et al. 2004; Sherry et al. 2001; Landvatter et al. 2001; Harkenthal et al. 1999).

In einer interessanten Biologiefacharbeit für „Jugend forscht" stellte die Abiturientin **Ute Runkel** in 816 Labortests fest, dass ätherische Öle pathogene Bakterien, denen Antibiotika nichts mehr antun können, abzutöten vermögen. Sie untersuchte die Wirkung der Öle von Aniba rosaeodora, Lavandula angustifolia, Melaleuca alternifolia, M. leucadendra und M. viridiflora, Pelargonium graveolens sowie zwei Thymus-vulgaris-Öle auf folgende Bakterienarten: Enterococcus faecalis, Escherichia coli, Pseudomonas aeruginosa, Staphylococcus aureus und fünfzehn unterschiedliche MRSA-Kolonien. Oft wirkt die Kombination aus (alleine wirkungslosem) Antibiotikum mit einem ätherischen Öl mehr keimtötend als jede Substanz alleine genommen (Runkel 2003).

Ätherische Öle und Pilze

Der Mikroorganismus Pilz ist ein primitiver Organismus, der weder zum Pflanzenreich noch zum Tierreich gezählt wird. Cryptokokkus, Aspergillus und Candida albicans sind für den Menschen schädlich. In ätherischen Ölen mit antimykotischer oder sogar fungizider Wirkung gelten vor allem folgende Inhaltsstoffe als für diese Wirkweise verantwortlich:

- Citral: Geranial und Neral (Monoterpenaldehyde)
- Carvacrol (Phenol)
- Thymol (Phenol)
- Eugenol (Phenol)
- 1,8-Cineol (Oxid)

Es gibt bereits zahlreiche wissenschaftliche Studien zur antimykotischen Wirksamkeit von ätherischen Ölen. Hier einige Beispiele:

- Carvacrol hemmte die Produktion von Aflatoxinen von Aspergillus flavus (Mahmoud 1994).
- Cinnamomum camphora wirkt genauso effektiv gegen Aspergillus flavus wie Ceresan, Kupferoxychlorid und Thiovit.
- Cymbopogon citratus wurde gegen vier Hautpilze getestet (Trychophyton mentagrophytes, T. rubrum, Epidermophyton floccosum, Microsporum gypseum). Die Salbe mit 2,5 % des Öles erwies sich als aktiver als antimykotische Salben mit Clotrimazol, Isoconazol, Nitrat, Ketoconazol, Benzoesäure und Salicylsäure (Wannisorn, Jarikasem und Soontorntanasart 1996).
- Cymbopogon pendulus war stärker wirksam als Mycostatin, Multifungin, Mycoderm, Jadit und Salicylsäure (Pandey, Sharma und Dikshit 1996).
- Eukalyptusarten (21 Arten) hemmten die Vermehrung von Candida albicans (Faouzia, Fkih-Tetouani und Tantaoui-Elaraki 1993).
- Lippia alba (64 % Citral) wirkt stark antimykotisch gegen Trichophyton mentagrophytes var. interdigitale und Candida albicans (Fun und Svendsen 1990).
- Melaleuca alternifolia wirkt sehr effektiv bei der Behandlung von Candida albicans, vor allem bei tief sitzenden Nagelinfektionen (Belaiche, 1985).
- Melaleuca cajuputi wirkt gegen Candida albicans, wie in einer Gemeinschaftsstudie in Tschechien und Vietnam festgestellt wurde (Cuong et al. 1994).
- Melissa officinalis hat eine stark hemmende Wirkung auf Candida albicans (Larrondo, Agut und Calvo-Torras 1995).
- Mentha arvensis wurde erfolgreich gegen 23 Pilzstämme, einschließlich sechs Aspergillusarten, getestet (Hiroi, Miyzaki und Kobayashi et al. 1995).
- Syzygium aromaticum hat eine fungizide Wirkung bei Candida albicans bei einer Verdünnung von 0,4 % (Briozzo und Nunez et al. 1998).

- Ocimum basilicum hemmte 22 Pilzstämme, darunter Aspergillus (Dube, Upadihay und Tripathi 1989).
- Oregano und Carvacrol haben eine stark hemmende Wirkung auf drei Candida-albicans-Stämme (Stiles, Sparks und Ronzio 1995).
- Origanum majorana wirkt besonders ausgeprägt gegen Aspergillus niger, aber auch gegen A. flavus, A. ochraceus, A. parasiticum und Trichoderma viride (Deans und Svoboda 1990).
- Pimpinella anisum und Cinnamomum zeylanicum wurden erfolgreich gegen Aspergillus parasiticus getestet (Tiwari, Dikshit und Chandan et al. 1983).
- Santolina chamaecyparissus wurde im Tierversuch erfolgreich gegen Candida albicans getestet, insb. bei Vaginal- und Hautinfektionen und systemischen Candida-Infektionen. Es wurde eine synergistische Aktivität zu Clotrimazol entdeckt (Suresh, Sriram, Dhanaraj et al. 1997).
- Thymus, Cuminum cyminum und Syzygium aromaticum wurden erfolgreich gegen Aspergillus parasiticus getestet (Farag, Daw und Abo-Raya 1989).

2

Ätherische Öle und Viren

Bei viralen Infektionen eines Individuums kann die Wirkung von ätherischen Ölen nicht mittels Aromatogramm überprüft werden, da Viren nicht mit diesem Verfahren gezüchtet und beobachtet werden können.

Dennoch wurde die antivirale Wirkung von ätherischen Ölen schon eingehend wissenschaftlich (in vitro) untersucht, unter anderem am Hygieneinstitut der Universität Heidelberg (Schuhmacher et al. 2003; Schnitzler et al. 2001).

Zudem gibt es Erfahrungsberichte vieler Aromatherapeuten, die ein Abnehmen der Virulenz einzelner Virenstämme beschreiben. Ihnen zufolge bewirken die Öle einen milderen Verlauf der entsprechenden Krankheiten als bei unbehandelten Menschen. Es scheint, als ob nicht nur die einzelnen Inhaltsstoffe der Öle antiviral wirken. Gleichzeitig scheint die Fähigkeit der Ölemoleküle, mit der menschlichen und wahrscheinlich auch der viralen Zellmembran interagieren zu können und auch teilweise in die Zellen eindringen zu können, den Viren das Andocken zu erschweren oder es gar zu verhindern.

Die meisten ätherischen Öle haben einen rH-Wert (Redoxpotenzial) von 15 bis 24. Hiermit werden ihre antiviralen Eigenschaften erklärt. Auch ihre antidegenerative Wirkung wird damit begründet: ist der rH-Wert des Blutes zu hoch (normal 22), kann es beim Wert von 28 (Neutralpunkt) keinen Sauerstoff mehr binden; das führt zu Thrombose (Balz 1994).

Herpes labialis ist zum Beispiel mit einigen ätherischen Ölen ungewöhnlich gut zu bekämpfen (Cinnamomum camphora [Ravintsara], Lavandula angustifolia, Melaleuca alternifolia, Melissa officinalis, Mentha piperita); eine bekannte antivirale Salbe gemäß DAB gegen diese unwillkommenen Bläschen wird mit einem Gesamtauszug aus Melissa officinalis hergestellt (Lomaherpan®).

Auch **Zoster** erfährt einen erfreulich guten Verlauf mit antiviralen ätherischen Ölen. Grippe, Mumps und Windpocken verlaufen kürzer und leichter als gewöhnlich, wenn eine begleitende Therapie mit ätherischen Ölen gemacht wird.

Besonders antiviral wirksame Öle:

- Cinnamomum camphora (Ravintsara)
- Cistus ladaniferus
- Citrus aurantium ssp. bergamia
- Citrus limonum
- Cymbopogon martinii
- Eucalyptus sp.
- Lavandula latifolia
- Melaleuca sp.
- Melissa officinalis
- Origanum compactum
- Pimenta racemosa
- Thymus vulgaris Ct. Thujanol

Es ist immer wieder zu lesen, dass ätherische Öle eine **viruzide** Wirkung haben. Das trifft für die aromatherapeutische Behandlung am lebendigen Menschen nicht zu: Die Silbe -zid heißt töten; Viren sind jedoch keine Lebewesen und was nicht lebt, kann auch nicht getötet werden.

> „Durch die hundert- bis tausendfache Konzentration von hochwirksamen Substanzen ist die Aromatherapie eine besonders vehemente Form der Phytotherapie" (Inge Andres).

Ätherische Öle bei Schmerzen

Da ätherische Öle mit den Zellmembranen interagieren, können sie die Mechanismen, die zur Schmerzweiterleitung führen, dämpfen oder gar unterdrücken. Zudem unterstützen sie die körpereigenen Dämmmechanismen durch Anregung der Ausschüttung von **Neurotransmittern**. Sie können die Ausschüttung von Serotonin (Citrus aurantium flos, Lavandula angustifolia, Matricaria recutita, Origanum majorana) anregen und auch die Endorphin-Produktion ankurbeln (Cananga odorata, Jasminum grandiflorum, Pogostemon patchouli, Salvia sclarea). Auch die Enkephalin-Wirkung von Citrus paradisi und Rosa damascena unterstützt die analgetische Wirkung.

Zudem wird die qualitative Wahrnehmung von Schmerz auch von Gefühlen beeinflusst, die teilweise im Limbischen System verarbeitet werden, wo gleichzeitig der Riechprozess stattfindet.

Durch die spasmolytische (entkrampfende) Wirkung von einigen ätherischen Ölen können ferner Fehlhaltungen, die zu Schmerzen führen, gelöst werden.

Speziell das ätherische Öl von Mentha piperita kann, wie experimentelle Untersuchungen an der glatten Muskulatur zeigten, Muskelkontraktionen hemmen, welche durch Serotonin und Substanz P ausgelöst wurden. Es muss dazu innerlich eingenommen werden, beispielsweise in Enteroplant® (Spitzner).

Einige Inhaltsstoffe von ätherischen Ölen scheinen bei der lokalanästhetischen Wirkung eine besondere Rolle zu spielen:

- p-Cymen (Monoterpen)
- Myrcen (Monoterpen)
- Methylsalicylat (Phenylether)
- Eugenol (Phenol)
- Menthol (Monoterpenol)
- Menthon (Monoterpenketon)
- Phenylethanol (Alkohol)

Entscheidend ist aber nicht die einzelne Substanz, sondern das Zusammenspiel mit anderen Inhaltsstoffen. Öle, die beispielsweise traditionell als analgetisch gelten, enthalten fast immer einen Mix aus den verschiedensten Monoterpenen.

Kopfschmerzen

Laut einer Umfrage des Emnid-Institutes leidet fast die Hälfte aller erwachsenen Deutschen an Kopfschmerzen. Circa ein Drittel davon klagt über Spannungskopfschmerzen, die mindestens einmal im Monat vorkommen, bei drei Prozent sind die Beschwerden bereits chronischer Natur; Frauen sind häufiger betroffen als die männliche Bevölkerung.

Diese Art von Kopfschmerz, die vor allem in Stresssituationen auftritt, wird als eher dumpf empfunden, das Gefühl eines Stahlbandes um den Schädel entsteht.

In einer randomisierten, plazebokontrollierten Doppelblindstudie an der Universität Kiel konnte Professor Hartmut Göbel nachweisen, dass lokal appliziertes verdünntes Öl von **Mentha piperita** (10 % in Ethanol, Euminz®) bei Spannungskopfschmerzen innerhalb von fünfzehn Minuten nach Behandlungsbeginn den gleichen Effekt hat wie ein Gramm Paracetamol (entspricht zwei „normalen" Tabletten). Bei der Gabe von Paracetamol und der Pfefferminzlösung war ein additiver Effekt zu beobachten; man kann somit die Einnahme des Schmerzmittels vermeiden oder zumindest reduzieren (Göbel 1998).

Beim Auftragen des Öles kommt es zunächst zu einem langanhaltenden Kältegefühl, das durch die Stimulation der Kälte- und Druckrezeptoren (nicht der Wärmerezeptoren) entsteht. Das reichlich vorhandene Menthol (rund 50 %) im ätherischen Öl bewirkt eine Veränderung an den **Kalziumkanälen** der Zellmembranen, was zu einer Verminderung des Kalziumionenausstroms führt und in Folge zu einer Erhöhung der elektrischen Aktivität dieser Nervenzellen.

Kältereize werden über langsam leitende (kaum markhaltige A-d-) Fasern geleitet und können durch segmentale Hemmung im Bereich des Rückenmarks die Schmerzleitung (über marklose, afferente nozizeptive C-Fasern) blockieren.

Bei **Migräne** hingegen, unter der zehn Prozent der Deutschen, vor allem Frauen, leiden, und die eher nach einer Stressphase in einer Ruhepause auftritt, sind ätherische Öle erfahrungsgemäß seltener hilfreich. Hier hilft es jedoch, die Stressphasen durch spasmolytische Öle, wie beispielsweise mit Citrus aurantium, C. reticulata, Lavandula angustifolia oder Anthemis nobilis zu „entschärfen“.

Allgemeine lokale Schmerzen

Als analgetisch wirksame Öle gelten ferner:
- Laurus nobilis
- Lavandula angustifolia
- Melaleuca leucadendra
- Mentha piperita
- Myristica fragrans
- Piper nigrum
- Syzygium aromaticum, deren betäubender Einsatz in der Zahnheilkunde schon lange bekannt ist.

Ätherische Öle als Antiphlogistika

Seit bekannt wurde, dass selbst Herzinfarkte von nicht erkannten Mikroentzündungen ausgelöst werden können, wird ein neues Gebiet der Wirksamkeit von ätherischen Ölen diskutiert. Viele von deren Inhaltsstoffen sind als eindeutig **antiinflammatorisch** wirksam identifiziert worden (Koenig 2005). So kann fast jede aromatherapeutische Behandlung unspezifisch unbekannten Entzündungsprozessen entgegenwirken.

Ein bislang als bedenklich eingestufter Prozess in manchen ätherischen Ölen, die Bildung von Peroxiden (Hautreizungen, Allergiebildungen), hat sich in einer Studie von seiner durchaus positiven Seite gezeigt: **Wasserstoffperoxid** wird auch im gesunden Organismus gebildet und dient der Immunabwehr. So zeigte sich, dass sowohl Pinus-mugo-Öl (Latschenkiefer) als auch seine isolierten Bestandteile (α-Pinen, Limonen, Δ3-Caren, γ-Terpinen und Terpinolen) die Überreaktion humaner **neutrophiler Granulozyten** herunter regelt, es erhält jedoch gleichzeitig durch seinen Wasserstoffperoxidgehalt die Bildung mikrobiozider Substanzen aufrecht (Hippeli 2004).

Eine andere Reihe von plazebokontrollierten Studien konnte belegen, dass der isolierte Hauptinhaltsstoff von vielen Eukalyptus- und Melaleuca-Arten sowie anderen Myrtaceen 1,8-Cineol (Eukalyptol) eine steroidartige Hemmung des **monozytären Arachidonsäuremetabolismus** und der IL-1β-Produktion aufweist. Asthma-bronchiale-Patientinnen, die das Eukalyptol drei Tage lang in dünndarmlöslichen Kapseln einnahmen, zeigten am vierten Tag eine signifikante Verbesserung, die auch vier Tage nach Absetzen des Produktes noch nachweisbar war. Das führte zu einer deutlichen **Senkung des Glukokortikosteroidbedarfs** der Patientinnen (Juergens et al. 1998).

Auch aus dem deutschsprachigen Raum kommen Doppelblindstudien über den antiinflammatorischen Einsatz der pentazyklischen Triterpene vom Boswelliasäuretyp in Boswellia-serrata-Extrakten (Indischer Weihrauch): Diese Triterpene hemmen die Tätigkeit der 5-Lipoxigenase; dadurch wird die Bildung von **Leukotrienen** unterbunden, die für chronische Entzündungen – wie bei Morbus Crohn, Colitis ulcerosa und Asthma bronchiale – verantwortlich sind (Ammon 2002; Gerhardt 2001 und Gupta et al. 1998). Im Universitätsspital Zürich konnte man zeigen, dass **Gehirnödeme** bei Astrozyten (Gehirntumoren), die auch durch die übermäßige Bildung von entzündungsfördernden Leukotrienen ausgelöst werden, mit Weihrauchextrakten eingedämmt werden können (Hostanska 2002).

Eine französische In-vitro-Studie zeigte einen hemmenden Effekt auf **5-Lipoxigenase** auch bei ätherischen Ölen, die sonst nicht als besonders antiphlogistisch wirksam gelten wie Cedrus deodara und Santalum album (Racine und Baylac 2003).

Weitere Öle mit antiphlogistischer Wirkung:
- Achillea millefolium
- Cymbopogon flexuosus
- Cymbopogon martinii
- Eucalyptus citriodora
- Lavandula angustifolia
- Litsea cubeba
- Matricaria recutita
- Ocimum basilicum Ct. Linalool
- Rosa damascena

Ätherische Öle als Antioxidanzien

Vom Wirkstoff in der Antifaltencreme bis zum Nahrungsergänzungsmittel werden ätherische Öle in der neumodischen Anti-Ageing-Bewegung eingesetzt. Ein Erklärungsmodell besagt, dass die reichlich vorkommenden **Doppelbindungen** in den Ölen für ein Abfangen der schädlichen freien Sauerstoffradikale auf der Haut und im Körper sorgen, ähnlich der Wirkung von Radikalenfängern wie Vitamin C und E.

Tatsächlich gibt es einerseits Studien aus der Lebensmittelindustrie, dass sie eine wirksame Unterstützung bei der natürlichen Form der Konservierung sind (Lis-Balchin et al. 1998). Andererseits interessiert sich die Pharmaindustrie seit Jahren für einige Inhaltsstoffe aus den Ölen, die im Tierexperiment eine eindeutige **chemopräventive** und **antikarzinogene** Wirkung zeigen (Brudnak 2000 und Phillips et al. 1995).

Bei den Ölen von Nigella sativa, Cuminum cyminum und Ocimum sanctum konnte man eine Anti-Karzinogenesewirkung feststellen (Svoboda 1999).

Der Metabolit von d-Limonen **Perillyalkohol** hemmt die Farnesyltransferase (Buchbauer 2004). Limonen ist – neben bis zu 120 anderen Verbindungen in den Agrumenschalen – der Hauptinhaltsstoff der meisten Zitrusschalenöle. Zu diesen Spurenstoffen gehören die **Limonoide**, die in vitro sowohl die Wucherung von Brustkrebszellen vermindern und auch die **Apoptose** (den natürlichen Zelltod) induzieren konnten (Stahl-Biskup 2004).

Durch **1,8-Cineol** konnte die Apoptose bei zwei Leukämiezelllinien beobachtet werden (Moteki et al. 2002).

Herzkranzgefäßerkrankungen, die durch oxidierte Lipide verursacht werden, können durch den Einsatz der ätherischen Öle von Citrus limonum und Pinus mugo verlangsamt oder aufgehalten werden, da dieses die Oxidation von **LDL** (Lipoproteinen) verlangsamt (Grassmann et al. 2001, 2003 und 2005).

Einunddreißig Zitrusöle als Ganzes sowie Terpinolen, γ-Terpinen und Geraniol wurden mit dem Standardantioxidans Trolox verglichen und erwiesen sich als vergleichbar oder deutlich stärker wirksam. Insbesondere ein ätherisches Öl von Citrus aurantifolia aus Tahiti zeigte bemerkenswerte antioxidative Eigenschaften (Choi et al. 2000).

Ätherische Öle bei riechenden Krankheiten

Viele Krankheiten gehen mit unangenehmen Gerüchen einher, die von den betroffenen Patientinnen als sehr peinlich empfunden werden, die aber auch für die Pflegenden, so abgehärtet sie sein mögen, schwer zu ertragen sind. Mit vielen ätherischen Ölen kann man einerseits den Bakterienbefall, der beispielsweise bei **Pseudomonas-Infektionen** für die üblen Gerüche verantwortlich ist, eindämmen und ihn gleichzeitig etwas überdecken. Das wird in Mehrbettzimmern von den anderen Menschen natürlich auch willkommen geheißen und bringt weniger Stress, wenn Besucher empfangen werden.

Genauso kann man bei nekrotisierenden **Tumoren** für eine Verringerung der Keime und für eine subjektiv empfundene Frische sorgen. Eine deutsch-australische Studie an über dreißig Patienten zeigte, dass topisch applizierte Antigeruchmaßnahmen (unter anderem mit Eukalyptusöl) den positiven Seiteneffekt hatten, dass die Krebsgeschwüre ungewöhnlich gut und schnell verheilen (Warnke 2005).

Auch die **Stomatherapie** ist für viele Fachkräfte ohne ätherische Öle undenkbar. Gleichzeitig erhalten die betroffenen Patientinnen, die ja oft ganz normalen Berufen nachgehen, wertvolle Möglichkeiten, mit den ungewollten Geruchsemissionen diskret umgehen zu können, beispielsweise in Form von kleinen Duftsprays, Hydrolaten, duftenden Desinfektionslösungen und Aroma-Roll-Ons (Kaser 2001).

Nicht zuletzt sind die Zimmer von **Langzeitpatientinnen** und auch von sterbenden Menschen selten eine Frischluftoase, diese kann man jedoch mit Raumsprays und anderen Luft verbessernden Maßnahmen deutlich angenehmer gestalten.

Andere Wirkungen

Neben den antiseptischen und analgetischen Wirkungen sind viele andere Wirkungen der ätherischen Öle bekannt, teilweise sind sie durch intensive wissenschaftliche Untersuchungen sowohl in vitro als auch an Mensch und Tier sehr gut erforscht. An dieser Stelle sind nur wenige Beispiele von allgemeinen Wirkungen aufgezählt.

2

Antidepressive, stimmungsaufhellende Wirkung
Boswellia carterii
Citrus aurantium flos
Citrus aurantium ssp. bergamia
Coriandrum sativum
Hypericum perforatum
Origanum majorana
Rosa damascena
Salvia sclarea

Anxiolytische Wirkung
Anthemis nobilis
Cananga odorata
Citrus aurantium flos und fol.
Jasminum grandiflorum
Lavandula angustifolia
Ocimum basilicum
Origanum majorana

Antihistaminische Wirkung
Leptospermum scoparium
Matricaria recutita
Nigella sativa

Aquaretische Wirkung
Foeniculum vulgare
Juniperus communis
Levisticum officinale
Melaleuca alternifolia

Carminative Wirkung
Carum carvi
Coriandrum sativum
Cuminum cyminum
Foeniculum vulgare
Mentha piperita
Ocimum basilicum
Pimpinella anisum

Choleretische und cholagoge Wirkung
Citrus aurantium fruct.
Melissa officinalis
Rosa damascena
Rosmarinus officinalis Ct. Verbenon

Emmenagoge Wirkung
Achillea millefolium
Cinnamomum zeylanicum
Foeniculum vulgare
Myristica fragrans
Pimpinella anisum

Epithelisierende/granulationsfördernde Wirkung
Boswellia carterii
Cedrus atlantica
Cedrus deodara
Citrus aurantium ssp. bergamia
Hyssopus officinalis
Lavandula angustifolia
Lavandula latifolia
Mentha piperita
Rosa damascena
Styrax tonkinensis

Immunmodulatorische Wirkung
Boswellia carterii
Cedrus atlantica
Cedrus deodara
Citrus limonum
Leptospermum scoparium
Matricaria recutita
Melaleuca alternifolia
Pogostemon patchouli
Thymus vulgaris
Vetiveria zizanoides

Laktogen/östrogenartige Wirkung
Foeniculum vulgare
Pimpinella anisum

Mukolytische und expektorative Wirkung
Abies alba
Anethum graveolens
Cedrus atlantica, C. deodara
Eucalyptus (alle cineolhaltigen Arten)
Hyssopus officinalis
Lavandula latifolia
Melaleuca leucadendra
Melaleuca viridiflora
Mentha spicata
Mentha piperita
Myrtus communis
Pinus sylvestris
Styrax tonkinensis

Phlebotonische Wirkung
Citrus aurantium flos
Citrus limonum
Cupressus sempervirens
Melaleuca viridiflora
Pistacia lentiscus
Pogostemon patchouli

Sedative Wirkung
Aniba rosaeodora
Anthemis nobilis
Cananga odorata
Citrus aurantium flos und fol.
Citrus reticulata
Eucalyptus staigeriana
Lavandula angustifolia
Melissa officinalis
Salvia sclarea

Einige Inhaltsstoffe von ätherischen Ölen spielen bei der sedativen Wirkung eine besondere Rolle:
Caryophyllen (Sesquiterpen)
Citral (Monoterpenaldehyd)
Citronellal (Monoterpenaldehyd)
Estragol (Phenylether)
Eugenol (Phenol/Phenylether)
Eugenylacetat (Phenylether)
Linalool (Monoterpenol)
Linalylacetat (Monoterpenester)
Linalylbutyrat (Monoterpenester)
Linalylisovalerat (Monoterpenester)
Methyleugenol (Phenylether)

4 Therapiepraxis

4.1 Einkauf ätherischer Öle

Eine der Definitionen von „Aromatherapie" lautet:

> „Aromatherapie wird definiert als die **kontrollierte** Anwendung von ätherischen Ölen, um die eigene und die Gesundheit anderer zu erhalten und Körper, Geist und Seele auf eine positive Art zu beeinflussen" (Shirley Price).

Wenn wir eventuelle Risiken bei der klinischen Anwendung von ätherischen Ölen betrachten, sollten wir nicht einfach vermeintlich „gefährliche Öle" abstempeln, sondern uns differenziert mit dem chemischen Aufbau der Öle, Qualitätskriterien, Anwendungsformen und vor allem mit den Dosierungen beschäftigen (Teil I und Kap. 8).

Dadurch, dass die Aromatherapie zu einer Modeerscheinung wurde, schießen Firmen, die ätherische Öle verkaufen, wie Pilze aus dem Boden. Jeder darf die Öle ungeachtet seiner Qualifizierung abfüllen und vertreiben. Er kann sie sehr preiswert literweise bei Großhändlern beziehen und muss sich auf deren – teilweise sehr oberflächliche – Qualitätsversprechungen verlassen. Oft ist es dem Händler gleichgültig, ob der Inhalt seiner Lieferungen den aufgedruckten Informationen entspricht, der überaus wichtige Kontakt zu den produzierenden Bauern wird in der Regel nicht gepflegt.

Weiß der Großhändler, dass „Sandelholz westindisch" nichts mit dem heilkräftigen Santalum album aus Mysore zu tun hat? Ist ihm bekannt, dass die so genannte indische Melisse ein Gras (Cymbopogon citratus) ist und über andere Eigenschaften verfügt als die Echte Melisse? Kennt er den Unterschied zwischen einem Rosen-Absolue und einem destillierten Rosenöl? Sagen ihm die Zahlen und Begriffe hinter dem Wort Ylang Ylang etwas? Diese Informationen bleiben dann auch sämtlichen Zwischenhändlern und damit natürlich erst recht den Endverbrauchern verborgen.

Die andere Seite der „Aromatherapiemode" sind die negativen oder übertriebenen Geschichten in der Presse: Durch Anwendungsfehler, durch qualitativ schlechte Öle und auch durch falsch gelagerte bzw. alte Öle entstehen Beschwerden, die bisweilen sogar von Ärzten behandelt werden müssen. Gesundheitsbehörden denken immer wieder darüber nach, ob ätherische Öle nicht apothekenpflichtig oder gar rezeptpflichtig werden.

Wenn man ätherische Öle zur Pflege, Vorsorge und zur Wiedererlangung der Gesundheit anwenden möchte, sollte man immer auf vertrauenswürdige Lieferanten zurückgreifen. Doch selbst, wenn „nur" ihr Einsatz in der Duftlampe oder in Raumsprays gewünscht wird, sollte man nicht zu minderwertiger Ware greifen, da unser aller Immunsystem schon genug zu tun hat mit der Verarbeitung naturfremder Substanzen. Bereits bei der Raumbeduftung können wir uns hingegen Gutes tun.

Angehörige von heilenden und helfenden Berufen und von Heilhilfsberufen sind schon allein aus medizinischen und haftungsrechtlichen Gründen auf beste ätherische Öle natürlichen Ursprungs angewiesen. Wichtig bei der Entscheidung sind vor allem zwei Faktoren: die Informationen auf dem Etikett (und/oder der Preisliste) und der Duft.

Auf einem guten Etikett sollten sich die Angaben aus nachfolgendem Kasten befinden. Je nach Größe reicht der Raum auf dem Etikett nicht für all diese Informationen aus. Dann genügen die Punkte 1, 2, 3, 6, 7, 8, 9, 10. Der Rest muss sich jedoch auf der Preisliste befinden, die dem Kunden, ohne dass er fragen muss, zugänglich sein sollte.

2

Etikettkennzeichnung

1. deutscher und lateinischer (botanischer) Name des in dem Fläschchen enthaltenen Öles
2. Ursprungsland des Öles
3. Pflanzenteil, der destilliert, ausgepresst oder extrahiert wurde und, sofern nötig, der Chemotyp
4. Gewinnungsverfahren des Öles
5. bei Extraktion: das verwendete Lösungsmittel und ob das Endprodukt rückstandskontrolliert wurde
6. Anbau: kontrolliert-biologisch (k.-b.-A.), konventioneller Anbau, Wildsammlung oder kontrollierte Wildsammlung
7. bei zähflüssigen Extrakten (Vanille, Benzoe, Mimose, Tonka) und teuren ätherischen Ölen: die Art des Verdünnungsmittels (Weingeist oder Jojoba) und das Mischungsverhältnis in %. Auch bei teuren Düften, die mit ähnlich duftenden, preiswerteren Düften vermischt sind (Rose mit Palmarosa, Melisse und Verbene mit Lemongras), muss das Mischungsverhältnis erkenntlich sein
8. Füllmenge
9. Chargennummer, Abfülldatum oder Verfallsdatum
10. Vermerk: „Zur Wohnraumaromatisierung" oder „Für die Aromapflege"
11. Vermerk: „Kindersicher aufbewahren"
12. eventuell Vermerk: „Lichtgeschützt und nicht über 30 Grad lagern – feuergefährlich"

Die Fläschchen müssen aus getöntem Glas sein, da manche ätherische Öle bestimmte Kunststoffe angreifen oder sogar regelrecht auflösen. Das Glas muss dunkel getönt sein, da bestimmte Wellenlängen des Lichts die Qualität der ätherischen Öle sehr schnell negativ beeinflussen: Die **Peroxidzahl** steigt, es bilden sich hautreizende freie Radikale. Das allgemein gebräuchliche Braun der Flaschen schützt die Öle besser als die meisten Produkte aus blauem Glas (Wabner, persönliche Mitteilung). Ein Umkarton wäre natürlich auch eine Lösung, stellt aber eine unnötige Papierverschwendung dar und ist zudem umständlich in der Handhabung.

Auch wenn beim Verkauf von ätherischen Ölen die Beratung oftmals fehlt, sollten wir uns zurückbesinnen auf unsere Nase, die auch relativ ungeübt vor schlechter Qualität warnen kann und die uns vor allem vor den eventuell kritischen Ölen schützt: Sie duften oft gar nicht lieblich oder wehren ihre Anwendung durch geradezu stechenden Geruch ab. Auch kann ein Öl heute noch gut riechen, morgen lehnen wir es ab. Solchen Impulsen sollten wir unbedingt folgen. Bei etwas Feinfühligkeit von Seiten der Anwenderinnen ergibt sich also sowohl die Auswahl als auch die Dosierung meistens von selbst. Wenngleich der Riechanfänger manchmal mit der Beurteilung eines Duftes überfordert sein dürfte, der Mensch entwickelt dennoch erstaunlich schnell ein Duftgedächtnis. Wir können also nach einiger Zeit Duftnuancen erriechen und spüren sogar, ob ein bestimmter Duft in diesem Moment gerade wohltuend/heilend ist oder nicht (selbst wenn die objektive Qualität einwandfrei ist). Manche Menschen testen ätherische Öle kinesiologisch aus (oder mit Pendel).

4.2 Auswahl, Dosis und unkomplizierte Anwendungsmethoden von ätherischen Ölen

In Europa wird Einzelpersonen und kleinen Firmen die Anwendung und die Mischung von ätherischen Ölen durch die zunehmend restriktive Gesetzgebung erschwert. Als Begründung wird der Verbraucherschutz angegeben. Viele kleine Naturkosmetikhersteller empfinden diese Reglementierungen jedoch eher als Vorwand, damit der Kosmetikmarkt ungestört in den Händen von großen Konzernen bleiben kann. So gilt jetzt selbst das Mischen von etwas ätherischem Öl mit einem fetten Öl als Herstellung von Kosmetik und wird somit von der europäischen **Kosmetikverordnung** geregelt. Somit darf diese „Produktion" nur noch unter strengsten Hygienevorschriften erfolgen. Diese ist nur in aufwändig ausgestatteten Gebäuden und durch Anschaffung extrem teurer Apparaturen einzuhalten.

Mischen auf **Vorrat** ist in der Aroma- und Massagepraxis somit nicht mehr möglich und das Mitgeben einer restlichen/angebrochenen Ölemischung nicht mehr erlaubt. Es ist nur noch ein Mischen für den „**Gebrauch zur Anwendung**", also für die jeweilige Behandlung gestattet; die Öle werden demzufolge nur für eine Anwendung zusammengestellt (Sonn und Bühring 2004).

Auswahl

Wie weiß die Behandlerin nun, welche ätherischen Öle für eine spezielle Befindlichkeit eines bestimmten Klienten oder einer bestimmten Patientin infrage kommen?

Im Allgemeinen wird sie zunächst durch ihre Intuition und Erfahrungen zu einer engeren Auswahl an Ölen kommen. Bei akuten Erkrankungen werden auch ihre Erkenntnisse aus wissenschaftlichen Studien die Entscheidung beeinflussen. Ein Arzt oder Heilpraktiker wird bei hartnäckigen Infektionen möglicherweise ein Aromatogramm herstellen (lassen). Im Krankenhaus muss möglicherweise auf Standards bei entsprechenden Indikationen zurückgegriffen werden.

Das freie Zusammenstellen von therapeutischen Mischungen kann mittels der in Kapitel 5.1 befindlichen Übersichten für die häufigsten in der täglichen Aromapraxis vorkommenden Beschwerden vorgenommen werden.

> Zur Grundausstattung einer Aromatherapeutin genügen etwa 30–40 verschiedene Öle, die je nach Vorlieben und Erfordernissen des Klientenkreises auf 50 Fläschchen wachsen kann.

Häufigkeit und Zeitpunkt

In diesem Bereich lässt sich keine pauschale Aussage machen, da dies je nach Individuum und angewendeten Ölen entschieden werden muss. Grundsätzlich gilt:

- Therapeutische Einreibungen können zwei- bis dreimal täglich verabreicht werden. Medizinisch orientierte Ganz- oder Teilkörpermassagen sollten bei akuten Beschwerden **zwei- bis dreimal pro Woche** stattfinden. Parallel empfiehlt man den Patientinnen Rezepturen für zu Hause, etwa je eine Mischung zum Inhalieren und zum Baden bei Erkrankungen der Atemwege, eine verdauungsfördernde Mischung bei Magen-, Darm- oder Leberbeschwerden oder eine neutrale Salben-/Cremegrundlage mit individuell abgestimmten ätherischen Ölen zum Selbermischen für Hautprobleme.
- Bei **akuten Kopfschmerzen** oder Übelkeit wird man sofort mit Einreibungen und Kompressen reagieren, bei Insektenstichen, Brand- und Schürfwunden ebenso.
- Bei **nahender Erkältung** werden ansteigende Fußbäder gemacht und viertelstündliche Einreibungen der Fußsohlen (beispielsweise mit wenig verdünnten phenolhaltigen Ölen). Hier benutzt man die entsprechenden Öle, bis eine subjektive Besserung empfunden wird.
- Bei **chronischen Funktionsstörungen** ist eine Begleitung über drei bis sechs Monate wichtig, eine Massage pro Woche kann hier genügen. Der stresslösende und psychisch entkrampfende Aspekt sollte hier eine große Rolle spielen. Wie in der Phytotherapie üblich, sollte ein Öl jedoch nicht länger als drei Wochen verwendet werden. Es gibt viele Möglichkeiten, auf ein ähnlich wirksames Öl umzusteigen.
- **Stimulierende Einreibungen** oder Bäder mit anregenden ätherischen Ölen werden natürlich am frühen Tag getätigt. Generell passen dazu die leichten, frischen Kopfnoten, vor allem Zitrus- und Kiefernöle sowie mentholig/kampferige Öle. Ein aromatisches Kreislauftraining kann sehr gut mit Wasseranwendungen und Bürstenmassagen kombiniert werden. Bei der Verwendung von **photosensitivierenden** Ölen muss beachtet werden, dass der Patient oder die Patientin sich mindestens acht Stunden nicht in die Sonne oder ins Solarium begeben.
- **Entspannende und schlaffördernde Maßnahmen** finden in der Regel spätnachmittags oder abends statt; sesquiterpenreiche Basisnoten wie Öle von Hölzern und Harzen passen gut zum späten Tag. Hier kann ergänzend mit beruhigenden Tees gearbeitet werden.
- **Akute Schmerzen**, Menstruationsprobleme, Hauterkrankungen, nervöse Störungen und Depressionen werden dreimal täglich durch unterschiedliche Maßnahmen (z. B. Massagen, Einnahme von Hydrolaten, Bäder, Einreibungen, Kompressen, Raumbeduftung) begleitet.

Die aktive Mitarbeit der Betroffenen ist hier Bestandteil der Therapie.

Dosierung und Verdünnung

Die Meinungen über den Grad der Verdünnung von ätherischen Ölen gehen recht weit auseinander, je nachdem ob sich die behandelnde Person mehr zu der „englischen Schule" oder der „französischen Schule" der Aromatherapie hingezogen fühlt. Die Mehrheit der Autoren empfiehlt jedoch rechts stehende Vorschläge; diese haben sich zudem in der Praxis als sehr erfolgreich bewährt (Abb. 4.**1**).

In den meisten duftenden Pflanzen kommen die ätherischen Öle höchstens **dreiprozentig** vor, nur gelegentlich enthalten sie eine größere Menge. Die natürlich vorkommende Konzentration wird meistens als wohltuend empfunden und wird von den meisten Menschen gut vertragen. Am Beispiel des Rosenduftes lässt sich das verdeutlichen: für ein Massage- oder Körperpflegeöl genügt schon 1 % (oder weniger) dieses kostbaren Duftstoffes, während es bei Grapefruit- oder Zitronenöl gerne deutlich mehr sein darf.

> **Dosierungsbeispiel**
> Für Kleinkinder von 1 bis 5 Jahren gibt man 3-mal am Tag je ein Zäpfchen mit bis zu 50 Milligramm, für Kinder von 6 – 12 Jahren 3-mal 150 mg, Jugendliche und Erwachsene dürfen maximal fünf Zäpfchen à 150 – 200 mg bekommen (25 mg sind je nach Öl und Tropfvorrichtung 1 bis 1,5 Tropfen). Zäpfchen mit ätherischen Ölen sind relativ leicht selbst herstellbar bzw. können in Apotheken hergestellt werden.

Die Erfahrung zeigt zudem: Je höher und feiner eine Verdünnung ist, desto mehr spricht man die Psyche an und je niedriger und damit kräftiger eine Verdünnung ist, desto mehr wirkt sie auf körperliche Vorgänge. Akuten Infektionen kann man bei entsprechender Erfahrung mit bestimmten Ölen pur zu Leibe rücken.

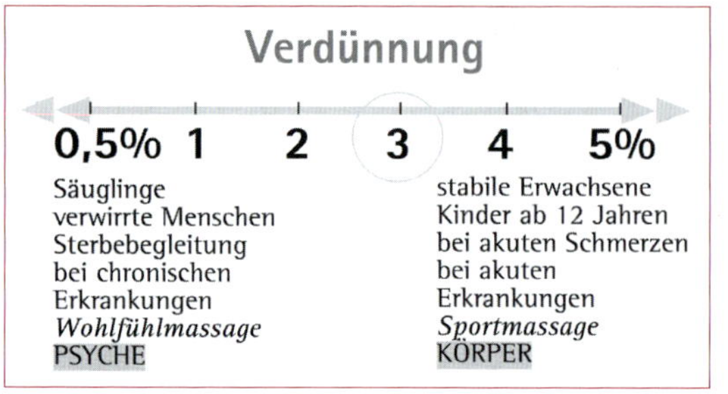

Abb. 4.**1** Richtlinien für die Dosierung ätherischer Öle.

Anwendungsfehler und Vergiftungen

Bei der Behandlung mit einer dem jeweiligen Menschen angemessenen Dosis sind Unverträglichkeitserscheinungen unwahrscheinlich. Ausführliche Hinweise zu Vorsichtsmaßnahmen und Kontraindikationen stehen in Kap. 6.

Bei einer Ganzkörpermassage entspricht die **Aufnahmemenge** an reinem ätherischem Öl ca. 37 mg, denn es wird nur zwischen 4 und 25 % des aufgetragenen ätherischen Öles in den Körper aufgenommen. Bei der Verwendung von 6 Tropfen ätherischem Öl in 10 ml fettem Öl (3 %) werden also insgesamt maximal anderthalb Tropfen resorbiert (Balacs und Tisserand 1993). Die Aufnahme bei Inhalationen und Bädern liegt auch in diesem Bereich.

Die orale Einnahme sollte nur in Ausnahmefällen erfolgen und beträgt meistens einen Tropfen, jedoch im Gegensatz zu Massage oder Bad eher dreimal täglich. Diese Menge ist für die meisten Menschen gut verträglich – vorausgesetzt das Öl wurde in Honig oder Sahne emulgiert, damit es nur in feinsten Tröpfchen an die empfindlichen Schleimhäute gelangt.

Jedoch gibt es Menschen, die denken, alles Natürliche sei in jeder Dosis gut und berge keine Nebenwirkungen, und auch solche, die nach dem Motto handeln „viel hilft viel". Glücklicherweise fallen viele potenziell gefährliche Öle durch ungewöhnliche oder strenge und bittere Gerüche auf und schützen so fast automatisch vor Überdosierung. Es sind dann schon eher verantwortungslose Rezepte in unqualifizierten Büchern oder Zeitschriftenartikeln und zweifelhafte Tipps von ungenügend geschulten „Experten", die gelegentlich Menschen verunsichern oder vielleicht sogar schädigen.

Extreme Vergiftungen mit ätherischen Ölen scheinen sehr selten zu sein, es gibt nur verhältnismäßig wenig dokumentierte Fälle. Selbst dann ist es schwierig nachzuvollziehen, welche Qualität und welche Chemotypen von Ölen verwendet wurden (siehe Kapitel „Kontraindikationen"). Vergiftungserscheinungen treten bei **unsachgemäßer** (innerlicher) Verwendung von bestimmten monoterpenketonhaltigen Ölen auf, die in Deutschland teilweise gar nicht erhältlich sind:

- Acorus calmus (Kalmus)
- Artemisia abrotanum (Eberraute)
- Artemisia absinthum (Wermut)
- Artemisia vulgaris (Beifuß)
- Gaultheria procumbens (Wintergrün)
- Hyssopus officinalis (Ysop)
- Juniperus oxycedrus (Cade, Trockendestillat)
- Juniperus sabina (Sadebaum)
- Mentha pulegium (Flohminze)
- Ocotea pretiosa (Sassafras)
- Pinus pumilio (Zwergkiefer)
- Ruta graveolens ([Wein-] Raute)
- Tanacetum vulgare (Rainfarn)
- Thuja occidentalis (Thuja)

Auch sind ätherische Öle mit einem hohen Anteil an schleimhautreizenden Phenolen für die orale Einnahme (ohne fachliche Begleitung) nicht geeignet.

Inhalation

Bei Inhalationen ist zu bedenken, dass ein Tropfen eines ätherischen Öles mindestens einer vollen Schüssel der frischen Pflanze entspricht, eher einem großen Wäschekorb voll. Aus diesem Grunde genügt es, **nur einen bis zwei Tropfen** auf die berühmte Schüssel voll heißen Wassers zu geben (kann, muss aber nicht in Honig emulgiert werden), sich unter das Handtuch zu begeben, Augen gut zu schließen und vorsichtig mit dem tiefen Einatmen zu beginnen. Diese Form der Inhalation verursacht viel intensivere Dämpfe als die herkömmliche mit getrockneten Kräutern.

Die Inhalation mit den in der Apotheke erhältlichen preiswerten Kunststoffgefäßen ist zwar nicht ganz so intensiv wie die Schüssel-Handtuch-Methode, doch bei bestimmten Indikationen praktischer und einfacher. Sie wird daher eher akzeptiert, vor allem wenn mehrmals täglich inhaliert werden muss.

Für unterwegs ist das Einatmen von ätherischen Ölen von einem damit beträufelten Taschentuch bereits eine große Hilfe, zum Beispiel bei Erkältungen, Reiseübelkeit oder Prüfungsangst. Dies ist auch eine praktische nächtliche Anwendung für Kleinkinder, deren Teddybären man beispielsweise ein Halstuch mit einem Tropfen Melaleuca leucadendra oder Lavandula latifolia umbinden kann.

Sehr wirksam bei Infektionen der oberen Atemwege ist die Inhalation mit einem Aerosolgerät (Diffuseur), das eigentlich der Beduftung und Entkeimung von Räumen dient. Mittels einer kleinen Pumpe werden die ätherischen Öle ohne jede zerstörende Hitzeeinwirkung zerstäubt. Da die winzigen Öltröpfchen pur und sehr gezielt auf die Schleimhäute einwirken, sollte der Patient nur etwa zwei bis drei Minuten über diesem „Nebel" inhalieren, diese Prozedur kann mehrmals täglich wiederholt werden. Mit schleimlösenden Ölen kann diese Methode bei Katarrhen der Nebenhöhlen intensiver und schneller wirken als herkömmliche Mukolytika.

Für Erkrankungen der unteren Atemwege ist der so genannte PARI-Inhalator überaus wirksam. Hier muss jedoch ein aromaerfahrener Arzt die Behandlung überwachen. Hierfür werden ca. 2 ml Hydrolat, zum Beispiel Rosen-, Kamillen- oder Thymianhydrolat, mit einem Tropfen ätherischen Öles (beispielsweise Leptospermum scoparium) gut verschüttelt und sofort inhaliert; die Tröpfchengröße ist winzig klein (4 µm und kleiner), so dass sie lungengängig ist. Da die meisten Teile der Inhalationsgeräte aus Kunststoffen bestehen, sollte man sicherheitshalber keine ätherischen Öle verwenden, die aus über einem Drittel Monoterpenen bestehen; diese können das Plastik angreifen und unerwünschte Dämpfe verursachen.

Menschen mit **allergischen Erkrankungen** des Atemtraktes dürfen nur nach Rücksprache mit dem Arzt inhalieren, besonders, wenn es sich um menthol- oder cineolhaltige ätherische Öle handelt. Diese Inhaltsstoffe können zu Krämpfen des Bronchialastes führen; bei Kleinkindern ist das lebensbedrohlich.

Einreibung und Teilmassage

Zur äußerlichen Anwendung bei normalerweise gesunden Erwachsenen mischt man für pflegende Produkte und für eine entspannende Massage 3 %ig = 6 Tropfen ätherische Öle auf 10 ml Trägeröl/-lotion, am besten je zwei Tropfen eines ätherischen Öles (1 ml/0,9 g ätherischen Öles entspricht je nach Tropfer und Viskosität des Öles 20 bis 25 Tropfen).

> Optimale und sichere Verdünnung:
> 3 % ätherisches Öl auf 97 % fettes Öl

Idealerweise nehme man je zwei Tropfen einer frischen *Kopfnote*, einer mittelstark duftenden *Herznote* und einer schweren *Basisnote*, also eine ausgewogene Mischung aus unterschiedlichen Duftqualitäten, die jedoch je nach Tageszeit und Zustand des Patienten ihre Betonung mehr auf frisch oder schwer haben kann. Diese Konzentration kann normalerweise ohne Bedenken über einen langen Zeitraum angewendet werden, vor allem wenn es darum geht, den psychischen und körperlichen Allgemeinzustand des Patienten zu verbessern.

Bei einer drohenden Erkältung zum Beispiel oder bei bereits bestehenden akuten Erkrankungen kann die Verdünnung auf 10 % erhöht werden.

Bei schwangeren Frauen, Kindern ab 1 Jahr, gebrechlichen und **empfindlichen** Menschen mischt man maximal 1,5 % = 3 Tropfen ätherische Öle auf 10 ml Trägersubstanz. Geringere Verdünnungen sollten nur unter Aufsicht eines erfahrenen Therapeuten angewandt werden.

Grundsätzlich sollte bei Unsicherheit bezüglich der Verträglichkeit mit der 1,5 %igen Verdünnung gearbeitet werden und bei empfindlichen bzw. allergischen Personen vorher etwas der geplanten Mischung (also nicht der unverdünnten Öle) auf eine **Armbeuge** geschmiert werden. Wenn nach ca. 20 Minuten keine Rötung oder ähnliche Reaktion zu sehen ist, kann sie bei der betreffenden Person im größeren Rahmen eingesetzt werden.

Wenn die wenigen Kontraindikationen für Massage beachtet werden (siehe 4.3), können Einreibungen oder Teilmassagen fast immer und überall angewendet werden.

Bei **Atem stimulierenden Einreibungen** (ASE), die bei bettlägerigen bzw. gesundheitlich angeschlagenen Menschen vorgenommen werden müssen, sollte man gemäß der Verdünnungsgrafik (Abb. 4.**1**) eine starke Verdünnung wählen. Viele der handelsüblichen Salben sind zu scharf bzw. zu hochdosiert.

Einreibungen sind ein relativ kleiner Einsatz mit großen Wirkungen bei vielen Patientinnen. Trotz des weit verbreiteten Zeitdrucks in Kliniken, Heimen und Hospizen sind oft ein bis zwei Minuten für diese wohltuende Form der Anwendung übrig. Sie kann bei ängstlichen, unruhigen und schlaflosen Menschen willkommen sein, auch bei Bauch- und Muskelschmerzen zeigt sie Erfolg. Nicht nur das Öl, sondern vor allem die – wenn auch nur kurze – menschliche Zuwendung spielt hier freilich eine große Rolle.

Innere Einnahme

Bei oraler Einnahme, die ohne therapeutische Überwachung **nur in Ausnahmefällen** erfolgen sollte, ist folgende Menge pro Tag nicht zu überschreiten:

- Erwachsene 75 mg (= 3 Tropfen)
- Heranwachsende 50 mg (= 2 Tropfen)
- Kinder 25 mg (1 Tropfen)

immer in einem Emulgator aufgelöst, zum Beispiel in Honig, Sahne oder etwas Orangensaft.

Monoterpenketone (beispielsweise in Salvia officinalis, Hyssopus officinalis und Thuja occidentalis) können bei innerer Einnahme gesundheitsschädigende Effekte haben, da sich diese Inhaltsstoffe in der Leber anreichern und dann mit geballter Kraft Vergiftungssymptome auslösen können (Balacs 1995).

4.3 Aromamassage

Warum wird die Aromatherapie so oft mit Massage in Verbindung gesetzt?

Aus der Geschichte der ätherischen Öle wissen wir, dass die neuzeitliche systematische Anwendung der ätherischen Öle von französischen Ärzten „erfunden" und erforscht wurde. In Frankreich praktizieren eigens dafür ausgebildete Fachärzte die Aromatherapie; die Öle werden sehr hochkonzentriert angewendet, vorwiegend durch orale Verabreichung und sogar intravenös.

Wie wir gesehen haben, werden ätherische Öle auch hervorragend über die Haut resorbiert. Auf diesem Weg der Aufnahme können sich zudem keine gefährlichen Kumulationseffekte potenziell schädigender Inhaltsstoffe (Monoterpenketone) bilden.

Diese Erkenntnis machten sich in den siebziger Jahren des vergangenen Jahrhunderts britische PhysiotherapeutInnen zu Nutze und entwickelten eine an die schwedische Massage angelehnte Behandlungsform, die Aromamassage. Die wohltuende und immunmodulatorische Wirkung entspannender Handgriffe unterstützt die jeweils gewünschte Wirkung von ätherischen Ölen.

Anders als bei einer medizinischen Massage werden die Griffe viel sanfter, ruhiger und langsamer ausgeführt. Dazu ist eine Schulung in meditativer Wahrnehmung hilfreich, so dass sich mit der Zeit ein sehr feines Spüren von kleinsten Störungen bei den KlientInnen entwickeln kann.

Zudem wird die Behandlungsdauer des ganzen Körpers wesentlich länger angesetzt. Es findet normalerweise ein Vorgespräch statt und nach der Behandlung eine fünf- bis zehnminütige Ruhephase.

In der klinischen Arbeit ist eine ausgedehnte Massage freilich nicht möglich. Erfahrungsgemäß sind jedoch kleine **Einreibungen**, manchmal sogar kurze **Fuß**- oder **Handmassagen** erlaubt und möglich. Damit kann bei vielen Patientinnen mehr erreicht werden als mit aufwändiger Medikation; die Arzneimittel können dadurch oftmals geringer dosiert werden, die Therapie wird verträglicher und insgesamt humaner. Insofern gelten die Aussagen der nächsten Absätze selbstverständlich auch für „kleine" Behandlungen.

Berührung

Berührung, der Kontakt von Haut zu Haut, von der Hand des einen Menschen zum Körper des anderen Menschen – das ist die älteste Form der Kommunikation und auch der Heilkunst. Der direkte manuelle Kontakt zu einem Menschen, sei er erkrankt oder einfach nur ein wenig gestresst, gehört zu den grundlegenden Bedürfnissen des Menschen. Ein Neugeborenes verkümmert ohne ausreichende Streicheleinheiten, ganz ohne diese Zuwendung kann es sogar sterben.

2

Es ist schon längst kein Geheimnis mehr, dass belastender Disstress und Angst die Anfälligkeit für Krankheiten stark erhöhen können. Belastende Lebenssituationen können sogar zum Tod führen. Heute wissen wir aus der **Psychoneuroimmunologie**, dass das Immunsystem durch Berührungen positiv beeinflusst wird. Der Zustand der tiefen Entspannung während der Massage lässt im Gehirn die langsamen, wohltuenden Alphawellen vorherrschen. Das führt zu einem tranceartigen Zustand, in dem der Körper seine **Regenerationsfähigkeiten** besser ausnutzen kann als im Betawellenzustand, der für Aufmerksamkeit und Schnelligkeit sorgt. **Endorphine**, die schmerzlindernd wirken und ein Gefühl der Zufriedenheit oder gar der Euphorie entstehen lassen, werden während einer ruhigen Massage vermehrt produziert.

Die Haut ist Sinnes-, Schutz- und Ausscheidungsorgan gleichermaßen. Zudem stellt sie die Barriere zwischen der Innen- und der Außenwelt dar, zwischen dem Ich und dem Anderen. An der Haut kann das geschulte Auge viel über den inneren Zustand eines Menschen erkennen.

Der Bewegungsapparat und vor allem die Muskulatur sind die Werkzeuge für die Fortbewegung und alle Arten von Aktivitäten. Sie werden jede Sekunde beansprucht, ob man es merkt oder nicht. Selbst wenn wir still liegen, herrscht noch höchste Betriebsamkeit in unserem Körper.

Das Bindegewebe ist einerseits das Bindeglied zwischen den festen Bestandteilen des Körpers

(Knochen, Gelenke, Muskeln, Organe) und andererseits stellt es mit dem Unterhautbindegewebe eine Verbindung zwischen der äußeren Haut und dem Muskel-Bänder-Gefäß-Nerven-Apparat her. Hier ist unsere „Mülldeponie", da hier „Abfälle" aus dem Stoffwechselgeschehen abgelagert werden können.

Dadurch kann das Unterhautbindegewebe hart werden, zudem unverschieblich und sogar schmerzhaft. Kleine Kristalle können sich ablagern oder knorpelartige Strukturen entstehen. Auch kleine Knötchen und bindegewebige Platten können sich entwickeln und führen zu Beeinträchtigungen der gesunden Funktionen.

Indem wir Muskeln und das darunter liegende Bindegewebe massieren, können wir nach und nach Verhärtungen auflösen, der „Körperpanzer" kann wieder lernen loszulassen. Auch seelische Prozesse können so ganz sanft aufgearbeitet werden.

Bei der Wiederherstellung des gesunden Zustandes ist die Gewährleistung einer guten Durchblutung wichtig, denn nur so wird jedes Gewebe optimal versorgt und kann sich regenerieren. Das an „Schlackenstoffen" reiche, sauerstoffarme Blut wird besser abtransportiert. Gerade wenn sich der Klient nicht mehr ausreichend aktiv bewegen kann, stellt die Massage ein ideales Mittel zur Verbesserung von Gesundheit und Wohlbefinden dar. Die ätherischen Öle unterstützen die entspannenden und reinigenden Prozesse sehr stark. Massage ergänzt in idealer Weise Entspannungsübungen und sportliche Aktivitäten.

Viele ätherische Öle leiten seelische Prozesse ein, so dass die Aromamassage ein wirklich ganzheitliches Arbeiten fördert. Die Öle ermöglichen manchmal sogar erst, dass sich ein chronisch angespannter Mensch dieser Methode öffnen kann, um nach und nach optimal davon profitieren zu können.

> Durch verschiedene Massagetechniken wie z. B. Streichungen, Drückungen, Kreisungen, Reiben, Vibrationen oder Klopfungen zusammen mit fetten und ätherischen Ölen werden gezielt unterschiedliche Reaktionen in der Haut, Muskulatur und Psyche hervorgerufen.

Die Geschichte der Massage

Die Massage ist sicherlich so alt wie die Menschheit und hat früher vor allem der Prävention und Heilung von Krankheiten und Verletzungen gedient. Wir alle reiben – massieren – uns, wenn wir uns stoßen oder sonst wie verletzen, da sich allein die Berührung positiv auf Schmerzen auswirkt.

Der Begriff Massage taucht ca. 2700 v. Chr. zum ersten Mal in einem chinesischen Buch auf, dort heißt es:

> „Durch Streichen mit der Handfläche nach dem morgendlichen Erwachen, wenn das Blut gemächlich fließt und die Sinne ausgeruht sind, wehrt man Erkältungen ab, hält die Organe geschmeidig und beugt Beschwerden vor."
> (Maxwell-Hudson 1996)

Das wäre in unserer heutigen hektischen Zeit sicher eine sehr schöne Art, den Tag zu begrüßen.

Den nächsten historischen Hinweis auf Massage gibt es ca. 2000 v. Chr., damals wurde sie als Hilfs- und Heilmittel bei Prellungen, Druckverletzungen und unerklärlichen Schmerzzuständen eingesetzt. Die jeweilige betroffene Stelle wurde gerieben, gedrückt oder gewalkt und es sollte sich eine deutliche Linderung zeigen.

Um 800 v. Chr. war es in Indien und China nur besonderen Personen vorbehalten zu massieren, beispielsweise den Hohepriesterinnen. Um 400 v. Chr. forderte Hippokrates, der als Gründer der Schulmedizin gilt, die Kenntnisse der Massage von Ärzten. Circa 800 n. Chr. gab es eine weitere Entwicklung der Massage durch Römer und Griechen in Verbindung mit sportlichen Kampfspielen. Die deutsche Seherin und Heilerin Hildegard von Bingen empfahl um 1150 Einreibungen mit verschiedenen Essenzen.

Im 17. Jahrhundert entstand in China während der Ming-Dynastie das erste Buch, das sich allein mit der chinesischen Heilmassage für Kinder beschäftigte. Nicht zu vergessen sind in diesem Zusammenhang die indischen Mütter, die seit Jahrhunderten, wenn nicht sogar Jahrtausenden, ihre Babys bis zu mehrmals täglich massieren.

Eine wahre Auflebung, Verbreitung und Weiterentwicklung der Massage gab es im 20. Jahrhundert. In den dreißiger Jahren wurde die Bindegewebsmassage durch Hede Teirich-Leube und Elisabeth Dicke entwickelt. Es entstand die Lymphdrainage und verschiedene andere Massagearten. Zudem kamen in den letzten dreißig Jahren unterschiedliche Massagen aus anderen Kulturen wie z. B. Akupressur, Shiatsu, indische Kopfmassage (Champissage) oder tantrische Massagen nach Europa. Sie wurden übernommen, manchmal etwas unseren Lebensgewohnheiten angepasst und teilweise mit großem Erfolg verbreitet und angewendet. Wie oben erwähnt, entstand in den siebziger Jahren durch die Kombination von Klassischer Massage und gezielt eingesetzten ätherischen Ölen die Aromamassage (Kraus 2002).

Wirkungen von Aromamassage

Wie sich eine Aromamassage bei dem behandelten Individuum auswirkt, hängt von verschiedenen Faktoren ab:

- von der Art der eingesetzten Trägeröle und ggf. ätherischen Öle,
- von der Umgebung (angenehme Raumtemperatur (> 23 Grad), ansprechender Raumatmosphäre, wenig/keine Geräusche und Störungen, gedämmtes Licht etc.,
- von der Lagerung: sie muss angenehm und bequem sein (bei Bedarf schmerzhafte Körperstellen entlasten),
- von der Dauer und Anzahl der Behandlungen,
- von der Stärke und Intensität, die während der Massage angewandt wird und die auf die jeweilige Person abgestimmt ist.

Eine Massage wirkt sowohl örtlich-mechanisch als auch reflektorisch „per Fernwirkung" (beispielsweise auf Herz und Kreislauf). Wir unterscheiden Auswirkungen auf:

1. Die Haut

In der Epidermis wird die Neubildung von Hornzellen angeregt. Im Corium wird durch den mechanischen Reiz und durch viele ätherische Öle eine **Erweiterung der Gefäße** hervorgerufen, welche eine allgemeine Durchblutungsförderung zur Folge hat. In der Subkutis wird die Schweiß- und Talgdrüsentätigkeit angeregt. Reinigende und **epithelisierende** ätherische Öle können hier Unterstützung bringen.

2. Die Muskulatur

Im Allgemeinen wird eine verbesserte **Wärmebildung**, Erholung und Ernährung der Muskelzellen erzielt, dadurch werden Giftstoffe besser ausgeschieden (zusätzlich sollen die Patienten viel trinken). Eine Massage beeinflusst weiterhin den Muskeltonus, die Elastizität der Muskelfasern wird verbessert und die Kontraktionsfähigkeit gesteigert. Wärmende und **entkrampfende** ätherische Öle sind hierbei eine wertvolle Hilfe.

2

3. Herz-Kreislauf- und Gefäßsystem

Der Herz-Kreislauf stabilisiert sich, in den Arterien wird eine Kapillardilatation (Erweiterung feinster Blutgefäße) hervorgerufen, dadurch wird der gesamte Organismus besser mit Blut, Nährstoffen und Sauerstoff versorgt sowie eine Spannungsminderung und Schmerzlinderung erzielt. In den Venen entsteht eine Sogwirkung, die eine vermehrte Permeabilität (Durchlässigkeit) bewirkt, was eine verbesserte Stoffwechselresorption zur Folge hat. Es wird mehr Gewebsflüssigkeit aufgenommen und somit für einen verbesserten venösen Rückfluss des Bluts gesorgt. Leicht **hyperämisierende**, anregende und „Blut verdünnende" ätherische Öle verstärken diese Wirkung.

4. Die Gelenke

Häufig treten bei Erkrankungen in Gelenken (beispielsweise Arthrose und Arthritis) Schmerzen im umgebenden muskulären Bereich auf, hier können wir mit einer einfühlsamen Massage und **analgetisch** wirksamen ätherischen Ölen für eine deutliche Schmerzlinderung sorgen.

5. Der Stoffwechsel

Eine Massage bewirkt eine vermehrte Bildung von körpereigenen Immunglobulinen, die für unsere Infektabwehr mitverantwortlich sind, wie schon erwähnt, werden Schlacken- und Giftstoffe besser ausgeschieden, und der allgemeine Stoffwechsel angeregt. **Immunmodulatorische** ätherische Öle unterstützen diesen Effekt.

6. Die Psyche

Die psychische ist eine der wichtigsten Wirkungen der Aromamassage. Anhand neuer Forschungen der Psychoneuroimmunologie wissen wir, dass ein gesundes Immunsystem auf unserem inneren Gleichgewicht und Zufriedenheit basiert. Ebenso wirken sich positive Gedanken und Worte heilend auf unseren Körper aus, während Negatives schwächt.

Für die Massage bedeutet dies: Tun wir uns etwas Gutes, lassen uns verwöhnen und fühlen uns wohl, wirkt sich dies stabilisierend und positiv auf unsere Psyche aus. Ätherische Öle, die reich an **Estern** und **Sesquiterpenen** sind, können diese Wirkung unterstützen.

Hier ist zu betonen, dass bei einem positiv vertrauensvoll gestimmten Verhältnis zwischen Patientin/Klientin und Therapeutin die Massage besser „anschlägt".

> **Wissenswert**
> Wissenschaftliche Grundlagen sagen aus, dass eine Muskelmassage von 3–5 Minuten den Körper besser regeneriert als eine Ruhepause von 20–30 Minuten.

Vorbereitung zur Massage

Der Raum

Der Massageraum sollte eine entspannende ansprechende Atmosphäre ausstrahlen und möglichst hell und freundlich gestaltet sein, jedoch nicht einsehbar von Fenster oder Tür. Kein Telefon oder sonstige Geräuschkulisse sollten stören. Während der Behandlung sollte die Temperatur mindestens 23 °C haben, je nach dem Empfinden der behandelten Person. Eventuell kann während der Massage ein Heizlüfter für zusätzliche Wärme sorgen. Die Massageliege muss von allen Seiten frei zugänglich sein.

Die Utensilien

Zum Schutz der Massageliege(n) werden Spannbettlaken aus Baumwolle benötigt, weiß oder vielleicht farblich passend zur Einrichtung der Praxis. Oder man verwendet **Vliese** (viele Male waschbar) als Unterlage. Auch ausreichend Handtücher und Badetücher müssen vorhanden sein. Bei Klienten, die sehr regelmäßig zur Behandlung kommen, ist es sinnvoll, ihnen ein Fach für ihr (eventuell mitgebrachtes) Handtuch zu reservieren, so dass es mehrmals verwendet werden kann und damit sich die Praxiswäsche nicht zu unüberschaubaren Bergen auftürmt.

Zwei warme (Woll-) **Decken**, ein kleines, festes Kissen oder Nackenrolle, eine abwaschbare Rolle oder Halbrolle (für unter die Knie) machen die Behandlung erst richtig entspannend. Fließendes **Wasser** in der Nähe des Behandlungsplatzes erleichtert die Arbeit. Falls das Wasser nicht sehr heiß wird, sollten noch ein Wasserkocher und eine Thermoskanne zur Verfügung stehen (für Wärmflasche, Kompressen und heiße Rolle). Sehr wohltuend ist es, die benötigte Portion des Trägeröles in einem **Babyfläschchenwärmer** anzuwärmen bzw. warm zu halten.

Eine praktische, weil tragbare, Ablagemöglichkeit für die Ölemischung in der Nähe der Massagebank ist zum Beispiel eine einfache Blumensäule. Sie kann leicht und geräuschlos vom Kopf- zum Fußende mitgenommen werden, der Handkontakt zum Klienten kann so aufrechterhalten bleiben.

Die Behandlerin

Es sollte bequeme, luftige Kleidung, die Ölflecken verträgt, getragen werden. Ein gepflegtes Erscheinungsbild dürfte selbstverständlich sein, auch sollte sie nicht stark parfümiert sein, aber auch nicht nach Schweiß riechen; wichtig ist bei sich selbst auf kurze Fingernägel zu achten, ebenso müssen Ringe und Armbanduhr abgenommen werden. Es ist für beide Seiten hilfreich, sich als Behandlerin mental auf die Patientin einzustellen.

Der erste Kontakt

Meistens ist bereits der erste Kontakt mit entscheidend, wie sich das Verhältnis zwischen Patientin und Behandlerin entwickelt.

Normalerweise erfolgt die erste Kontaktaufnahme telefonisch. Hier können wir schon einige Informationen geben: Wie die Behandlung im Groben abläuft und dass für danach etwas Zeit eingeplant wird, so dass nicht sofort zum nächsten Termin gehetzt werden muss (allerdings sollte man sich kurz fassen und keine Romane erzählen).

Der erste Termin

- Schon wenn wir die Patientin begrüßen und in Empfang nehmen, können wir uns ein Bild von der Person machen: Wie fühlt sich ihr **Händedruck** an, sind die Hände kalt, warm oder schwitzig, wie läuft die Patientin, wie ist das Erscheinungsbild, die Haltung, der Gang, die Stimme.

Durch folgende Beobachtungen an den Klientinnen/Patientinnen können wir Rückschlüsse ziehen:
Stimme: Wie spricht jemand (leise, sehr laut), nimmt sich jemand genügend „Raum" oder kann er gar nicht mehr aufhören zu reden, wie hört sie zu oder hört sie gar nicht richtig zu.
Äußere Erscheinung: Ein geübtes Auge erkennt beispielsweise beim Beobachten bereits eine Beinlängendifferenz: Wie läuft jemand (aufrechter Gang, steif wie ein Spazierstock)? Sind die Schultern hochgezogen? Oder „buckelt" sie?
Gesicht: Wirkt es entspannt, sind die Mundwinkel mehr nach oben oder nach unten hängend? Sind die Lippen schmal und verkniffen oder voll und entspannt? Kann uns unser Gegenüber in die Augen blicken?
Haut: Wie ist die Konsistenz oder Festigkeit bzw. Spannung des Gewebes? Wie ist das Volumen, eine stehende Hautfalte deutet auf Dehydratation hin.
Dellen, die sich nur langsam zurückbilden, weisen auf Ödeme.
Wie fühlt sich die Haut an: heiß-kalt-schwitzig, teigig-fest-straff-weich.
Sind Einziehungen sichtbar (Zellulite)?
Wie ist die Verschieblichkeit der Haut und Unterhaut?
Gibt es Stellen, an denen das Gewebe aufgequollen ist (bei Frauen während der Periode im Bereich des Steißbeins)?
Gibt es Narben, sind sie verdickt?
Helle Hautstellen im LWS-Bereich deuten eventuell auf häufigen Solariumbesuch hin (Vorsicht mit Bergamotteöl).

Anschließend sollten kurz die Räumlichkeiten gezeigt werden, auch Toilette/Waschmöglichkeit.

Wichtig ist eine genaue **Anamnese** (bei Heilpraktikerinnen) oder ein klärendes **Vorgespräch** (bei Aromapraktikerinnen) zu machen, um auch von Kleinigkeiten wie Narben und Stürzen aufs Steißbein, die schon länger zurückliegen, zu erfahren. Am besten notiert man das auf einem Protokollblatt.

Sind die Öle entsprechend ausgesucht, kann die Patientin über den **Ablauf** der Massage aufgeklärt werden, während des Mischens des Massageöles kann sich die Patientin bereits entkleiden (eventuell separate Ecke mit Paravent, wichtig: Kleiderhaken, Stuhl/Hocker). Sollte die zu massierende Person kalte Füße haben, kann ein **Fußbad** angeboten oder ein vorher angewärmtes Kirschkernsäckchen aufgelegt werden.

Wenn der zu behandelnde Mensch sich entkleidet hat, decken wir ihn warm zu und halten nur die zuerst zu massierende Hautpartie frei. Schön ist es, die Behandlung mit einer (ölfreien) **Dehnung** zu beginnen oder einfach durch Auflegen der Hände Kontakt aufzunehmen. Das schafft Nähe und ist ein erster (oft spür- und hörbarer) Schritt zum Loslassen. Nun erfolgt die Massage, auf deren Ablauf wird an anderer Stelle eingegangen.

Nach der kompletten Massage sollte die Möglichkeit bestehen, fünf bis zehn Minuten nachzuruhen, danach sollte der Patientin ein Glas **Wasser** zu trinken angeboten werden. Bitte darauf hinweisen, dass sich viel trinken nach der Massage positiv auswirkt. Vor der Verabschiedung eventuell noch einen neuen **Termin** vereinbaren.

Wichtig bei der Aromamassage:
- nicht direkt auf der Wirbelsäule massieren
- nicht auf Knochen oder Verhärtungen massieren
- während der Massage Rücksprache mit der Klientin/Patientin halten, ob Druck und Raumtemperatur angenehm sind
- auf bequeme Lagerung der Klientin/Patientin achten
- Körperteile, die gerade nicht massiert werden, sollen wegen unangenehmer Unterkühlung zugedeckt werden

- alle benötigten Utensilien in erreichbare Nähe stellen
- eventuell leise entspannende Musik im Hintergrund spielen (Gema-Gebühren)

Grifftechniken

Wir wenden folgende Grifftechniken an:
- Effleurage – streichen
- Petrissage – kneten
- Friktion – reiben
- Zirkelung – kreisen
- Vibration – vibrieren
- Tapotement – klopfen
- drücken

Reihenfolge bei der Aromamassage:

- Wir beginnen mit der Massage des Rückens, denn dies ist ein „geschützterer" Bereich als die Körpervorderseite.
- Rücken
- Rückseite der Beine
- Drehen
- Vorderseite der Beine
- Füße
- (eventuell) Bauch
- beide Arme
- Kopf, Gesicht
- Schulterbereich/Dekolleté.

Kontraindikationen

- bei Fieber und grippalen Infekten
- bei akuten Entzündungen
- bei Hauterkrankungen, z. B. offene Wunden, Verbrennungen, Pilzinfektionen, auf Hämatomen
- bei Thrombosen (Gefahr einer Embolie), bei Venenentzündungen
- nicht auf Krampfadern (Varizen) massieren
- bei akuten Schmerzzuständen, z. B. Bandscheibenvorfall oder bei nicht klar definierten stärkeren Schmerzen im Wirbelsäulenbereich
- bei Patienten mit Krebsleiden im Bestrahlungsgebiet

Wann ist Vorsicht geboten?

- bei Hauterkrankungen wie Neurodermitis, Psoriasis, Akne, allergischen Erscheinungen im jeweils betroffenen Gebiet
- bei Osteoporose sanft massieren
- bei Bandscheibenvorfall
- bei schwangeren Frauen im LWS-Bereich, nur sanfte Streichungen in diesem Bereich, keine Manipulation im ISG

Allgemein gilt:

Eine Aromamassage soll sich immer nach dem **Empfinden der Klienten/Patienten** richten, jeder Mensch hat eine andere Wahrnehmung für Stärke und Intensität. Wir können eine Massage mit einem wunderschönen Musikstück vergleichen: Wir Behandlerinnen sorgen als „Dirigentin" dafür, dass die Bewegungen rhythmisch und harmonisch sind und fließend ineinander übergehen.

4.4 Fette Pflanzenöle – mehr als Trägersubstanzen

In fast jedem Buch zum Thema ätherische Öle werden Einreibungen und Massagen als besonders geeignete Form der Aromapflege und Gesundheitsvorsorge beschrieben. Dass wir dabei als Trägersubstanz fette Pflanzenöle nehmen, ist allgemein bekannt. Übersehen wird jedoch oft, dass diese pflanzlichen Basisöle auch wertvolle **Wirkstoffe** in sich bergen, die man je nach Allgemeinbefinden und Hautbild differenziert einsetzen kann. Nur in wenigen Büchern finden wir zu diesem Thema mehr als ein paar Zeilen zu dem jeweiligen Öl.

Wie und warum können sowohl fette als auch ätherische Öle die Haut überhaupt passieren? Ätherische Öle bestehen aus fettlöslichen (lipophilen) Molekülen, die Zellwände (nicht nur der Haut) bestehen aus ungesättigten Fettsäuren. Wie wir gesehen haben, können ätherische Öle durch die Haut bis in den Blutstrom eindringen. Fette Pflanzenöle mit einem hohen Anteil an ungesättigten Fettsäuren (Doppelbindungen) können nach dem heutigen Wissensstand bis zu einem gewissen Grad in die Haut eindringen. Dieser Prozess variiert allerdings stark je nach behandelter Hautregion, nach der Wärme von Haut und Öl und der Anzahl ungesättigter Fettsäuren des Trägeröles.

Dass wir als Behandler, die mit naturbelassenen und reinen ätherischen Ölen arbeiten, auch die Trägersubstanzen sorgfältig auswählen, versteht sich von selbst. Es ist allerdings auch wichtig, sich mit der ursprünglichen Pflanze, deren Eigenschaften und Vorlieben, vertraut zu machen. Nur so können wir das geeignete Öl bewusst einsetzen und auch seine heilsame Kraft würdigen.

Öl als Energiespeicher

Warum entstehen in einer Pflanze überhaupt diese fetten Substanzen? Wenn wir uns die Herkunftsländer vieler Öle anschauen, sehen wir, dass dort oft oder sogar fast immer die Sonne scheint, dass es dort heiß ist. Die ölhaltigsten Pflanzen der Welt gedeihen relativ nah am Äquator bzw. zwischen den beiden Wendekreisen besonders gut: die Ölpalme und die Erdnusspflanze finden wir vor allem in Afrika. Olivenbäume wachsen in Griechenland, Spanien und Italien; aus Nord- und Südamerika bekommen wir das Sojaöl und das Saflor- oder Distelöl. Kalifornien bzw. Mexiko beliefern uns mit Avocadoöl und Jojobaöl. Sesam- und Kokosöl kommen aus Südostasien. Aber auch in unseren Breiten wachsen gute Ölpflanzen: Sonnenblumenöl wird vor allem in Deutschland und in Russland gewonnen, Haselnussöl ist auch oft deutscher Herkunft, hervorragende Kürbiskern- und Hanfsamenöle kommen aus Österreich.

Das Fett in den Samen und Früchten dient der jeweiligen Pflanze als **Energiedepot**. Zudem ist es ein natürlicher **Schutz** gegen zu hohe Temperaturen. Die Pflanze benötigt wiederum Sonnenenergie, um mittels der Photosynthese organische Stoffe wie Eiweiß, Kohlenhydrate und eben Fette herzustellen.

Öle im täglichen Leben

Verfolgt man die Geschichte der Anwendung von pflanzlichen Ölen, reicht man rasch an die Ursprünge der Menschheit. Dort begegnet uns der Ölbaum sowohl als Lieferant eines Grundnahrungsmittels als auch als Medizin, als Hautpflegemittel, als Opfergabe für die Götter und als Lampenbrennstoff. Im Jahr 500 vor unserer Zeitrechnung stand das Roden eines Ölbaumes, selbst des eigenen, unter Todesstrafe.

Safloröl wurde im alten Ägypten als Rauchopfer und Inhalationsöl verwendet. Die Azteken massierten ihre Säuglinge in einem Einweihungsritual mit Jojobaöl. Das Pfirsichkernöl war im alten China eine Kostbarkeit, das der Seele half, aus der Dunkelheit zu entrinnen. Die innerliche und äußerliche Anwendung von Sesamöl hat in Indien eine alte Tradition.

Die Gewinnung von fetten Pflanzenölen

Pflanzliche Öle werden aus Samen und Früchten gewonnen. Die hochwertigen Sorten werden durch **mechanische Pressung** gewonnen (Abb. 4.**2**). Dazu quetschen Stempel- oder Schneckenpressen die zerkleinerten (und teilweise vorher erhitzten) Früchte und Samen aus. Bei dem mechanischen Druck entstehen kontinuierlich steigende Temperaturen im Pressgut (bis 60 Grad). Deshalb werden diese Öle heutzutage nicht mehr „kaltgepresst" genannt, sondern „**nativ**". In dem zurückbleibenden Pressgut ist anschließend noch Öl (ca. 10–15 %) enthalten, dieses wird dann mittels Lösungsmitteln zu den handelsüblichen raffinierten Küchenölen verarbeitet.

Dazu nimmt man **flüchtige Lösungsmittel** wie z. B. Hexan. Samenbrei und Lösungsmittel werden vermischt, dabei geht das Öl eine innige Verbindung mit dem Lösungsmittel ein. Das Öl wird herausgeschwemmt und wird durch eine anschließende **Destillation** vom Lösungsmittel getrennt. Dabei können Rückstände im Öl verbleiben, es werden auch geschmacklich nicht erwünschte Substanzen wie Bitter- und Schleimstoffe gelöst. Um es genießbar zu machen, muss es daher **raffiniert** werden.

Das Öl wird nun mit Hilfe von Wasser vom Lecithin und von Schleimstoffen befreit. Dann entsäuert man es mit einer Lauge (löst die freien Fettsäuren), es wird nun nochmals mit Soda entschleimt, mit Bleicherde gebleicht und mit Wasserdampf (bei 240–270 Grad) desodoriert (Geschmacks-/Geruchsstoffe entfernt). Nun kann man es gegebenenfalls mit Betakarotin oder

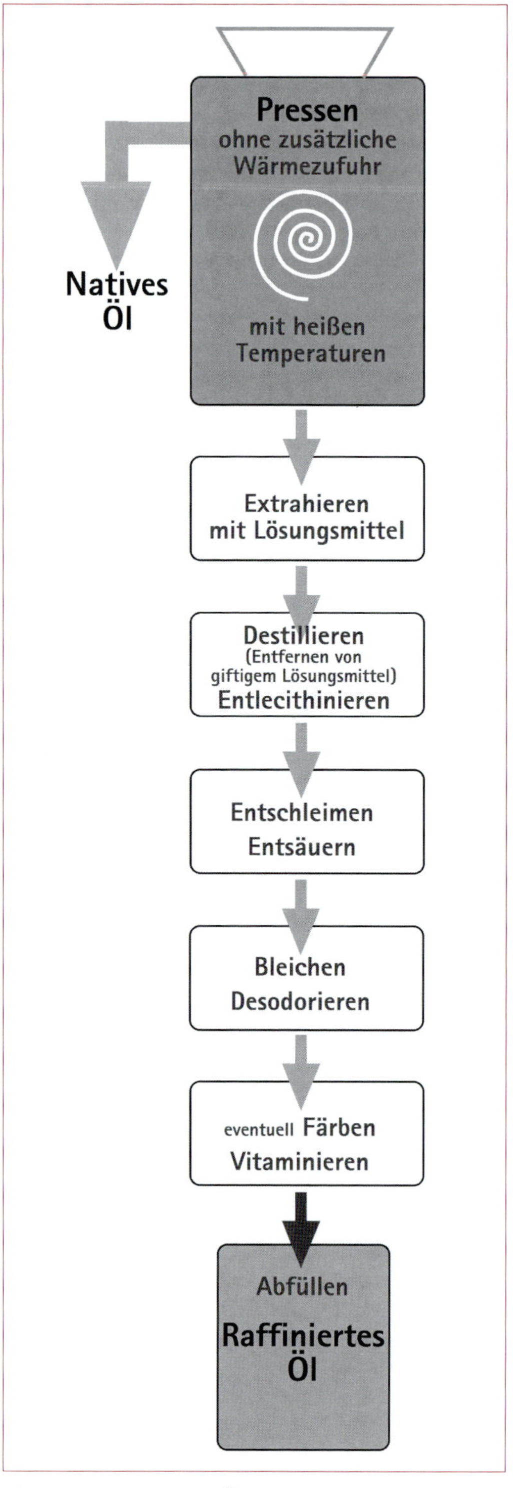

Abb. 4.**2** Prozess der Ölherstellung.

künstlichen Farbstoffen färben und ihm (künstliche) Vitamine zusetzen. Diese Öle sind – wie die meisten Verbraucher es wünschen – geschmacksneutral und sehr lange haltbar, da sie fast frei von oxidationsempfindlichen ungesättigten Fettsäuren sind.

Olivenöl kann man durch **Zentrifugieren** gewinnen. Dazu werden die Oliven im Mixer zerkleinert, mit viel lauwarmem Wasser aufgeschwemmt und anschließend zentrifugiert. Bei diesem Verfahren lösen sich keine Gerb- und Bitterstoffe, es entsteht ein ganz mildes, hochwertiges Öl.

Pflanzenöle in der Massage

Es versteht sich von selbst, dass wir zur aromatherapeutischen Behandlung von Menschen nur beste natürliche pflanzliche Öle verwenden sollten. Da sich allerdings fette Substanzen mit verschiedenen hochgiftigen Stoffen anzureichern vermögen und in tiefe Hautschichten eindringen können, sollten die Trägeröle – wenn irgend möglich – aus kontrolliert biologischem Anbau stammen. Sie nähren und pflegen zudem die Haut.

Aus Erdöl hergestellte Öle und Fette (z. B. Babyöl und Vaseline) sollten zur Aromamassage nicht verwendet werden, sie bilden einen relativ undurchlässigen Film auf der Haut. Raffinierte pflanzliche Öle enthalten kaum noch die lebensnotwendigen zwei- und mehrfach ungesättigten (oder essenziellen) Fettsäuren.

Der chemische Aufbau von Fetten und Ölen

Fettsäuren sollten sowohl für die Ernährung als auch für die Hautpflege einfach (Monoensäuren) oder mehrfach **ungesättigt** (Polyensäuren) sein. Chemisch gesehen haben diese speziellen Fettsäureketten einen oder mehrere „Sprünge": Es fehlen an diesen Stellen die Wasserstoffatome (H-), stattdessen befindet sich hier eine sehr reaktive **Doppelbindung**.

Fettsäuren mit mehreren Doppelbindungen werden **essenzielle** Fettsäuren genannt, da sie zum Erhalt des Lebens notwendig sind. Sie können jedoch vom Körper nicht selbst hergestellt werden

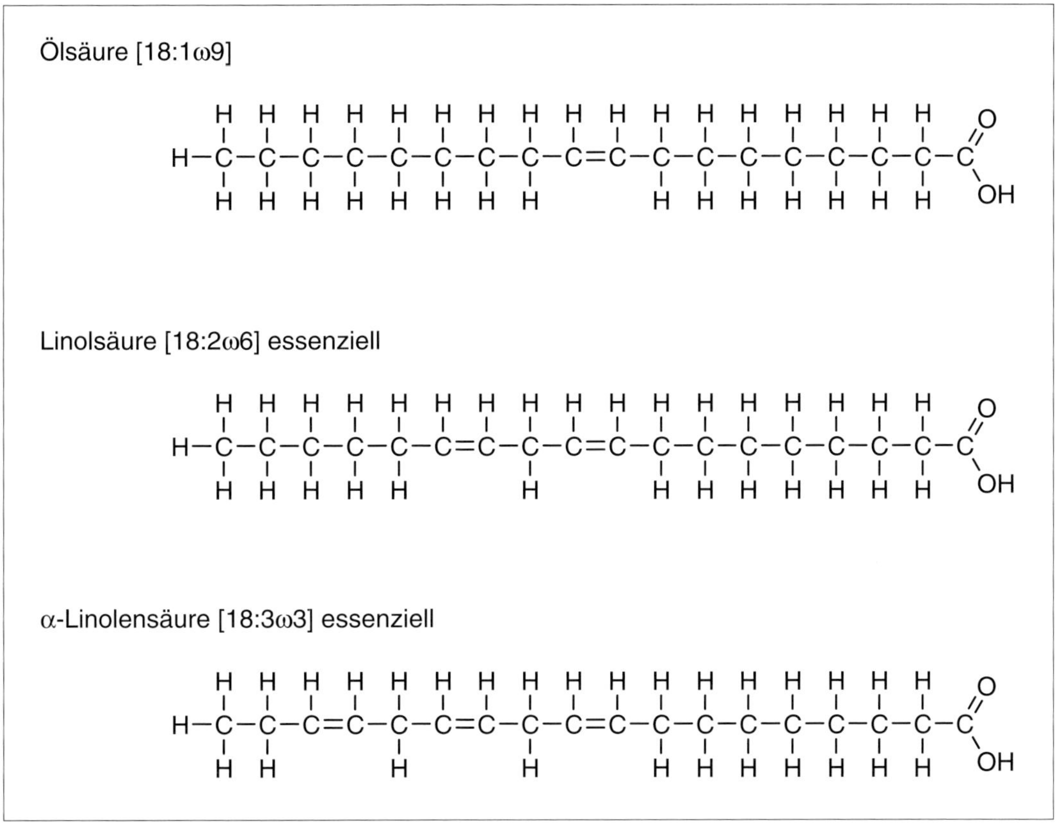

Abb. 4.**3** Chemischer Aufbau der Fettsäuren.

(alter Name „Vitamin F"). Besonders wichtig für den Menschen sind

- **Ölsäure** (ein „Sprung" in der Kette mit 18 C-Atomen, also einfach ungesättigt)
- **Linolsäure** (zwei „Sprünge" in der Kette mit 18 C-Atomen, also zweifach ungesättigt)
- **Linolensäure** (drei „Sprünge" in der Kette mit 18 C-Atomen, also dreifach ungesättigt)

Fette und Öle haben eine sehr ähnliche chemische Strukturformel. Sie bestehen aus einer oder mehreren (bis zu drei) Fettsäuren (Abb. 4.**3**) und **Glyzerin**; darum werden sie auch **Triglyzeride** (Abb. 4.**4**) genannt. Das Glyzerin bildet dabei sozusagen die Brücke zwischen den Fettsäuren. Durch unterschiedliche Kombinationen entsteht eine große Vielfalt von Ölen.

Die Abb. 4.**4** zeigt diese drei Fettsäuren, die in unterschiedlichen Anteilen an das Glyzerinmolekül angelagert sein können. Sie besitzen eine lange Kette von jeweils achtzehn Kohlenstoffatomen, denen jeweils Wasserstoffatome zugeordnet sind. Diese Moleküle sind also recht groß, sie bestehen aus über fünfzig Einzelatomen. Die aus diesen Fettsäuren gebildeten Fette sind bei Normaltemperatur flüssig, man spricht dann von Ölen, denn es besteht ein Zusammenhang zwischen der Länge der Kohlenstoffkette und der Schmelztemperatur. Fette mit kürzeren Ketten sind bei Zimmertemperatur fest.

Glyzerin ist chemisch gesehen ein dreiwertiger **Alkohol**. Als Substanz ist Glyzerin eine sirupartige, süßlich schmeckende Flüssigkeit, die sich mit Wasser und mit Weingeist mischen lässt, nicht aber mit Öl. Glyzerin zieht Wasser an (hygroskopisch) und bindet es. Auf dieser feuchtigkeitsbindenden Eigenschaft beruht der Feuchthalteeffekt und damit eine weichmachende Wirkung

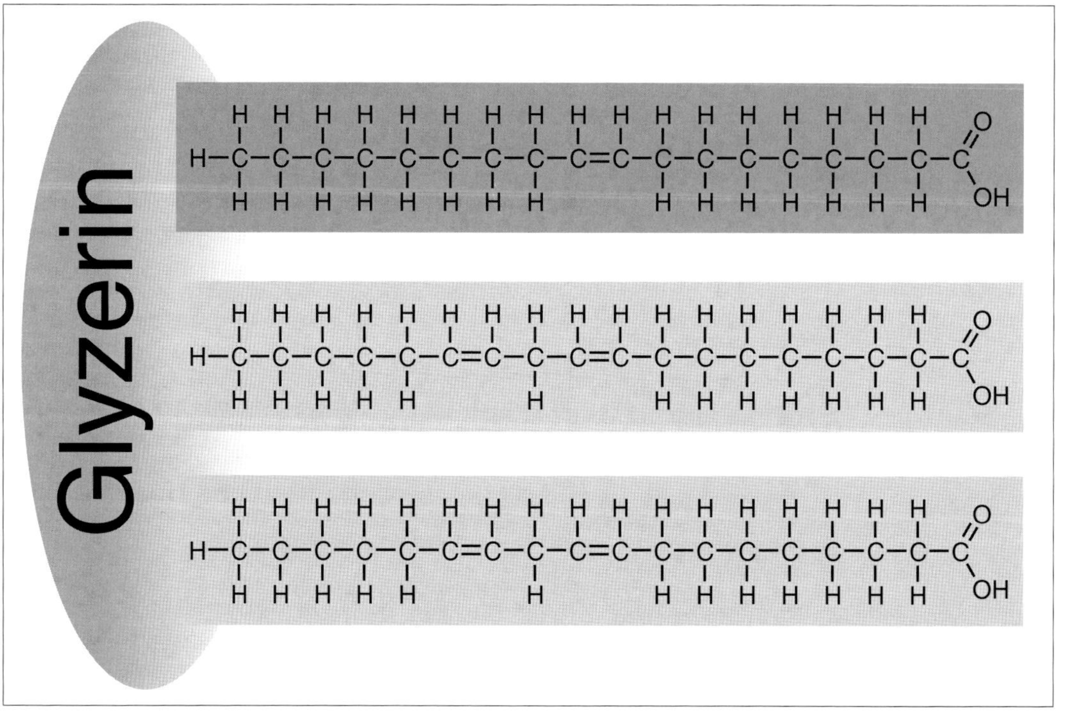

Abb. 4.**4** Chemischer Aufbau der Triglyzeride.

für die Haut (zu viel auf der Haut würde sie allerdings austrocknen).

Fettsäuren, gesättigte und ungesättigte

Ungesättigte Fettsäuren mit dem „Sprung" in der Kette kann man mit einem Gelenk vergleichen, das sie sehr anpassungsfähig macht. Sie schmiegen sich sozusagen an unterschiedliche Körperzellen an, statt sich Stoffwechselprozessen störend in den Weg zu stellen. Auch die Zellmembranen des menschlichen Körpers bestehen aus ungesättigten Fettsäuren, sie bleiben dadurch elastisch. Durch einen Mangel davon verlieren sie ihre Elastizität. Auch polstern und schützen die ungesättigten Fettsäuren unsere Gewebe.

Doppelbindungen in Ölen sind leicht verdaulich und bewirken bei innerer Einnahme in unserem Organismus einen wichtigen **Schutz vor degenerativen Erkrankungen**, vor allem bei der „Jagd" auf freie Sauerstoffradikale. Das sind aggressive Sauerstoffverbindungen, die unsere Körperzellen bis hin zur Krebsentstehung schädigen können.

Dadurch, dass die Doppelbindung relativ unstabil ist, zieht sozusagen ein „Ärmchen" des C-Atoms lieber ein anderes Molekül an, als sich in die C-Kette einzureihen. Bei diesem Vorgang können sich Moleküle schädlicher Substanzen an die Fettsäure anlagern und werden unschädlich gemacht (ausgeschieden).

Es kann sich jedoch auch Sauerstoff an dieses „Ärmchen" anlagern, man spricht dann vom **Ranzigwerden**. Und das ist der Grund, warum Kosmetik- und Nahrungsmittelindustrie diese wertvollen Öle nicht gerne verwenden oder sie so verändern („gehärtete Fette"), dass von dem ursprünglichen Naturprodukt nicht mehr viel übrig bleibt.

Pflanzliche Öle enthalten grundsätzlich wesentlich mehr ungesättigte Fettsäuren als tierische Fette, mineralische Fette enthalten keine ungesättigten Fettsäuren.

Zweifach und dreifach ungesättigte Fettsäuren wirken sehr hautpflegend, teilweise auch epithelisierend und regenerierend (zum Beispiel bei Narben und Falten). Die dreifach ungesättigte γ-Linolensäure spielt eine spezielle Rolle bei **allergischen** Erkrankungen – nicht nur der Haut (Erasmus 1995).

Bei chronischem Mangel an essenziellen Fettsäuren verdunstet der Körper mehr Flüssigkeit als normal, der Mensch hat ungewöhnlichen **Durst**, die Haut wird trocken, spröde und schuppig. Bei der Sauerstoffversorgung der roten Blutkörperchen und damit des Blutes spielen sie eine Rolle. Der Informationsfluss in den **Nervenzellen** ist auf mehrfach ungesättigte Fettsäuren angewiesen, es wird spekuliert, ob die Generation der „hippeligen Kinder" mit ADHS an diesem Mangel leidet.

Die essenziellen Fettsäuren sind zudem die Ausgangsstoffe für **Prostaglandine**. Diese Gewebehormone steuern viele Stoffwechselabläufe, zum Beispiel den Cholesterinspiegel im Blut. Auch PMS (prämenstruelles Syndrom), Wechseljahresbeschwerden und bestimmte Formen der Unfruchtbarkeit lassen sich durch eine längere und regelmäßige Einnahme von mehrfach ungesättigten Fettsäuren günstig beeinflussen (Budwig 1994).

Besonderheit: γ-Linolensäure

In der Kosmetik, aber auch für die Gesundheitsvorsorge, spielt diese dreifach ungesättigte – also essenzielle – Fettsäure eine besondere Rolle. Die auch Omega-6-Fettsäure genannte γ-Linolensäure kommt in der Natur nur sehr selten vor. Man kennt sie aus der Muttermilch und bereits 1917 entdeckte man sie in den Samen der Nachtkerze. Samenöle, wie zum Beispiel Borretschsamenöl, Öl aus den Samen der schwarzen Johannisbeere und Nachtkerzenöle, sind ebenfalls reich an dieser wertvollen Fettsäure. Man nutzt sie intensiv in der Kosmetik und auch als wichtiges Nahrungsergänzungsmittel. Öle mit γ-Linolensäure unterstützen die Behandlung von schweren Hauterkrankungen, Störungen des Immunsystems (Allergien) und hormonellen Dysfunktionen (Wagner 1999).

Der gesunde Körper kann zwar unter bestimmten Bedingungen aus der zweifach ungesättigten Linolsäure durch Reduktion und Kettenverlängerung γ-Linolensäure herstellen (Wagner 2000), doch dieser Prozess ist sehr anfällig gegen Störungen wie durch Disstress, übermäßigen Alkoholkonsum, durch Rauchen und das Verspeisen von zu viel gehärteten Fetten. Auch scheint eine erbliche Veranlagung diesen Vorgang zu stören, zum Beispiel bei **Neurodermitis**.

Grundsätzlich sind bei allen Arten von Hautproblemen die Öle aus den winzigen Samen der Nachtkerze, der Schwarzen Johannisbeere und der Borretschpflanze ein idealer und wichtiger Ergänzungswirkstoff für die Massageölmischung. Sie enthalten zwischen 10 % (Nachtkerzensamen) und 30 % (Borretschsamen) γ-Linolensäure und enthalten auch – so weit bis jetzt bekannt – antibiotikaähnliche Wirkstoffe. Beim Hagebuttenkernöl spielt die Vitamin-A-Säure eine besondere Rolle (siehe dort).

Man gibt diese empfindlichen Öle frisch, möglichst aus einer Kapsel, die zur Einnahme verkauft wird, zur Massageölmischung. Alle drei sind recht teuer und nur kurz haltbar, da sie unter Sauerstoffeinwirkung sehr schnell ihre Wirksamkeit einbüßen. Dennoch sollten sie bei keiner hochwertigen Gesichtspflege fehlen.

Fett und Wasser

Öl und Wasser haben so unterschiedliche Strukturen, dass sie sich nicht von selbst vermischen. Auch ätherische Öle sind lipophil und vermischen sich nicht mit Wasser.

Zum Vermischen benötigen wir **Emulgatoren**, das sind Stoffe, die Öle, Fette, ätherische Öle und Wasser wie eine Brücke miteinander verbinden, weil sie aus Molekülen bestehen, die über je einen Fett liebenden und einen Wasser liebenden Anteil verfügen. In Cremes sorgen die Emulgatoren dafür, dass eine chemische Verbindung zwischen Emulgator, Fett und Wasser in Form von kleinsten Tröpfchen entsteht. Diese feinen Tröpfchen müssen durch kräftiges Schütteln, Rühren oder durch Pressen durch feinste Düsen mikroskopisch fein verteilt werden. Natürliche Emulgatoren sind zum Beispiel Honig, Sahne, Dosenmilch und Lezithin.

Bei der äußerst effektiven Anwendung von ätherischen Ölen in Form von **Bädern** ist das Emulgieren unerlässlich, da die lipophilen duftenden Tröpfchen sonst wie Fettaugen auf dem Badewasser schwimmen würden. Das bedeutet für manche Körperstellen einen massiven Kontakt mit den ätherischen Ölen, andere Körperstellen bleiben wiederum unversorgt. Zudem würden die empfindlichen Schleimhäute eventuell gereizt werden.

Mineralöle

Mineralölprodukte decken die Haut ab, sie wirken wie die Glasur auf einem tönernen Krug, dessen Inhalt keinen Austausch mit der Außenluft hat. Die hauteigene Feuchtigkeit kann nicht verdunsten (was auch ein Vorteil dieser Öle sein kann) und die Atmung der Haut wird behindert. Dadurch kann ihr Stoffwechselgeschehen beeinträchtigt und die Ausscheidung von toxischen Substanzen behindert werden.

Nach dem Auftragen von pflanzlichen Ölen (aus kontrolliert biologischem Anbau) hingegen bleibt die Haut durchlässig. Sie wird ernährt, bleibt elastisch und durch unterschiedliche Inhaltsstoffe können sogar ernste Hautprobleme behoben werden.

Freilich kann der abschirmende Effekt durch Mineralölprodukte in bestimmten Fällen erwünscht sein, zum Beispiel in Cremes, die bei sehr kalter Witterung schützen sollen und in Handcremes beim Arbeiten in Schmutz oder Wasser. Auch am feucht-warmen Babypopo dürfen sie gelegentlich abschirmende Dienste leisten.

Zum Differenzieren seien an dieser Stelle einige Produkte vorgestellt, die öfters in Zusammenhang mit Naturkosmetik bzw. Aromakosmetik verkauft werden. Sie haben mit gesunder Hautpflege im oben erwähnten Sinne nichts zu tun, da sie „tote" Produkte sind, die dauerhaft von umwandelnden Lebensprozessen ausgeschlossen sind. Ihnen fehlt zum Beispiel der **Sauerstoffanteil** und auch die nährenden und pflegenden **Doppelverbindungen**. Sie sind zwar aus vergehendem Pflanzenmaterial im Laufe der Jahrmillionen entstanden, doch „stammen sie nicht aus aufbauenden Lebensprozessen in der Pflanze, sondern aus Abbauprozessen, die sich an das Sterben der Pflanze anschließen" (Titze und Söffer-Ziolkowski 1996).

Paraffin(öl)

Paraffin ist ein in der Kosmetik- und Salbenherstellung oft verwendetes Gemisch aus gereinigten, gesättigten und kettenförmigen Kohlenwasserstoffen, das aus Erdöl gewonnen wird. Es ist weder in Wasser noch in hochprozentigem Alkohol löslich. Paraffinöl wird auch Weißöl genannt.

Vaseline

Sie besteht aus wachsartigen Rückständen der Erdöldestillation. Sie wird mit Schwefelsäure raffiniert und mit Bleicherde entfärbt. Für Kunstvaseline werden feste und flüssige Paraffine gemischt. **Petrolatum** lautet die Bezeichnung in der Inhaltsdeklaration für Kosmetika (CTFA-Liste).

Mineralöle werden, im Gegensatz zu den pflanzlichen Ölen, nicht ranzig und sind extrem preiswert, das macht sie zu gerne eingesetzten Hauptbestandteilen herkömmlicher Kosmetik. Sie sind auch nicht durch die Verdauungsenzyme des menschlichen Körpers zu verarbeiten.

Öle auf der Haut

Natürliche fette Öle wirken generell schützend und reizmildernd auf der Haut. Sie sind also auch ohne die Beigabe von ätherischen Ölen ein Therapeutikum bei wunder Haut, lindern die Beschwerden von Ekzemen, Psoriasis und Neurodermitis, ferner unterstützen den Heilungsprozess von (leichteren) Verbrennungen und Sonnenbrand. Einige können durch ihren natürlichen Lichtschutzfaktor (meistens 3–4) als leichtes Sonnenschutzmittel verwendet werden.

Da sie die Wasserverdunstung der Haut vermindern können, ist eine mit Ölen gepflegte Haut elastisch und weich und weist einen hohen Feuchtigkeitsgehalt auf.

Halb trocknende Öle (sie verharzen unter Einwirkung von Sauerstoff) wie beispielsweise Erdnussöl, Rapsöl, Sesamöl und trocknende Öle wie Sojaöl, Sonnenblumenöl und Leinöl haben leicht antiseptische Wirkungen und fördern die Epithelisierung der Haut, unterstützen also eine gute und gleichmäßige Verheilung von Wunden und Narbengewebe (Wagner 1999).

Zudem dienen Öle, wie bereits erläutert, als Transportmedium für die fettlöslichen ätherischen Öle und lipidlösliche Arzneimittel. Sie werden nicht nur in der Naturheilkunde zu Salben, Pflastern und Zäpfchen verarbeitet, auch bei intramuskulären Injektionen dient beispielsweise oft Erdnussöl als Trägersubstanz.

Schließlich ist die Haut auf ungesättigte Fettsäuren aus naturbelassenen Ölen in der Ernährung angewiesen, um gesund, schön und elastisch zu bleiben sowie um Hauterkrankungen wieder ins Gleichgewicht zu bringen.

Haltbarkeit der Trägeröle

Fette Pflanzenöle sind eine leicht verderbliche Ware, und je mehr ungesättigte Fettsäuren ein Öl enthält, desto eher reagiert es mit Sauerstoff, d. h. es wird **ranzig**. Man sollte deshalb immer nur die Mengen einkaufen, die man in etwa einem halben Jahr verbrauchen kann, auch wenn manche Öle wie Olivenöl, Avocadoöl und Sesamöl bis zu anderthalb Jahren halten können.

Wichtig ist es, das Öl aus einer halbleeren Flasche in die nächst kleinere **umzufüllen**, so dass das Öl möglichst wenig Sauerstoff in seiner direkten Umgebung vorfindet. Man kann die angebrochenen Gefäße auch mit Glaskugeln „auffüllen“, sodass durch die Verdrängung der Flascheninhalt steigt und die Sauerstoffsäule möglichst klein wird.

Öle mit viel γ-Linolensäure sollte man ausschließlich aus **Kapseln** verwenden, ohne Sauerstoff halten sich auch diese über ein Jahr. Zur inneren Einnahme sind sie somit wohl portioniert, zur Massage genügt es, eine Kapsel mit einer Nadel anzustechen und der Ölemischung beizugeben.

Es versteht sich von selbst, dass Öle in dunklen Gefäßen und möglichst kühl aufbewahrt werden (Keller).

Ranzige Öle, in denen sich trans-Fettsäuren gebildet haben, schaden nicht nur innerlich eingenommen, sie können auch bei äußerer Anwendung so genannte „freie Radikale“ auf der Haut bilden. Diese Stoffe stören und schädigen das Stoffwechselgeschehen.

Trübungen der fetten Öle

Falls man seine fetten Öle im Kühlschrank oder im kühlen Keller aufbewahrt, stellt man bei folgenden Ölsorten eine Flockenbildung und Trübung fest: Avocado, Calophyllum, Erdnuss, Jojoba, Macadamia, Olive, Traubenkern und Weizenkeim.

Dieses physikalische Phänomen liegt an den unterschiedlichen Schmelzpunkten der Öle. Wenn also der Schmelzpunkt eines bestimmten Öles bei 12 Grad liegt, beginnt es bei dieser Temperatur Schlieren oder Flocken zu bilden. Dieser völlig natürliche Prozess, der durch einen hohen Phospholipidanteil im unverseifbaren Anteil des Öles noch verstärkt werden kann, mindert die Qualität des Öles nicht.

Bei normaler Raumtemperatur ist dieser Vorgang reversibel, man kann das Öl auch schonend auf maximal 40 Grad (Heizung, vorsichtiges Wasserbad) erhitzen und dabei öfters umrühren.

Menge und Mischungen

Für den eigenen Gebrauch kann man Trägeröle-Mischungen auf Vorrat zubereiten, etwa eine eher leichte, tonisierende Mixtur aus je einem Teil Haselnussöl, Traubenkernöl und Jojobaöl und eine nährende Rezeptur aus Mandelöl mit je 5 % Weizenkeimöl, Macadamiaöl und Avocadoöl. Die je nach Bedarf und Befindlichkeit ausgewählten ätherischen Öle kommen erst vor der Massage in das Trägeröl.

Als Anhaltspunkt gilt:
Etwa 10 – 15 ml Trägeröl werden für eine Ganzkörpermassage einer durchschnittlich proportionierten Frau benötigt, etwa 15 – 20 ml sind es für die Ganzkörpermassage eines durchschnittlich großen Mannes.

Je nach Hautbeschaffenheit und Behaarung können diese Werte stark schwanken. Auch ist das Empfinden der massierenden Person sehr unterschiedlich, manche arbeiten eher „trocken“, manche benötigen eine starke Gleitfähigkeit.

Nach der ersten Behandlung oder sogar bereits im ersten telefonischen Vorgespräch sollte man seinen Klienten empfehlen, gut waschbare Kleidung anzuziehen, da immer Ölreste an den Stoff gelangen. Die fein verteilten Partikel werden im Gewebe schnell ranzig. Dieser Geruch ist bei Feinwäsche kaum zu entfernen.

Für die benutzten Handtücher und Laken der Praxis kann man bei ranzigem Fettgeruch und Ölflecken das Waschergänzungsmittel der Hobbythek „Enzym F" für die Wäsche verwenden. Außerdem sollte man im Falle von seltenen Massagen die gebrauchten Tücher nicht ansammeln, sondern möglichst schnell waschen.

Die Vielfalt der fetten Öle und ihre Wirkungen

Schauen wir uns nun die einzelnen natürlichen fetten Öle etwas genauer an. Je nach Jahrgang und Herkunftsort sehen einige Öle unterschiedlich aus. Sie duften und schmecken mal intensiv und mal ganz mild und auch die Inhaltsstoffe, allen voran die empfindlichen Fettsäuren, schwanken zum Teil ganz erheblich, je nachdem wie ein Öl behandelt wurde. Die folgenden Seiten geben einen Überblick über die in der Aromatherapie verwendeten fetten Öle. Im oberen Teil werden jeweils der botanische Name, die Pflanzenfamilie, die Hauptherkunftsländer, die Haltbarkeit und Besonderheiten vorgestellt, darunter befinden sich die therapeutischen und pflegenden Eigenschaften.

Abkürzungen in der folgenden Übersicht
Das Kürzel **T**, bedeutet Trägeröl, das Öl wurde aus einer Pflanze allein gewonnen und kann alleine als Trägermedium verwendet werden. **W** bedeutet Wirkstofföl, man gibt es meistens nur anteilig in eine Massageölmischung. **M** bezieht sich auf Mazerat, die betreffende Pflanze ist in einem fetten Öl ausgezogen worden. Das Mazerat kann ganz alleine oder ergänzend zu anderen fetten und ätherischen Ölen verwendet werden.

■ *Aloe Vera [M]*
Aloe barbadensis, Liliaceae

Herkunft: Spanien, Wüstengebiete der USA
Pflanzenteil: eingelegte gelhaltige Pflanzenstücke
Eigenschaften:
- gut ein Jahr haltbar
- sehr leichtes Öl
- in Canola (Raps)- oder Distelöl eingelegt
- stark feuchtigkeitsspendend
- stärkt Selbstheilungskräfte der Haut
- ein Muss bei Sonnenbrand: mit Lavendel fein 25 %ig mischen
- gute Alternative zum sonst stark konservierten Aloe-Vera-Gel

■ *Andiroba [T]*
Carapa guianensis, Meliaceae

Herkunft: Amazonien/brasilianischer Urwald
Pflanzenteil: Samen
Eigenschaften:
- hellgelb
- antiphlogistisch
- schmerzlindernd
- epithelisierend
- Insekten vertreibend
- bei rheumatischen Erkrankungen
- bei Zellulite
- bei Akne

■ *Aprikose [T]*
Prunus armeniaca, Rosaceae

Herkunft: Südfrankreich
Pflanzenteil: Samen (aus dem Steinkern)
Inhaltsstoffe: 65 % Ölsäure
Eigenschaften:
- gut ein Jahr haltbar
- wärmend
- nach Marzipan duftend
- passt gut zu warmen und blumigen ätherischen Ölen
- sehr leicht, zieht schnell ein
- gut verträglich, auch für Babys
- unterstützt den Feuchtigkeitshaushalt der Haut
- wirkt beruhigend bei Sonnenbrand
- bestens geeignet für empfindliche oder entzündete Haut
- gegen Augenfältchen
- innerlich bei Tumoren (Day 1999, Bustos o. D)

■ *Argane (Eisenholzbaum) [T]*
Argania spinosa, Sapotaceae

Herkunft: Marokko
Pflanzenteil: Samen
Besondere Inhaltsstoffe:
- Schottenol und Spinasterol
- 620 mg/l Tocopherole
- 80 % ungesättigte Fettsäuren

Eigenschaften:
- nussiger Duft (geröstet)
- antiphlogistisch
- hyperämisierend
- stark antioxidativ
- zytostatisch (Schleicher 2004)
- bei Akne und leichten Verbrennungen
- bei Neurodermitis
- bei allergischen Hauterkrankungen
- innerlich cholesterinsenkend

Arnikablüte {M}
Arnica montana, Compositae

Herkunft: Alpen, kalkige Berglagen
Pflanzenteil: eingelegte Blüten
Eigenschaften:
- gut ein Jahr haltbar
- hyperämisierend
- kreislaufanregend
- Hämatome: zusammen mit ätherischem Immortelle- und Pfefferöl
- bei Stichen, Stürzen, Prellungen, Verstauchungen, Gelenkentzündungen
- auch bei verletzten Tieren
- nicht in offene Wunden, nicht bei Couperose, häufig Allergien, innerlich eingenommen kann es zu Vergiftungserscheinungen kommen.

Avocado {W}
Persea americana, Lauraceae

Herkunft: Kalifornien, Florida, Israel, Südafrika
Pflanzenteil: Fruchtfleisch (Mesokarp)
Inhaltsstoffe:
- bis 75 % Ölsäure
- hoher Anteil (2–6 %) an Unverseifbarem

Eigenschaften:
- zwei bis drei Jahre haltbar
- grüne Farbe, starker Eigengeruch
- passt zu krautigen, herben ätherischen Ölen
- enthält leichten Sonnenschutzfaktor
- vitaminreich, sehr nährend/fettig
- feuchtigkeitsbindend
- bei sehr trockener, rissiger Haut
- bei Neurodermitis und Psoriasis
- weicht erhärtetes Gewebe auf (z. B. spröde Fußballen, raue Ellenbogen)
- bei beleibten und haarigen Menschen erleichtert es das Eindringen der ätherischen Öle
- gegen Schwangerschaftsstreifen (Striae)
- ideales, gesundes Speiseöl

Borretschsamen {W}
Borago officinalis, Boraginaceae

Inhaltsstoffe:
- bis zu 27 % γ-Linolensäure
- 38 % Linolsäure

Eigenschaften:
- nur wenige Monate (gekühlt) haltbar, daher in Kapseln verwenden
- recht kostenintensiv
- stark hautregenerierendes Mittel
- macht Haut elastisch, widerstandsfähig
- ein Muss bei Neurodermitis
- innerlich eingenommen: hormonell und psychisch ausgleichende Wirkung
- extrem wirksam bei PMS
- immunmodulatorisch
- antikoagulierend (bei Thrombosegefahr)
- muss frei von Pyrrolizidinalkaloiden sein, da diese leberschädigend sein können

Calendula (Ringelblume) {M}
Calendula officinalis, Compositae

Herkunft: Deutschland, Ägypten, Syrien
Pflanzenteil: in Olivenöl eingelegte Blüten
Eigenschaften:
- bis zwei Jahre haltbar
- antiphlogistisch
- epithelisierend
- bei schlecht heilenden Wunden
- bei trockener und rissiger Haut, auch für Babys
- bei trockener Nase
- bei rheumatischen Beschwerden
- bei wunden Brustwarzen von stillenden Müttern
- bei Frostbeulen und Krampfadern

Calophyllum {W}
Calophyllum inophyllum L., Guttiferae

Herkunft: Indischer Ozean, Pazifische Küsten
Pflanzenteil: aus den Früchten eines kleinen Baumes
Eigenschaften:
- mehrere Jahre haltbar
- bräunlich-grüne Farbe
- nussiger Duft
- enthält 14 bis 20 % Harze
- wird bei niedrigen Temperaturen fest
- stimuliert Phagozytose, ein Muss bei eitrigen Hauterkrankungen (Collin 1996)
- weicht Narbengewebe auf

2

- bei Krampfadern
- bei Akne
- beugt Haarausfall vor
- ein Muss bei Herpes zoster (Gürtelrose)
- mit Ravintsara- und Melissenöl

Tigergras oder Brahmikraut [M]

Hydrocotyle asiatica L. oder Centella asiatica auch Fo-ti-tieng, Gotu Kola, Umbelliferae

Pflanzenteil: Kraut in Sesamöl eingelegt
Eigenschaften:

- in Sesamöl eingelegt
- recht kostenintensiv
- stark stimulierend auf Kollagenstoffwechsel der Haut
- ungewöhnlich hautregenerierend
- bei verzögerter Vernarbung
- bei wulstigen Narben (Keloiden)
- ein Muss bei Zellulite

Erdnuss [T]

Arachis hypogaea, Leguminosae

Herkunft: Brasilien, USA, Indien, Afrika
Pflanzenteil: Samen („Nuss")
Inhaltsstoffe:

- 35 – 72 % Ölsäure
- 13 – 43 % Linolsäure

Eigenschaften:

- selten kaltgepresst
- leicht austrocknend
- bei fettiger Haut
- weichmachende Wirkung auf die Haut
- wird oft in edler Naturkosmetik verarbeitet
- Vorsicht bei Allergie gegen Erdnüsse

Hanfsamen [W]

Cannabis sativa L., Moraceae

Herkunft: Deutschland, Österreich, Schweiz
Inhaltsstoffe:

- 55 % Linolsäure
- 25 % Linolensäure
- 2 % γ-Linolensäure

Eigenschaften:

- im Kühlschrank wenige Monate haltbar
- grün-braune Farbe
- leicht bitter-nussiger Geruch/Geschmack
- passt zu herben ätherischen Ölen
- zieht sehr gut ein
- bei rauer, entzündlicher und schuppiger Haut
- bei Neurodermitis äußerlich und innerlich
- wegen seines ausgewogenen Fettsäureprofils wertvolles Speiseöl

Haselnuss [T]

Corylus avellana L., Betulaceae

Herkunft: Deutschland
Pflanzenteil: Samen („Nuss")
Inhaltsstoffe:

- 74 % Ölsäure
- 17 % Linolsäure

Eigenschaften:

- wenige Monate haltbar
- nussiger Duft
- Lichtschutzfaktor 4
- sehr fettig, nährend
- gut verträglich
- für eher trockene und reife Haut
- Vorsicht bei Allergie gegen Haselnüsse

Schwarze Johannisbeersamen [W]

Ribes nigrum L., Saxifragaceae

Eigenschaften:

- nur wenige Monate (gekühlt) haltbar
- daher in Kapseln verwenden
- recht kostenintensiv
- stark hautregenerierendes Mittel
- sehr mild und beruhigend
- für zu Allergien neigende Haut
- macht Haut elastisch, widerstandsfähig
- bei Neurodermitis

Johanniskraut, Rotöl [M]

Hypericum perforatum, Hypericaceae

Herkunft: Deutschland
Pflanzenteil: Blütenknospen und Kraut in Olivenöl eingelegt
Eigenschaften:

- in Olivenöl eingelegt bis zwei Jahre haltbar
- krautiger Duft
- dunkelrote Farbe
- hyperämisierend
- analgetisch
- bei Wunden, Verbrennungen, Sonnenbrand, Geschwüren, Ulcus cruris
- bei rheumatischen Beschwerden
- Muskelkater
- Hexenschuss
- Neuralgien
- Verstauchungen
- zur Breuss-Behandlung der Wirbelsäule

- innere Einnahme in Kapseln macht nach neuen Erkenntnissen die Haut nicht lichtempfindlich; nicht zu verwechseln mit dem ätherischen Öl von Hypericum perforatum, das stark stimmungsaufhellend wirkt

■ ***Jojoba(wachs) [T]***
Buxus chinensis oder Simmondsia californica/chinensis, Buxaceae

Herkunft: Mexiko, Arizona, Wüstengebiete Australiens
Pflanzenteil: Samen
Eigenschaften:
- ist ein flüssiges Wachs
- jahrelang haltbar (wird nie ranzig)
- erstarrt bei kühlen Temperaturen
- leichtes „Öl", nicht fettend, zieht schnell ein
- recht kostenintensiv, wird oft gefälscht
- Lichtschutzfaktor 4
- sehr gut verträglich
- feuchtigkeitsbindend
- antiphlogistisch
- dem menschlichen Hauttalg sehr ähnlich
- zur Wundbehandlung
- bei Sonnenbrand (mit Aloe-Vera-Öl)
- bei Akne, Ekzemen und Psoriasis
- für erfrischende, belebende Aromamischungen geeignet, idealer Träger von Naturparfums
- nicht länger als zweieinhalb Jahre lagern, da es durch chemische Veränderungen seine Heilkraft einbüßt
- als pures Massageöl nicht geeignet (spreitet nicht gut, bremst eher)

■ ***Kakaobutter [W]***
Theobroma cacao L., Sterculiaceae

Herkunft: nördliches Südamerika, Mittelamerika
Pflanzenteil: geröstete Samen
Inhaltsstoffe:
- 35 % Ölsäure
- 29 % gesättigte Fettsäuren

Eigenschaften:
- gekühlt bis zwei Jahre haltbar
- butterartige Konsistenz, zartbräunlich
- leicht nach Schokolade duftend
- passt gut zu fruchtigen u. blumigen Düften
- für trockene Haut
- zieht gut ein
- in Pflegestiften gegen Herpesbläschen
- als Konsistenzgeber

■ ***Kameliensamen, Tsubaki-Öl [T]***
Camelia japonica, Theaceae

Herkunft: Japan
Eigenschaften:
- sehr lange haltbar
- geruchsneutral
- sehr kostenintensiv
- in Japan traditionell als Haaröl
- zieht sehr gut in die Haut ein
- bei zu Allergien neigender und extrem sensibler Haut

■ ***Kokosnuss [T]***
Cocos nucifera, Palmae

Herkunft: Ostasien, Südamerika
Pflanzenteil: Kopra („Fleisch" im Steinkern)
Inhaltsstoffe: 85 % gesättigte Fettsäuren
Eigenschaften:
- kaltgepresst ein Jahr haltbar
- ganz leicht kokosartiger Duft, wenn kalt gepresst
- bei Zimmertemperatur fest
- passt zu allen schweren Blütendüften
- selten kaltgepresst erhältlich
- kühlend und beruhigend
- klassisches Schönheits- und Baby-Massage-Öl
- pflegt Haut und Haar (als nährende Packung)
- bei rissigen Stellen an Händen/Füßen

■ ***Kukuinnuss, Lichtnuss-Baum (Candlenut) [W]***
Aleurites mollucana, Euphorbiaceae

Herkunft: Hawaii
Pflanzenteil. Samen („Nuss")
Inhaltsstoffe:
- 22 % Ölsäure
- 38 % Linolsäure
- 31 % Linolensäure

Eigenschaften:
- in Kapseln verwenden
- sehr kostenintensiv
- sehr vitaminreich (A, B und E)
- Bindegewebe stärkend
- fördert Regeneration der Haut
- bei Schwangerschaftsstreifen
- bei Cellulite

2

■ ***Leinsamen, Flachsöl***
Linum usitatissimum L., Linaceae

Herkunft: Russland, Argentinien, Brasilien, USA
Pflanzenteil: Samen
Eigenschaften:
- wenige Wochen im Kühlschrank haltbar, dann unangenehmer traniger Geruch
- wird nicht in der Massage eingesetzt
- sehr wertvolle Nahrungsergänzung bei Hautkrankheiten und hormonellen Störungen

■ ***Lorbeerfrüchte [W]***
Laurus nobilis, Lauraceae

Herkunft: Südeuropa, Nordafrika, Schwarzmeerküste
Pflanzenteil: Beeren
Eigenschaften:
- dunkelgrüne, butterartige Masse
- stark medizinsch-teerig duftend
- natürliche Mixtur aus fettem und ätherischem Öl
- stark hyperämisierend
- als Einreibung bei rheumatischen Beschwerden
- bei Verstauchungen und Quetschungen
- zur Abwehr von Mücken
- laut DAB (Deutsches Arzneibuch) hilft es „lahmenden" Tieren.
- nicht zu verwechseln mit dem ätherischen Lorbeeröl

■ ***Macadamianuss [T]***
Macadamia integrifolia, Protaceae

Herkunft: Neuseeland, Australien, Hawaii
Pflanzenteil: Samen („Nuss")
Inhaltsstoffe:
- 55 – 67 % Ölsäure
- 32 % Palmitinsäure
- 18 – 25 % Palmitoleinsäure

Eigenschaften:
- drei Jahre haltbar
- Lichtschutzfaktor 4
- stark fettend, nährend
- gut verträglich, auch für Babys
- extrem hautfreundlich
- für eher trockene und reife Haut
- fördert Weichheit und Geschmeidigkeit der Haut

■ ***Mandel [T]***
Prunus amygdalus, Rosaceae

Herkunft: Spanien, Südfrankreich
Pflanzenteil: Samen (aus dem Steinkern)
Inhaltsstoffe:
- 65 – 80 % Ölsäure
- 17 – 30 % Linolsäure

Eigenschaften:
- gut ein Jahr haltbar
- relativ preiswert
- wärmend
- leicht nussig duftend
- passt gut zu warmen und blumigen Düften
- ideales Massageöl
- leicht, zieht schnell ein, gut verträglich, unterstützt Feuchtigkeitshaushalt der Haut
- wirkt beruhigend bei Sonnenbrand
- für empfindliche oder entzündete Haut
- gegen Augenfältchen
- für trockene, spröde und rissige Haut
- für die empfindliche Haut von Babys

■ ***Mohnblüten [M]***
Papaver rhoeas, Papaveraceae

Herkunft: Österreich, Osteuropa
Pflanzenteil: in Olivenöl eingelegte Blüten
Eigenschaften:
- über ein Jahr haltbar
- schwer erhältlich
- stark analgetisch (durch Rhoeadin)
- hyperämisierend, anregend
- bei schmerzhaften Arthrosen und Bandscheibenschäden
- bei Gelenk- und Muskelschmerzen
- Muskelkater
- bei Narben
- zur „Energetisierung" von trägen und apathischen Kindern
- weniger massieren als vielmehr „auflegen" des Öles wird empfohlen
- Mohnblütenmazerat ist nicht zu verwechseln mit fettem Mohnsamenöl aus den gepressten Samen, welches nur wenige Wochen frisch bleibt

■ ***Nachtkerzensamen [W]***
Oenothera biennis L., Onagraceae

Herkunft: Nordamerika, Großbritannien
Inhaltsstoffe: 7 – 10 % γ-Linolensäure

Eigenschaften:
- nur wenige Monate (gekühlt) haltbar, daher in Kapseln verwenden
- recht kostenintensiv
- stark hautregenerierend und feuchtigkeitsbindend
- macht Haut elastisch, widerstandsfähig
- ein Muss bei Neurodermitis
- innerlich: degenerative Erkrankungen
- Rheuma
- Multiple Sklerose
- Allergien
- PMS
- Unfruchtbarkeit
- klimakterische Beschwerden
- bei schwachem Immunsystem
- sollte bei Nicht-Stillen in die Babynahrung gegeben werden

Neemsamen (Niemöl) [W]
Azadirachta indica oder Antelaea azadirachta, Meliaceae

Herkunft: Indien
Pflanzenteil: Samen
Eigenschaften:
- goldbraun
- strenger Geruch nach gebratenen Zwiebeln
- bei Pilzerkrankungen der Haut, bei Schuppen und unreiner Haut
- Insekten vertreibend
- ein Muss bei Kopfläusen

Olive [T]
Olea europaea, Oleaceae

Herkunft: Südeuropa
Pflanzenteil: Fruchtfleisch (Mesokarp)
Inhaltsstoffe:
- 320 mg/l Tocopherole
- 55 – 83 % Ölsäure
- 11 % Linolensäure

Eigenschaften:
- ein Jahr haltbar
- starker typischer Eigenduft
- Lichtschutzfaktor 3 – 4 (umstritten)
- schmerzlindernd
- pflegt Nägel und Haare
- bei trockener Nasenschleimhaut
- bei Psoriasis
- Verbrennungen
- Ekzemen
- innerlich: leicht verdauungsfördernd
- Mazerate werden meistens mit Olivenöl hergestellt, zum Beispiel Johanniskrautöl, Ringelblumenöl, Mohnblütenöl

Raps, (Canola) [T]
Brassica napus, Cruciferae

Herkunft: Deutschland
Pflanzenteil: Samen
Eigenschaften:
- ein knappes Jahr haltbar
- nussiger Duft/Geschmack
- honigfarben
- wird als Trägeröl für Aloe-Vera-Mazerat verwendet
- für die reinigende Ölziehkur geeignet
- für Massage geeignet
- kaltgepresst kaum erhältlich
- enthält das seltene Vitamin K
- preiswertes Nahrungsöl

Saflor/Färberdistel [T]
Carthamus tinctorius L., Compositae

Herkunft: USA
Pflanzenteil: Samen
Inhaltsstoffe:
- 20 % Ölsäure
- 55 – 81 % Linolsäure

Eigenschaften:
- preiswert
- eher austrocknend, für fettige Haut
- innerlich: eines der wirksamsten natürlichen Mittel gegen Gallensteine

Sanddorn [W]
Hippophae rhamnoides L., Elaeagnaceae

Herkunft: Ungarn, Ost-Europa
Pflanzenteil: Fruchtfleisch und/oder Samen
Inhaltsstoffe:
- 330 mg/l Tocopherole
- 34 % Palmitoleinsäure
- 25 – 28 % Ölsäure

Eigenschaften:
- gut ein Jahr haltbar
- orangefarben, stark färbend
- intensiv fruchtig duftend
- stark antiphlogistisch
- analgetisch
- stärkt und regeneriert die Haut bei Radiotherapien, die Strahlung wird besser vertragen

- stark antioxidativ, wirkt vermutlich Tumorbildung entgegen (Wagner 2000)
- bei Ekzemen
- sehr hautpflegend
- bei Entzündungen der Mundschleimhaut
- stark schützend bei Gastritis

Schwarzkümmelöl [W]
Nigella sativa, Ranunculaceae

Herkunft: Türkei, Ägypten
Pflanzenteil: Samen
Inhaltsstoffe:
- enthält bis zu 1,5 % ätherisches Öl
- 12,5 % Palmitinsäure
- 22 % Ölsäure
- 50 – 60 % Linolsäure

Eigenschaften:
- strenger würziger Duft
- stark antiallergisch (Schleicher 1996)
- bronchodilatatorisch
- sehr hautpflegend
- innerlich: stark immunmodulatorisch

Sesam [T]
Sesamum indicum L., Pedaliaceae

Herkunft: Indien, China, Sudan, Venezuela
Pflanzenteil: Samen
Inhaltsstoffe:
- 400 mg/l Tocopherole
- 40 % Ölsäure
- 44 % Linolsäure

Eigenschaften:
- bis zu anderthalb Jahre haltbar
- mild nussiger Duft
- bindet blumige Düfte sehr gut
- enthält leichten Sonnenschutzfaktor
- durch Fettbegleitstoffe starke antioxidative Wirkung
- „Anti-Ageing"-Mittel
- leicht hyperämisierend
- innerlich stark blutdrucksenkend (Weitlander 2003)
- im Ayurveda **das** Heilungs- und Reinigungsöl
- es gibt auch ein sehr stark duftendes, braunes Öl aus gerösteten Sesamsamen als Würzmittel

Sheabutter, Karité-Butter, Galam-Butter [T·W]
Butyrospermum parkii, Sapotaceae

Herkunft: Zentral-Afrika (Burkina Faso, Ghana)
Pflanzenteil: Samen („Nüsse")
Inhaltsstoffe: bis 11 % an Unverseifbarem
Eigenschaften:
- zwei bis drei Jahre haltbar
- butterartiges weißes Fett
- gereinigt fast geruchlos, sonst säuerlich
- vitaminreich, sehr nährend/fettig
- feuchtigkeitsbindend
- bei sehr trockener, rissiger Haut
- bei Neurodermitis und Psoriasis
- normalisiert Verhornungsprozesse (z. B. spröde Fußballen, raue Ellenbogen)
- bei beleibten und haarigen Menschen
- ein Muss gegen Schwangerschaftsstreifen (Striae)
- zur Behandlung von Narben (Zunahme der Elastizität des Gewebes)
- beschleunigt Heilungsprozesse (enthält Allantoin)
- ausgezeichnet verträglich
- vorzügliche Salbengrundlage

Sojabohne [T]
Glycine max L., Leguminosae

Herkunft: Brasilien, USA
Pflanzenteil: Samen („Bohnen")
Eigenschaften:
- kaltgepresst nur wenige Monate haltbar
- meistens raffiniert und genmanipuliert
- sehr hautpflegend
- schonend raffiniertes Sojaöl wird gerne für Ölbäder verwendet
- innerlich: senkt Cholesterinspiegel
- durch 1 % Phytosterole vermutlich hilfreich bei Wechseljahresbeschwerden

Sonnenblume [T]
Helianthus annuus L., Compositae

Herkunft: Russland, Balkanländer
Pflanzenteil: Samen
Eigenschaften:
- kaltgepresst: ein halbes Jahr haltbar
- kaltgepresst: herb-bitterer Geschmack/Duft
- wärmend
- leicht austrocknend

- für fettige Haut
- entgiftende Wirkung bei Ölzieh-Kur
- als Trägeröl für wundheilende ätherische Öle
- bei Gelenkschmerzen
- gilt traditionell als Stärkungsöl für Schwangere bzw. bei verminderter Fruchtbarkeit
- High-Oleic-Sorten besser für Massage und Pflege geeignet

■ *Traube(nkern) [T]*

Vitis vinifera, Vitaceae

Herkunft: Mittelmeerländer und Ungarn
Pflanzenteil: Samen („Kerne")
Inhaltsstoffe:
- 10 – 20 % Ölsäure
- 69 % Linolsäure

Eigenschaften:
- gekühlt fast ein Jahr haltbar
- passt gut zu frischen, kühlen, „grünen" Düften
- leicht, tonisierend und „erfrischend"
- aus Kaltpressung schwer erhältlich
- bei unreiner Haut
- das wichtigste Trägeröl in englischsprachigen Ländern

■ *Walnuss [W]*

Juglans regia L., Juglandaceae

Herkunft: Mittel- und Südeuropa, Kalifornien
Pflanzenteil: das Innere des Steinkerns („Nuss")
Eigenschaften:
- ein halbes Jahr haltbar
- stark nussiger Duft
- sehr kostenintensiv
- zur Herstellung von milchbildendem Öl
- zieht sehr gut in die Haut ein
- traditionell bei unerfülltem Kinderwunsch verabreicht

■ *Weizenkeim [W]*

Triticum aestivum, Gramineae

Pflanzenteil: Keimling
Eigenschaften:
- wenige Monate haltbar
- wird weltweit kultiviert
- brotartiger Duft
- orangefarben
- stark fettend
- sehr reich an Vitamin E
- bei reifer, müder Haut
- bei Psoriasis und Ekzemen
- traditionell gegen Schwangerschaftsstreifen und zur Massage des Perineums (Damm) kurz vor der Entbindung

■ *Wildrose, Hagebuttenkern [W]*

Rosa mosqueta, Rosaceae

Herkunft: ursprünglich aus Chile
Pflanzenteil: Nüsschen aus der Hagebutte
Inhaltsstoffe:
- 43 % Linolsäure
- 36 % α-Linolensäure

Eigenschaften:
- wenige Wochen haltbar, dann unangenehmer traniger Geruch, daher in Kapseln verwenden
- schonend raffiniertes Öl länger haltbar
- honigfarben
- recht kostenintensiv
- Spuren von trans-Retinolsäure (sehr aktive Form von Vitamin A)
- verstärkt Durchblutung der Mikrogefäße der Haut
- antiphlogistisch
- epithelisierend
- ein Muss bei Narben und Falten
- ungewöhnlich gute Heilung von schweren Hautkrankheiten
- bei Altersflecken
- bei Couperose, Akne und Psoriasis
- bei schweren Verbrennungen (auf das benachbarte gesunde Gewebe geben)

4.5 Wasser und ätherische Öle

Wir Menschen (und alle Säugetiere) haben uns im Laufe der Evolution vom Wasser heraus auf das Land begeben. Aus diesem Grund ist leicht nachvollziehbar, dass das Element Wasser eine wohltuende, ja häufig heilende Wirkung auf den Organismus ausübt. Zudem besteht der Mensch zu ca. 70 % aus Wasser und verbringt die ersten zehn Monate seiner Existenz im temperierten Wasser (Fruchtwasser) des Uterus.

Abwaschungen oder Abklatschungen sowie Bäder wurden schon zu allen Zeiten angewendet; selbst die alten Römer übernahmen eine gewisse Badekultur von den Griechen, welche dann über Umwege nach Mitteleuropa kam. Therapeutisch wurde die Hydrotherapie zunächst bekannt durch **Vincenz Prießnitz** (1799 – 1851): Er baute eine Kaltwasseranstalt in Gräfenitz – Schlesien. **Johann Schroth** (1798 – 1856) machte kalte Wickel mit Schwitzkuren – die Schroth-Kur, und besonders Pfarrer **Sebastian Kneipp** (1821 – 1897) kombinierte Wasseranwendungen mit Diät, Luft, Licht und Bewegung. Er kam aus ärmlichen Verhältnissen und hatte nur eine Dorfschule besucht. Der Pfarrer des Ortes merkte jedoch bald, dass Kneipp etwas begabter war und gab ihm Geld für den Besuch des Gymnasiums. Durch Unterstützung des Bischofs konnte er Theologie studieren, erkrankte jedoch während des Studiums an TBC. Er heilte sich selbst durch kalte regelmäßige Wasseranwendungen, bis er eines Tages keinen Bluthusten mehr hatte. Selbst Pfarrer geworden, suchten ihn arme Menschen auf, die sich keine ärztliche Behandlung leisten konnten.

Er beschäftigte sich immer mehr mit seinen Therapien und entwickelte sie weiter. Im Laufe der Zeit kamen so viele Menschen zu ihm, dass er die Güsse nicht mehr mit einer Gießkanne bewältigen konnte, und er sich eine Feuerwehrpumpe kaufte. Er schlug jetzt zwei Fliegen mit einer Klappe: Er ließ die Patienten erst das Wasser hoch pumpen – so hatten sie die notwendige Bewegung, bevor sie Wassergüsse bekamen (Kraus 2002).

Hydrotherapie

Hydrotherapie ist die methodische Anwendung von Wasser in seinen verschiedenen Temperaturen bzw. Aggregatszuständen (flüssig, gasförmig, gefroren) zu diätetischen, prophylaktischen und therapeutischen Zwecken. Dies geschieht in Form von

- Waschungen
- Wickeln
- Auflagen
- Packungen
- Gussbehandlungen
- medizinischen Ganz- und Teilbädern
- Abklatschungen
- Inhalationen
- Dampfbädern

Die meisten dieser Anwendungen können durch die gezielte **Beigabe von ätherischen Ölen** verstärkt werden.

Zum Bereich der Hydrotherapie gehören folgende Begriffe:

- **Balneotherapie**: methodische Anwendung von natürlichen *ortsgebundenen* Heilquellen, Heilgasen, Inhalationen, Bädern
- **Peloide**: durch geologische oder biologische Prozesse entstandene anorganische oder organische Substanzen, wie beispielsweise Schlamm, Moor, Torf, Schlick, Fango
- **Kataplasmen**: Breiumschläge z. B. aus Leinsamen, Hirse, Kartoffel, Buchweizen

Kataplasmen und Schlamm-/Heilerdeanwendungen lassen sich mit ätherischen Ölen anreichern.

Neben den vielfältigen Eigenschaften des reinen Wassers eignet sich dieses auch optimal als Träger für ätherische Öle, vorausgesetzt, diese werden adäquat **emulgiert**, beispielsweise mit Salz, Honig, Sahne, Mulsifan, LV 41 oder Solubol.

Mit Wasser lassen sich je nach Befindlichkeit der Patienten Kälte- oder Wärmereize erzielen. Wasser eignet sich durch seinen Reibungswiderstand für muskelkräftigende Übungen und es sorgt durch den ihm eigenen Auftrieb für eine Entlastung der Muskulatur (das Körpergewicht muss im Wasser nicht getragen werden). Zudem verursachen Anwendungen in Guss- oder Tropfenform eine Stimulation der Hautnerven.

Gemäß der **Arndt-Schulz-Regel** werden die Reize eher schwach bis mittel angesetzt, vor allem sind sorgfältige Verdünnungen geboten, da einige ätherische Öle das Temperaturempfinden verändern: C. zeylanicum fol. und Zingiber officinale in Richtung Wärme, Mentha piperita in Richtung Kälte. Ein Wasserthermometer sollte daher immer zu Hilfe genommen werden.

> **Arndt-Schulz-Regel**
> schwache Reize > fachen die Lebensenergie an
> mittelstarke Reize > fördern die Lebensenergie
> starke Reize > hemmen die Lebensenergie
> stärkste Reize > heben die Lebensenergie auf

Ferner ist zu beachten, dass die Reize **einschleichend** (mit kleinen Reizen beginnend) durchgeführt werden müssen und immer herzfern am rechten Fuß beginnen sollten. Die Wassertemperatur spielt eine nicht zu unterschätzende Rolle, da die Steigerung bzw. Herabsenkung der Körpertemperatur um ein Grad die Aktivität des Stoffwechsels um 17 % steigert bzw. reduziert (Vant-Hoff-Regel). Bei der Wahl der Art der Reize und der Temperatur muss die **Konstitution** der Klientinnen beachtet werden: Eine kleine zierliche, schüchterne Person benötigt andere Maßnahmen als beispielsweise ein exzentrischer Bodybuilder (Kraus 2002).

Ist eine Extremität zu verletzt oder erkrankt (OP-Wunde, Thrombosegefahr, diabetische Unterversorgung), kann man den anderen Arm (Bein) oder sogar das entsprechende Bein (Arm) behandeln (konsensuelle Reaktion). Bei regelmäßiger Anwendung erfolgt auch so eine Besserung.

Nach der Anwendung ist immer eine **Ruhephase** von ca. 30 Minuten einzulegen.

Kältereize mit Wasser

Kältereize/Wärmeentzug bewirken

- Senkung der Pulsfrequenz
- primäre Gefäßkontraktion mit sekundärer Gefäßdilatation
- Blutstillung
- primäre Senkung mit anschließender Steigerung des Stoffwechsels
- Senkung des Muskeltonus
- Senkung der Nervenleitgeschwindigkeit
- Analgesie
- Verminderung von entzündungsbedingten Schmerzen
- Abschwellen von Ödemen
- Anregung des Kreislaufs, psychisch eher aufmunternd

Ergänzend kann man ätherische Öle mit analgetischer Wirkung (Gaultheria procumbens, Juniperus communis, Melaleuca leucadendra, Piper nigrum, Syzygium aromaticum fol.) und/oder kühlender Wirkweise einsetzen (Citrus aurantium fol., Citrus limonum, Eucalyptus radiata, Mentha piperita, Rosa damascena).

Wärmereize mit Wasser

Hitzereize/Wärmezufuhr/Überwärmung bewirkt

- Steigerung der Herzfrequenz
- vermehrte Stoffwechseltätigkeit
- Erweiterung der Gefäße, vermehrte Durchblutung
- Entspannung der Muskeln
- verbesserte Versorgung bei chronischen Entzündungsgeschehen
- vermehrte Ödembildung
- Anstieg der Körpertemperatur
- psychisch eher dämpfend, ermüdend

Ergänzend kann man ätherische Öle mit hyperämisierenden und wärmenden Eigenschaften einsetzen (C. zeylanicum fol., Rosmarinus officinalis Ct. Borneon, Zingiber officinale). Bei Wärmeanwendungen immer stärker verdünnen als gewohnt, da die Poren durch die Wärme aufnahmefähiger sind.

Temperaturspanne

Bäder werden mit unterschiedlichen Temperaturen angewendet:

- 40 – 45 Grad Celsius: heiß
- 38 – 40 Grad Celsius: sehr warm
- 36 – 37 Grad Celsius: warm
- 34 – 36 Grad Celsius: indifferent[1]
- 30 – 33 Grad Celsius: kühl/lau
- unter 30 Grad Celsius: kalt
- 18 – 22 Grad Celsius: temperiert
- 12 – 18 Grad Celsius: leitungswasserkalt
- 10 – 15 Grad Celsius: brunnenkalt

Dauer der Anwendungen

Bäder:	kalt 1 bis 5 Minuten warm 10 bis 20 Minuten
Teilbäder:	10 bis 20 Minuten
Dampf:	10 bis 15 Minuten
Packung:	halbe bis zwei Stunden
Wickel, Wärme entziehend:	kurz
Wickel, schweißtreibend:	45 Minuten

[1] Indifferenztemperatur bedeutet, dass es im ersten Moment nicht spürbar ist, ob das Wasser kalt oder warm ist. Bei Wasser liegt die Indifferenztemperatur bei 32 bis 34 Grad Celsius, in der Luft liegt sie bei 21 bis 23 Grad Celsius.

Vollbad

Für ein Vollbad genügen **fünf bis acht Tropfen** von den meisten Ölen, aufgelöst in einem Eierbecher oder Schnapsglas mit Honig, Kondensmilch, Sahne, Salz oder Zitronensaft (der Honig macht keine klebrige Haut, wie oft befürchtet wird). Wird Rosa damascena oder Jasminum grandiflorum verwendet, genügen ein bis zwei Tropfen, bei Zitrusölen sollte mit fünf Tropfen begonnen werden, da diese zusammen mit dem warmen Wasser die Haut reizen können, vor allem wenn sie bereits leicht oxidiert bzw. nicht mehr ganz frisch sind.

Selbstverständlich können auch herkömmliche Teilbäder der Arme und Füße mit ätherischen Ölen „angereichert" werden. Das **ansteigende Fußbad** zum Beispiel mit Thymian Ct. Thujanol (Thymian) und Citrus limonum (Zitrone) oder mit einer Mischung aus C. zeylanicum fol. (Zimtblätter) und Cinnamomum camphora (Ravintsara) kann eine beginnende Erkältung abwehren.

Waschungen

An schwer kranken und bettlägerigen Menschen können mit diesen aufgelösten Ölen Waschungen vorgenommen werden; ein bis zwei Tropfen auf fünf Liter Wasser genügen. Durch das warme Wasser, sanfte Reibungen und das Einatmen der Öle können sehr gute Effekte erzielt werden.

In vielen Kliniken werden **fiebersenkende Waschungen** mit dem Öl von **Mentha piperita** gemacht. Hierbei ist es ganz wichtig zu bedenken, dass nach dem Einreiben der Haut mit mentholhaltigen ätherischen Ölen oder Produkten zwar zunächst die kälteempfindlichen Thermorezeptoren in der Haut aktiviert werden – es entsteht zunächst also ein Kältegefühl –, jedoch kann die Hauttemperatur um 2 Grad C ansteigen. Nach ca. 10 Minuten werden die **Wärmerezeptoren** gereizt: ein Prickeln und Brennen wird empfunden (nur an Stirn und Schläfen befinden sich wenige Wärmerezeptoren). Die Veränderung der Wärmeempfindung wird von anästhesierender und juckreizstillender Wirkung begleitet (Carle 1993). Mutmaßlich kann der leicht erwärmende Effekt vor allem bei höherer Dosierung des Pfefferminzöles eintreten, darum sollte bei diesem sensiblen Bereich der Anwendung sicher gestellt werden, dass das Öl immer stark verdünnt wird bzw. dass kein ungeschultes Personal nach dem Motto „viel Fieber – viel Minze" Zugriff zum unverdünnten Öl hat. Oder die Waschungen werden gleich mit Pfefferminztee (k.-b.-A. oder DAB, keine Supermarktware) vorgenommen (Sonn und Bühring 2004).

Wickel und Kompressen

Ein Wickel **umhüllt** einen Körperteil vollständig; er bekommt dann den entsprechenden Namen, beispielsweise Brustwickel, Halswickel. Auflagen und Kompressen werden lediglich **aufgelegt**. Die Heiße Rolle stellt eine Sonderform der Auflage dar; hier kann man den Wärmereiz sehr gut dosieren und viele Minuten lang halten.

Wasser und Zusätze wie ätherische Öle und Kräuter(tinkuren), kommen auf das innere, dem Körper zugewandte Baumwolltuch, welches mit einem Außentuch aus Wolle (wärmt und isoliert gegen Durchnässen) oder mit Rohwolle abgedeckt wird. Darüber kann zwecks längerer Warmhaltung bei warmen Wickeln noch eine Wärmflasche gegeben werden.

Wadenwickel

Wadenwickel bei **Fieber** sind vielleicht die bekannteste Form der Wickelanwendung, werden aber leider meistens mit viel zu kaltem Wasser gemacht. Sie sollten vielmehr nur einige Grad kühler sein als die Körpertemperatur, beispielsweise 30 bis 32 Grad Celsius. Dann werden sie auch viel eher angenommen. Unterstützend wirken zwei Tropfen Citrus-limonum-Öl auf circa zwei Liter Wasser oder eine (unter Wasser) geschnittene Zitrone (k.-b.-A.) im Wasser (oder etwas bestem Essig). Die Wickel müssen bei Erwärmung, nach etwa zehn Minuten, erneuert werden. Insgesamt etwa drei bis fünf Mal wechseln. Lindenblütentee zu trinken geben. Nicht bei kühlen/kalten Extremitäten anwenden.

Halswickel

Ein Wickel mit Citrus aurantium ssp. bergamia und/oder mit Rosenattar hilft bei beginnenden **Halsschmerzen**: jeweils 1 Tropfen der ätherischen Öle in 5 ml Johanniskrautöl geben, den Hals rundherum satt einreiben, mit in kühlem Wasser ausgewrungenem Baumwolltuch (z. B. Küchenhandtuch) abdecken und Wollschal drüber geben. Eventuell 1 Tropfen Rosenattar zehn Minuten einspeicheln.

Ohrenauflage

Angewärmtes Johanniskrautmazerat mit 3 Prozent Lavandula angustifolia, Melaleuca leucadendra und Rosa-centifolia-Absolue unterstützt die analgetisch wirksame Zwiebelkompresse bei Ohrenschmerzen: Zwiebel möglichst klein schneiden, in Baumwolltaschentuch geben, dieses zu einem Säckchen zuknoten (oder in eine alte Baumwollsocke geben), mit Wärmflasche oder über warmem Topf auf umgedrehtem Topfdeckel sehr gut anwärmen, auf das schmerzende Ohr legen, mit Rohwolle oder wollener Stilleinlage abdecken, mit Wollmütze oder Wollschal fixieren. Ergänzend innerlich homöopathische Otovowen®-Tropfen (Weber) und/oder Aconit-Ohrentropfen von Wala®. Auch Laurus nobilis wirkt schmerzlindernd (einprozentige Verdünnung).

Brustkompresse

Bienenwachskompressen mit Citrus aurantium fol. bei Kindern und Myrtus communis bei Erwachsenen lindern Husten und Bronchitis: 5 ml Schwarzkümmelöl mit einem (bei Kindern) bzw. 5 Tropfen ätherischen Öles vermischen, satt auf Brust auftragen (eventuell auch auf den oberen Rücken), währenddessen Wachskompresse zwischen zwei Wärmflaschen oder mit einem Föhn gut erwärmen, auf Brust auflegen, mit Baumwolltuch und Wolltuch abdecken. Die Bienenwachskompresse kann mehrmals verwendet werden. Sie kann auch selbst gemacht werden, indem ein sauberes Baumwolltuch (z. B. 1/3 Stoffwindel) in erwärmtes echtes Bienenwachs getaucht wird, abtropfen lassen, erstarren lassen.

Blasenauflage

Bei nahender Blasenentzündung ist eine Eukalyptuskompresse (10 %) ideal. Unterbauch dick mit angewärmtem Avocado- oder Sesamöl einreiben: 5 ml Öl und 10 Tropfen Eucalyptus-radiata-Öl dazu, mit Baumwoll- oder Seidentuch abdecken, darüber Rohwolle oder Wolltuch. Bei empfindlicher Haut lieber je zur Hälfte Citrus-aurantium-ssp.-bergamia- und Santalum-album-Öl verwenden.

Feuchte Socke

Bei Einschlafstörungen wendet man einige Nächte die kühle Schlafsocke mit Citrus aurantium fol., Lavandula angustifolia und/oder Melissa officinalis an. Baumwollsocken werden in kaltes Wasser mit dem emulgierten ätherischen Öl gegeben (1 Liter Wasser, 5 Tropfen ätherisches Öl), gut feucht ausgewrungen, angezogen, dicke Wollsocken drüber ziehen, über Nacht lassen. Nicht bei frierenden Menschen anwenden, erst vorwärmen z. B. mit Fußbad.

Quarkkompressen

Quarkkompressen oder -wickel bei Entzündungen helfen dem Körper, durch das Eiweiß, den **Flüssigkeitshaushalt** besser zu organisieren. Rosa-damascena-Öl (destilliert) unterstützt die antiphlogistische Wirkung. Bei Insektenstichen, Mastitis oder Phlebitis wird der mit einem Tropfen Rosenöl vermischte Quark circa 1 cm dick auf ein Stofftaschentuch gestrichen und auf die betroffene Stelle gelegt. Abnehmen, sobald wieder ein Wärmegefühl beginnt. Wenn einem das Rosenöl zu teuer ist, kann man stattdessen die betroffene Stelle vorher mit Rosenhydrolat besprühen.

Bauchauflage

Eine feucht-warme Auflage, kombiniert mit spasmolytischen ätherischen Ölen, ist eine gute Hilfe bei Blähungen, auch postoperativer Natur. Beispielsweise 5 ml Avocadoöl (oder Schwarzkümmelöl) mit je einem Tropfen Citrus-reticulata-, Foeniculum-vulgare- und Origanum-majorana-Öl satt auf den gesamten Unterbauch auftragen, ein in warmem Wasser geschwenktes und ausgewrungenes Baumwolltuch sofort auflegen (nicht direkt auf die frische Narbe), mit Wolltuch abdecken und eventuell eine flachgefüllte Wärmflasche auflegen. Sie ist auch eine gute Hilfe bei „Schreibabys“, die möglicherweise Bauchschmerzen haben. Für Babys die halbe Dosierung verwenden, also drei Tropfen ätherische Öle auf 10 ml fettes Öl geben.

Gelenkauflage

Eine Auflage mit angewärmtem Johanniskrautmazerat oder Mohnblütenmazerat und 10 %igem Lavandula angustifolia (und/oder Rosa-centifolia-Absolue, Juniperus communis) oder Aconitschmerzöl von Wala® kann bei stark schmerzenden Gelenken helfen, die Medikamentenzufuhr zu reduzieren.

5 Wichtige Indikationen

5.1 Bewährte Öle bei psychischen und körperlichen Symptomen

Wer zum ersten Mal mit ätherischen Ölen arbeitet, fühlt sich meistens überfordert, angesichts der vielen Öle und der vielen Möglichkeiten. Man weiß gar nicht, wie man zu einer Auswahl von Ölen für eine bestimmte Person und deren Problem kommen könnte.

Eine mögliche Vorgehensweise ist es, zunächst drei bis sechs Öle zur momentanen **psychischen Befindlichkeit** auszusuchen. Eventuell kann man mit der Patientin die Stichwörter der Tabelle durchgehen („fühlen Sie sich eher hyperaktiv oder ...?"); vorzugsweise sollte man je ein Öl pro Spalte notieren. Bei vielen „Treffern" vermerkt man die Öle, deren Nennung wiederholt wird.

Wenn dann ein oder mehrere dieser Öle bei den **körperlichen Symptomen** vorkommen, kommen sie in die engere Wahl. Letztendlich sollte sich die Anfängerin auf drei oder vier Öle pro Behandlung beschränken.

Die Auswahl und Reihenfolge stellt keine Wertung der ätherischen Öle dar, die folgenden Tabellen sollen vielmehr als Anregung dienen. Die mit +++ markierten Öle und Produkte haben jedoch erfahrungsgemäß eine sehr große Erfolgsquote bei der jeweiligen Beschwerde. Fette Öle, Hydrolate oder andere wichtige Ergänzungsprodukte sind in kursiver Schrift angegeben. Die ätherischen Öle zur psychischen Befindlichkeit beziehen sich auf therapeutische Erfahrungen sowie auf Angaben in der Literatur (Lawless 1994; Mojay 1999).

Die Einteilung in Kopf-, Herz- und Basisnote erleichtert eine harmonische Mischung, ein gutes Mischungsverhältnis kann 3:2:1 Tropfen sein. Bei lethargischen Patienten und am späten Tag wird man die Kopfnote eher betonen, bei hyperaktiven Menschen bzw. am Vormittag nimmt man mehr von der Basisnote.

Psychische Befindlichkeit			
Beschwerde	**Kopfnote**	**Herznote**	**Basisnote**
Ängstlich	Citrus aurantium bergamia Citrus aurantifolia Citrus aurantium flos und fol.	Lavandula angustifolia Rosa damascena Origanum majorana Cupressus sempervirens Pelargonium graveolens Thymus vulgaris Ct. Geraniol	Viola odorata Commiphora glabrescens Nardostachys jatamansi Commiphora molmol
Ärgerlich	Citrus paradisi	Matricaria recutita	Helichrysum italicum
Aggressiv	Citrus reticulata (rot)	Anthemis nobilis	Santalum album
Anspannung	Citrus reticulata (rot) Citrus aurantium per. Citrus paradisi Citrus aurantium flos und fol.	Matricaria recutita Anthemis nobilis	Ocimum basilicum Jasminum grandiflorum Cananga odorata

Beschwerde	Kopfnote	Herznote	Basisnote
Antriebs-schwach	Rosmarinus officinalis		Zingiber officinale
Apathisch	Citrus aurantium flos	Rosa damascena Rosmarinus officinalis Cymbopogon martinii	
Belastungen, zu viele		Juniperus communis	Cedrus atlantica
Blockiert, emotional	Citrus limonum Melaleuca viridiflora	Achillea millefolium Juniperus communis	Boswellia carterii Helichrysum italicum
Burnout	Mentha citrata	Pelargonium graveolens Thymus vulgaris CT. Thymol Coriandrum sativum	Pogostemon patchouli Cedrus atlantica
Depressive Verstimmung	Citrus limonum Citrus aurantium per. Lippia citriodora Citrus aurantium flos	Jasminum grandiflorum Cananga odorata	Santalum album Hypericum perforatum
Disstress	Citrus aurantium per. Citrus reticulata (rot)	Ocimum basilicum Origanum majorana Artemisia dracunculus Pelargonium graveolens Lavandula angustifolia	Vetiveria zizanoides
Empfind-samkeit		Acacia dealbata Leptospermum scoparium Juniperus communis	Cedrus atlantica
Erdung, Wunsch nach			Angelica archangelica Vetiveria zizanoides Pogostemon patchouli Zingiber officinale
Erschöpft, nervlich	Melaleuca alternifolia Mentha citrata	alle Thymus vulgaris Laurus nobilis Salvia sclarea Mentha piperita Kunzea ericoides	Pogostemon patchouli Satureja montana
Ess-Störung, leichte	Citrus paradisi Citrus aurantium fol.		Vanilla planifolia
Gereizt	Citrus aurantium (alle Teile)	Pelargonium graveolens Lavandula angustifolia	Aniba rosaeodora
Hyperaktiv	Citrus limonum Citrus aurantium per. Citrus aurantium bergamia	Anthemis nobilis Lavandula angustifolia	Aniba rosaeodora Citrus aur. bergamia Vetiveria zizanoides
Instabil, seelisch	Citrus aurantium flos	Pelargonium graveolens Juniperus communis Leptospermum scoparium	Cedrus atlantica

2

Beschwerde	Kopfnote	Herznote	Basisnote
Kindheits-trauma	Citrus reticulata (rot)	Rosa damascena	Helichrysum italicum
Konzentrations-mangel	Mentha piperita Citrus limonum Citrus aurantium fol. Elettaria cardamomum	Eucalyptus radiata Hyssopus officinalis Cupressus sempervirens	
Laune, schlechte	Citrus aurantium bergamia Citrus aurantium per. Citrus reticulata (grün) Citrus paradisi	Pelargonium graveolens Cymbopogon martinii	Vanilla planifolia Styrax tonkinensis Liquidamber orientalis
Missbrauchs-erlebnis	Citrus paradisi	Rosa damascena Pelargonium graveolens	Iris germanica Vetiveria zizanoides Vanilla planifolia Styrax tonkinensis
Mutter-problematik		Matricaria recutita Anthemis nobilis Achillea millefolium	
Mutlos	Melaleuca leucadendra	Matricaria recutita Anthemis nobilis Kunzea ericoides	Cedrus deodara
Nervosität	Citrus aurantium flos	Melissa officinalis Salvia sclarea Leptospermum scoparium Cymbopogon martinii	Aniba rosaeodora Laurus nobilis Commiphora molmol Boswellia carterii
Perfek-tionistisch	Citrus aurantium per.		Pogostemon patchouli
Rastlos	Cymbopogon flexuosus Cymbopogon nardus	Carum carvi	Pogostemon patchouli Angelica archangelica
Schlaf, zu viel		Rosmarinus officinalis	Piper nigrum Zingiber officinale
Schlaf, unruhig	Citrus reticulata (rot)	Rosa damascena Melissa officinalis Cymbopogon martinii Anthemis nobilis Myrtus communis Ct. Myrtenylacetat Pelargonium graveolens	Angelica archangelica
Schockzustand	Citrus aurantium flos	Anthemis nobilis	
Selbst-vertrauen, zu wenig	Pinus sylvestris Rosmarinus officinalis	Rosa damascena Thymus vulgaris Ct. Geraniol Juniperus communis Laurus nobilis	Cedrus deodara Zingiber officinale

Beschwerde	Kopfnote	Herznote	Basisnote
Sexualität, Ablehnung		Cananga odorata Thymus vulgaris Ct. Geraniol	Aniba rosaeodora Vetiveria zizanoides Pogostemon patchouli Santalum album Cuminum cyminum Satureja montana
Tod, Angst vor	Citrus aurantium fol Citrus aurantium bergamia Citrus aurantium flos		Boswellia carterii Iris germanica
Trauer	Citrus aurantium flos Citrus aurantium bergamia	Rosa damascena Melissa officinalis Lavandula angustifolia	Iris germanica Boswellia carterii Nardostachys jatamansi Santalum album Commiphora molmol
Unausgeglichen	Elettaria cardamomum	Pelargonium graveolens	Santalum album
Vater-problematik		Cupressus sempervirens	Santalum album
Verletzt, seelisch	Citrus aurantium flos	Rosa damascena Lavandula angustifolia Anthemis nobilis	Iris germanica Commiphora molmol
Weiblichkeit, Angst vor Verlust an		Rosa damascena Cymbopogon martinii Thymus vulgaris Ct. Geraniol Cananga odorata Pelargonium graveolens Leptospermum scoparium Jasminum grandiflorum	Vetiveria zizanoides
Zerstreut		Cupressus sempervirens	
		Kopfbereich	
Kopfschmerzen	Citrus reticulata (rot) Eucalyptus Ct. Cineol Rosmarinus Ct. Borneon Melaleuca viridiflora Citrus aurantium flos	Mentha piperita +++ (10 % in Alkohol) Melissa officinalis Lavandula angustifolia Origanum majorana Cananga odorata (wenig) Anthemis nobilis Rosa damascena Ocimum basilicum	

Beschwerde	Kopfnote	Herznote	Basisnote
		Skelett – Muskulatur	
Hämatom	*Arnikamazerat*		Helichrysum italicum +++ Piper nigrum
Muskel-schmerzen	Rosmarinus Ct. Borneon *Johanniskrautmazerat* *Mohnblütenmazerat*	Betula lenta Gaultheria procumbens	Piper nigrum Myristica fragrans
Muskelkater	Mentha piperita Kampfer Rosmarinus Ct. Borneon Melaleuca leucadendra Juniperus communis	Lavandula latifolia Matricaria recutita	Syzygium aromaticum Myristica fragrans Zingiber officinale
Krämpfe	Citrus reticulata (rot) Citrus aurantium fol. Citrus aurantium flos	Origanum majorana +++ Lavandula angustifolia Cananga odorata Ocimum basilicum	
Rheumat. Erkrank.	Melaleuca leucadendra Eucalyptus globulus Eucalyptus citriodora Juniperus communis Gaultheria procumbens	Matricaria recutita Litsea cubeba Melissa officinalis Rosa damascena Laurus nobilis	Boswellia serrata Zingiber officinale Myristica fragrans Piper nigrum Innerl. *Boswellia-serrata-Kapseln*
Arthritis	Eucalyptus globulus Eucalyptus citriodora	Matricaria recutita Rosa damascena Achillea millefolium	Boswellia carterii; Piper nigrum Commiphora molmol
		Herz – Kreislauf – Gefäße	
Zur Blutstillung		Cupressus sempervirens	Cistus ladaniferus +++
Tachykardie	Litsea cubeba	Melissa officinalis	
Herzarrhyth-mien	Citrus aurantium flos Citrus aurantium fol.	Rosa damascena Pelargonium graveolens	
Hypertonie	Citrus aurantium flos Cymbopogon flexuosus Cymbopogon nardus Citrus reticulata (rot)	Cananga odorata +++ Origanum majorana Melissa officinalis Ocimum basilicum	Santalum album +++
Hypotonie	Rosmarinus Ct. Borneon	Thymus vulgaris Ct. Thymol Thymus vulgaris Ct. Carva-crol	Pimenta racemosa Ocimum sanctum Piper nigrum
Lymph-stauungen	Myrtus communis Citrus limonum	Cupressus sempervirens	Pistacia lentiscus Aquilaria agallocha Cedrus deodara Santalum album Amyris balsamifera Bulnesia sarmentii

2

Beschwerde	Kopfnote	Herznote	Basisnote
Venen-entzündung	Eucalyptus citriodora Litsea cubeba Cymbopogon flexuosus *Sanddornöl*	Rosa damascena Matricaria recutita Achillea millefolium	Boswellia carterii Commiphora molmol
Varizen	Citrus limonum Myrtus communis Melaleuca viridiflora Melaleuca alternifolia	Cupressus sempervirens Rosa damascena Pelargonium graveolens	Pistacia lentiscus Cedrus atlantica Pogostemon patchouli
Hämorrhoiden	*Calophyllumöl* Melaleuca viridiflora	Cupressus sempervirens	Pistacia lentiscus +++ Pogostemon patchouli
Ulcus cruris	*Johanniskrautmazerat* *Calophyllumöl* *Sanddornöl*	Lavandula angustifolia Rosa damascena	Pogostemon patchouli Styrax tonkinensis Commiphora molmol
Kalte Füße		Origanum majorana Thymus vulgaris Ct. Thymol	Cinnamomum zeylanicum cort. Zingiber officinale Angelica archangelica
Verdauungssystem			
Blähungen	Citrus reticulata (rot) Citrus aurantium per.	Foeniculum vulgare Pimpinella anisum Coriandrum sativum Carum carvi Cuminum cyminum Ocimum basilicum	innerl. *Schwarzkümmelöl*
Koliken	Citrus reticulata (rot)	Anthemis nobilis Ocimum basilicum Artemisia dracunculus Foeniculum vulgare	
Verstopfung, schlaff	Rosmarinus Ct. Borneon	Cupressus sempervirens	Piper nigrum Zingiber officinale Myristica fragrans
Verstopfung, spastisch	Citrus reticulata (rot) Mentha piperita Citrus aurantium fol. Citrus aurantium per.	Anthemis nobilis Ocimum basilicum Artemisia dracunculus Foeniculum vulgare	
Durchfall	Citrus aurantium flos Citrus aurantium fol. Citrus aurantium per.	Cupressus sempervirens Pelargonium graveolens	Zingiber officinale Angelica archangelica
Colitis	Eucalyptus citriodora Cymbopogon flexuosus	Matricaria recutita Rosa damascena Achillea millefolium	Boswellia serrata

Beschwerde	Kopfnote	Herznote	Basisnote
Gastritis	innerlich: *Sanddornfrucht-fleischöl* +++	Matricaria recutita Rosa damascena Melissa officinalis Achillea millefolium	Boswellia serrata
Leberinsuffizienz (choleretisch/ cholagog)	Rosmarinus Ct. Verbenon Citrus limonum	Rosa damascena Carum carvi Levisticum officinale Apium graveolens Melissa officinalis	Curcuma longa
Übelkeit	Mentha piperita +++ (v. a. postoperativ)	Foeniculum vulgare	Zingiber officinale +++ Angelica archangelica
		Atemwege	
Rhinitis/ Sinusitis	Ocimum basilicum Citrus limonum alle Melaleucas Eucalyptus rad. und cit. Mentha spicata Rosmarinus Ct. Cineol	Salvia officinalis Picea excelsa Abies alba Thymus vulgaris Ct. Thujanol Melissa officinalis Lavandula latifolia	Cedrus atlantica Syzygium aromaticum Styrax tonkinensis Liquidamber orientalis
allerg. Schnupfen	Melaleuca viridiflora Myrtus communis	Leptospermum scoparium Melissa officinalis Matricaria recutita	
Tonsillitis	Citrus bergamia alle Melaleucas Citrus limonum	Salvia officinalis Leptospermum scoparium Lavandula angustifolia Pelargonium graveolens	Santalum album Rosa damascena-Attar
Husten, spastisch	Citrus reticulata (rot)	Cupressus sempervirens	Cedrus atlantica
Reizhusten	Melaleuca viridiflora Eucalyptus citriodora Eucalyptus staigeriana Citrus aurantium fol. Rosmarinus Ct. Verbenon	Anthemis nobilis Artemisia dracunculus Ocimum basilicum Foeniculum vulgare Pimpinella anisum	Styrax tonkinensis Liquidamber orientalis Commiphora molmol
Husten, katarrh.	Eucalyptus radiata Eucalyptus globulus Mentha spicata Rosmarinus Ct. Verbenon Mentha piperita Rosmarinus Ct. Borneon Eucalyptus staigeriana Melaleuca viridiflora Melaleuca leucadendra	Hyssopus officinalis alle Thymus vulgaris Lavandula latifolia Lavandula stoechas Salvia officinalis Foeniculum vulgare Pinus sylvestris	Cedrus atlantica Boswellia carterii Inula graveolens Nigella sativa (ätherisches Öl) Styrax tonkinensis Liquidamber orientalis
Asthmat. Bronchitis	*Schwarzkümmelöl* Citrus reticulata (rot)	Hyssopus decumbens	Nigella sativa Boswellia carterii innerl. *Eukalyptol-Kapseln*

Beschwerde	Kopfnote	Herznote	Basisnote
Otitis	*Johanniskrautmazerat* Melaleuca leucadendra	Lavandula angustifolia Laurus nobilis Rosa damascena	Boswellia carterii
Influenza	Cinnam. camph. [Ravintsara] Eucalyptus globulus Eucalyptus radiata	Melissa officinalis Lavandula angustifolia Rosa damascena Pelargonium graveolens Thymus vulgaris Ct. Thujanol	Commiphora molmol Cistus ladaniferus
Haut – Haar – Schleimhaut			
Schnitt-verletzung	Citrus limonum Melaleuca alternifolia	Cupressus sempervirens Lavandula angustifolia Pelargonium graveolens	Cistus ladaniferus +++
Narben zur Epitheli-sierung	*Hagebuttenkernöl* +++ Mentha spicata	Lavandula latifolia Hyssopus officinalis Canarium luzonicum	Boswellia carterii Cistus ladaniferus Cedrus atlantica
Schwanger-schaftsstr. vorbeugend	*Sheabutter* +++	Pelargonium graveolens Lavandula angustifolia	Boswellia carterii Daucus carota
Cellulite	*Centellamazerat* +++ Citrus paradisi Juniperus communis Rosmarinus Ct. Cineol Citrus sinensis	Cupressus sempervirens Pelargonium graveolens Foeniculum vulgare	Cedrus atlantica +++ Cinnamomum zeylanicum cort. Piper nigrum
Couperose (erweiterte Äderchen)	Citrus limonum Citrus aurantium flos Citrus aurantium fol.	Cupressus sempervirens Pelargonium graveolens Rosa damascena Bursera delpechiana	Pistacia lentiscus Boswellia serrata
Akne	Melaleuca alternifolia Cymbopogon martinii Citrus bergamia Rosa damascena	Matricaria recutita Pelargonium graveolens Thymus vulgaris Ct. Geraniol Thymus vulgaris Ct. Linalool Rosa damascena Leptospermum scoparium	Pogostemon patchouli
empfindliche Haut	Citrus aurantium flos Citrus aurantium fol.	Matricaria recutita Rosa damascena	Santalum album
entzündete Haut	*Rosenhydrolat* +++ *Melissenhydrolat* *Sanddornöl*	Matricaria recutita Rosa damascena Achillea millefolium	Pogostemon patchouli Commiphora molmol
fettige Haut	Citrus limonum Citrus aurantium bergamia Juniperus communis Citrus aurantium flos Citrus paradisi Cymbopogon flexuosus	Salvia officinalis Pelargonium graveolens Cupressus sempervirens	Cedrus atlantica

2

Beschwerde	Kopfnote	Herznote	Basisnote
Trockene Haut	*Avocadoöl* *Macadamiaöl* *Sheabutter*	Matricaria recutita Pelargonium graveolens	Daucus carota
Rissige Haut, Rhagaden	*Sheabutter* +++	Lavandula angustifolia Pelargonium graveolens Rosa damascena	Styrax tonkinensis Boswellia carterii Pogostemon patchouli
Faltige Haut	*Hagebuttenkernöl* +++ Citrus aurantium flos	Cananga odorata	Boswellia carterii Vetiveria zizanoides
Alopecia areata Haarausfall	Rosmarinus officinalis	Cananga odorata Cupressus sempervirens	Pimenta racemosa +++ Cedrus atlantica +++
Schuppiges Haar	Rosmarinus officinalis	Pelargonium graveolens	Cedrus atlantica Pogostemon patchouli
Ödem	Citrus aurantium fol. Juniperus communis	Foeniculum vulgare Pelargonium graveolens	
Aphten	Citrus limonum	Salvia officinalis	Commiphora molmol
Zahnfleisch-entzündung	*Rathaniatinktur*	Rosa damascena Matricaria recutita	Commiphora molmol Pistacia lentiscus
Furunkel (Okklusiv-Verband!)	*Calophyllumöl* *Arhama-Salbe (Bombastus)*	Ferula galbaniflua +++ Lavandula angustifolia Matricaria recutita	
Abszess (Okklusiv-Verband!)	*Calophyllumöl* Melaleuca alternifolia	Ferula galbaniflua Lavandula angustifolia Rosa damascena Matricaria recutita	Commiphora molmol Daucus carota Canarium luzonicum
Herpes labialis	Cinnamomum camphora [Ravintsara] Melaleuca viridiflora Citrus aurantium bergamia Melaleuca alternifolia	Melissa officinalis *Melissenhydrolat* Lavandula angustifolia	Kakaobutter
Zoster	*Calophyllumöl* Cinnam. camph. [Ravintsara] +++ Eucalyptus citriodora	Melissa officinalis Cymbopogon martinii	Commiphora molmol
Decubi-tusprophylaxe	Melaleuca alternifolia	Lavandula angustifolia Lavandula latifolia	Perubalsam Cistus ladaniferus
Psoriasis	Citrus aurantium bergamia	Liebstöckel Lavandula angustifolia Leptospermum scoparium Pelargonium graveolens	Helichrysum italicum Angelica archangelica Cistus ladaniferus Boswellia serrata Daucus carota Pogostemon patchouli Leptospermum scoparium Liquidamber orientalis

Beschwerde	Kopfnote	Herznote	Basisnote
Neurodermitis	*Borretschsamenöl +++*	Lavandula angustifolia Pelargonium graveolens	Cistus ladaniferus Helichrysum italicum Pogostemon patchouli
Konjunktivitis	*Myrtenhydrolat*	*Rosenhydrolat +++*	
Fußpilz	Melaleuca alternifolia	Thymus vulgaris Ct. Thymol Thymus vulgaris Ct. Carvacrol Calendula off. (äth. Öl!)	Bohnenkraut Origanum vulgare Tagetes gland. +++ Pogostemon patchouli
Vaginal-mykosen	Melaleuca alternifolia (frisch!) Cymbopogon martinii	Lavandula angustifolia Rosa damascena Leptospermum scoparium	Pogostemon patchouli
Exzessiver Schweiß	Citrus limonum Citrus aurantifolia	Salvia officinalis Cupressus sempervirens	*Salbeihydrolat*
Hormonsystem – Zyklus			
Unregelm. Zyklus in 1. Hälfte anwenden		Salvia sclarea Origanum majorana Foeniculum vulgare Artemisia dracunculus Salvia officinalis Jasminum grandiflorum	
Unreg. Zyklus in 2. Hälfte anwenden	Juniperus communis Rosmarinus officinalis Citrus limonum Pinus sylvestris Citrus aurantium bergamia	Pelargonium graveolens Levisticum officinale Apium graveolens	Piper nigrum Daucus carota Agnus castus
Dysmenorrhö	Citrus reticulata (rot) Citrus aurantium fol. Citrus aurantium flos	Anthemis nobilis Origanum majorana Myristica fragrans Salvia sclarea Cananga odorata Jasminum grandiflorum	Myristica fragrans
Starke Blutungen	Citrus aurantifolia Mentha piperita	Cupressus sempervirens Pelargonium graveolens Myrtus communis Salvia officinalis	Boswellia serrata
Prämenstr. Syndrom	Citrus reticulata (rot) Citrus aurantium flos Citrus aurantium fol.	Salvia sclarea (nur bei schwacher Blutung) Origanum majorana Rosa damascena	innerlich *Borretschöl* Agnus castus
Hitzewallungen	Mentha piperita	Salvia sclarea Salvia officinalis	

2

Beschwerde	Kopfnote	Herznote	Basisnote
		Schwangerschaft	
Übelkeit	Mentha piperita	Anthemis nobilis	Zingiber officinale dest.
Sodbrennen	Cymbopogon flexuosus Citrus aurantium per.	Coriandrum sativum Foeniculum vulgare Elettaria cardamomum	Zingiber officinale dest.
Psych. „Achterbahn"	Citrus aurantium flos Citrus aurantium bergamia Citrus aurantium fol.	Cupressus sempervirens Pelargonium graveolens Rosa damascena	Cedrus atlantica
Verstopfung	Mentha piperita Citrus reticulata (rot)	Lavandula angustifolia Anthemis nobilis	Zingiber officinale
Striae (Schwangersch.-streifen)	*Sheabutter* +++ Citrus aurantium flos Citrus reticulata (rot)	Lavandula angustifolia Pelargonium graveolens	Boswellia serrata Daucus carota
Ödeme	Citrus limonum Citrus aurantium fol.	Pelargonium graveolens Lavandula angustifolia	Santalum album Pogostemon patchouli
Hämorrhoiden	*Calophyllumöl* Melaleuca leucadendra	Cupressus sempervirens	Pistacia lentiscus Pogostemon patchouli
vorzeitige Wehen		Origanum majorana +++	
Vorbereitung d. Perineum (4–6 Wochen vorher)	*Johanniskrautöl* *Sheabutter*	Rosa damascena Lavandula angustifolia	Boswellia carterii
„Geburts-einleitung" Wehen unter-stützend	Lippia citriodora	Foeniculum vulgare Salvia officinalis	Cinnamomum zeylanicum cort. Syzygium aromaticum
Geburts-schmerzen	Citrus reticulata (rot) Citrus aurantium flos Citrus aurantium fol.	Lavandula angustifolia (auch pur) Jasminum grandiflorum Cananga odorata Rosa damascena Salvia sclarea	
Milchbildung	Pimpinella anisum *Schwarzkümmelöl*	Foeniculum vulgare Coriandrum sativum	Daucus carota
Milchüberfluss	Citrus limonum *Quarkkompresse*	Cupressus sempervirens Salvia officinalis	
Mastitis	*Quarkkompresse* +++	*Rosenhydrolatauflagen* (kühl)	
Subinvolutio uteri	*Hirtentäscheltee* +++	Lavandula angustifolia Jasminum grandiflorum	

Beschwerde	Kopfnote	Herznote	Basisnote
		Baby	
Blähungen, Koliken	Citrus reticulata (rot)	Foeniculum vulgare	
Schluckauf	Carum carvi	Coriandrum sativum fruct.	
Milchschorf	Melaleuca alternifolia (frisch!)	Rosa damascena	Santalum album
Windelpilz	Melaleuca alternifolia (frisch!)	Rosa damascena *Rosenhydrolat*	
Neurodermitis	*Borretschsamenöl* *Cistus-Tee Dr. Pandalis* *Schwarzkümmelöl*	Lavandula angustifolia Rosa damascena *Rosenhydrolat*	Cedrus atlantica (st. verdünnt)
Unruhe	Citrus reticulata (rot) *Homöop. Viburcol-Suppositorien*	Rosa damascena Lavandula angustifolia Foeniculum vulgare	

2

5.2 Spezielle Anwendungen im klinischen Bereich, im Seniorenheim und in der ambulanten Pflege

Die Aromapflege im klinischen Bereich ist zwar weltweit gesehen bereits recht verbreitet – vor allem in englischsprachigen Ländern, doch es gibt wenige Studien an großen Gruppen von zufällig ausgesuchten Patientinnen. Kleine Studien können wissenschaftlichen Kriterien oft nicht standhalten: Sei es, dass die Methodik unsauber und fehlerhaft ist oder die Menge der Beteiligten ist nicht aussagekräftig, oder evidenzbasiertes Wissen und Erfahrungsberichte werden vermischt (Christen 2003).

So werden diese unvollständigen, aber vielleicht doch nicht nutzlosen Forschungsergebnisse auch niemals in der anerkannten Fachpresse publiziert, werden demnach auch nicht bekannt. Das wundert nicht, da Aromatherapeutinnen weltweit fast nie einen naturwissenschaftlichen Hintergrund haben (Kirk-Smith 2005). Empirische Erkenntnisse, die durch – teilweise jahrhundertelange – Beobachtung entstanden sind, werden erst recht nicht ernst genommen.

Mal abgesehen von den vorgeschriebenen technisch-methodischen Begebenheiten, die bei einer wissenschaftlichen Studie streng befolgt werden müssen, ist es wiederum wichtig, dass die ausgewählten Öle und Anwendungsarten Akzeptanz bei den Patientinnen erfahren, denn eine Tablette schluckt sich schneller und unauffälliger, als dass ein nicht gut riechendes Öl oder eine nicht feinfühlig gemachte Einreibung ertragen werden.

Eine kontrollierte Studie mit Patienten und Patientinnen einer rheumatologischen Akutabteilung im Zürcher Stadtspital Triemli zeigte beispielsweise eine signifikante Verbesserung des Allgemeinbefindens der Teilnehmerinnen, die Aromapflege an sich wurde jedoch nicht sehr positiv bewertet (Christen 2003).

„Alternative Pflegemethoden" und geltendes Recht

In Deutschland wird durch das *Sozialversicherungsrecht* geregelt, dass Angehörige von Pflegeberufen im Krankenhaus und im Hospiz der ärztlichen Gesamtverantwortung für Diagnostik und Therapie unterstehen. Für die so genannte **Behandlungspflege** muss also grundsätzlich eine ärztliche Verordnung vorliegen. Im Bereich der so genannten **Grundpflege** jedoch – diese wird von der Pflegefachkraft bestimmt – bedarf es keiner ausdrücklichen ärztlichen Anordnung (Sonn und Bühring 2004). Hier bieten sich viele Anwendungen mit ätherischen Ölen an, vorausgesetzt, das jeweilige Haus ist offen für „alternative" Methoden und die verantwortlichen Ärzte haben Vertrauen in die Fachkapazität der Pflegenden. Die Einführung von naturheilkundlichen Maßnahmen ist immer mit sehr viel Behutsamkeit vorzunehmen, da erfahrungsgemäß ein kleiner Fehler in diesem Bereich sehr viel mehr Kritik auf sich zieht als eine Panne in der etablierten „Schulmedizin".

Der Kernbereich der **ambulanten Pflege** ist seit Einführung der Pflegeversicherung ein arztfreier Bereich. Die Pflegefachkraft stellt die Pflegediagnose und führt entsprechende Maßnahmen eigenständig durch, natürlich immer im Rahmen der Anweisungen oder Einschränkungen des zuständigen Hausarztes. Für die Pflegefachkraft mit Leitungsfunktion in einem **Seniorenheim** gelten ähnliche Bedingungen und Entscheidungsfreiheiten (Sonn und Bühring 2004).

In der deutschen Rechtsprechung wird von dem Grundsatz ausgegangen, dass verschiedene Methoden gleichrangig nebeneinander stehen (Therapiefreiheit). Es gibt also in der Pflege keine Verpflichtung, nach etwa schulmedizinischen Methoden zu behandeln (Sonn und Bühring 2004). Freilich muss bei jedem Patienten und seiner Krankheit überprüft werden, ob die ausgewählte naturheilkundliche Methode angemessen und vertretbar ist. Die Sicherheit der Patienten hat immer Vorrang.

Wie unter 4.2 beschrieben, ist Mischen auf Vorrat in der Aroma- und Massagepraxis nicht mehr möglich, doch das Anfertigen einer Aromaölemischung für den „**Gebrauch zur Anwendung**", also für die jeweilige Behandlung, ist gestattet. Die Öle werden demzufolge nur für eine Anwendung zusammengestellt (Sonn und Bühring 2004). Für die praktische Umsetzung im Pflegealltag bedeutet dies, dass **Standards** für die jeweiligen Erfordernisse des Hauses oder der Station erarbeitet werden müssen, damit in der Kürze der zur Verfügung stehenden Zeit keine Fehler gemacht werden. Zudem müssen auch weniger geschulte Mitarbeiterinnen mit dem Herstellen von pflegenden Anwendungen betraut werden können. Diese Pflegekräfte bekommen **Grundmischungen** oder nur die ausdrücklich auf der Station erlaubten ätherischen Öle und müssen die Aromapflegeprodukte nach detaillierten Vorgaben (beispielsweise auf Karteikarten) mischen oder Fertigprodukte korrekt anwenden (Abb. 5.**1**).

Anregungen und Rezeptbeispiele

Im Folgenden sind Rezepturbeispiele für drei wesentliche Bereiche der Pflegearbeit aufgeführt (vgl. Abb. 5.**2**):

- **Haut:** Anwendungen von der Dekubitus-Prophylaxe bis zur Behandlung von Wunden sowie zur adjuvanten Pflegebehandlung bei Hautkrankheiten

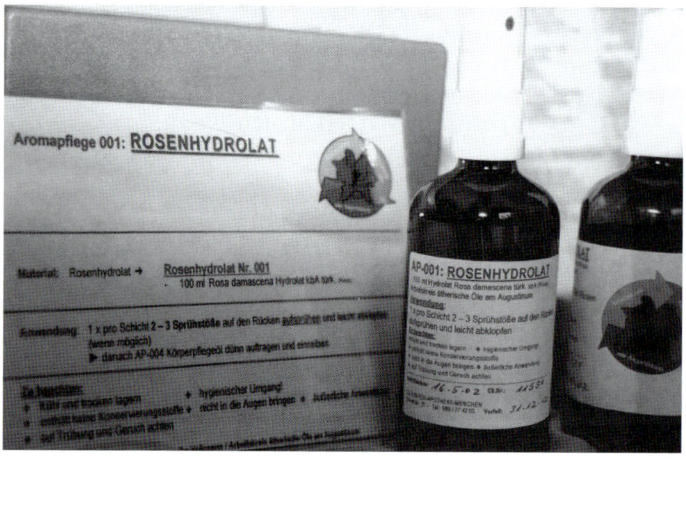

Abb. 5.**1** Fertigprodukte für die Aromapflege im klinischen Umfeld.

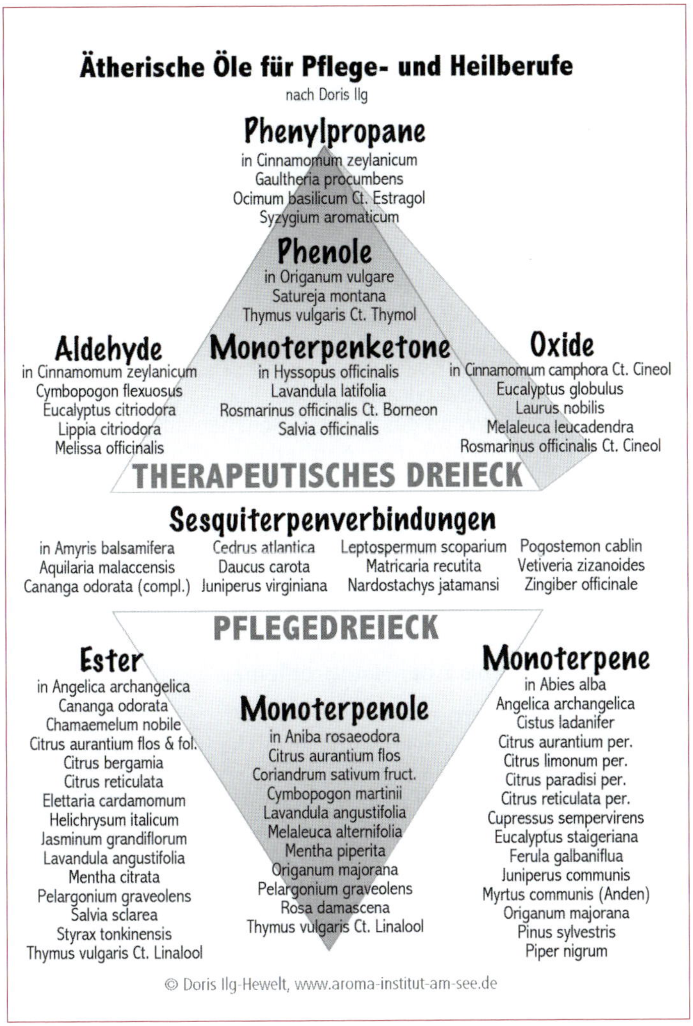

Abb. 5.2 Ätherische Öle in Therapie und Pflege (nach Doris Ilg): Das Therapiedreieck zeigt die Öle bzw. Inhaltsstoffe, die nur von gut geschulten Personen, vor allem im therapeutischen Bereich, eingesetzt werden sollten. Das Pflegedreieck zeigt die Öle bzw. Inhaltsstoffe, die mehr für den pflegenden Bereich geeignet und durchaus fehlertolerant sind.

- **Atemwege**: Möglichkeiten zu Prophylaxe und Linderung bei Infektionen des Respirationstraktes
- **Psyche**: Beruhigende Anwendungen für unruhige, schlaflose und ängstliche Patientinnen, vor allem in der Altenpflege, Palliativpflege und im Hospizbereich

Ätherische Öle bei Hauterkrankungen

Eines der dankbarsten Gebiete für erfolgreiche aromapflegerische Behandlungen sind Hauterkrankungen, die sich oftmals noch nicht einmal von einem Dermatologen exakt diagnostizieren lassen.

Die Rezepturen für diesen Bereich werden meistens mit fetten Pflanzenölen hergestellt; diese können entscheidend zum Heilungserfolg beitragen. Besonders vorteilhaft für Hautkrankheiten haben sich das fette Öl der **Rosa rubiginosa** (Hagebuttenkernöl, auch „Wildrose" genannt), das wachsartige Jojobaöl und die Mazerate von **Johanniskraut** und von der **Ringelblume** (Calendulaöl) herausgestellt. Allergische Hauterkrankungen reagieren besonders gut auf Argan-, Borretschsamen- und Nachtkerzensamenöl (innerlich und äußerlich). Bei besonders trockener Haut sollte Avocado-, Macadamia-, und/oder Weizenkeimöl dazugegeben werden. Bei Auftreten von Eiter ist an Calophyllum-inophyllum-Öl zu denken.

Bei der Behandlung von Hauterkrankungen ist es wichtig, die psychischen Ursachen aufzudecken und durch aromatherapeutische Maßnahmen das „aufgekratzte“ Innenleben zu stabilisieren. Hier stehen vor allem Öle, die reich an **Estern** und **Sesquiterpenen** sind, im Vordergrund:

- Anthemis nobilis
- Cistus ladaniferus
- Citrus aurantium flos
- Citrus aurantium fol.
- Helichrysum italicum
- Lavandula angustifolia
- Leptospermum scoparium
- Pelargonium graveolens
- Rosa damascena
- Santalum album

Bei langwierigen Hauterkrankungen sollte auch immer die Besiedelung des Darmes auf Candida und andere Pilze sowie auf ein Überhandnehmen von pathogenen Bakterien hin untersucht werden.

Grundsätzlich kann empfohlen werden, bei allen nicht näher bekannten Störungen der Haut – auch bei Kratzern, kleinen Schnitten, Insektenstichen etc. – ätherisches Lavendelöl pur oder wenig verdünnt mit Jojobaöl und/oder Johanniskrautmazerat aufzutragen. Oft tritt schon nach wenigen Minuten eine sichtbare und spürbare Besserung ein. Bei öfters zu versorgenden Problemen, z. B. bei sehr unternehmungslustigen Kindern, empfiehlt es sich, nebenstehende ausgezeichnet wirkende Mischung parat zu halten:

HeiloSan
5 ml Jojobaöl oder Johanniskrautmazerat
3 gtt. Lavandula angustifolia
2 gtt. Leptospermum scoparium
1 gtt. Rosa-centifolia-Absolue

Die Behandlung von kleinen Störungen der Haut kann – unabhängig vom Namen, den die Krankheit tragen mag – in drei Schritten erfolgen:

- Falls Verdacht auf Befall mit **Bakterien** oder Pilzen besteht, wird zunächst mit entsprechenden desinfizierenden, antiinfektiösen Maßnahmen gehandelt:
  - Lavandula angustifolia
  - Leptospermum scoparium
  - Melaleuca alternifolia
  - Thymus vulgaris Ct. Thymol
- Sobald sich eine **Entzündungsreaktion** einstellt, ergänzt man mit antiphlogistischen Ölen:
  - Litsea cubeba
  - Rosa damascena
  - Matricaria chamomilla
- Wenn das akute Geschehen am Abklingen ist, geht man zu **epithelisierenden** Ölen über:
  - Boswellia carterii
  - Cedrus atlantica
  - Cistus ladaniferus
  - Lavandula angustifolia
  - Mentha piperita

A bis Z der Hautprobleme

Allergie

Eine generell antiallergische bzw. stabilisierende Wirkung auf den allergisch reagierenden Organismus erreichen wir mit ätherischen Ölen, die reich an **Sesquiterpenen** sind und mit

- Leptospermum scoparium
- Matricaria recutita
- Melissa officinalis
- Melaleuca quinquenervia
- Myrtus communis
- Nigella damascena

Ergänzend sollten die fetten Öle von Schwarzkümmel (Nigella sativa) und Argane (Argania spinosa) innerlich und äußerlich genommen werden.

Dekubitus (Wundliegen)

Durch lange Bettlägerigkeit kann an Stellen, auf denen lange Druck gelastet hat, die Haut in kürzester Zeit wund werden. Bei Nichtbeachtung kann sich das Haut- und Knochengewebe zersetzen oder sogar eine Blutvergiftung entstehen.

Öle zur Dekubitus-**Prophylaxe** (5 %ig in Johanniskrautmazerat, wenn möglich mit 1 – 2 % Calophyllumöl) sind:

- Boswellia carterii
- Lavandula latifolia
- Rosmarinus officinalis

Öle für die **Elastizität** der Haut, 2 %ig in Sheabutter und Calendulamazerat:
- Cananga odorata
- Citrus aurantium flos und fol.
- Lavandula angustifolia
- Rosa damascena

Öle bei **Infektionsgefahr**, 3 – 5 %ig in Jojobaöl:
- Leptospermum scoparium
- Melaleuca alternifolia
- Thymus vulgaris Ct. Geraniol

Öle zum Pflegen und **Epithelisieren**, 2 %ig in Calendulamazerat mit Rosa-rubiginosa- und/oder Sanddornöl, vorher mit Rosenhydrolat besprühen:
- Boswellia serrata
- Cedrus atlantica
- Cistus ladaniferus
- Helichrysum italicum
- Lavandula angustifolia

Ekzem

Das Ekzem ist eine sehr häufig auftretende, juckende, schubweise auftretende Erkrankung der **Oberhaut** und des Papillarkörpers. Es erscheinen entzündete Flächen, die ohne Narbenbildung abheilen. Juckreiz, Rötung, Nässen und Krustenbildung sind die Anzeichen in der akuten Phase. Diese zu Rückfällen neigende Krankheit kann chronisch werden.

Es gibt das **nichtallergische** Kontaktekzem, ausgelöst durch immer wiederkehrende Reize (Chemikalien, Putzmittel, scharfe Kosmetika etc.). Die Abwehrfunktion der Oberhaut ist hier erschöpft. Das Ekzem heilt bei Weglassen der reizenden Substanz.

Das **allergische** Kontaktekzem tritt zunächst nur an der Stelle des Kontaktes mit dem Allergen auf (Modeschmuck, Haarchemie etc.). Dies kann durch einen Allergietest (Epikutantest) festgestellt werden.

Ätherische Öle, 2 %ig im fetten Öl, in Mandelöl, eventuell angereichert mit den fetten Ölen von Schwarzkümmel (Nigella sativa) und/oder Argane (Argania spinosa), dazu:
- Citrus aurantium ssp. bergamia
- Daucus carota
- Helichrysum italicum
- Lavandula angustifolia
- Matricaria recutita
- Pogostemon patchouli
- Rosa damascena
- Santalum album

Furunkel

Dieser tief sitzende, entzündliche und schmerzhafte Knoten entsteht aus einer **Haarbalgentzündung**. Im Knoten befindet sich Eiter. Furunkel entstehen nur an Haaransätzen, vor allem dort, wo man stark schwitzt oder wo die Haut durch Reibung besonders beansprucht ist: Genick, Gesicht, Achselhöhlen und Gesäß. Ist der Furunkel besonders groß oder liegen mehrere beieinander, spricht man von einem **Karbunkel**, liegt der Furunkel am Rand eines Augenlides, nennt man ihn **Gerstenkorn**.

Bildet sich eine abgekapselte Eitereinlagerung, muss der Furunkel chirurgisch geöffnet werden.

Ätherische Öle 10 %ig in fettem Calophyllumöl, Galbanum und Lavendel können auch unverdünnt aufgetragen werden:
- Canarium luzonicum
- Commiphora molmol
- Daucus carota
- Ferula galbaniflua (auch unverdünnt)
- Lavandula angustifolia (auch unverdünnt)
- Rosa damascena

Fußschweiß

Übermäßiges Schwitzen (nicht nur der Füße) kann auf krankhafte Prozesse hinweisen. Auf alle Fälle ist es eine Form des „Loswerdens“ und Entgiftens, wenn es der Körper anders nicht mehr schafft. Bei dauerhaften Schmerzzuständen kann der Mensch auch übermäßig schwitzen, genauso wie bei einer Überreaktion des vegetativen Nervensystems vor allem während der **Menopause**.

Ätherische Öle in Fußbädern, Fußcremes und Deosprays:
- Citrus limonum
- Cupressus sempervirens
- Salvia officinalis

bei vegetativen Störungen:
- Cistus ladaniferus
- Citrus aurantium fol.
- Cymbopogon flexuosus
- Origanum majorana

Fußpilz
Ätherische Öle in Fußbädern und Fußcremes:
- Eucalyptus globulus
- Lavandula angustifolia
- Leptospermum scoparium
- Melaleuca alternifolia
- Origanum vulgare
- Pogostemon patchouli
- Satureja montana
- Tagetes glandulifera
- Thymus vulgaris Ct. Thymol

Gürtelrose (Zoster)
Sie kann an jedem Teil der Körperoberfläche auftreten, meistens sind aber Gesicht oder Rumpf betroffen. Die Gürtelrose äußert sich durch halbseitige brennende sehr **starke Schmerzen**, Rötung und Bläschen, die nach und nach entlang des Versorgungsgebietes eines Nervs erscheinen. Sie verkrusten und verschwinden nach zwei bis drei Wochen, ohne Narben zu hinterlassen. Die Schmerzen können jedoch noch wochenlang andauern. Schon vor dem Auftreten des Ausschlages fühlen sich die Betroffenen unwohl und abgeschlagen und es schmerzen bereits die Hautpartien, wo sich später der Ausschlag zeigen wird.

Auslöser der Krankheit ist das Varicella-zoster-Virus, das auch Windpocken auslöst. Nach der Infektion verbleibt das Virus in bestimmten Nervenzellen und wird durch eine Schwäche des Immunsystems aktiv. Die Krankheit ist ansteckend.

Folgende Öle, 10 %ig in fettem Calophyllumöl, eignen sich bei dieser Erkrankung:
- Cinnamomum camphora [Ravintsara]
- Cistus ladaniferus
- Cymbopogon martinii
- Eucalyptus citriodora
- Lavandula latifolia
- Melissa officinalis

Haarausfall
Haarausfall, der durch Anspannung und mangelnde Versorgung der Kopfhaut, Hormonumstellung nach der Schwangerschaft sowie nach Chemotherapie hervorgerufen wird, kann durch folgende Öle positiv beeinflusst werden; je 3 %ig in Jojobaöl und in Zeder- oder Rosmarinhydrolat verschütteln, mindestens zwei Minuten einmassieren, anschließend abdecken:
- Cananga odorata
- Cedrus atlantica
- Lavandula angustifolia
- Pimenta racemosa
- Rosmarinus officinalis
- Thymus vulgaris Ct. Geraniol

Hämatom
„Blaue Flecken" sind **stumpfe** Verletzungen, die ausgezeichnet auf Helichrysum italicum ansprechen. Die darin enthaltenen Lactone wirken antikoagulierend. Ferner eignen sich:
- Cymbopogon citratum in Traumeel-Salbe (Heel)
- Helichrysum italicum (pur) oder in Arnika-Salbe (Wala oder Weleda)
- Piper nigrum in Arnikamazerat

Herpes labialis
Beherbergt man dieses Herpesvirus in seinem Körper, sind die **„Fieberbläschen"** immer ein Ergebnis einer schwachen Abwehrlage. Bei sehr häufigem Befall sollte an eine Darmsanierung gedacht werden und sonstige Maßnahmen zur Stabilisierung des Immunsystems ergriffen werden (z. B. entspannende Massagen, Spirulina, Aloe-Präparate, ungesättigte Fettsäuren, Schutzvitamine ACE).

Ätherische Öle:
- Citrus aurantium ssp. bergamia
- Juniperus communis in Alkohol
- Lavandula angustifolia in Rescue-Salbe
- Melaleuca alternifolia
- Melissa officinalis (Öl und Hydrolat)

Konjuktivitis
Bindehautentzündung, übermüdete und gereizte Augen sowie schmerzhafte Reizungen der Haut sprechen sehr gut auf Kompressen mit leicht gekühltem Myrten- oder **Rosenhydrolat** an: Kompresse oder Wattepads gut besprühen und mehrmals täglich für zehn Minuten auf die **geschlossenen** Augen legen.

Nagelpilz

Nagelpilze können ebenso wie Pilzerkrankungen der Haut durch ein feuchtwarmes Klima (Synthetiksocken, Sportschuhe) begünstigt werden. Hier muss sehr konsequent gut zwei Wochen mit antimykotischen Ölen in Form von Einpinselungen und Bädern gearbeitet werden, diesbezüglich gibt es bereits viele Studien (siehe unter 3.3).

Ätherische Öle für empfindliche Haut und Schleimhäute:

- Melaleuca alternifolia (frisch)
- Leptospermum scoparium
- Lavandula angustifolia
- Cymbopogon martinii
- Pelargonium graveolens
- Thymus vulgaris Ct. Geraniol
- Pogostemon patchouli

für Hände und Füße:

- Eucalyptus globulus
- Origanum vulgare
- Satureja montana
- Tagetes glandulifera
- Thymus vulgaris Ct. Thymol

Operationsnarben

Auf frische Operationsnarben kann sofort Lavandula angustifolia (eventuell mit Cistus ladaniferus) pur gegeben werden, das wird bereits von Hebammen praktiziert, beispielsweise auf frische Dammnähte: Der Schnitt wird keimarm gehalten, der Schmerz gedämmt und der Heilungsprozess setzt schneller ein.

Psoriasis vulgaris

Typisches Erkennungszeichen der Schuppenflechte sind die scharf umrissenen, rötlichen Flecken mit silberweißen **Schuppen**. Befallen sind meistens Ellenbogen, Knie und Kreuzbein, es können juckende Herde auftreten. Durch leichtes Kratzen kann man die oberen Schuppen ablösen und erkennt ein feines Psoriasishäutchen. Nach dessen Ablösung kommt es zu dicht beieinander liegenden, punktförmigen Blutaustrittsstellen. Besonders unter Alkoholeinfluss und Zigarettenkonsum verschlechtert sich das Krankheitsbild. Eine genetische Veranlagung scheint wahrscheinlich.

Ätherische Öle, 3 %ig in Sheabutter:

- Angelica archangelica
- Cistus ladaniferus
- Citrus aurantium ssp. bergamia
- Daucus carota
- Helichrysum italicum
- Lavandula angustifolia
- Leptospermum scoparium
- Levisticum officinale
- Pogostemon patchouli
- Santalum album

Ulcus cruris

Das schlecht heilende Unterschenkelgeschwür kann als Folge eines gestörten Blutrückflusses in den Beinvenen im Bereich der Knöchel entstehen. Aber auch arterielle Durchblutungsstörungen, Diabetes, Bakterien- oder Pilzinfektionen, Hautkrebs, Syphillis und bestimmte Formen der Anämie können die Ursache sein.

Ätherische Öle, 3 %ig in Johanniskrautmazerat, vorher eventuell mit (frischem) Rosenhydrolat besprühen:

- Cistus ladaniferus
- Ferula galbaniflua
- Lavandula angustifolia
- Melaleuca alternifolia
- Pistacia lentiscus
- Rosa damascena

Verbrennungen, Sonnenbrand

Kleine Verbrennungen (auch durch die Sonne) sprechen ausgezeichnet auf eine 1:1-Mischung aus Aloe-Vera-Gel (möglichst ohne reizende Zusatzstoffe, z. B. von Alverde) und **Lavandula angustifolia** an. Besprühen mit **Rosenhydrolat** ist kühlend und schmerzlindernd.

Warzen

Warzen werden durch das Papillomavirus verursacht. Gelegentlich hilft hier das potenziell toxische Öl der Thuja occidentalis (auch als homöopathische Urtinktur), ansonsten lohnt es sich, mit antiviralen ätherischen Ölen zu experimentieren:

- Cistus ladaniferus
- Cymbopogon citratus
- Melissa officinalis
- Thymus vulgaris Ct. Thujanol

2

Beispiele für haut- und schleimhautpflegende Produkte

Neutrale Basis-Salbe
30 Gramm Sheabutter zusammen mit 20 ml Jojobaöl (oder einem der oben empfohlenen Öle/Mazerate) in einem sauberen Schraubglas kurz schmelzen (Heizung, Stövchen, nicht stark erhitzen), dazu maximal je 5 gtt. von den Ölen gemäß den Indikationen.

Lippenbalsam
10 Gramm Sheabutter mit 10 ml Calendulamazerat schmelzen, dazu je 1 gtt.
- Citrus reticulata
- Pelargonium graveolens
- Vanilla planifolia

Mundpflege-Konzentrat, antibakteriell und erfrischend
- Mentha piperita, 3 ml
- Mentha citrata, 3 ml
- Mentha spicata, 3 ml
- Elettaria cardamomum, 1 ml
- Foeniculum vulgare, 3 gtt.
- Matricaria recutita, 3 gtt.
- Salvia officinalis, 3 gtt.
- Pimpinella anisum, 3 gtt.
- Cinnamomum zeylanicum fol., 1 gtt.
- Syzygium aromaticum, 1 gtt.

mit 2 gtt. LV 41 mischen, ein bis drei Tropfen von dieser Mischung in ein Glas Wasser geben und damit den Mund spülen/gurgeln. Bei entzündetem Zahnfleisch statt Mentha piperita und M. spicata je 2,5 ml Commiphora molmol und Matricaria chamomilla in die Mischung geben.

Ölbad zur Hautpflege
Badeöle kann man sehr schnell mit Mulsifan (= Laureth-4, mildes und relativ hautfreundliches Polyethylenglycol = Emulgator) oder essbarem Lecithin (aus Sonnenblumen- oder Distelöl) herstellen:

80 ml Pflanzenöl (Soja, Distel) mit 10 ml Fluidlecithin oder 7,5 ml Mulsifan mischen, dazu
- Cananga odorata, 1 ml
- Coriandrum sativum, 1 ml
- Citrus aurantium ssp. bergamia, 1 ml
- Citrus aurantium fol., 2 ml
- Pelargonium graveolens, 2 ml

Ölbad gegen Muskelschmerzen
Oben stehende Pflanzenölmischung plus
- Eucalyptus radiata, 2 ml
- Lavandula angustifolia, 2 ml
- Juniperus communis, 2 ml
- Pinus sylvestris, 2 ml
- Gaultheria procumbens, 1 ml

Pro Vollbad ca. 5 ml dieser Mischung nehmen. Wenn man das Ölige nicht so mag, macht man sich wasserlösliche Konzentrate mit dem hautfreundlichen Lösungsvermittler LV 41, der aus Rizinusöl hergestellt wird. Auf 20–25 ml ätherischer Öle kommen 15 Tropfen LV 41. **Ein bis zwei ml** dieser Konzentrate reichen für ein Vollbad.

Deodorant
50 ml kosmetisches Haarwasser mit 50 ml Hydrolat/Hamameliswasser verschütteln, dazu
- Aniba rosaeodora, 20 gtt.
- Citrus aurantifolia, 10 gtt.
- Melaleuca leucadendra, 10 gtt.
- Salvia officinalis, 10 gtt.

Statt der Mischung aus kosmetischem Haarwasser und Hydrolat können auch 2/3 Weizenkorn und 1/3 Hydrolat verwendet werden.

Haarwasser
60 ml Weizenkorn mit 40 ml Rosmarinhydrolat verschütteln, dazu je 10 gtt.
- Lavandula angustifolia
- Cedrus atlantica
- Pimenta racemosa
- Cananga odorata
- Rosmarinus officinalis (nicht bei stark fettenden Haaren)

Luxus-Augenfältchenöl
10 ml Wildrosen-Öl, mit 10 ml Jojobaöl mischen, dazu
- Rosa damascena, 1 gtt.
- Citrus aurantium flos, 1 gtt.
- Boswellia carterii, 1 gtt.

Vitamin-2-Phasen-Öl
10 ml Wildrosen-Öl mit 10 ml Avocadoöl und 10 ml Jojobaöl mischen, dazu
- Citrus aurantium flos, 2 gtt.
- Citrus aurantium fol., 4 gtt.
- Pelargonium graveolens, 2 gtt.

- Rosa damascena, 1 gtt.
- Vanilla planifolia, 8 gtt.

Alles gut mischen, 20 ml Rosenhydrolat dazu geben, vor Anwendung immer gut schütteln. Statt Avocadoöl kann auch Sanddornöl verwendet werden, es wirkt leicht tönend.

Ätherische Öle bei Erkrankungen der Atemwege

Eines der Gebiete, in denen die „Schulmedizin" traditionell gerne ätherische Öle einsetzt, sind Reizungen und Infektionen der Atemwege. Viele ätherische Öle wirken **mukolytisch** und **expektorativ**. Jeder Mensch leidet dann und wann unter Erkältungskrankheiten, das sind Krankheiten, die durch Kälteeinwirkung zu Gefäßverengungen im Körper führen. Die Blutversorgung nimmt ab und damit die Immunabbwehr. Bakterien und Viren haben dann leichtes Spiel.

Nicht jede „Laufnase" ist jedoch bakteriell bedingt: Es kann sich auch um eine Allergie handeln oder um die Bemühung des Körpers, übersäuertes Gewebe zu reinigen. Man unterscheidet zwischen dem gewöhnlichen **Schnupfen** (Rhinitis), meist durch Rhino- oder Adenoviren ausgelöst, und der **Grippe** (Influenza), die eine durch Tröpfcheninfektion übertragene Virusinfektion ist (Grippevirus). Die Symptome sind schwer wiegender als beim Schnupfen: sehr hohes Fieber, starke Glieder- und Kopfschmerzen, Appetitlosigkeit und oft Kreislaufstörungen. Insgesamt dauert sie länger als eine gewöhnliche Erkältung und die Genesung geht langsamer vonstatten. Antivirale ätherische Öle können diese erleichtern und beschleunigen. Auch können die begleitenden Symptome gemildert werden: Analgetische Öle reduzieren die Kopf- und Gliederschmerzen, antiphlogistische Öle mildern die Entzündungen im Atemtrakt, mukolytische Öle erleichtern den Schleimfluss, wärmende oder kühlende Öle helfen, die Symptome der gestörten Temperaturregulation abzuschwächen.

Ähnlich werden die ätherischen Öle bei einer Erkältung eingesetzt. Sie kann sich sowohl im oberen wie im unteren Atemtrakt ausbreiten und geht meist mit einer Entzündung und all deren Anzeichen einher. Bevorzugt infrage kommen die ätherischen Öle aus den Familien der **Myrtaceae** wie Eucalyptus radiata oder Leptospermum scoparium, der **Pinaceae** wie Abies alba oder Pinus sylvestris sowie die Resinoide verschiedener **Harze**.

Sechs unterschiedliche Schritte der Behandlung führen zum Erfolg; die einzelnen Öle werden je nach Gesamtverfassung des Individuums ausgesucht:

1. die eindringenden **Erreger** abschwächen und dezimieren (antiviral, antibakteriell) mit:
- Cinnamomum camphora [Ravintsara]
- Cistus ladaniferus
- Citrus limonum
- Commiphora myrrha
- Cymbopogon flexuosus, C. martinii
- Eucalyptus radiata, E. staigeriana, E. citriodora
- Melaleuca sp.
- Melissa officinalis
- Leptospermum scoparium
- Origanum vulgare
- Thymus vulgaris Ct. Thujanol

2. die **Entzündungssymptome** vermindern (antiphlogistisch) mit:
- Achillea millefolium
- Boswellia sp.
- Matricaria recutita
- Rosa sp.
- fettes Sanddorn- oder Arganöl

3. das **Nervensystem** in eine möglichst entspannte Lage versetzen, Stress vermindern und damit die Regenerationskräfte des Körpers aktivieren mit:
- Anthemis nobilis
- Citrus aurantium fol. und flos
- Citrus reticulata
- Helichrysum italicum
- Lavandula angustifolia
- Melissa officinalis
- Myrtus communis Ct. Myrtenylacetat

4. die **Durchblutung** und Versorgung der Atemwege fördern mit:
- Laurus nobilis
- Lavandula angustifolia
- Melaleuca leucadendron, M. viridiflora
- Pinus sp.
- Piper nigrum

- Rosmarinus officinalis
- Zingiber officinale

5. zähen **Schleim** zu verflüssigen, das Abhusten zu unterstützen und die Atmung vertiefen mit:
- Abies sp.
- Boswellia sp.
- Cinnamomum camphora [Ravintsara]
- Eucalyptus sp. (Cineol)
- Hyssopus officinalis
- Inula graveolens
- Melaleuca leucadendron, M. viridiflora
- Mentha piperita
- Myrtus communis
- Nigella sativa
- Pinus sp.
- Rosmarinus officinalis Ct. Cineol
- fettes Schwarzkümmelöl

2

Begleitend, insbesondere in Zeiten der Ansteckung (Herbst, Winter) oder Situationen (Familie, Kindergarten) sollte die Raumluft mit monoterpenreichen ätherischen Ölen desinfiziert werden (Zitrusöle, Kieferngewächse).

Zusätzlich bieten sich folgende Anwendungsarten an:
- Fußbäder (bereits bei den ersten Symptomen!)
- Einreibungen auf Brust, Rücken und Füßen
- Streichungen in Lymphknotenbereichen
- Inhalationen bis zu vier Mal täglich
- feuchte Kompressen oder Wickel

Beispiele für Ölanwendungen bei Erkrankungen des Atemtraktes

Inhalation/Duftlampe

Bei ersten Schnupfensymptomen je 2 ml der folgenden Öle für eine Grundmischung in eine 10-ml-Flasche geben und davon nur ein bis zwei Tropfen auf eine Schüssel heißen Wassers verwenden, um die gereizten und empfindlichen Schleimhäute nicht unnötig zu reizen:
- Citrus limonum
- Eucalyptus staigeriana oder Litsea cubeba
- Lavandula angustifolia
- Leptospermum scoparium
- Melaleuca cajuputi oder Thymus vulgaris Ct. Thujanol

Nasensalbe bei Schnupfen

10 Gramm Sheabutter mit 10 ml Calendulamazerat schmelzen, dazu
- Lavandula latifolia, 2 gtt.
- Styrax tonkinensis, 2 gtt.
- Origanum majorana, 1 gtt.

Erste Hilfe bei Halsschmerzen

Vor allem bei empfindlichen Menschen (auch ideal bei Kindern) hilft es, bei den ersten Symptomen von Halsschmerzen einen Tropfen Santalum album pur oder mit wenig fettem Öl auf den Nacken einzureiben. Eventuell dazu einen Tropfen Rosen-Attar auf die Zunge oder auf eine Emser-Salz-Pastille geben und möglichst lange einspeicheln.

Zum Gurgeln für eine Grundmischung in ein kleines Schraubglas mit circa 100 g naturbelassenem (Meer-) Salz füllen, dazu:
- Citrus limonum oder C. aurantium ssp. bergamia, 10 gtt.
- Leptospermum scoparium, 10 gtt.
- Melaleuca alternifolia (frisch), 10 gtt.

Davon einen Teelöffel in lauwarmem Wasser mit Meersalz auflösen und jede halbe Stunde damit gurgeln.

Dazu innerlich: Eukalyptus-Kapseln (z. B. Ratiopharm®, Soledum®, Pinimenthol®), Gelomyrtol®-Kapseln

Hustenöl, trockener Husten, Reizhusten

8 ml Jojobaöl, 2 ml fettes Schwarzkümmelöl mischen, dazu
- Cupressus sempervirens, 2 gtt.
- Eucalyptus staigeriana, 2 gtt.
- Lavandula angustifolia, 2 gtt.

Mit 1 – 2 ml davon Brust und Rücken einreiben, begleitend: homöopathische Monapax-Tropfen sowie reichlich schleimbildende Tees trinken aus Eibisch, Huflattich, Island-Moos, Königskerze, Spitzwegerich. Bei Krampfhusten wirken insbesondere Cupressus sempervirens, Anthemis nobilis, Citrus aurantium fol., Helichrysum italicum.

Hustenöl, verschleimter Husten

8 ml Jojobaöl und 2 ml fettes Schwarzkümmelöl mischen, dazu

- Eucalyptus radiata, 2 gtt.
- Hyssopus officinalis, 1 gtt.
- Inula graveolens, 1 gtt.
- Lavandula latifolia, 4 gtt.
- Pinus sylvestris, 2 gtt.
- Rosmarinus officinalis Ct. Verbenon, 2 gtt.

Nach heißer Rolle am oberen Rücken und/oder warmer Kompresse Brustbereich mit 1 – 2 ml davon einreiben.

Begleitend Hustensäfte mit Thymian-Fluid-Extrakt oder Efeuextrakten nehmen sowie viel Wasser oder Kräutertees trinken!!!

Brustsalbe bei Husten und Schnupfen
30 Gramm Sheabutter zusammen mit 20 ml Jojobaöl (oder Olivenöl, Mandelöl usw.) in einem sauberen Schraubglas schmelzen (Heizung, Stövchen, nicht stark erhitzen), dazu je 5 gtt.

- Melaleuca leucadendra
- Lavandula angustifolia
- Thymus vulgaris Ct. Linalool

oder stärker:

- Cinnamomum camphora [Ravintsara], 3 gtt.
- Leptospermum scoparium, 3 gtt.
- Thymus vulgaris Ct. Linalool, 3 gtt.
- Eucalyptus citriodora, 3 gtt.
- Cinnamomum zeylanicum, 1 gtt.

Brustsalbe bei spastischer Bronchitis
30 Gramm Sheabutter mit 20 ml Schwarzkümmelöl schmelzen, dazu

- Citrus aurantium fol., 2 gtt.
- Nigella sativa, 2 gtt.
- Lavandula angustifolia, 2 gtt.
- Thymus vulgaris Ct. Linalool, 2 gtt.
- Foeniculum vulgare, 2 gtt.

Heuschnupfen (auch für Kinder ab 8 Jahren)
Rechtzeitig vor Beginn der Heuschnupfensaison reibt man sich zwei- bis dreimal täglich einige Tropfen folgender Ölmischung auf die Fußsohlen und/oder auf die Handgelenke:

- 9 ml fettes Schwarzkümmelöl
- Cupressus sempervirens, 6 gtt.
- Cedrus atlantica, 6 gtt.
- Kunzea ericoides, 6 gtt.
- Melissa officinalis 2 gtt.

Nach drei Wochen Anwendung eine Woche Pause machen, dann nochmals drei Wochen anwenden. Dazu Einnahme von Borretsch- und/oder Nachtkerzenölkapseln.

Badeöl
Badeöle kann man sehr schnell mit Mulsifan (= Laureth-4, mildes und relativ hautfreundliches Polyethylenglycol = Emulgator) oder essbarem Lecithin (aus Sonnenblumen- oder Distelöl) herstellen: 80 ml Pflanzenöl (Soja, Distel) mit 10 ml Fluidlecithin oder 7,5 ml Mulsifan mischen, dazu 8 bis 10 ml einer der folgenden Ätherische-Öle-Mischungen; **pro Vollbad circa 2 ml** dieser Mischung nehmen:

Ölbad bei nahender Erkältung, morgens
Oben stehende Pflanzenölmischung plus

- Lavandula latifolia, 2 ml
- Pinus cembra, 2 ml
- Leptospermum scoparium, 2 ml
- Thymus vulgaris Ct. Linalool, 2 ml
- Mentha piperita, 1 ml

Ölbad bei nahender Erkältung, abends
Oben stehende Pflanzenölmischung plus

- Angelica archangelica, 2 ml
- Cedrus atlantica, 1 ml
- Citrus limonum, 1 ml
- Lavandula angustifolia, 2 ml
- Myrtus communis, 2 ml

Ätherische Öle für unruhige und ängstliche Patientinnen

Vor allem Kinder oder ältere Menschen leiden oft besonders unter der Unterbrechung ihrer Alltagsroutine und ihrer Lebensgewohnheiten, wenn sie ins Krankenhaus oder gar ins Pflegeheim müssen. Zudem bedeutet ein Unfall, eine Operation oder eine plötzliche Erkrankung für jeden Menschen eine starke psychische Belastung, auf die er mit Schlaflosigkeit oder anderen **vegetativen Beschwerden** reagieren kann. Hier kann im Rahmen der Aromapflege sehr gut geholfen werden.

Gleichzeitig kann der erfolgreiche Einsatz der ätherischen Öle eine Entlastung für die Pflegenden sein, da die Patientinnen weniger klingeln, weniger umherwandern und oft auch weniger Medikation benötigen.

Hirnleistungsstörungen

Bei (älteren) Menschen mit **Hirnleistungsstörungen** haben ätherische Öle oft eine ganz erstaunliche Wirkung; oft kann man durch den Einsatz von Düften überhaupt erst wieder zu diesen Patienten vordringen. In Studien wurde herausgefunden, dass das ätherische Öl von Salvia lavandulifolia im Gehirngewebe das Enzym **Acetylcholinesterase** unterdrückt, so dass es in der adjuvanten Behandlung von Morbus Alzheimer eingesetzt werden kann (Perry et al. 2003).

2

In einer plazebokontrollierten Studie an 72 Menschen mit schwerer **Demenz** konnte nach vier Wochen des Auftragens von verdünntem Melissa-officinalis-Öl auf Gesicht und Arme bei 60 % der Patienten eine 30 %ige Verbesserung der Unruhezustände verzeichnet werden (Ballard et al. 2002).

In einer kleineren plazebokontrollierten Studie an dementen geriatrischen Patienten wurde gezeigt, dass 60 % der Teilnehmer durch eine Raumbeduftung mit Lavendelöl deutlich weniger unruhig als zuvor waren (Holmes et al. 2002).

Pflegende, die mit dementen Menschen zu tun haben, können diese und ähnliche Wirkungen von ätherischen Ölen immer wieder beobachten (Bernath-Frei 2005). Das überrascht nicht allzu sehr, wenn man an die unmittelbare Wirkung der Öle auf das **Limbische System** denkt und daran, dass diese die Blut-Hirn-Schranke überwinden können (Buchbauer 2004). Vor allem Öle, die **1,8-Cineol** und **Borneon** enthalten, scheinen einen „durchschlagenden" Effekt bei Morbus Alzheimer zu haben.

In einer Studie an acht freiwilligen Probanden – darunter einer Anosmikerin – konnte gezeigt werden, dass der **zerebrale Blutfluss** nach Inhalation von 1,8-Cineol signifikant erhöht war, ähnlich wie sich bei Tierexperimenten zeigte, dass die **motorischen Zentren** durch diesen Hauptinhaltsstoff von Rosmarinus officinalis und Eucalyptus globulus beeinflusst werden (Buchbauer 2003b).

Palliativpflege

Selbst wenn ein Mensch als „austherapiert" gilt, ist er nicht zum baldigen Tode verurteilt und hat möglicherweise noch viele Jahre zu leben. Dennoch begleitet ihn eine belastende Diagnose, die einerseits dem Immunsystem zu schaffen macht, also auf der rein körperlichen Ebene zu Fehlregulationen führen kann, andererseits mit Angst, Sorgen, Schlaflosigkeit oder anderen Stresssymptomen einhergeht. Zudem hat er oft große Schmerzen zu ertragen und mit den Nebenwirkungen von starken Medikamenten zu kämpfen.

Dieser Bereich der Pflege ist in Großbritannien ohne Aromatherapie nicht mehr denkbar, hier kann enorm viel unternommen werden, um den betroffenen Menschen das Leben so schmerzfrei und angenehm wie möglich zu gestalten. Sie bekommen oft über die kleinen und großen Aroma-Anwendungen und -zuwendungen erstmals einen Bezug zu ihrem Körper, lernen ihre Bedürfnisse überhaupt erst kennen und machen positive psychologische Veränderungen durch. Damit kann dann eine starke Besserung ihrer Gesamtbefindlichkeit einhergehen.

Ätherische Öle, die reich an **Monoterpenolen** und **Monoterpenestern** sind, sind aus dieser recht psychotherapeutisch orientierten Aromatherapie nicht wegzudenken: Sie wirken anxiolytisch, spasmolytisch und sedativ. Gut erforscht sind die Hauptinhaltsstoffe von Lavandula angustifolia Linalool und Linalylacetat; deren das Nervensystem beeinflussende Wirkung wurde an der Universität Wien in vielen Versuchen sowohl an Mäusen als auch am Rattenduodenum studiert. Zudem zeigt Linalool **zentral dämpfende Effekte** und verlängert die narkotische Wirkung von Barbituraten. Es wirkt auch **antikonvulsiv**, vermutlich durch eine Steigerung der GABA-ergischen Aktivität, und reduziert signifikant die durch Kaliumionen stimulierte Freisetzung von Glutamat (Buchbauer 2004).

Lavendelöl wirkt hemmend auf die spontane motorische Aktivität, ferner konnte anhand von EEGs mehrfach nachgewiesen werden, dass es angstlösend wirkt (Buchbauer 2003a). Es konnte auch gezeigt werden, dass die spasmolytische Aktivität postsynaptischen Ursprungs ist und keine Ähnlichkeit mit der Wirkung von Atropin hat (Lis-Balchin und Hart 1999).

Anwendungen in der Palliativpflege können vor allem durch Einreibungen, kleine Hand- und Fußmassagen sowie durch Raumbeduftung erfolgen. Für Letztere braucht man nicht zwangsläufig eine Duftlampe, vielmehr kann ein gut befeuchtetes Handtuch mit wenigen Tropfen der Einzelöle oder Mischungen im Winter auf die Heizung und im Sommer ans Kopfende des Bettes oder über eine Stuhllehne platziert werden.

Ölbad bei Angst (blumig)
In 90 ml Badeöl-Pflanzenöl-Mischung (S. 137) folgende ätherische Öle geben:
- Anthemis nobilis, 0,5 ml
- Cananga odorata, 1 ml
- Citrus aurantium fol., 2 ml
- Citrus paradisi, 1 ml
- Lavandula angustifolia, 2 ml
- Melissa officinalis, 0,5 ml
- Pelargonium graveolens, 1 ml
- Vanilla planifolia, 10 gtt.

Pro Vollbad ca. 5 ml dieser und der folgenden Mischungen nehmen.

Ölbad bei Unruhe (herb-frisch)
Oben stehende Pflanzenölmischung plus
- Citrus aurantifolia, 1 ml
- Citrus aurantium ssp. bergamia, 1 ml
- Lavandula angustifolia, 2 ml
- Mentha citrata, 2 ml
- Origanum majorana, 2 ml
- Salvia sclarea, 3 gtt.

„Kölnischer Duft" zum Entkrampfen
- Citrus aurantium ssp. bergamia, 4 ml
- Citrus aurantium flos, 5 gtt.
- Citrus aurantium fol., 2 ml
- Lavandula angustifolia, 2 ml
- Ocimum basilicum, 2 gtt.
- Rosmarinus officinalis Ct. Verbenon, 0,5 ml
- 10 Tropfen Lösungsvermittler LV 41

Die beiden ersten Mischungen können auch als Konzentrate (dann ohne fettes Pflanzenöl mischen) für die Duftlampe, Inhalationen und Kompressen verwendet werden.

Sterbebegleitung

Der letzte Weg des Menschen ist oft einsam und mit starken Ängsten verbunden, vor allem wenn er aus medizinischen Gründen in einer „kalten" Umgebung gegangen werden muss. Auch in diesem Bereich werden Düfte oft als wertvolle Begleiter angenommen. Wichtig ist hier zu beachten, dass die ätherischen Öle grundsätzlich ganz zart dosiert werden, die Verdünnungen also **unter 1 %** liegen sollten.

Auch sollten, wenn irgend noch möglich, nur Düfte verwendet werden, die den sterbenden Menschen positiv stimmen, aufmuntern, ihn vielleicht sogar an angenehme Ereignisse erinnern können. Das kann eventuell auch mit der Hilfe von Angehörigen herausgefunden werden.

Wenn man keine Informationen für die Zusammenstellung von **„Erinnerungsdüften"** erlangen kann, sollte man eher mit Einzelölen arbeiten und Reaktionen bei dem betreffenden Menschen beobachten.

Der Wunsch nach Berührung wird oft nicht von den betroffenen Menschen geäußert, auch wenn er besteht, so dass man mit kleinen Einreibungen oder Teilmassagen einen „Vorwand" liefern kann (Ahlswe-Ehlers 2003).

Folgende Öle mit ihren psychologischen Themen haben sich als sehr hilfreich erwiesen:
- Aquilaria agallocha
  - *Den Übergang erleichtern*
- Boswellia carterii
  - *Einfach Loslassen*
- Cedrus atlantica
  - *Den Neubeginn wagen*
- Citrus aurantium flos
  - *Den Schock verkraften*
- Iris germanica
  - *Kontakt zu neuen Ebenen*
- Rosa damascena (Destillat)
  - *Das Herz öffnen*

6 Vorsichtsmaßnahmen und Kontraindikationen

6.1 Toxikologie der Duftstoffe

Toxikologie wird definiert als „Lehre von den schädlichen Wirkungen chemischer Substanzen auf lebende Organismen“ (Wabner 1996). Zunächst gilt es zu unterscheiden, dass es eine **absolute** Toxizität von ätherischen Ölen geben kann (manche Öle mit hohem Anteil an bestimmten Monoterpenketonen) und **relative** Toxizität (Wechselwirkung mit Medikamenten, Licht und Verfall der Öle). Die **individuelle** Empfindlichkeit einer Person spielt dabei auch eine große Rolle, manche Menschen reagieren beispielsweise auf viele Substanzen allergisch.

Auch muss zwischen **akuter** und **chronischer** Toxizität unterschieden werden, da einige wenige Öle oder Ölbestandteile schon in geringsten Mengen sofort toxisch wirken können, andere müssen sich erst im Gewebe ansammlen, um ihre giftigen Effekte auflösen zu können. Der oft zitierte Satz von **Theophrastus Bombastus von Hohenheim** (Paracelsus genannt) muss in diesem Zusammenhang in Erinnerung gerufen werden: „Alle Dinge sind Gift, und nichts ist ohn' Gift, allein die Dosis macht, dass ein Ding kein Gift ist“ (Rippe et al. 2002).

Forschung zur Verträglichkeit

Bei der internationalen **Duftstoffindustrie**, wo neben vielen synthetischen auch immer noch natürliche Duftstoffe verarbeitet werden, weiß man um die Unverträglichkeiten von vielen Substanzen, vor allem, wenn sie bestimmte Mengen in Parfum- und Kosmetikprodukten überschreiten.

Um wissenschaftlich abgesicherte Richtlinien und Empfehlungen an die Hersteller aussprechen zu können, gründete man 1973 die Vereinigung **IFRA** (International Fragrance Association) in Genf, deren Mitglieder die Verbände der Riechstoffhersteller aus verschiedenen Ländern sind (www.ifraorg.org, hier sind auch wertvolle Links zum Thema zu finden). Ein Komitee (TAC, Technisches Sachverständigenkomitee) sammelt, veröffentlicht und spricht Empfehlungen aus über die Erfahrungen mit den unterschiedlichsten Riechstoffen.

Forschungsunterlagen und Testergebnisse werden vom 1966 in den USA gegründeten Forschungsinstitut für Duftmaterialien **RIFM** (Research Institute for Fragrant Materials) bekannt gegeben. Hier arbeiten unabhängige Experten aus vielen verschiedenen Ländern zusammen, zum Beispiel Dermatologen, Toxikologen und Pharmakologen, um die Endverbraucher vor gefährlichen oder reizenden Stoffen zu schützen.

Die toxikologischen Studien werden zunächst an Tieren vorgenommen, von Krabbenlarven bis zu Säugetieren. Um die tödliche Dosis (LD, lethal dose) eines Duftstoffes zu ermitteln, bekommt eine Anzahl von Tieren eine Menge des Stoffes (oral) verabreicht. Die Menge, die 50 Prozent der Tiere tötet, wird als **LD_{50}** angebeben. Von einem hochtoxischen ätherischen Öl wie Peumus boldus benötigt man beispielsweise 0,13 g pro Kilo durchschnittlichen Körpergewichts des Tieres, um die Hälfte aller an der Studie beteiligten Tiere zu töten, bei Melaleuca alternifolia muss man bereits 1,90 g/kg verabreichen, um den Tod zu verursachen und bei Rosa damascena beträgt die LD_{50} mehr als 5 g/kg. Auf den Menschen umgerechnet bedeutet das, dass ein siebzig Kilo schwerer Mensch mit gut 3,5 Kilo Rosenöl umgebracht werden könnte.

Für Ärzte, vor allem für **Dermatologen** und **Allergologen**, ist die Liste der knapp hundert natürlichen und synthetischen Substanzen, die in Parfums, kosmetischen Produkten und Reinigungsmitteln problematisch werden können, interessant. Diese Stoffe können hautreizend sein,

ein allergenes Potenzial haben oder gar photosensibilisierend wirken. Für jeden dieser Stoffe werden Empfehlungen zu den zu verwendenden Maximalmengen oder Qualitätsanforderungen ausgesprochen.

Dem Arzt steht für **Allergietests** ein standardisierter so genannter Duftstoffmix aus den am meisten verwendeten Inhaltsstoffen (Zimtalkohol, Zimtaldehyd, Amylzimtaldehyd, Eugenol, Isoeugenol, Hydroxycitronellal, Geraniol, Eichenmoos) zur Verfügung (www.riechstoffverband.de).

Sicherheitsvorkehrungen

Um die Patienten (und natürlich auch die Behandlerinnen) zu schützen, stellte **Robert Tisserand** vor etwa 20 Jahren folgende Liste für die International Federation of Aromatherapists (Erläuterung im Adressenteil) zusammen. Deren Mitglieder, praktizierende Aromatherapeutinnen (und einige wenige Aromatherapeuten), verpflichten sich, keines dieser Öle zu verwenden.

Folgende Öle können Vergiftungen oder Hautreizungen verursachen:
Acorus calamus, Kalmus
Artemisia absinthum, Wermut
Artemisia abrotanum, Eberraute
Artemisia vulgaris, Beifuß
Brassica nigra, schwarzer Senf
Chenopodium anthelminticum, Wurmsamen
Cinnamomum camphora, Kampfer gelb/braun
Cinnamomum cassia, Cassiazimt
Cinnamomum zeylanicum, Zimtrinde
(Cochlearia) Armoracia, Meerrettich
Eugenia caryophyllata, Gewürznelke
Foeniculum vulgare var. amara, Fenchel bitter
Hedeoma pulegium, (amerik.) Poleiminze
Gaultheria procumbens, Wintergrün
Inula helenium, Alant
Mentha pulegium, Floh-/Poleiminze
Ocotea cymbarum brasil., Sassafras
Origanum vulgare, (wilder/spanischer) Oregano
Peumus boldus, Boldus
Pilocarpus jaborandi, Jaborandi
Pinus pumilio, Zwergkiefer
Prunus amygdalis var. amara, Bittermandel
Ruta graveolens, Weinraute
Satureja hortensis und montana, Bohnenkraut
Saussurea lappa, Costus
Tanacetum vulgare, Rainfarn
Juniperus sabina, Sadebaum
Sassafras albidum, Sassafras
Thuja occidentalis/plicata, Thuja (Lebensbaum)

1995 erschienen diese Empfehlungen wesentlich ausführlicher und differenzierter in dem umfangreichen Buch „Essential Oil Safety", das **Tisserand** zusammen mit dem Biologen **Tony Balacs** geschrieben hat.

In Frankreich sind etliche Öle nur auf Rezept in der Apotheke erhältlich, z. B. Artemisia absinthum (Wermut), Cedrus atlantica (Atlaszeder), Hyssopus officinalis (Ysop), Salvia officinalis (Salbei), Tanacetum vulgare (Rainfarn) und Thuja occidentalis (Thuja). Die Verbraucher sollen vor allem vor der potenziell neurotoxischen und abortiven Wirkung von bestimmten Ketonen geschützt werden.

Besser als in irgendeiner Liste nachzuschlagen ist es natürlich, die einzelnen Inhaltsstoffe der ätherischen Öle zu kennen und zu wissen, wie sie aufgrund ihrer biochemischen Zusammensetzung wirken können (Kap. 2 und 8).

Um sich auf die Wirkungen der ätherischen Öle verlassen zu können ist es wichtig, für medizinische oder pflegende Zwecke nur Öle bester Herkunft und **bester Qualität** zu verwenden. Selbst Flaschen mit der Bezeichnung „natürliches ätherisches Öl" können mangelhafte Ware enthalten, da es sich um ein nicht nachvollziehbares Gemisch aus natürlichen Bestandteilen handeln kann.

Auch sind natürliche Öle, die für die Parfumindustrie gewonnen wurden, nur bedingt für die therapeutische Arbeit geeignet, da bei ihnen weder auf ungiftige Anbaumethoden geachtet werden muss, noch handelt es sich dabei zwangsläufig um schonende und komplette Destillationen, wie anhand von Ylang Ylang nachvollzogen werden kann.

6.2 Verträglichkeit und Allergien

Allergien

Allergische Reaktionen gegen einige ätherische Öle sind bekannt, vor allem bei bekannter Allergie gegen Korbblütengewächse (Hausen 1997). Auch bei allgemein gut verträglichen Ölen wie Rosa damascena tauchen gelegentlich Probleme auf, die jedoch oftmals mit einer schlechten Qualität des Öles zusammenhängen.

Nicht nur synthetische Beimischungen können hierfür verantwortlich sein, sondern auch erhöhte Oxidwerte in wenig sorgfältig destillierten natürlichen Ölen.

Auch können Pestizidrückstände in Zitrusölen oder im Trägeröl reizend oder allergisierend wirken. Reaktionen mit Chemikalien in der Kleidung oder mit Synthetikfasern können in seltenen Fällen nach der Massage auftreten.

Eine sachgemäße Anwendung vorausgesetzt, stellt fast kein ätherisches Öl eine Gefahr für grundsätzlich gesunde Menschen dar. Sachgemäß bedeutet für die ätherischen Öle:

- Sie müssen von einem zuverlässigen Lieferanten erworben werden.
- Sie müssen frisch sein und korrekt gelagert werden.
- Die Auswahl und die Dosierung muss der Befindlichkeit des individuellen Patienten angepasst werden.

Wie wir im Folgenden sehen werden, gibt es allerdings für Personen mit bestimmten Krankheitsbildern einige Einschränkungen.

Die Haut und ätherische Öle

Hautreizende Öle

Grundsätzlich kann jedes ätherische Öl je nach Hauttyp und Verdünnungsgrad **Reizungen**, **Rötungen**, **Jucken** oder eine **Hyperthermie** verursachen, alles durchaus „normale" Reaktionen, vergleichbar mit den Hautreaktionen auf die Berührung mit einer Brennnessel, die nichts mit Allergien zu tun haben.

Es gibt einige Öle, die die normale, gesunde Haut auch bei der üblichen Verdünnung von maximal 3 % angreifen können. Das sind vor allem **phenolhaltige** Öle, die bei Menschen mit empfindlicher Haut allenfalls auf die robuste Haut der **Fußsohlen** aufgebracht werden sollten, zum Beispiel im Falle einer drohenden Erkältung. Selbst hier ist auf eine maximal 3 %ige Verdünnung zu achten.

Auch Öle, die reich an Aldehyden sind, können empfindliche Haut reizen; die Zugabe von pinen- oder limonenhaltigen Ölen mildern diesen Effekt. **Zimtaldehyd** kann besonders hautreizend wirken. Zitrusöle sind besonders im warmen Vollbad vorsichtig zu dosieren; zehn Tropfen können je nach Haut und Wassertemperatur bereits zu viel sein.

Potenziell hautreizende ätherische Öle

Cinnamomum cassia (chinesischer Zimt)	Cassiazimt
Cinnamomum zeylanicum	Zimtrinde Zimtblätter
Syzygium aromaticum	Gewürznelke (Blätter und Knospe)
Origanum vulgare	Oregano
Satureja hortensis/montana	Bohnenkraut
Thymus vulgaris	Thymian Ct. Thymol und Ct. Carvacrol
Myroxylon balsamum	Perubalsam

Perubalsam, das kein ätherisches Öl, sondern ein Resinoid ist, wird als ungewöhnlich starkes Allergen eingestuft. Laut Expertenmeinung liegt das jedoch an der Kontaminierung mit Chemikalien, nicht aber am reinen Balsam.

Bei Allergikern und empfindlichen Personen sollten ätherische Öle zu Beginn der Behandlungsreihe zunächst nur **einzeln** eingesetzt werden bzw. die gewählten Öle zunächst getrennt getestet werden: etwas vom Öl, mit maximal der doppelten Konzentration als später verwendet werden soll, mit fettem Öl vermischt auf der Innenseite des Unterarms auftragen und 25 Minuten einwirken lassen. Entsteht eine Rötung, Jucken, eine Schwellung oder gar Blasen, sollte das Öl nicht angewendet werden.

Isolierte Duftstoffe als Allergene

Seit die neue europaweit geltende **Kennzeichnungspflicht für Kosmetik** gilt (2003), gibt es viel Unruhe in der Naturkosmetikbranche. Der Aufdruck „Sensibilisierung durch Hautkontakt" und „Berührung mit der Haut vermeiden" sollte zunächst in Fall von sechsundzwanzig vorkommenden Inhaltsstoffen gut lesbar auf die Verpackungen der Kosmetika aufgedruckt sein. Zur Zeit der Drucklegung genügte es, die folgenden Inhaltsstoffe in der INCI-Deklaration aufzulisten. Diese Kennzeichnungspflicht betrifft auch Massageöle mit ätherischen Ölen und ähnliche Produkte, die in der Aromapraxis eingesetzt werden können.

Problematisch bzw. sogar geschäftsschädigend für die betreffenden Naturkosmetikhersteller ist leider, dass zurzeit noch kein Unterschied zwischen natürlichen Stoffen, die in das Vielstoffgemisch ätherisches Öl eingebunden sind und „naturidentischen" Kopien gemacht wird. Diese wirken erfahrungsgemäß reizender, sei es durch laborbedingte Trägersubstanzen oder durch den Mangel an natürlichen – in Spuren vorkommenden – Begleitstoffen, die in natürlichen Ölen oft puffernde Effekte haben.

Bei naturreinen ätherischen Ölen scheint die Synergie aller Bestandteile die Gefahr der Hautreizung abzuschwächen. Um das zu überprüfen, hat die Firma Weleda eine Studie an hundert Duftstoffmix-Allergikern in Auftrag gegeben, die mit Naturstoffen beduftete Kosmetikprodukte 24 Stunden lang unter einem Pflaster auf ihrer Haut behalten mussten. Trotz dieser nicht alltäglichen Form der Anwendung zeigte sich die Haut der Probanden nicht gereizt (Weleda 2003). Auch Wissenschaftler erkennen an, dass die Summe einzelner Bestandteile der Öle mehr sind als ein Einzelstoff (Hippeli 2004).

Man hat diesen Effekt jedoch – zumindest in einigen Fällen – erkannt und wird sicherlich in Zukunft diese Kennzeichnungspflicht differenzieren. Dafür setzen sich Wissenschaftler und Firmen mit entsprechenden Studien und Materialsammlungen zurzeit ein, beispielsweise **NORA Deutschland** (www.nora-international.de).

Um folgende Riechstoffe wurde die „Richtlinie zur Angleichung der Rechtsvorschriften der Mitgliedsstaaten über kosmetische Mittel 76/68/EWG vom 26. Februar 2003" erweitert:

Amylcinnamal
Benzylalkohol
Cinnamylalkohol
Citral
Eugenol
Hydroxycitronellal
Isoeugenol
Amylcinnamylalkohol
Benzylsalicylat
Cinnamal
Cumarin
Geraniol
Hydroxy-Methylpentylcyclohexencarboxaldehyd
Anisylalkohol
Benzylcinnamat
Farnesol
2-(4-tert-Butylbenzyl)propionaldehyd
Linalool
Benzylbenzoat
Citronellol
Hexylcinnamaldehyd
d-Limonen
Methylheptincarbonat
3-Methyl-4-(2,6,6-trimethyl-2-cyclohexen-1-yl)-3-buten-2-on
Eichenmoos- und Baummoosextrakt
(Europäische Union 2003)

Bei der Auflistung dieser angeblichen Allergene wird nicht nach der Schwere der möglichen Hautreizungen unterschieden. Es ist jedoch bekannt, dass beispielsweise Geraniol (in Rosen-, Rosengeranien- und Palmarosaöl) oder Linalool (in Lavendel-, Petit-Grain- und Rosenholzöl) um ein vielfaches schwächer wirken, was Hautirritationen anbelangt, als Zimtaldehyd (Amylcinnamal) oder gar Eichenmoosextrakt, auf die auch unempfindliche Menschen reagieren können.

Verunreinigungen als Allergene

Als besonderes Problem stellen sich das Öl und andere Produkte aus **Matricaria recutita** dar: Angeblich gibt es eine hohe Bereitschaft zu Allergien durch diese weltweit eingesetzte Heilpflanze. Hier scheint es sich jedoch um ein Problem mit Verunreinigungen der entsprechenden Tees und anderer Kamillenprodukte zu handeln, da der weltweite große Bedarf nicht mit der Heilpflanze allein gedeckt werden kann. So werden absichtlich oder versehentlich Anthemis- und andere Kamillen in die Produkte gemischt, diese können jedoch stark hautreizende **Anthecotulide** (Sesquiterpenlactone) enthalten (Hausen und Vieluf 1997).

Ende der neunziger Jahre traten plötzlich vermehrt Allergien gegen das sonst bestens verträgliche Öl von Lavandula angustifolia auf. Die Erklärung war einfach, aber erschreckend: In Frankreich waren viele der geklonten Lavendelpflanzen von einem **Virus** befallen, diese wurden nicht in allen Fällen vernichtet, sondern zu (verunreinigtem) Öl verarbeitet (Wabner 1996).

Auch Verunreinigungen mit synthetischen Bestandteilen können durch ihren Gehalt an produktionsbedingten **chlorierten Trägersubstanzen** für Hautirritationen oder gar Allergien verantwortlich sein.

Oxidative Folgeprodukte als Allergene

In den letzten Jahren hat sich herausgestellt, dass die immer häufiger vorkommenden Irritationen und allergischen Kontaktekzeme gegen **Melaleuca alternifolia** durch falsch gelagertes, oxidiertes Öl zustande kommen, da sowohl das im Öl zu gut einem Drittel vorkommende Terpinen-4-ol, als auch andere Monoterpene, bei ungünstiger Lagerung (hell, warm, unverschlossen) innerhalb von wenigen Tagen oxidative Folgeprodukte bilden kann (Wabner 2002; Hausen 1997). Im Extremfall wird das Öl in kürzester Zeit reich an aggressiven, hautreizenden Peroxiden wie dem hyperämisierenden **Ascaridol,** das in isolierter Form mit organischen Säuren reagiert und zu ernsthaften Dermatiden führen kann. Dazu finden wir erhöhte Werte an **1,2,4-Trihydroxymenthan** und **γ- und p-Cymen**, welche von 3 % im frischen Öl auf 10–30 % ansteigen können (Reichling 2000 und Harkental 1998).

Grundsätzlich können fast alle ätherischen Öle – insbesondere diejenigen, die reich an Monoterpenen und Aldehyden sind – sofern sie nicht korrekt gelagert und gehandhabt werden und dadurch hohe **Peroxidwerte** aufweisen, die Haut stärker angreifen als die entsprechenden frischen bzw. nicht angebrochenen Öle. Bekannt ist dieses Phänomen bei überlagerten **Zitrusölen** und **Nadelölen**, aber auch bei **Eukalyptus**- und **Zitronengrasölen** (Balacs und Tisserand 1995).

> Alte und oxidierte Öle sollten deshalb nach einem Jahr aus dem klinischen Bereich verbannt werden.

Man kann den **Peroxidwert** in ätherischen Ölen, genau wie seit Jahren bereits bei fetten Ölen praktiziert, messen: Er sollte unbedingt unter 20 sein; am hautfreundlichsten verhält sich das Öl beim Wert 5 und darunter. Da etliche ätherische Öle, insbesondere das von Melaleuca alternifolia, so anfällig für Oxidationsprozesse sind, sollten diese also streng genommen nur nach sorgfältigen Kontrollen auf den Markt kommen und immer mit dem Hinweis versehen sein, dass die angebrochene Flasche nur eine sehr begrenzte Haltbarkeit aufweist.

Photosensibilisierende Eigenschaften

Furocumarine sind eine Gruppe von Inhaltsstoffen in einigen ätherischen Ölen, die die Wirkung von ultravioletten Strahlen auf der Haut verstärken. Sie verleihen dem jeweiligen Öl – je nach Verdünnung – eine photosensibilisierende und sogar **photomutagene** Wirkung, da diese Moleküle bei Berührung, insbesondere mit feuchter Haut, und unter gleichzeitiger Einwirkung von **UV-Licht** (312 bis 320 nm Wellenlänge) eine Substanz bilden, aus der sich – zusammen mit einem körpereigenen Eiweiß – ein Antigen entwickelt (Hausen und Vieluf 1997).

Bei diesem Eiweiß handelt es sich um **Pyrimidinbasen der DNS**, das zusammen mit den Furocumarinen ein Additionsprodukt bildet, das die Zellteilung in den Epidermiszellen der Haut unmöglich macht. Es entsteht eine subepidermale Blasenbildung mit Schwellung und führt zu einer **Dermatitis solaris** 1. und 2. Grades (Stahl-Biskup 2004, Roth et al. 1994).

Als die Inhaltsstoffe in Kosmetika noch nicht so scharf reglementiert wurden, sah man oft Frauen mit der so genannten **Berloque-Dermatitis**, vor allem im seitlichen Halsbereich. Diese entstand durch furokumarinhaltige Duftstoffe in Parfums (Hausen, Vieluf 1997).

Furocumarine befinden sich hauptsächlich in durch **Pressung** gewonnenen ätherischen Ölen und nur in einigen destillierten Ölen. Tisserand rät diesbezüglich vom perkutanen Gebrauch von Öl von Lippia citriodora gänzlich ab und empfiehlt bei einigen Ölen folgende Verdünnungen, die die angegebenen Werte nicht überschreiten sollten. Auch dann sollte nach der perkutanen Anwendung die Haut – je nach aufgetragener Menge/Verdünnung **bis zu acht Stunden** vor ultravioletten Strahlen der Sonne oder eines Solariums geschützt werden (Tisserand 1995).

Angelica archangelica	0,78 %
Citrus aurantium bergamia	0,4 %
Citrus aurantifolia	0,7 %
Citrus aurantium	1,4 %
Citrus limonum	2 %
Citrus paradisi	4 %
Cuminum cyminum	0,4 %
Ruta graveolens	0,78 %
Tagetes tenuifolia	0,05 %

Laut Tisserands Tests wirken die ätherischen Öle von Citrus sinensis und Citrus reticulata nicht photosensibilisierend. Auch das *destillierte* Öl von Citrus aurantifolia gehört dazu. Citrus limonum enthält in sehr unterschiedlichen Anteilen die photosensibilisierend wirkenden Stoffe Bergapten und Oxypeucedanin, je nachdem, in welchem Gebiet auf der Welt es gewonnen wurde. Auch Citrus aurantium per. und Citrus aurantifolia können große Mengen an Oxypeucedanin enthalten (Naganuma et al. 1985).

hautfreundliche ätherische Öle

Aniba rosaeodora	Rosenholz
Anethum graveolens	Dill (ganze Pflanze)
Anthemis nobilis	Kamille, römisch*
Boswellia carterii	Weihrauch
Bursera delpechiana	Linaloeholz
Cedrus atlantica	Atlaszeder
Cinnamomum camphora	Ho-Blätter
Citrus aurantium flos	Neroli
Commiphora myrrha/ molmol	Myrrhe
Cupressus sempervirens	Zypresse
Daucus carota	Karottensamen
Elettaria cardamomum	Cardamom
Hyssopus officinalis	Ysop
Iris germanica	Iris
Lavandula hybrida	Lavandin
Lavandula angustifolia	Lavendel
Leptospermum scoparium	Manuka
Matricaria recutita	Kamille blau*
Melaleuca viridiflora	Niaouli
Melaleuca leucadendra	Cajeput
Origanum majorana	Majoran
Pelargonium graveolens	Rosengeranie
Pogostemon patchouli	Patchouli
Rosa damascena	Rose
Salvia sclarea	Muskatellersalbei
Santalum album	Sandelholz
Vetiveria zizanoides	Vetiver

* nur in Verdünnung hautfreundlich

2

6.3 Kontraindikationen

Die Leber und ätherische Öle

Die Leberwerte von grundsätzlich gesunden Menschen können sich laut einigen Autoren durch die länger anhaltende innere Anwendung (zwei Wochen und mehr) von stark ketonhaltigen und phenolhaltigen ätherischen Ölen verschlechtern (Balacs und Tisserand 1995). Es können allgemeine Vergiftungssymptome durch **Akkumulation** im Lebergewebe entstehen (Franchomme und Pénoël 1990). Bei Menschen mit vorgeschädigter Leber sollten die in der Tabelle auf Seite 152 unter „Öle mit hohem Phenolgehalt" genannten Öle nur äußerlich und sparsam angewendet werden.

Hepatotoxizität

Einige Bestandteile von ätherischen Ölen können die gleichen Vergiftungssymptome wie Paracetamol (Acetaminophen) verursachen (Balacs und Tisserand 1995): das entgiftende **Glutathion** wird gehemmt durch *innere* Anwendung von

- Eugenol

möglicherweise auch durch

- Zimtaldehyd
- trans-Anethol
- Pulegon

2

Veränderung der Hepatozyten

1) Bei Menschen **mit G6PD-Mangel** (Glukose-6-Phosphat-Dehydrogenase) sammelt sich Menthol in der Leber, bei betroffenen Babys verursacht **Menthol** eine schwere Neugeborenen-Gelbsucht (Franchomme, Pénoël 1990, Buckle 2003). Dieser angeborene, vererbbare Defekt wird vor allem bei männlichen Chinesen, bei 12 % der Westafrikaner und bei Menschen aus dem Mittleren Osten relativ häufig angetroffen. Diese Menschen wissen darum, weil sie eines oder alle der folgenden Mittel nicht einnehmen dürfen: Antimalariamittel, Sulphonamide, Chloramphenicol, Streptomycin, Aspirin.

2) Seit durch Tierversuche bekannt wurde, dass oral verabreichtes **Cumarin** (u. a. in Waldmeister, Zitrusschalenölen, Angelikaöl) Karzinome der Galle führenden Wege verursachen kann, wurde es von der US-amerikanischen Lebensmittel- und Medikamenten-Überwachungsbehörde (FDA) verboten. In Europa sind 0,002 g/kg als Lebensmittelaroma erlaubt. Cumarin wurde wiederum bereits als antitumorales Mittel am Menschen angewendet. Hier stufte man es nicht als hepatotoxisch ein (Balacs und Tisserand 1995).

DNS-Veränderung in der Leber

Bei Tierversuchen – wie so oft mit hochkonzentrierten, isolierten Stoffen – wurden Veränderungen der DNS in den Hepatozyten festgestellt. Diese Tatsache wird mit Karzinomen der Leber in Verbindung gesetzt (Balacs und Tisserand 1995). Als verdächtig betrachtet wird nicht nur die häufige innere Anwendung von ätherischen Ölen mit **Methyleugenol**, sondern seit 2002 wird wegen einer Empfehlung in einer Richtlinie der EU auch die äußerliche Anwendung in Kosmetikprodukten reglementiert: „… Nach den Empfehlungen des SCCNFP* sollte Methyleugenol nicht absichtlich als kosmetischer Inhaltsstoff verwendet werden. Methyleugenol sollte daher in Anhang II aufgenommen werden. Da Methyleugenol allerdings in ätherischen Ölen, die als kosmetische Bestandteile verwendet werden, natürlich vorkommt, hat der SCCNFP eine genaue Höchstkonzentration für den Fall des Vorhandenseins in kosmetischen Mitteln angegeben“ (Europäische Union 2000, National Toxicology Program 2000).

Die 1-hydroxy-Metaboliten von **Methylchavicol** (Estragol) wurden in mehreren Tierversuchen als stark kanzerogen auf die Leber wirkend eingestuft (de Vincenzi et al. 2000, McGuffin et al. 1997).

Genau wie bei den vermeintlichen Allergenen sind Wissenschaftler und Firmen dabei, die teilweise absurden Einschränkungen mittels Studien zu entkräften, beispielsweise mit der Reihenanwendung von Rosenöl auf der Haut von freiwilligen Probanden, bei denen zeitgleich die Leberwerte kontrolliert werden (www.nora-international.de).

Herz und Kreislauf und ätherische Öle

Die Praxis zeigt, dass die Wirkung der ätherischen Öle auf den Blutdruck individuell sehr unterschiedlich und nicht immer sehr ausgeprägt ist. Rosmarinus officinalis ist am erfolgreichsten bei Hypotonikern, Cananga odorata und Santalum album wirken blutdrucksenkend bei vielen Hypertonikern.

Leicht blutdrucksteigernd

- Hyssopus officinalis
- Rosmarinus officinalis
- Salvia officinalis
- Thymus vulgaris Ct. Thymol

Hypertoniker sollten bei langer Anwendung der ätherischen Öle der Lippenblütengewächse (außer Lavandula und Melissa) ihren Blutdruck regelmäßig überprüfen lassen, da diese tonisierend wirken können.

Leicht blutdrucksenkend

- Cananga odorata
- Daucus carota
- Santalum album

Patienten mit **kardiologischen Störungen** sollten die *intensive* Anwendung von Rosmarin (Ct. Borneon und Ct. 1,8-Cineol) meiden: Das Öl kann

* Scientific Committee on Cosmetic Products and Non-food Products

die Kalziumströme in den Myokardzellen beeinträchtigen.

Zumindest der starke Konsum von Mentholzigaretten und pfefferminzhaltigem Konfekt stellt eine Kontraindikation für Menschen mit Tendenz zu **Rhythmusstörungen** des Herzens dar. Für diese Gruppe wird von der intensiven Anwendung von Pfefferminzöl abgeraten.

Menschen mit **Blutgerinnungsstörungen** (z. B. Hämophilie) bzw. bei gleichzeitiger Einnahme von Heparin, Marcumar, Aspirin etc., muss die *intensive* Anwendung von ätherischen Ölen mit folgenden Inhaltsstoffen, die die Aktivität der Thrombozyten verändern (Buckle 2003), gemieden werden:

- Eugenol
- Iso-Eugenol
- ätherisches Öl der Zwiebel

Bei Hunden stellte man eine vasodilatatorische und hypotensive Wirkung bei folgenden Bestandteilen fest:

- Linalool
- Citronellol
- Nerol

Ätherische Öle mit einem deutlichen Anteil dieser Monoterpenole wirken auf den Menschen leicht tonisierend.

Atemwege und ätherische Öle

Bei Asthmatikern, ganz besonders bei Kindern mit obstruktiven Erkrankungen der Atemwege, sind **äußere** Anwendungen mit ätherischen Ölen, die

- Menthol
- 1,8-Cineol (Eukalyptol)
- Borneon (Kampher)

enthalten, zu vermeiden; das gilt insbesondere für Inhalationen.

Das zentrale Nervensystem und ätherische Öle

Neurotoxische Inhaltsstoffe können bei *übertriebener* und *lang anhaltender* Anwendung bzw. bei empfindlichen Patienten und Haustieren Spasmen bis hin zu epileptischen Anfällen auslösen:

- Fenchon
- Pinocamphon
- Thujon
- Borneon (Kampfer)

Folgende ätherische Öle sollen bei **Epilepsie** nicht *übertrieben* und *lang anhaltend* verwendet werden:

- Cinnamomum camphora
- Foeniculum vulgare
- Hyssopus officinalis
- Mentha pulegium
- Myristica fragrans
- Petrosellinum sativum
- Pimpinella anisum
- Rosmarinus officinalis
- Salvia officinalis
- Thuja occidentalis

Psychoaktive, halluzinatorische Wirkung von ätherischen Ölen

Das Gehirn von extrem empfindlichen Menschen kann von folgenden ätherischen Ölen auf eine Art so beeinflusst werden, dass sich Stimmungen, Wahrnehmung und/oder Benehmen verändern können:

- Artemisia absinthum
  (verantwortlicher Stoff: Thujon)
- Cannabis sativa
  (verantwortlicher Stoff: THC = Tetrahydrocannabinol)
- Myristica fragrans
  (verantwortlicher Stoff: Myristicin)
- Pimpinella anisum
  (verantwortlicher Stoff: trans-Anethol)
- Salvia sclarea
  (vor allem in Verbindung mit Alkoholgenuss)

Die Augen und ätherische Öle

Bei Tierversuchen verursachte eine geringe tägliche orale Verabreichung von 2–5 mg Citral (Geranial und Neral) eine signifikante Erhöhung des Augentonus bei Affen (Balacs, Tisserand 1995). Sicherheitshalber empfiehlt man darum, dass Menschen mit **Glaukom** bzw. entsprechender erblicher Vorbelastung folgende citralreiche ätherische Öle nicht innerlich anwenden und die perkutane Anwendung einschränken:

- Aloysia triphylla
- Cymbopogon sp.

- Eucalyptus citriodora
- Litsea cubeba
- Melissa officinalis

Durch das Verdampfen der Öle in einer Duftlampe kommt es höchstwahrscheinlich nicht zu einer Veränderung des Augendrucks.

Sicherheitsratschlag „S26" der EG-Richtlinie 92/32/EWG
Sind die Augen mit einem ätherischen Öl, das entsprechend der Gefahrstoffverordnung mit einem schwarzen „X" auf orangefarbenem Hintergrund gekennzeichnet ist, in Kontakt gekommen, muss laut Sicherheitsratschlag „S26" der EG-Richtlinie 92/32/EWG folgende Erste-Hilfe-Maßnahme eingeleitet werden: „Die Augen sofort gründlich mit Wasser abspülen und den Arzt konsultieren." Das betroffene Auge also am besten unter dem fließenden Wasserhahn spülen. Da durch den Augenschließreflex meistens nur geringe Mengen ätherischen Öles ins Auge gelangen, wird dieses mit samt der durch den Reiz vermehrt produzierten Tränenflüssigkeit ausgespült.

2

Die Nieren und ätherische Öle

Obwohl die Nieren die Höchstkonzentrationen von im Blut gelösten Substanzen abbekommen, sind hier bislang keine Schädigungen durch ätherische Öle oder deren Bestandteile bekannt. Bei der Warnung vor der Anwendung von ätherischem **Juniperus-communis-Öl** für nierenkranke Menschen scheint es sich um eine Verwechslung mit der Einnahme der stark nierenreizenden Wacholderbeere zu handeln; bei der Destillation gehen die verantwortlichen Stoffe nicht in das ätherische Öl über (Balacs und Tisserand 1995).

Das Hormonsystem und ätherische Öle

Über die hormonelle Wirksamkeit von ätherischen Ölen oder manchen Bestandteilen wird noch sehr kontrovers diskutiert. Die Praxis zeigt, dass Frauen mit einem erkennbaren Ungleichgewicht der Geschlechtshormone meistens sehr positiv auf bestimmte ätherische Öle reagieren. Die Hormonsubstitution im Klimakterium scheint wiederum nicht durch ätherische Öle gestört zu werden (Buckle 2003).

Anethol wirkt vermutlich östrogenartig und Citral hat bei Ratten Hyperplasie der Prostata verursacht (Balacs und Tisserand 1995); trans-Anethol und Citral zeigten im Tierversuch hormonartige Wirkungen (bei 10 ml innerlich!)

Schwangerschaft und ätherische Öle

Zum Thema Schwangerschaft werden sehr unterschiedliche Angaben gemacht. Fest steht, dass Schwangere alle emmenagogen (menstruationsfördernden) und stark hyperämisierenden ätherischen Öle meiden sollen, da ja eben keine Blutung in der Schwangerschaft hervorgerufen werden darf. Dies gilt insbesondere für Frauen, die bereits problematische Schwangerschaften bis hin zu Fehlgeburten hinter sich haben.

Besonders wichtig für den Embryo sind die ersten drei bis vier Schwangerschaftsmonate; hier werden das Nervensystem, alle Organe und Gliedmaßen gebildet. In dieser Zeit reagiert der werdende Mensch am empfindlichsten auf Eingriffe und Störungen. Nach diesem Zeitraum können bei entsprechender Indikation viele der „problematischen" Öle unter fachlicher Aufsicht – am besten von einer erfahrenen Hebamme – verwendet werden.

Folgende Öle werden von einigen Autoren als emmenagog betrachtet:

- Achillea millefolium
- Artemisia dracunculus
- Cinnamomum zeylanicum fol. und cort.
- Foeniculum vulgare
- Mentha x piperita
- Myristica fragrans
- Pimpinella anisum
- Ocimum basilicum
- Rosmarinus officinalis Ct. Borneon
- Salvia officinalis
- Syzygium aromaticum

Laut Shirley Price sind Salvia sclarea, Commiphora molmol und Rosa damascena und centifolia hormonregulierende Öle, die nicht als emmenagog zu bezeichnen sind.

Als **uterotonisch**, also die Gebärmutter stärkend bis hin zu Wehen auslösend, werden folgende Öle angesehen. Sie können also erst wenige Tage vor dem Geburtstermin eingesetzt werden bzw.

während der Entbindung, sofern die Frau sie dann riechen mag:

- Aloysia triphylla
- Cinnamomum zeylanicum fol. und cort.
- Foeniculum vulgare
- Mentha piperita
- Myristica fragrans
- Pimenta dioica
- Pimpinella anisum
- Syzygium aromaticum

Es versteht sich von selbst, dass alle potenziell gefährlichen Öle in der Schwangerschaft nicht angewendet werden oder nur unter **Aufsicht** einer wirklich damit erfahrenen Person.

Besondere Vorsicht: Säuglinge

Säuglinge bis zu sechs Monaten sollten möglichst nur in Ausnahmefällen mit ätherischen Ölen behandelt werden. Ihre Haut ist noch sehr durchlässig und empfindlich. Eine Ausnahme ist das pflegende und reinigende Öl von Rosa damascena (destilliert): ein Tropfen auf 100 ml k.-b.-A. Mandel- oder Sesamöl. Eine zarte Mischung von Santalum album und Melaleuca alternifolia (frisch!) in Calendulamazerat ist bei Milchschorf erlaubt. Auch eine 1 %ige Anti-Blähungs-Mischung mit Carum carvi, Citrus reticulata, Coriandrum sativum sem. und Foeniculum vulgare wird meistens gut vertragen und hat zudem eine stresslösende Wirkung. Das Blütenöl von Citrus aurantium und Lavandula angustifolia helfen unruhigen Babys. Hier ist ganz besonders auf die Dosierung zu achten und nicht zu denken, viel hilft viel, dann schläft das Kleine besonders gut. Bei Lavandula ist immer wieder ein Umkehreffekt bei einem Zuviel zu beobachten, und das Baby wird nun erst recht putzmunter. Möglicherweise liegt dieses Phänomen jedoch am billigeren Lavandinöl, das durch seinen Kampfergehalt eher anregend wirken kann.

Im Zweifelsfalle bietet jedoch die Gabe von Tees oder von homöopathischen Mitteln für die ganz Kleinen eine sanftere Behandlung.

Krebserkrankungen und ätherische Öle

Die Wirkung von ätherischen Ölen bei Kanzerosen ist kaum dokumentiert; die Meinung bezüglich Aromamassagen wird kontrovers diskutiert. Durch sanfte Streichungen mit entspannenden und angstlösenden ätherischen Ölen zwischen Bestrahlungen und Chemotherapie kann man die betroffenen Menschen erfahrungsgemäß gut stabilisieren.

Für die Kosmetikindustrie wurden ätherische Öle bzw. deren Inhaltsstoffe identifiziert, die sich auch in geringen Dosierungen im Gewebe ansammeln und dann Krebs auslösend wirken können (natürlich nicht bei kurzzeitiger Anwendung).

Mutmaßlich Krebs erzeugende Öle:

- Acorus calamus
- Betula lenta
- Juniperus oxycedrus (Trockendestillat)
- Sassafras albidum
- Thuja occidentalis

Bei hormonabhängigen **Mamma-** und **Prostatakarzinomen** sind sicherheitshalber hormonartig wirkende Öle zu meiden:

- Angelica archangelica
- Carum carvi
- Cupressus sempervirens
- Foeniculum vulgare
- Melaleuca viridiflora
- Pimpinella anisum
- Pinus sylvestris
- Salvia officinalis
- Salvia sclarea

Generell scheint es nach dem heutigen Stand der Forschungen so, dass viele ätherische Öle durch ihre antioxidativen und antitumoralen Eigenschaften eher Krebs verhindernd oder rückbildend auf Tumore wirken (siehe 3.3).

> Bei einer sachgemäßen Anwendung gehen keine Gefahren von ätherischen Ölen aus – wie auch nicht von vielen allopathischen Medikamenten. Die Dosierungsmenge, die Häufigkeit der Verabreichung und das Gesamtbefinden des Klienten müssen betrachtet und freilich aufeinander abgestimmt werden.

2

Wechselwirkungen mit Medikamenten

Wechselwirkungen von ätherischen Ölen mit Medikamenten sind noch wenig erforscht, da deren Einfluss im täglichen Leben der meisten Menschen keine Rolle spielt.

Verstärkung der Resorption von Medikamenten

Bei In-vitro-Studien mit Rattenhaut zeigte sich, dass Eukalyptusöl (keine nähere Bezeichnung) die Resorption von **5-Fluorouracil** (Antikrebsmedikament) 60fach erhöhte, Pfefferminzöl sie 46fach erhöhte und Terpentinöl 28fach (Abdullah 1996).

2

Menthon und Carvon verstärkt die Resorption von **Tamoxifen** und 5-Fluorouracil. Menthol beschleunigt die Penetration von **Testosteron**, indem es mit dem Testosteron eine Substanz bildet, welche die Barriereeigenschaften des Stratum corneum (Hornschicht der Haut) verändert (Buchbauer 2004).

In einer anderen Studie wurde beobachtet, dass zwölf unterschiedliche Sesquiterpene aus natürlichen ätherischen Ölen die Resorption durch das Stratum corneum von **5-Fluorouracil** vervielfachen können. Die beste Resorptionsrate (20fach) zeigte sich bei der Vorbehandlung der Haut mit dem Sesquiterpenol **Nerolidol** (in Melaleuca viridiflora). Dieser Effekt hielt mindestens für 4,5 Tage an (Cornwell und Barry 1994).

Interaktion mit CYP-Enzymen

Einige Arzneipflanzen hemmten in vitro signifikant die Aktion von verschiedenen **CYP-Isoenzymen**, die am Metabolismus von Medikamenten beteiligt sind. Das führt zu einem Anstieg der Plasmakonzentration von therapeutischen Substanzen mit geringer therapeutischer Breite, wie beispielsweise Digoxin, Phenytoin und Theophyllin und damit häufig zu toxischen Arzneimittelreaktionen.

In den letzten Jahren hat beispielsweise das vermeintliche Interaktionsrisiko von **Hyperforin**, einem der Bestandteile von Johanniskrautöl und -extrakten, mit dem Immunsuppressivum **Ciclosporin**, das nach Organtransplantationen verschrieben wird, zu einer europaweiten Kampagne gegen den freien Verkauf von Johanniskrautprodukten geführt. Entsprechende Studien sind jedoch einseitig angelegt worden und darum anfechtbar (Schulz 2005).

Das Öl von **Mentha piperita** zeigte eine starke inhibitorische Wirkung auf die Unterfamilie CYP2C; 1,8-Cineol (Eukalyptol) in **Eukalyptusöl** hemmte CYP3A4. Pfefferminzöl steigerte in vivo die AUC des CYP3A4-Substrats **Felodipin** klinisch signifikant, obwohl die inhibitorische Aktivität in vitro nur schwach ausgeprägt ist (IC50 > 500 µg/ml). Von den Ätherisch-Öl-Drogen fallen auch **Salvia officinalis** und **Hypericum perforatum** in diese Gruppe (Unger 2004).

Die lipophilen Furocumarine (beispielsweise Bergamottin) in Öl und Saft von **Citrus paradisi** (Grapefruit) inhibierten auch die Aktivität von CYP-Enzymen. Die dadurch verursachte Hemmung von CYP3A4 in den Epithelzellen des Duodenums führte zu einem starken Anstieg der Plasmaspiegel von Arzneistoffen, die oral appliziert und vorwiegend durch dieses Isoenzym metabolisiert werden. Dies wurde bereits in vivo für zahlreiche Arzneistoffe wie Cyclosporin, Terfenadin, Erythromycin, Nifedipin und die HMG-CoA-Reduktase-Inhibitoren Atorvastatin, Lovastatin und Simvastatin nachgewiesen (Unger 2004).

Auf der Gebrauchsinformation eines bekannten Medikaments, das wegen seines Gehalts an reinem **1,8-Cineol** zur Therapie von entzündlichen Erkrankungen der Atemwege eingesetzt wird, heißt es: „Es ist nicht auszuschließen, dass Cineol den Abbau anderer Arzneimittel in der Leber beschleunigt, so dass deren Wirkung abgeschwächt und/oder verkürzt werden könnte" (Soledum 2003).

Interaktion mit Neurotransmittern

Das in Hypericum-Extrakten enthaltene Hyperforin scheint eine Wiederaufnahmehemmung von **Neurotransmittern**, vor allem von Serotonin und Noradrenalin, zu bewirken. Dies kann bei der gleichzeitigen Anwendung von synthetischen Reuptake-Inhibitoren, insbesondere selektiven Serotonin-Reuptake-Inhibitoren wie Fluoxetin, Fluvoxamin, Paroxetin und Sertralin, zu einem **toxischen Serotoninsyndrom** führen. Dieses äußert sich in Zittern, Schwitzen, Unruhe, Tremor sowie Bewusstseins- und Verhaltensstörungen (Unger 2004).

Homöopathische Mittel

Generell gesagt, vertragen sich die beiden Methoden erfahrungsgemäß gut. Viele Therapeutinnen wenden beide Therapieformen parallel an und berichten allenfalls von sehr seltenen Störungen (Mauker 2003). Je höher die Potenz des homöopathischen Mittels jedoch ist, desto eher ist eine Antidotwirkung möglich. Bei **Konstitutionsbehandlungen** (Hochpotenzen) sollte also möglichst wenig mit ätherischen Ölen gearbeitet werden.

Wer ganz vorsichtig sein möchte, meidet folgende ätherischen Öle und die entsprechenden Tees/Genussmittel sowie Körperpflegemittel, die unten stehende Öle enthalten. Wie grundsätzlich bei der Einnahme von homöopathischen Mitteln, sollte man immer mindestens zwanzig Minuten nach der Einnahme warten, bevor ätherische Öle aufgetragen/gerochen werden.

- Cinnamomum camphora
- Matricaria recutita
- Mentha piperita, M. arvensis
- Rosmarinus officinalis
- Salvia officinalis

Bei sehr empfindlichen Patientinnen auch ätherische Öle mit hohem Gehalt an 1,8-Cineol meiden:

- Cinnamomum camphora [Ravintsara]
- Eucalyptus sp.
- Myrtus communis [Türkei]
- Laurus nobilis

Wichtig ist hier besonders, dass die Patientinnen bewusst riechen, ob ein bestimmtes Öl für sie momentan verträglich ist und welches benötigt wird.

Gefahrstoffverordnung

Seit 1. Juli 2000 gilt europaweit eine veränderte Gefahrstoffverordnung. Substanzen, die mehr als 10% aliphatischer und aromatischer Kohlenwasserstoffe (z. B. Monoterpene ohne funktionelle Gruppe) enthalten, müssen mit dem **Andreaskreuz** (Xn) auf orangefarbenem Grund (Größe 1 × 1 cm) gekennzeichnet werden, auch wenn sie sich in Kleinstbehältnissen befinden. Es muss zudem folgender **Sicherheitshinweis** (R 65) aufgedruckt werden: „Gesundheitsschädlich: kann beim Verschlucken Lungenschäden verursachen." Auch für blinde Menschen muss die Gefahr durch eine entsprechende Prägung in Braille-Schrift deutlich gemacht werden.

Die ursprüngliche Idee hierbei war, Menschen in Abfüllanlagen, beispielsweise vor dem versehentlichen Verschlucken von ätherischen Ölen und ähnlichen Stoffen, zu schützen. Dadurch, dass auch Kleinstmengen gekennzeichnet werden müssen, betrifft die neue Verordnung also auch die 5-ml-Fläschchen von so „harmlosen" ätherischen Ölen wie Grapefruit, Lavendel, Mandarine, Neroli und Ylang Ylang.

Wohlgemerkt: Es geht nur um eine potenzielle Gefahr durch das Verschlucken, wobei von den verantwortlichen Politikern nicht unterschieden wurde, ob jemand gelegentlich fünf Tropfen aus seiner Duftlampe einatmet oder ob jemand tagtäglich vielen Fässern voller aromatischer Kohlenwasserstoffe ausgesetzt ist.

Einige Öle, die tendenziell kanzerogen (Krebs auslösend) oder durch ihren hohen Anteil von Phenolen massiv hautreizend wirken, müssen nicht zwangsläufig so gekennzeichnet werden (beispielsweise die ätherischen Öle von Bay, Birke, Cade, Gewürznelken, Pimentfrüchten, Zimtblättern).

Giftzentralen

Bei Vergiftungsfällen mit ätherischen Ölen (versehentliches Schlucken in großen Mengen) ist ein Arzt oder eine Ärztin, besser noch die nächstgelegene Giftzentrale bzw. Universitätsklinik zu befragen. Beim deutschen **Giftnotruf,** Telefon (06131) 1 92 40, wird man an die zuständige Stelle weitergeleitet (www.giftinfo.de). In Österreich wendet man sich an die **Vergiftungsinformationszentrale,** Telefon (01) 4 06 43 43-0 (www.gifte.de/oesterreich.htm), in der Schweiz an das **Schweizerische Toxikologische Informationszentrum** mit 24-Stunden-Telefonnotruf 145 (www.toxi.ch).

2

Öle mit hohem Gehalt an Monoterpenketonen		
Ruta graveolens **Raute**	31–49 % 2-Undecanon 18–25 % 2-Nonanon	Wird in der Aromatherapie nicht benutzt, da giftig. Phototoxisch und abortiv. Kaum erhältlich.
Artemisia vulgaris **Beifuß**	35 % Thujon 30 % d-Borneon	Sehr hoher Thujongehalt, giftig. Kaum erhältlich.
Artemisia absinthum **Wermut**	34–71 % Thujon	Wird zur Absinthherstellung verwandt, auch in Pastis. Kaum erhältlich.
Cinnamonum camphora **Kampfer**	30–50 % Borneon	Neurotoxisch, abortiv, nur für stabile Erwachsene. Leicht erhältlich, meistens synthetisch.
Eucalyptus dives piperitoniferum **„Minziger“ Eukalyptus**	40–50 % Piperiton	Genaue Wirkung unbekannt. Nicht für empfindliche Menschen.
Eucalyptus polybractea cryptonifera	40 % Krypton	Bei empfindlichen Menschen meiden. Mit verträglichen Ölen mischen.
Hyssopus officinalis **Ysop**	40 % Pinocamphon 30 % Iso-Pinocamphon	Höchstens 1%ig verdünnen, nur äußerlich verwenden. Nicht bei empfindlichen Menschen. Leicht erhältlich.
Lavandula stoechas **Schopflavendel**	15–30 % Borneon (Kampfer) 45–50 % Fenchon	Mit harmlosen Lavendelsorten verwechselbar. Leicht erhältlich.
Mentha pulegium Polei-/ **Flohminze (Pennyroyal)**	55–95 % Pulegon	Vor allem bei Überdosierung toxisch. Kaum erhältlich.
Santolina chaemaecyparissus, **Santolin**	10–45 % Artemisiaketon	Von der Anwendung wird abgeraten. Kaum erhältlich.
Salvia officinalis **Salbei**	bis 44 % α-Thujon bis 53 % β-Thujon bis 26 % Borneon	Sehr unterschiedliche Gehalte an Thujon, meistens verträglich. Nicht bei empfindlichen Personen.
Tanacetum vulgare **Rainfarn**	66–81 % Thujon 5 % Borneon	Von der Anwendung wird abgeraten. Schwer erhältlich.
Thuja occidentalis **Thuja**	31–65 % α-Thujon 8–15 % β-Thujon 7–15 % Fenchon	Höchstens 1% verdünnen, nur äußerlich verwenden. Nicht bei empfindlichen Menschen. Relativ leicht erhältlich.
Öle mit hohem Phenolgehalt (hautreizend)		
Origanum vulgare/ compactum, **Oregano**	60–70 % Carvacrol	Innerlich unter ärztlicher Aufsicht, äußerlich nur auf Fußsohlen.
Satureja hortensis/montana, **(Berg-)Bohnenkraut**	25–50 % Carvacrol 1–49 % Thymol	Innerlich maximal drei Tropfen täglich, äußerlich nur auf Fußsohlen.
Syzygium aromaticum **Gewürznelke (Blatt)**	70–95 % Eugenol	Kann sehr starke Hautirritationen auslösen, äußerlich nur auf Fußsohlen.
Thymus vulgaris Ct. Carvacrol Thymus vulgaris Ct. Thymol **Thymian**	23–44 % Carvacrol 1–5 % Thymol 26 % Thymol 26 % Carvacrol	Innerlich maximal drei Tropfen täglich, äußerlich nur auf Fußsohlen.
Alle hier aufgeführten Öle sollten von schwangeren oder stillenden Frauen, Säuglingen und Kindern sowie von empfindlichen Personen nur unter fachlicher Aufsicht angewendet werden. Die angegebenen Inhaltsstoffe sind Circaangaben. (Quelle: Tisserand, Balacs 1995)		

Teil 3 Viele Öle – viele Wirkungen

Pflanzen und ätherische Öle im Überblick

7 Die Pflanzenfamilien

Anarcadiaceae, Sumachgewächse

Pistacia lentiscus, Mastix

In Griechenland werden nicht nur die Pistazien des engen Verwandten dieses kleinblättrigen Baumes mit großer Leidenschaft gegessen, sondern man kaut in ländlichen Gegenden das Mastix-Harz wie Kaugummi. Es dient vor allem der Zahn- und Zahnfleischpflege. In der Aromatherapie ist das stark adstringierend wirkende ätherische Öl des Mastix-Strauches wenig bekannt, obwohl es neben den oben genannten noch andere therapeutische Eigenschaften hat, ohne reizend zu sein.

Schinus molle, Rosa (roter) Pfeffer

Das Öl aus den gefiederten Blättern und „Beeren" dieses bis zu 20 Meter hohen Baumes hat bislang noch keine Bedeutung in der Aromatherapie. Es duftet ganz deutlich nach Pfeffer.

Annonaceae, Flaschenbaumgewächse

Cananga odorata genuina, Ylang Ylang

Die gelben Blüten der auf zwei bis drei Meter Höhe gehaltenen Bäume duften intensiver als die der wilden Bäume; das beste ätherische Öl stammt aus Madagaskar, Mayotte und den Komoren. Durch den hohen Gehalt an Estern ist dieser Baum resistent gegen viele Schädlinge und braucht nie gespritzt zu werden.

Die empfindlichen Blüten müssen sofort nach der Ernte noch an Ort und Stelle destilliert werden, da sie sehr schnell zu fermentieren beginnen, es werden circa 10 Kilo Blüten pro Baum und Jahr geerntet. Die Ergiebigkeit ist ungewöhnlich hoch, da man aus 40–80 Kilo Blüten bereits einen Liter ätherisches Öl erhält, dadurch ist es relativ preiswert.

Dieses narkotisch-betörend duftende Öl, das es in sechs Qualitätsstufen gibt, wird zur Haut- und Haarpflege eingesetzt und wirkt stark entspannend und entkrampfend, wenn es subtil dosiert wird.

Die Komplettdestillation kann 20 Stunden und mehr dauern, das dabei entstandene Öl ist entsprechend teuer und enthält ein breiteres Spektrum an Inhaltsstoffen (complet) als die fraktionierten Ylang-Öle, duftet aber wegen des geringeren Anteils an Estern nicht ganz so blumig wie die anderen Qualitäten und wirkt durch einen höheren Gehalt an Sesquiterpenen eher auf der körperlichen Ebene. Die römischen Ziffern hinter den Ylang-Ylang-Ölen bezeichnen unterschiedliche Fraktionen und Qualitätsstufen, die durch unterschiedliche Destillationszeiten entstehen: Extra Supérieure (ES) und Extra sind die seltenen Qualitäten, sie duften am feinsten und sind in der Parfumierie gefragt, I- und II-Öle duften immer noch sehr blumig, sie werden für die psychische Ebene und bei Hautkrankheiten eingesetzt. Die ätherischen Öle weisen voneinander abweichende Zusammensetzungen und Duftnoten auf.

Cananga odorata macrophylla, Cananga

Der Duft dieses Öles aus einer wild wachsenden bis zu 40 Meter hohen Verwandten des Ylang-Baumes ist nicht ganz so „rund" und blumig wie der von Ylang Ylang, zudem ist es preiswerter, da man von einem ausgewachsenen Baum bis zu dreihundert Kilo Blüten pro Jahr ernten kann; dieses ätherische Öl wird selten in der Therapie eingesetzt. Auch hier zeigt sich, dass die Zusammensetzung je nach Chemotyp und Herkunft sehr unterschiedlich sein kann (Tab. 7.**1**).

Tab. 7.1 Vergleich unterschiedlicher Qualitäten von Cananga odorata (Inhaltsstoffe in %)

	Inhaltsstoffe							
	Methylbenzoat	**Linalool**	**Benzylacetat**	**Geranylacetat**	**Cinnamylacetat**	**β-Caryophyllen**	**Germacren D**	**Benzylbenzoat**
Extra S. Komoren Mayotte	4,5–8	8–13	14–20	2–6	4–6	2–6	9–15	3–6
Extra Komoren Mayotte	4–6,5	7–12	11–17,5	2,5–6	3–6,5	2,5–8	14–20	4–6
Extra Madagaskar	4,5–9	15–24	5,5–14	7–14	0,5–3	2,5–8,5	5–15	3,5–8
I Komoren Mayotte	1,5–5,5	3–10	6–14	2–5	2,2–5	4–10	10–24	4,2–9,2
I Madagaskar	3–5	12–19	2,8–10	8–15	0,5–2	5,5–12	9,5–18	4,5–8
II Komoren Mayotte	1–3,5	2–6	4–8,8	1,7–6	2–4,8	4,8–14	16–28	4,5–7,8
II Madagaskar	1–3	4–9,5	0,5–5	5,6–12	0,4–2,2	10–17	13–28	6–10
III Komoren Mayotte	0,1–0,8	0,1–2	0,5–3	0,4–3	0,5–2,5	5–15	20–35	4–8
III Madagaskar	0,1–0,9	0,6–4	0,1–2,2	1–6,6	0,1–2	12–19	15–34	4,8–8,5

Quelle: Jean Claude Pichot

3

Apiaceae oder Umbelliferae, Doldenblütengewächse

> Die ätherischen Öle dieser Familie wirken alle stark spasmolytisch auf die **Darmtätigkeit** und werden darum traditionell als Carminativa eingesetzt. Besonders gut ist die zusätzliche Applikation von feucht-warmen Kompressen auf den damit eingeriebenen Darmbereich des Bauches.
> Sie wirken zudem hormonähnlich und leicht stimulierend auf den Uterus und können somit in der Schwangerschaft problematisch wirken. Die Doldenblütengewächse sind bei uns heimische Pflanzen, auch wenn die sehr ergiebigen Pflanzen zur Ölherstellung aus Südeuropa oder gar Nordafrika kommen.

Angelica archangelica, Angelika(wurzel)

Dieses sehr schwer und erdig duftende Öl bringt Menschen, die zu sehr im Kopf leben, wieder auf den Boden der Wirklichkeit zurück, deren Präsenz nimmt deutlich zu. Ideal ist die Anwendung bei Schlafstörungen, der Körper wird schwer, der Geist wird ruhig. Dieses Öl wirkt insgesamt stärkend, was sich auf die Psyche, aber auch auf das Immunsystem bezieht.

Wie auch im Öl der Bergamotte ist im Angelikawurzelöl Bergapten enthalten, somit wirkt es stark **photosensibilisierend**.

Anethum graveolens, Dill

Hier haben wir es mit einem sehr stark mukolytischen Mittel zu tun, das zudem stark den Gallefluss fördert; auch wirkt es aquaretisch. Das Monoterpenketon Carvon (knapp 30 %) wird als unproblematisch angesehen (Balacs und Tisserand 1995).

Apium graveolens, Sellerie(samen)

Dieses stark neurotonisch wirkende Öl ist in Deutschland selten erhältlich, sicher sind der hohe Preis und der gemüseartige Duft die Gründe dafür. Es enthält bis zu 15 % Phthalide, Wirkstoffe, die sonst nur noch im Liebstöckelöl vorkommen. Es stimuliert die Arbeit der entgiftend wirkenden Hepatozyten in der Leber, somit ist es ein sehr potentes Drainagemittel. Mit Zitrusölen gemischt wird der krautige Duft eher angenommen (Pénoël und Franchomme 1990).

Coriandrum sativum, Koriander

Bei dem Öl, das aus den Früchten gewonnen wird, schätzen wir die blähungswidrige Kombination mit der Fähigkeit, Disstress, Angst und Schlaflosigkeit positiv zu beeinflussen. Zudem erinnert dieser fast blumige Duft etwas an Rosenholzöl, so dass man ihn als Ersatz für dieses nehmen kann. Es ist für Babys und Kleinkinder – vor allem bei Infektionen der Atemwege – geeignet.

Das Öl, das aus dem Kraut gewonnen wird, hat einen völlig anderen – fast kratzigen – Duft und besteht fast nur aus hautreizenden Aldehyden.

Carum carvi, Kümmel

Kümmelöl wird traditionell als verdauungsförderndes Mittel eingesetzt, da es die Arbeit von Leber und Galle stimuliert. Es enthält das Monoterpenketon d-Carvon (50 %), das als nicht toxisch eingestuft wird (Balacs und Tisserand 1995).

Cuminum cyminum, Kreuzkümmel

Dieses extrem stark (nach Schweiß? ...) duftende Öl wirkt stark carminativ, da es eine kräftigende und stimulierende Wirkung auf den Darm hat. Zudem wirkt es in starker Verdünnung aphrodisisch.

Daucus carota, Karotte

Dies ist ein ungewöhnlich schwerer Duft, wenn man an das Gemüse der kultivierten Möhre denkt. Das ätherische Öl aus den Samen dieser wild wachsenden Pflanze riecht erdig, fast modrig, weswegen es nicht so gerne in der Kosmetik eingesetzt wird, wo es aber eine ganz besonders pflegende und Falten glättende Wirkung vorweisen kann.

Ferula galbaniflua/gummosa, Galbanum

Diese Heilpflanze wird auch „Mutterharz“ genannt. In ihrer Heimat Persien wird sie für vielerlei weibliche Beschwerden wie Ausfluss und schmerzhafte Regelblutungen eingesetzt. Außerordentlich gut wirkt das Öl bei der Behandlung von Abszessen, **Furunkeln**, Geschwüren. Es ist in der Parfümerie wegen des „grünen“ Duftes beliebt.

Foeniculum vulgare (dulce), Fenchel

Mit Fenchelduft machen die meisten von uns in einem sehr frühen Alter Bekanntschaft (ähnlich wie mit Kamille). Beim Baby helfen der Tee und auch das ätherische Öle, Blähungen zu lösen und die verängstigte Psyche zu entspannen: verantwortlich dafür sind über fünfzig Prozent trans-Anethol, das eine stark spasmolytische und ausgleichende Wirkung auf das zentrale Nervensystem hat.

Der gebärenden Frau hilft das ätherische Öl, die Entbindung gelöster und leichter zu ertragen, die stark östrogenartige Wirkung macht sich auch bei schwachem Milchfluss nützlich. Foeniculum vulgare amara, der Bitter-Fenchel, kann durch den hohen Fenchongehalt stark hautreizend sein. **Pénoël** rät vom Gebrauch beider Fenchelöle bei kleinen Kindern ab (Franchomme und Pénoël 1990).

Levisticum officinale, Liebstöckel

Bislang wird dieses Öl kaum in der Aromatherapie eingesetzt, vielleicht wegen des an Küche erinnernden Duftes nach „Maggi“. Es enthält bis zu 55 % Phthalide, Wirkstoffe, die sonst nur noch im Sellerieöl vorkommen.

Liebstöckelöl ist ein idealer Begleiter einer Frühjahrskur, da es durch diese Stoffe ganz stark **entgiftend** wirkt (es stimuliert die Hepatozyten). Es wirkt sogar antitoxisch im Falle einer Lebensmittelvergiftung (Franchomme und Pénoël 1990). Psoriasisgeplagte werden hiermit ein gutes Therapeutikum finden.

Pimpinella anisum, Anis

Dieses ätherische Öl enthält den Phenylether trans-Anethol (bis 90 %), deshalb sollte die Anwendung mit Bedacht geschehen. Es wirkt psychoaktiv und manchmal halluzinogen (weshalb es gerne für wilde Träume in der Duftlampe am Nachttisch verwendet wird). Es ist eines der stark östrogenähnlich wirkenden Öle, weshalb es bei ausbleibender Regel zu empfehlen ist und auch zur Geburtserleichterung. Es fördert zudem sehr stark den **Milchfluss**.

Diese Pflanze ist nicht zu verwechseln mit dem Sternanis (Illicium verum), der zur Familie der Illiciaceae gehört.

Asteraceae oder Compositae, Korbblütengewächse

3

> Die milderen der ätherischen Öle dieser Familie wirken antiseptisch und antiphlogistisch für Haut und Verdauungssystem sowie sedativ. Die Öle der Artemisias sind alle mehr oder weniger toxisch und werden bis auf Estragon nicht in der Aromatherapie verwendet.

Achillea millefolium, Schafgarbe

Ähnlich wie bei der blauen Kamille wirkt das ebenso blaue ätherische Öl der Schafgarbe durch seinen Azulengehalt sehr stark antiphlogistisch.

Anthemis nobilis oder Chamaemelum nobile, Kamille, römisch

Die zur Destillation verwendeten Blütenköpfchen dieser Kamillenart sehen meistens anders aus als die der deutschen Kamille, die fast jedem Kind vertraut ist. Viele Formen der römischen Kamille, die wie ein Rasen ganze Beete bedecken kann, haben weiße buschige, kaum duftende Blüten ohne den bekannten gelben „Fleck“ in der Mitte. Dafür duftet das Kraut intensiv fruchtig, apfelartig. Dieses ätherische Öl wirkt durch sein Gemisch von bis zu 85 % Estern ungewöhnlich stark entspannend auf Psyche und ZNS. Es sollte der Psycho-Aromatherapie vorbehalten sein, da es durch seinen möglichen Gehalt an allergisierenden **Anthecotuliden** (Sesquiterpenlactone) perkutan nicht immer verträglich ist.

Artemisia absinthum, Wermut

Dies ist ein in der Aromatherapie nicht verwendetes neurotoxisches und abortiv wirkendes Öl.

Artemisia dracunculus, Estragon

Der Hauptbestandteil dieses ätherischen Öles ist der umstrittene Phenylether **Methylchavicol**, es wird zumindest in England nicht gerne in der Aromatherapie angewendet; zudem stand es bisher im Schatten des beliebten Anti-Stress-Öles Basilikum.

Artemisia pallens, Davana

Dieses exotisch-feigenartig duftende Öl besteht aus etwa 50 % Sesquiterpenketonen. Franchomme und Pénoël stufen es als sehr neurotoxisch und abortiv ein. Es ist jedoch mittlerweile bekannt, dass Sesquiterpenketone nicht so gefährlich wie Monoterpenketone wirken.

Artemisia vulgare, Beifuß

Toxisch, nicht zu verwenden

Calendula officinalis, Ringelblume

Das ätherische Öl ist kaum erhältlich und darf nicht mit dem Mazerat verwechselt werden.

Chamaemelum ormensis, Kamille, wild

Diese Pflanze ist nur sehr weit entfernt verwandt mit den Kamillen und sollte der Korrektheit halber eigentlich einen anderen Namen haben. Die Wirkung des ätherischen Öles, das auch ganz anders als obiges duftet, ist wenig erforscht.

Helichrysum italicum aus Italien und Korsika und Helichrysum angustifolium aus Kroatien, Immortelle (Katzenpfötchen)

Die kleinen leuchtend gelben Blüten dieses sonnenhungrigen Pflänzchens wachsen in etwa 500 sehr ähnlich aussehenden Sorten rund ums Mittelmeer. Wir kennen sie als getrocknete „Strohblümchen“ aus Potpourris und Gestecken. Zudem ist sie manchmal in Gärtnereien als „Currypflanze“ zu kaufen, da ihre Blättchen diesen Duft ausströmen. Immortelle bedeutet „die Unsterbliche“, „Helios“ bedeutet „Sonne“, „Chrysos“ heißt auf griechisch „Gold“.

Dieses sehr mächtige Öl kommt in mehreren Chemotypen vor. Es ist sehr wirksam gegen **Hämatome** (blaue Flecken), da die nur hier gefundenen Diketone (bis zu 10 %) stark antikoagulierend wirken.

Es vermag alte (vielleicht traumatische) Bewusstseinsinhalte hochkommen zu lassen. Darum sollte die regelmäßige Anwendung nur unter fachlicher Aufsicht stattfinden.

Matricaria recutita oder Chamomilla recutita, (deutsche) Kamille blau

Die Kamille ist eine der bekanntesten Heilpflanzen. Wenn man weiß, dass der Name Matricaria von Matrix = Gebärmutter kommt, ahnt man, welche Eigenschaften das ätherische Öl aus den Blüten dieses weit verbreiteten Krautes haben könnte. Tatsächlich ist es ein typisches Kinderöl: vor allem zur Beruhigung, zum Entkrampfen (nicht nur des Bauches), gegen Zahnungsbeschwerden (vielleicht eine Art Ergänzung zur Mutter).

Das antiphlogistisch und epithelisierend wirkende **Chamazulen**, das dem Öl die tintenblaue Färbung gibt, entsteht erst bei der Destillation der Pflanze. Ein zu hoher Anteil an Bisabololoxid, das bei der Destillation entsteht, führt manchmal zu Augenreizungen.

Dieses ätherische Öl gilt als **Antidot** in der Homöopathie und kann bei empfindlichen Personen allergische Hautreaktionen verursachen. Dennoch wird es oft erfolgreich bei der Behandlung von Allergien eingesetzt.

Santolina chamaecyparissus, Santolin

Das Öl des Heiligenkrauts ist kaum erhältlich. Es wirkt **toxisch** und abortiv.

Saussurea costus/lappa, Costuswurzel

Dieses ätherische Öl wurde als Fixativ in der Parfumindustrie verwendet; durch einen hohen Anteil an Lactonen gilt es als stark allergisierend.

Tagetes minuta, Tagetes (Studentenblume)

Dieses fruchtig-erdig duftende Öl wirkt toxisch durch das Keton Tageton. Man benutzt es allenfalls gezielt in der Fußpflege bei Fuß- und Nagelpilzerkrankungen, da sich hier die fungizide Wirkung bewährt hat. Es wirkt auch stark photosensibilisierend.

Burseraceae, Balsambaumgewächse

> Diese Pflanzenfamilie liefert viele balsamisch-süß duftende Öle und Resinoide, die allesamt eine sehr positive Wirkung auf Haut und Schleimhäute haben.

Boswellia carterii, B. sacra, B. serrata, Weihrauch oder Olibanum

Der Begriff Weihrauch ist irreführend, da hiermit auch der „Rauch zur Weihe" gemeint ist. Das sind vor allem unterschiedlichste Mischungen aus Harzen und getrockneten Pflanzenteilen, teilweise – je nach Anlass in der Kirche – sogar vergoldet.

Die echte Olibanum-Pflanze ist im arabischen Raum zu Hause, die beste Qualität kommt aus Somalia.

Zur Gewinnung dieses früher unbezahlbaren Harzes werden zu Jahresanfang die Rinden der drei bis sieben Meter großen Bäume angeritzt. Die heraustropfenden „Tränen" erstarren an der Luft, je nach Sorte zu rot gelblichen oder bräunlichen Kügelchen.

Der Duft ist leicht holzig, würzig, manchmal muffig und etwas terpentinig/medizinisch.

Das ätherische Öl wird durch Wasserdampfdestillation der Harztränen gewonnen. Es können Spuren des halluzinogen wirksamen Bestandteiles Tetrahydrocannabinol enthalten sein. Bei zu intensivem Gebrauch in der Duftlampe kann es benommen machen. Das Öl enthält Leukotrienhemmer und wird als hochwirksames Antiphlogistikum und Antirheumatikum eingesetzt.

Seit jeher war die Räucherung von Olibanum den religiösen Zeremonien vorbehalten, und auch heutzutage ist es eines der wichtigsten ätherischen Öle zur Meditation und zur inneren Sammlung. Seine bakterizide Wirkung nutzte man bei der Haltbarmachung von Mumien. Bei Räucherungen können wir uns diese Eigenschaft zu Nutze machen, besonders in Erkältungszeiten.

Bursera delpechiana, Linaloe

Das fein duftende Öl aus Holz und Zweigen dieses mittelamerikanischen Baumes wird gerne als Ersatz für das Rosenholzöl genommen. Dies erscheint fragwürdig, ist er doch auch ein ausgewachsener Baum aus tropischen Regionen, der wegen seines Duftes gefällt wird. Ein schnell nachwachsender Ersatz ist am ehesten das Öl der Ho-Blätter (Cinnamomum camphora).

Canarium luzonicum, Elemi

Das Harz dieses bis zu 30 Meter hohen tropischen Baumes (Philippinen, Molukken) wird wasserdampfdestilliert. Sein blassgelbes, frischwürzig duftendes, an Dill erinnerndes ätherisches Öl hat einen Gehalt von bis zu 12 % an eventuell Krebs erregendem Elemicin. Deshalb sollte das Öl nur 1 %ig angewendet werden. In der traditionellen Aromatherapie wird es kaum eingesetzt.

Commiphora molmol, Myrrhe

Zusammen mit Weihrauch war die Myrrhe eines der biblischen Geschenke der Heiligen drei Könige an Jesus.

Bekannt ist der alkoholische Extrakt aus dem Myrrhenharz, das wie das Opoponax aus Somalia kommt, in der Zahnmedizin, denn es hat eine enorm heilende Wirkung auf wundes und entzündetes Zahnfleisch.

Commiphora glabrescens, Opoponax

In Frankreich wird dieses ätherische Öl „süße Myrrhe" genannt, die bei uns bekannte Myrrhe ist dagegen die „bittere Myrrhe". Opoponax duftet tatsächlich leicht süß-balsamisch und ist deswegen vor allem als Fixativ in der Parfumindustrie begehrt. Es wird selten in der Aromatherapie angewendet, obwohl es starke antiphlogistische Eigenschaften hat.

Cistaceae, Cistusgewächse

Cistus ladaniferus, Cistrose

In Portugal kann man ganze Landschaftsstriche erriechen. Hier ist die flimmernde, heiße Luft von dem Duft der klebrigen Blätter dieses hager wirkenden Strauches geschwängert. Die Blüten dagegen wirken extrem zart und vergänglich, ja zerknittert; sie duften kaum.

Dieses sehr schwer duftende ätherische Öl, das sowohl etwas Süßes und etwas Erdiges in sich verbirgt, ist ein Entweder-oder-Öl. Entweder man mag es oder eben nicht. Viele Menschen lehnen es bei den ersten Begegnungen ab. Es scheint so, als ob erst „fortgeschrittene Nasen“ (und Psychen?) diesen Duft zu schätzen lernen.

3

Bei der Destillation gibt es zwei Varianten: für das „unechte“ Cistrosenöl werden die Harzklümpchen destilliert; für das „echte“ Cistrosenöl werden die Blätter und Zweige destilliert. Es gibt auch ein Labdanum-Resinoid – so heißt der Hexan-Extrakt aus dem Harz.

Die Cistrose ist nicht mit der Rose verwandt, auch wenn ihre Blüten denen der Heckenrose ähneln.

Cupressaceae, Zypressengewächse

Cupressus sempervirens, Zypresse

Es gibt etwa zwanzig Zypressenarten; sie gedeihen vor allem im Mittelmeerraum. Dieser schmale, schlanke Baum wird 25–45 Meter hoch und prägt die Landschaft der Toskana; er wird dort als Windschutz angepflanzt.

Das aus den schuppenförmigen Blättern destillierte Öl duftet frisch-würzig und ist sicherlich das wichtigste Mittel gegen Krampfadern und Hämorrhoiden.

Auch bei seelischer Zerstreutheit, bei „Nicht-mehr-wissen-wo-es-lang-geht“ ist dies ein hervorragendes Hilfsmittel.

Thuja ist auch eine Zypressenart, deren ätherisches Öl jedoch aufgrund des hohen Gehaltes an neurotoxischem Thujon keinesfalls angewendet werden sollte.

Juniperus communis, Wacholder

Bei geistiger und körperlicher Zerstreutheit und Erschöpfung ist das frisch-herb duftende Öl aus den Beeren und nadelartigen Blättchen dieser strauchartigen Bäume gut einsetzbar. Es wirkt auf der seelischen, aber auch auf der körperlichen Ebene sehr stark reinigend: Es bewirkt in den Nieren eine Steigerung der glomerulären Filtration, wirkt also aquaretisch.

Wacholderbeerenöl wird immer das Attribut „nierenreizend“ gegeben. **Balacs** und **Tisserand** räumen in ihrem Buch „Essential Oil Safety“ mit diesem Vorurteil auf. Aufgrund seiner Inhaltsstoffe könne dieses Öl weder in der Schwangerschaft noch bei Nierenkrankheiten kontraindiziert. Das Missverständnis entstand vermutlich durch eine Verwechslung mit **Juniperus sabina** (Sadebaum), dessen Öl eventuell toxisch ist (durch bis zu 50 % Sabinylacetat) und abortiv wirken kann. Zumindest wird von der IFRA (International Fragrance Association) empfohlen, das Öl nicht in Parfums oder kosmetischen Produkten zu verwenden.

Auch ist es nicht zu verwechseln mit einigen amerikanischen Wacholderarten, die dort Zeder (red cedar) genannt werden (Juniperus virginiana, Juniperus mexicana).

Geraniaceae, Storchschnabelgewächse

Pelargonium graveolens und Pelargonium odoratissimum, Rosengeranie

Diese Pflanze wächst in den Gärten Südeuropas und Nordafrikas; sie stammt aus Südafrika. Von den 200 Sorten werden nur wenige für die Ölherstellung kultiviert. Das beste Öl stammt von der Insel Réunion (früher Bourbon) bei Madagaskar. Es wird aus den Blättern destilliert. Da es viel Geraniol und Citronellol enthält und deshalb ähnlich wie Rosenöl duftet, wird es oft zum Verfälschen und Strecken dazu genommen. Es ist wesentlich preiswerter als dieses, da man nur 300–500 Kilo der duftenden **Blätter** für 1 Kilo ätherischen Öles benötigt. Es ist eines der wichtigsten Öle in der Aromatherapie, da es – ähnlich wie Lavendel – ein Ausgleichsöl ist, vor allem harmonisiert es den weiblichen Hormonhaushalt.

Geranium macrorrhizum, Zdravetz-Geranie

Diese in Bulgarien in 800 bis 1700 Metern Höhe wild wachsende Geranienart kennt man bei uns aus dem Ziergarten als dankbaren Bodendecker, auch in schattigen Gartenecken. In Bulgarien werden die Blätter als Glücksbringer verschenkt, da man der Pflanze viele Heilwirkungen zuspricht. Über das sehr streng riechende ätherische Öl ist nicht viel bekannt.

Gramineae oder Poaceae, Süßgräser

Die Öle dieser Familie werden meistens aus den duftenden schilfartigen Gräsern gewonnen. Im Falle von Vetiver gewinnt man das ätherische Öl jedoch aus den Wurzeln. Ihre Gemeinsamkeit ist bis auf Vetiver der hohe Gehalt an Aldehyden, die entzündungshemmend und stark beruhigend wirken.

Cymbopogon flexuosus/citratus, Lemongras

Dieses Zitronengras und Citronella sind ganz eng miteinander verwandt, jedoch sind C. flexuosus (ostindisches Lemongras) und C. citratus (westindisches Lemongras) zarter im Wuchs und feiner im Duft. Sie werden deshalb in der asiatischen Küche verwandt. Sie wachsen sehr rasch und ihre Öle sind deshalb preiswert; zusammen mit Geranie werden sie zur Verfälschung/Streckung von Rosenöl genommen.

Das Öl wirkt wegen des hohen Citralgehaltes (70–85 %) **antiviral**, antiphlogistisch und sedativ; je nach Myrcen-Gehalt gilt es noch als stark schmerzlindernd. Ihm werden zudem verjüngende Eigenschaften zugesprochen, da es den gesamten menschlichen Stoffwechsel „anheizt".

Cymbopogon martinii, Palmarosa

Früher hieß das rosig-zitronig duftende ätherische Öl dieses Grases „Indisches Geranienöl". Der duftgebende Inhaltsstoff ist der Monoterpenalkohol Geraniol (75–95 %); somit wirkt das Öl antiseptisch und hautpflegend.

Cymbopogon nardus/winterianus, Citronella

Dieses noch preiswertere Öl wird in der Therapie selten absichtlich angewandt, obwohl es auch antiviral wirkt. Es wird jedoch von ganz vielen Firmen als „Melissenöl indisch" verkauft. Man benutzt es mit viel Erfolg zur **Insektenabwehr**; hier wird es auch in kommerziellen Produkten eingesetzt. Vermischt mit Sandelholz wird es als „Geranienöl-Ersatz" gehandelt. Manchmal wird es auch zur Fälschung von Rosenöl verwendet.

3

Vetiveria zizanoides, Vetiver

Dieser extrem schwere, erdige, dunkle Duft stammt aus den Wurzeln dieses in Indien beheimateten Grases. Das sehr gut verträgliche Öl soll die Bildung von Knochenzellen und roten und weißen Blutkörperchen anregen, kann also begleitend zur Osteoporosevorsorge eingesetzt werden (Gümbel 1989). Die Pflanze ist ein wichtiger Retter von Landschaften in „Entwicklungsländern", da die feinen, weit verzweigten Wurzeln der gefährlichen Erosion Einhalt gebieten können.

Hypericaceae oder Guttiferae

Hypericum perforatum, Johanniskraut

Es gibt über 20 verschiedene Johanniskrautarten. Die winzigen „Löcher" in den Blättchen sind die durchschimmernden Ölbehälter und kennzeichnen die heilkräftige Pflanze, die vor allem durch das „**Rotöl**", das fette Johanniskrautöl, bekannt wurde.

Das ätherische Johanniskrautöl wirkt entzündungshemmend, besonders auf die Schleimhäute. Durch den Wirkstoff **Hyperforin** hat es stark antidepressive Eigenschaften; es wird, zusammen mit dem fetten Johanniskrautöl, als pflanzliches Psychopharmakon eingesetzt. Das ätherische Öl wirkt nicht photosensibilisierend auf die Haut.

Hamamelidaceae, Hamamelisgewächse

Liquidamber orientalis, Styrax

Ein feiner balsamischer Duft nach Bittermandel kommt von der krankhaften harzigen Ausscheidung dieses bis zu 15 Meter hohen Baumes, der in Kleinasien beheimatet ist. Seine Blätter sehen unserem Ahorn ähnlich; der Baum ist jedoch mit unserer Zaubernuss (Hamamelis) verwandt.

Das aus dem Harz destillierte ätherische Öl ist fast farblos, erinnert im Duft an Marzipan und Vanille und ist ein hervorragender Fixateur für Potpourries und Parfums.

Iridaceae, Irisgewächse

Iris pallida/germanica, Iris

Es ist wohl einer der teuersten Düfte überhaupt (der Ertrag liegt bei 2 Promille). Man muss diese Wurzeln vor der Ölgewinnung zwei bis drei Jahre trocknen und fermentieren; die anschließende Destillation erfolgt in mehreren, aufwändigen Schritten. 1 Milliliter kostet über 100 Euro, darum wird es oft in Weingeist oder Jojobaöl verdünnt angeboten. Es gibt auch ein Iris-Absolue, das jedoch nicht so „rund" und pudrig duftet, dafür aber viel preiswerter ist.

Das Öl wirkt sehr stark auf die Psyche; man könnte es Neubeginnöl nennen, da es psychotherapeutische Heilungsprozesse unterstützt.

Lamiaceae oder Labiatae, Lippenblütengewächse

Die Familie der Lippenblütengewächse ist die umfangreichste auf dem Gebiet der Aromatherapie. Dem Europäer steht mit ihnen eine umfangreiche Naturapotheke zur Verfügung, da sie – bis auf Patchouli – alle in unseren Breiten wachsen. Freilich wachsen die besonders ölergiebigen Pflanzen eher rund um das Mittelmeer, wo sie genügend Sonne tanken können. Doch im Vergleich zu Ölen, die aus Australien, Sri Lanka und Brasilien hergeschafft werden, fällt hier der Transportaufwand nicht so stark ins Gewicht.

Ein anderer ökologischer Aspekt ist, dass wir hier keine gefährdeten Arten finden. Diese unsere Ölelieferanten sind allesamt Kräuter, die den bedachten Schnitt durch den Menschen mit noch stärkerem Wuchs im Folgejahr danken.
Generell kann man sagen, dass die ätherischen Öle der Lippenblütengewächse kräftigend und stimulierend wirken, mit Ausnahme des Lavendels und der Melisse; deshalb ist bei Hypertonikern manchmal Vorsicht geboten. Auch sollten sie – bis auf Lavendel und Patchouli – in der Schwangerschaft eher gemieden oder nur von erfahrenen Aromatherapeuten verordnet werden.
Insgesamt finden wir hier viele sehr gut verträgliche Öle; nur eine Salbeiart und Ysop enthalten neurotoxische Monoterpenketone.

Hyssopus officinalis/decumbens, Ysop

Bei diesem fast immergrünen Kraut ist es wieder wichtig, den botanischen Namen zu kennen, da der Decumbenstyp (der kriechende) nicht das neurotoxische Potenzial wie die andere Pflanze hat, so dass dieser eher für die Hausapotheke von Laien Verwendung findet.

Ysop findet bereits in alten Schriften Erwähnung. Es wurden die heilenden und reinigenden Eigenschaften dieser verehrten Pflanze besungen.

Die innere Anwendung von Hyssopus officinalis in der Schwangerschaft ist von allen Lippenblütengewächsen am meisten kontraindiziert, da Ysopöl einen beträchtlichen Gehalt an abortiv und neurotoxisch wirksamen Monoterpenketonen enthält.

Epileptiker und Menschen mit hohem Blutdruck sollten das ätherische Öl nur in Ausnahmefällen und unter fachlicher Aufsicht verwenden.

Um die segensreichen Eigenschaften beim Behandeln der Atemwege und allgemein bei Erkältungen nutzen zu können, sollte man sich im Zweifelsfalle an den Gebrauch von Ysop-Hydrolat erinnern – gerade bei Kindern.

Lavandula angustifolia/officinalis/vera, Lavendel

Durch eine überraschend gute Heilung nach einem Chemieunfall, in dem ätherisches Lavendelöl die entscheidende Rolle spielte, prägte der Chemiker **René-Maurice Gattefossé** in den dreißiger Jahren den Begriff Aromatherapie.

Grundsätzlich müssen wir unterscheiden zwischen dem echten Lavendel (Lavandula angustifolia/officinalis/vera) und der Hybride (unfruchtbare Pflanze) **Lavandin**. Sie entstand aus der Kreuzung zwischen Lavandula angustifolia und Lavandula latifolia (latifolia). Wir sehen diese kräftige und ergiebige Pflanze auf weitläufigen Monokulturen in der französischen Provence. Der echte offizinelle Lavendel wird fast nur von Bio-Bauern kultiviert (Lavendel fein genannt) und an Berghängen wild wachsend vorgefunden ([Berg-] Lavendel extra oder wild genannt). Letzterer enthält das breiteste Spektrum an Inhaltsstoffen.

Die Blüten, die Stängel und auch die nicht verholzten Zweiglein werden wasserdampfdestilliert. Es entsteht ein fast farbloses, manchmal gelbliches ätherisches Öl, das durch seinen frischen Duft und seine Vielseitigkeit in keiner Hausapotheke fehlen darf.

Es gibt kaum eine Beschwerde oder Krankheit, bei der Lavendelöl nicht hilft oder zumindest lindert, es ist ein Öl, dessen vielfältige Wirksamkeit bereits in vielen klinischen Studien überprüft wurde. Es ist zudem ein ungefährliches Öl, das sogar pur auf die Haut aufgetragen werden kann. Durch seinen hohen Gehalt an Linalylacetat (bis 50 %) wirkt es stark beruhigend und entkrampfend und der hohe Gehalt an Linalool macht es sehr hautpflegend und antiseptisch.

Lavandula stoechas, Schopflavendel

Die auch Schmetterlinglavendel genannte Kübelpflanze hat eher gefiederte Blättchen und oberhalb der etwas gedrungeren Blüte noch einen „Schopf" aus abstehenden, größeren Blütenblättchen. Dieses herzstärkende Tonikum darf wegen des Kampheranteils (bis 30 %) nicht bei Kindern, Schwangeren und empfindlichen Personen angewendet werden.

Lavandula latifolia/spica, Speiklavendel

Speiklavendel ist sehr ergiebig, so dass dieses Öl hauptsächlich in der Kosmetikindustrie (Seifen etc.) Verwendung findet. Die Pflanze ist sehr wärmebedürftig und wächst daher in geringeren Höhen als der offizinelle Lavendel. Zur Sportmassage und für Inhalationen bei **Bronchitis** ist es sehr nützlich, auch in geringer Dosierung in einer Nasensalbe bei Schnupfen, wo es gleichzeitig die Atmung erleichtert, Viren und Bakterien in Schach hält und wunde Haut regeneriert.

Melissa officinalis, Melisse

Melissa heißt Honigbiene, die Pflanze heißt oft Bienenkraut oder Frauenwohl. Das recht teure echte Melissenöl wird meistens nur verfälscht angeboten, manchmal steht fairerweise der Name „Melisse indicum" auf der Flasche, das bedeutet, dass es sich um Citronella handelt, das Öl dieses tropischen Grases hat jedoch eine andere Wirkung auf den Organismus.

Für 1 kg ätherisches Öl benötigt man 5 – 8 Tonnen (mehr als bei der Rose) des empfindlichen Pflanzenmaterials, das deshalb sofort nach der Ernte an Ort und Stelle destilliert werden muss, sonst verschwindet der Duft mehr oder weniger.

Das Öl wirkt stark sedativ, antiviral und antibakteriell, im ersteren Fall besonders gegen die Herpesviren (simplex und zoster). Auch bei der Bekämpfung des HI-Virus bei AIDS hat man bereits in vitro Erfolge verzeichnen können, die Aggressivität des Virus wird geschwächt.

Mentha aquatica, Wasserminze

Die Bach- oder Wasserminze ist die leichteste, sanfteste Minze. Das fast zart duftende Öl ist selten erhältlich.

Mentha arvensis, Ackerminze

Das ist das bekannte sehr starke japanische/chinesische Heilpflanzenöl.

Mentha citrata, Bergamottminze (Orangenminze)

Das Öl könnte auch Lavendelminzeöl heißen, da es sehr esterbetont ist (bis 60 %), es ist vielseitig einsetzbar und kindertauglich.

Mentha piperita, Pfefferminze

Dieses ätherische Öl ist eine extreme Kopfnote, es wirkt somit tonisierend, klärend und stark konzentrationsfördernd, wie in Versuchen mit amerikanischen Studenten bestätigt wurde. Zusammen mit Majoran hilft Pfefferminzöl bei Migräne und starken Kopfschmerzen. In klinischen Studien wurde belegt, dass es speziell bei **Spannungskopfschmerz** die gleiche Wirkung wie Paracetamol aufweist (10 %ig in Ethanol) (Göbel et al. 1998). Wegen des hohen Mentholgehaltes ist das Öl jedoch nicht für Kleinkinder geeignet.

3

Dieses Öl wirkt im Darm als Kalziumantagonist vom Dihydropyridin-Typ: Es hemmt den Kalzium-Einschub und die Wandspannung des Darmes nimmt somit ab, traditionell wird es gegen **Übelkeit** und Verdauungskrämpfe eingesetzt. Menthol greift Thermoplasten-Kunststoffe, wie z. B. Plexiglas, an.

Mentha spicata

Krauseminze- oder Nanaminzeöl enthält kaum oder kein Menthol, sondern nur das gut verträgliche mukolytisch wirksame Carvon und ist ab dem Kindergartenalter einsetzbar.

Mentha pulegium, Flohminze

Flohminze hilft gegen Ungeziefer, ist aber wegen des hohen Pulegon-Gehaltes nicht von Laien zu verwenden.

Ocimum basilicum, O. sanctum, Basilikum

Hier gibt es sehr viele Arten, die in Farbe und Duft sehr unterschiedlich sind (manche riechen sogar nach Zimt oder Anis).

In England ist die aromatherapeutische Anwendung von allen Basilikumölen umstritten, da in vielen von ihnen mehr oder weniger (bis 85 %) des Phenylpropans Methylchavicol (oder auch Estragol genannt) enthalten sein kann. Dieser Inhaltsstoff bewirkt vor allen Dingen die stark **sympathikolytische** Wirkung, hat sich aber in Tierversuchen als Krebs erregend erwiesen. Allerdings soll die 3 %ige Anwendung in der Massage unproblematisch sein.

Die Heilpflanze **Tul(a)si** (Ocimum sanctum) wird in Indien verehrt und vielfältig eingesetzt, laut ayurvedischen Quellen soll sie „Herz und Geist öffnen, Glauben, Mitleid und Liebe stärken und den Schutz des Göttlichen verleihen“. Da deren ätherisches Öl im Duft eher an Gewürznelke erinnert, lässt sich bereits erahnen, dass es viel Eugenol enthält und damit stark antiinfektiös wirkt.

Origanum majorana, Majoran

Dieses **parasympatikoton** wirksame ätherische Öl wirkt hervorragend bei Muskelkrämpfen, aber auch bei inneren Krämpfen, wenn sich jemand – vor allem Jugendliche – mit seinen Gedanken ständig im Kreise dreht und deshalb zu Verstimmungen bis hin zu Depressionen neigt. Majoranöl darf nicht verwechselt werden mit dem so genannten „Spanischen Majoran“, der ein Thymian (Thymus mastichina) ist und bis zu 75 % Cineol enthält.

Origanum vulgare, Oregano

Wer schlecht mit seinen Kräften haushalten kann, ist ein Oregano-Typ. Das ätherische Öl dieser Heilpflanze, die auch „Wilder Majoran“ genannt wird, wirkt extrem stark keimtötend, aber ist stark hautreizend.

Pogostemon cablin/patchouli, Patchouli

Dieses extrem schwer duftende Öl ist kein Wurzelöl, sondern wird aus den Blättern dieser der Melisse sehr ähnlichen Pflanze destilliert. Bekannt geworden ist es durch die 68er-Generation, deren Symbol es war: Abgrenzung, Ablösung, gegen die Konventionen „anstinken“. Es ist ein vielseitiges und effektives Therapeutikum, das gleichzeitig bestens verträglich ist.

Rosmarinus officinalis, Rosmarin

Dieses krautig/kampferig duftende ätherische Öl, das es in drei Chemotypen gibt, stimuliert den Kopf innerlich und äußerlich: es fördert klare Gedanken, Wachheit, Konzentration, Klarheit. Dementen Patienten ermöglicht dieses Öl mehr wache und klare Momente. Zudem pflegt und regeneriert dieses ätherische Öl die Kopfhaut und fördert den Haarwuchs. Ein „Wundermittel" für Morgenmuffel und Menschen mit niedrigem Blutdruck.

Salvia sclarea, Muskatellersalbei

Das heftig duftende Öl ist äußerst hilfreich bei PMS und bei allen **Menstruationsproblemen**. Bei starker Blutung sollte Frau dieses ätherische Öl allerdings in der zweiten Zyklushälfte meiden. In der Psycho-Aromatherapie verwenden wir dieses herb duftende Öl, um Vergangenes abzulegen und um Neues erkennen zu können. In diesem Öl sind Stoffe enthalten, die unseren körpereigenen Endorphinen sehr ähnlich sind.

Es sollte nicht zusammen mit alkoholischen Getränken angewendet werden, da es deren berauschende Wirkung verstärken kann.

Salvia officinalis, Salbei

Der Name Salvia (die rettende/heilende Pflanze) erinnert uns daran, dass dies ein altes Heilkraut ist, das heute noch bei schamanischen Reinigungszeremonien geräuchert wird. Durch den meistens hohen Thujongehalt ist das ätherische Öl nicht ungefährlich, daher sollten Laien lieber auf Salbeitee, Muskatellersalbeiöl oder Lavendelsalbeiöl ausweichen. Wegen seiner östrogenartigen Wirkung rät der französische Experte **Philippe Mailhebiau** Männern davon ab, Salbeiöl zu verwenden.

Satureja montana (hortensis), Bohnenkraut

Kaum zu glauben, dass dieser krautige, etwas pfefferige Duft zu den **Aphrodisiaka** zählt. Das Öl ist insgesamt sehr Energie spendend und vitalisierend und gut einsetzbar bei starken Erschöpfungszuständen. Durch den sehr hohen Gehalt des Phenols Carvacrol (ca. 40 %) können wir es erfolgreich gegen zahlreiche Bakterienstämme einsetzen, aber auch gegen Viren, Pilze (Candida) und Parasiten. Es ist jedoch stark hautreizend, so dass es gering dosiert werden muss.

Thymus vulgaris, T. serpyllum, Thymian

Es ist eines der stärksten antiseptischen Öle, genauso kraftvoll unterstützt es unseren Körper und unsere Psyche. Es gibt sieben bekannte Chemotypen. Das Öl aus hohen und mittleren Lagen ist milder (Linalool, Thujanol und Geraniol). In tieferen Lagen bildet die Pflanze mehr Phenole wie Charvacrol oder Thymol, dementsprechend ist der Duft hier auch stärker/medizinischer.

Die Bezeichnung weiß, rot oder schwarz hat nichts mit der Stärke oder den Inhaltsstoffen des ätherischen Öles zu tun, man erkennt daran, aus welchem Material die Destille war (Eisen = rot, Stahl = weiß).

T. mastichina wird oft als „Majoran" verkauft, es handelt sich jedoch um eine eukalyptolreiche Thymianart.

Lauraceae, Lorbeergewächse

Die sehr aromatischen ätherischen Öle dieser Familie von meist großen **Bäumen** umfassen alle wesentlichen Wirkungen der Aromatherapie: sie wirken mehr oder weniger antibakteriell, antiviral und fungizid; einige wirken eher stark beruhigend und ausgleichend, andere extrem anregend. Bis auf den schon im Altertum verehrten Lorbeerbaum, der sich rund ums Mittelmeer wohl fühlt, sind die Lorbeergewächse in heißen Ländern zu Hause. Einige Öle der Lauraceae wirken leicht bis sehr stark hautreizend.

Aniba roseodora, Rosenholz

Für dieses wunderbar sanft blumig duftende Holzöl werden unzählige ausgewachsene Bäume im Amazonas gefällt. Die Behauptungen, dass das meiste Öl aus Plantagenholz gewonnen werde, stimmen laut Insidern nicht. Zudem bieten Plantagen nicht unbedingt eine ökologisch verträgliche Lösung, da sie fast immer Monokulturen sind und die Pflanzen dadurch krankheitsanfälliger werden als in ihrem natürlichen gemischten Lebensraum. Der Einsatz von Pestiziden ist vorprogrammiert.

Statt Rosenholzöl greifen umweltbewusste Aromapraktikerinnen zu Linaloeholzöl (Bursera delpechiana, leider auch ein Holzöl) oder zu Ho-Blätter-Öl (Cinnamomum camphora), welche ähnlich duften und wirken. In England kennt man ein „Rosenholzöl" aus Ocotea caudata, das aus Peru stammt. Neuerdings wird auch aus den Blättern dieses Urwaldriesen ein gutes ätherisches Öl destilliert; diese wachsen nach und der Baum bleibt am Leben.

Cinnamomum aromaticum/cassia, Cassiazimt

Manche empfinden den Duft als nicht ganz so fein wie den der Ceylon-Zimt-Öle, es duftet nicht nur zimtig, sondern erinnert an Marzipan. Es werden Blätter und Zweige destilliert, Einsatzgebiet und Vorsichtsmaßnahmen sind im Wesentlichen gleich.

Cinnamomum camphora, (Japanischer) Kampferbaum

Diesen Duft kennt wohl jeder vom Wick Vaporub, einem klassischen Mittel zur Behandlung von Erkrankungen des Atemtraktes. So kann man dieses ätherische Öl auch einsetzen. Vom Gebrauch raten jedoch alle Aromatherapeuten ab, da es 50 % des Monoterpenketons Kampfer (Borneon) enthält und somit starke Vergiftungen und Atemkrämpfe bewirken kann, vor allem bei Asthmatikern und Kleinkindern. Es ist ein sehr stark desinfizierendes Öl und als extreme Kopfnote erfrischt es den Geist.

Man kann den rohen Kampfer in kristalliner Form direkt von diesem riesigen und sehr alt werdenden Baum (bis 1000 Jahre) absammeln, für das Öl destilliert man das Holz zusammen mit den Blättern und Wurzelteilen und erhält drei unterschiedliche Fraktionen: weißen, braunen und gelben Kampfer. Letztere enthalten um 80 % Safrol, sind also sehr giftig. Früher wurde Kampfer als Insektizid benutzt (als Mottenkugeln) und im Riechfläschchen zum Aufwachen nach einer Ohnmacht.

Borneokampfer (Borneol), Dryobalanops aromatica, gehört zur Familie der Dipterocarpaceae und duftet nicht so stechend wie der japanische Kampfer. Das Öl wird bei Erkältungen, Fieber, Grippe, Bronchitis, Rheuma, Prellungen und nervöser Erschöpfung empfohlen.

Cinnamomum camphora, (Chinesischer) Ho-Baum

Das fast blumig duftende Ho-Blätter-Öl stammt zwar von einem Kampferbaum, jedoch enthält diese Variante etwa 80 % **Linalool** und ist eher wie das Rosenholzöl anzuwenden. Hier wird nicht der ganze Baum zur Ölgewinnung gefällt, sondern es werden Blätter und Zweige verwendet. Es duftet auch ähnlich und wird von umweltbewussten Firmen stattdessen angeboten.

Cinnamomum camphora, (Madegassischer) Ravintsara

Dieser stattliche Baum wächst nur in Madagaskar. Das ätherische Öl, das aus den Blättern destilliert wird, erinnert im Duft an Eukalyptus und ähnlich wird es auch eingesetzt. Es enthält etwa 60 % 1,8-Cineol. Allerdings ist es wesentlich verträglicher, ohne jede Toxizität. Seine antivirale Wirkung ist dabei von besonderer Bedeutung. Für die Destillation von Ravintsara werden manchmal – ähnlich wie bei Ylang Ylang – sehr viele andere Bäume für die Brennstoffgewinnung zur Feuerung dezimiert, ob das einst zu einem ökologischen Problem führen wird, bleibt abzuwarten.

Cinnamomum zeylanicum/verum, Zimt

Von dem bis zu 12 Meter hohen Baum wird die Rinde der zweijährigen Stockausschläge abgeschabt. Schon vor 4000 Jahren war Zimt ein wichtiges Handelsgut zwischen dem Fernen Osten und Ägypten. In der Aromatherapie verwendet man lieber das Zimtblätteröl als das Zimtrindenöl, da Ersteres einen geringeren Gehalt an hautreizendem Zimtaldehyd hat und dafür mehr antiseptisches Eugenol. Beim feiner duftenden Rindenöl verhält es sich fast umgekehrt. In starker Verdünnung haben beide Öle gute Erfolge bei Durchblutungsstörungen und werden bei Schwächezuständen, sexueller Unlust und seelischen Tiefs eingesetzt.

Cinnamomum glaucescens/polyandrum, Suganda kokila

Auch wenn der lateinische Name an Zimtdüfte erinnert – hier haben wir es mit einem ganz eigenen Duft zu tun. Dieses ätherische Öl riecht eher holzig-balsamisch. Seine Wirkung ist noch wenig erforscht; in Frankreich setzt man es gegen spastische und infektiöse **Darmentzündungen** ein.

Cinnamomum sintok, Mandarinenholz

Dies ist ein wenig bekanntes Öl, das man aus dem zerkleinerten Holz eines Verwandten des Zimtbaumes destilliert. Es duftet fruchtig-holzig-würzig und wirkt auf der körperlichen und seelischen Ebene **kräftigend** und stärkend.

Cryptocaria massoia, Massoia

Ein sehr schwer erhältliches Öl aus der Rinde dieses Baumes, der in Neu-Guinea wächst und sowohl als extrem schleimlösend als auch **hautreizend** gilt. Sein schwerer Duft erinnert an synthetischen Kokosnussduft in Speisen und Sonnenmilch.

Laurus nobilis, Lorbeer

Aus den Blättern dieses in der Antike verehrten Baumes wird ein ätherisches Öl destilliert, das mit den Jahren zu einem wundervollen Duft heranreifen kann. Da es im Gegensatz zu seinen fernen Verwandten meistens aus Europa stammt, ist es gegenüber den von weither gebrachten Ölen vorzuziehen. Aus den Beeren des Lorbeerbaumes wird ein Fett (fettes Lorbeeröl) gewonnen.

Litsea cubeba/citrata, Litsea oder Mai chang

Ein kleiner Baum aus Malaysia und China mit – ähnlich wie feinstes Lemongras – duftenden Blättern und Blüten; die Früchte sehen wie (grüne) Pfefferkörner aus. Das ätherische Öl enthält bis zu 85 % Citral; die Pflanze ist nach Lemongras der größte Citrallieferant der Welt. Mit Citral werden ätherische Öle „verfeinert" und gestreckt; zudem gibt es den Putz- und Waschmitteln die berühmte „Zitronenfrische". In der Aromatherapie ist das Öl noch recht unbekannt und schwer erhältlich. In China wird an den interessanten Wirkungen auf den Herzmuskel intensiv geforscht. Für die Behandlung von Herzbeschwerden kann es ergänzend zur sehr teuren echten Melisse verwendet werden.

Ravensara aromatica, Ravensara oder Nelkennussbaum

Das ätherische Öl aus der Rinde und/oder den Blättern dieses Baumes, der nur auf Madagaskar wächst, duftet wie Anisöl und hat durch einen Methylchavicol-Gehalt von fast 90 % eine stark spasmolytische Wirkung, ähnlich wie Basilikum und Estragon.

Leguminosae, Schmetterlingsblütler

> Die Öle und Extrakte dieser Familie spielen in der Aromatherapie bislang keine große Rolle. Sie duften alle holzig-balsamisch oder vanillig.

Copaifera officinalis/reticulata, Copaiba-Balsam

Aus dem nördlichen Südamerika stammt dieser bis zu 18 Meter hohe Baum. Er liefert in seiner Heimat eine wertvolle Medizin, um **Geschlechtskrankheiten** und Erkrankungen des Harntraktes zu behandeln. Zudem wenden die Amazonas-Indianer das pure Harz äußerlich an, um lokale Schmerzen zu stillen, die Narbenbildung zu beschleunigen, Entzündungen zu stoppen und die Durchblutung zu fördern. Sein angenehm holziger Duft wird in der Parfumindustrie sehr geschätzt.

Dipteryx odorata, Tonka

Die wie schwarze Bohnen aussehenden Samen dieses bis zu 25 Meter hohen Baumes aus dem Amazonasgebiet duften wunderbar nach Waldmeister, da sie genau wie unser Kraut Cumarin enthalten und somit leicht giftig sind. Noch vor dem zweiten Weltkrieg fehlte diese „Bohne" ebenso wie die Muskatnuss in keiner Küche. Eine Prise in den Obstsalat oder in den Kuchen gab jenen eine feine Würze. Schamanen in Amerika tragen stets einige dieser Samen als Talisman und zum Schutz vor bösen Geistern in einem Ledersäckchen bei sich.

Das Absolue aus der Tonkabohne ist in der Parfumindustrie ein wichtiges Fixativ, in der Aromatherapie rundet der Alkoholextrakt jeden „Seelenduft“ sehr schön ab, gibt ihm eine samtige Weichheit mit einer erotisierenden Note.

Myroxylon balsamum, Tolu-Balsam, Perubalsam

Diese beiden sehr stark nach Vanille duftenden Harze sind eng miteinander verwandt. Da vor allem Perubalsam als **Allergen** eingestuft wird – mutmaßlich durch Verunreinigung bei der Gewinnung –, sollte man beide erst nach einem „Allergietest“ in der Ellbogenbeuge einsetzen. Beide wirken sehr stark keimtötend, weshalb vor allem Perubalsam früher zur Konservierung von Kosmetika diente.

Myristicaceae, Muskatnussgewächse

Myristica fragrans, Muskat

Von den Molukken und von anderen indonesischen Inseln stammt das Muskatnussöl, um das sich einige Unklarheiten ranken. Die Muskatnuss sieht aus wie eine Aprikose und wächst auf einem circa 20 m großen, immergrünen Baum, der im Alter von 30 Jahren jährlich bis zu zweitausend Früchte trägt. Wenn das aprikosenähnliche Fleisch aufspringt, sehen wir den tief dunkelbraunen Kern, eben die uns allen bekannte Muskatnuss, umhüllt von einem karminroten Netz oder Mantel. Dieser wird fälschlich Muskatblüte genannt. Der korrekte Name dieses viel zarter schmeckenden Gewürzes ist **Macis**, es ist auch viel teurer und vergänglicher als das Muskatnusspulver. Das Land der Wurstesser, Deutschland, ist übrigens der weltweit größte Importeur der Würzmittel Muskat und Macis: Die Einfuhr wird auf jährlich 2000 Tonnen geschätzt.

Wenn auch die Muskatnuss in pulverisierter Form unter den Küchengewürzen einen wichtigen Platz einnimmt, ist der Gebrauch des ätherischen Öls umstritten. Obwohl die Öle beider Pflanzenteile stark tonisierend und kräftigend wirken, sollten sie nur behutsam (und nur äußerlich) angewendet werden. Der Bestandteil Myristicin kann schon in kleinen Mengen narkotisierend und halluzinogen wirken. Ein weiterer Bestandteil des Muskatöls ist Safrol, es kann Krebs erregend wirken. Wir finden einen Wirkstoff der Muskatnuss heute in synthetischer Form als Bestandteil der Modedroge MDMA (Ecstasy).

Myrtaceae, Myrtengewächse

Die zahlreichen ätherischen Öle dieser Familie wirken stark antiseptisch, tonisierend und insbesondere antiviral. Viele haben ihren biochemischen Schwerpunkt bei den Oxiden und Monoterpenen, was sie hilfreich bei Infektionen der Atmungsorgane macht. Bay und Gewürznelke fallen mit ihrem hohen Eugenolgehalt, der auch den Duft bestimmt, etwas aus der eher „medizinisch“ duftenden Reihe.

Pimenta racemosa/dioica, Bay/Piment

Dieses ähnlich wie Nelke duftende Öl aus den Blättern des Bay-Baumes wirkt durch den Hauptinhaltsstoff Eugenol stark antibakteriell und antiviral. Wegen der Haarwuchs fördernden Eigenschaft ist „Bay-Rum“ in Jamaica das Allheilmittel gegen Haarausfall und Kopfhautprobleme. Ähnlich in Zusammensetzung und Wirkung ist das Pimentöl.

Eucalyptus citriodora, Zitroneneukalyptus

Dieses Öl überrascht durch einen zitronigen Duft, der durch seinen sedativ, antiphlogistisch und antiviral wirkenden Inhaltsstoff Citronellal hervorgerufen wird. Diese Sorte ist für Kinder gut geeignet, ebenso wie Eucalyptus smithii.

Eucalyptus globulus, Eukalyptus

Dieser sehr hohe, wasserdurstige und Wärme liebende Baum (er wird zur Trockenlegung von Feuchtgebieten angebaut) stammt aus Australien und Tasmanien, gedeiht aber gut im Mittelmeergebiet, besonders in Portugal. Es gibt etwa 600 unterschiedliche Arten. In der Aromatherapie – und heute noch gemäß den meisten Arzneibüchern – wurde früher vorwiegend der Eucalyptus globulus verwendet.

Nach der Namensbezeichnung findet man manchmal eine Prozentangabe, zum Beispiel „Eukalyptus 85 %". Das bedeutet nicht, dass das Öl mit irgendeiner anderen Substanz vermischt ist, sondern dass durch eine bei Unterdruck vorgenommene Nachdestillation Teile der Kopf- und Basisnote abgesondert wurden. Diese Tradition der französischen Aromatherapie wird angewendet, um die eventuell reizend wirkenden Monoterpene (α-Pinen, β-Pinen sowie Camphen) zu eliminieren und den sehr positiv auf die Bronchien wirkenden Cineol-Gehalt (Eukalyptol) zum Beispiel von 60 auf 85 % anzuheben. Der Duft wird dadurch auch frischer, das Öl aber unverträglicher. Es kann bei äußerlicher Anwendung zu Krämpfen der Atemmuskulatur bei Babys und Kleinkindern führen.

Eucalyptus dives

Dieses minzig duftende Öl wartet mit einem hohen Ketongehalt (Piperiton) auf: Es wirkt sehr stark mukolytisch, ist jedoch keinesfalls für Babys, Kinder und Schwangere geeignet.

Eucalyptus radiata

Dieses Eukalyptusöl mit seinem deutlich milderen Duft enthält zwar auch rund 80 % 1,8-Cineol, wird aber den gut verträglichen Eukalyptusölen zugerechnet. Diese Sorte ist für größere Kinder gut geeignet, ebenso wie Eucalyptus smithii.

Eucalyptus staigeriana

Dieses untypisch und wunderbar duftende Öl erfreut sich großer Beliebtheit bei **Pénoël** und **Price**, sie schätzen dieses zart zitronig duftende ätherische Öl besonders bei der Behandlung von psychosomatischen Erkrankungen, da es sehr gut auf die Psyche wirke. Sie schwören auf eine sanfte Solarplexus-Massage nur mit dem verdünnten Öl. Auffallend sei, dass das Öl – im Gegensatz zum Eucalyptus globulus – die Libido, zumindest bei Männern, steigere.

Eucalyptus polybractea

Dieses seltene Öl kann neben sehr viel 1,8-Cineol je nach Chemotyp auch viel p-Cymen enthalten und wirkt stark lokalanästhetisch.

Kunzea ericoides (früher Leptospermum ericoides), Kanuka

Dieses noch recht seltene Öl stammt von einer traditionellen Heilpflanze aus Neuseeland. Das ätherische Öl wird aus den Blättern eines bis zu zwanzig Meter hohen, schnell wachsenden Baumes destilliert. Seine Blätter sind weich ohne Spitze und etwa einen Zentimeter lang. Die Rinde löst sich leicht ab, die winzigen, zarten Blüten sind weiß.

Früher wurden Kanuka und Manuka nicht unterschieden: Neuseeländisches „Tea-Tree-Öl" war oft eine Mischung aus beiden.

Aus 80 bis 100 kg Blättern erhält man einen Liter gelbgrünes ätherisches Öl, das sehr erdig-krautig riecht, dessen antibakterielle oder antimykotische Wirkung nicht so ausgeprägt wie bei Melaleuca alternifolia oder Leptospermum scoparium ist. Es wird vor allem zur Behandlung und Linderung von rheumatischen Beschwerden eingesetzt, vermutlich wirkt eine **kortisonähnliche** Eigenschaft: Die Nebennierenrinde wird zu einer verstärkten Ausschüttung von Kortisol angeregt, so dass eine analgetische sowie antiphlogistische Wirkung einsetzt (Braunschweig 1996).

Leptospermum scoparium, Manuka

Dieses ätherische Öl aus Neuseeland, das dort „Tea Tree" genannt wird, riecht etwas weniger scharf als Melaleuca alternifolia, eher leicht süßlich/medizinisch. Die über achtzig Arten des vier bis acht Meter hohen Baumes mit seinen kleinen spitzen und starren Blättchen gilt in seiner Heimat als Allheilmittel. Blätter, Samenkapseln und Rinde werden im Rahmen der traditionellen Medizin gegen unterschiedliche Leiden eingesetzt. Im späten Frühling schmücken die magentafarben blühenden Zweige manchmal deutsche Blumensträuße. Blätter und Zweige von wild wachsenden Bäumen werden vor allem in der West-Cape-Region per Hand behutsam geschnitten, so dass ein kräftiger Neuaustrieb gesichert ist. Es werden etwa 150 Kilo benötigt, um ein Liter ätherisches Öl zu destillieren (knapp 0,5 % Ausbeute), das in mehreren Chemotypen vorkommt.

Zahlreiche Studien haben gezeigt, dass vor allem das ätherische Öl aus der East-Cape-Region über eine sehr starke antiseptische Wirkung bei grampositiven Bakterien verfügt. Dazu kommen nicht unerhebliche Wirkungen gegen Viren und Pilze, es ist wie ein **Breitbandantibiotikum** einsetzbar. Dazu kommen analgetische, antiphlogistische, antihistaminische und expektorativ wirksame Eigenschaften. Ein bislang nur im Manukaöl gefundener Inhaltsstoff, ein Triketon, das zu 25 % enthalten ist, macht dieses Öl sehr vielseitig und gibt ihm einen starken Bezug zur Haut: Empfindlicher Haut, vor allem bei einer dahinter steckenden empfindsamen Seele, tut dieses Öl sehr gut. Die über 60 % Sesquiterpene machen es auch geeignet für sensible Kinder, die oft mit Bauchweh reagieren.

Gelegentlich findet man auch das sehr zitronig duftende ätherische Öl von Leptospermum citratum, es wirkt durch seinen hohen Aldehydgehalt stark sedativ und antiphlogistisch.

Melaleuca alternifolia, Teebaum

Dieses ätherische Öl ist für die Australier ein Allheilmittel wie in Frankreich das Lavendelöl. Es gibt zahlreiche enge Verwandte, die medizinische Wirkung ist bei Teebaum sehr gut erforscht. Das Öl wird so genannt, weil die australischen Eingeborenen daraus einen Tee zubereiten, der viele Heilwirkungen hat. Die englischen Entdecker nahmen die Blätter als Tee-Ersatz zur „Teatime". Aber auch neuseeländische Bäume mit Heilwirkung werden Teebaum genannt, was zeigt, dass diese Bezeichnung sehr ungenau ist.

Dieser Melaleuca-Baum ist ungemein widerstandsfähig, Versuche, ihn an bestimmten Stellen zur Landgewinnung auszurotten, gelangen nicht. Er spross dann umso mehr.

Das ätherische Öl vereint bakterizide, antivirale und fungizide Eigenschaften als Breitspektrummittel. Es tötet nachgewiesenermaßen etliche Bakterienstämme ab und bei den Pilzen vor allem Candida albicans. Das Immunsystem wird zudem stimuliert: IgA und IgM werden vermehrt. Vorbeugend kann man es gegen Verbrennungen vor **Strahlentherapien** einsetzen und zur besseren Überwindung von Anästhesien.

In Australien wurde in einer Studie mit über hundert Patienten festgestellt, dass es selbst bei schwerer Akne besser half als Mittel mit Hydroxylbenzoat. In unseren Breiten nicht wichtig, jedoch in der Heimat dieses Baumes: Tea-Tree-Öl wirkte schon oft lebensrettend bei Schlangenbissen. Aber auch bei Stichen und Bissen von Insekten wird es erfolgreich eingesetzt.

Gerade weil dieses Öl als Tausendsassa und Wundermittel angepriesen wird, ist es überaus wichtig, nur frische Ware für Therapiezwecke einzusetzen, da das Öl sehr schnell stark hautreizende Peroxide bildet. Leider ist nicht jedes Teebaumöl, was man auf Flohmärkten, bei Discountern oder Drogerien bekommt, ein echtes oder frisches Melaleuca-alternifolia-Öl, schon gar nicht aus kontrolliert biologischem Anbau, da gerade hier die Mengen noch begrenzt sind.

Melaleuca leucadendra/cajuputi, Cajeput

Der bis zu 25 Meter hohe, schlanke Baum heißt im Englischen „paperbark tree" wegen seiner sich abschälenden Rinde: wie Fetzen von Luftpostpapier steht sie ab. *Caju-puti* heißt „weißer Baum" oder „weißes Holz" auf malaysisch. Schon Anfang des 17. Jahrhunderts brachten die Holländer das Cajeputöl von ihren Kolonien in Ostindonesien mit nach Europa. Es war gewissermaßen ein natürlicher Vorgänger der Antibiotika.

Melaleuca (quinquenervia) viridiflora, Niaouli

Dieser bis zu fünfzehn Meter hohe Baum wird im Englischen wie der Cajeputbaum auch paperbark tree genannt. Aus den lanzettförmigen Blättern wird das ätherische Öl in einer recht hohen Ausbeute von zwei bis drei Prozent destilliert. In Frankreich (und den USA) wird das echte Öl oft einfach „MQV" genannt (die Abkürzung des botanischen Namens), da es viele Verfälschungen gibt. In Frankreich heißt das dort sehr hoch geschätzte Heilmittel auch „Goménol".

In Neukaledonien stehen ausgedehnte Niaouli-Wälder, die vermutlich die Ausbreitung der Malaria verhindern, da die duftenden Ausdünstungen der Bäume in der feuchten Hitze die Mücken verscheuchen.

Die Wirkungen des Öles entsprechen im Wesentlichen denen des Cajeputöles: es ist besonders mild, nicht toxisch und wird von den meisten Menschen gut vertragen – sogar unverdünnt auf der Haut. Es wird als antiallergisches Mittel eingesetzt. Kurioserweise verursachen die Pollen dieses Baumes durch seine starke Ausbreitung in Florida vermehrt Allergien.

Wegen seines leicht hormonartigen Charakters liest man gelegentlich Warnungen bezüglich Kindern unter zehn Jahren, es wird von ihnen jedoch meistens gemocht und vertragen.

Myrtus communis, Myrte

Der immergrüne Myrtenstrauch hat kleine, spitze Blättchen, aus denen das gelbliche ätherische Öl destilliert wird. Er wächst vor allem rund um den Mittelmeerraum, aber auch in den Anden. In Marokko und Tunesien wird das Öl meistens aus den angetrockneten Zweigen und Blättchen gewonnen, sieht rötlich aus und enthält bis zu 35 % 1,8-Cineol und zusätzlich bis zu 15 % des stark entkrampfend wirkenden Esters Myrtenylacetat (allerdings nur bei der Frühlingsernte).

In der Türkei und in Peru werden die frischen Zweige destilliert; das Öl wird dadurch grünlich und enthält mehr Cineol.

Da die Myrtenöle im Vergleich zum ähnlich wirkenden Eukalyptusöl besser verträglich sind, werden sie gerne bei erkälteten Kindern eingesetzt. Besonders für die Kleinen geeignet ist das Myrtenöl aus den Anden; es duftet fast süßfruchtig, überhaupt nicht so „medizinisch" wie die europäischen Verwandten.

Syzygium aromaticum (früher Eugenia caryophyllata), Gewürznelkenbaum

Von diesem in der Region Indonesien beheimateten Baum werden drei leicht unterschiedliche Öle destilliert: aus den kompletten Nelkenknospen, aus den Stängeln und aus den Blättern. Das reine Nelkenknospenöl duftet besonders fein und blumig. Aus 50 kg der getrockneten Knospen erhält man einen Liter Öl, die Ergiebigkeit ist ungewöhnlich hoch (15 – 18 %). Alle drei wirken durch einen hohen Gehalt des Phenols Eugenol (70 – 80 %) stark **antiseptisch**.

Bekannt ist die Anwendung dieses pfeffrig duftenden Öles in der Zahnheilkunde, da es im Mund sehr anästhetisch wirkt. Es wirkt zudem uterotonisch und Wehen fördernd und sollte deshalb nicht in der Schwangerschaft verwendet werden.

Oleaceae, Ölbaumgewächse

> Zu dieser Familie gehört Jasmin und der nicht minder schöne, aber therapeutisch nicht relevante Osmanthus und natürlich der Namensgeber, der Olivenbaum, dessen fettes Öl gesundheitlich so wertvoll ist.

3

Jasminum grandiflorum/officinale/sambac, Jasmin

Es gibt über zweitausend Jasminarten. Der bei uns wachsende „Sommerjasmin" (Philadelphus) ist kein echter Jasmin. Dagegen duftet der „Winterjasmin" (Jasminum nudiflorum), der bei uns wächst, nicht. Die Jasminarten, aus denen Absolues hergestellt werden, brauchen ein sehr gleichmäßig warmes Klima.

In der klassisch-medizinischen Aromatherapie werden keine Absolues verwendet, da sie noch Lösungsmittelrückstände enthalten können. Manchmal wird jedoch eine Ausnahme beim Jasmin gemacht. Für dieses Absolue benötigt man etwa 1000 Kilo oder acht Millionen Blüten, die im Morgengrauen gepflückt werden müssen. Jasmin-Absolue gehört also zu den teuren Düften. Die „altmodische" und aufwändige Enfleurage zur Herstellung dieses Duftes, der durch das Fehlen des Duftstoffes Indol viel feiner duftet und ein Vielfaches kostet, wird kaum noch praktiziert.

In der Duftlampe passt es gut zu **stimmungsaufhellenden** und **aphrodisischen** Mischungen. Es muss gering dosiert werden, da der Duft sehr schwer und betörend ist; er kann Kopfschmerzen verursachen. Nicht anzuwenden in der Schwangerschaft wegen der hormonähnlichen Wirkung, es ist jedoch ein gutes Entbindungsöl.

Orchidaceae, Orchideengewächse

Vanilla planifolia/fragrans, Vanille

Diese rankende Orchidee ist in den tropischen Regenwäldern im südöstlichen Mexiko und Mittelamerika heimisch. Versuche, diese Pflanze auch woanders heimisch zu machen, scheiterten bereits Anfang des 19. Jahrhunderts, bis man entdeckte, dass ausschließlich eine bestimmte Kolibriart für die Befruchtung „zuständig" ist. Heute noch muss man auf Plantagen eine Befruchtung mit Pinseln vornehmen. Dazu muss die hochkletternde Pflanze (20 Meter) niedrig gehalten werden. Mittlerweile kommt ein Großteil der Vanille von den Inseln des Indischen Ozeans: u. a. Madagaskar, Komoren, Seychellen.

Die zum richtigen Zeitpunkt geernteten grünen Vanilleschoten duften nicht. Zuerst müssen sie etwas welken und fermentieren. Nachdem sie etwas geschrumpft sind, setzt man sie abwechselnd der Sonne aus und lässt sie in dichten, verschlossenen Kästen „schwitzen". Durch einen chemischen Prozess wird in diesen acht bis dreißig Tagen das duftende Vanillin freigesetzt.

Obwohl der Alkoholextrakt aus der Vanille in der offiziellen Aromatherapie keine Bedeutung hat, wird dieser immer beliebte Duft doch sehr gerne für **stimmungsaufhellende** und entspannende Mischungen eingesetzt. Er vermittelt Geborgenheit, Wärme und Erinnerungen an Kuschelzeiten – ein gutes Fixativ für würzige, erotische Duftmischungen.

Pinaceae, Kieferngewächse

Die Familie der Kieferngewächse umfasst etwa 200 Arten in zehn Gattungen, alle auf der **Nordhalbkugel**. Sie gelten als die höchstentwickelten Koniferen. Ihre verholzten Zapfen tragen viele schraubig angeordnete Schuppen mit je zwei Samen. Die Blätter sind linealisch oder nadelförmig. Hauptverbreitung durch Samen, Kultivare durch Pfropfung. Sie liefern ätherische Öle, die meistens aus den immergrünen **Nadeln** dieser Bäume destilliert werden. Sie werden hauptsächlich zu Einreibungen im **Brust-/Lungenbereich** angewendet und zur Inhalation. So kommt die mukolytische und hyperämisierende Wirkung besonders zum Tragen. Bei Muskelschmerzen, Rheuma und schlechter Durchblutung kann man diese Öle auch erfolgreich einsetzen genau so wie auch zur allgemeinen Stärkung des Immunsystems. In der Sauna und in Duftlampen schätzt man ihre Hilfe beim Durchatmen und die desinfizierende Wirkung. Bekannt ist Franzbranntwein, der seine erfrischende Wirkung vor allem dem Latschenkieferöl verdankt.

Pinus sp., Kiefern

Die Gattung Pinus ist die größte und am weitesten verbreitete Koniferengattung. Mit über hundert Arten kommt sie in den temperierten und südtropischen Gebieten der nördlichen Halbkugel vor. Von allen anderen Nadelbäumen heben sich die Kiefern durch ihre langen Nadeln ab, die in Bündeln zu zweit, zu dritt oder zu fünft zusammenstehen. Nördliche Kiefernarten sind fast alle zweinadelig. Die geläufigsten ätherischen Öle erhält man von

- Pinus cembra, Zirbelkiefer, Arve
- Pinus maritima, Meerkiefer
- Pinus mugo, Latschenkiefer
- Pinus nigra, Schwarzkiefer
- Pinus pinaster, Sternkiefer (Seestrandkiefer)
- Pinus pinea, Pinie
- Pinus sylvestris, (Wald-) Kiefer, Föhre

Bei den Kiefern ist es besonders wichtig, den botanischen Namen des ätherischen Öles zu wissen, da das Öl der Zwergkiefer (Pinus pumilo) leicht toxisch ist und das Öl aus dem **Harz** der Meerkiefer (Pinus maritima) nierenreizend sein kann. Je weiter nördlich die ölliefernde Pflanze stand, desto höherwertiger ist das aus den Nadeln destillierte ätherische Öl; das Öl aus Schottland und aus Finnland wird am meisten geschätzt, besonders von Pinus sylvestris.

Das ätherische Öl der Zirbelkiefer hat besonders luftreinigende (Zigarettenrauch) und insektifuge Eigenschaften (als Möbelpolitur in Jojobaöl mit Orange). Zudem wird sie in der Psychoaromatherapie gerne bei Menschen eingesetzt, denen es an Durchsetzungsvermögen mangelt; Lebenswille, Mut und Ausdauer sind hier wichtige Themen. Manche Therapeuten schätzen das Öl auch als Schutzöl, um sich vom Leid und den Schwingungen der Patienten abzugrenzen.

Zirbelkiefer und Latschenkiefer stehen unter **Naturschutz**, da sie an ökologisch gefährdeten Alpenhängen wachsen. Die erhältlichen ätherischen Öle sollen zwar nur von kranken und gefallenen Bäumen stammen, doch gibt es dafür zu viel auf dem Markt. Zudem werden sie meistens verfälscht. Wichtig ist daher der Bezug von einer vertrauenswürdigen Firma und der bewusste Einsatz, wo es wirklich nötig ist.

Terpentin wird das ätherische Öl genannt, das aus dem austretenden Harz verschiedener Nadelbäume destilliert wird.

Abies sp., Tannen

Es gibt etwa fünfzig Arten von Tannen, die zu den höchsten Waldbäumen zählen. Sehr symmetrischer Aufbau, durchgehend gerade Stämme, aufrecht stehende Zapfen, relativ große, ledrige, selten zugespitzte Nadeln, die auf einer verbreiterten Basis sitzen, sind die typischen Merkmale.

Neben den Hauptinhaltsstoffen Pinen und Camphen sind in den Tannenölen noch 10 % (Abies balsamea) bis 40 % (Abies sibirica) Ester enthalten; sie wirken somit sehr ausgleichend und entspannend. Das Öl der sibirischen Tanne wird als „Fichtennadelöl“ verkauft. Die geläufigsten ätherischen Öle gewinnt man von

- Abies alba, Weiß(silber)tanne
- Abies balsamea, Balsamtanne
- Abies grandis, Riesentanne
- Abies sibirica, Sibirische Tanne

Sie sind eng mit den Fichten verwandt. Ihr Holz wird meist von der Papierindustrie genutzt.

Pseudotsuga sp., Douglasien

Sieben Arten von Douglasien gibt es, vier davon in Chile. Die Besonderheit daran sind ihre Zapfen mit herausragenden dreispaltigen Deckschuppen. Sie werden von den Fichten durch die weichen Nadeln und die tiefgefurchte Borke, von den Tannen durch die hängenden, als Ganzes abfallenden Zapfen unterschieden.

Das ätherische Öl der Douglasie oder Douglasfichte (Pseudotsuga menziesii) fällt durch einen leicht **zitronigen** Duft auf.

Picea sp., Fichten

Diese Gattung umfasst etwa fünfzig Arten. Ihre Stämme wirken rau und uneben durch die schuppige, niemals gefurchte Borke. Stets bleiben die Nadelkissen als kleine Höcker am Zweig zurück; die Nadeln selbst sind meist starr und zugespitzt. Reife Zapfen hängen herab und fallen als Ganzes ab.

Picea mariana wirkt durch den hohen Estergehalt (bis 37 %) besonders ausgleichend und entspannend. Ätherische Öle liefern

- Picea alba (glauca), Fichte weiß
- Picea mariana, Meerfichte
- Picea obovata, Fichte

Larix sp., Lärchen

Sie werfen die büscheligen Nadeln im Winter ab. Auf der nördlichen Halbkugel kommen etwa drei der zehn Lärchenarten vor. Das ätherische Öl der Lärche, Larix decidua oder europea, liefert ein stark neurotonisches Mittel.

Cedrus sp., Zedern

Es gibt vier echte Zedernarten:

- Cedrus atlantica, Atlaszeder
- Cedrus brevifolia, Zypernzeder
- Cedrus deodara, Himalayazeder
- Cedrus libani, Libanonzeder

Alle vier gehören zur Alten Welt. Unglücklicherweise hat man darüber hinaus viele Koniferen Australiens und Nordamerikas mit wohlriechendem Holz „cedar“ getauft; sie sind mit den echten Zedern jedoch nicht verwandt (Texaszeder, Juniperus mexicana und Virginiazeder, Juniperus virginiana). Cedrus-Arten blühen im Herbst und werden mit Samen vermehrt.

Für die Gewinnung des ätherischen Öles kennen wir hauptsächlich die Atlaszeder. Das schöne Öl der Himalayazeder liegt in der Wirkung sehr ähnlich – es ist jedoch nicht überall erhältlich. Beide wirken sehr kräftigend, auf der körperlichen wie auch auf der seelischen Ebene. In der

Psycho-Aromatherapie hat es mit dem Thema Neubeginn und der Präsenz im Hier und Jetzt zu tun.

Der Hauptinhaltsstoff Atlanton ist ein Sesquiterpenketon und wird als nicht schädigend eingestuft. Die Anwendung in der Schwangerschaft scheint darum im Gegensatz zu dem, was in vielen Büchern zu lesen ist, kein Problem darzustellen. Wahrscheinlich kommen die Warnungen durch eine Verwechslung mit den amerikanischen „Zedern" (red cedar).

Piperaceae, Pfeffergewächse

Piper nigrum, Pfeffer schwarz und grün

Dieses Öl gilt als stark **analgetisch** wirksam und wärmend, obwohl es nicht das Piperin der Körner enthält und somit keine Schärfe aufweist. Auf der seelischen Ebene hilft es bei Desinteresse und Gleichgültigkeit und stärkt die Nerven und den Geist.

Der schwarze Pfeffer wird sofort nach seiner Ernte für einige Minuten in kochendes Wasser getaucht und anschließend getrocknet. Der weiße Pfeffer wird vollreif (dunkelrot) geerntet und von Fruchthaut und Fruchtfleisch getrennt. Grüner Pfeffer wird im noch grünen Zustand in Salzlake eingeweicht oder gefriergetrocknet. Grüner, schwarzer und weißer Pfeffer stammen von derselben Pflanze. Nicht so der Rote Pfeffer: er ist die Frucht des Schinus-molle-Baumes (Anarcadiaceae). Es gibt noch ein ätherisches Öl aus Piper Cubeba, den Cubebenpfeffer oder Stielpfeffer, aus derselben Familie.

Ranunculaceae, Hahnenfußgewächse

Nigella sativa, Schwarzkümmel

Als „Jungfer im Grünen" ziert die enge Verwandte dieser Pflanze (Nigella damascena) unsere Gärten. Für die Ölgewinnung wird Nigella sativa in Ägypten und in der Türkei kultiviert. Das stark würzig-pfeffrig duftende ätherische Öl dieser nicht mit dem Kümmel verwandten Pflanze wird seit einiger Zeit mit Interesse untersucht, da es seine antihistaminischen Eigenschaften bei der Behandlung von allergischen Erkrankungen wertvoll machen. Nicht zu verwechseln mit dem derzeit überall angepriesenen fetten Schwarzkümmelöl.

Rosaceae, Rosengewächse

Zu dieser Familie gehören die Rosenöle und das ziemlich unbekannte Öl der Wiesenkönigin. In dieser Familie finden wir auch beliebte fette Öle aus Mandel, Aprikosenkern und Rosa mosqueta/rubiginosa.

Rosa damascena/centifolia, Rose

Sie wird als die Königin der Blumen betrachtet; ihr ätherisches Öl ist bereits gut erforscht; man kennt ca. vierhundert Inhaltsstoffe. Der Anteil dieser Stoffe hängt vom Herstellungsverfahren ab. Der Bestandteil, der den typischen Rosenduft ausmacht, ist der wasserlösliche Phenylethylalkohol, der im Destillat nur zu 2,5 % vorkommt, jedoch mit ca. 55 % im durch Lösungsmittel extrahierten Rosen-Absolue enthalten ist (stark lokalanästhetisch, narkotisch, bakteriostatisch wirksam).

Rosa damascena wird vor allem in Bulgarien angebaut und destilliert (das echte destillierte Öl ist fast farblos und wird im Kühlschrank gelartig). Aus vier bis fünf Tonnen Rosenblütenblättern gewinnt man einen Liter ätherisches Öl. Umgerechnet kann man bei erstaunten Blicken über den vermeintlich hohen Preis antworten, dass etwa dreißig frisch erblühte Rosen einen Tropfen Rosenöl liefern, der bis zu zwei Euro kostet. Die **Rosa centifolia** wird vor allem in Frankreich und Nordafrika als Absolue hergestellt (orange-bräunlich). Im Englischen wird sie auch „Cabbage Rose" genannt, da ihr Aussehen durch die vielen Blütenblätter an einen Kohlkopf erinnert.

Rosenöl kann durch seine Vielfalt als Allheilmittel bezeichnet werden, es kann bei fast allen Krankheiten mit Erfolg eingesetzt werden. Europäische Gesetze reglementieren allerdings seit 2002 den Einsatz in Kosmetika (siehe unter „Kontraindikationen"). Traditionell wird es besonders für Kinder(haut), für empfindliche und strapazierte (Alters-)Haut und in der Sterbebegleitung eingesetzt.

Filipendula ulmaria (Spirea ulmaria), Wiesenkönigin

Dieses Öl wird zusammen mit dem ähnlich wirkenden Rosmarin destilliert; das fertige Produkt enthält üblicherweise nur etwa 20 % Wiesenköniginöl. Ihr ätherisches Öl enthält Salicylsäureverbindungen, so dass es anästhetisch wirkt und Harnsäureablagerungen im Körper zu lösen vermag. Die Kombination aus beiden Ölen ergibt ein vorzügliches Mittel gegen Rheuma und Gicht und unterstützt auch Blutreinigungskuren.

Rutaceae, Rautengewächse

Zur Familie der Rautengewächse gehören nicht nur die Zitrusfrüchte (Agrumen), sondern auch tropische Bäume und ein heimisches Teekraut, das dieser Pflanzenfamilie einst den Namen verlieh. In der Aromatherapie spielen die Zitrusschalenöle eine sehr wichtige Rolle.

Verallgemeinernd kann man sagen, dass man die Agrumenöle gerne zur Stabilisierung der **Psyche**, für die Hautpflege und zur Unterstützung einer schwachen **Verdauung** in Anspruch nimmt.

Die Zitrusschalenöle liefern uns fruchtig-frische ätherische Öle (hier spricht man manchmal von Essenzen, da die Duftstoffe bereits fertig in den Dufttaschen der Zitrusschalen vorkommen; bei der Destillation hingegen gehen die Duftstoffe durch einen Veränderungsprozess: es entstehen am Ende ätherische Öle). Sie werden durch maschinelles Abraspeln der Schalen gewonnen, früher einfach durch Ausquetschen per Hand. Die Farben der Öle können von blassgelb, über knallgelb, orange, rot und grünlich variieren.

So verträglich sie für die meisten Menschen sind, dürfen sie – vor allem das Bergamotteöl – niemals vor Sonnenbädern (im Gesicht überhaupt nicht) auf die Haut aufgetragen werden. So können sie je nach Dosierung und Hauttyp Brandblasen und irreversible **Pigmentstörungen** hinterlassen, wenn die Haut nach der Anwendung von ultraviolettem Licht (Sonne, Solarium) bestrahlt wird.

Bedingt durch die Herstellungsart des Pressens wandern die **Pestizide** und Wachse, mit denen die Schalen aller Zitrusfrüchte meistens behandelt sind, in das ätherische Öl. Man sollte deshalb darauf achten, nur Öle aus kontrolliert-biologischem Anbau (k.-b.-A.) zu verwenden. Das gilt erst recht, wenn man mit diesen köstlichen Essenzen Speisen zubereitet.

Zitrusfrüchte – botanisch gesehen handelt es sich um Zottenbeeren – haben eine beachtliche wirtschaftliche Bedeutung, zum Beispiel für die Parfumindustrie und zur Nahrungs- und Getränkeherstellung (beispielsweise enthalten Colagetränke viel Limonenöl, Schweppes eher Zitronenöl). 2004 wurden 103 Millionen Tonnen Zitrusfrüchte produziert; sie gehören damit zum meistangebauten Obst der Welt (Zeller 2005).

Die wichtigsten Anbaugebiete finden wir in den USA (vor allem Florida), Spanien, Japan, Brasilien und Mexico. Die Hauptexporteure sind Spanien, Israel, USA, Marokko, Italien und Südafrika. Da ein Großteil der ätherischen Zitrusöle aus den anfallenden Schalen der Saftproduktion hergestellt wird, sind sie relativ preiswert.

Die Haltbarkeit der Zitrusöle ist – bis auf Bergamotteöl – auf etwa ein Jahr begrenzt, da durch die Pressung auch Wachse und oxidationsempfindliche Stoffe in das Öl gelangen.

Vorsicht: Zitrusschalenöle greifen manche Kunststoffarten (Thermoplasten) an!

Amyris balsamifera, Amyris

Dieses Öl wird auch „Westindisches Sandelholz" genannt, gehört jedoch nicht zu den Santalaceae. Zudem liegt Westindien in der Karibik und hat mit Indien nichts zu tun. Es wird durch Wasserdampfdestillation aus dem zerkleinerten, abgelagerten Holz dieses kleinen, buschigen Baumes gewonnen. Darum ist es eine fragwürdige Alternative zu dem echten weißen Sandelholz. Es ist diesem in der Zusammensetzung ähnlich und soll demzufolge ähnlich wirken. In seiner Heimat Haiti wird es durch seinen hohen Ölgehalt „Kerzenholz" genannt, da es als Fackel verwendet werden kann.

Citrus aurantifolia, Limette; Citrus limonia, Limone

Die Anwendung ist hier ähnlich wie bei der Zitrone, der Duft ist nur viel herber, frischer; das Öl gilt allerdings als viel photosensibilisierender. Die Schale wird auch manchmal destilliert.

Citrus aurantium ssp. bergamia, Bergamotte

Hier sticht eine beruhigende Wirkung auf das zentrale Nervensystem hervor, zudem ein sehr positiver Einfluss bei **Depressionen** und Schlaflosigkeit. Bergamotte bringt gerade im psychischen Bereich Klarheit, Helligkeit und Trost. Zudem wirkt es auf der Haut sehr stark antiphlogistisch und epithelisierend (auch zum Gurgeln bei Halsschmerzen). Durch den hohen Gehalt an Furocumarinen wirkt es stark **photosensibilisierend**, also ist nach der Anwendung ca. acht Stunden mit dem Gang in die Sonne (und Solarium) zu warten.

Citrus aurantium ssp. aurantium, Bitterorange

Dieses Öl wird ähnlich eingesetzt wie das der Orange, nämlich gegen **Angstzustände** und Nervosität und insbesondere gegen Magenkrämpfe.

Citrus aurantium bigarada/aurantium, Neroli

Dieses aus den Blüten des Bitterorangenbaumes destillierte Öl wird dem Rescue der Bach-Blüten gleichgesetzt. Da es im Gegensatz zur Rose eher zu den Kopfnoten zählt, hat es in der Tat eine schnellere Wirkung auf die Psyche, was man sich bei allen Arten von Schockzuständen zu Nutze machen kann. Bei **psychovegetativen Störungen**, Depressionen bis hin zu Dauermüdigkeit kann man es einsetzen. Durch seinen Gehalt an Estern und an Monoterpenalkohol Linalool wirkt es **spasmolytisch** und hilft beim Einschlafen.

Aus 1000–1200 kg Blüten gewinnt man 1 Liter Öl. Der Ertrag ist also nicht sehr groß, so dass der recht hohe Preis gerechtfertigt ist. Übrigens dominiert Neroli als Duftkomponente im Kölnisch Wasser, heutzutage jedoch in „naturidentischer“, also synthetischer Form.

Citrus aurantium bigarada, Petit Grain

Dieses Öl duftet ähnlich wie Neroli und wirkt in abgeschwächter Form genauso. Es wird aus der gleichen Pflanze destilliert; man nimmt hier jedoch die Blättchen und die Zweige des Bitterorangenbaumes. Es ist preislich wesentlich günstiger, da man aus 200 – 300 kg einen Liter Öl gewinnt. Es gibt auch Petit-Grain-Öl vom Zitronen-, Mandarinen- und Clementinenbaum.

Alle haben stark sedativ wirkende Eigenschaften; sie helfen bei **Stress-Symptomen** (vegetativer Dystonie) wie Schlaflosigkeit und Unruhe.

Citrus deliciosa, Clementine

Dieses Öl wird in der Literatur entweder fast nie erwähnt oder es wird dem Öl der Mandarine gleichgesetzt. Es scheint in abgeschwächter Form ähnlich zu wirken, enthält aber nicht die stark spasmolytischen Ester der Anthranilsäure.

Citrus limonum, Zitrone

Dieses vielseitig einsetzbare und fast immer beliebte, zudem preiswerte Öl wirkt **immunmodulatorisch**, wirkt besonders gut zur Raumdesinfektion und hilft bei Konzentrationsstörungen. Es kann allerdings bei empfindlichen Personen hautreizend wirken, vor allem wenn es alt/oxidiert ist und im warmen Vollbad verwendet wird.

Die „schönen Bäume“, die in der Bibel erwähnt werden, könnten **Citrus medica** gewesen sein, die Zedratzitrone. Diese wurde, wie die Pomeranze, fast nur zu medizinischen Zwecken genutzt, wie zur Anregung oder Beruhigung der Verdauung, gegen Husten, bei Verstimmungen. Da sie fast nur aus der gelben Flavedoschicht besteht, wird sie heute für die Zitronatherstellung angebaut.

Citrus paradisi, Grapefruit

Ein liebenswerter Duft, den niemand verwehren kann, vor allem die Menschen, denen Orange/Mandarine zu süß sind und Zitrone/Limette zu sauer. Das Öl wirkt stark **stimmungsaufhellend**. Es gibt eine Ölqualität (complet), bei der das destillierte Fruchtfleisch hinzugefügt wird; es duftet besonders angenehm fruchtig.

Die Pigmente in den rosa gefärbten Grapefruits gehören nicht zur Gruppe der Anthocyanine wie bei den Blutorangen, sondern es handelt sich um Lycopene und Carotene.

Citrus grandis/maxima (Pampelmuse) ist die größere Verwandte; Pampelmusenöl ist jedoch selten bei uns erhältlich.

Citrus reticulata, Mandarine grün oder rot

Als Besonderheit enthält das Öl der Mandarine Ester der Anthranilsäure und hat deswegen eine enorm **spasmolytische** und **sedative** Wirkung. Da es ein risikoarmes Öl ist, wird es vorzugsweise bei unruhigen Kindern und bei schwangeren Frauen, die seelische Stabilität suchen, angewendet, da dieses Öl eine balancierende Wirkung auf das ZNS hat. Clementinenöl wirkt ähnlich, jedoch deutlich schwächer.

Citrus sinensis, Orange/Blutorange

Dieses Öl wird meistens zur Abrundung in Mischungen verwandt, zur Beruhigung und **Entspannung** bei schwangeren Frauen (z. B. bei Stimmungsschwankungen) und Kindern. Orangenschalenöl lässt sich statt Reinigungsbenzin sehr gut zum Reinigen und zum Ablösen von Etiketten und Pflastern nehmen. In Mischung mit Alkohol und waschaktiven Tensiden wird es als „Orangenex" verkauft (hier werden dann billigste Öle verwendet).

Pigmentierte oder „Blut"-Orangen ähneln den „normalen" Orangen, jedoch werden sie unter Bedingungen kultiviert, die die Bildung der roten Pigmente fördern. Diese Anthocyanine kommen auch in anderen Pflanzen vor. Bei Orangen entstehen sie nur, wenn im Herbst und Winter sehr niedrige Nachttemperaturen herrschen.

Ruta graveolens, Raute

Das auch bei uns wachsende Kraut wird gerne zur Dekoration in Gärten gepflanzt. Das ätherische Öl der Raute ist dagegen kaum erhältlich, da es durch seinen hohen Gehalt an Ketonen (bis 75 %) sehr neurotoxisch und abortiv wirken kann.

Santalaceae, Sandelholzgewächse

Santalum album, Sandelholz

Diese ungewöhnliche Pflanze aus der Familie der Santalaceae hat ihre Heimat in Indien, in einer Region, die sich im Südwesten des Subkontinents befindet – **Mysore**. Dort werden die Bäume mittlerweile auf über 10 000 Quadratkilometern Fläche angebaut. Es gibt ähnliche Bäume in der Karibik (siehe unter Amyris, Rutaceae); auch in Indonesien und in Australien findet man diese Spezies.

Der Sandelholzbaum ist ein Halbschmarotzer, d. h. er braucht zum Wachsen eine Wirtspflanze. Die zarten Wurzeln des Keimlings, der nach 20 Tagen aus der kleinen schwarzen Sandelholzfrucht entsteht, siedeln sich zu den Wurzeln von nahen Bäumen und das junge Pflänzchen muss sich sieben Jahre von diesem Wirt ernähren (dieser stirbt davon ab). Dann wächst der Sandelholzbaum noch bis zu 140 Jahre alleine weiter, bis er eine Höhe von etwa fünfzehn Metern erreicht.

Die indische Regierung kontrolliert einen Großteil der Plantagen, da mit diesen Bäumen schwerer Raubbau betrieben wird. Wie seit alters her wird das duftende Holz gerne zur Möbelherstellung und zum Innenausbau genommen, da es nicht von Insekten befallen wird und dadurch extrem lange haltbar ist. Früher wie heute wird das Holz vorwiegend für sakrale und medizinische Zwecke verwendet. Im Ayurveda hat es eine lange Tradition; auch in der Bibel wird es erwähnt.

Um mit den staatlichen Destillieranlagen konkurrieren zu können, haben sich die privaten Anlagen auf ein Gütesiegel geeinigt = AG Mark. Seit Anfang 1994 müssen alle Sandelholzöl-Produzenten eine Lizenz haben; seitdem haben viele Schmuggler dieser begehrten Ware pleite gemacht und der Marktpreis ist insgesamt gestiegen.

Das ätherische Öl ist vor allem im Kernholz und in den Wurzeln enthalten – Rinde und Blätter duften nicht. So muss immer der gesamte Baum samt Wurzeln mit schwerem Gerät aus dem feuchten, lehmigen Boden gehievt werden. Offiziell dürfen nur kranke Bäume ausgehoben werden.

Das innere Hartholz kann man erst nach fünfzehn Jahren gewinnen; aber aus Habgier werden immer mehr junge Pflanzen gehoben, weshalb die Anwendung von Sandelholzöl eher zu den ökologisch fragwürdigen Bereichen der Aromatherapie gehört. Auch die kleinsten Würzelchen werden aufgesammelt. Die Rinde wird entfernt und das Hartholz zu Klötzen verarbeitet. Dann wird es auf Auktionen in Bangalore und Madras versteigert und nach der groben Pulverisation zu ätherischem Öl destilliert. Die fein pulverisierte Substanz wird zudem in der Seifenindustrie und zu Räucherstäbchen verarbeitet.

Das Öl wird meistens gestreckt, verfälscht oder gar synthetisch angeboten. Verfälscht wird es mit Amyrisöl und mit den Ölen der texanischen oder virginianischen Zeder (die eigentlich Wacholdergewächse sind). Auf natürliche Weise wird es mit Rizinusöl, Leinsamenöl und Palmöl, auf chemische Weise mit Paraffin, Glycerylacetat und Dipropylglycol gestreckt. Bei der Streckung mit fetten Ölen erkennt man einen öligen Fleck auf Papier, der nach langer Zeit auch bleibt, was bei reinen ätherischen Ölen nicht der Fall ist.

Die Hauptinhaltsstoffe α- (58 %) und β-Santalol (22 %) bestimmen den Duft maßgeblich. Das α-Santalol duftet leicht holzig und wird bereits als wirksames Neuroleptikum eingesetzt, β-Santalol ist ein starker animalischer Duft, weshalb bei der Parfumindustrie ein hoher Anteil davon für die Basisnoten bevorzugt wird.

Andere so genannte Sandelholzbäume sind:

- Pterocarpus santolinus (roter Sandelbaum)
- Eucaria spicata (australisches Sandelholz)
- Fusanus spicatum (australisches Sandelholz)
- Osyris tenuifolia (ostafrikanisches Sandelholz)
- Santalum yassi (Fidschi-Sandelholz)

Styracaceae, Styraxgewächse

Styrax benzoin (Sumatra) und S. tonkinensis (Siam), Benzoe

Wenn dieser bis zu zwanzig Meter hohe Baum aus dem tropischen Asien verletzt wird, sondert er ein nach Vanille duftendes Harz ab. Es wurde seit Jahrtausenden zu religiösen Zwecken geräuchert.

Es gibt das als minderwertiger betrachtete Sumatra-Benzoe und das hochwertige Benzoe Siam. Manchmal findet man beide gemischt vor.

Neben der Verwendung für Parfums ist sein therapeutisches Einsatzgebiet vor allem bei **Hautproblemen** sehr groß.

Früher war Benzoe als „Wundbalsam“ im Apothekenfachhandel bekannt (Rätsch 1999).

Valerianaceae, Baldriangewächse

Nardostachys jatamansi, Narde

Der Duft ähnelt dem des Baldrians, da sie eng miteinander verwandt sind. Auch ist dieses Öl nicht weit verbreitet. Die Wirkungen sind ähnlich. Laut Dietrich Gümbel ist Nardenöl sogar fast ein Allheilmittel (Gümbel 1989).

Valeriana officinalis, Baldrian

Wegen des eigentümlich schwer-modrigen Duftes, den übrigens Kater sehr anregend finden, wird dieses ätherische Öl hierzulande kaum benutzt. Es wirkt zwar sedativ und Schlaf anstoßend, jedoch gibt es viele gefälliger duftenden Öle, die eine vergleichbare Wirkung aufweisen.

Verbenaceae, Verbenengewächse

Aloysia triphylla (Lippia citriodora), Zitronen-Verbene

Weil die geruchlose Teepflanze Eisenkraut den verwechslungsträchtigen botanischen Namen Verbena officinalis trägt, wird dieses stark duftende – in Frankreich „verveine citronée“ (zitronige Verbene) genannte – Öl als Eisenkraut bezeichnet. Es ist ein sehr teures ätherisches Öl, das oft gestreckt oder verfälscht angeboten wird. In der englischen Literatur wird vor der stark hautreizenden Wirkung mancher Verbenenöle gewarnt, da es stark photosensibilisierend wirkt (Balacs und Tisserand 1995).

Zingiberaceae, Ingwergewächse

Die Mitglieder dieser Familie liefern alle recht stark wärmende, anregende Öle, die auch als aphrodisisch eingestuft werden. Sie haben eine stärkende Wirkung auf die Verdauung. Sie benötigen alle zum Wachsen die heiße, gleichmäßige Sonne Südasiens. Bis auf Cardamonöl sind es Wurzelöle.

Alpinia galanga, Galgant

Dieses Öl ist in der Aromatherapie kaum bekannt, obwohl es eine starke **spasmolytische** Wirkung auf den Verdauungstrakt hat und ebenso bei Bronchitiden wirkt. Dieses Rhizom (verdickte Wurzel) sieht dem Ingwer sehr ähnlich und kommt auch aus dem südostasiatischen Raum.

Curcuma longa, Kurkuma (Gelbwurz)

Dieses Öl wird genau wie Ingweröl aus den Rhizomen gewonnen. Es enthält das Keton Turmeron, weshalb es bis jetzt nicht in der Aromatherapie angewendet wird. Jedoch scheinen neue Studien zu belegen, dass die **antitumorale** und antiphlogistische Wirkung sehr eindrucksvoll ist.

Elettaria cardamomum, Cardamom

Dieses Öl ist vom Duft ganz anders als die drei vorher beschriebenen, da es aus den Samen der Pflanze gewonnen wird. Es duftet durch seinen 1,8-Cineol-Gehalt viel leichter, fast frisch und manchmal leicht kampferig. Das Kauen der Cardamomsamen gehört zu den reinigenden Tantra-Ritualen, auch das Gurgeln mit dem ätherischen Öl ist sehr erfrischend und reinigend; es wird behauptet, es wirke gegen Kariesbakterien. Auch zur Steigerung der Konzentrationsfähigkeit ist es sehr empfehlenswert.

Zingiber officinale, Ingwer

Ingweröl aus CO_2-Gewinnung enthält Scharfstoffe und ist darum eines der „heißesten" Öle, ideal einzusetzen für alles, was ins Stocken geraten ist: Bei kalten Füßen und Beinen wirkt es **hyperämisierend**, bei Stuhlverstopfung vermag es zusammen mit einer Kolonmassage (im Uhrzeigersinn) eine sofortige Entleerung zu bewirken. Natürlich auch gut einsetzbar bei „Kältebeschwerden": Rheuma, Erkältung, Bronchitis. Es reizt jedoch die Schleimhäute (brennt) und sollte deshalb nicht bei empfindlichen Personen und Kindern angewendet werden. Viel sanfter wirkt die – flacher duftende – destillierte Version, die meistens erhältlich ist. Dieses immunmodulatorisch wirksame ätherische Öl wirkt gut gegen (Reise-) Übelkeit, auch bei schwangeren Frauen.

Zygophyllaceae, Jochblattgewächse

Guaiacum officinale/Bulnesia sarmienti, Guajak

Der kleine, bis zu sechs Meter hohe, immergrüne Baum ähnelt in der Blattform dem Buchsbaum. Er ist der Nationalbaum der Bahamas und seine Blüte hat die gleiche Ehre auf Jamaika. Nicht nur dort wird er als Lebensbaum verehrt. Er wird in Argentinien auch „palo santo" – heiliges Holz genannt. In Südamerika wurde seine weißliche Rinde schon seit Jahrhunderten zu Heilzwecken eingesetzt, vornehmlich bei **Syphilis**, die durch die Konquistadoren eingeschleppt wurde. Ein Dekokt aus der Rinde wurde bei Blasen- und Hautkrankheiten innerlich und äußerlich angewendet. Das aus der Rinde destillierte ätherische Öl ist eines der schweißtreibendsten Mittel in der Aromatherapie. Bei innerlicher Überdosierung entstehen Magenschleimhaut- und Darmentzündungen, ansonsten sind die Anwendungshinweise sehr unterschiedlich. **Danièle Ryman** rät gänzlich von der Anwendung ab (Ryman 1993). Zusammen mit Geranie kann man einen Rosenduft herstellen, dieser holzige Duft ist zudem ein wichtiges Fixativ.

8 Die ätherischen Öle

Jedes ätherische Öl hat einen chemischen „Fingerabdruck", der im Labor des Chemikers analysiert werden kann. Es gibt jedoch nicht *das* Lavendelöl oder *das* Rosenöl, da die geografische Lage der Pflanze, das Wetter, die Düngung und andere Faktoren die Zusammensetzung von ätherischen Ölen erheblich beeinflussen können. Die folgende Auflistung der Inhaltsstoffe zeigt also nur eine **Momentaufnahme**, nämlich den Fingerabdruck entweder einer konkreten Ölcharge einer Firma oder es werden nur die typischen Inhaltsstoffe aufgelistet. Es gilt zu bedenken, dass manchmal selbst bei Nennung sehr vieler Einzelstoffe so genannte Spurenstoffe fehlen können, da diese (noch) nicht bekannt oder (noch) nicht mit modernen Analysemethoden aufzudecken sind. Sie können jedoch wesentlichen Einfluss auf Dufteigenschaften, therapeutische Wirkungen und auch unerwünschte Nebenwirkungen haben. Zudem verändert sich ein Öl durch Oxidationsprozesse ständig, vor allem durch Öffnen und Schließen der Flaschen und durch unsachgemäße Lagerung.

Die Eigenschaften und Indikationen der ätherischen Öle stammen aus der Praxis der Autorin, zudem wurden sie der internationalen Fachliteratur entnommen. Im Wesentlichen entstammen auch diese der Erfahrungsheilkunde, jedoch sind bereits etliche Indikationsgebiete wissenschaftlich abgesichert (vgl. Kap. 3.3).

Abelmoschus moschatus

Moschuskörner, Ambrette
Pflanzenteil: Samen
Herstellungsverfahren: Wasserdampfdestillation
Pflanzenfamilie: Malvaceae

Öle, die mit **!** markiert sind, dürfen nur in Ausnahmefällen von sehr gut geschulten Experten eingesetzt werden.

Inhaltsstoffe
Sesquiterpenole
Farnesol
Säuren
Ambrettolsäure
Palmitinsäure
Andere
Ambrettolid
Quelle: 3

Wichtige Eigenschaften
aphrodisisch
spasmolytisch
neurotonisch
karminativ
Hauptindikationen
Asthenie
Ängste, Depressionen
Stress-Symptome
Muskelschmerzen
Nebenwirkungen
keine bekannt

Abies alba

Weißtanne, Silbertanne, Edeltanne
Pflanzenteil: Zweig mit Nadeln
Herstellungsverfahren: Wasserdampfdestillation
Pflanzenfamilie: Pinaceae

Inhaltsstoffe
Monoterpene (bis 95 %)
9,5 % α-Pinen (bis 24 %)
11 % Camphen (bis 21 %)
54 % Limonen
1,8 % β-Myrcen
Sabinen
α-Phellandren
α-Terpinen
Sesquiterpene
2,1 % α-Caryophyllen
0,4 % Longifolen

Monoterpenole
Borneol
Terpineol-4
α-Terpineol
Ester
4,7 % Bornylacetat (bis 10 %)
0,6 % Geranylacetat
Linalylacetat
Citronellylformiat
α-Terpinylacetat
Oxide
0,2 % Caryophyllenoxid
Quelle: Golgemma

Wichtige Eigenschaften
stark antiseptisch (Raumluft)
stimulierend
mukolytisch
hyperämisierend
Hauptindikationen
Bronchitis
Asthenie
Arthrose
Nebenwirkungen
bei Überdosierung und bei oxidiertem Öl, vor allem im warmen Badewasser, kann es zu Hautreizungen führen

Abies balsamea

Balsamtanne
Pflanzenteil: Zweig mit Nadeln
Herstellungsverfahren: Wasserdampfdestillation
Pflanzenfamilie: Pinaceae

Inhaltsstoffe
Monoterpene (bis 90 %)
35,21 % β-Pinen
16,12 % δ-3-Caren
13,85 % Limonen
10,46 % α-Pinen
6,73 % Camphen
1,96 % Santen
1,72 % Myrcen
β-Phellandren
Sesquiterpene
0,30 % β-Caryophyllen
Ester (bis zu 25 %)
8–16 % Bornylacetat
Quelle: Golgemma

Wichtige Eigenschaften
spasmolytisch
belebend
antiseptisch (Raumluft)
Hauptindikationen
Asthenie
Rhinitis, Sinusitis
Arthrose
Nebenwirkungen
bei Überdosierung und bei oxidiertem Öl, vor allem im warmen Badewasser, kann es zu Hautreizungen führen

Abies sibirica

Sibirische Tanne, „Fichtennadel"
Pflanzenteil: Zweig mit Nadeln
Herstellungsverfahren: Wasserdampfdestillation
Pflanzenfamilie: Pinaceae

Inhaltsstoffe
Monoterpene
10 % Camphen
Diterpenole
Isoabienol
Ester
30–40 % Bornylacetat
Terpinylacetat
Quelle: 1

Wichtige Eigenschaften
stark spasmolytisch
antiphlogistisch
Hauptindikationen
Bronchitis, asthmatische Bronchitis
spastische Kolitis
Nebenwirkungen
bei Überdosierung und bei oxidiertem Öl, vor allem im warmen Badewasser, kann es zu Hautreizungen führen

Achillea millefolium

Schafgarbe
Pflanzenteil: blühendes Kraut
Herstellungsverfahren: Wasserdampfdestillation
Pflanzenfamilie: Asteraceae

Inhaltsstoffe
Monoterpene (bis zu 23 %)
4,59 % Limonen
3,65 % β-Pinen
2,31 % Myrcen
2,26 % Camphen
2,24 % p-Cymen
2,15 % γ-Terpinen
1,79 % Sabinen
1,48 % α-Phellandren
1,25 % α-Pinen
0,81 % γ-Muurolen
0,77 % α-Terpinen
0,63 % Terpinolen
Sesquiterpene
4,22 % β-Caryophyllen
1,71 % trans-β-Farnesen
1,37 % trans-α-Bergamotten
0,79 % α-Caryophyllen
Chamazulen*, Dihydroazulen
Monoterpenole
3,66 % Terpinen-4-ol
2,89 % Borneol
1 % α-Terpineol
0,84 % Verbenol
Monoterpenketone
21,6 % Borneon (Kampfer)
9 % Isoartemisia-Keton
4,78 % β-Thujon
2,02 % α-Thujon
Ester
1,39 % Bornylacetat
Oxide
4,08 % 1,8-Cineol
Andere
Sesquiterpenlacton: Achillin
Quelle: Golgemma

* Der Chamazulen-Gehalt hängt von der Länge der Destillationszeit und dem Anteil der Blüten ab, er kann 35 % betragen.

Wichtige Eigenschaften
stark antiphlogistisch
stark epithelisierend
emmenagog
choleretisch
analgetisch
leicht blutdrucksenkend
Hauptindikationen
Wunden, Ulcus cruris
Dysmenorrhö
Oligomenorrhö
Leberinsuffizienz
Neuralgien
Hypertonie
Nebenwirkungen
nicht für Babys, Kleinkinder, Schwangere

Acorus calamus !

Kalmus
Pflanzenteil: Rhizom
Herstellungsverfahren: Wasserdampfdestillation
Pflanzenfamilie: Araceae

Inhaltsstoffe
Phenylether
45–80 % β-Asaron
1–2 % α-Asaron
2,5–25 % cis-Isoeugenol
0,5–2 % trans-Isoeugenol
Aromatische Aldehyde
0,2–6 % Asaronaldehyd
Quelle: 1, 3

Wichtige Eigenschaften
stark spasmolytisch
stark antiphlogistisch
verdauungsfördernd
Hauptindikationen
Gastritis, spastische Enterokolitis
asthmatische Bronchitis
Zystitis
Nebenwirkungen
dieses ätherische Öl sollte ausschließlich von erfahrenen Therapeuten verwendet werden. Je nach Anteil an β-Asaron kann es spastische Zustände auslösen, auch Leber- und Nierenschädigungen sind bekannt. Im Tierversuch wirkt dieser Inhaltsstoff eindeutig kanzerogen.
Anmerkung
Kalmusöl aus Indien erreicht die Höchstwerte an β-Asaron, das Öl aus Russland weist 6 % α- Asaron auf und wird als nicht toxisch betrachtet.

Alpinia galanga

Galgant
Pflanzenteil: Rhizom
Herstellungsverfahren: Wasserdampfdestillation
Pflanzenfamilie: Zingiberaceae

Inhaltsstoffe
Monoterpene
δ-3-Caren
Camphen
Ester
48 % p-Methoxymethylcinnamat
Oxide
20–30 % 1,8-Cineol
Andere
p-Methoxystyren
Quelle: 1

Wichtige Eigenschaften
stark spasmolytisch
karminativ
mukolytisch
Hauptindikationen
spastische Gastritis
Verdauungsinsuffizienzen
(asthmatische) Bronchitis
Nebenwirkungen
keine bekannt
Anmerkung
Alpinia officinarum (Galanga) wird zu den gleichen Zwecken eingesetzt.

Ammi visnaga

Khella, Knorpelmöhre
Pflanzenteil: Früchte (Samen)
Herstellungsverfahren: Wasserdampfdestillation
Pflanzenfamilie: Apiaceae

Inhaltsstoffe
Monoterpenole
Linalool
Borneol
Ester
Bornylacetat
Sesquiterpinylacetat
Benzylisovalerat
Cumarine
Furocumarine: (+)-Marmesin
8-Hydroxybergapten
Pyrokumarine: (+)-cis-Khellacton
Dihydropyrokumarinester
Andere
Chromone: 1 % Khellin, 0,1 % Visnagin
Quelle: 1

Wichtige Eigenschaften
stark spasmolytisch
vasodilatatorisch
antikoagulierend
Hauptindikationen
akutes Asthma
Koronarinsuffizienz
Arteriosklerose
spastische Kolitis
Leberkoliken
Nierenkoliken
Nebenwirkungen
stark photosensibilisierend

Amyris balsamifera

Amyris, Westindisches Sandelholz
Pflanzenteil: Holz
Herstellungsverfahren: Wasserdampfdestillation
Pflanzenfamilie: Rutaceae

Inhaltsstoffe
Sesquiterpene
Cadinen
Caryophyllen
Sesquiterpenole
44 % Valerianol
16 % α-Eudesmol
9 % Elemol
8 % γ-Eudesmol
7,2 % 7-epi-α-Eudesmol
7,5 % 10-epi-γ-Eudesmol

Wichtige Eigenschaften
entstauend auf lymphatisches System
entstauend auf venöses System
antiphlogistisch
kardiotonisch
spasmolytisch
sedativ, psychisch ausgleichend
hautpflegend
Hauptindikationen
Varizen, Hämorrhoiden
gestaute, entzündete Haut
Unruhe, Disstress, Schlafstörungen
Nebenwirkungen
keine bekannt
Anmerkung
Gefährdete Art (Wildwood 2004).

3

3

Anethum graveolens

Dill
Pflanzenteil: Kraut und/oder Früchte (Samen)
Herstellungsverfahren: Wasserdampfdestillation
Pflanzenfamilie: Apiaceae

Inhaltsstoffe
Monoterpene (etwa 50 %)
29 % α-Phellandren
16,5 % Limonen
1 % p-Cymen
0,35 % β-Phellandren
0,15 % α-Thujen
0,95 % α-Pinen
0,42 % β-Myrcen
Camphen, Sabinen
β-Pinen, γ-Terpinen
Sesquiterpene
0,12 % β-Caryophyllen
0,17 % Germacren D
Monoterpenole
cis-Carveol
trans-Carveol
Monoterpenketone (über 30 %)
15 % Isodihydrocarvon
13,4 % d-Carvon
6 % Dihydrocarvon
Phenylether
Anethol, Myristicin, Dillapiol, Elemicin
Oxide
6 % 3,9-epoxy-p-menth-1-en
Limonenoxid
Andere
Cumarine: Umbelliferon
Quelle: Golgemma

Wichtige Eigenschaften
mukolytisch
cholagog, choleretisch
karminativ
antikoagulierend
aquaretisch
Hauptindikationen
Bronchialkatarrh, akute Bronchitis
Dyspepsie, Darmkoliken
Leberinsuffizienz
Schluckauf
Nebenwirkungen
Pénoël/Franchomme beziehen sich auf die neurotoxischen Ketone und lassen dieses Öl nicht für Babys, Kinder und Schwangere zu. **Mailhebiau** spricht von einem sehr sanften Öl, vorausgesetzt die ganze Pflanze (und nicht nur die Samen) wurden destilliert

Angelica archangelica

Angelika
Pflanzenteil: Wurzel
Herstellungsverfahren: Wasserdampfdestillation
Pflanzenfamilie: Apiaceae

Inhaltsstoffe
Monoterpene (bis zu 73 %)
24 % α-Pinen
1,25 % β-Pinen
13 % Limonen
Monoterpenole
Linalool
Borneol
Ester
0,75 % Bornylacetat
0,45 % trans-Verbenylacetat
Andere
Alkaloide: Nitromenthadien
Cumarine: Umbelliferon, Archangelicin, Angelicin, Bergapten
Quelle: 1, 3

Wichtige Eigenschaften
stark sedativ
spasmolytisch
antikoagulativ
karminativ
entschlackend
emmenagog
Hauptindikationen
Angst, Nervosität, Schlafstörungen
Asthenie, Disstress
spastische Enterokolitis
Meteorismus, Dyspepsie
Gastralgien, Appetitlosigkeit, zur „Blutreinigung"
Amenorrhö
gereizte Haut, Psoriasis
Nebenwirkungen
stark photosensibilisierend. In der Schwangerschaft nur unter fachlicher Aufsicht verwenden, bei Kindern kann es Hautreizungen verursachen
Anmerkung
Das ätherische Öl aus den Früchten (Samen) von Angelika ist nicht photosensibilisierend.

Aniba rosaeodora

Rosenholz
Pflanzenteil: Holz
Herstellungsverfahren: Wasserdampfdestillation
Pflanzenfamilie: Lauraceae

Inhaltsstoffe
Monoterpene
Pinen
Limonen
Monoterpenole
95 % Linalool
Geraniol
Terpineol
Monoterpen-Aldehyde
Citronellal
Quelle: 1

Wichtige Eigenschaften
tonisierend und leicht stimulierend
hautregenerierend
antidepressiv
aphrodisisch
desodorierend
Hauptindikationen
HNO-Infektionen, besonders bei Babys und Kleinkindern
chronische und akute Bronchitis
Vaginalmykosen
Asthenie, Depression
blasse, trockene, reife Haut
Nebenwirkungen
keine, extrem mild und gut verträglich
Anmerkung
In der ökologisch orientierten Aromatherapie wird dieses Öl kaum noch verwendet, da für die Produktion dieses Öles wertvolle, 30- bis 40-jährige Bäume des brasilianischen Regenwaldes gefällt werden.

Anthemis nobilis

Kamille römisch, englische Kamille
Synonym: Chamaemelum nobile
Pflanzenteil: Blüte
Herstellungsverfahren: Wasserdampfdestillation
Pflanzenfamilie: Asteraceae

Inhaltsstoffe
Monoterpene
3,2 % α-Pinen
0,5 % Camphen
0,4 % β-Pinen
Sesquiterpene
bis 10 % Sabinen
bis 10 % β-Caryophyllen
Monoterpenole
2,8 % Pinocarveol
Sesquiterpenole
Farnesol, Nerolidol
Aldehyde
bis 10 %
Ketone
bis 13 % Pinocarvon
Ester (bis zu 80 %)
38,8 % i-Butylangelat
8,8 % i-Butylbutyrat
3,8 % n-Butylbutyrat
0,4 % Prenylacetat
0,4 % n-Hexyltigliat
0,1 % i-Amylacetat
Oxide
bis 25 %
Quelle: Primavera Life

Wichtige Eigenschaften
stark spasmolytisch
sedativ
emmenagog
analgetisch
Hauptindikationen
Tachykardie
Migräne, Kopfschmerzen
emotionale Schockzustände
nervöses Asthma
Schlafstörungen
Menopause, PMS
Amenorrhö, Dysmenorrhö
Neuralgien
unruhige, zahnende Kinder
Vorbereitung auf Anästhesie/Operation
Nebenwirkungen
Sensibilisierungs-Potenzial, wenn Sesquiterpenlactone enthalten sind. Vorsicht bei Allergie gegen Korbblütengewächse (Asteraceae)
Anmerkung
Bei einer gleichzeitigen Konstitutionsbehandlung mit hochpotenzierten homöopathischen Mitteln raten manche Therapeuten von der Ver-

wendung von Kamille in jeder Form ab (Antidotwirkung); wird oft mit dem hautverträglicheren ätherischen Öl von Matricaria chamomilla (deutsche, blaue Kamille) verwechselt.

Apium graveolens

Sellerie
Pflanzenteil: Früchte (Samen)
Herstellungsverfahren: Wasserdampfdestillation
Pflanzenfamilie: Apiaceae

Inhaltsstoffe
Monoterpene
58 – 79 % (+)-Limonen
0,3 – 1,4 % Myrcen
0,5 – 2 % β-Pinen
Sesquiterpene
5 – 20 % (+)-β-Selinen
Phthalide
3–8 % Dihydroligustilid
1–7 % 3n-Butylphthalid
1,5 – 11 % Sedanenolid
3n-Butyl-hexa-hydro-phthalid
Isobutylidenphthalid
Isobutyliden-3-α
Sedanonsäure
Kumarinether
Umbelliprenin
Sellerin
Apigravin
Quelle: Feeling, 1

Wichtige Eigenschaften
stark ausleitend
reinigend (Hepatozyten)
stark tonisierend
stark sedativ
entstauend auf venöses System
emmenagog
karminativ
Hauptindikationen
Nieren-/Leberinsuffizienz
Hepatitis
als Adjuvans beim Fasten
Arthritis, Gicht
Toxinablagerungen im Blut
Asthenie, Ängste
Hämorrhoiden
Amenorrhö, Dysmenorrhö
Nebenwirkungen
keine bekannt, in der *Schwangerschaft* nur unter fachlicher Aufsicht

Aquilaria malaccensis/agallocha

Oud, Adlerholz, Aloebaum, Agaro, Jinkoh
Pflanzenteil: durch einen Pilz (Aspergillus niger) infiziertes Holz
Herstellungsverfahren: Wasserdampfdestillation
Pflanzenfamilie: Thymelaceae

Inhaltsstoffe
Sesquiterpenderivate
21–33 % 2-(2-(4-Methoxyphenyl)-ethyl)-chromon
16–23 % 2-(2-Phenylethyl)-chromon
0,1–0,8 % β-Agarofuran
0,1–0,4 % Norketoagarofuran
α-Agarofuran
Sesquiterpenolderivate
0,05–4,8 % Agarospirol
1–1,8 % Kosunol
0,4–1,0 % Jinkohol
Agarol
Andere
Benzylaceton
ein Semicarbazon
Oxyzimtsäuren
Quelle: 4

Wichtige Eigenschaften
entstauend auf das lymphatische System
entstauend auf das venöse System
aphrodisisch
Hauptindikationen
Varizen, Hämorrhoiden
Ödeme
sexuelle Störungen
Nebenwirkungen
keine bekannt
Anmerkung
Über dieses seltene ätherische Öl ist noch nicht viel bekannt, obwohl die therapeutische Anwendung des Holzes im Nahen und Fernen Osten zu den alten, weit verbreiteten Traditionen zählt; die Ressourcen neigen sich dem Ende zu; durch Menschenhand infiziertes, recht frisches Holz hat nicht die gewünschten Duftqualitäten.

3

Artemisia absinthium !

Wermut
Pflanzenteil: Kraut
Herstellungsverfahren: Wasserdampfdestillation
Pflanzenfamilie: Asteraceae

Inhaltsstoffe
Monoterpenole
9 % Thujol
Monoterpenketone
35–71 % Thujon
Ester
6–9 % Sabinylacetat
Andere
Sesquiterpenlacton
Absintiin
Quelle: 1, 5

Wichtige Eigenschaften
emmenagog
anthelminthisch
choleretisch
Hauptindikationen
Amenorrhö
Wurmbefall
Obstipation, Appetitlosigkeit
Nebenwirkungen
neurotoxisch und abortiv; dieses Öl sollte in der Aromatherapie nicht verwendet werden, es ist keinesfalls für Laien geeignet

Artemisia dracunculus

Estragon
Pflanzenteil: Kraut
Herstellungsverfahren: Wasserdampfdestillation
Pflanzenfamilie: Asteraceae

Inhaltsstoffe
Monoterpene
10–13 % cis-Ocimen
7–12 % trans-Ocimen
Phellandren
Monoterpenole
Nerol
Phenylether
60–75 % Methylchavicol
Monoterpenketone
Thujon
Oxide
1,8-Cineol
Quelle: 1, 3

Wichtige Eigenschaften
stark spasmolytisch (neuromuskulär)
stark antiviral
antiallergisch
emmenagog, östrogenähnlich
karminativ
Hauptindikationen
Spasmophilie
spastische Kolitis, Meteorismus
Singultus
PMS, Dysmenorrhö, Amenorrhö
Nebenwirkungen
Methylchavicol (Estragol) wird als karzinogen angesehen, weswegen **Balacs/Tisserand** von jeglicher Anwendung dieses „Französischer-Estragon"-Öles abraten. Es gibt jedoch Therapeuten, die dieses ätherische Öl gerne einsetzen, besonders bei Menstruationsstörungen
Anmerkung
Der verträglichere so genannte Russische Estragon enthält nur bis zu 17 % Estragol.

Artemisia pallens

Davana
Pflanzenteil: blühendes Kraut
Herstellungsverfahren: Wasserdampfdestillation
Pflanzenfamilie: Asteraceae

Inhaltsstoffe
Ketone
25–52 % (+)-Davanon
Isodavanon
(+)-Nordavanon
(+)-Artemon
Diether
Davanaether
Andere
Davanafuran
Quelle: 1

Wichtige Eigenschaften
mukolytisch
anxiolytisch
epithelisierend
Hauptindikationen
spastischer Husten

3

Asthenie, Neurasthenie
schmerzhafte Narben
Nebenwirkungen
neurotoxisch und abortiv, nicht für Kinder und Schwangere; dieses Öl wird in der Aromatherapie normalerweise nicht verwendet

Artemisia vulgaris !

Beifuß
Pflanzenteil: blühendes Kraut
Herstellungsverfahren: Wasserdampfdestillation
Pflanzenfamilie: Asteraceae

Inhaltsstoffe
Monoterpene
Pinen
Monoterpenketone
Thujon (Hauptbestandteil)
Oxide
1,8 %-Cineol
Quelle: 3

Wichtige Eigenschaften
mukolytisch
choleretisch
Hauptindikationen
Bronchitis
Warzen
Nebenwirkungen
abortiv und neurotoxisch; dieses ätherische Öl wird in der Aromatherapie nicht angewandt

Barosma betulina

Bucco, Duftraute
Synonym: Agathosma betulina
Pflanzenteil: Blatt
Herstellungsverfahren: Wasserdampfdestillation
Pflanzenfamilie: Rutaceae

Inhaltsstoffe
Monoterpene
Limonen
Alkohole
25–40 % Diosphenol
Ketone
35–43 % Isomenthon
9 % (+)-Menthon
sulfurierte Ketone
Ester
0,5 % Linalylacetat
0,01 % Geranylacetat
Quelle: 1, 5

Wichtige Eigenschaften
mukolytisch
antiphlogistisch
aquaretisch
Hauptindikationen
asthmatische Bronchitis
Niereninsuffizienz, Nierensteine
Nebenwirkungen
neurotoxisch und abortiv, nicht für Babys, Kinder und schwangere Frauen geeignet; das ätherische Öl der engen Verwandten Agathosma crenulata enthält bis 60 % Pulegon

Betula lenta

Birke
Pflanzenteil: Kraut
Herstellungsverfahren: Wasserdampfdestillation
Pflanzenfamilie: Betulaceae

Inhaltsstoffe
Ester
98 % Methylsalicylat
Quelle: 1, 5

Wichtige Eigenschaften
stark spasmolytisch
antiphlogistisch
vasodilatatorisch
Hauptindikationen
Rheumatismus, rheumatoide Polyarthritis
Muskelschmerzen
Muskelkater
Hypertonie
Nebenwirkungen
zahlreiche Methylsalicylatvergiftungen sind in den USA beobachtet worden; die Todesrate beträgt 50–60 %; zwischen 4 und 8 ml Methylsalicylat werden für ein Kind als tödliche Dosis angesehen, 0,5 ml entsprechen einer Dosis von 21 Aspirintabletten; In 0,5 %igen Zubereitungen kann natürliches Birkenöl als ein gut verträgliches Öl zur lokalen Schmerzlinderung eingesetzt werden.

3

Boswellia sacra, B. carterii

Weihrauch, Olibanum (arabisch)
Pflanzenteil: Harz
Herstellungsverfahren: Wasserdampfdestillation
Pflanzenfamilie: Burseraceae

Inhaltsstoffe
Monoterpene
28,6 % α-Thujen
25,6 % α-Pinen
6,8 % Limonen
5,6 % Sabinen
4,1 % Myrcen
1,5 % Camphen
1 % β-Pinen
0,9 % α-Phellandren
0,6 % δ-3-Caren
0,5 % γ-Terpinen
0,3 % α-Terpinen
0,2 % cis-Ocimen
0,2 % trans-Ocimen
0,05 % p-Cymen
Sesquiterpene
0,4 % α-Copaen
0,4 % γ-Cadinen
0,4 % δ-Cadinen
0,3 % β-Elemen
0,2 % α-Humulen
0,2 % Germacren D
α-Gurjunen
α-Guaianen
Monoterpenole
0,2 % Linalool
0,7 % Terpineol-4
Sesquiterpenole
0,6 % trans- und cis-Verbenol
0,5 % trans-Pinocarveol
Monoterpenketone
0,3 % α-Thujon
Oxide
10,4 % 1,8-Cineol
0,4 % Caryophyllenoxid
Quelle: Primavera Life

Wichtige Eigenschaften
stark antiphlogistisch
mukolytisch, expektorativ
immunmodulatorisch
epithelisierend
antidepressiv

Hauptindikationen
Morbus Crohn
Colitis ulcerosa
(chronische) Bronchitis, Husten
rheumatische Erkrankungen
Narben, Wunden, Ulkus
Schwangerschaftsstreifen (auch vorbeugend)
reife Haut
Immunschwäche
nervöse Depression

Nebenwirkungen
bei Überdosierung im Zerstäuber/Duftlampe tritt bei empfindlichen Menschen Benommenheit auf

Anmerkung
Das Öl aus Eritrea besteht aus 55 % Estern, vor allem Octylacetat, und nur 5 % Monoterpenen (Werner, von Braunschweig 2006)

3

Boswellia serrata

Weihrauch, Olibanum (indisch)
Pflanzenteil: Harz
Herstellungsverfahren: Wasserdampfdestillation
Pflanzenfamilie: Burseraceae

Inhaltsstoffe
Monoterpene
58,73 % α-Thujen
8,08 % Sabinen
5,44 % δ-3-Caren
3,36 % Limonen
2,20 % α-Pinen
2,18 % p-Cymen
1,39 % α-Phellandren
1,33 % β-Myrcen
0,88 % γ-Terpinen
0,79 % cis-β-Ocimen
0,60 % β-Phellandren
0,53 % β-Pinen
0,42 % Pinadien
0,40 % trans-β-Ocimen
0,38 % Terpinolen
0,36 % α-Terpinen
0,11 % Camphen
Sesquiterpene
1,12 % β-Elemen
0,98 % β-Bourbonnen
0,52 % Germacren D
0,30 % α-Copaen
0,26 % β-Selinen
0,16 % epi-β-Bourbonnen

0,09 % δ-Cadinen
0,06 % γ-Cadinen
Monoterpenole
0,99 % Terpineol-4
0,26 % trans-Thujanol
0,22 % Linalool
0,20 % cis-Thujanol
0,03 % p-Cymen-8-ol
Sesquiterpenole
Spuren
Phenylether
3,39 % Methylchavicol
0,34 % Methyleugenol
0,17 % Elemicin
Monoterpenketone
0,35 % β-Thujon
0,07 % α-Thujon
Ester
0,12 % Linalylacetat
0,08 % Terpinylacetat
Oxide
10,4 % 1,8-Cineol
0,4 % Caryophyllenoxid
Quelle: Farfalla

Wichtige Eigenschaften
stark antiphlogistisch
mukolytisch, expektorativ
immunmodulatorisch
epithelisierend
antidepressiv
Hauptindikationen
Morbus Crohn
Colitis ulcerosa
(chronische) Bronchitis, Husten
rheumatische Erkrankungen
Narben, Wunden, Ulkus
Schwangerschaftsstreifen (auch vorbeugend)
reife Haut
Immunschwäche
nervöse Depression
Nebenwirkungen
bei Überdosierung im Zerstäuber/Duftlampe tritt bei empfindlichen Menschen Benommenheit auf
Anmerkung
Die Wirkweise deckt sich weit gehend mit den arabischen Boswelliaölen; Boswellia-serrata-Harz jedoch wird zu Extrakten verarbeitet, deren Einnahme sehr positive Effekte bei Morbus Crohn und Colitis ulcerosa zeigen; das ätherische Öl enthält jedoch nicht die dafür verantwortlich gemachten *Boswelliasäuren*.

Bulnesia sarmienti

Guajak, Palo Santo
Pflanzenteil: Holz
Herstellungsverfahren: Wasserdampfdestillation
Pflanzenfamilie: Zygophyllaceae

Inhaltsstoffe
Sesquiterpene
α-Bulnesen
α-und β-Guaien
Sesquiterpenole
42–72 % Guajol
Bulnesol
Oxide
Guaioside
Quelle: 1, 3

Wichtige Eigenschaften
entstauend auf venöses System
entstauend auf lymphatisches System
schweißtreibend
stimulierend
antirheumatisch
antiphlogistisch
Hauptindikationen
Stauungen im kleinen Becken
Varizen, Hämorrhoiden
Arthritis, Gicht
Nebenwirkungen
keine bekannt
Anmerkung
Es gibt ein anderes Guajaköl aus **Guajacum officinale**; dies enthält 20–30 % des Phenylethers Guaiakol; dadurch wirkt es stark antiinfektiös und schmerzlindernd; es wurde in seiner Heimat Südamerika vor allem gegen Syphilis eingesetzt; bei Überdosierung kann es hierdurch zu Enteritis oder Kolitis kommen.

Bursera delpechiana

Linaloe
Pflanzenteil: Holz
Herstellungsverfahren: Wasserdampfdestillation
Pflanzenfamilie: Burseraceae

Inhaltsstoffe
Monoterpene
1 % Limonen
Monoterpenole
94 % Linalool
Oxide
3 % Linalooloxid
Quelle: Primavera Life

Wichtige Eigenschaften
antiinfektiös mit breitem Spektrum
ausgleichend
spasmolytisch
Hauptindikationen
Infektionen, besonders bei Kindern
Asthenie, Depression, Disstress
Nebenwirkungen
keine bekannt, sehr verträgliches Öl
Anmerkung
Im seltenen ätherischen Öl aus den Samen und Samenhülsen des Linaloebaumes („Indisches Lavendelöl") finden wir hauptsächlich Linalylacetat als Inhaltsstoff; es wirkt somit stark spasmolytisch.

Calamintha nepeta !

Steinquendel
Pflanzenteil: Kraut
Herstellungsverfahren: Wasserdampfdestillation
Pflanzenfamilie: Lamiaceae

Inhaltsstoffe
Monoterpene
(–)-α-Pinen
Monoterpenketone (insgesamt 70 %)
Pulegon
(–)-Menthon
Calamenthon
Quelle: 1

Wichtige Eigenschaften
hormonähnlich
antiinfektiös, besonders antimykotisch
choleretisch
Hauptindikationen
Hyperthyreose
leichte Leberinsuffizienz
Kolitis
Bronchialmykosen
Nebenwirkungen
stark *neurotoxisch*, wird in der Aromatherapie normalerweise nicht verwendet

Cananga odorata genuina

Ylang Ylang
Pflanzenteil: Blüte
Herstellungsverfahren: Wasserdestillation
Pflanzenfamilie: Annonaceae

Inhaltsstoffe
Monoterpene
α-Pinen und β-Pinen
Sesquiterpene (bis 70 %)
11,5 % β-Caryophyllen (bis 22 %)
23 % Germacren D (bis 35 %)
6,5–14,4 % γ-Cadinen
6,5 % α-Farnesen
3,5 % α-Humulen
Monoterpenole
8,4 % Linalool (bis 30 %)
1,7 % Geraniol, Nerol
Sesquiterpenole
Farnesol
Phenole
Eugenol, Isoeugenol
Phenylmethylether
15 % Paracresylmethylether
Methyleugenol
Ester
10 % Geranylacetat
3,7 % Benzylacetat (bis 12 %)
5–12 % Benzylbenzoat
3,5 % Methylbenzoat
2,2 % Farnesylacetat
Andere
Benzylalkohol
Safrol
Isosafrol
Quelle: Golgemma

Wichtige Eigenschaften
stark spasmolytisch
sedativ und ausgleichend
leicht blutdrucksenkend
analgetisch
antimykotisch
aphrodisisch
antidiabetisch

3

Hauptindikationen
Hypertonie, Tachykardie
prämenstruelles Syndrom
sexuelle Asthenie
Frigidität, Impotenz
Haut- und Kopfhautpflege, besonders bei fettiger Haut
bei Tumorschmerzen (Mailhebiau)
Nebenwirkungen
keine bekannt; das Öl sollte jedoch sorgfältig dosiert werden, da der schwere Duft leicht zu *Kopfschmerzen* führen kann; Überdosierung im warmen Bad kann zu kurzzeitigen *Kreislaufstörungen* führen. Von der Einnahme wird abgeraten
Anmerkung
Die Inhaltsstoffe der unterschiedlich lang destillierten Fraktionen von Cananga odorata genuina (I, II, III) unterscheiden sich u. a. durch höhere Estergehalte von dieser Komplett-Wasserdampfdestillation; therapeutisch wird das oben beschriebene Öl verwendet; Cananga odorata macrophylla, in Deutschland Canangaöl genannt, wird für die gleichen Indikationen eingesetzt.

3

Canarium luzonicum

Elemi
Pflanzenteil: Harz
Herstellungsverfahren: Wasserdampfdestillation
Pflanzenfamilie: Burseraceae

Inhaltsstoffe
Monoterpene
27–54 % d-Limonen
15 % α-Phellandren
7 % β-Phellandren
5 % Sabinen
Terpinolen
Sesquiterpene
Elemen
Monoterpenole
Terpineol
Sesquiterpenole
Elemol
Phenylether
3–12 % Elemicin
Ketone
Carvon
Andere
Dipenten
Quelle: 1, 3, 5

Wichtige Eigenschaften
epithelisierend
antiseptisch
expektorativ
Hauptindikationen
Ulcus cruris, Narben, Geschwüre
Dyspepsien
spastische Enterokolitis, Diarrhö
Bronchitis, Husten
Nebenwirkungen
Elemicin wirkt einigen Studien zufolge leicht kanzerogen (Balacs und Tisserand 1990), vermutlich puffert jedoch die antitumorale Wirkung von d-Limonen diesen Effekt ab; es wird sicherheitshalber eine maximale Verdünnung von 1 % empfohlen

Cannabis sativa

Hanf
Pflanzenteil: Blätter
Herstellungsverfahren: Wasserdampfdestillation
Pflanzenfamilie: Cannabaceae

Inhaltsstoffe
Monoterpene
8 % α-Pinen
2,5 % β-Pinen
7–8 % Myrcen
Sesquiterpene
28–35 % β-Caryophyllen
10–12 % α-Humulen
4 % allo-Aromadendren
Oxide
4,5–10 % Caryophyllenepoxid
Andere
Cumarin
Quelle: 1

Wichtige Eigenschaften
stark antiphlogistisch
entstauend
Hauptindikationen
Entzündungen des Bronchialsystems
Entzündungen des Verdauungstraktes
Nebenwirkungen
keine bekannt; das ätherische Öl ist in Deutschland selten erhältlich

Carum carvi

Kümmel
Pflanzenteil: Früchte (Samen)
Herstellungsverfahren: Wasserdampfdestillation
Pflanzenfamilie: Apiaceae

Inhaltsstoffe
Monoterpene (38–45 %)
30 % Carven
10–45 % Limonen
0,2 % Terpinolen
Myrcen
p-Cymen
Sesquiterpene
0,1 % Caryophyllen
Monoterpenole
5,5 % cis-Carveol
0,1 % cis-Perillylalkohol
Dihydrocarveol
Cuminylalkohol
Aldehyde
0,1 % Cuminaldehyd
Monoterpenketone
45–80 % d-Carvon
0,7 % Dihydrocarvon
Cumarine
Spuren Herniarin
Quelle: 2

Wichtige Eigenschaften
stark mukolytisch
cholagog, choleretisch
appetitanregend
karminativ
aquarctisch
antihistaminisch
Hauptindikationen
Bronchitis
Meteorismus, Dyspepsien
Leber-/Galleninsuffizienz
Magen-/Darmspasmen
Appetitlosigkeit
Nebenwirkungen
in normaler Dosierung gut verträglich

Cedrus atlantica

Atlaszeder
Pflanzenteil: Holz
Herstellungsverfahren: Wasserdampfdestillation
Pflanzenfamilie: Pinaceae

Inhaltsstoffe
Sesquiterpene
42 % β-Himachalen
14,5 % α-Himachalen
10 % γ-Himachalen
1,2 % cis α-Bisabolen
0,45 % Longifolen
Sesquiterpenole
4 % Himachalol
2,3 % Allo-Himachalol
Sesquiterpenketone
5 % α-Atlanton
2,65 % γ-Atlanton
Oxide
1 % Himachalenoxid
Quelle: Golgemma

Wichtige Eigenschaften
stark epithelisierend
lymphotonisch
lipolytisch
antiallergisch, antihistaminisch
Hauptindikationen
Wunden, Dermatosen
Haarausfall, Alopecia areata
Arteriosklerose
sehr wirksam gegen Zellulite
Bronchitis
allergische Rhinitis
antiphlogistisch und regenerierend bei arteriellen Erkrankungen
Nebenwirkungen
in normaler Dosierung gut verträglich
Anmerkung
Laut **Wildwood** (2004) sind bereits erste Bestände bedroht.

Cedrus deodara

Himalayazeder
Pflanzenteil: Holz
Herstellungsverfahren: Wasserdampfdestillation
Pflanzenfamilie: Pinaceae

Inhaltsstoffe
Sesquiterpene
α- und β-Himachalen
Sesquiterpenole
Himachalol
allo-Himachalol

Sesquiterpenketone
α- und γ-Atlanton
Quelle: 1

Wichtige Eigenschaften
stark lymphotonisch
regenerativ auf Arterien
antiphlogistisch
epithelisierend
lipolytisch
psychisch stabilisierend
Hauptindikationen
Zellulite
Arteriosklerose
Nebenwirkungen
in normaler Dosierung gut verträglich

Chamomilla recutita

Kamille blau, deutsche Kamille
Synonym: Matricaria recutita
Pflanzenteil: Blüte
Herstellungsverfahren: Wasserdestillation
Pflanzenfamilie: Asteraceae

Inhaltsstoffe
Monoterpene
4,2 % trans-Ocimen
0,7 % p-Cymen
0,06 % Limonen
Sesquiterpene
22,9 % cis-β-Farnesen
9,2 % cis-α-Farnesen
8,9 % Chamazulen (bis 35 %)
5,2 % Germacren D
5 % γ-Cadinen
0,1 % δ-Cadinen
Sesquiterpenole
0,7 % Spathulenol
0,6 % α-Bisabolol
Ketone
1,1 % Artemisiaketon
Oxide
12 % Bisabololoxid
4,5 % Bisabololoxid A
Quelle: Primavera Life

Wichtige Eigenschaften
antiphlogistisch
antiallergisch
stomachisch
spasmolytisch
hormonartig
Hauptindikationen
Dermatosen aller Art
Ekzeme, Ulkus, Wunden, Akne
Ulcus gastroduodenalis
Dyspepsie
Diarrhö
Zystitis
Amenorrhö, Dysmenorrhö
Nebenwirkungen
keine bekannt, Vorsicht bei Allergie gegen Korbblütengewächse (Asteraceae)
Anmerkung
Es gibt mehrere Chemotypen der blauen Kamille; bei einer gleichzeitigen Konstitutionsbehandlung mit hochpotenzierten homöopathischen Mitteln raten manche Therapeuten von der Verwendung von Kamille in jeder Form ab (Antidot).

Cinnamomum camphora

Ho-Baum
Pflanzenteil: Blatt
Herstellungsverfahren: Wasserdampfdestillation
Pflanzenfamilie: Lauraceae

Inhaltsstoffe
Monoterpenole
96–99,2 % Linalool
Terpineol-4
Citronellol
Aliphatische Ketone
Methylvinylketon
Methylisobutylketon
Oxide
cis- und trans-Linalooloxid
Quelle: Feeling, 1

Wichtige Eigenschaften
stark antibakteriell
stark antiviral
stark antimykotisch
tonisierend und stimulierend
Hauptindikationen
Infektionen der Atemwege, vor allem bei Kindern
Infektionen des Verdauungstraktes
Infektionen des Urogenitaltraktes
Asthenie

Nebenwirkungen
keine bekannt
Anmerkung
Dieses noch recht unbekannte ätherische Öl wird zunehmend als „Ersatz" für Rosenholzöl verwendet.

Cinnamomum camphora

Kampfer
Pflanzenteil: Blatt und Holz
Herstellungsverfahren: Wasserdampfdestillation
Pflanzenfamilie: Lauraceae

Inhaltsstoffe
Sesquiterpene
Spuren Chamazulen
Sesquiterpenole
α- und β-Bisabolol
t-Cadinol
Cubenol
Epicubenol
Phenylether
Eugenolmethylether
0,8–18 % Safrol (Oxidether)
Monoterpenketone
40–50 % (+)-Borneon (Kampfer)
Piperiton
Oxide
20–30 % 1,8-Cineol
Linalooloxid
Quelle: 1, 3

Wichtige Eigenschaften
stark stimulierend
stark analgetisch
antirheumatisch
hyperämisierend
mukolytisch
antiseptisch
aquaretisch
Hauptindikationen
Rheumatismus, Neuralgien
Muskelschmerzen, Muskelkater
Asthenie
chronische Bronchitis
Nebenwirkungen
eines der *toxischsten* ätherischen Öle für *Babys und Kleinkinder*; es darf auch nicht von *schwangeren Frauen* und *Epileptikern* verwendet werden
bei einer gleichzeitigen homöopathischen Konstitutionsbehandlung sollte keine Berührung mit Kampfer stattfinden (Antidotwirkung)
Anmerkung
Die kristalline Substanz, die ein alter Kampferbaum ausscheidet, wird in Fraktionen destilliert; beim allgemein erhältlichen ätherischen Öl handelt es sich um den so genannten „weißen Kampfer", die erste und leichteste Fraktion; brauner und der noch schwerere gelbe Kampfer enthalten 10–20 % des Oxidethers Safrol; dieser und vor allen Dingen seine Metaboliten wirken stark hepatotoxisch; nicht zu verwechseln mit Dryobalanops camphora, dem nicht toxischen *Borneokampfer*.

Cinnamomum camphora

Ravintsara, Madegassischer Kampferbaum
Pflanzenteil: Zweig/Blatt
Herstellungsverfahren: Wasserdampfdestillation
Pflanzenfamilie: Lauraceae

Inhaltsstoffe
Monoterpene
7,9 % Sabinen
3,8 % α-Pinen
2,8 % β-Pinen
1,2 % γ-Terpinen
1,1 % Myrcen
0,7 % α-Thujen
0,7 % α-Terpinen
0,6 % trans-Ocimen
0,4 % Terpinolen
0,3 % Camphen
0,08 % γ-Muurolen
Sesquiterpene
0,6 % α-Humulen
0,5 % Caryophyllen
0,1 % β-Selinen
0,09 % β-Elemen
Monoterpenole
8,1 % α-Terpineol
4,3 % Terpineol-4
0,2 % Linalool
0,1 % Nerol
Monoterpenketone
0,07 % Borneon (Kampfer)
Oxide
64,3 % 1,8-Cineol
Quelle: Primavera Life

Wichtige Eigenschaften
stark antiviral
stark expektorativ
stark neurotonisch
Hauptindikationen
virale Hepatitis
virale Enteritis
Cholera
Zoster, Zoster ophthalmicus
Varicella, Mononukleose
Pertussis
Grippe, grippale Infekte
Rhinopharyngitis, Bronchitis
neuromuskuläre Störungen
Asthenie, Schlafstörungen
Vaginalmykosen
Nebenwirkungen
keine bekannt, sehr gut verträgliches Öl; wegen des hohen 1,8-Cineol-Gehaltes wird vorsichtige Dosierung bei Kindern mit spastischen Atemwegserkrankungen empfohlen

Cinnamomum aromaticum

Cassiazimt, Chinesischer Zimt
Synonym: Cinnamomum cassia
Pflanzenteil: Blatt und Zweig
Herstellungsverfahren: Wasserdampfdestillation
Pflanzenfamilie: Lauraceae

Inhaltsstoffe
Phenole
2 % 4-Ethylguaiacol
Aromatische Aldehyde
78–85 % trans-Zimtaldehyd
2,7–3,7 % Benzaldehyd
1–1,5 % Hydroxyzimtaldehyd
0,1–0,2 % Cuminal
Salizylaldehyd
Methylsalizylaldehyd
Oxide
Benzoesäure
Zimtsäure
Andere
6–8 % Cumarine
Quelle: 1

Wichtige Eigenschaften
sehr stark antibakteriell (Breitband)
antiviral, antimykotisch
sympathikoton
tonisierend und stimulierend
aphrodisisch
uterotonisch, emmenagog
stark hyperämisierend
stark antikoagulierend
Hauptindikationen
Kolitis
Bronchitis
Zystitis
fiebrige Tropenkrankheiten
Asthenie, Depression
Impotenz, Frigidität
kalte Füße
Nebenwirkungen
stark hautreizend, auf empfindlicher Haut nicht verdünnt anwenden

Cinnamomum polyandrum

Sugandha kokila
Synonym: Cinnamomum glaucescens
Pflanzenteil: Früchte
Herstellungsverfahren: Wasserdampfdestillation
Pflanzenfamilie: Lauraceae

Inhaltsstoffe
Sesquiterpene
7,5 % α-Copaen
Ester
17–35 % trans-Methylcinnamat
Oxide
15 % 1,8-Cineol
Quelle: 1

Wichtige Eigenschaften
stark spasmolytisch
stark antiphlogistisch
Hauptindikationen
Kolitis
Koronariitis
Nebenwirkungen
keine bekannt

Cinnamomum zeylanicum

Zimt, Ceylonzimt
Synonym: Cinnamomum verum
Pflanzenteil: Rinde
Herstellungsverfahren: Wasserdampfdestillation
Pflanzenfamilie: Lauraceae

Inhaltsstoffe
Monoterpene
3 % β-Phellandren
1,16 % p-Cymen
0,71 % α-Phellandren
0,38 % Limonen
0,24 % α-Pinen
0,21 % α-Terpinen
0,12 % β-Pinen
0,10 % Camphen
0,09 % γ-Terpinen
0,08 % β-Myrcen
Sabinen
Sesquiterpene
6,90 % β-Caryophyllen
1,22 % α-Humulen
0,98 % α-Copaen
Monoterpenole
4,68 % Linalool
0,57 % α-Terpineol
Phenole
36,79 % Eugenol
Phenylether
0,99 % Safrol
Aromatische Aldehyde (bis zu 70 %)
35,4 % trans-Zimtaldehyd
Aromatische Ester
2,89 % Cinnamylacetat
1,26 % Benzylbenzoat
Quelle: Farfalla

Wichtige Eigenschaften
stark antiinfektiös: sehr breites antibakterielles Spektrum
antiviral, antimykotisch
antiparasitisch
stark hyperämisierend
emmenagog, Wehen auslösend
erhöht Darmperistaltik
leicht analgetisch
sympathikoton
stark stimulierend, stärkend aphrodisisch
leicht antikoagulierend
Hauptindikationen
Tropeninfektionen, tropische Fieber
Erkältung, Schüttelfrost, Grippe
Infektionen des Magen-Darm-Traktes
Wurmbefall, Amöbiasis
Obstipation, Diarrhö
Durchblutungsstörungen
Zellulite
Muskelschmerzen
Muskelerwärmung vor Sport
Amenorrhö, Geburtseinleitung
Impotenz, Frigidität
Asthenie, Überarbeitung
seelische „Unterkühlung“
Nebenwirkungen
nicht in der Schwangerschaft, für Kinder nur wenig in der Duftlampe; sehr stark hautreizend, auf korrekte Dosierung achten (1 % und weniger); bei empfindlichen Personen kann es dennoch zu Dermatitis kommen; gleichzeitige Verwendung von limonenhaltigen ätherischen Ölen (z. B. Bitterorange) zeigt einen puffernden Effekt und erhöht somit die Verträglichkeit von Zimtaldehyd (1); britische Aromatherapeuten (IFA) verwenden dieses ätherische Öl gar nicht

Cinnamomum zeylanicum

Zimt
Synonym: Cinnamomum verum
Pflanzenteil: Blatt
Herstellungsverfahren: Wasserdampfdestillation
Pflanzenfamilie: Lauraceae

Inhaltsstoffe
Monoterpene
2,01 % α-Phellandren
1,54 % α-Pinen
1,26 % p-Cymen
0,70 % β-Phellandren
0,47 % Camphen
0,46 % β-Pinen
0,45 % Limonen
0,20 % Myrcen
0,14 % α-Terpinen
Sesquiterpene
2,68 % β-Caryophyllen
0,45 % α-Humulen
0,24 % α-Copaen
Monoterpenole
1,29 % Linalool
0,23 % α-Terpineol
aromatische Alkohole
0,5–7 % Zimtalkohol
Phenole (70–80 %)
78,06 % Eugenol
Phenylether
2,58 % Safrol
Aromatische Aldehyde
2,13 % trans-Zimtaldehyd

2,20 % Methoxy-Zimtaldehyd
Ester
1,61 % Benzylbenzoat
Quelle: Farfalla

Wichtige Eigenschaften
stark antiinfektiös: sehr breites antibakterielles Spektrum
antiviral, antimykotisch
antiparasitisch
stark immunmodulatorisch (erhöht IgA)
stimulierend und stärkend
Hauptindikationen
Stomatitis
Oropharyngitis
Odontalgien
Rhinopharyngitis
schwere Bronchitits
Enterokolitis
Zystitis, Salpingitis
rheumatische Schmerzen
Nebenwirkungen
nicht für *Schwangere*, für Kinder nur wenig in der Duftlampe; durch den hohen Eugenolanteil hautreizend und bei zu langer Anwendung hepatotoxisch; nicht anwenden bei *Blutgerinnungsstörungen* und bei gleichzeitiger Anwendung von *Heparin* und *Aspirin*, da Eugenol die Aktivität der Thrombozyten verlangsamt (**Franchomme und Pénoël** 1990)

Cistus ladaniferus

Cistrose
Pflanzenteil: Blatt und Zweig
Herstellungsverfahren: Wasserdampfdestillation
Pflanzenfamilie: Cistaceae

Inhaltsstoffe
Monoterpene
46,89 % α-Pinen
5,7 % (+)-Camphen
1,41 % Limonen
1,36 % p-Cymen
1,30 % γ-Terpinen
0,98 % β-Phellandren
0,67 % α-Terpinen
0,33 % Terpinolen
0,32 % Sabinen
0,17 % α-Phellandren
Sesquiterpene
1,09 % allo-Aromadendren
0,54 % γ- und δ-Cadinen
0,37 % α-Ylangen
0,35 % α-Copaen
0,31 % Leden
0,38 % Valencen
0,23 % β-Caryophyllen
Monoterpenole
2,91 % trans-Pinocarveol
2,47 % Borneol
1,15 % Terpinen-4-ol
0,57 % α-Terpineol
0,35 % Myrtenol
0,18 % Geraniol
0,14 % trans-Carveol
Sesquiterpenole
5,0 % Viridiflorol
1,37 % Ledol
0,52 % β-Eudesmol
Aldehyde
1 % unterschiedliche
Ketone
1,82 % 2,2,6-Trimethylcyclohexanon
0,63 % Pinocarvon
Ester
3,03 % Bornylacetat
Oxide
0,24 % 1,8-Cineol
Andere
0,42 % para-Dimethylstyren
Quelle: Farfalla

Wichtige Eigenschaften
stark antiviral
antibakteriell
stark antihämorrhagisch
granulationsfördernd
parasympathikoton
analgetisch
Hauptindikationen
neurovegetative Dystonien
atopisches Ekzem
Kinderkrankheiten: Varizellen, Röteln, Scharlach, Pertussis
Autoimmunkrankheiten: rheumatische Polyarthritis, Multiple Sklerose
Arteriitis
Hämorrhagien, (Schnitt-) Wunden
Nebenwirkungen
bei normaler Verwendung keine bekannt

Citrus aurantifolia

Limette
Andere: Citrus limetta, Citrus latifolia
Pflanzenteil: Fruchtschale
Herstellungsverfahren: Pressung
Pflanzenfamilie: Rutaceae

Inhaltsstoffe
Monoterpene
42–64 % d-Limonen
Monoterpenole
0,09–0,7 % (–)-Linalool
0,3–1,05 % (–)-α-Terpineol
Ester
2,5–3,1 % Nerylacetat
2,3 % Terpinylacetat
0,55–3,1 % Geranylacetat
0,6 % Bornylacetat
N-Methylanthranylat
Monoterpen-Aldehyde
7,1 % Geranial
4,4 % Neral
1,4 % Citronellal
Nonanal, Decanal
Furfural, Octanal
Andere
2–2,5 % Cumarine und Furocumarine
Quelle: 1, 5

Wichtige Eigenschaften
stark antiphlogistisch
stark spasmolytisch
sedativ
antithrombotisch
antiinfektiös
Hauptindikationen
Angst, Disstress, Nervosität
Dyspepsie, Magenkrämpfe
Appetitlosigkeit
Arteriosklerose
grippale Infekte
Nebenwirkungen
photosensibilisierend; das seltene *destillierte* ätherische Öl wirkt nicht photosensibilisierend, riecht aber völlig anders

Citrus aurantium ssp. aurantium

Bitterorange, Pomeranze
Pflanzenteil: Fruchtschale
Herstellungsverfahren: Pressung
Pflanzenfamilie: Rutaceae

Inhaltsstoffe
Monoterpene (98 %)
93,5 % Limonen
1,7 % Myrcen
0,7 % β-Pinen
0,6 % α-Pinen
0,6 % trans-Ocimen
0,2 % γ-Terpinen
0,2 % Sabinen
Spuren Terpinolen
Sesquiterpene
0,1 % Germacren D
0,06 % Caryophyllen
Spuren γ-Elemen
Monoterpenole
0,25 % Linalool
0,04 % α-Terpineol
Aldehyde
0,05 % Geranial
0,02 % Neral
Spuren Citronellal
Spuren Aldehyd C 12
0,1 % Aldehyd C 10
Monoterpenketone
0,02 % Carvon
Ester
0,5 % Linalylacetat
0,01 % Geranylacetat
Andere
Spuren Bergapten
Quelle: Primavera Life

Wichtige Eigenschaften
sedativ
spasmolytisch
ausgleichend (ZNS)
cholagog, verdauungsfördernd
leicht antiphlogistisch
antikoagulierend
Hauptindikationen
Angst, Nervosität
Obstipation, nervöse Verdauungsstörungen
Stomatitis
Zellulite

3

Nebenwirkungen
photosensibilisierend; bei Überdosierung und bei oxidiertem Öl, vor allem im warmen Badewasser, kann es zu Hautreizungen führen

Citrus aurantium ssp. aurantium

Neroli, Orangenblüte
Pflanzenteil: Blüte
Herstellungsverfahren: Wasserdestillation
Pflanzenfamilie: Rutaceae

Inhaltsstoffe
Monoterpene
10,35 % Limonen
5,38 % trans-Ocimen
4,15 % α- und β-Pinen
2,0 % Myrcen
0,78 % cis-Ocimen
0,43 % Terpinolen
Monoterpenole
53,66 % Linalool
6,4 % α-Terpineol
2,86 % Geraniol
Sesquiterpenole
2,63 % trans-Nerolidol
2,09 % trans-Farnesol
Aldehyde
1,04 Neral
Ketone
Jasmon
Ester
2,9 % Linalylacetat
3,03 % Nerylacetat
Methylanthranilat B
Quelle: Farfalla

Wichtige Eigenschaften
stark antidepressiv
neurotonisch
blutdrucksenkend
anregend auf Leber und Pankreas
antibakteriell (besonders Kolibakterien)
antiparasitisch (Ankylostoma, Lamblia int.)
phlebotonisch
hautpflegend
Hauptindikationen
Asthenie, nervöse Depression
Schockzustände
Schlafstörungen
Angst, Niederschlagenheit
prämenstruelles Syndrom
Hypertonie
Varizen, Hämorrhoiden, Couperose
Bronchitis, Lungentuberkulose
Enterokolitis durch Parasiten
chronische Diarrhö
Leber- und Pankreasinsuffizienz
Falten, Narben, Schwangerschaftsstreifen
Nebenwirkungen
keine bekannt, sehr gut verträgliches Öl (auch für Schwangere und Kleinkinder)

Citrus aurantium ssp. aurantium

Petit Grain
Pflanzenteil: Blatt und Zweig
Herstellungsverfahren: Wasserdampfdestillation
Pflanzenfamilie: Rutaceae

Inhaltsstoffe
Monoterpene
2 % trans-Ocimen
2 % β-Myrcen
2 % β-Pinen
1 % Limonen
cis-Ocimen
p-Cymen
δ-3-Caren
α-Pinen
Sabinen
γ-Terpinen
Camphen
β-Phellandren
Sesquiterpene
β-Caryophyllen
γ-Elemen
trans-β-Farnesen
Monoterpenole (30 %)
25 % Linalool
5 % α-Terpineol
Geraniol
Nerol
Terpineol-4
γ-Terpineol
2-Hexen-1-ol
1-Hexanol
Sesquiterpenole
Nerolidol
Monoterpen-Aldehyde
Geranial
Neral

Ester (60 %)
50 % Linalylacetat
4 % Geranylacetat
2 % Nerylacetat
1 % Isononylacetat
Terpinylacetat
Methylanthranilat
Oxide
1,8-Cineol, Linalooloxid
Quelle: 6

Wichtige Eigenschaften
stark spasmolytisch
nervlich ausgleichend
antiphlogistisch
antiinfektiös (Staphylokokken, Pneumokokken)
Hauptindikationen
neurovegetative Dystonie
Schlafstörungen
Stress-Symptome
Infektionen der Atemwege (besonders bei Kleinkindern)
obstruktive Bronchitis
nervöses Asthma
prämenstruelles Syndrom
vorzeitige Wehen
entzündliche Akne, Furunkel
chronische Hepatitis
Nebenwirkungen
keine bekannt

Citrus aurantium ssp. bergamia

Bergamotte
Pflanzenteil: Schale
Herstellungsverfahren: Pressung
Pflanzenfamilie: Rutaceae

Inhaltsstoffe
Monoterpene
35,83 % Limonen
6,42 % γ-Terpinen
4,88 % β-Pinen
Sesquiterpene
0,60 % β-Bisabolen
Monoterpenole
11,60 % Linalool
0,52 % Geraniol
Monoterpen-Aldehyde
Neral
Ester
32,29 % Linalylacetat
Nerylacetat
Cumarine und Furocumarine
0,3–0,4 % Bergapten
Bergaptol, Bergamottin, Auraptenol
Quelle: Farfalla

Wichtige Eigenschaften
spasmolytisch
sedativ, antidepressiv
psychisch ausgleichend
antiseptisch
epithelisierend
stark hautregenerierend
leicht aquaretisch
choleretisch
Hauptindikationen
Depressionen
Schlaflosigkeit
Nervosität, Unruhe
Disstress
Wunden, Juckreiz, Narben
reife und faltige Haut
Hämorrhoiden
Zystitis
Angina tonsillaris
Meteorismus, Appetitlosigkeit
Nebenwirkungen
stark photosensibilisierend und photomutagen; furocumarinfreies Bergamotteöl (FCF) wird jedoch in der Ganzheitlichen Aromatherapie meistens abgelehnt

Citrus deliciosa

Petit Grain Clementier
Pflanzenteil: Blatt und Zweig
Herstellungsverfahren: Wasserdampfdestillation
Pflanzenfamilie: Rutaceae

Inhaltsstoffe
Monoterpene (70 %)
41,1 % Sabinen
14,2 % Limonen
6 % trans-β-Ocimen
4,7 % δ-3-Caren
3,6 % β-Myrcen
2 % β-Pinen
1,9 % γ-Terpinen
1,8 % α-Pinen
1,3 % Terpinolen
1,2 % α-Terpinen

Monoterpenole (15 %)
14,6 % Linalool
2,7 % Terpineol-4
Monoterpen-Aldehyde
1,2 % Citronellal
Quelle: Light of Nature

Wichtige Eigenschaften
tonisierend
antiseptisch
Hauptindikationen
Erkrankungen der Atemwege, besonders bei Kleinkindern
Nebenwirkungen
keine bekannt

Citrus deliciosa

Clementine
Pflanzenteil: Fruchtschale
Herstellungsverfahren: Pressung
Pflanzenfamilie: Rutaceae

Inhaltsstoffe
Monoterpene
85,5 % Limonen
6,6 % γ-Terpinen
1,7 % Myrcen
1,1 % α-Pinen
0,6 % β-Pinen
0,3 % Sabinen
0,3 % α-Thujen
0,3 % Terpinolen
0,1 % α-Phellandren
0,15 % α-Terpinen
0,06 % δ-3-Caren
Sesquiterpene
0,07 % δ-Cadinen
0,07 % Caryophyllen
Monoterpenole
0,2 % Linalool
0,08 % α-Terpineol
0,03 % Terpineol-4
Aldehyde
0,03 % Citronellal
0,04 % Neral
0,05 % Geranial
0,1 % C_{10}-Aldehyd
Ester
0,2 % Methyl-N-Methylanthranilat
Spuren Linalylacetat
Quelle: Primavera Life

Wichtige Eigenschaften
sympathikolytisch
sedativ
spasmolytisch
cholagog
Hauptindikationen
Ängste, Anspannung
Schlaflosigkeit
Dyspepsien, Gastralgien
Singultus
Nebenwirkungen
leicht photosensibilisierend; bei Überdosierung und bei oxidiertem Öl, vor allem im warmen Badewasser, kann es zu Hautreizungen führen

Citrus limonum

Zitrone
Pflanzenteil: Fruchtschale
Herstellungsverfahren: Pressung
Pflanzenfamilie: Rutaceae

Inhaltsstoffe
Monoterpene
64 % Limonen
15 % β-Pinen
10,5 % γ-Terpinen
2,9 % α-Pinen
0,7 % α-Thujen
1,9 % β-Myrcen
Camphen
trans-Ocimen
Sabinen
Sesquiterpene
β-Caryophyllen
0,35 % β-Bisabolen
Monoterpenole
Geraniol
Nerol
Linalool
4-Terpineol
0,05 % α-Terpineol
Aldehyde
0,82 % Geranial
0,48 % Neral
Citronellal
Nonanal, Octanal, Decanal
Ester
0,27 % Nerylacetat
0,25 % Geranylacetat
Citronellylacetat

Andere
1,5 % Cumarine und Furocumarine, z. B.
0,6 % Bergapten, 0,2 % Bergamottin
Quelle: Golgemma

Wichtige Eigenschaften
antiviral
antiseptisch (Raumluft)
phlebotonisch
antikoagulierend
litholytisch
immunmodulatorisch
leicht sedativ
Hauptindikationen
Phlebitis
Thrombose
Varizen
Infektionen der Atemwege, besonders Pharyngitis
Durchfall
Leberinsuffizienz
Gallensteine, Nierensteine, Nierenkoliken
Schlafstörungen
zur Raumdesinfektion
Nebenwirkungen
photosensibilisierend; bei Überdosierung und bei oxidiertem Öl, vor allem im warmen Badewasser, kann es zu Hautreizungen führen

Citrus paradisi

Grapefruit
Pflanzenteil: Fruchtschale
Herstellungsverfahren: Pressung
Pflanzenfamilie: Rutaceae

Inhaltsstoffe
Monoterpene
86–98 % (+)-Limonen
2–3 % Myrcen
Aldehyde
Nonanal
Decanal
Citral
Citronellal
Cumarine und Furocumarine
0,012–0,013 % Bergapten
Aurapten, Limettin, Bergaptol
Andere
(+)-Nootkaton
Spuren von Mercaptanen (Menthen-thiol)
Quelle: 1, 5

Wichtige Eigenschaften
adstringierend
(atmosphärisch) antiseptisch
leicht aquaretisch
psychisch aufhellend
Hauptindikationen
Zellulite
gestaute/fettige Haut, Akne
Niedergeschlagenheit
nervöse Erschöpfung
Nebenwirkungen
bei Überdosierung und bei oxidiertem Öl, vor allem im warmen Badewasser, kann es zu Hautreizungen führen
Anmerkung
Die Pampelmuse (Citrus maxima) ist eng mit der Grapefruit verwandt, ihr ätherisches Öl ist jedoch kaum erhältlich.

3

Citrus reticulata

Mandarine
Pflanzenteil: Fruchtschale
Herstellungsverfahren: Pressung
Pflanzenfamilie: Rutaceae

Inhaltsstoffe
Monoterpene
65,30 – 74,52 % Limonen (71,73 %)
16,22–22,75 % γ-Terpinen (15,99 %)
2,0 – 2,74 % α-Pinen
1,56 – 1,95 % Myrcen
1,38 – 2,09 % β-Pinen (1,49 %)
0,72 – 1,0 % Terpinolen
0,12–0,78 % p-Cymen (1,98 %)
0,03 – 0,11 % α-Phellandren
Sesquiterpene
0,1 % α-Humulen
0,06 – 0,14 % β-Caryophyllen
α-Selinen
α-Farnesen
Monoterpenole
0,03–0,18 % Linalool
0,03 % Citronellol
Geraniol
Terpinen-4-ol
Aldehyde
0,12 – 0,525 α-Sinensal
Citronellal
Decanal
Octanal

Ester
0,9 % Dimethylanthranilat
0,26–0,65 % Methyl-N-Methylanthranilat
Nerylacetat
Geranylacetat
Citronellylacetat
Andere
Cumarine und Furocumarine
in Klammern die Werte von Mandarine grün
Quelle: Farfalla

Wichtige Eigenschaften
stark sedativ
spasmolytisch
cholagog
Hauptindikationen
Unruhe, nervöse Anspannung
Disstress
Schlafstörungen
Reizbarkeit, Ängste
Singultus
Gastralgie, Obstipation, Dyspepsie
Nebenwirkungen
bei guter Qualität nicht photosensibilisierend; bei Überdosierung und bei oxidiertem Öl, vor allem im warmen Badewasser, kann es zu Hautreizungen führen
Anmerkung
Für „Mandarine rot" werden die Schalen der reifen Mandarinen gepresst (Januar), die frühe Ernte im Oktober/November liefert das Öl „Mandarine grün". Petit Grain Mandarine kann bis zu 50 % aromatische Ester, v. a. Methylanthranilat, enthalten.

Citrus sinensis

Orange, Apfelsine
Pflanzenteil: Fruchtschale
Herstellungsverfahren: Pressung
Pflanzenfamilie: Rutaceae

Inhaltsstoffe
Monoterpene
etwa 80 % (+)-Limonen
über 10 % weitere Monoterpene
Monoterpenole
1,8 % (+)-Linalool
1,3–1,6 % cis- und trans-Carveol
0,7 % (+)-α-Terpineol
0,4 % Geraniol
Aldehyde
1,1 % n-Decanal
0,5 % n-Octanal
0,5 % Citronellal
Ketone
1,8 % Carvon
0,7 % α-Jonon
Cumarine und Furocumarine
Aurapten, Bergaptol, Isoimperatorin
Quelle: 1

Wichtige Eigenschaften
sedativ
antiseptisch (Raumluft)
karminativ
choleretisch
adstringierend
Hauptindikationen
Nervosität, Angst
Stress-Symptome
Schlafstörungen
Obstipation, Meteorismus
Zellulite
Nebenwirkungen
bei guter Qualität nicht photosensibilisierend; bei Überdosierung und bei oxidiertem Öl, vor allem im warmen Badewasser, kann es zu Hautreizungen führen
Anmerkung
Es gibt ein Blütenöl aus dieser Pflanze, das sich „Neroli Portugal" nennt, das dem Neroli aus Citrus aurantium therapeutisch jedoch unterlegen sein soll.

Commiphora glabrescens

Opoponax, Süße Myrrhe
Pflanzenteil: Harz
Herstellungsverfahren: Wasserdampfdestillation
Pflanzenfamilie: Burseraceae

Inhaltsstoffe
Sesquiterpene
Bisabolen
Elemen
Copaen
Sesquiterpenole
diverse
Sesquiterpenketone
diverse
Quelle: 1, 3

Wichtige Eigenschaften
stark antiphlogistisch
antiviral
epithelisierend
mukolytisch
Hauptindikationen
infektiöse Enterokolitis
Dermatosen, Hautulkus
Nebenwirkungen
keine bekannt, eventuell leicht photosensitivierend (Balacs und Tisserand 1995)
Anmerkung
Es gibt ein ätherisches Öl aus Acacia farnesiana, das auch Opoponax genannt wird.

Commiphora molmol

Myrrhe
Pflanzenteil: Harz
Herstellungsverfahren: Wasserdampfdestillation oder Solventextraktion
Pflanzenfamilie: Burseraceae

Inhaltsstoffe
Monoterpene
Pinen
Limonen
Sesquiterpene (85–90 %)
29 % δ- und β-Elemen
10 % α-Copaen
Cadinen
Phenole
Eugenol
Aldehyde
Zimtaldehyd
2,2 % 3-Methyl-1,2-Butenal
Ketone
5,5 % Methyl-Isobutylketon
Quelle: 1

Wichtige Eigenschaften
stark antiviral
stark antiphlogistisch
epithelisierend
mukolytisch
hormonell ausgleichend
psychisch stabilisierend
Hauptindikationen
virale Hepatitis
Dysenterie
Diarrhö
Wunden, Narben, Geschwüre
Rhagaden
Aphthen, Stomatitis
Husten, Bronchitis
Amenorrhö
Nebenwirkungen
nicht bekannt, sollte jedoch sicherheitshalber in der *Schwangerschaft* nicht verwendet werden, da darüber unterschiedliche Meinungen vertreten werden

Copaifera officinalis

Copaiva
Pflanzenteil: Harz-Balsam
Herstellungsverfahren: Solventextraktion
Pflanzenfamilie: Leguminosae

Inhaltsstoffe
Sesquiterpene (72–90 %)
50–53 % β-Caryophyllen
15–16 % α-Copaen
7–10 % trans-Bergamotten
3–3,5 % α-Cubeben
Quelle: 1, 3

Wichtige Eigenschaften
stark antiphlogistisch
aquaretisch
mukolytisch
wundheilend
Hauptindikationen
Urethritis, Zystitis
Arthritis, Bursitis, Tendinitis
bronchopulmonale Infektionen
Wunden, Geschwüre
Hämorrhoiden
Hypotonie
Nervosität, Disstress
Wunden, Hämatome
Nebenwirkungen
bei normaler Dosierung keine bekannt, kann Hautreizungen verursachen; zu hohe Dosierung führt zu Erbrechen und Durchfall
Anmerkung
Dieses Harz wurde von den Indianern des Amazonas traditionell zur Behandlung von Geschlechtskrankheiten verwendet.

3

3

Coriandrum sativum

Koriander
Pflanzenteil: Früchte (Samen)
Herstellungsverfahren: Wasserdampfdestillation
Pflanzenfamilie: Apiaceae

Inhaltsstoffe
Monoterpene (10–20 %)
1–8 % γ-Terpinen
0,2–8,5 % α-Pinen
0,5–4 % Limonen
bis 3,5 % p-Cymen
bis 1,4 % Camphen
0,2–2 % Myrcen
Monoterpenole (60–90 %)
60–87 % (+)-Linalool
1,2–3,3 % Geraniol
Terpineol-4
α-Terpineol
Monoterpenketone
0,9–4 % Borneon (Kampfer)
Ester
0,1–4,7 % Geranylacetat
bis 2,7 % Linalylacetat
Cumarine und Furocumarine
Umbelliferon, Bergapten
Quelle: 2

Wichtige Eigenschaften
antibakteriell
karminativ
spasmolytisch
tonisierend und stimulierend
neurotonisch, euphorisierend
konzentrationsfördernd
analgetisch
Hauptindikationen
Atonie der Verdauungsorgane
Dyspepsie, Meteorismus
Enterokolitis
Zystitis
grippale Infekte (besonders bei Kindern)
Asthenie, mentale Erschöpfung
Konzentrationsstörungen
Trauer
Nebenwirkungen
keine bekannt

Coriandrum sativum

Koriander
Pflanzenteil: Kraut
Herstellungsverfahren: Wasserdampfdestillation
Pflanzenfamilie: Apiaceae

Inhaltsstoffe
Aliphatische Aldehyde (85–95 %)
21,25 % 7-Dodecanal
16,25 % Dodecanal
10 % Decanal
9,25 % 9-Tetradecanal
5,5 % 5,8-Tridecadienal
5 % Octanal
4 % Tridecanal
3,5 % 3,6-Undecadienal
3 % Undecanal
1,75 % Tridecenal
Quelle: 1

Wichtige Eigenschaften
stark antiphlogistisch
stark sedativ
Hauptindikationen
Gastritis
Disstress, Angst, Schlafstörungen
Nebenwirkungen
bei Überdosierung hautreizend

Cuminum cyminum

Kreuzkümmel
Pflanzenteil: Früchte (Samen)
Herstellungsverfahren: Wasserdampfdestillation
Pflanzenfamilie: Apiaceae

Inhaltsstoffe
Monoterpene (30–60 %)
12–28 % α-Terpinen
13–22 % β-Pinen
3–9 % p-Cymen
Sesquiterpene
β-Caryophyllen
Monoterpenole
0,1–4 % Cuminol
Aliphatische Aldehyde (30–40 %)
24 % p-Mentha-1,4-dien-7-al
6–15 % p-Mentha-1,3-dien-7-al
Aromatische Aldehyde
20–32 % Cuminaldehyd

Cumarine
Scopoletin
Anmerkung: Es gibt einen zweiten Chemotypen mit 42 % p-Cymen
Quelle: 1

Wichtige Eigenschaften
stark sedativ
narkotisierend (in hoher Dosis)
analgetisch
antiphlogistisch
karminativ
verdauungsfördernd
aphrodisisch
Hauptindikationen
Dyspepsie, Meteorismus
Epigastralgien
spastische und entzündliche Enterokolitis
Schlafstörungen
Nebenwirkungen
photosensibilisierend, bei Überdosierung hautreizend

Cupressus sempervirens

Zypresse
Pflanzenteil: Zweig
Herstellungsverfahren: Wasserdampfdestillation
Pflanzenfamilie: Cupressaceae

Inhaltsstoffe
Monoterpene
61 % α-Pinen
14,4 % δ-3-Caren
2,5 % Limonen
2,4 % Terpinolen
2,1 % Myrcen
1,2 % β-Pinen
0,8 % Camphen
0,5 % Sabinen
0,5 % γ-Muurolen
0,4 % β-Terpinen
0,4 % p-Cymen
0,3 % α-Thujen
0,3 % Tricyclen
Sesquiterpene
2 % Germacren D
0,9 % δ-Cadinen
0,6 % β-Caryophyllen
0,5 % Italicen
0,3 % γ-Cadinen
0,1 % α-Copaen
Monoterpenole
0,4 % Terpineol-4
0,2 % α-Terpineol
0,2 % Linalool
Sesquiterpenole (bis zu 21 %)
0,8 % Cedrol
Diterpenole
Spuren von Manool, Abienol
Pimarinol, Totarol
Monoterpenketone
0,02 % Verbenon
Ester
1,3 % Terpinylacetat
0,2 % Bornylacetat
0,2 % Terpinylformiat
0,1 % Dihydrocarvolacetat
Oxide
0,03 % Caryophyllenoxid
Andere
0,2 % Carvacrolmethylether
Quelle: Primavera Life

Wichtige Eigenschaften
adstringierend
phlebotonisch, entstauend
stark entstauend auf das lymphatische System
als Adjuvans bei Prostatahyperplasie
leicht aquaretisch
antitussiv, mukolytisch
neurotonisch
antiinfektiös
schweißhemmend
Hauptindikationen
Varizen, Hämorrhoiden
Couperose, Ulcus cruris
Ödeme
Pertussis, Husten, Bronchitis
exzessive Schweißbildung, besonders Schweißfüße
Asthenie
Nebenwirkungen
nicht anwenden bei *Mastopathien*; sehr gut verträgliches ätherisches Öl, bei Kindern nur bei gezielter Indikation perkutan anwenden

Curcuma longa

Kurkuma, Gelbwurz
Pflanzenteil: (getrocknetes) Rhizom
Herstellungsverfahren: Wasserdampfdestillation
Pflanzenfamilie: Zingiberaceae

Inhaltsstoffe
Monoterpene
1 % (+)-α-Phellandren
0,6 % Sabinen
Sesquiterpene
25 % Zingiberen
Monoterpenole
0,5 % Borneol
Sesquiterpenketone (50–60 %)
30 % Turmeron
23 % ar-Turmeron
Quelle: 1

Wichtige Eigenschaften
karminativ, choleretisch
analgetisch
aphrodisisch
anthelminthisch
antiphlogistisch
epithelisierend
Hauptindikationen
Verdauungsinsuffizienz
schmerzhafte Kolitis
Ulcus ventriculi
Wurmbefall
Rheumatismus
Dermatosen, Ödeme
Nebenwirkungen
weder über Wirkungen noch über Nebenwirkungen dieses seltenen ätherischen Öles ist viel bekannt; der recht hohe Gehalt an Sesquiterpenlactonen spricht jedoch nicht unbedingt für eine starke neurotoxische und abortive Wirkung; Studien geben Hinweise auf eine antitumorale Wirkung (speziell Zervixkarzinom) (**Balacs und Tisserand** 1992)

Cymbopogon flexuosus

Lemongras
Pflanzenteil: Gras
Herstellungsverfahren: Wasserdampfdestillation
Pflanzenfamilie: Poaceae

Inhaltsstoffe
Monoterpene
bis 3,2 % Myrcen
0,17 – 3,5 % Limonen (1–11 %)
0,46 – 0,73 % Camphen
0,13 – 0,20 % cis- und trans-Ocimen
Sesquiterpene
0,45 – 1,5 % β-Caryophyllen
Monoterpenole
2,25 % α-Terpineol
1,9 % Borneol
1,2 – 2,2 % Geraniol
0,60 – 0,77 % Linalool
Sesquiterpenole
12,8 % Farnesol
Monoterpenaldehyde
41 – 51 % Geranial (37–45,5 %)
29 – 32 % Neral (22–33 %)
0,14 – 0,33 % Citronellal (1–13,5 %)
Sesquiterpen-Aldehyde
3 % Farnesal
Ester
0,56 – 3,2 % Geranylacetat
Oxide
0,9 – 0,45 % Caryophyllenoxid
Andere
1,1 – 1,9 % Methylheptenen
Quelle: Bahnhof-Apotheke
Die Werte in Klammern beziehen sich auf Cymbopogon citratus (1).

Wichtige Eigenschaften
stark sedativ (in hoher Dosis anregend)
antidepressiv
stark antiphlogistisch
stark vasodilatatorisch
antiviral, antibakteriell, antimykotisch
immunmodulatorisch
desodorierend
insektifug
Hauptindikationen
neurovegetative Dystonie
nervöse Erschöpfung, Disstress
Zellulite, zur Gewebestraffung
Hämatome
Akne, fettige und schlaffe Haut
grippale Infekte, Infektanfälligkeit
starke Schweißbildung
zur Insektenvertreibung
Nebenwirkungen
bei normaler Anwendung sehr gut verträglich; bei altem Öl sind Hautreizungen und allergische Reaktionen möglich; Citral erhöhte in Tierversuchen den Augeninnendruck, deshalb sollte dieses citralreiche ätherische Öl bei Menschen mit *Glaukom* sicherheitshalber *vorsichtig* angewendet werden (**Balacs und Tisserand** 1995)

Anmerkung
Cymbopogon citratus wird auch **Westindisches Lemongras** genannt.

Cymbopogon martinii var. sofia

Gingergrass
Pflanzenteil: Gras
Herstellungsverfahren: Wasserdampfdestillation
Pflanzenfamilie: Poaceae

Inhaltsstoffe
Monoterpene
(+)-Limonen
(+)-α-Phellandren
Limonen
Monoterpenole
35–65 % Geraniol
Sesquiterpenole
Farnesol
Monoterpenketone
Carvon
Ester
Geranylacetat
Andere
Methylheptenon
Quelle: 1, 3

Wichtige Eigenschaften
sehr stark antimykotisch
stark antiviral
antibakteriell
neurotonisch
uterotonisch
kardiotonisch
Hauptindikationen
Rhinopharyngitis, Sinusitis, Otitis
Bronchitis
Urethritis, Zystitis, Vaginitis
virale Enteritis
Akne
Asthenie
Nebenwirkungen
bei normaler Anwendung keine bekannt

Cymbopogon martinii var. motia

Palmarosa, Indische (türkische) Geranie
Pflanzenteil: Gras
Herstellungsverfahren: Wasserdampfdestillation
Pflanzenfamilie: Poaceae

Inhaltsstoffe
Monoterpenole
70–80 % Geraniol
2–4 % Linalool
0,2–1,5 % Nerol
Sesquiterpenole
0,3–1,4 % Elemol
Ester
5–20 % Geranylacetat
5–15 % Geranylformiat
0,5–1 % Nerylformiat
Geranylbutyrat
Geranylisobutyrat
Geranylisovalerat
Geranylhexanoat
Amylhexanoat
Geranyloctanoat
und andere Ester
Andere
p-Mentha-1,8-dien-9-ol
Quelle: 1

Wichtige Eigenschaften
stark antibakteriell (Breitband)
stark antimykotisch
stark antiviral
neurotonisch, kardiotonisch
uterotonisch
entstauend auf Lymphsystem
hautpflegend
Hauptindikationen
Rhinopharyngitis, Sinusitis
Otitis, Oropharyngitis
Bronchitis
Urethritis, Zystitis
Vaginitis, Zervizitis
Salpingitis
zur Entbindung
bakterielle und virale Enteritis
Zellulite
Akne
Nebenwirkungen
bei normaler Anwendung keine

Cymbopogon nardus

Citronella
Pflanzenteil: Gras
Herstellungsverfahren: Wasserdampfdestillation
Pflanzenfamilie: Poaceae

Inhaltsstoffe
Monoterpene
1,4 – 1,5 % Limonen (3,6 – 3,8 %)
Sesquiterpene
2,8 – 2,9 Caryophyllen (n. n.)
Monoterpenole
48 – 49 % Geraniol (19–22 %)
8,1 – 8,4 % Citronellol (11–13,2 %)
Phenylether
7 % Isoeugenol
Monoterpen-Aldehyde
8,2 – 8,6 % Citronellal (32–47 %)
7,8 – 8,1 % Geranial (n. n.)
4,7 – 5,0 % Neral (n. n.)
Ester
5,3 – 6,0 % Geranylacetat (3,3 – 5,6 %)
2,3 % Citronellylacetat (2,3 – 5,1 %)
Die Werte in Klammern beziehen sich auf *Cymbopogon winterianus* (Java-Citronelle).
Quelle: Bahnhof-Apotheke

3

Wichtige Eigenschaften
stark antiphlogistisch, besonders *C. winterianus*
stark spasmolytisch
antiinfektiös
desodorierend
insektifug
Hauptindikationen
vorbeugend bei Infektionen
Luftdesinfektion
Arthritis
Entzündungen
Nebenwirkungen
bei normaler Anwendung sehr gut verträglich; bei altem Öl sind Hautreizungen und allergische Reaktionen möglich; Citral erhöhte in Tierversuchen den Augeninnendruck, deshalb sollte dieses citralreiche ätherische Öl bei Menschen mit *Glaukom* sicherheitshalber *vorsichtig* angewendet werden (**Balacs und Tisserand** 1995)

Daucus carota

Karotte
Pflanzenteil: Früchte (Samen)
Herstellungsverfahren: Wasserdampfdestillation
Pflanzenfamilie: Apiaceae

Inhaltsstoffe
Monoterpene
8 – 15 % α-Pinen
5 – 10 % Sabinen
1,5 – 3 % β-Pinen
1,5 – 2,6 % Myrcen
1 – 2 % Limonen
0,3 – 1 % Camphen
0,2 – 1,5 % γ-Terpinen
0,15 – 0,6 % α-Thujen
Sesquiterpene
0,8 – 7 % β-Bisabolen
3 – 10 % β-Caryophyllen
0,5 – 1,5 % α-Bisabolen
Monoterpenole
3 % Linalool
0,5 % Geraniol
Sesquiterpenole
26 – 45 % Carotol
Ester
0,5 – 9 % Geranylacetat
Oxide
1,7 – 4 % Caryophyllenoxid
Andere
0,3 – 1,5 % Daucol (Alkoholoxid)
Quelle: Feeling

Wichtige Eigenschaften
stark regenerierende Wirkung auf Hepatozyten
karminativ
aquaretisch, „blutreinigend“
neurotonisch
blutdrucksenkend
Hauptindikationen
leichte Leberinsuffizienz
leichte Niereninsuffizienz
Zystitis
Ödeme
Furunkel
Ekzeme
Couperose
Neurasthenie
Psoriasis
Nebenwirkungen
keine bekannt
Anmerkung
Das ätherische Öl der wilden Karottensamen enthält 70 % Carotol; der Wert von 50 % bezieht sich auf die kultivierte Pflanze.

Dryobalanops camphora/aromatica

Borneokampfer, Borneol
Pflanzenteil: Holz
Herstellungsverfahren: Wasserdampfdestillation
Pflanzenfamilie: Dipterocarpaceae

Inhaltsstoffe
Monoterpene
insgesamt 35 %
Pinen
Camphen
Dipenten
Sesquiterpene
20 % untersch. Sesquiterpene
Monoterpenole
10 % d-Borneol und Terpineol
Quelle: 3

Wichtige Eigenschaften
anregend auf ZNS
anregend auf Nebennierenrinde
antiseptisch
hyperämisierend
leicht analgetisch
Hauptindikationen
Herzinsuffizienz
Asthenie, Depression
Neuralgien
Durchblutungsstörungen, Rheumatismus
(Schnitt-) Wunden, Quetschungen
Nebenwirkungen
bei normaler Verwendung keine
Anmerkung
Nicht zu verwechseln mit Cinnamomum camphora (Japanischer Kampfer), der durch seinen Ketongehalt bei empfindlichen Menschen toxisch wirkt.

Elettaria cardamomum

Cardamom
Pflanzenteil: Samen
Herstellungsverfahren: Wasserdampfdestillation
Pflanzenfamilie: Zingiberaceae

Inhaltsstoffe
Monoterpene
1,4–3,1 % Sabinen
1 % Myrcen
0,15–2,5 % Limonen
Monoterpenole
3–3,5 % Linalool
1–1,5 % α-Terpineol
0,8 % Terpineol-4
Ester
30–35 % Terpinylacetat
3,5 % Linalylacetat
Oxide
40–45 % 1,8 %-Cineol
Quelle: 1

Wichtige Eigenschaften
stark tonisierend und stimulierend
karminativ
stark expektorativ
spasmolytisch (neuromuskulär)
antibakteriell
desinfizierend (Mundpflege)
fördert den Speichelfluss
anthelminthisch
Hauptindikationen
Asthenie
Belastung durch Disstress
Konzentrationsstörungen
Bronchitis
Erkältungskrankheiten
Mundgeruch, Sodbrennen
Meteorismus
Dyspepsie, Aerophagie
spastische Kolitis
Nebenwirkungen
keine bekannt

Eucalyptus citriodora, Corymbia citriodora

Zitroneneukalyptus
Pflanzenteil: Blatt und Zweig
Herstellungsverfahren: Wasserdampfdestillation
Pflanzenfamilie: Myrtaceae

Inhaltsstoffe
Monoterpene
0,09 % γ-Terpinen
0,08 % β-Thujen
0,08 % Limonen
0,05 % β-Pinen
Sesquiterpene
1,25 % β-Caryophyllen
0,09 % α-Humulen
Monoterpenole
4,5 % Citronellol

0,14 % Borneol
0,12 % Geraniol
0,11 % γ-Terpineol
Phenole
0,32 % Eugenol
Monoterpen-Aldehyde
90,27 % Citronellal
Ester
0,46 % Bornylformiat
0,27 % Citronellylacetat
0,11 % Bornylacetat
0,11 % Eugenylacetat
0,13 % Geranylacetat
Quelle: Light of Nature

Wichtige Eigenschaften
stark antiphlogistisch
stark antiviral
antirheumatisch
stark analgetisch
sedativ, hypotensorisch
leicht spasmolytisch
antiinfektiös (Staphylococcus aureus)
desodorierend
insektifug
Hauptindikationen
Arthritis, rheumatische Polyarthritis
Hypertonie, Perikarditis
Zystitis, Vaginitis
Herpes zoster
Pharyngitis
Nebenwirkungen
bei normaler Anwendung sehr gut verträglich; bei altem Öl sind Hautreizungen und allergische Reaktionen möglich; nicht oral einnehmen.

Eucalyptus dives

Pfefferminz-Eukalyptus
Pflanzenteil: Blatt und Zweig
Herstellungsverfahren: Wasserdampfdestillation
Pflanzenfamilie: Myrtaceae

Inhaltsstoffe
Monoterpene
30 % α-Phellandren
Sesquiterpene
α-Cubeben
β-Caryophyllen
Longifolen
γ-Elemen
δ-Cadinen
Monoterpenole
Linalool
Terpineol-4
α-Terpineol
Piperitol
Ketone
40–50 % Piperiton
Quelle: 1, 3

Wichtige Eigenschaften
stark mukolytisch
hyperämisierend
epithelisierend
antibakteriell
aquaretisch
Hauptindikationen
Bronchitis
Sinusitis, Otitis
Rheumatismus
Muskelkater
Kopfschmerzen
Neuralgien
Asthenie
Wunden, Narben
Nebenwirkungen
leicht neurotoxisch und abortiv, nicht für Schwangere, nicht für Babys und Kinder
Anmerkung
Es gibt einen Cineol-Chemotyp von Eukalyptus dives; dieser enthält nicht das neurotoxisch wirksame Keton Piperiton.

Eucalyptus globulus

Eukalyptus
Pflanzenteil: Blatt und Zweig
Herstellungsverfahren: Wasserdampfdestillation
Pflanzenfamilie: Myrtaceae

Inhaltsstoffe
Monoterpene (bis zu 27 %)
14,63 % α-Pinen
2,86 % Limonen
1,28 % p-Cymen
0,57 % α-Phellandren
0,47 % Myrcen
0,35 % β-Pinen
0,19 % γ-Terpinen

0,10 % Terpinolen
0,11 % Camphen
Sesquiterpene
1,78 % Aromadendren
0,10 % β-Caryophyllen
Spuren allo-Aromadendren
Monoterpenole
0,38 % α-Terpineol
0,18 % Terpinen-4-ol
Sesquiterpenole
2,50 % trans-Pinocarveol
0,95 % Globulol
Monoterpenketone
0,69 % Pinocarvon
Ester
0,82 % α-Terpinylacetat
Oxide
69,76 % 1,8-Cineol
Quelle: Farfalla

Wichtige Eigenschaften
mukolytisch, expektorativ
antibakteriell (besonders Staphylococcus aureus, Streptokokken, Pneumokokken)
antimykotisch (Candida)
antiviral
antiphlogistisch
analgetisch
Hauptindikationen
Grippe, Sinusitis
Rhinitis, Pharyngitis
Tonsillitis, Bronchitis
Bronchopneumonie
Otitis
Hautmykosen
Nebenwirkungen
nicht zum Inhalieren für Kinder unter drei Jahren und Kinder bis 12 Jahre mit spastischen Atemwegserkrankungen
Anmerkung
Eucalyptus globulus ist eine weltweit begehrte Heilpflanze. Ihr ätherisches Öl wird daher gerne verfälscht und führt somit oft zu unerwünschten Nebenwirkungen.

Eucalyptus polybractea Chemotyp Cineol

Eukalyptus
Pflanzenteil: Blatt und Zweig
Herstellungsverfahren: Wasserdampfdestillation
Pflanzenfamilie: Myrtaceae

Inhaltsstoffe
Oxide
80–90 % 1,8-Cineol
Quelle: 1

Wichtige Eigenschaften
stark mukolytisch
Hauptindikationen
Bronchitis (akut und chronisch)
Rhinitis
Kopfschmerzen
Nebenwirkungen
nicht toxisch; wegen des hohen Cineolgehaltes jedoch nicht für Babys; nicht für Kinder mit spastischen Atemwegserkrankungen

Eucalyptus polybractea Chemotyp Crypton

Eukalyptus
Pflanzenteil: Blatt und Zweig
Herstellungsverfahren: Wasserdampfdestillation
Pflanzenfamilie: Myrtaceae

Inhaltsstoffe
Monoterpene
30 % p-Cymen
Monoterpenole
Linalool
Terpineol-4
α-Terpineol
Sesquiterpenole
α-Eudesmol
Aldehyde
7 % Cuminal
5 % Phellandral
Geranial, Myrtenal
Ketone
40 % (–)-Crypton
Piperiton
Oxide
10 % 1,8-Cineol
Quelle: 1

Wichtige Eigenschaften
stark mukolytisch
stark antiviral
Hauptindikationen
Bronchitis (akut und chronisch)
Condylome
Nebenwirkungen
nicht für Babys, Kinder und Schwangere

Eucalyptus radiata

Eukalyptus
Pflanzenteil: Blatt und Zweig
Herstellungsverfahren: Wasserdampfdestillation
Pflanzenfamilie: Myrtaceae

3

Inhaltsstoffe
Monoterpene (bis zu 10 %)
6,98 % Limonen
3,40 % α-Pinen
1,58 % Myrcen
1,20 % γ-Terpinen
0,84 % α-Phellandren
0,75 % β-Pinen
0,46 % α-Terpinen
0,39 % p-Cymen
0,27 % Terpinolen
0,16 % Sabinen
Sesquiterpene
0,26 % Caryophyllen
Monoterpenole
8,19 % α-Terpineol
1,59 % Terpineol-4
0,33 % Citronellol
0,81 % Geraniol
0,39 % Linalool
0,17 % trans-Pinocarveol
Nerol
Monoterpen-Aldehyde (1 %)
Myrtenal, Citronellal
Geranial, Neral
Ester
1,81 % Terpenylacetat
Oxide (bis 80 %)
67,95 % 1,8-Cineol
Quelle: Farfalla

Wichtige Eigenschaften
stark expektorativ
stark antiviral
antibakteriell
antiphlogistisch
leicht stimulierend
Hauptindikationen
Grippe, grippale Infekte
Rhinitis, Rhinopharyngitis
Sinusitis, Otitis
Akne
Asthenie
Nebenwirkungen
nicht toxisch, jedoch wegen des hohen Cineolgehaltes nicht für Babys; Vorsicht bei Kindern mit spastischen Atemwegserkrankungen

Eucalyptus smithii

Eukalyptus
Pflanzenteil: Blatt und Zweig
Herstellungsverfahren: Wasserdampfdestillation
Pflanzenfamilie: Myrtaceae

Inhaltsstoffe
Monoterpene
6,79 % Limonen
6,43 % α-Pinen
1,8 % p-Cymen
0,45 % γ-Terpinen
0,38 % Myrcen
0,35 % β-Pinen
Monoterpenole
2,89 % α-Terpineol
Oxide
79.28 % 1,8-Cineol
Quelle: Farfalla

Wichtige Eigenschaften
mukolytisch, expektorativ
antiviral, antibakteriell
analgetisch
Hauptindikationen
Bronchitis, Husten, Erkältung, Grippe
Asthma
schmerzende Gelenke
Nebenwirkungen
gut verträgliches, nicht toxisches ätherisches Öl; wegen des hohen Cineolgehaltes nicht für Babys; Vorsicht bei Kindern mit spastischen Atemwegserkrankungen

Eucalyptus staigeriana

Eukalyptus
Pflanzenteil: Blatt und Zweig
Herstellungsverfahren: Wasserdampfdestillation
Pflanzenfamilie: Myrtaceae

Inhaltsstoffe
Monoterpene (bis 45 %)
26,51 % Limonen
6,65 % Terpinolen
3,35 % α-Pinen
3,01 % p-Cymen
1,42 % α-Phellandren
1,65 % γ-Terpinen
1,70 % β-Pinen
0,50 % Sabinen
0,64 % Myrcen
0,18 % α-Terpinen
0,15 % cis-β-Ocimen
0,05 % Camphen
Sesquiterpene
0,08 % β-Caryophyllen
Monoterpenole
6,51 % Geraniol
1,35 % Terpinen-4-ol
1,92 % Linalool
1,41 % Nerol
0,87 % α-Terpineol
0,65 % Borneol
0,40 % Citronellol
Monoterpen-Aldehyde (bis 25 %)
13,34 % Geranial
8,55 % Neral
0,10 % Citronellal
Ester
2,32 % Geranylacetat
0,91 % Nerylgeraniat
Oxide
5,68 % 1,8-Cineol
Quelle: Farfalla

Wichtige Eigenschaften
antiphlogistisch
spasmolytisch
antiviral, antibakteriell
ausgleichend, entspannend
aphrodisisch (besonders bei Männern)
Hauptindikationen
Arthritis
Muskelschmerzen, Rückenschmerzen
Husten, Erkältung bei Kindern
vegetative Dystonie
Nervosität, Verspannungen
depressive Verstimmung
Nebenwirkungen
keine bekannt

Ferula galbaniflua, F. gummosa

Galbanum
Pflanzenteil: Harz
Herstellungsverfahren: Wasserdampfdestillation
Pflanzenfamilie: Apiaceae

Inhaltsstoffe
Monoterpene (70 %)
36,1 % β-Pinen
18,5 % α-Pinen
4,4 % α-Thujen
3,6 % Limonen
2,2 % Myrcen
1,4 % cis-Ocimen
0,6 % Terpinolen
0,4 % δ-3-Caren
0,4 % p-Cymen
0,5–1 % Camphen
0,3 % trans-Ocimen
Sesquiterpene
2,8 % Germacren D
0,9 % δ-Cadinen
0,9 % β-Cubeben
0,4 % β-Elemen
0,3 % α-Cedren
0,2 % β-Bourbonen
Monoterpenole
0,1 % Pinocarveol
0,1 % Myrtenol
0,02 % α-Terpineol
Sesquiterpenole
0,25 % t-Cadinol
0,2 % Bulsenol
3 % β-Eudesmol
Phenylether
0,1 % Carvacrolmethylether
Monoterpen-Aldehyde
0,02 % Myrtenal
Monoterpenketone
0,1 % Pinocarvon
Ester
0,1 % Fenchylacetat
0,07 % Bornylacetat
0,3 % Terpinylacetat

3

Andere
1,5 % Undecatrien
Quelle: Light of Nature

Wichtige Eigenschaften
stark epithelisierend
antiphlogistisch
antiseptisch
stimulierend, tonisierend
emmenagog
aphrodisisch
analgetisch
spasmolytisch
mukolytisch
karminativ
Hauptindikationen
Ulzerationen, Abszesse
Furunkel
Asthenie, nervöse Spannung
Amenorrhö, Dysmenorrhö
Fluor vaginalis
Rheumatismus, Muskelschmerzen
Bronchitis, Asthma
chronischer Husten
Meteorismus
faltige, schlaffe Haut
Nebenwirkungen
ungiftig, sehr gut verträglich, in der Schwangerschaft nur unter Aufsicht einer Therapeutin

Foeniculum vulgare var. dulce

Fenchel
Pflanzenteil: Früchte (Samen)
Herstellungsverfahren: Wasserdampfdestillation
Pflanzenfamilie: Apiaceae

Inhaltsstoffe
Monoterpene
3,8–4,8 % α-Pinen
8–13 % Limonen
Monoterpenole
3,2 % Fenchol
Phenylether
52–86 % trans-Anethol
2–7 % Methylchavicol
0,3–0,5 % cis-Anethol
Aromatische Aldehyde
Anisaldehyd
Monoterpenketone
0,3 %–14 % Fenchon
0,3 % Borneon (Kampfer)
Anisketon
Oxide
bis 6,5 % 1,8-Cineol
Quelle: 1, 5

Wichtige Eigenschaften
spasmolytisch (ZNS)
stark karminativ
östrogenartig
emmenagog
laktagog
cholagog, choleretisch
analgetisch
kardiotonisch
aquaretisch
mukolytisch
Hauptindikationen
Amenorrhö, Oligomenorrhö, Dysmenorrhö
Entbindung
Klimakterium
Dyspepsie, Gastralgie
spastische Kolitis
Meteorismus
Singultus
Bronchitis, Asthma
Zellulite, Ödeme
Nebenwirkungen
nicht für schwangere Frauen, nicht bei Endometriose, Prostatahyperplasie und östrogenabhängigen Kanzerosen; für die Anwendung bei Babys und Kleinkindern muss sichergestellt sein, dass das Öl einwandfrei und natürlichen Ursprungs ist
Anmerkung
Gepanschte/synthetische Öle enthalten oft cis-Anethol, das wesentlich toxischer als trans-Anethol ist. Anetholreiche ätherische Öle wie Fenchel und Anis sollten nicht von Alkoholkranken verwendet werden; auch Erkrankungen der Leber und die Einnahme von *Paracetamol* gelten als Kontraindikation.

Fokienia hodginsii

Siam-Holz
Pflanzenteil: Holz
Herstellungsverfahren: Wasserdampfdestillation
Pflanzenfamilie: Cupressaceae

Inhaltsstoffe
Sesquiterpene
24 % trans-Nerolidol
24 % Fokeniol
4,5 % Elemol
2,5–4,5 % α- und
β-Eudesmol
2 % γ-Eudemol
Quelle: 1

Wichtige Eigenschaften
hormonähnlich
neurotonisch
Hauptindikationen
Asthenie
sexuelle Asthenie beim Mann
Nebenwirkungen
nicht für Frauen (Franchomme und Pénoël 1990)

Gaultheria fragrantissima

Wintergrün, Niederkriechende Scheinbeere
Pflanzenteil: Kraut
Herstellungsverfahren: Wasserdampfdestillation
Pflanzenfamilie: Ericaceae

Inhaltsstoffe
Phenole
Spuren Eugenol
Aldehyde
2-Methylbutanal
3-Methylbutanal
Hexanal
trans-2-Decenal
Benzaldehyd
Zimtaldehyd
Ester
98 % Methylsalicylat
Quelle: 1, 5

Wichtige Eigenschaften
stark spasmolytisch
stark antiphlogistisch
vasodilatatorisch
Hauptindikationen
Rheumatismus
rheumatoide Polyarthritis
Fibromyalgie
Muskelschmerzen
Muskelkater
Hypertonie
Nebenwirkungen
in den USA sind zahlreiche Methylsalicylatvergiftungen beobachtet worden. Die Todesrate beträgt 50–60 %. Zwischen *4 und 8 ml Methylsalicylat* werden *für ein Kind als tödliche Dosis* angesehen; 0,5 ml entsprechen einer Dosis von 21 Aspirintabletten. In 0,5 %igen Zubereitungen hat sich natürliches Wintergrünöl als ein sehr verträgliches und schmerzlinderndes Öl bewährt (Werner, von Braunschweig 2006).

Geranium macrorrhizum

Geranie („echte Geranie“)
Pflanzenteil: Blatt
Herstellungsverfahren: Wasserdampfdestillation
Pflanzenfamilie: Geraniaceae

Inhaltsstoffe
Monoterpene
4 % verschiedene
Sesquiterpene
insgesamt 16 %
α-Santalen
β-Caryophyllen
β-Elemen
Guaiazulen
Sesquiterpenole
Selinol
Sesquiterpenketone
55 % Germacron
8 % Germazon
Quelle: 1

Wichtige Eigenschaften
epithelisierend
antitumoral
mukolytisch
lipolytisch
blutdrucksenkend
Hauptindikationen
bestimmte Krebsarten
katarrhalische Bronchitis
Asthma
Hypertonie
Dermatosen
Nebenwirkungen
eventuell neurotoxisch und abortiv; es sind noch keine gesicherten Daten bekannt

Helichrysum italicum

Immortelle, Stohblume, Katzenpfötchen
Pflanzenteil: blühendes Kraut
Herstellungsverfahren: Wasserdampfdestillation
Pflanzenfamilie: Asteraceae

Inhaltsstoffe
Monoterpene
5,7 % β-Pinen
5,7 % Limonen
3,1 % α-Pinen
0,9 % Camphen
0,4 % trans-β-Ocimen
0,3 % p-Cymen
Monoterpenole
6,6 % Borneol
4 % Nerol
Ketone
je nach Chemotyp: β-Dione: 15–20 %
Italidion I, II, III
Ester
38 % Nerylacetat (bis 75 %)
Nerylbutyrat
Oxide
1,1 % 1,8-Cineol
Andere
4,8 % 4,7-Dimethyl-oct-6-en
Quelle: Golgemma

Wichtige Eigenschaften
stark antikoagulierend
mukolytisch, expektorativ
epithelisierend
Hauptindikationen
Hämatome, Traumata
Wunden
Phlebitis, Couperose
Rhinitis
spastischer Husten, Pertussis
virale Kolitis
Arthritis, Polyarthritis
zum Hautschutz während Radiotherapie
Nebenwirkungen
bei normaler Anwendung keine bekannt
Anmerkung
Es gibt unterschiedliche Chemotypen und Arten der Immortelle. Dementsprechend variieren die Inhaltsstoffe der Öle, besonders der Gehalt an Nerylacetat und an Ketonen/Dionen.

3

Humulus lupulus

Hopfen
Pflanzenteil: „Zapfen“
Herstellungsverfahren: Wasserdampfdestillation
Pflanzenfamilie: Cannabaceae

Inhaltsstoffe
Monoterpene
30 % Myrcen
β-Pinen
Limonen
Sesquiterpene
50–60 % α- und β-Caryophyllen
Farnesen
Ketone
2-Undecanon
Ester
Geranylacetat
Geranylpropionat
Geranylisobutyrat
unterschiedliche aliphatische Ester
Säuren
Valeriansäure
Quelle: 1, 3

Wichtige Eigenschaften
östrogenartig
stark sedativ, nervlich ausgleichend
schlafanstoßend
spasmolytisch
antiphlogistisch
Hauptindikationen
Amenorrhö, Dysmenorrhö
nervöse Gastritis
Tachykardie
Schlafstörungen
Spannungskopfschmerzen
Nebenwirkungen
nicht verwenden bei östrogenabhängigem Krebs

Hypericum perforatum

Johanniskraut, Hartheu
Pflanzenteil: Blüte und Knospen
Herstellungsverfahren: Wasserdampfdestillation
Pflanzenfamilie: Hypericaceae

Inhaltsstoffe
Monoterpene
25,1 % α-Pinen
2,2 % β-Pinen
2,45 % trans-Ocimen
0,42 % Limonen
0,9 % Myrcen
α-Terpinen
γ-Terpinen
Sesquiterpene (bis 45 %)
15,5 % Germacren D (bis 26 %)
4,5 % β-Caryophyllen (bis 20 %)
2 % δ-Cadinen
0,6 % α-Humulen
trans-β-Farnesen
α-Himachalen
Sesquiterpenole
0,25 % Nerolidol
Oxide
0,35 % Caryophyllenoxid
1,8-Cineol
Andere
über 30 % Kohlenwasserstoffe, z. B. 2-Methyloctan (bis über 30 %), Nonan (3,4 %), Dodecanol
Quelle: Golgemma

Wichtige Eigenschaften
antiphlogistisch (besonders Schleimhäute)
antidepressiv
antitraumatisch
Hauptindikationen
Depressionen
Enterokolitis
Ulcus gastroduodenalis
Zystitis, Pyelonephritis
Nebenwirkungen
gelegentlich wurden Allergien beobachtet

Hyssopus officinalis

Ysop
Pflanzenteil: Kraut
Herstellungsverfahren: Wasserdampfdestillation
Pflanzenfamilie: Lamiaceae

Inhaltsstoffe
Monoterpene (25–30 %)
8,8–22,9 % β-Pinen
1,5–2 % Sabinen
0,7–1 % Limonen
0,7–1,4 % α-Pinen
0,1–0,4 % Camphen
0,1–3,6 % cis-Ocimen
0,3–0,5 % trans-Ocimen
0,1–0,9 % p-Cymen
0,03–0,3 % α-Phellandren
Sesquiterpene
0,4–3,2 % α-Caryophyllen
0,4–2,8 % Germacren D
0,5–0,8 % allo-Aromadendren
0,1 % δ-Cadinen
Spuren Calamenen
α-Humulen
Monoterpenole
0,1–1 % Nerolidol
0,7–2,2 % Spatulenol
1–1,8 % α-Terpineol
0,4–2,2 % Myrtenol
Borneol, Geraniol,
Terpinen-4-ol, Linalool
Sesquiterpenole
0,4–1,7 % Elemol
Phenylmethylether
0,1–1,3 % Methylchavicol
0,1–0,5 % Methyleugenol
Monoterpenketone
25–32,6 % Isopinocamphon
12–58 % Pinocamphon
Borneon
Spuren α- und β-Thujon
Ester
2 % Methylmyrtenat
Bornylacetat
Quelle: 2

Wichtige Eigenschaften
stark mukolytisch
antiasthmatisch: verringert die Irritationsbereitschaft der Bronchialschleimhaut (Franchomme und Pénoël 1990)
antibakteriell (besonders Staphylokokken und Pneumokokken)
antiviral
blutdrucksenkend
Hauptindikationen
Bronchitis, Pneumonie
Emphysem, Husten
Asthma
allergische Rhinitis
Rhinopharyngitis, Sinusitis
Wunden, Narben
Asthenie

stabilisierend bei Multipler Sklerose (**Franchomme und Pénoël** 1990)

Nebenwirkungen

Verwendung nur unter Aufsicht eines erfahrenen Therapeuten; nicht für *Babys* und *Kinder*, nicht für *Schwangere*, nicht für *ältere/gebrechliche* Menschen; bei Einnahme neurotoxisch und abortiv

Hyssopus officinalis var. decumbens

Kriechender Ysop
Pflanzenteil: Kraut
Herstellungsverfahren: Wasserdampfdestillation
Pflanzenfamilie: Lamiaceae

Inhaltsstoffe
Monoterpene (28 %)
15 % β-Pinen
3 % Sabinen
2,8 % Limonen
2,5 % α-Pinen
1,52 % trans-Ocimen
1,3 % β-Myrcen
1,2 % p-Cymen
1 % β-Phellandren
0,4 % γ-Terpinen
α-Terpinen
Terpinolen
Sesquiterpene (2 %)
0,82 % Germacren D
0,53 % β-Bourbonen
0,3 % β-Caryophyllen
0,25 % α-Humulen
Monoterpenole (6 %)
2,4 % 4-Terpineol
2,1 % α-Terpineol
0,7 % δ-Terpineol
0,38 % trans-Thujan-4-ol
0,28 % Linalool
0,4 % Myrtenol
Carveol
Sesquiterpenole
0,5 % Pinocarveol
0,3 % Viridiflorol
Spatulenol
Aldehyde
0,5 % Myrtenal
Cuminaldehyd
Phellandral
Monoterpenketone (6 %)
4,3 % Isopinocamphon
1,34 % Pinocarvon
0,25 % Crypton
0,15 % Pinocamphon
Verbenon
Ester
0,15 % Nerylacetat
Oxide
48 % 1,8-Cineol
Quelle: Golgemma

Wichtige Eigenschaften
stark antiviral
expektorativ
stimulierend: sympathikoton
antiphlogistisch
antiasthmatisch
Hauptindikationen
Bronchitis
Rhinopharyngitis
Sinusitis
Asthma (nicht allergisch)
Nebenwirkungen
keine bekannt

Illicium verum

Sternanis
Pflanzenteil: Frucht
Herstellungsverfahren: Wasserdampfdestillation
Pflanzenfamilie: Illiciaceae

Inhaltsstoffe
Monoterpene
5 % Limonen
4 % α- und γ- Terpinen
Phenylether
88–91 % trans-Anethol
0,5–4 % Methylchavicol
0,15 % cis-Anethol
0,1 % trans-Isomethyleugenol
Aromatische Aldehyde
0,9 % Anisaldehyd
Quelle: 1, 5

Wichtige Eigenschaften
stark spasmolytisch
östrogenähnlich
stimulierend
karminativ
Hauptindikationen
spastische Enterokolitis

Dyspepsie, Aerophagie
asthmatische Bronchitis
spastischer Husten
Meteorismus
Oligomenorrhö, Menopause
Nebenwirkungen
nicht für *Babys, Kinder* und *schwangere Frauen;* nicht bei *Endometriose, Prostatahyperplasie* und *östrogenabhängigen Kanzerosen*; anetholreiche ätherische Öle sollten nicht von *Alkoholkranken* verwendet werden, auch Erkrankungen der *Leber* und die Einnahme von *Paracetamol* gelten als Kontraindikation
Anmerkung
Das Cis-Isomer des Anethol ist 15- bis 38-mal so gefährlich wie das Trans-Isomer (**Price und Price** 1995).

Inula helenium

Alant
Pflanzenteil: Rhizom
Herstellungsverfahren: Wasserdampfdestillation
Pflanzenfamilie: Asteraceae

Inhaltsstoffe
Monoterpene
5,96 % Camphen
0,86 % Limonen
Sesquiterpene
2,09 % Caryophyllen
0,81 % d-Cadinen
Monoterpenole
15,91 % Borneol
Sesquiterpenole
2,66 % tau-Cadinol
Ester
50,01 % Bornylacetat
Oxide
2,31 % Dehydro-1,8-Cineol
1,80 % Caryophyllenoxid
Quelle: Primavera Life (Alantkraut)

Wichtige Eigenschaften
stark mukolytisch
antitussiv
epithelisierend
cholagog
Hauptindikationen
Bronchitis, Sinusitis
Husten, Asthma
Wunden
Leberinsuffizienz
Nebenwirkungen
Inula helenium kann wegen enthaltener Alantolactone hautreizend wirken

Iris germanica/pallida

Iris
Pflanzenteil: Rhizom
Herstellungsverfahren: Wasserdampfdestillation
Pflanzenfamilie: Iridaceae

Inhaltsstoffe
Monoterpene
0,06 % Limonen
Monoterpenole
0,05 % α-Terpineol
0,02 % Linalool
Sesquiterpenketone (75 %)
31,7 % cis-α-Methyljonon
19,4 % iso-α-Methyljonon
14,2 % cis-α-Iron
9,7 % cis-γ-Iron
1,5 % iso-β-Methyljonon
1,3 % γ-Methyljonon
Ester
4,2 % Ethylmyristat
2,4 % Methylmyristat
0,5 % Ethylpalmitat
0,3 % Ethyldecanoat
Quelle: Primavera Life

Wichtige Eigenschaften
stark mukolytisch
expektorativ
psychisch stark stabilisierend
sehr hautpflegend
Hauptindikationen
chronische und asthmatische Bronchitis
Asthma, Pertussis
begleitend zur Psychotherapie
Dermatosen, Wunden
faltige Haut
Nebenwirkungen
keine bekannt
Anmerkung
Dieses ätherische Öl ist sehr selten und kostet rund EUR 140 pro Milliliter; es sollte nicht mit *Iris-Absolue* verwechselt werden, welches wesentlich preiswerter, jedoch aus anderen Inhaltsstoffen zusammengesetzt ist.

3

Jasminum grandiflorum

Jasmin
Pflanzenteil: Blüte
Herstellungsverfahren: Solventextraktion
Pflanzenfamilie: Oleaceae

Inhaltsstoffe
Monoterpenole
1–15 % Linalool
10 % Geraniol
3–8 % Geranyl-Linalool
5 % Nerol
0,9–5 % Benzylalkohol
0,4–0,7 % cis-3-Hexenol
0,2–0,3 % trans-2-Hexenol
Sesquiterpene
0,8–3,4 % Farnesen
Sesquiterpenole
0,3–1 % Tetramethyl-hexadecanol
Spuren von Farnesol
Diterpenole
13–52 % Phytol
1,7–7,5 % Isophytol
Aromatische Aldehyde
Spuren von Vanillin
Ketone
1,4–5,2 % cis-Jasmon
Metylheptenon
Ester
8,5–65 % Benzylacetat
3–13 % Benzylbenzoat
2,6–7,2 % Phytylacetat
4–7,7 % Iso-Phytylacetat
0,9–4 % Methyljasmonat
1,9–3,9 % cis-3-hexyl-Benzoat
1,1–2,7 % Ethyloleat
0,7–1,7 % n-Hexadecylacetat
1,1–1,5 % Ethyllinoleat
0,5–0,8 % Methylpalmitat
0,5 % Methylanthranilat
0,2–0,5 % 2-Phenylethylacetat
0,7–4 % Methyl-N-Acetylanthranilat
Ether
0,8–3,5 % Eugenol
Phenole
0,3–1 % p-Kresol
Andere
0,2–3,7 % Indol
1,4–5,5 % Jasminlacton
0,3–1,4 % Bergamotten
Quelle: 4

Wichtige Eigenschaften
stark spasmolytisch
sedativ
antidepressiv
laktagog
Hauptindikationen
Depressionen, Disstress
Frigidität, Impotenz
Nebenwirkungen
in der *Schwangerschaft* nur stark verdünnt
Anmerkung
Auf rückstandskontrollierte Ware achten, keine innerliche Anwendung.

Juniperus communis

Wacholder
Pflanzenteil: Zweig und Frucht
Herstellungsverfahren: Wasserdampfdestillation
Pflanzenfamilie: Cupressaceae

Inhaltsstoffe
Monoterpene (80 %)
30,2 % α-Pinen
21,3 % Sabinen
6,2 % Limonen
4,5 % Myrcen
3,9 % γ-Terpinen
3,4 % α-Thujen
2,2 % β-Pinen
2,2 % α-Terpinen
2,2 % Terpinolen
1,5 % p-Cymen
0,7 % δ-3-Caren
0,5 % Camphen
Sesquiterpene
1,4 % δ-Cadinen
1,2 % β-Caryophyllen
1,2 % Germacren D
0,8 % α-Humulen
0,6 % γ-Elemen
Monoterpenole
2,9 % Terpineol-4
0,2 % α-Terpineol
0,1 % Linalool
0,07 % Borneol
Sesquiterpenole
0,2 % Cedrol
0,2 % α-Cadinol
0,15 % trans-Pinocarveol
Monoterpenketone
0,08 % Verbenon

3

Ester
0,2 % i-Bornylacetat
Quelle: Primavera Life

Wichtige Eigenschaften
expektorativ
antiseptisch (Raumluft)
antirheumatisch
aquaretisch (Terpineol-4 bewirkt eine leichte Irritation der Gefäßwände der Nierentubuli)
Hauptindikationen
Bronchitis, Rhinitis
rheumatische Erkrankungen
Gelenkschmerzen
Zellulite
Ödeme
als Adjuvans bei Fastenkuren
Nebenwirkungen
Auch wenn in der Literatur stets Warnhinweise bezüglich der stark reizenden Wirkung auf die Niere zu finden sind, ist dieses Öl laut **Tisserand und Balacs** nicht gefährlich. Das Gleiche gilt für die angeblich abortive Wirkung dieses ätherischen Öles. Hier handelt es sich um Verwechslungen mit anderen Juniperus-Arten (z. B. Juniperus sabina), von denen manche zu den toxischen Ölen zählen. Auch schloss man bislang immer von der nierenreizenden Wirkung der Wacholderbeeren auf das ätherische Öl. Diesbezüglich ist die Argumentation von **Balacs und Tisserand** nicht eindeutig, jedoch schließen sie von sämtlichen harmlosen Inhaltsstoffen auf ein gut verträgliches ätherisches Öl. In der *Schwangerschaft* sollte es dennoch nur unter fachlicher Aufsicht angewendet werden.

Juniperus communis

Wacholder
Pflanzenteil: Frucht
Herstellungsverfahren: Wasserdampfdestillation
Pflanzenfamilie: Cupressaceae

Inhaltsstoffe
Monoterpene
24–46 % α-Pinen
9–28 % Sabinen
6–8 % Myrcen
2,5 % α-Muurolen
Limonen
Camphen
Terpinen
Monoterpenole
5–10 % Terpineol-4
Aldehyde
0,05 % Campholenaldehyd
Ketone
Borneon (Kampfer)
Pinocamphon
Junionon
Quelle: 1, 3

Wichtige Eigenschaften
stark litholytisch
stimulierend auf Pankreas
aquaretisch, antitoxisch
antibakteriell
Hauptindikationen
Gallensteine
leichte Leberinsuffizienz
leichte Pankreasinsuffizienz
infektiöse Enterokolitis
als Adjuvans bei Fastenkuren
Nebenwirkungen
In der *Schwangerschaft* sollte es nur unter fachlicher Aufsicht angewendet werden.

Juniperus mexicana, J. ashei

Texaszeder, mexikanischer Wacholder
Pflanzenteil: Zweig
Herstellungsverfahren: Wasserdampfdestillation
Pflanzenfamilie: Cupressaceae

Inhaltsstoffe
Sesquiterpene (40–60 %)
30–35 % Thujopsen
24 % (–)-α-Cedren
6 % (–)-β-Cedren
Sesquiterpenole
14,5–17,5 % Cedrol
4 % Widdrol
Pseudocedrol
Quelle: 1, 3

Wichtige Eigenschaften
stark entstauend auf venöses System
stark entstauend auf lymphatisches System
tonisierend
aquaretisch
Hauptindikationen
Varizen, Hämorrhoiden
Arthritis, Rheumatismus

stressbedingte Beschwerden
Nebenwirkungen
bei äußerlicher Anwendung keine bekannt

Juniperus oxycedrus

Stechwacholder
Pflanzenteil: Zweig und Holz
Herstellungsverfahren: Wasserdampfdestillation
Pflanzenfamilie: Cupressaceae

Inhaltsstoffe
Sesquiterpene
β-Cadinen
Sesquiterpenole
Cadinol
p-Cresol
Guaiakol
Andere
Benzopyren (bei Trockendestillation)
Quelle: 3

3

Wichtige Eigenschaften
antibakteriell
juckreizstillend
analgetisch
anthelminthisch
Hauptindikationen
Dermatitis
Ekzeme, Akne, Haarschuppen
Nebenwirkungen
dieses ätherische Öl wird in der Aromatherapie normalerweise nicht verwendet; es kann bei entsprechender Prädisposition *Allergien auslösen*
Anmerkung
Aus dieser Pflanze wird durch trockene Destillation Wacholderteeröl (Cade) gewonnen; es gilt als kanzerogen wirksam.

Juniperus sabina !

Sade-Baum
Pflanzenteil: Zweig
Herstellungsverfahren: Wasserdampfdestillation
Pflanzenfamilie: Cupressaceae

Inhaltsstoffe
Monoterpene
α- und β-Pinen
Sabinen
Terpinen
Sesquiterpene
Cadinen
Monoterpenole
Geraniol
Citronellol
Sabinol
Aldehyde
Dihydrocuminaldehyd
Ester
bis zu 50 % Sabinylacetat
Andere
Dihydrocuminalkohol
Quelle: 1, 3

Wichtige Eigenschaften
stark hyperämisierend
stark anthelminthisch
analgetisch
Hauptindikationen
Wurmbefall
Rheumatismus
Nebenwirkungen
neurotoxisch und abortiv; dieses ätherische Öl wird normalerweise in der Aromatherapie nicht verwendet, in manchen Ländern nicht frei verkäuflich

Juniperus virginiana

Virginiazeder, Rotzeder, Rotzedern-Wacholder
Pflanzenteil: Zweig
Herstellungsverfahren: Wasserdestillation
Pflanzenfamilie: Cupressaceae

Inhaltsstoffe
Sesquiterpene (60 %)
18–31 %(−)-α-Cedren
14,5–19 % Thujopsen
4,5–9 %(−)-β-Cedren
2 % Cuparen
Sesquiterpenole
21,5–36,5 %(+)-Cedrol
5 % Widdrol
4–6 % γ-Eudesmol
Pseudocedrol
Primcedrol
Cedrenol
Quelle: 1, 3

Wichtige Eigenschaften
stark entstauend auf venöses System

stark entstauend auf lymphatisches System
spasmolytisch
hautregenerierend
aquaretisch
insektifug
Hauptindikationen
Varizen, Hämorrhoiden
Anspannung
stressbedingte Beschwerden
Akne, Psoriasis
fettige Haut, fettige Haare
Nebenwirkungen
bei äußerlicher Anwendung keine bekannt

Kunzea ericoides

Kanuka
Pflanzenteil: Blatt und Holz
Herstellungsverfahren: Wasserdampfdestillation
Pflanzenfamilie: Myrtaceae

Inhaltsstoffe
Monoterpene (73 %)
63,3 % α-Pinen
3,6 % γ-Terpinen
2,8 % p-Cymen
1,4 % Limonen
0,9 % α-Thujen
0,9 % Terpinolen
0,8 % β-Pinen
Sesquiterpene
1,6 % Calamenen
1,5 % Viridifloren
1,1 % α-Cubeben
0,6 % α-Gurjunen
0,5 % α-Copaen
0,4 % Caryophyllen
Monoterpenole
1,8 % Linalool
0,6 % α-Terpineol
0,2 % Terpineol-4
0,2 % trans-Carveol
Sesquiterpenole
2,8 % Viridiflorol
1,1 % Nerolidol
0,3 % trans-Pinocarveol
0,2 % Spathulenol
Aldehyde
0,3 % Campholenal
Ester
0,1 % Phenylethylacetat
Oxide
4,2 % 1,8-Cineol
Andere
0,4 % Isoamylalkohol
Quelle: Neumond

Wichtige Eigenschaften
kortisonähnlich
antirheumatisch
antiphlogistisch
analgetisch
antiallergisch
entstauend auf venöses System
entstauend auf lymphatisches System
immunmodulatorisch
Hauptindikationen
Rheumatismus, Muskelschmerzen
allergische Dermatosen
allergische Erkrankungen der Atemwege
Phlebitis
Immunschwäche
Nebenwirkungen
keine bekannt

Larix europaea

Lärche
Pflanzenteil: Zweig mit Nadeln
Herstellungsverfahren: Wasserdampfdestillation
Pflanzenfamilie: Pinaceae

Inhaltsstoffe
Monoterpene
(−)-α-Pinen (Hauptbestandteil)
β-Pinen
(−)-Limonen
Monoterpenole
α-Terpineol
Sesquiterpenole
Cadinol
Ester
Bornylacetat
Quelle: 1

Wichtige Eigenschaften
antiinfektiös, besonders Pneumokokken
stark neurotonisch
Hauptindikationen
Pneumonie, Bronchitis
Asthenie

Nebenwirkungen
bei Überdosierung und bei oxidiertem Öl, vor allem im warmen Badewasser, kann es zu Hautreizungen führen

Laurus nobilis

Lorbeer
Pflanzenteil: Blatt
Herstellungsverfahren: Wasserdampfdestillation
Pflanzenfamilie: Lauraceae

Inhaltsstoffe
Monoterpene (18 %)
9 % Sabinen
4 % α-Pinen
4 % β-Pinen
β-Myrcen
p-Cymen
α-Thujen
Camphen
α-und γ-Terpinen
α-Phellandren
Sesquiterpene
2 % β-Caryophyllen
α-Humulen
β-Selinen
Germacren D
γ-Elemen
γ-Cadinen
δ-Cadinen
Monoterpenole
9 % Linalool
2 % Terpineol-4
2 % α-Terpineol
cis-Thujan-4-ol
Nerol
Geraniol
δ-Terpineol
trans-Thujan-4-ol
Borneol
Sesquiterpenole
Elemol
β-Eudesmol
Spathulenol
Phenole
1 % Eugenol
Phenylether
6 % Methyleugenol
Ester
15 % α-Terpinylacetat
1 % Terpinyl-4-acetat
Thujan-4-yl-acetat
Linalylacetat
Bornylacetat
Oxide
36 % 1,8-Cineol
Caryophyllenoxid
Andere
Spuren Sesquiterpenlactone
Quelle: 5, 6

Wichtige Eigenschaften
antibakteriell (Staphylokokken, Streptokokken, Enterokokken, Gonokokken, Pneumokokken, Kolibakterien, Klebsiella)
stark analgetisch
stark mukolytisch
stark spasmolytisch
stark entstauend auf Lymphsystem
ausgleichend auf ZNS
antikoagulierend
neurotonisch
Hauptindikationen
Grippe, Infektionen der oberen Atemwege
Odontalgien, Stomatitis, Aphthosen
Arthritis, Polyarthritis
Rheumatismus
Muskelschmerzen
Adenitis
virale Neuritis
virale Hepatitis
neurovegetative Dystonie
Angstzustände
Akne, fettige Haut, Furunkel
Nebenwirkungen
je nach Herkunft und Zusammensetzung des Lorbeeröles kann es hautreizend sein und ein stark allergisierendes Potenzial aufweisen; in der *Schwangerschaft* nur unter fachlicher Aufsicht anwenden

Lavandula intermedia Super

Lavandin
Pflanzenteil: blühende Rispe
Herstellungsverfahren: Wasserdampfdestillation
Pflanzenfamilie: Lamiaceae

Inhaltsstoffe
Monoterpene
0,6 % Limonen
0,15 % α-Pinen
1 % cis-Ocimen
2,3 % trans-Ocimen
0,2 % Camphen
Sesquiterpene
1,3 % β-Caryophyllen
Monoterpenole (30–40 %)
37 % Linalool
3 % Borneol
Terpineol-4
Monoterpenketone
4,5 % Borneon (Kampfer)
Ester (40 % und mehr)
36 % Linalylacetat
1,73 % Lavandulylacetat
0,25 % Nerylacetat
Octylacetat
Oxide
2,9 % 1,8-Cineol
0,1 % Linalooloxid
0,03 % Caryophyllenoxid
Andere
Spuren Cumarin
Quelle: Golgemma

Wichtige Eigenschaften
stark spasmolytisch
neurotonisch, kardiotonisch
analgetisch
hypotensorisch
leicht antikoagulierend
Hauptindikationen
Nervosität
Krämpfe
Juckreiz
infektiöse Dermatosen
Vaginitis (Candida)
Tachykardie
Nebenwirkungen
bei normaler Anwendung keine bekannt
Anmerkung
Die Bezeichnung Lavandula hybrida ist botanisch nicht korrekt; es handelt sich üblicherweise um einen der folgenden Klone: Lavandula x intermedia Abrial, Lavandula x intermedia Grosso, Lavandula x intermedia Super, Lavandula x intermedia Reydovan. Diese können in der Zusammensetzung erheblich schwanken.

Lavandula angustifolia (officinalis, vera)

Echter Lavendel (fein)
Pflanzenteil: blühende Rispe
Herstellungsverfahren: Wasserdampfdestillation
Pflanzenfamilie: Lamiaceae

Inhaltsstoffe
Monoterpene
5,88 % cis-β-Ocimen
3,32 % trans-β-Ocimen
0,5 % β-Myrcen
0,24 % Limonen
0,19 % α-Pinen
0,18 % γ-Terpinen
0,12 % Camphen
0,11 % β-Pinen
0,05 % α-Terpinen
0,03 % Sabinen
0,08 % δ-3-Caren
Sesquiterpene
5,19 % β-Caryophyllen
1,67 % cis- und trans-Farnesen
0,6 % α-Santalen
Monoterpenole (35 %)
29,11 % Linalool
4,15 % Terpineol-4
0,88 % Lavandulol
0,63 % α-Terpineol
0,32 % Borneol
0,31 % 1-Octen-3-ol
0,22 % Geraniol
Ketone
0,27 % Borneon (Kampfer)
0,39 % Octenon-3
Ester (bis zu 50 %)
33,7 % Linalylacetat
3,66 % Lavandulylacetat
1,01 % Octenyl-3-acetat
0,52 % Geranylacetat
0,38 % Hexylbutyrat
Oxide
0,62 % 1,8-Cineol
Linalooloxid
Caryophyllenoxid
Quelle: Light of Nature

Wichtige Eigenschaften
stark spasmolytisch
sedativ
antiphlogistisch

epithelisierend
kardiotonisch
blutdrucksenkend
analgetisch
leicht antikoagulierend
antimykotisch
antibakteriell (besonders Staph. aureus)

Hauptindikationen

Nervosität, Anspannung
Angst, Schlafstörungen
Dysmenorrhö
Asthma und asthmatische Bronchitis
infektiöse und allergische Dermatosen
(Brand-) Wunden, Ulcus cruris
Juckreiz
Phlebitis, Arteriitis
Kardialgien, Tachykardie, Hypertonie
Krämpfe

Nebenwirkungen

bei normaler Anwendung keine bekannt; auch eine überdurchschnittlich lange Anwendung ist möglich

Anmerkung

Im psychischen Bereich ist eher gering zu dosieren, da ein Zuviel manchmal zu paradoxen Reaktionen führt, z. B. Schlaflosigkeit, Unruhe.

Lavandula angustifolia (officinalis, vera)

Berg-Lavendel (extra), wilder Lavendel
Pflanzenteil: blühende Rispe
Herstellungsverfahren: Wasserdampfdestillation
Pflanzenfamilie: Lamiaceae

Inhaltsstoffe

Monoterpene

3,8 % cis-Ocimen
2,4 % trans-Ocimen
0,6 % Myrcen
0,6 % Limonen
0,2 % α-Pinen
0,2 % Camphen
0,1 % β-Pinen
0,1 % γ-Terpinen
0,08 % α-Thujen

Sesquiterpene

3,9 % Caryophyllen
1,2 % α-Humulen
0,3 % Germacren D
0,1 % Bergamotten
0,05 % α-Bisabolol

Monoterpenole (40 %)

36,7 % Linalool
2,5 % Terpineol-4
0,8 % Borneol
0,7 % Lavandulol
0,6 % α-Terpineol

Ketone

1,2 % Octenon-3
0,2 % Borneon (Kampfer)

Ester (35 %)

30,6 % Linalylacetat
3,1 % Lavandulylacetat
1,1 % 1-Octenyl-3-acetat
0,7 % Geranylacetat
0,6 % n-Hexylacetat
0,3 % Nerylacetat
0,2 % Bornylformiat
0,04 % n-Hexyltigliat

Oxide

0,6 % 1,8-Cineol
0,5 % Caryophyllenoxid
0,2 % cis-Linalooloxid
0,2 % trans-Linalooloxid

Andere

0,5 % 1-Octen-3-ol
Quelle: Primavera Life

Wichtige Eigenschaften

stark spasmolytisch
sedativ
antiphlogistisch
epithelisierend
kardiotonisch, hypotensorisch
analgetisch
antimykotisch
antibakteriell (besonders Staph. aureus)

Hauptindikationen

Nervosität, Anspannung
Angst, Schlafstörungen
Dysmenorrhö
Asthma und asthmatische Bronchitis
infektiöse und allergische Dermatosen
(Brand-) Wunden, Ulcus cruris
Juckreiz
Phlebitis, Arteriitis
Kardialgien, Tachykardie, Hypertonie
Krämpfe

Nebenwirkungen

bei normaler Anwendung keine bekannt; auch eine überdurchschnittlich lange Anwendung ist möglich

Anmerkung
Im psychischen Bereich ist eher gering zu dosieren, da ein Zuviel manchmal zu paradoxen Reaktionen führt, z. B. Schlaflosigkeit, Unruhe.

Lavandula latifolia (spica)

Speiklavendel, breitblättriger Lavendel
Pflanzenteil: blühende Rispe
Herstellungsverfahren: Wasserdampfdestillation
Pflanzenfamilie: Lamiaceae

Inhaltsstoffe
Monoterpene
1,8 % α-Pinen
1,75 % β-Pinen
0,2 % p-Cymen
0,25 % Sabinen
α-Terpinen
γ-Terpinen
β-Myrcen
Sesquiterpene
β-Caryophyllen
β-Bisabolen
Germacren D
trans-β-Farnesen
Monoterpenole
40 % Linalool
2 % Borneol
Monoterpenketone
16 % Borneon
Carvon
Ester
1,75 % Linalylacetat
0,15 % Bornylacetat
Geranylacetat
Oxide
26 % 1,8-Cineol
0,6 % Caryophyllenoxid
0,3 % Linalooloxid
Quelle: Golgemma

Wichtige Eigenschaften
antiinfektiös (bes. Staph. aureus)
stark antiviral
fungizid
mukolytisch, expektorativ
analgetisch
tonisierend, kardiotonisch
Hauptindikationen
(schwere) Verbrennungen
Rhinitis, Bronchitis
Akne
Mykosen, besonders Fußpilz
Rheuma
Polyarthritis
Neuralgien
Asthenie
Nebenwirkungen
diabetogene Wirkung: kann die Ausschüttung von Insulin in den Langerhanszellen im Pankreas leicht drosseln (Vorsicht bei *adipösen* Patienten); nicht in der Schwangerschaft und bei Kleinkindern

Lavandula stoechas

Schopflavendel, Schmetterlingslavendel
Pflanzenteil: blühende Rispe
Herstellungsverfahren: Wasserdampfdestillation
Pflanzenfamilie: Lamiaceae

Inhaltsstoffe
Monoterpene
5,58 % α-Pinen
7 % Camphen
Limonen
Sesquiterpene
β-Caryophyllen
δ-Cadinen
Monoterpenole
Linalool
α-Fenchol
Borneol
δ-Cadinol
α-Terpineol
Monoterpenketone
15–30 % Borneon (Kampfer)
45–50 % Fenchon
Verbenon
Ester
Bornylacetat
Nerylacetat
Quelle: 1

Wichtige Eigenschaften
mukolytisch, expektorativ
antiinfektiös
epithelisierend
spasmolytisch
Hauptindikationen
Rhinitis, Sinusitis

3

Asthma bronchiale
chronische Atemwegserkrankungen
Otitis
Wunden, Ekzeme
Nebenwirkungen
neurotoxisch und abortiv, nicht in der Schwangerschaft und bei Kleinkindern; diabetogene Wirkung: kann die Ausschüttung von Insulin in den Langerhanszellen im Pankreas leicht drosseln; Vorsicht bei *adipösen* Patienten

Leptospermum scoparium

Manuka, Neuseeländischer Teebaum
Pflanzenteil: Blatt
Herstellungsverfahren: Wasserdampfdestillation
Pflanzenfamilie: Myrtaceae

Inhaltsstoffe
Monoterpene
1,2 % α-Pinen
0,2 % β-Pinen
0,1 % p-Cymen
0,1 % γ-Terpinen
0,09 % Limonen
0,07 % Terpinolen
Sesquiterpene (bis zu 68 %)
8 % α-Cadinen
5,7 % α-Copaen
4,8 % β-Cadinen
4,7 % δ-Cadinen
4,2 % β-Selinen
3,4 % α-Cubeben
2,1 % β-Caryophyllen
1,8 % allo-Aromadendren
1,1 % β-Elemen
1 % α-Gurjunen
Monoterpenole
0,2 % Linalool
0,07 % α-Terpineol
Oxide
0,2 % 1,8-Cineol
Andere
19,5 % Triketone (bis zu 33 %)
Quelle: Neumond

Wichtige Eigenschaften
stark antibakteriell
stark antimykotisch
stark hautregenerierend
beruhigend auf Hautnerven
psychisch ausgleichend (ZNS)
mukolytisch, expektorativ
antiphlogistisch
antirheumatisch
Hauptindikationen
Kandidosen
Akne
Psoriasis
Ekzeme
Ulzerationen, Dekubitus
Pruritus
Stomatitis
allergischer Schnupfen
gereizte, nervöse Zustände
Nebenwirkungen
keine bekannt
Anmerkung
Es gibt extrem unterschiedliche Chemotypen (je nach Ernteregion in Neuseeland) mit völlig unterschiedlicher Zusammensetzung und Wirkweise. Der **East-Cape-Chemotyp** wird als der Heilkräftigste eingestuft.

Levisticum officinale

Liebstöckel
Pflanzenteil: Kraut und Wurzel
Herstellungsverfahren: Wasserdampfdestillation
Pflanzenfamilie: Apiaceae

Inhaltsstoffe
Monoterpene
2–8 % β-Pinen
2–4,5 % α-Pinen
2,5–1 % β-Phellandren
Sesquiterpene
2 % α-Copaen
2 % β-Elemen
0,5 % trans-α-Bergamotten
Alkohole
6,1 % Hexanol
Monoterpenketone
0,5 % Carvon
0,1 % Borneon (Kampfer)
Ester
0,8 % Terpinylacetat
Phthalide (50–55 %)
30,5–32 % Z-Butyliden
21,5–24 % Z-Ligustilide und andere
Cumarine und Furocumarine
2,5–4,5 % Cumarin, Umbelliferon, Psoralen und Bergapten

Andere
1,7 % Pentylbenzen
Quelle: 1, 3

Wichtige Eigenschaften
sehr stark entgiftend (stimuliert Hepatozyten und Gallenblase)
aquaretisch
antiinfektiös
expektorativ
Hauptindikationen
Lebensmittelvergiftungen
leichte Leberinsuffizienz
Psoriasis
Rheumatismus
chronische Bronchitis
Nebenwirkungen
leicht photosensitivierend: nicht in der *Schwangerschaft* verwenden

Lippia citriodora, Aloysia triphylla

Zitronen-Verbene
Pflanzenteil: Blatt
Herstellungsverfahren: Wasserdampfdestillation
Pflanzenfamilie: Verbenaceae

Inhaltsstoffe
Monoterpene
5–15 % (–)-Limonen
Sesquiterpene
4,5 % ar-Curcumen
4 % α-Farnesen
3–3,8 % β-Caryophyllen
1,8 % Germacren D
Monoterpenole (bis 27 %)
0,5–6 % Geraniol
0,5–5 % Nerol
1,5–2,5 % (+)-α-Terpineol
Sesquiterpenole
2,5–13 % Spathulenol
1,3–2 % (+)-Nerolidol
Caryophylladienol I, II, III
Aldehyde (40 %)
26 % Geranial
12 % Neral
1,5 % Photocitral und Epiphotocitral
Ester
4 % Nerylacetat
1,8 % Geranylacetat
Oxide
3–6 % 1,8-Cineol
2,5 % β-Caryophyllenoxid
1,5 % (–)-Epoxicaryophyllen
Andere
Spuren Furocumarine
Quelle: 1, 5

Wichtige Eigenschaften
stark sedativ
stark antiphlogistisch
stimulierend (Verdauungsorgane)
stimulierend auf ZNS
konzentrationsfördernd
litholytisch
wehenfördernd
Hauptindikationen
Ängste
Disstress
Schlafstörungen
nervöse Depressionen
Erschöpfung
Enterokolitis, Morbus Crohn
Cholezystitis, Diabetes
Koronariitis, Tachykardie
Hypertonie
Malaria
Asthma (zur Vorbeugung)
Rheumatismus
Konzentrationsstörungen
geburtseinleitend
Nebenwirkungen
keinesfalls in der Schwangerschaft verwenden; je nach Herkunft und Zusammensetzung stark photosensibilisierend, Hautreizungen bei oxidiertem Öl möglich;
Citral (Geranial und Neral) erhöhte in Tierversuchen den Augeninnendruck, deshalb sollte dieses citralreiche ätherische Öl bei Menschen mit *Glaukom* sicherheitshalber vorsichtig angewendet werden. **Balacs und Tisserand** lehnen es wegen der hautreizenden Möglichkeit ganz für die Aromatherapie ab. Das sehr teure und seltene Öl wird meistens mit Cymbopogon-Arten verfälscht oder gestreckt.
Anmerkung
Dieses Öl wird oft unter dem Namen „Eisenkraut" angeboten. Dieser Name ist jedoch für Verbena officinalis gebräuchlich, ein **nicht duftendes**, sehr bitter schmeckendes Heilkraut.

3

Liquidamber orientalis

Styrax, Amber, Storax
Pflanzenteil: Balsamharz
Herstellungsverfahren: Wasserdampfdestillation
Pflanzenfamilie: Hamamelidaceae

Inhaltsstoffe
Monoterpene
bis 20 % α-Pinen
Alkohole
Ethylalkohol
Benzylalkohol
Phenylpropylalkohol
Zimtalkohol
aromatische Aldehyde
Vanillin
Ester
Ethylcinnamat
Benzylcinnamat
Cinnamylcinnamat
Säuren
Zimtsäure
Quelle: 1

Wichtige Eigenschaften
stark spasmolytisch
mukolytisch, antitussiv
aquaretisch
antiseptisch
antiphlogistisch
Hauptindikationen
Pneumonie
katarrhalische Bronchitis
Husten
Dermatosen (auch durch Parasiten)
Ulcus cruris
Angst, Stressbeschwerden
Nebenwirkungen
keine bekannt, bei entsprechender Prädisposition allergische Reaktionen möglich

Litsea cubeba (citrata)

Litsea, May Chang
Pflanzenteil: Frucht
Herstellungsverfahren: Wasserdampfdestillation
Pflanzenfamilie: Lauraceae

Inhaltsstoffe
Monoterpene
17,49 % Limonen
3,57 % α-Pinen
3,16 % β-Pinen
1,30 % Camphen
0,10 % p-Cymen
Sesquiterpene
2,33 % Selinen
0,82 % α-Humulen
Monoterpenole
4,88 % Linalool
2,3 % α-Terpineol
0,10 % Geraniol
Monoterpen-Aldehyde (bis zu 75 %)
20,47 % Geranial
26,55 % Neral
0,69 % Citronellal
Monoterpenketone
3,01 % Pulegon
0,93 % Borneon (Kampfer)
0,10 % Piperiton
Ester
1,7 % Linalylacetat
Andere
7,6 % Methylheptenon
1,4 % 2-Isopropenyl-3-Methyl-4-Hydroxy-Cyclopenten-2
0,10 % Pseudo-Ionon
Quelle: Feeling

Wichtige Eigenschaften
stark sedativ und ausgleichend
stark antiphlogistisch
antiinfektiös
verdauungsfördernd
Hauptindikationen
Ängste, Nervosität
Depressionen
Herzarrhythmien
Schlafstörungen
Ulcus gastroduodenalis
Enterokolitis
Appetitlosigkeit
Nebenwirkungen
ungiftiges, gut verträgliches Öl; bei Verwendung von oxidiertem Öl sind Hautreizungen möglich; Citral (Geranial und Neral) erhöhte in Tierversuchen den Augeninnendruck, deshalb sollte dieses citralreiche ätherische Öl bei Menschen

mit *Glaukom* sicherheitshalber *vorsichtig* angewendet werden

Anmerkung

In China wird diese Pflanze und ihr ätherisches Öl bezüglich der Prävention von Herzerkrankungen gründlich studiert und erfolgreich angewendet (**Balacs und Tisserand** 1992). In Vietnam kommt ein Chemotyp mit über 90 % Linalool vor.

Melaleuca alternifolia

Teebaum, Tea Tree
Pflanzenteil: Blatt
Herstellungsverfahren: Wasserdampfdestillation
Pflanzenfamilie: Myrtaceae

Inhaltsstoffe
Monoterpene (45 %)
21 % γ-Terpinen
10,4 % α-Terpinen
3,7 % Terpinolen
2,5 % α-Pinen
2,3 % p-Cymen
1,8 % Sabinen
1,1 % Limonen
Sesquiterpene
1,6 % Aromadendren
1,4 % Viridifloren
1,4 % δ-Cadinen
Monoterpenole
35,9 % Terpineol-4
2,5 % α-Terpineol
Sesquiterpenole
0,5 % Globulol
0,3 % Viridiflorol
Oxide
2,8 % 1,8-Cineol
Quelle: Aroma-Impulse

Wichtige Eigenschaften
stark antibakteriell (Staphylokokken, Kolibakterien, Proteus, Klebsiellen, verschiedene Enterobakterien)
stark antiviral
stark antimykotisch
antiparasitisch (Lamblia, Askaris, Ankylostoma)
immunmodulatorisch (erhöht IgA und IgM)
antiphlogistisch
analgetisch
phlebotonisch
neurotonisch
epithelisierend

Hauptindikationen
genitale Infektionen, besonders vaginale Candidosen
Vaginitis durch Trichomonaden
bakterielle, virale und Candida-Enterokolitis
Parasitenbefall
Immunschwäche, Infektanfälligkeit
Aphthosen, Stomatitis, Zahnabszesse
Zystitis
Asthenie
Varizen, Hämorrhoiden
(psychische) Vorbereitung auf Operationen
Schutz und Stärkung der Haut vor Radiotherapie (1)
(Schnitt-) Wunden, Insektenstiche, Schlangenbisse

Nebenwirkungen
dieses ätherische Öl neigt zu schneller **Peroxid-Bildung**, mit zunehmender Lagerung wird es also hautreizend. Einwandfreies Öl ist allgemein sehr gut verträglich, auch von Kleinkindern und Schwangeren

Anmerkung
Wichtig ist, auf *höchste Qualität* und *botanische Klarheit* zu achten (es gibt viele „Teebaum"-Öle von anderen Melaleucas). In Australien wird für die höchste Qualitätsstufe ein 1,8-Cineol-Gehalt von unter 5 % gefordert und ein Terpineol-4-Gehalt von über 35 %. Bei dieser Zusammensetzung des Öles sind bei normaler Anwendung keine Nebenwirkungen bekannt.

Melaleuca leucadendra, M. cajuputi

Cajeput
Pflanzenteil: Blatt
Herstellungsverfahren: Wasserdampfdestillation
Pflanzenfamilie: Myrtaceae

Inhaltsstoffe
Monoterpene
35 % β-Pinen
4 % α-Pinen
7 % Limonen
Sesquiterpene
5,9 % β-Caryophyllen
Monoterpenole
6,4 % α-Terpineol
Sesquiterpenole
Viridiflorol

3

Nerolidol
Aldehyde
verschiedene
Ester
Terpineolacetat
Oxide
50–75 % 1,8-Cineol
Quelle: 2, 3

Wichtige Eigenschaften
stark expektorativ
phlebotonisch
antiinfektiös
hormonartig
Hauptindikationen
Infektionen der oberen Atemwege
Otitis, Bronchitis
Varizen, Hämorrhoiden
Herpes genitalis
Kopfschmerzen, Neuralgien
Zystitis
Rheumatismus, Muskelschmerzen
Schutz und Stärkung der Haut vor Radiotherapie (**Franchomme und Pénoël** 1990)
Nebenwirkungen
bei normaler Anwendung keine, jedoch nicht für Babys geeignet; bei Kindern mit spastischen Atemwegserkrankungen ist Vorsicht angebracht, ansonsten ist es ein typisches Kinderöl

Melaleuca linariifolia und Melaleuca uncinata

Teebaum
Pflanzenteil: Blatt
Herstellungsverfahren: Wasserdampfdestillation
Pflanzenfamilie: Myrtaceae

Inhaltsstoffe
Monoterpene
(+)-Terpinen
(α-Pinen)
Sesquiterpene
(diverse Sesquiterpene)
Monoterpenole
Terpinen-1-ol-4
(α-Terpineol)
(Linalool)
(Uncineol)
Sesquiterpenole
(Eudesmol)
Oxide
Hauptbestandteil 1,8-Cineol
Die Bestandteile in Klammern sind darüber hinaus in Melaleuca uncinata vorhanden.
Quelle: 1

Wichtige Eigenschaften
stark expektorativ
stark antibakteriell
stark antiviral
(antiparasitisch [Askaris, Bandwurm], nervlich ausgleichend)
Hauptindikationen
Sinusitis, Rhinopharyngitis
Bronchitis, asthmatische Bronchitis
nur *linariifolia:* virale Hepatitis virale Enterokolitis
Fibrom der weiblichen Brust
(nur *uncinata:* Enterokolitis durch Parasiten, Zystitis)
Nebenwirkungen
bei normaler Anwendung keine bekannt

Melaleuca (quinquenervia) viridiflora

Niaouli, Goménol
Pflanzenteil: Blatt
Herstellungsverfahren: Wasserdampfdestillation
Pflanzenfamilie: Myrtaceae

Inhaltsstoffe
Monoterpene
8 % α-Pinen
1,9 % β-Pinen
1,5 % γ-Terpinen
0,5 % α-Terpinen
α-Phellandren
β-Myrcen
Terpinolen
trans-Ocimen
Sesquiterpene
0,6 % Viridifloren
0,1 % γ-Cadinen
α-Copaen
Monoterpenole
8 % α-Terpineol
0,15 % Linalool
Citronellol, Geraniol
Sesquiterpenole
6,2 % Viridiflorol

3,5 % Nerolidol
Aromatische Aldehyde
0,15 % Benzaldehyd
Ester
0,3 % Terpinylacetat
0,07 % Methylbenzoat
Oxide
54 % 1,8-Cineol
0,2 % Caryophyllenoxid
Andere
Schwefelverbindungen
Quelle: Golgemma

Wichtige Eigenschaften
antiinfektiös (vor allem gegen Staphylococcus aureus)
antimykotisch (Candida)
stark antiviral
stark expektorativ
immunmodulatorisch
analgetisch
hormonartig
litholytisch
phlebotonisch
Hauptindikationen
Bronchitis, Rhinopharyngitis
Sinusitis
chronische Infektionen der Atemwege
Herpesinfektionen
Kondylome
virale Hepatitis
Psoriasis, Furunkel, Insektenstiche
Varizen, Hämorrhoiden
zur Stärkung der Haut vor Radiotherapie (**Franchomme und Pénoël** 1990)
Nebenwirkungen
bei normaler Anwendung keine, jedoch nicht für Babys geeignet; Vorsicht bei Kindern mit spastischen Atemwegserkrankung; Schwangere sollten wegen der **hormonartigen** Wirkung sicherheitshalber während der ersten Schwangerschaftshälfte auf dieses ätherische Öl verzichten

Melissa officinalis *Chemotyp Citral*

Melisse, Zitronenmelisse, Echte Melisse
Pflanzenteil: Kraut
Herstellungsverfahren: Wasserdampfdestillation
Pflanzenfamilie: Lamiaceae

Inhaltsstoffe
Monoterpene
0,28 % Ocimen [0,11 %]
Sesquiterpene
20,91 % β-Caryophyllen [10,12 %]
10,75 % Germacren D [1,82 %]
1,44 % α-Humulen [0,62 %]
Monoterpenole
2,80 % Linalool [1,03 %]
0,89 % Geraniol [0,70 %]
0,42 % Nerol [0,4 %]
Phenole
0,25 % Eugenol [n. n.]
Monoterpen-Aldehyde (bis zu 40 %)
26,95 % Geranial [42,29 %]
20,27 % Neral [31,68 %]
0,51 % Citronellal [1,22 %]
Ketone
0,96 % 6-Methyl-5-hepten2-on [1,36 %]
Ester
1,97 % Geranylacetat [2,11 %]
Oxide
0,15 % Caryophyllenoxid [0,60 %]
Werte ohne Klammern: Ernte 20. Juni; Werte in Klammern: Ernte 31. August
Quelle: Rottaler Aromaöle 2003

Wichtige Eigenschaften
stark antiviral
stark blutdrucksenkend
antiphlogistisch
sedativ
schlaffördernd, hypnotisch
choleretisch
litholytisch
analgetisch
phlebotonisch
hormonähnlich
immunmodulatorisch
Hauptindikationen
Herpeserkrankungen (labialis und genitalis)
Herzarrhythmien
Angstzustände, Schlaflosigkeit, Nervosität
Magenkrämpfe, Aerophagie, Gallensteine
Zystitis
Varizen
Übelkeit in der Schwangerschaft
Amenorrhö
Wehenschmerzen
Hautpflege vor Radiotherapie

3

Nebenwirkungen
in der *Schwangerschaft* nur unter fachlicher Aufsicht; in Einzelfällen Hautreizungen möglich; Citral (Geranial und Neral) erhöhte in Tierversuchen den Augeninnendruck, deshalb sollte dieses citralreiche ätherische Öl bei Menschen mit *Glaukom* sicherheitshalber *vorsichtig* angewendet werden; das sehr teure Öl wird meistens mit Cymbopogon-Arten verfälscht oder gestreckt
Anmerkung
Je nach Herkunft schwanken die Inhaltsstoffe, besonders die Aldehyde, erheblich.

Melissa officinalis *Chemotyp Citronellal*

3

Melisse, Zitronenmelisse
Pflanzenteil: Kraut
Herstellungsverfahren: Wasserdampfdestillation
Pflanzenfamilie: Lamiaceae

Inhaltsstoffe
Monoterpene
0,53 % Ocimen [0,32 %]
Sesquiterpene
14,54 % β-Caryophyllen [12,67 %]
13,57 % Germacren D [9,66 %]
1,05 % α-Humulen [0,85 %]
Monoterpenole
0,69 % Linalool [0,86 %]
0,60 % Geraniol [0,67 %]
0,15 % Nerol [0,18 %]
Phenole
0,20 % Eugenol [0,18 %]
Monoterpen-Aldehyde (bis zu 40 %)
24,36 % Geranial [28,37 %]
16,02 % Neral [20,97 %]
8,01 % Citronellal [10,35 %]
Ketone
0,48 % 6-Methyl-5-hepten2-on [0,88 %]
Ester
2,37 % Geranylacetat [1,22 %]
Oxide
0,43 % Caryophyllenoxid [0,39 %]
Werte ohne Klammern: Ernte 10. Mai; Werte in Klammern: Ernte 20. Juli
Quelle: Rottaler Aromaöle 2003

Eigenschaften und **Indikationen** sind dem Citraltyp vergleichbar; jener gilt als stärker antiviral wirksam und ist zudem hautfreundlicher

Mentha arvensis

Ackerminze, Japanische Minze
Pflanzenteil: Kraut
Herstellungsverfahren: Wasserdampfdestillation
Pflanzenfamilie: Lamiaceae

Inhaltsstoffe
Monoterpene
9,8 % Limonen
Sesquiterpene
β-Caryophyllen
Monoterpenole
70–80 % Menthol
Monoterpenketone
15–30 % (–)-Menthon
1,5 % Piperiton
Isomenthon
0,2–5 % d-Pulegon
Ester
Menthylacetat
Andere
Phenylether
Quelle: 1, 5

Wichtige Eigenschaften
antibakteriell (besonders Staphylokokken, Meningokokken)
zerebral stimulierend
stark konzentrationsfördernd
analgetisch
cholagog
epithelisierend
Hauptindikationen
Neuralgien
Kopfschmerzen, Migräne
Dyspepsie
Rhinitis, Sinusitis, Laryngitis
Kontraindikationen
nicht für Schwangere, Babys und Kleinkinder geeignet, kann Apnoe und Kollaps hervorrufen; nicht bei Herzarrhythmien, nicht im warmen Bad

Mentha citrata

Bergamottminze, Orangenminze
Pflanzenteil: Kraut
Herstellungsverfahren: Wasserdampfdestillation
Pflanzenfamilie: Lamiaceae

Inhaltsstoffe
Monoterpene
β-Pinen
Sesquiterpene
β-Caryophyllen
Germacren D
Monoterpenole
22–25 % Linalool
1–2,8 % α-Terpineol
0,5 % Citronellol
0,1–0,7 % Geraniol
Ester
57–63 % Linalylacetat
0,7–1,8 % Geranylacetat
0,7–1,2 % 3-Octylacetat
Oxide
2,3 % 1,8-Cineol
1,2 % cis-Linalooloxid
1,3–1,7 % trans-Linalooloxid
Quelle: 1

Wichtige Eigenschaften
stark tonisierend
spasmolytisch
ausgleichend (ZNS)
Hauptindikationen
nervöse Erschöpfung
Zystitis
Tachykardie
intestinale Parasitosen
Nebenwirkungen
keine bekannt

Mentha piperita

Pfefferminze
Pflanzenteil: Kraut
Herstellungsverfahren: Wasserdampfdestillation
Pflanzenfamilie: Lamiaceae

Inhaltsstoffe
Monoterpene
1,65 % Limonen
0,91 % β-Pinen
0,65 % α-Pinen
0,42 % Sabinen
0,38 % γ-Terpinen
0,22 % (Z)-β-Ocimen
0,15 % β-Myrcen
0,15 % p-Cymen
0,08 % Terpinolen
Sesquiterpene
2,23 % Germacren D
2,09 % β-Caryophyllen
Monoterpenole (50 %)
45,25 % l-Menthol
3,87 % Neomenthol
0,86 % Terpineol-4
0,18 % Linalool
Monoterpenketone (15 %)
17,70 % Menthon
2,80 % Pulegon
2,77 % Isomenthon
Ester
3,58 % Menthylacetat
Oxide
4,10 % 1,8-Cineol
5,68 % Menthofuran
Andere
0,18 % Octan-3-ol
Quelle: Farfalla

Wichtige Eigenschaften
stark analgetisch
anästhetisierend
stark spasmolytisch (Kalziumantagonist)
stimulierend: kardiotonisch, uterotonisch
neurotonisch
konzentrationsfördernd
enterotonisch, hepatotonisch
cholagog, choleretisch
epithelisierend
antiparasitisch
Hauptindikationen
Spannungskopfschmerz
Ischiasschmerzen
Muskelschmerzen, Muskelkater
Leberinsuffizienz
Pankreasinsuffizienz
Übelkeit, Erbrechen
Colon irritabile
Dyspepsie
neurovegetative Dystonie
Asthenie
Hypotonie
virale Hepatitis, Leberkoliken
Gastralgien
Gelbfieber
Nierenkoliken
Zoster, virale Neuritis
Juckreiz

3

Rhinitis, Sinusitis, Otitis
Laryngitis
Nebenwirkungen
nicht für Babys und Kinder unter 4 Jahren (Apnoegefahr), *Schwangere* nur unter fachlicher Aufsicht; leicht schleimhautreizend, bei Fieber stark verdünnen, nicht bei Epilepsie, nicht bei gleichzeitiger homöopathischer Konstitutionsbehandlung (Antidotwirkung); bei normaler Anwendung gut verträgliches Öl

Mentha pulegium

Flohminze, Poleiminze, Pennyroyal
Pflanzenteil: Kraut
Herstellungsverfahren: Wasserdampfdestillation
Pflanzenfamilie: Lamiaceae

3

Inhaltsstoffe
Monoterpene
0,5 % α-Pinen
0,5 % (−)-Limonen
0,4 % β-Pinen
Monoterpenole
bis 9 % Menthol
bis 3 % Neoisomenthol
0,3 % Linalool
Isomenthol
Monoterpenketone
je nach Chemotyp: 55–95 % (+)-Pulegon
1,5–30 % (−)-Menthon
5–20 % (−)-Isomenthon
0,4–2,5 % Piperitenon
0,1 % Piperiton
0,2 % Isopiperitenon
Ester
0,25–1,5 % Neoisomenthylacetat
Andere
1,5 % 3-Octanol
Quelle: 1

Wichtige Eigenschaften
stark mukolytisch
parasympathikoton (in geringer Dosierung)
cholagog, karminativ
emmenagog
epithelisierend
insektifug
Hauptindikationen
chronische Bronchitis
asthmatische Bronchitis
Leberinsuffizienz
Dysmenorrhö
Wunden, Narben
Nebenwirkungen
hepatotoxisch, nicht für Schwangere, Babys und Kinder geeignet; dieses ätherische Öl wird wegen seiner starken Toxizität normalerweise nicht in der Aromatherapie eingesetzt; die abortive Wirkung ist umstritten, mutmaßlich erfolgt der Abort nur indirekt durch ein Leberversagen der werdenden Mutter (**Balacs und Tisserand** 1995)
Anmerkung
Es gibt noch eine amerikanische Flohminze (Hedeoma pulegioides; deren ätherisches Öl ist als ähnlich gefährlich einzustufen.

Mentha spicata

Spearmint, Krause Minze
Pflanzenteil: Kraut
Herstellungsverfahren: Wasserdampfdestillation
Pflanzenfamilie: Lamiaceae

Inhaltsstoffe
Monoterpene
8,25–20 % (−)-Limonen
4,4 % Myrcen
0,85 % (−)-α-Pinen
0,80 % β-Pinen
(−)-α-Phellandren
Sesquiterpene
1,95 % β-Bourbonen
1,85 % β-Caryophyllen
α-Elemen
Farnesen
Monoterpenole
20 % trans-Thujanol-4
1,5 % Dihydrocarveol
1,1 % Linalool
0,5 % cis- und trans-Carveol
0,5 % (−)-Menthol
0,1 % Borneol
Neodihydrocarveol
Sesquiterpenole
Farnesol
Elemol
Cadinol
Monoterpenketone
55–65 % (−)-Carvon
1,8 % (−)-Dihydrocarvon
0,4 % Menthon

(+)-Pulegon
Ester
2 % cis- und trans-Carvylacetat
1,5 % Dihydrocarvylacetat
Oxide
2,2 % 1,8-Cineol
Andere
1,5 % Octan-3-ol
Quelle: 1

Wichtige Eigenschaften
stark antiphlogistisch
stark mukolytisch
stark cholagog und choleretisch
verdauungsanregend
epithelisierend, wundheilend
Hauptindikationen
katarrhale Infektionen der Atemwege
chronische und akute Bronchitis
Gallenblaseninsuffizienz
nervöse Verdauungsstörungen, Übelkeit
(Schnitt-) Wunden, Narben
Asthenie
Kopfschmerzen
Stress-Symptome
Nebenwirkungen
nicht für Babys und Schwangere, für Kinder ab ca. 6 Jahren geeignet; nicht zusammen mit einer homöopathischen Konstitutions-Behandlung (Antidot-Wirkung)
Anmerkung
Das Öl der Mentha viridis nanah (Nanaminze) ist in Zusammensetzung und Wirkung ähnlich.

Myristica fragrans

Muskat
Pflanzenteil: „Nuss“ oder Samenmantel („Muskatblüte“)
Herstellungsverfahren: Wasserdampfdestillation
Pflanzenfamilie: Myristicaceae

Inhaltsstoffe
Monoterpene
25 % (15 %) α-Pinen
18 % (15 %) Sabinen
10 % (10 %) β-Pinen
8 % (12 %) γ-Terpinen
4 % (8 %) α-Terpinen
3 % (4 %) Limonen
(12 % Myrcen)
Monoterpenole
10 % (4 %) Terpineol-4
Phenole
Eugenol, Isoeugenol
Phenylether
0,5–14 % (1,5 %) Myristicin
0,1–4,6 % (2 %) Elemicin
0,1–3,3 % (0,2 %) Safrol (Oxidether)
In Klammern befinden sich die Werte für die so genannte Muskatblüte (Macis)
Quelle: 1, 5

Wichtige Eigenschaften
stark analgetisch
stark neurotonisch
psychotonisch
konzentrationsfördernd
emmenagog, uterotonisch
karminativ
Hauptindikationen
allgemeine Schmerzen
Neuralgien
Rheuma
Asthenie
Gedächtnisstörungen
Amenorrhö
Impotenz, Frigidität
chronische Diarrhö
Appetitlosigkeit
Nebenwirkungen
der halluzinogen wirksame Bestandteil Myristicin macht es erforderlich, dieses Öl sehr behutsam anzuwenden: nicht innerlich, ausreichend verdünnt und nur gelegentlich. Da es je nach Herkunft unterschiedliche Zusammensetzungen dieses ätherischen Öles gibt, ist die Wirkung schwer vorauszusagen.
Anmerkung
Das Öl der „Muskatblüte“ wirkt etwas milder als das der „Muskatnuss“.

Myrocarpus fastigiatus

Cabreuva
Pflanzenteil: Holz
Herstellungsverfahren: Wasserdampfdestillation
Pflanzenfamilie: Leguminosae

3

Inhaltsstoffe
Sesquiterpenole
80 % (+)-trans-Nerolidol
2,5 % Farnesol I und II
Bisabolol
Quelle: 1, 3

Wichtige Eigenschaften
hormonartig
aphrodisisch (nur bei Männern)
tonisierend, energetisierend
epithelisierend
Hauptindikationen
Asthenie
Impotenz
rheumatische Polyarthritis
Wunden, Narben, Geschwüre
Nebenwirkungen
eher nicht für Frauen geeignet (**Franchomme und Pénoël** 1990), nicht giftig, nicht reizend

3

Myroxylon balsamum

Tolu-Balsam
Pflanzenteil: Balsamharz
Herstellungsverfahren: Alkoholextraktion
Pflanzenfamilie: Leguminosae

Inhaltsstoffe
Sesquiterpene
α-Copaen
β-Caryophyllen
α-und δ-Cadinen
Calamenen
Aromatische Alkohole
Benzylalkohol
Zimtalkohol
Phenole
Spuren Eugenol
aromatische Aldehyde
Vanillin
Ester
22 % Benzylbenzoat
Säuren
12–15 % Zimtsäure
8 % Benzoesäure
Andere
Styren
Cumarin
Quelle: 1, 3

Wichtige Eigenschaften
stark expektorativ
antiseptisch auf Urogenitaltrakt
antiphlogistisch
epithelisierend
psychisch stabilisierend
Hauptindikationen
Tuberkulose
chronische katarrhalische Infektionen
chronische Bronchitis
(Krupp-) Husten
Urethritis, Zystitis
Ekzeme, (Schürf-) Wunden
trockene, aufgesprungene, rissige Haut
depressive Verstimmung
Nebenwirkungen
in Einzelfällen allergische Reaktionen möglich.

Myroxylon balsamum var. pereirae

Peru-Balsam
Pflanzenteil: Harz
Herstellungsverfahren: Wasserdampfdestillation/Solventextraktion
Pflanzenfamilie: Leguminosae

Inhaltsstoffe
Sesquiterpenole
Farnesol
Nerolidol (Peruviol)
Aromatische Aldehyde
Vanillin
Ester (50–70 %)
Benzylbenzoat
Benzylcinnamat
Cinnamylcinnamat
Säuren
Zimtsäure
Benzoesäure
Andere
Cumarin
Benzylalkohol
Peruresinotannol
der rohe Balsam enthält 50–64 % ätherisches Öl und 20–28 % Harz
Quelle: 1, 3

Wichtige Eigenschaften
stark antibakteriell
stark mukolytisch und expektorativ
stimuliert stark das Wachstum von Epithelzellen

antiphlogistisch
spasmolytisch

Hauptindikationen
akute, asthmatische, chronische Bronchitis
Zystitis, Urethritis, Pyelitis
Dermatosen (durch Parasiten)
raue, aufgesprungene Haut
Ekzeme, Schürfwunden
Dekubitusprophylaxe
Disstress, Anspannung, Ängste

Nebenwirkungen
allergische Reaktionen auf der Haut sind häufig, sollen jedoch von der Art des Lösungsmittels abhängen

Myrtus communis

Myrte, Brautmyrte
Pflanzenteil: Zweige/Blätter
Herstellungsverfahren: Wasserdampfdestillation
Pflanzenfamilie: Myrtaceae

Inhaltsstoffe
Monoterpene (bis zu 75 %)
63,7 % α-Pinen
6,8 % β-Pinen
2,1 % Limonen
0,6 % γ-Terpinen
0,5 % α-Thujen
0,1 % Myrcen
0,2 % Terpinolen
Sesquiterpene
0,4 % α-Selinen
0,3 % β-Selinen
0,3 % Caryophyllen
0,1 % δ-Cadinen
0,07 % α-Humulen
0,06 % α-Farnesen
Monoterpenole
5 % Linalool
1,1 % Myrtenol
0,2 % Terpineol-4
0,2 % Borneol
0,1 % Pinocarveol
0,1 % Fenchol
Oxide
9,8 % 1,8-Cineol
Andere
0,3 % Ethyl-2-methylbutyrat
Quelle: Primavera Life (Myrte Anden)

Wichtige Eigenschaften/Hauptindikationen
ähnlich wie Myrte Ct. Myrtenylacetat, sehr gut verträgliches Öl

Nebenwirkungen
keine bekannt

Myrtus communis, *Chemotyp Cineol*

Myrte, türkische Myrte
Pflanzenteil: frische Zweige
Herstellungsverfahren: Wasserdampfdestillation
Pflanzenfamilie: Myrtaceae

Inhaltsstoffe
Monoterpene (bis zu 28 %)
24,5 % α-Pinen
1 % trans-Ocimen
0,6 % Myrcen
0,6 % Terpinolen
0,5 % β-Pinen
0,4 % γ-Terpinen
0,3 % α-Thujen
Sesquiterpene
0,8 % Caryophyllen
0,4 % α-Humulen
0,2 % β-Elemen
Monoterpenole
9,5 % Linalool
3,2 % α-Terpineol
1,6 % Myrtenol
0,3 % Terpineol-4
0,1 % Geraniol
0,06 % Pinocarveol
Ester (bis zu 8 %)
4,6 % Myrtenylacetat
1,3 % Linalylacetat
1,1 % Geranylacetat
0,8 % Terpinylacetat
0,1 % Nerylacetat
Oxide
43,7 % 1,8-Cineol
Andere
0,8 % n-Butylbutyrat
0,4 % i-Butylvalerianat
Quelle: Primavera Life (Myrte türkisch)

Wichtige Eigenschaften
expektorativ
schlafanstoßend
entstauend
als Adjuvans bei Prostatahyperplasie

3

antiinfektiös
antiallergisch
immunmodulatorisch
spasmolytisch
hautpflegend, hautstraffend
Hauptindikationen
Sinusitis, Bronchitis, Angina, Husten
Mukoviszidose
Schlafstörungen
Leberinsuffizienz
Prostatitis
allergischer Schnupfen
faltige Haut
Nebenwirkungen
keine bekannt, jedoch wegen des hohen 1,8-Cineol-Gehaltes Vorsicht bei *Kindern* mit spastischen Atemwegserkrankungen
Anmerkung
Diesen Chemotyp der Myrte erkennt man an der meist grünlich-hellen Farbe.

3

Myrtus communis, *Chemotyp Myrtenylacetat*

Myrte, nordafrikanische Myrte
Pflanzenteil: angetrocknete Zweige/Blätter
Herstellungsverfahren: Wasserdampfdestillation
Pflanzenfamilie: Myrtaceae

Inhaltsstoffe
Monoterpene (bis zu 48 %)
27,6 % Limonen
19,8 % α-Pinen
0,3 % β-Pinen
0,2 % α-Thujen
0,07 % Myrcen
Sesquiterpene
0,8 % β-Elemen
0,4 % Caryophyllen
0,2 % α-Humulen
Monoterpenole
3,2 % α-Terpineol
2,1 % Linalool
1,2 % Myrtenol
0,3 % Terpineol-4
0,2 % Pinocarveol
Ester (22 %)
19,2 % Myrtenylacetat
2,4 % Geranylacetat
0,5 % Linalylacetat
0,3 % Terpinylacetat
Oxide
15,9 % 1,8-Cineol
Quelle: Primavera Life (Myrte marokkanisch)

Wichtige Eigenschaften
stark entstauend (Lymphsystem)
phlebotonisch
spasmolytisch
Hauptindikationen
Hämorrhoiden, Varizen
Ödeme
Zystitis
Dysmenorrhö, PMS
Disstress
Nebenwirkungen
keine bekannt
Anmerkung
Diesen Chemotyp der Myrte erkennt man an der meist rötlich-bräunlichen Farbe.

Nardostachys jatamansi

Narde
Pflanzenteil: Rhizom
Herstellungsverfahren: Wasserdampfdestillation
Pflanzenfamilie: Valerianaceae

Inhaltsstoffe
Monoterpene
0,1 % α-Pinen
0,1 % β-Pinen
0,1 % Limonen
Sesquiterpene (bis zu 66 %)
29 % β-Gurjunen
29 % α-Patchoulen
5 % Aristolen
1,7 % Seychellen
0,7 % β-Patchoulen
0,6 % α-Gurjunen
β-Maalien
Dihydroazulen
Sesquiterpenole
6 % Patchoulialkohol
Calarenol, Nardol, Valerianol, Maaliol
Sesquiterpen-Aldehyde
Valerianal
Sesquiterpenketone
6 % 1-Hydroxyaristolenon
1,4 % β-Jonon
0,7 % Aristolenon
Valeranon

3,4-Dihydro-β-Jonon
Oxide
0,2 % 1,8-Cineol
Andere
Cumarin
Quelle: 2

Wichtige Eigenschaften
stark sedativ
kardiotonisch
phlebotonisch
ovarienstimulierend
epithelisierend
Hauptindikationen
Herzarrhythmien, besonders Tachykardie
vegetative Dystonie
Varizen, Hämorrhoiden
Insuffizienz der Ovarien
Psoriasis, reife Haut
Nebenwirkungen
bei normaler Verwendung keine bekannt

Nepeta cataria

Katzenminze
Pflanzenteil: Kraut
Herstellungsverfahren: Wasserdampfdestillation
Pflanzenfamilie: Lamiaceae

Inhaltsstoffe
Monoterpene
bis 1,5 % Myrcen
bis 0,7 % Ocimen
bis 0,4 % Limonen
Sesquiterpene
1,1–6,8 % β-Caryophyllen
bis 4,3 % α-Humulen
Monoterpenole (bis 60 %)
48,3 % Citronellol
13,7 % Geraniol
Nerol
Monoterpen-Aldehyde
5,6 % Geranial
4,9 % Neral
Ester
diverse Acetate, Valerate und Butyrate
Lactone
9,4 % Nepetalacton
1,6 % Epinepetalacton
1,2 % Dihydronepetalacton
Quelle: 1, 2

Wichtige Eigenschaften
antiviral
antibakteriell
sedativ
antiphlogistisch
litholytisch
Hauptindikationen
Herpes
Infektionen des Urogenitaltraktes
Ängste
nervöse Depression
Gallensteine
Nebenwirkungen
eventuell hautreizend
Anmerkung
Von diesem Öl gibt es auch citral-reiche Chemotypen, die stark zitronig duften.

3

Nigella sativa

Schwarzkümmel
Pflanzenteil: Samen
Herstellungsverfahren: Wasserdampfdestillation
Pflanzenfamilie: Ranunculaceae

Inhaltsstoffe
Monoterpene (85 %)
55,1 % p-Cymen
14,8 % α-Thujen
4,6 % Limonen
3,8 % β-Pinen
3,4 % α-Pinen
2,3 % γ-Terpinen
1,6 % Sabinen
0,5 % α-Terpinen
Sesquiterpene
2,6 % Longifolen
0,6 % α-Longipinen
0,2 % β-Longipinen
Monoterpenole
0,6 % Linalool
0,4 % Myrtenol
0,1 % Thujanol
0,1 % Terpineol-4
Phenole
0,4 % Thymol
Phenylether
0,3 % trans-Anethol
Monoterpenketone
0,2 % Borneon (Kampfer)
0,1 % Carvon

Ester
0,6 % Bornylacetat
Andere
0,04 % cis-3-Hexanal
Quelle: Neumond

Wichtige Eigenschaften
stark antihistaminisch
bronchodilatatorisch
antiallergisch
antiinfektiös
antiphlogistisch
(lokal) analgetisch
Hauptindikationen
Asthma bronchiale
allergische Atemwegserkrankungen
allergische Dermatosen
Nebenwirkungen
keine bekannt

3

Ocimum basilicum, *Chemotyp Methylchavicol*

„Exotisches" Basilikum
Pflanzenteil: Kraut
Herstellungsverfahren: Wasserdampfdestillation
Pflanzenfamilie: Lamiaceae

Inhaltsstoffe
Monoterpene
jeweils Spuren von
α- Pinen; Camphen;
β-Pinen; Sabinen;
β-Myrcen; Limonen;
trans-Ocimen; p-Cymen;
cis-Ocimen; γ-Terpinen;
Terpinolen
Sesquiterpene
1 % cis- und a-Bergamotten
jeweils Spuren von β-Elemen; γ-Cadinen; Calamenen; Cadinen; β-Sesquiphellandren
Monoterpenole
jeweils Spuren von Linalool
Terpineol-4; Fenchol;
p-Cymen-α-ol
Phenole
Spuren Eugenol
Phenylether
90 % Methylchavicol
1 % Methyleugenol
Aromatische Aldehyde
Zimtaldehyd
Anisaldehyd
Ketone
jeweils Spuren von Borneon
Piperiton
5-Methyl-3-Heptanon
Fenchon
Ester
jeweils Spuren von Fenchylacetat; Methylcinnamat; Bornylacetat
Oxide
2 % 1,8-Cineol
Linalooloxid
Caryophyllenoxid
Quelle: 6

Wichtige Eigenschaften
stark spasmolytisch
stark antiviral
spezifisch antibakteriell (Staphylokokken, Pneumokokken)
stark antiphlogistisch
analgetisch
entstauend auf venöses System
entstauend auf Prostata
Hauptindikationen
gastrointestinale Spasmen
Pankreasinsuffizienz
virale Hepatitis (A, B, non A, non B)
Gelbfieber
virale Enzephalitis
Neuritis
Herpes zoster
Multiple Sklerose
Poliomyelitis
Unruhe, Angst
stressbedingte Beschwerden
Nervosität, Asthenie, Schlafstörungen
rheumatische Polyarthritis, Varizen
Prostatitis
Nebenwirkungen
Mailhebiau empfiehlt nur orale Anwendung, **Balacs und Tisserand** raten von jeglicher Anwendung ab, da Methylchavicol (Estragol) als karzinogen angesehen wird; nicht in der Schwangerschaft anwenden
Anmerkung
Das so genannte „europäische Basilikum" enthält nur 3 bis 31 % Estragol.

Ocimum basilicum, *Chemotyp Linalool*

„Europäisches“ Basilikum
Pflanzenteil: Kraut
Herstellungsverfahren: Wasserdampfdestillation
Pflanzenfamilie: Lamiaceae

Inhaltsstoffe
Monoterpene
jeweils Spuren von
α-Pinen; Camphen
β-Pinen; Limonen;
p-Cymen; cis-Ocimen
γ-Terpinen
Sesquiterpene
2–3 % β-Caryophyllen
Isocaryophyllen
β-Elemen
Monoterpenole
40–55 % Linalool
3–12 % α-Fenchylalkohol
2 % α-Terpineol
1,5 % Citronellol
1,2 % Geraniol
Phenole
1–19 % Eugenol
2 % Isoeugenol
Phenylether
3–31 % Methylchavicol
1–9 % Methyleugenol
Monoterpenketone
0,1 % Borneon (Kampfer)
Ester
0,1–7 % Methylcinnamat
Linalylacetat
α-Fenchylacetat
α-Terpinylacetat
Oxide
2–8 % 1,8-Cineol
Andere
cis-3-Hexanol
Quelle: 2

Wichtige Eigenschaften
stark antiphlogistisch
blutdrucksenkend
als Adjuvans bei Prostatahyperplasie
neurotonisch, ausgleichend auf ZNS
spasmolytisch
analgetisch
antiviral

Hauptindikationen
Gastritis
trockene Ekzeme
Insektenstiche
Hypotonie
Angst, Nervosität
Schlafstörungen
„Reisefieber“, „Lampenfieber“
stressbedingte Beschwerden
Depression, mentale Überforderung
Migräne, Kopfschmerzen
Singultus
Nebenwirkungen
keine bekannt, jedoch je nach Methylchavicolgehalt sollte das Öl in der Schwangerschaft gemieden werden; laut **Balacs und Tisserand** können bis zu 55 % erreicht werden
Anmerkung
Es gibt viele Chemotypen von Basilikum, die Methylchavicol-reichen erkennt die geschulte Nase am eindeutigen Estragonduft. So können die eventuellen Nebenwirkungen vom „exotischen Basilikum“ (siehe dort) vermieden werden.

3

Ocimum sanctum

Tulsi, heiliges Basilikum
Pflanzenteil: Kraut
Herstellungsverfahren: Wasserdampfdestillation
Pflanzenfamilie: Lamiaceae

Inhaltsstoffe
Sesquiterpene
Caryophyllen
Monoterpenole
Linalool
Geraniol
Phenole
50–70 % Eugenol
Phenylether
20 % (und mehr) Eugenolmethylether
Ester
Linalylacetat
Geranylacetat
Quelle: Aroma-Impulse

Wichtige Eigenschaften
stark antiseptisch
anregend, stimulierend
blutdrucksenkend

Hauptindikationen
bakterielle und virale Infektionen
Asthenie
Mykosen
Nebenwirkungen
hautreizend, nicht für Kinder und Schwangere

Ocotea pretiosa !

Sassafras
Pflanzenteil: Holz
Herstellungsverfahren: Wasserdampfdestillation
Pflanzenfamilie: Lauraceae

Inhaltsstoffe
Monoterpene
0,7 % (–)-α-Pinen
Phellandren
Sesquiterpene
5 % Cadinen
Phenole
0,6 % Eugenol
Phenylether
75–95 % Safrol
Myristicin
Asaron
aromatische Aldehyde
Furfural
Benzaldehyd
Monoterpenketone
1–4 % Borneon (Kampfer)
Quelle: 1, 3

Wichtige Eigenschaften
stimulierend
aquaretisch
karminativ
analgetisch
Hauptindikationen
Rheumatismus
Arthritis
Muskelschmerzen
Dermatosen (durch Parasiten)
Nebenwirkungen
hochtoxisches Öl, nicht für Babys, Kinder und Schwangere
Anmerkung
Das ätherische Öl von Sassafras albidum wirkt ähnlich toxisch.

Origanum majorana

Majoran
Pflanzenteil: Kraut
Herstellungsverfahren: Wasserdampfdestillation
Pflanzenfamilie: Lamiaceae

Inhaltsstoffe
Monoterpene (40 %)
13,7 % γ-Terpinen
8,4 % α-Terpinen
7,7 % Sabinen
4,2 % Limonen
3,1 % Terpinolen
1,8 % Myrcen
1,4 % p-Cymen
0,9 % α-Thujen
0,7 % α-Phellandren
0,6 % α-Pinen
0,4 % β-Pinen
Sesquiterpene
2,5 % Caryophyllen
1,1 % Germacren B
0,1 % α-Humulen
0,02 % allo-Aromadendren
Monoterpenole (38 %)
19,5 % Terpineol-4
15,4 % Linalool
3,1 % α-Terpineol
0,4 % Piperitol
Sesquiterpenole
0,05 % Spathulenol
Phenylmethylether
0,3 % Methylchavicol
Monoterpen-Aldehyde
(5,4 % Citral)
Monoterpenketone
0,5 % trans-Dihydrocarvon
0,09 (–)-Carvon
Ester
0,05 % Geranylacetat (bis zu 7,8 %)
Oxide
0,07 % Caryophyllenoxid
Andere
4,6 % cis-Sabinenhydrat
Quelle: Primavera Life

Wichtige Eigenschaften
stark parasympathikoton
vasodilatatorisch
blutdrucksenkend

spasmolytisch
antibakteriell
analgetisch
aquaretisch
anaphrodisisch
tokolytisch

Hauptindikationen
neurovegetative Dystonie
Hypertonie
Tachykardie
Angst, Disstress
Neurasthenie
Schlafstörungen
Psychosen
Epilepsie
Neuralgien
Rheumatismus
Arthritis
Migräne, Spannungskopfschmerzen
Rhinopharyngitis, Sinusitis
Bronchitis, Otitis
Pertussis
bakterielle Infektionen und Spasmen der Verdauungsorgane

Nebenwirkungen
keine bekannt, in der Schwangerschaft nur unter fachlicher Aufsicht

Anmerkung
Nicht zu verwechseln mit „spanischem Majoran“, Thymus mastichina, der ein Thymian und nicht so mild ist.

Origanum vulgare

Oregano
Pflanzenteil: Kraut
Herstellungsverfahren: Wasserdampfdestillation
Pflanzenfamilie: Lamiaceae

Inhaltsstoffe
Monoterpene (25 %)
α- und β-Pinen
Myrcen
γ-Terpinen
p-Cymen
Sesquiterpene
β-Caryophyllen
Monoterpenole (9 %)
Linalool
Terpineol-4
α-Terpineol
Phenole (60–70 %)
Carvacrol (Hauptbestandteil)
Thymol
Phenylether
Carvacrolmethylether
Monoterpenketone
Borneon (Kampfer)
Quelle: 1, 3, 5

Wichtige Eigenschaften
stark antibakteriell (Breitband)
stark antimykotisch
stark gegen Parasiten (besonders Amöben)
stark antiviral
hyperämisierend
blutdrucksteigernd
analgetisch
immunmodulatorisch

Hauptindikationen
infektiöse Rhino-Broncho-Pneumopathien
Oropharyngitis
Enterokolitis
Nephritis, Zystitis
Hypotonie, Asthenie
Rekonvaleszenz
zur Abwehr von Infektionen

Nebenwirkungen
stark hautreizend, auf korrekte Verdünnung achten, nicht für Schwangere, Babys und Kleinkinder

Anmerkung
Origanum heracleoticum hat ein vergleichbares Inhaltsstoffespektrum und ist ähnlich einsetzbar.

Ormensis mixta, Chamaemelum ormensis

Kamille wild
Pflanzenteil: Kraut
Herstellungsverfahren: Wasserdampfdestillation
Pflanzenfamilie: Asteraceae

Inhaltsstoffe
Monoterpene (30 %)
17,5 % α-Pinen
7,4 % Limonen
1,5 % Myrcen
0,9 % Camphen
0,6 % β-Pinen

0,6 % p-Cymen
0,5 % Sabinen
Sesquiterpene
1 % β-Farnesen
0,9 % Caryophyllen
0,5 % δ-Cadinen
0,4 % β-Elemen
Monoterpenole
2,3 % Borneol
1,6 % Linalool
1 % Geraniol
0,2 % Terpineol-4
0,2 % α-Terpineol
Sesquiterpenole
2,8 % trans-Pinocarveol
1,2 % α-Cadinol
Monoterpenketone
7,8 % Fenchon
Ester
2,9 % Bornylacetat
0,5 % Geranylacetat
0,6 % Bornyl-iso-butyrat
Oxide
0,7 % Caryophyllenoxid
Andere
21,2 % Santolina-Alkohol
Quelle: Primavera Life

3

Wichtige Eigenschaften
antiinfektiös, stark antimykotisch
tonisierend
aphrodisisch
Hauptindikationen
leichte Leberinsuffizienz
Kolitis (durch Kolibakterien)
Hautmykosen
nervöse Depression
Ekzeme, trockene Dermatitis
Pruritus
Nebenwirkungen
keine bekannt
Anmerkung
nicht zu verwechseln mit Tanacetum annuum = Chamomille bleue du Maroc

Pelargonium graveolens

Geranie, Rosengeranie, Duftgeranie
Pflanzenteil: Blatt
Herstellungsverfahren: Wasserdampfdestillation
Pflanzenfamilie: Geraniaceae

Inhaltsstoffe
Monoterpene
0,5 % α-Pinen
0,3 % trans-Ocimen
0,2 % cis-Ocimen
0,2 % Limonen
0,15 % Myrcen
Sesquiterpene
1,2 % Germacren D
1,1 % δ-Cadinen
1 % α-Copaen
0,8 % Bourbonen
0,7 % Caryophyllen
0,2 % γ-Cadinen
Monoterpenole (58 %)
30,1 % Citronellol
17,9 % Geraniol
8,8 % Linalool
0,8 % α-Terpineol
0,2 % l-Menthol
Sesquiterpenole
4,5 % g-epi-Eudesmol
1 % Spathulenol
Monoterpenketone
5,5 % iso-Menthon
0,4 % l-Menthon
Ester
6,4 % Citronellylformiat
3,3 % Geranylformiat
1,4 % Geranyltiglat
1,3 % Geranylbutyrat
0,9 % Citronellyltiglat
0,2 % Citronellylpropionat
0,1 % Citronellylacetat
Oxide
0,9 % cis-Rosenoxid
0,4 % trans-Rosenoxid
0,2 % cis-Linalooloxid
0,2 % trans-Linalooloxid
Quelle: Primavera Life

Wichtige Eigenschaften
phlebotonisch
lymphotonisch
entstauend
entspannend, ausgleichend
adstringierend
antimykotisch
antidiabetisch
epithelisierend

sehr hautpflegend
insektifug
Hauptindikationen
Varizen, Hämorrhoiden
Ulcus cruris
Ödeme
Dysmenorrhö, PMS
Angst, Erschöpfung
Disstress
Haut- und Nagelpilzinfektionen
Akne, Wunden
Dehnungsstreifen
Impetigo
infektiöse Hauterkrankungen
Krämpfe, Koliken
Diarrhö
Nebenwirkungen
je nach Hauttyp sind leichte Hautreizungen möglich, allgemein sehr gut verträgliches Öl

Petroselinum crispum

Petersilie
Pflanzenteil: Kraut
Herstellungsverfahren: Wasserdampfdestillation
Pflanzenfamilie: Apiaceae

Inhaltsstoffe
Monoterpene
6–60 % p-Menthatrien-1,3,8
13–14 % β-Phellandren
17–22 % β-Pinen
2,8–4 % α-Pinen
3,5–5 % Myrcen
3–4,5 % Terpinolen
Sesquiterpene
1,2 % β-Caryophyllen
Monoterpenole
5,8 % Linalool
Carotol
Aldehyde
p-Menthadien-1,4-al-7
Oxid-Ether
7–33 % Myristicin
Spuren bis 18 % Apiol
0,2–3 % Elemicin
Quelle: 1, 5

Wichtige Eigenschaften
spasmolytisch
stark antiepileptisch
aquaretisch
Hauptindikationen
Epilepsie
nervöse Störungen
spastische und entzündliche Enterokolitis
Niereninsuffizienz
Nebenwirkungen
stark abortiv (in oraler Verabreichung), je nach Myristicingehalt stark toxisch; dieses selten erhältliche ätherische Öl wird in der Aromatherapie nicht verwendet

Peumus boldus !

Boldo
Pflanzenteil: Blatt
Herstellungsverfahren: Wasserdampfdestillation
Pflanzenfamilie: Monimiaceae

Inhaltsstoffe
Monoterpene
28,5 % p-Cymen
Monoterpenole
9 % Linalool
Ketone
0,4 % 2-Nonanon
Terpenperoxide
16–25 % Ascaridol
Oxide
4–16 % 1,8-Cineol
Andere
0,5 % Cumarin
Quelle: 1, 3, 5

Wichtige Eigenschaften
anthelminthisch
stark fungizid
aquaretisch
analgetisch
antiseptisch
choleretisch
Hauptindikationen
keine
Nebenwirkungen
eines der toxischsten ätherischen Öle, darf in der Aromatherapie nicht verwendet werden

Pimenta dioica

Piment, Allspice
Pflanzenteil: Früchte/Blätter
Herstellungsverfahren: Wasserdampfdestillation
Pflanzenfamilie: Myrtaceae

Inhaltsstoffe
Sesquiterpene
Caryophyllen
Phellandren
Phenole
60–83 % Eugenol im Öl aus den Früchten (bis 60–95 % Eugenol im Öl aus den Blättern)
Isoeugenol
Phenylether
1,2–4,4 % Methyleugenol
Oxide
1,8-Cineol
Quelle: 1, 3, 5

Wichtige Eigenschaften
stark antiinfektiös
stark antibakteriell (Breitband)
stark antiviral
antimykotisch
neurotonisch, stimulierend
aphrodisisch
Hauptindikationen
Zahninfektionen
Zahnschmerzen
Tonsillitis
virale Hepatitis
Zystitis, Urethritis
Sinusitis, Bronchitis
Grippe
Asthenie, Hypotonie
Gelenkschmerzen, Muskelschmerzen
Verstauchungen, Zerrungen
Nebenwirkungen
haut- und schleimhautreizend, auf korrekte Verdünnung achten; nicht in der Schwangerschaft verwenden, nicht für Babys und Kinder; bei zu langer Anwendung hepatotoxisch; nicht anwenden bei Blutgerinnungsstörungen und bei gleichzeitiger Anwendung von *Heparin* und *Aspirin*, da Eugenol die Aktivität der Thrombozyten verlangsamt

Pimenta racemosa

Bay, Westindischer Lorbeer
Pflanzenteil: Blatt
Herstellungsverfahren: Wasserdampfdestillation
Pflanzenfamilie: Myrtaceae

Inhaltsstoffe
Monoterpene
25 – 30 % Myrcen
2 – 4 % Limonen
Monoterpenole
1,5 – 3 % Linalool
Sesquiterpene
Phellandren
Sesquiterpenole
Caryophyllen
Phenole
bis 40 – 50 % Eugenol
Quelle: Feeling

Wichtige Eigenschaften
stark antibakteriell (Breitband)
stark antiviral
antimykotisch
neurotonisch, stimulierend
aphrodisisch
Hauptindikationen
Zahninfektionen, Zahnschmerzen
Tonsillitis
virale Hepatitis
Zystitis, Urethritis
Sinusitis, Bronchitis, Grippe
Asthenie, Hypotonie
Gelenkschmerzen, Muskelschmerzen
Verstauchungen, Zerrungen
Seborrhoea oleosa, Haarausfall
Nebenwirkungen
haut und schleimhautreizend, auf korrekte Verdünnung achten; nicht in der Schwangerschaft verwenden, nicht für Babys und Kinder; bei zu langer Anwendung hepatotoxisch; nicht anwenden bei Blutgerinnungsstörungen und bei gleichzeitiger Anwendung von *Heparin* und *Aspirin*, da Eugenol die Aktivität der Thrombozyten verlangsamt

Pimpinella anisum

Anis
Pflanzenteil: Früchte (Samen)
Herstellungsverfahren: Wasserdampfdestillation
Pflanzenfamilie: Apiaceae

Inhaltsstoffe
Sesquiterpene
0,3 % g-Himachalen
β-Caryophyllen
Monoterpenole
0,3–3,5 % Anisol
1,5 % Linalool
1,5 % α-Terpineol
Phenole
0,5 % Isochavibetol
Phenylether
93–96 % trans-Anethol
0,4 % cis-Anethol
0,1–2,1 % Methylchavicol
aromatische Aldehyde
0,6 % Anisaldehyd
Ketone
Anisketon
Andere
Cumarine und Furocumarine: Umbelliferon, Scopoletin
Quelle: 1, 2

Wichtige Eigenschaften
stark karminativ
östrogenähnlich
uterotonisch
laktagog
psychoaktiv, narkotisierend
spasmolytisch
analgetisch
cholagog, choleretisch
appetitanregend
Hauptindikationen
Meteorismus
Dyspepsien
spastische Kolitis
Gastralgien
Amenorrhö, Oligomenorrhö
PMS
Menstruationsschmerzen
Klimakterium
zur unmittelbaren Vorbereitung der Geburt
Nervosität, Unruhezustände
Anspannung

Nebenwirkungen
Babys, Kinder und schwangere Frauen dürfen dieses ätherische Öl nur stark verdünnt anwenden. Bei empfindlichen Personen kann es Wahrnehmungsstörungen und Schläfrigkeit auslösen, bei allergischen und entzündlichen Hauterkrankungen sollte es nicht angewendet werden; nicht bei Endometriose, Prostatahyperplasie und östrogenabhängigen Kanzerosen anwenden. Anetholreiche ätherische Öle sollten nicht von Alkoholkranken verwendet werden, auch Erkrankungen der Leber und die Einnahme von Paracetamol gelten als Kontraindikation
Anmerkung
Das Cis-Isomer des Anethol ist 15- bis 38-mal so gefährlich wie das Trans-Isomer (**Price und Price** 1995).

Pinus cembra

Zirbelkiefer, Arve
Pflanzenteil: Zweig mit Nadeln
Herstellungsverfahren: Wasserdampfdestillation
Pflanzenfamilie: Pinaceae

Inhaltsstoffe
Monoterpene
20–37 % α-Pinen
10–30 % Limonen
7–10 % β-Pinen
δ-3-Caren
Camphen
Terpinolen
γ-Terpinen
Myrcen
Sesquiterpene
Caryophyllen
Ester
Bornylacetat
Quelle: Light of Nature

Wichtige Eigenschaften
antiseptisch (Raumluft)
mukolytisch
leicht hyperämisierend (besonders auf Atemwege)
leicht antidepressiv
psychisch stärkend
Hauptindikationen
Rhinitis, Bronchitis
Pneumonie

Rheumatismus
Muskelkater
Asthenie, nervöse Depression
Ängste
Nebenwirkungen
bei Überdosierung und bei oxidiertem Öl, vor allem im warmen Badewasser, kann es zu Hautreizungen führen; nicht innerlich anwenden

Pinus nigra ssp. laricio

Kiefer
Pflanzenteil: Zweig mit Nadeln
Herstellungsverfahren: Wasserdampfdestillation
Pflanzenfamilie: Pinaceae

Inhaltsstoffe
Monoterpene
großer Anteil α-Pinen
β-Pinen
(−)-Limonen
Sesquiterpene
β-Caryophyllen
Monoterpenole
Spuren Borneol
Sesquiterpenole
Larichiol (Spuren im Öl aus Österreich, deutlich mehr im Öl aus Korsika)
Ester
Spuren Bornylacetat
Quelle: 1

Wichtige Eigenschaften
antiseptisch (Raumluft)
tonisierend und stimulierend
entstauend auf Atemtrakt
entstauend auf Lymphsystem
als Adjuvans bei Prostatahyperplasie
Hauptindikationen
Sinusitis
Bronchitis
Prostatitis
Asthenie
Nebenwirkungen
bei Überdosierung und bei oxidiertem Öl, vor allem im warmen Badewasser, kann es zu Hautreizungen führen; nicht innerlich anwenden

Pinus mugo

Latschenkiefer, Legföhre
Pflanzenteil: Zweig mit Nadeln
Herstellungsverfahren: Wasserdampfdestillation
Pflanzenfamilie: Pinaceae

Inhaltsstoffe
Monoterpene
20–36 % α-Pinen
10–30 % Limonen
6–9 % δ-3-Caren
Sabinen
Camphen
β-Pinen
β-Phellandren
Terpinolen
γ-Terpinen
Myrcen
p-Cymen
Sesquiterpene
δ-Cadinen
Caryophyllen
Ester
Bornylacetat
Quelle: Light of Nature

Wichtige Eigenschaften
antiseptisch (Raumluft)
antiphlogistisch
mukolytisch
leicht hyperämisierend (besonders auf Atemwege)
immunmodulatorisch
Hauptindikationen
Rhinitis, Bronchitis
Zystitis
Abwehrschwäche
Rheumatismus, Gicht
Muskelkater
Nebenwirkungen
bei Überdosierung und bei oxidiertem Öl, vor allem im warmen Badewasser, kann es zu Hautreizungen führen; nicht innerlich anwenden.

Pinus mugo var. pumilio

Zwerg-Bergkiefer
Pflanzenteil: Zweig mit Nadeln
Herstellungsverfahren: Wasserdampfdestillation
Pflanzenfamilie: Pinaceae

Inhaltsstoffe
Monoterpene
α- und β-Pinen
Limonen
Phellandren
δ-3-Caren
Sesquiterpene
unterschiedliche
Monoterpenole
0,5–1 % Borneol
Sesquiterpenole
Pumiliol
Ester
4–10 % Bornylacetat
Bornylpropionat
Quelle: 1

Wichtige Eigenschaften
antiseptisch (Raumluft)
mukolytisch
litholytisch
leicht antiphlogistisch
Hauptindikationen
Sinusitis, Bronchitis
Cholelithiasis
Nebenwirkungen
hautreizend, Allergien möglich

Pinus sylvestris

Waldkiefer, Föhre
Pflanzenteil: Zweig mit Nadeln
Herstellungsverfahren: Wasserdampfdestillation
Pflanzenfamilie: Pinaceae

Inhaltsstoffe
Monoterpene (60–70 %)
22–43 % α-Pinen
3–33 % β-Pinen
0,4–31 % δ-Caren
0,7–4,1 % Limonen
1–2,7 % β-Phellandren
0,7–1,4 % trans-Ocimen
p-Cymen
Terpinolen
γ-Terpinen
Sabinen
γ-Muurolen
Sesquiterpene
0,5–5,4 % γ-Cadinen
0,7–5,5 % β-Caryophyllen
Longifolen
α-Copaen
β-Guaien
β-Farnesen
δ-Elemen
α-Humulen
Cubeben
γ-Patchoulen
γ-Cadinen
Calamenen
Monoterpenole
2 % Borneol
1 % Terpinen-4-ol
Sesquiterpenole
α-Cadinol
Ester
bis 10 % Bornylacetat
Quelle: 2

Wichtige Eigenschaften
kortisonähnlich
testosteronähnlich
antidiabetisch
neurotonisch
blutdrucksteigernd
Lymphsystem entstauend
antiinfektiös
antiseptisch (Raumluft)
hyperämisierend
desodorierend
Hauptindikationen
Diabetes
Impotenz
Asthenie, Hypotonie
Bronchitis, Husten, Sinusitis, Asthma
Arthritis, rheumatische Polyarthritis
schlechte Durchblutung, Muskelkater
entzündliche und allergische Prozesse
Nebenwirkungen
bei Überdosierung und bei oxidiertem Öl, vor allem im warmen Badewasser, kann es zu Hautreizungen führen; nicht innerlich anwenden

Piper nigrum

Pfeffer (schwarz)
Pflanzenteil: Frucht
Herstellungsverfahren: Wasserdampfdestillation
Pflanzenfamilie: Piperaceae

Inhaltsstoffe
Monoterpene (50 % und mehr)
17 % l-Limonen
9–19 % Sabinen
5–9 % α-Phellandren
5–14 % β-Pinen
2–9 % α-Pinen
1,6–2,5 % Myrcen
1–2,8 % p-Cymen
0,5–3,5 % α-Thujen
0,4–2,8 % α-Terpinen
0,5–3,9 % γ-Terpinen
0,5–1,5 % Terpinolen
1–15 % δ-3-Caren
Camphen
Sesquiterpene (bis 45 %)
9–29 % β-Caryophyllen
2–5 % β-Bisabolen
2,6 % δ-Elemen
1–3 % Farnesen
1–2 % α-Humulen
0,5–7,7 % α- und β-Selinen
0,5–1,5 % α-Copaen
0,5 % Bergamotten
0,5 % ar-Curcumen
0,3–2,4 % α- und β-Elemen
0,2–1,6 % α- und β-Cubeben
α-Guaien
Zingiberen
Calamenen
Monoterpenole
Terpineol-4
α-Terpineol
Linalool
trans-Pinocarveol
Sesquiterpenole
0,5 % Elemol
0,1 % α-Bisabolol
Phenylether
p-Cymenphenylether
Carvacrolmethylether
Myristicin
Safrol (jeweils Spuren)
Aromatische Aldehyde
Piperonal
Monoterpenketone
0,05 % Dihydrocarvon Piperiton
Oxide
0,6 % Caryophyllenoxid
Quelle: 2

Wichtige Eigenschaften
stark analgetisch
stark anregend auf Verdauungsdrüsen
karminativ
stark expektorativ
antibakteriell, antiviral
aquaretisch, entgiftend
aphrodisisch
fiebersenkend
Hauptindikationen
rheumatische Schmerzen
(Zahn-) Schmerzen
Verdauungsinsuffizienz
Angina, Laryngitis, Husten
chronische Bronchitis
Fieber
sexuelle Asthenie
Nebenwirkungen
keine bekannt; bei oxidiertem Öl, vor allem im warmen Badewasser, kann es zu Hautreizungen führen
Anmerkung
Kubebenpfeffer (Piper cubeba) hat eine ähnliche Zusammensetzung, mit ähnlichen Anwendungsgebieten.

Pistacia lentiscus

Mastix
Pflanzenteil: Blatt und Zweig (getrocknet)
Herstellungsverfahren: Wasserdampfdestillation
Pflanzenfamilie: Anarcadiaceae

Inhaltsstoffe
Monoterpene (bis 50 %)
6,5–20 % α-Pinen
7–10 % Limonen
4–15 % β-Myrcen
1,5–15 % Sabinen
0,2–0,8 % δ-Caren
Muurolen
Sesquiterpene
Cadinen
Monoterpenole
33–44 % Terpineol-4
Ester
7–10 % Bornylacetat
Sesquiterpenole
α-Cadinol
Quelle: 1, 3

Wichtige Eigenschaften
stark entstauend auf venöses System
stark entstauend auf lymphatisches System
als Adjuvans bei Prostatahyperplasie
mukolytisch
adstringierend
Hauptindikationen
Varizen, Hämorrhoiden
Thrombophlebitis
Prostatitis
Sinusitis
spastische Kolitis
Ulcus ventriculi
Nebenwirkungen
eventuell allergische Reaktionen möglich

Pogostemon cablin/patchouli

Patchouli
Pflanzenteil: getrocknete und fermentierte Blätter
Herstellungsverfahren: Wasserdampfdestillation
Pflanzenfamilie: Lamiaceae

Inhaltsstoffe
Monoterpene
0,5–1 % α-Pinen
0,5–1 % β-Pinen
0,02 % Limonen
Sesquiterpene (40–50 %)
10,8–20,9 % Aromadendren
10–19,6 % α-Bulnesen
14–16 % β-Bulnesen
6–15 % α-Guaien
5–12 % Seychellen
3–5,3 % α-Patchoulen
2–4,2 % β-Caryophyllen
1,1–6,6 % β-Patchoulen
1–2,8 % δ-Cadinen
0,2–0,6 % 1,10-epoxy-α-Bulnesen
0,1 % 1,5-epoxy-α-Guaien
α-Guaien
cyclo-Seychellen
Sesquiterpenole
23,6–45,9 % Patchoulol
1–3 % Pogostol
1 % Bulnesol
Guaiol
Norpatchoulenol
Sesquiterpenketone
bis 2,2 % Patchoulenon
1 % Isopatchoulenon
Oxide
4 % α-Bulnesenoxid
1 % α-Guaienoxid
0,5–1 % Caryophyllenoxid
Andere
Carboxypentylcyclopropansäure
Sesquiterpenalkaloide:
Patchoulipyridin, Guaiapyridin
Quelle: 2

Wichtige Eigenschaften
stark entstauend auf venöses System
aquaretisch
antiphlogistisch
epithelisierend
sedativ
analgetisch
karminativ
antiinfektiös, besonders antimykotisch
insektifug
immunmodulatorisch
aphrodisisch
Hauptindikationen
Varizen, Hämorrhoiden
entzündliche und allergische Dermatosen
Akne, Ekzeme, Parasitosen
Narben, Falten, müde Haut
Zellulite
Angstzustände
Stress-Symptome
Schlafstörungen
(Kopf-) Schmerzen
Dyspepsie
Gastralgien
Dysbiose
Fußpilz
infektiöse Enterokolitis
Immunschwäche
Nebenwirkungen
keine, sehr gut verträgliches Öl

Prunus dulcis var. amara !

Bittermandel
Pflanzenteil: Kern (Samen)
Herstellungsverfahren: Wasserdampfdestillation
Pflanzenfamilie: Rosaceae

3

Inhaltsstoffe
Aromatische Aldehyde
95 % Benzaldehyd
Säuren
Cyanwasserstoffsäure (Blausäure)
Quelle: 3, 5

Wichtige Eigenschaften
sedativ
spasmolytisch
narkotisch
Hauptindikationen
keine
Nebenwirkungen
obwohl dieses ätherische Öl fast nur in rektifizierter Form angeboten wird (ohne Blausäure), wird es in der Aromatherapie nicht verwendet
Anmerkung
Benzaldehyd und Hydrozyansäure duften sehr ähnlich, so dass die Zusammensetzung des Öles mit der Nase nicht erkannt werden kann.

3

Pseudotsuga menziesii

Douglasie
Pflanzenteil: Zweig mit Nadeln
Herstellungsverfahren: Wasserdampfdestillation
Pflanzenfamilie: Pinaceae

Inhaltsstoffe
Monoterpene
15–25 % α-Pinen
35–50 % β-Pinen
6–18 % (–)-Limonen
δ-3-Caren
Camphen
Monoterpenole
6,5–10 % Borneol und Geraniol
Aldehyde
Spuren Citral
Benzaldehyd
Monoterpenketone
Borneon (Kampfer)
Ester (bis zu 35 % Ester)
6–6,5 % Geranylacetat und Bornylacetat
Quelle: 1

Wichtige Eigenschaften
antiseptisch (Raumluft)
expektorativ
bei hohem Estergehalt: spasmolytisch
Hauptindikationen
Infektionen der Atemwege
Nebenwirkungen
bei Überdosierung und bei oxidiertem Öl, vor allem im warmen Badewasser, kann es zu Hautreizungen führen; nicht innerlich anwenden

Ravensara aromatica

Ravensara, Nelkennussbaum, Havozo
Pflanzenteil: Rinde
Herstellungsverfahren: Wasserdampfdestillation
Pflanzenfamilie: Lauraceae

Inhaltsstoffe
Sesquiterpene
verschiedene
Phenylmethylether
88 % Methylchavicol
7 % trans-Anethol
Quelle: 1, 5

Wichtige Eigenschaften
östrogenartig
emmenagog, laktagog
stark spasmolytisch (ZNS)
karminativ
cholagog, choleretisch
kardiotonisch, neurotonisch
Hauptindikationen
Amenorrhö, Oligomenorrhö
Menstruationskrämpfe
erleichert die Entbindung
Dyspepsien, Gastralgien
spastische Kolitis
Meteorismus, Aerophagie
Kardialgien
Nebenwirkungen
Pénoël und Franchomme raten schwangeren Frauen und Kindern von der Verwendung dieses sehr seltenen ätherischen Öles ab; zudem deuten sie an, dass im Falle einer Überdosierung intestinale Hämorrhagien auftreten können; **Balacs und Tisserand** wiederum raten aufgrund des hohen Methylchavicolgehaltes von jeglicher Verwendung ab; in Tierversuchen erwies sich dieser Stoff als karzinogen.

Rosa damascena

Rose, Rose otto (englisch)
Pflanzenteil: Blüte
Herstellungsverfahren: Wasserdestillation
Pflanzenfamilie: Rosaceae

Inhaltsstoffe
Monoterpene
0,8 % α-Pinen
0,3 % Myrcen
0,15 % β-Pinen
Sesquiterpene
0,6 % Caryophyllen
0,6 % Germacren D
0,3 % α-Humulen
Monoterpenole
40,4 % (38,5 %/39,5 %) Citronellol
17,8 % (28,5 %/14,2 %) Geraniol
2,7 % (2,3 %/1,2 %) Linalool
0,8 % Terpineol
0,3 % Terpineol-4
Sesquiterpenole
1,3 % (1,5 %/0,8 %) trans-Farnesol
Phenole
1 % Eugenol
Phenylether
1,7 % (2,1 %/1,6 %) Methyleugenol
Aldehyde
0,9 % Geranial
Spuren Benzaldehyd
Ester
0,9 % (1,7 %/0,5 %) Geranylacetat
0,8 % Phenylethylacetat
0,8 % Citronellylacetat
Oxide
0,3 % trans-Rosenoxid
Andere
9,6 % (7,4 %/11 %) Nonadecan
3,5 % Nonadecen
3,4 % Heneicosan
1,8 % Heptadecan
0,8 % Eicosan
0,7 % Tricosan
0,5 % Pentadecan
0,25 % Heptadecen
0,1 % Tricosen
2,1 % (2,4 %/2,5 %) Phenylethylalkohol
Quelle: Primavera Life: Rose bulgarisch; in Klammern Rose türkisch/marokkanisch (die anderen Werte weichen nicht stark voneinander ab)

Wichtige Eigenschaften
antiinfektiös
bakteriostatisch/bakterizid
antiviral
antiphlogistisch
stark neurotonisch, allgemein tonisierend
kardiotonisch
aphrodisisch
antidepressiv
psychisch stabilisierend
leicht lokalanästhetisch
epithelisierend
desodorierend
choleretisch
Hauptindikationen
akute und chronische Bronchitis
wunde, trockene, faltige Haut, entzündete Haut, Geschwüre
Tachykardie
Impotenz, Frigidität
Depressionen, Ängste
Sterbebegleitung
Nebenwirkungen
keine
Anmerkung
Das Absolue – meistens der der Rosa centifolia (Mairose) – wird durch flüchtige Lösungsmittel gewonnen. Es wird in der streng medizinisch orientierten Aromatherapie nicht gerne verwendet. Durch 74 % des duftprägenden Phenylethylalkohols erinnert der Duft des Absolue jedoch stärker an die frische Rosenblüte; es wirkt durch den hohen Anteil dieses Stoffes auch anästhetischer.

Rosmarinus officinalis *Chemotyp Borneon*

Rosmarin („spanisch")
Pflanzenteil: Kraut
Herstellungsverfahren: Wasserdampfdestillation
Pflanzenfamilie: Lamiaceae

Inhaltsstoffe
Monoterpene
22,8 % α-Pinen
10,6 % Camphen
3,8 % β-Pinen
3,7 % Limonen
3,5 % Myrcen
0,7 % γ-Terpinen
0,7 % Terpinolen

3

0,4 % α-Terpinen
0,4 % α-Phellandren
0,1 % α-Thujen
0,07 % trans-Ocimen
0,06 % δ-3-Caren
Sesquiterpene
1,7 % β-Caryophyllen
0,4 % α-Humulen
Monoterpenole
3,9 % Borneol
1,3 % α-Terpineol
0,9 % Linalool
0,9 % Terpineol-4
Phenole
0,03 % Eugenol
Monoterpenketone
15,2 % (bis zu 27 %) Borneon (Kampfer)
2,3 % Verbenon
Ester
1,8 % Bornylacetat
Oxide
16,4 % 1,8-Cineol
0,1 % Caryophyllenoxid
Quelle: Primavera Life

3

Wichtige Eigenschaften
neuromuskulär anregend (in hoher Dosis)
tonisierend, kardiotonisch
hyperämisierend
mukolytisch
emmenagog
Hauptindikationen
Hypotonie
Myalgien
rheumatische Schmerzen
Herzrhythmusstörungen
Sinusitis, Rhinitis
Bronchitis
Ammenorrhö, Oligomenorrhö
Nebenwirkungen
wegen des eventuell hohen Kampfergehaltes nicht in der Schwangerschaft, nicht für Babys und Kleinkinder

Rosmarinus officinalis, *Chemotyp Cineol*

Rosmarin („marokkanisch")
Pflanzenteil: Kraut
Herstellungsverfahren: Wasserdampfdestillation
Pflanzenfamilie: Lamiaceae

Inhaltsstoffe
Monoterpene
10,9 % α-Pinen
7,1 % β-Pinen
3,6 % Camphen
2,1 % Limonen
1,4 % Myrcen
0,9 % γ-Terpinen
0,5 % α-Terpinen
0,4 % Terpinolen
0,25 % α-Thujen
0,2 % α-Phellandren
0,07 % Sabinen
0,07 % trans-Ocimen
0,03 % δ-3-Caren
Sesquiterpene
3,8 % β-Caryophyllen
0,4 % α-Humulen
0,3 % δ-Cadinen
0,04 % α-Cubeben
Monoterpenole
2,2 % Borneol
1,8 % α-Terpineol
0,9 % Linalool
0,6 % Terpineol-4
0,05 % Myrtenol
Phenole
0,02 % Eugenol
Monoterpenketone
9,7 % Borneon (Kampfer)
0,2 % Verbenon
Ester
0,4 % Bornylacetat
Oxide
45,7 % 1,8-Cineol
0,1 % Caryophyllenoxid
Quelle: Primavera Life

Wichtige Eigenschaften
stark mukolytisch, expektorativ
leicht blutdrucksteigernd
antibakteriell (besonders Staph. aureus)
fungizid (besonders Candida albicans)
choleretisch
aquaretisch
litholytisch
neurotonisch
hyperämisierend, analgetisch
konzentrationsfördernd
Hauptindikationen
chronische und akute Bronchitis

Sinusitis
Hypotonie
Asthenie
Leberinsuffizienz, Zirrhose, Hepatitis
Gallensteine
Neuralgien, Rheumatismus
Muskelkater
Nebenwirkungen
in der Schwangerschaft ausschließlich unter fachlicher Aufsicht; nicht für Babys und Kleinkinder

Rosmarinus officinalis, *Chemotyp Verbenon/Bornylacetat (ABV)*

Rosmarin, korsisch
Pflanzenteil: Kraut
Herstellungsverfahren: Wasserdampfdestillation
Pflanzenfamilie: Lamiaceae

Inhaltsstoffe
Monoterpene
35,2 % (32,6 %) α-Pinen
6,9 % (7,4 %) Camphen
2,9 % (1,9 %) β-Pinen
2,3 % (4,3 %) Limonen
1,7 % (1,3 %) Myrcen
1,1 % γ-Terpinen
0,9 % (1 %) Terpinolen
0,8 % (1,3 %) α-Phellandren
0,5 % α-Terpinen
0,2 % δ-3-Caren
0,1 % α-Thujen
(1,3 % p-Cymen)
Sesquiterpene
0,2 % α-Humulen
Monoterpenole
4,7 % (5,9 %) Borneol
1,2 % (1 %) Terpineol-4
0,9 % (2,9 %) Linalool
0,8 % α-Terpineol
0,4 % Myrtenol
(0,5 % Geraniol)
Phenole
0,06 % Eugenol
Monoterpenketone
0,8 % (5,7 %) Borneon (Kampfer)
1,1 % (6,2 %) Verbenon
Ester
10,8 % (11,1 %) Bornylacetat
Oxide
9,2 % (5,7 %) 1,8-Cineol
Quelle: Primavera Life.
Die Werte in Klammern beziehen sich auf das Rosmarinöl von Light of Nature, die Stoffe ohne Klammer sind dort nicht enthalten.

Wichtige Eigenschaften
spasmolytisch
mukolytisch, expektorativ
kardiotonisch
epithelisierend
Hauptindikationen
Asthenie, nervöse Depression
Bronchitis, Sinusitis
Angina pectoris, Tachykardie, Arrhythmie
Narben
Nebenwirkungen
in der Schwangerschaft unter fachkundiger Aufsicht; für Kinder ab 6 Jahren
Anmerkung
Dieses Öl ist selten erhältlich.

Ruta graveolens !

Raute, Weinraute
Pflanzenteil: Kraut
Herstellungsverfahren: Wasserdampfdestillation
Pflanzenfamilie: Rutaceae

Inhaltsstoffe
Alkohol
1,5 % 2-Undecanol
Ketone
31–49 % 2-Undecanon (Methylnonylketon)
18–25 % 2-Nonanon
Andere
Furocumarine: Bergapten, Xanthotoxin, Psoralen
Quelle: 5

Wichtige Eigenschaften
stark anthelminthisch
stark spasmolytisch
Hauptindikationen
keine
Nebenwirkungen
sehr stark photosensitivierend, mutmaßlich neurotoxisch und abortiv; dieses Öl darf nur bei entsprechender Indikation unter ärztlicher Aufsicht verwendet werden; wird in der Aromatherapie kaum verwendet; nicht bei Epilepsie anwenden

3

Salvia fructicosa/triloba

Salbei (griechisch), Salbei Elma
Pflanzenteil: blühendes Kraut
Herstellungsverfahren: Wasserdampfdestillation
Pflanzenfamilie: Lamiaceae

Inhaltsstoffe
Monoterpene
7,4 % β-Pinen
6,3 % α-Pinen
5,5 % Camphen
0,6 % Sabinen
0,3–0,6 % γ-Terpinen
0,8 % Limonen und p-Cymen
0,2 % Terpinolen
Sesquiterpene
8,2 % β-Caryophyllen
Monoterpenole
Borneol
Monoterpenketone
9,1 % Borneon (Kampfer)
1 % Fenchon
1 % Thujon
Oxide
42 % 1,8-Cineol
Quelle: 1

Wichtige Eigenschaften
stark mukolytisch und expektorativ
antiviral
Hauptindikationen
chronische Infektionen der oberen und unteren Atemwege
chronische katarrhalische Genital-Infektionen
Nebenwirkungen
nicht für Schwangere, nicht für Kleinkinder

3

Salvia lavandulifolia

Lavendelsalbei, spanischer Salbei
Pflanzenteil: blühendes Kraut
Herstellungsverfahren: Wasserdampfdestillation
Pflanzenfamilie: Lamiaceae

Inhaltsstoffe
Monoterpene
6–8,5 % α-Thujen
4–6 % Camphen (bis 20 %)
3–6 % β-Thujen
Sabinen
Myrcen
Limonen (bis 41 %)
cis- und trans-Ocimen
allo-Ocimen
Sesquiterpene
α-Cubeben
α-Copaen
α-Gurjunen
cis- und trans-α-Bergamotten
β-Caryophyllen
α-Humulen
Aromadendren
allo-Aromadendren
δ-Cadinen
Curcumen
Monoterpenole (35 %)
28 % Linalool
4 % α- und δ-Terpineol
2 % Borneol
trans-Thujanol-4
Sabinol
Nerol
Geraniol
Monoterpenketone
1–11 % Borneon (Kampfer)
Ester
0,1–24 % Sabinylacetat
Bornylacetat
Terpinylacetat
Oxide
18–32 % 1,8-Cineol
Andere
a-p-Dimethylstyren
Quelle: 1, 3, 5

Wichtige Eigenschaften
antiinfektiös
expektorativ
spasmolytisch
analgetisch
stark tonisierend auf ZNS
Hauptindikationen
Rhinitis, Sinusitis
Bronchitis
Grippe
Asthenie
stressbedingte Beschwerden
Kopfschmerzen
Arthritis, Muskelschmerzen
Neuralgien
Morbus Alzheimer

Nebenwirkungen
die Zusammensetzung dieses ätherischen Öles kann sehr unterschiedlich sein. Ist der Gehalt an Sabinylacetat hoch, gehört es zu den besonders gefährlichen Ölen in der Schwangerschaft. Die Kombination dieses abortiven Stoffes mit einem hohen Kampferanteil kann diese Nebenwirkung verstärken; auch nicht geeignet für Epileptiker und fiebernde Menschen. Deshalb sollten sich Therapeuten eine aktuelle Inhaltsstoffe-Analyse ihres Ölelieferanten geben lassen.

Salvia officinalis

Salbei
Pflanzenteil: blühendes Kraut
Herstellungsverfahren: Wasserdampfdestillation
Pflanzenfamilie: Lamiaceae

Inhaltsstoffe
Monoterpene (bis 12 %)
4,49 % β-Pinen
3,83 % α-Pinen
3,59 % Camphen
1,33 % Limonen
1,02 % Myrcen
0,47 % γ-Terpinen
0,42 % cis-Ocimen
0,33 % Sabinen
0,31 % α-Thujen
0,28 % α-Terpinolen
Sesquiterpene
7,77 % α-Humulen
7,57 % β-Caryophyllen
Monoterpenole
4,57 % Borneol
0,53 % Linalool
0,47 % Terpineol-4
Sesquiterpenole
3,42 % Viridiflorol
Diterpenole
0,66 % Sclareol
Monoterpenketone
28,61 % α-Thujon
10,68 % Borneon (Kampfer)
4,91 % β-Thujon
Ester
1,82 % Bornylacetat
Oxide
11,85 % 1,8-Cineol
0,57 % Caryophyllenoxid
Quelle: Farfalla

Wichtige Eigenschaften
spezifisch antibakteriell: β-häm. Streptokokken, Staphylococcus aureus, Kolibakterien, Klebsiella, Pseudomonas
stark antiviral
mukolytisch
antimykotisch (Candida)
cholagog, choleretisch
östrogenähnlich, emmenagog
epithelisierend
tonisierend und stimulierend
Hauptindikationen
Sinusitis
Angina tonsillaris
Grippe
Bronchitis
virale Enteritis
virale Neuritis
virale Meningitis
Amenorrhö, Oligomenorrhö
Prämenopause, Hitzewallungen, Schwitzen
bremst übermäßige Laktation
Zellulite
Wunden, Narben
Herpes genitalis, Herpes labialis
Nebenwirkungen
je nach Herkunft stark abortiv und neurotoxisch sowie potenziell Epilepsie auslösend. Für therapeutische Zwecke sollte die Zusammensetzung des jeweiligen Öles von der liefernden Firma eingesehen werden; Öle mit 40–80 % Thujongehalt sollten gemieden werden. Britische Aromatherapeuten, die Mitglied in der IFA sind, verpflichten sich, ätherisches Salbeiöl nicht zu verwenden

Salvia sclarea

Muskatellersalbei
Pflanzenteil: Blüte und Kraut
Herstellungsverfahren: Wasserdampfdestillation
Pflanzenfamilie: Lamiaceae

Inhaltsstoffe
Monoterpene
jeweils weniger als 1 % von
α-Pinen; β-Myrcen; cis-Ocimen; trans-Ocimen
Limonen
Sesquiterpene
4 % Germacren D
1 % β-Caryophyllen

jeweils weniger als 1 % von
α-Copaen; β-Elemen;
β-Bourbonen
γ-Elemen; δ-Cadinen;
α-Humulen
Monoterpenole
10 % Linalool
1 % α-Terpineol
Nerol; Geraniol
Sesquiterpenole
Spathulenol; β-Eudesmol
Diterpenole
2 % Sclareol
Manool
Ester
74 % Linalylacetat
1 % Geranylacetat
Nerylacetat; Linalylformiat; Bornylacetat
Oxide
Sclareoltransoxid
Manooloxid
1,8-Cineol
Caryophyllenoxid
Quelle: 6

3

Wichtige Eigenschaften
stark spasmolytisch
stark östrogenartig
aphrodisisch
antidepressiv
neurotonisch
phlebotonisch
entstauend, entgiftend
regenerativ
Hauptindikationen
Amenorrhö
prämenstruelles Syndrom, besonders bei Mädchen und jungen Frauen
Dysmenorrhö, Prämenopause
genitale Infektionen (durch Hormonstörung)
Depression
Asthenie
Nervosität
Migräne
stressbedingte Beschwerden
Varizen, Hämorrhoiden
fettige Haut, fettiges Haar
spastischer Husten, Pertussis
Nebenwirkungen
verstärkt die berauschende Wirkung von Alkohol; nicht kurz vor und während starker Menstruation anwenden, nicht in der *Schwangerschaft*, ansonsten ein sehr verträgliches Öl
Anmerkung
Es gibt Muskatellersalbeiöl ohne Sclareol auf dem Markt; dieses hat vermutlich keine Wirkung bei menstruationsbedingten Beschwerden.

Santalum album

Sandelholz
Pflanzenteil: (Kern-) Holz und Wurzeln
Herstellungsverfahren: Wasserdampfdestillation
Pflanzenfamilie: Santalaceae

Inhaltsstoffe
Sesquiterpene
1,3 % β-Santalen
0,8 % epi-β-Santalen
0,6 % α-Santalen
0,3 % ar-Curcumen
0,2 % γ-Curcumen
Sesquiterpenole (65–90 %)
39,8 % cis-α-Santalol (bis zu 60 %)
21,1 % cis-β-Santalol (bis zu 30 %)
4,2 % cis-epi-β-Santalol
Quelle: Primavera Life

Wichtige Eigenschaften
antiseptisch (besonders auf Urogenitaltrakt)
venös und lymphatisch entstauend
hypotensorisch
neuroleptisch
aphrodisisch
epithelisierend
Hauptindikationen
Varizen, Hämorrhoiden
Stauungen im kleinen Becken
Bronchitis, Husten
Pharyngitis
Zystitis
Neuralgien
milde Depressionen
Angsterkrankungen
Hypertonie
Schlaflosigkeit
Zwangserkrankungen
Impotenz
trockene, wunde, aufgesprungene Haut
Milchschorf, Psoriasis
Nebenwirkungen
keine bekannt

Anmerkung
Stark bedrohte Art, meistens nur synthetisches Öl erhältlich.

Santalum austrocaledonicum

Neukaledonisches Sandelholz
Australisches Sandelholz
Pflanzenteil: (Kern-) Holz
Herstellungsverfahren: Wasserdampfdestillation
Pflanzenfamilie: Santalaceae

Inhaltsstoffe
Sesquiterpene
0,91 % α-Santalen
0,71 % epi-β-Santalen
0,68 % β-Santalen
0,22 % β-Curcumen
0,18 % ar-Curcumen
0,12 % trans-β-Bergamotten
0,10 % Santen
Sesquiterpen-Aldehyde
0,72 % epi-cis-β-Santalal
0,59 % Cyclosantalal
0,37 % α-Santalal
0,29 % epi-Cyclosantalal
0,17 % cis-β-Santalal
Sesquiterpenole
44,06 % cis-α-Santalol
17,87 % cis-β-Santalol
11,10 % cis-Lanceol
6,21 % trans-α-Bergamottol
3,15 % epi-β-Santalol
0,77 % trans-β-Santalol
1,49 % cis-Nuciferol
Quelle: Primavera Life

Wichtige Eigenschaften
stimmungsaufhellend
epitheliserend
Hauptindikationen
ähnlich wie Santalum album
Nebenwirkungen
keine bekannt
Anmerkung
Dieses Öl kam erst vor kurzem wegen der Verknappung und der ökologischen Problematik von Santalum album auf den Markt. Es gibt noch wenig Erfahrung über die therapeutischen Eigenschaften.

Santolina chamaecyparissus !

Heiligenkraut
Pflanzenteil: blühende Pflanze
Herstellungsverfahren: Wasserdampfdestillation
Pflanzenfamilie: Asteraceae

Inhaltsstoffe
Monoterpene
5 % α-Pinen
4 % Camphen
1,8 % β-Pinen
Ketone
39 % Artemisia-Keton
α- und β-Santolinenon
Andere
Sesquiterpenlactone
Quelle: 1

Wichtige Eigenschaften
stark antiinfektiös
antiparasitisch (Askaris)
mukolytisch
Hauptindikationen
Wurmbefall (besonders Spulwurm)
Hautparasitosen
Bronchitis
Nebenwirkungen
neurotoxisch und abortiv; dieses Öl wird in der Aromatherapie normalerweise nicht verwendet

Satureja montana

Bergbohnenkraut
Pflanzenteil: Kraut
Herstellungsverfahren: Wasserdampfdestillation
Pflanzenfamilie: Lamiaceae

Inhaltsstoffe
Monoterpene (40–50 %)
2–20 % α- und γ-Terpinen
10–25 % p-Cymen
α- und β-Pinen, Camphen
Sabinen, Myrcen, Limonen
α-Phellandren
Sesquiterpene
β-Caryophyllen, α-Humulen, Aromadendren, β-Bisabolen
α-Cadinen, γ-Cadinen
Monoterpenole
9–54 % Linalool

6–9 % α-Terpineol
bis zu 7 % Terpineol-4
cis-Thujanol-4
trans-Thujanol-4
Geraniol, Borneol
Phenole (20–50 %)
25–50 % Carvacrol
1–5 % Thymol
Eugenol
Monoterpenketone
Borneon (Kampfer)
Ester
Linalylacetat
Terpinen-4-yl-acetat
Geranylacetat
α-Terpinylacetat
Oxide
1,8-Cineol
Caryophyllenoxid
Quelle: 2

Wichtige Eigenschaften
stark antiinfektiös (Breitband)
antiparasitisch
immunmodulatorisch
neurotonisch und stimulierend
blutdrucksteigernd
aphrodisisch
analgetisch
Hauptindikationen
Candida albicans
chronische Infekte
bei beginnendem Infekt zur Abwehr
Bronchitis, Husten, Tonsillitis
Wurmbefall, Amöbiasis
Erschöpfung, Depression
Hypotonie
zur Gedächtnisstärkung
Impotenz
Nebenwirkungen
durch den hohen Phenolgehalt stark hautreizend, immer auf sorgfältige Verdünnung achten; zu immunmodulatorischen Zwecken auf den Fußsohlen gering verdünnt anwenden
Anmerkung
Satureja hortensis (Gartenbohnenkraut) hat ein vergleichbares Inhaltsstoffe-Spektrum und demzufolge ähnliche Einsatzgebiete, es duftet und wirkt etwas milder.

Saussurea costus/lappa

Costus
Synonym: Auklandra costus
Pflanzenteil: getrocknete Wurzel
Herstellungsverfahren: Wasserdampfdestillation
Pflanzenfamilie: Asteraceae

Inhaltsstoffe
Sesquiterpene
Aplotaxen
β-Elemen
Sesquiterpenole
Costol
Sesquiterpenketone/Lactone (50 %)
Dihydrocostuslakton
Costunolid
α-Ionon
Quelle: 1, 3, 5

Wichtige Eigenschaften
mukolytisch
antiphlogistisch
antimykotisch
spasmolytisch
antiviral
Hauptindikationen
katarrhalische Infektionen der Atemwege
Asthma, spastischer Husten
nervöse Anspannung, Stress-Symptome
Nebenwirkungen
stark allergisierend, somit wird von der Anwendung dieses ätherischen Öles abgeraten

Schinus molle

Pfeffer (rosa)
Pflanzenteil: Frucht
Herstellungsverfahren: Wasserdampfdestillation
Pflanzenfamilie: Anarcadiaceae

Inhaltsstoffe
Monoterpene
24–34 % α-Phellandren
25 % α-Pinen
10–15 % β-Phellandren
5 % β-Pinen
Sesquiterpene
β-Caryophyllen
δ-Cadinen
Quelle: 1

Wichtige Eigenschaften
expektorativ
antiseptisch
karminativ
hyperämisierend
Hauptindikationen
Bronchitis
rheumatische Schmerzen
Arthritis
Neuralgien
Nebenwirkungen
altes/oxidiertes Öl kann hautreizend wirken

Styrax tonkinensis (Siam)

Benzoe
Pflanzenteil: Harz
Herstellungsverfahren: Solventextraktion
Pflanzenfamilie: Styracaceae

Inhaltsstoffe
Ester
60 – 80 % Coniferylbenzoat und Benzylbenzoat
Cinnamylbenzoat
Säuren
10–20 % Benzoesäure
Zimtsäure
Aromatische Aldehyde
1 – 2 % Vanillin
Quelle: 1, 3

Wichtige Eigenschaften
stark epitheliserend
antiphlogistisch
expektorativ
antiseptisch
sedativ
Hauptindikationen
Psoriasis
Ekzem
Ulkus
Akne
(Schnitt-) Wunden
trockene Nasenschleimhaut
Verbrennungen
Erfrierungen
aufgeplatzte Haut
Narben
Bronchitis, Husten
Asthma
nervöse Spannung
Disstress
Nebenwirkungen
kann gelegentlich allergische Reaktionen auslösen
Anmerkung
Das Resinoid von Styrax benzoin (Benzoe Sumatra) wird als nicht so hochwertig angesehen; das Inhaltsstoffe-Spektrum ist ähnlich.

Syzygium aromaticum

Gewürznelke
Synonym: Eugenia caryophyllata (alter Name)
Pflanzenteil: Blütenknospe oder Blätter
Herstellungsverfahren: Wasserdampfdestillation
Pflanzenfamilie: Myrtaceae

Inhaltsstoffe
Monoterpene
Pinen
Sesquiterpene
1,7 % α-Humulen
13,3 % β-Caryophyllen
Phenole bis 90 %
73,5 % Eugenol (bis 80 %)
Isoeugenol
Acetoeugenol
Chavicol
Aromatische Aldehyde
0,11 % Furfural
Ester (bis 25 %)
10 – 22 % Eugenylacetat
0,24 % Methylsalicylat
α Terpinylacetat
Benzylacetat
Benzylbenzoat
Säuren/Oxide
0,1 % Caryophyllenoxid
Humulenepoxid
Quelle: Golgemma

Wichtige Eigenschaften
eubiotisch: stark antibakteriell (Breitband)
stark antiviral
antimykotisch
antiparasitisch, anthelminthisch
anregend und stimulierend bei hoher Dosierung
neurotonisch, uterotonisch
wehenanregend

3

analgetisch, antineuralgisch
blutdrucksteigernd
aphrodisisch
Hauptindikationen
Zahn- und Zahnfleischinfektionen
Tonsillitis, Sinusitis, Bronchitis
virale Hepatitis
bakterielle und spastische Kolitis
Cholera, Amöbenruhr
Zystitis, Salpingitis
virale Nephritis
Herpes zoster
Multiple Sklerose, Poliomyelitis
Asthenie, chronische Müdigkeit
verzögerte Geburt
zur Weheneinleitung
Arthritis
Rheumatismus
Distorsionen
Hautparasiten
Nebenwirkungen
sehr haut- und schleimhautreizend, unbedingt auf korrekte Verdünnung achten; nicht in der Schwangerschaft anwenden, erst kurz vor errechnetem Entbindungstermin; für Kinder nur wenig in der Duftlampe; bei zu langer Anwendung hepatotoxisch; nicht anwenden bei Blutgerinnungsstörungen und bei gleichzeitiger Anwendung von *Heparin* und *Aspirin*, da Eugenol die Aktivität der Thrombozyten verlangsamt
Anmerkung
Das ätherische Öl aus den Blättern der Gewürznelke enthält mehr, bis zu 83 %, Eugenol, ihm fehlt der relativ große Anteil an Eugenylacetat. Es wirkt somit noch etwas aggressiver gegen Mikroorganismen und auf der Haut.

Tagetes glandulifera

Tagetes, Studentenblume
Pflanzenteil: blühende Pflanze
Herstellungsverfahren: Wasserdampfdestillation
Pflanzenfamilie: Asteraceae

Inhaltsstoffe
Monoterpene
30–40 % trans-β-Ocimen
3 % (+)-Limonen
Myrcen
Pinen
Camphen
Monoterpenole
Linalool
Aldehyde
Citral
Salicylaldehyd
Ketone
50–60 % Tageton
Carvon
Andere
Furocumarine
Quelle: 1, 3, 5

Wichtige Eigenschaften
stark antimykotisch (besonders Candida)
stark anthelminthisch
mukolytisch
emmenagog
Hauptindikationen
Fußpilz, Schwielen
katarrhalische Infektionen der Atemwege
parasitenbedingte Enterokolitis
Nebenwirkungen
extrem photosensibilisierend
Anmerkung
Dieses ätherische Öl wird, außer in der Fußpflege, kaum verwendet. Die Rolle des Ketons Tageton ist noch nicht geklärt.

Tanacetum vulgare !

Rainfarn
Pflanzenteil: Kraut
Herstellungsverfahren: Wasserdampfdestillation
Pflanzenfamilie: Asteraceae

Inhaltsstoffe
Monoterpene
Limonen
Sesquiterpene
30 % Chamazulen
3,6-Dihydrochamazulen
Monoterpenole
Borneol
Monoterpenketone
66–81 % Thujon
Borneon (Kampfer)
Quelle: 3

Wichtige Eigenschaften
stark antiphlogistisch
stark antihistaminisch
analgetisch
anthelminthisch
blutdrucksenkend
phlebotonisch
Hauptindikationen
Asthma
allergische Dermatitis, Erythem, Couperose
Juckreiz
Varizen
Hypertonie
Nebenwirkungen
neurotoxisch und abortiv, nicht für Schwangere, Babys und Kinder; dieses Öl darf nur bei entsprechender Indikation unter ärztlicher Aufsicht verwendet werden, es wird in der Aromatherapie kaum noch verwendet

Thuja occidentalis !

Thuja, Lebensbaum
Pflanzenteil: Zweig
Herstellungsverfahren: Wasserdampfdestillation
Pflanzenfamilie: Cupressaceae

Inhaltsstoffe
Monoterpene
2–35 % (+)-Sabinen
1 % Limonen
Sesquiterpene
diverse Sesquiterpene
Monoterpenole
3–6 % Terpineol-4
Sesquiterpenole
1,5–5 % Occidentalol
1–3 % Occidol
α-, β-, γ-Eudesmol
Monoterpenketone (bis zu 95 %)
31–65 % α-Thujon
8–15 % β-Thujon
7–15 % (−)-Fenchon
2–3 % Borneon (Kampfer)
Piperiton
Quelle: 3, 5

Wichtige Eigenschaften
stark mukolytisch
epithelisierend
antiinfektiös
aquaretisch
tonisierend
Hauptindikationen
katarrhalische und virale Bronchitis
Warzen, Wunden, Narben
Nebenwirkungen
stark abortiv und neurotoxisch (bei oraler Einnahme); dieses ätherische Öl wird (außer in der lokalen, kurzzeitigen Warzenbehandlung) in der Aromatherapie normalerweise nicht verwendet

Thymus mastichina

Thymian, „Spanischer Majoran“
Pflanzenteil: blühendes Kraut
Herstellungsverfahren: Wasserdampfdestillation
Pflanzenfamilie: Lamiaceae

Inhaltsstoffe
Monoterpene (14 %)
4 % Terpinolen
2,8 % Limonen
2,5 % α-Pinen
2 % β-Pinen
1,3 % p-Cymen
1 % Sabinen
0,4 % α-Thujen
0,2 % Camphen
0,2 % Myrcen
Sesquiterpene
0,3 % β-Gurjunen
0,1 % β-Caryophyllen
0,2 % allo-Aromadendren
0,1 % γ- und δ-Cadinen
α-Copaen
Longifolen
Monoterpenole
10–20 % Linalool
8 % α-Terpineol
1 % Pinocarveol
0,9 % Borneol
0,7 % Terpineol-4
0,2 % Geraniol
Monoterpenketone
4 % Borneon (Kampfer)
Ester (bis 10 %)
2–7 % Terpinylacetat
1,5 % Linalylacetat
0,5 % Pinocarvylacetat
0,1 % Geranylacetat und andere verschiedene Isovalerate

3

Oxide
55–75 % 1,8-Cineol
Caryophyllenoxid
Quelle: 1

Wichtige Eigenschaften
stark entstauend auf Lungen und Bronchien
expektorativ
antibakteriell
leicht spasmolytisch
Hauptindikationen
Sinusitis
katarrhalische Bronchitis
bei Stress-Symptomen
Nebenwirkungen
für Kinder mit obstruktiven Atemwegserkrankungen und empfindliche Schwangere nur gering dosieren

Thymus serpyllum

Quendel, Feldthymian, türkischer Thymian
Pflanzenteil: blühendes Kraut
Herstellungsverfahren: Wasserdampfdestillation
Pflanzenfamilie: Lamiaceae

Inhaltsstoffe
Monoterpene
4 % p-Cymen
3,9 % γ-Terpinen
1,5 % β-Myrcen
1,2 % α-Terpinen
1,1 % α-Thujen
0,9 % Limonen
0,6 % α-Pinen
0,4 % β-Pinen
0,2 % Camphen
0,2 % α-Phellandren
0,2 % Terpinolen
Sesquiterpene
0,9 % Caryophyllen
Monoterpenole
6,7 % Linalool
0,7 % Terpineol-4
0,6 % α-Terpineol
0,5 % Borneol
Phenole
73,2 % Thymol und Carvacrol
Ester
0,6 % Geranylformiat
Oxide
1 % 1,8-Cineol
Phenylether
0,07 % Thymolmethylether
Quelle: Primavera Life

Wichtige Eigenschaften
antiinfektiös (Breitband)
neurotonisch, stimulierend
analgetisch
stomachisch
Hauptindikationen
Bronchitis, Tuberkulose
Husten, Pertussis
Zystitis
Dyspepsie, Enterokolitis
neurovegetative Dystonie
Neuralgien, Arthrose
infizierte Wunden
Nebenwirkungen
stark hautreizend, stark verdünnen, niemals pur auf Haut und Schleimhäute auftragen

Thymus vulgaris, *Chemotyp Linalool und Geraniol*

Thymian (Alkoholtyp)
Pflanzenteil: blühendes Kraut
Herstellungsverfahren: Wasserdampfdestillation
Pflanzenfamilie: Lamiaceae

Inhaltsstoffe
Monoterpene
1,7 % γ-Terpinen
1,3 % p-Cymen
0,5 % Myrcen
0,2 % α-Pinen
0,2 % Camphen
0,2 % Terpinolen
0,1 % α-Thujen
Spuren δ-3-Caren
Spuren Sabinen
Spuren β-Pinen
Spuren α-Terpinen
Sesquiterpene
3,9 % Caryophyllen
Monoterpenole
74,8 % Linalool (60–80 % Geraniol)
0,3 % Terpineol-4
0,2 % Borneol
0,7 % α-Terpineol
Phenole
2,7 % Thymol
0,2 % Carvacrol

Monoterpenketone
0,2 % Borneon (Kampfer)
Ester
5,1 % Linalylacetat
0,5 % Geranylacetat
0,4 % Terpinylacetat
0,2 % Nerylacetat
Oxide
1,9 % 1,8-Cineol
Quelle: Primavera Life

Wichtige Eigenschaften
antibakteriell, antiviral
stark antimykotisch
neurotonisch
uterotonisch
aphrodisisch
leicht spasmolytisch
immunmodulatorisch (Linalool-Typ)
kardiotonisch (Geraniol-Typ)
Hauptindikationen
Enterokolitis, Stomatitis
Gastritis
Urethritis, Vaginitis
(spastische) Bronchitis (auch bei Kleinkindern)
Bronchopneumonie
nervöse Erschöpfung
Nebenwirkungen
keine, sehr verträgliches Öl

Thymus vulgaris, *Chemotyp Thujanol*

Thymian
Pflanzenteil: blühendes Kraut
Herstellungsverfahren: Wasserdampfdestillation
Pflanzenfamilie: Lamiaceae

Inhaltsstoffe
Monoterpene
Myrcen
γ-Terpinen
Monoterpenole
(+)-trans-Thujanol-4
(+)-Terpinen-1-ol-4
cis-Myrcenol-8
(–)-Linalool
Quelle: 1

Wichtige Eigenschaften
sehr stark antiviral
stark antibakteriell (besonders Chlamydien)
immunmodulatorisch (erhöht IgA)
stimuliert Hepatozyten
neurotonisch
ausgleichend auf ZNS
hormonähnlich/antidiabetisch
Hauptindikationen
Sinusitis, Rhinopharyngitis
Rhinitis, Otitis
Stomatitis, Tonsillitis
Bronchitis, Alveolitis
Grippe
leichte Leberinsuffizienz
Enterokolitis
Vaginitis, Zervizitis, Salpingitis
Endometriose, Zystitis
Urethritis, Prostatitis, Tendinitis
Kondylome
Arthrose
Asthenie
Nebenwirkungen
bei normaler Verwendung keine bekannt

Thymus vulgaris, *Chemotyp Thymol und Carvacrol*

Thymian (Phenoltyp)
Pflanzenteil: blühendes Kraut
Herstellungsverfahren: Wasserdampfdestillation
Pflanzenfamilie: Lamiaceae

Inhaltsstoffe
Monoterpene
22,5 % p-Cymen
17,3 % γ-Terpinen
1,9 % β-Pinen
1,9 % β-Myrcen
1,6 % α-Thujen
1,6 % α-Terpinen
0,9 % Limonen
0,8 % α-Pinen
0,3 % Camphen
0,2 % α-Phellandren
0,2 % Terpinolen
0,1 % δ-3-Caren
Sesquiterpene
4,4 % Caryophyllen
0,2 % allo-Aromadendren
Monoterpenole
1,8 % Linalool

0,8 % Terpineol-4
0,5 % Borneol
0,3 % α-Terpineol
Phenole
36 % Thymol und Carvacrol
Oxide
1,9 % 1,8-Cineol
Quelle: Primavera Life

Wichtige Eigenschaften
stark antiinfektiös (Breitband)
besonders auf bronchopulmonales System
stark analgetisch
stark immunmodulatorisch
stimulierend
Hauptindikationen
chronische Infektionen
Arthrose
rheumatische Schmerzen
Husten
(postinfektiöse) Asthenie
Nebenwirkungen
stark hautreizend, niemals pur auf die Haut auftragen. **Mailhebiau** rät von Inhalationen und der Raumbeduftung mit diesem Thymian ab

Trachyspermum ammi, Carum copticum

Ajowan
Pflanzenteil: Früchte (Samen)
Herstellungsverfahren: Wasserdampfdestillation
Pflanzenfamilie: Apiaceae

Inhaltsstoffe
Monoterpene
18–20 % γ-Terpinen
20–24 % p-Cymen
Phenole
40–50 % Thymol
5–7 % Carvacrol
Quelle: 5

Wichtige Eigenschaften
stark antiinfektiös
analgetisch
tonisierend
karminativ
aphrodisisch
Hauptindikationen
Dyspepsie
infektiöse Kolitis, Diarrhö
Rhinitis, Bronchitis
Nebenwirkungen
haut- und schleimhautreizend, nicht für Kleinkinder geeignet

Valeriana officinalis

Baldrian
Pflanzenteil: Wurzel
Herstellungsverfahren: Wasserdampfdestillation
Pflanzenfamilie: Valerianaceae

Inhaltsstoffe
Monoterpene
α-Pinen
(–)-Camphen
Limonen
Sesquiterpene
Azulen
Monoterpenole
α-Terpineol
Ketone
Valeranon (je nach Chemotyp)
Ester
Bornylacetat
Bornylisovalerat
Eugenylisovalerat
Oxide
Maalioloxid
Säuren
Isovaleriansäure
Quelle: 1, 3

Wichtige Eigenschaften
stark sedativ
schlaffördernd
spasmolytisch
aquaretisch
epithelisierend
hautpflegend
Hauptindikationen
Neurasthenie
Schlafstörungen
Unruhe, Nervosität
nervöse Verdauungsstörungen
zur Hautpflege
Nebenwirkungen
allergische Reaktionen sind möglich

Anmerkung
Valeriana wallichii („indischer Baldrian") enthält als Hauptbestandteil die Sesquiterpenole α-, β- und γ-Patchoulol, ferner Maaliol und das Sesquiterpenketon Valeranon.

Vetiveria zizanoides

Vetiver
Pflanzenteil: Wurzel
Herstellungsverfahren: Wasserdampfdestillation
Pflanzenfamilie: Poaceae

Inhaltsstoffe
Monoterpenole
3,75 % Terpineol-4
Sesquiterpene
10 % Calaren/Gurjunen
4 % α-Longipinen
4 % γ-Selinen
2 % α-Humulen
Vetiven
Triclovetiven
Vetiazulen
Sesquiterpenole
10 – 15 % Khusimol
12,1 % Bicyclovetiverol
3,3 % Tricyclovetiverol
Sesquiterpenketone
3,9 % α-Vetivon
3 % β-Vetivon
Ester
Vetiverolacetat
Säuren
Vetivensäure
Palmitinsäure
Benzoesäure
Quelle: 2

Wichtige Eigenschaften
immunmodulatorisch
drüsen- und kreislaufstimulierend
arterielles und venöses System stimulierend
sehr hautpflegend
emmenagog
spasmolytisch
parasympathikoton
sedativ
stark psychisch „erdend"
Hauptindikationen
Immunschwäche, Infektanfälligkeit
Pankreasinsuffizienz
Koronariitis
Amenorrhö, Oligomenorrhö
reife, faltige Haut
Wunden, Akne
Stress-Symptome
Anspannung, Asthenie
Schlafstörungen
sexuelle Traumata
Frigidität, Impotenz
Nebenwirkungen
keine bekannt

Vitex agnus-castus

Mönchspfeffer, Keuschlamm
Pflanzenteil: Früchte oder/und Blätter
Herstellungsverfahren: Wasserdampfdestillation
Pflanzenfamilie: Verbenaceae

Inhaltsstoffe
Monoterpene (etwa 50 %)
6,58 % Limonen
5,89 % β-Myrcen
5,4 % Sabinen
4,49 % α-Pinen
Monoterpenole
18,41 % α-Terpineol
Oxide
6,78 % 1,8-Cineol
Andere
20 % unbekannt
17,46 % unbekannt
Quelle: Schnaubelt 2000

Wichtige Eigenschaften
progesteron-ähnlich
Hauptindikationen
Dysmenorrhö
PMS
Fertilitätsstörungen
Menopausensymptome
Schweißausbrüche
Zysten
Nebenwirkungen
dieses hoch wirksame Öl sollte nicht ohne fachliche Aufsicht eingesetzt werden; es kann von Kopfschmerzen über Übelkeit, Ekzeme und Albträume auslösen und auch die Wirkung der Antibabypille stören (Lucks, Sorensen und Veal 2002)

Zingiber officinale

Ingwer
Pflanzenteil: (getrocknetes) Rhizom
Herstellungsverfahren: Wasserdampfdestillation
Pflanzenfamilie: Zingiberaceae

Inhaltsstoffe
Monoterpene
8 % Camphen
4,2 % α-Phellandren
3,1 % Limonen
2,5 % α-Pinen
0,9 % Myrcen
0,4 % β-Pinen
0,1 % p-Cymen
Sesquiterpene
30–56 % Zingiberen
0–13,8 % β-Farnesen
0–11,6 % α-Farnesen
9 % β-Sesquiphellandren
8 % ar-Curcumen
7 % γ-Bisabolen
0,6 % Germacren B
0,3 % trans-β-Farnesen
0,2 % β-Elemen
0,1 % β-Caryophyllen
0,1 % α-Copaen
Spuren diverser Sesquiterpene
Monoterpenole
2 % Citronellol
0,6 % Linalool
Sesquiterpenole
0,8 % Nerolidol
0,6 % β-Eudesmol
0,4 % Zingiberol
0,4 % trans-β-Sesquiphellandrol
0,2 % Elemol
Monoterpen-Aldehyde
0,9 % Geranial
0,5 % Neral
0,4 % Citronellal
Aliphatische Aldehyde
Butanal
2-Methylbutanal
3-Methylbutanal
Pentanal
Aliphatische Ketone
0,2 % Methylheptenon
0,1 % 2-Hexanon
0,1 % 2-Heptanon
0,1 % 2-Nonanon
Aceton
Crypton
Carvotanaceton
Andere
Undecan, Dodecan, Hexadecan, Toluen
2-Butanol, 2-Heptanol, 2-Nonalol
2-Methyl-but-3-en-2-ol
Quelle: 1, 3

Wichtige Eigenschaften
stark karminativ, verdauungsfördernd
aphrodisisch
sexuell tonisierend
analgetisch
expektorativ
Hauptindikationen
(Reise-) Übelkeit
Meteorismus
Dyspepsie
Obstipation
Appetitlosigkeit
Durchfall
Krämpfe der Verdauungsorgane
Impotenz
Zahnschmerzen
Rheumatismus, Muskelschmerzen
Verstauchung, Zerrung, Muskelkater
(chronische) Bronchitis, Husten
Erkältung, Grippe
Asthenie
Nebenwirkungen
bei normaler Dosierung des *destillierten* Öles keine, beim *CO_2-extrahierten* Öl Haut- und Schleimhautreizungen; bei Blutgerinnungsstörungen sowie gleichzeitiger Verabreichung von ASS oder *Heparin* sollte Ingweröl mit Vorsicht verwendet werden, da es mutmaßlich die Aktivität der Thrombozyten verlangsamt

Quellen:

Ich danke den Firmen Aroma-Impulse, Bahnhof-Apotheke, Feeling, Farfalla, Golgemma, Light-of-Nature, Neumond, Primavera Life und Rottaler Aromaöle für die Bereitstellung der Analysen.
1 Franchomme und Pénoël 1990
2 Price und Price 1995
3 Lawless 1996
4 Wabner, Hammer-Klafke und Zimmermann 1999
5 Balacs und Tisserand 1995
6 Mailhebiau 1994

3

Teil 4 Anhang

Aromatherapie als Beruf

In Deutschland wird oft der Gebrauch von ätherischen Ölen, egal welcher Herkunft, recht undifferenziert Aromatherapie genannt. Es gibt jedoch viele Anwendungsmöglichkeiten von ätherischen Ölen, die mit *Therapie* nichts zu tun haben, wie zum Beispiel in der Pflege und Kosmetik, in der Nahrungsmittelindustrie, in der Wohn- und Geschäftsraumbeduftung.

Aromatherapie wird seit den Vierzigerjahren des 19. Jahrhunderts von französischen Ärzten praktiziert (siehe „Bekannte Autoren der Aromatherapie"). Der Begriff ist ganz wörtlich zu verstehen, da es sich um eine Therapieform mit natürlichen duftenden Substanzen, nämlich ätherischen Ölen aus Pflanzen, handelt. Seinerzeit waren bereits viele Inhaltsstoffe der Öle und deren Wirkung auf den menschlichen Organismus bekannt.

Inwieweit die Wahl des Begriffes *Aroma* glücklich war, sei dahingestellt, stellt doch dieses Wort den Geschmackssinn in den Vordergrund. Da dieser jedoch engstens mit dem Geruchssinn verbunden ist und da die ätherischen Öle von Ärzten (in Frankreich) hauptsächlich zur oralen Einnahme verordnet werden, ist der Name Aromatherapie dennoch nachvollziehbar.

Aromatherapie in Frankreich

In Frankreich benötigt der phytotherapeutisch orientierte Arzt eine spezielle Fachausbildung zum Aromatherapeuten, um als solcher praktizieren und abrechnen zu dürfen. Oftmals werden **Homöopathie** und Aromatherapie kombiniert angewendet, auch andere phytotherapeutische Mittel wie Urtinkturen werden gleichzeitig verabreicht.

Mithilfe des selbst oder in Laboren hergestellten **Aromatogramms** können Arzt oder Ärztin sehr gezielt und effektiv gegen Infektionskrankheiten vorgehen. Neben einem großen Fundus an Aromatogrammen existieren mittlerweile viele klinische Studien über Behandlungserfolge mit ätherischen Ölen, so dass der Behandler auf vielfältige und seriöse Dokumentationen zurückgreifen kann.

Besonders Erfolg versprechend sind neben Behandlungen von diversen Infektionen die Therapie von Erkrankungen des Atemtraktes, des Verdauungs- und Urogenitaltraktes und von konventionell kaum behandelbaren Hautkrankheiten. Ein auf dem Gebiet der Aromatherapie spezialisierter Mediziner kann in den meisten Fällen auf die Verschreibung von Antibiotika verzichten (Franchomme und Pénoël 1990).

Verkauf von ätherischen Ölen

Viele natürliche ätherische Öle können in Frankreich wie andere Medikamente verschrieben werden, sie sind schließlich ein pharmakologisch wirksames Vielstoffgemisch. Während ein Teil der ätherischen Öle frei verkäuflich ist, unterliegen andere der Verschreibungspflicht, zum Beispiel Zeder, wobei hier vermutlich aufgrund eines Missverständnisses die harmlose Atlaszeder (Cedrus atlantica) mit den so genannten „Amerikanischen Zedern" („Cedar" = Juniperus sabina/virginiana/texana) verwechselt wurde. Weitere verschreibungspflichtige Öle sind: Wermut (Artemisia absinthum), Ysop (Hyssopus officinalis), Salbei (Salvia officinalis), Thuja (Thuja occidentalis) und Rainfarn (Tanacetum vulgare).

Ansonsten kann man in gut sortierten Naturkostläden ätherische Öle von hervorragender Qualität kaufen.

Aromatherapie in Großbritannien

Der eigenständige Beruf des Aromatherapeuten existiert in Deutschland noch nicht, im Gegensatz zu Großbritannien, wo dieser als ein medizinischer Beruf definiert ist (mit bestimmten Einschränkungen natürlich). Vielleicht ist er am ehesten mit dem deutschen Heilpraktiker zu vergleichen. Bedingt durch das anders aufgebaute Gesundheitssystem gibt es in Großbritannien jedoch keine Probleme der Kostenübernahme bei aromatherapeutischen Behandlungen durch qualifizierte und registrierte Aromatherapeutinnen (dort ein fast reiner Frauenberuf). Die Verhandlungen über die staatliche Anerkennung ziehen sich, sehen jedoch sehr positiv aus.

Ende der Siebzigerjahre erweiterten in England Angehörige der kosmetischen und physiotherapeutischen Berufe ihre Arbeit um aromatherapeutische Anwendungen, so dass es sich hier insbesondere um pflegende und im gesundheitlichen Sinne vorbeugende Behandlungen handelte.

Zunächst wurden neben der Wirkung von ätherischen Ölen vor allem Massagetechniken gelehrt. Mittlerweile umfassen die Ausbildungskurse in seriösen Instituten 200 bis 300 Stunden; es werden Anatomie, Physiologie, Massage, Biochemie, Berufskunde und natürlich alles rund um die ätherischen Öle gelehrt. Diese werden in der praktischen Tätigkeit vor allem äußerlich angewendet; es werden jedoch auch Inhalationen und Mundspülungen gemacht sowie Zäpfchen verabreicht. Im Vordergrund der Behandlungen stehen die Behebung von Disstress und nervösen Spannungen jeden Ursprungs.

Verkauf der ätherischen Öle

Ätherische Öle werden in der „British Pharmacopoeia“ (vergleichbar dem DAB, Deutsches Arzneibuch) als traditionelle Heilmittel aufgelistet, jedoch nicht als apothekenpflichtige Arzneimittel verkauft. Ein Aromatherapeut kann sie einem ihm bekannten Patienten verschreiben. Auf dem Produkt müssen dessen Name sowie Name und Adresse des Behandlers stehen sowie eine Dosierungsanleitung. Ätherische Öle dürfen auch außerhalb von Apotheken verkauft werden, dann jedoch ohne jedes medizinische Heilungsversprechen.

Aromatherapie in Deutschland

Bei Aromatherapie handelt es sich streng genommen um eine Arbeit am Menschen, die – zumindest nach deutscher Rechtsprechung – nur Angehörigen der medizinischen Berufe vorbehalten ist, also Ärzten und Ärztinnen sowie Heilpraktikern und Heilpraktikerinnen.

Der Begriff „Aromatherapeutin“ ist als Berufsbezeichnung in Deutschland nicht geschützt – jeder könnte sich so nennen –, sie dürfte dann aber nicht unbedingt therapieren = heilen. Insofern ist diese Berufsbezeichnung nach heutigen Gesetzen für Nichtmediziner sinnlos. Was als heilende Tätigkeit gilt, wird vom Heilpraktikergesetz bestimmt.

Heilpraktikergesetz

Das Heilpraktikergesetz, Gesetz über die berufsmäßige Ausübung der Heilkunde ohne Bestallung vom 17. 2. 1939 (HPG) regelt eindeutig:

> § 1 (1) Wer die Heilkunde, ohne als Arzt bestallt zu sein, ausüben will, bedarf dazu der Erlaubnis.
> (2) Ausübung der Heilkunde im Sinne dieses Gesetzes ist jede berufs- oder gewerbsmäßig vorgenommene Tätigkeit zur Feststellung, Heilung oder Linderung von Krankheiten, Leiden oder Körperschäden bei Menschen, auch wenn sie im Dienste von anderen ausgeübt wird.
> (3) Wer die Heilkunde ... ausüben will, erhält die Erlaubnis nach Maßgabe der Durchführungsbestimmungen, er führt die Berufsbezeichnung „Heilpraktiker“.
> § 2 (1) Wer die Heilkunde, ohne als Arzt bestallt zu sein, bisher berufsmäßig nicht ausgeübt hat, kann eine Erlaubnis nach § 1 in Zukunft erhalten.
> § 5 Wer, ohne zur Ausübung des ärztlichen Berufs berechtigt zu sein und ohne eine Erlaubnis nach § 1 zu besitzen, die Heilkunde ausübt, wird mit Freiheitsstrafe bis zu einem Jahr oder mit Geldstrafe bestraft.

Die Aromamassagen und Aromaberatungen darf also jeder ausführen, solange man **keine therapeutischen Versprechen** dazu äußert und auch keine medizinischen Wirkungen irgendeiner Art suggeriert.

Aromamassage

Geschützt sind die Begriffe „medizinische Massage" und die Berufsbezeichnungen „Masseur" oder „Masseurin". Diese sind durch das „Gesetz über die Berufe in der Physiotherapie" vom 26. 5. 1994 (BGBl. I S. 1084) geregelte Ausbildungsberufe. Dazu ist die erfolgreiche Teilnahme an einem zweijährigen Lehrgang an einer staatlich anerkannten Schule erforderlich sowie die Ableistung einer praktischen Tätigkeit von sechs Monaten Dauer. Nicht geschützt ist hingegen die Tätigkeit des Massierens.

Kosmetikerinnen, deren Ausbildung bislang noch nicht staatlich geprüft werden muss, dürfen Ganzkörpermassagen anbieten und ausführen. Auch in Hotels werden nichtmedizinische Massagen zur Entspannung angeboten. Für ganz unsichere Menschen sei hier noch angemerkt, dass selbst Angehörige diverser Rotlichtmilieuberufe ihr Geld völlig legal mit „Massagen" verdienen dürfen.

Eine **Diagnose** dürfen weder Aromamasseurinnen noch Aromapraktikerinnen stellen, denn dies ist definiert als der erste Schritt zu einer therapeutischen Behandlung. Gleiches gilt für die **Anamnese**, die eine Befunderhebung darstellt. Ein **Vorgespräch** jedoch darf und soll durchaus geführt werden, um auszuschließen, dass die Klientin an einer Krankheit leidet, welche die Anwendung von (bestimmten) ätherischen Ölen verbietet.

Die Tätigkeit „**Behandeln**" ist nicht den Ärzten vorbehalten, eine Kosmetikerin darf ihre Kundinnen auch in ihrer Kosmetikpraxis behandeln, dies tut auch die Fußpflegerin.

Eindeutig ist in Deutschland geregelt, dass man jemanden gegen Bezahlung massieren darf, wenn dies der **Entspannung** dient. Stellvertretend für andere Stellungnahmen zu diesem Thema sei hier eine Aussage aus dem Regierungspräsidium in Darmstadt vom 16. Juli 1999 zitiert: „... handelt es sich hier um eine Massagedienstleistung, die sich an gesunde Menschen richtet und zu reinen Entspannungszwecken (Wellnessbereich) durchgeführt wird. Dafür ist weder eine staatliche Anerkennung als Masseur, noch eine Heilpraktikererlaubnis erforderlich" (Leder und von Kalckreuth 1999). Ausführliche Informationen hierzu sind nachzulesen auf der Website von **Frank Boaz Leder** und **Kali Sylvia Gräfin von Kalckreuth** www.touchlife.de/rechtsgrundlagen.htm.

> Es ist also aus juristischen Gründen wichtig, die Aromamassage als Dienstleistung am **gesunden Menschen** zu deklarieren, für die die Klientin aus eigener Tasche bezahlt. Es dürfen keinerlei Krankheiten, Körperleiden oder Körperschäden behandelt, sondern nur folgende Bereiche abgedeckt werden (mit denen auch geworben werden kann): Wellness, Schönheit, Prophylaxe, Gesundheitsbegleitung, Gesundheitsberatung, Entspannungsmassage, Wohlbefindemassage, Gesundmassage, intuitive Massage, Fitnessmassage, Stressmanagement usw. Man spricht von vorbeugenden, kosmetischen, entspannenden, stressvermindernden und pflegenden Anwendungen.

Dementsprechend ist es in Deutschland auch möglich, sich eine selbständige Existenz mit einer erfolgreichen Aromapraxis aufzubauen, ohne die Heilpraktikerprüfung abgelegt zu haben. Dieser Beruf füllt die immens wichtige Lücke, die das heutige Gesundheitssystem stets vergrößert: Den Menschen als Ganzheit zu sehen und ihn im Prozess der inneren und äußeren Genesung weiterhin zu unterstützen. Viele eigentlich schwer kranke Menschen werden als „gesund" – also ohne medizinische Befunde – aus der medizinisch-ärztlichen Obhut entlassen. Hier können die ätherischen Öle samt der helfenden Hand im oben genannten Sinne unterstützen, pflegen, fit machen, begleiten.

Aromatherapie im Krankenhaus

In immer mehr deutschen Krankenhäusern wird bereits erfolgreich mit ätherischen Ölen gearbeitet. Je nach Zusatzausbildung der Krankenpflegerinnen geschieht dies unter Aufsicht der entsprechenden Ärzte oder der Stationsschwestern. Der Einsatz von natürlichen ätherischen Ölen im klinischen Bereich hat mehrere Vorteile:

- **Pathogene Keime** können „in Schach" gehalten oder gar ausgeschaltet werden.

- Viele ätherische Öle haben **immunmodulatorische** Wirkungen und stabilisieren so den Gesundheitszustand von Patientinnen und Personal.
- Einige ätherische Öle wirken stark **sedativ** und anxiolytisch und tragen zur Genesung der gestressten und ängstlichen Patientinnen bei.
- Bei Anwendung im Raum wird der Stressfaktor „Krankenhausgeruch" gemildert und gleichzeitig erfolgt eine gewisse **Luftdesinfektion** der Räumlichkeiten. Insbesondere in der Psychiatrie, Onkologie und in der Geburtshilfe sind hier Mut machende Resultate zu beobachten.
- Gezielter Einsatz von ätherischen Ölen beispielsweise bei Pseudomonas-aeruginosa-Infektionen beschleunigt die Heilung und hilft Patienten und Pflegekräften, besser mit dem meist als peinlich empfundenen **Geruch** zurechtzukommen. Das gilt natürlich auch bei sonstigen Langzeitpatientinnen, die sich durch die eingeschränkten Hygienemöglichkeiten oft „nicht mehr riechen" können. Hier können Waschungen und Bäder sehr hilfreich sein.
- Manche ätherische Öle und im Idealfall noch zusätzlich einfache (Teil-) Massagen oder Einreibungen können ergänzend zu **Medikamenten** wie beispielsweise Kopfschmerzmitteln, Schlaftabletten, Dekubitus-Prophylaxe-Produkten, Aknesalben, Expektoranzien und Carminativa eingesetzt werden oder sie gar ersetzen – und das zu einem oft geringeren Preis –, in Zeiten des Spardrucks im Gesundheitssystem sicherlich ein wichtiger Faktor.
- Nicht zuletzt ermöglicht die Anwendung ätherischer Öle eine menschlichere **Zuwendung** den Patientinnen gegenüber. Denn es ist fast nicht möglich, die Öle lieblos und mechanisch einzusetzen. Zudem können so Krankenpflegerinnen wieder mehr Freude und Erfüllung im Beruf finden.

Ein neuer Beruf?

In Deutschland wird versucht, den „Aromatherapeuten/die Aromatherapeutin" als eigenständigen Beruf zu etablieren als eine Art **Gesundheitsberaterin** mit pflegendem/kosmetischem Hintergrund, die im Idealfall eine ärztliche/heilpraktische Behandlung begleitet und unterstützt. Man muss sich allerdings eine Berufsbezeichnung zulegen, die das Wort „Therapeutin" vermeidet.

Es ist in Deutschland nicht verboten, Menschen bei der Pflege und Erhaltung ihrer Gesundheit zu beraten und zu unterstützen; viele Bereiche der Aromatherapie bieten ausgezeichnete Möglichkeiten. Der Übergang zwischen Pflege und medizinischer Behandlung ist freilich in vielen Bereichen fließend.

Zum Beispiel bei Hauterkrankungen: Ist eine bewusst gewählte und angewandte „Kosmetik" aus ätherischen Ölen noch Pflege und Schutz oder bereits eine heilende Behandlung? Ist eine Sequenz von entspannungsfördernden Massagen des Rückens mit nachweislich stimmungsaufhellenden Ölen und beruhigenden Worten bereits eine Psychotherapie?

Masseurinnen und **Physiotherapeutinnen** verwenden heutzutage schon relativ häufig ätherische Öle, um ihre Behandlungen zu intensivieren. Bei vielen niedergelassenen deutschen **Hebammen** ist der gezielte Einsatz von ätherischen Ölen vor, während und nach Entbindungen nicht mehr wegzudenken (Stadelmann 1994 und 2001).

Aufgeschlossene **Erzieherinnen**, vor allem in heilpädagogischen Einrichtungen, und auch **Altenpflegerinnen** finden durch ätherische Öle bereits enorme Unterstützung in ihrer Arbeit. Nicht nur sie selbst finden mehr Kraft, Motivation und Ausdauer, sondern auch ihre Schützlinge können durch relativ unkomplizierten Einsatz der Öle oftmals überraschend positiv beeinflusst werden.

Auch bei Kosmetikerinnen, Fußpflegerinnen und Friseurinnen werden die ätherischen Öle hierzulande immer beliebter. Diese eher sporadischen oder unsystematischen Einsätze sind jedoch noch keinesfalls eine ganzheitliche Aromatherapie.

Es sollte bei allen gesetzlichen Grauzonen dennoch selbstverständlich sein, dass jemand, der in Deutschland wie ein britischer Aromatherapeut arbeiten und eine Praxis eröffnen möchte, ausreichend Grundkenntnisse über die Vorgänge im menschlichen Körper haben muss.

Voraussetzungen für die Tätigkeit in der Aromatherapie:
Es muss unbedingt gewährleistet sein, dass diese Person verantwortungsbewusst genug ist zu erkennen, wen und welche Beschwerden sie mit ätherischen Ölen behandeln kann und darf und in welchen Fällen der Klient an Arzt oder Heilpraktikerin verwiesen werden muss. Sie muss über ausreichend Kenntnisse zum biochemischen Aufbau, den Wirkungsweisen und den Nebenwirkungen der ätherischen Öle verfügen. Zudem sollte sie für Beratungen, die den Gesundheitszustand des ganzen Menschen betreffen, ein breites Wissensspektrum über Gesundheitsvorsorge, Ernährung, Bewegung/Ruhe, andere komplementäre Therapien etc. haben.

Bevor sich eine Aromapraktikerin selbständig macht, ist es auch wichtig, fundierte Kenntnisse in **Erster Hilfe** zu erwerben. Hierzu kann man qualifizierte und preiswerte Kurse beim Roten Kreuz und ähnlichen lokalen Institutionen oder auch in Volkshochschulen besuchen. Auch die preiswerte, etwa einmonatige Ausbildung zur „Schwesternhelferin" mit dazugehörigem Praktikum erleichtert den Umgang mit Mensch und Gesundheit (zum Beispiel beim Johanniter- oder Malteser-Hilfsdienst).

Im Falle einer Spezialisierung auf ein bestimmtes Gebiet, zum Beispiel der Arbeit mit Schwangeren, ist es ratsam, entsprechende Kurse oder Weiterbildungsmöglichkeiten zu nutzen (siehe Adressen).

Ausbildungsmöglichkeiten in deutscher Sprache

Seit dem ersten Erscheinen dieses Buches hat sich bezüglich der seriösen Ausbildungsmöglichkeiten in Deutschland nicht viel verändert. Nur an wenigen Instituten findet man ausführliche, aufeinander aufbauende Lehrgänge mit mindestens 150 Präsenzstunden. Einen einheitlichen Lehrstoff gibt es noch nicht, doch in den wesentlichen Inhalten überschneidet sich das Angebot der nebenstehend genannten Institute.

Allerdings hat sich durch das Internet ein undurchschaubarer Markt an „Fernkursen" gebildet; so kann man beispielsweise eine „Ausbildung" samt hübschem auf den eigenen Namen ausgestellten Zertifikat für ca. 20 Euro bei Ebay ersteigern.

AiDA Aromatherapy International hat sich seit 1992 mit einer Ausbildung, die sich am britischen Curriculum orientiert, etabliert. In einer 200-Stunden-Ausbildung, die sich in der Regel über zwei Jahre (10 – 14 Wochenenden) verteilt, werden Aromatologie, Botanik, Biochemie und Aromamassage erlernt. Praktische und theoretische Aufgaben für zu Hause vertiefen das Wissen. Exkursionen zu Botanischen Gärten oder Destillationsbetrieben vertiefen den Kontakt zu den lebendigen Aromapflanzen. Nach bestandener Abschlussprüfung erhält man ein Zertifikat und darf sich „Aromapraktikerin" nennen.

Das **Freie Institut für Aromatherapie** in Köln richtet sich mit seiner 150-Stunden-Ausbildung auch nach britischen Vorgaben, die **Heilpflanzenschule Phytaro** in Dortmund bietet eine 140-Stunden-Ausbildung an.

Im Institut **Aroma Impulse** im Schwarzwald nennt sich der Abschluss eines drei Wochenenden umfassenden Kurses „Kompaktfortbildung in potenzialorientierter Aromafachberatung".

In der **Arven-Schule für Heilpflanzenkunde, Aromatherapie und Wildniswissen** in Sulzberg finden unterschiedliche Einzelkurse zu Aromamassage und Heilpflanzen statt. Im **Institut für Lebendige Aromakunde** in Berlin wird neben den klassischen Kursinhalten viel Wert auf die psychologische Bedeutung der ätherischen Öle gelegt. Die Firmen **Farfalla** in der Nähe von Zürich und **Primavera** in Sulzberg sowie die **Bahnhof-Apotheke** in Kempten bieten eine große Auswahl an Einzelkursen, die nach einer vorgeschriebenen Pflichtbelegung mit Abschlussprüfung und Zertifikat abgeschlossen werden können.

Verkauf der ätherischen Öle

Ätherische Öle werden in Deutschland buchstäblich überall verkauft: in Supermärkten, Haushaltswarengeschäften, Einrichtungshäusern, Hifi-Läden, Flohmärkten, Buchhandlungen, Drogerien,

Parfümerien, Apotheken, Esoterik-Shops, Bioläden und in Fachgeschäften für natürliche Duftstoffe und Naturkosmetik.

Viele dieser Öle verfügen jedoch nicht über eine nachvollziehbare Qualität zur Behandlung am Menschen; oft sind sie „naturidentisch" (= synthetisch) oder gar Phantasiekreationen der großen Düfteehersteller. Die Beratung ist auf Flohmärkten und in branchenfremden Geschäften meist haarsträubend schlecht oder irreführend; selbst in Fachgeschäften herrschen oft erschreckende Wissenslücken.

Es gibt im Bereich des Verkaufs der offenen ätherischen Öle Verwirrung, da ätherische Öle – auch diejenigen von allerbester therapeutischer Qualität – vom **Lebensmittel- und Bedarfsgegenständegesetz** (s. u.) geregelt werden. Das kann beispielsweise ein Öl, das die „Frühlingsfrische" in den Putzeimer zaubern soll, eine Essenz zum Aufpeppen eines Cola-Getränkes oder Kaugummis sein. Es wird von diesem Gesetz kein Unterschied in der Qualität gemacht; die Produkte können synthetisch sein oder aus kontrolliert biologischem Anbau; sie dürfen nur nicht gesundheitsschädlich sein, wenn sie bestimmungsgemäß angewendet werden.

Streng genommen dürfen diese Öle nicht großflächig mit dem Körper in Berührung kommen, denn dann würde es sich um kosmetische Produkte handeln, deren Einsatz und deren Unbedenklichkeit von der europäischen **Kosmetikverordnung** kontrolliert werden.

Für therapeutische Anwendungen sind – zumindest streng nach dem **Arzneimittelgesetz** – DAB-Öle in Apotheken und Drogerien zu kaufen sowie Fertigarzneimittel, die ätherische Öle enthalten. Insgesamt sind es über 2000 Mittel, die in deutschen Apotheken erhältlich sind. So können wir beispielsweise zwischen 566 Mitteln wählen, die Eukalyptus enthalten; auf je 170 verschiedene Produkte kommen wir bei Wacholder-, Kümmel-, Rosmarin- und Minzepräparaten; den beliebten Thymian finden wir in über 80 Zubereitungen. Fichten- und Kiefernöle kommen in jeweils etwa 70 Mitteln vor und die Anzahl von Zimt-, Fenchel-, Nelken-, Lavendel-, Zitronen- und Melissenmedikamenten übersteigt immer noch jeweils fünfzig (Carle 1993).

Arzneimittelgesetz

Offene ätherische Öle gelten je nach Definition durch die Aufschrift auf der Verpackung mal als Arzneimittel und mal auch nicht.

In der gesetzlichen Grundlage für den „Nachweis der Sachkenntnis im Einzelhandel mit freiverkäuflichen Arzneimitteln" (§ 2 und § 3 AMG) ist festgelegt:

Freiverkäufliche Pflanzen und Pflanzenteile (= Arzneidrogen, „Heilkräuter"), Begriffsdefinition:

> „Unter pflanzlichen Drogen (Vegetabilien) versteht man: getrocknete und damit haltbar gemachte Arzneipflanzen, getrocknete Pflanzenteile (Blätter, Blüten, Früchte, Kraut, Rinde, Wurzel, Wurzelstock) und Pflanzenbestandteile, die keine Organstruktur mehr aufweisen (**ätherische Öle**, fette Öle, Harz, Aloe, Agar Agar) bzw. Pflanzeninhaltsstoffe (Menthol, Azulen, Flavonoide)."

Die hier aufgeführten Teile und Stoffe unterliegen somit oben genanntem **Sachkundenachweis**. Das heißt: Möchte jemand diese verkaufen, muss er die Prüfung zur Erlangung dieses Sachkundenachweises („Drogenschein") bei der örtlichen Industrie- und Handelskammer ablegen.

Aufgrund der Apothekenpflicht bei bestimmten Arzneimittelwirkungen fürchten die Vertreiber und Verkäufer von ätherischen Ölen um ihre Einnahmequelle, da viele Öle unter anderem über die aufgeführten Wirkungen verfügen:

> „Generell sind Arzneimittel, die teilweise oder ausschließlich zur Beseitigung, Linderung oder Verhütung von Krankheiten oder Leiden bestimmt sind, vom Verkehr außerhalb von Apotheken ausgeschlossen, wenn sie chemische Verbindungen sind, denen nach den Erkenntnissen der medizinischen Wissenschaft eine antibiotische, blutgerinnungsverzögernde, histaminwidrige, hormonartige, cholinergische oder adrenergische Wirkung auf den menschlichen oder tierischen Körper zukommt. Dies gilt gleichermaßen auch für Arzneimittel, denen solche chemische Verbindungen zugesetzt sind" (§ 43 AMG).

Hier findet sich die Lücke: Durch die Formulierung **„nach den Erkenntnissen der medizinischen Wissenschaft“** können die ätherischen Öle bislang nicht als Arzneimittel wirken, da deren Wirkungen noch nicht wissenschaftlich *anerkannt* sind, obwohl vieles schon untersucht und dokumentiert ist.

§ 44 regelt **die Ausnahme von der Apothekenpflicht**:

> (1) Arzneimittel, die von dem pharmazeutischen Unternehmer ausschließlich zu anderen Zwecken als zur Beseitigung oder Linderung von Krankheiten, Leiden, Körperschäden oder krankhaften Beschwerden zu dienen bestimmt sind, sind für den Verkehr außerhalb der Apotheken freigegeben.
> (2) Ferner sind für den Verkehr außerhalb der Apotheken freigegeben:
> *An dieser Stelle folgt eine Aufzählung von Mineral- und Heilwässern, Heilerde, Pflaster und Binden, Desinfektionsmittel*
> ... 3. mit ihren verkehrsüblichen deutschen Namen bezeichnete
> a) Pflanzen und Pflanzenteile, auch zerkleinert,
> b) Mischungen aus ganzen oder geschnittenen Pflanzen oder Pflanzenteilen als Fertigarzneimittel,
> c) **Destillate aus Pflanzen und Pflanzenteilen**,
> d) Presssäfte aus frischen Pflanzen und Pflanzenteilen ...

Ätherische Öle sind zudem so vielseitig einsetzbar, dass sie unter § 2 (3) AMG als **Nichtarzneimittel** definiert werden können (und meistens werden). Sie können bekanntlich als Lebensmittel (-zusatz) und als kosmetische Mittel eingesetzt werden.

> „Arzneimittel sind nicht:
> 1. Lebensmittel im Sinne des § 1 des Lebensmittel- und Bedarfsgegenständegesetzes
> 2. Tabakerzeugnisse ...
> 3. kosmetische Mittel
> 4. Stoffe und Zubereitungen aus Stoffen, die ausschließlich dazu bestimmt sind, äußerlich am Tier zur Reinigung oder Pflege oder zur Beeinflussung des Aussehens oder des Körpergeruchs angewendet zu werden ...
> 5. Gegenstände zur Körperpflege ...
> 6. Futtermittel ...“

Lebensmittel-, Bedarfsgegenstände- und Futtermittelgesetz

Im Lebensmittel-, Bedarfsgegenstände- und Futtermittelgesetzbuch (LFGB) werden Lebensmittel, Bedarfsgegenstände und Tierfutter definiert; im ersten Abschnitt §2 Absatz 6.9 finden wir die ätherischen Öle: **Mittel und Gegenstände zur Geruchsverbesserung** in Räumen, die zum Aufenthalt von Menschen bestimmt sind ...

Es wird anschließend eingeschränkt, dass diese Lebensmittel und Bedarfsgegenstände nicht Arzneimittel nach oben zitiertem AMG sein dürfen. Es ist im Gesetz also nicht vorgesehen, dass Substanzen „parfumieren“ können und gleichzeitig heilende Eigenschaften besitzen.

Im LFGB wird lediglich festgelegt, dass die Bedarfsgegenstände bei **bestimmungsgemäßem Gebrauch** für die Gesundheit unbedenklich sein müssen. Über die Qualität wird nichts gesagt.

Der Grund, warum auch ätherische Öle von allerhöchster Qualität Aufschriften wie „Zur Aromatisierung von Wohnräumen“ oder „Zur Aromapflege und -kultur“ tragen ist also in der Absicherung der Vertreiberfirmen zu suchen. Zum einen kommen auf diese Weise keine Zweifel auf, dass die Öle eventuell doch zu Therapiezwecken geeignet sein könnten, so sind sie ganz klar als Bedarfsgegenstände definiert. Zum anderen werden somit Haftungsansprüche ausgeschlossen, falls Schäden durch unsachgemäße Anwendungen am Menschen auftreten.

In Australien ist übrigens die Aufschrift noch krasser: auf einem Fläschchen Teebaum bester Qualität und Herkunft zum Beispiel steht „poison“ (Gift) samt einem bedrohlichen Totenkopf.

Aromatherapie in Österreich

In **Österreich** darf Aromatherapie im Rahmen des freien Gewerbes „Hilfestellung zur Erreichung einer körperlichen bzw. energetischen Ausgewogenheit mit Hilfe von Aromastoffen“ ausgeübt werden. Die Berufsbezeichnung lautet beispielsweise **„Aromaberaterin“**, für den Erwerb dieses Gewerbes benötigt man zurzeit keinen Befähigungsnachweis. Der Begriff „Aromatherapeutin" ist nicht zulässig. Nach derzeitiger Gesetzeslage dürfen im Rahmen dieses freien Gewerbes allerdings **keine Massagen**, Wickel oder sonstige Behandlungen durchgeführt werden, die anderen Gewerben (z.B. Kosmetiker, Masseure) zugeordnet sind. Österreichische Aromaberaterinnen beschränken Ihre Tätigkeit auf die Beratung gesunder Menschen, die auf der Suche nach mehr Wohlbefinden sind (Karner 2005). Der Verkauf von ätherischen Ölen kann überall erfolgen.

Aromatherapie in der Schweiz

In der **Schweiz** gibt es von Kanton zu Kanton sehr unterschiedliche gesetzliche Grundlagen zur Ausübung der Naturheilkunde, und damit auch der Aromatherapie; selbst die Berufsbezeichnungen differieren. Je nach Gegend werden sie als Naturärzte (Kanton Baselland), (Natur-) Heilkundige, Volksheilkundige, Laienheiler, Heilpraktiker (Appenzell-Ausserrhoden), Naturheilpraktiker (Graubünden, Thurgau, Schaffhausen, St. Gallen) oder Guaritori (Tessin) bezeichnet.

Durch die unterschiedlichen Zulassungsmöglichkeiten und Berufsbezeichnungen ist viel Bewegung auf diesem Gebiet.

In einigen Kantonen ist das berufsmäßige Ausüben der Naturheilkunde als Nichtarzt völlig untersagt (Jura, Zürich).

In anderen Kantonen steht dem natürlich Heilenden wenig im Weg, um die offizielle gesetzliche Erlaubnis zur berufsmäßigen Ausübung der Heilkunde zu erhalten. Dort ist im Gegensatz zum Mediziner die Ausbildung nicht vorgeschrieben, obwohl für die Zulassung das Bestehen einer kantonalen Zulassungsprüfung gefordert wird (z.B. Appenzell, Basel, Schaffhausen). In einigen Kantonen gibt es Zulassungen ganz ohne Prüfung (Luzern, Nidwalden), in einigen besteht lediglich eine Meldepflicht (Tessin, Zug), in einigen wird der Naturheilkundige „geduldet" (z.B. Genf, Vaud). Es wird über ein aktualisiertes Schweizerisches Heilmittelgesetz (HMG) diskutiert, in dem ein eidgenössisches Diplom vorgesehen ist.

Der Verkauf von ätherischen Ölen als Wohlfühlprodukte kann überall erfolgen.

In vielen Kliniken werden ätherische Öle eingesetzt.

Die Eröffnung einer Praxis

Behörden

Heilpraktikerinnen und Ärzte können ihr Wissen über die Aromatherapie in die Arbeit ihrer Praxis integrieren.

Jeder andere Mensch, der professionell mit ätherischen Ölen arbeiten möchte, sei es im Verkauf oder in einer Form der Behandlung, muss bei den entsprechenden Behörden seiner Gemeinde (z.B. Ordnungsamt) ein **Gewerbe** beantragen.

Titel und Tätigkeitsfeld

Für den Gewerbeschein werden die Personalien aufgenommen; zudem muss das Tätigkeitsfeld in einigen Worten umrissen werden: zum Beispiel „Pflegende Behandlungen und Verkauf von ätherischen Ölen" oder „Beratung und Massage mit ätherischen Ölen". Es ist also wichtig, sich schon vorher zu überlegen, wie genau die Tätigkeit aussehen soll. Diese Definition betrifft auch die gewählte Berufsbezeichnung und damit auch das spätere Türschild sowie alle werblichen Maßnahmen.

Beispiele für die Berufsbezeichnung

Aromapraktikerin
Dieser von „AiDA Aromatherapy International" geprägte Titel beinhaltet ein breites Arbeitsfeld mit ätherischen Ölen, das heißt sowohl die praktische Anwendung als auch die Beratung.

Aromaberaterin oder DuftberaterIn
Hier liegt der Schwerpunkt auf Beratungen.

Aromapflegerin
Hier steht die kosmetische Pflege, aber auch die Kinder-, Alten- und Krankenpflege im Mittelpunkt.

Aromabehandlerin
Dieser Begriff kann bereits an ein therapeutisches Arbeitsfeld erinnern, ist jedoch vom Gesetz her gesehen zulässig.

4

Aromatologin
Bei dieser Bezeichnung wird der forschende und wissenschaftliche Aspekt hervorgehoben.
Osmologin
Hier steht die wissenschaftliche Erforschung des Riechens im Vordergrund.
Aromatherapeutin oder Osmotherapeutin
Auch wenn diese Berufsbezeichnung nicht geschützt ist, sollte dieser Titel gemieden werden, da der medizinische Laie, wie wir im Heilpraktikergesetz gesehen haben, nicht therapieren, also heilen darf.

Arbeitet man in der Gesundheitspflege und -prophylaxe, sollte man zusätzlich zur fundierten Ausbildung im Umgang mit ätherischen Ölen (mindestens 200 Lehrstunden plus Hausaufgaben und praktische Tätigkeit) einen Lehrgang in **Erste Hilfe** absolvieren.

Möchte man die Arbeit mit ätherischen Ölen ergänzend zu einem anderen Tätigkeitsfeld einsetzen, bieten sich hier vor allem folgende Berufe an:
- Kosmetikerin
- Gesundheitsberaterin
- Fußpflegerin
- Altenpflegerin
- Krankenpflegerin
- Physiotherapeutin
- Krankengymnastin
- Fußreflexzonentherapeutin
- Ergotherapeutin
- Geburtsvorbereiterin und
- Inhaberin eines Geschäftes für Naturprodukte

Auch Astrologinnen, Farbberaterinnen und Edelsteintherapeutinnen sowie andere „alternative“ Therapeutinnen können ihre Tätigkeit mit den Ölen erweitern.

Im Rahmen von Friseursalons, Saunas und Fitnessstudios lassen sich Aromabehandlungen anbieten. Auch Volkshochschulen und andere Bildungsinstitutionen nehmen gerne ein Kursangebot in ihr Programm, in dem fundiertes Wissen vermittelt wird. Das Rote Kreuz, die Anonymen Alkoholiker, die Weight Watchers sowie andere Institutionen und Vereine sind auch immer wieder dankbar für Vorträge.

Kreativ veranlagte Menschen können freiberuflich mit Feng-Shui-Beraterinnen, Innenarchitektinnen und Messedesignerinnen zusammenarbeiten. Es können auch Ereignisse wie Kongresse, Versammlungen, Vernissagen, Hochzeitsgesellschaften beduftet werden. Hotelhallen, Museen (speziell bestimmte Themenbereiche wie zum Beispiel Mittelalter), Supermärkte, Boutiquen, Kaufhäuser, Krankenhäuser, Geburtshäuser, Kindergärten, Frauenzentren, Altenheime, (Zahn-) Arztpraxen und ähnliche wirken durch Düfte attraktiver oder entspannender. Musikstücke und Kunstausstellungen können mit ätherischen Ölen „illustriert“ werden.

Örtlich ungebundene Menschen bieten ihre Behandlungen und Seminare bei Ferienclubs im Ausland an.

Es hängt also sehr stark von der Persönlichkeit und den sonstigen Interessen samt Vorkenntnissen des Aroma-Enthusiasten ab, wie er oder sie das Arbeitsfeld gestalten wird.

Existenzgründung

- Bei der lokalen **Industrie- und Handelskammer** erhält man vielfältige Informationen zur Existenzgründung; eine Broschüre wurde speziell für Frauen zusammengestellt. Hier werden auch Gründungsseminare mit Rechtsberatung, Finanzierungshilfen, Steuerfragen etc. abgehalten.
- Beim **„Expertinnenberatungsnetz“** werden Einzelgespräche mit Unternehmerinnen und/oder Bankerinnen vermittelt: www.frauenakademie.de und www.expertinnen-beratungsnetz.de.
- Unter www.arbeitsratgeber.com findet man „Wegweiser“ auf dem Weg in die Selbstständigkeit.
- Und natürlich kann man sich auch den Rat eines freien **Unternehmensberaters** holen, allerdings kann eine Erstberatung rund 500 Euro kosten.

Geschäfte, Steuern und Versicherung

Gegen eine Gebühr kann beim lokalen **Gewerbeamt** ein Gewerbeschein beantragt werden, der zur Ausübung ausschließlich der umrissenen Tätigkeiten berechtigt und auch zur Bestellung von Waren zum Händlerpreis (Einkaufspreis) bei entsprechenden Firmen. Zudem ist man dann registriert, so dass im Falle eines Gewinnes in gesetzlich festgelegter Höhe Gewerbesteuer bezahlt werden muss.

Beim zuständigen Finanzamt muss eine **Steuernummer** beantragt und geklärt werden, ob **Umsatzsteuerpflicht** besteht. Die Festlegung und die Zahlungsmodalitäten der Einkommenssteuer werden unterschiedlich gehandhabt.

In vielen Gemeinden wird ab einem bestimmten Jahreseinkommen ein Jahresbeitrag für die IHK (Industrie- und Handelskammer) erhoben, da Kosmetikerinnen und Aromapraktikerinnen einen „handwerksähnlichen" Beruf ausüben.

Eine **Berufshaftpflichtversicherung** sollte unbedingt abgeschlossen werden, falls man – trotz aller Vorsicht – jemandem einen Schaden zufügen sollte. In Großbritannien muss man – um selbständig arbeiten zu dürfen – einem der zahlreichen Berufverbände beitreten; dieser regelt die Versicherungsmodalitäten.

Manche Versicherungen in Deutschland tun sich schwer, den Beruf der „Aromatherapeutin" einzustufen. Am besten ist es zu erklären, dass die Arbeit ähnlich wie die einer Masseurin oder einer Kosmetikerin zu beschreiben ist. Es gibt für den Tätigkeitsbereich der „alternativen Therapeutinnen" Spezialtarife, die jährlich ab 80 Euro kosten (z. B. Ullrich Versicherungs- und Finanzservice, Telefon [0221] 356669 – 0, info@ullrich-versicherung.de).

Werbung

Werbemaßnahmen sind unumgänglich, um einen gewissen Bekanntheitsgrad zu erreichen und somit auf wirtschaftlich sicheren Boden zu kommen. Klassische Werbung in Zeitungen und Zeitschriften ist recht teuer, daher ist es ratsam, gerade zu Beginn der Selbständigkeit einfache und preiswerte Maßnahmen zu treffen, um Klienten auf sich aufmerksam zu machen.

Angehörige von heilenden Berufen dürfen nicht im herkömmlichen Sinne werben. Ihnen sind die meisten Formen der Werbung per Gesetz untersagt. Sie dürfen nur bestimmte (Klein-) Anzeigen in der Presse schalten und auch ihre Türschilder am Praxiseingang dürfen eine festgesetzte Größe nicht überschreiten. Internetwerbung ist in bestimmtem Rahmen – noch – gestattet.

Für Angehörige von nicht heilenden Berufen ist zum Beispiel ein **Tag der offenen Tür** oder eine Einweihungsfeier ganz zu Beginn der Praxistätigkeit ein guter Start. Über einfache, aber ansprechende Einladungszettel, die in Briefkästen der näheren Umgebung geworfen werden, lassen sich Menschen neugierig machen. Vielleicht lockt ja sogar ein (kostenloser) Vortrag über die Aromakunde allgemein oder zu einem bestimmten Thema. Selbst die lokale Presse kann man auf dieses Ereignis aufmerksam machen, ohne dass es etwas kostet. Die entsprechende Redakteurin sollte mit einer persönlichen Anschrift eingeladen werden (Lokalredaktion, siehe im Impressum der lokalen Zeitung).

Prospekte zu gestalten (oder gestalten zu lassen) und in Naturkosmetikläden, Drogerien, Reformhäusern, Fitnesscentern, Seminarhäusern usw. auszulegen, ist auch ein recht preiswerter Weg der Bekanntmachung, da man hier mit Fotokopien arbeiten kann. Sehr wichtig sind in Zeiten der Reizüberflutung eine sehr gute Kopierqualität, eventuell sogar Farbausdrucke; auch eine ansprechende Papierfarbe trägt zum Erfolg bei.

Hier ist es besonders wichtig zu beachten, dass **keinerlei Heilversprechen** gemacht werden.

Ein dreimal gefalteter DIN-A-4-Flyer kann Folgendes enthalten:

- Name der Aromapraktikerin, eventuell auch Laden/Praxisname
- Adresse, Telefonnummer, E-Mail-Adresse und Website, eventuell Hinweis auf Lage und öffentliche Verkehrsmittel
- ansprechendes Foto (unbedingt als Farbkopie rastern lassen); das wirkt persönlicher als ein neutral gehaltenes Infoblatt

4

- beruflicher Werdegang der Behandlerin, vor allem Hinweis auf naturheilkundliche Ausbildungskurse (das darf aber eher klein und zum Abschluss erscheinen)
- kurze Umschreibung der angebotenen Tätigkeit und des Ziels (z. B. Regeneration der Haut, Verminderung von Stress, mehr Konzentration in Schule und Beruf)
- Behandlungspreise und -zeiten (z. B. Ganzkörpermassage 45 € [1,5 Stunden], im Fünferabonnement 40 €)
- Produktangebot (z. B. „wir verkaufen natürliche ätherische Öle der Firma XY und Naturkosmetik der Firma XX")
- soweit vorhanden, Hinweis auf eine vergünstigte Probebehandlung und Geschenkgutscheine
- eventuell kostenlose oder preiswerte Infoabende (z. B. „Was kann eine Aromamassage bewirken?", „Tea-Tree-Öle und Immunsystem", „Naturparfum-Workshop").

Der Prospekt soll informativ, jedoch nicht überladen sein. Die Informationen, die man herausstellen möchte, sollten mit wenigen Blicken zu erfassen sein. Ein einprägsam gestaltetes **Logo** oder ein Signet trägt stark zum Wiedererkennungseffekt bei, besonders wenn man in Printmedien (Zeitung, Zeitschriften, Wochenblättern) wirbt.

Wenn man sich mit der Gestaltung unsicher fühlt, sollte man die Kosten für eine Graphikerin oder eine Full-Service-Druckerei nicht scheuen, da es sich hierbei um die Visitenkarte des eigenen Hauses handelt. Vorher unbedingt über einen Preis sprechen, da es in diesem Bereich keine einheitlichen Tarife gibt.

Das betrifft auch den Rest der so genannten Geschäftsausstattung, zum Beispiel Briefbögen, Rechnungsformulare, Visitenkarten, Gutscheine. Alles sollte in einer **CI** (Corporate Identity, aus einem Guss) gestaltet sein und zusammenpassen, nicht nur, was Stil und Schriftart anbelangt, sondern auch die „Hausfarbe". Diese sollte idealerweise auch auf dem Praxisschild und in den Räumen wiederkehren, z. B. bei Handtüchern, Laken, Gardinen, Teppichboden.

Wichtig ist, die Klientinnen immer zu fragen, wie sie auf einen aufmerksam geworden sind, um gute Werbeauftritte verstärken zu können und nicht so geglückte entweder zu verbessern oder aufzugeben.

Raum

Bietet sich der Grundriss der Wohnung oder des Hauses an, kann eine Aromapraxis zu Hause eröffnet werden. Sofern man keinen separaten Eingang oder Bereich hat, erweist es sich jedoch meistens als etwas schwierig, da der stete Besucherstrom die private Atmosphäre sehr stören kann.

Zudem darf privater Wohnraum nicht ohne weiteres zu **gewerblichen Zwecken** genutzt werden; hier gibt es von Land zu Land unterschiedliche Vorschriften.

Wenn die Behörden grünes Licht geben, bedarf es noch der Zustimmung des Vermieters, sofern man zur Miete wohnt. Selbst, wenn man nur gelegentlich zu Hause arbeiten darf und möchte, muss darauf geachtet werden, dass sich Nachbarn nicht durch Lärm oder parkende Autos belästigt fühlen.

Wenn es geplant ist, auch den Verkauf von ätherischen Ölen und anderen Aromaprodukten einzubeziehen, ist es ratsam, ein Geschäft dort anzumieten, wo Laufkundschaft zu erwarten ist; idealerweise kann ein ansprechendes Schaufenster oder eine gut positionierte Vitrine Aufmerksamkeit erregen.

Die Praxisräume sollten hell und freundlich gestaltet werden; Naturmaterialien können die Behandlungen unterstreichen. Der Boden muss leicht zu pflegen sein, der Bereich der Behandlungen muss von Fenster und Türen etwas abgeschirmt werden. Eine geschützte Umkleideecke (eventuell mit Paravent) sollte angeboten werden; Stuhl, Haken, Bügel sollten selbstverständlich sein. Eine Toilette muss in der Nähe sein, eventuell auch eine Möglichkeit, sich – gerade im Sommer – vor der Behandlung kurz zu waschen oder zu duschen (Waschlappen, Handtücher).

Utensilien

Zum Schutz der Massageliege(n) werden, je nach Besucherzahl, fünfzehn oder mehr (Bett-) **Laken** aus Baumwolle benötigt, weiß oder vielleicht farblich passend zur Einrichtung der Praxis. Es gibt auch angenehm weiche, mehrfach waschbare Vliese aus Kunststoff. Ausreichend Handtücher und Badetücher müssen selbstverständlich vorhanden sein.

Zwei warme **Wolldecken**, ein kleines, festes Kissen, eine **Rolle** oder Halbrolle (für unter die Knie) und eine **Wärmflasche** machen die Behandlung erst richtig entspannend.

Fließendes Wasser in der Nähe des Behandlungsplatzes erleichtert die Arbeit. Falls das Wasser nicht sehr heiß wird, sollten noch ein Wasserkocher und eine Thermosflasche zur Verfügung stehen (für Wärmflasche, Kompressen und Heiße Rolle). Falls sich die Heizung nicht schnell regeln lässt (zum Beispiel eine Fußbodenheizung), ist ein **Heizlüfter** hilfreich.

Wichtig ist eine **Abstellmöglichkeit** für die Ölemischung in der Nähe der Massagebank. Eine einfache tragbare Blumensäule ist dafür praktisch, weil sie leicht und geräuschlos vom Kopf- zum Fußende mitgenommen werden kann, der Handkontakt zum Klienten braucht so nicht abzureißen.

Das Anbringen des **Ausbildungszertifikates**, vielleicht in einen schönen Rahmen gefasst, hilft unsicheren Besuchern, Vertrauen zum Behandler aufzubauen. Über einige Poster oder Bilder von unbekannten Duftpflanzen freuen sich wissbegierige Menschen. Sie bieten sich auch zu Einstiegsgesprächen an, um schnell ein vertrautes Klima zu schaffen.

Eine **Stereoanlage** und eine Sammlung mit entspannender Musik dürfen nicht fehlen, wobei bedacht werden muss, dass beim Abspielen von Musik in einem professionellen Kontext **GEMA-Gebühren** fällig werden oder ansonsten Strafen drohen.

Diese „Gesellschaft für musikalische Aufführungs- und mechanische Vervielfältigungsrechte" verwaltet im Namen ihrer Mitglieder (Komponisten, Textdichter, Musikverleger, Sänger) die ihr übertragenen Nutzungsrechte an Musikwerken. Bei jeder öffentlichen Aufführung, Vorführung oder Wiedergabe von Musik werden Pauschalvergütungen fällig, die als Tantiemen an die Musiker weitergeleitet werden. Für das Abspielen von Tonträgern in einem Raum von bis zu 100 Quadratmetern galt für 2005 beispielsweise die jährliche Pauschale von 77,04 Euro zuzüglich Umsatzsteuer. Tarifübersichten und Formulare können bei www.gema.de heruntergeladen werden (Telefon [0 30] 2 12 45 – 00 und [0 89] 4 80 03 – 00).

Grundausstattung Öle

Zur Grundausstattung gehören neben einigen Töpfchen mit Milliliter-Einteilung und (gläsernen) Untertöpfchen zum Schutz der Abstellflächen zunächst drei bis fünf fette Öle, zum Beispiel:

- Jojobaöl
- Mandel-, Aprikosenkern- oder Traubenkernöl
- Johanniskraut- und/oder Calendulamazerat

Kommen viele Menschen mit Hautproblemen, sollten auch Kapseln mit Borretschsamenöl und Arganöl bereitstehen.

Die Empfindung über die wichtigsten ätherischen Öle hängt von der Persönlichkeit und der Erfahrung des Behandlers ab.

Eine Grundausstattung könnte folgende Öle enthalten:

Boswellia carterii
Bursera delpechiana (statt Rosenholz)
Cananga odorata
Cedrus atlantica oder C. deodara
Citrus aurantium bergamia*
Citrus aurantium flos
Citrus aurantium per.*
Citrus limonum*
Citrus paradisi
Citrus reticulata*
Coriandrum sativum fruct.
Cupressus sempervirens
Eucalyptus radiata*
Foeniculum vulgare
Jasminum grandiflorum
Juniperus communis

4

Lavandula angustifolia*
Matricaria recutita
Melaleuca alternifolia oder Leptospermum scoparium*
Mentha piperita*
Myrtus communis
Pelargonium graveolens
Pinus sylvestris
Rosa damascena*
Rosmarinus officinalis
Salvia sclarea
Santalum album
Thymus vulgaris (Ct. Linalool oder Geraniol)*

Mit diesen dreißig Ölen können fast alle Bereiche abgedeckt werden. Je nach Fläschchengröße und Firma sind hierfür etwa 300 bis 400 Euro zu veranschlagen.

4

Die mit * markierten Öle könnten sogar Vorrang vor den anderen haben, wenn man zunächst nicht so viel investieren möchte. Diese Öle sind auch für eine **Reiseapotheke** zu empfehlen, die man jedoch auch nur mit vier Ölen, die die wichtigsten Vorkommnisse gut beeinflussen können, füllen kann:

- Melaleuca alternifolia, Thymus vulgaris Ct. Linalool oder Leptospermum scoparium zur Bekämpfung von Infektionen
- Rosa damascena hilft bei Entzündungen und seelischen Verstimmungen
- Lavandula angustifolia kann gegen fast jedes Wehwehchen eingesetzt werden, es lindert zudem Sonnenbrand und Insektenstiche
- Mentha piperita befreit von Kopfschmerzen und Magen-/Darmverstimmungen, zudem erfrischt es und bringt den Kreislauf in Schwung (stattdessen könnte auch Rosmarin eingepackt werden)

Beratung und Körperbehandlung

Aromabehandlungen und -beratungen können unterschiedlich gestaltet werden.

Wichtig ist, dass man gut mit den vielfältigen Charakteren und Stimmungen der Klienten umgehen kann. Viele Menschen können das intuitiv, andere greifen auf ihre Erfahrungen aus pflegerischen oder Kommunikationsberufen zurück.

Wer sich nach der Ausbildung über den Umgang mit ätherischen Ölen unsicher in der Begegnung mit fremden Menschen fühlt, sollte zusätzlich noch einen Kurs über **Gesprächsführung** besuchen. Schon an einem Wochenende kann man wertvolle Inspirationen mitnehmen. Volkshochschulen sind hierfür eine gute Anlaufstelle und auch viele NLP-Therapeuten bieten ausgezeichnete Schulungen in diesem Bereich an (siehe Adressen im Anhang).

Wichtig ist auch zu erkennen und zu erfühlen, wieweit man sich als Behandlerin einbringen kann und sollte und ab welchem Punkt die Klientin die Hauptperson sein sollte. Aus Unsicherheit reden manche Behandlerinnen zu viel und zu lange (manchmal während der ganzen Behandlung); hier geht leicht das Einfühlungsvermögen für die Bedürfnisse der Klientin verloren und auch deren Entspannung kann leiden.

Es gibt wiederum Klientinnen, die unentwegt reden müssen, weil ihnen beispielsweise die Stille unangenehm ist oder ihr dicker Bauch.

Hier gilt es für die Behandlerinnen, behutsam für eine ruhige Atmosphäre zu sorgen. Leise Hintergrundmusik kann hier Wunder wirken.

Beim Anruf des Klienten oder der Interessentin sollte vorab geklärt werden, ob sich deren Wünsche und Erwartungen mit einer aromatischen Behandlung oder Beratung erfüllen lassen. Eventuell müssen sie an eine Ärztin oder Heilpraktikerin weitergeleitet werden.

Für eine **Erstkonsultation** sollten zwei Stunden veranschlagt werden, da die meisten Interessenten viele Fragen zur Methode und zu Hintergründen haben. Dies kann im Rahmen eines Gesprächs, eventuell bei einer entspannenden Tasse Tee, geklärt werden.

Für die Klärung des Ist-Zustandes und des Ziels der Behandlung(sreihe) sowie der Wünsche der Klientin oder des Klienten sollten **dreißig Minuten** genügen. Auf der Preisliste sollte darum für die Erstkonsultation ein anderer Preis genannt werden als für Folgebehandlungen.

Die psychische wie auch die körperliche Befindlichkeit sollten erfragt werden. Hierbei hilft eine

Karteikarte mit vorgedruckten Fragen und Stichworten. Hier kann man auch äußere Faktoren wie Wetter, Temperatur, Lärm/Stille notieren. Die Karteikarte ist nicht nur wichtig als Gedächtnisstütze bei der Weiterbehandlung, sondern hiermit kann der Behandlungsverlauf gut übersehen werden. Mit der Zeit lassen sich wertvolle Statistiken über Behandlungserfolge – und auch Misserfolge – aufstellen.

Die Ölemischung wird hergestellt (gesetzlich gestattet ist nur eine Mischung für die jeweilige Anwendung, siehe unter 4.1 und 5.2), während die Klientin sich entkleidet und auf die Liege begibt. Sie wird sofort zugedeckt, mit einer Halbrolle unter den Knien oder Fesseln (je nach Lage) und gegebenenfalls mit einer Wärmflasche versorgt.

Wer sich bezüglich der neuen Kosmetikverordnungen unsicher fühlt, kann der Klientin das Töpfchen mit dem Basisöl aushändigen und sie anleiten, die ausgewählten Öle hineinzutropfen. Dieses „**Selbermachen**“ kann manchen Menschen helfen, die anfängliche Verlegenheit zu überwinden, zudem gewinnen sie an Sicherheit, um sich zu Hause auch mit Ölen versorgen zu können.

Eine **Ganzkörperbehandlung** nimmt normalerweise **eine Stunde** in Anspruch. Anschließend lässt man den Behandelten noch fünf Minuten ruhen. Nach dem Ankleiden kann ein Glas Wasser angeboten werden, da die Massage mit ätherischen Ölen Schlacken lösen und vieles in Bewegung bringen kann (siehe 4.2 Aromamassage).

Für zu Hause werden **Behandlungsvorschläge** besprochen, Anwendungsmöglichkeiten vorgestellt und eventuell Öle mit genauer Anleitung mitgegeben.

Das Angebot, auch telefonisch um Rat fragen zu dürfen, falls **Erstverschlimmerungen** auftreten sollten, gibt den Interessenten Sicherheit im Umgang mit dieser für die meisten Menschen sicherlich neuartigen Therapieform.

Abkürzungen

Zum Schluss noch eine Empfehlung für die praktische Arbeit. Es hat sich als sehr hilfreich erwiesen, den ätherischen Ölen Abkürzungen zuzuordnen. So können bequem und schnell **Notizen** und **Rezepturen** auf die Karteikarten der Klienten „stenografiert“ werden. Der Computer kann durch den Befehl „Autokorrektur“ die vorher hinterlegten korrekten botanischen Pflanzennamen automatisch einfüllen.

Zum anderen ist es möglich, auf Fortbildungsveranstaltungen blitzschnell die wesentlichen Dinge, z. B. Rezepte, mitzuschreiben.

Die Verwendung der ersten drei Buchstaben eines Öles in Großbuchstaben reicht für fast alle Öle aus, nur bei Rose, Mandarine und Myrte nimmt man vier Buchstaben, da sonst Rosmarin, Manuka und Myrrhe nicht erkennbar sind. Also:

- ROSE für Rose
- MYRT für Myrte
- ROS für Rosmarin
- MYR für Myrrhe
- GRA für Grapefruit
- NER für Neroli
- ZED für Zeder

Von zusammengesetzten „Doppelnamen“ können jeweils ein oder zwei Buchstaben genommen werden:

- RH oder ROHO für Rosenholz
- SH oder SAHO für Sandelholz
- ZK oder ZIKI für Zirbelkiefer
- MS oder MUSA für Muskateller-Salbei

Chemotyp, Pflanzenorgan oder bei verwandten Pflanzen wird diese Bezeichnung in Kleinbuchstaben angehängt: „ZIri“ für Zimtrinde, „ZIbl“ für Zimtblätter, „THYlin“ für Thymian Ct. Linalool, „MINpf“ für Pfefferminze, „MINsp“ für Spearmint. Wenn man mehrere Öle aus mehreren Herkunftsländern hat, verwendet man ebenfalls Kleinbuchstaben: „ROSEbulg“ oder „ROSEtürk“.

Übersicht: Auswahl der ätherischen Öle

1. Schritt
Wahrnehmung, Beobachtungen, Gespräch, Anamnese

2. Schritt **Befund/Tendenz: KlientIn (zu) ruhig**	**2. Schritt** **Befund/Tendenz: KlientIn (hyper)aktiv**
gelangweilt, unterfordert, schüchtern, still **Uhrzeit d. Behandlung:** vormittags/mittags	**gestresst, überfordert, nervös, laut** **Uhrzeit d. Behandlung:** nachmittags/abends
3. Schritt **Ziel festlegen**	**3. Schritt** **Ziel festlegen**
Grundsätzlich: **KlientIn anregen, beleben, aktivieren** **Herzschlag, Blutdruck leicht steigern** **Gefäße verengen** **Öle reich an Monoterpenen** **Monoterpenolen** **Phenolen** **Borneon** **1,8-Cineol**	**Grundsätzlich:** **KlientIn beruhigen, entspannen, entkrampfen** **Herzschlag, Blutdruck leicht senken** **Gefäße erweitern** **Öle reich an Estern & Ethern** **Aldehyden** **Sesquiterpenen** **Sesquiterpenolen** **Sesquiterpen-Ketonen**

KlientIn (zu) ruhig, vormittags/mittags — KlientIn (hyper)aktiv, nachmittags/abends

Intuition · Studienergebnissen · Aromatogramm · Wunsch d. KlientIn · Tabelle

Intuition	Studienergebnissen	Aromatogramm	Wunsch d. KlientIn	Tabelle
KlientIn wahrnehmen/beobachten	intellektuelle Entscheidung	Labor-Ergebnisse als Partner	im Einklang mit KlientIn	Mischung aus allen Faktoren
· Assoziationen · „an wen erinnert mich KlientIn" · was für ein Typ ist KlientIn · Geruch d. KlientIn · Kleidung/Farbvorlieben d. KlientIn · tritt KlientIn eher ruhig oder eher überdreht auf	· „Olibanum-Öl wirkt bei Darmentzündung" · Minze-Öl wirkt bei Schmerzen · Ester in äth. Ölen wirken spasmolytisch/anxiolytisch · Lavendel-Öl wirkt sedativ · Inophyllum-Öl wirkt bei eitrigen Hauterkrankungen · Kamille blau wirkt bei Entzündungen jeder Art · Sesquiterpen haltige Öle regulieren das Immunsystem	*bei infektiösen Zuständen* · Ausscheidungen einschicken · nach der mikrobiologischen Lage die effektivsten Öle verwenden eher höhere Dosierung als 3%	*bei KlientInnen, die bereits Öle kennen* · nach Vorlieben bei Parfumrichtung, Ölen, Dufterinnerungen fragen · „wie fühlen <u>Sie</u> sich <u>heute</u>?" eher ausgeglichen, angespannt/überdreht oder eher lasch/lustlos · vermutete Öle zur Auswahl stellen · evtl. mit eigener Empfehlung mischen	*ideal zu Beginn der beruflichen Selbstständigkeit* · drei Symptome/Zustände auswählen und mehrfach genannte Öle verwenden eventuell Mischung gemeinsam mit KlientIn verfeinern (v.a. mit Zitrus-Ölen oder Lavendel)

Bekannte Aromatherapie-Expertinnen und -Experten

Die Entstehung der alten und neuen Aromatherapie und deren stetige Weiterentwicklung lassen sich anhand der Fachliteratur studieren. Hier werden die bekanntesten Autoren, deren Bücher in deutscher Sprache erschienen sind, kurz vorgestellt.

Frankreich

René Gattefossé

Der „Großvater" der Aromatherapie René-Maurice Gattefossé wurde 1881 in der Gegend um Lyon in Frankreich geboren. Der kleine Junge war bereits in seiner Kindheit mit Parfums umgeben, da sein Vater Louis und auch später sein großer Bruder Abel in diesem Metier arbeiteten. Sie befassten sich vor allem mit der Chemie der Parfums. Damals bestanden die Duftwässer noch aus ätherischen Ölen und Alkohol, doch der Einzug der synthetischen Riechstoffe hatte schon begonnen. René-Maurice hatte sehr viel Vorstellungskraft und wollte Erfinder werden. Doch sein Vater überredete ihn, seine Phantasie in der Kreation von neuen Parfums einzusetzen. Sie entwickelten reproduzierbare Rezepte und verkauften nicht nur Konzentrate, wie es damals üblich war. Sie gaben 1906 zu diesem Themenkreis Schriften heraus: „Formulaires de Parfumerie de Gattefossé".

Im Zuge der Entwicklung weiterer synthetischer Elemente, die vor allem von gleichbleibender Qualität und leichter löslich als ätherische Öle waren, wurden immer raffiniertere Kompositionen erschaffen.

Das Familienunternehmen unterstützte die armen Lavendelbauern der Regionen Drome, Vaucluse und Basses-Alpes; die Destillation und der Anbau wurden dort rationalisiert, das ätherische Öl des Lavendels wurde bekanntgemacht.

René-Maurice förderte den Minzeanbau in Frankreich, importierte Salbei aus Italien und studierte exotische Öle.

Louis starb 1910, die zwei Brüder Abel und Robert ließen im ersten Weltkrieg ihr Leben. René-Maurice ging mit seinem jüngeren Bruder Jean, der Botaniker und Chemiker wurde, nach Marokko, um schließlich eine erfolgreiche Destillationsindustrie in Nordafrika aufzubauen.

Er studierte bei den Bauern die medizinischen Eigenschaften der Heilkräuter und deren ätherische Öle, allen voran bewunderte er die vielfältigen Einsatzmöglichkeiten des Lavendelöles.

Im Juli 1910 geschah jener berühmte Unfall, der ihn zum Vater der Aromatherapie machte: in seinem Labor gab es eine Explosion, bei der er sich seine Hände und seine Kopfhaut verbrannte. Er erinnerte sich an das duftende „Wundermittel" Lavendel und konnte seine Wirkung nun am eigenen Körper beobachten.

Während des ersten Weltkrieges wurde bereits mit ätherischen Ölen behandelt, und Gattefossé produzierte 1918 eine antiseptische Seife auf der Basis von ätherischen Ölen. Damit wurden die Kleidungsstücke und Verbandsmaterialien gewaschen, aber auch als Eau-de-Toilette-Ersatz wurde sie verwendet.

1923 studierte Gattefossé nur noch die medizinischen Eigenschaften der duftenden Öle, es folgten Publikationen und die Herstellung diverser Produkte mit ätherischen Ölen, selbst der 2. Weltkrieg konnte ihn kaum bremsen. Er hatte sich vor allem der Bergamotteessenz und ihren antiseptischen Eigenschaften gewidmet. Er arbeitete nun vermehrt mit Ärzten und Krankenhäusern zusammen, aber im Zuge seiner Beschäftigung mit der Hautheilkunde entwickelte er Schönheitsprodukte und veröffentlichte 1936 auch sein in Fachkreisen berühmtes und vielfach übersetztes Werk „Physiologische Ästhetik und Schönheitsprodukte".

Seine zwei letzten Werke „Aromatherapie" und

„Essentielle Antiseptika“ (1937) haben alle späteren Anwender der ätherischen Öle beeinflusst. Hier wurde zum ersten Mal der Begriff „Aromatherapie“ geprägt.
Er war ein fleißiger Schreiber, der sich zudem mit vorzeitlicher Geschichte und mit Metaphysik beschäftigte. Selbst eine futuristische Erzählung entsprang seiner Feder.
René-Maurice Gattefossé starb 1950 in Casablanca, als er dort mit seinem Bruder Jean neue Anbauprojekte plante. Die Firma Gattefossé befindet sich immer noch in Lyon, von wo sie die Duftwelt mit neuen wissenschaftlichen Informationen versorgt. (Gattefossé 1992)

Jean Valnet

Jean Valnet, auch Papa Valnet genannt, wurde 1920 geboren und galt als einer der ganz großen Spezialisten der Pflanzenheilkunde. Durch den Einfluss seiner Großmutter, die Hebamme war, beschloss er bereits mit neun Jahren, Arzt zu werden und mit Pflanzen zu heilen. Er studierte in Lyon Medizin und wurde ab 1945 Armeearzt. Seit 1953 beschäftigte er sich mit den Anwendungsmethoden und der Dosierung von ätherischen Ölen. Er erhielt Diplome in Gerichtsmedizin, Psychiatrie, Mikrobiologie, Hygiene und Tropenmedizin.
Im Indochina-Krieg (1950 bis 1952) pflegte er als Chirurg die Verwundeten mit ätherischen Ölen und erzielte bemerkenswerte überdurchschnittliche Heilungserfolge. 1954 erhielt er die Medaille für wissenschaftliches Arbeiten.
1959 trat er aus der Armee aus, um sich in Paris niederzulassen und weiter an seinen Forschungsprojekten zu arbeiten. 1964 veröffentlichte er sein bekanntes Buch „Aromathérapie: les Huiles Essentielles Hormones Végétales“. Es war das erste medizinische Buch über die Aromatherapie, in Frankreich erscheint es bereits in der 11. aktualisierten Auflage. Hiermit begann die eigentliche Aromatherapie, Valnet sah sich als ihr Begründer.
Jean Valnet war Präsident der „Association d'Etudes et de Recherches en Aromathérapie et Phytothérapie“, deren Zielsetzung lautet: „Studien, Forschungen und Arbeiten über Aromatherapie, Phytotherapie, biologische, natürliche und physikalische Behandlungsmethoden oder Methoden, die indirekt oder direkt damit zusammenhängen und deren Verbreitung auf jede Art und Weise.“ Er war der Meinung, man müsse kein Arzt sein, um die Aromatherapie anzuwenden, allerdings müsse man in der Anwendung der ätherischen Öle extrem sorgfältig geschult sein. Jean Valnet starb am 29. Mai 1995.

Marguerite Maury

Marguerite Maury, meistens Madame Maury genannt, wurde als Marguerite König 1895 in Österreich geboren, sie wuchs in Wien auf. Schon in ihrer Internatszeit war Musik ihre ganz große Leidenschaft, doch sie wollte Biochemie und Botanik studieren. Stattdessen heiratete sie mit 17 Jahren. Im folgenden Jahr wurde sie Mutter, sie verlor ihr Söhnchen im Alter von zwei Jahren an Meningitis. Ihr Mann starb im ersten Weltkrieg und als auch noch ihr Vater Selbstmord beging, ließ sie sich zur Krankenschwester ausbilden. Während ihrer Zeit als chirurgische Assistentin im Elsass bekam sie das Buch „Les Grandes Possibilités par les Matières Odoriferantes“, das bereits 1838 erschienen war, geschenkt. Dessen Autor Dr. Chabenes wurde später der Lehrer von René-Maurice Gattefossé. Bei der Lektüre begann ihre Liebe zu den duftenden Ölen.
In den frühen dreißiger Jahren traf sie den homöopathischen Arzt Dr. Maury, der ihre Interessen mit ihr teilte: von Musik, Kunst, Literatur über Homöopathie, Akupunktur und Zen. Sie forschten und schrieben zusammen Bücher.
In den vierziger Jahren versuchte sie nachzuweisen, wie ätherische Öle auf das Nervensystem wirken, wie ihr seelisch ausgleichender und verjüngender Effekt zustande kam. Sie gab Seminare in ganz Europa und eröffnete Aromatherapie-Kliniken in Paris, in der Schweiz und in Großbritannien.

1961 erschien ihr bekanntestes Buch „Le Capital Jeunesse“. Sie beschreibt ihre Erkenntnisse aus ihrer medizinisch-kosmetischen Arbeit mit ätherischen Ölen und

plädiert für eine sorgfältige Schulung, um für jeden individuellen Menschen die richtigen „verjüngenden“ Öle einsetzen zu können.
Zusammen mit Danièle Ryman war sie die erste Frau, die die gesundheitlichen und schönheitsfördernden Eigenschaften der ätherischen Öle dem interessierten Publikum vorstellte. Bühnen- und Leinwandstars ließen sich von ihnen behandeln.
Am 25. September 1968 starb die fleißige und unermüdliche Marguerite Maury an einem Hirnschlag, sie wurde in der Schweiz begraben.

Rodolphe Balz

Rodolphe Balz kam 1944 in Genf zur Welt. Nachdem er Soziologie und Geographie studierte, versuchte er im Rahmen seiner Tätigkeit als Lehrer, eine ganzheitliche Annäherung des Menschen an seine Umwelt zu ergründen. Er interessierte sich bereits lange für medizinische Pflanzen und ließ sich von schweizerischen und französischen Naturheilkundlern in diesem Gebiet ausbilden. Seit Anfang der Achtzigerjahre arbeitete Balz im französischen Departement Drôme, wo er biologischen Anbau von medizinischen und aromatischen Pflanzen betrieb. Er destillierte und erforschte die therapeutischen Eigenschaften seiner Pflanzen. Nicht nur die Humanmedizin wurde bei seinen Studien berücksichtigt, sondern auch die Heilkunde an Tieren und die Pflege von Pflanzen (zum Beispiel Schädlingseindämmung mit Hilfe von ätherischen Ölen).

Phillippe Mailhebiau

Phillippe Mailhebiau stellte in Vallesvilles, Südfrankreich, ätherische Öle her (Sunarom) und beschäftigt sich seit über zwanzig Jahren mit der feinstofflichen Wirkung der ätherischen Öle sowie mit der Charakterologie einzelner Öle. In seinem Buch „La Nouvelle Aromathérapie“ ordnet er anhand ausführlicher Monographien von einundzwanzig Duftpflanzen diese menschlichen Charakteren oder Stimmungslagen zu. Für ihn ist der Geist der Pflanze die Brücke zur feinstofflichen Welt. Seine Pflanzen werden deshalb von der Aussaat bis zur Ernte sehr sorgfältig behandelt, z. B. spielt der Mondstand bei der Destillation eine wichtige Rolle.
Seit über dreißig Jahren beschäftigt sich der studierte Naturwissenschaftler mit ätherischen Ölen. Er lehrt Aromakunde an der Sorbonne. Für Mailhebiau ist es nicht nur wichtig, die Erreger einer bestimmten Krankheit zu bekämpfen, sondern das „Terrain“ des kranken Individuums, das heißt, den Erregern soll zum Beispiel das übersäuerte Umfeld oder das geschwächte Immunsystem entzogen werden, so dass die optimalen Selbstheilungskräfte wieder einsetzen können. Dazu gehört auch, den psychischen Zustand mit ätherischen Ölen zu stabilisieren.

Daniel Pénoël

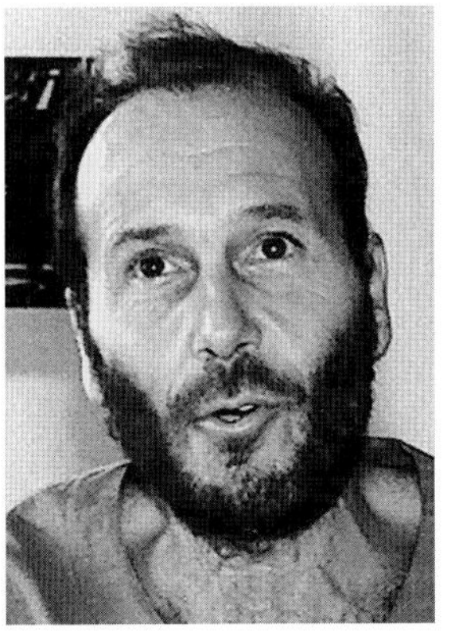

Dr. Daniel Pénoël ist praktischer Arzt und Homöopath, der in Südfrankreich praktiziert. Er veröffentlichte 1990 ein Standardwerk zusammen mit Pierre Franchomme und anderen französischen Kollegen: „L'Aromathérapie Exactement“, in dem die naturwissenschaftlichen Grundlagen der Aromatherapie sehr präzise dargestellt werden. Dieses sowie seine anderen Bücher sind nicht ins Deutsche übersetzt. Er gibt Seminare in deutscher und englischer Sprache.

Italien

Paolo Rovesti

Paolo Rovesti lebte von 1902 bis 1983. Er studierte in Genua Chemie und Pharmazie und legte als Begründer der Osmologie (griechisch, osme = Duft) den Grundstein für die heutige psychologische Aromaforschung.
Ein zweijähriger Forschungsaufenthalt in der Wildnis Äthiopiens und die dortige Destillation von Pflanzen in tragbaren, direkt befeuerbaren Destilliergeräten prägten sein berufliches und persönliches Leben nachhaltig. Rovesti ist Autor zahlreicher Veröffentlichungen über ätherische Öle, Pflanzenchemie und funktionelle Kosmetik. Er machte weite Forschungsreisen in alle Welt, um verloren gegangene Zeugen alter Duftkulturen aufzuspüren. Zusammen mit Kollegen entdeckte er das älteste bisher bekannte Destilliergerät der Welt in einem Museum in Taxila, Nordpakistan. Der etwa 5000 Jahre alte Apparat aus Terrakotta stand in dem Museum – als Wasserreinigungsgerät verkannt.
In Paris gründete Rovesti zusammen mit Prof. Sabetay die Akademie für Osmologie.

Großbritannien

Micheline Arcier

Seit vierzig Jahren praktiziert sie Aromatherapie. Zwei Menschen beeinflussten sie auf ihrem Weg: sie traf Marguerite Maury 1959 und Jean Valnet half ihr ab 1964, den medizinischen Hintergrund zu verstehen.
In London gründete sie eine Klinik in der William-Street, die ihre Tochter Marie-Christine leitet. Bis zu ihrem Tod vor wenigen Jahren lehrte, forschte und entwickelte sie neue Produkte.

Patricia Davis

Patricia Davis ist eine der führenden Vertreterinnen der britischen Aromatherapie. Ihre erste Erfahrung mit der Aromatherapie hatte sie in jungen Jahren als Ballettstudentin in Paris, wo sie später lange Jahre Ballett lehrte und ihre vier Kinder erzog.

Sie war Mitbegründerin der „International Federation of Aromatherapists“ und gründete 1982 die „London School of Aromatherapy“, die ihre Tochter jetzt leitet. Ihr Buch „Aromatherapy, An A–Z“ ist auch in Deutschland zu einem der Standardwerke geworden. Sie lebt nun zurückgezogen auf dem Land in Devon und widmet sich vor allem der Malerei und ihren Enkeln.

Julia Lawless

Ihr Werdegang wurde geprägt durch ihre finnische Mutter Kerttu, die sich als Biologiestudentin mit ätherischen Ölen beschäftigte, worüber sie auch ihre Diplomarbeit schrieb. Julia studierte westliche und asiatische Pflanzenheilkunde und beschäftigte sich zusammen mit ihrer Mutter vorwiegend mit der wissenschaftlichen Erforschung der natürlichen Duftstoffe. Sie hatten dadurch intensive Kontakte zu Bauern und Produzenten und wurden immer öfter gebeten, auch Öle zu verkaufen, was sie ab 1970 über ein Geschäft in London durchführten. Durch ihre Heirat 1988 mit Alec Lawless wurde ihre geschäftliche Tätigkeit professioneller, ihre Firma bekam einen Namen, „Aqua Oleum“, und sie begann bald, ihr vielfältiges Wissen aufzuschreiben. Ihr in Deutschland erschienenes ausgezeichnetes Standardwerk „Die illustrierte Enzyklopädie der Aromaöle“ ist mittlerweile vergriffen.

Shirley Price

Shirley Price ist eine der bekanntesten Aromatherapeutinnen in Großbritannien und kommt ursprünglich aus der Kosmetik- und Haarpflegebranche. Sie schrieb sehr anschauliche Bücher, so dass ihre Schule „Shirley Price International College of Aromatherapy" mittlerweile internationalen Zulauf hat. Sie gab viele, sehr praxisorientierte Seminare über Aromamassage auch im Ausland, meistens begleitet und unterstützt durch ihren Mann Len. Ihre engere Zusammen-

arbeit mit dem französischen Arzt Dr. Daniel Pénoël war in Großbritannien nicht unumstritten, da sie die verantwortungsvolle innerliche Anwendung der ätherischen Öle lehrte. Sie veröffentlichte viele Bücher; zusammen mit ihrem Mann schrieb sie 1995 das Standardwerk „Aromatherapy for Health Professionals", das sich an Angehörige der medizinischen Berufe wendet. Das Ehepaar Price lebt in Südfrankreich, von wo es ihre Tochter mit Ölen und Vorträgen für ihre Firma Penny Price Aromatherapy unterstützt.

Danièle Ryman

Danièle Ryman wurde in Cahors in Frankreich geboren. Mit 20 Jahren traf sie Marguerite Maury, deren Schülerin und geistige Erbin sie nach dem Tod von Madame Maury 1968 – gerade 25-jährig – wurde. Sie ging nach Großbritannien und eröffnete dort die „Marguerite Maury Klinik" in London. Seit Anfang der Sechzigerjahre praktiziert sie Aromatherapie.

In England wurde sie einer breiten Öffentlichkeit bekannt, da sie für einen neuen Komfort der First- und Clubclass-Passagiere von British Airways sorgte. Im Rahmen ihres „Well-Being in the Air Programme" werden Reisende seit vielen Jahren mit speziellen Gesichtssprays, Feuchtigkeitsgels und Augenkompressen versorgt. Sie hat auch natürliche Erfrischungsprogramme mit ätherischen Ölen für Passagiere von Lufthansa, British Midland, Air New Zealand, Air Canada, Cathay Pacific und anderen entwickelt.

Sie reist viel in der Welt herum, um neue ätherische Öle und Pflanzenextrakte kennen zu lernen. In ihrem Labor in London arbeitet sie an Rezepturen für neue aromatische Produkte.

Robert Tisserand

Robert Tisserand ist es zu verdanken, dass das erste deutschsprachige Buch über Aromatherapie auf dem deutschen Markt erschien: die Übersetzung von „The Art of Aromatherapy" (1977). Der Physiotherapeut betont darin, dass die ätherischen Öle das Gemüt eines Patienten subtil, aber dennoch sehr stark beeinflussen, stärker als die bis dahin bekannte Pflanzenheilkunde. Im Gegensatz zu den französischen Therapeuten empfiehlt er die Anwendung der Massage und dazu empfiehlt er eine rundherum gesündere Lebensweise; z. B. legt er Wert auf eine vollwertige Ernährung und auf die Pflege der geistigen Werte. Er ist vom östlichen Gedankengut in der Heilkunde beeinflusst.

Tisserand ist Mitbegründer der „International Federation of Aromatherapists" (IFA) und war Herausgeber des „International Journal of Aromatherapy". Sein Buch „Essential Oil Safety", das er 1995 zusammen mit dem Chemiker Tony Balacs schrieb, ist das einzige umfassende Werk zu den neueren Forschungsergebnissen, die Risiko und Sicherheit der ätherischen Öle betreffen.

USA

Kurt Schnaubelt

Der Chemiker Dr. Kurt Schnaubelt studierte an der Technischen Universität München und entwickelte bis 1982 Forschungsprojekte für eine große deutsche Firma. 1983 wurde er auf die medizinische Aromatherapie aufmerksam und interessierte sich insbesondere für die Inhaltsstoffe der ätherischen Öle. Nach einer Ausbildung in medizinischer Aromatherapie in Frankreich gründete er eine der ersten amerikanischen Firmen, die Öle in die USA importierte. Er war Mitbegründer der „American Aromatherapy Association" und gründete später das „Pacific Institute of Aromatherapy" in San Rafael, Kalifornien. Systematische Forschung mit ätherischen Ölen, insbesondere ihre Wirkung auf Viren, liegt ihm am Herzen. Er ist unter anderem Autor des Buches „Neue Aromatherapie".

Deutschsprachiger Raum

Inge-Lore Andres

Inge-Lore Andres ist Diplom-Pädagogin und Gesundheitspädagogin. Sie erlernte die Aromatherapie bei langjährigen Aufenthalten in Frankreich, wo sie vom Anbau über die Destillation bis zum Verkauf die Arbeit mit ätherischen Ölen kennen lernte. Im Rahmen ihrer Firma Aroma Impulse in Freiburg bietet sie Kurse an. Ihr fundiertes Wissen gibt sie im reich illustrierten Buch „Ganzheitliche Duftberatung" weiter.

Ruth von Braunschweig

Ruth von Braunschweig ist Diplom-Biologin, Heilpraktikerin und Co-Autorin des Fachbuches „Praxis Aromatherapie". Sie arbeitet seit 1987 in eigener Praxis, zu ihren Schwerpunkten zählen Aromatherapie und Phytotherapie bei Hautproblemen und Stressbewältigung. Sie ist langjähriges Vorstandsmitglied, Dozentin und Kuratoriumsmitglied im „Forum Essenzia".

Susanne Fischer-Rizzi

Susanne Fischer-Rizzi wurde 1953 in Stuttgart geboren. Nach einem Studium der Philosophie absolvierte sie eine dreijährige Heilpraktikerausbildung in München. Seit über zwanzig Jahren beschäftigt sie sich mit Heilkräutern und ätherischen Ölen. Tibetische und indianische Heiler und Heilerinnen sowie deutsche Naturheilkundler und Heilpflanzenkundige prägten ihren Weg. Sie ist die erste deutsche Autorin eines Buches über Aromatherapie: „Dufterlebnisse" (1987). Später wurde ihr ausführliches Werk „Himmlische Düfte" (1989) zum bekanntesten Buch über Düfte in Deutschland. Es wurde auch in mehrere Sprachen übersetzt. Sie war Gründerin der Firma Primavera und Gründungsmitglied des Vereins „Forum Essenzia". In ihrer Schule „Arven" im Allgäu gibt Susanne Fischer-Rizzi Kurse zu Aromatherapie und Naturheilkunde; sie legt dabei Wert auf eine umfassende botanische Schulung. Sie bietet zudem Kurse über die Kunst des Räucherns an.

Martin Henglein

Martin Henglein wurde 1953 in Heidelberg geboren, er studierte in Berlin vergleichende Literaturwissenschaften und erlernte in London anschließend den Beruf des Physiotherapeuten. Er studierte dort zudem Traditionelle Chinesische Medizin in der Liu-Klinik. In Frankreich wurde er von Prof. Arnould-Taylour zum Aromatherapeuten ausgebildet. Dort leitete er ein Zentrum für Naturheilmethoden. Er absolvierte ferner eine zweieinhalbjährige Ausbildung zum Heilpraktiker in München.
Martin Henglein veröffentlichte 1985 das Buch „Die heilende Kraft der Wohlgerüche und Essenzen". Er gründete den Verein „Veroma" mit Sitz in der Schweiz.

Ingeborg Stadelmann

Ingeborg Stadelmann ist Mitbegründerin der Hebammenpraxis „Erdenlicht" in Kempten und war viele Jahre in der Hausgeburtshilfe tätig. Im Mittelpunkt stand dabei die ganzheitliche Betreuung der Schwangeren und Mütter, bei der Ingeborg Stadelmann neben der klassischen Homöopathie und der Kräuterheilkunde vor allem die Aromatherapie erfolgreich einsetzte.
Seit einigen Jahren ist die Autorin des Erfolgsellers „Die Hebammensprechstunde" und von „Bewährte Aromamischungen" in der beruflichen Fortbildung von Hebammen, Kranken- und Altenpflegerinnen (und -pflegern) sowie in der Erwachsenenbildung tätig. Sie hält im gesamten deutschsprachigen Raum Vorträge und Seminare zu den Themen natürliche Geburtshilfe, Kräuterheilkunde, Homöopathie und Aromatherapie.

Dietrich Wabner

Professor Dr. Dr. Dietrich Wabner ist Co-Herausgeber des Standardwerkes „Aromatherapie – Grundlagen, Wirkprinzipien, Praxis" und hält als Experte für ätherische Öle Vorträge im In- und Ausland. Vor allem die Rose mit ihren ätherischen Ölen und Absolues sind Gegenstand vieler seiner Veröffentlichungen.
Seine Vorlesungsreihe „Etherische Öle für Heilberufe" findet nicht nur bei Münchner Aroma-Interessenten großen Anklang (während der Vorlesungszeit immer donnerstags, 18 Uhr, Klinikum Biederstein, Hörsaal F, Bau 608, München).

Der Chemiker Wabner ist Präsident von NORA International (Natural Oils Research Association) und Ehrenmitglied der IFA (International Federation of Aromatherapists).

Monika Werner

Monika Werner machte 1969 ihr Staatsexamen als Kinderkrankenschwester. Sie arbeitete als Anästhesieschwester in der Neurochirurgie im Klinikum Großhadern und als Heilpraktikerin in einer naturheilkundlichen Gemeinschaftspraxis. Seit 1987 hat sie eine eigene Praxis in München. Seit 1986 beschäftigt sie sich mit Aromatherapie, war 1992 Gründungsmitglied des Vereins „Forum Essenzia e. V." und war bis 2004 erste Vorsitzende. Ihr praktisch orientiertes Wissen gibt sie in zahlreichen Kursen weiter, zudem schrieb sie mehrere Bücher, unter anderem das Fachbuch „Praxis Aromatherapie" und „Mind-Maps® Aromatherapie". Sie schrieb auch Beiträge zum Fachbuch „Gewürzdrogen" von Eberhard Teuscher.

4

Fremdwörter von A–Z

(Chemische Begriffe s. Kap. 2.3)

4

abortiv – eine Fehlgeburt herbeiführend; auch: unfertig
Absolue – Duftstoff einer Pflanze, der mit einem leicht flüchtigen Lösungsmittel (z. B. Hexan) extrahiert wurde, es ist meistens zähflüssiger als ein ätherisches Öl und enthält oft noch natürliche Farbstoffe
adstringierend – zusammenziehend (z. B. ziehen sich Schleimhäute zusammen, so dass Blutungen, Schleimproduktion oder Durchfälle verschwinden)
Akkumulation – Ansammlung
Amenorrhö – Ausbleiben der Regel (wenn keine Schwangerschaft vorliegt)
Analgesie – (gr. algos: Schmerz) Aufhebung der Schmerzempfindung
analgetisch – Schmerz lindernd wirkend, die Schmerzempfindung aufhebend
anaphrodisisch – den sexuellen Trieb reduzierend oder ausschaltend
anaphylaktischer Schock – Kreislaufregulationsstörung, die Sekunden bis Minuten nach Kontakt mit einem Antigen eintritt (großflächige Hautrötung, Atemnot, Erbrechen, Schweißausbruch); Flachlagerung erforderlich
Anatomie – (gr. zerschneiden) Lehre vom Bau der Körperteile
Anosmie – Riechvermögen nicht mehr vorhanden
anthelminthisch – Parasiten (z. B. Würmer) vertreibend, abtötend
antibakteriell – bakterizid oder bakteriostatisch; gegen Bakterien
Antigen – von antisomatogen, Substanz, die in einem Organismus eine Immunreaktion auslöst
antikarzinogen – syn. antikanzerogen, Karzinom verhindernd, die Entstehung von Krebs verhindernd oder verzögernd
antiinflammatorisch – gegen Entzündungen wirkend
antikoagulativ – die Verklumpung (Gerinnung) des Blutes verhindernd
Antikörper – vom Abwehrsystem produzierter Abwehrstoff, der sich an die eindringenden Antigene anlagert, z. B. IgA = Immunglobulin A
antimykotisch – fungizid oder fungistatisch
Antioxidanzien – Stoffe, die oxidative, krankmachende Prozesse im menschlichen Körper verlangsamen, beispielsweise die Vitamine A, C und E
antiphlogistisch – entzündungswidrig, entzündungshemmend, wirkt gegen Fieber
antipruriginös – gegen Juckreiz wirkend
antipyretisch – Fieber senkend
antiseptisch – Keim abtötend (gr. sepsis: Fäulnis)
antispasmodisch – auch spasmolytisch, krampflösend
antiviral – gegen Viren gerichtet, Viren schwächend, deren Vermehrung verhindernd
anxiolytisch – Angst lösend, gegen Angst wirkend
aphrodisisch – den sexuellen Trieb anregend
aquaretisch – die Harnausscheidung fördernd, „entwässernd" ohne Elektrolytverluste
Argon – chemisch reaktionsträges Edelgas ohne Geruch und Farbe
Arterie – Schlagader
articulatio – Gelenk (articulationes = Mehrzahl)
Asthenie – geistiger und körperlicher Erschöpfungszustand
Atrophie – Rückbildung von primär normal entwickeltem Gewebe, von Organen oder von Zellen
Aminosäure – Grundmolekül der Eiweiße
autonom – selbständig

Bacillus – (lat. baculus: Stab, Stock) Gattungsbegriff für grampositive, aerobe, Sporen bildende Stäbchenbakterien
Bakterien – einzellige Kleinlebewesen in Kugel-, Stäbchen- und Schraubenform; autotropher oder heterotropher Stoffwechsel, der aerob oder anaerob stattfinden kann
bakteriostatisch – die Vermehrung der Bakterien verhindernd
bakterizid – Bakterien abtötend
benign – gutartig
Bulbus olfactorius – Riechkolben, streichholzkopfgroßer Teil des Großhirns, siehe Riechhirn
Biopsie – Entnahme von Gewebe beim Lebenden

Bradykardie – langsame Schlagfolge des Herzens: Pulsschlag langsamer als 60/Minute, bei 40/Minute Lebensgefahr

carminativ/karminativ – blähungswidrig
Chemotyp – optisch gleich aussehende Pflanzen mit deutlich unterschiedlichen chemischen Bestandteilen und somit unterschiedlichen therapeutischen Indikationen; Abkürzung Ct.
cholagog – stimuliert die Kontraktion der Gallenblase, um die Ausschüttung der Gallenflüssigkeit anzuregen
choleretisch – stimuliert die Produktion der Gallenflüssigkeit in der Leber
Ct. – Chemotyp, auch CT oder ct. Schwerpunkt eines bestimmten Inhaltsstoffes bei botanisch identischen Pflanzen, z. B. bei Myrtus communis, Rosmarinus officinalis, Thymus vulgaris

DAB – Deutsches Arzneibuch
Dekubitus – Wundliegen (bei Kranken infolge mangelhafter Durchblutung und Druck der Unterlage, das führt zu mangelhafter Versorgung der Gewebe)
Dermatitis – entzündliche Reaktion der Haut
Dermatitis solaris – Sonnenbrand
Dysmenorrhö – schmerzhafte oder unregelmäßige Menstruation

Elektrolyt – (im Körperwasser gelöstes) Körpermineral, z. B. Natrium oder Kalium
emmenagog – Menstruation auslösend oder regulierend
Enzyme – Biokatalysatoren, die Prozesse beschleunigen, z. B. bei der Spaltung von Fetten und Eiweißen
Erythrozyten – rote Blutkörperchen
Essenz – durch Expression (z. B. Schalen von Zitrusfrüchten) gewonnener Duftstoff
eubiotisch – heilende, gesunde Prozesse unterstützend
exogen – von außen
expektorativ – auswurffördernd (bei Schleim in den Atemwegen), bestimmte ätherische Öle verändern den Zilienschlag in den Atemwegen, so dass zäher Schleim besser abtransportiert werden kann

Freie Radikale – aggressive, hautreizende Sauerstoffverbindungen, die sowohl Produkte, wie fette und ätherische Öle, verderben als auch Krankheitsprozesse im menschlichen Körper auslösen können (siehe unter Peroxidzahl)
fungistatisch – Vermehrung von Pilzen verhindernd
fungizid – pilzabtötend
funktionelle Gruppe – bei ätherischen Ölen sind dies meistens sauerstoffhaltige Verbindungen, die sich am Terpengerüst befinden, z. B. Alkoholgruppe, Aldehydgruppe, Estergruppe, Ketongruppe

gastrointestinal – den Verdauungstrakt betreffend
Gen – Einheit des Erbgutes
Glottiskrampf – Stimmritzenkrampf, für Kleinkinder lebensbedrohlich
gramnegativ, grampositiv – Bezeichnung von Bakterien, deren Eigenschaften mithilfe einer so genannten „Gram-Färbung" darstellbar sind
Granulozyten – zu den weißen Blutkörperchen gehörende Abwehrzellen
Glykogen – Speicherform des Traubenzuckers
gtt. – Tropfen (guttae)

Hämatom – „blauer Fleck"; Bluterguss in Weichteilen und Zwischengewebsräumen
halluzinogen – Sinnestäuschungen hervorrufend
hepatisch – die Leber betreffend (Hepar = Leber)
hepatotoxisch – giftig für die Leber
Hormon – „Botenstoff", von Hormondrüsen freigesetzt
hydrophil – Wasser liebend (löslich), Fett abstoßend
hypo – das normale Maß unterschreitend
hyper – das normale Maß übersteigend
hyperämisierend – die Durchblutung steigernd
Hypertonus – Druck-, Spannungs- oder Tonuserhöhung
Hyperthermie – Erhöhung der Körpertemperatur, Wärmegefühl auf der Haut
Hypotonus – Druck-, Spannungs- oder Tonuserniedrigung
Hypothalamus – Abschnitt des Zwischenhirns

IFRA – International Fragrance Association
Immunität – angeborene oder erworbene Abwehrkraft gegen Krankheitserreger
insektifug – Insekten abwehrend (in die Flucht treibend)
insektizid – Insekten tötend

Insuffizienz – unzureichende Funktionstüchtigkeit
Interstitium – Raum außerhalb der Zellen und Gefäße, Zwischenzellraum
intrazellulär – innerhalb der Zellen
Isomere – Moleküle mit gleicher Molekularformel, die einen spiegelbildlichen Aufbau zueinander haben (optische Isomere) oder die sich anders im Raum befinden (geometrische Isomere)

kanzerogen – syn. karzinogen, Karzinom erzeugend, Krebs auslösend
Kapillare – kleinstes Blutgefäß
karzinogen – syn. kanzerogen, Karzinom erzeugend, Krebs auslösend
Katarrh – (gr. katarrhein: herabfließen) Entzündung an Schleimhäuten mit Beimengung von viel Schleim
Koagulation – Gerinnung, z. B. durch Hitze, Elektrolyte oder Enzyme
Kolon (Colon) – Dickdarm
kontrahieren – zusammenziehen, z. B. eines Muskels

4

laktagog – den Milchfluss fördernd
LD 50 – die Dosis, die nötig ist, um in Tierversuchen 50 % der Tiere zu vergiften bzw. zu töten (Berechnung: Gramm der Substanz pro Kilogramm Körpergewicht)
Leukozyten – weiße Blutkörperchen (Teil des Immunsystems)
ligamentum – (lat). Band, (ligamenta = Mehrzahl)
Limbisches System – Das Limbische System ist eine funktionelle Einheit, die aus Strukturen des Großhirns, des Zwischenhirns und des Mittelhirns gebildet wird. Es umgibt die Kerngebiete des Hirnstamms und den Balken wie ein „Saum" (Limbus). Zum L. S. gehören: Mandelkern (Corpus amygdaloideum), Hippocampus, Teile des Hypothalamus. Über den Hypothalamus nehmen die Erregungen des L. S. auf zahlreiche vegetative Organfunktionen Einfluss. Beispiel für den Einfluss des L.S. sind der Durchfall, der Blutdruckanstieg und die erhöhte Herzfrequenz vor einer Prüfung.
lipophil – Fett liebend (lösend), Wasser abstoßend
litholytisch – Steine auflösend (z. B. Gallen-, Nierensteine)
Lymphozyten – zu den weißen Blutkörperchen gehörende Abwehrzellen

maligne – bösartig
Mammakarzinom – Brustkrebs
Membran – dünne Scheidewand
Mikroben – Kleinlebewesen; Bakterien, Viren, Protozoen, Myzeten (Fungi)
mimetisch – bewegend, erregend
motorisch – die Bewegung betreffend
MRSA – Methycillin (auch Muli) resistenter Staphylococcus aureus, Bakterienstämme, die schwere nosokomiale Infektionen verursachen; sie sprechen nicht mehr auf Antibiotika an
mukolytisch – schleimlösend, durch den Einsatz bestimmter ätherischer Öle kann Schleim in den Atemwegen dünnflüssiger und dann leichter abgehustet werden
Mutagen – Substanz, die genetische Veränderungen der DNS hervorrufen kann
Mykosen – Krankheiten, die durch Pilze hervorgerufen werden
Myzeten – Pilze, auch: Fungi

Nekrose – Zelltod (gr. nekros: Tod)
nekrotisieren – Absterben von Geweben oder Organen
nerval – durch das Nervensystem vermittelt
Neuron – Nervenzelle
neurotoxisch – schädigend/giftig auf das Nervensystem wirkend
Neurotransmitter – Überträgersubstanzen/Botenstoffe, die auf dem chemischen Weg Botschaften weiterleiten, z. B. Azetylcholin, Noradrenalin, Serotonin, Dopamin
Nosokomial-Infektion – (gr. Nosokeimon: Krankenhaus) im Krankenhaus erworbene Infektion

officinalis – in der Medizin verwendet, im Arzneibuch anerkannt
offizinell – (lat. Werkstatt, Apotheke) Bezeichnung für die im Deutschen Arzneibuch (DAB) aufgenommenen, nach gesetzlichen Anweisungen in allen Apotheken vorrätigen Arzneimittel
olfaktorisch – den Geruchssinn betreffend
oral – den Mund betreffend
os – lat. Knochen, Bein (ossa = Mehrzahl), z. B. os costale = Rippenknochen, os sacrum = Kreuzbein

Parasympathikus – „regenerationsorientierter", eher beruhigender Teil des vegetativen Nervensystems
Pathologie – (gr. pathos: Leiden) Lehre vom erkrankten Gewebe und von den Krankheiten
permeabel – durchlässig

Peroxidzahl (POZ) – Die Peroxidzahl ist ein Maß für die durch Oxidationsprozesse gebildete Menge an Peroxiden (aggressive Sauerstoffmoleküle). Sie gibt an, wie viel Milliäquivalent Sauerstoff in 1000 g Öl unter bestimmten Bedingungen zu erfassen ist. Bei fetten Ölen gilt ein Produkt mit einer Peroxidzahl von 6 als verdorben (35). Mit Messung der Peroxidzahl bestimmt man den Frische- bzw. den Verdorbenheitsgrad eines fetten oder ätherischen Öles. Eine hohe Peroxidzahl in einem ätherischen Öl weist auf eine hautreizende Wirkung hin.
pH – Abkürzung für Potenz hydrogenii: Maß für die Wasserstoffionen-Konzentration. Der pH-Wert zeigt die saure, neutrale oder alkalische Reaktion einer Lösung an (1–6 sauer, 7 neutral, 8–14 alkalisch/ basisch)
Phagozytose – Fresstätigkeit der Phagozyten (Fresszellen im Blut)
Pheromon – (gr. pherein: tragen) auch Ektohormone genannt, chemische Substanzen, die in sehr geringen Konzentrationen der Kommunikation von Individuen einer Art untereinander dienen und Sozialfunktionen kontrollieren, zum Beispiel Sexuallockstoffe, Markierungsstoffe (Zibet und Moschus), Alarmsubstanzen, Abwehrstoffe, Angriffsstoffe (bei Insekten). Pheromone sind mit Hormonen vergleichbar, ihre Wirkung entfaltet sich jedoch außerhalb des Körpers. Sie verleiten (oder sogar zwingen) ein Tier oder einen Menschen zu einem bestimmten Verhalten.
photomutagen – Substanzen, die zusammen mit UV-Strahlen auf der Haut Veränderungen der Erbsubstanz verursachen können, dadurch kann es zu Krebs kommen
photosensibilisierend – Manche Inhaltsstoffe in ätherischen Ölen, z. B. Cumarine (Bergapten) wirken photosensibilisierend, d. h. diese Moleküle besitzen die Fähigkeit, sich an die Melaninzellen der Haut zu binden, diese absorbieren dadurch wiederum geballt das ultraviolette Licht und verursachen so – je nach Hauttyp – leichte bis starke verbrennungsartige Reizungen.
Physiologie – Körperphysik, die Lehre der Funktionen des Körpers
ppm – parts per million (Maßeinheit)
primär – erstrangig, ohne andere Ursachen
Protein – Eiweiß
processus – lat. Fortsatz
Psychoneuroimmunologie – das Studium der Beziehungen zwischen mentalen Vorgängen, des Nervensystems und des Immunsystems des menschlichen Körpers
pulmonal – die Lunge betreffend

reflektorisch – auf dem Reflexwege
respiratorisch – die Atmung betreffend
Rezeptor – Empfänger für bestimmte Reize oder Stoffe
Riechhirn – Das Riechhirn ist der sehr alte Teil des Telenzephalons (= Großhirn, Endhirn), der direkte Eingänge vom gleichseitigen Bulbus olfactorius erhält. Über den dorsomedialen Thalamus werden die Informationen an den gleichseitigen orbitofrontalen Kortex und an die Insel (Geruchswahrnehmungen) sowie an die Mandelkerne und den Hypothalamus übergeben (Klinke und Silbernagl). Das Riechhirn besteht aus etwa 1000 Glomeruli, das sind definierte Zonen für definierte Gerüche.
Riechkolben – der vorderste Teil des Riechhirns, siehe unter „Bulbus olfactorius"

4

sedativ – beruhigend, einen beruhigenden Effekt produzierend
Sekretion – Ausscheidung
sekundär – zweitrangig
semipermeabel – halbdurchlässig, nur für bestimmte Stoffe durchlässig
sensorisch, sensibel – die Sinne betreffend, empfindungsfähig
Shigellen – gramnegative unbewegliche Stäbchenbakterien (Enterobacteriaceae)
Singultus – Schluckauf
spastisch – verkrampft
spasmolytisch – Krampf lösend wirkend
spinal – das Rückenmark betreffend
Steroide – Gruppe von Molekülen, zu denen Gallensäuren, Nebennierenrinden- und Sexualhormone, D-Vitamine, Herzglykoside, Pheromone und Sterine (z. B. Cholesterin) gehören
Stoma – operativ hergestellte Öffnung an Darm, Magen oder Blase; Synonym für künstlichen Darmausgang
superfizial – oberflächlich
Sympathikus – (gr. sympatein: in Wechselwirkung stehen mit) anregender Teil des vegetativen Nervensystems
Symptom – (Krankheits-) Zeichen
Syndrom – Symptomenkomplex
Synergie – zwei oder mehrere Substanzen zusammen bewirken mehr als die einzelnen Bestandteile

Tachykardie – Steigerung der Herzschlagfrequenz auf über 100/Minute
Telenzephalon – Großhirn, Endhirn. Das Telenzephalon umfasst die beiden Großhirnhemisphären mit den sie verbindenden Teilen (Lamina terminalis, Corpus callosum, Commissura anterior), die grauen Kerne (Nucleus caudatus, Putamen des Linsenkerns, Corpus amygdaloideum einschließlich Claustrum) sowie die beiden Seitenhirnkammern (Ventriculi laterales) (Pschyrembel)
Thrombozyten – Blutplättchen, scheibenförmige Blutkörperchen, die an der Blutgerinnung beteiligt sind
Tonus – Spannkraft
topisch – örtlich, äußerliche Anwendung

Unverseifbares (unverseifbarer Anteil) – Nach dem Kochen eines Fettes (oder Öles) mit Natrium- oder Kaliumlauge verbleibender „Rest“, der keine Seife bildet. Je nach Öl kann er zwischen 0,4 % und 22 % liegen. In der Kosmetikindustrie ist diese Stoffmischung sehr begehrt, da sie die Haut weich macht und feuchtigkeitsbindend wirkt. Vor allem in Sheabutter und Avocado-Öl enthalten.
uterotonisch – ätherisches Öl, das die Muskulatur der Gebärmutter (Uterus) sanft kräftigt und ggf. Wehen anregt (z. B. Gewürznelke)

Varizen – Krampfadern
vasodilatatorisch – gefäßerweiternd
vegetativ – das autonome/vegetative Nervensystem betreffend (im Gegensatz zum willkürlichen/somatischen Nervensystem)
vegetative Dystonie – auch neurovegetative Dystonie; ein Krankheits- und Beschwerdebild, das durch Fehlregulationen des vom Nervus vagus und Nervus sympathicus gebildeten Nervensystems entsteht: Funktionsstörungen an verschiedenen Organen, besonders am Kreislauf, an bestimmten Gefäßabschnitten und am Herzen. Es findet sich keine nachweisbare Organschädigung. Symptome: Herzrasen und -klopfen, Unruhe, Beklemmungsgefühle, Schlafstörungen, Schwindelgefühl, Kopfschmerzen, Magendruck, feuchtkalte Hände.
Viren – 1881 von Louis Pasteur gebrauchte Bezeichnung für verschiedene Krankheitserreger, die sich nicht durch Teilung vermehren, sondern mit Hilfe von spezifischen Wirtszellen (Parasiten auf genetischem Niveau). Sie sind so klein, dass sie Bakterienfilter passieren können. (Virion: Existenzform eines Virus außerhalb einer Wirtszelle)
viruzid – da nur in vitro möglich: unkorrekt gebrauchter Begriff im Zusammenhang mit lebendigen Organismen, dessen Bedeutung „Viren abtötend“ nicht den heutigen Möglichkeiten entspricht. Deshalb sprechen wir korrekterweise von antiviral.

zerebral – das Gehirn betreffend
ZNS – Zentrales Nervensystem, dazu gehören Gehirn und Rückenmark

Pflanzennamen

Bei mehreren Nennungen beziehen sich die folgenden lateinischen Namen auf Mitglieder der angesprochenen Pflanzenfamilie, die üblicherweise zur Herstellung von ätherischen Ölen verwendet werden. Wenn Sie umgekehrt suchen, die deutsche Bezeichnung zu einem lateinischen Pflanzennamen, dann sehen Sie in Kap. 8 nach. Die folgende Liste können Sie bei www.aromapraxis.de als handliches Lesezeichen kostenlos runterladen.

Deutsch – Latein

Ackerminze	Mentha arvensis
Adlerholz (Oud)	Aquilaria agallocha
Ajowan	Trachyspermum ammi
Akazie	Acacia farnesiana
Alant	Inula helenium
Alge	Laminaria digitata
Amyris	Amyris balsamifera
Angelikawurzel	Angelica archangelica
Anis	Pimpinella anisum
Atlaszeder	Cedrus atlantica
Baldrian	Valeriana officinalis
Balsamtanne	Abies balsamea
Basilikum	Ocimum basilicum
Bay	Pimenta racemosa
Beifuß	Artemisia vulgaris
Benzoe	Styrax benzoe
Bergamotte	Citrus aurantium var. bergamia
Bergamotteminze	Mentha citrata
Bergbohnenkraut	Satureja montana
Bergkiefer	Pinus mugo
Birke	Betula alleghaniensis
Bittermandel	Prunus dulcis var. amara
Bohnenkraut	Satureja hortensis
Boldo	Peumus boldus
Borneokampfer	Dryobalanops camphora
Blutorange	Citrus sinensis
Brennnessel	Urtica dioica
Bucco	Barosma betulina
Cabreuva	Myrocarpus fastigiatus
Cajeput	Melaleuca leucadendra
Cananga	Cananga odorata var. macrophylla
Cardamom	Elettaria cardamomum
Cassiazimt	Cinnamomum cassia Cinnamomum aromaticum
Cassisblüte	Ribes nigrum
Cistrose	Cistus ladaniferus
Citronella	Cymbopogon nardus Cymbop. winterianus
Clementine	Citrus deliciosa
Copaiva	Copaifera officinalis
Costus	Saussurea costus
Curryblätter	Murraya koenigii
Davana	Artemisia pallens
Dill	Anethum graveolens
Douglasie	Pseudotsuga menziesii
Eichenmoos	Evernia prunastri
Elemi	Canarium luzonicum
Estragon	Artemisia dracunculus
Eukalyptus	Eucalyptus globulus Eucalyptus radiata Eucalyptus staigeriana
Fenchel	Foeniculum vulgare
Fichte	Picea obovata
Flohminze	Mentha pulegium
Föhre (Kiefer)	Pinus sylvestris
Galbanum	Ferula gummosa
Galgant	Alpinia galanga
Gelbholz	Zanthoxylum alatum
Gelbwurz	Curcuma zedoaria
(Echte) Geranie	Geranium macrorrhizum
Geranium	Pelargonium graveolens Pelarg. odoratissimum
Gewürznelke	Syzygium aromaticum Eugenia caryophyllata
Gingergras	Cymbopogon martinii var. sofia
Ginster	Spartium junceum

4

Goldrute	Solidago canadensis
Grapefruit	Citrus paradisi
Guajak	Bulnesia sarmienti
Guajak	Guajacum officinale
Gurjum	Dipterocarpus turbinatus
Heiligenblume	Santolina chamaecyparissus
Hemlocktanne	Tsuga canadensis
Himalayazeder	Cedrus deodara
Ho-Baum	Cinnamomum camphora
Hopfen	Humulus lupulus
Hyazinthe	Hyacinthus orientalis
Immortelle	Helichrysum italicum
Ingwer	Zingiber officinale
Iris	Iris florentina
	Iris germanica
	Iris pallida
Jasmin	Jasminum grandiflorum
	Jasminum officinale
	Jasminum sambac
Johanniskraut	Hypericum perforatum
Kakao	Theobroma cacao
Kalmus	Acorus calamus
Kamille, blau	Matricaria recutita
	Chamomilla recutita
Kamille, römisch	Anthemis nobilis
	Chamaemelum nobile
„Kamille wild“	Ormensis mixta
Kampfer	Cinnamomum camphora
Kanuka	Kunzea ericoides
	Leptospermum ericoides
Kardamom	Elettaria cardamomum
Karotte	Daucus carota
Katzenminze	Nepeta cataria
Khella	Ammi visnaga
Kiefer	Pinus sylvestris
Koriander	Coriandrum sativum
Krauseminze	Mentha spicata
Kreuzkümmel	Cuminum cyminum
Kümmel	Carum carvi
Kurkuma (Gelbwurz)	Curcuma zedoaria
Labdanum	Cistus ladaniferus
Latschenkiefer	Pinus mugo
Lavandin	Lavandula hybrida
Lavendel	Lavandula angustifolia
	Lavandula vera
Lavendelsalbei	Salvia lavandulifolia
Lärche	Larix europaea
Lemongras	Cymbopogon flexuosus
Lemongras	Cymbopogon citratus
Liebstöckel	Levisticum officinale
Limette	Citrus aurantifolia
Limone	Citrus limonia
Linaloe	Bursera delpechiana
Litsea	Litsea cubeba
Lorbeer	Laurus nobilis
Magnolie	Michelia champaca
	Magnolia alba
Mairose	Rosa centifolia
Majoran	Origanum majorana
Majoran, „spanisch“	Thymus mastichina
Mandarine	Citrus reticulata
Mandarinenholz	Cinnamomum camphora
Manuka	Leptospermum scoparium
Mastix	Pistacia lentiscus
Meerkiefer	Pinus pinaster
Melisse	Melissa officinalis
Mimose	Acacia dealbata
Minze, grüne	Mentha viridis nana
Monarde	Monarda didyma
Moschuskörner	Abelmoschus moschatus
Muskat	Myristica fragrans
Muskateller-Salbei	Salvia sclarea
Myrrhe	Commiphora molmol
Myrte	Myrtus communis
Narde	Nardostachys jatamansi
	Nardostachys sinensis
Narzisse	Narcissus poeticus
Neroli	Citrus aurantium
Niaouli	Melaleuca (quinquenervia) viridiflora
Opoponax	Commiphora glabrescens
Orange	Citrus sinensis
Oregano	Origanum vulgare
Oud	Aquilaria agallocha
Palmarosa	Cymbopogon martinii
Pampelmuse	Citrus maxima
Patchouli	Pogostemon cablin
	Pogostemon patchouli
Pennyroyal	Mentha pulegium
Petersilie	Petroselinum crispum
Petit Grain	Citrus aurantium
Perubalsam	Myroxylon balsamum var. pereirae
Pfeffer	Piper nigrum

Pfeffer (rot)	Schinus molle
Pfefferminze	Mentha piperita
Piment	Pimenta dioica
Poleiminze	Mentha pulegium
Porst	Ledum groenlandicum
Quendel	Thymus serpyllum
Rainfarn	Tanacetum vulgare
Raute /Weinraute	Ruta graveolens
Ravensara	Ravensara aromatica Ravensara anisata
Ravintsara	Cinnamomum camphora Ct. Cineol
Rhododendron	Rhododendron anthopogon
Riesentanne	Abies grandis
Rose	Rosa damascena Rosa alba Rosa centifolia
Rosengeranie	Pelargonium odoratissimum
Rosenholz	Aniba rosaeodora
Rosmarin	Rosmarinus officinalis
Salbei	Salvia officinalis
Sandelholz	Santalum album
Santolin	Santolina chamaecyparissus
Sassafras	Ocotea pretiosa Sassafras albidum
Schafgarbe	Achillea millefolium
Schopflavendel	Lavandula stoechas
Schwarzkiefer	Pinus nigrum
Schwarzkümmel	Nigella sativa
Sellerie	Apium graveolens
Siamholz	Foekenia hodginsii
Spearmint	Mentha spicata
Speiklavendel	Lavandula latifolia
Stechwacholder	Juniperus oxycedrus
Steinklee	Mellilotus officinalis
Steinquendel	Calamintha nepeta
Sternanis	Illicium verum
Styrax	Liquidamber orientalis
Sugandha	Cinnamomum polyandrum
Tabak	Nicotiana tabacum
Tagetes	Tagetes glandulifera
Teebaum	Melaleuca alternifolia
Texaszeder	Juniperus mexicana
Thuja	Thuja occidentalis
Thymian	Thymus vulgaris
Tolu	Myroxylon balsamum
Tonka(bohne)	Dipteryx odorata
Tuberose	Polianthes tuberosa
Tulsi	Ocimum sanctum
Vanille	Vanilla planifolia
Veilchen	Viola odorata
Verbene	Lippia citriodora
Vetiver	Vetiveria zizanoides
Virginiazeder	Juniperus virginiana
Wacholderbeere	Juniperus communis
Wandelröschen	Lantana camara
Weihrauch	Boswellia carterii Boswellia serrata Boswellia sacra
Weißtanne	Abies alba
Wermut	Artemisia absinthium
Wiesenkönigin	Filipendula ulmaria
Wintergrün	Gaultheria fragrantissima
Ylang Ylang	Cananga odorata var. genuina
Ysop	Hyssopus officinalis Hyssopus decumbens
Zeder	Cedrus atlantica
Zimt	C. zeylanicum Cinnamomum zeylanicum
Zirbelkiefer	Pinus cembra
Zitrone	Citrus limonum
Zitroneneukalyptus	Eucalyptus citriodora
Zitronenminze	Mentha citrata
Zitronenverbene	Lippia citriodora
Zypresse	Cupressus sempervirens

Nützliche Adressen und Hinweise

Seit den ersten beiden Auflagen dieses Buches haben sich sehr viele Adressänderungen ergeben; wir haben an dieser Stelle nun nur noch eine Auswahl von Adressen aufgenommen. Ein umfassendes Adressverzeichnis finden Sie auf der Website der Autorin **www.aromapraxis.de**.

Aus- und Weiterbildungsmöglichkeiten mit ätherischen Ölen im deutschsprachigen Raum

AiDA – Aromatherapy International
Eliane Zimmermann
Berufsbegleitende 200-Stunden-Schulungen nach britischem Modell zur zertifizierten, ärztlich geprüften Aromapraktikerin (in D, A, CH und IRL)
Ardaturrish Beg
IRL-Glengarriff, County Cork
Telefon [0 03 53] (0 27) 6 39 76
Fax [0 03 53] (0 27) 6 37 11
www.aromapraxis.de

Aromainstitut am See – Doris R. Ilg
Begegnung mit heilenden Essenzen
Schottenstraße 7
D-78462 Konstanz
Telefon (0 75 31) 1 74 14
Fax (0 75 31) 1 74 15
http://aroma-institut-am-see.de

Aroma Forum International e. V.
Hügelstraße 10
D-82178 Puchheim
Telefon/Fax (089) 8 00 14 94
www.aroma-forum-international.de

Aroma Impulse
Inge-Lore Andres
Training – Coaching – Consulting
Humboldtstraße 2
D-79098 Freiburg im Breisgau
Telefon (07 61) 5 90 05 45
www.aroma-impulse.de

Institut für Lebendige Aromakunde
Jürgen Trott-Tschepe, Heilpraktiker
Hilssteig 40
D-14163 Berlin
Telefon (0 30) 8 13 28 17
Fax (0 30) 81 49 61 78
www.lebendige-aromakunde.de

Forum Essenzia – Verein für Förderung, Schutz und Verbreitung der Aromatherapie und Aromapflege e.V.
Kotterner Straße 81
D-87435 Kempten
Telefon (0 89) 7 14 53 91
www.forum-essenzia.de

Freies Institut für Aromatherapie
Soham Topham
Stollwerkstraße 21
D-51149 Köln
Telefon (0 22 03) 91 27 78
www.freies-institut-fuer-aromatherapie.de

Häringer, Dr. Erwin
Arzt für Allgemeinmedizin
Georgenschwaigstraße 4
D-80807 München
Telefon (0 89) 3 50 81 91
Fax (0 89) 3 50 76 94
erwin.haeringer@gmx.de

Natural Oils Research Association NORA International
Prof. Dr. Dietrich Wabner
Danziger Straße 62
D-85748 Garching
Telefon (0 81 65) 97 37 80
Fax (0 81 65) 97 37 89
www.nora-international.de

Phytaro – Schule für Phyto- und Aromatherapie
Peter Germann, Heilpraktiker
Im Karrenberg 56
D-44329 Dortmund-Kirchderne
Telefon (02 31) 88 08 66 13
Fax (02 31) 88 08 66 15
www.phytaro.de

Heilpraktikerinnen mit Aromatherapie-Angebot

Klant, Christa
Aromatherapie, Bachblüten,
Three in One Concepts®
Grabenstraße 36
D-53639 Königswinter
Telefon (0 22 23) 91 23 44

Krähmer, Barbara
Aromamassage, Seminare
Bahnhofstraße 30 E
D-86919 Utting
Telefon (0 88 06) 3 49
bk@bewusstgesund.net

Kraus, Pamela
Aromamassage, Wirbelsäulentherapie nach Breuss und Dorn, Baby- und Kindermassage
Hausener Weg 10
D-90587 Veitsbronn-Raindorf
Telefon (0 91 01) 90 65 39
Fax (0 91 01) 90 65 40
www.pamelakraus.de

Motzny, Gudrun
Molkereistraße 10 B
D-46487 Wesel
Telefon (0 28 03) 80 25 69
gudrun.motzny@freenet.de

Schlier, Petra
Naturheilpraxis für Traditionelle Pflanzenheilkunde, Aromatherapie und Körpertherapie
Nübelfeld 17
D-24972 Quern
Telefon (0 46 32) 8 76 77 51

Schkarlat, Rotraud
Heilpraktikerin & Aromatherapeutin
Reichenaustraße 4
D-78467 Konstanz
Telefon (0 75 31) 3 69 97 20
www.gesund-und-dufte.de

Topham, Soham
Freies Institut für Aromatherapie
Stollwerckstraße 21
D-51149 Köln-Westhoven
Telefon (0 22 03) 91 27 78
www.freies-institut-fuer-aromatherapie.de

Aromapraktikerinnen mit langjähriger Berufserfahrung

Bickert, Diana
Pfaffenberg 10
D-63762 Großostheim-Wenigumstadt
Telefon (0 60 26) 74 68

Degen-Hientz, Heike
Diplom-Pädagogin/Aromatologin
Am Stadtpark 38
D-70435 Stuttgart
Telefon/Fax (0 71) 8 70 89 – 83/84
www.aromatologie-und-gesundheit.de

Dürrstein, Sabine
Kaiserstraße 67 – 69, Top 33 B
A-1070 Wien
Telefon [00 43] (01) 9 44 36 20
sabine.duerrstein@chello.at

Polifke, Ulrike
Simmersdorf Nr. 24
D-96172 Mülhausen
Telefon (0 95 48) 98 22 31
aromula@online.de

Reischer, Waltraud
AiDA Austria
Albrechtstraße 97
A-3400 Klosterneuburg
Telefon [00 43] (06 76) 3 31 56 09
http://pflanzenduft-und-duftpflanzen.blog-spot.com

Spohler, Kerstin
Aromamassage, Chakra-Energie-Massage, Bachblüten, Fußreflexzonenmassage
Veilchenweg 44 A
D-65201 Wiesbaden
Telefon (06 11) 40 35 65
ks@wandern-wundern.de

Volkmann, Monika
Münchner Arbeitskreis Aromapflege
Koempelstraße 37
D-82340 Feldafing
Telefon (0 81 57) 48 67
www.aromapflege-muenchen.de

Apotheken/Apothekerinnen/PTA

Hamm, Dorothea
Fortuna l'arome –
Herstellung von Aromapflegeprodukten
Vermittlung von Aromatogrammen
Karlstraße 97
D-76137 Karlsruhe
Telefon/Fax (07 21) 35 75 21
www.larome.de

Heerz, Annette
Limes-Apotheke
Uhlandstraße 18
D-35415 Pohlheim
Telefon (0 64 03) 6 15 95
Fax (0 64 03) 6 17 00
www.limes-apotheke.net

Pflug, Christiane
Hohhaus-Apotheke
Qualifizierte Beratung, Vorträge
Eisenbacher Tor 2
D-36341 Lauterbach
Telefon (0 66 41) 45 45
Fax (0 66 41) 6 17 46
www.apotheke-pflug.de

Wolz, Dietmar
Herstellung der Original IS Aromamischungen und Individualrezepturen; Aus- u. Fortbildungen
Bahnhof-Apotheke
Bahnhofstraße 12
D-87435 Kempten
Telefon (08 31) 5 22 66 11
Fax (08 31) 5 22 66 26
www.bahnhof-apotheke.de

Heilende Wickel mit ätherischen Ölen und Kräutern, Ausbildungen

Freiburger Heilpflanzenschule
Ursel Bühring
Zechenweg 6
D-79111 Freiburg
Telefon (07 61) 55 65 59 05
Fax (07 61) 55 65 59 06
www.heilpflanzenschule.de

Primulaveris
Madeleine Ducommun-Capponi
Allmendstrasse 39
CH-4534 Flumenthal
Telefon [00 41] (032) 6 37 20 69
www.primulaveris.ch

Aromatogramme

Labor L&S
ENTEROSAN Stuhldiagnostik
Dr. Andreas Rüffer
Mangelsfeld 4
D-97708 Bad Bocklet-Großenbach
Telefon (0 97 08) 91 00 39
Fax (0 97 08) 91 00 50

Ganzimmun Diagnostics AG
Dr. med. Edith Kullmann
Hans-Böckler-Straße 109
D-55128 Mainz
Telefon (0 61 31) 7 20 51 59
Fax (0 61 31) 7 20 55 01 59

Hebammen, Geburtsvorbereitung

Gesellschaft für Geburtsvorbereitung e.V.
Ebersstraße 68 (Seiteneingang)
D-10827 Berlin
Telefon (030) 45 02 69 20
Fax (030) 45 02 69 21
www.gfg-bv.de

Österreichisches Hebammengremium
Spörlinggasse 3–5/2
A-1061 Wien
Telefon/Fax [00 43] (0 15 97) 14 04
www.hebammen.at

Schweizer Hebammenverband
Rosenweg 25 C
CH-3000 Bern 23
Telefon [00 41] (0 31) 3 32 63 40
Fax [00 41] (0 31) 3 32 76 14
www.hebamme.ch

Sichermann, Ruth
Meinhardswinden 11
D-91522 Ansbach
Telefon (09 81) 77 061
Fax (09 81) 97 788 144
www.geburtshaus-ansbach.de

Stadelmann, Ingeborg
Nesso 8
D-87487 Wiggensbach
Telefon (0 83 70) 17 77
Fax (0 83 70) 88 96
www.stadelmann-verlag.de

Bezugsquellen für ätherische Öle, fette Öle, Hydrolate in k.-b.-A.-Qualität

Deutschsprachiger Raum

Etherische Öle von Prof. Wabner WADI
Bahnhofstraße 55c
D-85375 Neufahrn
Telefon (0 81 65) 97 37 80
Fax (0 81 65) 97 37 89
www.EtherischeOele.de

Farfalla Essentials
Florastraße 18b
CH-8610 Uster
Telefon [00 41] (44) 9 05 99 00
Fax [00 41] (44) 9 05 99 09
www.farfalla.ch

Feeling
Walgaustraße 22
A-6824 Schlins
Telefon [00 43] (0 55 24) 2 23 99
Fax [00 43] (0 55 24) 22 39 98
www.feeling.at

Neumond – Düfte der Natur
Gewerbegebiet 2
D-82399 Raisting
Telefon (0 88 07) 94 08 00
Fax (0 88 07) 94 08 70
www.neumond.de

Oshadhi
Weinstraße 60
D-77815 Bühl/Baden
Telefon (0 72 23) 90 13 82
Fax (0 72 23) 90 13 83
www.oshadhi.eu

Primavera
Naturparadies 1
D-87466 Oy-Mittelberg
Telefon (0 83 66) 8 98 80
Fax (0 83 66) 89 88 40 99
www.primaveralife.com

Rottaler Aromaöle
Georg Effner
Baron-Riederer-Straße 35
84337 Schönau
Telefon (0 87 26) 96 79 61
www.rottaloele.de

Großbritannien

Aqua Oleum (Julia Lawless)
Unit 9, Griffin Mill Industrial Estate
London Road
Thrupp
Stroud
GB-Gloucestershire GL5 2AZ
Telefon [00 44] (0 14 53) 88 59 08
Fax [00 44] (0 14 53) 88 59 21
www.aqua-oleum.co.uk

Danièle Ryman Aromachology
1 Searle House Kingsway Square
98 Battersea Park Road
GB-London SW11 4LQ
Telefon [00 44] (0 20) 77 20 18 96
www.danieleryman.com

Fragrant Earth
Unit 21 The Beckery
GB-Glastonbury, Somerset BA6 9NX
Telefon [00 44] (0 14 58) 83 12 16
Fax [00 44] (0 14 58) 83 13 61
www.fragrantearth.com

- **Frankreich**

Golgemma
Patrick Collin
Route de Fa
F-11260 Espéraza
Telefon [00 33] 4 68 74 17 89
Fax [00 33] 4 68 74 15 79
www.golgemma.com

Essences Naturelles Corses
Bordeo (Korsika)
F-20230 San Nicolao/Moriani Plage
Telefon [00 33] 4 95 38 46 04
Fax [00 33] 4 95 38 46 05
www.essences-naturelles-corses.fr

I.R.I.S. Institut de Recherche International pour la Santé
Rodolphe Balz
Col de Veraut
F-26400 Eygluy Escoulin
Telefon [00 33] 4 75 76 46 02
www.labo-iris.com

4

Fortbildung im Ausland

R J Buckle Associates LLC
Jane Buckle PhD, RN
Kurse nur für Angehörige
von Krankenpflegeberufen
P.O. Box 868
USA-Hunter, NY 12442
Telefon [0 01] (05 18) 2 63 44 02
Fax [0 01] (05 18) 2 63 40 31
www.rjbuckle.com

The International Institute of Traditional Herbal Medicine und Aromatherapy
Gabriel Mojay
35 California Road
GB-Mistley, Essex CO11 1JA,
Telefon [00 44] (0 12 06) 39 34 65
Fax [00 44] (0 12 06) 3 93 – 5 22
www.aromatherapy-studies.com

Neals' Yard
Peacemarsh
Gillingham
GB-Dorset SP8 4EU
Telefon [00 44] (0 17 47) 83 46 00
Fax [00 44] (0 17 47) 83 46 01
www.nealsyardremedies.com

Osmobiose
Dr. Daniel Pénoël
Route du pas Lauzun
F-26400 Aouste-sur-Sye
Telefon [00 33] 4 75 25 68 06
Fax [00 33] 4 75 76 83 44
www.ecolepenoel.com

Pacific Institute of Aromatherapy
Dr. Kurt Schnaubelt
P.O. Box 6723
USA-San Rafael CA 94903
Telefon [0 01] (4 15) 4 79 91 20
Fax [0 01] (4 15) 4 79 06 14
www.pacificinstituteofaromatherapy.com

The Tisserand Institute
Newtown Road
GB-Hove, Sussex BN3 7BA
Telefon [00 44] (0) 12 73 32 56 66
Fax [00 44] (0) 12 73 20 84 44
www.tisserand.com

Internationale Vereine und Verbände

aromaFORUM Österreich
Wagnerstraße 29
A-4523 Neuzeug
Telefon [00 43] (06 60) 5 54 22 42
Fax [00 43] (07 25) 93 17 79
www.aromaforum-oesterreich.at

IFA – International Federation of Aromatherapists
7B Walpole Court, Ealing Green
GB-London W5 5ED
Telefon [00 44] 0 20 85 67 22 43
Fax [00 44] 0 20 88 40 92 88
www.ifaroma.org
Die IFA war weltweit die erste Organisation für professionelle Aromatherapeuten. Sie wurde 1985 gegründet, um mit ihren aktiven Mitgliedern einheitliche und hochqualitative Behandlungen in Aromatherapie anbieten zu können (3150 Mitglieder, Stand Dezember 2010). Hier wurde der Grundstein für den „Code of Ethics" gelegt, der mittlerweile bei allen seriösen Vereinen bindend für die Mitglieder ist. Der zu unterschreibende „Code of Practice" legt zum Beispiel auch bestimmte innenarchitektonische Details fest (adäquate Beleuchtung, leicht zu desinfizierende Möblierung, kaltes und warmes

Wasser), aber auch wie die Karteikarten zu führen sind und dass Werbemaßnahmen mit dem öffentlichen Auftritt des jeweiligen Vereines übereinstimmen müssen.
Zeitschrift: Aromatherapy Times, vierteljährlich

IFPA – The International Federation of Professional Aromatherapists
82 Ashby Road, GB-Hinckley
GB-Leicestershire LE 10 1SN
Telefon [00 44] (0 14 55) 63 79 87
Fax [00 44] 89 09 56
www.ifparoma.org
Der Vorläufer dieser Organisation wurde 1990 von Shirley Price und Gleichgesinnten gegründet und hat 1784 Mitglieder (Stand Dezember 2010). Das Ziel ist auch hier, einen hohen professionellen Standard unter den unterschiedlichen Aromatherapeutinnen zu erhalten. Die praktizierenden Mitglieder werden haftpflichtversichert und können sich durch eine „Hotline" stets beraten lassen. Wie bei der IFA geht es auch darum, qualifizierte Fortbildungen zu bieten und neue Erkenntnisse über die Aromatherapie zusammenzutragen und zu verbreiten.
Zeitschrift: Aromatherapy World: vierteljährlich

NAHA – National Association for Holistic Aromatherapists
3327 W. Indian Trail Road PMB 144
USA-Spokane, WA 99208
Telefon [0 01] (5 09)3 25 – 34 19
Fax: [0 01] (5 09) 3 25 – 34 79
www.naha.org
Zeitschrift: Aromatherapy Journal

VagA – Vereinigung ärztlich geprüfter Aromapraktiker/innen
Amalienstraße 68
A-1130 Wien
Telefon [00 43] (0) 66 45 44 14 74
Fax [00 43] (0) 3 16 58 45 83-15
www.aromapraktiker.at

Aromatherapie-Zeitschriften

F.O.R.U.M.
Forum Essenzia, 2 × jährlich
www.forum-essenzia.de

The International Journal of Essential Oil Therapeutics
(4 × jährlich, ca. 64 Euro)
www.ijeot.com

The International Journal of Clinical Aromatherapy
(2 × jährlich seit 2004, ca. 32 Euro)
Herausgeber Rhiannon Harris
http://www.ijca.net

Großraumbeduftung, Duftobjekte

Aromatao International GmbH
Am Fichtenholz 5
D-87475 Sulzberg
Telefon (0 83 76) 92 08 – 0
Fax (0 83 76) 92 08 – 28
www.aromatao.com

Fertigprodukte mit ätherischen Ölen

Dr. Hauschka Kosmetik (Wala)
D-73085 Eckwälden-Bad Boll
Telefon (0 71 64) 93 01 46
Fax (0 71 64) 93 02 66
www.hauschka.de

Light-of-Nature (vormals La Florina)
Lanzenhainer Straße 5
D-36396 Lautertal
Telefon (0 66 43) 91 86 82
Fax (0 66 43) 91 86 83
www.light-of-nature.de

Lavera – natürliche Körperpflege
Am Weingarten 4
D-30974 Wennigsen
Telefon (0 51 03) 93 91 – 0
Fax (0 51 03) 93 91 – 39
www.lavera.de

Logona Naturkosmetik und Heilmittel
auch Naturkosmetik ohne Duftstoffe (zum Selberbeduften, bei Allergien)
Zur Kräuterwiese
D-31020 Salzhemmdorf
Telefon (0 51 53) 8 09 01
Fax (0 51 53) 8 09 88
www.logona.com

Maienfelser Naturkosmetik
Seltene indische Attars, große Auswahl an fetten Trägerölen
Im Burgfrieden 17
D-71543 Wüstenrot
Telefon (0 79 45) 25 82
Fax (0 79 45) 15 71
www.maienfelser-naturkosmetik.de

Weleda
Möhlerstraße 3
D-73525 Schwäbisch Gmünd
Telefon (0 71 71) 9 19 – 0
Fax (0 71 71) 9 19 – 4 24
www.weleda.de

Naturkosmetik und Rohstoffe zum Selbermachen

Duft und Schönheit
Kosmetik zum Selbermachen
Sendlinger Straße 46
D-80331 München
Telefon (0 89) 2 60 82 59
Fax (0 89) 3 54 36 53
www.duft-und-schoenheit.de

La Nature
Marktstraße 14
D-65183 Wiesbaden
Telefon (06 11) 37 93 70
Fax (0 61 24) 33 29
www.la-nature.de

Martina Gebhardt Naturkosmetik
St.-Wendelin-Straße 3
D-86935 Rott
Telefon (0 81 94) 9 32 10
Fax (0 81 94) 17 97
www.martina-gebhardt-naturkosmetik.de

Versand und Erleben von Kräutern, seltenen Duftpflanzen und Samen

Rühlemanns
(Samen, Duftpflanzen, Duft-Workshops)
Auf dem Berg 166
D-27367 Horstedt
Telefon (0 42 88) 92 85 58
Fax (0 42 88) 92 85 59
www.ruehlemanns.de

Rosenschule Ruf (Bioland-Rosen)
Zum Sauerbrunnen 35
D-61231 Bad Nauheim-Steinfurth
Tel. (0 60 32) 8 18 93
Fax (0 60 32) 8 23 75
www.rosenschule-ruf.de

Syringa Samen
(größter Duftgarten Deutschlands)
Bachstraße 7
D-78247 Hilzingen-Binningen
Telefon (0 77 39) 14 52
Telefax (0 77 39) 6 77
www.syringa-samen.de

Kurse in NLP (Neurolinguistisches Programmieren) und Gesprächsführung

Besser-Siegmund Institut
Mönckebergstraße 11
D-20095 Hamburg
Telefon (0 40) 32 00 49 36
www.besser-siegmund.de

Creative NLP Academy
Klaus Grochowiak
Nerobergstraße 25
D-65193 Wiesbaden
Telefon (06 11) 52 72 37
Fax (06 11) 52 97 07
www.cnlpa.de

Weiterführende Literatur

Fischer-Rizzi S: Himmlische Düfte. Aarau: AT Verlag; 2002.

Price L und Price S: Aromatherapie – Praxishandbuch für Pflege- und Gesundheitsberufe. Bern: Verlag Hans Huber; 2003.

Bühring U: Praxis-Lehrbuch der modernen Heilpflanzenkunde. 3. Aufl. Stuttgart: Haug; 2011.

Süßkind P: Das Parfum. Zürich: Diogenes Verlag; 2000.

Leder FB und Kalckreuth KS Gräfin von: TouchLife – Massage, die schön macht. Ritterhude: fit fürs Leben; 1999.

Quellen

1. Abdullah D, Ping QN, Liu GJ: Enhancing effect of essential oils on the penetration of 5-fluorouracil through rat skin. Yao Xue Xue Bao 1996;31:3.
2. Ahlswe-Ehlers U: Das Leben abgeben – Sterbebegleitung mit ätherischen Ölen im Hospiz. Primavera Life 4. Internationaler Aromakongress. Sulzberg 2003.
3. Ammon HP: Boswellic acids (components of frankincense) as the active principle in treatment of chronic inflammatory diseases. Wien. med. Wschr. 2002;152:15 – 16.
4. Andres I: Die ganzheitliche Duftberatung. Niedernhausen: Falken;1995.
5. Arnal-Schnebelen, Bérengère et al.: Essential oils in infectious gynaecological disease. A statistical study of 658 cases. Int. J. Aromath. 2004;14/4.
6. Balacs T, Tisserand R: Essential Oil Safety. Edinburgh: Churchill Livingstone; 1995.
7. Balacs T: Dermal Crossing. Int. J. Aromath. Vol. 4 – 2. Hove; 1992.
8. Balacs T, Tisserand R: May Chang. Int. J. Aromath. Vol. 4 – 3. Hove; 1992.
9. Balacs T: Essential Oils in the Body: their absorption, distribution, metabolism and excretion. In: Aroma '93 Conference Proceedings. Aromatherapy Publications. Hove; 1994.
10. Ballard CG, O'Brien JT; Reichelt K, Perry EK: Aromatherapy as a safe and effective treatment for the management of agitation in severe dementia: the results of a double-blind, placebo-controlled trial with melissa. J Clin Psychiatry. July 2002,63(7). 553 – 558.
11. Balz R: Ätherische Öle. Aitrang: Windpferd; 1994.
12. Bärtels A: Farbatlas Tropenpflanzen. Stuttgart: Ulmer; 1993.
13. Bauer R, Jehl R: Humanistische Pflege in Theorie und Praxis. Stuttgart: Schattauer; 2000.
14. Becht S, Legath J: Das große Buch vom Öl. Aarau: AT; 1989.
15. Belaiche P: Traité de Phytotherapie et d'Aromathérapie Vol. 1 – 3. Paris: 1979.
16. Bernath-Frei B: Düfte für die Seele – Aromapflege in der Psychiatrie. Forum Essenzia 27. München: 2005.
17. Bickel-Sandkötter S: Nutzpflanzen und ihre Inhaltsstoffe. Wiebelsheim: Quelle und Meyer; 2003.
18. Brady AJ, Loughlin R, Tunney MM: Susceptibility of methicillin-resistant Staphylococcus aureus in biofilm to tea tree oil. Abstracts Society for General Microbiology 156th Meeting. 4.– 7. April 2005 Edinburgh.
19. Braunschweig R von: Keine Angst vor Ketonen in Forum Essenzia. 1995;2:14.
20. Braunschweig R von: Teebaum-Öle. München: Gräfe und Unzer; 1996.
21. Brudnak M: Cancer-Preventing Properties of Essential Oil Monoterpenes D-Limonene and Perillyl Alcohol in „Positive Health". Bristol: June 2000.
22. Buck P: Skin barrier function: effect of age, race and inflammatory disease. Int. J. Aromath. 2004; 14/2:70 – 76.
23. Buckle J: Clinical Aromatherapy. Philadelphia: Churchill Livingstone; 2003.
24. Buchbauer G: Über biologische Wirkungen von ätherischen Ölen und Duftstoffen. Österreichische Apotheker-Zeitung. 2003;14: Online-Archiv.
25. Buchbauer, Gerhard: Aromatherapie. In: Lexikon der Arzneipflanzen und Drogen. Heidelberg: Spektrum; 2003.
26. Buchbauer, Gerhard: Über biologische Wirkungen von Duftstoffen und ätherischen Ölen". Wiener Medizinische Wochenschrift. 2004;154:539 – 547.
27. Budwig J: Das Fett-Syndrom. Frankfurt: Hyperion; 1994.
28. Bühring U: Praxis-Lehrbuch der modernen Heilpflanzenkunde. 3. Aufl. Stuttgart: Haug; 2011.
29. Burfield T: A short notice on the ecological status of cedarwood atlas: cedrus atlantica. www.cropwatch.org. 2004.
30. Bustos M: Les Huiles Thérapeutiques. Romont; Editions Recto Verseau; (o. J.).
31. Caddy R: Essential Oils in Colour. Amberwood Publishing. Guildford 1997.
32. Campenhausen C von: Die Sinne des Menschen. Stuttgart: Thieme; 1981.
33. Carle R: Ätherische Öle – Anspruch und Wirklichkeit. Stuttgart: Wissenschaftliche Verlagsgesellschaft; 1993.
34. Carson CF, Mee BJ, Riley TV: Mechanism of action of Melaleuca alternifolia (Teebaum) Oil on Staphylococcus aureus. determined by Time-Kill, Lysis, Leakage, and Salt Tolerance Assays and Electron Microscopy. Antimicrob. Agents Chemother. 2002; 46(6):1914 – 1920.
35. Carson CF, Riley TV: Antimicrobial activity of the major components of the essential oil of Melaleuca alternifolia. J. Appl. Bacteriol. 1995;78(3):264 – 269.

36. Carson CF, Cookson BD, Farrelly HD, Riley TV: Suspectibility of methicillin-resistant Staphylococcus aureus to the essential oil of Melaleuca alternifolia. J. Antimicrob. Chemother. 1995;35(3):421 – 424.
37. Catty S: Hydrosols – The Next Aromatherapy. Rochester: Healing Arts Press. 2001.
38. Choi HS, Song HS, Ukeda H, Sawamura M: Radical-scavenging activities of citrus essential oils and their components: detection using 1,1-diphenyl-2-picrylhydrazyl. J. agricult. Food Chem. 2000;48:9.
39. Christen L, Christen S, Waldmeier V, Österlund S, Morgenthaler U, Scheidegger, J, Oehninger R: Pflege ohne und mit Anwendung von ätherischen Ölen. Eine kontrollierte Studie mit Patienten und Patientinnen einer rheumatologischen Akutabteilung. Pflege. 2003;16:193 – 204.
40. Clarke S: Essential Chemistry for Safe Aromatherapy. Edinburgh: Churchill Livingstone; 2002.
41. Collin P: Calophyllum Inophyllum. Forum Essenzia; 1/96:22 – 23.
42. Cornwell PA, Barry BW: Sesquiterpene components of volatile oils as skin penetration enhancers for the hydrophilic permeant 5-fluorouracil. J. Pharm. Pharmacol. 1994;46:4.
43. Day P: Cancer. Why we're still dying to know. Credence: 1999.
44. Deininger R: Über das Wirkungsspektrum ätherischölhaltiger Phytopharmaka – insbesondere ihre antibakterielle, antimykotische und antivirale Wirkung. In Schnaubelt K (Hrsg.): Ganzheitliche Aromatherapie. Stuttgart: Fischer; 1997.
45. De Vincenzi M, Silano M, Maialetti F, Scazzocchio B: Constituents of aromatic plants. II. Estragole. Fitoterapia: 2000;71(6):725 – 729.
46. del Degan P: Das Ölbuch. München: Mosaik; 1988.
47. Dierssen I: Düfte helfen heilen. Ostfildern: Hallwag; 1997.
48. Dorman HJ, Deans SG: Antimicrobial agents from plants. Antibacterial activity of plant volatile oils. J. Appl. Microbiol. 2000;88(2)308 – 316.
49. Dryden MS, Dailly S, Crouch M: A randomized, controlled trial of tea tree topical preparations versus a standard topical regimen for the clearance of MRSA colonization. J. Hosp. Infect. 2004;56(4): 283 – 286.
50. Ducommun-Capponi M: Gesundheits-Wickel-ABC. Eidgenössische Gesundheitskasse, Laufen: 1998.
51. Edwards-Jones V, Buck R, Shawcross SG, Dawson MM, Dunn K: The effect of essential oils on methicillin-resistant Staphylococcus aureus using a dressing model. Burns: 2004;30(8):772 – 777.
52. Encke F, Buchheim G, Seybold S: Zander – Handwörterbuch der Pflanzennamen. Stuttgart: Ulmer; 1994.
53. Engel W: In Vivo Studies on the Metabolism of the Monoterpenes S-(+)- and R-(-)-Carvone in Humans Using the Metabolism of Ingestion-Correlated Amounts (MICA) Approach. J. Agricult. Food Chem. 2001;49(8):4069 – 4075.
54. Erasmus U: Fats that Heal – Fats that Kill. Burnaby: Alive books; 1995.
55. Europäische Union, Amtsblatt der: Richtlinie 2003/15/EG des Europäischen Parlaments und des Rates vom 27. Februar 2003.
56. Europäische Union, Amtsblatt der: Richtlinie 2002/34/EG der Kommission zur Anpassung der Anhänge II, III und VII der Richtlinie 76/768/EWG vom 15. April 2002.
57. Fischer-Rizzi S: Himmlische Düfte. München: Irisiana; 1989.
58. Fletcher J: Oils and Perfumes of Ancient Egypt. London: British Museum Press; 1998.
59. Franchomme P, Pénoël D: L'Aromathérapie Exactement. Edition Jollois, Limoges: 1990.
60. Fresenius W, Niklas H, Schilcher H: Freiverkäufliche Arzneimittel. Stuttgart: Wiss. Verlagsges; 1985.
61. Fugmann B, Lang-Fugmann S, Steglich W: Römpp Lexikon Naturstoffe. Stuttgart: Thieme; 1997.
62. Gattefossé RM: Aromatherapie. Aarau: AT Verlag; 1994.
63. Gattefossé M: René Maurice Gattefossé. Int. J. Aromath. 1992;Vol. 4 – 4.
64. Gerhardt H, Seifert F, Buvari P, Vogelsang H, Repges R: Therapy of active Crohn disease with Boswellia serrata extract H 15. Z. für Gastroenterol. 2001; 39(1):11 – 17.
65. Gildemeister E, Hoffmann F: Die ätherischen Öle. Miltitz: Schimmel und Co. AG;1928.
66. Göbel H, Heinze A, Dworschak M, Heinze-Kuhn K, Stolze H: Wirksamkeit und Verträglichkeit von Oleum-menthae-piperitae-Lösung LI 170 bei Kopfschmerz vom Spannungstyp und Migräne. Kiel: Schmerzklinik Kiel und Klinik für Neurologie der Christian-Albrechts-Universität; 1998.
67. Görlich Handels-GmbH: Analysenzertifikate Öle. Wasserburg: Görlich; 1996.
68. Grassmannn J, Hippeli S, Spitzenberger R, Elstner EF: The monoterpene terpinolene from the oil of Pinus mugo L. Concert with alpha-tocopherol and beta-carotene effectively prevents oxidation of LDL. Phytomed. 2005; 12(6 – 7):416 – 423.
69. Grassmann J, Hippeli S, Vollmann R, Elstner EF: Antioxidative properties of the essential oil from Pinus mugo. J. Agricult. Food Chem. 2003;51(26): 7576 – 7582.
70. Graßmann J, Schneider D, Weiser D, Elstner EF: Antioxidative effects of lemon oil and its components on copper induced oxidation of low density lipoprotein. Arzneimittelforsch. 2001;51:799 – 805.
71. Grigoleit HG, Grigoleit P: Pharmacology and preclinical pharmacokinetics of peppermint oil. Phytomed. 2005;12(8):612 – 616.
72. Der Große Brockhaus. 18. Aufl. Wiesbaden: Brockhaus; 1983.

73. Gümbel D: Gesunde Haut mit Heilkräuter-Essenzen. Heidelberg: Haug; 1989.
74. Gupta I, Gupta V, Parihar A, Gupta S, Ludtke R, Safayhi H, Ammon HP: Effects of Boswellia serrata gum resin in patients with bronchial asthma: results of a double-blind, placebo-controlled, 6-week clinical study. Europ. J. Med. Res. 1998; 17(11):511 - 514.
75. Hada T, Inoue Y, Shiraishi A, Hamashima H: Leakage of K+ ions from Staphylococcus aureus in response to tea tree oil. J. Microbiol. Meth. 2003; 53(3):309 - 312.
76. Hänsel R: Therapeutische Anwendung ätherischer Öle. In Carle R: Ätherische Öle – Anspruch und Wirklichkeit. Stuttgart: Wiss. Verlagsges.; 1993.
77. Häringer E: Wer heilt hat Recht – so ist es! Forum Essenzia. 2005;27:37 - 38.
78. Häringer E: Hahnemann und das Riechen, Forum Essenzia. 1994;1:20 - 21.
79. Hall R, Klemme D, Nienhaus J: H und R Lexikon Duftbausteine. Hamburg: Glöss; 1985.
80. Hammer KA, Carson CF, Riley TV: Antifungal effects of Melaleuca alternifolia (tea tree) oil and its components on Candida albicans, Candida glabrata and Saccharomyces cerevisiae. J. Antimicrob. Chemother. 2004;53:1081 - 1085.
81. Harkenthal M, Reichling JM, Geiss HK, Saller R: Australisches Teebaumöl. Pharm. Ztg. (Eschborn). 1998;47.
82. Harkenthal M, Reichling JM, Geiss HK, Saller R Comparative study on the in vitro antibacterial activity of Australian tea tree oil, cajuput oil, niaouli oil, manuka oil, kanuka oil, and eucalyptus oil. Pharmazie. 1999;54:460 - 463.
83. Hatt H: Physiologie des Riechens und Schmeckens. In: Maelicke A (Hrsg.): Vom Reiz der Sinne. Weinheim: VCH; 1990.
84. Hatt H, Spehr M: Düfte locken Spermien zum Ei. Pressemeldung der Ruhr Universität Bochum Nr. 90, 28.03.2003.
85. Hatt H, Spehr M: Gegen jeden Gestank ist ein Duft gewachsen. Pressemeldung der Ruhr Universität Bochum Nr. 281, 04.10.2004.
86. Hausen BM, Vieluf IK: Allergiepflanzen. Handbuch und Atlas. Landsberg: ecomed; 1997.
87. Hay IC, Jamieson M, Ormerod AD: Randomized Trial of Aromatherapy – Successful Treatment for Alopecia Areata. Arch. Dermatol. 1998;134(11): 1349 - 1352.
88. Heinrich K: Ernährungsmedizin und Diätetik. München: Urban und Schwarzenberg; 1996.
89. Henry Lamotte GmbH: Produktinformation Öle. Lamotte, Bremen 1996.
90. Herer J, Bröckers M: Katalyse Institut für angewandte Umweltforschung: Hanf. Frankfurt: Zweitausendeins; 1994.
91. Hiller K, Melzig MF: Lexikon der Arzneipflanzen und Drogen Band 1 und 2. Heidelberg: Spektrum; 2003.
92. Hippeli S, Graßmann J, Vollmann R, Elsterner EF: Latschenkiefernöl – möglicher Wirkmechanismus für antientzündliche Wirkung. Pharm. Ztg. (Eschborn) 2004;13.
93. Holm G, Herbst V: Botanik und Drogenkunde. Stuttgart: Deutscher Apotheker Verlag; 2001.
94. Holmes C, Hopkins V, Hensford C, MacLaughlin V, Wilkinson D, Rosenvinge H: Lavender oil as a treatment for agitated behaviour in severe dementia. A placebo-controlled study. Int. J. Geriatr. Psych. 2002;17(4):305 - 308.
95. Hostanska K, Daum G, Saller R: Cytostatic and apoptosis-inducing activity of boswellic acids toward malignant cell lines in vitro. Anticancer Res. 2002;22(5):2853 - 2862.
96. Juergens UR, Stöber M, Vetter H: Steroidartige Hemmung des monozytären Arachidonsäuremetabolismus und der Il-1β-Produktion durch 1,8-Cineol. Atemw.- u. Lungenkr. 1998;24:3 - 11.
97. Juergens UR, Vetter H: Terpene in der Asthmatherapie. Neue klinische und experimentelle Ergebnisse zur antiinflammatorischen und bronchodilatatorischen Wirkung von 1,8-Cineol. Darmstadt: Phytopharmaka IV. 1998.
98. Juergens UR, Stöber M, Schmidt-Schilling L, Kleuver T, Vetter H. Antiinflammatory effects of eucalyptol (1.8-Cineole) in bronchial asthma: Inhibition of arachidonic acid metabolism in human blood monocytes ex vivo. Europ. J. Med. Res. 1998;3: 508 - 510.
99. Kalemba D, Kunicka A: Antibacterial and antifungal properties of essential oils. Curr. Med. Chem. 2003;10:813 - 829.
100. Kapit W, Elson L: Anatomie Malatlas. München: Arcis; 1989.
101. Kapit W, Macey R, Meisami E: Physiologie Malatlas. München: Arcis; 1992.
102. Karner I: Mündliche Mitteilung und www.aromaberatung.at 2005
103. Karsten H: Duft-Farb-Ton-Therapie bei psychosomatischen Erkrankungen. Heidelberg: Haug; 1983.
104. Kaser M: Ätherische Öle in der Stomatherapie. Primavera Life. 2. Internationaler Kongress 2000.
105. Kerner D, Kerner I: Der Ruf der Rose. Köln: Kiepenheuer und Witsch; 1992.
106. Kirk-Smith M: Fundamental concepts behind scientific research demistified. Int. J. Aromather. 2005;15:24 - 29.
107. Koedam A: Riechstoffe, Aromen, Kosmetica 1 (6) und 2 (36) 1977.
108. Koenig W, Meisinger C, Baumert J, Lowel H: Systemic Low-Grade Inflammation and Risk of Coronary Heart Disease. Results from the MONICA/KORA Augsburg Cohort Studies. Gesundheitswesen. 2005;1:62 - 67.

109. Kousmine C: Gesundheit auf dem Teller. Delachaux und Nestlé S.A. Neuchatel: 1984.
110. Krack N: Nasale Reflex-Therapie mit ätherischen Ölen. Heidelberg: Haug; 1987.
111. Kraus P: Aromamassage und Hydrotherapie. In: Handbuch zur Aromapraxis-Ausbildung. Glengarriff: 2002.
112. Landvatter U, Saller R, Reichling J: Antibakterielle Wirkung von australischem Teebaumöl gegen verschiedene Pseudomonaden. Erfahrungsheilkunde 2001;50:340 – 348.
113. Lawless J: Die Illustrierte Enzyklopädie der Aromaöle. München: Scherz; 1996.
114. Lawless J: Aromatherapy and the Mind. London: Thorsons; 1994.
115. Leder FB, von Kalckreuth KS: TouchLife – Massage die schön macht. Fit fürs Leben. Ritterhude: 1999.
116. Lennerts L: Ölschrote, Ölkuchen, pflanzliche Öle und Fette. Hannover: Alfred Strothe; 1984.
117. Lindemann B, Ogiwara Y, Ninomiya Y: The Discovery of Umami. Universität des Saarlandes, Medical Faculty, Physiology 2002.
118. Lindenmann HP: Galerie der Düfte. Maienfels: Eigenverlag; 2005.
119. Lis-Balchin M, Buchbauer G, Hirtenlehner T, Resch M: Antimicrobial activity of Pelargonium essential oils added to a quiche filling as a model food system. Appl. Microbiol. 1998;27(4);207 – 210.
120. Lis-Balchin M, Hart SL: Studies on the mode of action of the essential oil of lavender (Lavandula angustifolia P. Miller). Phytother. Res. 1999;13(6): 540 – 542.
121. Lis-Balchin M, Hart SL, Deans SG: Pharmacological and antimicrobial studies on different tea-tree oils (Melaleuca alternifolia, Leptospermum scoparium or Manuka and Kunzea ericoides or Kanuka), originating in Australia and New Zealand. Phytother. Res. 2000;14(8):623 – 629.
122. Lucks BC, Sorensen J, Veal L: Complementary Therapies in Nursing & Midwifery. 2002 Aug;8(3): 148 – 54.
123. Lurija A: Das Gehirn in Aktion. Reinbek: Rowohlt; 1996.
124. McMahon C: Indian Attars. Int. J. Aromather. 1996; Vol. 7 – 4.
125. Mailhebiau P: La Nouvelle Aromatherapie. Etoile-sur-Rhône: Etoile-sur-Rhône: Editions Jakin; 1994.
126. Mailhebiau P: Les Cahiers de l'Aromatherapie. Etoile-sur-Rhône: Editions Jakin. 1995: Vol. 1/1995 und Vol. 2/1996.
127. Maelicke A (Hrsg.): Vom Reiz der Sinne. Weinheim: VCH; 1990.
128. Maguire A: Vom Sinn der kranken Sinne. Solothurn: Walter; 1993.
129. Martinetz D, Lohs K, Janzen J: Weihrauch und Myrrhe. Stuttgart: Wiss. Verlagsges.; 1989.
130. Mauker SW: Ätherische Öle bei Unruhezuständen. Sulzberg: Primavera Life. 4. Internationaler Aromakongress 2003.
131. Maxwell-Hudson C: Das große Handbuch der Massage. Augsburg: Weltbild; 1996.
132. McGuffin M, Hobbs C, Upton R, Goldberg A (Eds.): American Herbal Products Association's Botanical Safety Handbook. CRC Press; 1997.
133. Menichini F, Tundis R, Loizzo MR, Bonesi M, Provenzano E, de Cindio B, Menichini F: In vitro photo-induced cytotoxic activity of Citrus bergamia and C. medica L. cv. Diamante peel essential oils and identified active coumarins. Pharm Biol. 2010 Sep;48(9):1059 – 65.
134. Mojay G: Aromatherapie für die Seele. Goldmann: München 1999.
135. Moteki H, Hibasami H, Yamada Y, Katsuzaki H, Imai K, Komiya T: Specific induction of apoptosis by 1,8-cineole in two human leukemia cell lines, but not in a human stomach cancer cell line. Oncol. Rep. 2002;9(4):757 – 760.
136. Naganuma M, Hirose S, Nakayama Y, Nakajima K, Someya T: A study of the phototoxicity of lemon oil. Arch. Dermatol. 1985;278(1):31 – 36.
137. National Toxicology Program: http://ntp-server.niehs.nih.gov; 1 – 412. (CAS NO. 93 – 15 – 2) in F344/N Rats and B6C3F1 Mice, Juli 2000.
138. Neerman M, Sesquiterpene lactones: a diverse class of compounds found in essential oils possessing antibacterial and antifungal properties. Int. J. Aromather. 2003;13:2/3.
139. Ohloff G: Riechstoffe und Geruchssinn – die molekulare Welt der Düfte. Berlin: Springer; 1990.
140. Ohloff G: Irdische Düfte – himmlische Lust. Basel: Birkhäuser; 1992.
141. Ornstein R, Thompson R: Unser Gehirn: das lebendige Labyrinth. Reinbek: Rowohlt; 1986.
142. Pelt JM: Die Geheimnisse der Heilpflanzen. München: Knesebeck; 2005.
143. Perry NSL, Bollen C, Perry EK, Ballard C: Salvia for dementia therapy: review of pharmacological activity and pilot tolerability clinical trial. Pharmacol. Biochem. Behav 2003;75(3)669 – 74.
144. Phillips LR, Malspeis L, Supko JG: Pharmacokinetics of active drug metabolites after oral administration of perillyl alcohol, an investigational antineoplastic agent to the dog. Drug Metab. Dispos. 1995;23(7):676 – 680.
145. Pichot JC: Die sechs Qualitäten von Ylang Ylang. Forum Essenzia. 2000;17:15 – 17.
146. Pollmer U, Fock A, Gonder U, Haug K: Liebe geht durch die Nase. Köln: Kiepenheuer und Witsch; 1997.
147. Price L, Price S: Aromatherapy for Health Professionals. Edinburgh: Churchill Livingstone; 1995.
148. Pschyrembel Klinisches Wörterbuch. Berlin: de Gruyter; 1986.

149. Pschyrembel Wörterbuch Naturheilverfahren. Berlin: de Gruyter; 1996.
150. Pütz J, Niklas C: Betörende Parfums, heilende Düfte. Köln: vgs; 1993.
151. Pütz J, Niklas C: Cremes und sanfte Seifen. Köln: vgs; 1989.
152. Pütz J, Niklas C: Das Lexikon der sanften Kosmetik. Köln: vgs; 1988.
153. Racine P, Baylac S: Inhibition of 5-Lipoxigenase by Essential Oils and other Natural Fragrant Extracts. Int. J. Aromather. 2003;13(2/3):138 – 142.
154. Rädlein U: Statt Amputation: Ein paar Tropfen Teebaum täglich. Forum Essenzia. 1995;7:13 – 14.
155. Rätsch C: Räucherstoffe – der Atem des Drachen, Aarau: AT; 1999.
156. Rapunzel Naturkost: Broschüre über Speiseöle Nr. 4. 1996.
157. Reichling J, Iten F, Saller R: Australisches Teebaumöl (Melaleuca aetheroleum) – Pharmazeutische Qualität, Wirksamkeit und Toxizität. Z. Phytother. 2003;3:32 – 39.
158. Rensen I van: Mentha × piperita L. – die Pfefferminze bei Verdauungsbeschwerden. Z. Phytother. 2004;25:118 – 125.
159. Richter I: Lehrbuch für Heilpraktiker. München: Urban und Schwarzenberg; 1990.
160. Rippe O, Madejsky M, Ammann M, Ochsener P, Rätsch C: Paracelsusmedizin. Altes Wissen in der Heilkunst von heute. Aarau: AT; 2002.
161. Roth L, Daunderer M, Kormann K: Giftpflanzen Pflanzengifte. Landsberg: ecomed; 1994.
162. Roulier G: Les Huiles Essentielles pour votre Santé. St.-Jean-de-Braye: Editions Dangles; 1990.
163. Rovesti P, Fischer-Rizzi S (Hrsg.): Auf der Suche nach den verlorenen Düften. Eine aromatische Kulturgeschichte. München: Hugendubel; 1997.
164. Runkel U: Keimsanierung mit ätherischen Ölen – eine wirksame Methode bei Antibiotikaresistenz? Jugend-forscht-Arbeit im Fachgebiet Biologie 2003.
165. Ryman D: Heilen mit Aroma Ölen. München: Knaur; 1993.
166. Sanderson H, Harrison J, Price S: Aromatherapy and Massage for People with Learning Difficulties. Birmingham: Hands On Publishing; 1991.
167. Saunt J: Citrus Varieties of the World. Norwich: Sinclair International; 1990.
168. Schäffler A, Schmidt S: Mensch Körper Krankheit. Neckarsulm: Jungjohann; 1995.
169. Schilcher H: Die Kamille: Ein Handbuch für Ärzte, Apotheker und andere Naturwissenschaftler. Stuttgart: Wiss. Verlagsges; 1987.
170. Schindler-Hermann C: Düfte und Salben der Bibel. Schopfheim; Eigenverlag; 2000.
171. Schleicher P: Natürlich heilen mit Schwarzkümmelöl. München: Südwest; 1996.
172. Schleicher P: Argan-Öl – die heilende Wirkung des marokkanischen Goldes. München: Südwest; 2004.
173. Schmidt L: Die botanischen Gärten in Deutschland. Hamburg: Hoffmann und Campe; 1997.
174. Schmidt E: Ein Lavendelöl ist ein Lavendelöl ist ein Lavendelöl – oder doch nicht? Forum Essenzia. 1996;1.
175. Schnaubelt K: Neue Aromatherapie. Köln: vgs; 1995.
176. Schnaubelt K: Aromatherapy and Chronical Viral Infections. Aroma '93 – Conference Proceedings, Aromatherapy Publications, Hove; 1994.
177. Schneider E: Nachtkerzen-Öl. Bruckmühl: Natur und Gesundheit; 1988.
178. Schneider G: Pharmazeutische Biologie. Mannheim: BI Wissenschaftsverlag; 1985.
179. Schnitzler P, Schon K, Reichling J: Antiviral activity of Australian tea tree oil and eucalyptus oil against herpes simplex virus in cell culture. Pharmazie 2001;56(4):343 – 347.
180. Schröder R: Kaffee, Tee und Kardamom. Stuttgart: Ulmer; 1991.
181. Schuhmacher A, Reichling J, Schnitzler P: Virucidal effect of peppermint oil on the enveloped viruses herpes simplex virus type 1 and type 2 in vitro. Phytomedicine. 2003;10(6 – 7):504 – 510.
182. Schulz V: Johanniskraut und Ciclosporin. Z. Phytother. 2005;3:126 – 127.
183. Schwab A: Jojoba. Bad Wörishofen: Ledermann; 1981.
184. Sellar W: The Directory of Essential Oils. Essex: Daniel; 1992.
185. Sherry E, Boeck H, Warnke PH: Topical application of a new formulation of eucalyptus oil phytochemical clears methicillin-resistant Staphylococcus aureus infection. Amer. J. Infect Control. 2001;29: 346.
186. Sigurdsson S, Ogmundsdottir HM, Gudbjarnason S: The cytotoxic effect of two chemotypes of essential oils from the fruits of Angelica archangelica L. Anticancer Res. 2005 May-Jun;25(3B):1877 – 80.
187. Soledum Gebrauchsinformation. Köln: Cassella Med. 2003.
188. Sonn A, Bühring U: Heilpflanzen in der Pflege. Bern: Huber; 2004.
189. Speckmann EJ, Wittkowski W: Bau und Funktionen des menschlichen Körpers. München: Urban und Schwarzenberg; 1994.
190. Spehr M, Schwane K, Heilmann S, Gisselmann G, Hummel T, Hatt H: Dual Capacity of a Human Olfactory Receptor. Curr. Biol. 2004;14(19):832 – 833.
191. Stadelmann I: Die Hebammensprechstunde. Ermengerst: Eigenverlag; 1994.
192. Stadelmann I: Bewährte Aromamischungen. Ermengerst: Eigenverlag; 2001.
193. Stahl-Biskup E: Die chemische Extravaganz der Zitrusfrüchte. Forum Essenzia. 2004;26:3 – 5.
194. Steglich W, Fugmann B, Lang-Fugmann S: Römpp Lexikon Naturstoffe. Stuttgart: Georg Thieme; 1997.

195. Steflitsch W: Wirkung ätherischer Öle ist messbar. Ärztewoche Online 2005;4.
196. Svoboda K, Hampson JB: Bioactivity of essential oils of temperate aromatic plants: antibacterial, antioxidant, antiinflammatory and other related pharmacological activities. IENICA Newsletter. 1999;22:1 – 17.
197. Svoboda KP, Svoboda TG: Secretory Structures of Aromatic and Medicinal Plants: A Review and Atlas of Micrographs. Microscopix Publ. Knighton 2000.
198. Teuscher E, Melzig M, Villmann E, Möritz KU: Untersuchungen zum Wirkungsmechanismus ätherischer Öle. Z. Phytother. 1990;3:87 – 92.
199. Teuscher E: Gewürzdrogen. Stuttgart: Wiss. Verlagsges.; 2003.
200. Teuscher E: Biogene Arzneimittel. Stuttgart: Wiss. Verlagsges; 1997.
201. Thews G, Mutschler E, Vaupel P: Anatomie, Physiologie, Pathophysiologie des Menschen. Stuttgart: Wiss. Verlagsges; 1989.
202. Thomson PH: Jojoba Handbook. Bonsall: Bonsall Publications; 1978.
203. Tisserand R: New Perspectives on Essential Oil Safety, in: Aroma '95 – Conference Proceedings. Aromatherapy Publications. 1995; 20.
204. Tisserand R: In Profile Peter Wilde. Int. J. Aromather. Vol. 6 – 2. Hove: Aromatherapy Publications; 1994.
205. Titze O, Söffker-Ziolkowski: Pflanzliche Öle. Weleda, Schwäbisch Gmünd: Weleda Nachrichten 204; 1996.
206. Toller S van, Dodd G: Perfumery: The Psychology and Biology of Fragrance. London: Chapman and Hall; 1988.
207. Ulmer G: Heilende Öle. Tuningen: Ulmer; 1997.
208. Unger M: Wie Naturstoffe die Bioverfügbarkeit von Arzneistoffen beeinflussen. Pharm. Ztg. 2004; 149(13):21 – 28.
209. Valnet J: Aromatherapie – Die Behandlung der Krankheiten mit Pflanzenessenzen. Lausanne: Kart; 1976.
210. Vroon P: Psychologie der Düfte. Zürich: Kreuz; 1996.
211. Wabner D: Sind ätherische Öle giftig? Die Rolle der Toxikologie in der Aromatherapie. Forum Essenzia. 1996;10:39 – 48.
212. Wabner D, Hammer-Klafke A, Zimmermann E: Portraits der wichtigsten ätherischen Öle. Schriftenreihe ätherische Öle für Therapie, Kosmetik und Parfumerie. Garching: Eigenverlag; 1999.
213. Wabner D: The peroxide value – a new tool for the quality control of essential oils. Int. J. Aromather. 2002;12(3):142 – 144.
214. Wabner D, Geier K: Mündliche Mitteilung Oktober 2005.
215. Wagner H: Arzneidrogen und ihre Inhaltstoffe. Pharmazeutische Biologie Band 2. Stuttgart: Fischer; 1999.
216. Warnke PH, Sherry E, Russo PAJ, Sprengel M, Açil Y, Bredee JP, Schubert S, Wiltfang J, Springer IN: Antibacterial Essential Oils Reduce Tumor Smell and Inflammation in Cancer Patients. J. Clin. Oncol. 2005;23(7):1588 – 1589.
217. Watson L: Der Duft der Verführung. Frankfurt/M.: S. Fischer; 2001.
218. Watzl B: Monoterpene. Ernährungs-Umschau 2002;49:8.
219. Weitlander W: Sesamöl gegen Bluthochdruck. Z. Phytother. 2003;(4):158.
220. Weleda Pressemeldung: Studie zeigt: Duftstoff-Allergiker vertragen Weleda-Parfumierungen. Weleda, Schwäbisch Gmünd 20.11.2003.
221. Wenigmann M: Phytotherapie. München: Urban und Fischer; 1999.
222. Werner M, Braunschweig R von: Praxis Aromatherapie. 2. Aufl. Stuttgart: Haug; 2009.
223. Wildwood C: Mood Enhancing Plants. London: Daniel; 2004.
224. Williams DG: The Chemistry of Essential Oils. Weymouth: Michelle Press; 1996.
225. Williams LR, Stockley JK, Yan W, Home VN: Essential oils with high antimicrobial activity for therapeutic use. Int. J. Aromather. 1998;8(4):30 – 40.
226. Wolz D: Vertrauen ist gut. Ist Kontrolle besser? Forum Essenzia. 1994;2:13.
227. Yermanos DM: Jojoba. University of California, Riverside 1982.
228. Zander R, Encke F, Buchheim G, Seybold S: Handwörterbuch der Pflanzennamen. Stuttgart: Ulmer; 1994.
229. Zeller FJ: Herkunft, Diversität und Züchtung der Banane und kultivierter Zitrusarten. Beiheft Nr. 81 in: Journal of Agriculture and Rural Development in the Tropics and Subtropics. Kassel: University Press; 2005.
230. Zimmermann E: Physiologie des Riechens: Wie Düfte uns den Kopf verdrehen. Deutsche Heilpraktiker Zeitschrift 2007;1:18 – 21.
231. Zimmermann E: Arbeitsheft Aromatherapie. Stuttgart: Haug; 2010.
232. Zoulek G: Die Erstellung von Aromatogrammen für pathogene Keime. Primavera Life 4. Internationaler Aromakongress 2003.

Register der Indikationen

Haupt-Indikationen

4

Eigenschaften

4

Sachverzeichnis

L

M

4

N

O

P

4

4

4

Über die Autorin

Eliane Zimmermann

Jahrgang 1959, in Südamerika geboren und aufgewachsen. Mich prägten die tropische Pflanzen- und Tierwelt und ganz besonders der blaue Himmel und das heitere Lebensgefühl. Ich versuchte mich nach meiner Ausbildung zur Schwesternhelferin (1979) und meiner Arbeit in Krankenhaus und Altenheim mit vielen Vorlesungen der Medizin an der Uni Bonn, war jedoch abgeschreckt vom Umgang mit den Patienten. Die Naturheilkunde schien mir ein humanerer und effektiverer Weg, so studierte ich während meiner Ausbildung zur Diplom-Designerin auch Psychologie, lernte später NLP bei **Richard Bandler, Christina Hall und Cora Besser-Siegmund** und spezialisierte mich auf Ernährungsstörungen (Easy Weight). Eine dreijährige Heilpraktiker-Ausbildung in Mainz sowie die Erlangung des „Nachweis der Sachkenntnis im Einzelhandel mit frei verkäuflichen Arzneimitteln" rundeten mein Wissen ab.

Mit „Duft-Ankern" und Raumbeduftung befasste ich mich schon als Jugendliche, die eigentliche Aromatherapie-Ausbildung absolvierte ich 1989, nachdem ich schon zwei Jahre intensiv die ätherischen Öle kennen gelernt hatte. Das Diplom von SPICA (Shirley Price International College of Aromatherapy) führte dann zu einer eigenen Aroma-Praxis in Wiesbaden (2/1990 bis 12/1992). Ich ließ mich weiter inspirieren von **Prof. Dr. Dietrich Wabner, Dr. Erwin Häringer, Susanne Fischer-Rizzi, Martin Henglein, Inge Andres, Patricia Davis, Dr. Daniel Pénoël, Rodolphe Balz** und vielen anderen Kollegen.

Seit 1992 bilde ich zusammen mit Heilpraktikern und Kollegen aus der Wissenschaft jährlich bis zu fünfzig InteressentInnen in Aromakunde und Aromamassage aus.

Im Jahr 2000 verlegte ich meinen Lebensmittelpunkt in den Südwesten Irlands, da ich in dem frostfreien Klima meine Duftpflanzen besser kultivieren kann. Der große Pflanzenreichtum meiner neuen Heimat ermöglicht mir, den Unterricht anschaulich und naturverbunden zu gestalten.

Ich bin Mitglied in Aroma-Forum-International.

Dank

Ich bedanke mich wieder bei Dietrich und Giavino für wertvolle Korrekturen und Ergänzungsvorschläge und für das Engagement in Sachen „Verbraucherschutz", damit uns die ätherischen Öle nicht genommen werden.

Duftreise an den Atlantik
Aromatherapie · Naturerlebnis · Kultur · im Südwesten von Irland
Deutschsprachige Kurse für Anfänger der Aromatherapie und für Fortgeschrittene
Begleitprogramme: Kultur, Sightseeing, Strand Nordic Walking, Schwitzhütte, Seehunde und Wale
Unterbringung in schönen Country-Cottages
Begleitpersonen sind willkommen
deutschsprachige Kinderbetreuung
Eliane Zimmermann und das Team von AiDA Aromatherapy International freuen sich auf Sie
Mehr Infos: Tel. [D] 089 89 623 290
Genießen Sie die Schönheit der subtropisch anmutenden Natur Südwest-Irlands und staunen Sie über Superlative: die höchste Dichte an mystischen Steinkreisen, die größten Manuka-Bäume und der schönste Myrtenwald Europas, Eukalyptus-Haine und außergewöhnliche Baum-Sammlungen, seltene Rhododendren, Kamelien und Fuchsien im XXL-Format, Schauplätze von Filmen
info@aromapraxis.de · wöchentliche News: www.blog.aromapraxis.de